기출로 접근하는
객관식 경영학

군무원 | 공인노무사 | 가맹거래사 | 7급 감사직 | 경영지도사 | 공기업 시험 완벽대비

- 경영학 관련 시험 기출문제 총망라
- 이론 체계에 따른 문제 분류 및 구성
- 포괄적인 이해를 위한 구체적 해설

PREFACE
(5th Edition)

　기출로 접근하는 객관식 경영학이 많은 수험생들의 도움으로 Ver 5.0을 출간하게 되었다.
　현대 경영은 물질보다는 의사결정의 주체인 사람이 중심이 되고, 수직적인 연공서열보다는 수평적인 능력 위주로, 그리고 지식경영 등과 같은 새로운 패러다임으로 변화하고 있다. 이러한 경영의 발전에 따라 그 넓어진 범위만큼이나 경영이론의 내용도 방대해졌다. 이로 인해 많은 학생들이 '경영학은 방대하며 그로 인해 수험준비가 버겁다'라고들 말한다.
　그러나 경영학이란 경영활동을 계획하고, 조직하고, 명령하고, 조정하고, 통제하는 작업으로 앞서 언급한 조직을 운영한다는 관점에서 급변하는 환경 아래 기업을 효율적으로 운영하는 방법을 연구하는 학문으로서 효율성과 효과성을 추구하는 학문이다.
　기업 활동을 너무 세밀히 분석하여 광범위하게 느껴질 수는 있으나 이 역시 하나의 기업이 효율성과 효과성을 추구하는 과정이므로 수험생들 역시 시간 대비 효율성과 효과성을 충분히 얻어 낼 수 있는 학문이다.
　특히 반복적으로 출제되어지고 있는 경영학 기출문제 지문들을 폭넓게 학습하자는 취지와 앞서 언급한 경영학의 학문적 특성 등을 고려하여 탄생한 본서의 집필 의도를 이번 개정에도 유지하려고 노력하였다. 나아가 학생들의 효율적인 학습에 조금이나마 더 나은 도움을 주고자 노력하였다.
　이번 개정판은 이러한 취지에 맞추어 군무원, 공인노무사, 공기업, 7급 감사직 공무원, 가맹거래사 및 경영지도사 그리고 일부 공인회계사 일반 경영학 분야 및 추가적으로 공기업 기출 문제 등 경영학 관련 대부분의 시험에 출제되었던 가장 최신 기출문제들을 모두 반영하였다. 이를 통해 경영학 시험이 있는 관련 전 분야에서 본서를 활용할 수 있도록 하였다. 나아가 기존 기출로 접근하는 객관식 경영학의 기본적 체계를 유지하며 일부오류의 수정과 최근 기출문제들을 추가로 반영하였으며, 경영학 분야의 출제 범위에 맞추어 업그레이드 및 개정 형태의 Ver 5.0으로 출간하게 되었다.

본서의 개정작업을 통하여 최근 출제된 많은 경영학 관련 시험들의 기출 문제를 총 망라하여 반영하였으며, 경영학 기출문제 해설영역에서 문제마다 구체적인 설명을 하면서도 포괄적인 이해를 할 수 있도록 서술하였다. 기출문제를 풀어보고, 기출문제 해설 영역에서 확인·점검하는 과정을 통해 '경영학'이라는 과목을 전반적으로 쉽게 이해할 수 있도록 구성하였다.

최근 시험문제의 난이도가 전반적으로 높아지고는 있으나, 기존 지문들의 틀에서 큰폭의 변화는 보이지 않고 있다. 이에 기본적인 학습 방법은 종전과 비슷하게 기본을 유지할 필요가 있다.

이에 본 교재의 취지인 기출 문제들을 통한 확인 및 응용을 병행한다면 여러분들의 목적 달성에 큰 도움이 되리라 생각된다. 학생 여러분의 효율적이고 효과적인 학습에 도움이 될 수 있기를 빌며, 나아가 학생 여러분의 빠른 목표 달성을 기원합니다.

마지막으로 본서의 지속적인 개정판 출간 작업에 많은 수고를 아끼지 않아 주신 배움출판사의 이용중 사장님과 한상훈 팀장님 그리고 김미좌 팀장님을 비롯한 배움출판사 관계자 여러분께 항상 진심 어린 감사를 드리며, 나아가 부족한 본서에 무한한 애정을 보내주신 독자 여러분께 다시금 감사의 말씀을 전합니다.

아울러 본 서로 수험을 준비하는 모든 수험생 여러분의 건승을 빕니다.

2025년 1월

박도준

With patience and time, the mulberry-leaf becomes a silk gown

PREFACE
(4th Edition)

　기출로 접근하는 객관식 경영학이 많은 수험생들의 도움으로 Ver 4.0을 출간하게 되었다.
　반복되는 경영학 기출문제 지문들을 폭넓게 학습하자라는 취지와 '경영학은 방대하지만, 하나의 기업 속에서 효율성과 효과성을 추구하는 학문이다.'라는 생각에서 탄생한 본서의 집필 의도를 이번 개정에도 유지하려고 노력하였다. 나아가 학생들의 효율적인 학습에 조금이나마 더 나은 도움을 주고자 노력하였다.
　이번 개정판은 이러한 취지에 맞추어 기존 체계는 유지하면서, 새로운 경영학 출제 경향에 따른 추가적인 최신 기출문제를 가능한 한 모두 반영하려 노력하였다.

　특히 군무원, 공인노무사, 공기업, 7급 감사직 공무원, 가맹거래사 및 경영지도사 그리고 일부 공인회계사 일반 경영학 분야 및 추가적으로 공기업 기출 문제 등 경영학 관련 대부분의 시험에 출제되었던 가장 최신 기출문제들을 모두 반영하였다. 이를 통해 경영학 시험이 있는 관련 전 분야에서 본서를 활용할 수 있도록 하였다.
　최근 실시된 대부분의 경영학 관련 시험들의 난이도가 상향 조정된 점을 고려하여 기출문제에 대한 철저한 분석과 관련 체계적이고 핵심적인 해설 및 정리를 통해 수험 준비에 도움을 주고자 하였다.
　시험문제의 난이도가 전반적으로 높아지고는 있으나, 기존 지문들의 틀에서 큰폭의 변화는 보이지 않고 있다. 이에 기본적인 학습 방법은 종전과 비슷하게 기본을 유지할 필요가 있다.
　이에 본 교재의 취지인 기출 문제들을 통한 확인 및 응용을 병행한다면 여러분들의 목적 달성에 큰 도움이 되리라 생각된다. 학생 여러분의 효율적이고 효과적인 학습에 도움이 될 수 있기를 빌며, 나아가 학생 여러분의 빠른 목표 달성을 기원합니다.

마지막으로 본서의 개정판 출간 작업에 많은 수고를 아끼지 않아 주신 배움 출판사의 이용중 사장님과 한상훈 과장님을 비롯한 배움 출판사 관계자 여러분께 감사드리며, 부족한 본서에 무한한 애정을 보내주신 독자 여러분께 다시금 감사의 말씀을 전합니다.

2022년 2월 22일

박도준

With patience and time, the mulberry-leaf becomes a silk gown

PREFACE
(3rd Edition)

기출로 접근하는 객관식 경영학이 많은 수험생들의 도움으로 Ver 3.0을 출간하게 되었다.
'경영학은 방대하지만, 하나의 기업 속에서 효율성과 효과성을 추구하는 학문이다.'라는 생각에서 탄생한 본서의 집필 의도를 이번 개정에도 유지하려고 노력하였다. 나아가 학생들의 효율적인 학습에 조금이나마 더 나은 도움을 주고자 노력하였다.

이번 개정판은 이러한 취지에 맞추어 기존 체계는 유지하면서, 새로운 경영학 출제 경향에 따른 추가적인 최신 기출문제를 가능한 한 모두 반영하려 노력하였다.
아울러 수험생 여러분의 체계적인 학습을 위하여 O/X문제를 추가하여 핵심적인 개념 정리에 도움을 주고자 하였으며, 개념 정리 문제와 심화 문제로 재분류하여 좀 더 심도 있고 체계적인 학습을 도모하고자 하였다.
특히 공인노무사, 공기업, 7급 감사직 공무원, 군무원, 가맹거래사 및 경영지도사 그리고 일부 공인회계사 일반 경영학 분야 및 추가적으로 공기업 기출 문제 등 경영학 관련 대부분의 시험에 출제되었던 가장 최신 기출문제들을 모두 반영하였다. 이를 통해 경영학 시험이 있는 관련 전 분야에서 본서를 활용할 수 있도록 하였다.

최근 실시된 대부분의 경영학 관련 시험들의 난이도가 상향 조정된 점을 고려하여 기출문제에 대한 철저한 분석과 관련 체계적이고 핵심적인 해설 및 정리를 통해 수험 준비에 도움을 주고자 하였다. 시험문제의 난이도가 전반적으로 높아지고는 있으나 기본적인 학습 방법은 종전과 비슷하게 기본을 유지할 필요가 있다.

이에 본 교재의 취지인 기출 문제들을 통한 확인 및 응용을 병행한다면 여러분들의 목적 달성에 큰 도움이 되리라 생각된다. 학생 여러분의 효율적이고 효과적인 학습에 도움이 될 수 있기를 빌며, 나아가 학생 여러분의 빠른 목표 달성을 기원합니다.

마지막으로 본서의 개정판 출간 작업에 많은 수고를 아끼지 않아 주신 배움 출판사의 이용중 사장님과 한상훈 과장님을 비롯한 배움 출판사 관계자 여러분께 감사드리며, 부족한 본서에 무한한 애정을 보내주신 독자 여러분께 다시금 감사의 말씀을 전합니다.

2019년 3월 4일

박도준

With patience and time, the mulberry−leaf becomes a silk gown

PREFACE
(2nd Edition)

　많은 학생들이 '경영학은 방대하며 그로 인해 수험 준비가 버겁다'라고들 많이 한다. '경영학은 방대하다.' 이러한 인식에서 각종 시험에서 경영학 과목을 준비하는 수험생 또한 어려워하는 과목이다. 그래서 무엇을 어떻게 전략적으로 공부할 것인지, 공부하더라도 어떻게 학습의 효율성을 높일 것인지, 저자는 늘 고민해 왔다. 이러한 취지에서 발간하게 된 《기출로 접근하는 객관식 경영학》이 많은 수험생들의 도움으로 출간한 지 1년도 지나지 않아 제2판을 출간하게 되었다.
　'경영학은 방대하지만, 하나의 기업 속에서 효율성과 효과성을 추구하는 학문이다.'라는 생각에서 탄생한 본서의 집필 의도를 이번 개정에도 유지하려고 노력하였다. 나아가 학생들의 효율적인 학습에 조금이나마 더 나은 도움을 주고자 노력하였다.

　이번 개정판은 이러한 취지에 맞추어 기존 체계는 유지하면서, 새로운 경영학 출제 경향에 따른 추가적인 최신 기출문제를 가능한 한 모두 반영하려 노력하였다.
　특히 공인노무사, 감사직 공무원, 가맹거래사 및 경영지도사 그리고 일부 공인회계사 일반 경영학 분야 및 추가적으로 공기업 기출문제 등 경영학 관련 대부분의 시험에 출제되었던 가장 최신 기출문제들을 반영하였다.
　최근 실시된 대부분의 경영학 관련 시험들의 난이도가 상향 조정된 점을 고려하여 기출문제에 대한 철저한 분석과 관련 체계적이고 핵심적인 해설 및 정리를 통해 수험 준비에 도움을 주고자 하였다.

시험문제의 난이도가 전반적으로 높아지고는 있으나 기본적인 학습 방법은 종전과 비슷하게 기본을 유지할 필요가 있다. 이에 본 교재의 취지인 기출문제들을 통한 확인 및 응용을 병행한다면 여러분들의 목적 달성에 큰 도움이 되리라 생각된다.

학생 여러분의 효율적이고 효과적인 학습에 도움이 될 수 있기를 빌며, 나아가 학생 여러분의 빠른 목표 달성을 기원합니다.

마지막으로 본서의 개정판 출간 작업에 많은 수고를 아끼지 않아 주신 배움 출판사의 이용중 사장님과 한상훈 과장님 그리고 김미좌 팀장님을 비롯한 배움 출판사 관계자 여러분께 감사드리며, 부족한 본서에 무한한 애정을 보내주신 독자 여러분께 다시금 감사의 말씀을 전합니다.

2017년 3월 13일

박도준

With patience and time, the mulberry−leaf becomes a silk gown.

PREFACE

오늘날 현대 경영은 물질보다는 의사결정의 주체인 사람이 중심이 되고, 수직적인 연공서열보다는 수평적인 능력 위주로 그리고 지식경영 등과 같은 새로운 패러다임으로 변화하고 있다. 이러한 경영의 발전에 따라 그 넓어진 범위만큼이나 경영이론의 내용도 방대해졌다. 이로 인해 많은 학생들이 '경영학은 방대하며 그로 인해 수험준비가 버겁다.'라고들 많이 한다.

'경영학'은 방대하다. 이러한 인식에서 각종 시험에서 경영학 과목을 준비하는 수험생 또한 어려워하는 과목이다. 그래서 무엇을 어떻게 전략적으로 공부할 것인지, 공부하더라도 어떻게 학습적인 효율성을 높일 것인지, 저자는 늘 고민해 왔다. 그러나 고민의 답은 간단했다.

경영학이란 경영활동을 계획하고, 조직하고, 명령하고, 조정하고, 통제하는 작업으로서 앞서 언급한 조직의 운영이라는 관점에서 급변하는 환경 아래 기업을 효율적으로 운영하는 방법을 연구하는 학문으로서 효율성과 효과성을 추구하는 학문이다.

기업활동을 너무 세밀히 분석하여 광범위하게 느껴질 수는 있으나 이 역시 하나의 기업이 효율성과 효과성을 추구하는 과정이므로 수험생들 역시 시간 대비 효율성과 효과성을 충분히 얻어낼 수 있는 학문이다.

'경영학은 방대하지만, 하나의 기업 속에서 효율성과 효과성을 추고하는 학문이다.'라는 것이다. 이러한 고민 해결의 시작에 '기출문제'를 선택하여 수험생을 위한 가장 효율적이고 효과적인 최적의 경영학 학습모형을 제시하고자 한다.

이번 기출로 접근하는 객관식 경영학은 각종 경영학 관련 시험 특히, 공인노무사, 가맹거래사, 7급 공무원 및 경영지도사 시험의 기출문제들을 총망라하여 상세한 해설과 함께 제시함으로써 시험준비의 효율성을 높이고자 한다.

기출문제를 통한 이론 정리 및 확인의 장점은 시험 준비 마지막으로 출제경향을 읽을 수 있고, 자주 출제되는 개념을 파악할 수 있으며, 문제를 풀어가는 스킬을 익힐 수 있다는 데 있으며 본서는 이를 위해 기출문제 중심으로 555문제를 이론 분류상으로 분류 및 구성하였다.

더욱이 경영학 기출문제 해설 영역에서, 문제마다 구체적인 설명을 하면서도 포괄적인 이해를 할 수 있도록 서술하였다. 기출문제를 풀어보고, 기출문제 해설편에서 확인 점검하는 과정을 통해 '경영학'이라는 과목을 전반적으로 쉽게 이해할 수 있도록 했다.

객관식 경영학 문제집을 풀어보는 최대의 성과는 출제경향과 빈출개념 파악 및 기존 학습의 마무리 정리를 하는 데 있다.

주요 시험의 학습 방법을 제시하면 우선 공인노무사와 가맹거래사 시험을 준비하는 수험생들의 경우는 두 시험이 공히 유사한 문제가 많이 출제되고 있음을 유념하여야 할 것이다. 두 시험은 공히 본서의 전체적인 체계를 따라 학습한다면 고득점이 무난할 것으로 보인다.

7급 공무원 경영학 준비 학생들의 경우는 회계부분은 별도로 시험이 있으므로 본서를 통해서는 회계부문과 경영정보 부문은 제외하고 공부하여도 될 것이다. 그러나 회계부문 중 재무회계 기초를 통한 재무비율분석은 경영학 재무관리부문과 연결되어 있으며 출제도 되어 왔으므로 학습이 필요하다고 할 수 있다.

경영지도사 시험의 경우 회계 및 재무는 별도 시험으로 존재하는 만큼 이 부분은 제외하고 학습하여도 된다.

이러한 자격시험 출제 유형에 맞추어 기출문제들에 대한 반복적인 습득을 통해 그동안 공부하여왔던 이론을 문제를 통해 익숙해지고 또한 이론에 대한 문제적 접근을 통한 숙지를 통해 소기의 성과를 달성할 수 있기를 빌어본다.

2016년 3월

박도준

CONTENTS

PART 1 경영학개론

Chapter 1	경영학개론 및 기업론	16
Chapter 2	경영전략 및 국제경영	33
Chapter 3	경영학의 발전과정	62

PART 2 경영조직론

Chapter 1	개인차원의 조직행동	78
Chapter 2	집단차원의 조직행동	111
Chapter 3	조직차원의 조직행동: 거시조직론	143

PART 3 인적자원관리

Chapter 1	직무관리	174
Chapter 2	확보 및 개발관리	190
Chapter 3	평가 및 보상관리	208
Chapter 4	노사관계관리	239

PART 4 마케팅 관리

Chapter 1	마케팅 일반 및 마케팅 조사	248
Chapter 2	소비자 행동분석	274
Chapter 3	STP 분석	295
Chapter 4	마케팅 믹스(1): Product	312
Chapter 5	마케팅 믹스(2): Price	340
Chapter 6	마케팅 믹스(3): Place	357
Chapter 7	마케팅 믹스(4): Promotion	373

PART 5 생산운영관리

- Chapter 1 생산운영관리의 목표와 제품 및 공정설계 390
- Chapter 2 수요예측 및 생산능력계획 419
- Chapter 3 총괄생산계획 및 생산일정 계획 437
- Chapter 4 재고관리와 공급사슬관리 453
- Chapter 5 품질경영 491

PART 6 회계

- Chapter 1 회계의 기초 510
- Chapter 2 재무회계 516
- Chapter 3 재무비율분석 540
- Chapter 4 원가·관리회계 548

PART 7 재무관리

- Chapter 1 재무관리의 기초 560
- Chapter 2 자본예산 및 투자안의 경제성평가 568
- Chapter 3 자본조달, 투자평가 및 배당의사결정 578
- Chapter 4 파생금융상품 595

PART 8 경영정보

- Chapter 1 정보기술의 발전과 정보 606
- Chapter 2 경영정보시스템 611
- Chapter 3 기타 619

기 출 로 접 근 하 는   객 관 식 경 영 학

PART 1

경영학개론

Chapter 1
경영학개론 및 기업론

Chapter 2
경영전략 및 국제경영

Chapter 3
경영학의 발전과정

Chapter 1 경영학개론 및 기업론

I OX문제

1 배움출판사는 매출목표 달성을 위해 새 인쇄기를 도입하였으나, 전년 대비 생산량은 증가하였으나 상대적으로 생산원가는 오히려 증가하였다. 아울러 제품이 소비자 관심을 끌지 못하여 매출목표를 달성하지 못하였으므로 신기술의 도입으로 이 기업은 효율성은 증가하였으나 효과성은 달성하지 못하였다고 판단할 수 있다. ☐O ☐X

2 수탁경영층은 최고경영층으로부터 경영기능을 위임받아 업무를 수행하는 중간경영층을 지칭한다. ☐O ☐X

3 경영자가 결정한 기본방침과 이양된 권한의 범위 내에서 기업경영 전체에 대한 종합계획을 수립하고 조직·지휘·조정·통제하는 관리자를 수탁경영층이라고 한다. ☐O ☐X

4 과소투자유인(under-investment incentive)은 자본의 대리비용으로, 수익성 투자 포기 유인이라고도 한다. ☐O ☐X

5 대리인 비용 중 자본의 대리비용이란 주주-채권자와 경영자 간의 대리문제로서 상호 간의 상충된 이해관계로 인하여 발생하는 비용이다. ☐O ☐X

---

1 X | 배움 출판사는 매출목표 달성을 위해 새 인쇄기를 도입하였으나, 전년 대비 생산량은 증가하였으나 상대적으로 생산원가는 오히려 증가하였다. 아울러 제품이 소비자 관심을 끌지 못하여 매출목표를 달성하지 못하였으므로 신기술의 도입으로 이 기업은 효율성은 증가하였으나 효과성은 달성하지 못하였다고 판단할 수 있다.

2 X | 수탁경영층은 주주의 이익을 대표하여 기업의 기본방침 결정하며, 주주권리를 위임한다는 의미로 수탁경영층이라 불리우며 기업조직상 최상위에 있는 이사회 등을 의미하며 주주총회에서 선임되어 기업 경영을 책임지는 경영자라고 할 수 있으며 중간경영층을 지칭하지는 않는다. 중간경영층은 직능 또는 부분관리자로서 최고경영층이 설정한 경영방침을 하위업무가 순조롭게 진행되도록 감독 및 관리하는 경영계층이다.

3 X | 경영자가 결정한 기본방침과 이양된 권한의 범위 내에서 기업경영 전체에 대한 종합계획을 수립하고 조직·지휘·조정·통제하는 관리자는 전반경영층이라고 할 수 있다.

4 X | 과소투자유인(under-investment incentive)은 자본의 대리비용이 아니라 부채의 대리비용으로, 수익성 투자 포기 유인이라고도 한다. 부채의 대리비용은 주주-채권자 간의 대리문제로 위험유인과 과소투자유인 등이 있다.

5 O

6 카츠(R. L. Katz)는 "어떤 경영자든 성공하기 위해서는 세 가지 기본적인 기술이 있어야 한다."라고 주장했는데, 그중 하위 및 중간경영자층에 비해 최고 경영자층에 많이 요구되는 기술은 업무적 및 기술적 능력이라고 주장하고 있다. ◯ ✕

7 피터 드러커(P. F. Drucker)는 기업의 이윤은 마케팅과 혁신 및 생산성을 향상시킨 결과로 얻어지는 것이라고 하며, 봉사목적론을 주장하였다. ◯ ✕

8 적대적 M&A방법으로 새벽의 기습전략은 대상기업의 경영진에게 주식가격을 갑작스레 제시하고 이에 응하지 않을 경우 공개 매수하겠다고 으름장을 놓는 것으로, 사전 경고 없이 매수자가 목표기업의 경영진에 편지를 보내 매수 제의를 하고 신속한 의사결정을 요구하려는 전략이다. ◯ ✕

9 대규모 신주 발행을 통해 M&A 업체가 확보한 지분을 희석시킴으로써 인수를 막는 전략을 왕관의 보석(crown jewel)이라고 한다. ◯ ✕

10 M&A로 경영진이 교체될 경우, 퇴직하는 경영진에게 많은 비용을 지급하게 함으로써 매수자의 매수 부담을 증가시키는 전략을 황금낙하산(golden arachute)이라고 한다. ◯ ✕

6 ✕ |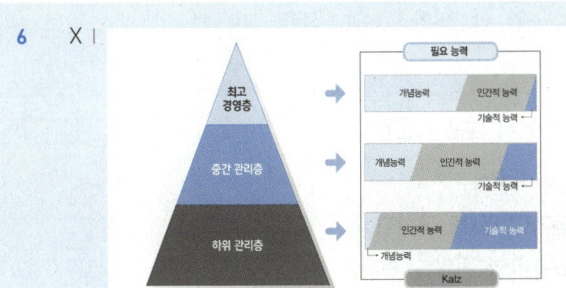

7 ✕ | 피터 드러커(P. F. Drucker)는 기업의 이윤은 마케팅과 혁신 및 생산성을 향상시킨 결과로 얻어지는 것이라고 하며, 고객창조목적론을 주장했다. 봉사목적론은 포드(H. Ford)의 주장으로서 기업이란 봉사기관이므로 소비자의 실질적 구매력과 생활수준 향상을 위해 저가격 제품을 공급, 고임금을 지불해야 한다고 하였다.

8 ✕ | 적대적 M&A방법으로 대상기업의 경영진에게 주식가격을 갑작스레 제시하고 이에 응하지 않을 경우 공개 매수하겠다고 으름장을 놓는 것으로, 사전 경고 없이 매수자가 목표기업의 경영진에 편지를 보내 매수 제의를 하고 신속한 의사결정을 요구하려는 전략은 곰의 포옹이며, 새벽의 기습은 대상기업의 주식을 상당량 매입해 놓고 기업인수 의사를 대상기업 경영자에게 전달하는 방법이다.

9 ✕ | 대규모 신주 발행을 통해 M&A 업체가 확보한 지분을 희석시킴으로써 인수를 막는 전략은 독소조항(poison pill) 제도이며 왕관의 보석(crown jewel)이란 적대적 M&A가 시도될 때 중요자산을 미리 팔아버려 자산가치를 떨어뜨리는 방법으로 M&A 의미를 희석시키는 전략이다.

10 ◯

II | 개념정리문제

1 어떤 기업이 매출목표 달성을 위해 신기술을 도입하였다. 그 결과 전년 대비 생산량이 증가하고 생산원가는 감소하였으나 제품이 소비자의 관심을 끌지 못하여 매출목표를 달성하지 못하였다. 신기술 도입의 효과성과 효율성에 대한 설명으로 적절한 것은? `2016 7급 감사직`

① 효과적이고 효율적이다.
② 효과적이지 않지만 효율적이다.
③ 효과적이지만 효율적이지 않다.
④ 효과적이지 않고 효율적이지도 않다.

2 다음 중 창업 시 고려 사항이 아닌 것은? `2019 군무원`

① 기술성 ② 경제성 ③ 시장성 ④ 성장성

3 다음 중 경영기능과 그 내용이 가장 적절하지 않은 것은? `2021 군무원`

① 계획화(planning) – 목표설정
② 조직화(organizing) – 자원획득
③ 지휘(leading) – 의사소통, 동기유발
④ 통제(controlling) – 과업달성을 위한 책임의 부과

4 투입 및 산출과정의 순서로 가장 옳은 것은? `2020 군무원`

① 투입–변환–산출–피드백
② 투입–변환–피드백–산출
③ 변환–투입–피드백–산출
④ 변환–투입–산출–피드백

5 다음 중 조직의 경영관리과정에 관한 설명으로 옳지 않은 것은? `2019 군무원`

① 계획 – 조직 – 지휘 – 통제 순으로 이어진다.
② 조직화는 수행 업무와 수행방법 및 담당자(리더)를 정한다.
③ 지휘는 갈등을 해결하고 업무 수행을 감독하는 역할을 한다.
④ 계획은 목표와 전략 수립을 하면서 조정을 한다.

6 경영과 관리의 차이점에 대한 설명으로 옳지 않은 것은? `2021 군무원`

① 경영은 지향성을 가지고 조직을 운영하는 활동이라 할 수 있다.
② 경영은 기업을 운영하고 통제하는 활동이라 할 수 있다.
③ 관리는 업무를 조직화하고 감독하는 활동이라 할 수 있다.
④ 관리는 일을 진행하고 통제하는 활동이라 할 수 있다.

7 관리과정의 단계 중 조직화에 대한 설명으로 가장 적절한 것은? `2022 9급 군무원`

① 과업의 목표, 달성 방법 등을 정리하는 것
② 전체 과업을 각자에게 나누어 맡기고 그 일들의 연결 관계를 정하는 것
③ 과업이 계획대로 실행되었는지 살펴보고 필요한 시정조치를 취하는 것
④ 과업이 실제로 실행되도록 시키거나 이끌어가는 것

8 조직의 목표를 달성하기 위하여 조직구성원들이 담당해야 할 역할 구조를 설정하는 관리과정의 단계는? `2024 공인노무사`

① 계획　　　② 조직화　　　③ 지휘　　　④ 조정　　　⑤ 통제

9 다음 중 무한책임사원과 유한책임사원으로 구성된 기업 형태로 가장 옳은 것은? `2023 9급 군무원`

① 주식회사　　　② 유한회사　　　③ 합자회사　　　④ 합명회사

10 다음 특성에 모두 해당되는 기업의 형태는? `2023 공인노무사`

- 대규모 자본조달이 용이하다
- 출자자들은 유한 책임을 진다.
- 전문경영인을 고용하여 소유와 경영의 분리가 가능하다.
- 자본의 증권화를 통한 소유권 이전이 용이하다.

① 개인기업　　　② 합명회사　　　③ 합자회사　　　④ 유한회사　　　⑤ 주식회사

11 다음 중 수탁경영층과 가장 근접한 개념은? `2005 국민연금공단`

① 현장에서 직접 작업하는 작업경영층
② 최고경영층이 결정한 목표를 집행하는 경영층
③ 기업의 장기적 목표와 전략 등을 결정하는 경영층
④ 생산과 마케팅 등 기업의 특정한 부문의 활동만을 책임지는 직능 경영자

12 기업가 정신의 핵심요소가 아닌 것은? `2012 노무사`

① 비전의 제시와 실현욕구　　② 창의성과 혁신　　　③ 성취동기
④ 인적 네트워크 구축　　　　⑤ 도전정신

13 민츠버그(H. Mintzberg)의 경영자 역할 중 의사결정 역할의 범주에 속하지 않는 것은? `2013 경영지도사`

① 연락자   ② 기업가   ③ 문제해결자
④ 자원배분자   ⑤ 협상자

14 민츠버그(Mintzberg)가 주장한 경영자의 세 가지 역할에 해당하는 것이 아닌 것은? `2017 군무원`

① 정보전달자로서의 역할   ② 상품전달자로서의 역할
③ 의사결정자로서의 역할   ④ 대인관계에서의 역할

15 다음 중 경영자에 대한 설명으로 옳지 않은 것은? `2018 군무원`

① 최고경영자는 주로 기업의 전반적인 계획 업무에 집중한다.
② 전문경영자는 소유경영자의 자산을 증식하기 위해 고용된 대리인이다.
③ 직능경영자는 재무, 회계, 인사 등 중에 특정 부서만을 전담한다.
④ 일선경영자는 현장실무능력이 요구된다.

16 기업의 사회적 책임에 해당하지 않는 것은? `2020 군무원`

① 법률적 책임   ② 자선적 책임   ③ 윤리적 책임   ④ 환경적 책임

17 기업의 사회적 책임 중에서 제1의 책임에 해당하는 것은? `2020 공인노무사`

① 법적 책임   ② 경제적 책임   ③ 윤리적 책임   ④ 자선적 책임   ⑤ 환경적 책임

18 다음 중 Ansoff의 의사결정 분류에서 최고경영층에서 이루어지는 의사결정은 무엇인가? `2009 한국농어촌공사`

① 전문적 의사결정
② 전략적 의사결정을 구체화하기 위한 활동
③ 기업의 환경변화에 기업을 적응시키는 문제와 관련된 의사결정
④ 기업의 제자원의 변화과정에서 효율성을 극대화할 것을 목적으로 하는 의사결정

19 카츠(R. L. Katz)가 제안한 경영자 또는 관리자로서 갖춰야 할 관리기술 중 최고경영자 계층에서 특히 중요시되는 것은? `2017 서울시`

① 운영적 기술(operational skill)   ② 개념적 기술(conceptual skill)
③ 인간관계적 기술(human skill)   ④ 전문적 기술(technical skill)

20 하위경영층이 주로 행하는 것으로 일상적이며 구조가 명확하게 되어 있는 것은? `2004 한국국제협력단`

① 정형적 의사결정 ② 전략적 의사결정 ③ 특수적 의사결정 ④ 비정형적 의사결정

21 기업의 사회적 책임(CSR: Corporate Social Responsibility)의 내용으로 옳지 않은 것은? `2015 7급 공무원`

① 기업의 유지 및 발전에 대한 책임 ② 기업의 후계자 육성에 대한 책임
③ 기업의 주주 부(wealth)의 극대화에 대한 책임 ④ 기업의 다양한 이해 조정에 대한 책임

22 주식회사의 대리인 문제에서 발생하는 감시비용에 포함되지 않는 것은? `2015 경영지도사`

① 성과급 ② 사외이사 ③ 잔여손실
④ 주식옵션 ⑤ 외부회계감사

23 외부주주와 경영진, 주주와 채권자 등 위임관계에서 발생하는 감시비용, 확증비용, 잔여손실 등과 관련된 비용은? `2016 가맹거래사`

① 매몰비용 ② 대리인비용 ③ 학습비용
④ 기회비용 ⑤ 고객비용

24 무한책임사원과 유한책임사원으로 구성된 상법상의 기업형태는? `2014 노무사, 2015 경영지도사`

① 합명회사 ② 합자회사 ③ 유한회사
④ 주식회사 ⑤ 자영회사

25 다음 글에서 설명하고 있는 기업 형태는 무엇인가? `2014 공무원연금공단`

> • 두 사람 이상의 사원이 공동출자하고 회사의 경영에 대한 무한책임을 지며, 직접 경영에 참여한다.
> • 가족 내에서 친척 간, 또는 이해관계가 깊은 사람간의 회사 설립이 많은 편이다.

① 유한회사 ② 합명회사 ③ 합자회사 ④ 주식회사

26 주식회사에 관한 특징으로 옳지 않은 것은? `2011 노무사`

① 주주의 유한책임 ② 소유와 경영의 분리 가능 ③ 소유권 이전의 어려움
④ 자본의 증권화 ⑤ 대규모 자본조달 가능

27 다음 글에 대한 설명으로 알맞은 것은?

> 시장에서 경쟁을 배제하고 독점하기 위해 개별기업들이 경제적, 법률적으로 독립성을 완전히 상실하고 수평·수직적 결합한 기업집중형태이다.

① trust ② cartel ③ concern ④ syndicate

28 동종 또는 유사업종의 기업들이 법적, 경제적 독립성을 유지하면서 협정을 통해 수평적으로 결합하는 형태는?

① 지주회사(holding company) ② 카르텔(cartel) ③ 컨그로메리트(conglomerate)
④ 트러스트(trust) ⑤ 콘체른(concern)

29 기업은 여러 가지 목적으로 기업집중을 시도한다. 기업이 중소기업을 지배하는 방법으로 자금대여 등을 이용하는 기법은?

① 카르텔 ② 콘째른 ③ 트러스트
④ 콘글로머릿 ⑤ 조인트벤처

30 기업이 다른 기업을 인수합병하는 이유로 옳지 않은 것은?

① 저렴한 비용으로 새로운 사업에 신속히 진출할 수 있다.
② 조세절감효과를 얻을 수 있다.
③ 진입장벽을 쉽게 뛰어넘을 수 있다.
④ 부족한 기업능력을 보완할 수 있다.
⑤ 경쟁사와의 마찰이 커진다.

31 기업 인수·합병(M&A)의 여러 동기 중 합병 기업의 기업가치 제고효과에 해당하지 않는 것은?

① 세금효과(tax effect) ② 저평가가설(under-valuation hypothesis)
③ 재무시너지효과(financial synergy effect) ④ 황금낙하산(golden parachute)

32 적대적 인수합병의 방어수단 중의 하나로 거액의 퇴직보상금을 인수합병 되는 기업 경영진에게 지급하도록 하는 내용을 고용계약에 규정하는 것은?

① 독약조항(poison pill) ② 왕관의 보석(crown jewel)
③ 백기사(white knight) ④ 황금낙하산(golden parachute)
⑤ 그린메일(green mail)

33 우호적인 제3자를 통해 지분을 확보하게 한 뒤, 주주총회에서 제3자로 하여금 투표권을 행사하게 하여 기습적으로 경영권을 탈취하는 방법은?

2015 경영지도사

① 팩맨(Pac man)   ② 파킹(Parking)   ③ 그린메일(Green mail)
④ 공개매수(Tender offer)   ⑤ 독약처방(Poison pill)

34 다음 중 주식회사의 특징으로 옳지 않은 것은?

2019 군무원

① 투자자로부터 거액의 자본 조달이 용이하다.
② 주식회사의 3대 기구는 주주총회, 이사회, 감사이다.
③ 소유자가 경영에 참가해야만 하므로 소유와 경영이 일치한다.
④ 주주는 출자액 한도 내에서만 자본 위험에 대해 책임을 진다.

35 다음 중 카르텔에 대한 설명으로 옳지 않은 것은?

2017 군무원

① 각각의 기업은 완전한 독립성을 유지한다.
② 동종산업이 수평적으로 결합한 형태이다.
③ 기업결합 중 가장 강력한 형태이다.
④ 카르텔 등을 방지하기 위해 우리나라에는 공정거래위원회가 존재한다.

36 다음의 특성에 해당되는 기업집중 형태는?

2021 공인노무사

- 주식 소유, 금융적 방법 등에 의한 결합
- 외형상으로 독립성이 유지되지만 실질적으로는 종속관계
- 모회사와 자회사 형태로 존재

① 카르텔(cartel)   ② 콤비나트(combinat)   ③ 트러스트(trust)
④ 콘체른(concern)   ⑤ 디베스티처(divestiture)

37 ㈜ 한국은 정부의 대규모 사업에 참여하면서 다수 기업과 공동출자를 하고자 한다. 이 전략 유형에 해당하는 것은?

2020 공인노무사

① 우회전략(turnaround strategy)   ② 집중전략(comcertration strategy)
③ 프랜차이징(franchising)   ④ 컨소시엄(consortium)
⑤ 포획전략(captive strategy)

38 다음 중 적대적 M&A 수단이 아닌 것은?

2019 군무원

① 위임장경쟁   ② 공개시장매수   ③ 주식공개매수   ④ 역매수 제의

39 다음 내용은 어떤 기업전략의 사례를 설명하는 것이다. 아래의 사례에 가장 옳은 것은? `2022 7급 군무원`

> N사는 운동화를 만드는 과정 중에서 제품 디자인과 판매와 같이 가치사슬의 처음과 끝부분만 자신이 담당하고 나머지 생산부문은 전세계의 하청기업에 맡기고 있다. 하청기업들간에 서로 비용절감 및 품질향상 경쟁을 유도하여 그 중에서 가장 낮은 가격과 높은 품질의 제품을 구매한다.

① 전략적 아웃소싱 ② 전략적 제휴 ③ 다각화 전략 ④ 수직적 통합

40 프랜차이즈(franchise)에 관한 설명으로 옳지 않은 것은? `2022 공인노무사`

① 가맹점은 운영측면에서 개인점포에 비해 자율성이 높다.
② 가맹본부의 사업확장이 용이하다.
③ 가맹점은 인지도가 있는 브랜드와 상품으로 사업을 시작할 수 있다.
④ 가맹점은 가맹본부로부터 경영지도와 지원을 받을 수 있다.
⑤ 가맹점은 프랜차이즈 비용이 부담이 될 수 있다.

41 다음중 소유와 경영의 분리에 대한 설명으로 가장 적절한 것은? `2024 9급 군무원`

① 기업과 경영의 분리
② 자본가와 종업원의 분리
③ 일반경영자와 전문경영자의 분리
④ 출자자와 경영자의 분리

42 적대적 M&A의 방어전략 중 다음에서 설명하는 것은? `2023 공인노무사`

> 피인수기업의 기존 주주에게 일정조건이 충족되면 상당히 할인된 가격으로 주식을 매입 할 수 있는 권리를 부여함으로써, 적대적 M&A를 시도하려는 세력에게 손실을 가하고자 한다.

① 백기사(white knight) ② 그린메일(green mail) ③ 황금낙하산(golden parachute)
④ 독약조항(poison pill) ⑤ 왕관보석(crown jewel)

43 다음 중 적대적 M&A에 대한 방어 수단과 가장 거리가 먼 것은? `2023 7급 군무원`

① 황금낙하산 ② 차입매수(LBO) ③ 백기사 ④ 포이즌 필

44 카츠(R. L. Katz)가 제시한 경영자의 기술에 관한 설명으로 옳은 것을 모두 고른 것은? `2024 공인노무사`

> ㄱ. 전문적 기술은 자신의 업무를 정확히 파악하고 능숙하게 처리하는 능력을 말한다.
> ㄴ. 인간적 기술은 다른 조직구성원과 원만한 인간관계를 유지하는 능력을 말한다.
> ㄷ. 개념적 기술은 조직의 현황이나 현안을 파악하여 세부적으로 처리하는 실무적 능력을 말한다.

① ㄱ ② ㄴ ③ ㄱ, ㄴ ④ ㄱ, ㄷ ⑤ ㄱ, ㄴ, ㄷ

45 다음 중 기업의 사회적 책임의 유형들에 대한 설명으로 가장 옳지 않은 것은? `2022 9급 군무원`

① 경제적 책임: 이윤을 창출하는 것으로 가장 기초적인 수준의 사회적 책임에 해당됨
② 법적 책임: 법규를 준수하는 것
③ 윤리적 책임: 법적 책임의 범위 내에서 기업을 경영하는 것
④ 자선적 책임: 자발적으로 사회에 이바지하여 훌륭한 기업시민이 되는 것

46 캐롤(B. A. Carroll)이 주장한 기업의 사회적 책임 중 책임성격이 의무성 보다 자발성에 기초하는 것을 모두 고른 것은? `2024 공인노무사`

| ㄱ. 경제적 책임 | ㄴ. 법적 책임 | ㄷ. 윤리적 책임 | ㄹ. 자선적 책임 |

① ㄱ, ㄴ   ② ㄴ, ㄷ   ③ ㄷ, ㄹ   ④ ㄱ, ㄴ, ㄹ   ⑤ ㄴ, ㄷ, ㄹ

III | 심화문제

1 경영에서 효과성(effectiveness)은 매우 중요하다. 효과성과 가장 관련성이 높은 것은? 2021 5급 군무원

① 소비자에게 가장 저렴한 가격으로 공급하는 능력
② 소비자가 원하는 것을 공급 대비 생산하는 능력
③ 기업의 가격대비 비용을 최소화하는 능력
④ 기업의 투입 대비 산출 비율을 최소화하는 능력

2 피터 드러커가 기업의 목적을 위하여 가장 중요시한 것은? 2006 한국농어촌공사

① 이익의 최대화
② 마케팅활동, 사회적 책임
③ 생산과 기술의 효율성
④ 고임금의 실현

3 경영자에 대한 다음의 설명 중 가장 적절하지 않은 것은? 2000 CPA

① 기업이 대규모화되면서 기업경영의 문제가 복잡해지고, 자본이 분산됨에 따라 전문경영자가 출현하게 된다.
② 소유경영자가 지배하는 기업에서 자본출자와 관련성이 없으면서 최고경영층으로 활약하는 사람은 고용 경영자이다.
③ 전문경영자는 단기적 기업이익을 추구하는 성향을 보인다.
④ 전문경영자는 자율적 경영과 경영관리의 합리화를 도모하는 성향을 보인다.
⑤ 수탁경영층은 최고경영층으로부터 경영기능을 위임받아 업무를 수행하는 중간경영층을 지칭한다.

4 전문경영자와 소유경영자에 관한 설명으로 옳지 않은 것은? 2013 경영지도사

① 소유경영자는 환경변화에 빠르게 대응할 수 있다는 장점이 있다.
② 전문경영자에 비해 소유경영자는 단기적 성과에 집착하는 경향이 강하다.
③ 전문경영자와 주주 사이에 이해관계가 상충될 수 있다.
④ 전문경영자에 비해 소유경영자는 상대적으로 전문성이 떨어질 수 있다.
⑤ 소유경영자는 전문경영자에 비해 상대적으로 강력한 리더십의 발휘가 가능하다는 장점이 있다.

5 경영자들이 내리는 의사결정에는 다양한 오류들이 존재한다. 다음 중 매몰비용 오류에 해당하는 것은? 2021 군무원

① 선별적으로 정보를 구성하고 선택하는 오류
② 과거의 선택과 부합되는 정보만을 선택하는 오류
③ 실패 원인을 내부가 아닌 외부에서만 찾는 오류
④ 과거의 선택에 매달리고 집착하는 오류

6 리더의 역할이 아닌 것은?

① 인원의 조정　② 기획과 예산　③ 비전 제시　④ 성과달성 환경 조성

7 아래의 민쯔버그(H. Mintzberg)가 제시한 경영자의 역할 중 대인관계 역할(interpersonal roles)에 대한 설명으로 가장 옳지 않은 것은?

① 외부로부터의 투자유치 및 기업홍보를 위한 대변인 역할
② 조직의 대외적 업무에 있어서 대표자 역할
③ 리더로서 사원들에 대한 동기부여와 조직 내 갈등해소 등의 역할
④ 상사와 부하, 기업과 고객 등의 관계에서 연결고리 역할

8 슘페터(J. Schumpeter)가 경영혁신을 언급하면서 지적한 생산요소에 해당하지 않는 것은?

① 새로운 제품의 생산
② 새로운 생산기술이나 방법의 도입
③ 새로운 조직의 형성
④ 신시장 또는 새로운 판로의 개척
⑤ 혁신적인 기업가 정신

9 대리비용(agency costs)과 관련된 다음 서술 중 옳은 것은?

① 위험유인(risk incentive)이란 소유경영자와 외부주주간에 발생하는 이해 상충에서 파생하는 대리비용이다.
② 위험유인은 소유경영자의 지분율이 높을수록 위험한 투자안을 선택하려는 유인이다.
③ 과소투자유인(under-investment incentive)은 부채의 대리비용으로, 수익성 투자 포기 유인이라고도 한다.
④ 특권적 소비(perquisite consumption)는 주주와 채권자간에 발생하는 대리비용으로, 타인자본의존도에 비례하여 증가하는 경향이 있다.
⑤ 감시비용(monitoring costs)이란 대리인이 자신의 의사결정이 위임자의 이해와 일치한다는 것을 입증하기 위해 지불하는 비용이다.

10 기업의 이해관계자에 대한 기업의 사회적 책임(CSR : Corporate Social Responsibility)이 잘못 연결된 것은?

① 종업원에 대한 책임 – 안전한 작업환경 제공, 적절한 노동의 대가 지불
② 사회에 대한 책임 – 새로운 부(Wealth)의 창출, 환경보호, 사회정의 촉진
③ 고객에 대한 책임 – 가치 있는 제품 및 서비스 공급, 고객만족
④ 투자자에 대한 책임 – 내부자거래(Insider Trading)로 주주의 부(Wealth) 극대화, 사회적 투자

11 기업의 형태에 대한 설명으로 옳지 않은 것은?

① 합명회사는 출자액 한도 내에서 유한책임을 지는 사원만으로 구성된다.
② 합자회사는 연대무한책임을 지는 무한책임사원과 출자액 한도 내에서 유한책임을 지는 유한책임사원으로 구성된다.
③ 협동조합은 농민, 중소기업인, 소비자들이 자신들의 경제적 권익을 보호하기 위하여 공동으로 출자하여 조직된다.
④ 주식회사는 주주와 분리된 법적인 지위를 갖는다.

12 주식회사(Corporation)에 대한 설명으로 옳지 않은 것은?

① 주주는 회사에 대해 개인적으로 출자한 금액한도에서 책임을 진다.
② 주식매매를 통하여 소유권 이전이 가능하다.
③ 전문지식을 가진 전문경영인에게 경영권을 위임하여 소유와 경영을 분리할 수 있다.
④ 주주의 수에 제한이 있어 복잡한 지배구조를 방지할 수 있다.

13 다음 중 지주회사(holding company)로 볼 수 있는 것은?

① 개별기업들이 경제적·법률적으로 독립성을 상실하고 하나의 기업이 되는 것이다.
② 상호보완적인 역할을 하는 여러 생산부문이 생산 기술적 입장에서 결합하는 것이다.
③ 상호관련이 없는 이종 기업간의 합병·매수에 의해 다각적 경영을 행하는 거대 기업이다.
④ 타회사를 지배할 목적으로 주식을 매입하여 보유하고 있는 종합금융회사를 말한다.
⑤ 종래 운영하고 있던 업종 이외의 다른 업종에 진출하여 이를 동시에 운영하는 것이다.

14 자동차 제조회사 경영자는 최근 경영환경 변화에 효과적으로 대응하여 경영성과를 극대화하기 위해 사업확장을 추구하고자 한다. 그는 사업확장 방안으로 전방통합을 추진하고자 하는데, 전방통합의 이점으로 옳지 않은 것은?

① 시장에 대한 통제력 증대를 통해 독점적 지위를 유지할 수 있다.
② 판매 및 분배 경로를 통합함으로써 제품의 안정적 판로를 확보할 수 있다.
③ 부품의 자력 공급을 통해 제품차별화 가능성을 높일 수 있다.
④ 적정 생산규모를 유지함으로써 생산비용과 재고비용을 감소시킬 수 있다.

15 수직적 통합전략(vertical integration)에 대한 설명으로 옳지 않은 것은?

① 부품생산에서 유통까지 수직적 활동분야의 참여정도를 결정하는 것으로 다각화의 한 종류로 볼 수도 있다.
② '부품업체→조립업체→유통업체'의 과정에서 조립업체가 부품업체를 통합하는 것은 전방통합이다.
③ 여러 단계의 시장거래를 내부화함으로써 세금을 줄일 수 있다.
④ 수요독점, 공급독점 시장에서 발생하는 가격의 불안정은 수직적 통합을 통해 피할 수 있다.

16 수직적 통합(Vertical Integration) 방식이 다른 것은? 2017 7급 감사직

① 정유업체의 유정개발사업 진출 ② 영화상영관업체의 영화제작사업 진출
③ 자동차업체의 차량공유사업 진출 ④ 컴퓨터업체의 반도체사업 진출

17 인수합병에서 인수기업의 성과에 대한 설명으로 옳은 것은? 2017 7급 감사직

① 인수합병을 성공으로 이끄는 가장 중요한 요인은 높은 인수프리미엄이다.
② 두 조직을 유기적으로 결합하는 합병 후 통합과정은 인수합병 성패의 주요 요인이 된다.
③ 인수합병의 최종목표는 경쟁기업과의 입찰에서 승리하는 것이다.
④ 모든 인수합병은 기업성장을 위해 긍정적으로 작용한다.

18 적대적 M&A에 대응하기 위하여 기존 보통주 1주에 대해 저렴한 가격으로 한 개 또는 다수의 신주를 매입하거나 전환할 수 있는 권리를 부여하는 방어적 수단은? 2008 CPA

① 독약조항(poison pill) ② 역매수전략 ③ 황금주
④ 그린메일(green mail) ⑤ 백지주 옵션

19 다음 중 기업경영자의 전횡을 방지하는 것이 아닌 것은? 1998 CPA

① 사외이사제도 ② 주식소유의 분산 및 대중화
③ 적대적 M&A ④ 기관투자자와 대주주
⑤ 백지위임장 투쟁(proxy fight)

20 기업 매수 및 합병(M&A)에 관한 다음 서술 중 가장 타당하지 않은 것은? 2001 CPA

① 적대적 M&A의 경우 피인수기업 주주는 손실을 본다.
② 보유지분이 불충분하더라도 백지위임장투쟁(proxy fight)을 통해 경영권을 획득할 수 있다.
③ 공개매수제의(tender offer)시 피인수기업 주주들의 무임승차현상(free-riding)은 기업매수를 어렵게 한다.
④ M&A시장의 활성화는 주주와 경영자간 대리문제를 완화시키는 역할을 한다.
⑤ 우리사주조합의 지분율을 높이는 것은 M&A방어를 위한 수단이 된다.

21 기업의 인수·합병(M&A, Merger & Acquisition)에 대한 설명으로 옳지 않은 것은? [2018 7급 감사직]

① 인수대상 기업의 자산을 담보로 인수자금의 대부분을 조달하는 방법을 황금낙하산(Golden Parachute)이라고 한다.
② 2개 이상의 독립된 기업이 모두 해산, 소멸한 후에 새로운 기업을 설립하고, 신설되는 기업이 모든 자산과 부채를 승계하는 방법을 신설합병(Consolidation)이라고 한다.
③ 수평적 합병(Horizontal Merger)은 동종 산업에서 제품군이 유사한 두 기업이 비용 절감, 생산성 향상, 경쟁 회피 등을 위해 합병하는 것이다.
④ 수직적 합병(Vertical Merger)은 공급사슬상의 전방 또는 후방에 위치한 기업을 사들여 경쟁력을 키우고자 하는 합병이다.

22 100 % 자기자본만으로 구성되어 있는 X회사와 Y회사의 현재 기업가치는 각각 70억 원, 30억 원이다. X회사가 Y회사를 합병하여 XY회사가 탄생하면 합병 후 기업가치는 120억 원이 될 것으로 추정된다. X회사의 Y회사 인수가격이 40억 원일 경우 X회사의 입장에서 합병의 순현가는? (단, 다른 조건은 고려하지 않는다) [2016 7급 감사직]

① 10억 원　　② 20억 원　　③ 50억 원　　④ 80억 원

23 다음 중 기업의 사회적 책임투자(SRI)에 해당하지 않는 것은? [2019 군무원]

① 중소기업벤처에 투자한다.　　② 기업지배구조를 고려해 투자한다.
③ 유해행위를 하는 기업에게 투자를 철회한다.　　④ 지역 기금에 투자한다.

24 캐롤(B. A. Carrol)의 피라미드 모형에서 제시된 기업의 사회적 책임의 단계로 옳은 것은? [2021 공인노무사]

① 경제적 책임 → 법적 책임 → 윤리적 책임 → 자선적 책임
② 경제적 책임 → 윤리적 책임 → 법적 책임 → 자선적 책임
③ 경제적 책임 → 자선적 책임 → 윤리적 책임 → 법적 책임
④ 경제적 책임 → 법적 책임 → 자선적 책임 → 윤리적 책임
⑤ 경제적 책임 → 윤리적 책임 → 자선적 책임 → 법적 책임

25 중소기업 특징으로 옳지 않은 것은?

① 자본의 비한계성　　② 소유와 경영의 미분화
③ 전문경영인의 부재　　④ 작은 시장규모

26 기업집단화에 대한 설명으로 가장 옳지 않은 것은? _{2021 7급 군무원}

① 카르텔(cartel)은 동종기업 간 경쟁을 배제하고 시장을 통제하는데 그 목적을 두고 있으며, 경제적, 법률적으로 봤을 때 독립성을 유지하고 있지 않다.
② 기업집단화의 방법으로는 수직적 통합과 수평적 통합이 있으며, 그중 수평적 통합은 같은 산업에서 활동단계가 비슷한 기업 간의 결합을 의미한다.
③ 자동차 제조 회사에서 자동차 판매에 필요한 금융리스사를 인수한다면 이는 수직적 통합 중 전방통합에 속한다.
④ 기업집단화는 시장통제와 경영합리화라는 목적을 지니고 있으며, 이는 시장의 과점적 지배와 규모의 경제 실현과 같은 경제적 영향을 미치게 된다.

27 다음 중 우선주에 대한 설명으로 옳은 것은? _{2019 군무원}

① 회사의 이익과 관계없이 미리 배당금이 정해져 있다.
② 이자가 미리 정해져 있다.
③ 세금 감면 혜택이 있다.
④ 우선주에 대해서 비용을 공제하기 전이라도 우선 배당이 이루어진다.

28 다음 중 계획-조직화-지휘-통제 등 경영관리의 4가지 기능에 대한 설명으로 가장 옳은 것은? _{2022 7급 군무원}

① 계획은 미래의 추세에 대해 예측하고 조직의 목표를 달성하기 위한 최선의 전략과 전술을 결정하는 과정이다.
② 조직화는 조직이 목표에 다가가고 있는지 확인하기 위한 명확한 기준을 설정하고 직원의 성공적인 수행을 보상하기 위한 과정이다.
③ 지휘는 조직의 구조를 설계하고 모든 것들이 목표 달성을 위해 함께 작동하는 체계를 구축하는 과정이다.
④ 통제는 비전을 수립하고 조직목표를 더 효과적으로 달성하기 위해 의사소통 및 권한과 동기를 부여하는 과정이다.

29 기업의 지속가능경영을 구성하는 3가지 요소에 해당하지 않는 것은? _{2022 7급 군무원}

① 경제적 수익성 ② 환경적 건전성 ③ 대외적 공헌성 ④ 사회적 책임성

30 다음 중 기업의 사회적 책임에 대한 설명으로 가장 옳지 않은 것은? 〔2022 7급 군무원〕

① 사회적 책임은 기업의 소유주뿐만 아니라 기업의 모든 이해관계 당사자들의 복리와 행복에 대한 기업의 관심과 배려에 바탕을 두고 있다.
② 사회적 책임은 청렴, 공정, 존중 등의 기본 원칙을 충실히 이행하려는 책임감에서 비롯된다.
③ 미국 경제학자인 밀턴 프리드먼(Milton Friedman)은 시장에서의 경쟁과 이윤 추구 뿐만 아니라 기업의 사회적 책임을 강조했다.
④ 자선 재단 운영, 사회적 약자 고용, 환경보호 등은 기업의 사회적 책임 성과라고 할 수 있다.

31 다음 중 주식회사의 현금흐름에 대한 설명으로 가장 적절하지 않은 것은? 〔2023 7급 군무원〕

① 주식회사는 현금을 조달하기 위해 채권을 발행한다.
② 주식회사는 주주가 투자한 원금을 상환할 의무가 있다.
③ 주식회사는 영구채권의 원금을 채권자에게 상환할 의무가 없다.
④ 주식회사는 채권자에게 약정한 이자를 지급한다.

32 경영자가 주주의 이익을 최대화하는 목적 이외에 자신의 이익을 위한 의사결정과 행동을 하는 대리인 문제(agency problem)에 해당하지 않는 것은? 〔2023 9급 군무원〕

① 경영자가 자신을 보호하기 위해 적대적 인수합병이 일어나지 않도록 방어하는 정관을 제정하는 행위
② 경영자가 이사회의 구성원을 선임하는 데에 영향을 미쳐 사외이사의 독립성을 훼손하는 행위
③ 경영자가 경영 실적에 비해 과다한 보상을 책정하는 행위
④ 경영자가 일반 주식보다 자신이 소유한 주식에 대해 많은 투표권을 갖도록 책정하는 행위

Chapter 2 경영전략 및 국제경영

I | OX문제

1. 직접환경이란 기업의 경영 활동에 직접적이고 적극적인 영향을 미치는 이해 집단 등과 관련한 과업환경으로서 경영자의 통제나 협상이 불가능한 환경이라고 볼 수 있다. ○ X

2. 간접환경은 통제나 협상이 불가능한 위험으로 이에 대한 영향을 최소화하기 위한 완충화 내지는 평탄화 전략을 사용할 필요가 있다. ○ X

3. 균형성과표(BSC)란 기존 기업의 성과를 평가하는 재무적 관점에서 벗어나, 기업이 추구하는 전략을 달성하는데 효과적인 핵심요소들을 재무적 관점, 고객관점, 기업내부 프로세스 관점, 종업원 생산성 관점으로 구분하여 구체적인 전략을 달성하려는 성과관리 도구이다. ○ X

4. 일반적으로 지식은 암묵지와 형식지로 분류한다. 노나카(Nonaka)의 지식순환프로세스에 의하면 지식이 전파되고 공유되는 순서는 공동화(Socialization), 표출화(Externalization), 연결화(Combination), 내면화(Internalization)의 순서로 설명하고 있다. ○ X

5. PEST 모델이란 기업의 의사결정에 가장 영향을 많이 미치는 외부환경 중에서 특히 정치적 영향, 경제적 영향, 사회·문화적 영향, 기술적 영향을 중심으로 환경을 분석하는 것이다. ○ X

6. 『Managing for Dummies』의 저자인 피터 이코노미(Peter Economy)는 조직이나 팀의 목표를 설정할 때는 CLEAR 원칙보다 더 스마트한 원칙에 따라야 한다며 새로운 컨셉으로 SMART 원칙을 제시하고 있다. ○ X

---

1. X | 직접환경 즉, 과업환경은 통제가능한 위험이다.
2. O
3. X | 균형성과표(BSC)는 효과적인 핵심요소들을 재무적 관점, 고객관점, 기업내부 프로세스 관점, 성장과 학습관점으로 구분하여 구체적인 전략을 달성하려는 성과관리 도구이다.
4. O
5. O
6. X | 지금처럼 빠르게 변화하는 환경에서는 더 이상 SMART 원칙이 효과적이지 않다는 주장이 제기 되고 있다. 그 가운데 한 사람이 베스트셀러 『Managing for Dummies』의 저자인 피터 이코노미(Peter Economy)다. 그는 개인의 삶이든 아니면 조직생활에서든 무엇보다 "목표는 명확하고 설득력이 있어야 한다."며, 그래야 구성원들로부터 수용되고 실행되어 실현될 수 있다고 주장한다. 특히 조직이나 팀의 목표를 설정할 때는 SMART 원칙보다 더 스마트한 원칙에 따라야 한다며 새로운 컨셉으로 'CLEAR 원칙'을 제시하고 있다. 그 내용은 아래와 같다.
   - Collaborative: 한 팀이 되어 협력적으로 일할 수 있도록 구성원을 독려
   - Limited: 범위와 기한을 한정
   - Emotional: 구성원들의 에너지와 열정을 모을 수 있도록 정서적으로 연결
   - Appreciable: 보다 빠르고 쉽게 달성할 수 있도록 큰 목표를 작은 목표로 세분화
   - Refinable: 확고부동하되, 상황 변동에 따라 적절히 수정할 수 있는 권한을 명시

7 대규모 초기투자가 요구되는 산업은 초기투자 자체가 진입장벽의 역할을 하여서 경쟁을 줄이게 되어 이로 인해 산업의 수익률이 높아질 수 있다. ☐O ☐X

8 공급자나 구매자의 상품 내지는 브랜드 전환 시 많은 전환비용이 발생하게 될 경우 다른 제품이나 브랜드로의 전환이 어렵게 되고 이는 거래비용을 증가시킬 가능성이 높아짐에 따라 구매자나 공급자의 교섭력은 강화될 수 있다. ☐O ☐X

9 포터(Porter)는 산업구조 분석기법의 5가지 요소로서 기업지배구조의 변동성, 잠재적 진입자의 위협, 대체재의 위협, 구매자의 교섭력, 현재 산업 내의 경쟁을 제시하고 있다. ☐O ☐X

10 전략집단분석은 포터의 산업구조 분석기법에 비하여 경쟁의 범위를 좀 더 넓게 파악하고 있으며 이를 기초로 전략집단 내에 있는 보이지 않는 장벽 즉, 이동장벽으로 인해 전략집단 간 이동을 어렵게 만든다고 설명하고 있다. ☐O ☐X

11 포터(M. Porter)가 기업의 가치 분석 틀로 제시한 가치사슬 중 본원적 활동에는 물류투입, 생산운영관리 활동, 산출물류활동, 인적자원관리활동과 마케팅 및 판매 활동을 통한 가치창출의 과정을 설명하고 있다. ☐O ☐X

12 기업이 보유하고 있는 우월적 내부 역량으로 경쟁기업과 차별화될 뿐 아니라 지속적인 경쟁우위를 창출할 수 있는 능력을 핵심역량이라고 한다. ☐O ☐X

13 향후 사업부 철수를 전제로 해당 사업부의 현금유출을 최소화하고 현금유입을 극대화하려는 장기적인 제거전략을 철수전략이라고 한다. ☐O ☐X

---

7 O
8 X | 공급자나 구매자의 상품 내지는 브랜드 전환 시 많은 전환비용이 발생하게 될 경우 다른 제품이나 브랜드로의 전환이 어렵게 되고 이는 거래비용을 증가시킬 가능성이 높아짐에 따라 구매자나 공급자의 교섭력은 약화되므로 해당산업에 있는 기업의 경쟁력은 강화되고 이에 따른 수익률은 개선될 것임.
9 X | 포터(Porter)는 산업구조 분석기법의 5가지 요소로서 ① 현재 산업 내의 경쟁, ② 잠재적 진입자의 위협, ③ 대체재의 위협, ④ 구매자의 교섭력 및 ⑤ 공급자의 교섭력을 들고 있다.
10 X | 전략집단분석은 포터의 산업구조 분석기법에 비하여 경쟁의 범위를 좁게 설정하고, 이를 기초로 전략집단 내에 있는 보이지 않는 장벽 즉, 이동장벽으로 인해 전략집단 간 이동을 어렵게 만든다고 설명하고 있다.
11 X | 인적자원관리활동은 지원활동에 해당하며, 본원적 활동에는 물류투입, 생산운영관리 활동, 산출물류활동, 마케팅 및 판매 활동과 서비스 활동을 통한 가치창출의 과정을 설명하고 있다.
12 O
13 X | 회수전략(harvest)에 해당하는 설명이며, 철수 전략(divest)는 매각, 양도, 분사 등 사업단위의 즉각적인 제거전략이다.

14 BCG 매트릭스는 ROI와 연관된 모형이다. ◯·✗

15 현재의 효과적인 전략은 미래핵심역량 형성의 토대가 되지만, 이를 기준으로 사업철수와 사업 확장을 결정하기에는 무리가 있다. ◯·✗

16 전략을 수립하는 과정에서 기업외부의 기회와 위협 요소들을 파악하고 기업내부의 강점 및 약점을 분석하는 기법을 BCG 분석이라고 한다. ◯·✗

17 BCG매트릭스에서 시장성장율이 낮고, 상대적 시장점유율이 높은 영역은 현금젖소(CASH COW)영역이며, 상대적 시장점유율은 낮지만 시장성장률이 높은 영역은 물음표(question mark)이다. ◯·✗

18 BCG 매트릭스에서 시장성장률이 낮은 수준이고, 시장 점유율도 낮은 수준에 있는 전략 사업단위는 수익주종산업이 해당한다고 볼 수 있다. ◯·✗

19 현금젖소(cash caw)에 해당하는 사업을 수익주종 사업이라고 하며, 이 단계에서 수익이 최고를 달하고 서서히 줄어들기 시작한다. 반면에 별(Star) 사업부에 해당하는 사업은 성장기에 속하는 성장사업이라고 볼 수 있다. ◯·✗

20 시장성장률이 높다는 것은 그 시장에 속한 사업부의 매력도가 높다는 것을 의미한다. ◯·✗

---

14 ✗ | BCG 매트릭스는 투자수익률(ROI)와는 연계되어 있지 않은 모형이며, 투자수익률과는 GE 모형이 연관되어 있다고 볼 수 있다. 그러나 두 모형 모두 외부로부터의 현금 유입을 고려하고 있지 않다는 단점이 있다.

15 ✗ | 핵심역량은 조직에서의 집단적 학습 과정을 통하여 배양되며, 다양한 시장으로 진출할 수 있는 기회를 제공하며 이를 토대로 사업철수와 사업 확장을 결정한다. 아울러 현재의 효과적인 전략은 미래핵심역량 형성의 토대가 되며 이를 위해 타 기업과 공동으로 개발할 수도 있다.

16 ✗ | 전략을 수립하는 과정에서 기업외부의 기회와 위협 요소들을 파악하고 기업내부의 강점 및 약점을 분석하는 기법은 SWOT 분석이며, BCG 분석은 제품포트폴리오관리(PPM)를 위해 보스턴 컨설팅 그룹이 만든 전략사업부 단위 구성을 위한 분석방법이다.

17 ◯

18 ✗ | BCG 매트릭스에서 시장성장률이 낮은 수준이고, 시장 점유율도 낮은 수준에 있는 전략 사업단위는 사양산업이 해당되며, 수익주종산업이 시장성장률이 낮은 수준이지만, 상대적 시장 점유율은 높은 수준이다.

19 ◯

20 ✗ | BCG 매트릭스는 사업부 전략이 아니라 기업별 전략차원에서 전략 사업단위 구성을 위한 분석이다. 사업부의 매력도가 높다는 것이 아니라 시장 자체의 매력도가 높다는 것임. 약간 문맥적으로 혼동될 수는 있으나 사업부가 속한 시장이 매력도가 높다고 해당 사업부의 매력도를 평가내릴 수는 없다.

21 상대적 시장점유율은 시장 리더기업의 경우 항상 1.0이 넘으며 나머지 기업은 1.0이 되지 않는다. ☐O ☒X

22 유망한 신규사업에 대한 투자재원으로 활용되는 사업부는 현금젖소(Cash Cow) 사업으로 분류된다. ☐O ☒X

23 BCG(Boston Consulting Group) 매트릭스 상에서 원의 크기는 전체 시장규모를 의미한다. ☐O ☒X

24 GE 매트릭스의 변수로는 산업매력도와 기업 강점이 있다. ☐O ☒X

25 GE매트릭스는 산업의 매력도와 강점을 기준으로 분류하고 있으며, BCG매트릭스는 산업의 매력도(성장률)과 절대적 시장점유율을 기준으로 분류하고 있다. ☐O ☒X

26 제품-시장 매트릭스에서 기존시장에 그대로 머물면서 기존제품의 매출을 늘리고 시장점유율을 한층 높여가는 성장전략은 시장개발전략이다. ☐O ☒X

27 기업의 수직적 통합에는 현 사업의 뒷 단계에 있는 사업부문 즉, 소비자 쪽으로 통합하는 전방통합과 현 사업의 앞 단계에 있는 사업부문 즉, 원자재 쪽으로 통합하는 후방통합으로 구분된다. ☐O ☒X

---

21 O
22 O
23 X | BCG상의 원의 크기는 시장규모가 아니라 매출액을 의미함.
24 O
25 X | GE매트릭스는 산업의 매력도와 강점을 기준으로 분류하고 있으며, BCG매트릭스는 산업의 매력도(성장률)과 상대적 시장점유율을 기준으로 분류하고 있다.
26 X | 제품-시장 매트릭스에서 기존시장에 그대로 머물면서 기존제품의 매출을 늘리고 시장점유율을 한층 높여가는 성장전략은 시장침투전략이다.

	기존제품	신제품
기존시장	시장침투 전략	제품개발 전략
신시장	시장개발 전략	(다각화 전략)

27 O

28 포터(Porter)가 제시한 본원적 전략 중의 하나인 차별화(differentiation)는 기업전략이 아니라 사업부 전략에 해당하며, 사업부 전략을 경쟁전략이라고도 한다. ⃞O ⃞X

29 관련 다각화 전략은 규모의 경제(economy of scale) 실현을 목적으로 행하지만, 반드시 규모의 경제가 실현되는 것은 아니다. 참고로 규모의 경제란 사업규모는 커지지만 비용이 절감되는 현상을 의미하는데 규모의 비경제가 나타나기도 한다. ⃞O ⃞X

30 관련다각화는 전략적 적합성(Strategic Fit)을 가진 사업으로 확장-통합해서 운영함으로써 매출이나 이익에 상승효과를 기대할 수 있음 ⃞O ⃞X

28	O
29	O
30	O

II | 개념정리문제

1 기업의 성과에 영향을 주는 기업 외부환경(external environment)이 아닌 것은? `2015 경영지도사`

① 사회문화 ② 법률 ③ 경제정책
④ 정치 ⑤ 최고경영자

2 케플란(Kaplan)과 노튼(Norton)의 균형성과표(BSC: Balanced Scorecard)에서 제시한 4가지 관점으로 가장 적절하지 않은 것은? `2016 CPA`

① 재무적 관점 ② 고객관점 ③ 학습과 성장 관점
④ 내부 프로세스 관점 ⑤ 사회적 책임 관점

3 다음 중 균형성과표(BSC)의 구성요소가 아닌 것은? `2017 군무원`

① 학습과 성장 관점 ② 내부 프로세스 관점 ③ 고객 관점 ④ 환경 관점

4 균형성과표(Balanced Score Card)에 해당하지 않는 것은? `2019 공인노무사`

① 고객 관점 ② 내부 프로세스 관점 ③ 사회적 책임 관점
④ 학습과 성장 관점 ⑤ 재무 관점

5 균형성과표(BSC)에서 고려하지 않는 것은? `2020 군무원`

① 고객 관점 ② 경영전략과 비전 관점
③ 재무적 관점 ④ 학습과 성장 관점

6 암묵지에 대한 설명이 잘못된 것은? `2020 군무원`

① 컴퓨터 매뉴얼 ② 체화된 지식 ③ 내면의 지식 ④ 주관적 지식

7 노나카(Nonaka)의 지식경영에서, 형식지와 암묵지의 변동과정 4가지 중 옳은 것은? `2017 군무원`

① 암묵지 → 암묵지 : 내재화(Internalization) ② 암묵지 → 형식지 : 사회화(Socialization)
③ 형식지 → 형식지 : 통합화(Combination) ④ 형식지 → 암묵지 : 외재화(Externalization)

8 MBO에서 목표설정 시 SMART원칙으로 옳지 않은 것은? 2020 공인노무사

① 구체적(specific)이어야 한다.
② 측정가능(measurable)하여야 한다.
③ 조직 목표와의 일치성(aligned with organizational goal)이 있어야 한다.
④ 현실적이며 결과지향적(realistic and result-oriented)이어야 한다.
⑤ 훈련가능(trainable)하여야 한다.

9 포터(M. Porter)가 제시한 산업경쟁에 영향을 미치는 5개의 요인에 해당되지 않는 것은? 2012 공인노무사

① 대체품의 위협
② 진입장벽
③ 구매자의 교섭력
④ 산업 내 경쟁업체들의 경쟁
⑤ 원가구조

10 포터(Michael Porter)는 기업의 환경에서 경쟁적 우위를 확보하는 데 위협이 되는 요소를 5가지로 파악하여 다섯 가지의 힘(5 forces)이라고 명명하였다. 이 요소에 해당하지 않는 것은? 2016 서울시

① 혁신의 위협(threat of innovation)
② 기존 기업간의 경쟁(threat of rivalry)
③ 대체재의 위협(threat of substitutes)
④ 신규 진입자의 위협(threat of entry)

11 다음 중 포터의 5FORCE의 특징으로 알맞지 않은 것은? 2012 서울시도시철도공사

① 가격에 대한 구매자의 민감도가 높을수록 구매자의 교섭력은 강화된다.
② 그 제품을 대신할 또 다른 대체재의 진입 가능성이 높을수록 수익률을 낮아진다.
③ 기존 사업자 간의 경쟁이 높을수록 산업의 수익률은 낮아진다.
④ 공급자의 협상능력이 커질수록 소비자들의 구매력은 높아져 큰 이익을 볼 수 있다.

12 M. Porter가 제시한 산업구조분석 모형에서 산업 내 기업 상화간의 경쟁 상태에 영향을 주는 다섯 가지 요인에 해당되지 않는 것을 모두 고른 것은?

a. 새로운 기업의 진입 가능성	b. 기존 기업들 간의 경쟁의 정도
c. 대체품의 압력	d. 공급자의 협상력
e. 시장의 불균형	f. 현재 기업들의 성장잠재력
g. 구매자의 교섭력	h. 기업지배구조의 변동성

① e, h
② h
③ e, f
④ e, f, h

13 포터(Porter)의 산업구조분석 모형을 근거로 할 때, 해당 산업에서의 수익률이 가장 높은 경우는? 2012 CPA

	진입장벽	공급자의 교섭력	구매자의 교섭력	대체재의 위협
①	낮음	낮음	높음	낮음
②	낮음	높음	높음	높음
③	낮음	낮음	낮음	낮음
④	높음	높음	높음	높음
⑤	높음	낮음	낮음	낮음

14 마이클 포터(M. E. Porter)의 산업구조분석(5-forces Model)에 대한 설명으로 옳지 않은 것은? 2018 7급 감사직

① 퇴출장벽(Exit Barrier)이 높을수록 가격경쟁이 치열해져 시장의 매력도가 낮아진다.
② 구매자의 공급자 전환비용(Switching Cost)이 높을수록 구매자의 교섭력이 높아져 시장의 매력도가 낮아진다.
③ 진입장벽(Entry Barrier)이 높을수록 새로운 경쟁자의 진입이 어려워져 시장의 매력도가 높아진다.
④ 대체재가 많을수록 대체재의 존재 때문에 가격을 높이기가 어려워져 시장의 매력도가 낮아진다.

15 포터(M. Porter)가 기업의 가치 분석 틀로 제시한 가치사슬(value chain) 중 본원적 활동(primary activities)에 해당하지 않는 것은? 2013 7급 감사직

① 서비스(service)
② 마케팅 및 판매(marketing & sales)
③ 물류투입활동(inbound logistics)
④ 인적자원관리(human resource management)

16 다음 중 마이클 포터의 가치사슬모형에서 지원활동에 해당하지 않는 것은? 2019 군무원

① 인프라 기반시설
② 기술개발
③ 제품의 사후지원
④ 인적자원 개발

17 포터(M. Porter)의 가치사슬(value chain)모델에서 주요활동(primary activities)에 해당하는 것은? 2020 공인노무사

① 인적자원관리 ② 서비스 ③ 기술개발 ④ 기획·재무 ⑤ 법률자문

18 포터(M. Porter)의 산업구조분석 모형에서, 소비자 관점의 사용용도가 유사한 다른 제품을 고려하는 경쟁분석의 요소는? 2022 공인노무사

① 산업내 기존 경쟁업체간 경쟁
② 잠재적 경쟁자의 진입 가능성
③ 대체재의 위협
④ 공급자의 교섭력
⑤ 구매자의 교섭력

19 포터(M. Porter)의 산업구조분석 모형에 관한 설명으로 옳지 않은 것은? <small>2024 공인노무사</small>

① 산업 내 경쟁이 심할수록 산업의 수익률은 낮아진다.
② 새로운 경쟁자에 대한 진입장벽이 낮을수록 해당 산업의 경쟁이 심하다.
③ 산업 내 대체재가 많을수록 기업의 수익이 많이 창출된다.
④ 구매자의 교섭력은 소비자들이 기업의 제품을 선택하거나 다른 제품을 구매할 수 있는 힘을 의미한다.
⑤ 공급자의 교섭력을 결정하는 요인으로는 공급자의 집중도, 공급물량, 공급자 판매품의 중요도 등이 있다.

20 산업의 매력도를 평가하는 환경분석 도구로서 포터(M. Porter)의 5대 경쟁세력모형(5-Forces Model)에서 제시된 5대 경쟁요인과 가장 거리가 먼 것은? <small>2023 7급 군무원</small>

① 대체재(substitute)의 위협
② 신규 진입기업(new entrant)의 위협
③ 정부정책(government policy)의 위협
④ 공급자(supplier)의 교섭력

21 다음 중 복제 가능한 범위의 경제의 효과가 아닌 것은? <small>2018 군무원</small>

① 위험 감소   ② 시장지배력   ③ 세금 혜택   ④ 종업원 보상

22 다음 중 핵심역량에 대한 설명으로 알맞지 않은 것은? <small>2013 한국가스공사</small>

① 핵심역량은 아웃소싱의 논리적 근거를 제공한다.
② 최대한 많은 종류의 핵심역량으로 환경변화에 대처해야 한다.
③ 핵심역량은 주력사업과 비주력사업의 구분기준이 된다.
④ 기업의 경쟁적 우위를 확보할 수 있도록 이끌어 주는 핵심적인 능력이다.
⑤ 핵심역량의 명확한 설정 및 전사적 차원의 이용이 중요한 경영전략으로 부각되고 있다.

23 SWOT분석의 S-W-O-T를 올바르게 나열한 것은? <small>2011 가맹거래사</small>

① Strength – Weakness – Openness – Threat
② Strength – Weakness – Opportunity – Threat
③ Strength – Wellness – Openness – Threat
④ Strategy – Wellness – Opportunity – Trouble
⑤ Strategy – Weakness – Opportunity – Trouble

24 다음 중 SWOT 분석에 대한 설명으로 알맞지 않은 것은?   2014 한국철도시설공단, 2010 한국전력

① 턴어라운드는 W-O 전략에 활용된다.   ② 약점 극복과 철수, 제거는 S-T 전략에 활용된다.
③ 구조조정은 W-T 전략에 활용된다.   ④ 인수합병은 S-O 전략에 활용된다.

25 강점 - 약점 - 기회 - 위협(SWOT) 분석의 결과 W - T상황에 관한 설명 중 가장 부적절한 것은?   2001 CPA

① 철수   ② 핵심역량강화   ③ 전략적 제휴
④ 벤치마킹   ⑤ 집중적 다각화

26 전략을 수립하는 과정에서 기업외부의 기회와 위협 요소들을 파악하고 기업내부의 강점 및 약점을 분석하는 기법은?   2016 가맹거래사

① BCG 분석   ② SWOT 분석   ③ GAP 분석
④ BEP 분석   ⑤ 4P 분석

27 BCG 매트릭스에서 상대적 시장점유율은 낮고 시장성장률이 높은 영역은?   2010 공인노무사

① 별(Stars)   ② 물음표(Question Marks)   ③ 닭(Hens)
④ 개(Dogs)   ⑤ 현금젖소(Cash Cows)

28 보스톤 컨설팅 그룹에서 개발한 BCG 매트릭스에서 상대적 시장점유율이 높고 시장성장률이 낮은 경우와 상대적 시장점유율이 낮고 시장성장률이 높은 경우를 각각 어떤 사업 분야로 분류하는가?   2017 서울시

① 자금젖소(cash cow)와 물음표(question mark)   ② 자금젖소(cash cow)와 별(star)
③ 물음표(question mark)와 별(star)   ④ 물음표(question mark)와 개(dog)

29 BCG 매트릭스에서 개(Dog) 사업부에 해당하는 내용이 아닌 것은?   2011 한국도로공사

① 제품수명주기상의 쇠퇴기에 속한다.
② 많은 자금이 필요로 하지도 않지만, 또한 이익도 거의 없는 사업이다.
③ 마케팅 전략으로는 유지와 수확이 적당하다.
④ 시장성장률이 낮으며, 상대적 시장점유율도 낮은 편에 속한다.

30 다음 중 BCG 매트릭스에 대한 설명으로 옳지 않은 것은? 〔2017 군무원〕

① BCG 매트릭스는 산업이나 시장의 성장률과 상대적 시장 점유율로 사업 기회를 분석하는 기법이다.
② 시장성장률은 보통 10%를 기준으로 고저를 나눈다.
③ Star 영역에서 현금흐름은 긍정적이다.
④ Cash Cow 영역일 때는 현상유지 전략이 필요하다.

31 BCG의 성장-점유율 매트릭스에 관한 설명으로 옳지 않은 것은? 〔2013 가맹거래사〕

① 세로축은 시장성장률, 가로축은 상대적 시장점유율을 나타낸다.
② 물음표(question marks)는 높은 시장성장률과 높은 상대적 시장점유율을 유지하기 때문에 투자가 필요하지 않다.
③ 별(stars)은 성장을 위해 많은 투자를 필요로 한다.
④ 현금 젖소(cash cows)는 높은 상대적 시장점유율을 유지하는데 투자비용이 적게들어 많은 현금을 창출해낸다.
⑤ 개(dogs)는 낮은 시장성장률과 낮은 상대적 시장점유율을 나타낸다.

32 보스톤 컨설팅 그룹(BCG)의 사업 포트폴리오 매트릭스에 관한 설명으로 옳은 것은? 〔2016 공인노무사〕

① 산업의 매력도와 사업의 강점을 기준으로 분류한다.
② 물음표에 속해 있는 사업단위는 투자가 필요하나 성장가능성은 낮다.
③ 개 영역에 속해 있는 사업단위는 확대전략이 필수적이다.
④ 별 영역에 속해 있는 사업단위는 철수나 매각이 필수적이다.
⑤ 자금젖소 영역에 속해 있는 사업단위는 수익이 높고 안정적이다.

33 BCG 매트릭스에 관한 설명으로 옳은 것은? 〔2012 공인노무사〕

① 횡축은 시장성장률, 종축은 상대적 시장점유율이다.
② 물음표 영역은 시장성장률이 높고, 상대적 시장점유율은 낮아 계속적인 투자가 필요하다.
③ 별 영역은 시장성장률이 낮고, 상대적 시장점유율은 높아 현상유지를 해야 한다.
④ 자금젖소 영역은 현금창출이 많지만, 상대적 시장점유율이 낮아 많은 투자가 필요하다.
⑤ 개 영역은 시장지배적인 위치를 구축하여 성숙기에 접어든 경우이다.

34 BCG 매트릭스에서 시간 흐름에 따른 사업단위(SBU)의 수명주기를 순서대로 나열한 것은? 〔2013 공인노무사〕

① 별→현금젖소→개→물음표
② 물음표→별→현금젖소→개
③ 현금젖소→개→별→물음표
④ 개→물음표→현금젖소→별
⑤ 물음표→현금젖소→별→개

35 BCG 매트릭스에서 최적 현금흐름(cash flow)의 방향으로 가장 적합한 것은? `2003 CPA`

① star → question mark　　② star → cash cow
③ cash cow → question mark　　④ dog → question mark
⑤ dog → cash cow

36 앤소프(H. I. Ansoff)의 제품-시장 확장전략 중 기존 제품으로 기존 시장의 점유율을 확대해 가는 전략은? `2022 공인노무사`

① 원가우위 전략　② 시장침투 전략　③ 시장개발 전략　④ 제품개발 전략　⑤ 다각화 전략

37 포터(M. Porter)의 본원적 경쟁전략(generic competitive strategy)과 가장 거리가 먼 것은? `2023 9급 군무원`

① 집중화 전략　② 차별화 전략　③ 현지화 전략　④ 원가우위 전략

38 제품-시장 매트릭스에서 기존시장에 그대로 머물면서 기존제품의 매출을 늘리고 시장점유율을 한층 높여가는 성장전략은? `2013 공인노무사`

① 시장침투　② 제품개발　③ 시장개발
④ 다각화　⑤ 고객세분화

39 "양치질은 식사 후 하루 세 번이 아니라 간식 후와 취침 전 그리고 구취가 날 때마다 여러 번 할수록 치아건강에 더욱 좋습니다."라는 광고문구와 같이 현재 제품을 사용하는 고객들로 하여금 더 많이 또는 더 자주 구입하게 함으로써 성장을 달성하는 전략은? `2017 7급 감사직`

① 시장침투전략　② 제품개발전략　③ 시장개발전략　④ 다각화전략

40 요즘 기업들은 고객관계관리(Customer Relationship Management)의 일환으로 고객 데이터베이스를 이용하여 교차판매(cross-selling) 전략을 많이 사용하고 있다. 교차판매전략이 속한다고 볼 수 있는 가장 적절한 성장전략은 어느 것인가? `2006 CPA`

① 제품개발전략　　② 시장침투전략　　③ 시장개발전략
④ 관련 다각화전략　⑤ 비관련 다각화전략

41 다음은 무엇에 대한 설명인가? 2008 농어촌 공사

> 현재의 사업분야와 완전히 이질적인 시장 또는 사업에 진출하려는 것으로 새로운 고객층과 신제품시장에 사업을 확대하는 전략이다.

① 전방통합   ② 후방통합   ③ 집중적 다각화   ④ 복합적 다각화

42 수직적 통합(Vertical Integration) 방식이 다른 것은? 2017 7급 감사직

① 정유업체의 유정개발사업 진출   ② 영화상영관업체의 영화제작사업 진출
③ 자동차업체의 차량공유사업 진출   ④ 컴퓨터업체의 반도체사업 진출

43 수직적 통합전략(vertical integration)에 대한 설명으로 옳지 않은 것은? 2016 7급 감사직

① 부품생산에서 유통까지 수직적 활동분야의 참여정도를 결정하는 것으로 다각화의 한 종류로 볼 수도 있다.
② '부품업체 → 조립업체 → 유통업체'의 과정에서 조립업체가 부품업체를 통합하는 것은 전방통합이다.
③ 여러 단계의 시장거래를 내부화함으로써 세금을 줄일 수 있다.
④ 수요독점, 공급독점 시장에서 발생하는 가격의 불안정은 수직적 통합을 통해 피할 수 있다.

44 다음중 비관련 다각화의 특징이 아닌 것은? 2019 군무원

① 핵심 역량을 활용할 수 있다.   ② 내부의 자원을 효율적으로 활용할 수 있다.
③ 범위의 경제에 효과가 있다.   ④ 현금흐름이 좋다.

45 포터(M.E. Porter)가 주장한 경쟁력 확보를 위한 본원적 전략에 해당되는 것은? 2010 공인노무사

① 제품전략, 서비스전략   ② 유지전략, 혁신전략   ③ 구조전략, 기능전략
④ 원가우위전략, 차별화전략   ⑤ 구조조정전략, 인수합병전략

46 다음 설명 중 옳지 않은 것은? 2017 군무원

① 제조 기업이 원재료의 공급업자를 인수·병합하는 것을 전방통합이라 한다.
② 기업이 같거나 비슷한 업종의 경쟁사를 인수하는 것을 수평적 통합이라 한다.
③ 기업이 기존 사업과 관련이 없는 신사업으로 진출하여 여러 기업을 지배하에 두는 것을 복합기업이라 한다.
④ 제조 기업이 제품의 유통을 담당하는 기업을 인수·합병하는 것을 전방통합이라 한다.

47 다음 중 수직적 통합에 대한 설명으로 옳지 않은 것은?   2018 군무원

① 자전거 부품업체가 자전거 제조업체를 통합하면 수직적 전방통합이다.
② 수직적 통합은 자원이 분산되어 전문성이 감소될 수 있다.
③ 수직적 통합 시 관리에 유연성이 증가한다.
④ 수직적 통합은 제품의 생산과정상이나 유통경로상에서 공급자나 수요자를 통합하는 전략이다.

48 자동차 완제품 회사와 자동차 부품 업체 간의 결합 유형은 무엇인가?   2019 군무원

① 수직적 결합   ② 수평적 결합   ③ 구조적 결합   ④ 통합적 결합

49 수직적 통합의 특징으로 옳지 않은 것은?   2020 군무원

① 기업활동의 유연성이 낮아진다.
② 생산시설이 노후화되어도 쉽게 포기하지 못할 수 있다.
③ 특허기술이 보호된다.
④ 기업의 핵심역량을 지키기 위해 비중요부분을 다른 기업에 맡길 수 있다.

50 포터(M.E.Porter)의 경쟁전략 유형에 해당하는 것은?   2018 공인노무사

① 차별화(differentiation)전략   ② 블루 오션(blue ocean)전략   ③ 방어자(defender)전략
④ 반응자(reactor)전략   ⑤ 분석자(analyzer)전략

51 본원적 경쟁전략의 하나인 원가우위 전략에서 원가의 차이를 발생시키는 요인이 아닌 것은?   2015 경영지도사

① 학습 및 경험곡선 효과   ② 경비에 대한 엄격한 통제   ③ 적정규모의 설비
④ 디자인의 차별화   ⑤ 규모의 경제

52 경영환경을 일반환경과 과업환경으로 구분할 때 기업에게 직접적인 영향을 주는 과업환경에 해당하는 것은?   2023 공인노무사

① 정치적 환경   ② 경제적 환경   ③ 기술적 환경   ④ 경쟁자   ⑤ 사회문화적 환경

53 다음 중 균형성과표(BSC)의 4가지 관점에 해당하지 않는 것은?   2022 9급 군무원

① 학습과 성장 관점   ② 내부 비즈니스 프로세스 관점
③ 경쟁자 관점   ④ 재무적 관점

54 노나카(Ikujiro Nonaka)가 제시한 암묵지(tacit knowledge)와 형식지(explicit knowledge)간의 상호작용을 통한 4개의 지식변환과정(knowledge conversion process)인 ㉠-㉡-㉢-㉣을 가장 적절하게 표시하고 있는 것은?

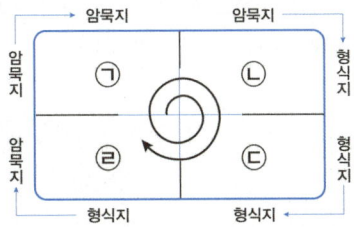

① 종합화(combination) - 사회화(socialization) - 외재화(externalization) - 내재화(internalization)
② 종합화(combination) - 외재화(externalization) - 사회화(socialization) - 내재화(internalization)
③ 사회화(socialization) - 외재화(externalization) - 종합화(combination) - 내재화(internalization)
④ 사회화(socialization) - 외재화(externalization) - 내재화(internalization) - 종합화(combination)

55 다음 중에서 기업의 종합적인 관점에서 비전과 목표를 설정하고 각 사업 분야에서 경영자원을 배분하고 조정하는 일련의 활동으로 가장 옳은 것은?

① 기업전략 ② 사업부전략 ③ 기능별전략 ④ 마케팅전략

56 다음 중 제품 포트폴리오 관리 도구인 BCG 매트릭스가 제공하는 4가지 진단상황에 대한 설명으로 가장 옳지 않은 것은?

① 별(star): 시장성장률과 시장점유율이 모두 높은 제품
② 현금젖소(cash cow): 시장점유율은 낮지만 시장성장률이 높은 제품
③ 개(dog): 시장성장률과 시장점유율이 모두 낮은 제품
④ 물음표(question mark): 시장성장률은 높지만 시장점유율이 낮은 제품

57 다음 BCG 매트릭스의 4가지 영역 중 시장성장율이 높은(고성장) 영역과 상대적 시장점유율이 높은(고점유) 영역이 옳게 짝지어진 것은?

ㄱ. 현금젖소(cash cow)   ㄴ. 별(star)   ㄷ. 물음표(question mark)   ㄹ. 개(dog)

	고성장	고점유
①	ㄱ, ㄴ	ㄴ, ㄷ
②	ㄱ, ㄴ	ㄴ, ㄹ
③	ㄱ, ㄹ	ㄱ, ㄴ
④	ㄴ, ㄷ	ㄱ, ㄴ
⑤	ㄴ, ㄷ	ㄱ, ㄷ

58 조직 내부에서 지식을 증폭 및 발전시키는 과정에 대한 설명 중 가장 옳지 않은 것은? `2022 9급 군무원`

① 이식(공동화 socialization): 각 개인들이 가진 형식지(explicit knowledge)를 조직 안에서 서로 나누어 가지는 과정
② 표출(명료화 externalization): 머릿속의 지식을 형식지로 옮기면서 새로운 지식이 얻어지는 과정
③ 연결(통합화 combination): 각자의 단편지식들이 연결되면서 통합적인 새로운 지식들이 생성되는 과정
④ 체화(내재화 internalization): 구성원들이 얻은 형식지를 머릿속에 쌓아 두면서 자신의 지식과 경험으로 만드는 과정

59 다음 중 목표에 의한 관리(MBO)의 성공요건이 아닌 것은? `2022 9급 군무원`

① 목표의 난이도   ② 목표의 구체성   ③ 목표의 유연성   ④ 목표의 수용성

60 마일즈(R. Miles)와 스노우(C. Snow)의 전략 유형 중 유연성이 높고 분권화된 학습지향 조직구조로 설계하는 것이 적합한 전략은? `2024 공인노무사`

① 반응형 전략   ② 저원가 전략   ③ 분석형 전략   ④ 공격형 전략   ⑤ 방어형 전략

61 브릭스(BRICs)로 일컬어지는 신흥경제권 국가가 아닌 것은? `2016 공인노무사`

① 인도   ② 캐나다   ③ 러시아   ④ 브라질   ⑤ 중국

62 다른 기업에게 수수료를 받는 대신 자사의 기술이나 상품 사양을 제공하고 그 결과로 생산과 판매를 허용하는 것은? `2015 경영지도사`

① 아웃소싱(Outsourcing)
② 합작투자(Joint venture)
③ 라이선싱(Licensing)
④ 계약생산(Contract manufacturing)
⑤ 턴키프로젝트(Turn-key project)

63 자동차 제조기업 A사는 B국에 단순 수출이 아닌 자회사 설립을 준비하고 있다. A사가 B국에 해외직접 투자를 하는 이유로 옳지 않은 것은? `2015 7급 국가직`

① B국의 유통망 및 대정부 관계취약에서 발생하는 외국인 비용을 절감하기 위한 경우
② B국의 기술 및 브랜드와 같은 경영자원을 내부화하기 위한 경우
③ B국의 A사 신제품에 대한 소비 시점이 A사 자국 내 소비 시점과 동일한 경우
④ B국의 환율 위험 및 무역장벽 회피를 위한 경우

64 자원투입, 위험의 크기와 통제수준에 따라 기업의 해외시장 진출과정을 순서대로 바르게 나열한 것은? 2014 7급 공무원

① 직접수출 → 간접수출 → 단독투자 → 합작투자
② 직접수출 → 간접수출 → 합작투자 → 단독투자
③ 간접수출 → 직접수출 → 단독투자 → 합작투자
④ 간접수출 → 직접수출 → 합작투자 → 단독투자

65 해외직접투자방식 중 기업이 최종재의 생산에 필요한 원자재나 중간재를 확보하거나, 최종소비자에게 제품을 판매할 목적으로 해외에 진출하는 방법은? 2010 7급 공무원

① 수평적 해외직접투자
② 수직적 해외직접투자
③ 다각적 해외직접투자
④ 프랜차이징

66 해외직접투자의 유형인 그린필드 투자(green-field investment)와 브라운필드 투자(brown-field investment)에 대한 설명으로 적절한 것은? 2016 7급 감사직

① 그린필드 투자 – 새로운 기업의 설립,
   브라운필드 투자 – 기존에 존재하는 현지 기업의 합병/인수
② 그린필드 투자 – 서비스업에 대한 투자,
   브라운필드 투자 – 제조업에 대한 투자
③ 그린필드 투자 – IT/정보/콘텐츠/문화 등 지식 산업에 대한 투자,
   브라운필드 투자 – 기존 굴뚝 산업에 대한 투자
④ 그린필드 투자 – 정부/공공기관 주도의 직접 투자,
   브라운필드 투자 – 순수 민간 주도의 직접 투자

67 비교경영연구에서 홉스테드(Hofstede)의 국가간 문화분류의 차원으로 가장 적절하지 않은 것은? 2019 CPA

① 고맥락(high context)과 저맥락(low context)
② 불확실성 회피성향(uncertainty avoidance)
③ 개인주의(individualism)와 집단주의(collectivism)
④ 권력거리(power distance)
⑤ 남성성(masculinity)과 여성성(femininity)

68 국가 간 문화차이와 관련하여 홉스테드(G. Hofstede)가 제시한 문화차원(cultural dimensions)에 해당하지 않는 것은?

① 권력거리(power distance)
② 불확실성 회피(uncertainty avoidance)
③ 남성성-여성성(masculinity-femininity)
④ 민주주의-독재주의(democracy-autocracy)
⑤ 개인주의-집단주의(individualism-collectivism)

69 다음 중 환경오염의 원인이 아닌 것은?

① 인구증가 ② 도시화 ③ 국제화 ④ 산업화

70 다음은 기업이 세계화를 추진하는 과정에서 취할 수 있는 다양한 방법들이다. 이 중에서 경영관리를 위한 이슈나 의사결정이 가장 많이 발생하는 것은?

① 글로벌 소싱(global sourcing)
② 전략적 제휴(strategic alliance)
③ 해외 자회사(foreign subsidiary)
④ 프랜차이즈(franchise)

71 다음 중 호프스테드(Hofstede)가 제시한 국가 간 문화분류 차원에 해당되지 않은 것은?

① 불확실성 기피 성향(uncertainty avoidance)
② 개인주의(individualism) 대 집단주의(collectivism)
③ 편협성(parochialism) 대 진취성(progressiveness)
④ 남성성(masculinity) 대 여성성(femininity)

72 다음 중 글로벌경영의 필요성에 대한 설명으로 가장 옳지 않은 것은?

① 해외시장 확보를 통한 매출액 증대
② 지리적 다변화를 통한 위험집중
③ 국내 규제의 회피
④ 해외조달을 통한 투입요소 비용의 절감

73 판매회사가 제조업체에 제품의 생산을 위탁하면 제조업체가 이 제품을 자체적으로 설계·개발·생산하여 판매회사에 납품하는 방식으로 가장 적절한 것은?

① OJT ② OBM ③ ODM ④ OEM

Ⅲ | 심화문제

1. 기업전략에서 고려하는 지속가능성(sustainability)에 대한 설명으로 가장 옳은 것은? _{2017 서울시}

① 지속가능 기업전략에서는 이해관계자와 관계없이 주주의 이익을 우선시한다.
② 지속가능성 평가 기준의 일종인 삼중선(triple bottom lines)은 기업의 경제, 사회, 정부 차원의 책무를 강조한다.
③ 사회적 책임이 포함된 기업전략을 수립하는 것에 대해 모든 기업이 동의한다.
④ 기업의 이익을 넘어 사회의 이익을 제공할 수 있는 전략을 수립한다.

2. 기업의 경영성과를 평가하는 데 사용되는 균형성과표(Balanced Scorecard: BSC)의 평가관점과 성과지표 측정지표 간의 연결로 가장 옳지 않은 것은? _{2017 서울시}

① 재무 관점 — EVA(Economic Value Added)
② 고객 관점 — 시장점유율
③ 내부 프로세스 관점 — 자발적 이직률
④ 학습 및 성장 관점 — 직원 만족도

3. 전략의 통제 기법인 균형성과표(BSC)와 경영혁신 기법에 관련된 설명으로 가장 옳지 않은 것은? _{2021 7급 군무원}

① 균형성과표에서는 주주와 고객을 위한 외부적 측정치와 내부프로세스인 학습과 성장의 균형이 필요하다.
② 시간기반경쟁(time based competition)은 고객이 원하는 재화와 서비스를 가장 빨리, 그리고 적당한 시점에 제공하는 활동을 의미한다.
③ 노나카 이쿠지로(Nonaka Ikuziro)의 지식경영에서는 지식을 형식지와 암묵지로 구분했으며, 암묵지는 지식 전파속도가 늦은 반면에 형식지는 전파속도가 빠르다.
④ 전략적 제휴(strategic alliance)에서는 경쟁이 무의미하기 때문에 차별화와 저비용을 동시에 추구하도록 전략을 구성한다.

4. 최근에 민간 및 공공조직에서 성과관리를 위한 체계로서 많이 활용되고 있는 균형성과표(Balanced Score Card, BSC)에 대한 설명으로 가장 옳지않은 것은? _{2021 5급 군무원}

① 조직의 성과관리를 재무, 고객, 내부프로세스, 학습 및 성장관점으로 구분하여 성과관리지표를 도출 및 관리한다.
② 조직의 균형성과표는 해당 조직의 비전, 전략, 목표 등에 따라 차별적으로 설계 및 운용될 수 있다.
③ 전통적 성과관리 체계의 한계점을 보완하면서 정성적 및 지식적 활동지표까지도 포괄하는 성과측정시스템이다.
④ 궁극으로는 조직의 대표적 성과인 회계 및 재무적 성과목표를 달성하는데 초점을 두고 있는 성과관리체계이다.

5 기업의 경쟁우위에 대한 설명으로 가장 옳지 않은 것은? `2021 7급 군무원`

① 산업 등 외부환경 조건이 아닌 기업자원 수준의 요인이 기업의 경쟁력을 주로 결정한다고 설명하는 이론은 자원기반이론이다.
② 자원기반이론에 의하면 기업의 지속적 경쟁우위는 높은 진입장벽으로 인해 창출된다.
③ 자원기반이론에 의하면 가치가 있지만 희소하지 않은 기업자원은 경쟁 등위를 창출할 수 있다.
④ 다섯 가지 세력 모형(five-force model)은 산업수준의 요인이 기업의 경쟁력을 주로 결정한다고 설명한다.

6 기업의 전략적 의사결정을 위한 환경위협 요인에 해당하지 않은 것을 모두 고른 것은? `2021 5급 군무원`

| ㄱ. 구매자 | ㄴ. 공급자 | ㄷ. 정부의 통화정책 | ㄹ. 미래경쟁자 | ㅁ. 유망기술 |

① ㄱ, ㄷ   ② ㄴ, ㄷ   ③ ㄷ, ㅁ   ④ ㄹ, ㅁ

7 Porter의 경쟁전략이론에 의하면, 산업의 수익률은 5가지 동인(forces)에 의해 영향을 받는다고 한다. 다음 중 가장 옳지 않은 것은? `2006 CPA`

① 산업의 수익률은 보완재의 유무에 의해 영향을 받는다. 보완재가 적을 때 산업의 수익률은 높아질 것이다.
② 산업의 수익률은 기존 기업간들 간의 경쟁에 의해 영향을 받는다. 기업간의 경쟁이 치열할수록 산업의 수익률은 낮아질 것이다.
③ 잠재적 진입자의 시장진출 위협정도가 낮다면, 즉 진입장벽이 높다면 산업의 수익률은 높아질 것이다.
④ 구매자의 교섭력이 강할수록 산업의 수익률은 낮아질 것이다.
⑤ 원자재 공급자의 제품이 차별화되어 있거나 제품의 공급이 소수기업에게 집중되어 있어 공급자의 교섭력이 강할 때 산업의 수익률은 낮아질 것이다.

8 포터의 가치사슬 모형에 대한 설명으로 옳지 않은 것은? `2021 7급 군무원`

① 직접적으로 이윤을 창출하는 활동을 기간활동(primary activities)이라 한다.
② 가치 사슬은 다른 기업과 연계될 수 없다.
③ 판매 후 서비스 활동은 하류(downstream) 가치사슬에 포함된다.
④ 기업의 하부 구조는 보조 활동(support activities)에 포함된다.

9 다음 중 Porter의 가치사슬 모형과 관계가 없는 것은? `1998 CPA`

① 기업의 활동을 가치 활동과 이윤으로 구분하고, 가치 활동은 다시 본원적 활동과 지원 활동으로 나눈다.
② 인적자원관리, 기술개발은 지원활동에 속한다.
③ 경쟁우위는 기업이 소비자를 위해 창출하는 가치에서 발생한다.
④ 기업의 하부구조는 본원적 활동에 속한다.
⑤ 이윤은 제품이나 서비스의 생산, 판매등에 소요된 비용과 소비자가 지불한 대가의 차이를 말한다.

10 포터(Porter)의 가치사슬 모형(value chain model) 중 본원적 활동(primary activities)으로 가장 적절하지 않은 것은?　　　2005 CPA

① 기계, 설비, 사무장비, 건물 등의 자산과 원재료, 소모품 등의 요소를 구입하는 활동
② 투입요소를 최종제품 형태로 만드는 활동
③ 제품을 구매자에게 유통시키기 위한 수집, 저장, 물적 유통과 관련된 활동
④ 구매자가 제품을 구입할 수 있도록 유도하는 활동
⑤ 제품 가치를 유지, 증진시키기 위한 활동

11 전략의 수준을 사업부 수준의 전략과 전사적 수준의 전략으로 구분할 때, 사업부 수준의 전략의 예에 해당하지 않는 것은?

① 다른 기업과 차별화된 자동차를 판매한다.
② 다양한 고객을 상대하는 대신 좁은 범위의 고객을 대상으로 햄버거를 판매한다.
③ 규모의 경제를 통한 비용 절감을 이루어 값 싼 볼펜을 판매한다.
④ 영화 제작사와 제휴를 맺어서 새로운 영화에 등장하는 캐릭터 인형을 판매한다.

12 핵심역량과 관련된 다음의 설명 중 가장 적합하지 않은 것은?　　　2000 CPA

① 핵심역량은 조직에서의 집단적 학습과정을 통하여 배양된다.
② 핵심역량은 다양한 시장으로 진출할 수 있는 기회를 제공한다.
③ 현재의 효과적인 전략은 미래핵심역량 형성의 토대가 된다.
④ 핵심역량은 타 기업과 공동으로 개발할 수 없다.
⑤ 핵심역량을 기준으로 사업철수와 사업확장을 결정한다.

13 다음 경쟁(자)에 대한 설명 중 가장 옳지 않은 것은?　　　2007 CPA

① 일반적으로 코카콜라나 펩시콜라 간의 경쟁처럼 같은 상품형태(product form) 수준의 경쟁이 가장 치열하다.
② 상품범주(product category) 수준의 경쟁이란 코카콜라나 칠성사이다처럼 상품형태는 다소 다르지만 기본적으로 같은 범주(예 청량음료 범주)에 속하는 상품들 간의 경쟁을 말한다.
③ 휴대폰의 보급으로 청소년들의 통신비가 급증하면서 다른 부문(예 놀이공원)에 대한 지출이 줄어드는 것도 상품간 경쟁이라 볼 수 있다.
④ 어떤 시장에서 비슷한 전략을 쓰는 기업들의 집단, 즉 전략군(strategic group) 내에서는 경쟁이 약하다.
⑤ 상품의 형태나 종류에 관계없이 대체 가능성이 있는 것은 모두 경쟁자로 볼 수 있다.

14 다음 중 현금젖소(cash cow)에 대한 설명으로 옳지 않은 것은? 2013 한국도로공사

① 수익주종사업으로 시장성장률은 낮지만 상대적으로 시장점유율은 높다.
② 현금젖소의 마케팅전략으로는 유지와 수확이 적합하다.
③ 기업 자금 확보의 주요원천으로 여기에서 창출된 이익들은 개발 사업부를 지원한다.
④ 현금 젖소에 속하는 사업부의 제품들은 제품수명주기 상 성숙기에 속한다.
⑤ 문제아 사업부라 불리우기도 하며, 시장 성장률은 높은 편이나 상대적 시장점유율은 낮다.

15 BCG 매트릭스에 대한 설명으로 알맞지 않은 것은? 2015 국민연금공단

① 개: 시장성장률과 시장점유율이 낮아 별다른 투자도 필요치 않은 상태로서 사업을 철수 또는 폐기해야 한다.
② 현금젖소: 기업 자금 확보의 주 원천으로 배당금이나 새로운 투자자금의 주된 공급원 역할을 하는 사업단위에 해당한다.
③ 문제아: 상대적으로 시장점유율은 높으나 시장성장성이 낮아 많은 투자가 요구되는 사업단위로 개발사업부라고 한다.
④ 스타: 상대적으로 시장점유율이 높고 잠재적 성장 가능성도 높아 전체 사업포트폴리오의 핵심위치에 있다.

16 다음 BCG(Boston Consulting Group) 매트릭스에 대한 설명으로 옳은 것으로만 묶은 것은? 2017 7급 감사직

> ㄱ. 시장성장률이 높다는 것은 그 시장에 속한 사업부의 매력도가 높다는 것을 의미한다.
> ㄴ. 매트릭스 상에서 원의 크기는 전체 시장규모를 의미한다.
> ㄷ. 유망한 신규사업에 대한 투자재원으로 활용되는 사업부는 현금젖소(Cash Cow) 사업으로 분류된다.
> ㄹ. 상대적 시장점유율은 시장리더기업의 경우 항상 1.0이 넘으며 나머지 기업은 1.0이 되지 않는다.

① ㄱ, ㄴ   ② ㄱ, ㄷ   ③ ㄴ, ㄹ   ④ ㄷ, ㄹ

17 다음 중 BCG(Boston Consulting Group)의 성장-점유율 모형(growth-share model)에서 BCG 매트릭스에 대한 설명으로 가장 옳지 않은 항목은? 2022 7급 군무원

① 문제아(problem children)는 성장률이 높은 시장에서 상대적 시장점유율이 낮은 사업이다.
② 현금젖소(cash cow)는 상대적 시장점유율이 크지만 성장률이 둔화되고 투자의 필요성이 감소하여 현금잉여가 창출되는 사업이다.
③ 개(dog)는 성장률이 낮은 시장에서 시장점유율이 취약한 사업이다.
④ 스타(star)는 고도성장 시장에서 시장의 선도자가 되어 현금유출이 적고 현금흐름의 여유가 큰 사업이다.

18 기업의 경쟁전략에 있어서 경쟁우위는 차별화 우위와 비용우위로 실현될 수 있는데, 다음 중 경쟁우위와 경쟁전략에 대한 설명으로 가장 옳지 않은 항목은? `2022 7급 군무원`

① 차별화우위는 경쟁기업과는 다른 차별화된 제품을 제공함으로써 소비자로 하여금 차별화를 하는데 소요된 비용 이상의 가격프리미엄을 받는 것이다.
② 규모의 경제, 경험효과, 조직의 효율성 증대 등은 비용우위의 원천이 될 수 있다.
③ 다양한 제품의 기획이나 제품 품질에 대한 광고전략 등을 통해 비용우위전략을 추진 할 수 있다.
④ 차별화우위는 소비자가 제품과 서비스에 대하여 느끼는 사회적, 감정적, 심리적 차이에서도 나타날 수 있다.

19 다음 중 다각화(diversification)에 대한 설명으로 가장 옳은 것은? `2022 7급 군무원`

① 수직적 통합에서 후방통합(backward integration)은 판매 및 마케팅 경로를 통합하여 안정적인 유통 경로를 확보할 수 있다.
② 관련다각화는 기존의 제품이나 시장을 벗어나 새로운 사업으로 진출하는 것을 의미한다.
③ 비관련다각화는 특정 기업이 현재의 사업 범위와 서로 관련성이 큰 사업에 진출하는 것을 의미한다.
④ 수직적 통합에서 통합된 기업 중 어느 한 기업이 비효율성을 나타내는 경우, 전체 기업으로 비효율성이 확대될 가능성이 높다.

20 다음 중 관련다각화가 가장 효과적인 전략이 될 수 있는 경우는? `2024 9급 군무원`

① 기업이 속한 산업이 정체되었거나 저성장인 경우
② 기업의 현재 제품 시장이 포화 상태인 경우
③ 신제품의 판매 주기가 현재 제품의 판매 주기와 서로 보완될 수 있는 경우
④ 기업의 현재 유통 경로를 신제품출시에 활용할 수 있는 경우

21 기업의 환경을 산업환경과 일반환경으로 구분 할 경우, 산업환경과 관련하여 포터(M. Porter)는 5요인 모형(5 forces model)에서, 기업이 수익을 창출할 수 있느냐 없느냐 하는 능력은 5가지 요인에 의해 영향을 받는다고 제시하고 있다. 다음 중 이 5 요인에 해당하지 않는 것은?

① 대체품의 위협(threat of substitute products)
② 구매자의 교섭력(bargaining power of buyer)
③ 공급자의 교섭력(bargaining power of supplier)
④ 인구통계적 요인(demographic forces)

22 다음 중 자원기반관점(resource-based view)에 대한 설명으로 가장 옳지 않은 것은? 〔2022 5급 군무원〕

① 기업의 지속적 경쟁우위를 가능하게 하는 것은 기업의 외부 자원이며, 이러한 외부자원은 시간에 걸쳐 기업 외부에서 형성되는 것으로, 차별적이고 독특하며, 다른 기업으로 완전 이동이 불가능하다.
② 모방 불가능성은 특정 자원을 보유하고 있지 않은 기업이 가치 있는 자원을 획득하거나 개발하고자 할 때 얼마나 더 많은 비용을 감내해야 하는가에 의해 결정된다.
③ 희소성은 얼마나 많은 경쟁기업이 자사의 자원과 능력을 보유하고 있는가에 의해서 결정된다.
④ 지속적 경쟁우위의 원천인 기업 특유의 자원은 가치가 있고, 희소성 있고, 모방할 수 없고, 조직화할 수 있는 자원을 의미한다.

23 '㈜오직커피'는 커피만을 판매하는 단일 매장 커피 전문점이며, 그 매장은 한국에 있다. '㈜오직커피'는 여러 가지 성장전략을 고민하고 있는데, 성장전략에 대한 설명으로 가장 적절한 것은? 〔2023 9급 군무원〕

① 한국에서 '㈜오직커피' 매장 하나를 추가로 여는 것은 '시장개발전략'에 해당한다.
② 베트남에 '㈜오직커피' 매장을 여는 것은 '시장침투전략'에 해당한다.
③ 기존 '㈜오직커피' 매장에서 기존 고객에게 샌드위치를 판매하는 것은 '다각화전략'에 해당한다.
④ 기존 '㈜오직커피' 매장에서 기존 고객을 대상으로 판촉활동을 하는 것은 '시장침투 전략'에 해당한다.

24 기업이 보유한 사업단위의 전략적 평가와 선택에는 일반적으로 사업포트폴리오 모형(business portfolio model)이 많이 이용된다. 가장 전형적인 형태의 하나인 BCG(Boston Consulting Group) 사업포트폴리오 모형에 대한 다음의 서술 중 가장 적절하지 않은 것은? 〔2009 CPA〕

① 원(circle)의 크기는 해당 사업단위의 매출액을 의미한다.
② 원의 위치는 해당 사업단위의 시장매력도(시장성장률)와 경쟁력(상대적 점유율)을 나타낸다.
③ 시장성장률이 낮고 상대적 점유율도 낮은 사업단위는 문제아(question mark 또는 problem child)로 분류된다.
④ 육성전략(build strategy)(또는 확대전략, 투자전략, 강화전략, 성장전략 등)은 개(dog)보다 스타(star)에 해당되는 사업단위에 적합하다.
⑤ BCG 사업포트폴리오의 단점을 보완하기 위해 GE/McKinsey 모형이 개발되었다.

25 사업 포트폴리오 분석 방법인 BCG 매트릭스와 GE/McKinsey 매트릭스에 관한 다음의 서술 중 가장 적절한 것은?

2002 CPA

① BCG 매트릭스는 시장성장률(market growth rate)과 절대적 시장점유율(absolute market share)이라는 두 변수를 양축으로 사업의 매력도를 평가한다.
② BCG 매트릭스 분석결과로서 각 사업단위에 적용될 수 있는 전략으로는 확대(build), 철수(divest), 유지(hold), 수확(harvest)전략이 있다.
③ BCG 매트릭스상에서 수익성이 낮고 시장전망이 어두워 철수가 요망되는 영역은 별(star)이다.
④ GE/McKinsey 매트릭스는 산업매력도(industry attractiveness)와 제품의 질(product quality)을 기준으로 구분한 9개의 영역으로 구성된다.
⑤ GE/McKinsey 매트릭스상에서 원의 크기는 각 사업단위가 진출한 시장에서의 시장점유율을 나타내며, 원내에 진하게 표시된 부분의 크기는 원가상의 우위를 나타낸다.

26 GE/맥킨지 매트릭스(GE/McKinsey matrix)에서 전략적 사업부를 분류하기 위한 두 기준은?

2021 공인노무사

① 산업매력도 – 사업단위 위치(경쟁력) ② 시장성장률 – 시장점유율
③ 산업매력도 – 시장성장률 ④ 사업단위 위치(경쟁력) – 시장점유율
⑤ 시장점유율 – 가격경쟁력

27 BCG 모델과 GE의 신호등 모델에 관한 설명으로 알맞지 않은 것은?

2007 한국토지주택공사

① GE 모델은 BCG 모델에 다른 요인을 추가하여 설명하고 있다.
② BCG 모델에서 개발산업은 고시장성장율, 저시장점유율을 보이는 사업부이다.
③ BCG 모델에서 수익주종산업이란 저시장성장률, 고시장점유율을 보이는 사업부이다.
④ BCG 모델은 시장성장률에 의해서만 사업의 우선순위를 결정하는 방법이다.
⑤ GE 모델은 고, 중, 저의 삼등분으로 구분되어 총 9개 영역으로 표시된다.

28 경영전략에 관한 서술 중 가장 적절하지 않은 것은?

2009 CPA

① 보스톤 컨설팅 그룹(BCG)의 사업포트폴리오 매트릭스에서 상대적 시장점유율이 1보다 크다는 것은 그 시장에서 시장점유율이 1위라는 것을 의미한다.
② 포터(Porter)의 산업구조분석에 의하면, 구매자들이 구매처를 변경하는 데 비용이 많이 들수록 기업의 수익률(수익성)은 높아진다.
③ 전략적 제휴(strategic alliance)는 합병에 의한 진입비용이 많이 소요되거나, 단독진입시 위험과 비용 부담이 큰 경우에 채택할 수 있는 전략이다.
④ 포터(Porter)의 가치사슬(value chain) 모형에 의하면 기계와 건물을 구입하는 활동은 본원적 활동에 포함된다.
⑤ 관련다각화 전략을 사용할 때 범위의 경제(economy of scope)를 실현할 수 있다.

29 경영전략에 관한 설명으로 가장 적절한 것은? 2015 CPA

① 보스톤 컨설팅 그룹(BCG)의 사업포트폴리오 매트릭스에서 문제아(problem child, question marks)의 경우에 자금을 투입하기도 한다.
② 관련다각화 전략을 사용하면 반드시 규모의 경제(economy of scale)가 실현된다.
③ 포터(Porter)의 가치사슬(value chain) 모형에 의하면 본원적 활동(primary activities)에는 기획, 구매, 물류, 생산, 판매, 유통, 사후관리가 포함된다.
④ 포터(Porter)의 산업구조분석 모형에 의하면 구매자의 교섭력이 강하고, 공급자의 교섭력이 약하며, 대체재가 적을수록 수익성이 높아진다.
⑤ 보스톤 컨설팅 그룹(BCG)의 사업포트폴리오 매트릭스에서 상대적 시장점유율이 1보다 크다는 것은 시장점유율이 50% 이상이라는 것을 의미한다.

30 다음 중 가장 적절하지 않은 설명은? 2017 CPA

① 교차 라이센싱(cross-licensing)은 기업들이 필요한 기술을 서로 주고받는 제휴 형태로서, 합작투자(joint venture)에 비해 자원 및 위험의 공유정도가 낮다.
② 포터(Porter)의 가치사슬 분석에 의하면 기업활동은 주활동과 보조활동으로 구분되는데, 기술개발은 보조활동에 해당한다.
③ 자동차 생산회사가 생산에 필요한 강판을 안정적으로 확보하기 위해 철강회사를 인수하는 것은 후방통합(backward integration)의 예이다.
④ 경영전략을 기업전략, 사업전략, 기능전략으로 구분할 때, 포터(Porter)가 제시한 본원적 전략 중의 하나인 차별화(differentiation)는 기업전략에 해당한다.
⑤ BCG 매트릭스에서 상대적 시장점유율은 높지만 시장성장률이 낮은 사업군을 자금 젖소(cash cow)라고 한다.

31 경영전략의 수준에 관한 설명으로 옳지 않은 것은? 2015 경영지도사

① 경영전략은 조직규모에 따라 차이가 있으나 일반적으로 기업차원의 전략, 사업부 단위 전략, 기능별 전략으로 구분된다.
② 성장, 유지, 축소, 철수, 매각, 새로운 사업에의 진출 등에 관한 전략적 의사결정은 기업차원의 전략 영역에 포함된다.
③ 사업부 전략은 각 사업 각 사업영역과 제품분야에서 어떻게 경쟁우위를 획득하고 유지해 나갈 것인지를 결정하는 전략을 말한다.
④ 기능별 전략은 사업단위들간의 시너지효과를 높이는 데 초점을 둔다.
⑤ 생산, 재무, 인사, 마케팅 등의 활동 방향을 정하기 위한 것은 기능별 전략이다.

32 전략에 관한 다음의 설명 중 가장 적절하지 않은 것은? `2007 CPA`

① 포터(Porter)에 따르면 차별화(differentiation)전략은 새로운 기술이나 제품개발, 우월한 서비스를 통하여 소비자에게 자사의 제품을 경쟁제품보다 독특하게 하는 것이다.
② 전략의 수준은 의사결정의 수준과 범위에 따라 기업수준의 전략(corporate strategy), 사업수준의 전략(business strategy), 기능수준의 전략(functional strategy)으로 나눌 수 있다.
③ 마일즈와 스노우(Miles and Snow)의 전략 유형에서 방어적(defender) 전략을 구사하는 조직은 생산 효율성보다는 창의성과 유연성을 강조하고 분권화되어 있다.
④ 조직의 전략은 조직 규모, 기술, 문화와 함께 조직 구조에 영향을 미치는 요소이다.
⑤ 후방통합(backward integration)은 공급업자의 사업을 인수하거나 공급업자가 공급하던 제품이나 서비스를 직접 생산, 공급하는 방식의 전략이다.

33 경영조직과 경영전략에 관한 설명 중 적절한 항목만으로 구성된 것은? `2014 CPA`

a. 포터(Porter)의 가치사슬(value chain) 모형에 의하면 본원적 활동(primary activities)에는 기획, 구매 및 물류, 생산, 판매 및 유통, 사후관리가 포함된다.
b. 보스톤 컨설팅 그룹(BCG)의 사업포트폴리오 매트릭스에서 시장의 성장률이 낮고 상대적 시장점유율이 높은 경우를 별(star)이라고 한다.
c. 전방통합(forward integration)과 후방통합(backward integration)은 수직적 통합전략에 해당한다.
d. 유기적 조직은 기계적 조직에 비해 공식화와 분업화의 정도가 낮은 편이다.
e. 환경이 급격하게 변하고 복잡한 경우에는 기계적 조직보다 유기적 조직이 적합하다.

① a, b, c ② b, c, d ③ c, d, e
④ a, d, e ⑤ a, b, e

34 전략적 경영(strategic management) 및 전략적 인적자원관리(strategic human resource management)에 관한 다음의 설명 중 적절하지 않은 항목만으로 구성된 것은? `2010 CPA`

a. 전략적 인적자원관리는 경영전략과 인적자원관리를 통합하여 상호 연계시키는 인적자원관리 활동 및 체계이다.
b. 전략적 경영의 수준은 의사결정의 수준과 범위에 따라 기업수준의 전략(corporate strategy), 사업수준의 전략(business strategy), 기능수준의 전략(functional strategy)으로 나눌 수 있다.
c. 후방통합(backward integration)은 공급업자의 사업을 인수하거나 공급업자가 공급하던 제품이나 서비스를 직접 생산, 공급하는 방식의 전략으로 수평적 통합(horizontal integration) 전략의 하나이다.
d. 전략적 인적자원관리는 전통적인 인사관리(personnel management)와 달리 기업의 경영전략과 인적자원관리시스템 간의 적합성(fitness)을 강조한다.
e. 전략적 인적자원관리는 경쟁우위의 원천으로 인적자원(human resource)보다 물적자원(physical resource)을 중시한다.

① a, c ② b, e ③ c, e
④ d, e ⑤ b, d

35 국가 간 문화적 차이를 이해하기 위해 홉스테드(G. Hofstede)가 제시한 모형에 대한 설명으로 옳지 않은 것은?

2013 7급 공무원

① 개인주의 문화권에서는 개인의 성취도와 자유도가 높게 평가되고, 집단주의 문화권에서는 내부집단에 대한 충성이 중요시된다.
② 의사소통시 고맥락(high context) 문화권에서는 배경과 상황을 중시하고, 저맥락(low context) 문화권에서는 언어나 문서를 중시한다.
③ 남성다움이 강한 문화권에서는 남녀의 사회적 역할 구분이 명확하다.
④ 불확실성 회피 성향이 높은 문화권에서는 직업의 안정성과 명확한 업무지시 등을 선호하고, 불확실성 회피 성향이 낮은 문화권에서는 변화를 두려워하지 않는다.

36 다음 중 투자를 통한 해외 시장 진입 방식에 대한 설명으로 가장 적절하지 않은 것은?

2024 9급 군무원

① 완전자회사를 이용한 시장 진입을 통해 관리자를 표적시장에서 이루어지는 활동에 관리자들이 표적시장에서 이루어지는 활동에 대해 완전하게 지배력을 행사할 수 있다.
② 조인트벤처의 전방통합은 기업의 업스트림(상향) 활동에 합작 투자를 의미한다.
③ 조인트벤처는 일반적으로 완전자회사에 비해 적은 리스크를 안고 있다.
④ 전략적 제휴의 단점은 미래의 현지 혹은 세계적인 경쟁자를 만들 수 있다는 점이다.

37 성장을 위한 전략 가운데 수직적 통합(vertical integration) 및 수평적 통합(horizontal integration)에 대한 설명으로 가장 거리가 먼 것은?

2023 7급 군무원

① 수평적통합을 통해 '규모의 경제'를 달성할 수 있다.
② 전방통합을 하면 안정적인 판로를 확보할 수 있다.
③ 후방통합을 통해 원가를 절감할 수 있다.
④ 의류제조업체가 섬유제조업체를 통합하는 것은 전방통합에 해당한다.

38 다음 중 투자를 통한 해외 시장 진입 방식에 대한 설명으로 가장 적절하지 않은 것은?

2024 9급 군무원

① 완전자회사를 이용한 시장 진입을 통해 관리자를 표적시장에서 이루어지는 활동에 관리자들이 표적시장에서 이루어지는 활동에 대해 완전하게 지배력을 행사할 수 있다.
② 조인트벤처의 전방통합은 기업의 업스트림(상향) 활동에 합작 투자를 의미한다.
③ 조인트벤처는 일반적으로 완전자회사에 비해 적은 리스크를 안고 있다.
④ 전략적 제휴의 단점은 미래의 현지 혹은 세계적인 경쟁자를 만들 수 있다는 점이다.

39 아프리카에 진출한 어떤 한국기업의 경우, 그 국가에서 적절하다고 여겨지는 관행을 기준으로 급여를 책정하였으므로 한국 기준에서는 터무니없는 저임금일지라도 윤리적이라고 판단하고 있다. 이러한 경영윤리관을 지칭하는 용어로서 가장 적절한 것은? [2024 9급 군무원]

① 공리주의 윤리관 ② 정의론적 윤리관
③ 사회계약론적 윤리관 ④ 인권론적 윤리관

40 라이센싱(Licensing)과 프랜차이징(Franchising)에 대한 설명으로 옳지 않은 것은? [2018 7급감사직]

① 진출예정국에 수출이나 해외직접투자에 대한 무역장벽이 존재하는 경우 라이센싱은 무역장벽을 극복하는 방법이다.
② 프랜차이징은 음식점, 커피숍 등 서비스업종에서 많이 사용하는 방법이다.
③ 라이센싱은 브랜드와 기술 등 무형자산과 함께 품질관리, 경영방식, 기업체 조직 및 운영, 마케팅 지원 등과 같은 경영관리 노하우까지 포함하기 때문에 철저한 통제가 가능하다.
④ 라이센싱과 프랜차이징은 잠재적인 경쟁자를 만들 위험이 있다.

41 1달러 = 1,150원이고, 1유로 = 1.6달러인 경우, 원화와 유로화 간의 재정환율(Arbitrage Rate)은? [2018 7급감사직]

① 1유로 = 718.75원 ② 1유로 = 1,150원
③ 1유로 = 1,265원 ④ 1유로 = 1,840원

42 환율결정이론에 대한 설명으로 옳지 않은 것은? [2018 7급감사직]

① 한 국가의 물가상승률이 높을수록 그 국가의 환율은 장기적으로 평가절상된다.
② 구매력평가설이 성립하는 상황에서 환율의 변동은 국내물가상승률과 외국물가상승률의 차이로 결정된다.
③ Big Mac지수는 같은 비용을 지불하여 전 세계 어디에서나 동일한 품질의 햄버거를 구매할 수 있다는 가정하에 균형환율을 계산한 것이다.
④ 구매력평가설은 일물일가의 법칙이 성립하고, 관세를 포함한 무역장벽이 없으며, 수송비용이 크지 않은 경쟁적인 시장을 가정한다.

Chapter 3 경영학의 발전과정

I | OX문제

1. 테일러(Taylor)의 과학적 관리법(scientific management)은 분업의 원리를 적용하여 업무를 세분화하고 작업절차를 표준화하였고, 시간과 동작 연구를 통하여 표준 작업량을 설정하였다. ☐O ☒X

2. 테일러(Taylor)는 종업원 개인이 달성한 성과에 따라 임금을 차별화는 차별 성과급제를 주장하며, 임금을 3단계로 분류하여 성과급을 책정하였다. ☐O ☒X

3. 테일러(Taylor)는 조직의 관리과정을 계획, 조직, 지휘, 조정, 통제의 단계로 구분하였다. ☐O ☒X

4. 테일러(Taylor)는 작업능률과 생산성을 향상시키는 최선의 방법(one the best way)이 존재할 수 있다고 주장하였다. ☐O ☒X

5. 테일러(Taylor)는 권한과 책임의 원칙 하에서의 시간제 임금지급을 통한 차별적 성과급제를 도입하였다. ☐O ☒X

6. 과학적 관리법은 전사적품질경영(TQM)에서 시작된 것으로, 개별 과업뿐 아니라 전체 생산시스템의 능률 및 품질향상에 기여하였다. ☐O ☒X

---

1. O
2. X | 테일러는 2단계로 구분하였고 이후 메리크는 3단계로 구분함.
3. X | 테일러에 대한 설명이 아니라 페욜에 대한 설명임.
4. O
5. X | 권한과 책임의 원칙은 일반관리론에 해당하는 베버의 관료제에서 언급한 내용이며 테일러(Taylor)의 과학적 관리론에서 언급되었다고 보기는 어렵다. 아울러 테일러는 시간제 임금지급에서 발생하는 태업문제를 극복하기 위하여 차별적 성과급제를 도입하였다.
6. X | 테일러의 과학적 관리법은 생산관리 및 품질관리에 많은 영향을 주었으나, 전사적 품질경영(TQM)에서 시작된 것으로 보기는 어렵다. 전사적 품질경영은 현대적 관점에서 고객중심, 지속적 개선 활동 등을 통한 품질 향상을 도모하는 기법이다.

7 과학적 관리법은 방임관리를 지양하고 고임금·저노무비용의 실현을 시도하였고, 이를 위한 주요 과업관리의 방법으로는 작업의 표준화, 작업조건의 표준화, 차별적 성과급제 등이 있다. ◯ ✕

8 이동컨베이어 시스템은 컨베이어에 의해 작업자와 전체 생산시스템의 속도를 동시화 함으로써 능률 향상을 시도하였다. ◯ ✕

9 포드(Ford)는 대량생산을 위한 이동컨베이어 시스템의 효율적 이용을 위해 부품의 표준화(standardization), 작업의 단순화(simplification), 장비의 전문화(specialization)라는 3S를 주장하였다. ◯ ✕

10 포드(Ford)는 고임금, 저노무비를 실현하였다. ◯ ✕

11 포드는 소비자에게 좋은 품질의 제품을 저렴한 가격에 제공하고 근로자들에게는 높은 임금을 주려는 경영철학을 가지고 있었다. ◯ ✕

12 베버(Weber)의 관료제 조직(Bureaucracy)론은 대규모 조직에서의 조직구조 설계 시 고려 요소에 대한 이론적 토대 제공. ◯ ✕

13 베버(Weber)는 조직은 사적 욕망에 의해 즉흥적으로 관리되어서는 안 되며, 합리적 기반 위에서 관리되어야 함을 주장하였다. ◯ ✕

14 베버(Weber)는 경영의 6가지 활동을 기술적 활동(생산, 제조, 가공), 상업적 활동(구매, 판매, 교환), 재무적 활동(자본의 조달과 운용), 보전적 활동(재화와 종업원의 보호), 회계적 활동(재산목록, 대차대조표, 원가, 통계), 관리적 활동(계획, 조직, 명령, 조정, 통제)으로 분류함. ◯ ✕

7	◯
8	◯
9	◯
10	✕ | 고임금, 저노무비를 실현한 것은 테일러이며, 포드는 고임금, 저가격을 실현하였다.
11	◯
12	◯
13	◯
14	✕ | 베버가 아니라 페욜의 주장임.

15 메이요는 호손실험을 통해 종업원의 심리상태가 생산성에 미치는 영향력이 크므로 이를 기반으로한 인간관계론을 주창하였고 이 실험의 결과 비공식적 조직을 중요성을 발견하여 이를 강조하였다. ○ X

16 호손실험을 통하여 얻은 결론은 생산현장에는 공식조직(formal organization)과는 별개의 조직이 있는데, 이것은 자연발생적이고 파생적으로 형성되는 비공식조직(informal organization)이라는 것이다. ○ X

17 아지리스(Chris Argyris)는 한 개인이 성숙하는 과정에서 퍼스낼리티(personality)는 변화를 보이며, 미성숙 상태에서 성숙 상태로 연속적으로 변화한다고 주장하였다. ○ X

18 버나드(C. Barnard)는 조직 의사결정은 제약된 합리성에 기초하게 된다고 주장하였다. ○ X

19 시스템이론에서는 조직을 여러 구성 인자가 유기적으로 상호작용하는 결합체로 본다. ○ X

20 Z이론은 점진적 평가 및 인사, 즉 느린 인사고과가 특징이며 장기고용이 이루어진다. ○ X

21 제품의 기획 및 개발단계에서부터 최종소비자에 대한 서비스에 이르기까지 전 사업과정에서 시간이란 측면의 경쟁우위를 확보하려는 경영기법으로서 시간기반경쟁(TBC)이 확대된 개념이 고객만족경영(CSM)이다. ○ X

22 리스트럭처링이란 기업의 비용·품질·서비스·속도와 같은 핵심적 분야에서 극적인 향상을 이루기 위해 기존의 업무수행방식을 원점에서 재검토하여 업무처리절차를 근본적으로 재설계하는 것으로서, 궁극적인 목적은 고객만족에 있다. ○ X

23 기업이 구매, 생산, 물류, 판매, 인사, 회계 등 별도 시스템으로 운영하던 것을 하나의 통합적인 시스템으로 구축하여 경영자원을 효율적으로 관리하는 것을 전사적 자원관리 즉, ERP라고 한다. ○ X

15	O
16	O
17	O
18	X ㅣ 버나드의 주장이 아니라 사이몬의 주장임.
19	O
20	O
21	O
22	X ㅣ 리스트럭처링이 아니라 리엔지니어링 즉, BPR에 대한 설명임.
23	O

II | 개념정리문제

1 테일러(F. W. Taylor)의 과학적 관리법의 내용에 해당되지 않는 것은? [2010 공인노무사]

① 공정한 일일 작업량 설정　　② 시간연구 및 동작연구
③ 차별성과급제　　　　　　　④ 기능식 직장제도
⑤ 사회적 접근

2 테일러(F. W. Taylor)의 과학적 관리법에 제시된 원칙으로 옳은 것을 모두 고른 것은? [2024 공인노무사]

> ㄱ. 작업방식의 과학적 연구　　ㄴ. 과학적 선발 및 훈련
> ㄷ. 관리자와 작업자들 간의 협력　ㄹ. 관리활동의 분업

① ㄱ, ㄴ　② ㄷ, ㄹ　③ ㄱ, ㄴ, ㄷ　④ ㄴ, ㄷ, ㄹ　⑤ ㄱ, ㄴ, ㄷ, ㄹ

3 테일러(F. W. Taylor)의 과학적 관리의 특징으로 옳지 않은 것은? [2015 공인노무사]

① 과업관리　　　② 작업지도표 제도　　③ 차별적 성과급제
④ 기능식 직장제도　⑤ 컨베이어시스템

4 다음 중 테일러의 과학적 관리법에 대한 설명으로 옳지 않은 것은? [2015 한국방송광고진흥공사]

① 성과급제를 도입하여 임금은 생산량에 비례하였다.
② 노동자의 표준작업량을 정해주었다.
③ 업무에 분업의 원리를 적용하여 세분화를 이루었다.
④ 기업의 인간적 측면을 무시하는 경향이 있다.
⑤ 과학적 관리법으로 현대적 경영관리의 전형으로 보고 있다.

5 테일러의 과학적 관리법의 설명으로 가장 옳지 않은 것은? [2021 군무원]

① 내적 보상을 통한 동기부여　② 표준화를 통한 효율성 향상
③ 선발, 훈련, 평가의 합리화　　④ 계획과 실행의 분리

6 테일러(F. W. Taylor)의 과학적 관리법에 관한 설명으로 옳지 않은 것은? [2019 공인노무사]

① 시간 및 동작 연구　　　② 기능적 직장제도
③ 집단중심의 보상　　　　④ 과업에 적합한 종업원 선발과 훈련 강조
⑤ 고임금 저노무비 지향

7 포드시스템의 현대적 대량생산 공정 원리에 해당하는 것이 아닌 것은? `2017 군무원`

① 기계의 전문화 ② 제품의 단순화 ③ 작업의 복잡화 ④ 부품의 표준화

8 페이욜(H. Fayol)의 일반적 관리원칙에 해당하지 않는 것은? `2021 공인노무사`

① 지휘의 통일성 ② 직무의 분업화 ③ 보상의 공정성
④ 조직의 분권화 ⑤ 권한과 책임의 일치

9 생산합리화의 3S로 옳은 것은? `2011 공인노무사`

① 표준화(standardization) – 단순화(simplification) – 전문화(specialization)
② 규격화(specification) – 세분화(segmentation) – 전문화(specialization)
③ 단순화(simplification) – 규격화(specification) – 세분화(segmentation)
④ 세분화(segmentation) – 표준화(standardization) – 단순화(simplification)
⑤ 규격화(specification) – 전문화(specialization) – 표준화(standardization)

10 Fordism의 특징에 대한 설명으로 알맞지 않은 것은? `2005 한국관광공사`

① 저가격, 저임금 원칙을 주장하며 기업경영을 하였다.
② 과다한 설비투자로 인하여 사업초기에는 고정비가 많이 발생하며, 라인 밸런싱 문제도 발생한다.
③ 노동자들은 노동조합의 결성을 촉진하여 자신의 권익보호에 힘썼다.
④ 원가절감이 포디즘을 실현하기 위한 최고의 대안이라 생각하여 구체적 작업으로 생산의 표준화와 이동조립법을 채택하였다.

11 테일러 시스템과 포드 시스템에 대한 설명으로 알맞지 않은 것은? `2005 국민연금공단`

① 테일러 시스템은 과업관리를, 포드 시스템은 동시관리를 하였다.
② 테일러 시스템은 차별적 성과급제를, 포드 시스템은 봉사동기를 중시하였다.
③ 테일러 시스템은 대량소비·대량생산을, 포드 시스템은 생산의 표준화를 만들었다.
④ 테일러 시스템은 작업의 과학화·개별생산관리를, 포드 시스템은 생산공정 전체의 합리화를 만들었다.

12 막스 베버(M. Weber)가 제시한 이상적 관료조직의 원칙으로 옳지 않은 것은? `2015 경영지도사`

① 분업과 전문화 ② 공식적인 규칙과 절차 ③ 비개인성
④ 연공에 의한 승진 ⑤ 공과 사의 명확한 구분

13 막스 베버(Max Weber)가 제시한 관료제 이론의 주요내용이 아닌 것은? 2016 공인노무사

① 규정에 따른 직무배정과 직무수행 ② 능력과 과업에 따른 선발과 승진
③ 상황적합적 관리 ④ 계층에 의한 관리
⑤ 규칙과 문서에 의한 관리

14 다음 중 페이욜의 관리과정론에 대한 설명으로 알맞지 않은 것은? 2010 한국가스공사

① 페이욜은 최초로 관리행동을 체계화하였다.
② 관리과정의 순서로는 계획 – 조직 – 조정 – 지휘 – 통제이다.
③ 관리일반원칙으로는 분업의 원칙, 규율유지의 원칙 및 적합화의 원칙 등을 도출하였다.
④ 6가지 활동군으로 기술적 활동, 상업적 활동, 재무적 활동, 보전적 활동, 회계적 활동, 관리적 활동으로 구분하였다.

15 페이욜(Fayol)이 주장한 경영활동과 관련하여 연결이 옳은 것은? 2014 가맹거래사

① 기술활동 – 생산, 제조, 가공
② 상업활동 – 계획, 조직, 지휘, 조정, 통제
③ 회계활동 – 구매, 판매, 교환
④ 관리활동 – 재화 및 종업원 보호
⑤ 재무활동 – 원가관리, 예산통제

16 다음은 과학적 관리론(scientific management)과 인간관계론(human relation theory)을 몇 가지 측면에서 비교한 것이다. 이 중 가장 옳지 않은 것은? 2022 5급 군무원

	과학적 관리론	인간관계론
①	테일러(Taylor), 간트(Gantt)	메이요(Mayo), 매슬로우(Maslow)
②	경제적 인간관	사회적 인간관
③	호손연구	서부 전기회사
④	과업관리	비공식 집단

17 메이요(E. Mayo)의 호손실험 중 배선작업 실험에 관한 설명으로 옳지 않은 것은? 2022 공인노무사

① 작업자를 둘러싸고 있는 사회적 요인들이 작업능률에 미치는 영향을 파악하였다.
② 생산현장에서 비공식조직을 확인하였다.
③ 비공식조직이 작업능률에 영향을 미치는 것을 발견하였다.
④ 관찰연구를 통해 진행되었다.
⑤ 경제적 욕구의 중요성을 재확인하였다.

18 다음 중 인간관계론에 대한 설명으로 가장 옳은 것은?

① 과학적관리법이라고도 한다.
② 차별적성과급을 핵심 수단으로 삼고 있다.
③ 비공식집단의 중요성을 발견했다.
④ 조직을 관리하는 최선의 관리방식은 회사의 규모나 시장 상황 등에 따라 상이할 수 있음을 발견했다.

19 인간관계론의 내용에 관한 설명으로 옳은 것은? [2012 공인노무사]

① 과학적 관리법과 유사한 이론이다.
② 인간 없는 조직이란 비판을 들었다.
③ 심리요인과 사회요인은 생산성에 영향을 주지 않는다.
④ 비공식집단을 인식했으나 그 중요성을 낮게 평가했다.
⑤ 메이요(E. Mayo)와 뢰슬리스버거(F. Roethlisberger)를 중심으로 호손실험을 거쳐 정리되었다.

20 인간관계론에 해당하는 내용은? [2016 공인노무사]

① 기획업무와 집행업무를 분리시킴으로서 계획과 통제의 개념 확립
② 시간 및 동작연구를 통하여 표준 과업량 설정
③ 자연발생적으로 형성된 비공식 조직의 존재 인식
④ 과업에 적합한 근로자 선발 및 교육훈련 방법 고안
⑤ 전문기능별 책임자가 작업에 대한 분업적 지도 수행

21 경영이론의 주창자와 그 내용이 옳지 않은 것은? [2017 공인노무사]

① 테일러(Taylor): 차별적 성과급제
② 메이요(Mayo): 비공식 조직의 중시
③ 페이욜(Fayol): 권한과 책임의 원칙
④ 포드(Ford): 고임금 고가격의 원칙
⑤ 베버(Weber): 규칙과 절차의 중시

22 다음 중 버나드의 권한수용설에 대한 설명으로 알맞은 것은? [2010 한국수력원자력]

① 부하가 명령을 수용하지 않아도 권한수용설을 성립된다.
② 명령 권한은 부하가 아니라 관리자에게 있다는 주장이다.
③ 사이먼이 제창한 것을 버나드가 승계하여 발전시킨 것이다.
④ 하부직위가 명령을 수용하고 그 뜻에 따라 움직일 때 관리자의 권한이 성립된다는 주장이다.

23 Simon의 조직이론에 대한 설명으로 알맞지 않은 것은?

① 사회인 가설을 바탕으로 인간의 행동을 분석한다.
② 버나드의 이론을 계승하여 발전시켰다.
③ 의사결정과정에 가치전제와 사실전제의 개념을 도입하였다.
④ 조직에서 구성원의 동의를 구하는 방법으로 권위나 자기통제를 주장한다.
⑤ 가치전제란 경험적으로 검증이 불가능한 것을 말한다.

24 경영이론에 대한 설명으로 옳은 것은?

① 테일러(F. Taylor)의 과학적 관리론에서는 고정적 성과급제를 통한 조직관리를 강조하였다.
② 페이욜(H. Fayol)은 중요한 관리활동으로 계획수립, 조직화, 지휘, 조정, 통제 등을 제시하였다.
③ 바나드(C. Barnard)의 학습조직이론에서는 인간을 제한된 합리성을 갖는 의사결정자로 보았다.
④ 호손실험을 계기로 활발하게 전개된 인간관계론은 공식적 작업집단만이 작업자의 생산성에 큰 영향을 미친다고 주장하였다.

25 현대 경영학 이론에 관한 설명으로 옳지 않은 것은?

① 과학적 관리법에서는 효율과 합리성을 강조한다.
② 인간관계론에서는 인간의 사회심리적 요인을 중시한다.
③ 행동과학이론에서는 조직 내 비공식 조직의 활용을 중시한다.
④ 시스템이론에서는 조직을 여러 구성 인자가 유기적으로 상호작용하는 결합체로 본다.
⑤ 상황이론에서는 조직구조가 조직이 처한 상황에 적합해야 한다고 본다.

26 시스템이론 관점에서 경영의 투입 요소와 산출 요소를 구분할 때, 산출 요소인 것은?

① 노동 ② 자본 ③ 전략
④ 정보 ⑤ 제품

27 Z이론에 대한 설명으로 알맞지 않은 것은?

① 빠른 승진을 원칙으로 한다.
② 미국의 오우치 교수가 주장한 이론이다.
③ 벤치마킹의 한 사례라 할 수 있다.
④ 비교적 느린 승진과 평가가 원칙이다.
⑤ 미국식 조직과 일본식 조직이 결합된 형태의 조직이다.

28 다음 중 Z이론에 대한 설명으로 바르지 않은 것은?

① 벤치마킹의 사례 중 하나다.
② 장기고용을 보장해 준다.
③ 느린 인사고과와 승진이 특징이다.
④ 경력관리제를 도입하여 빠른 평가와 빠른 승진이 중요한 특징 중 하나이다.

29 다음 중 벤치마킹에 대한 설명으로 옳은 것은?

① 과다한 직무등급을 줄이는 경영기법으로, 직무등급의 수를 줄리고 개인의 역량에 따라 역할범위와 중요도를 확대하여 급여의 폭을 넓힌다.
② 품질·비용·서비스 등 기업의 업무와 체질, 조직 및 경영방식을 근본적으로 재구성하여 경영의 효율과 경쟁력을 높이려는 경영혁신기법이다.
③ 기업의 소량화, 감량화 전략을 나타내는 경영 기법이다.
④ 우수한 성과를 내고 있는 다른 회사를 모델 삼아서 배우면서 끊임없이 자기 혁신을 추구하는 것을 말한다.

30 다음 중 ERP(전사적 자원)에 대한 설명으로 옳지 않은 것은?

① 기업의 인적, 물적 자원을 효율적으로 관리하는 소프트웨어이다.
② 기업의 경영관리에 필요한 정보를 기업의 각 부서에서 신속·정확히 수집하여 종합적·조직적으로 가공·저축·제공하는 경영정보시스템을 말한다.
③ 생산관리 측면에서는 자재소요계획에서 진화한 기법으로 볼 수 있다.
④ 전 부문에 걸쳐 독립적으로 운영되던 각종 관리시스템의 경영자원을 하나의 통합시스템으로 재구축함으로써 생산성을 극대화하려는 경영혁신기법을 말한다.

31 다음 중 ERP에 대한 설명으로 알맞지 않은 것은?

① MRP가 보다 정교하게 발전된 개념이다.
② 기업으로 하여금 글로벌 환경에 쉽게 대응할 수 있게 한다.
③ ERP를 전개하기 전에 BPR을 먼저 전개한 후 변화관리를 수행해야 한다.
④ 기업의 인사, 세무, 물류 등 전 기능분야의 효과적인 관리를 위한 통합정보시스템이다.
⑤ 정보의 일관성 유지가 가능하고, 중복을 예방할 수 있다.

32 아웃소싱에 대한 설명으로 옳지 않은 것은?

① 인소싱과 같은 개념을 가지고 있다.
② 생산량을 늘리거나 줄이기 쉬워 변화하는 환경에 유연성을 가진다.
③ 너무 의존하면 핵심역량을 잃을 수도 있다.
④ 아웃소싱은 단순 외주에서 전략적 제휴로 개념이 변하였다.

33 다음 중 분리설립(spin-off)의 설명으로 알맞지 않은 것은?

① 기업 계열화에 의한 이익을 확보할 수 있다.
② 미래의 경영에 있어 환경변화에 대비할 수 있다.
③ 과도한 기업확장에 따른 폐단을 시정할 수 있다.
④ 과도한 기업집중을 시정할 수 있다.

Ⅲ | 심화문제

1 테일러(Taylor)의 과학적 관리법(scientific management)에 관한 설명으로 가장 적절하지 않은 것은?

2014 CPA

① 분업의 원리를 적용하여 업무를 세분화하고 작업절차를 표준화하였다.
② 시간과 동작 연구를 통하여 표준 작업량을 설정하였다.
③ 종업원 개인이 달성한 성과에 따라 임금을 차별하였다.
④ 조직의 관리과정을 계획, 조직, 지휘, 조정, 통제의 단계로 구분하였다.
⑤ 작업능률과 생산성을 향상시키는 최선의 방법(one the best way)이 존재할 수 있다고 주장하였다.

2 테일러(Taylor)의 과학적 관리법에 관한 설명 중 가장 적절한 것은?

2006 CPA

① 보상은 생산성과 연공(seniority), 팀웍과 능력에 비례하여 주어져야 한다.
② 임파워먼트(empowerment)와 상향적 커뮤니케이션을 중시하였다.
③ 동작연구, 감정연구, 인간관계연구가 활발히 진행되었다.
④ 능률적 작업과 생산성 향상을 주된 목표로 하였다.
⑤ 직무설계가 전문화, 분권화, 개성화, 자율화되었다.

3 과업관리로 불리는 과학적 관리론은 테일러(Taylor)에 의해 제시되었다. 다음 중 테일러시스템의 특성이 아닌 것은?

1992 CPA

① 하루 일할 수 있는 최고의 과업결정
② 기초적 시간연구
③ 차별적 성과급제의 직능식 조직
④ 저가격·고임금의 원리
⑤ 성공 시 우대, 실패 시 상대적 손실을 부담시킴

4 아래의 테일러(F. Taylor)가 제시한 과학적 관리법(scientific management)의 주요 특징으로 가장 옳지 않은 것은?

① 능률적 작업을 위해 작업방식을 면밀히 분석하여 가장 합리적인 방법을 찾는다.(=과학적 작업방식의 연구)
② 작업의 생산성을 향상시키기 위해서 근로자 선발에 있어서 동일한 체격과 성격을 소유한 사람을 선발한다.(=과학적인 근로자 선발)
③ 근로자들에게 시간제 임금보다는 생산량에 따라 임금을 차별화하여 지급한다.(=성과급제도)
④ 한 명의 관리자가 모든 근로자를 관리하는 것이 아니라 과업성격에 따라 기능별로 나누어 맡긴다.(=관리활동의 분업)

5 테일러(Taylor)의 과학적 관리법과 포드(Ford)의 이동컨베이어 시스템에 관한 설명으로 가장 적절하지 않은 것은?
2017 CPA

① 과학적 관리법은 전사적품질경영(TQM)에서 시작된 것으로, 개별 과업 뿐 아니라 전체 생산시스템의 능률 및 품질향상에 기여하였다.
② 과학적 관리법은 방임관리를 지양하고 고임금·저노무비용의 실현을 시도하였다.
③ 과학적 관리법의 주요 내용인 과업관리의 방법으로는 작업의 표준화, 작업조건의 표준화, 차별적 성과급제 등이 있다.
④ 이동컨베이어 시스템은 컨베이어에 의해 작업자와 전체 생산시스템의 속도를 동시화함으로써 능률향상을 시도하였다.
⑤ 이동컨베이어 시스템을 효율적으로 이용하기 위해 장비의 전문화, 작업의 단순화, 부품의 표준화 등이 제시되었다.

6 다음 중 경영학과 관련된 주요 이론에 대한 설명으로 적절하지 않은 것은?
2024 7급 군무원

① 과학적 관리론은 다품종소량생산체제하에서 보다 많은 제품을 더욱 값싸게 생산할 수 있도록 작업방식을 개선할 수 있는 최선의 방법을 제시한 이론이다.
② 고전적 관리론이 현대 경영이론의 관점에서 주목을 받는 이유는 기업의 구성요소들이 사이의 상호 관련성에 대한 통찰력을 지니고 있기 때문이다.
③ 관료론제는 가장 효율적이고 이상적인 조직을 합리성에 기초를 두어야 한다는 전제에서 출발한다.
④ 인간관계론은 인간은 단순히 돈만을 위해서 일하는 경제인이 아니라 감정을 지니고 있고 남과 어울리고자 하는 사회인이며 동시에 작업장을 하나의 사회적 장으로 인식하였다.

7 테일러(Taylor)의 과학적 관리법과 포드(Ford)의 컨베이어 시스템 및 대량생산방식에 관한 설명으로 가장 적절하지 않은 것은?
2024 CPA

① 테일러는 과업관리의 방법으로 작업 및 작업환경의 표준화, 공정분석을 통한 분업을 제시하였다.
② 테일러는 작업의 과학화를 통한 생산성 향상을 기반으로 고임금 저노무비를 실현하고자 하였다.
③ 포드는 장비의 전문화, 작업의 단순화, 부품의 표준화 등을 제시하였다.
④ 포드의 생산방식은 전문화된 장비를 활용하여 표준화된 제품을 대량으로 생산하는 데 활용된다.
⑤ 과학적 관리법은 개별 작업자의 능률향상에 공헌하였으며, 컨베이어시스템은 전체 조직의 능률향상에 공헌하였다

8 탁월한 기업들의 경영활동을 이해하고 활용하여 자사의 경영활동을 개선하는 혁신 기법은?
2023 9급 군무원

① 블루오션 전략(blue ocean strategy)   ② 지식경영(knowledge management)
③ 브레인스토밍(brainstorming)   ④ 벤치마킹(benchmarking)

9 관리론의 시조라 불리는 폐욜(Fayol)은 일반관리론의 중요성을 지적하고 6단계의 관리과정을 제시하였다. 다음 중 폐욜(Fayol)의 관리순환과정을 올바르게 나열한 것은? 1993 CPA

① 계획 – 조직 – 지휘 – 조정 – 통제
② 계획 – 조정 – 조직 – 지휘 – 통제
③ 조직 – 지휘 – 조정 – 통제 – 계획
④ 계획 – 지휘 – 통제 – 조정 – 조직
⑤ 계획 – 조직 – 조정 – 지휘 – 통제

10 다음 중 호손 실험의 결과로서 옳은 것은? 1994 CPA

① 과학적 관리의 모태가 되었다.
② 만족한 조직이 능률적인 조직이라는 사실을 알게 되었다.
③ 심적 요소보다 물적 요소가 작업능률 개선효과가 있다는 것을 알게 되었다.
④ 물적 작업조건은 작업능률에는 영향을 전혀 미치지 못한다.
⑤ 조직의 운영에는 비용의 논리가 주로 적용된다.

11 경영이론에 관한 설명으로 옳지 않은 것은? 2013 경영지도사

① 폐욜(H. Fayol)은 경영의 본질적 기능으로 기술적 기능, 영업적 기능, 재무적 기능, 보전적 기능, 회계적 기능, 관리적 기능의 6가지를 제시하였다.
② 사이먼(H. Simon)은 합리적 경제인 가설 대신에 관리인 가설을 바탕으로 하여 인간행동을 분석하였다.
③ 버나드(C. Barnard)는 조직 의사결정은 제약된 합리성에 기초하게 된다고 주장하였다.
④ 상황이론(contingency theory)은 여러 가지 환경변화에 효율적으로 대응하기 위하여 조직이 어떠한 특성을 갖추어야 하는지를 규명하고자 하는 이론이다.
⑤ 인간관계론과 행동과학이론 등은 행동주의 경영이론에 속한다.

12 미국 경영학의 발전과정 중 나타난 용어와 설명의 관계가 적절하지 않은 것은? 2008 CPA

① 시스템이론: 조직을 여러 구성인자가 유기적으로 상호 작용하는 결합체로 봄.
② 행동과학이론: 인간관계를 중시하며 비공식 조직의 존재와 그 기능을 밝힘.
③ 과학적 관리: 과업관리(task management)의 목표는 높은 임금·낮은 노무비의 원리로 집약됨.
④ 구조조정(restructuring)이론: 리엔지니어링, 벤치마킹, 아웃소싱 등의 기법이 있음.
⑤ 포드 시스템(Ford system): 봉사주의와 저가격·고임금의 원리를 중심으로 하는 경영이념을 가짐.

13 시스템(system)에 대한 다음의 설명 중 가장 적절하지 않은 것은? 2007 CPA

① 하나의 시스템은 다수의 하위시스템으로 구성된다.
② 하위시스템들은 각각의 목적을 달성하기 위하여 서로 독립적으로 운영된다.
③ 시스템은 투입(input), 처리(process), 산출(output), 피드백(feedback)의 과정을 포함한다.
④ 기업은 개방시스템의 속성을 지니고 있다.
⑤ 시스템은 피드백을 통하여 균형을 유지한다.

14 다음 중 제한된 합리성(bounded rationality)이 시사하는 바에 대한 설명으로 가장 적절하지 않은 것은?

2024 7급 군무원

① 엄밀한 의미의 합리적 의사결정은 이상(理想)에 불과하다.
② 조직운영 시 의사결정자들의 능력에 한계가 있음을 고려해야 한다.
③ 합리성에도 수준이 있다면 조직이나 집단이 개인보다 더 합리적인 결정을 보장한다고 보아야 한다.
④ 정보가 완절 할 수 없다는 것이 용인된다면 이를 악용해서 의사결정자들이 정확한 정보를 왜곡·조작하여 자신에게 유리한 결정이 나오도록 유도할 가능성도 있다

15 맥그리거(D. McGregor)의 XY이론 중 Y이론에 관한 설명으로 옳은 것을 모두 고른 것은?

2022 공인노무사

ㄱ. 동기부여는 생리적 욕구나 안전욕구 단계에서만 가능하다.
ㄴ. 작업조건이 잘 갖추어지면 일은 놀이와 같이 자연스러운 것이다.
ㄷ. 대부분의 사람들은 엄격하게 통제되어야 하고 조직목표를 달성하기 위해서는 강제되어야 한다.
ㄹ. 사람은 적절하게 동기부여가 되면 자율적이고 창의적으로 업무를 수행한다.

① ㄱ, ㄴ   ② ㄱ, ㄷ   ③ ㄴ, ㄷ   ④ ㄴ, ㄹ   ⑤ ㄷ, ㄹ

16 기업에 따라 판매점의 운영방식을 일률적이 아닌 개별 판매점의 특색을 갖추어 다르게 하기도 한다. 이런 전략을 설명할 수 있는 이론으로 가장 적절한 것은?

2021 5급 군무원

① 행동과학이론   ② 상황이론   ③ 과학적 관리이론   ④ 합리적 선택이론

17 경영학의 역사적 흐름에 따라 제시된 이론의 설명으로 가장 옳지 않은 것은?

2021 7급 군무원

① 테일러의 과학적 관리법에서 차별적 성과급제란 표준을 설정하고 표준을 달성한 작업자에게 높은 임금을 지급하는 것을 말한다.
② 베버(Weber)가 주장한 관료주의(bureaucracy)란 합리적이고 이상적이며 매우 효율적인 조직은 분업, 명쾌하게 정의된 조직의 위계, 공식적인 규칙과 절차, 인간적(개인적)인 면을 최대한 고려한 관계 등의 원칙에 근거한다는 것이다.
③ 페이욜의 관리과정론에서는 관리활동을 계획화, 조직화, 지휘, 조정, 통제의 5단계로 구분했다.
④ 길브레스 부부는 모션픽쳐(motion picture)를 통해 과업을 기본동작으로 분해했다.

18 업계에서의 선두기업을 표본으로 삼아 이를 능가하려는 노력을 통해 경쟁력을 제고하려는 기업의 혁신 방법은?

1994 CPA

① 리엔지니어링(reengineering)   ② 기업재구성(restructuring)
③ 기업합병인수   ④ 리모델링(remodeling)
⑤ 벤치마킹(benchmarking)

기 출 로 접 근 하 는　　　객 관 식 경 영 학

PART **2**

경영조직론

Chapter 1
개인차원의 조직행동

Chapter 2
집단차원의 조직행동

Chapter 3
조직차원의 조직행동: 거시조직론

Chapter 1. 개인차원의 조직행동

I. OX문제

1. 성격에 영향을 주는 것으로는 유전적 형질과 상황적 요인, 환경적 요인이 있으며 추가로 문화적 요인, 사회적 요인 등이 있다. ☐O ☐X

2. Friddman & Rosenman은 인간의 성격을 참을성이 없고 성취에 대한 욕망이 크며 완전주의적인 성향인 A타입과 매사에 느긋하고 여유를 즐기며 참을성이 많은 B타입으로 구분하였다. ☐O ☐X

3. 외재론자는 복잡한 환경에서 개인 스스로 대처해 나가야 하는 직무나 창조적인 직무에서 업무성과가 높고, 내재론자는 업무수행 절차가 정해져 있고 강력한 통제 하에서 규칙과 절차를 따라서 수행해야 하는 업무에 성과가 높은 것으로 나타난다. ☐O ☐X

4. 통제의 위치(locus of control)가 내부에 있는 사람(internals)은 외부에 있는 사람(externals)보다 자신에게 일어나는 일을 스스로 통제할 수 있다는 믿음이 높다. ☐O ☐X

5. 빅-파이브(Big-Five) 모형에서 개방성이란 사람들이 많은 관계 안에서 느끼는 편안함의 정도를 의미하는데, 이러한 성향이 높은 사람들은 사교적이고 친화력이 뛰어난 반면 낮은 사람들은 소심하고 수줍어하며 조용한 성향임 ☐O ☐X

---

1. O
2. O
3. X | 반대로 설명하고 있다. 내재론자는 자기가 자기 운명의 주인이라고 생각하고 자신이 스스로 운명을 통제할 수 있다고 믿고 있는 성격 유형이며, 외재론자는 자신은 운명을 결정할 수 없고 운명에 순응해야 하는 존재라고 믿고 있다.
4. O
5. X | 외향성에 대한 설명임.
빅-파이브(Big-Five) 모형에서 제시하고 있는 다섯 가지 성격요소를 정리하여 보면 다음과 같다.

구분	내용
외향성 (extroversion)	외향성이란 사람들이 많은 관계 안에서 느끼는 편안함의 정도를 의미함. 외향적인 성향의 사람들은 사교적이고 친화력이 뛰어난 반면 내향적인 사람들은 소심하고 수줍어하며 조용한 성향임
조화성 (agreeableness)	조화성이란 다른 사람들에게 양보하고 순응하는 성향을 의미. 조화성이 높은 사람들은 따뜻하며, 협력적이고 타인을 신뢰하는 반면 조화성이 낮은 사람들은 차갑고 까다로우며 타인에 대해 적대적임
성실성 (conscientiousness)	성실성이란 신뢰성과 관련 있음. 성실성이 높은 사람은 책임감이 있고 믿음직스럽고 우직한 반면 성실성이 낮은 사람은 산만하고 쉽게 마음이 분산되어 믿음직스럽지 못함
정서 안정성 (emotional stability)	정서 안정성이란 스트레스에 견디는 개인의 능력을 의미. 정서가 안정적인 사람들은 온화하고 자신감이 있으며 안정적인 반면 정서 안정성이 낮은 사람들은 신경질적이고 불안하며 불안정함
개방성 (openness to experience)	개방성이란 새로운 것에 대한 관심과 흥미를 나타내는 정도를 의미. 개방성이 높은 사람들은 창의적이고 호기심이 많으며, 예술적 감수성이 있는 반면 개방성이 낮은 사람은 보수적이며 익숙한 환경에서 편안함을 느낄 수 있음

6 일부정보가 다른 부분의 정보 해석에 영향을 주는 지각오류는 후광효과(현혹효과/Halo effect)로서 이는 한 분야에 있어서의 어떤 사람에 대한 호의적 혹은 비호의적 인상이 다른 분야에 있어서의 그 사람에 대한 평가에 영향을 주는 것을 의미한다. ☐O ☐X

7 현혹효과를 줄이기 위해서는 대표자 한명이 연속하여 평가대상에 대하여 평가를 하여야 한다. ☐O ☐X

8 주관의 객관화 또는 투사에 오류란 자신의 특성이나 관점을 다른 사람에게 귀속 또는 전가하는 것(투영)으로서 주관적인 생각으로 타인을 평가하는 오류를 의미함. ☐O ☐X

9 근원적 귀인오류(fundamental attribution error)는 사건의 원인에 대해서 외적 요인을 간과하거나 무시하고 행위자의 내적 요인으로 귀인하려는 오류이다. ☐O ☐X

10 "내 상사가 이런 태도를 보이는 것은 이러이러한 가치관을 가졌기 때문이야"라고 말할 수 있으며, 이것은 역으로도 성립된다. ☐O ☐X

11 마이어와 알렌(Meyer and Allen)은 조직몰입을 정서적(affective) 몰입, 지속적(continuance) 몰입, 규범적(normative) 몰입으로 나누어 설명하였다. ☐O ☐X

12 부적 강화(negative reinforcement)는 바람직한 행동의 빈도수를 증가시키기 위하여 부정적 강화물을 제거하는 방법이고, 정적 강화(positive reinforcement)는 바람직한 행동의 빈도수를 증가시키기 위하여 긍정적 강화물을 증가시키는 방법이다. ☐O ☐X

---

6   O
7   X | 현혹효과(halo effect) 또는 후광효과란 한 분야에 있어서의 어떤 사람에 대한 호의적 혹은 비호의적 인상이 다른 분야에 있어서의 그 사람에 대한 평가에 영향을 주는 것을 의미하는 오류로서, 한 사람이 연속해서 평가를 한다고 해서 그 오류가 줄어들지는 않는다. 이를 줄이기 위해서는 평가 요소의 구체화와 객관화, 고정관념·편견, 선입감 없애기, 동일인물에 대해서 모든 요소로 연속해서 평정하지 말고 평정 요소 하나로 모든 사람에 대하여 동시에 평정하고 그것이 끝나면 다음 요소로 이행한다든지. 피평정자의 특성을 간단하게 일반화해서 성급하게 결정을 내리지 말 것 등을 통해 해소 가능하다. 특히, 인사평가 방법 중 대조표법(CHECK LIST METHOD)이 대표적인 현혹효과 감소 방법이라고 할 수 있다.
8   O
9   O
10   X | 역으로는 성립되지 않는다.
11   O
12   O

13 스키너의(skinner) 작동적 조건화에서 소거(extinction)란 과거의 부정적 결과를 제거함으로써 긍정적인 행동의 확률을 높이는 것을 말한다. ☐O ☐X

14 켈리(Kelley)의 귀인이론(attribution theory)에서는 행동의 원인을 합의성(consensus), 특이성(distinctiveness), 일관성(consistency)의 세 가지 차원으로 구분하여 해석한다. ☐O ☐X

15 파블로브(Pavlov)가 제시한 반복노출을 통한 연습법칙이란 원하는 보상을 받는 행동은 반복되고, 바람직하지 않은 결과가 나타나는 행동은 반복되지 않는다는 것을 의미한다. ☐O ☐X

16 사회적 학습이론(social learning theory)에서는 사람의 인지적 측면을 강조하고, 다른 사람의 행동과 그 결과를 통해서 학습하는 것을 대리학습(vicarious learning)이라고 하였다. ☐O ☐X

17 Skinner는 적극적 강화와 소거를 합성하는 행위변화 전략이 가장 효과적인 강화전략이라고 제시하고 있다. ☐O ☐X

18 레빈(K. Lewin)은 조직의 모든 수준(개인, 집단, 조직)에서의 변화를 설명할 수 있는 태도의 변화이론을 제시하였는데 그에 의하면 태도의 변화는 해빙, 변화, 소멸의 3단계를 거치게 된다고 주장함. ☐O ☐X

19 자신에게 주어진 조직 내의 공식적인 역할이 아니고 직접적인 보상이 없어도 조직을 위해 희생하고 자발적으로 열심히 일하고, 주어진 책임 이외의 부가적인 업무를 수행하는 행위를 조직시민행동이라고 한다. ☐O ☐X

20 자유연상법이란 자유로운 분위기에서 창의적인 사고를 통하여 서로 발표하여 문제해결점을 찾는 것으로 고든법과 브레인스토밍법이 있다. ☐O ☐X

13 X | 스키너의 작동적(조작적) 조건화는 보상이나 처벌이라는 경험에 의한 자극과 반응의 관계를 파악하고 있는 행태론적 학습이론으로서 반응과 이에 따른 결과의 예상이 행동의 변화를 가져온다는 이론임. 과거의 부정적 결과를 제거함으로써 긍정적인 행동의 확률을 높이는 것은 학습이론 중 강화에 대한 설명이며, 소거는 긍정적 보상의 제거를 통해 바람직하지 않은 행동의 감소를 도모하는 것임. 아울러 스키너는 이러한 강화 중 적극적(긍정적) 강화와 소거를 동시에 사용할 경우 그 효과가 크다고 강조함.
14 O
15 X | 쏜다이크(Thorndike)가 제시한 효과의 법칙(law of effect)에 대한 설명임.
16 O
17 O
18 X | 해빙, 변화, 재동결의 3단계를 거치게 된다고 주장함
19 O
20 O

21 델파이법은 한 문제에 대해서 익명의 다수 전문가들에게 독립적인 의견을 우편으로 수집하고 이 의견을 취합하여 전문가들에게 배부한 후 전문가들이 다른 사람의 의견을 읽고 자신의 의견을 첨가하거나 수정하여 다시 전달하면 그 의견들을 다시 취합하여 전문가들에게 보내는 방법을 의견이 통일될 때까지 반복하여 의견을 수집하는 방법이다. ☐O ☐X

22 브레인 스토밍은 집단이 모여서 토론하게 되면 발생할 수 있는 집단사고를 줄이기 위하여 서로 간의 대화를 최소화하는 것이 특징이라고 할 수 있다. ☐O ☐X

23 매슬로우는 인간의 욕구를 생리적 욕구, 안전 욕구, 소속 욕구, 존경 욕구, 자아실현 욕구로 5단계로 분류하였으며 단계적 원리(progression principle)와 결핍의 원리(deficit principle)를 기초로 이론을 설명하고 있다. ☐O ☐X

24 매슬로우는 만족-진행접근(satisfaction-progression approach), 즉 저차 욕구가 만족되면 고차 욕구로 진행되어 간다는 이론을 전개하였으나, 알더퍼는 만족-진행접근에 좌절-퇴행(frustration-regression) 요소를 가미하여 이론을 전개하고 있다. ☐O ☐X

25 맥클리랜드는 매슬로우의 5가지 욕구 중 존경(esteem)욕구, 관계(relatedness)욕구, 성장(growth)욕구 3가지만을 고려하여 ERG이론을 만들었다. ☐O ☐X

26 브룸의 기대이론에 의하면 수단성, 유의성, 기대감을 높이면 동기부여수준이 높아진다. ☐O ☐X

27 허츠버그(F. Hertzberg)의 2요인(two-factor)이론상에서 상사와의 관계, 회사 정책 및 관리방식 및 작업조건은 위생요인에 해당하며, 성취, 인정 등은 동기요인에 해당함. ☐O ☐X

---

21 O
22 X | 명목집단법에 대한 설명임. 명목집단법은 집단이 모여서 토론하게 되면 발생할 수 있는 집단사고를 줄이기 위하여 서로 간의 대화를 최소화하는 것이 특징이라고 할 수 있다. 한 장소에 모여서 각 참가자들이 자신의 생각과 해결안을 종이에 적어 제출한 후 아이디어를 낸 사람이 누구인지 모르게 하여 아이디어에 대한 설명을 하게 되고, 발표가 끝나면 비밀투표를 실시하여 해결안을 선택하는 방법이다. 명목집단법은 한 번에 한 문제밖에 처리할 수 없고, 리더의 자질이 중요하다는 단점이 있으나 의사결정에 소요되는 시간이 상대적으로 짧다는 장점이 있다.
23 O
24 O
25 X | 맥클리랜드는 성취-동기이론을 제시하면서, 매슬로우의 5가지 욕구 중 고차욕구인 사회적 욕구, 존경욕구, 자아실현의 욕구에 집중하여 연구하였다.
26 O
27 O

28 맥그리거의 Y이론에 따르면 인간의 동기는 대체로 저차적 욕구수준인 생리적 욕구, 안전 욕구 수준에 머무르고 있다고 가정하고 있으며, X이론에 따르면 인간의 동기는 고차적 수준의 욕구에 머무르고 있다고 가정하고 있다. ○ㅣ×

29 브룸의 기대이론에서 기대감(expectancy)이란 노력을 했을 때 특정 수준의 성과를 낼 수 있는가에 대한 객관적 확률로서, 0에서 1까지의 값을 가진다. ○ㅣ×

30 포터와 로울러의 기대이론이 기존의 "만족 → 성과" 가설에서 "성과 → 만족" 가설로 제시하였다. ○ㅣ×

31 아담스의 공정성이론은 인간은 자신의 기여도에 대한 보상수준이 타인의 그것과 비교하여 불공정하다고 생각되면 이를 시정하기 위한 행위를 하게 된다고 한다. 불공정에 대한 현재의 인식 정도는 동기유발과 관련이 있으며, 불공정성을 줄이기 위한 동기유발의 강도는 개인의 과거 경험과 상대적 기준에 비추어 볼 때 불균형의 정도에 따라 직접적으로 변화된다. ○ㅣ×

32 아담스(Adams)의 공정성이론은 훼스팅거(Festinger)의 인지부조화 이론(cognitive dissonance theory)과 호만즈(Homans)와 브로(Blau)의 교환이론(exchange theory)을 기초로 하고 있다. ○ㅣ×

33 분배 공정성이란 분배의 결과가 공정한 것인가를 지각하는 것이고 절차 공정성이란 분배의 과정이 공정한 것인가를 지각하는 것이다. ○ㅣ×

34 데시(Deci)가 제기한 인지적 평가이론(cognitive evaluation theory)은, Bem의 자기귀인(인간이 행동원인을 규명하려는 심리적 속성)이론에 근거를 둔 이론으로서 어떤 직무에 대해 내재적으로 동기 유발된 상태에서 외재적 보상이 주어지면 내재적 동기가 급격히 증가한다는 이론이다. ○ㅣ×

35 MBO는 목표설정이론을 조직에 적용한 예로서 목표의 구체성과 난이도, 피드백은 동기부여에 영향을 미친다. ○ㅣ×

28 X ㅣ 맥그리거의 X이론에 따르면 인간의 동기는 대체로 저차적 욕구수준인 생리적 욕구, 안전 욕구 수준에 머무르고 있다고 가정하고 있으며, Y이론에 따르면 인간의 동기는 고차적 수준의 욕구에 머무르고 있다고 가정하고 있다.
29 X ㅣ 기대감이란 노력이 투입될 때 성과가 달성될 수 있는지 여부에 대한 주관적인 기대치이다.
30 ○
31 ○
32 ○
33 ○
34 X ㅣ 어떤 직무에 대해 내재적으로 동기 유발된 상태에서 외재적 보상이 주어지면 내재적 동기가 감소한다는 이론임.
35 ○

II | 개념정리문제

1 Big 5 모델에서 제시하는 5가지 성격요소가 아닌 것은? `2015 노무사`

① 개방성(openness)
② 객관성(objectivity)
③ 외향성(extraversion)
④ 성실성(conscientiousness)
⑤ 정서적 안정성(emotional stability)

2 마키아벨리즘(machiavellism)에 관한 설명으로 옳지 않은 것은? `2021 공인노무사`

① 마키아벨리즘은 자신의 이익을 위해 타인을 이용하고 조작하려는 성향이다.
② 마키아벨리즘이 높은 사람은 감정적 거리를 잘 유지한다.
③ 마키아벨리즘이 높은 사람은 남을 잘 설득하며 자신도 잘 설득된다.
④ 마키아벨리즘이 높은 사람은 최소한의 규정과 재량권이 있을 때 높은 성과를 보이는 경향이 있다.
⑤ 마키아벨리즘이 높은 사람은 목적이 수단을 정당화시킬 수 있다고 믿는 경향이 있다.

3 성격과 가치관에 대한 설명으로 가장 옳지 않은 것은? `2021 7급 군무원`

① 성격의 유형에서 내재론자(internals)와 외재론자(externals)는 통제의 위치(locus of control)에 따라 분류된다.
② 성격측정도구로는 MBTI와 빅파이브 모형이 있다.
③ 가치관은 개인의 판단기준으로 인간의 특성을 구분 짓는 요소 중 가장 상위개념으로 생각 할 수 있다.
④ 로키치는(Rokeach)는 가치관을 수단적 가치(instrumental value)와 궁극적 가치(terminal value)로 분류하고, 궁극적 가치로서 행동방식, 용기, 정직, 지성 등을 제시했다.

4 켈리(Kelly)의 귀인이론에 따르면 사람들은 타인행동의 원인을 알고 이에 대처하는 경향이 있다. 만일 다른 사람의 행동이 외부적 요인이라고 생각하면 사람들은 그 타인에 대해 너그러운 반응을 보인다. 사람들은 어떤 경우에 이런 행동을 하게 되는가에 대한 설명으로 가장 옳은 것은? `2021 5급 군무원`

① 타인행동의 높은 특이성
② 타인행동의 다른 사람과의 낮은 합의성
③ 타인행동의 높은 일관성
④ 타인행동의 높은 개연성

5 지각과정과 지각이론에 대한 설명으로 옳지 않은 것은? [2021 7급 군무원]

① 지각의 정보처리 과정은 게스탈트 과정(gestalt process)이라고도 하며 선택, 조직화, 해석의 3가지 방법으로 이루어진다.
② 일관성은 개인이 일정하게 가지는 방법이나 태도에 관련된 것으로 한번 형성을 하게 된다면 계속적으로 같은 습성을 유지하려 한다.
③ 켈리(Kelly)의 입방체 이론은 외적 귀인성을 일관성(consistency)이 높고, 일치성(consensus), 특이성(distincitiveness)이 낮은 경우로 설명했다.
④ 지각의 산출물은 개인의 정보처리 과정과 지각적 선택에 의해서 달라지는데 이는 개인의 심리적 특성과 연관이 있다.

6 다음 중 행위자-관찰자 효과의 오류에 대한 설명으로 알맞은 것은? [2006 한국서부발전공사]

① 가장 최근에 얻어진 정보에 비중을 더 많이 주어 평가한다.
② 자신과 유사한, 사람에게 후한 점수를 준다.
③ 주관적인 생각으로 타인을 평가한다.
④ 자신의 행위는 상황적·외적으로 귀속시키고 타인의 행위는 내적으로 귀속시키려는 타인 평가다.

7 개인의 일부 특성을 기반으로 그 개인 전체를 평가하는 지각경향은? [2010 노무사]

① 스테레오타입　　② 최근효과　　③ 자존적 편견
④ 후광효과　　　　⑤ 대조효과

8 다음 설명에 해당하는 지각오류는? [2016 노무사]

> 어떤 대상(개인)으로부터 얻은 일부 정보가 다른 부분의 여러 정보들을 해석할 때 영향을 미치는 것

① 자존적 편견　　② 후광효과　　③ 투사
④ 통제의 환상　　⑤ 대조효과

9 인사평가의 오류 중 평가자가 평가측정을 하여 다수의 피평가자에게 점수를 부여할 때 점수의 분포가 특정방향으로 쏠리는 현상으로 인해 발생하는 분배적 오류(Distributional Error) 혹은 항상 오류(Constant Error)에 해당하는 것으로만 옳게 짝지은 것은? [2017 가맹거래사]

① 유사성 오류, 대비 오류, 관대화 오류　　② 유사성 오류, 관대화 오류, 중심화 오류
③ 대비 오류, 관대화 오류, 중심화 오류　　④ 관대화 오류, 중심화 오류, 가혹화 오류

10 A부장은 인사고과 시 부하들의 능력이나 성과를 실제보다 높게 평가하는 경향이 있다. 이와 관련된 인사고과 오류는? `2017 가맹거래사`

① 관대화 경향(leniency error)   ② 상동적 오류(stereotyping)
③ 연공오류(seniority error)   ④ 후광효과(halo effect)
⑤ 대비오류(contrast error)

11 피그말리언 효과(Pygmalion effect)와 동일한 의미를 나타내는 것은? `2011 가맹거래사`

① 감정적 몰입   ② 자기실현적 예언   ③ 후광효과
④ 자존적 편견   ⑤ 스테레오타이핑

12 다음 중 조직에서 타인을 평가할 때에 흔히 범하기 쉬운 오류에 속하지 않는 것은? `1989 CPA`

① 자아개념의 달성   ② 현혹효과   ③ 상동적 태도
④ 선택적 지각   ⑤ 주관의 객관화

13 평가과정에서 자주 발생하는 오류의 하나로서 '그들이 속한 집단의 특성에 근거하여 다른 사람을 판단하는 경향'을 말하는 것은? `1998 CPA`

① 현혹효과   ② 상동적 태도   ③ 주관의 객관화
④ 중심화 경향   ⑤ 논리적 오류

14 다음 중 개인이 속한 사회적 집단에 대한 지각을 기초로 사람을 판단하는 오류는? `2004 한국수자원공사`

① 현혹효과   ② 상동적 태도   ③ 유사효과   ④ 지각적 방어

15 다음 중 서로 논리적인 상관관계가 있는 경우, 비교적 높게 평가받는 요소가 있다면 다른 요소도 높게 평가받는 오류는? `2005 한국전력공사`

① 유사효과   ② 논리적 오류   ③ 선택적 지각   ④ 통제의 환상

16 다음 중에서 태도를 구성하는 세 가지 요소는 무엇인가? `1999 CPA`

| a. 인지적 요소   b. 환경적 요소   c. 강화적 요소   d. 조화적 요소 |
| e. 행위적 요소   f. 보상적 요소   g. 감정적 요소 |

① a, b, f   ② a, e, g   ③ b, d, f
④ b, c, g   ⑤ c, e, g

17 상사 A에 대한 나의 태도를 기술한 것이다. 다음에 해당하는 태도의 구성요소를 옳게 연결한 것은?

2019 공인노무사

> ㄱ. 나의 상사 A는 권위적이다.
> ㄴ. 나는 상사 A가 권위적이어서 좋아하지 않는다.
> ㄷ. 나는 권위적인 상사 A의 지시를 따르지 않겠다.

① ㄱ. 감정적 요소 ㄴ. 인지적 요소 ㄷ. 행동적 요소
② ㄱ. 감정적 요소 ㄴ. 행동적 요소 ㄷ. 인지적 요소
③ ㄱ. 인지적 요소 ㄴ. 행동적 요소 ㄷ. 감정적 요소
④ ㄱ. 인지적 요소 ㄴ. 감정적 요소 ㄷ. 행동적 요소
⑤ ㄱ. 행동적 요소 ㄴ. 감정적 요소 ㄷ. 인지적 요소

18 조직에서 공식적으로 주어진 임무 이외의 일을 자발적으로 수행하는 것은?

2017 가맹거래사

① 집단사고 ② 직무만족 ③ 직무몰입
④ 감정노동 ⑤ 조직시민행동

19 켈리의 귀인이론에서 행동의 원인을 내적 또는 외적으로 판단하는데 활용하는 것을 모두 고른 것은?

2023 공인노무사

> ㄱ. 특이성   ㄴ. 형평성   ㄷ. 일관성   ㄹ. 합의성   ㅁ. 관계성

① ㄱ, ㄴ, ㄷ   ② ㄱ, ㄷ, ㄹ   ③ ㄱ, ㄹ, ㅁ   ④ ㄴ, ㄷ, ㅁ   ⑤ ㄴ, ㄹ, ㅁ

20 성격의 Big 5 모형에 해당하지 않는 것은?

2023 공인노무사

① 정서적 안정성 ② 성실성 ③ 친화성 ④ 모험선호성 ⑤ 개방성

21 개인의 사물, 사람, 사건에 대해 가지는 주관적인 경험을 나타내는 태도를 구성하는 요소가 아닌 것은?

2024 9급 군무원

① 정서적 요소 ② 인지적 요소 ③ 관계적 요소 ④ 행위적 요소

22 잠재적 창의성에 대한 설명으로 가장 적절하지 않은 것은? `2024 9급 군무원`

① 창의적인 업무는 전문성이 기본이다.
② 똑똑한 사람은 복잡한 문제를 푸는 데 능숙하기 때문에 창의적이다.
③ 희망, 자기효과성, 긍정성은 개인의 창의성을 파악할 수 있는 요소이다.
④ 창의성은 바람직한 많은 개별적 특성과 관계가 있어 윤리와 상관관계가 높다.

23 소비자들이 좋아하는 음악을 상품광고에 등장시키는 것은 소비자들이 이 음악에 대해 가지는 좋은 태도가 상품에 대한 태도로 이전되기를 기대하기 때문이다. 이를 가장 잘 설명하는 학습이론은 무엇인가? `2007 CPA`

① 내재적 모델링   ② 작동적 조건화   ③ 수단적 조건화
④ 대리적 학습   ⑤ 고전적 조건화

24 다음 중 창의성의 개발 방법 중 자유연상법에 해당하는 것은? `2011 한국도로공사`

① 고든법, 브레인스토밍   ② 고든법, 토란스 검사법
③ 명목집단법, 고든법   ④ 델파이법, 명목집단법

25 다음 중 창의성 개발기법에 대한 설명으로 알맞지 않은 것은? `2007 한국재생자원`

① 창의성 개발기법에는 자유연상법, 분석적 기법, 강제적 관계기법 등이 있다.
② 브레인스토밍과 고든법은 둘 다 질을 중시하는 기법이다.
③ 강제적 기법은 정상적으로 관계가 없는 둘 이상의 물건이나 아이디어를 강제로 연관을 짓게 하는 방법이다.
④ 집단 내에서 창의적이고 의사결정을 증진시키는 방법으로 델파이법과 명목집단법도 이 범주에 포함시킬 수 있다.

26 자신의 문제를 말하기 껄끄러울 때 남의 얘기에 빗대어 말하게 하는 방법은 무엇인가? `2019 군무원`

① 프로빙 기법   ② 래더링 기법   ③ 투사법   ④ 에스노그라피

27 첫 테스트에서 먹은 것 때문에 먹었을 때 맛있는지 모르는 효과는 무엇인가? `2019 군무원`

① 성숙효과   ② 매개효과   ③ 상호작용효과   ④ 시험효과

28 강화이론(reinforcement theory)에 관한 다음 설명 중 가장 옳지 않은 것은? `2001 CPA`

① 적극적 강화는 보상을 이용한다.
② 소극적 강화는 불편한 자극을 이용한다.
③ 적극적 강화에는 도피학습과 회피학습이 있다.
④ 연속강화법은 매우 효과적이나 적용이 어렵다.
⑤ 부분강화법 중 비율법이 간격법보다 더 효과적이다.

29 태도와 학습에 대한 설명으로 가장 옳지 않은 것은? `2021 7급 군무원`

① 강화이론에서 부정적 강화(negative reinforcement)는 바람직하지 못한 행위를 소멸시키기 위한 강화방법이다.
② 단속적 강화 유형에서 빠른 시간 내에 안정적인 성과 달성을 하기 위해서는 고정비율법이 효과적이다.
③ 레빈(Lewin)은 태도의 변화과정을 해빙, 변화, 재동결의 과정을 거쳐 이루어진다고 했으며 이러한 태도 변화는 개인수준 뿐만 아니라 집단, 조직 수준에서도 같은 방법으로 나타나게 된다.
④ 마이어와 알렌(Meyer & Allen)은 조직몰입(organization commitment)을 정서적(affective)몰입, 지속적(continuance)몰입, 규범적(normative)몰입으로 나누어 설명했다.

30 강화계획(schedules of reinforcement)에서 불규칙한 횟수의 바람직한 행동 후 강화요인을 제공하는 기법은? `2019 공인노무사`

① 고정간격법   ② 변동간격법   ③ 고정비율법   ④ 변동비율법   ⑤ 연속강화법

31 동인(motive) 이론에 대한 설명으로 옳지 않은 것은? `2018 군무원`

① 동인 이론에서 개인의 행동은 후천적 학습을 통하여 배워진 동기와 행동경향에 의하여 형성된다고 가정한다.
② 2차적 동인은 학습된 이론이다.
③ 동인은 욕구의 결핍 정도의 영향을 받는다.
④ 일반적 동인은 1차적 동인과 2차적 동인 사이에 있으면서 학습된 이론이다.

32 동기부여의 내용이론에 해당하는 것은? `2012 노무사`

① 성취동기이론   ② 기대이론   ③ 공정성 이론
④ 목표설정이론   ⑤ 인지평가이론

33 매슬로우(Maslow)의 욕구단계이론에서 최상위 욕구는?　　　　　2012 가맹거래사

① 안전 욕구　　　② 자아실현 욕구　　　③ 사회적 욕구
④ 존경 욕구　　　⑤ 생리적 욕구

34 매슬로우(A. Maslow)의 욕구단계설에 포함되는 욕구가 아닌 것은?　　　2015 경영지도사

① 생리적 욕구(psychological needs)　　　② 자아존중의 욕구(self-esteem needs)
③ 안전의 욕구(safety needs)　　　　　　④ 자아실현의 욕구(self-actualization needs)
⑤ 행복의 욕구(happiness needs)

35 매슬로우(Maslow)의 욕구단계이론의 욕구들을 낮은 단계에서 높은 단계의 순서대로 나열한 것은?　　　2017 군무원

㉠ 안전 욕구　㉡ 생리적 욕구　㉢ 사회적 욕구　㉣ 자아실현 욕구　㉤ 존경 욕구

① ㉠ - ㉡ - ㉢ - ㉣ - ㉤　　　② ㉠ - ㉡ - ㉢ - ㉤ - ㉣
③ ㉡ - ㉠ - ㉢ - ㉤ - ㉣　　　④ ㉡ - ㉢ - ㉠ - ㉣ - ㉤

36 매슬로우(A. H. Maslow)의 욕구단계이론에 관한 설명으로 옳지 않은 것은?　　　2019 공인노무사

① 최하위 단계의 욕구는 생리적 욕구이다.
② 최상위 단계의 욕구는 자아실현 욕구이다.
③ 욕구계층을 5단계로 설명하고 있다.
④ 다른 사람으로부터 인정과 존경을 받고자 하는 욕구는 성장욕구에 속한다.
⑤ 하위단계의 욕구가 충족되어야 상위단계의 욕구를 충족시키기 위한 동기부여가 된다.

37 맥그리거(D. McGregor)의 X-Y이론에 관한 설명으로 옳은 것은?　　　2013 가맹거래사

① 조직의 감시, 감독 및 통제가 필요하 다는 주장은 Y이론이다.
② 쌍방향 의사결정은 X이론에서 주로 발생한다.
③ 자기 통제가 많은 것은 X이론이다.
④ 순자의 성악설은 X이론과 Y이론 모두에 해당한다.
⑤ 개인의 목적과 조직의 목적이 부합하는 조직에서는 Y이론에 근거해서 운영된다.

38 동기유발에 관한 이론은 내용이론과 과정이론으로 구분할 수 있는데, 다음 중 내용이론에 해당하지 않는 것은? 1989, 1991, 1998 CPA

① 매슬로우의 욕구계층이론
② 알더퍼의 ERG 이론
③ 허쯔버그의 2요인이론
④ 매클리랜드의 성취동기이론
⑤ 브룸의 기대이론

39 사랑에 실패한 사람들 중에는 갑자기 식욕이 느는 경우가 있다고 한다. 이 현상을 설명할 수 있는 이론으로 가장 적절한 것은? 2021 5급 군무원

① ERG(존재관계성장) 이론
② 2요인 이론
③ 욕구단계이론
④ XY이론

40 허츠버그(F. Herzberg)의 2요인이론에서 위생요인에 해당하는 것은? 2021 공인노무사

① 성취감 ② 도전감 ③ 임금 ④ 성장가능성 ⑤ 직무내용

41 다음 중 허츠버그(Herzberg)의 2요인이론에 대한 설명으로 옳은 것은? 2017 군무원

① 위생요인의 예로는 고용안정성, 업무조건, 회사정책, 성취감 등이 있다.
② 허츠버그는 만족과 관련된 요인을 불만족 해소와 만족 증진 차원으로 나누었다.
③ 위생요인의 관리를 통해 직원의 동기수준(만족도)을 높일 수 있다.
④ 허츠버그는 불만족 원인의 제거를 통해 만족의 상승을 이끌어낼 수 있다고 보았다.

42 허츠버그(F. Herzberg)의 2요인이론(two-factor theory)에 대한 설명으로 가장 적절한 것은? 2023 9급 군무원

① 임금, 작업조건, 회사정책은 위생요인에 해당한다.
② 위생요인을 개선하면 만족이 증가한다.
③ 직장에서 타인으로부터 인정받지 못한 직원은 불만족하게 된다.
④ 불만족을 해소시키면 만족이 증가한다.

43 허츠버그(F. Hertzberg)의 2요인(two-factor)이론에서 동기요인을 모두 고른 것은? 2016 공인노무사

| ㄱ. 상사와의 관계 | ㄴ. 성취 | ㄷ. 회사의 정책 및 관리방침 |
| ㄹ. 작업 조건 | ㅁ. 인정 | |

① ㄱ, ㄴ ② ㄱ, ㅁ ③ ㄴ, ㄷ ④ ㄴ, ㅁ ⑤ ㄹ, ㅁ

44 다음 중 동기부여이론에 대한 설명으로 옳은 것은? [2018 군무원]

① 매슬로우(Mslow)는 욕구를 생리적 욕구 → 사회적 욕구 → 안전욕구 → 존경욕구 → 자아실현 욕구로 구분하였다.
② 앨더퍼(Alderfer)의 ERG 이론에 따르면 현재욕구가 좌절되면 상위욕구가 증가된다.
③ 맥클리랜드(McClelland)는 3가지 욕구 중 성취욕구를 가장 중요시했다.
④ 허츠버그(Herzberg)의 2요인이론에 따르면 임금은 동기 요인에 해당한다.

45 브룸(Vroom)의 기대이론에 대한 설명으로 옳지 않은 것은? [2017 7급 감사직]

① 자기효능감이 높고 목표의 난이도가 낮으면 기대가 커진다.
② 조직에 대한 신뢰가 낮고 의사결정이 조직정치에 의해 좌우된다는 인식이 강할수록 수단성이 커진다.
③ 개인적 욕구와 가치관, 목표에 부합되는 보상이 주어지면 유의성이 커진다.
④ 유의성, 수단성, 기대감 중 어느 하나라도 0이 발생하면 동기는 일어나지 않는다.

46 기대이론에서 동기부여를 유발하는 요인에 관한 설명으로 옳지 않은 것은? [2017 공인노무사]

① 수단성이 높아야 동기부여가 된다.
② 기대가 높아야 동기부여가 된다.
③ 조직에 대한 신뢰가 클수록 수단성이 높아진다.
④ 가치관에 부합되는 보상이 주어질수록 유의성이 높아진다.
⑤ 종업원들은 주어진 보상에 대하여 동일한 유의성을 갖는다.

47 브룸(V. Vroom)이 제시한 기대이론의 작동순서로 올바른 것은? [2020 공인노무사]

① 기대감→수단성→유의성   ② 기대감→유의성→수단성   ③ 수단성→유의성→기대감
④ 유의성→수단성→기대감   ⑤ 유의성→기대감→수단성

48 아담스(J. S. Adams)의 공정성이론에서 조직구성원들이 개인적 불공정성을 시정(是正)하기 위한 방법에 해당하지 않는 것은? [2019 공인노무사]

① 투입의 변경
② 산출의 변경
③ 투입과 산출의 인지적 왜곡
④ 장(場) 이탈
⑤ 준거인물 유지

49 MBO에서 목표설정 시 SMART원칙으로 옳지 않은 것은?

① 구체적(specific)이어야 한다.
② 측정가능(measurable)하여야 한다.
③ 조직 목표와의 일치성(aligned with organizational goal)이 있어야 한다.
④ 현실적이며 결과지향적(realistic and result-oriented)이어야 한다.
⑤ 훈련가능(trainable)하여야 한다.

Ⅲ | 심화문제

1 성격과 태도에 관한 다음 설명 중 가장 적절하지 않은 것은? _{2013 CPA}

① Big 5 성격유형 중 경험에 대한 개방성(openness to experience)이란 다른 사람들과 잘 어울리고 남을 신뢰하는 성향을 의미한다.
② MBTI(Myers-Briggs Type Indicator)에서는 개인이 정보를 수집하는 방식과 판단하는 방식에 근거하여 성격유형을 분석하고 성격유형에 적합한 직업을 제시하고 있다.
③ 성공의 원인은 자신의 능력이나 노력 등의 내재적 요인에서 찾고, 실패의 원인은 과업의 난이도나 운 등의 외재적 요인에서 찾으려는 경향을 자존적 편견(self-serving bias)이라고 한다.
④ 성격유형을 A형과 B형으로 구분할 때, A형의 성격을 지닌 사람은 B형의 성격을 지닌 사람보다 경쟁적이고 조급한 편이다.
⑤ 자기효능감(self-efficacy)이란 특정한 일을 성공적으로 수행할 수 있는지에 대한 스스로의 믿음을 의미한다.

2 성격 및 지각에 관한 설명으로 가장 적절하지 않은 것은? _{2020 CPA}

① 외재론자(externalizer)는 내재론자(internalizer)에 비해 자기 자신을 자율적인 인간으로 보고 자기의 운명과 일상생활에서 당면하는 상황을 자기 자신이 통제할 수 있다고 믿는 경향이 있다.
② 프리드만과 로즈만(Friedman & Roseman)에 의하면 A형 성격의 사람은 B형 성격의 사람에 비해 참을성이 없고 과업성취를 서두르는 경향이 있다.
③ 지각과정에 영향을 미치는 요인에는 지각대상, 지각자, 지각이 일어나는 상황 등이 있다.
④ 외향적인 성향의 사람은 내향적인 성향의 사람보다 말이 많고 활동적인 경향이 있다.
⑤ 많은 자극 가운데 자신에게 필요한 자극에만 관심을 기울이고 이해하려 하는 현상을 선택적 지각(selective perception)이라고 한다.

3 어떤 사람들(내재론자)은 세상살이의 여러 가지 일들 대부분을 자기가 통제할 수 있다고 믿는 반면, 또 다른 사람들(외재론자)은 자기가 할 수 있는 것은 극히 적고 남이나 운명에 달려있다고 믿는다. 이들에 대한 설명으로 다음 중 가장 적절하지 않은 것은? _{2008 CPA}

① 내재론자는 외재론자보다 동기의 수준이 높다.
② 외재론자에 비해 내재론자는 성과를 결정짓는 것이 자신의 노력이라고 생각한다.
③ 내재론자는 외재론자보다 걱정을 더 많이 하는 경향이 있다.
④ 외재론자에 비해 내재론자는 업무와 관련된 문제해결이나 학습에서 높은 성과를 보인다.
⑤ 단순 노동이나 규정대로만 해야 하는 직무, 완전통제하에서 움직여야 하는 조직에서는 외재론자가 더 효과적일 수 있다.

4 조직에서 개인의 행동에 관한 설명으로 가장 적절하지 않은 것은? 2011 CPA

① 특정 직무 또는 과업에 대한 일련의 성공경험은 그 과업에 대한 자기효능감(self-efficacy)에 긍정적 영향을 미칠 수 있다.
② 자기감시성향(self-monitoring)이 높은 사람은 자기감시성향이 낮은 사람보다 외부환경과 상황에 잘 대처하는 경향이 있다.
③ 타인을 존중하는 개인의 성향은 빅 5(Big Five) 성격 유형에서 성실성(conscientiousness)에 속하며 성실성은 개인의 직무성과와 관련성이 없다.
④ 성격 유형에서 A타입(Type A)은 B 타입(Type B)보다 인내심이 적고 조급한 편이다.
⑤ 통제의 위치(locus of control)가 내부에 있는 사람(internals)은 외부에 있는 사람(externals)보다 자신에게 일어나는 일을 스스로 통제할 수 있다는 믿음이 높다.

5 타인 평가 및 지각 과정에서 나타나는 오류와 관련된 설명으로 가장 적절한 것은? 2012 CPA

① 출신학교나 출신지역과 같이 그 사람이 속한 집단을 근거로 사람을 평가하는 오류를 후광효과(halo effect)라고 한다.
② 피평가자가 가진 비슷한 특질들(예 근면성과 성실성)이 서로 관계가 있는 것으로 생각하여 유사하게 평가하려는 경향을 유사효과라고 한다.
③ 평가를 할 때, 처음에 주어진 정보에 더 큰 비중을 두는 경향을 최근효과(recency error)라고 한다.
④ 강제할당법을 사용하면 중심화 경향의 오류를 감소시킬 수 있다.
⑤ 정직성이 낮은 평가자가 정직한 평가자보다 피평가자를 덜 부정적으로 평가하는 경향을 투영효과(투사, 주관의 객관화, projection)라고 한다.

6 귀인(attribution)에 관한 설명으로 가장 적절한 것은? 2016 CPA

① 내적 귀인(internal attribution)은 사건의 원인을 행위자의 운과 맡은 과업의 성격 탓으로 귀인하는 것이고 외적 귀인(external attribution)은 행위자의 외향적 성격과 대인관계 역량에 귀인하는 것이다.
② 켈리(Kelley)의 귀인모형에서 합의성(consensus)이 높으면 행위자의 내적 요인에 귀인하는 경향이 있다.
③ 근원적 귀인오류(fundamental attribution error)는 사건의 원인에 대해서 외적 요인을 간과하거나 무시하고 행위자의 내적 요인으로 귀인하려는 오류이다.
④ 자존적 편견(self-serving bias)은 사건의 결과를 실패로 보지 않고 성공을 위한 학습으로 지각하여 실패를 행위자 자신의 탓으로 돌리려는 귀인오류이다.
⑤ 켈리(Kelley)의 귀인모형에서 특이성(distinctiveness)이 높으면 행위자의 내적 요인에 귀인하는 경향이 있다.

7 켈리(Kelley)의 귀인이론(attribution theory)에서는 행동의 원인을 합의성, 특이성, 일관성의 세 가지 차원으로 구분하여 해석하고 있다. 다음 중 행동의 원인을 행위자의 내적(internal) 요인으로 판단하기에 가장 적절한 경우는? 2005 CPA

	합의성	특이성	일관성			합의성	특이성	일관성
①	높음	높음	높음		②	높음	높음	낮음
③	낮음	낮음	높음		④	낮음	높음	낮음
⑤	낮음	낮음	낮음					

8 지각, 귀인, 의사결정에 관한 설명으로 가장 적절한 것은? 2018 CPA

① 10명의 후보자가 평가위원과 일대일 최종 면접을 할 때 피평가자의 면접 순서는 평가자의 중심화 경향 및 관대화 경향에 영향을 미칠 수 있으나 최근효과 및 대비효과와는 관련이 없다.
② 켈리(Kelley)의 귀인모형에 따르면 특이성(distinctiveness)과 합의성(consensus)이 낮고 일관성(consistency)이 높은 경우에는 내적 귀인을 하게 되고 특이성과 합의성이 높고 일관성이 낮은 경우에는 외적 귀인을 하게 된다.
③ 행위자 관찰자효과(actor observer effect)는 행위자 입장에서는 행동에 미치는 내적요인에 대한 이해가 충분하나, 관찰자 입장에서는 행위자의 능력과 노력 등의 내적 요인을 간과하거나 무시하고 행위자의 외적 요인으로 귀인하려는 오류이다.
④ 제한된 합리성(bounded rationality)하에서 개인은 만족할 만한 수준의 대안을 찾는 의사결정을 하기보다는 인지적 한계와 탐색비용을 고려하지 않고 최적의 대안(optimal solution)을 찾는 의사결정을 한다.
⑤ 집단 사고(group think)는 응집력이 강한 대규모 집단에서 복잡한 의사결정을 할 때, 문제에 대한 토론을 진행할수록 집단 내의 의견이 양극화되는 현상이다.

9 타인을 평가할 때 범하기 쉬운 오류의 하나인 현혹효과(halo effect)에 대한 설명으로 옳지 않은 것은? 1994 CPA

① 한 분야에 있어 어떤 사람에 대한 인상이 다른 분야에 있어서의 그 사람에 대한 평가에 영향을 주는 것을 말한다.
② 어떤 사람에 대한 전반적인 인상을 구체적 특질을 평가하여 일반화시키는 오류를 말한다.
③ 인사고과에 많은 평가기준을 삽입시키면 이러한 오류는 제거된다.
④ 성격적인 특성으로 나타난다.
⑤ 이러한 효과는 특히 충성심, 협동심과 같은 도덕적 의미가 함축되어 있는 특질을 평가할 때에 나타난다.

10 타인을 평가할 때 여러 가지 형태의 오류를 저지르기 쉽다. 이러한 오류에 대한 설명 중 옳지 않은 것은?

　1997 CPA

① 현혹효과(halo effect)는 타인의 평가에 자신의 감정이나 경향을 투사시키는 오류이다.
② 선택적 지각(selective perception)은 부분적 정보만을 받아들여 전체에 대한 판단을 내리는 오류이다.
③ 대비효과(contrast effect)는 한 사람에 대한 평가가 다른 사람에 대한 평가에 영향을 주는 오류이다.
④ 상동적 태도(stereotyping)는 소속집단에 대한 고정관념으로 지각하게 되는 오류이다.
⑤ 방어적 지각(defensive perception)은 고정관념에 어긋나는 정보를 회피하거나 왜곡시키는 오류이다.

11 인력선발에서의 타인평가 및 지각과 관련된 다음의 용어 중 설명이 가장 적절한 것은?

　2006 CPA

① 주관의 객관화(projection)는 어떤 과업의 성공적 수행에 필요한 능력을 개인 스스로 가지고 있다고 생각하는 믿음이다.
② 자존적 편견(self-serving bias)은 자존심을 지키기 위해서 주위의 사람을 후하게 평가하는 경향을 말한다.
③ 나와의 유사성(similar to me)효과는 주위사람의 기대와 자신의 기대대로 행동함으로써 결국은 예측된 결과가 이루어지는 것을 말한다.
④ 대비효과(contrast effect)는 여러 사람 중에서 처음에 평가한 사람을 나중에 평가한 사람보다 나쁘게 평가하는 경향을 말한다.
⑤ 최근효과(recency effect)는 주로 최근의 정보를 가지고 타인을 평가하는 경향을 말한다.

12 사람의 행동이나 태도(attitude)를 이해하기 위해 그 사람의 가치관(values)을 이해하는 것이 중요하다. 가치관과 태도에 관한 다음 설명 중 가장 적절하지 않은 것은?

　2008 CPA

① 태도가 구체적인 개념이라면 가치관은 보다 광범위하고 포괄적인 개념이다.
② 어떤 두 사람의 태도가 같다고 해도 그것은 각각 다른 가치관에서 비롯될 수 있다.
③ 태도와 가치관은 모두 장기적이며 고정적인 특성을 갖지만 태도보다는 가치관이 더 안정적이다.
④ "내 상사가 이런 태도를 보이는 것은 이러이러한 가치관을 가졌기 때문이야"라고 말할 수 있으며, 이것은 역으로도 성립된다.
⑤ 어떤 가치관이 조직구성원들 사이에 지속적으로 존재하게 될 때 그것은 하나의 문화적 요소가 될 수 있다.

13 다음 설명 중 적절한 항목만을 모두 선택한 것은? `2023 CPA`

> a. 태도(attitude)는 정서적(affective), 인지적(cognitive), 행동적(behavioral) 요소로 구성된다.
> b. 직무만족은 직무를 활용한 전문가로서의 체계적인 경력개발을 의미한다.
> c. 마키아벨리즘 성격 특성은 대인관계에 있어 속임수와 조작을 사용하는 성향을 의미한다.
> d. 켈리(Kelly)가 제시한 귀인의 결정요인은 합의성(consensus), 특이성(distinctiveness), 책무성(accountability)이다.
> e. 피그말리온 효과(pygmalion effect)는 특정인에 대한 기대가 실제 행동 결과로 나타나게 되는 현상을 의미한다.

① a, d　　② b, e　　③ c, d　　④ a, c, e　　⑤ b, c, e

14 감정, 지각 및 가치관에 관한 설명으로 가장 적절하지 않은 것은?　`2024 CPA`

① 감성지능(emotional intelligence)이 낮은 개인보다 높은 개인이 타인과의 갈등을 건설적으로 더 잘 해결하는 경향이 있다.
② 스트레스는 구성원의 직무수행에 있어서 역기능적 역할뿐만 아니라 순기능적 역할도 한다.
③ 궁극적 가치관(terminal values)은 개인이 어떤 목표나 최종상태를 달성하기 위해 사용될 수 있는 수용 가능한 행동을 형성하는 가치관을 말한다.
④ 자존적 편견(self-serving bias)은 자신의 성공에 대해서는 내재적 요인에 원인을 귀속시키고 실패에 대해서는 외재적 요인에 원인을 귀속시키는 경향을 말한다.
⑤ 인상관리(impression management)는 다른 사람들이 자신에 대해 형성하게 되는 지각을 개인이 관리하거나 통제하려고 시도하는 과정을 말한다.

15 다음 설명 중 적절한 항목만을 모두 선택한 것은?　`2023 CPA`

> a. 높은 집단응집력(group cohesiveness)은 집단사고(group think)의 원인이다.
> b. 사회적 태만(social loafing)은 집단으로 일할 때보다 개인으로 일할 때 노력을 덜 하는 현상을 의미한다.
> c. 제한된 합리성(bounded rationality)에서 사람들은 의사결정시 만족스러운 대안이 아닌 최적의 대안을 찾는다.
> d. 감정노동(emotional labor)은 대인거래 중에 조직 또는 직무에서 원하는 감정을 표현하는 상황으로 인지된 감정(felt emotion)과 표현된 감정(displayed emotion)이 있다.
> e. 빅 파이브(big-five) 모델에서 정서적 안정성(emotional stability)은 사회적 관계 속에서 편안함을 느끼는 정도를 의미한다.

① a, d　　② b, c　　③ b, e　　④ a, c, d　　⑤ c, d, e

16 종업원들에게 자존감과 업무 몰입도를 높이기 위해 요구되는 심리적 강화 요인을 임파워먼트(empowerment)라 한다. 다음에 제시된 항목들 중 임파워먼트의 구성요소에 해당하는 것들로만 가장 적절하게 묶인 것은?

2024 7급 군무원

> ㈀ 의미감(meaning)   ㈁ 능력(competence)
> ㈂ 자기결정력(self=determination)   ㈃ 영향력(impact)

① ㈀, ㈂   ② ㈀, ㈁, ㈂   ③ ㈁, ㈂, ㈃   ④ ㈀, ㈁, ㈂, ㈃

17 다음 중 보상과 혜택의 영향으로 보기 가장 옳지 않은 것은?

2022 5급 군무원

① 조직에 필요한 사람들을 유인하는 주요 요인이 된다.
② 특정 행동에 뒤따르는 보상은 학습효과로 인해 그 이후 유사한 상황에서 그 행동의 발생 가능성을 억제한다.
③ 직원들에게 재정적 안정성을 제공하여 일하는 동기를 유발한다.
④ 가치 있는 직원들이 경쟁사에 가지 않도록 유지해준다.

18 다음 중 조직 몰입(organizational commitment)에 대한 설명으로 가장 옳지 않은 것은?

2022 5급 군무원

① 조직 몰입은 조직에 대한, 그리고 조직의 목표에 대한 인식을 분명히 한 상태에서 그 조직에 남아 조직의 일원이 되고자 하는 바람의 정도이다.
② 감정적 조직 몰입은 조직에 남아 있는 이유가 조직에 대한 강한 애정일 때 나타난다.
③ 규범적 조직 몰입은 조직에 남아 있는 이유가 자신이 떠난 이후에 회사에 미칠 피해 등으로 인한 걱정, 도덕적, 윤리적 책임감 때문일 때 나타난다.
④ 재무적 조직 몰입은 조직에 남아 있는 이유가 생계, 경제적 가치를 위한 것일 때 나타난다.

19 태도와 성격에 관한 설명으로 가장 적절하지 않은 것은?

2015 CPA

① 켈리(Kelly)의 귀인이론에서는 행동의 원인을 특이성, 합의성, 일관성으로 구분하여 파악한다.
② 자존적 편견(self-serving bias)은 평가자가 자신의 자존심을 지키기 위하여, 자신이 실패했을 때는 자신의 내부적 요인에서 원인을 찾고, 자신의 성공에 대해서는 외부적 요인에서 원인을 찾으려는 경향을 의미한다.
③ 성격 유형을 A형과 B형으로 구분할 때, A형은 B형보다 업무처리 속도가 빠르고, 인내심이 부족한 편이다.
④ 조직시민행동(organizational citizenship behavior)이란 조직에서의 공식적인 역할이 아니더라도, 조직을 위해 자발적으로 희생하고 노력하며 동료를 돕는 행동을 의미한다.
⑤ 마이어(Meyer)와 알렌(Allen)이 주장하는 조직몰입 중 지속적(continuance) 몰입은 조직을 떠나면 경제적 비용이 많이 발생하기 때문에 조직에 머물러 있으려는 태도를 의미한다.

20 태도와 학습에 관한 다음의 설명 중 가장 적절하지 않은 것은? [2007 CPA]

① 부적 강화(negative reinforcement)는 바람직한 행동의 빈도수를 감소시키고 정적 강화(positive reinforcement)는 바람직한 행동의 빈도수를 증가시킨다.
② 마이어와 알렌(Meyer and Allen)은 조직몰입을 정서적(affective)몰입, 지속적(continuance)몰입, 규범적(normative)몰입으로 나누어 설명하였다.
③ 태도의 구성요소는 인지적(cognitive)요소, 정서적(affective)요소, 행동의도적(behavioral intention)요소로 나누어진다.
④ 조직행동분야의 많은 실증연구에서 직무만족이 성과에 미치는 직접적인 효과는 그리 높게 나타나지 않고 있다.
⑤ 강화스케줄에서 단속적 강화(intermittent reinforcement)일정은 고정간격일정, 변동간격일정, 고정비율일정, 변동비율일정이 있다.

21 학습(learning)과 교육훈련에 관한 설명으로 가장 적절하지 않은 것은? [2012 CPA]

① 불쾌한 결과를 제거하여 바람직한 행위를 유도하는 방법을 소거(extinction)라고 한다.
② 커크패트릭(Kirk patrik)은 교육훈련의 효과를 반응, 학습정도, 행동변화, 조직의 성과로 구분하여 측정할 필요가 있다고 하였다.
③ 사회적 학습이론(social learning theory)에서는 사람의 인지적 측면을 강조하고, 다른 사람의 행동과 그 결과를 통해서 학습하는 것을 대리학습 (vicarious learning)이라고 하였다.
④ 쏜다이크(Thorndike)가 제시한 효과의 법칙(law of effect)이란 원하는 보상을 받는 행동은 반복되고, 바람직하지 않은 결과가 나타나는 행동은 반복되지 않는다는 것을 의미한다.
⑤ 직무현장훈련(on the job training; OJT)은 업무수행 과정을 통해 학습하기 때문에 훈련의 전이효과가 커지는 장점이 있다.

22 직무만족 및 불만족에 대한 설명으로 옳은 것은? [2016 7급 감사직]

① 직무불만족을 증가시키는 개인적 성향은 긍정적 정서와 긍정적 자기평가이다.
② 역할 모호성, 역할 갈등, 역할 과다를 경험한 사람들의 직무 만족이 높다.
③ 직무만족이란 직무를 통해 그 가치를 느끼고 업무 성취감을 느끼는 긍정적 감정 상태를 말한다.
④ 종업원과 상사 사이의 공유된 가치관은 직무만족을 감소시킨다.

23 다음 설명 중 적절한 항목만을 모두 선택한 것은? 2021 CPA

a. 성격(personality)은 개인의 독특한 개성을 나타내는 전체적인 개념으로 선천적 유전에 의한 생리적인 것을 바탕으로 하여 개인이 사회문화환경과 작용하는 과정에서 형성된다.
b. 욕구(needs)는 어떤 목적을 위해 개인의 행동을 일정한 방향으로 작동시키는 내적 심리상태를 의미한다.
c. 사회적 학습이론(social learning theory)에 의하면, 학습자는 다른 사람의 어떤 행동을 관찰하여 그것이 바람직한 결과를 가져올 때에는 그 행동을 모방하고, 좋지 않은 결과를 가져올 때에는 그 같은 행동을 하지 않게 된다.
d. 역할갈등(role conflict)은 직무에 대한 개인의 의무·권한·책임이 명료하지 않은 지각상태를 의미한다.

① a, b   ② a, c   ③ a, d   ④ b, c   ⑤ a, c, d

24 동기부여 및 학습에 관한 설명으로 가장 적절한 것은? 2020 CPA

① 브룸(Vroom)의 기대이론(expectancy theory)은 개인과 개인 또는 개인과 조직 간의 교환관계에 초점을 둔다.
② 스키너(Skinner)의 조작적 조건화(operant conditioning)에 의하면 학습은 단순히 자극에 대한 조건적 반응에 의해 이루어지는 것이 아니라 반응행동으로부터의 바람직한 결과를 작동시킴에 따라서 이루어진다.
③ 매슬로우(Maslow)의 욕구이론에서 성장욕구는 가장 상위위치를 점하는 욕구로서, 다른 사람들로부터 인정이나 존경을 받고 싶어 하는 심리적 상태를 말한다.
④ 맥그리거(McGregor)의 'X형·Y형이론'에 의하면 Y형의 인간관을 가진 관리자는 부하를 신뢰하지 않고 철저히 관리한다.
⑤ 형식지(explicit knowledge)는 개인이 체화하여 가지고 있으며 말로 하나하나 설명할 수 없는 내면의 비밀스러운 지식을 의미하고, 암묵지(tacit knowledge)는 전달과 설명이 가능하며 적절히 표현되고 정리된 지식을 의미한다.

25 태도, 통제의 위치, 조직몰입, 귀인이론, 강화에 관한 다음의 서술 중에서 옳은 항목만을 모두 모은 것은? 2010 CPA

a. 태도의 구성요소는 인지적(cognitive) 요소, 정서적(affective) 요소, 행동의도적(behavioral intention) 요소로 나눌 수 있다.
b. 통제의 위치(locus of control)에 따르면 외재론자에 비해 내재론자는 성과를 결정짓는 것이 자신의 노력이라고 생각한다.
c. 마이어(Meyer)와 알렌(Allen)은 조직몰입을 정서적(affective) 몰입, 지속적(continuance) 몰입, 규범적(normative) 몰입으로 나누어 설명한다.
d. 켈리(Kelley)의 귀인이론(attribution theory)에서는 행동의 원인을 합의성(consensus), 특이성(distinctiveness), 일관성(consistency)의 세 가지 차원으로 구분하여 해석한다.
e. 부정적 강화(negative reinforcement)는 바람직한 행동의 빈도를 증가시키고 긍정적 강화(positive reinforcement)는 바람직한 행동의 빈도를 증가시킨다.

① a, b, d   ② a, c, e   ③ a, b, c, d
④ a, b, d, e   ⑤ a, b, c, d, e

26 특정문제를 해결하기 위해 창의성을 개발하는 기법 중 옳지 않은 것은? `1997 CPA`

① 리더가 제기한 문제에 대하여 자유롭게 의견을 제시하게 한다.
② 리더 혼자만 주제를 알고 집단에는 제시하지 않은채 짧은 시간 동안 의견을 한번씩 제시하게 한다.
③ 제기된 문제의 여러 요소들을 다각적으로 분석하게 한다.
④ 정상적으로 관련이 없는 구상들을 관련짓도록 유도한다.
⑤ 특정문제에 대해 전문가들의 의견을 우편으로 수집하고 이를 요약·정리하여 다시 송부하는 방식으로 서로의 의견에 대해 합의가 이루어질 때까지 논평하도록 한다.

27 동기부여(motivation) 이론 중 매슬로우의 욕구이론(need theory)에 관한 서술 중에 가장 적절한 것으로 묶인 것은? `2006 CPA`

> a. 하나의 욕구가 충족되면 그다음 상위단계의 욕구를 충족시키려 한다.
> b. 상위욕구 충족이 좌절되면 그보다 하위단계의 욕구를 충족시키려 한다.
> c. 생리적 욕구 – 안전욕구 – 존경욕구 – 사회적 욕구 – 자아실현욕구의 순서로 단계가 나누어진다.
> d. 사회적 욕구는 위생요인으로 생리적 욕구와 안전욕구는 동기요인으로 분류하였다.
> e. 매슬로우의 5가지 욕구 중 존경(esteem)욕구, 관계(relatedness)욕구, 성장(growth)욕구 3가지만을 고려하여 ERG이론을 만들었다.

① a ② a, b, c ③ a, e ④ a, c ⑤ d, e

28 ERG 이론에 대한 설명 중 옳지 않은 것은? `1994 CPA`

① 알더퍼(Alderfer)에 의해 주장된 욕구단계이론이다.
② 상위 욕구가 행위에 영향을 미치기 전에 하위 욕구가 먼저 충족되야 한다.
③ 매슬로우(Maslow)의 욕구단계설이 직면했던 문제점을 극복하고자 제시되었다.
④ 하위 욕구가 충족될수록 상위 욕구에 대한 욕망이 커진다고 주장하였다.
⑤ 인간의 욕구를 존재 욕구, 관계 욕구, 성장 욕구로 나누었다.

29 허츠버그(F. Hertzberg)가 제시한 이요인(two-factor)이론을 따르는 경영자가 종업원들의 동기를 유발시키기 위한 방안으로 옳지 않은 것은? `2016 가맹거래사`

① 좋은 성과를 낸 종업원을 표창한다.
② 종업원이 하고 있는 업무가 매우 중요함을 강조한다.
③ 좋은 성과를 낸 종업원에게 더 많은 급여를 지급한다.
④ 좋은 성과를 낸 종업원을 승진시킨다.
⑤ 좋은 성과를 낸 종업원에게 자기 계발의 기회를 제공한다.

30 맥그리거(D. McGregor)의 X-Y이론은 인간에 대한 기본 가정에 따라 동기부여 방식이 달라진다는 것이다. Y이론에 해당하는 가정 또는 동기부여 방식이 아닌 것은?　2018 공인노무사

① 문제해결을 위한 창조적 능력 보유　② 직무수행에 대한 분명한 지시
③ 조직목표 달성을 위한 자기 통제　④ 성취감과 자아실현 욕구
⑤ 노동에 대한 자연스러운 수용

31 동기부여이론에 관한 설명으로 가장 적절한 것은?　2015 CPA

① 브룸(Vroom)의 기대이론(expectancy theory)에 의하면, 수단성(instrumentality)을 높이기 위해서 종업원이 선호하는 보상수단을 조사할 필요가 있다.
② 허쯔버그(Herzberg)의 이요인이론(two factor theory)에 의하면, 임금을 높여주거나 작업환경을 개선하는 것으로는 종업원의 만족도를 높일 수 없다.
③ 브룸의 기대이론에서 기대(expectancy)는 노력했을 때 성과가 나타날 수 있는 객관적 확률이다.
④ 브룸의 기대이론에 의하면, 연공급을 도입하면 기대(expectancy)가 높아진다.
⑤ 아담스(Adams)의 공정성 이론(equity theory)에 의하면, 과다보상을 받았다고 느끼는 경우에는 만족도가 높기 때문에 행동의 변화가 나타나지 않는다.

32 핵크만과 올드햄의 직무특성이론에 대한 설명으로 가장 적절하지 않은 것은?　2005 CPA

① 직무설계를 할 때 작업자의 성장 욕구를 고려해야 한다.
② 직무성과를 내는 데 있어서 작업자의 심리상태가 중요한 요소라는 점을 강조하고 있다.
③ 과업중요성(task significance)이란 조직 내·외부에 있는 다른 사람의 작업이나 생활에 미치는 영향의 정도를 의미한다.
④ 과업정체성(task identity)이란 직무수행방법과 직무수행에 필요한 능력이 명확히 정의된 정도를 의미한다.
⑤ 직무 충실화(job enrichment) 개념을 응용하고 있다.

33 핵크만과 올드햄이 주장한 직무특성이론에 관한 설명으로 가장 적절하지 않은 것은?　2014 CPA

① 과업정체성(task identity)이란 업무 수행방법이나 절차가 명확하고 체계적으로 정리되어 있는 정도를 의미한다.
② 결과변수에는 작업의 질, 만족도, 이직률, 결근율이 포함된다.
③ 성장 욕구가 강한 사람에게는 과업 중요성(task significance)과 과업 정체성(task identity)이 높은 직무가 적합하다.
④ 성장 욕구가 강한 사람은 자율성(autonomy)이 많은 직무를 수행할수록 직무에 대한 책임감을 더 많이 경험하게 된다.
⑤ 중요 심리상태에는 작업의 의미에 대한 경험과 직무수행결과에 대한 지식이 포함된다.

34 직무설계에서 핵크만(Hackman)과 올드햄(Oldham)의 직무특성이론에 관한 설명으로 가장 적절하지 않은 것은?   2018 CPA

① 다양한 기술이 필요하도록 직무를 설계함으로써, 직무수행자가 해당 직무에서 의미감을 경험하게 한다.
② 자율성을 부여함으로써, 직무수행자가 해당 직무에서 책임감을 경험하게 한다.
③ 도전적인 목표를 제시함으로써, 직무 수행자가 해당 직무에서 성장욕구와 성취감을 경험하게 한다.
④ 직무수행과정에서 피드백을 제공함으로써, 직무수행자가 해당 직무에서 직무수행 결과에 대한 지식을 가지게 한다.
⑤ 과업의 중요성을 높여줌으로써, 직무 수행자가 해당 직무에서 의미감을 경험하게 한다.

35 브룸(Vroom)의 기대이론의 내용이 아닌 것은?   1995 CPA

① 경영자는 종업원들이 노력하면 성과가 달성된다는 믿음을 주어야 한다.
② 성과-보상 연결을 분명히 해야 한다.
③ 성과-보상 간에 지각 차이가 존재하지 않아야 한다.
④ 보상은 종업원에게 가치 있는 것이어야 한다.
⑤ "만족 ⇒ 성과" 가설에서 "성과 ⇒ 만족" 가설로 바뀌었다.

36 다음 내용과 관련 있는 이론은?   1996 CPA

- 수단성 : 성과와 보상의 정도이다.
- 유의성 : 보상에 대한 매력 정도이다.
- 기대성 : 노력하면 성과를 얻을 수 있다는 믿음을 말한다.

① 공정성이론 ② 목표설정이론 ③ 기대이론
④ 욕구단계이론 ⑤ 강화이론

37 종업원의 동기부여에 관한 다음의 내용 가운데 기대이론(expectancy theory)에 근거한 것은?   2003 CPA

① 관리자는 종업원들이 모두 같은 종류의 보상을 추구한다는 것을 인식해야 한다.
② 보상은 성과보다는 연공서열에 따라 책정되어야 한다.
③ 낮은 유의성(valence)과 낮은 수단성(instrumentality)을 통해 동기가 부여된다.
④ 노력수준을 높임으로써 성과가 높아진다는 종업원의 지각이 동기부여를 위해 중요하다.
⑤ 명확한 목표와 과업의 적절한 난이도는 성과수준에 영향을 미치는 주된 요인이다.

38 동기부여의 기대이론(expectancy theory)과 관련된 설명으로 가장 적절하지 않은 것은? [2005 CPA]

① 기대감(expectancy), 유의성(valance), 수단성(instrumentality) 중 하나라도 0의 값을 가지면 동기부여 수준은 0이 된다.
② 전체 동기부여 수준은 음(−)의 값을 가질 수 있다.
③ 기대감(expectancy)이란 노력을 했을 때 특정 수준의 성과를 낼 수 있는가에 대한 객관적 확률로서, 0에서 1까지의 값을 가진다.
④ 카페테리아식 복리후생 제도는 유의성(valence)을 높이는 방법이 될 수 있다.
⑤ 성과급을 도입하면 수단성(instrumentality)이 높아질 수 있다.

39 동기부여(motivation) 이론을 설명한 것 중 가장 적절하지 않은 것은? [2007 CPA]

① 맥클리랜드(McClelland)의 성취동기이론에 따르면 친교욕구(need for affiliation)가 높은 사람은 다른 사람의 인정을 받으려고 노력하고 권력욕구(need for power)가 높은 사람은 다른 사람을 지배하고 통제하고 싶어한다.
② 알더퍼(Alderfer)의 ERG이론은 인간의 욕구를 존재(existence), 관계(relatedness), 성장(growth)의 세 가지 욕구로 분류하고 욕구의 만족 – 진행(satisfaction – progression)과 좌절 – 퇴행(frustration – regression)이 일어난다고 주장한다.
③ 공정성이론(equity theory)에 따르면 개인이 불공정성에 대한 지각에서 오는 긴장을 감소시키는 방법으로 자신의 투입(input)의 변경, 산출(output)의 변경, 투입과 산출의 인지적 왜곡, 비교대상의 변경 등이 있다.
④ 봉급, 작업조건, 감독, 상사와의 관계는 허쯔버그(Herzberg)의 2요인 이론에서 동기요인(motivator)에 해당하는 것으로 위생요인이 충족되더라도 구성원을 동기화시키지 못하며 성과향상을 위해서는 동기요인을 충족시켜야 한다고 주장한다.
⑤ 기대이론(expectancy theory)은 개인의 동기수준이 기대감(expectancy), 수단성(instrumentality), 유의성(valence) 값의 곱으로 설명되고 있다.

40 다음 사례에서 A의 행동을 설명하는 동기부여이론은? [2018 공인노무사]

> 팀원 A는 작년도 목표대비 업무실적을 100% 달성하였다. 이에 반해 같은 팀 동료 B는 동일 목표대비 업무실적이 10% 부족하였지만 A와 동일한 인센티브를 받았다. 이 사실을 알게된 A는 팀장에게 추가 인센티브를 요구하였으나 받아들여지지 않자 결국 이직하였다.

① 기대이론　　② 공정성이론　　③ 욕구단계이론
④ 목표설정이론　　⑤ 인지적 평가이론

41 동기부여이론에 관한 설명으로 가장 적절한 것은? `2017 CPA`

① 목표설정이론에 따르면 구체적인 목표보다 일반적인 목표를 제시하는 것이 구성원들의 동기부여에 더 효과적이다.
② 공정성 이론에 따르면 분배 공정성, 절차 공정성, 상호작용 공정성의 순서로 동기부여가 이루어지는데, 하위 차원의 공정성이 달성된 이후에 상위차원의 공정성이 동기부여에 영향을 미친다.
③ 교육훈련이나 직무재배치는 기대이론에서 말하는 1차 결과(노력-성과 관계)에 대한 기대감을 높여주는 방법이다.
④ 알더퍼(Alderfer)가 제시한 ERG이론에 따르면 한 욕구의 충족을 위해 계속 시도함에도 불구하고 좌절되는 경우 개인은 이를 포기하는 대신 이보다 상위 욕구를 달성하기 위해 노력한다.
⑤ 핵크만(Hackman)과 올드햄(Oldham)의 직무특성 모형에 의하면, 다양한 기능을 사용하는 직무기회를 제공하는 경우보다 자신이 잘하는 한 가지 기능만 사용하는 직무를 부여하는 경우에 동기부여 수준이 더 높다.

42 동기부여 이론에 관한 설명으로 가장 적절한 것은? `2018 CPA`

① 허쯔버그(Herzberg)의 2요인이론(two factor theory)에서 승진, 작업환경의 개선, 권한의 확대, 안전욕구의 충족은 위생요인에 속하고 도전적 과제의 부여, 인정, 급여, 감독, 회사의 정책은 동기요인에 해당된다.
② 강화이론(reinforcement theory)에서 벌(punishment)과 부정적 강화(negative reinforcement)는 바람직하지 못한 행동의 빈도를 감소시키지만 소거(extinction)와 긍정적 강화(positive reinforcement)는 바람직한 행동의 빈도를 증가시킨다.
③ 브룸(Vroom)의 기대이론에 따르면 행위자의 자기효능감(self-efficacy)이 클수록 과업성취에 대한 기대(expectancy)가 커지고 보상의 유의성(valence)과 수단성(instrumentality)도 커지게 된다.
④ 매슬로우(Maslow)의 욕구이론에 따르면 생리욕구-친교욕구-안전욕구-성장욕구-자아실현욕구의 순서로 욕구가 충족된다.
⑤ 아담스(Adams)의 공정성 이론(equity theory)에 의하면 개인이 지각하는 투입(input)에는 개인이 직장에서 투여한 시간, 노력, 경험 등이 포함될 수 있고, 개인이 지각하는 산출(output)에는 직장에서 받은 급여와 유무형의 혜택들이 포함될 수 있다.

43 동기부여 이론에 관한 다음 설명 중 가장 적절하지 않은 것은? `2013 CPA`

① 허쯔버그(Herzberg)의 2요인이론(Two Factor Theory)에 의하면, 회사의 정책, 작업조건, 급여 등의 요건이 충족되어도 만족도가 증가하지는 않는다.
② 기대이론(Expectancy Theory)에 의하면, 개인이 특정한 성과를 달성했을 때 최종적인 보상을 받을 수 있는 가능성에 대한 주관적 믿음을 기대(expectancy)라고 하며, 이는 '0'부터 '1'까지의 값을 가진다.
③ 공정성 이론(Equity Theory)에 의하면, 과다보상을 받았다고 인식할 경우에도 비교대상이 되는 사람을 변경하거나 다른 사람의 투입과 산출을 다르게 해석하려고 노력할 수 있다.
④ 핵크만(Hackman)과 올드햄(Oldham)의 직무특성이론(Job Characteristics Theory)에 의하면, 직무의 자율성이 '0'의 값을 가지면 잠재적 동기지수(MPS: Motivating Potential Score)는 '0'의 값을 가진다.
⑤ 목표설정이론(Goal Setting Theory)에 의하면, 목표의 특성과 종류뿐만 아니라 상황적 요인에 따라서도 성과가 달라질 수 있다.

44 학습 및 동기부여이론에 관한 설명으로 가장 적절한 것은? [2016 CPA]

① 알더퍼(Alderfer)의 ERG 이론, 브룸(Vroom)의 기대이론(expectancy theory), 허쯔버그(Herzberg)의 2요인이론(two factor theory)은 동기부여의 과정이론(process theory)에 해당된다.
② 강화이론(reinforcement theory)에서 긍정적인 강화(positive reinforcement)와 부정적인 강화(negative reinforcement)는 바람직한 행동의 빈도를 증가시킨다.
③ 브룸(Vroom)의 기대이론에 따르면 유의성(valence)은 행위자의 성장 욕구가 높을수록 크고 존재 욕구가 높을수록 작으며 수단성에 영향을 미친다.
④ 매슬로우(Maslow)의 욕구단계이론에 따르면 성장 욕구의 충족이 좌절 되었을 때 관계 욕구를 충족시키려는 좌절-퇴행(frustration regression)의 과정이 발생한다.
⑤ 아담스(Adams)의 공정성 이론(equity theory)에 의하면 절차적 공정성, 분배적 공정성, 상호작용적 공정성 순서로 동기부여가 일어난다.

45 다음 설명 중 옳지 않은 것은? [2016 가맹거래사]

① 브룸(Vroom)의 기대이론에 의하면 보상의 유의성(valence)은 개인의 욕구에 따라 다르며, 동기부여를 결정하는 요인이다.
② 아담스(Adams)의 공정성이론에 의하면 보상에 대한 공정성 지각 여부가 종업원의 노력(투입) 정도를 결정한다.
③ 피들러(Fiedler)의 상황적합성이론에 의하면 리더와 부하의 관계가 좋을 때에는 과업지향적인 리더십을 구사하는 것이 좋다.
④ 스키너의(skinner) 작동적 조건화에서 소거(extinction)란 과거의 부정적 결과를 제거함으로써 긍정적인 행동의 확률을 높이는 것을 말한다.
⑤ 리더-구성원 교환이론(LMX)에 의하면 리더는 외집단보다는 내집단을 더 많이 신뢰한다.

46 동기부여(motivation)이론에 관한 설명으로 가장 적절한 것은? [2011 CPA]

① 기대이론(expectancy theory)에서 수단성(instrumentality)은 행위자의 노력이 1차적 성과를 달성할 수 있을지에 대한 객관적인 판단이다.
② 아담스(Adams)의 공정성 이론(equity theory)은 투입 대비 산출의 상호작용적 공정성, 절차적 공정성, 효율적 조직성과배분에 대한 분배적 공정성을 모두 고려하고 있다.
③ 허쯔버그(Herzberg)의 2요인이론에서 동기요인은 임금, 작업환경, 근로 조건, 칭찬, 인정을 포함하고 근로자의 불만족을 제거하는 역할을 한다.
④ MBO는 목표설정이론을 조직에 적용한 예로서 목표의 구체성과 난이도, 피드백은 동기부여에 영향을 미친다.
⑤ 동기부여이론을 크게 내용이론(content theory)과 과정이론(process theory)으로 분류할 때 직무특성이론, ERG 이론, 내재적 동기이론은 과정이론에 속한다.

47 동기부여 이론에 관한 설명으로 가장 적절하지 않은 것은?   `2012 CPA`

① 앨더퍼(Alderfer)의 ERG이론에서는 인간의 욕구를 존재욕구, 관계욕구, 성장욕구로 구분하고 있으며, 충족−진행의 원리와 좌절−퇴행의 원리를 제시하고 있다.
② 허쯔버그(Herzberg)의 이요인이론(two factor theory)에 의하면 급여, 성취감과 같은 위생요인이 충족되면 만족도가 증가된다.
③ 핵크만(Hackman)과 올드햄(Oldham)의 직무특성이론에 의하면 성장욕구수준이 높은 사람은 직무 정체성이 높은 직무를 수행할 때 동기부여수준이 높아진다.
④ 목표설정이론(goal setting theory)에 의하면 구체적인 목표를 설정할 때 성과가 높아진다.
⑤ 공정성이론(equity theory)에 의하면 허쯔버그(Herzberg)가 제시한 위생요인과 동기요인 모두가 개인이 받는 보상(산출물)에 포함될 수 있다.

48 동기부여이론에 대한 설명으로 옳지 않은 것은?   `2018 7급 감사직`

① Y이론적 관점에 따르면 직원은 부정적 강화(Reinforcement)에 의해 동기부여가 된다.
② 아담스(J. S. Adams)의 공정성이론에 따르면 사람은 자신의 일에 투입한 요소와 그로부터 받은 보상의 비율을 다른 사람의 그것과 비교한다.
③ 2요인이론에서 동기유발요인은 직무에 내재하는 요인들이다.
④ 기대이론에서 동기부여가 되는 정도는 노력과 성과 관련성, 성과와 결과 관련성, 결과와 개인의 욕구 사이의 관련성의 영향을 받는다.

49 동기부여 이론에 관한 설명으로 가장 적절한 것은?   `2019 CPA`

① 아담스(Adams)의 공정성이론(equity theory)은 절차적 공정성과 상호작용적 공정성을 고려한 이론이다.
② 핵크만(Hackman)과 올드햄(Oldham)의 직무특성이론에서 직무의 의미감에 영향을 미치는 요인은 과업의 정체성, 과업의 중요성, 기술의 다양성이다.
③ 브룸(Vroom)의 기대이론에서 수단성(instrumentality)이 높으면 보상의 유의성(valence)도 커진다.
④ 인지적 평가이론(cognitive evaluation theory)에 따르면 내재적 보상에 의해 동기부여가 된 사람에게 외재적 보상을 주면 내재적 동기부여가 더욱 증가한다.
⑤ 허쯔버그(Herzberg)의 2요인이론(two factor theory)에서 위생요인은 만족을 증대시키고 동기요인은 불만족을 감소시킨다.

50 조직에서 개인의 태도와 행동에 관한 설명으로 가장 적절한 것은? 2019 CPA

① 조직몰입(organizational commitment)에서 지속적 몰입(continuance commitment)은 조직구성원으로서 가져야 할 의무감에 기반한 몰입이다.
② 정적 강화(positive reinforcement)에서 강화가 중단될 때, 변동비율법에 따라 강화된 행동이 고정비율법에 따라 강화된 행동보다 빨리 사라진다.
③ 감정지능(emotional intelligence)이 높을수록 조직몰입은 증가하고 감정노동(emotional labor)과 감정소진(emotional burnout)은 줄어든다.
④ 직무만족(job satisfaction)이 높을수록 이직의도는 낮아지고 직무관련 스트레스는 줄어든다.
⑤ 조직시민행동(organizational citizenship behavior)은 신사적 행동(sportsmanship), 예의바른 행동(courtesy), 이타적 행동(altruism), 전문가적 행동(professionalism)의 네 요소로 구성된다.

51 다음은 동기부여 이론들 중 허즈버그(F.Hrrzberg)의 2-요인 이론(two-factor theory)에 관한 설명들이다. 가장 적절하지 않은 것은? 2024 7급 군무원

① 2-요인이란 직무만족과 관련되는 동기요인과 직무 불만족과 관련된 위생요인을 말한다.
② 직무 불만족과 관련된 외적 요인들을 위생요인(hygiene factor)이라 하며, 이들을 적절히 관리 하며 불만을 갖지 않게 됨에 따라 동기부여 효과가 적극적으로 발생하게 된다.
③ 직무만족과 관련된 내적 요인들을 동기요인(motivator)이라 하며, 이들을 적절히 관리하면 동기부여 효과를 발휘되게 된다.
④ 성취감, 안정감, 책임감 등은 동기요인에, 감독, 회사정책, 작업조건, 동료와의 관계등은 위생요인에 해당된다.

52 다음 동기부여 이론 중에서 빅터 브룸(Victor Vroom)의 기대이론(expectancy theory)에 대한 설명으로 가장 옳은 것은? 2022 7급 군무원

① 높은 수준의 노력이 좋은 성과를 가져오고 좋은 성과평가는 임금상승이나 조직적 보상으로 이어진다.
② 강화요인이 바람직한 행동을 반복할 가능성을 높이고 행동이 그 결과의 함수라고 주장하는 이론이다.
③ 직무만족을 가져오는 요인은 직무 불만족을 가져오는 요인과는 서로 분리되고 구별된다.
④ 자기효능감은 어떤 과업을 수행할 수 있다는 개인의 믿음을 의미하며, 자기 효능감이 높을수록 성공할 능력에 더 큰 확신을 가진다.

53 직무특성모형에서의 중요 심리상태의 하나인 의미충만(meaningfulness)에 영향을 미치는 핵심직무차원을 모두 고른 것은? 2023 공인노무사

| ㄱ. 기술다양성 | ㄴ. 과업정체성 | ㄷ. 과업중요성 | ㄹ. 자율성 | ㅁ. 피드백 |

① ㄱ, ㄴ, ㄷ   ② ㄱ, ㄴ, ㅁ   ③ ㄱ, ㄹ, ㅁ   ④ ㄴ, ㄷ, ㄹ   ⑤ ㄷ, ㄹ, ㅁ

54 다음 중 동기부여 이론에 대한 설명으로 가장 적절하지 않은 것은? `2023 7급 군무원`

① 알더퍼(C. Alderfer)의 ERG이론은 인간의 욕구를 친교욕구, 권력욕구, 성취욕구로 구분하였다.
② 아담스(J. Adams)의 공정성이론(equity theory)에 따르면 준거인과 비교할 때 자신이 과다보상을 받았다고 인식하는 직원은 불공정성을 해소하려는 동기가 유발된다.
③ 브룸(V. Vroom)의 기대이론(expectancy theory)에서 동기부여 강도를 설명하는 변수는 기대감, 수단성, 유의성이다.
④ 허츠버그(F. Herzberg)의 2요인이론(two-factor theory)에서 불만족과 관련된 요인을 위생요인이라고 한다.

55 동기부여에 관한 설명으로 가장 적절하지 않은 것은? `2023 CPA`

① 허쯔버그(Herzberg)의 2요인 이론은 만족과 불만족을 동일한 개념의 양극으로 보지 않고 두 개의 각각 독립된 개념으로 본다.
② 직무특성모델(job characteristics model)에서 개인의 성장욕구강도(growth need strength)는 직무특성과 심리상태 간의 관계 및 심리상태와 성과 간의 관계를 조절(moderating)한다.
③ 자기효능감(self-efficacy)은 어떤 과업을 수행할 수 있다는 개인의 믿음이다.
④ 인지평가이론(cognitive evaluation theory)에서는 어떤 직무에 대하여 내재적 동기가 유발되어 있는 경우 외적 보상이 주어지면 내재적 동기가 강화된다.
⑤ 마이어와 알렌(Meyer & Allen)의 조직몰입 중 규범적(normative) 몰입은 도덕적, 심리적 부담감이나 의무감 때문에 조직에 몰입하는 경우를 의미한다.

56 다음은 동기부여에 관한 여러 이론들을 설명한 것이다. 이 중 가장 옳지 않은 것은? `2022 5급 군무원`

① 공정성 이론(equity theory)에 따르면, 개인이 불공정성에 대한 지각에서 오는 긴장을 감소시키는 방법으로는 자신의 투입(input) 변경, 산출(output) 변경, 투입과 산출의 인지적 왜곡, 비교 대상의 변경 등이 있다.
② 기대이론(expectancy theory)은 개인의 동기수준을 기대감(expectancy), 수단성(instrumentality), 유의성(valence)의 곱으로 설명한다.
③ 허쯔버그(Herzberg)의 2요인 이론(two-factor theory)에서 봉급, 작업조건, 감독, 상급자와의 관계 등은 동기요인(motivator)에 해당하는 것으로, 위생요인(hygiene factor)이 충족되더라도 구성원을 동기화시키지 못하며, 성과 향상을 위해서는 동기요인을 충족시켜야 한다고 주장한다.
④ 맥크리랜드(McClelland)의 성취동기 이론(achievement motive theory, three-needs theory)에 따르면, 소속 욕구(need for affiliation)가 높은 사람은 다른 사람의 인정을 받으려고 노력하고, 권력 욕구(need for power)가 높은 사람은 다른 사람을 지배하고 통제하기를 원한다.

57 다음 설명 중 적절한 항목만을 모두 선택한 것은? [2024 CPA]

> a. 맥그리거(McGregor)의 X-Y 이론에 의하면, X이론은 인간이 기본적으로 책임을 기꺼이 수용하며 자율적으로 직무를 수행한다고 가정한다.
> b. 불공정성을 느끼는 경우, 개인은 준거인물을 변경함으로써 불균형 상태를 줄일 수 있다.
> c. 명목집단법(nominal group technique)은 의사결정 과정 동안 토론이나 대인 커뮤니케이션을 제한한다.
> d. 분배적 공정성(distributive justice)은 결과를 결정하는 데 사용되는 과정의 공정성에 대한 지각을 말한다.

① a, b   ② a, c   ③ b, c   ④ a, b, c   ⑤ b, c,

58 동기부여 이론과 성격에 관한 설명으로 가장 적절하지 않은 것은? [2022 CPA]

① 동기는 개인의 욕구(need)에 의해 발생되며, 그 강도는 욕구의 결핍 정도에 의해 직접적인 영향을 받는다.
② 맥클리랜드(McClelland)에 의하면, 성취욕구(need for achievement)는 개인이 다른 사람들에게 영향력을 행사하여 그들을 통제하고 싶은 욕구를 말한다.
③ 강화이론(reinforcement theory)에 의하면, 긍정적 강화(positive reinforcement)와 부정적 강화(negative reinforcement)는 행위자의 바람직한 행동의 빈도를 증가시킨다.
④ 공정성이론(equity theory)에 의하면, 개인이 불공정성을 느끼는 경우 준거인물을 변경하여 불균형 상태를 줄일 수 있다.
⑤ 알더퍼(Alderfer)의 ERG이론은 매슬로우(Maslow)의 다섯 가지 욕구를 모두 포함하고 있다.

Chapter 2 집단차원의 조직행동

I | OX문제

1 조직의 명령계통상 지위와 관계없이 특별한 목표나 과업의 수행을 위해 구성되는 집단을 이익 집단이라고 한다. ⊙ⅹ

2 집단의 형성 단계에 대한 툭크맨(B.W.tuckman)의 모델은 형성기 → 갈등기 → 규범기 → 성취기 → 해체기의 순으로 집단이 형성된다고 보고 있다. ⊙ⅹ

3 사회적 태만의 극복방법으로는 집단 크기의 적정화, 개인별 역할과 책임의 할당, 집단성과의 공정한 배분과 자율성의 확대를 들 수 있다. ⊙ⅹ

4 지각된 역할과 실제의 역할이 차이가 날 경우와 상사로부터 두 가지 이상의 역할을 동시에 수행해야 할 경우에 나타나는 문제를 역할 모호성이라고 한다. ⊙ⅹ

5 한 사람의 지위는 여러 요소가 복합되어 결정되는데, 그 사람이 어떤 관점에서 보면 지위가 높지만 다른 관점에서는 낮을 때 발생하는 현상을 역할 갈등이라고 한다. ⊙ⅹ

6 규범은 그 강도가 강할수록, 결정화(Crystalized) 정도가 높을수록 받아들여지기 쉽다. 또한 구성원의 성격과 역할에 따라서도 규범 수용도가 달라진다. ⊙ⅹ

---

1 X | 이익집단이란 비공식적 집단의 한 형태로서 공동의 이해를 충족하기 위해 서로 모인 사람들의 연합체이다. 조직의 명령계통상 지위와 관계없이 특별한 목표나 과업의 수행을 위해 구성되는 집단은 과업 집단으로 공식적 집단의 한 유형이다.

2 O

3 X | • 사회적 태만의 원인: ① 개인의 공헌도 측정 곤란, ② 책임의 분산, ③ 집단의 크기, ④ 자율성의 확대
• 사회적 태만의 극복방법: ① 집단 크기의 적정화, ② 개인별 역할과 책임의 할당, ③ 집단성과의 공정한 배분

4 X | • 역할모호성(role ambiguity): 역할을 맡은 사람이 개인의 직무·직책 과업 등이 명확하지 못하며 해야 하는 행동이 분명히 규정되어 있지 않을 때 그 역할을 맡은 사람이 경험하는 문제.
• 역할갈등(role conflict): 지각된 역할과 실제의 역할이 차이가 날 경우와 상사로부터 두 가지 이상의 역할을 동시에 수행해야 할 경우에 나타나는 문제

5 X | 지위불일치(status incongruence)에 대한 설명임.

6 O

7 집단의 목표가 조직목표와 일치하지 않은 경우라도, 집단의 응집력이 높은 경우는 조직 성과에 긍정적 효과를 가져올 수 있다. ☐ O ☐ X

8 임파워먼트(Empowerment)는 권한위임, 개인의 능력 및 에너지가 결합된 상태에서 팀 구성원의 과업에 대한 내적 동기를 유발시키는 것을 의미한다. ☐ O ☐ X

9 Communication에서 발신자가 전하고자 하는 것을 말, 글, 부호, 숫자, 몸짓으로 구체화하는 과정을 메시지 해독 과정이라고 한다. ☐ O ☐ X

10 조직구조상 동일한 계층에 속하지 않으며, 또한 동일한 명령계층에도 속하지 않는 하부단위 간의 커뮤니케이션으로서, 라인(line) 부문과 스태프(staff) 부문 간, 동태적 조직의 커뮤니케이션 유형을 수평적 커뮤니케이션이라고 한다. ☐ O ☐ X

11 집단의사결정의 부정적 현상으로는 책임회피, 동조현상, 집단전염, 집단공포심의 조장 등인데 가장 큰 문제점은 집단사고이다. ☐ O ☐ X

12 어떤 문제에 대해 집단의 구성원들이 처음에 가지고 있던 견해의 평균 반응이 집단 논의를 하고 난 후에 더 극단적으로 치우치게 되는 현상을 동조현상(Conformity)이라고 한다. ☐ O ☐ X

13 휴리스틱(Heuristics)이란 어떤 사안 또는 상황에 대해 엄밀한 분석에 의하기보다 제한된 정보만으로 즉흥적·직관적으로 판단·선택하는 의사결정 방식을 의미한다. ☐ O ☐ X

---

7 X | 집단의 목표가 조직목표와 일치하지 않을 경우 응집력이 높은 것이 오히려 역기능을 발휘하게 됨.
8 O
9 X | 기호화 과정은 발신자가 전하고자 하는 것을 말, 글, 부호, 숫자, 몸짓으로 구체화하는 과정은 기호화의 과정이며, 메시지 해독과정은 메시지를 받기 전에, 그 안에 있는 상징을 수신자가 이해할 수 있는 형태로 바꾸는 것을 의미한다.

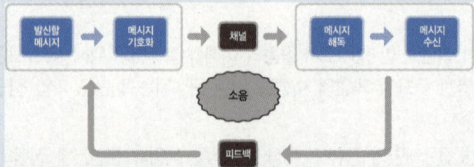

10 X | 조직구조상 동일한 계층에 속하지 않으며, 또한 동일한 명령계층에도 속하지 않는 하부단위 간의 커뮤니케이션으로서, 라인(line) 부문과 스태프(staff) 부문 간, 동태적 조직의 커뮤니케이션 유형은 대각적 커뮤니케이션을 의미하며, 수평적 커뮤니케이션이란 횡적 커뮤니케이션이라고도 불리우며 조직에서 위계수준이 같은 구성원이나 부서 간의 커뮤니케이션을 의미한다.
11 O
12 X | 집단극화(Group polarization)에 대한 설명임. 동조현상(Conformity)이란 개인이 집단의 영향을 받은 결과 개인과 집단의 일치도가 증가된 경우의 행동을 의미한다.
13 O

14 집단을 둘로 나누어 한 집단이 제시한 의견에 대해서 반론자로 지명된 집단의 반론을 듣고 토론을 벌여 본래의 안을 수정하고 보완하는 일련의 과정을 거친 후 최종 대안을 도출하는 집단의사결정 방법을 지명반론자법(Devil's Advocate Method: 악마의 옹호자법)이라고 한다. O X

15 명목집단법이란 오스본(A. Osborn)이 창의적 사고와 제안을 촉진시키기 위한 방법으로 개발하였으나 점차 문제해결을 위해 많은 수의 아이디어를 얻으려는 집단적인 창조적 사고방법으로 발전한 집단의사결정 기법이다. O X

16 합리적 의사결정의 과정은 문제 식별 → 대안개발 → 대안평가와 선정 → 실행의 단계 → 결과의 평가 과정을 거친다. O X

17 사이먼(H. Simon)은 의사결정자의 제한된 합리성으로 인해 이상적인 대안보다는 만족할 만한 대안을 찾는 것이 바람직하다는 이론을 제시했다. O X

18 합리적 의사결정 모형은 의사결정자가 완전한 합리성에 기초하여 최적의 의사결정을 한다고 보는 규범적인 의사결정 모형이다. O X

19 조직 내에서 자신의 권력과 이익을 최대화하기 위하여 행하는 정치적 행동을 조직정치라고 한다. 이를 줄이기 위해서 취할 수 있는 방법은 ① 파벌 해체 ② 상위목표의 도입 ③ 경쟁원천 감소 ④ 불확실성 감소 ⑤ 정치적 태도 배격 등이 있다. O X

20 맥클리랜드는 권력을 개인 중심적 권력과 사회 중심적 권력으로 구분하고 조직 내에서 권력이 정당하게 행사되고 수용되기 위해서는 개인 중심적 권력을 사용하여야 하며, 조직 내에서 사회 중심적 권력을 사용하게 되면 권력행사의 남용을 가져와 조직의 성과에 부정적인 영향을 미칠 수 있다고 주장하였다. O X

---

14 O
15 X | 브레인스토밍에 대한 설명임. 명목집단법이란 브레인스토밍과 브레인라이팅 기법의 장점들을 살리기 위해 고안된 방법으로서 많은 구성원이 아이디어를 제시하고 이에 대해 어느 정도 집단내 합의를 확보해야만 할 때 주로 사용되는 집단의사결정기법으로 리더의 역할과 능력이 중요한 집단의사결정기법이기도 하다.
16 O
17 O
18 O
19 O
20 X | 맥클리랜드는 권력을 개인 중심적 권력과 사회 중심적 권력으로 구분하고 조직 내에서 권력이 정당하게 행사되고 수용되기 위해서는 사회 중심적 권력을 사용하여야 하며, 조직 내에서 개인 중심적 권력을 사용하게 되면 권력행사의 남용을 가져와 조직의 성과에 부정적인 영향을 미칠 수 있다고 주장하였다.

21 분배적 협상(distributive negotiation)의 동기는 제로섬(zero sum)에 초점을 맞추고 있고, 통합적 협상(integrative negotiation)의 동기는 포지티브섬(positive sum)에 초점을 맞추고 있으며, 분배적 협상이 통합적 협상보다 정보의 공유가 상대적으로 많이 이루어지는 경향이 있다. ☐O ☐X

22 BATNA는 협상당사자의 입장에서 합의를 수용하기 위한 근원적 이해의 한계가치(Threshold)가 되며 합의가능영역(ZOPA: Zone of Possible Agreement)의 존재 여부를 결정한다. ☐O ☐X

23 리더십 행위이론이란 리더의 개인적 자질과 특성이 리더십에 영향을 준다고 보고 그 특성을 규명하려는 이론으로 리더십은 선천적으로 타고나는 것이라고 믿는 이론이다. ☐O ☐X

24 리더십 유형에 관한 최초의 연구로서 배려-구조주도 모형은 레빈(K. Lewin)의 지도하에 리피트(R. Lippitt)와 화이트(R.K. White)는 10대 소년들을 대상으로 연구한 결과 리더십 행동유형이 전제적, 민주적, 방임형 스타일이 있다고 분류하였다. ☐O ☐X

25 미시건(Michigan)학파의 리더십 연구는 리더행동을 배려(consideration)와 구조주도(initiating structure)로 나누었다. ☐O ☐X

26 Fiedler의 상황이론에서 상황변수로 LPC 척도를 사용하였는데 동 점수가 높다는 것은 리더가 관계지향적인 리더임을 의미한다. ☐O ☐X

---

21 X ǀ 분배적 협상보다 통합적 협상의 경우에 정보의 공유가 더 많아진다.

구분	투쟁적 협상·분배적 협상 (Distributive Negotiation)	호혜적 협상·결합적 협상 (Integrative Negotiation)
협상형태	win-lose zero-sum game	win-win positive-sum game
협상이익의 배분	피자 나누기(fixed pizza-cutting) 정해진 협상이익을 분배	피자 만들기(larger pizza-cooking) 서로 협조하여 협상이익 자체를 크게 함
정보의 흐름	정보를 공개 안 함	정보를 공개함
상대의 이익	자기 주장만 함	상대의 요구사항과 입장을 이해하려 함
협상전략	비도덕적·기만적 술책	도덕적·협조적 전략

22 O
23 X ǀ 리더십 특성이론에 대한 설명임. 행위이론은 리더십의 연구방향을 리더의 행동에 두어 유능한 리더와 무능한 리더가 각각 어떻게 행동하는가에 초점을 맞춘 이론이다.
24 X ǀ 아이오와 대학 모형에 대한 설명임.
25 X ǀ 오하이오 주립대학의 리더십 연구에 관한 설명이다.
26 X ǀ LPC 척도는 상황변수가 아니라 리더십 유형 분류를 위한 척도임.

27 피들러(Fiedler)는 리더십의 상황요인으로 리더부하 간의 관계와 과업구조(task structure) 및 직위권력(position power)을 제시하고 있다. ☐ O · X

28 Hersey와 Blanchard의 상황적 리더십이론(Situational Leadership Theory)은 리더의 행동유형을 과업중심적 리더행동과 관계중심적 리더행동으로 구분한다. ☐ O · X

29 경로-목표이론(Path-Goal Theory)은 리더의 행동유형을 지시적(directive), 후원적(supportive), 참여적(participative), 성취지향적(achievement oriented) 등의 4가지 유형으로 구분한다. ☐ O · X

30 브룸, 예튼, 예고(Vroom, Yetton & Jago)의 리더-참여 모형은 의사결정의 질, 부하의 참여 등의 상황변수를 고려하여 지도적 리더십, 지원적 리더십, 참여적 리더십, 성취지향적 리더십을 적절히 구사해야 한다고 보고 있다. ☐ O · X

31 허시(Hersey)와 블랜차드(Blanchard)의 상황모형에 의하면, 리더-부하 간 관계, 종업원의 동기, 종업원의 능력에 따라 리더십스타일이 달라질 필요가 있다. ☐ O · X

32 하우스(House)의 경로목표이론에서 환경적 요인(environmental factors)이란 부하의 경험과 능력, 부하의 성취욕구, 집단의 과업내용, 리더의 권한위치를 말한다. ☐ O · X

33 피들러(Fiedler)는 상황변수 3개를 이용하여 총 8가지 상황을 도출하였으며, 리더에게 호의적이나 비호의적이면 과업지향적 리더가 우수하고, 어중간한 상황이면 관계지향적 리더가 우수한 리더십으로 정의하고 있다. ☐ O · X

34 허쉬(Hersey)와 블랜차드(Blanchard)는 리더십을 지시적(telling), 설득적/지원형(selling), 참여적(participation), 위양적(delegating) 리더십으로 구분하였고 이에 상황변수는 종업원의 성숙도 변수 하나를 사용한 리더십 상황이론이다. ☐ O · X

---

27 O
28 O
29 O
30 X | 지도적, 지원적, 참여적, 성취지향적 리더십으로 구분한 것은 하우스와 에반스의 경로-목표이론이다.
31 X, 리더십 수명주기이론에서는 상황변수가 종업원의 성숙도 하나이다.
32 X, 하우스의 경로목표이론에서 부하의 경험과 능력, 부하의 성취 욕구 등은 종업원의 특성변수에 해당한다.
33 O
34 O

35 기존의 이론들이 상사와 모든 부하의 관계가 동질적이라고 가정한 것에 반해, 리더-구성원 교환이론(leader-member exchange theory; LMX)의 경우는 상사와 부하의 관계가 각 부하에 따라 이질적인 형태의 차별대우가 이루어지고 있다는 상황을 가정하고 부하와 상사와의 관계에 따라 내집단과 외집단으로 분류하고 있다. ☐O ☐X

36 블레이크와 머튼의 관리격자 모형에서는 리더가 처한 상황에 따라 리더십 스타일이 달라진다고 하였다. ☐O ☐X

37 거래적 리더십(transactional leadership)은 조건적 보상, 예외에 의한 관리(management by exception), 자유방임으로 구성되며 지적인 자극, 이상적인 영향력 등은 영감, 개별적 배려 등과 함께 변혁적 리더십의 구성요소임. ☐O ☐X

38 브룸(Vroom)과 예튼(Yetton)의 리더십 모형에서는 의사결정의 중요성과 관련된 속성 3가지와 의사결정의 수용도와 관련된 속성 4가지를 중심으로 이론을 전개하고, 리더십의 유형을 전제적 형태(autocratic type)의 AI, AII, 협의적 유형(consultation type)의 CI, CII, 그리고 집단적 유형(group type)의 GII로 리더십 유형을 분류하고 있다. ☐O ☐X

39 '부하가 상사를 카리스마 리더로 인식할 때 조직성과가 높아지는 것이 아니라, 조직성과가 높은 경우 상사를 카리스마 리더로 인식하는 정도가 강해진다'는 연구결과는 리더십 귀인이론(attribution theory of leadership)의 예이다. ☐O ☐X

40 스톡딜(Stogdill) 등은 OSU모형을 통해 부하의 직무능력과 감성지능이 높을수록 리더의 구조주도(initiating structure)행위보다는 종업원에 대한 배려 등이 부하의 절차적 공정성과 상호작용적 공정성에 대한 지각을 높인다고 주장하였다. ☐O ☐X

35 O
36 X | 블레이크(Blake)와 머튼(Mouton)의 관리격자 모형(managerial grid model)은 리더십 행위이론에 해당하며, 이러한 행위이론에는 아이오와 대학 모형, 미시간 대학 모형(Likert 모형), 오하이오 주립대학 모형(고려-구조주도 모형), 블레이크(Blake)와 머튼(Mouton)의 관리격자 모형(managerial grid model)이 해당된다. 아울러 리더가 처한 상황에 따라 리더십 스타일이 달라진다고 보는 상황이론에는 대표적으로 피들러(Fiedler)의 상황적합성 이론, 허쉬(Hersey)와 블랜차드(Blanchard)의 리더십 수명주기이론, 하우스와 에반스(House & Evans)의 경로-목표이론, 댄서로우(Dansereau)의 리더-구성원 교환관계이론(leader-member exchange theory ; LMX) 및 브룸과 예튼(Vroom & Yetton)의 의사결정 상황이론(리더십 규범이론) 등이 해당된다.
37 O
38 O
39 O
40 O

41 서번트 리더십(servant leadership)은 리더와 부하의 역할교환, 명확한 비전의 제시, 경청, 적절한 보상과 벌, 자율과 공식화를 통하여 집단의 성장보다는 집단의 효율성과 생산성을 높이는 데 초점을 두고 있다. ☐ O ☐ X

42 변혁적 리더십(transformational leadership)은 영감을 주는 동기부여, 지적인 자극, 이상적인 영향력의 행사 및 개별적 배려 등으로 구성된다. 그러나 상황에 따른 보상, 예외에 의한 관리 및 자유방임 등은 거래적 리더십의 특징이다. ☐ O ☐ X

43 슈퍼리더십(super leadership)을 발휘하는 리더는 부하를 강력하게 지도하고 통제하는 것이 아니라 스스로 판단하여 행동하는 셀프리더를 키우는 리더십이다. ☐ O ☐ X

44 브룸(Vroom)과 예튼(Yetton)의 리더십 모형에서는 의사결정과 관련한 LBDQ(리더십 행위기술설문)을 활용하여 리더십 유형을 분류하였다. ☐ O ☐ X

45 카리스마적 리더는 환경 및 상황에 민감하고, 구성원이 갖고 있는 욕구를 면밀히 파악하며, 이상적인 비전을 제시하고, 때로는 자기희생적 모범을 보임으로써 구성원들의 신뢰와 몰입을 이끌어내는 동시에 규범과 전통에 얽매이지 않는 자유로운 행동(예 폐기학습, 이완학습)을 할 수 있는 특성을 보인다. ☐ O ☐ X

---

41 X | 서번트 리더십(servant leadership)은 공식화와 명확한 비전을 제시하고 있지는 않다. 아울러 집단의 효율성과 생산성보다 집단의 안정적 성장에 초점을 두고 있는 이론은 PM 이론으로 볼 수 있다.
42 O
43 O
44 X | LBDQ(리더십 행위 기술 설문)은 OSU모형에서 사용된 설문임.
45 O

II | 개념정리문제

1 조직행동의 집단 수준변수에 해당하는 것은? 2013 노무사

① 학습　② 지각　③ 태도　④ 성격　⑤ 협상

2 다음 중 공식적 집단과 비공식적 집단에 대한 설명으로 알맞은 것은? 2005 공무원연금공단

① 공식적 집단의 의사소통 통로를 grape vine이라고 한다.
② 공식집단은 합리성의 논리와 외재적 질서에 의해 운용된다.
③ 공식집단은 기업의 조직도상의 명문화된 조직으로 과업집단과 이익집단이 속한다.
④ 공식집단은 자연발생적으로 형성된 집단으로 동태적인 인간관계에 의한 조직이다.

3 작업집단(working group)의 특성이 아닌 것은? 2020 군무원

① 업무수행을 위한 정보, 작업방법 및 의견 공유
② 개개인의 책임 범위 내에서의 상호접촉
③ 공통된 리더십 유형
④ 개인적 결과물 산출

4 다음 중 생산성이 저하될 위험이 가장 큰 상황에 해당되는 것은? 2021 군무원

① 집단 응집력이 높고 집단과 조직목표가 일치하는 경우
② 집단 응집력이 높지만 집단과 조직목표가 일치하지 않는 경우
③ 집단 응집력이 낮지만 집단과 조직목표가 일치하는 경우
④ 집단 응집력이 낮고 집단과 조직목표가 일치하지 않는 경우

5 다음 글에 대한 설명으로 알맞은 것은? 2009 한국전력공사

> 소집단 구성원 간의 사회관계를 수량적으로 측정하여 집단 내의 인간관계를 표현하고, 집단의 상하관계를 측정하는 기법이다.

① 소시오 메트리 (sociometric)　② 그레이프 바인 (grape vine)
③ 조하리의 창 (Johari window)　④ 브레인스토밍 (brain storming)

6 Communication에서 전달된 메시지를 자신에게 주는 의미로 변환시키는 사고 과정은? 2015 노무사

① 잡음(noise)　② 해독(decoding)　③ 반응(response)
④ 부호화(encoding)　⑤ 피드백(feedback)

7 조직차원의 공식적 커뮤니케이션이 아닌 것은? 2017 가맹거래사

① 군집형 커뮤니케이션   ② 대각선 커뮤니케이션
③ 수평적 커뮤니케이션   ④ 상향식 커뮤니케이션
⑤ 하향식 커뮤니케이션

8 집단 내에 강력한 리더가 있는 것은 아니지만 어느 정도 대표성 있는 인물을 통해 비교적 공식적인 계층을 따라 의 사소통이 신속하게 이루어지는 의사소통 네트워크 유형은? 2010 노무사

① 완전연결형   ② 바퀴형   ③ 원형   ④ 연쇄형   ⑤ Y자형

9 다음 중 의사소통 경로에 관한 설명으로 알맞은 것은? 2006 한국토지주택공사

① 원형은 가장 이상적인 형태이다.   ② 완전연결형은 만족도가 낮은 편에 속한다.
③ Y형은 공식적 작업집단에 부합된다.   ④ 쇠사슬형은 의사결정의 수용도가 낮다.
⑤ 완전연결형은 의사소통의 속도가 느리다.

10 의사소통 네트워크에 대한 설명 중 옳지 않은 것은? 2019 군무원

① 수레바퀴형은 집단 내 강력한 리더가 존재하고, 모든 정보는 리더를 중심으로 집중되며 이를 통해 다른 사람에게 전달된다.
② 원형은 의사소통 속도가 빠르다.
③ 라인조직과 스텝조직이 혼합된 조직에 적합한 유형은 Y형이다.
④ 사슬형과 원형이 만족도가 가장 높다.

11 구성원들간 의사소통이 강력한 특정 리더에게 집중되는 유형은? 2020 공인노무사

① 원형   ② Y자형   ③ 수레바퀴형   ④ 사슬형   ⑤ 전체연결형

12 다음 중 완전연결형의 설명으로 알맞은 것은? 2005 한국농수산식품유통공사

① 수용도는 낮은 편이며 의사결정속도가 빠르다.
② 권한집중은 중간이며 의사 결정속도가 중간이다.
③ 의사결정의 수용도가 중간이며 의사결정의 속도가 중간이다.
④ 리더 없이 구성원 스스로가 대화를 주도해 의사결정의 수용도도 아주 높고 의사결정의 속도가 빠른 의사소통 경로이다.

13 의사소통 경로에 대한 설명으로 틀린 것은? _{2011 한국도로공사}

① 완전연결형은 권한집중이 매우 낮은 편에 속하며, 주로 명령체계에 적용된다.
② 공식적 작업에 적용되는 형은 수레바퀴형이다.
③ 완전연결형은 의사소통의 속도가 빠르다.
④ 쇠사슬형은 의사결정의 수용도가 낮다.

14 다음 중 조직 내의 커뮤니케이션의 증대방안으로 알맞지 않은 것은? _{2006 한국농어촌 공사}

① 고충처리제도　　② 문호개방정책　　③ 민원조사원제도　　④ 노동위원회제도

15 경영자의 의사결정 접근법 중 합리성 모델에 대한 주장으로 옳지 않은 것은? _{2024 9급 군무원}

① 목적 지향적이고 논리적이다.
② 만족할 만한 대한을 해결안으로 받아들인다.
③ 조직의 이해를 최대한 반영한다.
④ 문제가 명확하고, 모호하지 않다.

16 집단사고의 증상에 해당하지 않는 것은? _{2023 공인노무사}

① 자신의 집단은 잘못된 의사결정을 하지 않는다는 환상
② 의사결정이 만장일치로 이루어져야 한다는 환상
③ 반대의견을 스스로 자제하려는 자기검열
④ 외부집단에 대한 부정적인 상동적 태도
⑤ 개방적인 분위기를 형성해야 한다는 압력

17 집단의사결정의 특징에 관한 설명으로 옳지 않은 것은? _{2019 공인노무사}

① 구성원으로부터 다양한 정보를 얻을 수 있다.
② 의사결정에 참여한 구성원들의 교육효과가 높게 나타난다.
③ 구성원의 합의에 의한 것이므로 수용도와 응집력이 높아진다.
④ 서로의 의견에 비판없이 동의하는 경향이 있다.
⑤ 차선책을 채택하는 오류가 발생하지 않는다.

18 다음 설명에 해당하는 의사결정기법은? [2021 공인노무사]

> • 자유롭게 아이디어를 제시할 수 있다.
> • 타인이 제시한 아이디어에 대해 비판은 금지된다.
> • 아이디어의 질보다 양을 강조한다.

① 브레인스토밍(brainstorming)　　② 명목집단법(nominal group technique)
③ 델파이법(delphi technique)　　　④ 지명반론자법(devil's advocacy)
⑤ 프리모텀법(premortem)

19 전략적 의사결정의 특징으로 옳지 않은 것은? [2015 경영지도사]

① 전사적　② 비반복적　③ 비구조적　④ 분권적　⑤ 비정형적

20 델파이 기법에 관한 설명으로 옳지 않은 것은? [2015 가맹거래사]

① 전문가들을 두 그룹으로 나누어 진행한다.
② 많은 전문가들의 의견을 취합하여 재조정과정을 거친다.
③ 의사결정 및 의견개진 과정에서 타인의 압력이 배제된다.
④ 전문가들을 공식적으로 소집하여 한 장소에 모이게 할 필요가 없다.
⑤ 미래의 불확실성에 대한 의사결정 및 장기예측에 좋은 방법이다.

21 다음 중 집단 간 갈등의 원인으로 알맞지 않은 것은? [2005 서울시도시철도공사]

① 집단응집성이 증가한다.　　　　　② 부서 간의 영역이 모호하다.
③ 의견에 불일치가 발생할 때 갈등이 생긴다.　④ 한정된 자원을 많은 조직원이 사용해야 한다.

22 조직 내 집단 간의 갈등을 유발하는 원인이 아닌 것은? [2011 가맹거래사]

① 업무의 상호의존성　② 보상구조　③ 지각의 차이
④ 한정된 자원의 분배　⑤ 상위목표

23 리더의 개인적인 성격특성에 기반을 둔 권력은? [2011 가맹거래사]

① 준거적 권력　② 합법적 권력　③ 보상적 권력
④ 강압적 권력　⑤ 전문적 권력

24 프렌치와 레이븐이 구분한 5가지 권력 유형이 아닌 것은? 2016 공인노무사

① 합법적 권력 ② 기회적 권력 ③ 강제적 권력
④ 보상적 권력 ⑤ 준거적 권력

25 프렌치와 레이븐(J.R. P. French & B. Raven)이 제시한 조직 내 권력(power)의 원천 5가지에 포함되지 않는 것은? 2015 경영지도사

① 보상적 권력(reward power) ② 사회적 권력(social power)
③ 강압적 권력(coercive power) ④ 합법적 권력(legitimate power)
⑤ 전문적 권력(expert power)

26 프렌치와 레이븐(French & Raven)의 권력원천 분류에 따라 개인적 원천의 권력에 해당하는 것을 모두 고른 것은? 2019 공인노무사

| ㄱ. 강제적 권력 | ㄴ. 준거적 권력 | ㄷ. 전문적 권력 | ㄹ. 합법적 권력 | ㅁ. 보상적 권력 |

① ㄱ, ㄴ ② ㄴ, ㄷ ③ ㄷ, ㄹ ④ ㄹ, ㅁ ⑤ ㄱ, ㄴ, ㅁ

27 조직으로부터 나오는 권력을 모두 고른 것은? 2021 공인노무사

| ㄱ. 보상적 권력 | ㄴ. 전문적 권력 | ㄷ. 합법적 권력 |
| ㄹ. 준거적 권력 | ㅁ. 강제적 권력 | |

① ㄱ, ㄴ, ㄷ ② ㄱ, ㄴ, ㄹ ③ ㄱ, ㄷ, ㅁ ④ ㄴ, ㄹ, ㅁ ⑤ ㄷ, ㄹ, ㅁ

28 개인적 권력에 해당하는 것은? 2021 군무원

① 부하 직원의 휴가 요청을 받아들이지 않을 수 있는 영향력
② 다른 직원에게 보너스를 제공하는 것을 결정 할 수 있는 영향력
③ 높은 지위로 인해 다른 직원에게 작업 지시를 내릴 수 있는 영향력
④ 다른 직원에게 전문지식을 제공하여 발생하는 영향력

29 조직에서 권력을 강화하기 위한 전술이 아닌 것은? 2014 노무사

① 목표관리 ② 불확실한 영역에 진입 ③ 의존성 창출
④ 희소자원 제공 ⑤ 전략적 상황요인 충족

30 조직에서 권한 배분 시 고려해야 할 원칙이 아닌 것은?   `2015 7급 공무원`

① 명령통일의 원칙 ② 방향일원화의 원칙
③ 책임과 권한의 균형 원칙 ④ 명령계층화의 원칙

31 직무스트레스에 관한 설명으로 옳지 않은 것은?   `2022 공인노무사`

① 직무스트레스의 잠재적 원인으로는 환경요인, 조직적 요인, 개인적 요인이 존재한다.
② 직무스트레스 원인과 경험된 스트레스 간에 조정변수가 존재한다.
③ 사회적 지지는 직무스트레스의 조정변수이다.
④ 직무스트레스 결과로는 생리적 증상, 심리적 증상, 행동적 증상이 있다.
⑤ 직무스트레스와 직무성과간의 관계는 U자형으로 나타난다.

32 효과적인 의사소통을 방해하는 요인 중 발신자와 관련된 요인이 아닌 것은?   `2024 공인노무사`

① 의사소통 기술의 부족 ② 준거체계의 차이 ③ 의사소통 목적의 결여
④ 신뢰성의 부족 ⑤ 정보의 과부하

33 킬만(T. Kilmann)의 갈등관리 유형 중 목적달성을 위해 비협조적으로 자기 관심사만을 만족시키려는 유형은?   `2024 공인노무사`

① 협력형 ② 수용형 ③ 회피형 ④ 타협형 ⑤ 경쟁형

34 루블(Ruble)과 토마스(Thomas)의 갈등관리(갈등해결) 전략유형에 대한 설명으로 옳지 않은 것은?   `2015 7급 공무원`

① 강요(competing)전략은 위기 상황이나 권력 차이가 큰 경우에 이용한다.
② 회피(avoiding)전략은 갈등 당사자 간 협동을 강요하지 않으며 당사자 한쪽의 이익을 우선시하지도 않는다.
③ 조화(accommodating)전략은 사회적 신뢰가 중요하지 않은 사소한 문제에서 주로 이용된다.
④ 타협(compromising)전략은 갈등 당사자의 협동과 서로 이익을 절충하는 것으로 서로의 부분적 이익 만족을 추구한다.

35 갈등해결을 위한 협상전략 중 통합적 협상(integrative bargaining)의 특성이 아닌 것은?　2013 가맹거래사

① 양쪽 당사자 모두 만족할 만큼 성과를 확대한다.
② 나도 이기고 상대도 이기는 윈-윈 전략을 구사한다.
③ 당사자들 사이의 이해관계보다 각 당사자의 입장에 초점을 맞춘다.
④ 당사자들 간의 장기적 관계를 형성한다.
⑤ 정보공유를 통해 각 당사자의 흥미를 만족시킨다.

36 분배적 교섭의 특성에 해당되는 것은?　2014 노무사

① 나도 이기고 상대도 이긴다.
② 장기적 관계를 형성한다.
③ 정보공유를 통해 각 당사자의 관심을 충족시킨다.
④ 당사자 사이의 이해관계보다 각 당사자의 입장에 초점을 맞춘다.
⑤ 양 당사자 모두 만족할 만큼 파이를 확대한다.

37 피셔와 유리의 협상-갈등 해결이론에 대한 설명으로 옳지 않은 것은?　2018 군무원

① 사람과 문제를 분리시킨다.　　② 상황보다 이익에 집중한다.
③ 둘 다 이익을 볼 수 있는 합의점을 찾는다.　④ 객관적 기준에 근거한 결과를 주장한다.

38 리더의 역할이 아닌 것은?　2020 군무원

① 인원의 조정　② 기획과 예산　③ 비전 제시　④ 성과달성 환경 조성

39 다음 중 리더십 연구의 전개과정으로 알맞은 것은?　2006 한국농어촌공사

① 특성이론-행위이론-상황이론-변혁적 리더십
② 특성이론-상황이론-변혁적 리더십-행위이론
③ 상황이론-행위이론-특성이론-변혁적 리더십
④ 상황이론-특성이론-변혁적 리더십-행위이론
⑤ 행위이론-상황이론-특성이론-변혁적 리더십

40 리더십 이론에 대한 설명으로 옳지 않은 것은?　2013 7급 공무원

① 특성이론은 리더가 지녀야 할 공통적인 특성을 규명하고자 한다.
② 상황이론에서는 상황에 따라 적합한 리더십 유형이 달라진다고 주장한다.
③ 배려와 구조 주도에 따라 리더십 유형을 분류한 연구는 행동이론에 속한다.
④ 변혁적 리더십은 명확한 역할 및 과업요건을 제시하여 목표달성을 위해 부하들을 동기부여하는 리더십이다.

41 다음 중 리더십 행위이론으로 알맞지 않은 것은? [2005 한국수력원자력]

① Iowa 대학모형: 이 연구 결과로 민주적 리더의 유형이 가장 호의적이다.
② 관리격자이론: 대표적 리더십 이론을 5가지 분류하여 이 중에 단합형 리더가 가장 이상적이라고 하였다.
③ 경로–목표이론: 리더십이론 중 행위이론에 속한다.
④ Michigan 대학모형: 리더의 유형을 극단적으로 양분하여 직무중심적 리더와 종업원 중심적 리더로 구분하였다.

42 리더십연구 학자와 그 리더십 이론의 연결이 옳지 않은 것은? [2011 노무사]

① 피들러(Fiedler): 상황이론
② 허쉬와 블랜차드(Hersey & Blan-chard): 경로–목표이론
③ 블레이크와 머튼(Blake & Mouton): 관리격자이론
④ 브룸과 이튼(Vroom & Yetton): 리더–참여 모형
⑤ 그린리프(Greenleaf): 서번트(servant) 리더십

43 다음 중 Iowa 대학모형에 대한 설명으로 알맞지 않은 것은? [2005 한국석유공사]

① 생산성의 측면에서는 민주적 리더십이 전제적 리더십보다 뛰어나다.
② 자유방임적 리더십은 리더의 자기 역할을 완전히 포기한 유형의 리더이다.
③ 민주적 리더십은 종업원의 의사결정에의 참여를 유도하고 자율성을 존중하는 리더이다.
④ 전제적 리더십은 집단행위관련 의사결정을 거의 혼자서 결정하고 일방적으로 지시하는 리더이다.

44 오하이오 주립대학 모형의 리더십 유형 구분은? [2012 노무사]

① 구조주도형 리더–배려형 리더
② 직무중심적리더–종업원중심적리더
③ 독재적 리더–민주적 리더
④ 이상형 리더–과업지향형 리더
⑤ 무관심형 리더–인간관계형 리더

45 블레이크와 머튼이 주장한 리더십 이론은? [2005 국민연금공단]

① 슈퍼 리더십
② 관리격자이론
③ 피들러의 LPC상황 이론
④ 수직쌍연결이론

46 다음 중 Fiedler의 상황이론(contingency model)에 대한 설명으로 알맞은 것은?

① 동기부여이론에서 브룸의 기대이론을 근거로 연구하였다.
② (9, 9)등급인 단합형 리더가 가장 이상적이라고 주장하였다.
③ 리더의 유형을 수단적 리더십, 후원적 리더십, 참여적 리더십, 성취지향적 리더십으로 구분하였다.
④ 주요 상황변수로 리더-구성원관계, 과업구조, 리더의 직위권한을 제시하고 리더십의 유형을 과업지향적과 관계(종업원)지향적으로 구분한 리더십이론이다.

47 허시와 블랜차드의 상황적 리더십 이론에 관한 설명으로 옳은 것은?

① 부하의 성과에 따른 리더의 보상에 초점을 맞춘다.
② 리더는 부하의 성숙도에 맞는 리더십을 행사함으로써 리더십 유효성을 높일 수 있다.
③ 리더가 부하를 섬기고 봉사함으로써 조직을 이끈다.
④ 리더십 유형은 지시형, 설득형, 거래형, 희생형의 4가지로 구분된다.
⑤ 리더십에 영향을 줄 수 있는 상황적 요소는 과업구조, 리더의 지위권력 등이다.

48 하우스(R. House)가 제시한 경로-목표이론의 리더십 유형에 해당하지 않는 것은?

① 권한위임적 리더십
② 지시적 리더십
③ 지원적 리더십
④ 성취지향적 리더십
⑤ 참가적 리더십

49 다음 중 하우스의 경로-목표이론에서 성취지향적 리더십의 설명으로 알맞은 것은?

① 도전적인 작업목표의 설정과 의욕적인 목표달성행동을 강조하며, 부하들의 능력을 믿고 그들로부터 의욕적인 성취동기행동을 기대한다.
② 종업원들과 정보를 공유하며 자문과 제안을 유도한다.
③ 후원적 분위기 조성을 위해서 노력한다.
④ 조직 등 공식적 활동을 강조한다.

50 경로-목표(path-goal theory)의 상황이론에서 구분한 리더십의 유형으로 알맞은 것은?

① 지시적 리더십, 관계지향적 리더십
② 종업원중심형 리더십, 과업중시형 리더십
③ 권위형 리더, 협의형 리더, 참여적 리더십
④ 지시적 리더십, 후원적 리더십, 참여적 리더십, 성취지향적 리더십

51 브룸의 기대이론을 바탕으로 리더십이론을 전개한 이론은?

① 미시건 모형
② 관리격자이론
③ 경로-목표이론
④ 피들러의 상황적응적 이론
⑤ 규범적 의사결정모형

52 다음 중 리더십 이론에 대한 내용으로 맞는 것은?

① 피들러의 상황 이론은 리더의 유형을 과업지향형 리더십과 관계지향적 리더십으로 보았다.
② 블레이크와 머튼은 절충형 리더십이 가장 이상적이라고 하였다.
③ 서번트(Servant) 리더십은 조직에 대한 봉사보다 성과에 초점을 둔다.
④ 허쉬와 블랜차드는 리더의 유형으로 수단적·후원적·참여적·성취지향적 리더십으로 구분

53 배스(B. M. Bass)의 변혁적 리더십에 포함되는 4가지 특성이 아닌 것은?

① 카리스마(이상적 영향력)　② 영감적 동기부여　③ 지적인 자극
④ 개인적 배려　⑤ 성과에 대한 보상

54 변혁적 리더가 갖추어야 할 자질이 아닌 것은?

① 조건적 보상　② 비전 제시능력　③ 신뢰 확보
④ 비전 전달능력　⑤ 설득력과 지도력

55 현대적 리더십 이론의 하나인 변혁적 리더십에서 변혁적 리더의 특성이 아닌 것은?

① 카리스마　② 영감고취　③ 지적인 자극
④ 개별적 배려　⑤ 예외에 의한 관리

56 다음 중 변혁적 리더십에 대한 설명으로 알맞지 않은 것은?

① 의식, 가치관이나 태도의 혁신을 추구한다.
② 감정에 호소하여 의사나 가치관을 변혁시킨다.
③ 거래적 리더십의 비판에 의하여 출발한 리더십이다.
④ 조직원 하나하나의 관심사를 파악하여 구성원의 변화와 변혁을 일으킨다.

57 부하들 스스로가 자신을 리드하도록 만드는 리더십은?

① 슈퍼 리더십　② 서번트 리더십　③ 카리스마적 리더십
④ 거래적 리더십　⑤ 코칭 리더십

58 다음 중 리더십 이론에 대한 설명으로 알맞은 것은?

① 서번트(servant)리더십은 타인을 위한 봉사에 초점을 둔다.
② 카리스마리더십은 하급자들을 셀프 리더로 키우는 리더십을 말한다.
③ 성취지향적 리더십은 공식적 활동을 강조한다.
④ 변혁적 리더십은 거래적 리더십에 상반되는 개념으로서 감정에 의존하는 리더십이다.

59 리더십에 관한 설명으로 옳지 않은 것은? 〔2017 공인노무사〕

① 거래적 리더십은 리더와 종업원 사이 의 교환이나 거래관계를 통해 발휘된다.
② 서번트 리더십은 목표달성이라는 결과보다 구성원에 대한 서비스에 초점을 둔다.
③ 카리스마적 리더십은 비전 달성을 위해 위험감수 등 비범한 행동을 보인다.
④ 변혁적 리더십은 장기비전을 제시하고 구성원들의 가치관 변화와 조직 몰입을 증가시킨다.
⑤ 슈퍼 리더십은 리더가 종업원들을 관리하고 통제할 수 있는 힘과 기술을 가지도록 하는 데 초점을 둔다.

60 리더십에 대한 설명으로 옳은 것은? 〔2017 군무원〕

① 변혁적 리더십은 부하가 미래에 대한 비전을 받아들이고 추구하도록 격려한다.
② 서번트 리더십은 리더와 구성원 간의 교환 관계에 기반을 두고, 부하들을 보상·처벌의 연속선에서 통제하는 리더십이다.
③ 거래적 리더십에서 리더는 부하들이 자기통제에 의해 자신을 스스로 이끌어 나가도록 역할모델이 된다.
④ 변혁적 리더십은 감정에 호소하여 의사나 가치관을 변혁시킨다.

61 기업 간 경쟁이 심화되고 소비자의 욕구가 빠르게 변화할수록 기업은 이러한 상황에 재빠르게 대응하고 해당 현장에서 즉각적 문제해결이 가능하도록 하기 위한 리더십이 필요하다. 이러한 상황에 가장 효과적으로 대응할 수 있는 리더십으로 옳은 것은? 〔2021 5급 군무원〕

① 셀프(자기)리더십 ② 변혁적 리더십 ③ 과업지향형 리더십 ④ 카리스마 리더십

62 피들러의 상황적합 리더십이론에 관한 설명으로 옳지 않은 것은? 〔2023 공인노무사〕

① LPC 척도는 가장 선호하지 않는 동료 작업자를 평가하는 것이다.
② LPC 점수를 이용하여 리더십 유형을 파악한다.
③ 상황요인 3가지는 리더-부하관계, 과업 구조, 부하의 성숙도이다.
④ 상황의 호의성이 중간정도인 경우에는 관계지향적 리더십이 효과적이다.
⑤ 상황의 호의성이 좋은 경우에는 과업지향적 리더십이 효과적이다.

63 다음 중 변혁적 리더십(transformational leadership)의 특징에 대한 설명으로 가장 옳지 않은 것은? 〔2022 7급 군무원〕

① 부하들의 관심사와 욕구 등에 관하여 개별적인 관심을 보여준다.
② 부하들에게 즉각적이고 가시적인 보상으로 동기 부여한다.
③ 부하들에게 칭찬과 격려를 함으로써 부하들의 사기를 진작시켜 업무를 추진한다.
④ 부하들이 모두 공감할 수 있는 바람직한 목표를 위해 노력하도록 동기 부여한다.

64 번스(J. Burns)의 변혁적리더십(transformational leadership)의 하부 요인으로 가장 적절하지 않은 것은?

2023 9급 군무원

① 카리스마　　　② 지적 자극　　　③ 자기 통제　　　④ 영감적 동기화

65 변혁적 리더십의 구성요소 중 다음 내용에 해당하는 것은?

2024 공인노무사

- 높은 기대치를 전달하고, 노력에 집중할 수 있도록 상징을 사용
- 미래에 대한 매력적인 비전 제시, 업무의 의미감 부여, 낙관주의와 열정을 표출

① 예외에 의한 관리　　　② 영감적 동기부여　　　③ 지적 자극
④ 이상적 영향력　　　⑤ 개인화된 배려

66 다음 중에서 리더십의 관점이 아닌 것은?

2022 9급 군무원

① 전술이론　　　② 특성이론　　　③ 행동이론　　　④ 상황이론

Ⅲ | 심화문제

1 툭크맨(B. W. Tuckman)은 집단 발전의 과정을 5단계로 설명하였다. 마지막 단계인 해체기(adjourning)를 제외한 나머지 발전의 단계들이 가장 적절한 순서로 연결된 것은?
`2008 CPA`

① 격동기(storming) – 형성기(forming) – 규범기(norming) – 성과수행기(performing)
② 격동기(storming) – 규범기(nor-ming) – 형성기(forming) – 성과수행기(performing)
③ 형성기(forming) – 규범기(norming) – 격동기(storming) – 성과수행기(performing)
④ 형성기(forming) – 격동기(storming) – 규범기(norming) – 성과수행기(performing)
⑤ 규범기(norming) – 격동기(stor-ming) – 성과수행기(performing) – 형성기(forming)

2 최근 많은 기업들이 팀 제도를 도입하고 있다. 팀 제도를 도입하였을 때 나타나는 일반적인 특성으로 가장 적합하지 않은 것은?
`1999 CPA`

① 기능 중심에서 과제 중심으로 조직구조가 변한다.
② 관리업무가 강화된다.
③ 의사결정이 신속해진다.
④ 이질성과 다양성이 결합되어 시너지 효과가 달성된다.
⑤ 자율권과 책임이 강화된다.

3 집단에서 함께 일을 하다보면 무임승차 또는 편승(social loafing)하려는 사람이 생기게 마련이다. 개인이 혼자 일할 때보다 집단으로 일하면 노력을 덜 하려는 이같은 현상을 줄이기 위한 방안으로서 가장 적절하지 않은 것은?
`2008 CPA`

① 과업을 전문화시켜 책임소재를 분명하게 한다.
② 개인별 성과를 측정하여 비교할 수 있게 한다.
③ 팀의 규모를 늘려서 각자의 업무 행동을 쉽게 관찰할 수 있게 한다.
④ 본래부터 일하려는 동기 수준이 높은 사람을 고용한다.
⑤ 직무충실화를 통해 직무에서 흥미와 동기가 유발되도록 한다.

4 커뮤니케이션 네트워크 유형에 대한 다음 설명 중 가장 적절하지 못한 것은?
`1999 CPA`

① 쇠사슬(chain)형은 구성원의 집단에 대한 몰입이 높다.
② 수레바퀴(wheel)형은 구성원의 만족도가 낮다.
③ Y형은 커뮤니케이션 속도가 빠르다.
④ 원(circle)형은 태스크포스나 위원회에 많이 사용된다.
⑤ 완전연결(all channel)형은 모든 구성원들 사이에 직접 커뮤니케이션이 이루어진다.

5 의사결정에 관한 설명으로 옳지 않은 것은? 2015 경영지도사

① 합리적 의사결정은 문제 식별 → 대안개발 → 대안평가와 선정 → 실행의 단계를 거친다.
② 불확실성의 상황에서 의사결정을 할 때에도 미래 상황에서의 객관적 확률을 알 수 있다.
③ 사이먼(H. Simon)은 의사결정자의 제한된 합리성으로 인해 이상적인 대안보다는 만족할 만한 대안을 찾는 것이 바람직하다는 이론을 제시했다.
④ 의사결정은 프로그램적(programmed) 의사결정과 비프로그램적(nonprogrammed) 의사결정으로 구분할 수 있다.
⑤ 경영과정 전반에 걸친 경영 활동은 의사결정의 연속이라고 할 수 있다.

6 조직에서 많이 활용되는 집단의사결정기법(group decision making technique)에 대한 설명으로 가장 옳지 않은 것은? 2021 5급 군무원

① 브레인스토밍(brainstorming)이란 특정한 문제나 주제에 대하여 두뇌에서 폭풍이 몰아치듯 생각나는 아이디어를 가능한 한 많이 산출하도록 유도하는 방법을 의미한다.
② 고든법(Gordon method)에서는 분석하는 대상의 상위 개념을 제시하여 그것을 바탕으로 연상에 의해 새로운 아이디어를 찾아내는 방법으로서 브레인스토밍에 비해 상대적으로 아이디어의 질을 중시한다.
③ 델파이법(Delphi method)에서는 전문가 집단의 의견과 판단을 추출하고 종합하기 위하여 동일한 전문가 집단에게 설문조사를 실시하여 집단의 의견을 종합하고 정리하는 방식의 순환적 집단 의사결정과정을 중요하게 인식한다.
④ 명목집단법(nominal group techniques)이란 의사결정에 참여한 구성원 집단을 둘로 나누어서 한 집단이 제시한 의견에 대하여 반론 집단의 비판을 들으면서 본래의 의사결정대안을 수정하고 보완하는 방법이다.

7 집단과 의사결정에 관한 설명으로 가장 적절하지 않은 것은? 2021 CPA

① 집단발전의 단계 중 형성기(forming)는 집단의 목적·구조·리더십을 정하는 과정이 불확실하다는 특징을 가지고 있다.
② 1차 집단은 구성원 간의 관계가 지적·이성적이며 공식적·계약적이라는 특징이 있는 반면, 2차 집단은 구성원의 개인적·감정적 개입이 요구되고 구성원 간에 개인적·자발적 대면관계가 유지되는 특징이 있다.
③ 규범(norm)은 집단 구성원이 주어진 상황에서 어떤 행동을 취해야 하는지에 대한 행동의 기준을 말한다.
④ 집단의사결정은 비정형적 의사결정(non-programmed decisions)에서 개인의사결정에 비해 그 효과가 더 높게 나타날 수 있다.
⑤ 의사결정이 이루어지는 과정은 문제의 인식 및 진단, 대안의 개발, 대안 평가 및 선택, 최선책의 실행, 결과의 평가로 이루어진다.

8 조직에서의 집단의사결정에 대한 설명으로 옳지 않은 것은? [2018 7급 감사직]

① 집단의사결정은 개인의사결정보다 다양한 관점을 고려할 수 있다.
② 집단의사결정은 구성원의 참여의식을 높여 구성원에게 만족감을 줄 수 있다.
③ 집단의사결정은 집단사고를 통해 합리적이고 합법적인 최선의 의사결정을 도출해 낼 수 있다.
④ 집단의사결정 기법에는 명목집단법, 델파이법, 변증법적 토의법 등이 있다.

9 의사결정에 대한 다음의 설명 중 가장 적절한 것들로 구성된 것은? [2000 CPA]

> a. 합리적 의사결정 모형은 의사결정 자가 완전한 합리성에 기초하여 최적의 의사결정을 한다고 보는 규범적인 의사결정 모형이다.
> b. 의사결정이 이루어지는 과정은 문제의 인식, 대체안의 개발, 대체안의 선택, 선택안의 실행, 결과의 평가로 이루어진다.
> c. 집단 의사결정에서는 리더가 정보를 충분히 공개하고, 자신의 의견을 먼저 명확하게 제시하는 것이 효과적이다.
> d. 집단 의사결정에서는 창의성 발휘가 쉬워서 창의성을 촉진하기 위한 별도의 조치는 필요하지 않다.

① a, b   ② b, c   ③ a, d   ④ b, d   ⑤ c, d

10 의사결정과 관련된 서술 중 가장 적절하지 않은 것은? [2009 CPA]

① 브레인스토밍 방법을 적용할 때에는 자유롭게 의견을 개진할 수 있는 분위기를 조성하는 것이 중요하다.
② 명목집단법을 적용할 때에는 구성원 간의 토론과 토론 사회자의 역할이 중요하다.
③ 사이먼의 제한된 합리성 모형(이론)에 의하면 의사결정을 할 때, 최적의 대안보다는 만족스러운 대안을 선택하게 된다.
④ 지명 반론자법을 적용할 경우, 집단 사고현상을 방지할 수 있다.
⑤ 집단구성원의 응집력이 강할수록 집단사고현상이 발생할 가능성이 커진다.

11 조직 내에서 권한(authority)과 권력(power)에 대한 설명으로 옳지 않은 것은? [2016 7급 감사직]

① 권한은 조직 내 직위에서 비롯된 합법적인 권리를 말한다.
② 권력을 휘두르기 위해서 반드시 많은 권한을 가질 필요는 없다.
③ 관리자는 종업원에게 권한을 이양할 때, 그에 상응하는 책임을 부여하여 권한이 남용되지 않도록 해야 한다.
④ 사장이 누구를 만날지, 언제 만날지를 결정할 수 있는 비서는 권력은 작으나 권한은 크다.

12 프렌치(French)와 레이븐(Raven)이 제시한 권력의 원천 중 조직의 공식적 지위와 관련되지 않은 것만으로 묶인 것은?
  2005 CPA

> a. 보상적 권력(reward power)　　b. 강압적 권력(coercive power)　　c. 합법적 권력(legitimate power)
> d. 전문적 권력(expert power)　　　e. 준거적 권력(referent power)

① a, b　　② b, c　　③ c, d　　④ d, e　　⑤ a, e

13 다음 중 적절한 항목만을 모두 선택한 것은?
2017 CPA

> a. 프렌치와 레이븐이 제시한 권력의 원천 중 준거적 권력은 개인의 특성보다는 조직의 특성에 기반을 둔 권력이다.
> b. 집단 의사결정 방식 중 구성원 간 상호작용을 제한하는 정도는 브레인스토밍보다 명목집단법이 더 강하다.
> c. 자원의 크기가 고정되어 있을 때, 이해관계가 상반되는 양 당사자가 자신의 몫을 극대화하려는 협상방식을 분배적 협상이라고 한다.
> d. 몰입의 상승이란 의사결정의 속도와 질을 높여주는 의사결정 현상을 말한다.

① b　　② c　　③ a, d　　④ b, c　　⑤ b, c, d

14 갈등과 협상에 관한 설명으로 가장 적절하지 않은 것은?
2018 CPA

① 분배적 협상(distributive negotiation)의 동기는 제로섬(zero sum)에 초점을 맞추고 있고, 통합적 협상(integrative negotiation)의 동기는 포지티브섬(positive sum)에 초점을 맞추고 있다.
② 분배적 협상보다 통합적 협상에서 정보의 공유가 상대적으로 많이 이루어지는 경향이 있다.
③ BATNA(best alternative to a negotiated agreement)가 얼마나 매력적인가에 따라서 협상 당사자의 협상력이 달라진다.
④ 갈등관리유형 중 회피형(avoiding)은 자기에 대한 관심과 자기주장의 정도가 높고 상대에 대한 관심과 협력의 정도가 낮은 경우이다.
⑤ 통합적 협상에서는 제시된 협상의 이슈(issue)뿐만 아니라 협상 당사자의 관심사(interests)에도 초점을 맞추어야 좋은 협상결과가 나온다.

15 리더십에 관한 다음의 설명 가운데 옳지 않은 것은?
2003 CPA

① 리더십 상황이론(contingency theories of leadership)에 따르면, 리더십의 효과성은 리더의 개인적 요소와 상황적 요소의 상호작용에 의해 결정된다.
② Hersey와 Blanchard의 상황적 리더십이론(Situational Leadership Theory)은 리더의 행동유형을 과업중심적 리더행동과 관계중심적 리더행동으로 구분한다.
③ Fiedler의 상황이론에 의하면, LPC점수가 높다는 것은 리더에게 주어진 상황이 우호적임을 의미한다.
④ 경로-목표이론(Path-Goal Theory)은 리더의 행동유형을 지시적(directive), 후원적(supportive), 참여적(participative), 성취지향적(achievement oriented) 등의 4가지 유형으로 구분한다.
⑤ 변혁적 리더(Transformational leader)는 조직 또는 집단이 추구할 비전(vision)을 제시한다.

16 리더십이론에 관한 다음의 서술 중 가장 적절한 것은? 2004 CPA

① 미시건(Michigan)학파의 리더십 연구는 리더행동을 배려(consideration)와 구조주도(initiating structure)로 나누었다.
② 피들러(Fiedler)의 리더십 모형은 리더와 부하의 관계의 친밀도, 과업의 구조, 리더의 부하에 대한 권력 정도를 리더십을 둘러싼 상황요인으로 보았다.
③ 블레이크와 머튼(Blake & Mouton)의 리더십이론은 인간 중심과 과업 중심으로 리더십의 차원을 나누고 부하의 성숙도에 따라 지시형, 지도형, 위임형, 참여형 중 적절한 리더십을 발휘할 수 있다고 보았다.
④ 브룸, 예튼, 예고(Vroom, Yetton & Jago)의 리더-참여 모형은 의사결정의 질, 부하의 참여 등의 상황변수를 고려하여 지도적 리더십, 지원적 리더십, 참여적 리더십, 성취지향적 리더십을 적절히 구사해야 한다고 보고 있다.
⑤ 리더-부하 교환이론(leader-member exchange theory)에서는 리더가 부하를 차별적으로 대하는 것은 바람직하지 않으며 내부자 집단이나 외부자 집단이나 똑같이 대우해야 한다.

17 리더십의 상황이론에 대한 설명으로 가장 적절한 것은? 2005 CPA

① 이상적인 리더십스타일은 인간에 대한 관심과 생산에 대한 관심이 모두 높은 경우이다.
② 하우스(House)는 리더십을 지시적, 후원적, 참여적, 성취지향적 스타일로 구분하여 각각에 적합한 의사결정 상황을 제시하고 있다.
③ 일반적으로 전제적(authoritative) 리더보다 민주적(democratic) 리더가 높은 성과를 내는 경향이 있다.
④ 허시(Hersey)와 블랜차드(Blanchard)의 상황모형에 의하면, 리더-부하 간 관계와 부하의 성숙도에 따라 리더십스타일이 달라질 필요가 있다.
⑤ 피들러(Fiedler)는 리더십의 상황요인으로 과업구조(task structure)와 직위권력(position power)을 제시하고 있다.

18 피들러(Fiedler)의 리더십 이론에 관한 서술 중에 가장 적절한 것은? 2006 CPA

① 리더십 스타일을 지시형, 위임형, 참여형, 지도형의 4가지로 나누었다.
② 상황에 따른 리더의 의사결정능력과 비전을 강조하였다.
③ LPC 점수로 리더를 둘러싸고 있는 상황요인을 측정하였다.
④ 리더에게 유리한 상황부터 불리한 상황까지 8가지 상황으로 분류하였다.
⑤ 리더십 스타일은 부하의 참여도와 성숙도에 따라 달라진다.

19 리더십 이론에 대한 설명 중 가장 적절 하지 않은 것은? `2007 CPA`

① 허시와 블랜차드(Hersey and Blanchard)의 상황적 리더십이론은 지시형(telling), 지도형(selling), 참여형(participating), 위임형(delegating)의 리더십스타일을 제시하였다.
② 허시와 블랜차드(Hersey and Blanchard)의 상황적 리더십이론에서는 부하의 성숙도를 부하의 능력과 의지측면에서 분류하였다.
③ 브룸과 예튼(Vroom and Yetton)의 규범적 리더십모형에서는 의사결정과정에서 리더가 선택할 수 있는 리더십스타일을 5가지로 나누었다.
④ 하우스(House)의 경로목표이론에서 환경적 요인(environmental factors)이란 부하의 경험과 능력, 부하의 성취욕구, 집단의 과업내용, 리더의 권한위치를 말한다.
⑤ 피들러(Fiedler)의 리더십상황이론에서는 LPC척도를 이용하여 리더의 유형을 관계지향적 리더와 과업지향적 리더로 분류하였다.

20 리더십이론에 대한 설명 중 가장 적절하지 않은 것은? `2009 CPA`

① 피들러(Fiedler)의 리더십 상황이론에 의하면 리더가 처한 상황이 비호의적인 경우 LPC(least preferred co-worker) 점수가 낮은 리더십 스타일이 적합하다.
② 하우스(House)의 경로목표이론에 의하면 내재적 통제위치를 갖고 있는 부하에게는 지시적 리더십 스타일이 적합하다.
③ 허시(Hersey)와 블랜차드(Blanchard)의 리더십 상황이론에서는 상사의 리더십 스타일을 관계행위와 과업행위로 구분하고, 하급자의 성숙도는 능력과 의지로 측정하고 있다.
④ 허시(Hersey)와 블랜차드(Blanchard)에 의하면 부하의 의지와 능력이 모두 높은 경우에는 위양형(위임형) 리더십 스타일이 적절하다.
⑤ 변혁적 리더(transformational leader)는 부하 개개인을 관심있게 지켜보며, 개인적으로 조언한다.

21 리더십 이론에 관한 설명으로 가장 적절한 것은? `2012 CPA`

① 하우스의 경로-목표이론(path-goal theory)에서는 리더의 유형을 지시적, 민주적, 참여적, 성취지향적 리더십으로 구분하고, 환경 특성과 부하 특성에 따라 리더십 스타일이 달라진다고 하였다.
② 피들러의 이론에서는 리더의 특성을 LPC(least preferred co-worker) 설문에 의해 측정하고, LPC 점수가 높을수록 과업지향적 리더십으로 정의하고 있다.
③ 피들러는 상황이 리더에게 호의적인 경우에 과업지향적 리더십 스타일이 적합하다고 주장하였다.
④ 허쉬와 블랜차드의 이론에 의하면 하급자(부하)의 능력과 의지가 낮은 경우에는 참여형 리더십 스타일이 적합하다.
⑤ 허쉬와 블랜차드의 이론에서는 관계 행위(배려)가 높고 과업행위(구조주도)가 낮은 리더를 지시형으로 정의하고 있다.

22 리더십 이론에 관한 설명으로 가장 적절한 것은? [2015 CPA]

① 피들러의 상황이론에 의하면, 리더가 처한 상황이 매우 호의적이거나 매우 비호의적인 경우에는 LPC 점수가 높은 리더가 적합하다.
② 리더-구성원 교환관계이론은 상사와 모든 부하 간 동질적 관계를 가정한다.
③ 허쉬와 블랜차드의 상황이론에 의하면, 부하의 성숙도가 매우 낮거나 매우 높은 경우에는 위임형 리더십 스타일이 적합하다.
④ 블레이크와 머튼의 관리격자 모형에서는 리더가 처한 상황에 따라 리더십 스타일이 달라진다고 하였다.
⑤ 하우스의 경로-목표이론에서는 리더의 유형을 지시적, 지원적, 참여적, 성취지향적 리더십으로 구분한다.

23 리더십 이론에 관한 설명으로 가장 적절한 것은? [2016 CPA]

① 거래적 리더십(transactional leader-ship)은 조건적 보상, 예외에 의한 관리(management by exception), 지적인 자극, 이상적인 영향력의 행사로 구성된다.
② 피들러(Fiedler)의 리더십 모형은 리더를 둘러싼 상황을 과업의 구조, 부하와의 관계, 부하의 성취욕구, 작업 환경으로 구분한다.
③ 브룸(Vroom)과 예튼(Yetton)의 리더십 모형은 리더십의 스타일을 리더와 부하의 관계의 질에 따라 방임형, 민주형, 절충형, 독재형의 4가지 형태로 나눈다.
④ 허쉬(Hersey)와 블랜차드(Blan-chard)는 부하의 성숙도를 부하의 능력(ability)과 의지(willingness), 두 가지 측면에서 파악하여 4가지로 나누었다.
⑤ 블레이크(Blake)와 머튼(Mouton)은 (1,1)형 리더를 이상적인 리더십 스타일로 규정하였다.

24 리더십 이론에 관한 설명으로 가장 적절하지 않은 것은? [2017 CPA]

① 하급자에게 분명한 업무를 부여하는 행위는 오하이오 주립대학교(Ohio State University) 리더십 행동연구에서 구조주도(initiating structure) 측면에 해당한다.
② 허쉬(Hersey)와 블랜차드(Blanchard)의 상황적 리더십 이론(situational leadership theory)은 과업 특성에 따라 리더십 스타일의 유효성이 달라진다고 주장한다.
③ 피들러(Fiedler)의 리더십 상황모형에서 높은 LPC(Least Preferred Co-worker) 점수는 관계지향적 리더십 스타일을 의미한다.
④ 리더십 대체이론(substitutes for leadership)에 따르면 집단의 높은 응집력은 리더의 관계지향적 행위를 대체할 수 있다.
⑤ '부하가 상사를 카리스마 리더로 인식할 때 조직성과가 높아지는 것이 아니라, 조직성과가 높은 경우 상사를 카리스마 리더로 인식하는 정도가 강해진다'는 연구결과는 리더십 귀인이론(attribution theory of leadership)의 예이다.

25 리더십 이론에 관한 설명으로 가장 적절한 것은? [2018 CPA]

① 변혁적 리더십(transformational leadership)은 영감을 주는 동기부여, 지적인 자극, 상황에 따른 보상, 예외에 의한 관리, 이상적인 영향력의 행사로 구성된다.
② 피들러(Fiedler)는 과업의 구조가 잘 짜여져 있고, 리더와 부하의 관계가 긴밀하고, 부하에 대한 리더의 지위 권력이 큰 상황에서 관계지향적 리더가 과업지향적 리더보다 성과가 높다고 주장하였다.
③ 스톡딜(Stogdill)은 부하의 직무능력과 감성지능이 높을수록 리더의 구조주도(initiating structure)행위가 부하의 절차적 공정성과 상호작용적 공정성에 대한 지각을 높인다고 주장하였다.
④ 허쉬(Hersey)와 블랜차드(Blanchard)는 부하의 성숙도가 가장 낮을 때는 지시형 리더십(telling style)이 효과적이고 부하의 성숙도가 가장 높을 때는 위임형 리더십(delegating style)이 효과적이라고 주장하였다.
⑤ 서번트 리더십(servant leadership)은 리더와 부하의 역할교환, 명확한 비전의 제시, 경청, 적절한 보상과 벌, 자율과 공식화를 통하여 집단의 성장보다는 집단의 효율성과 생산성을 높이는 데 초점을 두고 있다.

26 변혁적 리더십(transformational leadership)에 관한 다음의 설명 중 가장 적절하지 않은 것은? [2010 CPA]

① 번즈(Burns)와 배스(Bass)는 변혁적 리더십을 제시하면서 기존의 리더십을 거래적 리더십(transactional leadership)이라고 하였다.
② 변혁적 리더십은 예외에 의한 관리(management by exception)를 포함하기도 한다.
③ 변혁적 리더십은 추종자들이 개인적인 성장을 할 수 있도록 그들의 욕구를 파악하는 등 부하 개개인들에 대한 배려(consideration)를 포함하기도 한다.
④ 변혁적 리더십은 부하들에 대한 지적 자극(intellectual stimulation)을 포함하기도 한다.
⑤ 변혁적 리더십은 카리스마(charisma)를 포함하기도 한다.

27 리더십(leadership) 이론에 관한 설명으로 가장 적절하지 않은 것은? [2011 CPA]

① 서번트 리더십은 개별적 배려, 지적 자극, 영감에 의한 동기부여, 비전 제시와 내재적 보상을 통해서 부하를 이끄는 리더십이다.
② 리더와 부하와의 관계, 과업의 구조, 리더의 직위권력(position power)은 피들러(Fiedler)가 상황적 리더십 이론에서 고려한 3가지 주요 상황요인이다.
③ 오하이오 주립대학교(Ohio State University)의 리더십 행동연구에서는 리더십을 구조주도(initiating structure)와 배려(consideration)의 두 차원으로 나누었다.
④ 블레이크와 머튼(Blake and Mouton)은 일에 대한 관심(concern for production)과 사람에 대한 관심(concern for people)을 두 축으로 하여 관리격자형(managerial grid) 리더십 모형을 제시하였다.
⑤ 거래적 리더십(transactional leader-ship)은 부하의 노력과 성과에 따라 보상을 한다.

28 다음 중 변혁적 리더십에 관한 설명으로 틀린 것은?　　2011 국민연금공단

① 지도자가 부하들에게 기대되는 비전을 제시하고 그 비전 달성을 위해 함께 힘쓸 것을 호소하여 부하들의 가치관과 태도의 변화를 통해 성과를 이끌어내려는 지도력에 관한 이론이다.
② 바스(Bass)는 변혁적 리더십을 리더와 부하가 상호 간 더 높은 도덕적 및 동기적 수준을 갖도록 만드는 과정이라고 본다.
③ 리더가 부하들에게 장기적 비전을 제시하고 그 비전을 향해 매진하도록 부하들로 하여금 자신의 정서·가치관·행동규범 등을 바꾸어 목표달성을 위한 성취의지와 자신감을 고취시키는 과정으로 본다.
④ 거래적 리더십이론은 변혁적 리더십이론을 비판하면서 등장한 이론이다.

29 다음 중 리더십에 관한 설명으로 알맞지 않은 것은?　　2007 한국토지주택공사

① 변혁적 리더는 거래적 리더의 비판에서 시작된 것으로 조직 또는 집단이 추구할 비전을 제시한다.
② 경로-목표이론은 리더의 유형을 수단적, 참여적, 후원적, 성취지향적 리더로 구분했다.
③ 피들러의 상황적 리더십이론은 리더의 유형을 과업중심적과 관계중심적 리더 두 가지로 구분할 수 있다.
④ 피들러의 상황이론에 의하면 LPC점수가 높다는 것은 리더에게 주어진 상황이 우호적이며 과업 지향적이다.
⑤ 리더십 상황이론에 따르면 리더십의 효과성은 리더의 개인적 요소와 상황적 요소의 상호작용에 의해 결정된다.

30 리더십에 대한 다음의 설명 중 가장 적절한 것들로 구성된 것은?　　2000 CPA

> a. 변혁적 리더십(transformational leadership)을 발휘하는 리더는 부하에게 이상적인 방향을 제시하고 임파워먼트(empowerment)를 실시한다.
> b. 거래적 리더십(transactional leadership)을 발휘하는 리더는 비전을 통한 단결, 비전의 전달과 신뢰의 확보를 강조한다.
> c. 카리스마적 리더십(charismatic leadership)을 발휘하는 리더는 부하에게 높은 자신감을 보이며 매력적인 비전을 제시하지만, 위압적이고 충성심을 요구하는 측면이 있다.
> d. 수퍼 리더십(super leadership)을 발휘하는 리더는 부하를 강력하게 지도하고 통제하는 데 역점을 둔다.

① a, b　　② a, c　　③ b, c　　④ b, d　　⑤ c, d

31 리더십이론에 관한 설명으로 가장 적절한 것은?   2019 CPA

① 허시(Hersey)와 블랜차드(Blanchard)의 상황이론에 따르면 설득형(selling) 리더십 스타일의 리더보다 참여형(participating) 리더십 스타일의 리더가 과업지향적 행동을 더 많이 한다.
② 피들러(Fiedler)의 상황이론에 따르면 개인의 리더십 스타일이 고정되어 있지 않다는 가정 하에 리더는 상황이 변할 때마다 자신의 리더십 스타일을 바꾸어 상황에 적응한다.
③ 블레이크(Blake)와 머튼(Mouton)의 관리격자이론(managerial grid theory)은 리더십의 상황이론에 해당된다.
④ 거래적 리더십(transactional leadership)이론에서 예외에 의한 관리(management by exception)란 과업의 구조, 부하와의 관계, 부하에 대한 권력행사의 예외적 상황을 고려하여 조건적 보상을 하는 것이다.
⑤ 리더-구성원 교환관계이론(LMX: leader-member exchange theory)에서는 리더와 부하와의 관계의 질에 따라서 부하를 내집단(in-group)과 외집단(out-group)으로 구분한다.

32 허시(P. Hersey)와 블랜차드(K. Blanchard)가 제시한 상황적 리더십 이론(Situational Leadership Theory, SLT)에서 아래의 리더십 유형(leadership style)별로 리더의 과업지향적 행위(directive behavior)와 관계지향적 행위(supportive behavior)의 수준을 설명한 것 중 가장 옳은 것은?   2021 5급 군무원

① 지시형(directing): 높은 과업지향적 행위, 높은 관계지향적 행위
② 코치형(coaching): 낮은 과업지향적 행위, 높은 관계지향적 행위
③ 지원형(supporting): 높은 과업지향적 행위, 낮은 관계지향적 행위
④ 위임형(delegating): 낮은 과업지향적 행위, 낮은 관계지향적 행위

33 권력 및 리더십에 관한 설명으로 가장 적절하지 않은 것은?   2020 CPA

① 서번트 리더십(servant leadership)은 리더가 섬김을 통해 부하들에게 주인의식을 고취함으로써 그들의 자발적인 헌신과 참여를 제고하는 리더십을 말한다.
② 리더십 특성이론은 사회나 조직체에서 인정되고 있는 성공적인 리더들은 어떤 공통된 특성을 가지고 있다는 전제하에 이들 특성을 집중적으로 연구하여 개념화한 이론이다.
③ 카리스마적 리더십(charismatic leadership)은 리더가 영적, 심적, 초자연적인 특질을 가질 때 부하들이 이를 신봉함으로써 생기는 리더십을 말한다.
④ 다양한 권력의 원천 가운데 준거적 권력(referent power)은 전문적인 기술이나 지식 또는 독점적 정보에 바탕을 둔다.
⑤ 임파워먼트(empowerment)는 부하직원이 스스로의 책임 하에 주어진 공식적 권력, 즉 권한을 행사할 수 있도록 해주는 것을 말하며, 조직 내 책임경영의 실천을 위해 중요하다.

34 다음 중 리더십에 관련된 이론에 대한 설명으로 가장 옳지 않은 것은?   2021 7급 군무원

① 하우스(House)의 경로목표이론에서 상황적 변수는 집단의 과업내용, 부하의 경험과 능력, 부하의 성취욕구이다.
② 거래적 리더십(transaction leadership)은 장기적인 목표를 강조해 부하들이 창의적 성과를 낼 수 있게 환경을 만들어 주며, 새로운 변화와 시도를 추구하게 된다.
③ 변혁적 리더십(transformational leadership)은 영감적동기와 지적자극과 같은 방법을 통해서 부하들의 행동에 변화를 일으키는 리더십이다.
④ 리더-멤버 교환이론(LMX)이론에서 내집단(in-group)은 리더와 부하와의 교환관계가 높은 집단으로 승진의 기회가 생기면 리더는 내집단을 먼저 고려하게 된다.

35 리더십에 관한 설명으로 가장 적절하지 않은 것은?   2021 CPA

① 권한(authority)은 직위에 주어진 권력으로서 주어진 책임과 임무를 완수하는 데 필요한 의사결정권을 의미한다.
② 진성 리더(authentic leader)는 자신의 특성을 있는 그대로 인식하고 내면의 신념이나 가치와 일치되게 행동하며, 자신에게 진솔한 모습으로 솔선수범하며 조직을 이끌어가는 사람을 말한다.
③ 리더십 행동이론은 리더의 실제행동에 초점을 두고 접근한 이론으로서 독재적-민주적-자유방임적 리더십, 구조주도-배려 리더십, 관리격자 이론을 포함한다.
④ 카리스마적 리더(charismatic leader)는 집단응집성 제고를 통해 집단사고를 강화함으로써 집단의사결정의 효과성을 더 높일 가능성이 크다.
⑤ 리더가 부하의 행동에 영향을 주는 방법에는 모범(emulation), 제안(suggestion), 설득(persuasion), 강요(coercion) 등이 있다.

36 진성 리더십(authentic leadership)의 내용과 관련이 없는 것은?   2021 군무원

① 명확한 비전제시   ② 리더의 자아인식
③ 내재화된 도덕적 신념   ④ 관계의 투명성

37 하우스(House)와 미첼(Mitchell)이 제시한 리더십 상황이론인 경로목표이론(path-goal theory)에서 제시된 리더십 행동 유형에 대한 설명 중 가장 적절하지 못한 것은?   2023 7급 군무원

① 지시적 리더(directive leader) - 하급자가 어떤 일정에 따라 무슨 일을 해야 할지 스스로 결정하여 추진하도록 지시하는 유형
② 지원적 리더(supportive leader) - 하급자의 복지와 안녕 및 그들의 욕구에 관심을 기울이고 구성원 간에 상호 만족스러운 인간관계를 조성하는 유형
③ 참여적 리더(participative leader) - 하급자들을 주요 의사결정에 참여시키고 그들의 의견 및 제안을 적극 고려하는 유형
④ 성취지향적 리더(achievement - oriented leader) - 도전적인 목표를 설정하고 성과 향상을 추구하며 하급자들의 능력 발휘에 대해 높은 기대를 설정하는 유형

38 블레이크(R. Blake)와 머튼(J. Mouton)의 관리격자(managerial grid)에 대한 설명으로 가장 적절하지 않은 것은?

2023 7급 군무원

① 생산에 대한 관심과 인간에 대한 관심 정도에 따라 리더의 유형을 분류한다.
② 중간형은 생산에 대한 관심과 인간에 대한 관심 모두 보통인 유형이다.
③ 컨트리클럽형은 근로자의 사기 증진을 강조 하여 조직의 분위기를 편안하게 이끌어 나가지만 작업 수행과 임무는 소홀히 하는 경향이 있다.
④ 과업형 리더에게는 생산에 대한 관심을 높일 수 있는 훈련을 통해 이상형 리더로 발전시켜야 한다.

39 리더십에 관한 설명으로 가장 적절하지 않은 것은?

2022 CPA

① 리더십은 리더가 부하들로 하여금 변화를 통해 조직목표를 달성하도록 영향력을 행사하는 과정이다.
② 리더는 외집단(out-group)보다 내집단(in-group)의 부하들과 질 높은 교환관계를 가지며 그들에게 더 많은 보상을 한다.
③ 피들러(Fiedler)의 리더십 상황모형에서 낮은 LPC(least preferred co-worker) 점수는 과업지향적 리더십 스타일을 의미한다.
④ 위인이론(great man theory)은 리더십 특성이론(trait theory) 보다 리더십 행동이론(behavioral theory)과 관련성이 더 크다.
⑤ 변혁적 리더(transformational leader)는 이상화된 영향력, 영감에 의한 동기 유발, 지적 자극, 개인화된 배려의 특성을 보인다.

40 리더십에 관한 설명으로 가장 적절하지 않은 것은?

2023 CPA

① 리더십 특성이론(trait theory)은 사회나 조직에서 인정받는 성공적인 리더들은 어떤 공통된 특성을 갖고 있다는 전제하에 이들 특성을 연구하여 개념화한 이론이다.
② 하우스(House)는 리더십 스타일을 지시적(directive), 후원적(supportive), 참여적(participative), 성취지향적(achievement oriented)으로 구분한다.
③ 리더-구성원 교환(leader-member exchange, LMX)이론은 리더와 개별 구성원의 역할과 업무 요구사항을 명확히 함으로써 부서내 구성원의 목표 달성을 돕는다.
④ 스톡딜과 플레쉬맨(Stogdill & Fleishman)이 주도한 오하이오주립대학(OSU)의 리더십 연구는 리더의 행동을 구조주도(initiating structure)와 인간적 배려(consideration)의 두 차원으로 구분한다.
⑤ 피들러(Fiedler)의 상황적합모델은 리더십을 관계중심(relationship oriented)과 과업중심(task oriented) 리더십으로 구분한다.

41 다음은 리더십 이론에 관한 여러 설명들이다. 이들 중 가장 적절하지 않은 것은? `2024 7급 군무원`

① 블레이크와 머튼(Blake and Mouton)의 관리격자 모형(Managerial Grid Model)에서는 상황의 특성과 관계없이 생산과 인간 모두에 높은 관심을 가지는 '팀형(9, 9) 리더십' 스타일을 가장 이상적인 유형으로 본다.
② 허쉬와 블랜차드(Hersey and Blanchard)의 상황적 리더십 이론은 리더십 스타일을 지시형(telling), 지도형(selling), 참여형(participating), 위임형(delegating)으로 구분한다.
③ 하우스(House)의 경로-목표 이론에 의하면, 외재적 통제위치를 갖고 있는 부하에게는 참여적 리더십이 적합하다.
④ 오하이오 주립대학의 리더십 행동 연구에서는 리더십을 구조주도(initiating structure)와 배려(consideration)의 두 차원으로 나누었다.

42 리더십에 관한 설명으로 가장 적절하지 않은 것은? `2024 CPA`

① 전문적권력(expert power)과 준거적권력(referent power)은 공식적 지위가 아닌 개인적 특성에 기인한 권력이다.
② 피들러(Fiedler)는 리더십 상황이 리더에게 불리한 경우에는 과업지향적 리더보다 관계지향적 리더가 더 효과적이라고 주장하였다.
③ 미시간대학교(University of Michigan)의 리더십 모델에서는 리더십 유형을 생산중심형(production oriented)과 종업원중심형(employee oriented)의 두 가지로 구분한다.
④ 사회화된 카리스마적 리더(socialized charismatic leader)는 조직의 비전 및 사명과 일치하는 행동을 강화하기 위해 보상을 사용한다.
⑤ 서번트 리더(servant leader)는 자신의 이해관계를 넘어 구성원의 성장과 계발에 초점을 맞춘다.

Chapter 3 조직차원의 조직행동: 거시조직론

I | OX문제

1. 조직설계에 있어서 상황변수 중에 하나인 복잡성이란 조직 내 분화의 정도, 즉 구성원들이 과업과 이에 대한 책임을 어떻게 나누는가와 관련된 개념이다. [O X]

2. 통제의 범위(span of control)는 부문 간의 협업에 필요한 업무 담당자의 자율권을 보장해 줄 수 있도록 하는 부서별 권한과 책임의 범위이다. [O X]

3. 조직목표를 달성하기 위해서 과업과 권한의 관계를 정하고 과업에 사람과 자원을 적절하게 분배하는 과정을 분화(differentiation)라고 할 수 있는데 이러한 분화가 확대되면 조직의 생산성은 지속적으로 향상된다. [O X]

4. 안정적인 시장 환경에서 기업의 내부적 효율성 확보가 시장에서의 경쟁우위를 확보하는 중요한 사항이라면 시장에 유연하게 대처할 수 있는 분권화적 조직관리가 효율적이다. [O X]

5. Woodward는 제조업을 대상으로 기술의 상호의존성에 따라 단위생산기술(가장 단순한 기술), 대량생산기술(중간 정도의 기술), 연속생산기술(가장 복잡한 기술)로 구분하였다. [O X]

---

1. X | 복잡성 즉, 분화의 정도는 상황변수가 아니라 대표적 기본 변수로 보아야 함.
2. X | 통제의 범위(span of control)는 부문 간의 협업에 필요한 업무 담당자의 자율권을 보장해줄 수 있도록 하는 부서별 권한과 책임의 범위를 의미하는 것이 아니라 관리자가 직접적으로 지휘·통솔하는 종업원의 수를 뜻하는 개념이다.
3. X | 분화가 진행되면 일반적으로 전문성 등 분업의 확대로 생산성이 향상되지만 어느 시점이 지나 지나친 분업은 과업의 정체성 상실로 인한 의미감의 감소로 오히려 생산성이 저하되는 현상이 나타난다. 이를 그래프로 살펴보면 아래와 같다.

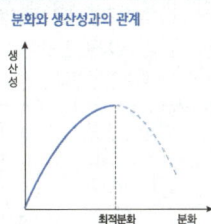

분화와 생산성과의 관계

4. X | 안정적인 시장환경에서 기업의 내부적 효율성 확보가 시장에서의 경쟁우위를 확보하는 중요한 사항이라면 집권화에 의한 조직관리가 효율적이다.
5. X | Woodward는 제조업을 대상으로 기술의 복잡성에 따라 단위생산기술(가장 단순한 기술), 대량생산기술(중간 정도의 기술), 연속생산기술(가장 복잡한 기술)로 구분하였다. 기술의 상호의존성이라는 측면에서 연구를 진행한 것은 톰슨(Thompson)의 연구이다.

6   페로우(Perrow)는 조직구조와 기술과의 관계를 밝히기 위하여 과업의 다양성과 문제의 분석 가능성이라는 두 가지의 기준을 사용하였으며, 이를 기초로 하여 일상적/단순(routine)기술, 장인(craft)기술, 공학적(engineering)기술, 비일상적/복잡(non routine)기술로 구분하였다. O | X

7   페로우(Perrow)에 따르면 공학적(engineering)기술을 사용하는 부서는 과업의 다양성이 낮으며 발생하는 문제가 비일상적이고 문제의 분석 가능성이 낮다. O | X

8   톰슨(Thompson)은 과업수행 시 다른 부서나 개인 간 얼마나 의존하는가를 나타내는 기술의 상호의존성이라는 측면에서 연구하였다. 기술의 상호의존성에 의하여 집합적 상호의존성(pooled interdependence), 순차적 상호의존성(sequential interdependence), 교호적 상호의존성(reciprocal interdependence)으로 구분할 수 있고 이들은 각각 중개형 기술, 연속형 기술, 집약형 기술을 택하고 있다. O | X

9   톰슨(Thompson)에 따르면 집합적(pooled) 상호의존성은 집약형 기술을 사용하여 부서 간 상호조정의 필요성이 높고 표준화, 규정, 절차보다는 팀워크가 중요하다. O | X

10 로렌스(Lanwrence)와 로쉬(Lorsch)는 환경의 불확실성과 차별화와 통합의 관계를 연구하였다. 차별화란 기능적으로 상이한 부서에 속한 관리자들은 기본성향이 다르고 부서 간의 공식적 구조도 서로 다르다는 것을 의미한다. O | X

6   O
7   X | 장인기술에 대한 설명임.

기술구분의 기준		문제와 예외발생 빈도	
		적음(반복)	많음(변화)
예외발생 시 분석가능성 (해결 용이성)	쉬움(체계적)	기술유형 I 단순기술	기술유형 II 공학기술
	어려움(직관적)	기술유형 III 장인기술	기술유형 IV 복잡기술

8   O
9   X | 톰슨(Thompson)에 따르면 집합적 (pooled) 상호의존성은 집약형 기술이 아니라 중개형 기술을 사용하며, 부서 간 상호조정 즉 상호 의존성의 필요성이 낮고 표준화, 규정, 절차를 강조한다. 상호조정의 필요성이 높고 팀워크 및 협력을 강조하며, 집약형 기술을 사용하는 상호의존성은 교호적 상호의존성이라고 한다.

구분	상호의존성	조정기반	조직구조	예
집합적 (중개형)	낮음	규칙, 절차, 표준화	낮은 분화, 높은 공식화	은행, 복덕방, 우체국
연속적 (순차적, 장치형)	중간	일정계획, 감독	중간 정도	자동차 조립
교호적 (집약적)	높음	협력, 상호조정	높은 분화, 낮은 공식화	병원, 대학, 실험실

10 O

11 로렌스(Lanwrence)와 로쉬(Lorsch)는 환경의 불확실성정도에 따라 플라스틱산업, 식료품 산업, 컨테이너 산업의 순으로 환경의 불확실성이 커지며, 이에 따라 차별화수준도 높아진다고 설명하고 있다.

12 유기적 조직구조보다는 기계적 조직구조를 가지는 기업들이 불안정하고 변화하는 환경에서 보다 효과적이며, 안정적 환경하에서는 기계적 조직구조보다는 집권화, 공식화, 표준화를 특징으로 하는 유기적 조직구조가 더 효율적임.

13 혁신이라는 주제를 연구하는 사람들은 조직의 양면성 모형(ambidextrous model)을 이용하여 혁신을 이해한다. 즉 최고경영층은 새로운 아이디어를 촉진할 수 있도록 유기적 형태를 갖는 것이 좋으며, 중간관리자 혹은 현장 감독자를 비롯한 일선운영 부문은 최고경영층에서 발의된 아이디어를 실용화하기 위해 유기적 조직보다는 기계적 조직이 적절하다고 주장한다.

14 환경의 불확실성을 감소시키기 위해 조직은 보다 적극적인 전략을 실행하여 외부환경을 변화시키거나 통제하려고 노력한다는 것이 자원의존이론의 특징이라고 할 수 있다.

---

11 X | 로렌스(Lanwrence)와 로쉬(Lorsch)는 환경의 불확실성정도에 따라 플라스틱산업, 식료품 산업, 컨테이너 산업의 순으로 환경의 불확실성이 낮아지며, 이에 따라 차별화수준도 낮아진다고 설명하고 있다.

변수		불확실성의 정도		
		플라스틱 산업	식료품 산업	컨테이너 산업
환경변수	환경 불확실성	높음	중간	낮음
조직구조변수	부서 차별화	높음	중간	낮음
	통합역할 수행자 비율	높음(22%)	중간(17%)	낮음(0%)

12 X | 기계적 조직구조보다는 유기적 조직구조를 가지는 기업들이 불안정하고 변화하는 환경에서 보다 효과적이며, 안정적 환경하에서는 유기적 조직구조보다는 집권화, 공식화, 표준화를 특징으로 하는 기계적 조직구조가 더 효율적임.

목표		기계적 조직	유기적 조직
		효율의 극대화, 생산성 향상	유연성, 적응력 향상
조직구조	• 공식화 • 권한배분 • 분화	• 높다 • 집권화 • 전문화, 엄격한 부문화 • 통제 범위 축소	• 낮다 • 분권화 • 늦은 전문화, 교차적 기능별 팀 • 통제 범위 확대
조직활동	• 의사소통 • 회사결정 • 조정	• 공식적 커뮤니케이션 • 하향적 커뮤니케이션 • 명령계통 명확 • 상급자의 조정	• 비공식적 커뮤니케이션 • 쌍방향 커뮤니케이션 • 정보흐름 유연성 • 개인의 능력별 상호 조정 • 자발적 조정
조직 설계의 관점		관료제론(bureaucracy)	애드호크라시(adhocracy) 이론

13 O

14 O

15 조직군 생태이론은 조직 개체군 내의 다양성과 적응문제에 초점둔 이론으로서, 조직 형태는 환경에 의해 선택되거나 도태될 수 있으며 조직군은 변이, 선택, 보존의 변화과정을 거친다고 보고 있다. ○ | ✕

16 '조직구조는 전략을 따른다'고 언급한 챈들러(Alfred Chandler)는 조직 유형 및 형태를 전략유형에 따라 방어형(defenders), 탐색형(prospectors), 분석형(analyzers), 반응형(reactors) 기업으로 구분하고 있다. ○ | ✕

17 자신의 목표를 달성하기 위해 권력을 활용하여 의사결정에 영향력을 행사하는 정치적 행동을 조직정치라고 한다. ○ | ✕

18 민쯔버그에 의하면 조직은 구성원들의 기능과 역할에 따라 전략부문, 기술구조부문, 지원스태프부문, 중간라인부문, 핵심운영부문의 다섯 가지의 세력이 있다. 민쯔버그는 이 다섯 가지 기본부문은 조직을 둘러싼 다양한 상황에 따라 조직에서 요구하는 힘이 달라지며 이 힘의 정도와 조합에 따라 조직의 유형이 달라진다고 주장한다. ○ | ✕

19 기계적 관료제는 전문가들의 업무를 통제하기 어렵기 때문에 기술부문의 역할은 적어지고 현장의 전문가 역할이 커지게 된다. 또한 수행하는 과업의 복잡성으로 인하여 현장에서 일하는 전문가들이 자신의 업무에 대해서 상당한 재량권을 행사할 수 있고 스스로 통제권을 갖는 것이 일반적이기 때문에 집권화되지 않은 상태에서 관료적 구조를 갖게 된다. ○ | ✕

20 애드호크라시는 특정 목적을 위하여 구성되었다. 목적달성 후 해체되는 일시적인 조직 형태로 복잡하고 동태적 환경하에서 발견되는 매우 유기적인 조직 형태이다. ○ | ✕

---

15 O
16 X | Miles와 Snow에 의한 전략에 따른 조직 유형 및 형태 분류임.

방어형(defenders)	탐색형(prospectors)	분석형(analyzers)	반응형(reactors)
좁은 활동영역에서 한정된 제품을 생산/판매하는 유형	신제품이나 시장기회를 찾는 공격적 유형	제품/시장영역에서 안정과 변화를 동시에 추구하는 유형	환경에 대해 일관성 있는 해결안을 수립하지 못하는 유형
• 안정 추구 • 능률 중시 • 보수적 유형	• 변혁 추구 • 유연성 강조 • 공격적 유형	• 안정/변혁 추구 • 능률/유연성 중시 • 기회주의적 유형	• 소극/무반응 • 일관성 결여 • 낙오형/수동형
집권화	분권화	집권화와 분권화	현재 유형 고집
기계적 구조	유기적 구조	매트릭스 구조	?

17 O
18 O
19 X | 전문적 관료제에 대한 설명임. 기계적 관료제는 성숙한 대규모의 조직 형태에서 주로 나타나는 유형으로 핵심운영부문의 작업은 표준화된 절차, 규칙, 규정에 의하여 운영되며 작업환경은 단순하고 안정적인 경우가 많다.
20 O

21 사업부제 조직은 분화의 원리에 따라 사업부단위를 편성하고 각 단위에 대하여 독자적인 생산과 영업 및 관리 권한 부여로 사업부가 부문화되어 만들어진 조직형태로서 제품별·시장별·지역별 이익 중심점 또는 이익센터(profit center)를 중심으로 독자적인 경영과 이익에 대한 책임을 지는 독립채산제를 실시하는 조직 형태이다. [O/X]

22 매트릭스 조직은 기능식 조직의 장점과 프로젝트 조직의 장점을 결합시켜 만들어진 그리드 조직구조로서 사업부제 조직의 고비용구조를 상대적으로 해소 가능하나 이중적 지휘체계에 의한 상사 간 권력갈등이 발생할 수 있으며, 명령 일원화의 원칙이 무너질 경우 종업원에 대한 지휘가 모호해지고 종업원이 역할갈등을 겪을 수가 있다. [O/X]

23 고객가치를 충족시키는 데 있어 최상의 프로세스가 구축될 수 있도록 전체 조직 시스템을 프로세스 중심으로 근본적으로 재설계한 조직을 네트워크 조직이라고 한다. [O/X]

24 글로벌 기업 한국지사의 영업담당 팀장이 한국지사장과 본사 영업담당 임원에게 동시에 보고하는 체계는 네트워크 조직(network organization)의 특징을 보여준다. [O/X]

25 Pascale과 Peters의 조직문화의 7대 구성 요소로서 공유가치(Shared Value), 혁신(Innovation), 관리기술(Skill), 구조(Structure), 시스템(System), 구성원(Staff), 리더십 또는 조직관리 스타일(Style)을 들고 있다. [O/X]

26 휘튼(Whetten)은 조직이 관료적이고 수동적이며, 무감각해지는 것을 조직의 쇠퇴 현상이라고 설명하고 있다. [O/X]

---

21 O
22 O
23 X | 프로세스 조직에 대한 설명임.
24 X | 매트릭스 조직에 대한 설명임.
25 X | Pascale과 Peters의 조직문화의 7대 구성 요소로서 공유가치(Shared Value), 전략(Strategy), 관리기술(Skill)스킬, 구조(Structure), 시스템(System), 구성원(Staff), 리더십 또는 조직관리 스타일(Style)을 들고 있다.
- 공유가치(Shared Value): 조직구성원들의 행동이나 사고를 특정 방향으로 이끌어가는 아주 특별한 원칙이나 기준 → 조직문화 형성에 가장 중요한 위치를 차지
- 전략(Strategy): 변화하는 시장환경에 기업이 어떻게 적응하여 능력을 발휘할 것인가 하는 장기적인 목적과 계획, 그리고 이를 달성하기 위한 자원배분 방식
- 스킬(Skill): 장기적인 목적과 계획이 전략이라면, 스킬은 그 전략을 어떻게 실행할 것인가를 말함
- 구조(Structure): 전략을 실행해 나가기 위한 틀로 조직구조나 직무분류 역할과 책임 등이 해당
- 시스템(System): 반복되는 의사결정 사항들의 일관성을 유지하기 위해 제시된 틀
- 구성원(Staff): 기업이 필요로 하는 사람의 유형
- 스타일(Style): 구성원들을 이끌어 가는 전반적인 조직관리 스타일

26 O

27 조직의 전략·구조 등 근본적 체제는 그대로 둔 채 환경이 변화하는 대로 적응해 가면서 개선해 나가는 점진적 변화의 대표적인 예로 restructuring, reengineering 방식을 들 수 있다. ◯ │ ✕

28 르윈(K. Lewin)의 힘의 장이론(force field theory)에 의하면 조직의 현재 상태는 변화를 추진하는 힘과 변화를 막는 힘이 서로 겨루어 균형을 이룬 결과로 설명된다. ◯ │ ✕

29 변화주도자(change agent)가 변화에 필요한 정보를 갖고 있지 못하거나 다른 사람들이 저항할 수 있는 상당한 힘을 갖고 있을 때, 조직변화에 대한 저항을 관리하는 데 가장 적합한 방식으로는 교육과 커뮤니케이션의 증대를 들 수 있다. ◯ │ ✕

30 관리 그리드 훈련(grid development)은 블레이크와 머튼이 개발한 기법으로 생산에 대한 관심과 인간에 대한 관심을 모두 극대화할 수 있는 리더가 이상적인 리더라는 전제하에 조직구성원들을 대상으로 이러한 리더십을 개발하고 행동으로 연결시켜 단계적으로 조직을 개발해 나가는 것이 목적이다. ◯ │ ✕

---

27 ✕ │ 조직 변화의 유형은 급진적 변화와 점진적 변화를 들 수 있는 이를 정리하여 보면 다음과 같다.
- 점진적 변화: 조직의 전략·구조 등 근본적 체제는 그대로 둔 채 환경이 변화하는 대로 적응해 가면서 개선해 나가는 방식 → TQM
- 급진적 변화: 조직의 전략·구조 등 근본적 체제 자체를 폭넓고 빠르게 변화시키는 방식 → restructuring, reengineering, 조직목표나 전략의 개편, 기업 문화

28 ◯

29 ✕ │ 참여와 몰입의 기법이 적합하며, 교육과 커뮤니케이션은 조직 구성원들이 변화에 대한 정보가 전혀 없거나 부정확한 정보와 분석이 있을 때 적합한 방법이다.

기법	적용 상황	장점	단점
교육과 커뮤니케이션	정보가 전혀 없거나 부정확한 정보와 분석이 있을 때	피변화자가 일단 설득이 되면 변화 시행에 도움을 줌	다수의 사람이 관련되는 경우에 시간의 소비가 많음
참여와 몰입	변화의 주도자가 변화에 필요한 정보를 가지고 있지 못하거나 다른 사람들이 저항할 수 있는 상당한 힘을 가지고 있을 때	참여한 사람이 변화에 대해 일체감을 갖고 정보를 제공함	참여자들이 변화를 잘못 설계하면 시간이 많이 소요됨
촉진과 지원	적응문제로 사람들이 저항할 때	적응문제에는 가장 성공적임	시간과 비용이 과다함
협상과 동의	어떤 사람이나 집단이 변화에서 손해 보는 것이 분명한데, 그 집단이 상당한 저항의 힘을 가지고 있을 때	중요한 저항을 피하는 데 비교적 손쉬운 방법일 때가 많음	이것이 타인들에게도 협상을 하도록 일깨우게 되면 비용이 큼
조작과 호선	다른 전술이 전혀 안 듣거나 비용이 너무 많이 들 때	신속하고 비용이 별로 들지 않음	조작되었다고 느끼는 경우에 추가적인 문제를 야기함
명시적·묵시적 강압	신속한 변화가 필요하다고 변화의 주도자가 상당한 파워를 가지고 있을 때	신속하고 어떤 저항도 극복 가능함	주도자에 대한 반감으로 위험이 따름

30 ◯

II | 개념정리문제

1 조직구조를 설계할 때 고려하는 상황변수가 아닌 것은? [2015 경영지도사]

① 전략(strategy)　　② 제품(product)　　③ 기술(technology)
④ 환경(environment)　　⑤ 규모(size)

2 조직을 구축할 때 분업을 하는 이유로 가장 옳지 않은 것은? [2021 군무원]

① 업무몰입의 지원　　② 숙련화의 제고
③ 관찰 및 평가 용이성　　④ 전문화의 촉진

3 단위생산과 대량생산에 해당하는 조직유형은 무엇인가? [2019 군무원]

① 유기적 조직, 유기적 조직　　② 유기적 조직, 기계적 조직
③ 기계적 조직, 유기적 조직　　④ 기계적 조직, 기계적 조직

4 페로우(C. Perrow)가 제시한 기술 분류 기준으로 옳은 것을 모두 고른 것은? [2020 공인노무사]

ㄱ. 기술 복잡성　ㄴ. 과업 다양성　ㄷ. 상호의존성　ㄹ. 과업 정체성　ㅁ. 문제 분석 가능성

① ㄱ,ㄴ　　② ㄴ,ㄹ　　③ ㄴ,ㅁ　　④ ㄷ,ㅁ　　⑤ ㄱ,ㄷ,ㄹ

5 기계적 조직구조의 특징이 아닌 것은? [2015 경영지도사]

① 많은 규칙　　② 집중화된 의사결정　　③ 경직된 위계질서
④ 비공식적 커뮤니케이션　　⑤ 계층적 구조(tall structure)

6 다음 중 애드호크라시와 가장 관련이 없는 것은? [2007 한국토지주택공사]

① 지위나 역할에 따라 종적으로 조직되었다.
② 환경 변화에 적응적인 조직이다.
③ 기능별로 분화된 횡적 조직이다.
④ 다양한 기술을 가지고 있는 비교적 이질적인 전문적 집단이다.
⑤ 앨빈 토플러가 미래의 충격에서 관료제를 대체할 조직으로 설명하였다.

7 Weber의 합법적 권한에 의한 근대적 지배방식으로 흔히 관료제라 불리는 것은? 2006 한국토지주택공사

① 매트릭스 조직 ② 프로젝트 조직 ③ 태스코포스팀
④ 애드호크라시 조직 ⑤ 뷰로크라시 조직

8 민츠버그(H. Mintzberg)가 제시한 조직의 5가지 부문이 아닌 것은? 2015 경영지도사

① 최고경영층·전략경영 부문(strategic apex) ② 일반지원 부문(supporting staff)
③ 중간계층 부문(middle line) ④ 전문·기술지원 부문(technostructure)
⑤ 사회적 네트워크 부문(social network)

9 다음 내용이 설명하고 있는 조직구조는? 2010 가맹거래사

- 테일러가 창안한 조직구조이다.
- 수평적 분화에 중점을 두고 있다.
- 각자의 전문분야에서 작업능률을 증대시킬 수 있다.

① 기능식 조직 ② 네트워크 조직 ③ 매트릭스 조직
④ 사업부제 조직 ⑤ 오케스트라 조직

10 이익센터와 가장 관련이 큰 조직형태는? 2012 가맹거래사

① 스탭 조직 ② 기능식 조직 ③ 사업부제 조직
④ 매트릭스 조직 ⑤ 애드호크라시

11 동일한 제품이나 지역, 고객, 업무과정을 중심으로 조직을 분화하여 만든 부문별 조직(사업부제 조직)의 장점으로 옳지 않은 것은? 2015 경영지도사

① 책임소재가 명확하다.
② 기능부서 간의 조정이 보다 쉽다.
③ 환경변화에 대해 유연하게 대처할 수 있다.
④ 특정한 제품, 지역, 고객에게 특화된 영업을 할 수 있다.
⑤ 자원의 효율적인 활용으로 규모의 경제를 기할 수 있다.

12 다음 중 사업부제 특징으로 옳은 것은? 2013 인천시교통공사

① 분화의 원리에 의하여 제품별, 지역별, 고객별로 사업부를 편성하고 각 사업부별로 자율적으로 운영하는 것으로 대규모 조직에 적합한 형태이다.
② 특정한 프로젝트의 수행을 위하여 구성된 조직으로 특정 목표가 달성되면 본래의 부서로 돌아간다.
③ 기능식 조직에 프로젝트 조직을 덧붙인 조직형태이다.
④ 기능식 조직이라고 하며, 수평적 분화에 의한 예외에 의한 관리를 추구하기 때문에 명령 일원화 원칙이 적용되지 않는다.
⑤ 조직 구성원의 동기부여를 촉진할 수 있지만, 시장의 변화에 둔감한 편이다.

13 다음 중 사업부제 조직이 이론적으로 가장 잘 어울리는 기업은?

① 직계식 또는 직선식 조직이며 관리자의 통제에 유리하다.
② 외부환경의 변화, 기술의 변화, 소비자 선호의 변화가 거의 없는 기업
③ 관리자의 업무가 지나치게 많으며 각 부문 간의 유기적 조정이 곤란한 기업
④ 외부환경의 변화, 기술의 변화, 소비자 선호의 변화가 심하여 제품의 수명주기가 짧은 제품을 취급하는 기업

14 기능식 조직과 사업부제 조직의 비교한 설명으로 옳지 않은 것은?

① 기능식 조직이 사업부제 조직보다 자원의 효율성이 낮다.
② 사업부제 조직은 기업 환경의 변화에 빠른 대응이 가능하다.
③ 기술혁신에 따른 신제품 개발로 제품 다각화 및 경영의 분권화 경향이 짙어짐으로써 사업부제 조직이 요구되었다.
④ 기능식 조직은 전문화의 원리와 기능화의 원리가 잘 이루어지는 특징을 지닌다.

15 다음 〈보기〉에서 설명하고 있는 것은?

〈보기〉 특정 과제나 목표를 달성하기 위해 구성하는 임시조직으로서, 조직의 유연성, 구성원의 전문성, 동태성 등을 특징으로 한다.

① 기능별 조직　　② 사업부제 조직　　③ 매트릭스 조직　　④ 프로젝트 조직

16 다음 중 프로젝트조직의 특징으로 옳은 것은?

① 프로젝트의 규모에 따라 인력 등을 가감하는 등의 조정을 할 수 있다.
② 프로젝트 조직은 매트릭스 조직과 기능식 조직을 절충한 것이다.
③ 목표보다 일상적 과업에 집중한다.
④ 전문가나 관계요원들로 구성되는 영구적 조직이다.

17 매트릭스 조직의 장점에 해당하지 않는 것은?

① 구성원들간 갈등해결 용이　　② 환경 불확실성에 신속한 대응
③ 인적자원의 유연한 활용　　　④ 제품 다양성 확보
⑤ 구성원들의 역량 향상 기회 제공

18 매트릭스 조직구조의 장점으로 옳지 않은 것은? 2013 가맹거래사

① 분야별 전문성을 살릴 수 있다.
② 조직의 인력을 신축적으로 활용할 수 있다.
③ 전문적 지식과 기술의 활용을 극대화할 수 있다.
④ 조직 내의 협력과 팀 활동을 촉진시킨다.
⑤ 의사결정의 책임소재를 명확히 할 수 있다.

19 매트릭스 조직에 대한 설명으로 옳은 것은? 2013 7급 공무원

① 이중적인 명령체계를 갖고 있다.
② 시장의 새로운 변화에 유연하게 대처하기 어렵다.
③ 기능적 조직과 사업부제 조직을 결합한 형태이다.
④ 단일 제품을 생산하는 조직에 적합한 형태이다.

20 다음 중 구성원이 두 개의 부서에 속해 있는 것으로 명령 일원하의 원칙에 위배되는 조직은? 2012 신용보증기금

① 라인 조직   ② 사업부제 조직
③ 매트릭스 조직   ④ 프로젝트 조직

21 매트릭스(matrix) 조직에 관한 설명으로 옳지 않은 것은? 2013 가맹거래사

① 기술의 전문성과 제품 혁신을 동시에 추구하는 조직에 적합한 구조이다.
② 인적자원을 유연하게 공유하거나 활용할 수 있다.
③ 구성원들은 두 명의 상관에게 보고를 해야 한다.
④ 전통적인 수직적 계층 구조에 수평적인 팀을 공식화하여 양자 간의 균형을 추구한다.
⑤ 역할 분담, 권력 균형, 갈등 조정 등이 쉬워 효율적인 조직 운영이 가능하다.

22 다음 중 매트릭스 조직에 관한 내용으로 틀린 것은? 2011 국민연금공단 / 2016 전남 중소기업종합센터

① 프로젝트 조직과 기능식 조직을 절충한 조직 형태이다.
② 프로젝트가 끝나면 원래 조직 업무를 수행한다.
③ 계층 원리와 명령 일원화 원리가 적용된다.
④ 구성원 개인을 원래의 종적 계열과 함께 횡적 또는 프로젝트 팀의 일원으로서 임무를 수행하게 하는 조직 형태이다.

23 다음 중 부서 간 의견불일치와 갈등의 해소 또는 조정의 기능을 하는 조직의 형태는? [2006 한국토지주택공사]

① 동태적 조직　　　② 위원회 조직　　　③ 라인, 스탭조직
④ 사업부제 조직　　⑤ 행렬조직

24 매트릭스 조직에 대한 설명으로 옳은 것은? [2011 한국수력원자력]

① 주로 중소기업에서 사용되며 의사결정의 신속성, 책임과 권한의 명백성 등이 장점이다.
② 명령일원화 원칙을 충실히 따르는 조직이다.
③ 대규모조직이나 많은 제품을 생산하는 업체에 적합한 형태로서 제품, 고객, 지역, 프로젝트 등을 기준으로 종업원들이 직무를 집단화하여 조직을 몇 개의 부서로 구분한다.
④ 두 사람 이상의 상사가 지휘하는 조직이다.

25 다음 중 매트릭스조직에 대한 설명으로 알맞은 것은? [2005 한국농수산식품유통공사]

① 이익중심점으로 구성된 신축성 있는 조직으로 자기통제의 팀웍이 특히 중요한 조직이다.
② 분업과 위계구조를 강조하며 구성원의 행동이 공식적 규정과 절차에 의존하는 조직이다.
③ 특정프로젝트를 해결하기 위해 구성된 조직으로 프로젝트의 완료와 함께 해체하는 조직이다.
④ 다양한 의견을 조정하고 의사결정의 결과에 대한 책임을 분산시킬 필요가 있을 때 흔히 사용되는 조직이다.
⑤ 일종의 애드호크라시 조직으로 기능식 조직에 프로젝트조직을 결합한 조직으로 급변하는 시장 변화에 신속히 대응 가능한 조직이다.

26 다음 중 위원회조직에 대한 설명으로 바르지 않은 것은? [2005 국민연금공단]

① 의사결정이 신속하여 시간과 비용이 적게 든다.
② 위원회조직은 임시적일 수도 영구적일 수도 있다.
③ 이해관계가 상이한 집단들의 관련 기능을 조정, 통합해 준다.
④ 직능식 조직의 각 부문 간의 갈등을 해결할 수 있는 기능의 조직이다.

27 민츠버그의 다섯 가지 조직구조 중 전문적 관료제의 특성으로 가장 적절한 것은? [2020 군무원]

① 환경이 복잡하고, 표준화된 기술과 지식이 요구되는 경우에 적합하다.
② 많은 규칙과 규제가 필요하여 공식화 정도가 매우 높다.
③ 강력한 리더십이 필요한 경우에 적합하며, 벤처기업에 적용이 가능하다.
④ 기술의 변화속도가 빠른 동태적인 환경에 적합하다.

28 민쯔버그(H. Mintzberg)가 제시한 조직구조 설계에 있어서의 기본 부문(basic parts)에 해당하지 않는 것은?

① 전략경영부문(strategic apex) ② 기술지원부문(techno structure)
③ 협력네트워크부문(cooperative network) ④ 생산핵심부문(operation core)

29 조직 내 규율 확립과 관련하여 '뜨거운 난로의 원칙(hot stove principles)'에 해당되지 않는 것은?

① 유연성 ② 일관성 ③ 즉각성
④ 사전경고 ⑤ 사적인 것의 비개입

30 조직에서 공식적으로 주어진 임무 이외의 일을 자발적으로 수행하는 것은?

① 집단사고(groupthink) ② 직무만족(job satisfaction)
③ 직무몰입(job involvement) ④ 감정노동(emotional labor)
⑤ 조직시민행동(organizational citizenship behavior)

31 조직에서 시간이 지남에 따라 업무량과 무관하게 구성원 수가 증가하는 경향을 나타내는 법칙은?

① 파킨슨 법칙 ② 파레토 법칙 ③ 에릭슨 법칙
④ 호손 법칙 ⑤ 하인리히 법칙

32 쉐인(Schein)은 인간성에 대한 가정과 인간의 유형을 4가지로 구분하였다. 다음 중 쉐인의 조직에 있어서 인간에 대한 가정을 순서대로 나열한 것은?

| a. 합리적, 경제적 인간 | b. 사회적 인간 |
| c. 자아실현적 인간 | d. 복합적 인간 |

① a – b – c – d ② c – a – b – d ③ b – c – d – a
④ c – b – d – a ⑤ a – b – d – c

33 조직문화에 관한 설명으로 옳지 않은 것은?

① 조직은 대외적으로 적응하고 대내적으로 통합하는 과정에서 조직문화를 형성한다.
② 조직 사회화를 통해서 신규 구성원에게 전수되고 보존된다.
③ 내생적인 요인 또는 외생적인 환경변화에 의해서 변화한다.
④ 조직문화의 변동과정에 목적의식을 가지고 개입하여 바람직한 문화를 창출하는 것이 조직문화의 개혁이다.
⑤ 조직문화를 개혁한 후에는 지속적인 엑스노베이션(exnovation)이 필요하지 않다.

34 다음 중 조직문화에 대한 설명으로 알맞지 않은 것은? [2006 국민연금공단]

① 조직에 대해 몰입을 유도한다.
② 조직의 행위를 유도하고 형성시킨다.
③ 조직구성원에게 정체성을 확립시켜 준다.
④ 외부환경변화에 쉽게 적응할 수 있도록 도와준다.

35 다음 중 파스칼과 피터스의 7s모형에 해당하지 않는 것은? [2019 군무원]

① 공유가치　　② 전략　　③ 구성원　　④ 소프트웨어

36 파스칼(R. Pascal)과 피터스(T. Peters)의 조직문화 7S 중 다른 요소들을 연결시켜주는 핵심적인 요소는? [2020 공인노무사]

① 전략(strategy)　　② 관리기술(skill)　　③ 공유가치(shared value)
④ 관리시스템(system)　　⑤ 구성원(staff)

37 조직문화의 구성요소에 대한 7S 모형은 맥킨지(Mckinsey)가 개발한 모형으로 조직문화에 영향을 주는 조직 내부요소를 7가지 요인으로 나타낸 것이다. 이 7가지 요인에 해당하지 않는 것은? [2021 7급 군무원]

① 조직구조(structure)　　② 학습(study)
③ 관리기술(skill)　　④ 공유가치(shared value)

38 다음 중 조직개발기법이 아닌 것은? [2005 한국토지주택공사]

① 관리격자도 훈련　　② 델파이법　　③ 과정자문법
④ 팀축구법　　⑤ 감수성훈련법

39 다음 조직개발 기법 중 관리격자도 훈련에 대한 설명으로 알맞은 것은? [2006 한국농어촌공사]

① 아담스와 포터에 의해서 주장되었다.
② 인간관계에 대한 관심과 직무에 대한 관심을 모두 갖는 리더로 훈련시킨다.
③ 외부의 상담자를 통하여 문제를 해결한다.
④ 감수성훈련 상호작용을 통한 사회성 훈련 기법의 일종으로 상호 간의 영향력과 인지력을 평가하고 개발한다.

40 다음 중 T-group 훈련에 대한 설명으로 알맞지 않은 것은? [2005 국민연금공단]

① 개인적·사회적 통찰력을 높이는 것이 주된 목적이다.
② 직장 내 교육훈련을 뜻하는 것으로 일을 하면서 직속상사에게 실무상의 교육을 받는다.
③ 감수성훈련이라고도 하며 사회적 고립조건하에서 집단생활을 하여 참가자를 훈련시킨다.
④ 브레드 포드에 의하여 개발된 것으로 인간관계의 능력과 조직의 유효성을 향상시키기 위한 조직개발기법이다.

41 조직설계의 상황변수에 해당하는 것을 모두 고른 것은? [2022 공인노무사]

| ㄱ. 복잡성 | ㄴ. 전략 | ㄷ. 공식화 | ㄹ. 기술 | ㅁ. 규모 |

① ㄱ, ㄴ, ㄷ ② ㄱ, ㄴ, ㄹ ③ ㄱ, ㄷ, ㅁ ④ ㄴ, ㄹ, ㅁ ⑤ ㄷ, ㄹ, ㅁ

42 페로우(C. Perrow)의 기술분류 유형 중 과업다양성과 분석가능성이 모두 낮은 유형은? [2024 공인노무사]

① 일상적 기술 ② 비일상적 기술 ③ 장인기술 ④ 공학기술 ⑤ 중개기술

43 민츠버그(H. Mintzberg)의 5가지 조직 유형에 해당하지 않는 것은? [2023 공인노무사]

① 매트릭스 조직 ② 기계적 관료제 ③ 전문적 관료제 ④ 에드호크라시 ⑤ 사업부제 조직

44 다음 중 조직형태에 대한 설명으로 가장 적절하지 않은 것은? [2023 7급 군무원]

① 라인 조직(line organization)은 신속한 의사결정과 실행이 가능하다.
② 라인스탭 조직(line and staff organization)의 구성원은 두 개 이상의 공식적인 집단에 동시에 속한다.
③ 사업부제 조직(divisional organization)은 사업부별로 업무수행에 대한 통제와 평가를 한다.
④ 네트워크 조직(network organization)은 필요에 따라 기업 내부 부서 및 외부 조직과 네트워크를 형성해서 함께 업무를 수행한다.

45 다음과 같은 장점을 지닌 조직구조는? [2024 공인노무사]

- 관리 비용을 절감할 수 있음
- 작은 기업들도 전 세계의 자원과 전문적인 인력을 활용할 수 있음
- 창업 초기에 공장이나 설비 등의 막대한 투자없이도 사업이 가능

① 사업별 조직구조 ② 프로세스 조직구조 ③ 매트릭스 조직구조
④ 지역별 조직구조 ⑤ 네트워크 조직구조

46. 다음 중 호프스테드(G. Hofstede)가 제시한 국가적 문화 유형의 차이를 구분하는 기준에 해당하는 것으로 가장 알맞게 짝지어진 것은? [2024 7급 군무원]

> ㉠ 권력격차(power distance)
> ㉡ 개인주의 /집단주의 (individualism/ collectivism)
> ㉢ 개방성/배타성(openness/exclusiveness)
> ㉣ 단지지향성/장기지향성(short-term/long-term)
> ㉤ 불확실성 회피 (uncertainty avoidance)
> ㉥ 수직적 계층성 / 수평적 계층성 (vertical hierarchy/ horizontal hierarchy)

① ㉠,㉡,㉢,㉣ ② ㉠,㉡,㉣,㉤ ③ ㉠,㉡,㉤,㉥ ④ ㉢,㉣,㉤,㉥

47. 퀸과 카메룬(R. Quinn & K. Cameron)이 제시한 조직 수명주기 단계의 순서로 옳은 것은? [2023 공인노무사]

> ㄱ. 창업 단계   ㄴ. 공식화 단계   ㄷ. 집단공동체 단계   ㄹ. 정교화단계

① ㄱ → ㄴ → ㄷ → ㄹ
② ㄱ → ㄴ → ㄹ → ㄷ
③ ㄱ → ㄷ → ㄴ → ㄹ
④ ㄱ → ㄷ → ㄹ → ㄴ
⑤ ㄱ → ㄹ → ㄴ → ㄷ

III | 심화문제

1 다음 중 급변하는 환경에 적응하기 위하여 설립된 조직의 성격에 부합되지 않는 것은? [1993 CPA]

① 경영조직을 프로젝트별로 분화하여 조직화한다.
② 일시적이고 특정한 목적을 달성하기 위해 편성되는 잠정적인 조직이다.
③ 기업의 기동성과 환경적응성을 높일 수 있다.
④ 정태적인 조직이다.
⑤ 강력한 목표지향적이므로 사기가 높아진다.

2 조직구조에 관한 상황이론은 어느 경우에나 항상 효과적인 조직구조가 존재할 수 없고 상황에 따라 달라진다는 조직설계의 관점이다. 다음 중 조직구조를 설계할 때 고려되는 상황요소들로만 구성된 것은? [2000 CPA]

| a. 경영전략 | b. 분화 | c. 규모 | d. 집권화 | e. 공식화 | f. 기술 |

① a, b, e ② b, c, e ③ b, d, e
④ a, c, f ⑤ c, d, f

3 조직설계 요소 중 통제범위와 관련된 설명으로 옳지 않은 것은? [2016 가맹거래사]

① 과업이 복잡할수록 통제범위는 좁아진다.
② 관리자가 스텝으로부터 업무 상 조언과 지원을 많이 받을수록 통제의 범위가 좁아진다.
③ 관리자가 작업자에게 권한과 책임을 위임할수록 통제범위는 넓어진다.
④ 작업자와 관리자의 상호작용 및 피드백이 많이 필요할수록 통제범위는 좁아진다.
⑤ 작업자가 잘 훈련되고 작업동기가 높을수록 통제범위는 넓어진다.

4 거시조직이론에 관한 설명으로 옳지 않은 것은? [2015 가맹거래사]

① 시장과 위계이론은 거래비용 개념을 도입하여 조직유형이 왜 효율적인가를 구체적으로 제시한다.
② 전략적선택이론은 경영자가 자원을 획득하고 유지할 수 있는 능력을 조직생존의 핵심요인으로 파악한다.
③ 조직군생태학이론은 생물학의 적자생존론을 도입하여 조직이 생존하기 위해서는 조직내부구조적 요인이 외부환경요인에 따라야 한다.
④ 구조적상황이론은 개방시스템 관점과 인간관계적 분석에 바탕을 둔 이론으로 조직의 경영활동이 상황에 적합하여야 한다.
⑤ 공동체생태학이론은 사회생태학적 접근방법을 활용한 것으로 조직은 구성원들의 노력에 의해 환경에 능동적으로 대응할 수 있다.

5 조직이론에 관한 설명으로 옳은 것은? _{2015 가맹거래사}

① 폐쇄 합리적 조직이론은 환경과의 관련성 속에서 제기되는 위협과 기회를 최대한 고려한다.
② 폐쇄 사회적 조직이론은 조직구조의 복잡성, 조직구성원의 참여 등을 강조하여 공식적 구조에 관심을 보인다.
③ 개방 합리적 조직이론을 따르는 챈들러(Chandler)는 시장경쟁 환경에서 '전략은 구조를 따른다'는 명제를 제시하였다.
④ 시스템적 조직이론 접근법에 따르면 조직은 환경에 개방적인 존재이므로 생존을 위해서 환경과 적절한 관계를 유지해야 한다.
⑤ 개방 사회적 조직이론은 조직의 목표달성을 위해서 생존이 중요하므로 공식성과 합리성만을 중점적으로 다룬다.

6 다음은 조직이론의 주창자와 대표적 연구 내용을 연결한 것이다. 맞는 연결을 하나도 빠짐없이 모두 고른 것은? _{2006 CPA}

a. 버나드(Barnard) – 제한된 합리성(bounded rationality)
b. 챈들러(Chandler) – 전략과 조직구조의 관계
c. 번즈와 스타커(Burns & Stalker) – 유기적 조직과 기계적 조직
d. 톰슨(Thompson) – 기술의 유형과 상호의존성
e. 로렌스와 로쉬(Lawrence & Lorsch) – 분화와 통합(differentiation & integration)

① c, d, e ② a, b, e ③ a, c, d
④ b, c, d ⑤ b, c, d, e

7 조직이론에 관한 다음의 각 항목을 조직이론의 발전 순서에 따라 바르게 나타낸 것은? _{2003 CPA}

a. 조직의 인간적·사회적 측면을 강조하였으며, 행동과학분야와 인적자원관리의 발전을 위한 이론적 틀을 제공하였다.
b. 조직은 환경과는 무관한 폐쇄체계로, 그리고 조직을 구성하는 인간과 인간집단은 합리체계로 간주하였다.
c. 조직의 목표 달성보다는 생존을 중시하고, 조직 내부의 비공식성과 비합리성의 영향을 부각하였다.
d. 서로 다른 환경의 요구들에 대처할 수 있는 방안을 제시하는 상황적합이론(contingency theory)이 발전하였다.

① a – b – c – d ② a – d – b – c ③ b – a – d – c
④ c – a – d – b ⑤ d – c – b – a

8 다음에서 설명하는 조직이론은? 2017 공인노무사

- 조직의 환경요인들은 상호의존적인 관계를 형성하여야 한다.
- 조직 생존의 핵심적인 요인은 자원을 획득하고 유지할 수 있는 능력이다.
- 조직은 자율성과 독립성을 유지하기 위하여 환경에 대한 영향력을 행사해야 한다.

① 제도화 이론 ② 자원의존 이론 ③ 조직군 생태학 이론
④ 거래비용 이론 ⑤ 학습조직 이론

9 조직이론에서의 동형화(isomorphism)에 대한 설명으로 옳은 것은? 2021 7급 군무원

① 조직이 중요한 자원을 공급받기 위해 자원을 공급하는 조직과 유사하게 변화하는 것
② 조직이 주어진 환경에서 생존하기 위해 해당 환경 내의 다른 조직들과 유사하게 변화하는 것
③ 조직 내 구성원들이 응집력을 갖기 위해 유사하게 변화하는 것
④ 조직 내 상위계층과 하위계층의 구성원들이 유사한 전략적 방향을 갖게 되는 것

10 현대조직은 학습하지 않으면 생존하기 어렵다. 다음 중 학습조직에 대한 설명으로 옳은 것을 모두 고른 것은? 2021 5급 군무원

ㄱ. 학습조직은 문제해결활동을 통해 구축될 수 있다.
ㄴ. 과거의 경험에 대한 성찰이 학습조직 구축에 매우 중요하다.
ㄷ. 다른 기업을 모방하는 것도 학습조직 구축의 한 방법이다.
ㄹ. 학습조직은 폐기학습(unlearning)을 필요로 한다.

① ㄱ, ㄴ ② ㄴ, ㄷ ③ ㄱ, ㄷ, ㄹ ④ ㄱ, ㄴ, ㄷ, ㄹ

11 다음 주장에 해당하는 이론은? 2015 공인노무사

ㄱ. 조직의 생존을 위해 이해관계자들로부터 정당성을 얻는 게 중요하다.
ㄴ. 동일 산업 내의 조직형태 및 경영관행 등이 유사성을 보이는 것은, 조직들이 서로 모방하기 때문이다.

① 대리인 이론 ② 제도화이론 ③ 자원의존이론
④ 조직군생태학이론 ⑤ 협력적 네트워크이론

12 경영조직에 관한 서술 중 가장 적절하지 않은 것은? 2009 CPA

① 유기적 조직에서는 공식화 정도가 높다.
② 매트릭스 조직에서는 역할갈등 현상이 나타날 수 있다.
③ 기계적 조직은 안정적이고 단순한 환경에 적합하다.
④ 제품 조직(사업부제 조직)에서는 기능부서별 규모의 경제를 상실할 가능성이 높다.
⑤ 우드워드(Woodward)에 의하면 대량생산 기술을 적용할 경우에 집권화, 분업화의 정도가 높아진다.

13 Mintzberg가 제시한 조직의 다섯 가지 기본부문과 관련된 설명 중 옳지 않은 것은? `2002 CPA`

① 조직의 전략부문(strategic apex)의 힘이 강하게 작용하는 조직은 단순구조(simple structure)의 조직이다.
② 조직의 중간라인부문(middle line)은 표준화를 추구하는 힘을 행사하고, 이 힘은 '산출물의 표준화'에 의한 조정으로 발휘된다.
③ 조직의 기술전문가부문(techno structure)이 행사하는 힘은 기계적 관료제구조에서 가장 크게 작용한다.
④ 조직의 지원스탭부문(supporting staff)은 조직의 기본적인 과업 흐름 이외의 조직문제에 대한 지원을 제공하는 전문가들로 구성된다.
⑤ 수술실에서 수술을 실행하는 외과의사는 그가 속한 병원의 핵심운영부문(operating core)에 해당된다.

14 민츠버그(Mintzberg)의 다섯 가지 조직구조 중 전문적 관료제(professional bureaucracy)의 특성으로 가장 적절한 것은? `2006 CPA`

① 환경이 복잡하고, 표준화된 기술과 지식이 요구되는 경우에 적합하다.
② 많은 규칙과 규제가 필요하여 공식화 정도가 매우 높다.
③ 강력한 리더십이 필요한 경우에 적합하며, 벤처기업에 적용이 가능하다.
④ 기술의 변화속도가 빠른 동태적인 환경에 적합하다.
⑤ 중간관리층의 역할이나 중요성이 매우 크다.

15 조직기술에 관한 설명으로 가장 적절한 것은? `2011 CPA`

① 생산규모와 기술의 효율성에 따라서 우드워드(Woodward)는 생산기술을 8가지로 분류하였는데 이는 크게 단위소량 생산기술, 대량생산기술, 연속공정 생산기술, 대량주문 생산기술로 구분된다.
② 우드워드(Woodward)에 따르면 단위소량 생산기술을 사용하는 조직은 전반적으로 기계적 조직구조를 가지는 반면, 대량생산기술을 가진 조직은 전반적으로 유기적 조직구조를 가진다.
③ 페로우(Perrow)는 과업의 불확실성(uncertainty)과 기술의 복잡성(complexity), 기술의 개방성(openness)에 따라서 부서단위의 기술을 분류하였다.
④ 페로우(Perrow)에 따르면 일상적 기술(routine technology)을 가진 부서는 공학적 기술(engineering technology)을 가진 부서에 비하여 공식화와 집권화의 정도가 상대적으로 낮다.
⑤ 톰슨(Thompson)에 따르면 집합적 상호의존성(pooled interdependence)을 사용하는 조직은 순차적 상호의존성(sequential interdependence)을 사용하는 조직보다 의사소통의 필요성이 낮다.

16 조직에서의 기술에 관한 설명으로 가장 적절하지 않은 것은? [2016 CPA]

① 페로우(Perrow)에 따르면 장인(craft) 기술을 사용하는 부서는 과업의 다양성이 낮으며 발생하는 문제가 비일상적이고 문제의 분석 가능성이 낮다.
② 톰슨(Thompson)에 따르면 집합적(pooled) 상호의존성은 집약형 기술을 사용하여 부서 간 상호조정의 필요성이 높고 표준화, 규정, 절차보다는 팀워크가 중요하다.
③ 우드워드(Woodward)에 따르면 연속공정생산기술은 산출물에 대한 예측 가능성이 높고 기술의 복잡성이 높다.
④ 페로우에 따르면 공학적(engineering) 기술을 사용하는 부서는 과업의 다양성이 높고 잘 짜여진 공식과 기법에 의해서 문제의 분석 가능성이 높다.
⑤ 페로우에 따르면 비일상적(non-routine) 기술을 사용하는 부서는 과업의 다양성이 높고 문제의 분석 가능성이 낮다.

17 톰슨(Thompson)이 제시한 집합적(pooled), 순차적(sequential), 교호적(reciprocal) 상호의존성은 의사소통을 요구하는 정도가 서로 다르다. 의사소통을 요구하는 정도가 가장 높은 것부터 순서대로 바르게 나열된 것은? [2002 CPA]

① 집합적 – 순차적 – 교호적
② 집합적 – 교호적 – 순차적
③ 교호적 – 집합적 – 순차적
④ 교호적 – 순차적 – 집합적
⑤ 순차적 – 집합적 – 교호적

18 조직의 기술과 조직구조의 관계에 대한 설명 중 가장 적절한 것은? [2002 CPA]

① woodward의 기술분류에 따르면 기술이 복잡성이 높을수록 조직의 전반적인 구조는 더욱 유기적인 구조를 갖는 것이 바람직하다.
② 조직의 과업다양성이 높을수록 조직의 전반적인 구조는 더욱 기계적인 것이 바람직하다.
③ 조직이 과업을 수행함에 있어 당면할 수 있는 문제의 분석가능성이 높을수록 수평적 의사소통이 중요해진다.
④ 연속형 기술(long-linked technology)을 사용하는 조직에서는 부서간의 활동을 조정하기 위해 과업과 행동을 표준화하는 것이 바람직하다.
⑤ 유연생산기술(flexible manufacturing technology)을 사용하는 조직에서는 분권화의 정도를 높게 유지하는 것이 바람직하다.

19 조직 설계와 관련된 다음의 서술 중 가장 적절한 것은? ⟨2004 CPA⟩

① 부문화(departmentalization)는 조직 구성원들이 책임지고 수행해야 할 과업의 범위와 깊이를 의미한다.
② 공식화(formalization)는 과업을 효과적으로 수행하기 위해 과업을 개인별로 구분하여 지정한 것을 의미한다.
③ 우드워드(Woodward)의 연구 결과에 의하면 조직구조는 조직이 사용하는 생산기술에 영향을 미치고 기술과 조직구조의 적합성 여부에 따라 조직의 성과가 달라진다.
④ 페로(Perrow)는 기술을 과업의 다양성과 문제의 분석 가능성에 따라 장인기술, 비일상적 기술, 일상적 기술, 공학적 기술로 나누었다.
⑤ 혁신의 양면성 모형(ambidextrous model)에서 보면 효율적 관리혁신을 위해서 조직의 중간 또는 하위관리층은 기계적인 조직이 되어서는 안 된다.

20 조직과 관련한 다음의 설명 중 가장 적절하지 않은 것은? ⟨2007 CPA⟩

① 기능적 부문화 조직에서는 환경변화에 반응하는 속도는 느리지만 깊이 있는 지식과 기술개발을 가능하게 하고 기능부문 안에서 규모의 경제를 가능하게 한다.
② 조직도(organizational chart)는 공식적 보고체계, 명령계통, 관리계층, 책임소재, 부서와의 관계와 같은 조직구조를 보여준다.
③ 조직이 성장하여 규모가 커지고 더 많은 부서가 생겨남에 따라 조직구조의 복잡성은 커지게 된다.
④ 기계적 조직에서는 수직적 상호작용이 빈번하고 유기적 조직에서는 수평적 상호작용이 빈번하다.
⑤ 톰슨(Thompson)은 과업에서의 상호의존성을 호환적(reciprocal) 상호의존성, 순차적(sequential) 상호의존성, 협동적(cooperative) 상호의존성으로 나누었다.

21 기계적 조직과 유기적 조직에 관한 다음의 설명 중 가장 적절하지 않은 것은? ⟨2010 CPA⟩

① 기계적 조직은 일반적으로 공식화 정도가 높으며, 안정적이고 단순한 환경에 적합하다.
② 막스 베버(M. Weber)가 제시한 관료제 조직은 전문화와 공식화를 지향하므로 기계적 조직에 가깝다고 할 수 있다.
③ 기계적 조직과 유기적 조직 관점에서 볼 때, 현실의 조직들은 극단적인 기계적 조직과 극단적인 유기적 조직 사이의 연속선상에 위치할 수 있다.
④ 내용이 유사하고 관련성이 높은 업무를 우선 결합시키는 기능적 조직(functional organization)은 유기적 조직에 가깝다고 할 수 있다.
⑤ 네트워크 조직(network organization)은 환경변화에 신속하게 반응할 수 있으므로 유기적 조직에 가깝다고 할 수 있다.

22 다음 중 조직 구조와 관련된 기술 중 가장 적절하지 않은 것은? `2004 CPA`

① 기능별 조직(functional organization)은 환경이 비교적 안정적일 때 조직관리의 효율을 높일 수 있다.
② 기능별 조직은 각 기능별로 규모의 경제를 얻을 수 있다는 장점이 있다.
③ 제품 조직(product organization)은 사업부내의 기능간 조정이 용이하다.
④ 제품 조직은 시장특성에 따라 대응함으로써 소비자의 만족을 증대시킬 수 있다.
⑤ 매트릭스 조직(matrix organization)은 많은 종류의 제품을 생산하는 대규모 조직에서 효율적으로 기능한다.

23 조직 구조와 설계에 관한 다음의 설명 중 가장 적절하지 않은 것은? `2006 CPA`

① 기계적 조직은 유기적 조직에 비하여 일반적으로 공식화의 정도가 높다.
② 관료제 조직은 전문화와 공식화를 지향한다.
③ 기능적 조직은 제품과 서비스의 종류가 증대될수록 효과적으로 작동한다.
④ 제품별 조직, 시장별 조직, 지역별 조직은 부문별 조직의 예이다.
⑤ 네트워크 조직은 수평적 연결과 왕래가 많고 환경변화에 신속하게 반응할 수 있다.

24 조직설계에 관한 설명으로 가장 적절하지 않은 것은? `2011 CPA`

① 민쯔버그(Mintzberg)는 단순조직(simple structure), 기계적 관료조직(machine bureaucracy), 전문적 관료조직(professional bureaucracy), 사업부조직(divisional structure), 애드호크라시(adhocracy)를 전형적인 조직의 유형으로 보았다.
② 기능별 조직은 같은 기능을 담당하는 사람을 한 부문으로 모아서 규모의 경제를 가질 수 있지만, 제품의 종류가 많아지고 시장의 변화가 빠르면 즉각적으로 반응하기 어렵다.
③ 로렌스와 로쉬(Lawrence and Lorsch)에 따르면 환경의 불확실성이 높을수록 조직에서 차별화(differentiation)가 많이 진행된다.
④ 매트릭스 구조(matrix structure)는 담당자가 기능부서에 소속되고 동시에 제품 또는 시장별로 배치되어 다른 조직구조에 비하여 개인의 역할갈등이 최소화된다.
⑤ 기계적 조직은 유기적 조직에 비하여 엄격한 상하관계와 높은 공식화를 가지고 있고 안정적 환경에 적합한 구조이다.

25 조직에 관한 설명으로 가장 적절하지 않은 것은? `2012 CPA`

① 기능식 조직은 환경의 불확실성이 낮고 안정적인 경우에 적합하다.
② 사업부제 조직은 각 사업영역이나 제품에 대한 책임이 명확해지는 장점이 있다.
③ 유기적 조직은 기계적 조직에 비해 공식화 정도가 낮다.
④ 매트릭스 조직에서는 명령일원화의 원칙이 적용된다.
⑤ 우드워드(Woodward)는 생산기술의 복잡성에 따라 단위소량 생산기술, 대량생산기술, 연속공정 생산기술로 구분하고 있다.

26 다음 중 매트릭스 조직에 대한 설명으로 틀린 것은? `2014 한국수력원자력`

> a. 이중보고체계로 인하여 종업원들 간에 혼란이 야기되지 않는다.
> b. 프로젝트 조직과 기능식 조직을 절충하였다.
> c. 지휘 체계의 곤란으로 인한 역할갈등과 스트레스를 받는다.
> d. 전통적 조직화의 원리에 의한 조직 구조이다.

① a　　　　② a, b　　　　③ a, d　　　　④ a, b, c

27 매트릭스조직의 특성을 설명한 것 중 옳은 것은? `1996 CPA`

① 특정 프로젝트의 해결을 위해 구성된 조직으로 프로젝트의 완료와 함께 해체되는 조직이다.
② 구성원들이 이중지위체계 때문에 구성원의 역할이 모호해지고 스트레스가 발생한다는 단점이 있다.
③ 이익중심점을 중심으로 구성된 신축성 있는 조직으로 자기통제의 팀웍이 특히 중요한 조직이다.
④ 분업과 위계구조를 강조하며 구성원의 행동이 공식적 규정과 절차에 의존하는 조직이다.
⑤ 다양한 의견을 조정하고 의사결정의 결과에 대한 책임을 분산시킬 필요가 있을 때 흔히 사용되는 조직이다.

28 사업부제조직의 장점이 아닌 것은? `1997 CPA`

① 사업부내 관리자와 종업원의 밀접한 상호작용으로 효율이 향상된다.
② 사업부는 이익 및 책임중심점이 되어 경영성과가 향상된다.
③ 사업부간 연구개발, 회계, 판매, 구매 등의 활동이 조정되어 관리비가 줄어든다.
④ 실천에 의한 유능한 경영자가 양성된다.
⑤ 제품의 제조와 판매에 대한 전문화와 분업이 촉진된다.

29 경영조직론 관점에서 기계적 조직과 유기적 조직에 대한 설명으로 옳지 않은 것은? `2013 7급 공무원`

① 기계적 조직은 효율성과 생산성 향상을 목표로 한다.
② 기계적 조직에서는 공식적 커뮤니케이션이 주로 이루어지고, 상급자가 조정자 역할을 한다.
③ 유기적 조직에서는 주로 분권화된 의사결정이 이루어진다.
④ 유기적 조직은 고객의 욕구 및 환경이 안정적이고 예측 가능성이 높은 경우에 효과적이다.

30 조직구조와 조직설계에 관한 설명으로 가장 적절하지 않은 것은?　2018 CPA

① 통제의 범위(span of control)는 부문 간의 협업에 필요한 업무 담당자의 자율권을 보장해 줄 수 있도록 하는 부서별 권한과 책임의 범위이다.
② 부문별 조직(divisional structure)은 시장과 고객의 요구에 대응할 수 있으나 각 사업부 내에서 규모의 경제를 달성하기가 쉽지 않다.
③ 조직에서 의사결정권한이 조직 내 특정 부서나 개인에게 집중되어 있는 정도를 보고 해당 조직의 집권화(centralization) 정도를 알 수 있다.
④ 기능별 조직(functional structure)은 기능별 전문성을 확보할 수 있으나 기능부서들 간의 조정이 어렵고 시장의 변화에 즉각적으로 대응하기가 쉽지 않다.
⑤ 매트릭스 조직(matrix structure)은 이중적인 보고체계로 인하여 보고담당자가 역할갈등을 느낄 수 있고 업무에 혼선이 생길 수 있다.

31 조직구조에 관한 설명 중 적절하지 않은 것만을 모두 선택한 것은?　2017 CPA

> a. 기능별 구조(functional structure)에서는 기능부서 간 협력과 의사소통이 원활해지는 장점이 있다.
> b. 글로벌 기업 한국지사의 영업담당 팀장이 한국지사장과 본사 영업담당 임원에게 동시에 보고하는 체계는 네트워크 조직(network organization)의 특징을 보여준다.
> c. 단순구조(simple structure)에서는 수평적 분화와 수직적 분화는 낮으나, 공식화 정도는 높다.

① a　② c　③ a, c　④ b, c　⑤ a, b, c

32 조직구조 유형별 장단점에 대한 설명으로 가장 옳지 않은 것은?　2021 5급 군무원

① 기능별 조직(functional organization)은 기능 영역별로 전문적 지식과 정보의 공유가 원활하며 기능에 대한 전수가 용이하나, 기능 영역 간 이질화로 인해 부서 사이의 의사소통이나 조정에 심각한 문제가 발생할 수 있다.
② 사업부제 조직(divisionalized organization)은 전통적인 기능적 및 집단적 조직형태를 준수하며 사업부 단위를 유연하게 편성할 수 있으나, 각 사업부의 이기주의로 인해 기업 전체의 이익이 희생될 우려가 있다.
③ 매트릭스 조직(matrix organization)은 기능별 조직과 사업부제 조직의 장점을 동시에 살릴 수 있으며 시장의 변화에 유연하게 대처할 수 있으나, 팀의 목표를 지나치게 강조할 경우 조직 전체의 목적 달성에 장애가 될 수 있다.
④ 프로젝트 조직(project organization)은 일정한 과업에 일정 기간 동안 대량의 재능과 자원을 집중하고 신축성을 부여할 수 있으나, 조직 구성원의 본래 소속 부서와 프로젝트 부서간에 갈등의 소지가 존재한다.

33 다음 제시된 조직구조 형태에 대한 설명 중 매트릭스 조직이 가지는 특징에 해당되는 것만을 모두 고르면?

_{2021 7급 군무원}

> a. 두 개 이상의 조직 형태가 목적에 의해 결합한 형태이다.
> b. 프로젝트를 수행하기 위해 만들어지는 한시적인 조직 형태이다.
> c. 기존 조직구성원과 프로젝트 구성원 사이에 갈등이 생길 가능성이 크다.
> d. 업무 참여시 전문가와 상호작용이 가능하므로 창의적인 업무 수행이 가능하다.
> e. 명령일원화의 원칙이 적용되며 조직 운영의 비용이 작게 발생한다.

① a, d   ② a, b   ③ c, d, e   ④ b, c, d

34 최근 많은 기업들이 팀제도를 도입하고 있다. 팀제도를 도입하였을 때 나타나는 일반적인 특성으로 가장 적합하지 않은 것은?

_{1999 CPA}

① 기능중심에서 과제중심으로 조직구조가 변한다.
② 관리업무가 강화된다.
③ 의사결정이 신속해진다.
④ 이질성과 다양성이 결합되어 시너지 효과가 달성된다.
⑤ 자율권과 책임이 강화된다.

35 조직변화에 관한 설명으로 옳지 않은 것은?

_{2013 경영지도사}

① 조직변화를 유발하는 요인은 외부요인과 내부요인으로 나누어 볼 수 있으며, 외부요인은 경제환경, 정치환경, 기술환경, 사회문화환경의 변화에 기인한다.
② 조직변화의 영역은 그 초점에 따라 목표, 전략, 구조, 기술, 직무, 문화, 구성원과 관련된 영역으로 구분할 수 있다.
③ 불확실성에 대한 불안감, 기득권상실, 관점의 차이는 조직변화를 거부하는 요인이라 할 수 있다.
④ 르윈(K. Lewin)의 힘의 장이론(force field theory)에 의하면 조직의 현재 상태는 변화를 추진하는 힘과 변화를 막는 힘이 서로 겨루어 균형을 이룬 결과로 설명된다.
⑤ 르윈에 의하면, 변화추진력을 높이면 그만큼 저항하는 힘이 작아지기 때문에 효과가 크다.

36 변화주도자(change agent)가 변화에 필요한 정보를 갖고 있지 못하거나 다른 사람들이 저항할 수 있는 상당한 힘을 갖고 있을 때, 조직변화에 대한 저항을 관리하는 데 가장 적합한 것은?

_{2001 CPA}

① 참여   ② 지원   ③ 협상   ④ 조작   ⑤ 강압

37 조직구조에 관한 설명으로 가장 적절하지 않은 것은? [2019 CPA]

① 공식화(formalization)의 정도는 조직 내 규정과 규칙, 절차와 제도, 직무 내용 등이 문서화되어 있는 정도를 통해 알 수 있다.
② 번즈(Burns)와 스토커(Stalker)에 따르면 기계적 조직(mechanistic structure)은 유기적 조직(organic structure)에 비하여 집권화와 전문화의 정도가 높다.
③ 수평적 조직(horizontal structure)은 고객의 요구에 빠르게 대응할 수 있고 협력을 증진시킬 수 있다.
④ 민쯔버그(Mintzberg)에 따르면 애드호크라시(adhocracy)는 기계적 관료제(machine bureaucracy)보다 공식화와 집권화의 정도가 높다.
⑤ 네트워크 조직(network structure)은 공장과 제조시설에 대한 대규모 투자가 없어도 사업이 가능하다.

38 조직문화 및 조직개발에 관한 설명으로 가장 적절하지 않은 것은? [2020 CPA]

① 조직문화(organizational culture)란 일정한 패턴을 갖는 조직활동의 기본가정이며, 특정 집단이 외부환경에 적응하고 내적으로 통합해 나가는 과정에서 고안, 발견 또는 개발된 것이다.
② 조직문화는 구성원들에게 조직 정체성(organizational identity)을 부여하고, 그들이 취해야 할 태도와 행동기준을 제시하여 조직체계의 안정성과 조직몰입을 높이는 기능을 한다.
③ 조직에서 변화(change)에 대한 구성원의 저항행동에 작용하는 요인에는 고용안정에 대한 위협감, 지위 손실에 대한 위협감, 성격의 차이 등이 있다.
④ 적응적(adaptive) 조직문화를 갖는 조직에서 구성원들은 고객을 우선적으로 생각하며 변화를 가져올 수 있는 인적, 물적, 또는 제도나 과정 등의 내적 요소들에 많은 관심을 보인다.
⑤ 레윈(Lewin)의 조직변화 3단계 모델에 의하면, '변화' 단계에서는 구성원의 변화 필요성 인식, 주도세력 결집, 비전과 변화전략의 개발 등이 이루어진다.

39 조직구조와 조직문화에 관한 설명으로 가장 적절하지 않은 것은? [2021 CPA]

① 조직문화에 영향을 미치는 중요한 요소로 조직체 환경, 기본가치, 중심인물, 의례와 예식, 문화망 등을 들 수 있다.
② 조직사회화는 조직문화를 정착시키기 위해 조직에서 활용되는 핵심 매커니즘으로 새로운 구성원을 내부 구성원으로 변화시키는 활동을 말한다.
③ 유기적 조직에서는 실력과 능력이 존중되고 조직체에 대한 자발적 몰입이 중요시된다.
④ 조직이 강한 조직문화를 가지고 있으면 높은 조직몰입으로 이직률이 낮아질 것이며, 구성원들은 조직의 정책과 비전실현에 더욱 동조하게 될 것이다.
⑤ 분권적 조직은 기능중심의 전문성 확대와 일관성 있는 통제를 통하여 조직의 능률과 합리성을 증대시킬 수 있다.

40 기업 외부의 개인이나 그룹과 접촉하여 외부환경에 관한 중요한 정보를 얻는 활동은? `2024 공인노무사`

① 광고 ② 예측활동 ③ 공중관계(PR)
④ 활동영역 변경 ⑤ 경계연결(boundary spanning)

41 통제 범위(span of control)가 좁아지면 발생할 수 있는 상황에 대한 설명으로 가장 적절하지 않은 것은? `2023 9급 군무원`

① 관리자의 통제는 능률이 오른다. ② 부하의 창의성 발휘가 고도화된다.
③ 관리비가 증대되어 기업 고정비가 증가한다. ④ 상하간의 의사소통이 원활해진다.

42 조직문화의 유형을 구분하는 데 유용한 기법 중 하나로, 카메론(K.S.Cameron)과 퀸(R.E.Quinn)의 경쟁가치 프레임워크(competing vaule framework, CVF)를 기반으로 하는 방법이 있다. 다음 중 이 기법에 의한 조직문화의 형으로 가장 적절하지 않은 것은? `2024 7급 군무원`

① 공식화 (formalized) 조직문화 ② 계층적(hierarchy) 조직문화
③ 에드호크러시(adhocracy) 조직문화 ④ 시장지향적(market) 조직문화

43 조직문화에 관한 설명으로 가장 적절하지 않은 것은? `2024 CPA`

① 협력문화(cooperative culture)는 종업원들과 부서 간의 상호유대를 강하게 유지하는 것을 중시한다.
② 적응문화(adaptive culture)는 종업원들의 유연성과 혁신 추구를 강조한다.
③ 경쟁문화(competitive culture)는 고객에 대한 경쟁이 극심하고 성숙한 시장환경에 처한 조직에 적합하다.
④ 관료문화(bureaucratic culture)는 차별화 전략을 추구하는 조직에 적합하다.
⑤ 조직문화의 구성요소로 공유가치(shared value), 전략, 구조(structure), 시스템, 구성원, 기술(skill), 리더십 스타일 등을 들 수 있다

44 조직구조와 조직문화에 관한 설명으로 가장 적절하지 않은 것은? `2023 CPA`

① 호손(Hawthorne) 실험은 조직내 비공식 조직과 생산성 간의 관계 및 인간관계와 생산성 간의 관계를 설명한다.
② 통제의 범위(span of control)는 한 감독자가 관리해야 하는 부하의 수를 의미한다.
③ 자원기반관점(resource-based view)에서 기업은 경쟁우위를 창출하기 위해서 가치(valuable)있고, 모방불가능(inimitable)하며, 대체불가능(non-substitutable)하고, 유연한(flexible) 자원들을 보유해야 한다.
④ 로렌스와 로쉬(Lawrence & Lorsch)의 연구에 의하면, 기업은 경영환경이 복잡하고 불확실할수록 조직구조를 차별화(differenciation) 한다.
⑤ 홉스테드(Hofstede)의 국가간 문화차이 비교 기준 중 권력간 거리(power distance)는 사회에 존재하는 권력의 불균형에 대해 구성원들이 받아들이는 정도를 의미한다.

45 조직구조 및 조직개발에 관한 설명으로 가장 적절하지 않은 것은? [2023 CPA]

① 레윈(Lewin)의 조직변화 3단계 모델은 해빙(unfreezing) → 변화(changing) → 재결빙(refreezing)이다.
② 베버(Weber)가 주장한 이상적인 관료제(bureaucracy)는 분업, 권한계층, 공식적 채용, 비인간성, 경력지향, 문서화의 특징을 갖고 있다.
③ 페로우(Perrow)는 문제의 분석가능성과 과업다양성이라는 두 가지 차원을 이용하여 부서 수준의 기술을 장인(craft) 기술, 비일상적(nonroutine) 기술, 일상적(routine) 기술, 공학적(engineering) 기술로 구분한다.
④ 민쯔버그(Minzberg)가 제시한 조직의 5대 구성요인은 전략부문(strategic apex), 중간라인부문(middle line), 핵심운영부문(operating core), 기술전문가부문(technostructure), 지원스탭부문(support staff)이다.
⑤ 챈들러(Chandler)가 구조와 전략 간의 관계를 설명하기 위해 제시한 명제는 '전략은 구조를 따른다(strategy follows structure)'이다.

46 조직구조와 조직변화에 관한 설명으로 가장 적절하지 않은 것은? [2022 CPA]

① 조직이 변화하는 외부상황에 적절하고 신속하게 대처하기 위해서는 집권화(centralization)가 필요하다.
② 조직변화(organizational change)는 궁극적으로 조직성과 개선, 능률 극대화, 구성원의 만족도 향상 등을 위한 계획적 변화를 말한다.
③ 기계적 구조는 저원가전략(cost-minimization strategy)을 추구하는 조직에 적합하다.
④ 조직이 경쟁력을 강화하고 경영성과를 높이기 위해서는 조직구조의 조정과 재설계, 새 공유가치와 조직문화의 개발, 직무개선 등의 노력이 필요하다.
⑤ 부문별 구조(divisional structure)는 기능별 구조(functional structure)보다 고객과 시장의 요구에 더 빨리 대응할 수 있다.

47 다음 설명 중 적절한 항목만을 모두 선택한 것은? [2022 CPA]

> a. 집단 간 갈등은 목표의 차이, 지각의 차이, 제한된 자원 등으로 부터 비롯된다.
> b. 기능팀(functional team)은 다양한 부서에 소속되어 있고 상호보완적인 능력을 지닌 구성원들이 모여 특정한 업무를 수행하는 팀을 말한다.
> c. 상동적 태도(stereotyping)는 타인에 대한 평가가 그가 속한 사회적 집단에 대한 지각에 기초하여 이루어지는 것을 말한다.
> d. 구성원의 만족감이 직무수행상의 성취감이나 책임감 등 직무자체에 존재하는 요인을 통해 나타날 때, 이 요인을 외재적 강화요인이라고 한다.

① a, b   ② a, c   ③ a, d   ④ b, c   ⑤ a, c, d

48 다음에서 설명하는 조직이론은? `2022 공인노무사`

- 조직형태는 환경에 의하여 선택되거나 도태될 수 있다.
- 기존 대규모 조직들은 급격한 환경변화에 적응하기 어려워 공룡신세가 되기 쉽다.
- 변화과정은 변이(variation), 선택(selection), 보존(retention)의 단계를 거친다.

① 자원의존 이론 ② 제도화 이론 ③ 학습조직 이론
④ 조직군 생태학 이론 ⑤ 거래비용 이론

49 지속적으로 학습하고 적응하며, 변화하는 역량을 개발하는 조직을 학습조직(learning organization)이라 한다. 다음은 학습조직의 중요한 특징을 조직설계, 정보공유, 조직문화 및 리더십 측면에서 설명한 것들이다. 이 중 가장 옳지 않은 것은?

① 조직구조 측면에서 학습조직은 무경계의 팀 조직 형태를 그 특징으로 하며, 관리자와 팀원 사이에는 명확한 권한-지시 관계가 존재한다.
② 정보공유 측면에서 학습조직은 구조적, 물리적 장벽이 거의 존재하지 않기 때문에, 공개적인 의사소통과 광범위한 정보공유를 그 특징으로 한다.
③ 조직문화 측면에서 학습조직은 구성원들 사이에 공유된 비전이 존재하며, 강한 공통체 의식, 상호 존중 의식, 상호신뢰의 풍토가 조성되어 있다.
④ 리더십 측면에서 학습조직은 리더가 구성원 사이에 공유할 비전을 적극적으로 제시하며, 협동적 분위기를 유도하고 강화시키려고 노력하는 특징을 갖는다.

기 출 로 접 근 하 는　　　객 관 식 경 영 학

PART 3

인적자원관리

Chapter 1
직무관리

Chapter 2
확보 및 개발관리

Chapter 3
평가 및 보상관리

Chapter 4
노사관계관리

Chapter 1 직무관리

I | OX문제

1 직무분석을 통해 얻어진 정보는 전반적인 인적자원관리 활동의 기초자료로 활용되며, 직무분석의 결과물로서 직무기술서와 직무 명세서가 작성된다. ☐O ☐X

2 직무기술서는 직무를 수행하는 데 필요한 인적 요건을 중심으로 작성된다. ☐O ☐X

3 직무분석은 분석대상 직무선정 → 직무관련 자료수집 → 직무기술서와 직무명세서 작성의 순서로 진행된다. ☐O ☐X

4 직무평가는 직무분석결과를 바탕으로 현 직무의 문제점과 개선방안을 도출해 내는 것을 주목적으로 한다. ☐O ☐X

5 서열법을 사용하여 직무평가를 할 때에는 등급분류 기준을 설정해야 한다. ☐O ☐X

6 요소비교법을 사용하여 직무평가를 할 때, 직무의 평가요소와 기준직무를 선정하는 것이 필요하다. ☐O ☐X

7 집단 내 각 작업자의 직무의 일부분을 타 작업자의 직무와 중복되게 하여 직무의 중복된 부분을 타 작업자와 공동으로 수행하게 되는 직무설계방식을 직무순환이라고 한다. ☐O ☐X

---

1   O
2   X | 직무명세서에 인적수행요건 등이 기재된다. 직무명세서에는 직무수행에 필요한 지식, 기술, 역량, 자격요건이 포함된다.
3   O
4   X | 직무평가는 직무분석결과를 바탕으로 현재 직무의 문제점과 개선방안을 도출해 내는 것을 주목적으로 하는 것이 아니라 명확한 직무분석을 토대로 직무들 간의 공정한 상대적 난이도 및 가치의 측정과정이라고 할 수 있다.
5   X | 분류법(등급법)에 대한 언급임.
6   O
7   X | 직무교차(overlapped workplace)에 대한 설명임.

8 직무충실화(job enrichment)란 아담스의 공정성이론을 모태로 한 설계 방식으로서 과업의 다양성을 증진시키기 위해 직무의 수를 수평적으로 증가시키는 것을 의미한다. ⃞O ⃞X

9 핵크만과 올드햄이 주장한 직무특성 이론(job characteristics theory)에서 핵심직무특성에는 기능 다양성(skill variety), 과업정체성(task identity), 과업중요성(task significance), 직무 독립성(task independence), 피드백(feed back)이 포함된다. ⃞O ⃞X

10 자율적 작업팀(autonomous work team)이란 직무충실화프로그램이 집단수준에서 실시되고 있는 경우에 나타나는 기법으로 팀이 수행하고 있는 작업을 수직적 통합을 통해 심화하는 경우에 적합한 방법이다. ⃞O ⃞X

---

8 X | 직무충실화 설계란 허쯔버그의 2요인이론에 기반을 둔 설계방식으로서 수직적 직무확대를 도모하는 설계 방법이며, 수평적 직무확대는 일반적 직무확대 설계임.
9 X | 직무의 독립성이 아니라 자율성임.
10 O

Ⅱ | 개념정리문제

1 훈련된 직무분석자가 직무수행자를 직접 관찰하는 것으로 생산직이나 기능직과 같은 단순·반복적인 직무분석에 적합한 것은? 2006 한국주택토지공사

① 관찰법　② 면접법　③ 설문지법　④ 작업기록법　⑤ 서베이법

2 다음 중 직무분석에서 파악할 내용으로 알맞지 않은 것은? 2006 국민연금공단

① 직무평가　② 직무내용　③ 작업방법　④ 작업장소

3 다음 중 직무분석의 방법으로 알맞지 않은 것은? 2004 국민연금공단

① 평가요소로 구분하여 각 요소별로 그 중요도에 따른 점수를 준다.
② 직무분석자가 직무수행자를 직접 관찰하여 직무를 분석하는 방법이다.
③ 직무분석자가 직접 직무를 수행함으로써 실증자료를 얻는 방법으로 가장 우수한 방법이나 현실적으로 사용하기 힘들다.
④ 직무의 모든 측면을 파악할 수 있는 질문서를 작성하여 직무수행자로 하여금 기입하도록 하여 직무를 분석하는 방법이다.

4 다음 설명으로 알맞지 않은 것은? 2011 국민연금공단

① 직무명세서는 직무의 인적 요건에 중심을 두고 있다.
② 직무분석의 방법으로는 요소비교법, 관찰법, 면접법 등이 있다.
③ 직무는 작업의 종류와 수준이 유사한 직위들의 집단을 말한다.
④ 직무분석이란 직무에 관련된 정보를 체계적으로 수집·분석·정리하는 과정이다.

5 직무기술서에 포함되는 사항이 아닌 것은? 2016 공인노무사

① 요구되는 지식　② 작업 조건　③ 직무수행의 절차
④ 수행되는 과업　⑤ 직무수행의 방법

6 직무기술서에 포함되는 내용으로 옳지 않은 것은? 2016 가맹거래사

① 직무 수행에 필요한 지식과 기술　② 직무의 구체적인 내용
③ 직무 수행 절차와 방법　④ 직무 수행에 필요한 자원 및 설비
⑤ 직무 수행 환경

7 직무분석에 관한 설명으로 옳지 않은 것은? 〔2012 공인노무사〕

① 직무분석은 직무와 관련된 정보를 수집·정리하는 활동이다.
② 직무분석을 통해 얻어진 정보는 전반적인 인적자원관리 활동의 기초자료로 활용된다.
③ 직무분석을 통해 직무기술서와 직무명세서가 작성된다.
④ 직무기술서는 직무를 수행하는 데 필요한 인적요건을 중심으로 작성된다.
⑤ 직무평가는 직무분석을 기초로 이루어진다.

8 직무를 수행하는 데 필요한 기능, 능력, 자격 등 직무수행요건(인적요건)에 초점을 두어 작성한 직무분석의 결과물은? 〔2010 공인노무사〕

① 직무명세서　　　　② 직무평가　　　　③ 직무표준서
④ 직무기술서　　　　⑤ 직무지침서

9 다음 중 직무기술서에 대한 설명으로 알맞은 것은? 〔2005 한국수력원자력〕

① 고용, 훈련, 승진, 전직에 기초자료를 제공한다.
② 직무의 능률화를 목적으로 작성되며 직무내용과 직무요건 중 직무 내용에 더 많은 비중을 둔다.
③ 직무의 능률화를 목적으로 작성되며 직무내용과 직무요건 중 직무 요건에 더 많은 비중을 둔다.
④ 모집과 배치의 적정화, 직무의 능률화를 목적으로 작성되며 직무내용과 직무요건을 동일한 비중을 두고 작성된다.

10 다음 중 직무명세서에 대한 설명으로 옳은 것은? 〔2016 한국수자원공사〕

① 직무명세서는 직무의 인적 요건에 중심을 두고 있다.
② 수행되어야 할 과업에 초점을 두며, 직무내용과 직무요건이 동일한 비중이다.
③ 직무기술서는 직무명세서의 내용을 기초로 하여 정리하였다.
④ 직무의 형태와 책임 상황 등을 명시한 문서로 직무에 관한 개괄적 자료를 제공한다.
⑤ 직무명세서는 직무내용과 직무요건이 동일한 비중으로 한다.

11 다음 중 직무명세서에 대한 설명으로 틀린 것은? 〔2015 국민연금공단〕

① 수행되어야 할 과업에 초점을 두며, 직무내용과 직무요건이 동일한 비중이다.
② 직무 요건인 인적 요건에 큰 비중을 두고 있다.
③ 작업자들의 적성이나 기능 또는 지식과 능력 등이 일정한 양식에 기록되어 있다.
④ 고용이나 훈련, 승진 등에 기초자료가 된다.

12 다음 중 직무명세서에 대한 설명으로 가장 알맞은 것은?

① 주로 과업요건에 초점을 맞추고 있고, 직무내용이나 요건을 상세히 기록하였다.
② 직무분석의 결과에 의거하여 직무수행과 관련된 과업 및 직무수행을 기록하였다.
③ 인적 요건에 중점을 두고 정리하고 기록한 문서이다.
④ 직무분석의 결과를 바탕으로 직무의 내용과 개선점을 기록하였다.

13 직무명세서와 직무기술서의 설명으로 알맞은 것은?

① 직무명세서는 인적 요건에 큰 비중을 두고 있다.
② 직무기술서는 직무수행자나 자격요건을 구체적으로 기술해놓은 문서이다.
③ 직무명세서는 직무내용이나 직무요건이 동일한 비중이다.
④ 직무기술서의 내용에 포함되는 것은 종업원의 행동, 지식, 능력 등이 있다.

14 다음 중 직무평가의 비계량적 방법은?

① 점수법, 분류법
② 점수법, 요소비교법
③ 서열법, 요소비교법
④ 서열법, 분류법

15 다음 중 직무평가의 방법에 관한 설명으로 알맞은 것은?

① 점수법은 전체적·포괄적 관점에서 각각의 직무를 상호 교차하여 순위를 결정한다.
② 서열법은 직무를 구성요소별로 분해한 후 가중점수를 이용하여 직무의 순위를 결정하는 가장 합리적인 방법으로 공장의 기능직 평가에 많이 적용된다.
③ 분류법은 직무를 여러 등급으로 분류해서 포괄적으로 평가하여 강제적으로 배정하는 방법이다.
④ 요소비교법은 기준직무를 미리 정하고 기준직무의 평가요소와 각 직무의 평가요소를 비교하여 직무의 순위를 결정하는 방법으로 상이한 직무에는 적용하지 못한다.

16 다음 보기에 있는 설명으로 알맞은 것은?

> 기준 직무를 미리 정해놓고 각 직무의 평가요소와 기준직무의 평가요소를 비교, 분석하는 직무 평가방법 중 하나.

① 서열법　② 분류법　③ 점수법　④ 요소비교법　⑤ 관찰법

17 조직 내 직무 간의 상대적 가치를 평가하는 직무평가 요소가 아닌 것은?

① 지식　② 숙련　③ 경험　④ 노력　⑤ 성과

18 전통적 직무설계와 관련 없는 것은? 2021 공인노무사

① 분업   ② 과학적 관리   ③ 전문화
④ 표준화   ⑤ 직무순환

19 다음 중 직무설계에 대한 설명으로 알맞은 것은? 2009 SH공사

① 개인목표와 만족은 전혀 고려하지 않는다.
② 직무 확대란 직무의 다양성을 증대시키기 위해 직무를 수직적으로 확대시키는 방안을 말한다.
③ 유연시간근무제는 근무시간의 유연함이 종업원의 나태함으로 이어져 근무 중 생산성이 떨어질 수 있다.
④ 직무 순환이 가능하려면 작업자가 수행하는 직무끼리 상호 교환이 가능해야 하고 작업 흐름에 있어서 커다란 작업 중단 없이 직무 간의 원활한 교대가 전제되어야 한다.

20 다음 중 직무 순환에 대한 설명으로 알맞지 않은 것은? 2014 국민연금공단

① 직무에 지루함을 느낄 수 있다.
② 조직 구성이 돌아가면서 여러 가지 직무를 수행하는 것을 말한다.
③ 직무 순환이 가능하려면 작업자가 수행하는 직무까지 상호 교환이 가능해야 한다.
④ 직무 순환은 조직 구성원의 작업 활동을 다양화함으로써 지루함이나 싫증을 감소시켜준다는 장점이 있다.

21 다음 중 직무설계와 관련된 내용으로 알맞은 것은? 2011 국민연금공단

① 직무설계는 직무기술서를 작성하는 데 도움을 준다.
② 직무충실화는 동기요인보다는 위생요인에 더 중점을 둔다.
③ 구성원의 작업활동을 다양화하기 위해서 직무 순환은 하지 않는다.
④ 직무확대란 직무의 다양성을 높이기 위해서 직무를 수평적으로 확대시키는 것이다.

22 다음 중 직무설계에 관련된 설명으로 알맞지 않은 것은? 2006 근로복지공단

① 통합적 작업팀은 직무확대를 집단수준에 적용한 직무설계방법이다.
② 직무순환이 가능하려면 서로 상호 교환이 가능해야 한다.
③ 직무확대는 직무의 다양성을 증대시켜 단조로움을 없앤다.
④ 직무충실화는 개인차를 인정하며 직무가 동기요인보다는 위생요인을 충족시키도록 재구성되어야 한다는 이론이다.

23 다음 중 직무충실화에 대한 내용으로 알맞은 것은?

① 높은 수준의 지식과 기술이 요구되지 않는다.
② 직무충실화는 수평적으로 직무의 수를 늘린다.
③ 성취욕구가 강한 사람에게는 맞지 않는 방법이다.
④ 직무충실화는 직무성과가 경제적 보상에 달려 있다는 전제하에 움직인다.
⑤ 직무충실화로 인하여 작업 생활의 질에서 품질향상과 사기 향상을 가져올 수 있다.

24 다음 중 직무충실화에 대한 설명으로 알맞은 것은?

a. 허즈버그의 2요인에 기초한 수직적 직무확대
b. 반복적인 업무의 단조로움과 지루함을 줄일 수 있다.
c. 높은 수준의 지식과 기술이 필요하다.
d. 직무설계의 전통적 접근방법이다.

① a, b   ② a, c   ③ a, d   ④ b, c   ⑤ a, c, d

25 상사의 의사결정이나 계획 및 통제의 권한을 위양하여 부하의 재량권과 자율성을 강화하는 직무설계 방식은?

① 직무확대   ② 직무세분화   ③ 직무충실화
④ 직무전문화   ⑤ 직무특성화

26 핵크만(Hackman)과 올드햄(Oldham)의 직무특성이론 중 직무에 대한 의미감과 관련이 없는 요소는?

① 기술다양성   ② 직무정체성   ③ 자율성   ④ 직무 중요성

27 직무특성이론의 직무특성이 아닌 것은?

① 기술다양성   ② 과업정체성   ③ 동기부여 점수   ④ 피드백

28 직무특성모형(job characteristics model)의 핵심직무차원에 포함되지 않는 것은?

① 성장욕구 강도(growth need strength)   ② 과업정체성(task identity)
③ 과업 중요성 (task significance)   ④ 자율성(autonomy)
⑤ 피드백(feedback)

29 핵크맨 (Hackman) 과 올드햄 (Oldham)이 제시한 직무특성모형에서 핵심직무차원에 해당하는 것만을 모두 고른 것은?   <small>2017 7급 감사직</small>

| ㄱ. 기술 다양성 | ㄴ. 과업 표준성 | ㄷ. 과업 정체성 |
| ㄹ. 과업 중요성 | ㅁ. 과업 교차성 | ㅂ. 자율성·피드백 |

① ㄱ, ㄴ, ㄷ, ㄹ   ② ㄱ, ㄷ, ㄹ, ㅂ
③ ㄴ, ㄷ, ㄹ, ㅁ   ④ ㄴ, ㄹ, ㅁ, ㅂ

30 다음 설명에 해당하는 직무설계는?   <small>2017 공인노무사</small>

- 직무성과가 경제적 보상보다는 개인의 심리적 만족에 있다고 전제한다.
- 종업원에게 직무의 정체성과 중요성을 높여주고 일의 보람과 성취감을 느끼게 한다.
- 종업원에게 많은 자율성과 책임을 부여하여 직무경험의 기회를 제공한다.

① 직무 순환   ② 직무 전문화   ③ 직무 특성화
④ 수평적 직무확대   ⑤ 직무 충실화

31 다음 중 직무설계(job design)에 대한 설명으로 알맞지 않은 것은?   <small>2009 국민연금공단</small>

① 직무특성이론을 발전시킨 것이 직무충실화이론이다.
② 직무확대는 수평적 직무확대이고 직무충실화는 수직적 직무확대이다.
③ 직무확대는 작업자의 직무를 다양하게 해서 권태감이나 단조로움을 줄이고자 하는 것에 목적이 있다.
④ 직무순환이란 종업원을 현재의 직무와는 다른 성격의 직무로 이동시키는 것이다.

32 직무관리 방법이 아닌 것은?   <small>2015 가맹거래사</small>

① 테일러(Taylor)와 길브레쓰(Gilbreth)의 시간과 동작연구
② 파인(Fine) & 크론쇼(Cronshaw)의 기능적 직무분석법
③ 미공군(USAF)의 과업목록법
④ 와이트(White)의 인적자원개발
⑤ 플래너건(Flanagan)의 중요사건법

33 다음 중 직무(job)의 특성에 대한 설명으로 가장 적절하지 않은 것은? 2024 7급 군무원

① 기업조직의 목표달성을 위해 필요한 일들이 완성되어야 하는데 이를 관리 관리할 목적으로 직무가 만들어진다.
② 직무를 관리자 주관에 따라 마음대로 정하는 것이 아니고 기업 전체의 조직차원에서 정의되고 통용되어야 한다.
③ 직무는 그 수행자가 누구인가에 관계없이 독립적으로 정해지고 기술되어 있다.
④ 직무의 내용과 범위 등은 기업 내외부의 요구에 따라 수시로 변경된다.

34 직무(job)에 대한 설명으로 가장 적절하지 않은 것은? 2023 7급 군무원

① 직무분석(job analysis)의 결과는 직원의 선발, 배치, 교육, 평가의 기초 자료로 사용된다.
② 직무기술서(job description)에는 직무의 명칭, 내용, 수행 절차, 작업조건 등이 기록된다.
③ 직무명세서(job specification)에는 해당 직무를 수행하는 사람이 갖추어야 할 자격 요건이 기록된다.
④ 직무기술서와 직무명세서를 토대로 직무분석을 실시한다.

35 다음 특성에 부합하는 직무평가 방법으로 옳은 것은? 2024 공인노무사

- 비계량적 평가
- 직무 전체를 포괄적으로 평가
- 직무와 직무를 상호 비교하여 평가

① 서열법   ② 등급법   ③ 점수법   ④ 분류법   ⑤ 요소비교법

Ⅲ 심화문제

1 기업이나 어떤 조직에 있어서 각 직무가 지니는 상대적 가치를 결정하는 과정을 직무평가라고 한다. 다음 가운데 일반적인 직무평가의 방법에 속하지 않는 것은? `1989 CPA`

① 서열법　② 요소비교법　③ 분류법　④ 대조법　⑤ 점수법

2 직무분석은 특정 직무의 내용과 성질을 체계적으로 조사·연구하여 조직에서의 인사관리에 필요한 직무정보를 제공하는 과정을 말한다. 직무분석의 방법에 관한 다음 설명 중에서 바르지 못한 것은? `1991 CPA`

① 직무분석자가 직무정보를 얻는 가장 좋은 방법은 그 자신이 직접 업무를 수행해 보는 경험법이다.
② 가장 보편적인 방법은 실제로 그 직무에 종사하는 사람의 직무수행상태 및 과정을 분석자가 관찰하여 정보를 수집·정리하는 관찰법이다.
③ 직무수행기간이 길어 관찰법을 사용할 수 없는 경우에는 직무담당자와의 대화를 통해 그로부터 직접 직무정보를 얻을 수 있는 면접법을 사용하면 편리하다.
④ 면접담당자가 필요없고 시간과 노력이 많이 절약되며 해석상의 차이로 인한 오해가 발생할 우려가 가장 작은 것이 질문서 방법이다.
⑤ 직무활동을 과학적으로 파악하기 위하여 전문적·기술적인 방법을 사용하여 측정하는 것은 실험법이다.

3 직무분석의 결과 작성되는 직무기술서에 포함되는 내용으로 적절하지 않은 것은? `1993 CPA`

① 직무의 요건　② 직무의 명칭　③ 직무의 내용
④ 직무의 개요　⑤ 직무와 직무의 비교

4 직무분석에 관한 설명으로 가장 적절하지 않은 것은? `2021 CPA`

① 직무분석(job analysis)은 직무의 내용, 맥락, 인적 요건 등에 관한 정보를 수집하고 분석하는 체계적인 방법을 말한다.
② 직무설계(job design)는 업무가 수행되는 방식과 주어진 직무에서 요구되는 과업들을 정의하는 과정을 말한다.
③ 성과기준(performance standard)은 종업원의 성과에 대한 기대 수준을 말하며 일반적으로 직무명세서로부터 직접 도출된다.
④ 원격근무(telework)는 본질적으로 교통, 자동차 매연, 과잉 건축 등으로 야기되는 문제들을 해결한다는 장점이 있다.
⑤ 직무공유(job sharing)는 일반적으로 두 명의 종업원이 하나의 정규직 업무를 수행하는 일정관리 방식을 말한다.

5 직무평가방법 중의 하나인 점수법에 관한 설명으로 옳지 않은 것은? `1994 CPA`

① 평가의 대상이 되는 직무상호 간의 여러 가지 요소를 가려내어 각 요소의 척도에 따라 직무를 평가하는 방법이다.
② 다른 평가방법에 비해 판단의 과오를 최소화할 수 있다.
③ 직무요소가 증가하고 등급이 다양화되면 합리적인 점수배정이 어렵다.
④ 유사한 직무 간의 상대적 가치를 쉽게 결정할 수 있다.
⑤ 제도 개발에 많은 시간과 비용을 필요로 한다.

6 직무충실화에 대한 다음의 설명 중 옳지 않은 것은? `1998 CPA`

① 직무의 기술수준이 높고 과업종류도 다양하며, 개인에게 자율성이 많이 부여될수록 높은 성과를 얻을 수 있다.
② 사회기술적 접근방법이다.
③ 매슬로우의 욕구단계이론, 허즈버그의 2요인이론 등이 이론적 기반이 되고 있다.
④ 직무수행에 있어 개인 간의 차이를 무시한다.
⑤ 직무가 보다 다양하고 흥미있도록 하고, 직무만족도를 높이기 위하여 수행해야 할 업무와 기술의 수를 증대시킨 것이다.

7 다음 중 직무특성모델의 핵심직무특성(core job characteristics)과 가장 거리가 먼 것은? `2000 CPA`

① 기능다양성(skill variety)
② 과업정체성(task identity)
③ 과업의존성(task dependence)
④ 자율성(autonomy)
⑤ 피드백(feedback)

8 직무와 관련된 서술 중 가장 적절한 것은? `2004 CPA`

① 직무 충실화(job enrichment)는 전문화된 단일과업을 수평적으로 확대하여 과업의 수를 늘리는 것인 반면, 직무 확대(job enlargement)는 종업원의 직무를 수직적으로 확대하여 직무의 책임을 증가시키는 것이다.
② 직무 평가(job evaluation)는 수행업무 분석과 수행요건 분석을 통해 누가 어떤 직무를 해야하는가에 대한 평가이다.
③ 직무 분석의 기법에는 과업 목록법(task inventory analysis), 중요사건 기록법(critical incidents technique), 자유기술법(essay appraisal), 행동기준 고과법(behaviorally anchored rating scales)이 있다.
④ 직무명세서(job specification)에는 교육 경험, 지적 능력과 지식, 직무 경험, 업무 기술(skill)이 명시되는데 비해 직무기술서(job description)는 직무의 명칭, 직무개요, 직무의무와 책임이 명시된다.
⑤ 핵크먼과 올드햄(Hackman & Oldham)의 직무특성모형을 보면 과업의 다양성, 기술의 중요성, 과업의 자율성, 정체성 및 피드백의 다섯 개 요인과 개인의 성장 욕구와 존재 욕구의 강도에 의해 동기부여가 된다고 한다.

9 직무평가(job evaluation)에 관한 설명으로 가장 적절한 것은? [2005 CPA]

① 직무평가의 목적은 조직에 필요한 직무인지 여부를 평가하고 개선점을 찾아내는 것이다.
② 직무급 도입을 위한 핵심적인 과정이다.
③ 직무수행에 필요한 인적 요건에 관한 정보를 구체적으로 기록한 것이 직무기술서이다.
④ 서열법은 직무를 세부 요소로 구분하여 직무들의 상대적 가치를 판단한다.
⑤ 사전에 등급이나 기준을 만들고 그에 맞게 직무를 판정하는 방법을 요소비교법이라고 한다.

10 핵크만(Hackman)과 올드햄(Oldham)의 직무특성이론(job characteristics theory)에 대한 설명으로 가장 적절하지 않은 것은? [2005 CPA]

① 직무설계를 할 때 작업자의 성장욕구를 고려해야 한다.
② 직무성과를 내는 데 있어서 작업자의 심리상태가 중요한 요소라는 점을 강조하고 있다.
③ 과업중요성(task significance)이란 조직 내·외부에 있는 다른 사람의 작업이나 생활에 미치는 영향의 정도를 의미한다.
④ 과업정체성(task identity)이란 직무수행 방법과 직무수행에 필요한 능력이 명확하게 정의된 정도를 의미한다.
⑤ 직무충실화(job enrichment) 개념을 응용하고 있다.

11 직무분석과 직무설계에 대한 다음의 설명 중 가장 적절하지 않은 것은? [2007 CPA]

① 직무순환, 직무확대, 직무충실화는 개인수준에서의 직무재설계방법이다.
② 작업자의 직무범위가 넓어짐에 따라 인력배치의 폭도 넓어질 수 있다.
③ 한 작업자가 수행하는 과업의 수를 늘리고 의사결정과 관련된 권한과 직무의 책임을 증가시키는 것을 수평적 직무확대라고 한다.
④ 직무분석에서 정리된 자료는 직무기술서와 직무명세서를 작성하는데 사용되고 직무평가의 기본 자료로도 사용된다.
⑤ 직무분석에서 관찰법은 직무분석자가 작업자의 직무수행을 관찰하고 직무내용, 직무수행방법, 작업조건 등 필요한 자료를 기재하는 방법으로, 특히 육체적 활동과 같이 관찰 가능한 직무에 적절히 사용될 수 있다.

12 직무충실화에 대한 설명으로 옳지 않은 것은? [2007 CPA]

① 허쯔버그의 2요인이론에 바탕을 두고 있는데, 위생요인은 직무충실화에 긍정적인 기여를 하지 못한다.
② 직무충실화를 성공시키기 위한 직무의 요건으로는 variety, task significance, task identity, feedback 등이 있다.
③ 성취감, 인정감 등을 위해 직무를 재구성하여 직무를 기름지게 만드는(enrich) 것이다.
④ 수직적으로 직무를 늘리는 것이 아니라 수평적으로 직무의 수를 늘리는 것이다.
⑤ 능력이 충분하고 성취욕구가 강한 사람에게 적합한 모티베이션의 기법이다.

13 핵크맨(R. J. Hackman)과 올드햄(G. R. Oldham)의 직무특성이론(job characteristics theory)에서 5대 핵심 직무특성과 직무수행자의 심리적 상태에 관한 설명으로 다음 중 가장 적절한 것은? 2008 CPA

① 기술다양성(skill variety)은 업무수행에 요구되는 기술이 얼마나 여러가지인가를 뜻하며, 다양성이 높은 직무에서 수행자는 책임감(responsibility)을 느끼게 된다.
② 과업정체성(task identity)은 업무내용이 시작부터 끝까지 전체에 관한 것인지 아니면 일부에만 관여하도록 되어있는지에 관한 것으로, 정체성이 높은 직무에서 수행자는 수행결과에 대한 지식을 얻게 된다.
③ 과업중요성(task significance)은 수행업무가 조직 내·외에서 타인의 삶과 일에 얼마나 큰 영향을 미치는가에 관한 것으로, 중요성이 큰 직무에서 수행자는 업무에 대한 의미성(meaningness)을 느끼게 된다.
④ 자율성(autonomy)은 업무수행에서 개인에게 부여된 자유와 재량권 정도로서, 자율성이 큰 직무에서 수행자는 업무에 대한 의미성(meaningness)을 느끼게 된다.
⑤ 피드백(feedback)은 업무자체가 주는 수행성과에 대한 정보의 유무를 뜻하며, 수행자가 인지하는 상황의 불확실성을 가중시킨다.

14 직무평가(job evaluation)와 관련된 서술 중 가장 적절한 것은? 2009 CPA

① 직무평가를 통하여 직무의 절대적 가치를 산출한다.
② 직무평가는 현재의 직무 수행방식의 장점과 단점을 평가하는 과정이다.
③ 서열법은 직무의 수가 많고 직무의 내용이 복잡한 경우에 적절한 평가방법이다.
④ 분류법은 핵심이 되는 몇 개의 기준 직무를 선정하고, 평가하고자 하는 직무의 평가요소를 기준 직무의 평가요소와 비교하는 방법이다.
⑤ 직무기술서와 직무명세서를 활용하며, 직무평가의 결과는 직무급 산정의 기초자료가 된다.

15 직무와 관련한 다음의 설명 중 가장 적절하지 않은 것은? 2010 CPA

① 직무평가(job evaluation)는 직무급 도입에 도움이 되며, 직무들의 상대적 가치를 평가하는 활동이다.
② 직무충실화(job enrichment)는 작업자가 수행하는 직무의 의사결정 권한과 책임을 증가시키는 것을 포함한다.
③ 직무분석(job analysis)은 직무를 구성하는 과업을 구체화하고 직무 수행에 요구되는 사항에 대한 정보를 수집 정리하는 활동이다.
④ 직무확대(job enlargement)는 과업의 다양성을 증진시키기 위해 직무의 범위를 수직적으로 확대하는 것이다.
⑤ 핵크맨(Hackman)과 올드햄(Oldham)의 직무특성이론에서 5대 핵심직무특성에는 과업정체성(task identity)과 과업중요성(task significance)이 포함된다.

16 직무관리에 관한 설명으로 가장 적절하지 않은 것은?　2012 CPA

① 직무분석은 분석대상 직무선정 → 직무 관련 자료수집 → 직무기술서와 직무명세서 작성의 순서로 진행된다.
② 직무명세서에는 직무수행에 필요한 지식, 기술, 역량, 자격요건이 포함된다.
③ 직무평가는 직무분석결과를 바탕으로 현재 직무의 문제점과 개선방안을 도출해 내는 것을 주목적으로 한다.
④ 직무재설계 방법인 직무 확대(job enlargement)는 수평적 측면에서 작업의 수를 증가시키는 것을 의미한다.
⑤ 직무평가방법인 서열법은 직무의 상대적 중요도를 평가하는 방법으로 직무수가 적은 소규모 조직에 적합하다.

17 직무관리에 관한 다음 설명 중 가장 적절한 것은?　2013 CPA

① 핵크만(Hackman)과 올드햄(Oldham)의 직무특성이론에 의하면, 핵심직무 특성에는 기능다양성(skill variety), 과업완결성(task identity), 과업중요성(task significance), 자율성(autonomy), 성장욕구(growth and need strength)가 포함된다.
② 핵크만(Hackman)과 올드햄(Oldham)의 직무특성이론에 의하면, 과업중요성이 높은 직무를 수행할수록 직무에 대한 책임감을 많이 느끼게 된다.
③ 직무충실화(job enrichment)는 재량권과 책임은 변화시키지 않고, 수행하는 작업의 종류만 증가시키는 직무재설계 방법이다.
④ 요소비교법(Factor Comparison Method)은 기준 직무를 선정하고, 평가하려는 직무의 평가요소를 기준 직무의 평가요소와 비교하는 직무평가방법이다.
⑤ 서열법(Ranking Method)은 직무의 수가 많을 때, 시간과 비용을 절약하기 위해 도입하는 직무평가방법이다.

18 핵크만(Hackman)과 올드햄(Oldham)이 주장한 직무특성이론(job characteristics theory)에 관한 설명으로 가장 적절하지 않은 것은?　2014 CPA

① 과업정체성(task identity)이란 업무수행 방법이나 절차가 명확하고 체계적으로 정리되어 있는 정도를 의미한다.
② 결과변수에는 작업의 질, 만족도, 이직율, 결근율이 포함된다.
③ 성장욕구가 강한 사람에게는 과업중요성(task significance)과 과업정체성(task identity)이 높은 직무가 적합하다.
④ 성장욕구가 강한 사람은 자율성(autonomy)이 많은 직무를 수행할수록 직무에 대한 책임감을 더 많이 경험하게 된다.
⑤ 중요 심리상태에는 작업의 의미에 대한 경험과 직무수행 결과에 대한 지식이 포함된다.

19 직무관리에 관한 설명으로 가장 적절한 것은? `2015 CPA`

① 요소비교법을 사용하여 직무평가를 할 때, 직무의 평가요소와 기준직무를 선정하는 것이 필요하다.
② 핵크만과 올드햄이 주장한 직무특성 이론(job characteristics theory)에서 핵심직무특성에는 기능 다양성(skill variety), 과업정체성(task identity), 과업중요성(task significance), 직무 독립성(task independence), 피드백 (feedback)이 포함된다.
③ 직무 충실화(job enrichment)란 과업의 다양성을 증진시키기 위해 직무의 수를 증가시키는 것을 의미한다.
④ 서열법을 사용하여 직무평가를 할 때에는 등급분류 기준을 설정해야 한다.
⑤ 핵크만과 올드햄의 직무특성이론에서 중요심리상태에는 작업에 대한 만족감, 작업결과에 대한 책임감, 직무수행 결과에 대한 지식이 포함된다.

20 직무평가(job evaluation) 방법으로 가장 적절한 것은? `2016 CPA`

① 요소비교법(factor comparison method)
② 강제할당법(forced distribution method)
③ 중요사건기술법(critical incident method)
④ 행동기준평가법(behaviorally anchored rating scale)
⑤ 체크리스트법(check list method)

21 직무설계에서 핵크만(Hackman)과 올드햄(Oldham)의 직무특성이론에 관한 설명으로 가장 적절하지 않은 것은? `2018 CPA`

① 다양한 기술이 필요하도록 직무를 설계함으로써, 직무수행자가 해당 직무에서 의미감을 경험하게 한다.
② 자율성을 부여함으로써, 직무수행자가 해당 직무에서 책임감을 경험하게 한다.
③ 도전적인 목표를 제시함으로써, 직무수행자가 해당 직무에서 성장욕구와 성취감을 경험하게 한다.
④ 직무수행과정에서 피드백을 제공함으로써, 직무수행자가 해당 직무에서 직무수행 결과에 대한 지식을 가지게 한다.
⑤ 과업의 중요성을 높여줌으로써, 직무수행자가 해당 직무에서 의미감을 경험하게 한다.

22 직무에 관한 설명으로 가장 적절한 것은? `2019 CPA`

① 직무기술서(job description)와 직무명세서(job specification)는 직무분석(job analysis)의 결과물이다.
② 직무분석방법에는 분류법, 요소비교법, 점수법, 서열법 등이 있다.
③ 직무기술서는 해당 직무를 수행하기 위해 필요한 지식, 기술, 능력 등을 기술하고 있다.
④ 직무평가(job evaluation)방법에는 관찰법, 질문지법, 중요사건법, 면접법 등이 있다.
⑤ 수행하는 과업의 수와 다양성을 증가시키는 수평적 직무확대를 직무충실화(job enrichment)라 한다.

23 직무분석에 관한 설명으로 옳은 것은? [2022 공인노무사]

① 직무의 내용을 체계적으로 정리하여 직무명세서를 작성한다.
② 직무수행자에게 요구되는 자격요건을 정리하여 직무기술서를 작성한다.
③ 직무분석과 인력확보를 연계하는 것은 타당하지 않다.
④ 직무분석은 작업장의 안전사고 예방에 도움이 된다.
⑤ 직무분석은 직무평가 결과를 토대로 실시한다.

24 다음 중 직무설계에 관한 설명으로 가장 적절한 것은? [2024 9급 군무원]

① 기계적 접근은 경제학 중 행동경제학 근간을 두고 있다.
② 동기부여적 접근은 심리학 중 임상심리학에 기반을 두고 있다.
③ 지각-운동적 접근은 사람들이 정신적인 능력과 한계를 초과하지 않는 수준에서 직무설계를 하는 것이다.
④ 생물학적 접근은 조명이나 공기, 장소와 작업시간보다 작업 자체에 관심을 기울인다.

25 다음 직무평가(Job Evaluation)의 방법 중에서 점수법에 대한 설명으로 가장 옳은 것은? [2022 7급 군무원]

① 평가자가 포괄적인 지식을 사용하여 직무 전체를 서로 비교해서 순위를 결정한다.
② 직무를 여러 평가요소로 분리하여 그 평가 요소에 가중치(중요도) 및 일정 점수를 배분한 뒤, 각 직무의 가치를 점수로 환산하여 상대적 가치를 평가하는 방법이다.
③ 사전에 직무에 대한 등급을 미리 정해 놓고 각 등급을 설명하는 서술을 준비한 다음, 각 직무가 어느 등급에 속하는지 분류하는 방법이다.
④ 여러 직무들을 전체적으로 비교하여 직무들 간의 서열을 결정하고, 기준직무의 내용이 변하면 전체 직무를 다시 재평가한다.

Chapter 2 확보 및 개발관리

I | OX문제

1 델파이 기법(Delphi method)은 인력의 수요예측기법으로서 관련 전문가들을 구성원들이 직접 대면하지 않고 비대면 방식으로 서면의견을 받아 취합 정리한 다음 재교부 후 수정 의견을 받는 방식으로 전문가들을 활용한 상향식 인력의 수요예측 의사결정 방법이다. ○ⅹ

2 서로 다른 분야에 종사하고 있는 사람들을 명목상의 집단으로 간주하고 그들로부터 자유로운 아이디어를 받되 문서로 받음으로써 문제의 답에 대한 익명성을 보장하고 반대논쟁을 극소화하는 방식의 양적 인력수요예측방법을 명목집단법이라고 한다. ○ⅹ

3 인력에 대한 질적 수요예측방법 중에서 자격요건분석법은 불확실한 경영환경에 대비하여, 현재 직무에 대한 직무기술서 및 직무명세서를 바탕으로 미래 자격요건 변화를 예측하는 방법이다. ○ⅹ

4 마코프체인 기법(Markov chain method)은 미래의 특정 시점에 종업원의 이동에 관해 전이확률행렬을 이용하여 인력의 수요량을 예측하는 기법으로 경영환경이 급격히 변화하는 경우에는 적합하지 않다. ○ⅹ

5 기능목록(skill inventory)이란 인력의 공급예측기법으로서 인적자원의 필요에 대비하여 기업의 현재 인적자원의 이용가능성을 평가하기 위하여 만들어진 종업원의 기본적인 정보를 입력한 데이터베이스를 의미하며 여기에는 종업원 개인의 학력, 직무 경험, 기능, 자격증, 교육훈련 경험이 포함된다. ○ⅹ

6 패널면접(위원회 면접)은 복수의 피면접자가 있는 형태로서 각 집단별로 과제를 토론하게 하고 면접자가 이를 관찰함으로서 개인적인 적격 여부를 판정하는 방법. 시간을 절약할 수 있음. ○ⅹ

7 표준화된 질문을 통한 면접은 구조화 면접이며, 비구조화 면접은 자유질문으로 구성된 면접임. ○ⅹ

---

1 X | 하향식 방식에 해당한다고 볼 수 있다.
2 X | 명목집단법은 인력에 대한 질적 수요예측방법에 해당한다.
3 X | 자격요건 분석법은 안정적 환경 하에서의 수요예측방법이며, 가변적인 미래에 발생할 경영환경의 변화를 고려하여 전문가 집단 또는 예측프로그램 팀이 예측하는 방법은 시나리오 기법이다.
4 O
5 O
6 X | 집단면접에 대한 설명임. 패널 또는 위원회 면접은 3명 이상의 면접자와 1명의 피면접자가 있는 형태의 면접 방식이다.
7 O

8 선발도구의 내적 일관성(internal consistency) 측정방법 중 크론바하 알파(Cronbach's alpha)법은 하나의 평가표를 임의로(예를 들면, 짝수 문항과 홀수 문항) 둘로 나누어 각각 측정한 다음, 두 평가표의 전체 점수 간의 상관관계를 계산하여 내적 일관성을 측정하는 방법이다. O · X

9 선발도구의 타당성 측정방법에는 시험 재시험법, 대체형식법, 양분법 등이 있다. O · X

10 선발의사결정 오류는 크게 1종 오류와 2종 오류로 구분할 수 있는데, 좋은 성과를 낼 수 없는 사람을 선발할 위험인 1종 오류와 좋은 성과를 낼 수 있는 사람을 선발하지 못할 위험인 제2종 오류로 구분할 수 있다. O · X

11 직무순환은 전환배치의 일종으로서, 직무순환이 전환배치와 구별이 되는 점은 주목적이 다양한 직업 및 직무 경험을 통해서 능력을 개발하기 위함이며, 비교적 단기간에 걸친다는 점이다. O · X

12 연공주의와 능력주의를 종합시킨 것으로서 개인의 지식·능력·기능 등의 잠재능력을 평가하고, 그 장래의 유용성이나 신장도를 평가하여 승진시키는 형태의 승진을 직위 승진이라고 한다. O · X

---

8 X | 반분신뢰도 방법에 대한 설명임. 선발도구의 내적 일관성 측정방법을 정리하며 보면 다음과 같다.
- 항목 점수 간 상관관계의 평균: 측정항목 점수 간 상관관계를 산출하고 각 항목 점수 간 상관관계의 평균을 계산하는 방법
- 전체 점수와 항목 점수 간 상관관계의 평균: 예를 들어, 5개 항목으로 구성된 면접채점의 경우 5개 항목 전체 점수를 구한 뒤 각 항목 점수 간 상관관계의 평균을 계산하는 방법
- 반분 신뢰도(split-half reliability): 하나의 평가표를 임의로(예를 들면, 짝수 문항과 홀수 문항) 둘로 나누어 각각 측정한 다음, 두 평가표의 전체 점수 간의 상관관계를 계산하여 내적 일관성을 측정하는 방법
- 크론바하 알파(Cronbach's alpha): 평가문항에 대하여 조합이 가능한 모든 반분 신뢰도를 계산하여 신뢰도를 추정한 값으로서, 대체로 Cronbach's alpha가 0.7 이상이면 신뢰성이 있는 것으로 간주한다.

9 X | 신뢰성 평가방법임. 타당성 측정방법에는 기준 타당성, 내용 타당성, 구성 타당성 방법이 있으며, 추가로 기준타당성 측정방법에는 현직 종업원에 대한 시험성적과 직무성과를 비교하는 타당성 검사 방법인 동시 타당성(concurrent validity)과 선발시험에 합격한 지원자의 시험 성적과 입사 후의 직무성과를 비교하는 예측 타당성(predictive validity)이 있다.

10 X | 제1종 오류는 좋은 성과를 낼 수 있는 사람을 선발하지 못할 위험이며, 제2종 오류는 좋은 성과를 낼 수 없는 사람을 선발할 위험을 의미한다.

11 O

12 X | 능력자격승진에 대한 설명임. 직위승진은 직무 중심적 능력주의에 입각한 제도로서 보다 높은 직무를 담당하게 될 때 승진시키는 승진방식이다. 참고로 사람중심 연공주의에 입각한 승진제도는 신분자격승진이라고 한다.

기준		• 연공주의: 근무경력에 의한 승진 • 능력주의: 업무수행능력에 의한 승진
유형	신분자격 승진	• 사람 중심적 연공주의에 입각한 제도 • 개인의 근무 연수·학력·연력 등의 요건에 따라 승진시킴
	직위 승진	직무 중심적 능력주의에 입각한 제도로서 보다 높은 직무를 담당하게 될 때 승진시킴
	능력자격 승진	연공주의와 능력주의를 종합시킨 것으로서 개인의 지식·능력·기능 등의 잠재능력을 평가하고 그 장래의 유용성이나 신장도를 평가하여 승진 시킴
	역직 승진	관리체계로서의 직위상의 승진(과장 → 부장 → 공장장 등)
	대용 승진	• 직무상 실질적 변화 없이 직위명칭 또는 자격호칭 등 형식적 승진 • 특성 구성원에 대한 승진의 필요성은 있으나 마땅한 담당직책이 없을 경우
	OC 승진	• 조직 변화를 통해 조직의 직위계층을 늘려 종업원에게 승진의 기회를 확대 • 승진대상에 비해 직위가 부족한 경우

13 효과적인 징계관리와 관련한 뜨거운 난로규칙이란 징계가 즉각적이고, 사전경고, 일관된 징계, 공정한 징계를 통해 그 효과성을 높인다는 원칙임. ☐O ☐X

14 커크패트릭은 교육훈련에 대한 평가는 교육장에서의 반응과 학습 평가 그리고 업무복귀후의 행동과 결과 평가라는 4단계 평가단계설을 주장하였다. ☐O ☐X

15 Blended-Learning이란 e-Learning의 학습성과 극대화를 위해 온-오프라인을 연계하는 교육으로 학습자의 수행성과를 높이기 위해 다양한 교수 설계전략, 미디어 개발방식 등을 적절히 혼합하는 방식이다. ☐O ☐X

16 Action-Learning은 실제 경영 현장에서 경영성과와 직결되는 이슈 혹은 과제를 정해진 시점까지 해결하고, 이를 통해 개인과 조직이 함께 성장할 수 있도록 하는 기법이다. ☐O ☐X

17 E. Schein의 경력 닻(career anchor)모형 중에서 해결하기 어려운 문제나 극복 곤란한 장애를 해결하는 데 주된 관심두는 경력 닻은 기업가 정신닻이라고 한다. ☐O ☐X

18 경력개발기법 중에서 매년 일정 수의 유망한 중간관리자를 후보로 선정하여 사내 프로그램 및 경영자연구소 프로그램에 참여시켜 여러 가지 관리기법들을 배우게 한 후 모든 과정이 끝나면 적합한 후보를 선정하는 프로그램을 중간경력자 쇄신(middle career update)프로그램이라고 한다. ☐O ☐X

---

13 O
14 O
15 O
16 O
17 X | 샤인의 경력닻 모형을 정리하여 보면 다음과 같다.

〈E. Schein의 경력 닻(career anchor) 모형〉
- 전문역량 닻: 일의 실제 내용에 주 관심을 둠. 전문 분야 종사 희망
- 관리역량 닻: 전문영역보다 일반적 관리직에 주목적을 둠. 노력조정, 결과에 대한 책임 및 다른 부서를 잘 통합하는 데 주된 관심을 둠
- 자율성/독립성 닻: 규칙이나 제약에서 벗어나려는 데 관심이 있으며, 자율성 확보에 주 관심을 둠
- 안전·안정 닻: 장기적 경력 안정성이 주 관심임. 안정적이고 예측가능한 일을 선호
- 서비스/헌신 닻: 봉사와 헌신이 주 관심임
- 도전 닻: 해결하기 어려운 문제나 극복 곤란한 장애를 해결하는 데 주된 관심
- 라이프 스타일 통합 닻: 인생의 모든 부분에서 균형을 갖는 것이 주된 관심임
- 기업가 정신 닻: 장애극복 및 위험을 감수하며, 도전 및 창조적인 활동에 주 관심을 둠

18 X | 최고경영자 프로그램(advanced management program ; APM)에 대한 설명임. 중간경력자 쇄신(middle career update)이란 중간경력자들의 진부화된 지식문제를 해결해주기 위하여 중간경력자들에게 최신의 지식 및 기술(컴퓨터, 어학, 최근 개정법규 등)을 습득하게 해주는 프로그램이다.

19 계획적 경력경로화(career path)란 신입사원들을 대상으로 여러 부서들의 경험을 쌓을 수 있게, 그리고 계획적으로 새로운 일을 수행할 수 있게 경력경로를 제시해주는 프로그램이다.   O X

20 경력정체는 승진정체와는 달리 객관적인 직급상승의 정지 외에도 개인이 느끼는 주관적인 것도 포함된다.   O X

| 19 | O |
| 20 | O |

II | 개념정리문제

1 질적 인력수요 예측기법에 해당하지 않는 것은? `2017 공인노무사`

① 브레인스토밍법　　② 명목집단법　　③ 시나리오 기법
④ 자격요건 분석법　　⑤ 노동과학적 기법

2 다음 인력 자원 예측 접근법에 대한 설명 중 옳지 않은 것은? `2018 군무원`

① 하향적 접근법은 주로 인력수요를 예측하는 데 있어 상위 계층의 주도하에 수요를 예측하는 것이다.
② 인적 자원의 조절은 인력의 수급이 일치하지 않을 때 수요 및 공급이 시행된다.
③ 델파이기법은 회귀식을 만들어낸다.
④ 마코브 분석은 공급량을 예측하는 기법이다.

3 다음 중 내부모집의 장점으로 틀린 것은? `2016 전라남도중소기업종합센터`

① 채용비용의 절감효과가 있다.　　② 내부 지원자들의 정확한 평가가 가능하다.
③ 외부모집보다 신속하게 진행될 수 있다.　　④ 내부인들의 사기를 떨어뜨린다.

4 다음 중 내부모집과 외부모집에 대한 내용 중 잘못된 것은? `2014 남양주도시공사`

① 내부모집 시 채용비용의 절감 효과가 있다.
② 내부모집 시 직원들에게 신선한 충격을 줄 수 있다.
③ 외부모집 시 인력개발의 비용을 절감할 수 있다.
④ 외부모집 시 부적격자 채용의 위험을 갖고 있다.

5 종업원 선발을 위한 면접에 관한 설명으로 옳은 것은? `2017 공인노무사`

① 비구조화 면접은 표준화된 질문지를 사용한다.
② 집단 면접의 경우 맥락효과(context effect)가 발생할 수 있다.
③ 면접의 신뢰성과 타당성을 높이기 위해 면접내용 개발 단계에서 면접관이나 경영진을 배제한다.
④ 위원회 면접은 한명의 면접자가 여러 명의 피면접자를 평가하는 방식이다.
⑤ 스트레스 면접은 여러 시기에 걸쳐 여러 사람이 면접하는 방식이다.

6 다음 중 인적자원의 선발 시에 행해지는 면접에 대한 설명 중 알맞지 않은 것은?

① 면접은 종업원의 능력과 동기를 평가하는 과정이다.
② 정형적 면접은 미리 정해놓은 그대로 질문하는 방법이다.
③ 비정형적 면접은 다양한 질문을 하는 방법이다.
④ 집단 면접은 다수의 면접자가 한 명의 피면접자를 평가하는 방법이다.
⑤ 패널면접은 위원회면접이라고도 한다.

7 인력모집과 선발에 관한 설명으로 옳지 않은 것은?

① 사내공모제는 승진기회를 제공함으로써 기존구성원에게 동기부여를 제공한다.
② 클로즈드 숍(closed shop)제도의 경우 신규종업원 모집은 노동조합을 통해서만 가능하다.
③ 집단면접은 다수의 면접자가 한 명의 응모자를 평가하는 방법이다.
④ 외부모집을 통해 조직에 새로운 관점과 시각을 가진 인력을 선발할 수 있다.
⑤ 내부모집방식에서는 모집범위가 제한되고 승진을 위한 과다경쟁이 생길 수 있다.

8 복수의 평가자가 적성검사, 심층면접, 시뮬레이션, 사례연구, 역할연기 등의 평가방법을 활용하여 지원자의 행동을 관찰 및 평가하여 선발하는 방법은?

① 다면평가법(360° appraisal)
② 행동평가법(behavioral observation method)
③ 종합평가제도(assessment center)
④ 패널면접법(panel interview)
⑤ 직무적성평가법(job aptitude appraisal)

9 선발시험 합격자들의 시험성적과 입사 후 일정기간이 지나서 이들이 달성한 직무성과와의 상관관계를 측정하는 지표는?

① 신뢰도
② 대비효과
③ 현재 타당도
④ 내용 타당도
⑤ 예측타당도

10 신뢰성 검사방식에 대한 설명 중 옳지 않은 것은?

① 실시-재실시 검사는 동일한 대상에게 동일한 시험을 시간을 두고 재실시하는 방법이다.
② 양분법은 하나의 검사를 양쪽으로 나누어 측정하는 방법이다.
③ 대체형식법은 같은 시험을 다시 실시하는 방법이다.
④ 복수양식법은 대등한 2개 이상의 측정도구로 동일한 대상을 검사하는 방법이다.

11 구조적 인사관리의 기본영역에 해당하지 않는 것은?

① 예산관리
② 신분관리
③ 평가관리
④ 보수관리
⑤ 직무관리

12 인사적체가 심하여 구성원 사기저하가 발생할 때 명칭만의 형식적 승진이 이루어지는 제도는? `2013 가맹거래사`

① 직계승진　　　② 자격승진　　　③ 조직변화 승진
④ 대용승진　　　⑤ 역직승진

13 인적자원관리의 기본영역과 세부관리활동의 연결이 옳은 것은? `2013 가맹거래사`

① 확보관리 – 경력관리, 이동관리, 승진관리, 교육훈련
② 개발관리 – 인간관계관리, 근로조건관리, 노사관계관리
③ 평가관리 – 직무평가, 인사고과
④ 보상관리 – 계획, 모집, 선발, 배치
⑤ 유지관리 – 임금관리, 복지후생

14 교육훈련의 필요성을 파악하기 위한 일반적인 분석방법이 아닌 것은? `2018 공인노무사`

① 전문가 자문법　　② 역할연기법　　③ 자료조사법
④ 면접법　　　　　⑤ 델파이기법

15 다음 중 교육과 훈련에 관한 설명으로 알맞지 않은 것은? `2006 한국석유공사`

① 교육은 훈련에 비하여 보다 다양한 기초능력의 습득을 가능하게 한다.
② 교육은 개인의 목표를 강조하고, 훈련은 조직의 목표를 강조한다.
③ 두 가지 모두 인간의 변화와 학습이론이 적용된다.
④ 훈련은 비교적 장기적인 목표를 달성하고, 교육은 단기적인 목표달성을 목적으로 한다.

16 OJT(On the Job Training)에 해당하는 것은? `2013 노무사`

① 세미나　　　　　② 사례연구　　　③ 도제식 훈련
④ 시뮬레이션　　　⑤ 역할연기법

17 직장 내 교육훈련(OJT)에 관한 설명으로 가장 옳지 않은 것은?

① 교육훈련 프로그램 설계 시 가장 먼저 해야 할 것은 필요성 분석이다.
② 직장상사와의 관계를 돈독하게 만들 수 있다.
③ 교육훈련이 현실적이고 실제적이다.
④ 많은 종업원들에게 통일된 훈련을 시킬 수 있다.

18 OJT에 대한 설명으로 옳은 것은?   2015 국민연금공단

① 교육 내용이 체계적이다.
② 직접 실무경험을 쌓을 수 있다.
③ 다수의 많은 종업원을 교육시킬 수 있다.
④ 직장 밖에서 실시하는 교육훈련이다.

19 다음 중 OJT에 대한 설명으로 알맞지 않은 것은?   2014 국민연금공단

① 직속상사가 개별 지도한다.
② 특별한 훈련계획을 갖고 있지 않다.
③ 많은 종업원을 훈련시킬 수 없다.
④ 외부에서 전문가를 초빙하여 배운다.

20 다음 중 OJT에 대한 설명으로 틀린 것은?   2013 부산도시공사

① 훈련받은 내용을 바로 활용할 수 있지만 잘못된 관행이 전수될 수 있다.
② 작업 현장에서 직장 상사 또는 직장 선배가 부하직원에게 실무 또는 기능을 교육한다.
③ 현장에서 바로 실무를 학습하고 또한 적용해볼 수 있는 장점이 있다.
④ 훈련이 추상적이지 않고 실용적이지만 다수를 동시에 훈련시킬 수 없는 단점이 있다.
⑤ 부하직원의 실무 능력이 크게 향상되나 작업 시간이 감소되고 경제적 부담이 크다.

21 OJT에 대한 설명으로 적절하지 않은 것은?   2011 한국수력원자력

① 업무와 관련된 실질적인 훈련으로 훈련과 직무가 바로 연결된다.
② 직장의 직속상사가 직무수행관련 교육을 수행한다.
③ 직장 외 교육훈련으로 연수원이나 교육원 등과 같은 곳에서 받는 집합교육을 말하며, 많은 종업원에게 훈련을 시킬 수 있다.
④ 경제적이고 강의장 이동이 필요치 않지만 작업수행에 지장을 받는다.

22 다음 중 OJT에 관한 설명으로 알맞지 않은 것은?   2005 한국토지주택공사

① 훈련과 직무가 바로 연결된다.   ② 업무와 관련된 실질적인 훈련이다.
③ 저비용이며 훈련실시가 용이하다.   ④ 현장에서 즉시 활용할 수 없다.
⑤ 지도자의 높은 자질이 요구된다.

23 Off JT에 대한 설명으로 옳지 않은 것은?   2015 한국남부발전

① 직장 외 교육훈련을 의미한다.   ② 체계적인 교육프로그램에 따라 이루어진다.
③ 다수를 동시에 훈련시킬 수 있다.   ④ 작업장에서 상사에게 1:1로 교육받는다.

24 Off JT와 OJT에 대한 설명으로 틀린 것은?

① Off JT는 체계적인 교육프로그램에 따라 진행되는 것이 아니므로 기존에 사용했던 비효율적인 방식이 그대로 전해질 수 있다.
② Off JT를 실시함으로써 다수 종업원의 통일적 교육이 가능하다.
③ OJT는 한꺼번에 많은 사람들의 동시교육이 불가능하다.
④ OJT는 훈련받은 내용을 바로 현장에서 적용할 수 있는 장점이 있다.

25 OJT(On the Job Training)에 대한 설명으로 옳지 않은 것은?

① 보통 훈련전문가가 담당하기 때문에 훈련의 효과를 믿을 수 있다.
② 피훈련자는 훈련받은 내용을 즉시 활용하여 업무에 반영할 수 있다.
③ 기존의 관행을 피훈련자가 무비판적으로 답습할 가능성이 있다.
④ 훈련자와 피훈련자의 의사소통이 원활해진다.

26 다음 중 경력관리의 목적으로 가장 옳지 않은 것은?

① 인적자원의 효율적인 확보 및 배분
② 효과적인 임금제도의 설계
③ 이직 방지 및 유능한 후계자 양성
④ 종업원의 성취동기 유발

27 CDP(careea development program)에 대한 설명으로 옳지 않은 것은?

① 최고경영자들의 경력과 승진을 관리하는 시스템이다.
② 개인의 성장 및 자아실현 욕구의 충족 필요에 따라 형성된 것이다.
③ 조직구성원이 자신의 능력을 개발해 나가도록 하는 것으로 조직을 활성화시켜 나가는 중요한 수단이다.
④ 경력개발계획이 잘 수행되려면 적재적소배치 원칙이 잘 수행되어야 한다.

28 교육참가자들이 소규모 집단을 구성하여 팀워크로 경영상의 실제 문제를 해결하도록 하여 문제해결과정에 대한 성찰을 통해 학습하게 하는 교육방식은?

① team learning
② organizational learning
③ problem based learning
④ blended learning
⑤ action learning

29 다음 중 직장내 교육훈련(OJT)에 관한 설명으로 가장 적절하지 않은 것은?　　2024 9급 군무원

① 교육훈련 프로그램 설계 시 가장 먼저 해야 할 것은 필요성 분석이다.
② 직장상사와의 친밀감을 제고 할 수 있다.
③ 많은 종업원들에게 통일된 훈련을 시킬 수 있다.
④ 교육훈련이 현실적이고 실제적이다.

30 외부 모집과 비교한 내부 모집의 장점을 모두 고른 것은?　　2024 공인노무사

ㄱ. 승진기회 확대로 종업원 동기 부여　　ㄴ. 지원자에 대한 평가의 정확성 확보
ㄷ. 인력수요에 대한 양적 충족 가능

① ㄱ　　② ㄴ　　③ ㄱ, ㄴ　　④ ㄴ, ㄷ　　⑤ ㄱ, ㄴ, ㄷ

Ⅲ | 심화문제

1 직장 내 훈련(on-the-job training: OJT)에 관한 설명으로 옳지 않은 것은? 2017 가맹거래사

① 훈련이 실무와 연결되어 매우 구체적이다.
② 일을 실제로 수행하면서 학습할 수 있다.
③ 훈련비용을 절감할 수 있다.
④ 업무 우수자가 가장 뛰어난 훈련자이다.
⑤ 훈련자와 피훈련자 간 의사소통이 원활해진다.

2 다음 설명에 해당하는 것은? 2016 공인노무사

> 전환배치 시 해당 종업원의 '능력(적성) – 직무 – 시간'이라는 세 가지 측면을 모두 고려하여 이들 간의 적합성을 극대화시켜야 된다는 원칙

① 연공주의　　② 균형주의　　③ 상향이동주의
④ 인재육성주의　　⑤ 적재적소 적시주의

3 다음 중 인적자원의 모집관련 설명으로 알맞지 않은 것은? 2007 국민연금공단

① 네포티즘(nepotism)이란 가까운 친족들에 의한 외부 인력모집을 말한다.
② 사내게시판이나 사보를 이용하는 직무게시(job posting)는 외부모집이라고 한다.
③ 조직이 내부인력모집에 지나치게 의존하게 되어 조직구성원들이 결국 무능력 수준에 도달할 때까지 승진하게 되어 결국 무능력한 사람들로 구성되어 버리는 원리를 피터의 원리(peter principle)라고 한다.
④ 시스템의 현재의 상황을 분석하여 안정적인 조건하에서 승진, 퇴사, 이동의 일정 비율을 이용하여 단기의 종업원의 변동상황을 예측하는 기법을 마코브 모형이라 한다.

4 모집 방법 중 사내공모제(job posting system)의 특징에 관한 설명으로 옳지 않은 것은? 2019 공인노무사

① 종업원의 상위직급 승진 기회가 제한된다.
② 외부 인력의 영입이 차단되어 조직이 정체될 가능성이 있다.
③ 지원자의 소속부서 상사와의 인간관계가 훼손될 수 있다.
④ 특정부서의 선발 시 연고주의를 고집할 경우 조직 내 파벌이 조성될 수 있다.
⑤ 선발과정에서 여러 번 탈락되었을 때 지원자의 심리적 위축감이 고조된다.

5 샤인(Schein)이 제시한 경력 닻의 내용으로 옳지 않은 것은?   2014 공인노무사

① 전문역량 닻 – 일의 실제 내용에 주된 관심이 있으며 전문분야에 종사하기를 원한다.
② 관리역량 닻 – 특정 전문영역보다 관리직에 주된 관심이 있다.
③ 자율성·독립 닻 – 조직의 규칙과 제약조건에서 벗어나려는 데 주된 관심이 있으며 스스로 결정할 수 있는 경력을 선호한다.
④ 도전 닻 – 해결하기 어려운 문제나 극복 곤란한 장애를 해결하는 데 주된 관심이 있다.
⑤ 기업가 닻 – 타인을 돕는 직업에서 일함으로써 타인의 삶을 향상시키고 사회를 위해 봉사하는 데 주된 관심이 있다.

6 인력선발도구의 평가기준으로는 신뢰성과 타당성이 있다. 다음의 설명 중 적절하지 않은 것은?   2000 CPA

① 신뢰성은 어떤 시험을 동일한 환경에서 동일한 사람이 몇 번 다시 보았을 때 그 결과가 서로 일치하는 정도를 말한다.
② 양분법(split-halves method)과 대체형식법(alternative form method)은 신뢰성 측정방법이다.
③ 예측타당성(predictive validity)은 선발시험 합격자들의 시험성적과 입사 후 그들의 직무성과 간의 상관관계에 의하여 평가된다.
④ 내용타당성(content validity)은 선발도구에 측정하고자 하는 내용이 포함되어 있는 정도를 말한다.
⑤ 동시타당성(concurrent validity)은 선발시험의 예측타당성과 내용타당성을 동시에 검사하는 것이다.

7 인력 모집과 선발에 관한 다음 서술 중 가장 옳지 않은 것은?   2001 CPA

① 이력서와 추천서는 응모자에 대한 배경정보를 얻는 수단이다.
② 성취도검사는 응모자가 이미 가지고 있는 능력을 측정하는 것이다.
③ 집단면접은 다수의 면접자가 한 명의 응모자를 평가하는 방법이다.
④ 클로즈드 숍(closed shop)하에서 신규 종업원 모집은 노동조합을 통해서만 가능하다.
⑤ 비구조화된 면접은 응모자에게 의사표시의 자유를 최대한 주고 질문하는 방법이다.

8 기업의 인력수요 예측에 관한 설명으로 옳지 않은 것은?   2003 CPA

① 시계열분석이나 회귀분석에 의한 양적 인력수요예측은 경영환경의 변화를 반영하기 어렵다.
② 생산성비율분석에 의하여 양적 인력수요예측을 실시할 경우 경험학습에 따른 생산성 증가를 고려함으로써 예측의 정확성을 높일 수 있다.
③ 시나리오기법에 의한 질적 인력수요예측을 실시하기 위해서는 현재의 경영환경과 미래의 환경변화의 요건을 포함하는 구체적인 내용을 제시하는 것이 필요하다.
④ 양적 인력수요예측을 위한 추세분석기법은 과거 인력변화에 영향 요소로 작용했던 환경요소를 찾고 시간에 따른 인력변화 정도를 파악하여 미래 인력수요를 예측하는 것이다.
⑤ 조직환경과 구조가 불안정할 것으로 기대되는 경우에는 자격요건분석에 의한 질적 인력수요 예측이 바람직하다.

9 신입 조직구성원의 조직사회화 과정에 대한 다음의 설명 가운데 옳지 않은 것은? 〔2003 CPA〕

① 조직사회화는 신입 조직구성원이 조직에 진입하는 시점에서 시작된다.
② 조직사회화는 개인과 조직의 심리적 계약을 통해 조직유효성을 향상시킨다.
③ 조직사회화 과정을 거침으로써 신입 조직구성원은 새로운 과업을 학습하고 새로운 대인관계를 형성한다.
④ 조직사회화 과정은 조직과 그 하위부문에서 중요한 것들을 실제로 중요하다고 인식하도록 학습하고 훈련하는 과정이다.
⑤ 조직은 조직사회화 과정을 통해 조직구성원의 업무를 재구성할 수 있다.

10 인력선발과 관련된 서술 중 가장 적절한 것은? 〔2004 CPA〕

① 인력선발의 유용성(utility) 평가는 비용분석과 혜택분석을 통해 이루어질 수 있다.
② 관대화경향(leniency tendency)오류는 특정의 피평가자에게 후한 점수를 주는 평가자의 오류를 의미한다.
③ 중심화경향(central tendency)오류는 피평가자를 평가자 자신의 가치 기준으로 평가하는 오류를 의미한다.
④ 인력선발 도구의 신뢰성(reliability)은 피평가자에 대한 측정결과의 정확성(accuracy)을 의미한다.
⑤ 인력선발에서 같은 지원자에 대해 다른 평가 방법을 사용하더라도 결과가 동등할 경우 선발도구의 타당성(validity)이 높다고 할 수 있다.

11 다음 중 교육 훈련에 관한 적절한 설명이 아닌 것은? 〔2006 CPA〕

① 커크패트릭(Kirkpatrick)은 교육훈련은 반응, 학습, 행동, 결과의 4가지 기준으로 평가하는 것이 필요하다고 주장한다.
② OJT(on the job training)는 훈련받은 내용을 바로 활용할 수 있지만 잘못된 관행이 전수될 가능성이 있다.
③ 액션러닝(action learning)은 현장경험을 중시하는 경험위주의 교육훈련 학습 방법이다.
④ 교육훈련의 프로세스는 크게 필요성분석(수요조사), 계획설계, 실시, 평가의 과정을 거친다.
⑤ 중요사건법(critical incident method)은 직무성과에 영향을 미치는 중요한 상황을 가정하고 시뮬레이션을 통해 훈련시키는 교육방법이다.

12 선발과 모집과 관련한 다음의 설명 중 가장 적절하지 않은 것은? 〔2007 CPA〕

① 사내공모제는 승진기회를 제공함으로써 기존의 구성원에게 동기부여를 제공한다.
② 외부모집으로 조직에 새로운 관점과 시각을 가진 인력을 선발할 수 있다.
③ 내부 인력원천은 외부 인력원천에 비해 비교적 정확한 능력평가가 가능하다.
④ 내부모집 방식에서는 모집범위가 제한되고 승진을 위한 과다경쟁이 생길 수 있다.
⑤ 여러 상황에서도 똑같은 측정결과를 나타내는 일관성을 선발도구의 타당도라고 한다.

13 인력계획 활동에 대한 설명 중 가장 적절하지 않은 것은? <small>2007 CPA</small>

① 인사부문에 대한 계획 활동은 인력확보계획, 인력개발계획, 인력보상계획, 인력유지계획, 인력방출계획을 포함한다.
② 실무부서단위로 부서의 목적달성에 필요한 인력수요를 예측하고 상부에서 종합하는 상향적 접근방법은 인력수요를 과소예측하기 쉽다.
③ 직무분석은 모집, 선발과정에서 자격조건을 명시하고, 필요 인력수요를 파악하는 데 필요하다.
④ 기존인력의 기술목록(skill inventory)에는 기술과 경험, 능력정보, 교육훈련, 인적사항 등이 포함된다.
⑤ 인력개발에 관한 계획 활동에는 종업원의 현재 및 잠재능력의 측정과 종업원의 개발욕구분석, 경력욕구분석을 포함한다.

14 기업에서 필요한 인력의 풀(pool)을 구성하는 방식에는 크게 내부모집(internal recruit)과 외부모집(external recruit)이 있다. 내부모집과 외부모집의 특성에 관한 설명으로 다음 중 가장 적절하지 않은 것은? <small>2008 CPA</small>

① 내부모집은 내부인끼리의 경쟁이라서 선발에 탈락되어도 불만이 적으며 과당경쟁도 거의 없다.
② 내부모집의 경우 이미 지원자들에 대해 많은 정보를 가지고 있어서 정확한 평가와 결정을 내릴 수 있다.
③ 내부모집은 내부인들 개인이 경력개발을 위해 계획을 세우고 실천하도록 함으로써 사내직원 전체의 능력향상을 도모할 수 있다.
④ 외부모집은 외부인이 자기직무에 잘 적응하기까지의 적응 비용과 시간이 많이 든다.
⑤ 외부모집을 통해 기업은 조직 내부의 분위기에 신선한 충격을 줄 수 있다.

15 모집·선발과 관련한 다음의 설명 중 적절하지 않은 항목만으로 구성된 것은? <small>2010 CPA</small>

> a. 사내공모제(job posting)는 조직내부의 구성원에게 희망 직무를 지원할 수 있는 기회를 제공하므로, 기존 조직구성원들의 만족도를 높일 수 있다.
> b. 선발도구의 기준관련타당도(criterion - related validity)는 선발도구들이 실제로 직무성과를 얼마나 잘 예측하는지를 말해 주는 것으로 예측타당도와 미래타당도가 있다.
> c. 기업은 인력을 충원하기 위해 크게 내부모집과 외부모집을 고려할 수 있는데, 내부모집은 조직내부에 새로운 충격을 주기 위해 선택되기도 한다.
> d. 선발도구의 내용타당도(content validity)는 선발시험이나 면접의 내용이 해당 직무를 수행하는데 요구되는 요건들과 얼마나 일관성이 있는지를 나타낸다.
> e. 선발도구의 구성타당도(construct validity)는 해당 선발도구가 측정도구(measurement tool)로서의 적격성을 갖고 있는지를 나타낸다.

① a, d   ② c, e   ③ b, c   ④ b, d   ⑤ c, d

16 인적자원계획, 모집 및 선발에 관한 설명으로 가장 적절하지 않은 것은? `2020 CPA`

① 현실적 직무소개(realistic job preview)란 기업이 모집단계에서 직무 지원자에게 해당 직무에 대해 정확한 정보를 제공하는 것을 말한다.
② 선발시험(selection test)에는 능력검사, 성격검사, 성취도검사 등이 있다.
③ 비구조적 면접(unstructured interview)은 직무기술서를 기초로 질문항목을 미리 준비하여 면접자가 피면접자에게 질문하는 것으로 이러한 면접은 훈련을 받지 않았거나 경험이 없는 면접자도 어려움 없이 면접을 수행할 수 있다는 이점이 있다.
④ 기업의 인력부족 대처방안에는 초과근무 활용, 파견근로 활용, 아웃소싱 등이 있다.
⑤ 외부노동시장에서 지원자를 모집하는 원천(source)에는 광고, 교육기관, 기존 종업원의 추천 등이 있다.

17 인적자원계획 및 평등고용기회에 관한 설명으로 가장 적절하지 않은 것은? `2021 CPA`

① 인적자원계획(human resource planning)은 조직이 전략적 목표를 달성할 수 있도록 사람들의 수요와 가용성을 분석하고 확인하는 과정이다.
② 기업의 인력과잉 대처방안에는 임금의 삭감, 자발적 이직프로그램의 활용, 근로시간 단축 등이 있다.
③ 임금공정성(pay equity)은 실제 성과가 상당히 달라도 임무 수행에 요구되는 지식, 기술, 능력 수준이 유사하면 비슷한 수준의 급여가 지급되어야 한다는 개념이다.
④ 적극적 고용개선조치(affirmative action)는 여성, 소수집단, 장애인에 대해 역사적으로 누적된 차별을 해소하기 위한 적극적인 고용제도이다.
⑤ 고용주는 적법한 장애인에게 평등한 고용기회를 주기 위해 합리적인 편의(reasonable accommodation)를 제공해야 한다.

18 인력계획에 관한 설명으로 가장 적절하지 않은 것은? `2015 CPA`

① 마코프체인 기법에서는 전이확률행렬을 이용하여 인력의 수요량 예측한다.
② 마코프체인 기법은 경영환경이 급격 하게 변할 경우에는 적합하지 않다.
③ 기능목록에는 종업원 개인의 학력, 직무경험, 기능, 자격증, 교육훈련 경험이 포함된다.
④ 델파이 기법은 전문가들이 면 대 면 토론을 통해 인력의 공급량을 예측하는 방법이다.
⑤ 조직의 규모가 급격하게 성장하고, 전략적 변화가 필요할 때에는 외부모집이 적절하다.

19 인사평가 및 선발에 관한 설명으로 가장 적절한 것은?   2016 CPA

① 중심화 경향은 평가자가 피평가자의 중심적인 행동 특질을 가지고 피평가자의 나머지 특질을 평가하는 경향이다.
② 인사평가의 실용성 및 수용성을 파악하기 위해서는 관대화 경향, 중심화 경향, 후광효과, 최근효과, 대비효과를 지표로 측정하여야 한다.
③ 시험-재시험 방법(test-retest method), 내적 일관성(internal consistency) 측정방법, 양분법(split half method)은 선발도구의 신뢰도 측정에 사용되는 방법이다.
④ 신입사원의 입사 시험성적과 입사 후 일정 기간이 지난 후의 직무태도를 비교하여 상관관계를 조사하는 방법은 선발도구의 현재 타당도(concurrent validity)를 조사하는 방법이다.
⑤ 인사평가의 신뢰성은 특정의 평가도구가 얼마나 평가목적을 잘 충족시키느냐에 관한 것이다.

20 종업원 모집 및 선발에 관한 설명 중 가장 적절하지 않은 것은?   2017 CPA

① 선발도구의 타당성이란 선발대상자의 특징을 측정한 결과가 일관성 있게 나타나는 것을 말한다.
② 사내공모제는 지원자가 직무에 대한 잘못된 정보로 인해 회사를 이직할 가능성이 낮은 모집 방법이다.
③ 평가센터법은 비용상의 문제로 하위직보다 주로 상위 관리직 채용에 활용된다.
④ 지원자의 특정 항목에 대한 평가가 다른 항목의 평가 또는 지원자에 대한 전반적 평가에 영향을 주는 것을 후광효과라고 한다.
⑤ 다수의 면접자가 한 명의 피면접자를 평가하는 방식을 패널면접이라고 한다.

21 인사선발 및 인사평가에 관한 설명으로 가장 적절하지 않은 것은?   2018 CPA

① 동일한 피평가자를 반복 평가하여 비슷한 결과가 나타나는 것은 신뢰성(reliability)과 관련이 있다.
② 신입사원의 입사시험 성적과 입사 이후 업무성과의 상관관계를 조사하는 방법은 선발도구의 예측 타당성(predictive validity)과 관련이 있다.
③ 행위기준고과법(BARS: behaviorally anchored rating scales)은 중요사건 기술법과 평정척도법을 응용하여 개발된 인사평가 방법이다.
④ 평가도구가 얼마나 평가목적을 잘 충족시키는가는 타당성(validity)과 관련이 있다.
⑤ 선발 도구의 타당성을 측정하는 방법에는 내적 일관성(internal consistency) 측정방법, 양분법(split half method), 시험 재시험(test-retest) 방법 등이 있다.

22 교육훈련 평가에 관한 커크패트릭(Kirkpatrick)의 4단계 모형에서 제시된 평가로 가장 적절하지 않은 것은?   2019 CPA

① 교육훈련 프로그램에 대한 만족도와 유용성에 대한 개인의 반응평가
② 교육훈련을 통해 새로운 지식과 기술을 습득하였는가에 대한 학습평가
③ 교육훈련을 통해 직무수행에서 행동의 변화를 보이거나 교육훈련내용을 실무에 활용하는가에 대한 행동평가
④ 교육훈련으로 인해 부서와 조직의 성과가 향상되었는가에 대한 결과평가
⑤ 교육훈련으로 인해 인지능력과 감성능력이 향상되었는가에 대한 기초능력평가

23 인적자원 개발 및 교육훈련에 관한 설명으로 가장 적절하지 않은 것은? 〔2020 CPA〕

① E-learning은 인터넷이나 사내 인트라넷을 사용하여 실시하는 온라인 교육을 의미하며, 시간과 공간의 제약을 초월하여 많은 종업원을 대상으로 교육을 실시할 수 있다는 장점이 있다.
② 기업은 직무순환(job rotation)을 통해 종업원들로 하여금 기업의 목표와 다양한 기능들을 이해하게 하며, 그들의 문제해결 및 의사결정 능력 등을 향상시킨다.
③ 교차훈련(cross-training)이란 팀 구성원이 다른 팀원의 역할을 이해하고 수행하는 방법을 말한다.
④ 승계계획(succession planning)이란 조직이 조직체의 인적자원 수요와 구성원이 희망하는 경력목표를 통합하여 구성원의 경력진로(career path)를 체계적으로 계획·조정하는 인적자원관리 과정을 말한다.
⑤ 교육훈련 설계(training design)는 교육훈련의 필요성 평가로부터 시작되며, 이러한 평가는 조직분석, 과업분석, 개인분석 등을 포함한다.

24 인적자원의 모집, 개발 및 교육훈련에 관한 설명으로 가장 적절하지 않은 것은? 〔2021 CPA〕

① 교육훈련(training)은 종업원에게 현재 수행하고 있는 직무뿐만 아니라 미래의 직무에서 사용하게 할 목적으로 지식과 기술을 제공한다.
② 고용주들은 조직 내부의 인적자원을 개발하느냐 아니면 이미 개발된 개인들을 외부에서 채용하느냐의 선택에 직면한다.
③ 직무상 교육훈련(on-the-job training)은 직무에 대한 경험과 기술을 가진 사람이 피훈련자가 현장에서 직무 기술을 익히도록 도와주는 방법이다.
④ 오리엔테이션은 정규 교육훈련의 한 유형으로 신입사원에게 조직, 직무 및 작업집단에 대해 실시하는 계획된 소개를 말한다.
⑤ 사내공모제(job posting)는 모집에 있어서 투명성을 제고할 수 있고, 종업원들의 승진과 성장 및 발전에 대한 기회를 균등하게 제공할 수 있다.

25 인적자원의 모집 및 선발에 관한 설명으로 가장 적절하지 않은 것은? 〔2024 CPA〕

① 직무 관련성(job relatedness)은 선발 자격이나 요건이 직무상 의무(duty)의 성공적인 수행과 관련되는 것을 의미한다.
② 모집(recruiting)은 조직의 직무에 적합한 지원자의 풀(pool)을 생성하는 과정을 말한다.
③ 사내공모제(job posting)는 조직 내 다른 직무들에 대해 현직 종업원들을 대상으로 모집할 수 있는 주요 방법의 하나이다.
④ 인지능력검사(cognitive ability test)는 언어 이해력, 수리 능력, 추론 능력 등을 측정한다.
⑤ 구조화 면접(structured interview)은 비구조화 면접(unstructured interview)보다 지원자들에 대한 비교 가능한 자료를 획득하기가 더 어렵다.

26 교육훈련 및 노사관계에 관한 설명으로 가장 적절하지 않은 것은? `2024 CPA`

① 노동조합(union)은 조직이 작업장 공정성을 지키도록 견제하고 종업원들이 공정하게 대우받도록 보장하는 기능을 한다.
② 기업이 교육훈련을 효과적으로 설계하기 위해서는 학습능력, 동기부여, 자기효능감과 같은 학습자 특성을 고려해야 한다.
③ 교차훈련(cross training)은 종업원들의 미래 직무 이동이나 승진에 도움을 준다.
④ 직무상 교육훈련(on-the-job training)은 사내 및 외부의 전문화된 교육훈련을 포함한다.
⑤ 단체교섭(collective bargaining)은 경영진과 근로자들의 대표가 임금, 근로시간 및 기타 고용 조건 등에 대해 협상하는 과정을 말한다.

27 인적자원의 모집, 개발 및 평등고용기회에 관한 설명으로 가장 적절하지 않은 것은? `2022 CPA`

① 내부모집(internal recruiting)은 외부모집(external recruiting)에 비해 종업원들에게 희망과 동기를 더 많이 부여한다.
② 평등고용기회(equal employment opportunity)는 조직에서 불법적 차별에 의해 영향을 받지 않는 고용을 의미한다.
③ 선발기준(selection criterion)은 한 개인이 조직에서 담당할 직무를 성공적으로 수행하기 위해 갖춰야 하는 특성을 말한다.
④ 친족주의(nepotism)는 기존 종업원의 친척이 동일한 고용주를 위해 일하는 것을 금지하는 관행이다.
⑤ 종업원이 일반적으로 직장에서 연령, 인종, 종교, 장애에 의해 차별을 받는 것은 불법적 관행에 속한다.

28 직무분석과 교육훈련에 관한 설명으로 가장 적절하지 않은 것은? `2022 CPA`

① 개인-직무 적합(person-job fit)은 사람의 특성이 직무의 특성에 부합한지를 판단하는 개념이다.
② 교육훈련의 전이(transfer of training)란 교육훈련에서 배운 지식과 정보를 직무에 실제로 활용하는 것을 말한다.
③ 직무순환(job rotation)은 종업원이 다양한 직무를 수행할 수 있는 능력을 개발하게 한다.
④ 비공식적 교육훈련(informal training)은 종업원 간의 상호작용 및 피드백을 통해서 일어나는 교육훈련을 말한다.
⑤ 직무설계 시 고려하는 과업중요성은 직무를 성공적으로 달성하는 데 있어서 여러 가지 활동을 요구하는 정도를 말한다.

Chapter 3 평가 및 보상관리

I | OX문제

❶ 평가관리

1. 서열법은 피평가자를 총체적으로 평가하여 1위부터 최하위까지 나열하는 방법으로, 피평가자의 강약점이나 절대적인 성과수준을 파악할 수 없다는 단점이 있다. ☐O ☐X

2. 행위기준고과법(behaviorally anchored rating scales ; BARS)에서는 직무를 수행할 때 발생하는 수많은 중요사건을 추출하여 몇 개의 범주로 나눈 후에 각 범주의 중요사건을 척도에 따라 평가하는 방식으로 중요사건서술법과 평정척도법을 혼합한 방식이다. ☐O ☐X

3. 행위기준고과법(BARS)에서는 개인의 성과목표와 행동기준을 설정하고, 목표 대비 달성 정도를 평가한다. ☐O ☐X

4. BOS는 평가범주마다 제시된 대표적인 행동 패턴 가운데 하나를 선택해서 등급을 매기는 방식이며, BARS는 피평가자의 해당 행동의 빈도를 관찰해서 빈도를 측정하는 방식으로 평가한다. ☐O ☐X

5. 평정척도법이란 평가요소를 선정하고 평가요소별 척도를 정한 다음 피평가자를 평가요소의 척도상에서 우열을 표시하는 방법이다. ☐O ☐X

6. 인적평정센터법(HAC)은 중간경영층의 승진목적 고과로 등장, 피고과자를 합숙시키면서 각종 의사결정 게임과 토의, 심리검사를 실시하여 여러 명의 고과사, 심리적 전문가들에 의한 복수 평정절차를 밟게 하는 방법임. ☐O ☐X

7. 종래의 상사 위주 평가방법에서 탈피하여 피평가자 자신, 동료, 상사, 부하, 고객 등 다양한 원천으로부터 평가받는 방법을 평가센터법이라고 한다. ☐O ☐X

---

1. O
2. O
3. X | 목표에 의한 관리법에 대한 설명임.
4. X | BARS는 평가범주마다 제시된 대표적인 행동 패턴 가운데 하나를 선택해서 등급을 매기는 방식이며, BOS는 피평가자의 해당 행동의 빈도를 관찰해서 빈도를 측정하는 방식으로 평가한다.
5. O
6. O
7. X | 다면평가법에 대한 설명임. 평가센터법(assessment center)은 평가를 전문으로 하는 평가센터에서 특별히 훈련된 관리자들이 복수의 평정절차를 통해 인사고과 하는 방법이다.

8 인사평가시 평가자 편견의 작용, 과거의 성적에 의한 영향, 평정자 자신이 중시하고 있는 특정 요소가 뛰어날 경우 다른 요소도 우수하다는 인식 등이 나타나는 경우 관대화 경향이 발생할 가능성이 있다. [O·X]

9 상동적 태도(stereotyping)란 피평가자 개인의 특성보다는 그 사람이 속한 사회적 집단을 근거로 평가하는 오류를 의미한다. [O·X]

❷ 보상관리

10 공정성 기반아래 '동일노동 동일임금'의 원칙을 실시하기 위해서는 연공급보다 직무급이 더 적합하다. [O·X]

11 보상관리전략은 기업 성장주기와 관련이 있는데, 초기와 성장기에는 복리후생을 중시하고 안정기와 쇠퇴기에는 성과급을 강조하는 것이 일반적이다. [O·X]

12 연공급의 문제점을 극복하기 위한 방안으로 제시된 직능급에서는 직무의 중요도, 난이도, 위험도 등이 반영된 직무의 상대가치를 기준으로 보상수준이 결정된다. [O·X]

13 해당 기업의 종업원이 받는 임금수준을 타 기업 종업원의 임금수준과 비교하는 것은 임금의 조직내 내적 공정성과 관련 있다. [O·X]

---

8 X | 관대화경향이 아니라 위와 같은 경우에는 후광효과가 나타날 가능성이 높다.
9 O
10 O
11 X | 보상관리전략은 기업 성장주기와 관련이 있는데, 초기와 성장기에는 복리후생보다는 성과에 따른 보상, 즉 성과급을 중시하는 것이 일반적이다.
12 X | 직무의 중요도, 난이도, 위험도 등이 반영된 직무의 상대가치를 기준으로 보상수준이 결정되는 것은 직무급제도의 특징이다.
13 X | 외적공정성과 관련되어 있다.

➕ 보충 **임금관리**
- 임금수준 관리(외적 공정성: 적정성): 임금의 크기와 관련
  → 대외적 비교 통한 사회적 균형(타 기업과의 형평성과 가격경쟁력) 확보
- 임금체계 관리(내적/조직 내 공정성: 공정성): 임금 구성내용과 관련
  → 임금격차 결정방법(생계보장의 원칙과 노동대응의 원칙)
- 임금형태 관리(내적/개인 간 공정성: 합리성): 임금의 계산 및 지급방법과 관련
  → 개별 임금지급방식의 합리성 통한 개인 간 공정성 확보

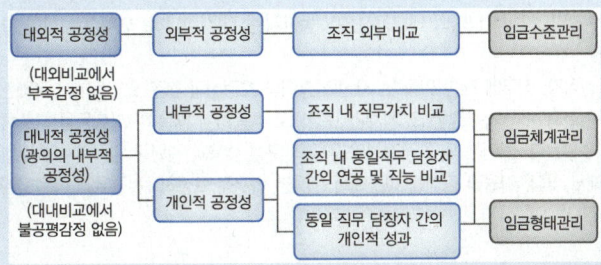

14 해당 기업 내 종업원 간의 임금수준 격차는 임금의 내부 공정성과 관련이 있다.

15 기업의 임금체계와 임금의 내부 공정성은 해당 기업의 지불능력, 생계비 수준, 노동시장에서의 임금수준에 의 해 결정된다.

16 적정성의 원칙이란 종업원이 기업으로부터 받는 임금수준이 기업의 입장과 종업원의 입장, 그리고 전반적 노동시장의 견지에서 모두에게 적정한 액수만큼 결정 되어야한다는 원칙으로 임금체계의 내적 공정성과 관련한 원칙이다.

17 내재적 보상이 클수록 임금의 내부공정성이 높아지고, 외재적 보상이 클수록 임금의 외부공정성이 높아진다.

18 성과급은 생산성을 제고하며 공정성 확보는 가능하지만 근로자의 수입을 불안정하게 할 요소가 있어 안정성적 측면에서는 불안요소가 있다.

14　O
15　X | 해당 기업의 지불능력, 생계비 수준, 노동시장에서의 임금수준에 의해 임금결정되는 형태의 관리는 임금 수준관리에 해당한다. 아울러 임금의 수준관리는 임금의 크기와 관련한 외적 공정성의 개념이다.
16　X | 적정성의 원칙이란 종업원이 기업으로부터 받는 임금수준이 기업의 입장과 종업원의 입장, 그리고 전반적 노동시장의 견지에서 모두에게 적정한 액수만큼 결정 되어야한다는 원칙으로 임금수준의 외적 공정성과 관련한 원칙이다.

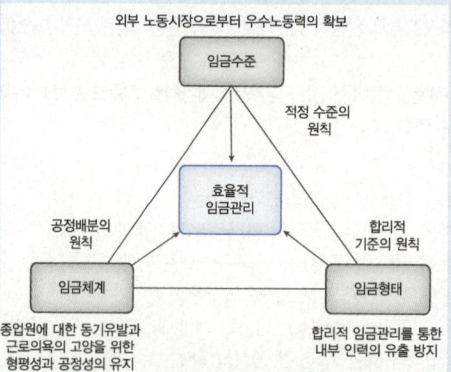

17　X | 내재적 보상이 크다고 해서 임금의 내부공정성이 높아지는 것은 아니며, 외재적 보상이 클 경우, 작은 경우 모두 불공정 인식을 하게 된다.
부연설명을 하면, 성취감, 직무에 대한 만족감, 자신의 흥미나 호기심과 같은 요인들에서 유래된 동기를 내재적 동기라고 하는데, 내재적으로 동기화되었을 때는 활동 그 자체가 보상으로 작용하기 때문에 그 활동을 하도록 하기 위해서는 어떤 유인물과 처벌도 필요로 하지 않는다. 반면에 내부 공정성은 임금의 구성 내용과 관련한 임금격차에 대한 체계관리적 측면으로 두 개념 간에는 관련성이 매우 낮다. 아울러 공정성 이론에서 본다면 외재적 보상이 큰 경우와 작은 경우 즉, 과대 또는 과소보상 모두 불공정 인식을 가질 수 있다.
18　O

19 임금수준 전략과 관련하여 고기술 종업원의 분권적 조직구조, 높은 수익률, 분화된 제품 생산의 자본집약적 산업의 경우와 종업원의 성과통제가 어려운 경우에는 추종전략이 적합하다. ☐O ☐X

20 직능급제도란 직무수행능력에 비례하여 지급되는 임금체계로서 직무급에서 평가요인을 능력요인에 한정한 경우에 해당된다. 연공급적 요소와 직무급적 요소의 결합된 형태로서 우수 인재를 계속 보유하고, 능력개발 유도를 통해 학습조직의 분위기 형성이라는 장점은 있으나 일상업무를 소홀히 할 가능성 또한 내포하고 있다. ☐O ☐X

21 회사 재직 중에 종업원의 직무가 변하지 않을 경우에는 직무급보다는 근속연수 등을 기준으로 임금을 책정하는 연공급을 도입하면 종업원의 장기근속을 유도할 수 있다. ☐O ☐X

22 개인이 받는 임금의 크기란 임금의 배분의 구성내용, 즉 임금격차를 결정하는 방법으로서 이는 임금의 체계를 의미한다. 이와 달리 임금수준이란 일정기간 동안 기업 내의 모든 종업원에게 지급되는 평균임금의 크기를 의미하며, 임금수준을 결정할 때에는 기업의 지불능력 및 생계비 수준을 고려하여 노동시장의 임금이 결정되는 것을 의미한다. ☐O ☐X

23 직무급은 직무담당자의 능력, 태도, 성과에 의해 결정된다. ☐O ☐X

24 복률성과급제는 근로자의 작업능률을 보다 높이기 위하여 작업성과에 따라 적용임금률을 달리 산정하는 제도로 테일러식, 메리크식, 리틀식, 일급보장 성과급제도 등이 있다. ☐O ☐X

19 X | 선도전략이 적합하다.

전략	조직성과					적합한 상황
	종업원 유인능력	종업원 유지능력	노무비 절감	임금 불만족 감소	생산성 증대	
선도 전략	+	+	?	+	?	• 고기술 종업원의 분권적 조직 • 높은 수익률, 분화된 제품 생산의 자본집약적 산업 • 종업원의 성과통제가 어려운 경우
동행 전략	=	=	=	=	?	후발기업
추종 전략	−	?	+	−	?	저수익률·미분화 제품의 노동집약적 산업, 저질의 노동력 산업

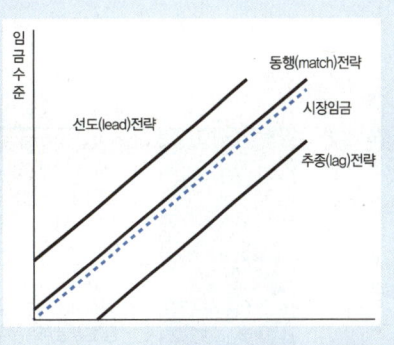

20 O
21 O
22 O
23 X | 직무급은 직무담당자의 능력, 태도, 성과에 의해 결정되는 것이 아니라 직무들이 가지는 상대적 가치에 따라 결정된다. 그러므로 공정한 직무평가가 선행되어야 한다.
24 O

25 할증급제는 절약임금 배분제도라고도 불리는 방법으로 정해진 작업을 표준시간을 초과하여 완성한 경우에는 기본시간급을 적용하여 임금을 지급하고 표준시간 이내에 완성한 경우에는 절약시간에 대하여 임금의 일부를 종업원에게 배분하는 임금배분방식으로 그 비율에 따라 비도우식, 할시식, 로우완식, 간트식으로 구분할 수 있다. [O｜X]

26 스캔론 플랜(Scanlon plan)에서는 성과배분의 기준으로 부가가치를 사용 하며, 럭커 플랜(Rucker plan)에서는 매출액을 기준으로 성과배분을 한다. [O｜X]

27 럭커 플랜(Rucker plan)은 매출액을 기준으로 성과배분액을 계산하며 종업원 제안제도를 채택하고 있다. [O｜X]

28 임프로쉐어플랜이란 단위당 소요되는 표준 작업시간과 실제 작업시간을 비교하여 절약된 작업시간에 대한 생산성 이득을 노사가 각각 50 : 50의 비율로 배분하는 임금제도이다. [O｜X]

29 복리후생은 근로자의 노동에 대한 파생적 근로조건이며, 간접적 보상으로서, 임금은 이에 포함되지 않는다. [O｜X]

30 카페테리아(cafeteria)식 복리후생제도는 여러 복리후생 프로그램 중 종업원 자신이 선호하는 것을 선택할 수 있도록 하는 제도로서 브룸의 동기부여 이론 중 보상의 유의성과 밀접한 관련이 있다. [O｜X]

25	O	
26	X	
	스캔론 플랜	• 종업원의 제안을 통한 경영참여의 대가로 개선된 성과를 분배 • 노사위원회제도하의 제안제도를 통하여 종업원의 참여 유도, 판매가치를 기초로 성과분배 - 상여자원 = 생산의 판매가치 × 임금비율 - 기지급액 - 상여자원: 장래의 부담에 대비한 유보(25%) 회사 및 종업원에의 배분액(75%) : 회사(25%) & 종업원(75%)
	럭커 플랜	• 부가가치의 증대를 목표로 하여 이를 노사협력체제에 의하여 달성하고, 그 증가된 생산성 향상분을 분배하는 방식으로 전체경제에 인플레 효과가 없는 임금상승이 가능, 부가가치액의 증가에 비례하여 성과배분 - 증분임금액 = 부가가치 × 부가가치분배율 (표준생산성비율) - 기지급임금
27	X	럭커 플랜(Rucker plan)은 부가가치의 증대를 목표로 하여 이를 노사협력체제에 의하여 달성하고, 그 증가된 생산성 향상분을 분배하는 방식으로 전체 경제에 인플레 효과가 없는 임금상승이 가능한 방식으로서, 임금분배율을 정해두고 이를 부가가치에 곱하여 임금총액을 계산하는 성과분배방식이다.
28	O	
29	O	
30	O	

II | 개념정리문제

❶ 평가관리

1 인사평가에 관한 설명으로 옳지 않은 것은? <small>2015 가맹거래사</small>

① 조직에서 사람을 평가하는 방법을 제도화한 것으로 구성원 개개인의 잠재능력, 자질 및 업적 등을 평가하는 것이다.
② 조직에서 직무를 수행하는 구성원의 성과를 평가하고 개발지향적 의미를 포함한다.
③ 평가원칙으로는 타당성, 신뢰성, 수용성, 실용성이 있다.
④ 평가목적은 경영전략과의 연계성, 성과향상, 구성원 능력개발, 공정한 보상, 적재적소 배치 등이다.
⑤ 인사평가 시 집단성과에 공헌하는 개인행위는 평가요소로 선정하지 않는다.

2 다음 중 현대적 인사고과의 특징으로 알맞은 것은? <small>2006 한국토지주택공사</small>

① 평가자 중심의 인사고과
② 주관적이고 추상적인 인사고과
③ 미래지향적이고 개발 목적위주의 인사고과
④ 직무중심적인 임금과 승진관리를 위한 인사고과
⑤ 연공 중심의 인사고과

3 다음 평정척도법에 관한 내용으로 틀린 것은? <small>2011 국민연금공단</small>

① 종업원의 자질을 직무수행상 달성한 정도에 따라 사전에 마련된 척도를 근거로 하여 고과자로 하여금 체크할 수 있도록 하는 방법이다.
② 행위자 지향적 접근방법을 취한다.
③ 고과오류 발생 개연성 높다.
④ 작성하기가 비교적 복잡하다.

4 다음 중 인사고과방법 중에서 가장 오래되고 가장 널리 사용되는 방법은? <small>2005 근로복지공단</small>

① 중요사건서술법은 종업원의 구체적인 행위를 기록·관찰하였다가 그 기록을 근거로 평가하는 방법이다.
② 강제할당법은 전체를 몇 가지 등급으로 나누고 각 등급의 종업원을 정규분포에 가깝도록 할당한다.
③ 목표관리법은 해당 종업원이 상사와 협의하여 작업목표량을 결정하고, 이에 대한 성과를 부하와 상사가 같이 측정하고 평가하는 방법이다.
④ 평정척도법은 종업원의 자질을 직무수행상 달성할 정도에 따라 사전에 마련된 척도를 근거로 하여 고과자로 하여금 체크할 수 있도록 하는 방법이다.

5 다음 설명으로 알맞은 것은?

> 사전에 평가의 범위와 수를 결정해 놓고, 피고과자를 일정한 비율에 따라 할당하는 인사고과방법이다.

① 서열법　　② 대조법　　③ 자기신고법
④ 강제할당법　　⑤ 인적 평정센터법

6 다음 설명에 해당하는 인사평가기법은?

> 평가자가 피평가자의 일상 작업생활에 대한 관찰 등을 통해 특별히 효과적이거나 비효과적인 행동, 업적 등을 기록하고 이를 평가시점에 정리하여 평가하는 기법

① 서열법　　② 평정척도법　　③ 체크리스트법
④ 중요사건 기술법　　⑤ 강제선택서술법

7 다음 중 행위기준고과법에 대한 설명으로 알맞지 않은 것은?

① 관찰 가능한 행위를 기준으로 한다.
② 많은 시간과 비용이 소요되며 주로 소규모기업에 적용된다.
③ 평정척도 고과법과 중요사건 서술법을 결합한 것이다.
④ 관찰 가능한 행위를 확인할 수 있으며 구체적인 직무에 관해 적용이 가능하다.

8 행위기준고과법(Behaviorally Anchored Ratinf Scales)에 대한 설명으로 옳지 않은 것은?

① 현대적 인사고과 중 하나이다,
② 직능별, 직급별 특성에 맞추어 설계되므로 바람직한 행위에 대한 정보를 개인에게 제시해준다.
③ 직무수행의 과정과 성과를 담당할 능력있는 고과자가 필요하다.
④ 인원이 늘어도 고가평정이 효과적이다.

9 인사고과에서 평가문항의 발생빈도를 근거로 피고과자를 평가하는 방법은?

① 직접서열법　　② 행위관찰평가법　　③ 분류법
④ 요인비교법　　⑤ 쌍대비교법

10 인사평가제도 중 다면평가에 대한 설명으로 옳지 않은 것은?

① 업무 성격이 고도의 지식과 기술을 요구하는 경우가 많아 다면평가가 더욱 필요하게 되었다.
② 연공 서열 위주에서 팀 성과 위주로 인적자원관리의 형태가 변화하면서 다면평가의 필요성이 증대되었다.
③ 원칙적으로 다면평가의 결과는 본인에게 공개하지 않기 때문에 인사평가 자료로는 제한적으로 사용된다.
④ 직속 상사를 포함함 관련 주변인들이 업무 측면 이외에도 여러 가지 능력을 평가하는 것이다.

11 인사고과의 방법 중 하나인 다면평가에 관한 설명으로 옳지 않은 것은? 2010 가맹거래사

① 2인 이상의 고과자들이 공동으로 고과에 참여하는 방식이다.
② 고과자의 주관과 편견을 감소시키는 효과가 있다.
③ 고과자들의 개인별 고과편차를 감소시키는 데 목적이 있다.
④ 특정 계층의 고과자들에 의하여 평가가 좌우된다.
⑤ 다면평가방법 중 하나인 360도 피드백은 피평가자를 전방위적 측면에서 평가하여 피드백을 주는 기법이다.

12 목표관리에 관한 설명으로 옳지 않은 것은? 2012 가맹거래사

① 목표달성 정도를 정기적으로 확인
② 목표설정 과정에 구성원 참여
③ 톱다운(top-down) 방식의 목표설정
④ 목표달성 방법의 자율적 결정
⑤ 동기부여의 효과

13 목표관리(MBO: Management By Objectives)에 관한 설명으로 옳지 않은 것은? 2015 경영지도사

① 단기목표를 강조하는 경향이 있다.
② 결과에 의한 평가가 이루어진다.
③ 사기와 같은 직무의 무형적인 측면을 중시한다.
④ 종업원들이 역량에 비해 더 쉬운 목표를 설정하려는 경향이 있다.
⑤ 평가와 관련하여 행정적인 서류 업무가 증가하는 경향이 있다.

14 목표에 의한 관리(MBO)의 주요 특성이 아닌 것은? 2010 노무사

① 목표달성 기간의 명시
② 상사와 부하간의 협의를 통한 목표설정
③ 다면평가
④ 목표의 구체성
⑤ 실적에 대한 피드백

15 다음 글에 대한 설명으로 알맞은 것은? 2006 한국토지주택공사

> 드러커가 창안한 것으로 개인의 성취의욕과 자기개발욕구를 자극하는 데 근본취지가 있는 것으로 인사고과 과정에서 평가자와 피평가자의 참여를 최대화한다.

① 목표관리법
② 자기신고법
③ 행위기준고과법
④ 중요사건서술법
⑤ 인적 평정센터법

16 종업원의 동기부여와 성과관리 수단으로 기업에서 활용하는 목표관리기법(Management By Objective; MBO)의 특징으로 적절하지 않은 것은?

2016 7급 감사직

① 목표달성 기간의 명시
② 개인 목표의 구체화를 위한 과정
③ 상사와 조직에 의한 하향식 목표 설정
④ 목표달성 여부에 대한 실적 및 정보의 피드백 제공

17 다음 중 목표에 의한 관리(MBO)에 대한 설명으로 알맞지 않은 것은?

2005 대한주택공사, 2010 한국수력원자력

① 구성원의 목표성취의욕을 감소시키는 단점이 있다.
② 피터 드러커와 맥그리거가 주장하고 사용했다.
③ 구성요소에는 목표의 설정, 참여, 피드백이 있다.
④ 질보다 양을 중요시하며, 단기적이 목표를 강조한다.
⑤ 단기적이고 계량적인 목표에만 치중한다는 단점이 있다.

18 MBO에 대한 설명으로 틀린 것은?

2014 한국서부발전

① 목표의 설정이 단기적이고 구성원의 참여를 강조한다.
② 구성요소에는 목표의 설정, 참여, 피드백이 있다.
③ 종업원의 동기부여에 큰 효과가 있다.
④ 양보다 질을 중요시하며, 목표에 의한 업적 평가를 중요하게 여긴다.

19 다음 중 목표관리(MBO)에 대한 설명으로 알맞지 않은 것은?

2012 한국전력KPS

① 목표관리는 상사가 정하고 부하는 지시에 따르기만 한다.
② 목표관리법에서 목표는 실현가능한 것이어야 한다.
③ 목표관리는 드러커(Drucker)가 소개한 이후 일종의 경영 철학으로 자리 잡고 있다.
④ 목표관리에 의한 인사 고과는 목표의 설정, 목표 달성 활동, 목표 달성에 대한 평가 등 크게 3단계로 이루어진다.

20 다음 중 중간관리층을 더 높은 직급으로 성장시키기 위한 방법은?

2005 한국토지주택공사

① 자유서술법　　② 행위기준고과법　　③ 인적 평정센터법
④ 중요사건서술법　　⑤ 목표에 의한 관리법

21 다음에 해당하는 인사고과 오류는?

> • 글씨 잘 쓰는 사람을 더 좋게 평가한다.
> • 출근율이 높은 사람을 더 창의적이라고 평가한다.

① 후광효과 ② 중심화 경향 ③ 관대화 경향
④ 상동효과 ⑤ 최근효과

22 다음 중 사람을 평가할 때 실제의 업무와는 관계없이 자신이 호감을 가지고 있는 사람이기 때문에 능력이 있는 사람으로 판단해 버리는 인사 고과상의 오류는?

① 현혹효과 ② 가혹화 경향 ③ 상동적 태도 ④ 관대화 경향

23 평가자가 피평가자를 평가함에 있어서 피평가자가 속한 사회적 집단에 대한 지각을 기초로 평가하려는 경향이 있는데, 이것을 무엇이라고 하는가?

① 상동적 태도 ② 논리적 오류 ③ 대비오류
④ 현혹효과 ⑤ 중심화 경향

24 다음 중 자신이 보고 싶지 않은 것을 외면해 버리는 오류를 무엇이라고 하는가?

① 대비오류 ② 지각적 방어 ③ 논리적 오류 ④ 관대화 오류

25 인사평가의 분배적 오류에 해당하는 것은?

① 후광효과 ② 상동적 태도 ③ 관대화 경향 ④ 대비오류 ⑤ 확증편향

26 인사고과의 오류 중 피고과자가 속한 사회적 집단에 대한 평가에 기초하여 판단하는 것은?

① 상동적 오류(stereotyping errors) ② 논리적 오류(logical errors)
③ 대비오류(contrast errors) ④ 근접오류(proximity errors)
⑤ 후광효과(halo effect)

27 고과자가 평가방법을 잘 이해하지 못하거나 피고과자들 간의 차이를 인식하지 못하는 무능력에서 발생할 수 있는 인사고과의 오류는?

① 중심화 경향 ② 논리적 오류 ③ 현혹효과 ④ 상동적 태도 ⑤ 근접오차

28 인사고과 시 평가자에게 흔히 나타나는 고과상의 오류로 옳지 않은 것은? [2011 노무사]

① 후광효과(halo effect)　　　　② 서열화 경향(ranking tendency)
③ 관대화 경향(leniency tendency)　④ 논리적 오류(logical errors)
⑤ 최근효과(recency effect)

29 인사고과에 관한 설명으로 옳지 않은 것은? [2012 노무사]

① 인사고과란 종업원의 능력과 업적을 평가하여 그가 보유하고 있는 현재적 및 잠재적 유용성을 조직적으로 파악하는 방법이다.
② 인사고과의 수용성은 종업원이 인사고과 결과가 정당하다고 느끼는 정도이다.
③ 인사고과의 타당성은 고과내용이 고과목적을 얼마나 잘 반영하고 있느냐에 관한 것이다.
④ 현혹효과(halo effect)는 피고과자의 어느 한 면을 기준으로 다른 것까지 함께 평가하는 경향을 말한다.
⑤ 대비오차(contrast errors)는 피고과자의 능력을 실제보다 높게 평가하는 경향을 말한다.

30 다음 중 인사고과에 있어서 중심화 경향의 오류를 개선하기 위한 인사고과기법으로 알맞은 것은? [2007 한국철도공사]

① 서열법　② 서베이법　③ 자기고과법　④ 등급할당법　⑤ 강제할당법

31 다음 중 인사고과시의 오류를 줄일 수 있는 방법으로 알맞은 것은? [2005 한국수력원자력]

① 중심화 경향은 강제할당법으로 감소시킬 수 있다.
② 관대화 경향은 목표관리법으로 감소시킬 수 있다.
③ 현혹효과는 중요사건서술법으로 감소시킬 수 있다.
④ 상동적 태도는 서열법으로 감소시킬 수 있다.

32 인사평가 측정결과의 검증기준 중 '직무성과와 관련성이 있는 내용을 측정하는 정도'를 의미하는 것은? [2013 노무사]

① 신뢰성　② 수용성　③ 타당성　④ 구체성　⑤ 실용성

33 다음 중 인사평가의 신뢰성을 떨어뜨릴 수 있는 오류에 대한 설명으로 가장 옳지 않은 항목은?

2022 7급 군무원

① 연공오류는 피평가자가 가지고 있는 연공적 속성인 연령, 학력, 근속년수가 평가에 영향을 미치는 경우이다.
② 후광효과는 평가자와 피평가자 간의 가치관, 행동패턴 그리고 태도 면에서 유사한 정도에 따라 평가결과가 영향을 받는 경우이다.
③ 대비오류는 평가자가 여러 명을 평가할 때 우수한 피평가자 다음에 평가되는 경우 실제보다 낮게 평가하고 낮은 수준의 피평가자 다음에는 높게 평가하는 경우를 말한다.
④ 자존적편견은 자신의 자기존중감이 위협받는 상황에 처하면, 자기 존중감을 높이고 유지하려는 경우를 말한다.

34 성과의 관리 및 평가에 관한 설명으로 가장 적절하지 않은 것은?

2024 CPA

① 서열법(ranking)은 성과평가에 있어서 집단의 규모가 작을 때보다 클 때 더 적합하다.
② 성과평가(performance appraisal)는 종업원들의 직무를 기준과 비교하여 얼마나 잘 이행하고 있는지를 결정하고 그 정보를 종업원과 의사소통하는 과정을 말한다.
③ 성과관리(performance management)는 조직이 종업원들로부터 필요로 하는 성과를 획득하기 위해 설계하는 일련의 활동을 말한다.
④ 도식평정척도(graphic rating scale)는 평가자가 특정한 특성에 대해 낮은 수준에서 높은 수준을 나타내는 연속체에 종업원의 성과를 표시할 수 있게 하는 척도를 말한다.
⑤ 초두효과(primacy effect)는 평가자가 개인의 성과를 평가하면서 맨 처음에 접한 정보에 더 많은 가중치를 부여하는 경우에 발생한다.

❷ 보상관리

35 임금관리에 관한 설명으로 옳지 않은 것은? [2015 노무사]

① 임금관리는 공정성이 중요한 과제이다.
② 연공급은 근속연수를 기준으로 임금을 차등화하는 제도이다.
③ 직무급은 직무의 표준화와 전문화가 선행되어야 한다.
④ 직능급은 동일 직무를 수행하면 동일임금을 지급한다.
⑤ 임금수준을 결정하는 주요요인에는 기업의 지불능력과 생산성 등이 있다.

36 임금수준의 관리에 관한 설명으로 옳지 않은 것은? [2016 공인노무사]

① 대외적 공정성을 확보하기 위해서는 노동시장의 임금수준 파악이 필요하다.
② 기업의 임금 지불능력을 파악하는 기준으로 생산성과 수익성을 들 수 있다.
③ 임금수준 결정 시 선도전략은 유능한 종업원을 유인하는 효과가 크다.
④ 임금수준의 관리는 적정성의 원칙을 지향한다.
⑤ 임금수준의 하한선은 기업의 지불능력에 의하여 결정된다.

37 보상관리에 관한 설명으로 옳지 않은 것은? [2014 가맹거래사]

① 임금수준의 적정성을 유지하기 위하여 경쟁사 임금을 조사할 필요가 있다.
② 직무급은 '동일노동 동일임금' 원칙에 입각하고 있으며 기업간 노동이동이 자유로운 경우에 적합하다.
③ 직능급 도입으로 종업원들의 자기개발노력을 유인할 수 있다.
④ 성과급 도입은 우수인력의 확보 및 유지에 도움이 될 수 있다.
⑤ 성과배분기준으로 스캔론 플랜에서는 부가가치를, 럭커 플랜에서는 매출액을 사용한다.

38 직무급에 관한 설명으로 옳지 않은 것은? [2017 가맹거래사]

① 동일노동에 대한 동일임금의 원칙에 기반한다.
② 임금을 산정하는 절차가 단순하다.
③ 능력주의 인사풍토 조성에 도움이 된다.
④ 연공주의 풍토 하에서는 직무급 도입에 저항이 크다.
⑤ 직무를 평가하여 직무의 상대적 가치를 기준으로 임금을 결정한다.

39 다음 중 임금체계에 대한 설명으로 알맞지 않은 것은? [2013 서울시농수산식품공사]

① 자격급은 개인의 학력, 근속연수, 연령 등의 요인들로 임금수준을 정한다.
② 직능급은 연공급과 직무급을 절충한 체계로 구성원의 능력에 따라 차별적으로 결정한다.
③ 연봉제에서는 임금을 결정하기 위해 종업원의 직무, 직능, 업적, 연공 등 다양한 기준을 복합적으로 도입할 수 있다.
④ 연공급은 유연한 조직변화가 필요한 조직에서는 불합리한 임금제도로 다른 제도와 병행이 필요하다.

40 근로자의 직무수행 능력을 기준으로 임금을 결정하는 임금체계는? [2011 노무사]

① 직무급　　② 연공급　　③ 직능급　　④ 업적급　　⑤ 성과급

41 기업 내 직무들 간의 상대적 가치를 기준으로 임금을 결정하는 유형은? [2015 경영지도사]

① 직무급(job-based pay)　　　　　　② 연공급(seniority-based pay)
③ 역량위주의 임금(competency-based pay)　④ 스킬위주의 임금(skill-based pay)
⑤ 개인별 인센티브(individual incentive plan)

42 다음 중 직무급의 설명으로 알맞지 않은 것은? [2005 한국관광공사]

① 직무를 기준으로 임금을 결정하는 방식이다.
② 직무급 실시 전에 직무평가를 실시해야 한다.
③ 동일직무를 하더라도 각자 임금은 틀리다.
④ 직무의 중요성과 난이도에 따라 직무의 상대적 가치를 결정한 후 그에 따라 임금을 결정하는 방법이다.

43 직무급의 특징에 관한 설명으로 옳지 않은 것은? [2021 공인노무사]

① 직무의 상대적 가치에 따라 개별임금이 결정된다.
② 능력주의 인사풍토 조성에 유리하다.
③ 인건비의 효율성이 증대된다.
④ 동일노동 동일임금 실현이 가능해진다.
⑤ 시행 절차가 간단하고 적용이 용이하다.

44 다음 중 성과급에 대한 설명으로 알맞은 것은? [2007 한국토지주택공사]

① 직무 수행능력을 기준으로 임금을 준다.
② 종업원의 근속연수를 기준으로 임금을 준다.
③ 종업원의 임금을 성과나 능력에 따라 다르게 지급한다.
④ 동일직무를 한 종업원은 같은 임금을 주는 것을 말한다.
⑤ 전문인력 확보에 어려움을 겪는다.

45 다음 중 시간급제보다 성과급제를 적용하는 것이 더 알맞은 경우는? [2006 공무원연금공단]

① 제품의 품질이 중요한 경우
② 작업자가 생산량을 통제할 수 없는 경우
③ 정신적 노동을 주로 하여 노동능률(생산단위)의 파악이 힘든 경우
④ 생산량을 쉽게 측정할 수 있는 단순 반복적인 작업이나 대규모 기업

46 다음 중 성과급제 종류가 아닌 것은?

① 할증급　　② 단순성과급　　③ 복률성과급　　④ 단순시간급

47 다음 중 성과급의 특징의 대한 설명으로 옳지 않은 것은?

① 집단성과급에는 스캔론플랜, 럭커플랜, 임프로쉐어플랜이 있다.
② 노동자에게 동기부여를 주고, 공평성과 합리성을 준다.
③ 작업량에만 치중하여 제품의 품질 저하를 초래할 우려가 있다.
④ 기본급이 고정되어 있어서 계산이 쉽다.

48 다음 중 집단성과급제에 대한 설명으로 알맞지 않은 것은?

① 카이저플랜은 개인적 인센티브를 적용한다.
② 프렌치시스템은 실제산출액에서 기대산출액을 차감한 모든 비용 절약분을 노동자에게 배분하는 집단성과급제이다.
③ 스캔론플랜은 노사협력에 의한 생산성 향상을 위한 제안제도로 판매가치를 기준으로 한 보너스 플랜을 기본으로 한다.
④ 링컨플랜은 성과급과 이윤분배제도를 혼합한 것이다.
⑤ 레만플랜은 가치성과에 노동생산성을 기초로 한 일정률을 곱해서 부가노동성과를 산출하여 분배한다.

49 임금에 관한 설명으로 옳지 않은 것은?

① 직무급은 직무를 평가하여 상대적인 가치에 따라 임금수준을 결정한다.
② 직능급은 종업원의 직무수행능력을 기준으로 임금수준을 결정한다.
③ 메릭식 복률성과급은 임률의 종류를 두 가지로 정하고 있다.
④ 할증급은 종업원에게 작업한 시간에 대하여 성과가 낮다 하더라도 일정한 임금을 보장한다.
⑤ 연공급은 종업원의 근속연수와 학력 등을 기준으로 임금수준을 결정한다.

50 생산제품의 판매가치와 인건비와의 관계에서 배분액을 계산하는 집단성과급제는?

① 순응임금제　　② 물가연동제　　③ 스캔론 플랜
④ 럭커 플랜　　⑤ 시간급

51 성과배분(gain sharing)에 관한 설명으로 옳지 않은 것은? [2015 가맹거래사]

① 성과배분은 생산비 또는 원가의 절감효과를 측정하여 팀 또는 작업장 수준에서 배분하는 데 초점을 둔다.
② 성과표준치는 스캔론 플랜(Scanlon plan)이 생산물 판매가액 대비 인건비를 사용하는 데 반해 럭커 플랜(Rucker plan)은 부가가치 대비 인건비를 사용한다.
③ 프렌치시스템(French system)은 총투입액, 기대총산출액, 총산출액을 기준으로 하여 절약액의 성과를 계산한다.
④ 스캔론 플랜과 럭커 플랜이 노무비 절감에 중점을 두는 데 반해 프렌치시스템은 모든 비용의 절감을 목표로 한다.
⑤ 스캔론 플랜에서는 발생한 이득 모두를 사원에게 배분하는 데 반해 럭커 플랜은 발생한 이득을 사전 합의된 비율에 따라 회사가 사원과 배분한다.

52 다음 글에 대한 설명으로 알맞은 것은? [2014 한국보훈복지의료공단]

> 노사가 협력하여 달성된 결과물의 부가가치를 인건비를 기준으로 분배하는 집단성과급 제도이다.

① Scanlon plan ② Lincoln plan ③ Rucker plan ④ French System

53 정년까지 고용을 유지하는 대신 일정 연령이 되면 생산성 등을 감안하여 임금을 줄이는 제도는? [2010 가맹거래사]

① 이익분배제 ② 집단임금제 ③ 임금피크제
④ 최저임금제 ⑤ 차별성과급제

54 임금수준 결정의 기업 내적요소에 해당하는 것은? [2011 가맹거래사]

① 생계비 ② 시장임금 ③ 기업의 지불능력
④ 경쟁기업의 임금 ⑤ 물가상승률

55 임금수준 결정의 기업 내적 요소가 아닌 것은? [2010 노무사]

① 기업규모 ② 경영전략 ③ 노동조합 ④ 생계비 ⑤ 지불능력

56 임금체계에 대한 설명으로 옳지 않은 것은? [2018 7급 감사직]

① 연공급체계는 고용의 안정성과 직원의 귀속의식을 향상시킨다.
② 직무급체계는 각 직무의 상대적 가치를 기준으로 임금을 결정한다.
③ 직능급체계는 '동일노동 동일임금(Equal Pay for Equal Work)'이 적용된다.
④ 직능급체계는 직원의 자기개발 의욕을 자극한다.

57 단위당 소요되는 표준작업시간과 실제작업시간을 비교하여 절약된 작업시간에 대한 생산성 이득을 노사가 각각 50 : 50의 비율로 배분하는 임금제도는?
　2013 노무사

① 임프로쉐어 플랜　　② 스캔론 플랜　　③ 럭커 플랜
④ 메리크식 복률성과급　　⑤ 테일러식 차별성과급

58 다음 중 기준 외 임금으로 알맞은 것은?
　2006 한국수자원공사

① 연공급　② 직무급　③ 직능급　④ 자격급　⑤ 상여금

59 우리나라 법정복리후생 내 사회보험에 해당되지 않는 것은?
　2012 가맹거래사

① 국민연금보험　　② 국민건강보험　　③ 고용보험
④ 상해보험　　⑤ 산업재해보상보험

60 복리후생에 관한 설명으로 옳지 않은 것은?
　2014 노무사

① 구성원의 직무만족 및 기업공동체의식 제고를 위해서 임금 이외에 추가적으로 제공하는 보상이다.
② 의무와 자율, 관리복잡성 등의 특성이 있다.
③ 통근차량 지원, 식당 및 탁아소 운영, 체육시설 운영 등의 법정복리후생이 있다.
④ 경제적·사회적·정치적·윤리적 이유가 있다.
⑤ 합리성, 적정성, 협력성, 공개성 등의 관리원칙이 있다.

61 다음 보기에서 설명하는 복리후생제도는?
　2011 한국지역난방공사

- 선택적 복리후생프로그램이다.
- 선택항목 추가형, 모듈형, 선택적 지출계좌형의 유형이 있다.
- 종업원의 욕구를 반영할 수 있으므로 동기부여에 효과적이다.

① 카페테리아 복리후생　　② 프렌치 시스템
③ 성과급제　　④ 럭커플랜

62 다음 중 자신이 원하는 것을 스스로 선택할 수 있도록 하는 복리후생은?
　2004 국민연금공단

① 링컨 플랜　　② 카페테리아 복리후생
③ 부가급여(fringe benefit)　　④ 프렌치 시스템(french system)

63 다음 중 카페테리아 복리후생제도에 관한 설명으로 알맞지 않은 것은? 2009 한국서부발전

① 모듈형은 직무평가에 사용되는 방법 중 하나이다.
② 선택적 지출계좌형은 종업원의 주어진 복리예산의 범위 안에서 복리후생 항목을 선택하게 하는 제도이다.
③ 선택항목추가형은 필수적인 복리후생 항목은 일괄지급되고 나머지 항목은 종업원이 선택하도록 하는 제도이다.
④ 카페테리아식 복리후생은 다양한 복리후생 항목을 제공하고 종업원이 스스로 원하는 것을 선택하게 하는 것을 말한다.

64 다음 중 임금배분의 기준에 대한 설명으로 가장 옳은 것은? 2022 7급 군무원

① 직무급은 종업원이 달성한 성과의 크기를 기준으로 임금액을 결정하는 제도이다.
② 직능급은 종업원이 보유하고 있는 직무수행 능력을 기준으로 임금을 결정하는 제도이다.
③ 연공급은 해당기업에 존재하는 직무들을 평가하여 상대적인 가치에 따라 임금을 결정하는 제도이다.
④ 성과급은 종업원의 근속년수를 기준으로 임금을 차별화하는 제도이다.

65 기업이 종업원에게 지급하는 임금의 계산 및 지불 방법에 해당하는 것은? 2024 공인노무사

① 임금수준   ② 임금체계   ③ 임금형태   ④ 임금구조   ⑤ 임금결정

66 스캔론 플랜(Scanlon Plan)에 관한 설명으로 옳지 않은 것은? 2022 공인노무사

① 기업이 창출한 부가가치를 기준으로 성과급을 산정한다.
② 집단성과급제도이다.
③ 생산제품의 판매가치와 인건비의 관계에서 배분액을 결정한다.
④ 실제인건비가 표준인건비보다 적을 때 그 차액을 보너스로 배분한다.
⑤ 산출된 보너스액 중 일정액을 적립한 후 종업원분과 회사분으로 배분한다.

III | 심화문제

❶ 평가관리

1 인사고과에서 나타날 수 있는 오류가 아닌 것은? [1991 CPA]

① 상동적 태도 ② 현혹효과 ③ 대비오류
④ 근접오류 ⑤ 알파 위험

2 인사고과방법 중 행위기준고과법(BARS)에 대한 설명으로 적절하지 않은 것은? [1999 CPA]

① 평가할 사람들이 평가척도를 개발한다.
② 관찰가능한 행위를 기준으로 평가한다.
③ 개발된 척도를 피평가자들에게 공개한다.
④ 종업원에게 원활한 의사소통의 기회를 제공한다.
⑤ 평정척도고과법(rating scale method)에 비하여 비용과 시간이 절약된다.

3 인사고과와 관련된 다음의 서술 중 가장 옳지 않은 것은? [2001 CPA]

① 자기고과는 동료고과에 비해 관대화 경향이 크게 나타난다.
② 현혹효과(halo effect)는 고과자가 고과대상자의 어느 한 면을 기준으로 다른 것까지 함께 평가해 버리는 경향을 말한다.
③ 대비오류(contrast errors)란 고과자가 자신의 특성과 비교하여 고과대상자를 평가하는 경향을 말한다.
④ 강제할당법을 사용하는 경우, 고과대상자의 실제 성과분포와 각 성과집단에 미리 할당된 비율분포가 일치한다.
⑤ 고과의 일관성은 동일한 고과대상자에 대한 반복고과에서 같은 결과를 얻는 정도를 가리킨다.

4 다음 중 평정척도고과법에 대한 설명으로 알맞은 것은? [2007 한국서부발전]

① 종업원의 능력과 업적에 대하여 순위를 매긴다.
② 인사담당자가 감독자들과 토의에서 얻은 정보를 이용하는 방법이다.
③ 평가를 전문으로 하는 평가센터를 만들고 여기에서 다양한 자료를 활용하여 고과하는 방법이다.
④ 설정된 평가세부일람표에 따라 체크하는 방법으로 고과자는 평가항목의 일람표에 따라 미리 설정된 장소에 체크만 하고 그에 대한 평가는 인사과에서 한다.
⑤ 인사고과방법 중에서 피고과자의 능력, 업적 등을 각 평가요소별로 연속 또는 비연속적인 척도에 의해 평가하는 방법으로 가장 오래되고 널리 이용되는 방법이다.

5 인력선발에서의 타인평가 및 지각과 관련된 다음의 용어 중 설명이 가장 적절한 것은? [2006 CPA]

① 주관의 객관화(projection)는 어떤 과업의 성공적 수행에 필요한 능력을 개인 스스로 가지고 있다고 생각하는 믿음이다.
② 자존적 편견(self-serving bias)은 자존심을 지키기 위해서 주위의 사람을 후하게 평가하는 경향을 말한다.
③ 나와의 유사성(similar to me)효과는 주위사람의 기대와 자신의 기대대로 행동함으로써 결국은 예측된 결과가 이루어지는 것을 말한다.
④ 대비효과(contrast effect)는 여러 사람 중에서 처음에 평가한 사람을 나중에 평가한 사람보다 나쁘게 평가하는 경향을 말한다.
⑤ 최근효과(recency effect)는 주로 최근의 정보를 가지고 타인을 평가하는 경향을 말한다.

6 성과관리를 위한 평가에는 흔히 특성, 행동(역량), 그리고 결과를 평가하는 방법이 있다. 평가 방법에 대한 설명 중 가장 적절하지 않은 것은? [2008 CPA]

① 특성 평가법은 개발비용이 적게 들고 활용하기 쉬우나 평가오류의 가능성이 높다.
② 행동(역량) 평가법은 피드백 제공하는 데에 유용하다.
③ 결과 평가법은 비교적 객관적이어서 조직 구성원들의 수긍도가 높다.
④ 행동(역량) 평가법은 개발과 활용에 있어서 시간과 비용이 많이 든다.
⑤ 결과 평가법은 주로 장기적인 관점을 지향하므로 개발과 활용에 있어서 시간이 적게 든다.

7 인사평가방법에 관한 설명으로 가장 적절하지 않은 것은? [2011 CPA]

① 서열법(ranking)은 피평가자를 최고부터 최저순위까지 상대서열을 결정하는 방법이다.
② 평정척도법(rating scales)은 다수의 성과차원을 평가하는 방법으로 평정요소의 선정과 각 평정요소별 가중치의 결정, 평정척도의 결정 등이 필요하다.
③ 대조표법(check-list)은 직무상의 행동을 구체적으로 표현하여 피평가자를 평가하는 방법으로 해당항목에 피평가자가 해당하는 경우에 체크하는 방법이다.
④ 주요사건기록법(critical-incident method)은 조직성과 달성에서 특별히 효과적이거나 비효과적인 피평가자의 행위가 발생하는 경우 이를 기록하여 평가하는 방법이다.
⑤ 행위기준평정법(BARS: Behaviorally Anchored Rating Scales)은 개인의 성과목표와 행동기준을 제시하고 실제 달성정도를 파악하여 구성원 간의 상대적 서열로 평가한다.

8 평가관리에 관한 다음 설명 중 가장 적절하지 않은 것은? `2013 CPA`

① 목표에 의한 관리(MBO: Management by Objectives)에서는 평가자와 피평가자가 협의를 통하여 목표를 설정하고 설정된 목표와 실적을 비교하여 평가한다.
② 동일한 피평가자에 대해 여러 사람이 평가하여도 일관성 있는 평가결과가 나올 때, 평가의 신뢰성(reliability)이 높다고 한다.
③ 자신과 생각이나 행동방식이 유사한 사람을 호의적으로 평가하는 오류를 관대화 경향(leniency tendency)이라고 한다.
④ 서열법으로 평가할 경우 강제적으로 순서를 정하기 때문에 성과의 절대적 수준을 파악하거나 집단 간에 평가결과를 비교하기 어렵다는 단점이 있다.
⑤ 인적평정센터법(Human Assessment Center Method)은 관리자 선발이나 승진 결정에 활용되는 방법으로 평가의 타당성과 신뢰성을 높이기 위해 개발되었다.

9 인사평가에 관한 설명으로 가장 적절하지 않은 것은? `2014 CPA`

① 서열법은 구체적 성과차원이 아닌 전반적인 평가를 통하여 피평가자의 순서만을 결정하는 상대평가방법이다.
② 상동적 태도(stereotyping)란 피평가자 개인의 특성보다는 그 사람이 속한 사회적 집단을 근거로 평가하는 오류를 의미한다.
③ 서열법은 조직의 규모가 클 경우에 적합한 평가방법이다.
④ 목표에 의한 관리법(MBO)에서는 목표설정과정에 피평가자가 참여한다.
⑤ 카플란(Kaplan)과 노튼(Norton)의 균형성과표(BSC) 방식에는 재무적 성과, 고객, 내부 프로세스, 학습과 성장의 관점이 포함된다.

10 인사평가에 관한 설명으로 가장 적절한 것은? `2015 CPA`

① 행위기준고과법(BARS)에서는 개인의 성과목표와 행동기준을 설정하고, 목표대비 달성정도를 평가한다.
② 후광효과(halo effect)는 피평가자 개인의 특성보다는 출신학교나 출신지 역에 근거해 평가할 때 나타나는 오류이다.
③ 서열법은 피평가자의 강약점이나 절대적인 성과수준을 파악할 수 없다는 단점이 있다.
④ 행위기준고과법은 체크리스트법과 중요사건법을 결합한 것으로 피평가 자의 구체적 행동에 근거하여 평가하는 방법이다.
⑤ 평가의 타당성(validity)이란 동일한 피평가자를 반복하여 평가하여도 비슷한 결과가 나타나는지를 의미한다.

11 인사평가 및 선발에 관한 설명으로 가장 적절한 것은? `2019 CPA`

① 내부모집은 외부모집에 비하여 모집과 교육훈련의 비용을 절감하는 효과가 있고 새로운 아이디어의 도입 및 조직의 변화와 혁신에 유리하다.
② 최근효과(recency effect)와 중심화 경향(central tendency)은 인사 선발에 나타날 수 있는 통계적 오류로서 선발도구의 신뢰성과 관련이 있다.
③ 선발도구의 타당성은 기준관련 타당성, 내용타당성, 구성타당성 등을 통하여 측정할 수 있다.
④ 행위기준고과법(BARS: behaviorally anchored rating scales)은 개인의 성과목표대비 달성 정도를 요소별로 상대 평가하여 서열을 매기는 방식이다.
⑤ 360도 피드백 인사평가에서는 전통적인 평가 방법인 상사의 평가와 피평가자의 영향력이 미치는 부하의 평가를 제외한다.

12 직무분석 및 인사평가에 관한 설명으로 가장 적절하지 않은 것은? `2020 CPA`

① 직무분석은 인적자원의 선발, 교육훈련, 개발, 인사평가, 직무평가, 보상 등 대부분의 인적자원관리 업무에서 기초자료로 활용할 정보를 제공한다.
② 다면평가란 상급자가 하급자를 평가하는 하향식 평가의 단점을 보완하여 상급자에 의한 평가 이외에도 평가자 자신, 부하직원, 동료, 고객, 외부전문가 등 다양한 평가자들이 평가하는 것을 말한다.
③ 설문지법(questionnaire method)은 조직이 비교적 단시일 내에 많은 구성원으로부터 직무관련 자료를 수집할 수 있다는 장점이 있다.
④ 과업(task)은 종업원에게 할당된 일의 단위를 의미하며 독립된 목적으로 수행되는 하나의 명확한 작업활동으로 조직활동에 필요한 기능과 역할을 가진 일을 뜻한다.
⑤ 대조오류(contrast errors)란 피평가자가 속한 집단에 대한 지각에 기초하여 이루어지는 것으로 평가자가 생각하고 있는 특정집단 구성원의 자질이나 행동을 그 집단의 모든 구성원에게 일반화시키는 경향에서 발생한다.

13 성과관리에 관한 설명으로 가장 적절하지 않은 것은? `2023 CPA`

① 평가센터(assessment center) 또는 역량평가센터는 다양한 평가기법을 사용하여 다양한 가상상황에서 피평가자의 행동을 한 명의 평가자가 평가하는 방법이다.
② 목표에 의한 관리(management by objectives, MBO)는 평가자 뿐만 아니라 피평가자도 목표설정 과정에 함께 참여한다.
③ 타인평가시 발생하는 오류 중 후광효과(halo effect)는 개인이 갖는 특정한 특징(예: 지능, 사교성 등)에 기초하여 그 개인에 대한 일반적 인상을 형성하는 것이다.
④ 360도 피드백 평가는 전통적인 상사평가 이외에 자기평가, 동료평가, 부하평가 그리고 고객평가로 이루어진다.
⑤ 행위기준척도법(behaviorally anchored rating scales, BARS)은 피평가자들의 태도가 아닌 관찰가능한 행동을 척도에 기초하여 평가한다.

14 핵심자기평가(core self-evaluation)가 높은 사람들은 자신을 가능성 있고, 능력있고, 가치있는 사람으로 평가한다. 핵심자기평가의 구성요소를 모두 고른 것은?

2024 공인노무사

> ㄱ. 자존감 ㄴ. 관계성 ㄷ. 통제위치
> ㄹ. 일반화된 자기효능감 ㅁ. 정서적 안정성

① ㄱ, ㄴ, ㄷ
② ㄱ, ㄴ, ㅁ
③ ㄱ, ㄴ, ㄹ, ㅁ
④ ㄱ, ㄷ, ㄹ, ㅁ
⑤ ㄴ, ㄷ, ㄹ, ㅁ

15 다음 중 성과 측정에 관한 설명으로 가장 적절하지 않은 것은?

2024 9급 군무원

① 성과 측정은 기업의 목표를 뒷받침하고 기업에 중요한 가치를 개선할 수 있도록 도와주어야 한다.
② 성과 측정은 일이 처리되는 방식보다 얼마나 많은 일이 얼마나 자주 처리되는지에 주목해야 한다.
③ 성과 측정은 고객의 요구에 따라 프로세스 성과를 제공할 수 있어야 한다.
④ 성과 측정은 프로세스 전체를 파악해야 한다.

16 다음 중 성과측정 기준에 대한 설명으로 가장 적절하지 않은 것은?

2024 9급 군무원

① 신뢰성이란 측정결과가 실제 성과를 얼마나 제대로 평가했는지 정도를 말한다.
② 전략적 적합성은 성과관리시스템이 조직의 전략, 목표, 문화와 부합하는 직무성과를 끌어내는 정보를 말한다.
③ 수용성이란 측정결과를 사용하는 사람이 받아들이는 정도를 말한다.
④ 구체성이란 성과측정을 통해 회사가 종업원에게 무엇을 요구하고 있는지 정도를 말한다.

❷ 보상관리

17 다음 중 생산성에 관계없이 제품단위당 일정 임금을 주는 임금의 형태는? `1992 CPA`

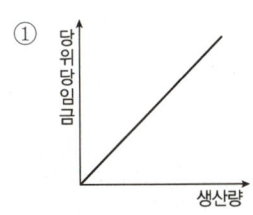 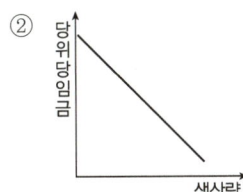 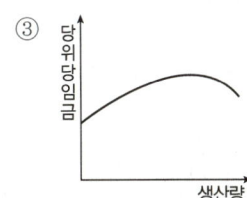

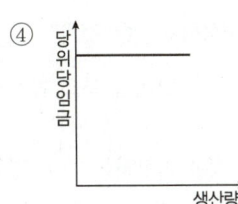 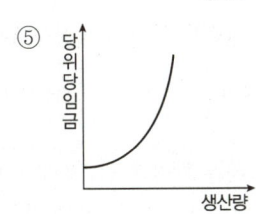

18 다음 중 종업원의 생활안정을 위해 가장 바람직한 임금형태는? `1993 CPA`

① 판매가격순응임금제   ② 생계비순응임금제   ③ 이익순응임금제
④ 이익배분제   ⑤ 성과배분제

19 다음 중 스캔론 플랜(Scanlon plan)의 특징을 옳게 고른 것은? `1994 CPA`

a. 보너스 플랜   b. 제안제도   c. 고정처리제도   d. 인사상담제도

① a   ② a, b   ③ a, c   ④ a, b, d   ⑤ a, c, d

20 다음 중 Rowan의 할증급제도를 나타낸 것은? `1995 CPA`

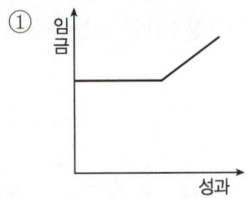 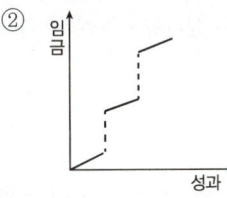 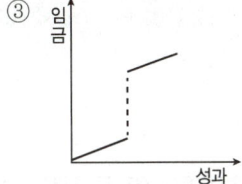

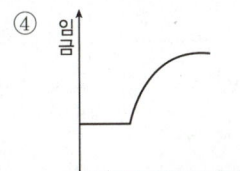 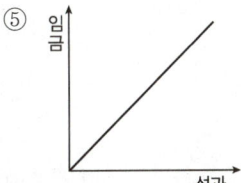

21 바람직한 복리후생제도에 대한 다음 설명 중에서 가장 적절하지 않은 것은? `1999 CPA`

① 집단적 보상의 성격이 강하다.
② 이전적 효과보다는 창출적 효과를 강조한다.
③ 구성원들의 욕구에 부합되어야 한다.
④ 필요성의 원칙에 의하여 지급한다.
⑤ 노동의 질·양·능률 등에 따라 지급한다.

22 조직구성원에 대한 조직의 임금체계와 관련된 다음의 설명 가운데 가장 적절하지 않은 것은? `2002 CPA`

① 직능급(skill-based pay)은 종업원이 맡은 직무의 중요성과 난이도에 근거하여 임금을 결정하는 방식이다.
② 직무급(job-based pay)을 적용할때는 차별적 임금격차에 대한 공정성을 확보하는 것이 중요하다.
③ 성과급(performance-based pay)은 종업원이 달성한 업무성과를 기초로 임금수준을 결정하는 방식이다.
④ 연공급(seniority-based pay)은 유연한 조직변화가 필요한 조직에서는 불합리한 임금제도로서 다른 제도와의 병행이 필요하다.
⑤ 연봉제에서는 임금을 결정하기 위해 종업원의 직무 직능 업적 연공등의 다양한 기준을 복합적으로 도입할 수 있다.

23 보상과 관련된 다음의 서술 중 가장 적절한 것은? `2004 CPA`

① 스캔론플랜(Scanlon plan)은 개인별 성과급에 속한다.
② 생산이윤분배제(gain sharing)에 따르면 회사가 적자를 내더라도 생산성 향상이 있으면 생산 이윤을 분배받을 수 있다.
③ 성과이윤분배제(profit sharing)에 따르면 원가절감, 품질향상이 발생할 때마다 금전적 형태로 종업원에게 보상한다.
④ 직무급(job - based pay)은 다양한 업무기술 습득에 대한 동기 유발로 학습조직 분위기를 만들 수 있다.
⑤ 직능급(skill - based pay)의 단점은 성과향상을 위한 과다 경쟁으로 구성원간의 협동심을 저하시키는 것이다.

24 기업의 임금수준을 결정할 때 고려해야 할 요소로서 가장 적절하지 않은 것은? `2005 CPA`

① 기업의 손익분기점　　② 근로자의 평균 근속년수
③ 근로자의 생계비 수준　　④ 경쟁사의 임금 수준
⑤ 정부의 정책이나 법규

25 팀 인센티브(team incentive plan)에 관한 설명으로 다음 중 가장 적절하지 않은 것은? 2008 CPA

① 팀 인센티브는 팀 차원의 계획수립과 문제해결을 지원함으로써 팀 문화를 공고히 한다.
② 일반적으로 분배방식이 간단하여 구성원들은 팀 인센티브에 관해서 이해하기가 쉽다.
③ 팀의 개별구성원들은 팀의 성공이나 인센티브 보너스를 받는데에 자신의 노력이 별로 기여하지 못한다고 생각할 수 있다.
④ 개별구성원들의 기여는 팀 협력에 따라 달라진다.
⑤ 팀 인센티브는 순환적 직무훈련cross-training)과 새로운 대인적 역량(interpersonal competencies)의 습득을 장려한다.

26 집단에서 함께 일을 하다보면 무임승차 또는 편승(social loafing)하려는 사람이 생기게 마련이다. 개인이 혼자 일할 때보다 집단으로 일하면 노력을 덜 하려는 이 같은 현상을 줄이기 위한 방안으로서 가장 적절하지 않은 것은? 2008 CPA

① 과업을 전문화시켜 책임소재를 분명하게 한다.
② 개인별 성과를 측정하여 비교할 수 있게 한다.
③ 팀의 규모를 늘려서 각자의 업무 행동을 쉽게 관찰할 수 있게 한다.
④ 본래부터 일하려는 동기 수준이 높은 사람을 고용한다.
⑤ 직무충실화를 통해 직무에서 흥미와 동기가 유발되도록 한다.

27 임금관리와 관련된 서술 중 가장 적절하지 않은 것은? 2009 CPA

① 스캔론 플랜(Scanlon plan)은 성과표준을 초과달성한 부분에 대해 부가가치를 기준으로 상여배분을 실시하는 방법이다.
② 임금수준은 생계비와 기업의 지불능력 사이에서 사회일반이나 경쟁기업의 임금수준을 고려하여 결정한다.
③ 근속년수에 따라 숙련도가 향상되는 경우에는 연공급이 적합하다.
④ 직능급을 도입할 경우 종업원의 자기개발을 유도할 수 있다.
⑤ 성과급은 작업자의 노력과 생산량과의 관계가 명확할 경우에 적합하다.

28 다음의 설명 중 가장 적절하지 않은 것은? 2010 CPA

① 임금수준은 근로자의 생계비와 기업의 지불능력 사이에서 사회일반이나 경쟁기업의 임금수준을 고려하여 결정한다.
② 가치사슬 모형(value chain model)과 경력 닻 모형(career anchors model)은 마이클 포터(M. Porter)에 의해 제시되었다.
③ 선택적 복리후생제도는 일정금액 한도 내에서 직원 개인별 니즈에 맞춰 복지항목 및 수혜수준을 직원들이 각자 선택할 수 있게 한 제도이다.
④ 유연근무제(flex time or flexible work schedule)는 종업원 개개인이 근무시간을 자유롭게 선택할 수 있으므로 직장생활과 가정생활을 조화시킬 수 있다는 장점이 있다.
⑤ 고충처리제도(grievance procedures)는 회사 및 관리자의 자의적인 행동이나 조치로부터 근로자들을 보호하고 근로자들의 불평들을 회사가 체계적으로 해결하기 위한 공식적인 절차이다.

29 보상에서 임금에 관한 설명으로 가장 적절하지 않은 것은? 2011 CPA

① 생계비 수준, 기업의 지불능력, 사회 일반적인 임금수준은 기업의 임금수준 결정에 영향을 미친다.
② 공정한 보상을 위해서는 내적 공정성과 외적 공정성을 고려해야 한다.
③ 직무급은 담당자의 직무에 대한 태도 와 직무적성, 직무성과에 따라 결정된다.
④ 직능급은 기업조직이 구체적으로 필요로 하는 직무수행능력에 따라 차등적으로 지불된다.
⑤ 성과급은 생산성을 제고하지만 근로자의 수입을 불안정하게 할 요소가 있다.

30 임금관리에 관한 설명으로 가장 적절하지 않은 것은? 2012 CPA

① 임금관리의 외적공정성을 확보하기 위해서는 동일한 직무에 대한 경쟁사의 임금수준을 조사할 필요가 있다.
② 작업능률에 따라 여러 단계의 시간임률을 적용하는 형태를 복률시간급제라고 한다.
③ 직능급 도입을 위해서는 종업원의 능력에 대한 정확한 평가가 필요하다.
④ 직무급을 도입하기 위해서는 직무의 상대적 가치를 평가하고 개인의 능력과 적성에 맞는 적재적소의 배치가 필요하다.
⑤ 성과배분제도인 럭커플랜(Rucker plan)은 매출액을 성과배분의 기준으로 하고 있다.

31 보상관리에 관한 다음 설명 중 가장 적절하지 않은 것은? 2013 CPA

① 임금수준을 결정할 때에는 최저임금액, 경쟁기업의 임금수준, 종업원의 생계비, 손익분기점 등을 고려할 필요가 있다.
② 우리나라의 법정 복리후생에는 국민건강보험, 산업재해보상보험, 고용보험, 국민연금 등이 포함되는데, 국민건강보험과 고용보험은 전액을 회사에서 지원하여야 한다.
③ 직능급을 적용할 경우 동일한 직무를 수행하더라도 임금액이 달라질 수 있다.
④ 오래 근무할수록 능력과 성과가 향상될 경우에는 연공급이 적합하며, 노력과 성과의 관계가 명확할 때에는 성과급이 적합하다.
⑤ 직무급 도입을 위해서는 직무수행을 위해 필요한 숙련의 정도, 책임의 정도, 작업조건 등을 평가할 필요가 있다.

32 보상관리에 관한 설명으로 가장 적절하지 않은 것은? 2014 CPA

① 직능급을 도입할 경우 종업원들의 자기개발 노력을 유도할 수 있다.
② 스캔론 플랜(Scanlon plan)에서는 성과배분의 기준으로 부가가치를 사용하며, 럭커 플랜(Rucker plan)에서는 매출액을 기준으로 성과배분을 한다.
③ 임금관리의 공정성을 확보하기 위하여 경쟁사의 임금수준을 조사할 필요가 있다.
④ 직무급은 '동일노동 동일임금'의 원칙에 입각하고 있으며, 기업 간 노동의 이동이 자유로운 경우에 적합하다.
⑤ 성과급, 직무급을 도입할 경우 임금관리의 내적 공정성이 높아질 수 있다.

33 보상관리에 관한 설명으로 가장 적절한 것은? [2015 CPA]

① 회사 재직 중에 종업원의 직무가 변하지 않을 경우, 직무급을 도입하면 종업원의 장기근속을 유도할 수 있다.
② 임금수준이란 개인이 받는 임금의 크기를 의미하며, 임금수준을 결정할 때에는 기업의 지불능력을 고려해야 한다.
③ 직능급을 도입할 경우, 우수 인재를 계속 보유하고 능력개발을 유도하는 장점이 있다.
④ 직무급은 직무담당자의 능력, 태도, 성과에 의해 결정된다.
⑤ 럭커 플랜(Rucker plan)은 매출액을 기준으로 성과배분액을 계산하며 종업원 제안제도를 채택하고 있다.

34 임금 및 보상에 관한 설명으로 가장 적절하지 않은 것은? [2016 CPA]

① 직무급은 종업원이 맡은 직무의 상대적 가치에 따라 임금을 결정하는 방식이다.
② 해당 기업의 종업원이 받는 임금수준을 타 기업 종업원의 임금수준과 비교하는 것은 임금의 외부 공정성과 관련 있다.
③ 해당 기업 내 종업원 간의 임금수준 격차는 임금의 내부 공정성과 관련이 있다.
④ 직능급은 종업원이 보유하고 있는 직무수행능력을 기준으로 임금을 결정하는 방식이다.
⑤ 기업의 임금체계와 임금의 내부 공정성은 해당 기업의 지불능력, 생계비 수준, 노동시장에서의 임금수준에 의해 결정된다.

35 보상관리에 관한 설명 중 가장 적절한 것은? [2017 CPA]

① 보상관리전략은 기업 성장주기와 관련이 있는데, 초기와 성장기에는 복리 후생을 중시하고 안정기와 쇠퇴기에는 성과급을 강조하는 것이 일반적이다.
② '동일노동 동일임금'의 원칙을 실시하기 위해서는 연공급보다 직무급이 더 적합하다.
③ 임금조사를 통해 경쟁사 및 유사한 조직체의 임금자료를 조사하는 것은 보상관리의 내적 공정성을 확보하기 위해서이다.
④ 연공급의 문제점을 극복하기 위한 방안으로 제시된 직능급에서는 직무의 중요도, 난이도, 위험도 등이 반영된 직무의 상대가치를 기준으로 보상수준이 결정된다.
⑤ 스캔론 플랜과 럭커 플랜은 개인의 업무성과를 기초로 임금수준을 정하는 개인성과급제도이다.

36 연공주의의 장점을 모두 고른 것은? [2014 가맹거래사]

ㄱ. 이직과 노동이동이 감소한다.	ㄴ. 직무수행의 성과와 직무난이도가 잘 반영된다.
ㄷ. 근로자들의 생활이 안정된다.	ㄹ. 고급인력의 확보와 유지가 용이하다.
ㅁ. 임금계산이 객관적이고 용이하다.	

① ㄱ, ㄷ, ㄹ   ② ㄱ, ㄷ, ㅁ   ③ ㄴ, ㄷ, ㅁ
④ ㄱ, ㄴ, ㄹ, ㅁ   ⑤ ㄴ, ㄷ, ㄹ, ㅁ

37 복리후생에 관한 설명으로 가장 적절하지 않은 것은? `2017 CPA`

① 복리후생은 근로자의 노동에 대한 간접적 보상으로서, 임금은 이에 포함 되지 않는다.
② 허쯔버그(Herzberg)의 2요인이론(two-factor theory)에 따르면 경제적 복리후생은 동기요인에 해당하며 직원 동기부여에 긍정적 영향을 미친다.
③ 우리나라에서 산전·후 휴가 및 연차 유급휴가는 법정 복리후생에 해당한다.
④ 우리나라에서 고용보험 보험료는 근로자가 일부 부담하지만, 산업재해보상보험 보험료는 회사가 전액 부담 한다.
⑤ 카페테리아(cafeteria)식 복리후생제도는 여러 복리후생 프로그램 중 종업원 자신이 선호하는 것을 선택할 수 있도록 하는 제도를 말한다.

38 임금 및 보상에 관한 설명으로 가장 적절하지 않은 것은? `2018 CPA`

① 직무급은 해당기업에 존재하는 직무들을 평가하여 상대적 가치에 따라 임금을 결정하는 방식이다.
② 서열법, 분류법, 요소비교법, 점수법은 직무의 상대적 가치를 평가하는 방법이다.
③ 내재적 보상이 클수록 임금의 내부공정성이 높아지고, 외재적 보상이 클 수록 임금의 외부공정성이 높아진다.
④ 직능급은 종업원이 보유하고 있는 직무수행능력을 고려하여 임금을 결정하는 방식이다.
⑤ 기업의 지불능력, 종업원의 생계비 수준, 노동시장에서의 수요와 공급 등은 기업의 임금수준을 결정하는 요인이다.

39 보상제도에 관한 설명으로 가장 적절하지 않은 것은? `2020 CPA`

① 연공급(seniority-based pay)은 기업에서 종업원들의 근속연수나 경력 등의 연공요소가 증가함에 따라 그들의 숙련도나 직무수행능력이 향상된다는 논리에 근거를 둔다.
② 종업원에게 지급되는 직접적 형태의 보상에는 기본급(base pay), 변동급(variable pay), 복리후생(benefits) 등이 있다.
③ 임금피크제(salary peak system)란 일정의 연령부터 임금을 조정하는 것을 전제로 소정의 기간 동안 종업원의 고용을 보장하거나 연장하는 제도이다.
④ 이윤분배제도(profit-sharing plan)는 기업에 일정 수준의 이윤이 발생했을 경우 그 중의 일정 부분을 사전에 노사의 교섭에 의해 정해진 배분방식에 따라 종업원들에게 지급하는 제도이다.
⑤ 연봉제는 종업원 개인 간의 지나친 경쟁의식을 유발하여 위화감을 조성하고 조직 내 팀워크를 약화시키며, 단기 업적주의의 풍토를 조장할 수 있다는 단점이 있다.

40 성과관리와 보상제도에 관한 설명으로 가장 적절하지 않은 것은? [2021 CPA]

① 중요사건법(critical incident method)은 평가자가 전체 평정기간 동안 피평가자에 의해 수행된 특별히 효과적인 또는 비효과적인 행동 내지 업적 모두를 작성하도록 요구한다.
② 법정 복리후생은 국가가 사회복지의 일환으로 기업의 종업원들을 보호하기 위해 법률 제정을 통해 기업으로 하여금 강제적으로 도입하도록 한 제도를 말한다.
③ 성과관리(performance management)는 경영자들이 종업원들의 활동과 결과물이 조직 목표와 일치하는 지를 확인하는 과정을 말한다.
④ 변동급 체계는 직무가치와 급여조사에서 나온 정보를 사용하여 개발되며, 직무가치는 직무평가나 시장가격책정을 사용하여 결정될 수 있다.
⑤ 종업원의 관리자 평가는 유능한 관리자를 확인하고 관리자의 경력개발 노력을 향상시키는 데 기여할 수 있다.

41 다음 설명 중 옳지 않은 것은? [2018 군무원]

① 탄력근무제는 회사 측의 요구로 실시될 수 있으며 회사의 상황이 급할 때 유용하다.
② 유연시간근무제는 워크숍, 회의시간 등의 일정관리 조정이 용이하다.
③ 선택시간제는 회의시간의 일정을 맞추기가 힘들다.
④ 교대근무제는 생활패턴이 망가질 수 있다.

42 보상에 관한 설명으로 가장 적절하지 않은 것은? [2024 CPA]

① 임금조사(pay survey)는 다른 조직들에서 유사한 직무를 수행하는 종업원들의 보상 데이터를 수집하는 것으로 외적 급여공정성을 확립하는 데 중요한 요소이다.
② 성과급제(piece-rate system)는 널리 사용되는 개인 인센티브제도 중 하나이다.
③ 스톡옵션제도(stock option plan)는 종업원에게 정해진 기간에 정해진 행사 가격으로 정해진 수량의 회사 주식을 구입할 수 있는 권리를 부여하는 것을 말한다.
④ 임금(pay) 인상은 성과 또는 연공(seniority) 기반 인상, 생계비 조정(cost-of-living adjustment)의 사용, 일시금 인상(lump-sum increase)등의 방법에 의해 결정된다.
⑤ 이윤분배제(profit sharing plan)는 조직의 이윤에 근거하여 책정된 보상을 종업원들의 기본급의 일부로 지급하는 보상제도이다

43 보상관리에 관한 설명으로 가장 적절하지 않은 것은? _{2023 CPA}

① 임금수준을 결정함에 있어 선도정책(lead policy)은 시장임금과 비교하여 상대적으로 높은 임금을 지급함으로써 우수한 인재를 확보하고 유지하려는 정책이다.
② 직무급은 직무수행자의 직무몰입(job commitment)과 직무만족(job satisfaction)에 의해 결정된다.
③ 임금공정성 중 개인공정성(individual equity)은 동일조직에서 동일직무를 담당하고 있는 구성원들 간의 개인적인 특성(예: 연공, 성과 수준 등)에 따른 임금격차에 대한 지각을 의미한다.
④ 기업의 지불능력, 노동시장의 임금수준 및 생계비는 임금수준의 결정요인이다.
⑤ 근속연수가 올라갈수록 능력 및 성과가 향상되는 경우에는 연공급을 적용하는 것이 적절하다.

44 성과평가 및 보상에 관한 설명으로 가장 적절하지 않은 것은? _{2022 CPA}

① 기본급(base pay)은 종업원이 조직에서 시급이나 급여의 형태로 받는 보상을 말한다.
② 기업들이 강제할당(forced distribution)을 적용하는 이유는 평가자 인플레이션에 대처하기 위해서이다.
③ 직무평가(job evaluation)는 조직 내 여러 가지 직무의 절대적 가치를 결정하는 공식이며 체계적인 과정을 말한다.
④ 조직이 개인 인센티브 제도를 사용하기 위해서는 각 개인의 성과를 확인하고 측정할 수 있어야 한다.
⑤ 가장 널리 사용되는 종업원에 대한 평가방법은 직속상사가 종업원의 성과를 평가하는 것이다.

Chapter 4 노사관계관리

I OX문제

1. 노사관계는 본질적으로 조직의 목적달성을 위하여 함께 노력해야 하는 협력관계임과 동시에 창출된 경영성과의 배분(임금, 근로조건 등) 측면에서는 이해관계가 대립되는 양면적인 특성이 있다. ☐O ☐X

2. 직업별 노동조합(craft union)이란 숙련공이나 미숙련공의 구분 없이 동일 산업에 종사하는 근로자들을 모두 가입시켜 노동조합의 교섭력을 강화시킨 노동조합으로 오늘날 노동조합의 가장 대표적인 조직 형태이다. ☐O ☐X

3. Shop 제도 중에서 근로자 전원의 가입이 강제되는 것으로 노동조합의 조합원만이 사용자에게 고용될 수 있는 제도로서 노조의 안정·독립의 성격이 가장 강한 형태를 Open Shop이라고 한다. ☐O ☐X

---

1 O
2 X | 직업별 노동조합(craft union)이란 직업별 노동조합이란 동일직종 또는 동일직업에 종사하는 (숙련된) 근로자들이 조직하는 노동조합으로, 생산이 근로자의 숙련도에 크게 의존하고 있던 산업자본주의 초기에 숙련근로자가 노동 시장을 배타적으로 독점하기 위하여 조직된 형태이다. 우리나라에서 찾아볼 수 있는 예로는 미용사 노조, 전교조, 인쇄공 조합, 선반공 조합 등이 있다. 아울러 지문상의 설명은 산업별 노동조합(industrial union)에 대한 설명으로 우리나라의 예로는 전국철도노동조합, 전국담배인삼노동조합, 전국체신노동조합 등이 있다.
3 X | Closed shop에 대한 설명임

구분	종류	내용
가입방식 (노조원 확보 방법)	closed shop	근로자 전원의 가입이 강제되는 것으로 노동조합의 조합원만이 사용자에게 고용될 수 있는 제도로서 노조의 인정·독립의 성격이 가장 강함
	union shop	사용자가 비조합원을 일단 자유로 채용할 수는 있지만 채용 후 일정기간 안에 조합에 가입해야 하는 제도로서 open shop과 closed shop의 중간 형태
	open shop	조합원, 비조합원에 관계없이 채용가능하며, 사용자 측에 가장 유리한 제도임
	preferential shop	채용에 있어 노동조합원에게 우선순위를 부여하는 형태의 제도
	maintenance shop	조합원이 되면 일정기간 동안 조합원으로서의 자격을 유지해야 한다는 제도
조합비 확보 방법	agency shop	조합원이 아니더라도 모든 종업원에게 조합회비를 징수
	check off system	조합비 일괄공제 제도로 노동조합 조합비의 안정적인 확보를 위하여 조합원의 2/3 이상의 동의가 있으면 급여계산 시 회사에서 일괄적으로 조합비를 공제하는 제도를 의미한다.

4 기업별 교섭이란 노동시장을 전국적 또는 지역적으로 지배하고 있는 산업별 또는 직업별 노동조합과 이에 대응하는 전국적 또는 지역적 사용자 단체간에 행해지는 단체교섭방식을 의미한다. ☐ O ☐ X

5 고충(grievance)이란 기존의 단체협약 집행과정에서 계약문구의 해석이나 적용과 관련하여 일어나는 노사 간 의견 불일치, 단체협약의 위반을 이유로 한 노동자측의 불만을 의미하며, 고충처리제도(grievance procedure)란 단체협약 내용의 해석과 적용을 둘러싼 노사 간의 분쟁을 해결하기 위한 제도적 장치를 의미한다. ☐ O ☐ X

6 이익분쟁이란 협약체결 후 기존 협약의 이행이나 계약문구의 해석 및 집행 과정에서 발생하는 분쟁으로 쟁의 행위를 하지는 못하고 노동위원회의 해석이나 견해를 따르도록 되어 있다. ☐ O ☐ X

7 조정이란 노동쟁의가 해결되지 않을 경우 관계당사자의 요청이나 노동위원회의 직권에 의해 노동위원회에 설치된 조정위원회에서 조정안을 작성하고 당사자에게 제시하는 것으로 의무사항이다. ☐ O ☐ X

8 노동쟁의행위가 공익사업이나 국민경제에 현저한 영향을 미칠 경우 고용노동부장관이 긴급조정을 결정할 수 있는데, 긴급조정이 결정되면 즉시 쟁의행위를 중지하고 중앙노동위원회에서 조정행위를 하게 되며 만약 조정의 기미가 없으면 중재로 바로 회부할 수 있다. ☐ O ☐ X

9 경영참여제도 중 성과 배분제도와 종업원지주제도는 자본참가의 한 유형이다. ☐ O ☐ X

10 노사공동결정제는 근로자의 대표가 기업의 모든 의사결정에 참가하고 경영자와 협의 및 최종결정을 공동으로 행하고 공동으로 책임을 지는 형태의 경영참가방식을 의미한다. ☐ O ☐ X

4 X | 통일교섭에 대한 설명임. 기업별 교섭이란 특정 기업 또는 사업장 단위로 조직된 독립된 노동조합이 그 상대방인 사용자와 단체교섭을 행하는 방식을 말한다.

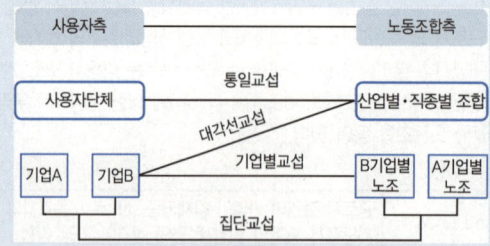

5 O
6 X | 권리분쟁에 대한 내용임. 이익분쟁이란 임금 및 근로조건 등에 관한 새로운 계약을 체결하기 위하여 단체교섭을 하는 과정에서 합의에 도달하지 못함으로써 발생하는 분쟁으로 법정 노동쟁의행위를 할 수 있다.
7 X | 조정은 권고사항이며, 중재는 의무사항이다.
8 O
9 X | 경영참여제도 중 성과배분제도는 직접참가형태의 이익참여제도이며, 종업원지주제도는 간접참가형태의 자본참가의 한 유형이다.
10 O

II | 개념정리문제

1 헌법이 보장하고 있는 노동자의 3가지 기본 권리에 해당하지 않는 것은? `2021 군무원`

① 단결권　　② 단체협의권　　③ 단체교섭권　　④ 단체행동권

2 노동조합의 조직형태에 관한 설명으로 옳지 않은 것은? `2019 공인노무사`

① 직종별 노동조합은 동종 근로자 집단으로 조직되어 단결이 강화되고 단체교섭과 임금협상이 용이하다.
② 일반노동조합은 숙련근로자들의 최저생활조건을 확보하기 위한 조직으로 초기에 발달한 형태이다.
③ 기업별 노동조합은 조합원들이 동일기업에 종사하고 있으므로 근로조건을 획일적으로 적용하기가 용이하다.
④ 산업별 노동조합은 기업과 직종을 초월한 거대한 조직으로서 정책활동 등에 의해 압력 단체로서의 지위를 가진다.
⑤ 연합체 조직은 각 지역이나 기업 또는 직종별 단위조합이 단체의 자격으로 지역적 내지 전국적 조직의 구성원이 되는 형태이다.

3 근로자의 임금 지급 시 조합원의 노동조합비를 일괄하여 징수하는 제도는? `2011 노무사`

① 유니온숍(union shop)　　② 오픈숍(open shop)
③ 클로즈드숍(closed shop)　　④ 체크오프 시스템(check-off system)
⑤ 에이전시숍(agency shop)

4 다음 중 노조가입의 유무와 상관없이 조합원과 비조합원 중 임의로 채용 가능한 제도는? `2018 군무원`

① 오픈숍　　② 클로즈드숍　　③ 유니온숍　　④ 에이전시숍

5 노동조합의 가입형태 중 노조의 지배력이 약한 것부터 나열한 것은? `2014 한국은행`

| a. closed shop | b. open shop | c. union shop |

① a-b-c　　② b-c-a　　③ c-b-a　　④ a-c-b

6 다음 중 노동조합의 숍제도에 대한 설명으로 바르지 아니한 것은? `2014 대구도시철도공사`

① union shop: 채용 후 일정기간 노동조합에 가입해야만 한다.
② open shop: 노동조합의 가입에 상관없이 채용할 수 있다.
③ agency shop: 모든 종업원에게 회비를 징수한다.
④ closed shop: 비조합원도 고용될 수 있다.

7 다음 보기에서 설명하는 노동조합의 형태로 알맞은 것은?　　　2011 한국수력원자력

> • 노동조합의 가입여부는 노동자의 의사에 따라 결정
> • 사용자는 노동조합의 가입에 상관없이 채용

① open shop　　② agency shop　　③ closed shop　　④ preferential shop

8 노동조합의 형태 중 체크오프시스템에 대한 설명으로 알맞은 것은?　　　2011 SH공사

① 노동조합의 조합원만을 고용할 수 있는 제도이다.
② 회사의 급여 계산 시 조합비를 일괄적으로 공제하는 제도이다.
③ 비조합원을 채용할 수 있지만 일정 기간 내에 노동조합에 가입해야 한다.
④ 노동조합의 가입여부에 상관없이 모든 사람들에게 조합비를 공제하는 제도이다.

9 다음 중 closed shop에 대한 설명으로 알맞은 것은?　　　2010 한국수력원자력

① 비조합원을 채용할 수 있다.
② 고용의 전제조건 중 하나가 반드시 조합원이여야 한다.
③ 회사에서 급여를 계산할 때 일괄적으로 조합비를 공제해서 지급한다.
④ 노동조합의 가입여부는 강요가 아니라 전적으로 노동자의 의사에 따라 결정한다.

10 노동조합의 가입 및 운영 요건을 정하는 숍제도(shop system) 중 채용된 후 일정한 수습 기간이 지나 정식 사원이 되면 조합 가입 의무가 있는 방식은?　　　2015 7급 공무원

① 오픈숍(open shop)　　　　　　② 유니언숍(union shop)
③ 클로즈드숍(closed shop)　　　 ④ 에이전시숍(agency shop)

11 조합원 및 비조합원 모두에게 조합비를 징수하는 shop제도는?　　　2015 노무사

① open shop　　② closed shop　　③ agency shop
④ preferential shop　　⑤ maintenance shop

12 산업별 노동조합이 개별기업 사용자와 개별적으로 행하는 경우의 단체교섭 방식은?　　　2013 노무사

① 통일교섭　　② 공동교섭　　③ 집단교섭
④ 대각선교섭　　⑤ 기업별 교섭

13 다음 중 노동자 측의 쟁의 행위에 해당하지 않은 것은? 　　2015 부산도시공사, 2014한국석유공사

① 파업　　② 태업　　③ 불매운동　　④ 직장점거　　⑤ 직장폐쇄

14 사용자가 노동조합의 정당한 활동을 방해하는 것은 　　2020 공인노무사

① 태업　　② 단체교섭　　③ 부당노동행위　　④ 노동쟁의　　⑤ 준법투쟁

15 다음 중 부당노동행위가 아닌 것은? 　　2011 건설공제조합

① 노동조합의 대표자와 단체교섭을 이유 없이 거부하는 행위
② 노동조합에 가입한 근로자에게 인사고과 불이익을 주는 경우
③ 근로자가 노동조합에 가입하지 않을 것을 고용조건으로 제시하는 경우
④ 사용자 측에서 사업장을 폐쇄할 경우

16 조직구성원들의 경영참여와 관련이 없는 것은? 　　2014 노무사

① 분임조　　② 제안제도　　③ 성과배분제도
④ 종업원지주제도　　⑤ 전문경영인제도

17 산업재해의 원인 중 성격이 다른 것은? 　　2014 노무사

① 건물, 기계설비, 장치의 결함　　② 안전보호장치, 보호구의 오작동
③ 생산공정의 결함　　　　　　　④ 개인의 부주의, 불안정한 행동
⑤ 경계표시, 설비의 오류

18 다음 중 QWL(Quality of Working Life)에 대한 내용으로 옳지 않은 것은? 　　2014 대구도시철도공사

① 노동의 상품화　　　　② 근로환경의 쾌적
③ 교육 기관의 확대　　　④ 조직 분위기 개선

19 노동쟁의 조정방법 중 강제성을 띠고 있는 것은? 　　2005 한국토지주택공사

| a. 알선　　b. 중재　　c. 조정　　d. 긴급조정 |

① a, b　　② a, c　　③ a, d　　④ b, c　　⑤ b, d

Ⅲ | 심화문제

1 노사관계에 관한 설명으로 옳지 않은 것은? 2017 공인노무사

① 좁은 의미의 노사관계는 집단적 노사 관계를 의미한다.
② 메인트넌스 숍(maintenance shop)은 조합원이 아닌 종업원에게도 노동조합비를 징수하는 제도이다.
③ 우리나라 노동조합의 조직 형태는 기업별 노조가 대부분이다.
④ 사용자는 노동조합의 파업에 대응하여 직장을 폐쇄할 수 있다.
⑤ 채용이후 자동적으로 노동조합에 가입하는 제도는 유니온 숍(union shop)이다.

2 노동조합의 가입방법에 관한 설명으로 옳지 않은 것은? 2010 가맹거래사

① 클로즈드숍(closed shop)제도는 기업에 속해 있는 근로자 전체가 노동조합에 가입하여야 할 의무가 있는 제도이다.
② 클로즈드숍(closed shop)제도에서는 기업과 노동조합의 단체협약을 통하여 근로자의 채용·해고 등을 노동조합의 통제하에 둔다.
③ 클로즈드숍(closed shop)제도에서는 기업은 노동조합원만을 신규인력으로 채용해야 한다.
④ 유니언숍(union shop)제도에서는 신규채용된 근로자는 일정기간이 지나도 반드시 노동조합에 가입해야 할 의무는 없다.
⑤ 오픈숍(open shop)제도에서는 노동조합 가입여부가 고용 또는 해고의 조건이 되지 않는다.

3 조직구성원들의 경영참여를 위한 제도에는 여러 가지 형태가 있다. 다음 가운데서 이에 직접적으로 연관된다고 볼 수 없는 것은? 1989 CPA

① 럭커제도   ② 제안제도   ③ 종업원지주제도
④ 스캔론제도   ⑤ 고충처리제도

4 노사관계에 있어서 check - off란? 1995 CPA

① 출근시간을 점검하는 것이다.
② 작업성적을 평가하여 임금결정시 보완하려는 제도이다.
③ 종합적 근무성적을 인사고과에 반영하는 것이다.
④ 회사급여계산시 노동조합비를 일괄공제하여 노조에 인도하는 것이다.
⑤ 회사의 노동계약 준수여부를 제도적으로 점검한다.

5 비노조원도 채용할 수 있으나, 일정기간이 경과된 후 반드시 노동조합에 가입하여야 하는 제도로 가장 적절한 것은?   <small>2009 CPA</small>

① 오픈 숍(open shop)
② 클로즈드 숍(closed shop)
③ 유니온 숍(union shop)
④ 체크오프 시스템(check – off system)
⑤ 에이전시 숍(agency shop)

6 노동조합 제도에 대한 설명으로 가장 거리가 먼 것은?   <small>2023 9급 군무원</small>

① 오픈 숍(open shop)은 조합원 여부와 상관없이 고용할 수 있으며, 조합 가입이 고용조건이 아니다.
② 클로즈드 숍(closed shop)은 사용자가 조합원만 선발해야 하는 제도이다.
③ 에이전시 숍(agency shop)은 조합원뿐 아니라 비조합원 노동자에게도 조합 회비를 징수하는 제도이다.
④ 유니온 숍(union shop)은 하나의 사업장에 하나의 노동조합만 인정하는 제도이다.

7 산업별 노동조합 또는 교섭권을 위임받은 상급단체와 개별 기업의 사용자 간에 이루어지는 단체교섭 유형은?   <small>2024 공인노무사</small>

① 대각선 교섭   ② 통일적 교섭   ③ 기업별 교섭   ④ 공동교섭   ⑤ 집단교섭

8 이직 및 유지 관리에 관한 설명으로 가장 적절하지 않은 것은?   <small>2022 CPA</small>

① 자발적 이직(voluntary turnover)의 일반적인 원인에는 직무 불만족, 낮은 임금 및 복리후생 수준, 부진한 성과 등이 있다.
② 퇴직자 인터뷰(exit interview)는 종업원에 대한 유지평가 노력의 일환으로 폭넓게 사용되는 방법이다.
③ 개인이 조직에서 성과를 내는 데 영향을 미치는 주요 요인에는 개인적 능력, 투입된 노력, 조직의 지원 등이 있다.
④ 많은 고용주가 종업원의 무단결근(absenteeism)을 줄이기 위해 출근 보상, 유급근로시간면제 프로그램, 징계 등을 사용한다.
⑤ 무단결근은 종업원이 일정대로 출근하지 않거나 정해진 때에 직장에 있지 않는 것을 말한다.

기 출 로 접 근 하 는   객 관 식 경 영 학

PART 4

마케팅 관리

Chapter 1
마케팅 일반 및 마케팅 조사

Chapter 2
소비자 행동분석

Chapter 3
STP 분석

Chapter 4
마케팅 믹스(1): Product

Chapter 5
마케팅 믹스(2): Price

Chapter 6
마케팅 믹스(3): Place

Chapter 7
마케팅 믹스(4): Promotion

Chapter 1 마케팅 일반 및 마케팅 조사

I | OX문제

❶ 마케팅 일반

1. 후행적 마케팅이란 생산 전 마케팅조사 활동으로서 시장과 소비자를 조사하고 이를 기반으로 제품계획 및 판매예측 등을 통해 마케팅계획수립 등을 하는 마케팅활동이다. ☐ O ☐ X

2. 전통적 혹은 전형적 마케팅은 판매자 중심의 고압적 마케팅인 반면에 현대적 마케팅은 구매자(소비자) 중심의 저압적 마케팅적 성격을 가진다. ☐ O ☐ X

3. 마케팅 관리이념의 발전과정은 기업의 시장지향성 정도에 따라 생산지향 → 판매지향 → 제품지향 → 마케팅 지향 또는 고객지향 → 사회지향 마케팅 컨셉으로 발전되어 왔음. ☐ O ☐ X

4. 관계 마케팅(relationship marketing)이란 신규고객을 확보하는 것보다 기존 고객을 유지하는 것이 기업에게 더 유리하다는 전제하에 기업이 고객과 접촉하는 모든 과정을 통해 고객이 충분한 대가를 받고 있다고 느끼게 해주어 자사의 고객으로 남아 있도록 하는 마케팅 활동을 의미한다. ☐ O ☐ X

5. 고객관계관리(Customer Relationship Management)란 집중공략형 영업전략, 고객과 관련된 기업의 내외부 자료를 분석 통합하여 고객 특성에 기초한 마케팅 활동을 계획하고, 지원하며, 평가하는 과정이다. ☐ O ☐ X

6. 그린마케팅(green marketing)이란 사회 지향적 마케팅중심철학으로서 기업의 사회적 책임을 강조하는 사회적 마케팅의 일환으로 고객의 욕구나 수요 충족뿐만 아니라 환경보전, 생태계균형 등을 중시하는 마케팅을 의미한다. ☐ O ☐ X

7. 심비오틱 마케팅(symbiotic marketing)이란 동시화마케팅으로도 불리우는 마케팅 기법으로, 자사와 타사의 장점만을 결합하여 공동으로 생산, 판매, 마케팅 활동을 전개하는 방식을 의미한다. ☐ O ☐ X

---

1. X | 선행적 마케팅의 개념임. 생산전 우선 선행적으로 고객조사 등의 활동이 이루어지므로 선행적 마케팅, 순환적 및 저압적 마케팅으로 불리움.
2. O
3. X | 마케팅 관리이념의 발전과정은 기업의 시장지향성 정도에 따라 생산지향 → 제품지향 → 판매지향 → 마케팅 지향 또는 고객지향 → 사회지향 마케팅 컨셉으로 발전되어 왔음
4. O
5. O
6. O
7. X | 공생마케팅으로 불리운다.

8 대항마케팅이란 수요가 계절성을 띠거나 생산과잉이 일어나는 경우 등에 따른 불규칙한 수요상태를 해결하기 위해 도입할 수 있는 마케팅으로 적합하다. ○ ✕

9 메스 마케팅(mass marketing)이란 새로운 시장으로 진입하거나 비즈니스를 위해 다양한 이해 관계자의 협력을 구하기 위해 경제적, 심리적, 정치적, PR 등을 전략적으로 적응해 나가는 마케팅이다. ○ ✕

10 디마케팅이란 수요가 일정수준을 넘어 초과 수요 상태에 도달한 경우에 수요를 줄이기 위하여 쓰는 마케팅 유형이다. ○ ✕

❷ 마케팅 환경 및 경쟁 분석

11 경쟁자분석에서 경쟁자가 누구인지를 알기 위한 방법은 크게 기업 중심적 방법과 고객중심적 방법으로 분류 가능하다. ○ ✕

12 경쟁자 분석 방법 중 기업 중심적 방법으로는 관리자 판단 형태의 제품-시장 매트릭스(product-market matrix), 표준산업분류(standard industrial classification) 코드의 활용과 상표전환 매트릭스(brand switching matrix) 방법이 있다. ○ ✕

13 경쟁자 분석 방법 중 고객 중심적 방법은 다시 고객 지각에 기초한 방법과 고객 행동에 기초한 방법으로 분류 가능하다. ○ ✕

14 인지도 맵(지각도: perceptual map)란 고객 행동에 기초한 경쟁자 분석방법으로서 제품 특성에 대해 고객이 인지하고 있는 상태를 다차원척도 분석을 활용하여 기하학적 공간에 표기한 것으로 지각도상 가까이 위치하고 있는 제품들일수록 경쟁은 치열하다고 본다. ○ ✕

---

8 ✕ | 동시화 마케팅에 대한 설명임. 대항마케팅이란 사회적으로 바람직하지 못한 수요를 소멸시키기 위한 마케팅임.
9 ✕ | 코틀러(Kotler, 1986)는 급격한 기업환경 변화를 극복하고 시장을 주도해 나가기 위한 개념으로 메가 마케팅(mega marketing)을 주장했다. 이것은 새로운 시장으로 진입하거나 비즈니스를 위해 다양한 이해 관계자의 협력을 구하기 위해 경제적, 심리적, 정치적, PR 등을 전략적으로 적응해 나가는 마케팅으로서 이러한 목적을 실현시키기 위한 마케팅 믹스 수단으로 전통적인 4P 이외에 정치적 영향력(political power)과 공중관계(public relation)의 2P를 추가한 개념이며, 추가로 포장(package)을 추가해 이를 7P라고 부른다.
10 ○
11 ○
12 ✕ | 기업중심적 방법에는 ① 관리적 판단에 근거한 제품-시장 매트릭스(product-market matrix), ② 기술적 대체가능성 판단방법: 엔지니어 및 전문가에 의한 경쟁자 분석, ③ 표준산업분류(standard industrial classification) 코드에 의한 방법이 있다. 상표전환 매트릭스(brand switching matrix)는 고객의 행동에 기초한 분석 방법이다.
13 ○
14 ✕ | 인지도, 지각도 방법은 고객 지각에 기초한 방법임. 고객지각에 기초한 방법에는 ① 인지도 맵/지각도(perceptual map), ② 상품제거, ③ 사용상황별 대체 방법이 있다. 아울러 고객 행동에 기초한 분석방법에는 ① 상표 전환 매트릭스(brand switching matrix), ② 수요의 교차 탄력성(cross-elasticity of demand) 분석 방법이 있다.

15 상표 전환 매트릭스(brand switching matrix)를 활용한 경쟁자 파악 시, 구입자와 사용자가 동일인이 아닌 경우에는 상표전환이 나타날 수 없다. ◯ ✕

16 마케팅 근시(marketing myopia)는 경쟁의 범위를 본원적 편익이 아닌 제품형태 수준 수준에서 바라보는 것이다. 이로 인해 소비자의 요구를 제대로 파악하지 못하는 상황이 발생하게 된다. ◯ ✕

17 제품 제거(product deletion)와 사용상황별 대체(substitution in-use) 및 인지도 기법 등은 모두 고객지각에 기초한 경쟁자 파악 방법이며, 고객행동에 기초한 경쟁자 파악 방법에는 상표전환 매트릭스, 수요의 교차 탄력성 방법이 있다. ◯ ✕

❸ 마케팅 조사

18 휴리스틱이란 시간이나 정보가 불충분하여 합리적인 판단을 할 수 없거나, 비구조적 문제와 같이 굳이 체계적이고 합리적인 판 단을 할 필요가 없는 상황에서 경험을 체계화하고 정형화하여 해결책을 신속하게 발견하고자 사용하는 어림짐작의 기술을 말함. ◯ ✕

19 의사결정과 관련된 문제와 조사목적을 명확히 설정하고 난 후 실시하는 조사로서, 의사결정에 영향을 미치는 변수들 간의 상호관계를 파악하고 상황변화에 따른 응답자의 반응변화를 분석하고 예측하는 데 사용되는 조사 방법을 탐색조사라고 한다. ◯ ✕

---

15 X, 상표 전환 매트릭스(brand switching matrix)를 활용한 경쟁자 파악 시, 구입자와 사용자가 동일인이 아닌 경우에도 상표전환이 나타날 수 있기 때문에 결과 해석에 주의해야 한다.
상표전환매트릭스 분석을 개관하면 다음과 같다.

		이전구매		
		A	B	C
현재구매	A	0.5	0.2	0.3
	B	0.1	0.7	0.2
	C	0.4	0.2	0.4

- B제품의 재구매율이 가장 높음: 브랜드 충성도 최고(0.7)
- A와 C의 경우 브랜드 전환비율이 높음: 경쟁 치열, 브랜드 충성도 낮음

16 ◯
17 ◯
18 ◯
19 X | 기술조사(descriptive research)에 대한 설명임.

20 실험설계 중에서 표본선정의 무작위화나 실험상의 외생변수통제가 거의 이루어지지 않고, 가설검정보다는 문제도출 및 순수실험설계를 수행하기 전의 탐색조사로 많이 활용되는 방법을 원시실험설계라고 하며 여기에는 통제집단 사전실험설계와 통제집단 사후실험설계가 있다. ☐O ☐X

21 조사문제가 명확하지 않거나 조사문제의 가설을 수립하기 위하여서는 탐색조사가 이용되며, 인과관계를 파악하기 위해서는 실험법이 사용된다. ☐O ☐X

22 표적집단면접(focus group interview), 문헌조사, 전문가 의견조사는 기술조사(descriptive research) 방법에 해당한다. ☐O ☐X

---

20 X | 실험설계 중에서 표본선정의 무작위화나 실험상의 외생변수통제가 거의 이루어지지 않고, 가설검정보다는 문제도출 및 순수실험설계를 수행하기 전의 탐색조사로 많이 활용되는 방법을 원시실험설계라고 하며, 여기에는 단일집단 사전, 사후 실험설계와 집단비교설계가 있다.

단일집단 사후실험설계	단일집단 사전사후실험설계	집단비교설계
• 실험대상을 실험변수에 노출시킨 후 사후에 실험결과를 측정함 • 실험과 관련된 변수와 실험대상에 대한 통제가 이루어지지 않음 • 실험대상은 실험자에 의하여 임의로 선정됨 예) TV선거방송의 효과를 조사하기 위한 사후 실험설계 - 선거방송 후 방송을 시청한 유권자들 중에서 임의로 300명을 선정하여 선거방송 내용을 얼마나 기억하고 있는가를 조사함으로써 선거방송의 효과를 측정함	• 사전측정과 사후측정의 차이를 규명함으로써 실험변수의 효과를 측정하는 방법 • TV선거방송의 효과를 조사하기 위한 사전사후측정설계 - 선거방송 전 임의로 실험대상을 선정하여 특정 후보에 대한 지지율을 조사하고, 방송 후 그 후보에 대한 지지율을 조사하여 그 차이를 분석함으로써 TV선거방송의 효과를 측정하는 방법 - 지지율의 변화가 TV선거방송에 의한 것인지 아니면 다른 요인에 의한 것인지를 정확하게 판단하기 어려움	• 실험변수에 노출된 집단과 노출되지 않은 집단으로 구분하여 실험변수의 효과를 측정하는 방법 예) TV선거방송의 효과를 조사하기 위한 집단비교설계 - 실험집단(EG)은 선거방송에 노출시키고 통제집단(CG)은 선거방송에 노출시키지 않은 상태에서 집단 간의 지지율 차이로 실험의 효과(E)를 측정

순수실험설계란 실험과 관련된 변수의 통제 및 대상의 무작위화가 엄격하게 이루어진 실험설계방법으로서, 상업적 조사보다는 학문적 조사에서 주로 활용된다. 여기에는 통제집단 사전실험설계와 통제집단 사후실험설계 및 솔로몬 4집단설계가 있다.

통제집단 사전사후실험설계	통제집단 사후실험설계	솔로몬 4집단설계
• 실험대상을 무작위로 실험대상과 통제집단으로 할당함 • 실험변수 도입 전과 후에 실험집단 간의 결과변수값을 측정 • 통제집단에 대해서는 실험변수를 도입하지 않고, 실험집단과 같은 시기에 결과변수값을 사전과 사후에 2번 측정함	• 통제집단 사후실험설계는 사전측정을 하지 않는 실험설계방법 • 상호작용시험효과를 제거하고 표본의 무작위 추출로 외생변수의 영향력을 제거함	통제집단 사전사후 실험설계와 통제집단 사후실험설계를 결합한 형태로서 모든 외생변수의 통제가 가능한 실험설계방법

21 O

22 X | 표적집단면접(focus group interview), 문헌조사, 전문가 의견조사는 기술조사(descriptive research) 방법이 아니라 탐색조사방법에 해당한다.

조사목적		조사방법
탐색조사		• 조사문제가 명확하지 않을 때 조사문제를 찾거나 분석대상에 대한 가설을 도출하기 위하여 사용 • 특징: 유연함과 융통성, 종종 선행연구의 형태로 사용됨 • 문헌조사, 사례조사, 전문가의견청취법, 표적집단면접법(FGI), 심층면접법
종결조사	기술조사	• 어떤 현상을 기술하기 위하여 자료를 수집하고 결과를 기술하는 조사로 대부분의 마케팅 조사가 이에 해당함 • 특징: 사전에 구체적인 가설이 언급됨. 즉, 사전에 계획된 설계임(대부분의 기업 현장에서의 조사) • 횡단조사(서베이법), 종단조사(시계열조사), 패널조사 등
	인과관계조사	• 어떤 가설의 원인과 결과를 검증하기 위한 조사 • 특징: 여러 독립변수들의 사용, 다른 조정변수들은 통제함(학계나 연구소 등에서 주로 사용) • 실험법

23 기술조사의 방법 중에서 정해진 조사대상에 관한 특정한 변수값을 여러 시점에 걸쳐 조사하여 변수값의 변화와 그 발생요인을 분석하는 방법을 횡단조사라고 한다. ○ X

24 체계적 오차는 신뢰성과 관련된 개념이며, 비체계적 오차는 타당성과 관련된 개념이다. ○ X

25 조사의 신뢰성이란 측정 도구가 측정하고자 하는 개념이나 속성을 얼마나 정확하게 측정할 수 있는가를 나타내는 지표로서 정확성적 관점이다. ○ X

26 척도에 따라 변수가 갖게 되는 정보량의 크기는 등간척도(interval scale)보다 서열척도(ordinal scale)가 더 크다. ○ X

27 등간척도(interval scale)는 속성의 절대적 크기가 아니라 상대적 크기를 측정하는 것으로 덧셈과 뺄셈의 연산이 가능하다. ○ X

23 X | 시계열조사(종단조사)에 대한 설명임. 횡단조사는 가장 보편적으로 사용되는 조사방법으로, 여러 조사대상 들을 정해진 한 시점에서 조사하고 분석하는 방법이다.

24 X | 체계적 오차는 타당성과 관련된 개념으로서 특정도구나 방법과 관련한 오류이며, 비체계적 오차는 신뢰성과 관련된 개념으로서 측정자나 측정상황과 관련된 오차임.

25 X | 타당성(validity)에 해당하는 설명임. 신뢰성은 일관성적 관점임.

실험의 타당성	인과조사분석을 통하여 도출된 실험결과를 일반화시킬 수 있는 정도를 나타내는 척도

* 외적 타당성과 내적 타당성이 적절히 균형을 맞추고 보장될 때, 실험의 타당성이 있다고 말할 수 있음

내적 타당성	외적 타당성
• 실험효과를 어느 정도 정확하게 설계하고 수행하였는가를 나타내는 지표 • 외생변수가 얼마나 효과적으로 통제되었는가? 예) "종업원이 친절(실험변수)할수록 레스토랑의 매출액(결과변수)이 증가한다" - 이를 점검하고자 하는 실험에서는 친절도 이외의 모든 외생변수들은 모두 제거하거나 통제되어야 함	• 실험에서 도출된 결과를 실제상황에 적용할 경우 어느 정도 적합한가를 나타내는 지표 • 실험결과를 일반화하여 실제 사회현상에 확대 적용시킬 수 있는가?

출처 이훈영, 『이훈영교수의 마케팅조사론』, 도서출판 청람.

26 X | 척도에 따라 변수가 갖게 되는 정보량의 크기는 서열척도(ordinal scale)보다 등간척도(interval scale)가 더 크다.

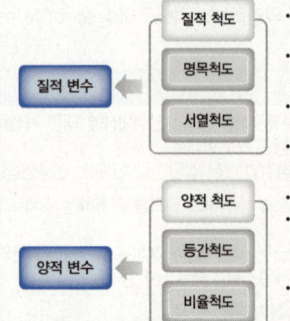

27 O

28 리커트 척도(Lickertis scale)란 태도측정법의 하나로서 피험자에게 조사항목에 동의하느냐의 여부를 묻지 않고 각각의 항목에 대한 동의 정도(범위)를 표시하도록 하는 측정방법이다. ◯ ✕

29 의미변별척도(意味辨別尺度, semantic differential scale)란 관심대상 사물이나 현상을 염두에 두고 다양한 단어가 함축하는 의미를 평정하여 그 사물이나 현상의 특성을 측정하는 척도로서 어의차이척도라고도 한다. ◯ ✕

30 조사현장의 오류와 자료처리의 오류는 표본오류(sampling error)에 포함된다. ◯ ✕

31 표본 프레임이란 모집단에 포함된 조사 대상들의 명단이 수록된 목록을 의미한다. ◯ ✕

32 표본의 수가 증가할수록 비표본오류는 커지고, 표본의 수가 적은 경우 표본오류는 커진다. ◯ ✕

33 모집단을 어떤 기준에 따라 서로 상이한 소집단들로 나누고, 각 소집단으로부터 표본을 무작위로 추출하는 방법은 군집 표본 추출방식이다. ◯ ✕

---

28 ◯
29 ◯
30 ✕ | 비표본오류 중 관찰오류에 해당한다. 오류의 종류를 분류하면 다음과 같다.

오류의 종류

- **표본오류(sampling error)**: 충분하지 않거나 대표성이 없는 표본을 잘못 추출함으로써 발생하는 오류
- **비표본오류(non-sampling error)**: 표본오류 이외의 모든 오류
  - **관찰오류**
    - 조사현장의 오류: 조사과정에서 조사자의 잘못이나 조사상황에 따라서 발행하는 오류
    - 자료기록 및 처리의 오류: 정확한 응답이나 행동을 한 결과를 조사자가 잘못 기록하거나, 자료를 분석하기 위하여 코딩하는 과정에서 발생하는 오류
  - **비관찰오류**
    - 불포함오류: 표본프레임과 모집단의 불일치로 인하여 발생하는 오류
    - 무응답오류: 선정된 표본 중에서 응답을 얻어내지 못하여 생기는 오류

31 ◯
32 ◯
33 ✕ | 모집단을 어떤 기준에 따라 서로 상이한 소집단들로 나누고, 각 소집단으로부터 표본을 무작위로 추출하는 방법은 층화 표본 추출방식이다.
아울러 군집표본추출(cluster sampling)은 모집단을 소집단(또는 군집(cluster))들로 나누고 일정 수의 소집단을 무작위적으로 표본추출한 다음, 추출된 소집단 내의 구성원들을 모두 조사하는 방법이다.

34 단순 무작위표본추출방법(Random Sampling)은 표본 프레임 내의 각 표본들에 대해 일련번호를 부여하고, 이를 이용해 일정 수의 표본을 무작위(random)로 추출하는 방법으로 비확률표본추출방법 중 가장 기본적인 방법이다. ☐O ☐X

35 편의표본추출(convenience sam-pling)은 비확률표본추출이며, 임의로 선정한 지역과 시간대에 조사자가 원하는 사람들을 표본으로 선택하는 방법. 즉, 조사자의 편의대로 표본을 선정하는 방법이다. ☐O ☐X

---

34 X | 단순 무작위표본추출방법(Random Sampling)은 확률표본추출방법 중 가장 기본적인 방법으로서, 각 표본들이 동일하게 선택될 확률을 가지도록 선정된 표본 프레임 안에서 각 표본단위들에 일련번호를 부여한 난수표를 이용해서 선정된 번호에 따라 무작위로 추출하는 방법. 즉, 표본 프레임 내의 각 표본들에 대해 일련번호를 부여하고, 이를 이용해 일정 수의 표본을 무작위(random)로 추출하는 방법이다.

35 O

Ⅱ 개념정리문제

❶ 마케팅 일반

1 다음 마케팅의 미시적 기능 중 선행적 마케팅에 속하는 것은? `2005 한국공항공사`

① 판매예측　　② 물적유통활동　　③ 가격결정　　④ 촉진믹스결정

2 다음 중 현대적 마케팅에 대한 설명으로 옳은 것은? `2012 인천국제항공공사`

① 현대적 마케팅의 특징으로 선형마케팅을 들 수 있다.
② 생산 활동과 제품을 강조하여 기업이 생산 가능한 제품을 생산하여 시장에 출시하는 체제였다.
③ 소비자 위주의 선행적 마케팅으로 전사적 마케팅이다.
④ 기업이 생산한 제품을 소비자에게 강압적으로 구매하는 마케팅이다.

3 다음 중 전통적 마케팅과 현대적 마케팅에 대한 설명으로 알맞지 않은 것은? `2006 근로복지공단`

① 현대적 마케팅은 고압적 마케팅이다.
② 전통적 마케팅은 판매자 중심의 시장이다.
③ 현대적 마케팅은 구매자 중심의 시장이다.
④ 전통적 마케팅은 후행적 마케팅 중심이다.
⑤ 현대적 마케팅은 선행적 마케팅이 중심이다.

4 전형적 마케팅과 현대적 마케팅에 대한 설명으로 옳지 않은 것은? `2012 한국토지주택공사`

	전형적 마케팅	현대적 마케팅
①	선형 마케팅	순환적 마케팅
②	판매자 중심	구매자 중심
③	고압적 마케팅	저압적 마케팅
④	매출 중심위주의 전략	전사적 통합 전략
⑤	선행적 마케팅	후행적 마케팅

5 다음 중 전통적 마케팅 사고로 알맞은 것은? `2005 한국수력원자력`

① 순환적 마케팅이다.　　② 전사적 통합 마케팅이다.
③ 소비자 중심의 마케팅이다.　　④ 판매자 중심의 후행적 마케팅 활동을 한다.

6 기업의 시장지향성 정도에 따른 마케팅 관련 개념의 발전 흐름으로 옳은 것은? 2016 가맹거래사

① 생산개념 → 판매개념 → 총체적마케팅개념 → 마케팅개념
② 판매개념 → 생산개념 → 총체적마케팅개념 → 마케팅개념
③ 마케팅개념 → 생산개념 → 판매개념 → 총체적마케팅개념
④ 생산개념 → 판매개념 → 마케팅개념 → 총체적마케팅개념
⑤ 판매개념 → 생산개념 → 마케팅개념 → 총체적마케팅개념

7 기업 경영에서의 마케팅 개념이 발전해온 순서로 옳은 것은? 2023 공인노무사

① 생산 개념 → 제품 개념 → 판매 개념 → 마케팅 개념
② 생산 개념 → 판매 개념 → 제품 개념 → 마케팅 개념
③ 제품 개념 → 생산 개념 → 판매 개념 → 마케팅 개념
④ 제품 개념 → 판매 개념 → 생산 개념 → 마케팅 개념
⑤ 판매 개념 → 제품 개념 → 생산 개념 → 마케팅 개념

8 마케팅 철학의 변화 과정을 순서대로 나열한 것으로 가장 적절한 것은? 2023 9급 군무원

① 생산지향 → 판매지향 → 제품지향 → 고객지향 → 사회지향
② 생산지향 → 제품지향 → 판매지향 → 고객지향 → 사회지향
③ 생산지향 → 판매지향 → 고객지향 → 제품지향 → 사회지향
④ 생산지향 → 제품지향 → 고객지향 → 판매지향 → 사회지향

9 다음 중 마케팅 관리 이념의 발전순서대로 바르게 나열된 것은? 2004 한국전력공사

| a. 생산지향 마케팅　　b. 판매지향 마케팅　　c. 사회적 마케팅 개념 |

① a-b-c　　② b-a-c　　③ a-c-b　　④ b-c-a

10 다음 중 고객의 입장과 가장 가까운 컨셉은 무엇인가? 2019 군무원

① 생산 컨셉　　② 제품 컨셉　　③ 판매 컨셉　　④ 마케팅 컨셉

11 생산성을 높이고, 유통을 효율화 시키는 등 주로 원가절감에 관심을 갖는 마케팅 개념은? 2019 공인노무사

① 판매 개념　　② 생산 개념　　③ 관계마케팅 개념
④ 통합마케팅 개념　　⑤ 내부마케팅 개념

12 다음 마케팅 개념 중 생산개념에 대한 설명으로 알맞은 것은?

① 제품의 품질이나 디자인, 성능 등에 관심을 두는 마케팅 과업이다.
② 전체 시장이 아니라 특정고객을 위한 제품에 관심을 두는 마케팅 과업이다.
③ 공급이 수요를 초과하는 시기로 제품의 판매에 관심을 두는 마케팅 과업이다.
④ 수요가 공급을 초과하는 시기로 넓은 유통망 확보와 저가공급에 대한 보장이 주요 마케팅 과업이다.

13 특정상품에 대한 수요가 공급을 초과하는 상황에서 강조되는 마케팅컨셉은?

① 생산컨셉 ② 제품컨셉 ③ 판매컨셉
④ 고객중심 마케팅컨셉 ⑤ 사회지향적 마케팅컨셉

14 고객과 지속적이고 개별적인 유대를 통하여 마케팅 네트워크라는 기업자산을 구축하고자 하는 마케팅 전략은?

① 대량 마케팅 ② 니치 마케팅 ③ 관계 마케팅
④ 차별화 마케팅 ⑤ 테스트 마케팅

15 관계마케팅의 등장배경으로 옳지 않은 것은?

① 정보통신기술의 급격한 발전
② 구매자 중심시장에서 판매자 중심시장으로 전환
③ 고객욕구 다양화로 고객만족이 더욱 어려워짐
④ 시장 규제완화로 신시장 진입기회 증가에 따른 경쟁자의 증가
⑤ 마케팅 커뮤니케이션의 효율성을 높이기 위해 표적고객들에게 차별화된 메시지 전달이 필요해짐

16 다음 설명에 해당하는 용어는?

> 다양한 분석기법을 활용하여 고객 데이터로부터 개별고객의 가치, 욕구, 행동패턴 등을 예측하여 고객만족을 위한 고객관리전략을 수립하고 고객과의 관계를 지속하는 마케팅 방식

① RFM ② EDLP ③ CRM ④ MIS ⑤ CSR

17 다음 중 전사적 마케팅에 대한 설명으로 알맞지 않은 것은?

① 통합마케팅이라 불리기도 한다.
② 기업의 모든 활동이 고객만족이라는 목표를 전제로 하고 있다.
③ 생태계보전, 자연환경보전 그리고 더 나아가 지구환경보전을 중시하는 마케팅전략이다.
④ 소비자 욕구 및 복지와 기업의 정기적, 거시적 이익을 위해 기업의 모든 활동이 마케팅을 중심으로 통합, 조정되어 있는 마케팅이다.

18 자원의 부족문제, 공해문제, 사회복지문제가 대두되면서 자연환경보전이나 생태계 균형 등을 중시하는 마케팅은?

① 그린마케팅 ② 국제마케팅 ③ 심비오틱마케팅 ④ 사회마케팅

19 다음 중 그린마케팅에 대한 설명으로 알맞은 것은?

① 초과 수요가 발생할 경우 수요를 줄이기 위한 마케팅이다.
② 점점 감소해 가는 수요를 다시 증가시키기 위한 마케팅이다.
③ 기업과 고객의 이익, 사회복리를 서로 조화시키려는 마케팅이다.
④ 환경문제에 능동적으로 대응하며 공해문제, 자원의 고갈 문제가 심해지면서 등장한 마케팅이다.

20 인터넷마케팅의 장점이 아닌 것은?

① 주문 편의성 ② 판매원의 설득 노력 ③ 정보탐색 용이
④ 낮은 원가 시현 ⑤ 방문자수 파악

21 자사 상품의 수요를 의도적으로 줄이는 마케팅은?

① 디마케팅(demarketing) ② 유지마케팅(maintenance marketing)
③ 개발적 마케팅(development marketing) ④ 동시화마케팅(synchro marketing)

22 다음 중 마케팅활동의 종류에 대한 설명으로 알맞지 않은 것은?

① 동시화 마케팅은 계절적으로 수요가 불규칙한 상황에 적합하다.
② 디마케팅이란 수요가 일정수준에 도달한 상태일 때 쓰는 마케팅유형이다.
③ 개발적 마케팅은 소비자의 욕구는 존재하나 이를 만족시킬 수 있는 제품이 없는 상황에 적합하다.
④ 공생적 마케팅은 둘 이상의 기업이 마케팅 활동을 동시에 수행하여야 한다는 상황 하에서 구사하는 것이 적합하다.

23 기업들이 자사의 상품을 많이 판매하려고 하기보다는 판매를 감소시켜 상품에 대한 수요를 의도적으로 줄임으로써 수요를 감소시키는 전략으로 알맞은 것은?

① 플래그십 마케팅(flagship marketing) ② 앰부시 마케팅(ambush marketing)
③ 프로슈머 마케팅(prosumer marketing) ④ 디마케팅(demarketing)

24 사회적으로나 기업적으로 불건전한 수요가 많아서 그 수요를 파괴하기 위한 것이 목적인 마케팅은?

① 대항적 마케팅   ② 개발적 마케팅   ③ 자극적 마케팅   ④ 유지적 마케팅

25 다음 글에 대한 설명으로 알맞은 것은?

> 기존의 마케팅 믹스(4p's)에 정책과 여론을 추가하여 마케팅 믹스를 활용하는 마케팅이다.

① 메가 마케팅   ② 관계 마케팅   ③ 심비오틱 마케팅
④ 니치 마케팅   ⑤ 그린마케팅

26 수요가 공급을 초과할 때 수요를 감소시키는 것을 목적으로 하는 마케팅관리 기법은?

① 전환적 마케팅(conversional marketing)   ② 동시화 마케팅(synchro marketing)
③ 자극적 마케팅(stimulative marketing)   ④ 개발적 마케팅(developmental marketing)
⑤ 디마케팅(demarketing)

27 마약퇴치운동과 같이 불건전한 수요를 파괴시키는데 활용되는 마케팅은?

① 동시화 마케팅(synchro marketing)   ② 재 마케팅(remarketing)
③ 디마케팅(demarketing)   ④ 대항 마케팅(counter marketing)
⑤ 터보 마케팅(turbo marketing)

28 다음 중 수요상황과 그에 따른 마케팅 과제를 연결한 것 중 알맞지 않은 것은?

① 초과 수요일 경우 수요의 감소 방안을 찾아본다.
② 부정적 수요가 있을 경우 수요의 전환을 시도한다.
③ 무수요일 때는 수요의 개발을 위해 전환적 마케팅을 해 본다.
④ 감퇴적 수요일 경우 수요의 부활을 위해 재마케팅을 시도한다.

29 다음 중 개발적 마케팅을 사용하기에 적당한 수요 현상은?

① 잠재적 수요   ② 불건전 수요   ③ 무관심 수요
④ 부정적 수요   ⑤ 초과 수요

30 다음 중 개발적 마케팅 전략을 사용하기에 알맞은 것은?　　2010 한국수력원자력

① 부정적 수요로 특정상품을 싫어한다.
② 잠재적 수요로서 잠재된 수요와 욕구를 발견하여 충족시켜야 한다.
③ 불건전 수요로서 마약과 술같은 불건전 수요를 포기하도록 할 때 사용한다.
④ 불규칙 수요로서 요일이나 날씨, 시간대 등에 따라서 수요가 불규칙하게 일어난다.

31 다음 중 낮과 밤의 수요가 다른 경우처럼 불규칙한 수요상황에서 제품이나 서비스의 공급 능력에 맞게 수요의 발생시기를 조정 또는 변경하는 마케팅은?　　2010 공무원연금공단

① 디마케팅　　② 재마케팅　　③ 대항적 마케팅　　④ 동시화 마케팅

32 다음 중 수요의 상황에 따른 마케팅 전략으로 바르게 연결된 것은?　　2007 한국공항공사

① 부정적 수요 - 유지 마케팅
② 불규칙 수요 - 동시화 마케팅
③ 초과수요 - 대항적 마케팅
④ 완전수요 - 개발적 마케팅
⑤ 잠재적 수요 - 재성장 마케팅

33 다음 중 불규칙한 수요상태를 해결하기 위해 도입할 수 있는 마케팅으로 알맞은 것은?　　2007 한국토지주택공사

① 동시화 마케팅　　② 대항적 마케팅　　③ 재마케팅　　④ 역마케팅(Demarketing)

34 다음 설명으로 옳지 않은 것은?　　2011 한국무역보험공사

① 니치마케팅: 특정성격을 가진 소규모의 소비자를 대상으로 판매목표를 설정하는 전략이다.
② 인터넷 마케팅: 인터넷의 사이버 공간에서 이루어지는 마케팅 전략이다.
③ 디마케팅: 고객들의 구매를 의도적으로 줄임으로써 적절한 수요를 창출하는 전략이다.
④ 전사적 마케팅: 기업은 각 부서가 독립되어 있기 때문에 각자가 속한 부서의 일만 집중하여 업무 실적을 향상시키는 전략을 말한다.

35 甲은 산행을 가기로 하였는데, A대형마트 인터넷 쇼핑몰에서 품질 좋은 등산화를 싸게 판다는 얘기를 친구들로부터 들은 후 그 쇼핑몰에서 등산화를 구입하였다. 이러한 마케팅을 일컫는 말은?　　2015 경영지도사

① 퍼미션 마케팅(permission marketing)
② 박리다매 마케팅(薄利多賣 marketing)
③ 옵트인 마케팅(opt-in marketing)
④ 바이럴 마케팅(viral marketing)
⑤ 옵트아웃 마케팅(opt-out marketing)

36 다음 중 옴니마케팅에 대한 설명으로 알맞은 것은? 2006 한국철도공사

① 자사의 상품을 많이 판매하기보다는 구매를 의도적으로 줄이는 마케팅을 뜻한다.
② 고객이익, 사회복리, 기업이익이라는 3자를 조화시키려는 마케팅을 뜻한다.
③ 기업이 학자, 전문가, 정부와 협력 체제를 맺어서 공동으로 펼치는 마케팅을 뜻한다.
④ 기존의 4P만으로 부족하여 정치적 영향력, PR, 포장 등을 동원하여야 한다고 보는 마케팅이다.

37 고객들로 하여금 인터넷을 통해 자발적으로 친구나 주변사람들에게 제품을 홍보하도록 함으로써 제품홍보가 더 많은 네티즌 사이에 저절로 퍼져나가도록 하는 것은? 2017 가맹거래사

① 다이렉트 마케팅   ② 텔레 마케팅   ③ 바이럴 마케팅
④ 데이터베이스 마케팅   ⑤ 심비오틱 마케팅

❷ 마케팅 환경 및 경쟁 분석

38 시장 매력도를 평가하는 기준들에 대한 다음의 설명 중 가장 적절하지 않은 것은? [2008 CPA]

① 시장의 매력도에 영향을 미치는 외형적 요인에는 현재 시장규모, 시장 잠재력, 시장 성장률, 상품 수명주기단계, 판매의 주기성 또는 계절성, 현재의 수익성 등이 있다.
② 전반적인 경제의 성장률을 예측하는데 이용되는 선행지수들을 이용하여 시장규모를 예측하는 기법을 지수평활법(exponential smoothing)이라 한다.
③ 시장의 환경적 요인들은 기업들이 통제할 수 없는 요인들로, 어떤 시장이 환경적 요인의 변화에 민감한 영향을 받는다면 그 시장은 그다지 매력적인 시장이 되지 못한다.
④ 시장의 매력도는 시장참여자(market player)들이 어떤 행동을 보이는가에 의해서도 영향을 받는데 이는 흔히 구조-행동-성과(structure-conduct-performance) 패러다임으로 설명된다.
⑤ 어떤 시장 내에서 일정기간 동안에 이상적인 조건하에서 우리 회사와 경쟁 회사들이 달성할 수 있는 최대 매출액을 시장잠재력이라 한다.

39 경쟁자분석에서 경쟁자가 누구인지를 알기 위한 방법으로 가장 적절하지 않은 것은? [2012 CPA]

① 상표전환 매트릭스(brand switching matrix)
② 지각도(perceptual map)
③ 상품/시장 매트릭스(product/market matrix)
④ 수요의 교차탄력성(cross-elasticity of demand)
⑤ 제품수명주기(product life cycle)

40 마케팅 전략 수립을 위해 시장기회를 분석하는데는 경쟁자 분석이 필요할 수 있다. 이 경우 경쟁자 분석 방법은 보통 기업 중심적 방법과 고객 중심적 방법으로 구분할 수 있는데, 다음 중 기업중심적 방법으로 가장 적절하지 않은 것은? [2024 7급 군무원]

① 브랜드 전환 매트릭스(brand switching matrix)
② 제품-시장 매트릭스(product-market matrix)
③ 기술적 대체 가능성(technological substitutalbility)
④ 표준 산업분류(standard industrial classification)

❸ 마케팅 조사

41 다음 중 마케팅 조사의 순서로 알맞은 것은? `2011 SH공사`

① 문제의 정의 – 조사 및 설계 – 자료수집 – 분석 및 보고서작성
② 문제의 정의 – 자료수집 – 조사 및 설계 – 분석 및 보고서작성
③ 자료수집 – 문제의 정의 – 조사 및 설계 – 분석 및 보고서작성
④ 자료수집 – 조사 및 설계 – 문제의 정의 – 분석 및 보고서작성

42 조사방법 중 탐색적(exploratory) 방법이 아닌 것은? `2015 가맹거래사`

① 인과관계조사　　　② 심층면접법　　　③ 문헌조사
④ 전문가의견조사　　⑤ 표적집단면접법

43 다음 중 마케팅조사방법 중 탐색적 조사에 속하는 것은? `2010 한국수력원자력`

① 패널조사　　② 시계열조사　　③ 서베이조사　　④ 전문가 의견조사

44 소수의 응답자들을 대상으로 한 장소에서 주어진 주제에 대하여 자유롭게 토론을 하여 자료를 수집 하는 방법은? `2014 가맹거래사`

① 표적집단면접법　　② 문헌조사　　③ 델파이법
④ 사례조사　　　　　⑤ 기술조사

45 다음 중 탐색조사에 속하지 않는 것은? `2019 군무원`

① 관찰조사　　② 패널조사　　③ 사례조사　　④ 면접조사

46 마케팅 의사결정을 위한 조사자료 수집방법 중 1차 자료의 수집방법으로 가장 옳지 않은 것은? `2021 5급 군무원`

① 우편조사법　　② 전화면접법　　③ 문헌조사법　　④ 대인면접법

47 다음 중 절대적 0값이 존재하는 척도는? `2018 군무원`

① 명목척도　　② 서열척도　　③ 등간척도(interval)　　④ 비율척도(ratio)

48 다음 중 비율척도에 대한 설명으로 알맞은 것은?

① 측정대상자 간의 순위를 파악하는 것이다.
② 측정대상에 순위를 부여하면서 그 간격이 일정하다.
③ 측정대상에게 확인할 목적으로 숫자를 부여하는 것이다.
④ 영점이 존재하는 가장 높은 형태의 척도로 등간척도의 특성에 추가적으로 비율계산이 가능하다.

49 다음 중 마케팅 조사의 척도 중 서열 척도로 알맞은 것은?

① 상품유형분류조사   ② 회사직위, 상품선호순위   ③ 시장점유율, 매출액조사
④ 성별분류   ⑤ 물가지수

50 마케팅 조사(marketing research)를 위한 표본추출 방법 중에서 할당 표본추출(quota sampling) 방법에 대한 설명으로 옳은 것은?

① 확률 표본추출 방법 중의 하나이다.
② 모집단 내의 각 대상이 표본에 추출될 확률이 모두 동일한 방법이다.
③ 모집단의 특성을 반영하도록 통제 특성별로 미리 정해진 비율만큼 표본을 추출하는 방법이다.
④ 모집단을 어떤 기준에 따라 상이한 소집단으로 나누고 각 소집단으로부터 표본을 무작위로 추출하는 방법이다.

51 표본추출방법에 대한 설명으로 옳지 않은 것은?

① 단순무작위표본추출법, 군집표본추출법, 층화표본추출법은 확률표본추출방법에 해당한다.
② 모집단의 특성을 반영하도록 미리 할당된 비율에 따라 표본을 추출하는 할당표본추출은 비확률표본추출에 해당한다.
③ 조사자가 표본선정의 편리성에 중점을 두고 조사자 임의대로 표본을 선정하는 방법은 편의표본추출법이다.
④ 모집단을 서로 배타적이고 포괄적인 소그룹으로 구분한 다음 각 소그룹별로 단순무작위표본추출하는 방법은 판단표본추출방법이다.

52 마케팅조사를 할 때, x라는 상표를 소비하는 전체 모집단에 대해 구매량을 중심으로 빈번히 구매 하는 사람(heavy users)과 가끔 구매하는 사람(light users)으로 분류하고, 각각의 집단에서 무작위로 일정한 수의 표본을 추출하는 표본추출방식을 일컫는 말은?

① 할당 표본추출   ② 주관적 표본추출   ③ 체계적 표본추출
④ 층화 표본추출   ⑤ 임의 표본추출

53 다음 중 확률표본추출방법에 해당하는 것은? [2023 7급 군무원]

① 층화표본추출(stratified sampling) ② 편의표본추출(convenience sampling)
③ 판단표본추출(judgmental sampling) ④ 할당표본추출(quota sampling)

54 척도(scale)에 관한 설명으로 가장 적절하지 않은 것은? [2022 CPA]

① 척도는 포함하는 정보의 양에 따라 분류된다.
② 어의차이척도(semantic differential scale)는 척도의 양 극단에 속성의 정도를 나타내는 반의어를 제시한다.
③ 비율척도(ratio scale)를 통해 변수들의 상대적 크기를 비교할 수 있고 절대적 크기도 측정할 수 있다.
④ 간격척도(interval scale)로 측정된 변수 간의 가감(+, -) 연산이 가능하며, 리커트척도(Likert scale)가 간격척도의 예이다.
⑤ 서열척도(ordinal scale)를 통해 측정 대상들의 절대적 위치를 알 수 있다.

55 다음이 설명하는 기법은? [2017 공인노무사]

- 비구조적인 문제를 다루는 데 유용하다.
- 경험을 체계화하고 정형화하여 해 결책을 발견한다.

① 팀 빌딩 ② 휴리스틱 ③ 군집분석 ④ 회귀분석 ⑤ 선형계획법

Ⅲ | 심화문제

❶ 마케팅 일반

1 다음 마케팅과 관련된 용어에 대한 설명으로 틀린 것은? `1995 CPA`

① 수평적 통합 – 동일제품을 생산하고 있는 경쟁업체에 지배력을 확대하는 것
② 수직적 통합 – 생산과정상의 전방 또는 후방의 관련업체로 확장하는 것
③ 심비오틱 마케팅 – 영구적으로 수요를 고정시키려는 것
④ 디마케팅 – 일시적 혹은 영구적으로 수요를 감퇴시키려는 과제를 지닌 마케팅
⑤ 사회적 마케팅은 사회적 이념과 일치하여야 한다.

2 수요상황에 따른 적절한 마케팅 방식으로 전환적 마케팅, 자극적 마케팅, 개발적 마케팅, 재마케팅, 동시화 마케팅, 유지적 마케팅, 역마케팅, 대항적 마케팅 등이 제시되고 있다. 다음 중 수요상황과 마케팅 방식을 올바르게 연결한 것은? `1997 CPA`

① 부정적 수요 – 개발적 마케팅   ② 불규칙적 수요 – 동시화 마케팅
③ 완전수요 – 재마케팅   ④ 잠재적 수요 – 자극적 마케팅
⑤ 초과수요 – 유지적 마케팅

3 다음 중 현대적 마케팅 개념과 가장 거리가 먼 것은? `1999 CPA`

① 마케팅의 관건은 소비자를 만족시키는 것이다.
② 인식의 출발은 시장이며 소비자 욕구가 초점이 된다.
③ 통합적 마케팅을 지향한다.
④ 고객만족을 통해 이익을 추구한다.
⑤ 판매와 촉진이 핵심적인 마케팅 수단이다.

4 다음 중 관계마케팅(relationship marketing)에 대한 설명으로 가장 거리가 먼 것은? `1999 CPA`

① 고객과의 신뢰형성을 강조한다.
② 데이터베이스 마케팅(database marketing)을 주요한 수단으로 활용한다.
③ 신규고객의 유치를 강조한다.
④ 장기적인 마케팅 성과를 지향한다.
⑤ 고객과의 지속적인 거래관계를 유지하고자 한다.

5 다음 중 고객관계관리(customer relationship management, CRM)에 대한 설명으로 가장 적절하지 않은 것은? 2024 7급 군무원

① 거시적 관점에서 전략적 CRM은 기업의 경영 환경에 영향을 미치고 있는 기업, 고객, 경쟁자, 협력자를 통합적으로 고려한다.
② 미시적 관점에서 전술적 CRM은 고객에게 최적의 상품과 서비스를 제공하기 위한 자료의 도출과 분석에 초점을 둔 구체적인 고객대응 전략을 목표로 한다.
③ RFM(recency, frequency, monetary) 분석은 고객과의 커뮤니케이션에 초점을 맞춘 분석이다.
④ 잠재고객의 평생가치는 해당 잠재고객을 경쟁상대에게 빼앗겼을 때 예상할 수 있는 손실값으로 정의할 수 있다.

❷ 마케팅 환경 및 경쟁 분석

6 경쟁자 규명 방법 중에서 고객중심적인 방법으로 가장 적절하게 구성된 것은? `2014 CPA`

> a. 지각도(perceptual map)
> b. 상표전환 매트릭스(brand switching matrix)
> c. 표준산업분류(standard industrial classification)
> d. 제품-시장 매트릭스(product-market matrix)

① a, b ② a, c ③ a, d ④ b, c ⑤ b, d

7 고객의 지각(perception)에 기초한 경쟁자 파악 방법으로 적절한 항목은 모두 몇 개인가? `2015 CPA`

> a. 상품제거(product deletion)
> b. 상표전환 매트릭스(brand switching matrix)
> c. 지각도(perceptual map)
> d. 수요의 교차탄력성(cross-elasticity of demand)

① 0개 ② 1개 ③ 2개 ④ 3개 ⑤ 4개

8 다음 자료를 이용하여 구매전환율(Conversion Rate)을 계산하면? `2017 7급 감사직`

> 100,000명의 소비자가 e-쇼핑몰 광고를 보았고 1,000명의 소비자가 광고를 클릭하여 e-쇼핑몰을 방문하였다. e-쇼핑몰을 방문한 소비자 중 실제 제품을 구매한 소비자는 50명이며 이들 구매고객 중 12명이 재구매를 하여 충성고객이 되었다.

① 24 % ② 5 % ③ 1 % ④ 0.05 %

9 10,000명이 인터넷 광고를 열람하였고 그중 100명이 회사 홈페이지를 방문하였다. 그 100명 중 50명이 제품을 구매하였고 그중 12명만이 제품을 재주문하였다. 이 경우 이 회사 제품의 재구매율은? `2017 군무원`

① 24% ② 5% ③ 1% ④ 0.05%

10 경쟁자 분석에 관한 설명으로 적절한 항목만을 모두 선택한 것은? `2018 CPA`

> a. 마케팅 근시(marketing myopia)는 경쟁의 범위를 제품형태 수준이 아닌 본원적 편익 수준에서 바라보는 것이다.
> b. 제품 제거(product deletion)는 고객 지각에 기초한 경쟁자 파악 방법이고, 사용상황별 대체(substitution in-use)는 고객행동에 기초한 경쟁자 파악 방법이다.
> c. 상표 전환 매트릭스(brand switching matrix)를 활용한 경쟁자 파악 시, 구입자와 사용자가 동일인이 아닌 경우에도 상표전환이 나타날 수 있기 때문에 결과 해석에 주의해야 한다.

① a ② b ③ c ④ a, b ⑤ b, c

③ 마케팅 조사

11 마케팅 시장조사에서 1차 자료를 수집하기 위한 방법 중 적당하지 않은 것은?　　1991 CPA

① 현재의 여러 현상을 관찰함으로써 정보를 수집한다.
② 여러 가지 변수의 조건화(통제)를 통한 결과의 차이를 분석한다.
③ 신속하고 경제적으로 정보를 이용하기 위하여 정부의 통계나 언론매체 등의 자료를 수집한다.
④ 조사목적에 맞는 여러 가지 유형의 질문이 포함되도록 질문서를 만들어 조사한다.
⑤ 마케팅조사의 목적에 관련된 자료를 기계장치에 의해 수집한다.

12 마케팅문제에 대한 가설설정이 이루어지지 않은 상황에서 마케팅조사를 실시하고자 한다. 이때 활용될 수 있는 마케팅 조사방법으로 가장 거리가 먼 것은?　　1999 CPA

① 관찰법(observational research)
② 실험법(experimental research)
③ 심층면접법(depth interview)
④ 탐색조사(exploratory research)
⑤ 표적집단면접법(FGI: focus group interview)

13 마케팅조사에 관한 설명으로 적절한 항목만을 모두 선택한 것은?　　2021 CPA

> a. 마케팅정보의 원천을 1차 자료와 2차 자료로 구분할 때, 공공기관(통계청, 한국은행 등)에서 발간한 자료는 2차 자료에 해당된다.
> b. 척도의 4가지 유형 중에서 측정대상을 구분하는 범주나 종류를 측정하는 데 사용되는 유형을 서열척도(ordinal scale)라고 한다.
> c. 전수조사와 표본조사 모두 표본오차가 발생한다.

① a　　② a, b　　③ a, c　　④ b, c　　⑤ a, b, c

14 A시에 거주하고 있는 소비자를 대상으로 B제품에 대한 고객만족도를 조사하고자 한다. 동일한 규모의 표본을 추출할 때 대표성은 높으나 시간과 비용이 가장 많이 드는 표출방법은?　　2000 CPA

① 판단표출(judgement sampling)
② 편의표출(convenience sampling)
③ 할당표출(quota sampling)
④ 단순무작위표출(simple random sampling)
⑤ 목적표출(purposive sampling)

15 마케팅조사에 대한 서술 중 가장 적절하지 않은 것은? _{2009 CPA}

① 자료유형 중에서 1차 자료(primary data)는 조사자가 특정 조사목적을 위해 직접 수집한 자료이다.
② 단어연상법은 개방형 질문(open-ended question) 유형에 해당한다.
③ 명목척도(nominal scale)는 측정대상이 속한 범주나 종류를 구분하기 위한 척도이다.
④ 전수조사보다 표본조사가 비용이 적게 든다.
⑤ 편의표본추출법(convenience sampling)에서는 모집단을 구성하는 모든 측정치들에 동일한 추출기회를 부여한다.

16 표본추출방법에 관한 설명으로 가장 적절하지 않은 것은? _{2011 CPA}

① 편의표본추출(convenience sampling)은 비확률표본추출이며, 조사자가 편리하게 조사할 수 있는 대상들로 표본을 추출하는 것이다.
② 군집표본추출(cluster sampling)은 비확률표본추출이며, 모집단을 서로 상이한 소집단들로 나누고, 각 소집단으로부터 표본을 단순 무작위추출 하는 방법이다.
③ 판단표본추출(purposive 또는 judgement sampling)은 비확률표본추출 이며, 조사자가 판단하기에 좋은 표본이 될 것이라고 생각되는 대상들로 표본을 구성하는 것이다.
④ 단순 무작위 표본추출(simple random sampling)은 확률표본추출이며, 모집단 내의 각 대상이 표본에 뽑힐 확률이 모두 동일한 표본추출방법이다.
⑤ 할당표본추출(quota sampling)은 비확률표본추출이며, 모집단의 특성을 반영하도록 미리 할당된 비율에 따라 표본을 추출하는 것이다.

17 마케팅 조사에서 표본선정에 관한 설명으로 가장 적절하지 않은 것은? _{2012 CPA}

① 표본추출과정은 모집단의 설정 → 표본 프레임의 결정 → 표본추출방법의 결정 → 표본크기의 결정 → 표본추출의 순서로 이루어진다.
② 표본의 크기가 커질수록 조사비용과 조사시간이 증가하며, 표본오류 또한 증가한다.
③ 비표본오류(non-sampling error)에는 조사현장의 오류, 자료기록 및 처리의 오류, 불포함 오류, 무응답 오류가 있다.
④ 층화표본추출(stratified sampling)은 확률표본추출이며, 모집단을 서로 상이한 소집단들로 나누고 이들 각 소집단들로부터 표본을 무작위로 추출하는 방법이다.
⑤ 표본 프레임(sample frame)이란 모집단에 포함된 조사대상자들의 명단이 수록된 목록을 의미한다.

18 마케팅 조사에 관한 설명으로 가장 적절하지 않은 것은? _{2014 CPA}

① 설문조사(survey)에서 응답자를 접촉하는 방법에는 대인면접조사, 전화조사, 우편조사, 인터넷조사 등이 있으며, 이 중에서 자료수집비용이 가장 높은 것은 대인면접조사이다.
② 리커트 척도는 양쪽 끝에 상반되는 의미를 가지는 척도에서 선택하도록 하는 질문형태이다.
③ 마케팅 의사결정에 필요한 자료(1차 자료, 2차 자료) 중에서 2차 자료란 과거에 다른 목적으로 수집된 자료로서 현재 직면한 의사결정에도 활용 가능한 자료를 말한다.
④ 판단표본추출과 할당표본추출은 비확률표본추출방법이다.
⑤ 층화표본추출과 군집표본추출은 확률표본추출방법이다.

19 마케팅 조사에 관한 설명으로 가장 적절하지 않은 것은? <small>2015 CPA</small>

① 표본조사에서 불포함오류(non-inclusion error)와 무응답오류(non-response error)는 비관찰오류(non-survey error)에 포함된다.
② 표본추출과정은 모집단의 확정 → 표본 프레임의 결정 → 표본추출방법의 결정 → 표본 크기의 결정 → 표본추출 단계로 이루어진다.
③ 신뢰성(reliability)은 측정하고자 하는 현상이나 대상을 얼마나 일관성 있게 측정하였는가를 나타내는 것이다.
④ 등간척도(interval scale)는 속성의 절대적 크기를 측정할 수 있기 때문에 사칙연산이 가능하다.
⑤ 통제집단 사후설계(after-only with control group design)는 순수실험설계(true experimental design)에 포함된다.

20 마케팅 조사에 관한 설명으로 가장 적절하지 않은 것은? <small>2016 CPA</small>

① 타당성(validity)은 측정 도구가 측정하고자 하는 개념이나 속성을 얼마나 정확하게 측정할 수 있는가를 나타내는 지표이다.
② 표적집단면접(focus group interview), 문헌조사, 전문가 의견조사는 기술조사(descriptive research) 방법에 포함된다.
③ 척도에 따라 변수가 갖게 되는 정보량의 크기는 서열척도(ordinal scale)보다 등간척도(interval scale)가 더 크다.
④ 단순무작위표본추출과 군집표본추출은 확률표본추출방법이다.
⑤ 조사현장의 오류와 자료처리의 오류는 관찰오류(survey error)에 포함된다.

21 마케팅 조사에 관한 설명으로 적절한 항목만을 모두 선택한 것은? <small>2017 CPA</small>

> a. 표본의 수가 증가할수록 비표본오류는 작아지고 표본오류는 커진다.
> b. 단일집단 사후실험설계는 순수실험설계 방법에 포함된다.
> c. 할당표본추출(quota sampling)은 비확률표본추출방법이다.

① a   ② b   ③ c   ④ a, c   ⑤ b, c

22 마케팅 조사에 관한 설명으로 적절한 항목은 모두 몇 개인가? <small>2018 CPA</small>

> a. 패널 조사와 실험설계는 탐색적 조사에서 이용되는 방법이다.
> b. 어의 차이 척도(semantic differential scale)는 응답자가 질문 항목에 대한 동의나 반대의 정도를 나타내도록 하는 질문 형태이다.
> c. 군집표본추출법(cluster sampling)은 모집단을 어떤 기준에 따라 서로 상이한 소집단들로 나누고, 각 소집단으로부터 표본을 무작위로 추출하는 방법이다.
> d. 체계적 오차는 타당성(validity)과 관련된 개념이며, 비체계적 오차는 신뢰성(reliability)과 관련된 개념이다.

① 0개   ② 1개   ③ 2개   ④ 3개   ⑤ 4개

23. 마케팅조사에 관한 설명으로 적절한 항목만을 모두 선택한 것은? [2019 CPA]

> a. 실험결과의 일반화는 내적 타당성과 관련이 있는 반면에 외생변수의 통제는 외적 타당성과 관련이 있다.
> b. 표본프레임이 모집단과 정확하게 일치하지 못함으로써 발생하는 오류는 표본오류에 포함된다.
> c. 표적집단면접법(FGI)과 투사법(projective technique)의 차이점 중 하나는 실시하고자 하는 조사목적을 조사 대상자에게 밝히는가의 여부이다.

① a ② b ③ c ④ a, b ⑤ b, c

24. 소비자의 브랜드 인식과 관련된 다차원척도법(multidimensional scaling)에 관한 설명으로 가장 적절하지 않은 것은? [2020 CPA]

① 기업은 다차원척도법을 활용하여 소비자들이 인식하고 있는 유사성을 기반으로 브랜드 간 거리를 산출하며, 이를 통해 평가 브랜드들의 절대적 위치를 알 수 있다.
② 기업은 다차원척도법을 활용하여 자사 브랜드의 포지션과 평가 브랜드들 간의 경쟁정도를 파악할 수 있다.
③ 다차원 상에서 평가한 속성들을 2차원이나 3차원과 같은 저차원의 공간 상에 점이나 벡터로 나타낼 수 있다.
④ 스트레스 값은 소비자의 인식과 지각도(perceptual map)상 자극점들(stimuli) 간의 불일치 정도를 나타낸다.
⑤ 다차원척도법은 기업이 소비자의 브랜드 인지 시 사용하는 평가차원의 수와 속성의 종류를 파악하는 데 유용하다.

25. 마케팅조사에 관한 설명으로 가장 적절하지 않은 것은? [2023 CPA]

① 체계적 오차는 타당성(validity)과 관련된 개념이며, 외적타당성은 일반화가 가능한가에 관한 타당성이다.
② 인과적 조사에서 단일집단 사전사후실험설계는 원시실험설계(pre-experimental design)이고, 통제집단 사후실험설계는 순수실험설계(true-experimental design)이다.
③ 조사목적을 공개하는 설문지법과 달리 면접법과 투사법은 조사목적을 공개하지 않는 공통점이 있으나, 면접법과 투사법의 차이는 자료수집 과정의 비체계화(비표준화) 정도로 구분된다.
④ 확률표본추출방법 중 하나인 층화표본추출은 모집단을 서로 상이한 소집단들로 나누고, 이들 각각의 소집단으로부터 표본을 단순 무작위로 추출하는 것이다.
⑤ 조사현장오류는 관찰오류이고 무응답오류는 비관찰오류이며, 이들 모두는 비표본오류에 속한다.

26 다음 마케팅 조사와 관련된 여러 설명들 중 가장 적절한 설명은? `2024 7급 군무원`

① 등간척도(interval scale)는 속성의 절대적 크기를 측정하기 때문에 사칙연산이 가능하다.
② 외적 타당성(external validity)이란 실험 결과를 실험실 밖의 실제상황에서 어느 정도까지 설명력 있게 확대 적용할 수 있느냐의 정도를 나타내는 지표를 말한다.
③ 표적 집단 면접(focus group interview), 문헌조사, 전문적 의견조사는 기술조가 방법(descriptive research method)에 해당한다.
④ 전화 설문 기법(telephone survey technique)은 표본 범주를 통제하기에 용이하다.

27 자료분석에 관한 설명으로 가장 적절하지 않은 것은? `2022 CPA`

① 신뢰성(reliability)은 측정결과가 얼마나 일관되는지를 나타낸다.
② 첫 번째 측정이 그 다음의 측정에 영향을 미치는 것을 측정 도구의 편향(instrumental bias)이라고 한다.
③ 외적 타당성(external validity)은 실험의 결과를 실험실 외의 상황에 어느 정도까지 적용할 수 있는지를 나타낸다.
④ 유의수준은 1종 오류(type I error)의 허용정도를 의미한다.
⑤ 양측검정(two-sided test)에서는 귀무가설을 기각할 수 있는 영역이 좌우 양쪽에 위치한다.

28 마케팅조사에 관한 설명으로 가장 적절한 것은? `2024 CPA`

① 문헌조사와 사례조사는 탐색적 조사이고, 전문가면접법과 표적집단면접법은 기술적 조사이다.
② 비확률표본추출방법은 표본프레임을 이용하여 표본을 추출하는 방법이다.
③ 설문지에서 사용되는 개방형 질문(open-ended questions)은 응답이 쉽고, 자료 분석이 용이하다.
④ 유사실험설계에서는 대상선정의 무작위화가 실행되지 않으며, 시계열실험설계가 이에 해당된다.
⑤ 타당성이 없는 측정도구에서 신뢰성은 의미가 없으며, 내적 타당성이 높아지면 외적 타당성도 높아지는 경향이 있다.

Chapter 2 소비자 행동분석

I | OX문제

❶ 소비자행동분석

1. AIO(Activity, Interest, Opinion) 조사란 소비자의 인간적 측면이나 생활양식을 일상의 행동, 주변의 사물에 대한 관심 및 사회적·개인적 문제에 관한 의견 등 세 가지 차원에서 파악하는 라이프 스타일 조사방법이다. ☐O ☐X

2. 시간의 흐름에 따라 가족구조와 가족구성원의 역할변화를 설명하는 개념인 가족생활주기(family life cycle)는 가정이 형성되어 성장·성숙된 후 소멸되기까지의 과정을 가족구성원의 역할 구조에 변화를 일으키는 사건을 중심으로 분류한다. ☐O ☐X

3. 준거집단(reference group)은 개인이 어떻게 생각하고 행동하는가에 대한 기준이나 가치를 제공하지만, 준거 집단이 소비자 구매 행동에 미치는 영향은 매우 작다고 할 수 있다. ☐O ☐X

4. 고관여 제품의 경우 특정 제품에 대하여 관심을 많이 갖고 관련 정보를 많이 수집한 후 구매하는 형태의 일상적 문제 해결방식을 가진다. ☐O ☐X

5. 수단-목적 사슬이란 카페에서 마시는 커피라는 상품은 장소의 자유로운 이용이라는 속성을 띄고 있고, 그것이 소비자에게 편안한 장소 제공이라는 결과를 가지며, 이것이 소비자에게 최종적으로 안락함이라는 가치를 가져다준다는 의미로서 소비자는 속성, 결과, 가치 3단계로 자신이 중요하다고 생각하는 것에 입각하여 제품과 상표의 속성을 지각하는 경향을 뜻한다. ☐O ☐X

6. 관여도에 따른 소비자 구매행동 유형 중 구매 후 부조화 감소 구매행동은 주로 저관여 제품에 대한 구매행태에서 나타난다. ☐O ☐X

1. O
2. O
3. X | 준거집단(reference group)은 개인이 어떻게 생각하고 행동하는가에 대한 기준이나 가치를 제공하며, 준거 집단이 소비자 행동에 미치는 영향에는 규범적 영향, 정보제공적 영향, 가치표현적 영향이 있다.
4. X | 포괄적 문제 해결 방식을 가진다.
5. O
6. X | 고관여 제품에서 주로 나타난다. 이를 정리하여 보면 다음과 같다.

구 분	고관여제품	저관여제품
제품특성 간 차이가 클 때	복잡한 구매행동 • 소비자가 중시 여기는 속성을 파악하여 자사제품의 특성을 부각시킴	다양성 추구 구매행동 • 시장선도자: 습관적 구매 유도 • 시장추종자: 상표전환 유도(강력한 판매촉진 행위)
제품특성 간 차이가 작을 때	부조화 감소 구매행동 • 가격민감성, 구매용이성, A/S 용이성 등이 중요	습관적 구매행동 • 넓은 진열대, 잦은 광고 등으로 소비자에게 자주 노출시켜야 함

7 내적탐색의 결과 회상된 상기상표군과 외적탐색을 통해 발견된 상표군을 모두 합한 상표군을 고려상표군이라고 한다. ☐O ☐X

8 상기상표군(evoked set)에 포함되어 있는 상표의 수는 고려상표군(consideration set)에 포함되어 있는 상표의 수보다 적다. ☐O ☐X

9 피쉬바인의 다속성 태도모형은 사물에 대한 사람들의 태도는 그 사물의 여러 가지 속성에 대한 신념과 속성에 관련된 내재적 평가로 이루어진다고 보고 있다. ☐O ☐X

10 피쉬바인의 행위의도모델(이성적 행동 모형)은 타인의 평가에 대한 신념, 타인의 기대에 순응하려는 순응동기의 결합형태로 설명 가능하다. ☐O ☐X

11 계획적 행동이론에서 행위의 의도는 행위에 대한 태도(attitude toward the behavior)와 주관적 규범(subjective norm), 그리고 지각된 행동 통제(perceived behavioral control)에 의해서 결정된다고 보고 있다. ☐O ☐X

12 비보완적(non-compensatory rule) 방식은 특정 속성에서의 약점이 다른 속성에서의 강점에 의해 보완이 되지 않는 방식이다. ☐O ☐X

13 구매 후 부조화는 소비자가 구매 이후 느낄 수 있는 심리적 불편함을 말하며, 구매결정을 취소할 수 없을 때 발생할 가능성이 높다. ☐O ☐X

14 제품처분(product disposal)은 소비자들의 처분과 관련된 의사결정이 향후의 제품구매의사결정에 영향을 주기 때문에 중요하며, 나아가 제품 처분 관련 행동은 자원 재활용 측면에서도 중요하다. ☐O ☐X

7	O
8	O
9	O
10	O
11	O
12	O
13	O
14	O

❷ 소비자 정보처리과정

15 절대적 식역(absolute threshold)은 두 개의 자극이 지각적으로 구분될 수 있는 최소한의 차이를 말하며, JND(just noticeable difference)라고도 한다. ☐ O ☐ X

16 평소에 20도 소주를 마시던 소비자가 19도로 낮아진 소주는 구분 못 하지만 18도로 낮아진 소주를 구분하는 것은 차이 식역(differential threshold)으로 설명될 수 있다. ☐ O ☐ X

17 선택적 노출이란 내적 탐색 결과 정보 불충분 시 외적 탐색과정에서 의도적으로 자신을 마케팅 정보에 노출시킨 것을 의미한다. ☐ O ☐ X

18 스팸성 광고물의 내용을 열어보지 않고 삭제해 버리는 것은 선택적 노출(selective exposure)의 예라 할 수 있다. ☐ O ☐ X

19 다이어트를 하는 학생들이 하지 않는 학생들에 비해 과거보다 식품 관련 광고가 더 많아졌다고 느끼는 것은 지각적 방어(perceptual defense)에 해당된다. ☐ O ☐ X

20 브랜드명, 보증기간, 원산지 등이 품질을 추론하는 단서로 이용되는 것은 지각적 추론(perceptual inference)과 관련이 있다. ☐ O ☐ X

21 정보과부하(information overload) 가설에서 보여주듯 정보의 양이 많다고 좋은 것만은 아니며, 인간의 정보처리능력을 초과하면 잘못된 의사결정을 하게 될 가능성이 있으므로 적정 수준의 정보를 제공하는 것이 효과적이다. ☐ O ☐ X

---

15 X | 두 개의 자극이 지각적으로 구분될 수 있는 최소한의 차이(just noticeable difference ; JND)는 차이 식역(differential threshold)에 해당한다.

16 O

17 X | 의도적 노출에 대한 설명임.
  • 노출(Exposure)을 정리하면 다음과 같다.
    - 의도적 노출: 내적 탐색 결과 정보 불충분 시 외적 탐색과정에서 의도적으로 자신을 마케팅 정보에 노출시킨 것
    - 우연적 노출: 의도하지 않은 상태에서 정보에 노출된 것으로 TV 시청 중 광고가 보이는 등의 상황
    - 선택적 노출: TV 광고 등에 우연적 노출 시 채널을 돌리는 등 필요하고 관심 있는 정보에만 노출시키는 것

18 O

19 X | 지각적 경계에 대한 설명임. 지각방어란 지각자가 사물을 보는 습성 또는 그의 고정관념에 어긋나는 정보를 회피하거나 그것을 자기의 고정관념에 부합되도록 왜곡시키기 때문에 범하게 되는 오류를 의미하며, 보기 지문상의 다이어트를 하는 학생들이 하지 않는 학생들에 비해 과거보다 식품 관련 광고가 더 많아졌다고 느끼는 것은 지각적 경계 또는 지각 탐색에 해당된다. 즉 지각적 경계(perceptual vigilance)라는 개념은 사람들이 자신의 가치관이나 필요 등과 관련된 것, 혹은 자신이 관심이 있는 대상을 그렇지 않은 것보다 더 잘 인식한다는 것이다.

20 O

21 O

22 자유 회상에서 목록의 중간에 위치한 단어들보다 첫 부분과 끝 부분에 위치한 단어들을 더 잘 재생하는 현상을 의미하는 계열위치 효과(serial position effect)인 나중효과 및 먼저효과 등이 다중 기억 모형의 증거라고 할 수 있다. ☐O ☐X

23 쇠퇴이론(decay theory)이란 시간 경과에 따른 기억 흔적의 소실이 아니라 다른 정보의 방해로 인해 원하는 정보에의 접근이 방해를 받아 정보인출이 방해를 받는다는 이론이다. ☐O ☐X

❸ 소비행동과 심리적 특성

24 중심경로(central route ; CR)에 따른 태도변화는 이성적인 주의와 이해과정을 통해 태도가 형성되는데 주로 고관여 제품에서 나타난다. ☐O ☐X

25 주변경로(peripheral route ; PR)에 따른 태도변화는 주변적 단서에 대한 유추나 추측에 의하여 태도가 형성되는데, 구체적인 제품정보와 같은 메시지의 내용이 아니라 광고 분위기, 모델 등의 광고실행적 요소에 의한 태도변화된다. ☐O ☐X

26 저관여 하이어라키모델(low involvement hierarchy model)은 수용자(receiver)가 어떠한 메시지를 받아들일 때 자신의 기존 태도를 기반으로 송신자(sender)의 메시지를 판단하고 그에 따라 수용 또는 거부한다는 이론이다. ☐O ☐X

27 앤드류 에렌버그(Andrew Ehrenberg, 1974)의 '시용(trial) → 강화(reinforcement) → 인식(awareness)' 모형이 전형적인 저관여 위계 모형인데, 이 모형에서는 제품 선호가 초기 제품 시용(시험 삼아 한번 사용) 후에 형성된다고 제안하고 있다. ☐O ☐X

---

22 O
23 X ㅣ 쇠퇴이론(decay theory)이란 시간 경과에 따른 기억 흔적의 소실을 설명하는 이론이며, 방해이론(interference theory)은 시간 경과에 따른 기억 흔적의 소실이 아니라 다른 정보의 방해로 인해 원하는 정보에의 접근이 방해를 받아 정보인출이 방해를 받는다는 이론이다.
24 O
25 O
26 X ㅣ 수용자(receiver)가 어떠한 메시지를 받아들일 때 자신의 기존 태도를 기반으로 송신자(sender)의 메시지를 판단하고 그에 따라 수용 또는 거부한다는 이론. 즉, 만약 자신의 태도가 메시지의 내용과 너무 달라 거부감이 들면 메시지를 거부하게 되고, 만약 메시지와 나의 기존의 태도가 비슷하다면 메시지의 내용을 긍정적으로 판단하고 수용하게 된다는 이론은 Sherif의 사회적 판단이론이다.
27 X ㅣ 앤드류 에렌버그(Andrew Ehrenberg, 1974)의 '인식(awareness) → 시용 (trial) → 강화(reinforcement)' 모형이 전형적인 저관여 위계 모형이다. 저관여 위계(low involvement hierarchy)란 광고내용에 대한 의식적 각성과 평가가 부족한 상태에서 대상정보를 무의미한 철자처럼 학습하고 이를 통해 구매의사결정을 하며, 구매 후 사용과 평가를 통해 제품이나 브랜드에 대한 감정을 확립하는 과정을 뜻한다.

28   균형이론(balance theory)은 한 사람이 다른 사람에 갖는 태도와 그 두 사람 이 하나의 대상에 대한 태도가 불균형 상태에 이르면 이 불균형 상태를 균형 상태로 만들기 위하여 태도를 변화시키도록 동기부여된다는 이론이다.   O｜X

29   행태론적 학습이론이란 자극-반응이론이라고도 하는데 학습을 자극으로부터 행동을 유도해내는 기계적 과정이라고 보아 자극을 조건화시킴으로서 개인의 행동변화(반응)가 유도된다고 보고 있다.   O｜X

30   소비자는 자신이 좋아하는 연예인이 출연한 광고에 노출되면 그 광고 제품에 대한 태도가 호의적으로 변할 수 있다. 그러므로 자사상표에 대한 소비자들의 태도가 부정적일 때 소비자들이 좋아하는 연예인을 광고에 출연시킴으로써 태도변화를 시도할 수 있다고 보는 이론이 고전적 조건화 학습이론이다.   O｜X

31   소비자들이 좋아하는 음악을 상품광고에 등장시키는 것은 소비자들이 이 음악에 대해 가지는 좋은 태도가 상품에 대한 태도로 이전되기를 기대하기 때문이다. 이를 가장 잘 설명하는 학습이론은 조작적 조건화이론이다.   O｜X

32   효과법칙(Law of effect)이란 바람직스러운 결과를 가져올 것으로 예상되는 행동은 반복되고 부정적 결과를 가져올 것으로 예상되는 행동은 반복되지 않는다는 법칙이다.   O｜X

---

28   O
29   O
30   X｜균형이론에 대한 설명이다.
31   X｜고전적 조건화에 대한 설명이다. 조작적 조건화란 고전적 조건화가 단지 자극에 의한 수동적 반응행동임을 지적하고 주변 환경에 대해서 능동적으로 영향을 미치는 자발적, 조작적 행동에 대하여 설명한 이론이다.
32   O

II | 개념정리문제

1 소비자 구매행동에 영향을 미치는 요인 중 내적인 동기요인과 가장 관련이 없는 것은? `2021 군무원`

① 소비자의 태도　② 가족　③ 학력　④ 나이

2 소비자들의 구매의사결정 과정을 순서대로 바르게 나열한 것은? `2010 가맹거래서, 2016 공인노무사, 2011 건설공제조합`

① 정보탐색 → 필요인식 → 대안평가 → 구매 → 구매 후 행동
② 정보탐색 → 필요인식 → 구매 → 대안평가 → 구매 후 행동
③ 정보탐색 → 대안평가 → 필요인식 → 구매 → 구매 후 행동
④ 필요인식 → 정보탐색 → 대안평가 → 구매 → 구매 후 행동
⑤ 대안평가 → 정보탐색 → 필요인식 → 구매 → 구매 후 행동

3 고관여(high involvement)제품의 구매의사결정과정이 순서대로 나열된 것은? `2014 가맹거래사`

① 문제인식 → 정보탐색 → 구매 → 대안평가 → 구매 후 행동
② 문제인식 → 대안평가 → 정보탐색 → 구매 → 구매 후 행동
③ 정보탐색 → 문제인식 → 구매 → 구매 후 행동 → 대안평가
④ 정보탐색 → 문제인식 → 구매 → 대안평가 → 구매 후 행동
⑤ 문제인식 → 정보탐색 → 대안평가 → 구매 → 구매 후 행동

4 다음 중 소비자의 구매결정과정 5단계를 바르게 나열한 것은? `2017 군무원`

| ㉠ 대안평가　㉡ 구매 후 행동　㉢ 문제인식　㉣ 구매결정　㉤ 정보탐색 |

① ㉤ - ㉠ - ㉢ - ㉣ - ㉡　　② ㉢ - ㉠ - ㉣ - ㉤ - ㉡
③ ㉤ - ㉢ - ㉠ - ㉣ - ㉡　　④ ㉢ - ㉤ - ㉠ - ㉣ - ㉡

5 다음 중 구매의사 결정과정을 순서대로 바르게 나열한 것은? `2020 군무원`

| 가. 문제인식　　나. 대안 평가　　다. 의사결정 기준 설정 |
| 라. 대안선택　　마. 기준별 가중치 부여　　바. 구매 의사결정 |
| 사. 대안탐색　　아. 구매 후 행동 확인 |

① 다 - 마 - 가 - 사 - 라 - 나 - 바 - 아
② 가 - 다 - 마 - 사 - 라 - 나 - 바 - 아
③ 가 - 다 - 마 - 사 - 나 - 라 - 바 - 아
④ 다 - 마 - 가 - 바 - 아 - 사 - 라 - 나

6 소비자구매행태를 고관여와 저관여로 구분한 설명으로 옳지 않은 것은? 2012 가맹거래사

① 다양성을 추구하는 행태를 보인다면 저관여 구매행태이다.
② 복잡한 구매행태를 보인다면 고관여 구매행태이다.
③ 구매 후 부조화 감소는 주로 고관여 구매행태에서 나타난다.
④ 습관적 구매는 저관여 구매행태에 속한다.
⑤ 충동구매는 고관여 구매행태이다.

7 제품에 대하여 소비자가 높은 관여도(involvement)를 보이는 경우 취할 수 있는 소비자 구매행동은? 2017 군무원

> ㉠ 복잡한 구매행동(complex buying behavior)
> ㉡ 부조화 감소 구매행동(dissonance-reducing buying behavior)
> ㉢ 다양성 추구 구매행동(variety-seeking buying behavior)
> ㉣ 습관적 구매행동(habitual buying behavior)

① ㉠, ㉡   ② ㉡, ㉢   ③ ㉡, ㉣   ④ ㉠, ㉢

8 관여도에 따른 소비자 구매행동 유형에 대한 설명으로 옳은 것은? 2016 서울시 7급

① 저관여 제품이고 제품특성 차이가 작을 때 소비자는 다양성(Variety-Seeking) 추구 구매 행동을 보인다.
② 고관여 제품이고 제품특성 차이가 클 때 소비자는 습관적(Habitual) 구매 행동을 보인다.
③ 저관여 제품이고 제품특성 차이가 클 때 소비자는 복잡한(Complex) 구매 행동을 보인다.
④ 고관여 제품이고 제품특성 차이가 작을 때 소비자는 부조화 감소(Dissonance-Reducing) 구매 행동을 보인다.

9 소비자 관여도에 대한 설명으로 알맞지 않은 것은? 2011 SH공사

① 관여도는 크기에 따라서 고관여도와 저관여도로 나뉠 수 있다.
② 관여도에 영향을 줄 수 있는 변수로는 재무적 위험, 심리적 위험, 사회적 위험 등이 있다.
③ 습관적 구매는 저관여 수준 하에서 몰입 없이 한 브랜드를 반복적으로 구매하는 것을 말한다.
④ 소비자의 제품에 대한 관여도의 크기는 항상 절대적인 것으로 같은 종류의 제품에 대해서는 항상 똑같다.

10 다음 빈칸 A에 들어갈 소비자 구매행동의 유형으로 가장 적절한 것은? [2022 CPA]

구분	고관여	저관여
최초구매	복잡한 의사결정	A
반복구매	브랜드충성도	관성적 구매

① 구매 후 부조화(post-purchase dissonance) ② 개성 추구(personality seeking)
③ 수동적 구매(passive purchase) ④ 다양성 추구(variety seeking)
⑤ 보완적 구매(compensatory purchase)

11 저관여(low involvement) 제품에 해당하는 것은? [2013 가맹거래사]

① 비누   ② 자동차   ③ 가구
④ TV   ⑤ 컴퓨터

12 제품구매에 대한 심리적 불편을 겪게 되는 인지부조화(cognitive dissonance)에 관한 설명으로 옳은 것은? [2016 공인노무사]

① 반품이나 환불이 가능할 때 많이 발생한다.
② 구매제품의 만족수준에 정비례하여 발생한다.
③ 고관여 제품에서 많이 발생한다.
④ 제품구매 전에 경험하는 긴장감과 걱정의 감정을 뜻한다.
⑤ 사후서비스(A/S)가 좋을수록 많이 발생한다.

13 소비자의 인지부조화(cognitive dissonance)는 소비자 구매행동과정 중에서 어느 단계와 가장 밀접한 관련이 있는가? [2014 한국석유공사]

① 문제인식단계   ② 대안평가단계
③ 구매실행단계   ④ 구매 후 평가단계

14 다음 대안평가 방식 중 TV 제품을 구매하려고 할 때 특정 속성(TV의 화질)의 값을 우선적으로 고려하여 선택하는 방식은? [2018 군무원]

① 사전편집식   ② 분리식   ③ 결합식   ④ 순차적 제거식

15 소비자들은 자신들이 이미 선택하여 구매한 브랜드에 유리하도록 자신들의 태도를 변화시킴으로써 그들이 내린 의사결정에 대한 정당성을 강화하려는 경향이 있다고 한다. 이러한 경향을 가장 잘 설명하고 있는 것은?

2014 한국수력원자력

① 인지 부조화 ② 수동적 학습
③ 기대 불일치 ④ 합리적 행동

16 다음 중 소비자행동의 영향요인으로 개인 심리적 요인과 가장 거리가 먼 것은?

2024 9급 군무원

① 라이프스타일 ② 학습 ③ 가치 ④ 가족

17 소비자 행동의 근간을 이루는 소비자 정보처리과정을 순서에 맞게 나열한 것은?

2023 9급 군무원

① 노출→ 주의 →지각→ 태도 ② 주의→ 노출 →지각→ 태도
③ 노출→ 태도 →주의→ 지각 ④ 태도 → 노출 →주의→ 지각

Ⅲ | 심화문제

1 소비자가 특정 제품에 대해 가지는 중요성에 대한 관여도(involvement)의 설명으로 가장 옳지 않은 것은?

<small>2021 7급 군무원</small>

① 저관여 제품의 구매 소비자는 불만족한 경우 다른 상표를 구매하는 다양성 추구의 경향을 보이며 구매 시 판매촉진에 많이 영향을 받는다.
② 고관여 제품의 구매 소비자는 다양한 정보를 이용해 능동적으로 제품 및 상표정보를 탐색하고 정보처리과정을 철저하게 수행하는 동기수준이 높게 나타난다.
③ 고관여 제품의 구매 소비자는 구매 후 인지부조화가 자주 일어나며 비교쇼핑을 선호해 구매 후 자신의 구매에 대해 인정받고 싶어한다.
④ 제품에 대한 소비자의 관여도가 높은 경우에는 소비자가 광고에 노출되었을 때 형성된 광고에 대한 태도가 광고 대상인 제품에 대한 소비자의 태도에 영향을 미치게 되어 광고를 좋아하는지 싫어하는지의 여부가 제품에 대한 태도형성에 큰 영향을 미친다.

2 인지적 부조화설은 무엇을 설명하기 위한 이론인가?

<small>1998 CPA</small>

① 구매욕구에 관한 개인차이
② 구매의사결정 시점의 갈등
③ 충동적 구매행동
④ 정보수집 및 분석능력의 한계
⑤ 구매후 만족

3 소비자가 대안적인 브랜드들을 평가할 때, 특정 브랜드의 여러 가지 속성(attribute) 중 뛰어난 속성이 취약한 속성을 상쇄하지 못하는 비보상적인(non compensatory)방법이 아닌 것은?

<small>2003 CPA</small>

① 다속성 태도(multi-attribute attitude)모형
② 사전적(lexicographic)모형
③ 순차적 제거(elimination by aspect)모형
④ 결합적(conjunctive)모형
⑤ 분리적(disjunctive)모형

4 소비자행동에 관한 다음 설명 중 옳은 것은?

<small>2004 CPA</small>

① 사회계층(social class)은 통상적으로 소득이라는 단일요인에 의하여 결정된다.
② 소비자행동 모델에서 소위 소비자의 '블랙박스(black box)' 내부에 존재하는 두 개의 구성요소는 소비자 특성과 소비자 반응이다.
③ 소비자의 개인행동에 영향을 미칠 수 있는 전형적인 심리적 요인(psychological factors)은 준거집단, 가족, 역할, 지위 등이다.
④ 소비자행동 연구에서 마케팅 관리자의 핵심적 질문은 "자사가 구사할 수 있는 다양한 마케팅 노력들에 대하여 소비자들이 어떻게 반응할 것인가" 하는 것이다.
⑤ 라이프스타일이란 가족이나 다른 중요한 사회기관으로부터 습득한 기본적 가치, 지각, 욕구, 행동의 집합체이다.

5 다음 소비자행동이론에 관한 설명 중 가장 옳지 않은 것은? 2005 CPA

① 소비자지각과 관련하여 이점이 불분명하고 세분시장이 특정되지 않은 경우에는 모호한 자극이 유리하다.
② 소비자는 지각적 방어에 의해 두려운 자극을 회피하는 경향이 강하므로 두려움 소구는 효과적이지 못하다.
③ 보상모형을 사용하여 대안평가를 할 경우에 총효용점수가 같다고 해서 두 제품의 실제적인 특성이 동일하다고 할 수 없다.
④ 관여도는 제품에 따라 달라지지만 개인이나 상황에 따라서도 달라진다.
⑤ 소비자 학습이론에서 반복과 인접성을 통한 연상을 이용하여 학습시키는 방법은 고전적 조건화이다.

6 마케팅 전략 수립에 필요한 내용에 관한 설명 중 가장 올바른 것은? 2005 CPA

① 생활용품 회사가 자사제품 기존 소비자의 사용빈도와 1회 소비량을 증가시키기 위한 마케팅전략 아이디어를 찾고 있다면 이는 Ansoff 매트릭스 중 시장개발 전략에 해당한다.
② 지각과정에서 최초의 자극이 강할수록 자극간 차이를 인식시키기 위해서는 차별화와 변화의 폭이 충분히 커야된다는 법칙을 지각적 경계법칙이라 한다.
③ 판매사원, 유통업자 등을 교육훈련시킴으로써 현장에서 일상적으로 접할 수 있는 정보를 수집하려는 목적을 가진 마케팅정보시스템을 마케팅 의사결정지원시스템이라고 한다.
④ 차별화 전략에 수반되는 위험에는 차별화요소에 대한 고객인지도 하락과 차별화의 지나친 강조로 시장을 상실할 가능성 등이 있다.
⑤ 모집단을 서로 상이한 소집단으로 분류한 후에 각 소집단으로부터 단순 무작위표본추출을 하는 방법을 군집표본추출방법이라 한다.

7 다음 소비자의 태도이론에 관한 설명 중 가장 옳지 않은 것은? 2006 CPA

① 다속성태도모델(multi-attribute attitude model)에 의하면, 대상에 대한 태도(attitude toward an object)는 대상이 특정속성을 갖는다는 신념의 강도와 특정속성에 대한 평가에 의해 결정된다.
② 동화이론(assimilation effect)에 의하면, 고관여 소비자는 수용영역 내에 커뮤니케이션 메시지가 속하게 되면 실제보다 더 긍정적으로 받아들이는 경향이 있다.
③ 정교화가능성모델(elaboration likelihood model)에 의하면, 소비자의 태도변화는 제시된 논점에 대한 사고의 결과로서 설득이 되는 중심경로(central route)와 제시된 논점과는 별 상관이 없는 광고모델의 매력성, 메시지의 재미 등의 주변경로(peripheral route)에 의해 일어난다.
④ 피쉬바인의 확장모델(Fishbein's extended model)에 의하면, 소비자의 구매의도는 소비자의 특정대상(예 상표)에 대한 태도(attitude toward an object)와 소비자의 행동에 대해 다른 사람들이 어떻게 볼 것인가와 관련된 주관적 규범(subjective norm)에 의해 결정된다.
⑤ 대조이론(contrast effect)에 의하면, 고관여 소비자는 거부영역 내에 커뮤니케이션 메시지가 속하게 되면 실제보다 더 부정적으로 받아들이는 경향이 있다.

8 소비자들이 좋아하는 음악을 상품광고에 등장시키는 것은 소비자들이 이 음악에 대해 가지는 좋은 태도가 상품에 대한 태도로 이전되기를 기대하기 때문이다. 이를 가장 잘 설명하는 학습이론은 무엇인가?

2007 CPA

① 내재적 모델링(covert modeling)
② 작동적 조건화(operant conditioning)
③ 수단적 조건화(instrumental conditioning)
④ 대리적 학습(vicarious learning)
⑤ 고전적 조건화(classical conditioning)

9 소비자 의사결정과정에 관한 다음의 설명 중 가장 적절하지 않은 것은?

2008 CPA

① 소비자의 고려 대상에 포함된 상품이나 브랜드들을 고려상표군(consideration set)이라 하며, 고려상표군에서 제외된 대안들이 구매될 가능성은 거의 없다.
② 관여도(involvement)가 높아서 소비자가 상당한 시간과 노력을 들여 신중하게 의사결정하는 경우를 포괄적 문제해결(extensive problem solving)이라 한다.
③ 소비자로 하여금 행동을 취하도록 만들기에 충분할 정도로 강한 욕구를 동기(motive)라 한다.
④ 소비자가 여러 가지 자극들을 조직화하고 전체적으로 의미를 부여하는 과정을 지각(perception)이라 한다.
⑤ 소비자가 자신이 가장 중요시 여기는 속성을 기준으로 최상으로 평가되는 상표를 선택하는 의사결정규칙을 보완적 방식(compensatory rule)이라 한다.

10 소비자행동에 관한 설명 중 가장 적절하지 않은 것은?

2021 CPA

① 소비자의 브랜드 평가모형은 보완적(compensatory) 평가모형과 비보완적(non-compensatory) 평가모형으로 구분할 수 있다.
② 소비자 관여도는 제품과 소비자에 따라 다를 수 있고, 상황에 따라서도 다를 수 있다.
③ 피쉬바인(Fishbein)모형은 결합적(conjunctive) 모형에 포함된다.
④ 정교화가능성모델(elaboration likelihood model)에 따르면, 소비자 정보처리 경로는 중심경로와 주변경로로 구분할 수 있다.
⑤ 구매 후 부조화(post-purchase dissonance)는 소비자가 구매 이후 느낄 수 있는 심리적 불편함을 말한다.

11. 다음 표는 자외선 차단제에 대한 속성 점수를 나타낸 것이다. 세 가지 브랜드 중 B브랜드만을 선택하는 대안 평가 방식을 모두 선택한 것은? 단, 비보완적 방식(noncompensatory rule)의 경우, 모든 속성에 대한 최소한의 수용기준(cutoff)은 3이다. 또한 분리식(disjunctive rule)의 경우, 중요도가 높은 두 개의 속성을 기준으로 평가한다.

2020 CPA

속성	중요도	브랜드		
		A	B	C
자외선 차단기능	50	4	5	3
지속성	30	2	4	3
가격 대비 용량	20	4	2	3

① 보완적 방식(compensatory rule), 사전편집식(lexicographic rule)
② 보완적 방식, 순차적 제거식(sequential elimination rule)
③ 사전편집식, 분리식
④ 순차적 제거식, 결합식(conjunctive rule)
⑤ 분리식, 결합식

12. 다속성 태도모형(multi-attribute attitude model)에 대한 다음의 설명 중 옳은 것으로만 구성된 것은?

2008 CPA

a. 이 모형은 미국의 심리학자인 Richard Bagozzi가 개발한 모형에서 비롯되었기 때문에 'Bagozzi 모형'이라고도 불린다.
b. 이 모형은 마케팅 관리자에게는 그다지 유용한 정보를 제공해주지 못한다.
c. 이 모형을 이용하려면 그 상품의 중요 속성들이 무엇인지를 파악한 다음, 소비자를 대상으로 설문조사를 실시하여 속성 지각과 중요도를 측정하여야 한다.
d. 이 모형의 한계점으로 상품속성만으로는 구매자의 태도를 충분히 설명할 수 없는 상품들이 존재한다는 점을 지적할 수 있다. 가령 향수, 화장품 등의 경우 상품속성뿐만 아니라 브랜드 이미지가 태도에 큰 영향을 미친다.
e. 이 모형은 소비자의 태도를 측정하여 소비자가 어떤 대안을 구매할 지를 예측하는 데 유용하다.

① a, b, c   ② a, c, d   ③ b, c, d
④ c, d, e   ⑤ a, d, e

13 대학생 JS씨는 5개 회사(A사, B사, C사, D사, E사)로부터 취직시험 합격통보를 받았다. 그는 무엇보다도 근무지가 국내인지 국외인지를 가장 중요하게 생각했는데 그는 국내 근무를 원했다. 그래서 국내 근무를 할 수 있는 A사, B사, C사 중 하나를 선택하기로 했다. 그 다음으로 연봉을 중요하게 생각했는데 A사와 B사는 동일한 연봉 수준으로 C사보다 높았다. 그래서 A사와 B사 중에서 하나를 선택하고자 하였다. 마지막으로 대학생들의 취업선호도가 높은 회사를 선택하고 싶었다. 조사결과에서 A사에 대한 선호도가 B사보다 높았기 때문에 최종적으로 A사를 선택하였다. 그가 사용한 선택규칙으로 가장 적절한 것은? `2009 CPA`

① 결합(접속) 규칙(conjunctive rule)
② 백과사전(사전편집)식 규칙(lexicographic rule)
③ 휴리스틱 규칙(heuristic rule)
④ 분리(비접속/분할) 규칙(disjunctive rule)
⑤ 보상(보완) 규칙(compensatory rule)

14 다음의 대안을 피쉬바인(Fishbein)의 다속성태도모형(multi-attribute attitude model)에 따라 평가한다면 가장 높은 선호를 보일 것으로 기대되는 것은? `2010 CPA`

속성	속성 1	속성 2	속성 3	속성 4
신념강도	0.10	0.10	0.45	0.35
대안 A 평가	2	2	6	4
대안 B 평가	3	1	5	6
대안 C 평가	1	3	4	4
대안 D 평가	0	4	4	3
대안 E 평가	3	1	5	3

① 대안 A ② 대안 B ③ 대안 C ④ 대안 D ⑤ 대안 E

15 소비자 행동에 영향을 미치는 요인에 관한 설명으로 가장 적절하지 않은 것은? `2011 CPA`

① 가치(value)란 특정 상황이나 대상에 대해 행동이나 판단을 이끄는 지속적 신념이며, 주로 활동(Activity), 관심사(Interest), 의견(Opinion)의 AIO척도를 통해 연구되고 있다.
② 비교문화 분석(cross-cultural analysis)은 자문화중심적인 사고에서 벗어나 현지 문화를 이해하고 그 문화가 수용할 수 있는 마케팅 전략 개발에 활용되며, 호프스테드(Hofstede)의 모델이 이에 해당된다.
③ 시간의 흐름에 따라 가족구조와 가족구성원의 역할변화를 설명하는 개념인 가족생활주기(family life cycle)는 가정이 형성되어 성장·성숙된 후 소멸되기까지의 과정을 가족구성원의 역할 구조에 변화를 일으키는 사건을 중심으로 분류한다.
④ 구전 커뮤니케이션은(word-of-mouth communication) 소비자들 사이의 대화과정을 통해서 제품이나 서비스에 대한 정보를 상호교환하는 것이다.
⑤ 준거집단(reference group)은 개인이 어떻게 생각하고 행동하는가에 대한 기준이나 가치를 제공하며, 준거 집단이 소비자 행동에 미치는 영향에는 규범적 영향, 정보제공적 영향, 가치표현적 영향이 있다.

16 태도 또는 태도변화 관련 모델들에 관한 설명으로 내용 연결(연구자-모델-주요 내용 또는 특징)이 가장 적절하지 않은 것은?

2011 CPA

번호	연구자	모델	주요 내용 또는 특징
①	올리버(Oliver)	기대불일치모델(expectancy disconfirmation model)	광고 태도 상표 태도
②	피쉬바인과 에이전 (Fishbein and Ajzen)	피쉬바인확장모델(Fishein's extended model) 또는 이성적행동모델(theory of reasoned action)	행동에 대한 태도 주관적 규범
③	바고지(Bagozzi)	의도적 행동모델(purposeful behavior model)	신념 조건적 접근/회피 반응
④	페티와 카치오프 (Petty and Cacioppo)	정교화가능성모델(elaboration likelihood model)	중심경로 주변경로
⑤	피쉬바인(Fishbein)	다속성태도모델(multi-attribute attitude model)	신념 속성 평가

17 소비자의 구매의사결정과정에서 '구매 후 과정'에 대한 설명으로 가장 적절하지 않은 것은?

2012 CPA

① 귀인이론(attribution theory)은 구매 후 소비자가 불만족 원인의 추적 과정을 이해하는 데 도움이 되며, 원인이 일시적이고, 기업이 통제 불가능한 것이었고, 기업의 잘못으로 일어났다고 소비자가 생각할수록 더 불만족할 가능성이 높다.
② 불만족한 소비자는 재구매의도의 감소뿐만 아니라 다양한 불평행동을 보이며, 소비자들은 자신의 불평행동으로부터 기대되는 이익과 비용을 고려하여 불평행동유형을 결정한다.
③ 제품처분(product disposal)은 소비자들의 처분과 관련된 의사결정이 향후의 제품구매의사결정에 영향을 주기 때문에 중요하며, 나아가 제품처분 관련 행동은 자원 재활용 측면에서도 중요하다.
④ 구매 후 부조화(post-purchase dissonance)는 소비자가 구매 이후 느낄 수 있는 심리적 불편함을 말하며, 구매결정을 취소할 수 없을 때 발생할 가능성이 높다.
⑤ 기대불일치모형(expectancy disconfirmation model)에 의하면, 만족과 불만족은 소비자가 제품사용 후에 내린 평가가 기대 이상이냐 혹은 기대 미만이냐에 따라서 결정된다.

18 소비자 태도에 관한 다음 설명 중 적절한 항목은 모두 몇 개인가?

2013 CPA

> (가) 정교화가능성모델(Elaboration Likelihood Model)에 따르면, 소비자 정보처리경로는 중심경로(central route), 중간경로(middle route), 주변경로(peripheral route)로 구분된다.
> (나) 피쉬바인(Fishbein)모델은 다속성 태도모델이다.
> (다) 태도는 관찰될 수 있으나 일관적이지 않고 학습되지 않는다.
> (라) 피쉬바인모델의 오차항은 정규분포를 따른다.

① 0개   ② 1개   ③ 2개   ④ 3개   ⑤ 4개

19 소비자 A는 아래와 같은 생각을 하고 있다. 소비자 A를 설명할 수 있는 모형 중 가장 적절한 것은?

2014 CPA

> "내가 이 자동차를 사면 다른 사람들이 어떻게 생각할까?"
> "이 옷 자체는 좋지만, 내가 구매해서 입으면 어울리지 않을 것 같다."

① 피쉬바인 확장모형   ② 다속성태도모형   ③ 저관여 하이어라키모형
④ 수단－목적사슬모형   ⑤ 정교화 가능성모형

20 소비자 구매의사결정과정에 관한 설명으로 가장 적절하지 않은 것은?

2014 CPA

① 소비자들은 자신의 불평행동으로부터 기대되는 이익과 비용을 고려하여 불평행동의 유형을 선택한다.
② 기대불일치모형(expectancy disconfirmation model)은 제품성과에 대한 기대, 지각된 제품성과, 기대와 성과 간의 차이 평가, 만족·불만족으로 구성되어 있다.
③ 비보완적(non－compensatory rule)방식은 특정 속성에서의 약점이 다른 속성에서의 강점에 의해 보완이 되지 않는 방식이다.
④ 상기상표군(evoked set)에 포함되어 있는 상표의 수는 고려상표군(consideration set)에 포함되어 있는 상표의 수보다 많다.
⑤ 문제 해결 동기의 크기는 '실제 상태와 바람직한 상태 간의 차이'와 '문제의 중요성'에 따라 달라진다.

21 소비자행동에서 아래의 상황을 가장 적절하게 설명할 수 있는 것은?

2015 CPA

> 소비자는 자신이 좋아하는 연예인이 출연한 광고에 노출되면 그 광고 제품에 대한 태도가 호의적으로 변할 수 있다. 그러므로 자사상표에 대한 소비자들의 태도가 부정적일 때 소비자들이 좋아하는 연예인을 광고에 출연시킴으로써 태도변화를 시도할 수 있다.

① 균형이론(balance theory)
② 합리적 행동이론(theory of reasoned action)
③ 다속성태도모형(multi－attribute attitude model)
④ 정교화가능성모형(elaboration likelihood model)
⑤ 단순노출효과(mere exposure effect)

22 피쉬바인 확장모델(Fishbein's extended model)은 합리적 행동이론(theory of reasoned action)에 토대를 두고 개발된 것이다. 이 모델의 내용(요소)에 포함될 수 있는 적절한 항목은 모두 몇 개인가?

2016 CPA

> a. 구매행동의도(behavioral intention)를 통한 구매행동 예측
> b. 대상과 관련된 구매행동에 대한 태도가 아닌 대상에 대한 태도
> c. 주관적 규범(subjective norm)
> d. 중심 경로(central route)와 주변 경로(peripheral route)

① 0개   ② 1개   ③ 2개   ④ 3개   ⑤ 4개

23 홍길동은 다속성 태도 모형에 기반해 자동차에 대한 태도를 형성한다. 중요도가 높을수록 해당 속성을 중요하게 여기는 것이고 속성별 브랜드의 평가 점수가 높을수록 해당 브랜드의 속성에 대해 우수하게 평가하는 것이다. 다음은 홍길동의 자동차 선택과 관련된 속성의 중요도 및 각 속성별 브랜드 평가에 대한 내용이다. 홍길동이 가장 선호하는 자동차 브랜드는?   [2016 7급 감사직]

		제품 속성		
		가격	성능	스타일
중요도		0.5	0.3	0.2
속성별 평가	A 브랜드	4	6	8
	B 브랜드	5	5	6
	C 브랜드	3	7	6
	D 브랜드	4	7	5

① A 브랜드　② B 브랜드　③ C 브랜드　④ D 브랜드

24 소비자 정보처리과정에 관한 설명으로 가장 적절하지 않은 것은?   [2017 CPA]

① 가격 – 품질 연상(price – quality association)은 지각적 추론(perceptual inference)과 관련이 있다.
② 정보 내용들이 차례로 제시된 경우 처음에 제시된 부분에 많은 비중을 두어 지각하는 것을 초기효과(primacy effect)라 한다.
③ 절대적 식역(absolute threshold)은 두 개의 자극이 지각적으로 구분될 수 있는 최소한의 차이를 말하며, JND(just noticeable difference)라고도 한다.
④ 정보과부하(information overload) 가설에 의하면, 소비자가 제한된 시간에 처리할 수 있는 정보의 양은 제한적이기 때문에 처리능력을 초과할 정도로 많은 정보가 주어지면 오히려 최선의 제품을 선택할 가능성이 낮아진다.
⑤ 장기기억으로부터 정보인출을 못하는 이유는 쇠퇴이론(decay theory)과 방해이론(interference theory)에 의해 설명될 수 있다.

25 소비자 행동에서 아래의 주장과 관련성이 가장 높은 것은?   [2017 CPA]

> 고관여 소비자를 대상으로 하는 광고의 경우 구체적인 제품정보를 설득력 있게 제시하는 것이 효과적이다. 반면에 저관여 소비자를 표적으로 하는 경우에는 제품 정보 보다 광고 모델에 초점을 두는 것이 더 효과적이다.

① 정교화 가능성 모델(elaboration likelihood model)
② 수단 – 목적사슬 모델(means – end chain model)
③ 사회판단이론(social judgement theory)
④ 계획적 행동이론(theory of planned behavior)
⑤ 저관여 하이어라키모델(low involvement hierarchy model)

26 소비자 정보처리과정에 관한 설명으로 가장 적절하지 않은 것은? [2018 CPA]

① 스팸성 광고물의 내용을 열어보지 않고 삭제해 버리는 것은 선택적 노출(selective exposure)의 예라 할 수 있다.
② 평소에 20도 소주를 마시던 소비자가 19도로 낮아진 소주는 구분 못 하지만 18도로 낮아진 소주를 구 분하는 것은 차이 식역(differential threshold)으로 설명될 수 있다.
③ 브랜드명, 보증기간, 원산지 등이 품질을 추론하는 단서로 이용되는 것은 지각적 추론(perceptual inference)과 관련이 있다.
④ 다이어트를 하는 학생들이 하지 않는 학생들에 비해 과거보다 식품 관련 광고가 더 많아졌다고 느끼는 것은 지각적 방어(perceptual defense)에 해당된다.
⑤ 다양한 제품정보에 노출되었을 때, 소비자는 맨 처음에 제시된 정보와 맨 나중에 제시된 정보를 중간에 제시된 정보 보다 잘 기억하는 경향이 있다.

27 아래의 내용과 가장 가까운 태도변화 관련 이론은? [2019 CPA]

- 제품 메시지의 수용영역과 기각영역
- 동화효과(assimilation effect) 혹은 대조효과(contrast effect)

① 사회판단이론(social judgement theory)
② 균형이론(balance theory)
③ 합리적 행동이론(theory of reasoned action)
④ 인지부조화 이론(theory of cognitive dissonance)
⑤ 자기지각이론(self-perception theory)

28 소비자 의사결정과정에 관한 설명으로 가장 적절하지 않은 것은? [2019 CPA]

① 상기상표군(evoked set)은 외적 정보탐색과 관련이 있다.
② 사전편집식(lexicographic rule)은 비보완적 대안평가방식이다.
③ 결합식(conjunctive rule)은 비보완적 대안평가방식이다.
④ 구매경험이 있는 저관여 소비자가 구매노력을 덜기 위해 특정 브랜드를 반복 구매하는 것은 관성적 구매(inertia)와 관련이 있다.
⑤ 특정 브랜드에 대해 호의적 태도를 가지고 반복 구매하는 것은 브랜드충성도와 관련이 있다.

29 구매행동에 관한 설명으로 가장 적절한 것은? 2020 CPA

① 공정성이론(equity theory)에 의하면, 소비자의 만족 또는 불만족은 구매 전 기대에 비해 성과를 얼마나 공정하다고 지각하는 지에 따라 달라진다.
② 다양성추구(variety seeking)는 소비자가 이전에 선택한 브랜드에 싫증을 느끼거나 단지 새로운 것을 추구하려는 의도에서 다른 브랜드로 전환하는 것이다.
③ 동화효과(assimilation effect)는 소비자가 지각하는 성과가 기대와 다를 경우 기대를 성과에 동화시켜 지각하는 것이다.
④ 크루그만(Krugman)의 저관여 위계(low involvement hierarchy)는 소비자가 제품을 인지한 후 이에 대한 태도를 형성하고 이후 구매까지 이르는 과정을 설명한다.
⑤ 관성(inertia)은 제품경험이 없는 저관여 소비자가 의사결정의 과정을 단순화하기 위해 동일 브랜드를 반복적으로 구매하는 행동이다.

30 구매 후 부조화(postpurchase dissonance)의 발생가능성이 낮은 상황만을 모두 선택한 것은? 2020 CPA

> a. 마음에 드는 선택 대안이 다수 있을 때
> b. 구매 이후 반품이나 환불이 가능할 때
> c. 구매 결정의 주체가 소비자 자신일 때
> d. 구매 결정의 중요성이 낮을 때
> e. 선택한 대안이 갖지 않은 장점을 선택하지 않은 대안이 갖고 있을 때

① a, b   ② a, c   ③ b, d   ④ b, e   ⑤ a, c, d

31 소비자가 의사결정 이후 성과가 기대에 부정적으로 불일치하다고 느낄 때, 이 불일치를 외적귀인(external attribution)하도록 하는 상황만을 모두 선택한 것은? 2020 CPA

> a. 결과의 원인이 지속적일 때
> b. 결과가 소비자 자신에 의해 유발되었을 때
> c. 발생한 결과가 기업에 의해 통제 가능했다고 판단할 때

① a   ② c   ③ a, c   ④ b, c   ⑤ a, b, c

32 소비자가 자극에 노출되었을 때, 자신이 기억 속에 가지고 있던 스키마(schema)를 기반으로 자극을 이해하는 현상에 관한 설명으로 가장 적절한 것은? 2020 CPA

① 지각적 범주화(perceptual categorization)   ② 지각적 조직화(perceptual organization)
③ 지각적 균형(perceptual equilibrium)   ④ 지각적 방어(perceptual defense)
⑤ 지각적 경계(perceptual vigilance)

33 다음 중 소비자의 구매 의사결정에 대한 설명으로 가장 적절한 것은? [2024 7급 군무원]

① 정교화 가능성 모형 (elaboration likelihood model)에 따르면, 소비자의 정보처리 경로는 중심경로(central route)-중간경로(middle route)-주변경로(peripheral route) 로 구분된다.
② 기대불일치모형(expectation disconfirmation model)에 의하면, 만족과 불만족은 소비자가 제품 사용 후 내린 평가가 기대 이상이냐 기대보다 못하냐에 따라 결정된다는 것이다.
③ 소비자의 구매 의사결정과정에서 '구매 후 과정'과 관련하여, 귀인이론(attribution theory)은 구매 후 소비자가 불만족 원인이 일시적이고, 기업이 통제 불가능한 것이었고, 기업의 잘못으로 일어났다고 소비자가 생각할수록 불만족할 가능성이 높다.
④ 구매하기로 선택안 대안이 갖지 못한 장점을 선택하지 않은 대안이 갖고 있을 때, 구매 후 부조화(postpurchase dissonance) 현상은 크게 발생되지 않는다.

34 소비자행동에서 다음과 같은 현상을 가장 적절하게 설명하는 것은? [2023 7급 군무원]

> 새로 출시된 자동차의 디자인이 처음에는 마음에 들지 않았지만, 계속 보다 보니 조금씩 호감도가 증가한다.

① 휴리스틱(heuristic)
② 프로스펙트 이론(prospect theory)
③ 사회판단이론(social judgment theory)
④ 단순노출효과(mere-exposure effect)

35 소비자 정보처리과정의 순서로 가장 적절한 것은? [2022 CPA]

① 노출 → 감지 → 주의 → 기억 → 이해
② 노출 → 감지 → 주의 → 이해 → 기억
③ 노출 → 주의 → 감지 → 이해 → 기억
④ 노출 → 주의 → 감지 → 기억 → 이해
⑤ 노출 → 주의 → 이해 → 감지 → 기억

36 소비자가 문제를 인식했을 때 이를 해결할 수 있는 수단을 찾기 위해 기억 속에 저장되어 있는 정보에서 회상하는 과정으로 가장 적절한 것은? [2022 CPA]

① 강화된 주의(heightened attention)
② 내적 탐색(internal search)
③ 의도적 노출(intentional exposure)
④ 관여(involvement)
⑤ 프레이밍(framing)

37 확장된 피쉬바인(Fishbein) 모델에 관한 설명으로 가장 적절한 것은? 2023 CPA

① 계획적 행동이론(theory of planned behavior)에 기반하고 있다.
② 다속성 태도모델(multiattribute attitude model)과 비교하여, 태도와 행동의도가 모델에 포함되어 있는 것은 동일하나 태도를 측정하는 대상이 다르다.
③ 지각된 행동통제(perceived behavioral control)는 구매행동에 영향을 미친다.
④ 브랜드에 대한 태도와 주관적 규범이 구매행동에 미치는 영향을 정보처리의 관여도 차이에 의해 설명하고 있다.
⑤ 주관적 규범을 결정하는 요인 중 하나인 규범적 신념(normative belief)은 다른 사람들이 자신의 행동을 지지 혹은 반대할 것인가에 대한 자신의 생각이다.

38 소비자행동 영향요인에 관한 설명으로 가장 적절한 것은? 2023 CPA

① 공공장소에서 사용되는 사치품(publicly consumed luxuries)의 경우, 제품의 소유와 브랜드 선택 모두가 준거집단에 의해 영향을 받는다.
② 비공개적 모델링(covert modeling)은 모델이 취한 행동과 결과를 상상하도록 유도하지 않는 대신 타인이 어떻게 행동했는가를 들려주는 대리학습(vicarious learning)이다.
③ 사회계층의 특성은 다차원적이고 동적이며, 사회계층 측정에서 객관적 방법은 타인의 계층적 지위를 평가하도록 하는 것이다.
④ 수단-목적 사슬 모형(means-end chain model)에 의하면, 제품 속성은 목적에 해당된다.
⑤ 사회적 자아개념(social self-concept)은 타인들이 자신을 어떻게 봐주었으면 하는 것이다.

39 소비자 정보처리과정에 관한 설명으로 적절한 항목만을 모두 선택한 것은? 2024 CPA

> a. 지각적 경계(perceptual vigilance)는 자신의 태도와 불일치하는 정보에 노출되면 그 정보를 회피하거나 왜곡시킴으로써 기존태도를 보호하려는 심리적 경향을 가리킨다.
> b. 절대적 식역(absolute threshold)은 초기자극의 변화를 감지하는 것과 관련된 개념으로, 두 개의 자극이 지각적으로 구분될 수 있는 최소한의 차이를 말한다.
> c. 재인(recognition)보다 회상(recall)이 상대적으로 어렵기 때문에 더 많은 리허설이 요구된다.

① a ② b ③ c ④ a, c ⑤ b, c

40 소비자행동에 관한 설명으로 가장 적절하지 않은 것은? 2024 CPA

① 자기감시성(self-monitoring)이 낮을수록 소비자 행동에 미치는 태도의 영향력은 감소하고 주관적 규범의 영향력은 증가한다.
② 사회판단이론에서 거부영역에 해당되는 메시지를 실제보다 더 부정적으로 해석하는 것을 대조효과라 한다.
③ 유인효과(attraction effect)와 타협효과(compromise effect)는 맥락효과(context effect)에 해당된다.
④ 정교화가능성 모델(elaboration likelihood model)은 고관여 상황과 저관여 상황의 태도 차이를 통합하여 설명하고 있다.
⑤ 고려상표군(consideration set)은 상기상표군(evoked set)을 포함하고 있다.

Chapter 3 STP 분석

I | OX문제

1 구매동기, 구매행동 단계, 상표충성도, 소비자가 추구하는 편익 등은 소비자 심리형태별 기준에 의한 시장세분화 기준이다. ○ X

2 인구통계적 세분화는 나이, 성별, 가족규모, 소득, 직업, 종교, 교육수준 등을 바탕으로 시장을 나누는 것이다. ○ X

3 시장 세분화 기준변수를 크게 고객행동변수와 고객특성변수로 구분하였을 때, 사용상황은 고객특성변수가 아니라 구매행동적 기준에 해당하며 고객특성변수로는 인구통계적 기준과 심리형태별 기준이 이에 해당한다. ○ X

4 시장세분화의 요건 중 측정가능성이란 세분시장의 규모가 수익을 내기에 충분해야 한다는 요건이다. ○ X

5 시장 세분화 기준변수를 크게 고객행동변수와 고객특성변수(인구통계적변수 및 심리분석적 변수)로 구분하였을 때, 추구편익(혜택)은 고객행동변수로 분류된다. ○ X

1 X | 구매행동적 기준임.

구분	세부내역
지리적 기준	지역, 인구밀도, 기후 등
인구동태적 기준	성별, 소득, 나이, 직업, 종교, 교육수준 등
심리형태별 기준	라이프스타일, 개성 등
구매행동적 기준	구매동기, 구매행동단계, 상표충성도, 소비자가 추구하는 편익 등

2 O
3 O
4 X | 실체성에 대한 설명임.

요건	내용
측정 가능성	세분시장의 규모와 구매력 등 측정가능
접근 가능성	세분시장에 접근하여 활동할 수 있는 정도
실체성	세분시장의 규모가 수익을 내기에 충분
유효타당성	세분시장의 분류기준이 타당하여야 함
신뢰성	일정 기간 일관성 있는 특징을 지녀야 함
차별적 반응	각각의 세분시장은 마케팅 믹스에 대하여 서로 다른 반응을 나타내야 함
실행 가능성	세분시장 공략을 위한 마케팅 믹스의 개발가능성

5 O

6 시장의 적정 규모 및 성장 가능성, 구조적 매력성, 자사 목표와의 적합성 및 자원은 세분시장 평가에 고려되는 기준이다. ☐ O ☐ X

7 시장 세분화를 마케팅 전략에 유용하게 사용하려면 세분시장은 측정 가능성, 접근가능성, 규모적정성, 세분시장 내 동질성과 세분시장 간 이질성과 같은 요건을 갖추고 있어야 한다. ☐ O ☐ X

8 비차별적(undifferentiated) 마케팅 전략은 하나 또는 소수의 적은 시장부문에만 진출하고자 하는 전략이며, 각 세분시장의 차이를 무시하고 단일(혹은 소수의) 제품으로 전체 시장에 접근하는 것은 집중적(concentrated) 마케팅 전략이다. ☐ O ☐ X

9 기업이 세분시장의 차이를 무시하고 하나의 제품으로 전체시장을 공략하는 전략은 비차별적 마케팅 전략이라고 할 수 있다. ☐ O ☐ X

10 차별화 전략의 원천으로는 제품의 특성과 포지셔닝을 들 수 있으며, 경험효과, 규모의 경제, 투입요소 비용, 생산시설 활용도 등은 비차별적 전략의 원천으로 볼 수 있다. ☐ O ☐ X

11 목표시장 선정과 관련하여 수요의 동질성이 높은 제품에 대해 최대다수의 구매자를 만족시킬 수 있는 제품과 마케팅 믹스를 개발하는 것으로 제품수명주기상의 성숙기에 적합한 전략은 비차별적 마케팅 전략이다. ☐ O ☐ X

---

6 O
7 O
8 X | 반대로 설명되어 있음.

구분	내용	장점	단점
비차별적 마케팅	• 세분 시장의 차이를 무시하고 하나의 제품을 가지고 전체 시장에 접근하는 것 • 수요의 동질성이 높은 제품에 대해 최대 다수의 구매자를 만족시킬 수 있는 제품과 마케팅 믹스를 개발하는 것 • 제품의 도입기에 적합	생산 표준화, 원가절감	개별화 어려움
차별적 마케팅	• 모든 세분 시장에 서로 다른 제품을 가지고 접근하는 것 • 자원과 능력이 매우 많은 대기업에 적합 • 제품의 특성이 차이가 나거나, 시장이 이질적인 경우, 경쟁업자가 적극적으로 차별화전략을 사용하는 경우에 유리	총매출액 증대, 차별화로 소비자의 만족 증대	마케팅믹스의 개발비용, 판관비 등의 증대
집중적 마케팅	• 하나 또는 소수의 적은 시장부문에만 진출하고자 하는 전략 • 기업의 자원이나 능력이 한정되어 있을 때 하나의 세분 시장만을 공략하여 강력한 지위를 확보할 수 있는 전략 • 단일 제품으로 전체 시장을 공략하는 비차별화 마케팅 전략과는 구분됨	전문화에 의한 강력한 입지확보 가능성	상대적 높은 위험

9 O
10 O
11 X | 도입기에 적합한 전략임.

12 포지셔닝은 고객의 마음속에 경쟁상품과 구별되는 분명하고 확고한 위치를 차지하려는 노력으로 정의할 수 있다. ☐O ☐X

13 포지셔닝 전략 수립을 위해서는 자사와 경쟁사 제품들이 시장의 어디에 위치되어 있는지를 파악하는 일이 필요하다. ☐O ☐X

14 경쟁에 의한 포지셔닝은 기업이 자사나 자사 브랜드를 해당 제품 범주의 선도자(leader)라고 주장함으로써 소비자에게 어필하는 것이다. ☐O ☐X

15 제품의 사용자집단이나 계층에 의한 포지셔닝은 사회적 관계에 대한 상징성을 강조할 수 있다. "정상에 오르신 당신, 하지만 더 높은 완벽함을 추구합니다. 그런 당신을 닮은 자동차가 있습니다." 등의 광고가 제품 사용자에 의한 포지셔닝의 예라고 할 수 있다. ☐O ☐X

---

12 O
13 O
14 X | 제품범주 포지셔닝에 대한 설명임. 경쟁에 의한 포지셔닝은 고객의 지각 속에 자리잡고 있는 경쟁제품과 명시적 혹은 묵시적으로 비교함으로써 자사제품의 혜택을 강조하려는 방법. 즉, 경쟁 브랜드로부터 고객을 끌어오기 위해 경쟁 브랜드를 준거점으로 사용하는 것임.
15 O

II | 개념정리문제

1 STP전략의 활동을 순서대로 나열한 것은?   <small>2013 가맹거래사</small>

① 위치 정립 → 표적시장 선정 → 시장세분화
② 위치 정립 → 시장세분화 → 표적시장 선정
③ 표적시장 선정 → 위치 정립 → 시장세분화
④ 시장세분화 → 표적시장 선정 → 위치 정립
⑤ 시장세분화 → 위치 정립 → 표적시장 선정

2 다음 중 마케팅 전략의 순서로 알맞은 것은?   <small>2004 한국국제협력단</small>

① 시장 세분화 – 표적시장 선정 – 제품포지셔닝 – 마케팅믹스 개발
② 표적시장 선정 – 제품 세분화 – 마케팅 제품 믹스 개발 – 제품포지셔닝
③ 제품포지셔닝 – 표적시장 선정 – 시장 세분화 – 마케팅 믹스 개발
④ 시장 세분화 – 제품 포지셔닝 – 표적시장 선정 – 마케팅믹스 개발
⑤ 제품 시장 세분화 – 마케팅믹스 개발 – 표적시장 선정 – 제품 포지셔닝

3 다음 중 시장 세분화에 대한 설명으로 알맞지 않은 것은?   <small>2015 한국남부발전</small>

① 규모의 경제효과와 경험효과를 누릴 수 있다.
② 새로운 마케팅 기회를 누릴 수 있다.
③ 틈새시장공략을 통하여 가격경쟁을 줄일 수 있다.
④ 세분시장을 통하여 소비자들의 반응을 알 수 있다.

4 다음 중 시장 세분화에 대한 설명으로 알맞지 않은 것은?   <small>2014 한국수력원자력</small>

① 시장 세분화로 마케팅 프로그램과 예산을 설정할 수 있다.
② 중소기업의 경우 시장 세분화에 의해서 니치 마케팅을 가능하게 한다.
③ 특정제품군에 대해서 비슷한 성향을 가진 사람들을 하나의 집단으로 분류하는 과정이다.
④ 시장 세분화를 하면 타겟 대상 선정이 어려워 표적 시장을 설정할 수 없다.

5 시장 세분화에 대한 설명으로 옳지 않은 것은?   <small>2013 서울시농수산식품공사</small>

① 소비자의 특성에 따라 시장을 몇 개씩 세분화하여 표적 시장을 명확히 설정한다.
② 시장 세분화의 적격 조건으로 측정가능성, 접근가능성, 유지가능성, 실행가능성이 있다.
③ 시장진입의 비용과 시간을 시장 세분화를 통해서 줄일 수 있다.
④ 시장의 세분화는 소비자들과의 이질감을 형성하게 만들어 소비자들의 다양한 욕구를 충족시키기에는 부적합하다.

6 다음 글에 대한 설명으로 알맞은 것은? [2007 한국토지주택공사]

> 일정기간에 걸쳐서 특정 제품의 마케팅활동에 대한 예산반응이 유사한 예상소비자들을 집단화하는 것을 말한다.

① 시장 세분화 ② 제품차별화 ③ 마케팅 전략
④ 마케팅 믹스 ⑤ 제품 포지셔닝

7 시장세분화를 위한 소비자의 행동분석적 요인에 해당되지 않는 것은? [2010 노무사]

① 편익 ② 제품사용경험 ③ 제품의 사용정도
④ 상표애호도 ⑤ 가족생애주기

8 시장세분화에 관한 설명으로 옳지 않은 것은? [2017 공인노무사]

① 세분화된 시장 내에서는 이질성이 극대화 되도록 해야 한다.
② 효과적인 시장세분화를 위해서는 시장의 규모가 측정 가능해야 한다.
③ 나이, 성별, 소득은 인구통계학적 세분화 기준에 속한다.
④ 제품사용 상황, 추구편익은 행동적 세분화 기준에 속한다.
⑤ 라이프스타일, 성격은 심리도식적 세분화 기준에 속한다.

9 시장세분화에 관한 설명으로 옳은 것은? [2013 노무사]

① 인구통계적 세분화는 나이, 성별, 가족규모, 소득, 직업, 종교, 교육수준 등을 바탕으로 시장을 나누는 것이다.
② 사회심리적 세분화는 추구하는 편익, 사용량, 상표애호도, 사용여부 등을 바탕으로 시장을 나누는 것이다.
③ 시장표적화는 시장 내에서 우월한 위치를 차지하도록 고객을 위한 제품·서비스 및 마케팅 믹스를 개발하는 것이다.
④ 시장포지셔닝은 세분화된 시장의 좋은 점을 분석한 후 진입할 세분시장을 선택하는 것이다.
⑤ 행동적 세분화는 구매자의 사회적 위치, 생활습관, 개인성격 등을 바탕으로 시장을 나누는 것이다.

10 시장세분화의 기준변수 중 인구 통계적 변수에 해당하는 것은? [2015 가맹거래사]

① 나이 ② 라이프스타일 ③ 개성
④ 추구편익 ⑤ 제품 사용률

11 시장을 세분화하는 데 사용하는 기준으로서 인구 통계적 변수가 아닌 것은? [2015 경영지도사]

① 가족규모 및 형태 ② 소득 ③ 라이프스타일
④ 교육수준 ⑤ 종교

12 시장세분화를 위한 소비자의 인구통계학적 속성이 아닌 것은?   2010 가맹거래사

① 성별　　　　　　　② 소득　　　　　　　③ 교육수준
④ 라이프스타일　　　⑤ 생애주기(life-cycle stage)

13 시장세분화를 위한 소비자의 행동적 변수가 아닌 것은?   2011 가맹거래사

① 충성도(loyalty)　　　　　　　　　② 제품 사용경험(user status)
③ 소비자가 추구하는 편익(benefits sought)　　④ 제품 사용률(usage rate)
⑤ 라이프스타일(lifestyle)

14 시장 세분화의 성공 조건이 아닌 것은?   2015 가맹거래사

① 접근성(accessibility)　　　　② 시장규모의 실재성(substantiality)
③ 측정성(measurability)　　　　④ 무형성(intangibility)
⑤ 차별성(differentiability)

15 효과적인 시장세분화를 위한 요건으로 옳지 않은 것은?   2018 공인노무사

① 측정가능성　　　② 충분한 시장 규모　　　③ 접근가능성
④ 세분시장 간의 동질성　　⑤ 실행가능성

16 시장세분화가 유용하게 사용되기 위해 갖추어야 할 요건이 아닌 것은?   2011 가맹거래사

① 측정가능성(measurability)　　　　② 소멸가능성(perishability)
③ 충분한 규모의 시장성(substantiality)　　④ 차별화가능성(differentiability)
⑤ 접근가능성(accessibility)

17 다음 중 시장 세분화에 대한 설명으로 알맞지 않은 것은?   2005 한국철도공사

① 일정기간 일관성 있는 특징이 유지될 필요가 없다.
② 세분시장의 크기와 구매력을 측정할 수 있어야 한다.
③ 목표소비자에게 제품에 대한 지식을 전달할 수 있어야 한다.
④ 잘못된 시장 세분화는 비용을 증가시킬 수 있다.

18 다음 중 시장 세분화에 대한 설명으로 알맞지 않은 것은? [2012 한국토지주택공사]

① 동일한 세분시장 내에 있는 소비자들은 이질성이 극대화되며, 세분시장 간에는 동질성이 존재한다.
② 마케팅 관점에서 보면 개별세분시장에 알맞은 제품과 마케팅 프로그램을 개발, 실행할 수 있을 경우에만 시장 세분화의 의의가 존재한다.
③ 시장을 특정 기준에 따라 분류한 후 이들 중 하나 또는 몇몇 시장을 표적으로 삼아 공략하기 위한 작업과정의 일부분을 의미한다.
④ 고객의 욕구와 선호 면에서 동질성과 이질성이라는 개념들을 사용하여 고객그룹을 분류한 후 차별화된 구매집단을 발견하고 규명하는 작업이다.
⑤ 시장 세분화를 통해 다양한 소비자의 욕구를 파악해 이들의 욕구를 보다 잘 충족시킨다.

19 다음 중 시장 세분화에 대한 설명으로 알맞지 않은 것은? [2010 주택도시보증공사]

① 시장 세분화가 이루어지면서 표적시장을 설정하기가 어렵다.
② 시장 세분화를 통해서 다양한 소비자의 욕구를 충족시킬 수 있다.
③ 시장 세분화의 변수로 구매자의 행동 변수, 지리적 변수, 인구통계학적 변수 등이 있다.
④ 소비자의 다양한 욕구에 따라 이질적인 전체 시장을 동질적인 몇 개의 시장으로 나눈 것이다.

20 효과적 시장세분화에 관한 설명으로 옳지 않은 것은? [2012 가맹거래사]

① 세분시장의 규모가 측정가능해야 한다.
② 행태적 세분화를 위한 기준으로 제품 사용상황, 사용량, 추구편익 등을 활용한다.
③ 동일한 세분시장 내에 있는 소비자들의 이질성이 극대화되도록 해야 한다.
④ 특정한 시장세분화 기준변수가 모든 상황에서 가장 효과적인 것은 아니다.
⑤ 세분시장의 규모가 수익을 창출할 수 있도록 커야 한다.

21 시장세분화(Market Segmentation)에 대한 설명으로 옳지 않은 것은? [2017 7급 감사직]

① 사용상황, 사용량, 추구편익, 가족생활주기 등은 시장세분화를 위한 행동적 변수에 속한다.
② 같은 세분시장에 속하는 고객들끼리는 최대한 비슷하여야 하고 서로 다른 세분시장에 속한 고객들끼리는 최대한 달라야 한다.
③ 신제품이 혁신적일수록 너무 일찍 앞서서 시장세분화를 하는 것은 바람직하지 않다.
④ 역세분화(Counter-Segmentation)는 고점유율 회사보다 저점유율 회사에 적합한 방법이다.

22 세분화된 시장의 차이점을 무시하고 한 제품으로 전체시장을 공략하는 전략은? [2018 7급 감사직]

① 차별적 마케팅   ② 비차별적 마케팅   ③ 세분화 마케팅   ④ 집중적 마케팅

23 표적시장에 관한 설명으로 옳지 않은 것은? `2015 노무사`

① 단일표적시장에는 집중적 마케팅전략을 구사한다.
② 다수표적시장에는 순환적 마케팅전략을 구사한다.
③ 통합표적시장에는 역세분화 마케팅전략을 구사한다.
④ 인적, 물적, 기술적 자원이 부족한 기업은 보통 집중적 마케팅전략을 구사한다.
⑤ 세분시장 평가 시에는 세분시장의 매력도, 기업의 목표와 자원 등을 고려해야 한다.

24 목표시장 선정에 관한 설명으로 옳지 않은 것은? `2014 가맹거래사`

① 동질적 제품에 대해서는 무차별적 마케팅이 유리하다.
② 기업자원이 제한되어 있는 경우에는 집중적 마케팅이 유리하다.
③ 경쟁자 수가 많을수록 차별적 마케팅이 유리하다.
④ 제품수명주기에서 도입기에는 차별적 마케팅이 유리하다.
⑤ 소비자들의 욕구가 유사할 경우에는 무차별적 마케팅이 유리하다.

25 차별화 전략의 원천에 해당되는 것은? `2014 노무사`

① 경험효과 ② 규모의 경제 ③ 투입요소 비용
④ 생산시설 활용도 ⑤ 제품의 특성과 포지셔닝

26 다음 중 마케팅 관리과정에서 표적시장의 선정과정에 속하지 않는 것은? `2004 한국자산관리공사`

① 시장 표적화 ② 수요측정 및 예측 ③ 시장 세분화
④ 시장 포지셔닝 ⑤ 마케팅 역사

27 다음 중 차별화 전략에 해당하지 않는 것은? `2019 군무원`

① 경쟁 ② 제품 ③ 서비스 ④ 이미지

28 다음 중 목표시장 선정에 관한 설명으로 알맞지 않은 것은? `2005 근로복지공단`

① 단일 세분시장 집중화는 여러 개의 세분시장에 집중적으로 진출하는 방법
② 제품특화는 한 가지 또는 특정상품만을 생산하여 다양한 세분시장에 진출하는 표적시장 선정방법
③ 시장특화란 여러 특정 소비자 집단의 욕구를 충족하기 위해 여러 제품을 생산, 판매하는 전략
④ 선택적 특화는 수익성, 성장성, 등의 관점에서 매력성이 높은 여러 개의 세분 시장에 진출하여 위험을 분산시키는 다세분시장 진출 전략

29 다음 중 목표 마케팅에 관한 설명으로 알맞지 않은 것은? 2004 한국토지주택공사

① 목표시장 선정 후에 시장위치를 선정한다.
② 시장 세분화가 전개된 후 목표시장이 선정되어야 한다.
③ 시장 세분화에 의해 세분된 시장에는 차별적 마케팅을 구사한다.
④ 단일의 동질적인 제품을 대량으로 판매할 때는 차별적 마케팅을 구사한다.
⑤ 작은 시장에 높은 점유율을 목표로 하는 경우에는 집중적 마케팅을 구사한다.

30 특정 기업이 자사 제품을 경쟁제품과 비교하여 유리하고 독특한 위치를 차지하도록 하는 마케팅 전략은? 2012 노무사

① 관계마케팅　　② 포지셔닝　　③ 표적시장 선정
④ 일대일 마케팅　⑤ 시장세분화

31 다음 중 시장위치 선정의 순서로 알맞은 것은? 2005 한국토지주택공사

① 소비자 분석 및 경쟁자 확인 – 경쟁제품의 포지션 분석 – 자사제품의 포지션 개발 – 포지션의 확인 및 재포지셔닝
② 소비자 분석 및 경쟁자 확인 – 자사제품의 포지션 개발 – 경쟁제품의 포지션 분석 – 포지션의 확인 및 재포지셔닝
③ 소비자 분석 및 경쟁자 확인 – 경쟁제품의 포지션 개발 – 포지션의 확인 및 재포지셔닝 – 자사제품의 포지션 개발
④ 경쟁제품의 포지션 분석 – 소비자 분석 및 경쟁자 확인 – 자사제품의 포지션 개발 – 포지션의 확인 및 재포지셔닝
⑤ 포지션의 확인 및 재포지셔닝 – 소비자 분석 및 경쟁자 확인 – 경쟁제품의 포지션 분석 – 자사제품의 포지션 개발

32 경쟁제품과의 차별성을 목표고객에게 인식시키기 위한 마케팅 전략은? 2010 가맹거래사

① 유지전략　　② 철수전략　　③ 포지셔닝전략
④ 성장전략　　⑤ 유통전략

33 포지셔닝 전략의 유형에 관한 설명으로 옳지 않은 것은? 2017 가맹거래사

① 제품속성에 의한 포지셔닝은 자사브랜드를 주요 제품속성이나 편익과 연계하는 것이다.
② 제품군에 의한 포지셔닝은 자사제품을 대체 가능한 다른 제품군과 연계하여 소비자의 제품전환을 유도하는 것이다.
③ 제품사용자에 의한 포지셔닝은 제품을 특정 사용자나 사용자계층과 연계하는 것이다.
④ 범주 포지셔닝은 제품을 그 사용상황에 연계하는 것이다.
⑤ 경쟁적 포지셔닝은 자사브랜드를 경쟁제품과 직접 혹은 암시적으로 연계하는 것이다.

34 STP 전략에 대한 설명으로 가장 옳지 않은 것은?

① 시장세분화(market segmentation)란 전체시장을 일정한 기준에 의해 동질적인 세분시장으로 구분하는 과정이다.
② 지리적, 인구통계적, 심리특정적, 구매행동적으로 상이한 고객들로 구분하여 시장을 세분화한다.
③ 시장위치선정(market positioning)이란 각 세분시장의 매력성을 평가하고 여러 세분시장 가운데서 기업이 진출하고자 하는 하나 또는 그 이상의 세분시장을 선정하는 과정이다.
④ 제품의 구매나 사용이 사회적 관계 속에서 갖는 상징적(symbolic) 의미를 강조하는 경우에 가장 적절한 포지셔닝은 제품사용자에 의한 포지셔닝이다.

35 효과적인 시장세분화가 되기 위한 조건으로 옳지 않은 것은?

① 세분화를 위해 사용되는 변수들이 측정가능해야 한다.
② 세분시장에 속하는 고객들에게 효과적이고 효율적으로 접근할 수 있어야 한다.
③ 세분시장 내 고객들과 기업의 적합성은 가능한 낮아야 한다.
④ 같은 세분시장에 속한 고객들끼리는 최대한 비슷해야 하고 서로 다른 세분시장에 속한 고객들 간에는 이질성이 있어야 한다.
⑤ 세분시장의 규모는 마케팅활동으로 이익이 날 수 있을 정도로 충분히 커야 한다.

36 다음 중 시장세분화를 통해 기대할 수 있는 효과에 대한 설명으로 가장 옳지 않은 것은?

① 고객들의 욕구를 보다 잘 이해할 수 있다.
② 마케팅 기회를 더 잘 발견할 수 있다.
③ 시장세분화를 하면 할수록 비용효율성이 높아지기 때문이다.
④ 기업들이 동일한 소비자를 놓고 직접 경쟁하지 않아도 되므로 가격경쟁이 완화될 수 있다.

37 다음 중 시장세분화 전략에 대한 설명으로 가장 적절하지 않은 것은?

① 시장세분화란 시장을 서로 비슷한 요구를 가지는 구매자 집단으로 구분하는 것을 말한다.
② 시장을 고객의 심리적 특성에 따라 구분하기 위해 소비자의 구매 패턴, 소비자가 추구하는 편익 등을 고려한다.
③ 시장세분화 전략에서 인구통계학적 특성이 다른 특성보다 구분하기 용이하기 때문에 가장 많이 사용되는 변수이다.
④ 시장세분화의 기준으로 특정 제품군에서의 소비자 행동에 대한 정보를 사용할 수 있다.

38 STP(Segmentation, Targeting, Positioning)의 위상정립(Positioning)을 위한 방법과 가장 거리가 먼 것은?

2023 7급 군무원

① 속성(attribute)에 의한 위상정립
② 편익(benefit)에 의한 위상정립
③ 경쟁자(competitor)에 의한 위상정립
④ 자원(resource)에 의한 위상정립

39 다음은 시장세분화의 기준을 설명하는 내용이다. 아래의 사례에서 가장 옳은 것은?

2022 7급 군무원

- 제품편익: 제품을 구매하고 사용하여 어떤 편익을 얻고자 한다.
- 브랜드 충성도: 어떤 특정 브랜드에 대해 선호하는 심리상태를 말한다.
- 태도: 제품에 대한 소비자의 태도를 조사하여 시장을 세분화할 수 있다.

① 인구통계적 세분화
② 지리적 세분화
③ 행동적 세분화
④ 심리적 특성에 의한 세분화

III | 심화문제

1 마케팅 전략에 대한 설명 중 옳지 않은 것은? [2018 군무원]

① 기존 제품으로 새로운 시장에 진출하는 경우는 시장개발 전략에 해당한다.
② 의류업체가 의류뿐만 아니라 액세서리, 가방, 신발 등을 판매하는 경우는 제품개발 전략에 해당한다.
③ 호텔이 여행사를 운영하는 경우 관련다각화 전략에 해당한다.
④ 아기비누를 피부가 민감한 성인에게 파는 경우 시장침투 전략에 해당한다.

2 시장진출형태의 하나인 밀집화 전략에 대한 아래의 설명 가운데 옳지 않다고 생각되는 것은? [1989 CPA]

① 미니마케팅(minimarketing)전략이라고 볼 수 있다.
② 자사의 시장점유율 확대를 위하여 타사제품과의 비차별화를 꾀하려는 전략이다.
③ 밀집화된 각 시장부문에 알맞은 제품을 고안하거나 마케팅계획을 수립하는 전략이다.
④ 밀집화의 결과 비용이 상승되고 따라서 이윤이 감소될 경우에는 이 전략의 포기가 오히려 바람직하다.
⑤ 밀집화된 시장부문에 속한 소비자들에게 해당제품과 회사의 이미지를 강화하는데 유리한 전략이다.

3 버스운전사가 회수권을 내는 학생에게 학생증의 제시를 요구하였다. 이는 시장세분화기준으로 보아 어디에 속하는가? [1991 CPA]

① 지리적 세분화
② 생활스타일 세분화
③ 인구동태별 세분화
④ 소비자개성 세분화
⑤ 상표개성 세분화

4 다음 시장세분화의 전제조건이 아닌 것은? [1992 CPA 수정]

① 측정가능성(measurability)
② 접근가능성(accessibility)
③ 실체성(substantiality)
④ 동질성(homogeniocity)
⑤ 실행가능성(actionability)

5 시장세분화와 목표시장 선정에 관한 설명으로 적절한 항목만을 모두 선택한 것은? [2021 CPA]

> a. 측정가능성(measurability)은 효과적인 시장세분화 요건 중 하나이다.
> b. 성별은 세분화 변수들 중 하나이며, 인구통계학적 변수로 분류된다.
> c. 새로운 마케팅 기회가 시장세분화를 통해 발견될 수 있다.

① a　　② a, b　　③ a, c　　④ b, c　　⑤ a, b, c

6 시장세분화의 장점이라고 보기 어려운 것은? 1993 CPA

① 시장의 세분화를 통하여 마케팅 기회를 탐지할 수 있다.
② 제품 및 마케팅 활동이 목표시장의 요구에 적합하도록 조정할 수 있다.
③ 규모의 경제가 발생한다.
④ 시장세분화의 반응도에 근거하여 마케팅자원을 보다 효율적으로 배분할 수 있다.
⑤ 소비자의 다양한 요구를 충족시키며 매출액의 증대를 꾀할 수 있다.

7 다음 보기 중 시장목표선정과 관련하여 옳은 것으로만 짝지어진 것은? 1994 CPA

> a. 차별화 마케팅은 대량생산이나 생산의 표준화에 적절하다.
> b. 비차별화 마케팅은 전체시장을 포괄한다.
> c. 집중화 마케팅은 운영상의 경제성은 높으나 상대적으로 높은 위험성이 있다.

① a, b ② b, c ③ a, c ④ a, b, c ⑤ a

8 시장위치선정(Market Positioning)에 대한 설명 중 옳지 않은 것은? 1997 CPA

① 어떤 세분시장에 진출할 것인가를 결정한 후 위치를 선정한다.
② 소비자의 마음속에서 경쟁제품과 비교하여 우위에 있는 위치를 선정한다.
③ 선택한 위치를 표적세분시장에 효과적으로 전달한다.
④ 소비자들이 제품을 평가할 때 고려하는 속성 중 모든 제품에 대해 유사하다고 느끼는 속성을 선택한다.
⑤ 소비자의 욕구 및 경쟁자의 전략이 변해감에 따라 위치를 점검하고 수정한다.

9 C사는 치약시장을 충치예방, 미백효과, 청결유지, 향기를 추구하는 시장으로 세분화했다. 이와 같은 시장세분화는 다음 중 어떤 세분화 기준을 적용한 경우인가? 2000 CPA

① 행동적 변수 – 효용(benefit) ② 심리분석적 변수 – 효용(benefit)
③ 행동적 변수 – 사용상황 ④ 심리분석적 변수 – 사용상황
⑤ 인구통계적 변수 – 사용상황

10 시장세분화의 전제조건이 모두 충족된 것으로 가정할 때, 1대 1 대응형(또는 원자형, atomized) 세분화 전략이 가장 적합한 경우는? 2001 CPA

① 경쟁이 치열하고 선호가 동질적인 시장 ② 경쟁이 치열하고 선호가 분산된 시장
③ 경쟁이 없고 선호가 동질적인 시장 ④ 경쟁이 없고 선호가 분산된 시장
⑤ 경쟁이 없고 선호가 밀집된 시장

11 다음 전략 중 일반적인 시장 선도기업(market leader)들이 활용하기에 가장 적합하지 않은 것은?

2001 CPA

① 전체시장 도달전략
② 시장총수요 증대전략
③ 시장점유율 확대전략
④ 시장점유율 유지전략
⑤ 틈새시장 집중화 전략

12 다음 중 제품의 구매나 사용이 사회적 관계 속에서 갖는 상징적(symbolic) 의미를 강조하려는 경우에 가장 적합한 포지셔닝 유형은?

2001 CPA

① 제품속성에 의한 포지셔닝
② 제품가격에 의한 포지셔닝
③ 제품사용자에 의한 포지셔닝
④ 경쟁에 의한 포지셔닝
⑤ 제품군(群)에 의한 포지셔닝

13 시장세분화에 관한 다음의 서술 중 가장 적절하지 않은 것은?

2002 CPA

① 효과적인 시장세분화를 위해서는 세분시장의 규모가 측정가능해야 한다.
② 제품사용상황, 사용량, 추구편익(benefit sought)은 행동적(behavioral) 세분화 기준변수에 속한다.
③ 시장세분화에서는 동일한 세분시장 내에 있는 소비자들의 이질성이 극대화 되도록 해야 한다.
④ 하나의 특정한 시장세분화 기준변수가 모든 상황에서 가장 효과적인 것은 아니다.
⑤ 시장세분화를 통해 소비자들의 다양한 욕구를 보다 잘 만족시킬 수 있다.

14 표적시장 선정 및 포지셔닝에 관한 다음의 설명 중 옳지 않은 것은?

2004 CPA

① 틈새시장 공략 마케팅 기업(niche marketers)들은 자사가 틈새시장 소비자들의 욕구를 매우 잘 이해하고 있기 때문에 고객들이 자사제품에 대하여 고가격을 기꺼이 지불할 것이라고 가정한다.
② 현지화 마케팅(local marketing)의 단점은 규모의 경제 효과를 감소시켜 제조 및 마케팅비용을 증가시킨다는 점이다.
③ 소비자들은 독특한 욕구를 가지고 있기 때문에 각각의 소비자는 잠재적으로 별개의 시장이다.
④ 표적 마케팅 과정의 주요 첫 단계는 시장세분화이다.
⑤ 오늘날 시장환경의 변화에 발맞추어 대다수의 기업은 매스 마케팅전략으로 이행하고 있다.

15 마케팅 전략에 관한 설명으로 옳은 것은?

2020 공인노무사

① 마케팅 비용을 절감하기 위해 차별화 마케팅 전략을 도입한다.
② 제품 전문화 전략은 표적시장 선정전략의 일종이다.
③ 포지셔닝은 전체시장을 목표로 하는 마케팅 전략이다.
④ 제품의 확장 속성이란 판매자가 제공하거나 구매자가 추구하는 본질적 편익을 말한다.
⑤ 시장세분화 전제조건으로서의 실질성이란 세분시장의 구매력 등이 측정가능해야 함을 의미한다.

16 시장진출형태에 있어 제품전문화와 시장집중화의 특징으로 옳은 것은? `2020 군무원`

① 제품전문화는 특정 제품을 다양한 세분시장에 진출하는 전략이다.
② 제품전문화는 위험 분산하는 효과가 있다.
③ 시장집중화는 단일제품, 복수시장일 경우 유리하다.
④ 시장집중화는 고객집단의 욕구 변화에 관계없이 위험성이 낮다.

17 (주)가나빙과는 아이스크림전문점에서의 아이스크림판매 현황을 조사한 결과, 판매되는 여러 제품 가운데 어린이들이 선호하는 초코맛 시장과 청소년층이 선호하는 메론맛 시장이 당사에 가장 적합한 시장임을 알아냈다. 당사는 이 두 세분시장을 표적으로 초코바와 메론바를 각각 생산하기로 하고, 광고의 초점을 고유의 맛을 지닌 아이스바라는 개념으로 정하여 맛이 다르다는 점으로 소비자에게 소구(appeal)할 계획이다. (주)가나빙과의 표적시장선정 전략과정(시장세분화변수, 표적시장선정전략, 시장포지셔닝유형)에 관한 설명 중 가장 적합한 것은? `2005 CPA`

	시장세분화변수	표적시장선정전략	시장포지셔닝유형
①	추구되는 효익, 연령	차별적 마케팅	속성포지셔닝
②	추구되는 효익, 연령	비차별적 마케팅	속성포지셔닝
③	개성, 연령	차별적 마케팅	이미지포지셔닝
④	제품특성, 연령	집중적 마케팅	이미지포지셔닝
⑤	제품특성, 연령	차별적 마케팅	사용용도포지셔닝

18 시장세분화에 관한 다음 설명 중 옳은 것으로만 구성된 것은? `2008 CPA`

> a. 혁신적인 신상품의 경우에는 시장세분화가 시기상조일 수 있다.
> b. 지나친 세분시장 마케팅은 수익성을 악화시킬 수 있다.
> c. 세분화된 시장을 통합하여 여러 세분시장을 동시에 공략할 수 있는 상품을 내놓는 것을 역세분화(counter-segmentation)전략이라 하며 도전자는 역세분화를 하는 것이 바람직할 수도 있다.
> d. 효과적인 시장세분화가 되기 위한 조건으로 같은 세분시장에 속한 고객끼리는 최대한 다르고, 서로 다른 세분시장에 속하는 고객끼리는 최대한 비슷하게 세분화되는 것이 좋다.
> e. 시장세분화의 기준변수가 불연속적인 경우에는 세분화를 위해서 군집분석을, 기준변수가 연속적인 경우에는 교차테이블 분석을 이용할 수 있다.

① a, b, c   ② b, c, e   ③ a, b, e   ④ b, d, e   ⑤ c, d, e

19 효과적인 시장세분화를 위해 세분시장이 갖추어야 할 다음의 요건 중에서 가장 적절하지 않은 것은?

2010 CPA

① 세분시장의 크기, 구매력, 기타 특성 등을 측정할 수 있어야 한다.
② 세분시장에 속하는 고객들에게 효과적이고 효율적으로 접근할 수 있어야 한다.
③ 세분시장이 너무 작아서는 안된다.
④ 경쟁회사의 세분시장에 대응될 수 있도록 세분시장을 결정해야 한다.
⑤ 같은 세분시장에 속한 고객끼리는 최대한 비슷하여야 하고, 서로 다른 세분시장에 속한 고객끼리는 최대한 상이하여야 한다.

20 STP에 관한 설명으로 가장 적절하지 않은 것은?

2012 CPA

① 시장 세분화를 마케팅 전략에 유용하게 사용하려면 세분시장은 측정 가능성, 접근 가능성, 규모적 적정성, 세분시장 내 동질성과 세분시장 간 이질성과 같은 요건을 갖추고 있어야 한다.
② 시장 세분화 기준변수를 크게 고객행동변수와 고객특성변수(인구통계적 변수 및 심리분석적 변수)로 구분하였을 때, 추구편익(혜택)은 고객행동변수로 분류된다.
③ 시장의 적정 규모 및 성장 가능성, 구조적 매력성, 자사 목표와의 적합성 및 자원은 세분시장 평가에 고려되는 기준이다.
④ 집중적(concentrated) 마케팅 전략은 각 세분시장의 차이를 무시하고 단일(혹은 소수의) 제품으로 전체시장에 접근하는 것이다.
⑤ 포지셔닝전략 수립을 위해서는 자사와 경쟁사 제품들이 시장의 어디에 위치되어 있는지를 파악하는 일이 필요하다.

21 세분시장의 요건으로 적절한 항목은 모두 몇 개인가?

2016 CPA

a. 측정 가능성   b. 규모의 실체성(충분한 시장규모)
c. 접근 가능성   d. 세분시장 내 동질성과 세분시장 간 이질성(차별적 반응)

① 0개   ② 1개   ③ 2개   ④ 3개   ⑤ 4개

22 경쟁자 파악방법, 시장 세분화, 표적시장 선택에 관한 설명으로 적절한 항목만을 모두 선택한 것은?

2017 CPA

a. 상표전환 매트릭스는 고객행동에 기초한 경쟁자 파악방법이다.
b. 시장 세분화 기준변수를 크게 고객 행동변수와 고객특성변수로 구분하였을 때, 사용상황은 고객특성변 수로 분류된다.
c. 차별적 마케팅(세분화 마케팅) 전략은 기업이 세분시장의 차이를 무시하고 하나의 제품으로 전체 시장을 공략하는 시장범위 전략이다.

① a   ② b   ③ a, b   ④ a, c   ⑤ b, c

23 마케팅 전략에 관한 설명으로 가장 적절한 것은? `2023 CPA`

① 효과적인 시장세분화의 요건 중 측정가능성(measurability)은 마케팅믹스가 표적 세분시장에 도달할 수 있어야 하는 것을 의미한다.
② 경쟁자 파악 방법에서 사용상황별 대체(substitution in-use)는 상표전환 매트릭스(brand switching matrix)보다 폭넓게 경쟁자를 파악하게 해준다.
③ 시장세분화에서 추구편익(benefit sought)은 심리분석적 변수에 속한다.
④ 제품/시장 성장매트릭스(product/market expansion matrix)에서 시장침투전략은 기존 제품을 잠재적 구매자에게 판매함으로써 성장을 추구하는 전략이다.
⑤ 차별적 마케팅은 틈새시장 전략이며, 자원이 제한된 기업에 의해 주로 사용된다.

24 마케팅 전략에 관한 설명으로 가장 적절한 것은? `2024 CPA`

① 사용빈도를 높이는 것은 시장침투전략과 관련이 있고, 1회 사용량을 높이는 것은 시장개발전략에 포함된다.
② 경쟁자 파악에서 상품제거는 고객 지각에 기초한 방법이다.
③ 시장세분화에서 라이프스타일과 고객생애가치는 고객행동변수이고, 사회계층과 가족생활주기는 인구통계변수에 속한다.
④ 본원적 편익 수준의 경쟁이란 상품형태는 다르지만 같은 범주에 속하는 상품 간의 경쟁을 가리킨다.
⑤ 집중적 마케팅은 세분시장을 대상으로 큰 점유율을 추구하기보다는 전체 시장에서 작은 점유율을 추구하는 것으로, 세분시장 간의 차이를 무시하는 문제점을 갖고 있다.

Chapter 4 마케팅 믹스(1): Product

I | OX문제

1 마케팅 믹스(marketing mix)란 기업이 목표시장 고객들로부터 기대하는 반응을 창출하기 위해 사용하는 통제 가능하고 전술적인 마케팅 도구들의 집합으로서 제품(product), 가격(price), 유통(place), 촉진(promotion)으로 구성되는 4Ps로 분류될 수 있다. [O·X]

2 제품의 종류 중 고객이 제품으로부터 추구하는 핵심적인 편익을 구체적인 물리적 속성들의 집합으로 유형화시킨 제품을 핵심제품(core product)이라고 한다. [O·X]

3 제품 구성요소 중 유형제품(tangible product)에는 보증(guarantee), 대금결제방식(payment), 배달(delivery) 및 애프터 서비스(after service) 등이 해당된다. [O·X]

4 산업재의 경우 기본적으로 파생수요적 성격과 수요의 집중도가 높다는 특징이 있으나, 상대적으로 구매의사결정이 단순하고 전환 비용이 낮아 대중매체를 통한 촉진활동이 주류를 이룬다. [O·X]

5 소비재 중 편의품의 경우 강한 브랜드 선호도와 충성도, 특별한 구매노력, 브랜드 대안 간 비교가 이루어지지 않으며, 가격민감도 또한 낮은 편이라고 할 수 있다. [O·X]

6 브랜드 인지도란 브랜드를 떠올릴 때 드는 생각이나 느낌(미원: 조미료/맛/화학물질 등)을 의미한다. [O·X]

---

1 O
2 X | 유형제품(tangible product)에 대한 설명임. 핵심제품(core product)이란 고객이 제품구입에서 얻으려고 하는 근본적인 서비스나 효용을 의미(핵심 편익)한다.
3 X | 확장제품(augmented product)에 해당하는 내용임. 유형제품(tangible product)에는 포장, 상표, 제품 자체 및 디자인 등이 해당된다.
4 X | 산업재의 경우 기본적으로 파생수요적 성격과 수요의 집중도가 높다는 특징이 있으며, 상대적으로 구매의사결정이 복잡하고 전환 비용이 높다. 또한 인적판매와 전문매체를 활용한 촉진활동이 주류를 이룬다.
반면, 소비재의 경우 상대적으로 구매의사결정이 단순하고 전환 비용이 낮아 광고 및 대중매체를 통한 촉진활동이 주류를 이룬다.
5 X | 전문품에 대한 설명임. 편의품의 경우 빈번한 구매가 이루어지며, 구매 계획을 구체적으로 하지 않으며 대안비교 노력 혹은 쇼핑 노력을 크게 기울이지 않는 형태의 제품으로 고객의 관여수준이 낮은 저관여 제품으로 분류된다.
6 X | 브랜드 연상에 대한 설명임. 브랜드 인지도란 브랜드가 소비자에게 알려진 정도로서 브랜드 인지도가 높을수록 상표 친숙도가 높고, 높을수록 고려상표군에 포함될 가능성이 높음

7 브랜드와 관련된 이미지(연상), 즉 브랜드 연상이란 브랜드를 떠올릴 때 드는 생각이나 느낌을 의미하는데 이러한 느낌이 호의적이고(유리하고), 독특하고, 강력할수록 브랜드 자산이 커진다. ○ ✕

8 기업명을 모든 제품에 사용한다던지, 성공한 제품명을 기업명으로 사용하는 형태의 브랜드전략을 수평적 패밀리브랜드전략이라고 한다. ○ ✕

9 브랜드 계층구조(brand hierarchy)는 브랜드를 기업 브랜드(corporate brand), 패밀리 브랜드(family brand), 개별 브랜드(individual brand), 브랜드 수식어(brand modifier)로 구분한 것이다. ○ ✕

10 브랜드 확장은 '기존 브랜드와 동일한 상품 범주에 출시된 신상품에 기존 브랜드를 사용하는 라인확장(line extension)'과 '기존 브랜드와 다른 범주에 속하는 신상품에 기존 브랜드를 사용하는 카테고리확장(category extension)'으로 구분할 수 있다. ○ ✕

11 수직적 라인확장의 경우 하향확장시 기존 고급 이미지 약화(희석효과) 및 자기잠식 가능성(canibalization)의 문제 발생 가능성이 있다. ○ ✕

12 시장규모는 성숙기보다 성장기에서 더 크고, 제품원가는 도입기보다 성장기에서 더 높다. ○ ✕

13 신상품 개발 프로세스는 일반적으로 아이디어 창출 및 심사 → 컨셉트 개발 및 테스트 → 마케팅 믹스 개발 → 사업성 분석 → 시제품 생산(제품개발) → 시장테스트 → 출시(상업화) 순서로 이루어진다. ○ ✕

14 도입기에는 원가가산가격, 성장기에는 시장침투가격, 성숙기에는 경쟁대응가격, 쇠퇴기에는 가격인하 정책을 쓴다. ○ ✕

---

7 ○
8 ✕ | 수직적 패밀리브랜드전략에 대한 설명임.
9 ○
10 ○
11 ○
12 ✕ | 시장규모는 성숙기가 성장기보다 더 크지만 시장의 확산 속도는 성장기가 더 크다고 할 수 있다. 아울러 제품원가는 대량생산 체계에 들어간 성장기보다 도입기에 더 크다고 할 수 있다.
13 ○
14 ○

15 로저스(Rogers)는 혁신의 수용과 확산모형에서 소비자들을 신제품 수용 시점에 따라 혁신소비자(innovator), 조기수용자(early adopter), 다수자(majority), 지각수용자(laggard)의 4개의 수용자 범주로 분류하였다. ☐O ☐X

16 후기다수 수용자(late majority)는 조기다수 수용자(early majority) 바로 다음에 신제품을 수용하는 소비자 집단이며, 조기 수용자(early adopters)는 혁신층(innovator) 앞에 위치하는 소비자 집단이다. ☐O ☐X

17 신제품 확산(diffusion)과 관련한 신제품의 특성에는 상대적 이점, 단순성, 고객과의 커뮤니케이션 가능성, 고객 욕구에의 부합성 등을 들 수 있으며 이는 신제품 확산에 영향을 미치는 신제품 특성 요인이라고 할 수 있다. ☐O ☐X

18 제품과 다른 서비스의 특성으로 무형성, 분리성, 변동성(이질성), 소멸성 등을 들 수 있다. ☐O ☐X

19 그뢴루스(Grnroos), 2차원 서비스 품질측정 모형에서 레스토랑에서 음식의 맛이나 병원에서 성공적인 수술 결과등은 과정 품질에 해당한다고 본다. ☐O ☐X

20 SERVQUAL 모형은 서비스 품질을 기대한 서비스(expected service)와 인지된 서비스(perceived service)의 차이로 측정하는 모형으로서, 고객이 서비스품질을 판단하는 차원에는 신뢰성(reliability), 반응성(responsiveness), 확신성(assurance), 공감성(empathy), 유형성(tangibles)이 있다고 설명하고 있다. ☐O ☐X

---

15 X | 로저스(Rogers)는 혁신의 수용과 확산모형에서 소비자들을 신제품 수용 시점에 따라 혁신소비자(innovator), 조기수용자(early adopter), 조기다수자(early majority), 후기다수자(late majority), 지각수용자(laggard)로 5개의 수용자 범주로 구분하였다.

16 X | 후기다수 수용자(late majority)는 조기다수 수용자(early majority) 바로 다음에 신제품을 수용하는 소비자 집단이지만, 조기 수용자(early adopters)는 혁신층(innovator) 다음에 조기다수 수용자(early majority) 앞에 위치하는 소비자 집단이다.

17 O

18 X | 비분리성적 성격이 있음. 비분리성이란 서비스는 서비스 제공자와 분리될 수 없다는 성질을 의미한다.

19 X | 과정 품질이란 고객이 서비스를 어떻게 받는가 또는 서비스 제공과정을 어떻게 경험하는가를 나타낸다. 기능적 품질이라고도 하며, 레스토랑의 종업원이 얼마나 친절하게 했는가나 병원에서 의사가 얼마나 자상하게 진찰 후 설명을 해주었는가 등이 이에 속한다. 아울러 결과품질이란 고객이 서비스 기업으로부터 무엇을 받았는가를 나타낸다. 기술적 품질이라고 불린다. 레스토랑에서 음식의 맛이나 병원에서 성공적인 수술결과가 결과 품질에 해당한다.

20 O

II | 개념정리문제

1 다음 중 마케팅믹스(Marketing mix)의 4P 전략과 거리가 먼 것은? [2017 군무원]

① 포지셔닝(Positioning)　　② 가격(Price)
③ 유통경로(Place)　　④ 촉진(Promotion)

2 다음 중 마케팅 믹스(4P Mix)에 해당하지 않는 것은? [2022 9급 군무원]

① 상품(product)　② 가격(price)　③ 유통(place)　④ 과정(process)

3 마케팅 믹스의 4P's에 해당하지 않는 것은? [2015 가맹거래사]

① Price　② Promotion　③ Place　④ Product　⑤ Procedure

4 마케팅 믹스인 4P와 각각의 구성요소를 옳게 짝지은 것은? [2014 7급 공무원]

① 제품 – 보증　② 가격 – 브랜드　③ 유통 – 포장　④ 촉진 – 품질

5 제품 구성요소 중 유형제품(tangible product)에 해당하는 것은? [2017 공인노무사]

① 보증(guarantee)　　② 상표명(brand name)
③ 대금결제방식(payment)　　④ 배달(delivery)
⑤ 애프터 서비스(after service)

6 제품개념 중 확장제품에 해당되지 않는 것은? [2011 가맹거래사]

① 품질보증　② 애프터서비스　③ 배달
④ 설치　⑤ 포장

7 다음 중 산업재에서 가장 많이 활용되는 마케팅 방법은 무엇인가? [2018 군무원]

① 광고　② 홍보(PR)　③ 판매촉진　④ 인적판매

8 다음에서 설명하는 소비재는? 2018 공인노무사

> - 특정 브랜드에 대한 고객 충성도가 높다.
> - 브랜드마다 차이가 크다.
> - 제품마다 고유한 특성을 지니고 있다.
> - 구매 시 많은 시간과 노력을 필요로 한다.

① 편의품(convenience goods)
② 선매품(shopping goods)
③ 전문품(specialty goods)
④ 자본재(capital items)
⑤ 원자재(raw materials)

9 소비재의 각 유형에 관한 일반적인 설명으로 옳은 것은? 2011 가맹거래사

① 편의품은 대체제품 수용도가 낮다.
② 선매품은 선택적 유통경로전략이 유리하다.
③ 선매품은 구매빈도가 매우 높은 편이다.
④ 전문품은 대체제품 수용도가 높다.
⑤ 전문품은 불특정 다수에 대한 광고가 효과적이다.

10 선매품(shopping goods)이 아닌 것은? 2016 가맹거래사

① 가구 ② 의류 ③ 중고차 ④ 사탕 ⑤ 가전제품

11 선매품(shopping goods)에 관한 설명으로 옳은 것은? 2021 공인노무사

① 소비자가 필요하다고 느낄 때 수시로 구매하는 경향을 보인다.
② 소비자는 가격, 품질, 스타일 등 다양한 정보를 수집하여 신중하게 비교하는 경향을 보인다.
③ 소비자는 잘 알지 못하거나 알고 있어도 능동적으로 구매하려 하지 않는다.
④ 일상생활에서 빈번히 구매하는 저관여 제품들이 많다.
⑤ 독특한 특징을 지니거나 브랜드 차별성을 지니는 제품들이 많다.

12 기업이 신제품을 출시하기 전 고려해야 할 윤리적·법적 의무에 해당되지 않는 것은? 2012 가맹거래사

① 안전성 시험(safety test)
② 제품회수(product recall)
③ 제품기능(product performance)
④ 가격인하(price discount)
⑤ 제품정보(product information)

13 어린이식품을 생산하여 판매하는 A사가 A라는 브랜드를 가지고 전국에 10개의 'A 어린이집'을 열고자 한다. A사가 사용하려는 브랜드 전략은? 2010 노무사

① 라인확장(line extension)
② 차별화(differentiation)
③ 공동 브랜드(co-brand)
④ 리포지셔닝(repositioning)
⑤ 범주 확장(category extension)

14 계열확장(Line Extension)에 대한 설명으로 옳지 않은 것은? _{2017 7급 감사직}

① 계열확장은 새로운 브랜드명을 도입·구축하는 데 드는 마케팅 비용을 절감시켜준다.
② 하향적 계열확장의 경우 모브랜드(Parent Brand)의 자기잠식(Cannibalization) 위험성이 낮다.
③ 계열확장이 시장에서 실패할 경우 모브랜드(Parent Brand)의 이미지에 부정적인 영향을 줄 수 있다.
④ 계열확장은 신제품에 대한 소비자의 지각된 위험을 줄여준다.

15 다음 중 브랜드에 대한 설명으로 알맞지 않은 것은? _{2005 국민연금공단}

① 강력한 상표는 상표인지도와 충성도를 가지게 한다.
② 상표주는 제조업자 상표, 사적 상표, 라이센스 상표, 협동 상표의 4가지가 있다.
③ 복수상표전략이란 새로운 범주의 제품을 출시할 경우 새로운 상표를 창조하는 상표전략이다.
④ 경쟁자들에게 남용되지 않게 하기 위해서 상표를 등록해야 한다.

16 공동브랜드전략에 대한 설명으로 옳지 않은 것은? _{2007 한국토지주택공사}

① 여러 기업들이 공동으로 개발하여 사용하는 단일브랜드를 말한다.
② 마케팅비용의 감소와 제품원가 절감을 통해 품질향상에 기여할 수 있다.
③ 최근에는 한정된 고객기반을 넓히고 자사제품의 브랜드 가치를 높이기 위한 목적으로 대기업간 또는 서로 다른 업종 간에도 사용되고 있다.
④ 협력사 간의 기술과 마케팅, 시장정보 등을 공유할 수 있다.
⑤ 전략적 제휴를 통해 신제품에 두 개의 브랜드를 공동으로 표기하거나, 시장지위가 확고한 중소기업체들이 공동으로 개발하여 사용하는 브랜드를 말한다.

17 A기업에서 화장품으로 성공한 '그린러브' 상표를 세제와 치약에도 사용하려고 하는 전략은? _{2013 노무사}

① 메가상표(mega brand) ② 개별상표(individual brand)
③ 상표연장(brand extension) ④ 복수상표(multi brand)
⑤ 상표자산(brand equity)

18 제약회사 등에서 많이 사용하는 상표전략으로 각 제품마다 다른 상표를 적용하는 전략은? _{2012 노무사}

① 개별상표 ② 가족상표 ③ 상표확장
④ 복수상표 ⑤ 사적상표

19 단일상품보다 다수상품들로 상품라인을 구성하는 이유로 옳지 않은 것은? _{2014 가맹거래사}

① 소비자욕구의 충족 ② 원가우위 확보
③ 소비자의 가격민감도 ④ 경쟁자 진입의 저지
⑤ 소비자의 다양성 추구 성향

20 제품에 부착되어 상표명을 보여주고 제조회사, 제조날짜, 성분, 사용법 등 제품정보를 소비자에게 전달하는 것은? 2013 가맹거래사

① 브랜딩 ② 패키징 ③ 포지셔닝
④ 레이블링 ⑤ 제품지원서비스

21 브랜드의 구성요소가 아닌 것은? 2017 가맹거래사

① 라벨(label) ② 캐릭터(character) ③ 슬로건(slogan)
④ 심벌(symbol) ⑤ 로고(logo)

22 브랜드(brand) 요소를 모두 고른 것은? 2021 공인노무사

> ㄱ. 징글(jingle)   ㄴ. 캐릭터(character)   ㄷ. 슬로건(slogan)   ㄹ. 심볼(symbol)

① ㄱ, ㄴ ② ㄷ, ㄹ ③ ㄱ, ㄴ, ㄷ
④ ㄴ, ㄷ, ㄹ ⑤ ㄱ, ㄴ, ㄷ, ㄹ

23 신상품 개발 프로세스에 관한 설명으로 가장 적절한 것은? 2021 군무원

① 아이디어 창출단계에서 많은 수의 아이디어 창출에 중점을 둔다.
② 제품컨셉트 개발단계에서 시제품을 만든다.
③ 신상품 컨셉트는 아이디어를 소비자가 사용하는 언어나 그림 등을 통하여 추상적으로 표현한 것이다.
④ 시장테스트는 제품 출시 후에 소규모로 실시된다.

24 신제품 개발 과정의 시험마케팅(test marketing) 단계에서 검토할 사항이 아닌 것은? 2015 7급 감사직

① 표적시장 고객들이 신제품을 구매하는지 여부
② 신제품의 광고메시지와 표적 고객의 지각이 일치하는지 여부
③ 신제품에 대한 재구매 의도가 충분한지 여부
④ 신제품에 대한 아이디어가 소비자의 언어로 잘 표현되고 있는지 여부

25 신제품개발과정의 단계로 옳은 것은? 2016 가맹거래사

① 소비자요구분석 → 컨셉도출 → 아이디어창출 → 제품개발 → 신제품사업성 확인 → 상품화
② 소비자요구분석 → 아이디어창출 → 컨셉도출 → 신제품사업성 확인 → 제품개발 → 상품화
③ 소비자요구분석 → 컨셉도출 → 아이디어창출 → 신제품사업성 확인 → 제품개발 → 상품화
④ 아이디어창출 → 소비자요구분석 → 컨셉도출 → 신제품사업성 확인 → 제품개발 → 상품화
⑤ 아이디어창출 → 소비자요구분석 → 컨셉도출 → 제품개발 → 신제품사업성 확인 → 상품화

26 신제품 개발과정 중 아이디어 창출단계에서 사용하는 기법이 아닌 것은?

① 속성열거법(attribute listing)
② 관계강화법(forced relationships)
③ 결합분석법(conjoint analysis)
④ 브레인스토밍(brainstorming)
⑤ 마음지도법(mind mapping)

27 신제품을 가장 먼저 받아들이는 그룹에 이어 두번째로 신제품의 정보를 수집하여 신중하게 수용하는 그룹은?

① 조기수용자(early adopters)
② 혁신자(innovators)
③ 조기다수자(early majority)
④ 후기다수자(late majority)
⑤ 최후수용자(laggards)

28 로저스(Rogers)가 주장한 혁신의 수용과 확산모형에서 신제품을 수용하는 소비자 분포의 비율로 옳지 않은 것은?

① 혁신자(innovators): 2.5%
② 조기수용자(early adopters): 16%
③ 전기다수자(early majorities): 34%
④ 후기다수자(late majorities): 34%
⑤ 최후수용자(laggards): 16%

29 혁신적인 신제품의 수용에 대한 설명으로 옳지 않은 것은?

① 소비자의 기존 사용습관에 부합할수록 신제품의 수용 속도는 느려진다.
② 기존 제품대비 상대적 이점이 크고, 시험사용이 가능한 경우 신제품의 수용 속도는 빨라진다.
③ 제프리 무어(Geoffrey Moore)는 혁신수용이론의 조기수용층(early adopters)과 조기다수층(early majority) 사이에 캐즘(chasm)이라는 간극이 존재한다고 주장하였다.
④ 로저스(E. Rogers)가 주장한 혁신수용이론(innovation diffusion theory)은 혁신수용 속도에 따라 소비자를 혁신층(innovators), 조기수용층(early adopters), 조기다수층(early majority), 후기다수층(late majority), 지연층(laggards)으로 구분한다.

30 다음 중 제품믹스에 관한 설명으로 알맞지 않은 것은?

① 제품믹스의 넓이는 제품의 다양화와 단순화를 특징으로 한다.
② 제품라인의 길이란 제품라인에 포함되는 브랜드의 수를 의미한다.
③ 제품라인의 깊이란 제품계열의 유사성을 의미한다.
④ 제품믹스 내의 다양한 제품들이 얼마나 밀접하게 연과되었나를 나타내는 개념이 제품의 외관성이다.
⑤ 최적제품믹스란 급변하는 마케팅 환경에 적응하도록 제품믹스를 추가 또는 삭제하여 기업이익을 극대화하려는 결정을 의미한다.

31 다음 중 설명으로 알맞지 않은 것은?

① 제품의 차별화는 깊이와 관련이 있다.
② 제품믹스는 특정 판매업자가 구매자들에게 제공하는 제품계열과 품목들이 집단을 말한다.
③ 제품품목은 크기, 가격, 기타 속성에 의해서 구별될 수 있는 제품계열 내 단위를 나타낸다.
④ 현대자동차에 승용차, 버스, 트럭, 승합차가 있으면 제품믹스의 깊이는 4가 된다.

32 제품수명주기이론의 단계별 특성에 대한 설명으로 옳지 않은 것은?

① 도입기에 기업은 제품 시용(Trial)을 유인한다.
② 성숙기에는 매출액증가율이 둔화된다.
③ 쇠퇴기에 기업은 매출액 감소를 보완하기 위해 유통경로를 확대한다.
④ 성장기에는 판매량이 증가함에 따라 경험곡선 효과가 나타난다.

33 다음 중 제품수명주기(Product Life Cycle)에 따른 경쟁자, 이익, 고객층, 가격의 변화를 설명하는 것으로 옳지 않은 것은?

	도입기	성장기	성숙기	쇠퇴기
① 경쟁자 :	적거나 소수	증가	다수	감소
② 이익 :	없거나 마이너스	창출되기 시작	최대 정점	잠식
③ 고객층 :	혁신층	조기 수용자	조기 다수자	후기 수용자
④ 가격 :	원가가산 가격	시장침투 가격	경쟁대응가격	가격 인상

34 제품수명주기 사이클에서 성숙기의 특징에 대한 설명으로 옳지 않은 것은?

① 매출이 점점 증가한다.
② 광고 지출이 많다.
③ 연구개발비 지출이 증가한다.
④ 경쟁 기업은 가격 제품을 인하한다.

35 제품수명주기(PLC)의 단계별 특성에 관한 설명으로 옳지 않은 것은?

① 도입기에는 경쟁자의 수가 적다.
② 성장기에는 매출 성장이 빠르다.
③ 성숙기에는 이익이 점점 증가한다.
④ 쇠퇴기에는 경쟁자의 수가 감소한다.
⑤ 쇠퇴기에는 비용지출이 감소한다.

36 제품수명주기에서 성장기의 특성에 관한 설명으로 옳지 않은 것은? 2015 경영지도사

① 수요가 급증하기 시작한다.
② 새로운 경쟁자들이 증가한다.
③ 유통경로가 확대되고 시장규모가 커진다.
④ 제품인지도를 높여 새로운 구매수요를 발굴한다.
⑤ 제조원가가 급속히 감소함에 따라 이윤이 증가한다.

37 전형적인 제품수명주기(PLC)에 관한 설명으로 옳지 않은 것은? 2015 노무사

① 도입기, 성장기, 성숙기, 쇠퇴기의 4단계로 나누어진다.
② 성장기에는 제품 선호형 광고에서 정보제공형 광고로 전환된다.
③ 도입기에는 제품인지도를 높이기 위해 광고비가 많이 소요된다.
④ 성숙기에는 제품의 매출성장률이 점차적으로 둔화되기 시작한다.
⑤ 쇠퇴기에는 제품에 대해 유지전략, 수확전략, 철수전략 등을 고려할 수 있다.

38 제품수명주기에 관한 설명으로 옳지 않은 것은? 2012 가맹거래사

① 시장개발, 제품개선, 마케팅 믹스 수정 시기는 성숙기이다.
② 제품 수 축소 및 철수 시기는 쇠퇴기이다.
③ 매출액과 순이익의 성장률이 둔화되는 시기는 성장기이다.
④ 입소문 유포자는 도입기와 관련이 있다.
⑤ 고소득층이나 혁신층을 대상으로 마케팅활동을 하는 시기는 도입기이다.

39 제품수명주기에 관한 설명으로 옳지 않은 것은? 2013 가맹거래사

① 시간의 경과에 따라 제품의 수명을 도입기, 성장기, 성숙기, 쇠퇴기로 나눈 것이다.
② 도입기에는 제품에 대한 인지도가 낮고 유통이 한정되어 있어 제품판매는 저조하고 낮은 판매성장률을 보인다.
③ 성숙기에는 시장점유율을 확보하려고 노력하여 매출이 급상승한다.
④ 선진국에서 이미 쇠퇴한 제품이라도 후진국에서는 성장기의 제품이 될 수도 있다.
⑤ 쇠퇴기에는 과거 투자에 대한 회수를 극대화하고자 한다.

40 제품수명주기전략에 관한 설명으로 옳지 않은 것은? 2014 가맹거래사

① 도입기에는 소비자욕구를 충족시켜주는 기본적 기능을 갖춘 제품을 판매한다.
② 소비재와 산업재의 도입기 유통전략은 중간상활용 및 직접유통 등에서 유사하다.
③ 성장기에는 소비자욕구의 다양화에 대처하기 위해 제품차별화 방안을 모색한다.
④ 성장기에는 시장점유율을 극대화하는 전략을 택한다.
⑤ 성숙기에는 시장점유율을 유지하는 전략을 택한다.

41 제품수명주기를 순서대로 나열한 것은? 2014 노무사

> ㄱ. 도입기   ㄴ. 성장기   ㄷ. 성숙기   ㄹ. 쇠퇴기

① ㄱ - ㄴ - ㄷ - ㄹ   ② ㄱ - ㄷ - ㄴ - ㄹ   ③ ㄴ - ㄱ - ㄷ - ㄹ
④ ㄴ - ㄱ - ㄹ - ㄷ   ⑤ ㄷ - ㄱ - ㄹ - ㄴ

42 제품수명주기상 도입기에 고가격 전략을 적용하는 경우로 옳지 않은 것은? 2016 가맹거래사

① 초기에 높은 시장점유율을 확보하려 할 때
② 특허 기술 등의 이유로 제품이 보호되고 있을 때
③ 잠재적 고객들이 가격-품질의 연상이 강할 때
④ 경쟁자에 대한 시장 진입장벽이 높을 때
⑤ 대체품에 비해 신제품의 가치가 높을 때

43 다음 중 제품수명주기에 대한 설명으로 틀린 것은? 2015 한국남부발전

① 성장기: 매출량이 가장 높은 시기
② 쇠퇴기: 새로운 대체 상품이 나타나는 시기
③ 도입기: 인지도가 낮으며 촉진비가 많이 소요되는 시기
④ 성숙기: 이익이 점차 감퇴되기 시작하는 시기

44 다음 중 제품수명수기 상에서 성장기일 때 사용되는 가격은? 2006 한국토지주택공사

① 시장침투가격(저가격)   ② 단수가격   ③ 재판매 유지가격
④ 상층흡수가격   ⑤ 원가가산가격

45 다음 중 제품의 성숙기의 마케팅 방법으로 알맞지 않은 것은? 2015 한국방송광고진흥공사

① 신제품 개발관리를 해야 한다.
② 시장 세분화를 극대화해야한다.
③ 품질관리에 중점을 두어야 한다.
④ 수요를 유지하기 위해서 마케팅을 수정해야 한다.
⑤ 시장점유율을 유지하기 위해서 방어전략을 사용해야 한다.

46 다음 중 제품수명주기에 대한 설명으로 알맞지 않은 것은?

① 성장기는 시장점유율 확대가 마케팅 목표이다.
② 쇠퇴기는 비용통제와 제품철수의 시기로 역세분화를 실시하는 단계이다.
③ 쇠퇴기에는 주로 혁신고객층을 대상으로 기업 활동을 전개한다.
④ 성장기에 시장 세분화를 실시한다.

47 제품수명주기에 대한 설명으로 옳지 않은 것은?

① 성숙기에는 매출액이 지속적으로 증가한다.
② 도입기에는 제품에 대한 인지도가 낮다.
③ 쇠퇴기에는 판매가 감소하는 시기이다.
④ 성장기에는 수요가 급속히 늘어나는 현상이 보인다.

48 다음 중 제품수명주기에 대한 설명으로 알맞지 않은 것은?

① 기술혁신의 진전에 따라 제품수명주기가 길어진다.
② 제품이 시장에 도입되어 사라지기까지의 시간적인 과정을 나타낸다.
③ 제품수명주기에는 시장수요의 변화 및 제품수익성의 추세 등도 나타난다.
④ 제품수명주기에서 도입기의 주요고객은 혁신층이다.

49 제품수명주기에서 '성장기'에 해당하는 것은?

① 상품은 판매 추세가 급상승하고 높은 가격에도 수요는 지속적으로 증가하는 시기이다.
② 이익이 극대화되었다가 점점 감소하는 시기로 마케팅믹스가 수정이 되어야 한다.
③ 방금 발매된 신상품으로 제품에 대한 소비자들의 인지도가 매우 낮으므로 제품을 소개하고 홍보하는 등 제품의 인지도에 마케팅을 주력한다.
④ 매출과 이익이 급속히 감소하며 가격인하 정책을 해야 한다.

50 상품수명주기모델에 있어서 소위 '성숙기 및 성숙기 상품'의 특성으로 알맞은 것은?

① 성숙기의 제품은 매출액이 낮고 이익이 감소하는 시기이다.
② 성숙기의 제품은 매출액이 급신장하는 제품으로 소매상에게 가장 매력적인 제품이라고 할 수 있다.
③ 성숙기에 있는 상품도입은 소매상 입장에서는 높은 위험을 감수해야 하지만 고객에게 혁신적인 이미지를 줄 수도 있다.
④ 성숙기의 상품은 치열한 경쟁으로 인해 이익이나 매출은 급신장하지 않으나 지속적으로 소비자들이 찾는 상품이므로 상품믹스에 포함시켜야 한다.
⑤ 새로운 대체상품의 출현으로 판매와 이익이 급속하게 감소하는 시기이다.

51 다음의 설명에 해당하는 제품수명주기(PLC) 단계는? [2005 서울시도시철도공사]

- 매출액이 낮으며 경쟁자가 거의 없다.
- 원가가격가산전략을 쓰며 광고에 많은 투자를 한다.

① 도입기   ② 성장기   ③ 성숙기   ④ 쇠퇴기

52 다음에서 설명하는 제품수명주기의 단계는? [2024 공인노무사]

- 고객의 신제품수용이 늘어나 생산량이 급속히 증가하면서 단위당 제품원가, 유통비용, 촉진비용이 하락한다.
- 지속적인 판매량 증대로 이익이 빠르게 늘어난다.

① 도입기   ② 성장기   ③ 성숙기   ④ 정체기   ⑤ 쇠퇴기

53 로저스(Rogers)의 혁신에 대한 수용자 유형이 아닌 것은? [2023 공인노무사]

① 혁신자(innovators)
② 조기수용자(early adopters)
③ 후기수용자(late adopters)
④ 조기다수자(early majority)
⑤ 후기다수자(late majority)

54 기존 브랜드명을 새로운 제품범주의 신제품에 사용하는 것은? [2022 공인노무사]

① 공동 브랜딩(co-branding)
② 복수 브랜딩(multi-branding)
③ 신규 브랜드(new brand)
④ 라인 확장(line extension)
⑤ 브랜드 확장(brand extension)

55 서비스의 특성으로 옳지 않은 것은? [2021 공인노무사]

① 무형성   ② 비분리성   ③ 반응성
④ 소멸성   ⑤ 변동성(이질성)

56 서비스 마케팅의 특징 중 옳지 않은 것은? [2017 군무원]

① 서비스는 생산과 동시에 소비된다.
② 서비스는 무형적 특성을 가지므로 물리적 요소가 결합될 수 없다.
③ 서비스는 제공자에 따라 서비스의 품질이 달라지기 때문에 표준화하기 어렵다.
④ 서비스의 공급이 수요보다 많더라도 재고로 비축할 수 없다.

57 다음 중 서비스마케팅에 대한 설명으로 알맞지 않은 것은? _{2010 한국수력원자력}

① 서비스의 품질은 제공자에 따라서 다를 수도 있다.
② 서비스의 특성으로는 소멸성, 이질성, 무형성, 비분리성이라고 한다.
③ 서비스 특성 중 반품될 수 없는 성질을 비분리성이라고 한다.
④ 서비스 특성 중 같은 서비스의 품질에 대해서 다른 평가를 내리는 것을 소멸성이라 한다.

58 서비스 마케팅에 대한 설명으로 옳지 않은 것은? _{2013 7급 공무원}

① 서비스는 누가, 언제, 어디서, 누구에게 제공하느냐에 따라 품질이 달라질 수 있다.
② 제품과 다른 서비스의 특성으로 무형성, 분리성, 변동성, 소멸성 등을 들 수 있다.
③ 서비스 마케팅 믹스에는 전통적인 마케팅 믹스 4P 이외에 물리적 증거, 사람 및 프로세스가 포함된다.
④ 고객은 지각된 서비스가 기대된 서비스에 미치지 못할 경우 불만족하게 된다.

59 서비스품질을 측정하기 위해 개발된 SERVQUAL 차원과 측정 항목의 연결이 옳지 않은 것은? _{2012 7급 감사직}

① 신뢰성(reliability) - 약속 이행정도
② 대응성(responsiveness) - 고객에 대한 배려와 개인적 관심
③ 확신성(assurance) - 예절을 포함한 고객에게 믿음을 주는 정도
④ 유형성(tangibility) - 시설의 청결정도

60 인터넷마케팅의 장점이 아닌 것은? _{2014 가맹거래사}

① 주문 편의성　　② 판매원의 설득 노력　　③ 정보탐색 용이
④ 낮은 원가 시현　　⑤ 방문자수 파악

61 서비스 품질평가에 사용되는 SERVQUAL 모형의 서비스 차원이 아닌 것은? _{2022 공인노무사}

① 유형성(tangibles)　　② 신뢰성(reliability)　　③ 반응성(responsiveness)
④ 공감성(empathy)　　⑤ 소멸성(perishability)

62 〈SERVQUAL〉 모형의 품질 차원으로 가장 적절하지 않은 것은? _{2023 9급 군무원}

① 신뢰성　　② 공감성　　③ 유형성　　④ 내구성

63 서비스의 특징으로 가장 적절하지 않은 것은? 2022 CPA

① 무형성(intangibility) ② 생산과 소비의 비분리성(inseparability)
③ 변동성(variability) ④ 소멸성(perishability)
⑤ 동질성(homogeneity)

Ⅲ | 심화문제

1 제품수명주기(Product life cycle)의 정의를 가장 잘 내린 것은? 1993 CPA

① 제품개발에서부터 소비자에게 전달될 때까지의 기간을 말한다.
② 신제품이 시장에 도입되어 쇠퇴할 때까지의 기간을 말한다.
③ 고객이 만족할 때까지 계획에서부터 판매 이후까지도 포함되는 개념이다.
④ 제품개발에서부터 고객의 욕구가 충족될 때까지의 기간을 말한다.
⑤ 제품이 시장에 도입되어 소비자가 제품으로부터 효용을 얻게 될 때까지를 말한다.

2 다음 중 판매자 관점의 4P에 대한 비판으로 등장한 구매자의 관점의 4A에 해당하지 않은 것은? 2024 9급 군무원

① 가용성　　　② 촉진　　　③ 인지도　　　④ 수용성

3 다음 마케팅믹스의 내용 중 틀린 것은? 1994 CPA

① 전문품은 상점에 나가기 전에 그 제품이나 내용 등에 대하여 잘 알고 있으며, 구매과정에서 상당한 노력을 한다.
② 마케팅리더는 비공식마케팅 경로에서 중요한 역할을 한다.
③ 수명주기는 도입기·성장기·성숙기·쇠퇴기의 과정을 거치게 되는데 성장·성숙기는 특히 매출액이 증가하는 시기이다.
④ 침투가격은 매출수량이 가격에 민감하게 작용하는 경우에 그 효과가 크다.
⑤ 제품믹스란 유사용도나 특성을 갖는 제품군을 말한다.

4 신제품의 개발과정은 다음 보기와 같은 일련의 단계로 이루어진다. (가), (나), (다)에 해당되는 내용이 바르게 나열된 것은? 1994 CPA

> 신제품 아이디어의 창출 → 아이디어 스크리닝 및 평가 → (가) → (나) → (다) → 시장생산

	(가)	(나)	(다)
①	사업타당성 분석	제품개발	시험마케팅
②	사업타당성 분석	시험마케팅	제품개발
③	시험마케팅 사업	타당성 분석	제품개발
④	시험마케팅	제품개발	사업타당성 분석
⑤	제품개발	시험마케팅	사업타당성 분석

5 제품수명주기 중 성숙기의 특징에 해당되는 것은? `1996 CPA`

① 치열한 경쟁 ② 이익률 증가 ③ 판매성장률 증가
④ 판촉비 감소 ⑤ 제품의 인지를 위한 광고

6 최근 동종제품을 생산하는 여러 기업들이 공동상표(cooperative brand)를 개발하여 사용하는 경우가 늘고 있다. 다음의 설명 중 옳은 것은? `1996 CPA`

① 협동상표전략을 택하고 있는 경우에도 제품·품질의 통제는 각 기업고유의 관리영역이다.
② 협동상표전략은 중소기업 고유업종으로 지정된 업종만 가능하다.
③ 대기업의 진출에 대항하기 위해 중소기업들이 택할 수 있는 유효한 전략의 하나이다.
④ 협동상표전략은 공예품같이 제품차별성이 큰 경우에 특히 유용하다.
⑤ 협동상표전략은 생산자들이 공동작업장이나 공동생산설비를 갖고 있는 경우에만 채용할 수 있다.

7 흔히 '마케팅 믹스'라고 하면 4P를 일컫는데 이에 해당되지 않는 것은? `1998 CPA`

① 제품(product) ② 촉진(promotion) ③ 경로(place)
④ 포장(package) ⑤ 가격(price)

8 다음 중 배달과 외상, 보증, 판매 후 서비스 등을 포함하는 제품 개념은? `1998 CPA`

① 핵심 제품 ② 실체 제품 ③ 증폭 제품
④ 편의 제품 ⑤ 전문 제품

9 신제품 개발과정에 관한 다음의 내용 중에서 올바른 고른 것은? `2000 CPA`

> a. 아이디어 창출단계에서는 많은 수의 아이디어 창출에 중점을 둔다.
> b. 사업성 분석은 제품컨셉트 테스트 다음에 이루어진다.
> c. 제품컨셉트 개발단계에서 시제품 prototype을 만든다.
> d. 시장 테스트(market test)는 제품출시 시판 후에 소규모로 실시된다.

① a, b ② a, d ③ b, c ④ b, d ⑤ c, d

10 상표전략에 대한 다음의 서술 중 가장 옳은 것은? `2001 CPA`

① 일반적으로 무상표전략보다 유상표전략을 사용하는 경우에 원가부담이 더 낮다.
② 소형유통기관일수록 제조업자상표보다 유통업자상표를 사용하는 것이 유리하다.
③ 개별상표전략은 각 제품에 대한 시장의 규모가 작을수록 더 적합하다.
④ 복수상표전략은 경쟁사의 시장진입을 방해하는 한 방법이다.
⑤ 상표확장전략은 소비자가 인지하는 상품간 생산기술상의 관련성이 높을수록 실패할 가능성이 높다.

11 다음의 마케팅 분석방법 중 소비자가 제품을 구매할 때 중요시하는 제품속성(product attribute)과 속성수준(attribute level)에 부여하는 가치를 산출해냄으로써 최적 신제품의 개발을 지원해주는 분석방법은? `2002 CPA`

① 시계열 분석(time series analysis) ② 상관관계 분석(correlation analysis)
③ 군집분석(cluster analysis) ④ SWOT 분석
⑤ 컨조인트 분석(conjoint analysis)

12 브랜드에 관한 다음 설명 중 적합하지 않은 것은? `2003 CPA`

① 소비자가 상품을 게쉬탈트(gestalt), 즉 전체적으로 떠오르는 이미지로 인식하는 데 도움을 준다.
② 자산(equity)으로서 가치를 가질 수 있다.
③ 소비자의 충성도(loyalty)를 높이는 중요한 요소이다.
④ 기업이 실행하는 상품, 가격, 유통, 촉진 등의 마케팅 활동의 대상이 된다.
⑤ 소비자가 구매의 대상이 되는 상품들을 평가하는 사고비용(thinking cost)을 증가시킨다.

13 기업이 채택할 수 있는 제품 및 브랜드전략 중 소비자의 다양성 추구 욕구 충족, 기업의 잉여생산설비 활용, 소매상의 진열대 점유확대를 목적으로 상대적으로 낮은 비용과 낮은 위험을 부담하면서 구사하는 전략은? `2004 CPA`

① 이중브랜드(duo brand) ② 라인확장(line extension)
③ 신상표(new brand) ④ 브랜드확장(brand extension)
⑤ 다상표(multibrand)

14 서비스업을 제조업과 비교하는 다음의 설명 중 가장 적절한 것은? `2004 CPA`

① 서비스제공과정에서 고객과의 접촉정도는 제조업에 비해 상대적으로 적다.
② 서비스제공과정에서의 생산성측정은 제조업에 비해 상대적으로 용이하다.
③ 서비스창출과정은 고객의 소비와 동시에 일어나는 경우가 제조업보다 많다.
④ 서비스업에서의 품질측정은 제조업에서의 품질측정보다 객관적으로 이루어질 수 있다.
⑤ 제조업에서처럼 모든 서비스도 재고의 개념을 적용하여 고객수요에 대응할 수 있다.

15 제품에 관한 전략적 의사결정 사항을 설명하는 내용 중 가장 올바른 것은? 2005 CPA

① 마케팅 담당자들이 제품을 여러 가지 기준에 의하여 분류(편의품, 선매품, 전문품 등)하는 가장 큰 이유는 시장수요 예측과 원재료의 수급 등을 편리하게 하기 위해서이다.
② 성공한 제품의 상표명이나 그 일부를 다른 제품군이나 추가되는 제품에 확장하여 사용하는 전략을 공동상표전략(family brand strategy)이라 한다.
③ 유통경로상의 구성원들에 대하여 상당한 영향력을 가지고 있을 때에는 신제품개발전략 중 선제전략(preemptive strategy)을 사용하는 것이 유리하다.
④ 제품이란 상징적 효용, 물리적 효용, 심리적 효용 중 고객의 욕구를 충족시킬 수 있는 어느 한 가지 효용으로 이루어진 물체(objects)를 의미한다.
⑤ 낮은 유통원가와 대량노출, 대량광고 등이 가장 중요한 마케팅 전략 수단이 되는 제품은 선매품(shopping goods)이다.

16 다음 중 독점이나 특수기술 등을 보유하지 않은 일반적인 경쟁상황에서의 OEM(주문자상표부착방식)수출 방식이 갖고 있는 단점에 해당되는 항목들을 가장 잘 포함하고 있는 것은? 2005 CPA

a. 보편적으로 마진율이 낮다.
b. 상대국 화폐가치의 변화에 따른 위험이 높다.
c. 시간이 경과해도 자신의 상표이미지를 구축하기가 힘들다.
d. 주문하는 바이어에게 크게 의존하는 경우가 많다.
e. 상품의 제조과정을 통제하기 어렵다.
f. 생산기술의 유출위험이 있다.

① b, c, e   ② b, c, d   ③ a, c, d
④ a, d, e, f   ⑤ a, b, e, f

17 서비스마케팅 전략 수립에 필요한 내용에 관한 설명 중 가장 올바른 것은? 2005 CPA

a. 시장점유율보다는 고객점유율을 높이기 위하여 고객데이터베이스를 이용하여 기존고객과의 상호작용을 강화하려는 마케팅활동은 관계마케팅에 해당한다.
b. 서비스를 제품개념으로 볼 때 서비스는 탐색적 속성, 경험적 속성, 신뢰적 속성 중에서 탐색적 속성이 강한 제품에 속한다.
c. 서비스 기업이 고객에게 서비스를 판매하기 위하여 종업원을 훈련시키고 동기부여하는 종업원관리활동은 서비스마케팅활동 중 내부마케팅(internal marketing) 활동에 속한다.
d. 서비스품질을 측정하기 위하여 개발된 SERVPERF모형은 서비스 기대치와 성과치의 차이를 측정하는 방법이다.
e. 서비스는 유형제품에 비하여 가격차별화가 용이하기 때문에 가격차별화(price discrimination)를 통하여 이익을 올릴 수 있는 가능성이 상대적으로 높다.

① a, b, c   ② a, c, d   ③ a, c, e   ④ a, d, e   ⑤ b, c, d

18 산업재는 소비재와 달리 독특한 특징을 가지고 있다. 산업재와 산업재 구매자 행동의 특성에 가장 맞지 않은 것은?
[2006 CPA]

① 보통 산업재시장에서 구매결정은 조직의 구매센터(buying center)에서 이루어진다.
② 산업재에 대한 구매수요는 최종소비재의 수요에 기인하는 파생수요(derived demand)의 특성이 있다.
③ 산업재 구매자와 판매자는 서로 각자가 생산한 제품을 판매하고 구매해주는 상호구매가 많다.
④ 대부분의 산업재 구매자는 문제를 총체적으로 해결해 줄 대안을 가진 판매자를 찾기 때문에 시스템적 구매와 판매의 특성이 있다.
⑤ 산업재 구매자는 구매해야 할 제품의 규모가 크고, 기술적으로 복잡한 경우가 많아 광범위한 유통망을 통하여 간접구매를 하는 것이 일반적이다.

19 인터넷 마케팅에 관한 다음 설명 중 올바른 것으로만 구성된 것은?
[2006 CPA]

a. 인터넷 마케팅의 발달로 실질적인 매스 카스터마이제이션(mass customization)이 가능하게 되었다.
b. 인터넷 제품은 경험적 속성을 가진 정보제품이 주종이므로 수확체증의 법칙(returns to scale)이 발생한다.
c. 인터넷쇼핑몰에서는 전환비용이 낮아 가격에 민감하기 때문에 저렴한 가격이 항상 유효한 가격전략이다.
d. 인터넷 유통경로에서는 생산자와 소비자가 직접거래를 하기 때문에 중간상 배제(disintermediation) 현상은 나타나지만 중간상 재창출(reintermediation) 현상은 나타나지 않는다.
e. 인터넷광고와 촉진수단 못지 않게 인터넷 구전(word of mouse)의 효과가 커지고 있다.

① b, c, d   ② a, b, e   ③ c, d, e   ④ a, d, e   ⑤ b, c, e

20 브랜드 자산(brand equity)에 대한 다음 설명 중 올바른 것으로만 구성된 것은?
[2007 CPA]

a. 브랜드 자산이 형성되려면 독특하거나, 강력한 브랜드 이미지가 있어야 한다.
b. 높은 브랜드 인지도는 브랜드 자산의 필요조건이자 충분조건이다.
c. 기존 브랜드와 다른 상품범주에 속하는 신상품에 기존 브랜드를 붙이는 것을 라인 확장(line extension)이라고 한다.
d. 라인 확장된 신상품이 기존 브랜드의 이미지 또는 브랜드 자산을 약화시키는 것을 희석 효과(dilution effect)라 한다.

① a, b   ② a, c   ③ a, d   ④ b, c   ⑤ c, d

21 서비스품질의 측정도구인 SERVQUAL에 대한 다음 설명 중에서 가장 적절하지 않은 것은?
[2007 CPA]

① Parasuraman, Zeithaml과 Berry(PZB)의 연구에 의해 개발되었다.
② 고객이 서비스품질을 판단하는 차원에는 신뢰성(reliability), 반응성(responsiveness), 확신성(assurance), 공감성(empathy), 유형성(tangibles) 등이 있다.
③ 서비스품질의 갭 모형(quality gap model)을 근거로 고객만족을 조사하기 위한 효과적인 도구이다.
④ 다양한 서비스 분야 중 호텔, 레스토랑, 여행업에 한정적으로 사용된다.
⑤ 기대한 서비스(expected service)와 인지된 서비스(perceived service)의 차이를 측정한다.

22 다음은 기업이 신제품을 개발할 때 고려할 수 있는 브랜드 전략에 관하여 기술한 것이다. 가장 적절하지 않은 것은?

2008 CPA

① 기존의 브랜드자산이 크다고 판단되는 경우 기존의 제품범주에 속하는 신제품에 그 브랜드명을 그대로 사용하는 것을 계열확장 혹은 라인확장(line extension)이라 한다.
② 기존의 제품범주에 속하는 신제품에 완전히 새로운 브랜드를 사용하는 것을 다상표전략(multi-brand strategy)이라 한다.
③ 하향 확장(downward line extension)의 경우 기존 브랜드의 고급 이미지를 희석시켜 브랜드자산을 약화시키는 희석효과(dilution effect)를 초래할 수 있다.
④ 기존 브랜드와 다른 제품범주에 속하는 신제품에 기존 브랜드를 사용하는 것을 브랜드확장(brand extension) 혹은 카테고리확장(category extension)이라 하며, 우리가 '신상품'이라고 부르는 것의 대부분이 이 전략이 적용된 것이다.
⑤ 같은 브랜드의 상품이 서로 다른 유통경로로 판매될 경우 경로간의 갈등(channel conflict)을 일으킬 위험이 있다.

23 제품수명주기(Product life cycle)에 관한 서술 중 가장 적절하지 않은 것은?

2009 CPA

① 제품수명주기는 크게 도입기, 성장기, 성숙기, 쇠퇴기로 구분할 수 있다.
② 고객의 다수가 혁신자인 제품수명주기는 쇠퇴기이다.
③ 도입기보다 성장기에 경쟁수준이 높다.
④ 성숙기에 판매 극대점에 도달한다.
⑤ 동일한 제품이더라도 한 국가와 다른 한 국가의 제품수명주기는 다를 수 있다.

24 서비스마케팅에 관한 다음 서술 중 가장 올바르지 않은 것은?

2009 CPA

① SERVQUAL 모형에서 종업원의 능력, 공손함, 믿음직함은 확신성(assurance) 차원과 관련성이 있다고 할 수 있다.
② 서비스 만족 향상을 통해 고객충성도 제고를 기대할 수 있다.
③ SERVQUAL 모형은 에어로빅학원의 서비스품질 측정에 적용할 수 있다.
④ 서비스의 특징인 유형성(tangibility)은 서비스품질 측정을 어렵게 할 수 있다.
⑤ 서비스품질은 제공자와 제공 상황에 따라 다를 수 있다.

25 AC사는 기존에 출시했던 상품이 상품수명주기상 쇠퇴기에 진입했는지 검토하고 있다. 해당 상품이 보이는 다음과 같은 징후 중에서 쇠퇴기의 징후로 가장 적절하지 않은 것은?

2010 CPA

① 신규고객 보수성의 감소
② 이익의 감소
③ 판매량의 감소
④ 경쟁업체 수의 감소
⑤ 고객당 비용의 감소

26 산업재 수요의 특성으로 가장 적절하지 않은 것은?

① 소비재에 대한 수요로부터 파생된다.
② 가격변화에 크게 영향을 받지 않는다.
③ 두 개 이상의 품목수요가 결합되어 하나의 제품수요로 이어진다.
④ 수요의 안정성이 낮아 수요 변동폭이 크다.
⑤ 구매자 분포의 지역적 편중도가 낮다.

27 브랜드 자산의 전략적 활용 방법인 브랜드확장(brand extension)에 관한 설명으로 가장 적절하지 않은 것은?

① 라인확장(line extension)은 동일한 상품범주에 추가된 신상품에 기존 브랜드를 이용하는 것으로 기존 브랜드가 신상품의 특성을 잘 나타내지 못할 위험이 있다.
② 수직적 라인확장(vertical line extension)은 라인 확장된 신상품이 기존 상품보다 가격이 낮거나 높은 경우를 가리키며, 수평적 라인확장(horizontal line extension)은 라인확장된 신상품이 기존 상품과 가격대는 비슷하지만 다른 세분시장을 표적으로 삼는 경우를 가리킨다.
③ 카테고리확장(category extension)은 기존 브랜드와 다른 범주에 속하는 신상품에 기존 브랜드를 사용하는 것이다.
④ 기존 브랜드가 특정 상품 범주와 밀접하게 연결되어 있는 경우 카테고리 확장이 실패할 가능성이 있다.
⑤ 두 상품 범주 간에 유사성이 높을수록 카테고리확장이 성공할 가능성이 높으며, 여기서 유사성이란 '상품과 상품 사이의 유사성'을 의미하는 것이고 '브랜드 이미지와 상품 사이의 유사성'은 포함되지 않는다.

28 신상품 개발 프로세스에 관한 설명으로 가장 적절한 것은?

① 신상품 개발 프로세스는 일반적으로 아이디어 창출 및 심사 → 컨셉트 개발 및 테스트 → 마케팅 믹스 개발 → 시장 테스트 → 시제품 생산 → 사업성 분석 → 출시와 같은 단계로 이루어진다.
② 컨셉트 테스트는 우수한 신상품 컨셉트를 선택하기 위해 고객들을 대상으로 반응을 조사하는 것이다.
③ 신상품 컨셉트는 아이디어를 소비자가 사용하는 언어나 그림 등을 통하여 추상적으로 표현한 것이다.
④ 신상품이 '내구재인가' 아니면 '비내구재인가'는 시장 테스트의 방법과 의미에 영향을 미치지 않는다.
⑤ 아이디어 창출 및 심사 단계에서는 많은 아이디어를 창출하는 것이 중요하며, 아이디어의 원천은 사내(예 종업원, 최고경영자 등)를 제외하고 사외(예 최종 소비자, 유통업체, 공급업체, 국내외 경쟁자, 다른 산업/국가 등)로만 국한시켜 활용해야 한다.

29 서비스마케팅에 관한 설명으로 가장 적절하지 않은 것은? 〔2012 CPA〕

① 서비스는 제품과 구별되는 여러 가지 고유의 특성을 지니고 있는데, 일반적으로 무형성, 생산과 소비의 비분리성, 동질성, 소멸성의 네 가지 특성으로 요약된다.
② 소비자 욕구의 다양화, 급속한 기술의 발전, 평균수명의 증가, 삶의 복잡화는 서비스경제 성장에 공헌하고 있다.
③ 고객의 기대에 대한 경영자의 인식과 서비스 설계(명세)간의 차이가 있을 때, 이러한 불일치는 고객의 서비스 기대와 성과 사이의 차이(gap)를 유발하는 요인이 된다.
④ 내부마케팅(internal marketing)은 서비스 기업이 고객과의 약속을 지킬 수 있도록 종업원을 교육하고, 동기부여하며, 보상하는 일련의 활동을 말한다.
⑤ 그뢴루스(Grönroos)는 2차원 서비스 품질모형을 제안하였으며, 두 개의 차원은 결과품질(outcome quality)과 과정품질(process quality)이다.

30 제품관리 및 서비스관리에 관한 설명으로 가장 적절하지 않은 것은? 〔2014 CPA〕

① 신제품 브랜드 전략에서 라인확장(line extension)과 카테고리확장(category extension)은 신제품에 기존 브랜드를 이용한다는 공통점이 있다.
② 신제품개발 프로세스에서 '마케팅믹스 개발'은 '사업성 분석'을 한 후에 실시되어야 한다.
③ 제품믹스(product mix)의 폭(width)은 제품믹스 안에 들어 있는 제품라인의 개수이다.
④ 예약시스템 도입은 서비스의 소멸성 특성과 관련이 있다.
⑤ 제품 개념의 차원은 핵심제품(core product/benefit), 실제제품(actual/tangible product), 확장제품(augmented product)으로 구분될 수 있다.

31 제품관리에 관한 설명으로 가장 적절하지 않은 것은? 〔2015 CPA〕

① 혁신소비자(innovator), 조기수용자(early adopter), 조기다수자(early majority), 후기다수자(late majority), 지각수용자(laggard)는 소비자들을 신제품 수용 시점에 따라 구분한 것이다.
② 신상품 개발 프로세스는 일반적으로 아이디어 창출 및 심사 → 컨셉트 개발 및 테스트 → 마케팅 믹스 개발 → 사업성 분석 → 시장테스트 → 시제품 생산 → 출시 순서로 이루어진다.
③ 브랜드 계층구조(brand hierarchy)는 브랜드를 기업 브랜드(corporate brand), 패밀리 브랜드(family brand), 개별 브랜드(individual brand), 브랜드 수식어(brand modifier)로 구분한 것이다.
④ 전형적인 제품수명주기(product life cycle)는 도입기, 성장기, 성숙기, 쇠퇴기 단계를 갖는다.
⑤ 브랜드 확장은 '기존 브랜드와 동일한 상품 범주에 출시된 신상품에 기존 브랜드를 사용하는 라인 확장(line extension)'과 '기존 브랜드와 다른 범주에 속하는 신상품에 기존 브랜드를 사용하는 카테고리 확장(category extension)'으로 구분할 수 있다.

32 신제품 확산(diffusion)에 관한 설명으로 가장 적절한 것은? 2016 CPA

① 상대적 이점, 단순성, 커뮤니케이션 가능성, 부합성은 확산에 영향을 미치는 신제품 특성 요인에 포함된다.
② 로저스(Rogers)는 수용이 이루어지는 시점에 따라 소비자를 4개의 수용자 범주로 분류하였다.
③ 수용시점에 따른 수용자 유형에서 조기다수자(early majority)는 혁신소비자(innovator) 바로 다음에 수용하는 소비자 집단이다.
④ 기술의 표준화는 신제품 확산 속도를 느리게 한다.
⑤ 확산 곡선의 기울기는 제품유형에 따라 다르지 않다.

33 제품관리에 관한 설명으로 가장 적절하지 않은 것은? 2016 CPA

① 제품은 핵심제품(core product/benefit), 실제제품(actual/tangible product), 확장제품(augmented product)과 같은 세 가지 수준의 개념으로 분류될 수 있다.
② 선매품(shopping goods)은 브랜드 충성도가 강하며 브랜드 대안 간 비교가 이루어지지 않는 제품이다.
③ 제품라인(product line)은 상호 밀접하게 관련되어 있는 제품들의 집합이다.
④ 하향 확장(downward line extension)의 경우 확장된 신제품이 기존 브랜드의 이미지를 약화시킬 수 있는 위험이 있다.
⑤ 우리 회사의 브랜드와 다른 회사의 브랜드를 결합해서 사용하는 것은 공동브랜딩(co-branding)의 일종이다.

34 제품관리에 관한 설명으로 가장 적절하지 않은 것은? 2017 CPA

① 제품라인(product line) 내에 새로운 품목을 추가할 경우 자기시장잠식(cannibalization) 문제가 발생할 수 있다.
② 신제품개발 프로세스에서 '마케팅믹스 개발'은 '컨셉트 개발 및 테스트' 후에 실시된다.
③ 브랜드와 관련된 이미지(연상)가 호의적이고(유리하고), 독특하고, 강력할수록 브랜드 자산이 커진다.
④ 제품수명주기는 브랜드 수준에서만 사용되는 것이며, 제품범주 수준에서는 사용될 수 없다.
⑤ 상향 확장(upward line extension)의 경우, 신제품의 고급(프리미엄) 이미지 구축에 실패할 가능성이 있다.

35 신제품 확산과 제품수명주기에 관한 설명으로 적절한 항목만을 모두 선택한 것은? 2018 CPA

> a. 후기다수 수용자(late majority)는 조기 수용자(early adopters) 바로 다음에 신제품을 수용하는 소비자 집단이다.
> b. 단순성(simplicity)은 신제품의 이해나 사용상의 용이한 정도를 의미하며, 신제품 수용에 영향을 미치는 요인들 중의 하나다.
> c. 시장규모는 성숙기보다 성장기에서 더 크고, 제품원가는 도입기보다 성장기에서 더 높다.

① a   ② b   ③ c   ④ a, b   ⑤ b, c

36 브랜드 전략에 관한 설명으로 적절한 항목만을 모두 선택한 것은? [2018 CPA]

> a. 희석효과(dilution effect)가 발생할 가능성은 상향 확장보다 하향 확장에서 더 높다.
> b. 복수브랜드 전략은 새로운 제품 범주에서 출시하고자 하는 신제품을 대상으로 새로운 브랜드를 개발하는 경우이다.
> c. 브랜드 확장 시, 두 제품 범주 간의 유사성은 브랜드 확장의 성공에 긍정적인 영향을 미치는 반면에 브랜드이미지와 제품 간의 유사성은 브랜드 확장의 성패에 영향을 미치지 않는다.

① a ② b ③ c ④ a, b ⑤ b, c

37 브랜드관리에 관한 설명으로 적절한 항목만을 모두 선택한 것은? [2019 CPA]

> a. 기존 브랜드와 다른 제품 범주에 속하는 신제품에 기존 브랜드를 붙이는 것은 라인확장(line extension)이다.
> b. 브랜드파워가 약한 경우에 타 기업의 유명 브랜드를 결합해서 같이 쓰는 것은 코브랜딩(co-branding) 전략에 속한다.
> c. 라인확장을 할 때 자기잠식(cannibalization)의 위험성은 하향 확장보다 상향 확장에서 높다.

① a ② b ③ c ④ a, b ⑤ b, c

38 다음 설명 중 옳지 않은 것은? [2018 군무원]

① 구체적 이미지의 브랜드가 추상적 이미지의 브랜드보다 확장 범위가 넓다.
② 라인 확장은 기존의 제품범주의 속하는 신제품에 그 브랜드명을 그대로 사용하는 전략이다.
③ 복수브랜드는 동일한 제품범주 내에서 여러 개의 브랜드를 사용하는 전략이다.
④ 카테고리 확장은 기존 브랜드와 다른 제품범주에 속하는 신제품에 기존 브랜드를 사용하는 전략이다.

39 제품과 상표에 대한 설명으로 가장 옳지 않은 것은? [2021 7급 군무원]

① 제품믹스의 폭이란 전체 제품라인의 수를 말한다.
② 브랜드 인지도(brand awareness)란 소비자가 브랜드를 재인식하거나 회상할 수 있는 능력을 말한다.
③ 상표전략에서 라인확장(line extension)이란 새로운 제품에 기존상표를 사용하는 전략으로 광고비용을 절약해 주지만 특정 제품이 실패할 경우 다른 제품에 영향을 준다.
④ 복수상표(multi branding)란 동일제품범주에서 다수의 상표를 도입하는 것으로 특성에 따른 상표를 제공하고 진열공간을 많이 확보할 수 있으나 마케팅 비용이 많이 발생할 수 있다.

40 제품과 서비스의 생산에 관한 설명 중 적절한 항목만을 모두 선택한 것은? `2021 CPA`

> a. 서비스는 규격화가 용이하지 않으므로 제품에 비해 품질평가가 상대적으로 어렵다.
> b. 쉬메너(Shemenner)의 서비스 프로세스 매트릭스에서는 고객화의 정도와 노동집약도가 높은 경우를 서비스 공장(service factory)으로 분류하고, 원가관리와 서비스품질유지를 강조한다.
> c. 제품은 서비스에 비해 수요와 공급을 일치시키기 위한 평준화전략(level strategy)을 사용하기가 상대적으로 용이하다.
> d. 서비스는 생산프로세스에 대한 고객참여도가 높기 때문에 제품에 비해 산출물의 품질변동이 줄어든다.

① a ② c ③ a, b ④ a, c ⑤ c, d

41 마케팅 전략에 관한 설명으로 가장 적절하지 않은 것은? `2020 CPA`

① 기업은 고객의 욕구와 경쟁사 전략의 변화에 대응할 수 있도록 지속적으로 자사의 포지션(position)을 파악하여 적응해 나가야 한다.
② 회사가 보유한 자원별로 표적시장전략(market targeting strategy)이 달라진다.
③ 제품 포지션은 경쟁제품들과 비교하여 어떤 제품에 대해 소비자들이 갖고 있는 지각, 인상(impression), 느낌 등의 조합이다.
④ 라인확장(line extension)은 현재의 브랜드명을 다른 제품범주의 신제품에 확장해 사용하는 것이다.
⑤ 마케터는 차별화 요소를 찾기 위해 자사의 제품과 서비스에 대한 고객의 다양한 경험을 최대한 고려해야 한다.

42 제품관리에 관한 설명으로 가장 적절한 것은? `2023 CPA`

① 신제품개발 프로세스에서 마케팅믹스 개발 단계는 컨셉트 개발 및 테스트 단계와 사업성 분석 단계 사이에 위치한다.
② 선매품(shopping goods)의 경우 선택적 유통보다는 전속적 유통이 고려된다.
③ 제품믹스(라인)의 길이(length)는 제품믹스 안에 들어 있는 제품라인의 개수를 가리킨다.
④ 상대적 이점(relative advantage)은 신제품 확산에 정(+)의 영향을 미치고, 단순성(simplicity)은 신제품 확산에 부(-)의 영향을 미친다.
⑤ 희석효과(dilution effect)가 발생할 위험은 하향 확장(downward line extension)보다 상향 확장(upward line extension)에서 더 크다.

43 다음 내용은 제품믹스 및 제품계열관리와 관련된 것이다. 보기에 해당하는 개념 중 가장 옳은 것은?

> ㄱ. (___)은(는) 특정 판매자가 구매자들에게 제공하는 모든 제품계열과 품목을 합한 것이다.
> ㄴ. (___)은(는) 동일 유형의 유통경로를 통해 동일한 고객집단에게 판매되는 서로 밀접한 관련이 있는 제품들의 집단이다.
> ㄷ. (___)은(는) 하나의 제품계열 내에서 크기, 가격, 외형 또는 다른 속성에 따라 구분할 수 있는 하나의 독특한 단위이다.

① ㄱ(제품품목), ㄴ(제품계열), ㄷ(제품믹스)
② ㄱ(제품계열), ㄴ(제품믹스), ㄷ(제품품목)
③ ㄱ(제품믹스), ㄴ(제품계열), ㄷ(제품품목)
④ ㄱ(제품계열), ㄴ(제품품목), ㄷ(제품믹스)

44 브랜드에 관한 설명으로 가장 적절하지 않은 것은? 2022 CPA

① 브랜드 자산(brand equity)은 브랜드가 창출하는 유형 및 무형의 부가가치를 의미한다.
② 수직적 라인 확장(vertical line extension)은 기존의 제품보다 신제품의 가격이 낮거나 높은 경우를 의미한다.
③ 카테고리 확장(category extension)은 기존 브랜드와 동일한 제품범주 내에서 출시된 신제품에 기존 브랜드를 사용하는 것을 의미한다.
④ 소비자는 자신의 자아개념(self concept)과 일치하는 브랜드 개성을 지닌 브랜드를 선호하는 경향이 있다.
⑤ 공동 브랜딩(co-branding)을 하면 하나의 제품에 여러 브랜드가 함께 레이블링(labeling) 될 수 있다.

45 브랜드관리에 관한 설명으로 가장 적절하지 않은 것은? 2023 CPA

① 수직적 라인 확장이란 신상품이 기존상품보다 가격이 낮거나 높은 경우를 가리킨다.
② 수평적 라인 확장은 신상품이 기존상품과 가격대는 비슷하지만 다른 세분시장을 표적으로 삼는 경우를 가리킨다.
③ 라인 확장과 카테고리 확장은 신상품에 기존 브랜드를 이용한다는 공통점이 있다.
④ 희석효과(dilution effect)는 브랜드 확장으로 인하여 신상품에 대한 태도가 바뀌는 것이다.
⑤ 기존 브랜드가 특정 상품 범주와 밀접하게 연결되어 있는 경우에 카테고리 확장의 성공 가능성은 낮다.

46 다음 중 브랜딩 전략에 대한 설명으로 가장 옳지 않은 것은?　2024 CPA

① 브랜드 확장(brand extension)은 다양한 제품계열에 동일한 브랜드명을 사용하는 전략이지만, 소비자의 인식에 부정적인 영향을 주는 경우도 발생한다.
② 공동 브랜딩(co-branding)은 동일한 포장이나 프로모션에 두 개 이상의 브랜드를 공동으로 표기하는 방법으로, 자사의 브랜드와 고품질 브랜드의 연결을 통해 품질에 대한 고객의 인식을 강화할 수 있다.
③ 브랜드 라이센싱(brand licensing)은 두 기업의 계약으로 한 기업이 다른 기업에게 수수료를 받는 대신에 자사의 브랜드명, 로고, 도식, 속성을 사용하도록 허가하는 것이다.
④ 리브랜딩(rebranding)은 브랜드의 역점을 새로운 목표시장에 맞게 변화시키거나, 변화하는 시장선호에 대응하여 브랜드 핵심 주안점을 재정비하는 전략으로, 오래된 브랜드에 활력을 제공하는 비용과 위험성이 낮은 방법이다.

47 서비스업은 제품 생산 및 제조업체와는 다른 특성을 가지고 있다. 다음 중 서비스 운영의 특징에 대한 설명으로 가장 옳지 않은 항목은?　2022 7급 군무원

① 서비스는 무형적인 특성이 있어서 구매 전에 관찰 및 시험이 어렵다.
② 서비스는 생산과 동시에 소비되므로 저장될 수 없다.
③ 서비스는 시간소멸적인 특성이 있어서 서비스 능력을 저장할 수 없다.
④ 서비스 전달 시스템에 고객이 참여하기 때문에 고객마다 동일한 서비스가 제공된다.

48 다음 중 서비스 품질의 5가지 차원에 대한 설명으로 가장 옳은 항목은?　2022 7급 군무원

① 신뢰성(reliability)은 고객에 대한 배려와 개별적인 관심을 보일 준비자세를 의미한다.
② 공감성(empathy)은 약속한 서비스를 정확하게 수행할 수 있는 능력을 의미한다.
③ 대응성(responsiveness)은 고객을 돕고 신속한 서비스를 제공하겠다는 의지를 의미한다.
④ 확신성(assurance)은 물리적인 시설이나 설비, 직원 등 외형적인 수단을 의미한다.

Chapter 5 마케팅 믹스(2): Price

I | OX문제

1 신제품 가격전략 중에서 상층흡수가격정책(skimming pricing policy)이란 상품이 시장에 도입되는 초기 단계에 고가로 출시하여 점차 가격을 하락시켜 나가는 방법이다. ☐ O ☐ X

2 시장침투 가격전략(market-penetration pricing)이란 시장에 도입되는 초기 단계에 저가로 시작하여 점차 가격을 높여 나가는 방법이다. ☐ O ☐ X

3 제품단위당 변동비용 비중이 높은 경우 시장침투 가격전략이 효과적이다. ☐ O ☐ X

4 혁신적 기능이 추가된 신제품의 경우 스키밍 가격전략이 효과적이다. ☐ O ☐ X

5 원가기준 가격결정 방법 중에서 목표가격결정법은 '총원가+목표이익률'을 실현시킬 수 있는 가격 결정 방법이다. ☐ O ☐ X

6 비용가산 가격결정 방법이란 사전에 결정된 목표이익을 총비용에 가산하여 가격을 결정하는 방법으로서, 총고정비용과 총변동비용의 합에 목표이익을 추가한 후 이를 총생산량으로 나누어 가격을 산정한다. ☐ O ☐ X

7 경쟁 중심 가격산정법이란 제품을 생산·유통·판매하는 데 드는 비용에다 적정 수준의 마진(즉, 기업의 노력과 위험부담에 대한 보상)을 더하여 가격을 책정하는 것으로서 제품원가에 일정률의 이익을 가산하여 가격을 결정하는 가장 기본적인 가격산정 방법임. ☐ O ☐ X

---

1 O
2 O
3 X | 스키밍(skimming) 가격전략이 효과적이다.
4 O
5 O
6 O
7 X | 원가 기반 가격결정(cost-based pricing)방법에 대한 설명임. 경쟁 중심 가격산정법이란 경쟁자를 고려한 가격산정으로 기업이 자사제품의 생산에 소요되는 비용측정이 어려운 경우나, 또는 시장에서의 경쟁기업의 반응이 불확실한 경우 사용하는 방법임

8 관습가격이란 소비자들이 특정 제품을 구매할 때 싸다 비싸다의 기준이 되는 가격, 유보가격(Max)과 최저수용가격(Min) 사이에 존재한다. ☐O ☐X

9 지각가치결정법과 차별가격결정법은 수요기준의 가격결정방법이다. ☐O ☐X

10 명성가격결정법(prestige pricing)은 가격이 높으면 품질이 좋은 것이라고 느끼는 효과를 이용하여 수요가 많은 수준에서 고급상품의 가격결정에 이용된다. ☐O ☐X

11 탄력가격정책(flexible pricing policy)이란 기업이 일시적으로 고객을 유인하기 위하여 특정품목의 가격을 정가 이하 또는 원가 이하로 결정하는 것이다. ☐O ☐X

12 종속제품가격(captive product pricing)에 해당하는 설명이며, 이는 보완재 등의 판매시 어떤 제품을 싸게 판 후 그 제품에 필요한 소모품이나 부품을 비싸게 팔아 수익을 남기려고 하는 정책을 의미한다. ☐O ☐X

13 신형모델의 제품을 구입하려는 소비자가 사용하던 구형모델을 반환할 경우에 일정금액을 보상해주고 신형모델을 판매하는 할인 가격전략을 거래공제(trade-in allowance)라 한다. ☐O ☐X

14 학습곡선(경험곡선)의 효과로 장기적으로 생산비의 하락을 가져올 수 있는 경우에는 시장침투가격을 사용하는 것이 경쟁을 배제하는데 이론적으로 바람직하다. ☐O ☐X

15 원가기준 가격결정시에 기업에서 극단적으로 허용할 수 있는 최저가격의 기준이 되는 것은 총제조원가이다. ☐O ☐X

16 가격변화에 대한 지각은 가격수준에 따라 달라진다는 법칙을 웨버의 법칙(Weber's Law)이라 한다. ☐O ☐X

---

8 X | 준거가격에 대한 설명임.
9 O
10 O
11 X | 촉진가격결정법(promotional pricing)에 대한 설명이다. 탄력가격정책(flexible pricing policy)이란 한 기업의 제품이 여러 제품계열을 포함하는 경우 품질, 성능, 스타일에 따라 서로 다른 가격을 결정하는 것이다.
12 O
13 O
14 O
15 X | 변동원가이다.
16 O

17 JND(just noticeable difference)란 가격변화를 느끼게 만드는 최소의 가격변화폭을 의미한다. ☐O ☐X

18 프로스펙트 이론(prospect theory)에 따르면 사람들은 손실회피(loss aversion) 경향이 강한데, 예를 들면 소비자는 가격 10% 인상보다는 가격 10% 인하에 더 민감하게 반응한다는 것이다. ☐O ☐X

19 빈번한 세일로 인해 구매자의 준거가격(reference price)이 높아질 가능성이 있다. ☐O ☐X

20 가격결정방법에서 원가기준법(cost-plus pricing)은 경쟁자의 가격과 원가를 고려하지 않는다는 단점을 가지고 있다. ☐O ☐X

17　O
18　X | 소비자들은 손실회피(loss aversion) 경향에 의하여 가격 10% 인하보다는 가격 10% 인상에 더 민감하게 반응한다.
19　X | 빈번한 세일은 해당제품의 저가 이미지화가 나타날 가능성이 있으며, 이로 인해 구매자의 준거가격(reference price)이 낮아질 가능성이 있다.
20　O

II | 개념정리문제

1 신제품을 시장에 출시하는 경우 특정 세분시장 확보를 위한 고가격 책정전략은? 2015 가맹거래사

① 시장침투가격(penetration pricing)
② 스키밍가격(skimming pricing)
③ 이미지가격(image pricing)
④ 이분가격(two-part pricing)
⑤ 노획가격(captive pricing)

2 신상품 도입기에 사용할 수 있는 가격전략에 관한 설명으로 옳지 않은 것은? 2010 가맹거래사

① 스키밍(skimming) 가격전략이란 상품이 시장에 도입되는 초기단계에 고가로 출시하여 점차 가격을 하락시켜 나가는 방법이다.
② 시장침투 가격전략이란 시장에 도입되는 초기단계에 저가로 시작하여 점차 가격을 높여 나가는 방법이다.
③ 제품단위당 변동비용의 비중이 높은 경우 스키밍 가격전략이 효과적이다.
④ 혁신적인 기능이 추가된 신제품의 경우 시장침투 가격전략이 효과적이다.
⑤ 고객들의 가격민감도가 높은 경우 시장침투 가격전략이 효과적이다.

3 신제품 가격 전략에 대한 설명으로 옳지 않은 것은? 2016 7급 감사직

① 신제품 출시 초기 높은 가격에도 잠재 수요가 충분히 형성되어 있는 경우 스키밍 가격전략(market-skimming pricing)이 효과적이다.
② 목표 소비자들의 가격 민감도가 높은 경우 시장침투가격전략(market-penetration pricing)이 효과적이다.
③ 시장 진입장벽이 높아 경쟁자의 진입이 어려운 경우 시장침투가격전략(market-penetration pricing)이 많이 활용된다.
④ 특허기술 등의 이유로 제품이 보호되는 경우 스키밍 가격전략(market-skimming pricing)이 많이 활용된다.

4 신제품 가격결정방법 중 초기고가전략(skimming pricing)을 채택하기 어려운 경우는? 2018 공인노무사

① 수요의 가격탄력성이 높은 경우
② 생산 및 마케팅 비용이 높은 경우
③ 경쟁자의 시장진입이 어려운 경우
④ 제품의 혁신성이 큰 경우
⑤ 독보적인 기술이 있는 경우

5 스키밍(skimming) 가격 책정은 주로 언제, 어떻게 하는 전략인가? 2012 가맹거래사

① 도입기 - 고가격
② 도입기 - 저가격
③ 성장기 - 저가격
④ 성숙기 - 고가격
⑤ 성숙기 - 저가격

6 우수한 품질에 저렴한 가격을 책정하는 전략은? _{2012 가맹거래사}

① 고가격(premium pricing) 전략 ② 침투가격(penetration pricing) 전략
③ 초과가격(overcharging pricing) 전략 ④ 평균가격(average pricing) 전략
⑤ 저렴한 가치(cheap value) 전략

7 수요의 가격탄력성이 가장 높은 경우는? _{2014 노무사}

① 대체재나 경쟁자가 거의 없을 때
② 구매자들이 높은 가격을 쉽게 지각하지 못할 때
③ 구매자들이 구매습관을 바꾸기 어려울 때
④ 구매자들이 대체품의 가격을 쉽게 비교할 수 있을 때
⑤ 구매자들이 높은 가격이 그만한 이유가 있다고 생각할 때

8 ㈜한국은 10,000원에 상당하는 두루마리 화장지 가격을 9,990원으로 책정하였다. 이러한 가격결정 방법은? _{2020 공인노무사}

① 단수가격 ② 명성가격 ③ 층화가격 ④ 촉진가격 ⑤ 관습가격

9 소비자에게 면도기를 저렴한 가격에 구매하게 한 후 면도날을 비싼가격으로 판매하는 가격전략은? _{2018 군무원}

① 부산물 가격결정 ② 선택사양제품 가격결정
③ 종속제품 가격결정 ④ 묶음제품 가격결정

10 어떤 제품을 비교적 낮은 가격으로 판매한 이후, 그 상품에 필요한 소모품이나 부품 등을 비교적 비싼 가격에 판매하는 가격관리방식으로 가장 적절한 것은? _{2020 CPA}

① 캡티브 제품 가격(captive-product pricing) ② 시장 침투 가격(market-penetration pricing)
③ 경험 곡선 가격(experience-curve pricing) ④ 시장 스키밍 가격(market-skimming pricing)
⑤ 지각된 가치 가격(perceived-value pricing)

11 기업이 가격전략을 수립할 때, 소비자의 가격민감도를 낮출 수 있는 상황으로 적절하지 않은 것은? _{2013 7급 감사직}

① 제품이 이전에 구매한 자산과 결합하여 사용되는 경우
② 구매자가 제품을 비축할 수 있는 경우
③ 구매 비용 일부를 다른 사람이 부담하는 경우
④ 제품이 독특하여 대체품을 찾을 수 없는 경우

12 소비자들이 제품가격의 높고 낮음을 평가할 때 비교기준으로 사용하는 가격은? [2011 노무사]

① 유보가격 ② 최저수용가격 ③ 관습가격
④ 준거가격 ⑤ 단수가격

13 소비자들에게 프린터를 저렴한 가격으로 구매하게 한 다음 프린터 카트리지를 비싼 가격으로 판매하는 제품믹스 가격전략은? [2013 가맹거래사]

① 제품라인 가격결정 ② 선택사양제품 가격결정 ③ 부산물 가격결정
④ 묶음제품 가격결정 ⑤ 종속제품 가격결정

14 프린터의 가격은 낮은 마진을 적용하고 카트리지의 가격은 높은 가격을 적용하는 가격결정 방식을 가장 잘 표현하고 있는 것은? [2010 한국가스공사]

① 제품라인 가격책정(product line pricing)
② 부산물 가격책정(by-product pricing)
③ 종속제품 가격책정(captive product pricing)
④ 옵션(선택사양)제품 가격책정(optional product pricing)

15 A사가 프린터를 저렴하게 판매한 후, 그 프린터의 토너를 비싼 가격으로 결정하는 방법은? [2017 공인노무사, 2013 가맹거래사]

① 종속제품 가격결정(captive product pricing) ② 묶음 가격결정(bundle pricing)
③ 단수 가격결정(odd pricing) ④ 침투 가격결정(penetration pricing)
⑤ 스키밍 가격결정(skimming pricing)

16 원래 가격이 100,000원인 제품을 99,000원으로 할인하여 판매하면 소비자들은 이를 90,000원대의 제품으로 지각하여 구매할 수 있다. 이러한 가격전략은? [2014 가맹거래사]

① 관습가격 ② 준거가격 ③ 촉진가격
④ 단수가격 ⑤ 특별행사가격

17 유인가격(leader pricing) 및 단수가격(odd pricing)에 대한 설명으로 옳지 않은 것은? [2015 7급 감사직]

① 유인가격 전략은 일부 상품을 싸게 판매하면서 고객을 유인하는 전략이다.
② 유인가격 전략은 우유, 과일, 화장지 등의 제품 판매에 많이 적용되는 경향이 있다.
③ 단수가격 전략은 판매 가격의 끝자리를 미세한 단위로 조정하여 소비자가 받아들이는 심리적 가격 차이를 증가시키는 것이다.
④ 국내 의류회사가 고가 의류 100벌을 한정하여 판매한 경우, 유인가격 전략을 적용한 것이다.

18 다음 중 상품의 가격을 할인하여 판매하는 것은?

① line pricing   ② safe guard   ③ loss leader   ④ killer app

19 이 가격설정방법은 가격을 십진수 단위체계보다 통상 1~2단위 낮춘 체계로 책정하는 것으로서, 예를 들어 100만 원 대신에 99만 원으로 가격을 정한다. 소비자로 하여금 기업이 제품가격을 정확하게 계산하여 최대한 낮추었다는 인상을 주는 심리적 가격설정방법은?

① 초기고가가격   ② 위신가격(긍지가격)   ③ 단수가격
④ 관습가격   ⑤ 준거가격

20 가격전략에 대한 설명으로 가장 옳지 않은 것은?

① 시장침투가격(market-penetration pricing)은 단기이익을 조금 희생하더라도 장기적인 이익을 실현하려는 경우에 쓰인다.
② 묶음가격(product bundled pricing)은 자사가 제공하는 여러 개의 제품이나 서비스를 묶어서 하나의 가격으로 판매하는 것으로, 상품들이 상호 대체재인 경우에 효과적이다.
③ 단수가격(odd pricing)은 현재의 화폐단위보다 조금 낮춘 가격 책정을 통해 소비자들에게 가격을 낮게 책정하였다는 인식을 심어준다.
④ 종속제품에 대한 가격결정(captive-product pricing)은 면도기와 면도날처럼 주제품과 종속제품의 상호관련성을 고려한 가격결정 방식이다.

21 가격전략에 대한 설명으로 옳지 않은 것은?

① 유인 가격전략이란 잘 알려진 제품의 가격을 저렴한 가격으로 판매하는 전략이다.
② 결함제품 가격전략이란 두 가지 이상의 제품 또는 서비스 등을 결합하여 하나의 특별한 가격으로 판매하는 방식이다.
③ 옵션제품 가격전략에서는 옵션제품에 대하여 높은 가격이 책정되는 경향이 있다.
④ 단수 가격전략은 비용 단위를 단순화할 수 있는 장점을 가진다.

22 심리적 가격조정 방법이 아닌 것은?

① 단수가격(odd pricing)   ② 관습가격(customary pricing)
③ 준거가격(reference pricing)   ④ 명성가격(prestige pricing)
⑤ 기점가격(basing-point pricing)

23. 소비자 심리에 근거한 가격결정 방법으로 옳지 않은 것은? 2019 공인노무사

① 종속가격(captive pricing)
② 단수가격(odd pricing)
③ 준거가격(reference pricing)
④ 긍지가격(prestige pricing)
⑤ 관습가격(customary pricing)

24. 제품의 현재가격은 2,000원이고, 웨버상수(K)는 0.2이다. 소비자가 차이를 느끼지 못하도록 가격인상을 최대화하고자 할 때 가능한 가격대는? 2018 군무원

① 현재가격 < 2,300원
② 2,300원 ≦ 현재가격 < 2,400원
③ 2,400원 ≦ 현재가격 < 2,500원
④ 2,500원 ≦ 현재가격 < 2,600원

25. 제품의 기본가격을 조정하여 세분시장별로 가격을 달리하는 가격결정이 아닌 것은? 2022 공인노무사

① 고객집단 가격결정
② 묶음제품 가격결정
③ 제품형태 가격결정
④ 입지 가격결정
⑤ 시간 가격결정

26. 4P 중 가격에 관한 설명으로 옳지 않은 것은? 2024 공인노무사

① 가격은 다른 마케팅믹스 요소들과 달리 상대적으로 쉽게 변경할 수 있다.
② 구매자가 가격이 비싼지 싼지를 판단하는 기준으로 삼는 가격을 준거가격이라 한다.
③ 구매자가 어떤 상품에 대해 지불할 용의가 있는 최저가격을 유보가격이라 한다.
④ 가격변화를 느끼게 만드는 최소의 가격변화 폭을 JND(just noticeable difference)라 한다.
⑤ 구매자들이 가격이 높은 상품일수록 품질도 높다고 믿는 것을 가격-품질 연상이라 한다.

27. 가격전략에 대한 설명으로 가장 적절한 것은? 2023 9급 군무원

① 원가가산가격결정 방법은 제품의 단위당 원가에 일정비율의 마진을 더해 판매가격을 결정하는 방법이다.
② 단수가격은 소비자가 제품의 구매를 결정할 때 기준이 되는 가격이다.
③ 2부제가격(two-part tariff)은 성수기와 비수기의 가격을 다르게 책정하는 방식이다.
④ 유보가격(reserved price)보다 제품의 가격이 낮으면, 소비자가 제품의 품질을 의심해서 구매를 유보하게 된다.

28. 다음 중에서 가격책정방법이 아닌 것은? 2022 9급 군무원

① 원가가산의 방법
② 수요지향적 방법
③ 경쟁지향적 방법
④ 재고지향적 방법

Ⅲ | 심화문제

1 다음은 제품의 특성과 이에 적합한 판매가격결정 방식을 연결시킨 것이다. 적절히 짝지어지지 않은 것은?

1989 CPA

① 경쟁이 심한 제품 – 현행가격채택정책
② 지역에 따라 수요탄력성이 다른 제품 – 차별가격정책
③ 가구, 의류 등의 선매품 – 가격층화정책
④ 수요의 탄력성이 높은 제품 – 상층흡수가격정책
⑤ 단위당 생산비가 저렴한 제품 – 침투가격정책

2 가격선도(price leadership)에 관한 설명 중 옳은 것은?

1992 CPA

① 전문품에만 존재하는 가격의 흐름이다.
② 가격선도기업이 설정한 가격을 다른 기업이 받아들이는 것이다.
③ 현대적인 시장위치 사고화에 부합되는 가치결정개념이다.
④ 수요와 가격과의 탄력성을 무시한 가격결정방법이다.
⑤ 성장률 및 점유율증대를 위하여 제품도입 초기에 저가로 설정하였다가 시장점유율의 증대에 따라 점차 고가로 가격을 인상하는 것을 말한다.

3 마케팅에서 가격산정방법에는 원가 중심, 수요 중심, 경쟁 중심, 심리적 가격결정 방법이 있다. 다음 보기 중 심리적 가격결정방법에 해당되는 것만을 골라 묶은 것은?

1994 CPA

| a. 지각가치가격결정법   b. 차별가격결정법   c. 단수가격결정법   d. 촉진가격결정법 |

① a, c   ② b, c   ③ c, d   ④ a, d   ⑤ b, d

4 가격관리와 관련된 설명 중 옳지 않은 것은?

1997 CPA

① 명성가격결정법(prestige pricing)은 가격이 높으면 품질이 좋은 것이라고 느끼는 효과를 이용하여 수요가 많은 수준에서 고급상품의 가격결정에 이용된다.
② 상층흡수가격정책(skimming pricing policy)은 신제품을 시장에 도입하는 초기에 고소득층을 대상으로 높은 가격을 받고, 그 뒤 차차 가격을 인하하여 저소득층에 침투하는 것이다.
③ 침투가격정책(penetration pricing policy)은 신제품을 도입하는 초기에 저가격을 설정하여 신속하게 시장에 침투하는 전략으로 수요가 가격에 대해 민감하지 않은 제품에 많이 사용된다.
④ 탄력가격정책(flexible pricing policy)은 한 기업의 제품이 여러 제품계열을 포함하는 경우 품질, 성능, 스타일에 따라 서로 다른 가격을 결정하는 것이다.
⑤ 촉진가격결정법(promotional pricing)은 기업이 일시적으로 고객을 유인하기 위하여 특정품목의 가격을 정가 이하 또는 원가 이하로 결정하는 것이다.

5 상대적 저가전략이 적합하지 않은 상황은? <small>1998 CPA</small>

① 소비자 등의 본원적인 수요를 자극하고자 할 때
② 규모의 경제를 통한 이득이 미미할 때
③ 시장의 형태가 완전경쟁에 근접할 때
④ 원가의 우위를 확보하고 있어 경쟁기업이 자사 가격만큼 낮추기 힘들 때
⑤ 시장수요의 가격 탄력성이 높을 때

6 다음 중 신제품의 가격책정 방법으로 초기 고가전략(skimming pricing)이 적절한 상황을 모두 선택한 것은? <small>2002 CPA</small>

> a. 특허에 의해 신제품의 독점판매권이 보호될 때
> b. 대체품에 비하여 신제품의 기술적 우수성이 탁월할 때
> c. 신제품의 확산속도가 매우 느릴 것으로 예상될 때
> d. 표적시장의 규모가 작아 규모의 경제 실현이 어려울 때
> e. 경쟁자들의 시장 진입이 용이할 때

① a, c ② a, b, c ③ a, c, d
④ a, b, c, d ⑤ a, b, c, d, e

7 묶음가격(price bundling)에 관한 다음 설명 중 옳지 않은 것은? <small>2003 CPA</small>

① 다른 종류의 상품을 몇 개씩 묶어 하나로 상품화하고 여기에 부여한 가격을 말한다.
② 묶음가격은 개별상품에 대해 소비자가 평가하는 가치가 동질적일 때 더 효과적이다.
③ 묶음가격에는 순수묶음과 혼합묶음 가격이 있다.
④ 기업은 묶음가격을 통하여 매출과 이익을 증대시킬 수 있다.
⑤ 묶음가격은 제품뿐 아니라 서비스에서도 적용된다.

8 가격관리에 관한 설명으로 적절한 항목만을 모두 선택한 것은? <small>2021 CPA</small>

> a. 준거가격(reference price)은 구매자가 어떤 상품을 구매할 때 싸다 또는 비싸다의 기준이 되는 가격을 의미한다.
> b. 묶음가격(bundling price)은 여러 가지 상품들을 묶어서 판매할 때 사용된다.
> c. 유보가격(reservation price)은 구매자가 어떤 상품에 대해 지불할 용의가 있는 최저 가격을 의미한다.

① a ② a, b ③ a, c ④ b, c ⑤ a, b, c

9 세계시장에서 게임 관련 하드웨어 및 소프트웨어 분야의 대표적인 기업인 닌텐도사가 게임기를 저렴한 가격으로 판매한 후, 이에 필요한 게임 소프트웨어를 높은 가격으로 판매하여 이익을 올리는 전략을 추구한다면 이는 다음 중 어느 가격전략에 해당하는가?

2004 CPA

① 포획제품 가격전략(captive product pricing)
② 제품라인 가격전략(product line pricing)
③ 부산품 가격전략(by – product pricing)
④ 최적가격 가격전략(optimal product pricing)
⑤ 참조 가격전략(referral pricing)

10 제품가격 의사결정에 필요한 내용에 관한 설명 중 가장 옳지 않은 것은?

2005 CPA

① 신형모델의 제품을 구입하려는 소비자가 사용하던 구형모델을 반환할 경우에 일정금액을 보상해주고 신형모델을 판매하는 할인 가격전략을 거래공제(trade – in allowance)라 한다.
② (주)가나전자가 신형컴퓨터의 가격을 업계 최고 가격으로 결정했다면 일반적으로 이 기업의 가격목표는 품질선도자 위치 확보에 있다고 할 수 있다.
③ 가격에 대해 비탄력적인 수요함수 하에서는 초기고가전략을 사용하고, 탄력적인 수요함수하에서는 침투가격전략을 사용하는 것이 이론적으로 바람직하다.
④ 학습곡선(경험곡선)의 효과로 장기적으로 생산비의 하락을 가져올 수 있는 경우에는 시장침투가격을 사용하는 것이 경쟁을 배제하는데 이론적으로 바람직하다.
⑤ 원가기준 가격결정시에 기업에서 극단적으로 허용할 수 있는 최저가격의 기준이 되는 것은 총제조원가이다.

11 가격전략에 관한 다음 설명 중 올바른 것으로만 이루어진 것은?

2007 CPA

a. 프린터를 싸게 판 다음, 잉크토너 등 관련 소모품을 비싸게 파는 가격정책을 혼합 묶음가격 전략(mixed bundling pricing)이라 한다.
b. 가격차별(price discrimination)이란 유보가격이 높은 세분시장에서는 높은 가격을 받고, 가격민감도가 높은 세분시장에서는 낮은 가격을 받는 것을 말한다.
c. 손익분기점(break – even point)은 고정비용을 공헌마진(contribution margin)으로 나누어 계산한다.
d. 프로스펙트 이론(prospect theory)에 따르면 사람들은 손실회피(loss aversion) 경향이 강한데, 예를 들면 소비자는 가격 10% 인상보다는 가격 10% 인하에 더 민감하게 반응한다는 것이다.
e. 준거가격(reference price)은 구매자가 가격이 비싼지 싼지를 판단하는 기준으로 삼는 가격으로 구매자에 따라 달라질 수 있다.

① b, c, e   ② a, b, c   ③ b, c, d
④ c, d, e   ⑤ b, d, e

12 가격전략에 관한 다음 설명 중 옳은 것으로만 구성된 것은? [2007 CPA]

> a. 여러 가지 상품을 묶어서 판매하는 가격정책을 캡티브 프로덕트 가격전략(captive product pricing)이라 한다.
> b. 신상품이 처음 나왔을 때 아주 낮은 가격을 매긴 다음, 시간이 흐름에 따라 점차 가격을 올리는 가격정책을 스키밍 가격전략(market skimming pricing)이라 한다.
> c. 구매자들은 가격인하(이득)보다는 가격인상(손실)에 더 민감하게 반응하는 경향이 있으며 이것을 심리학에서는 손실회피(loss aversion)라 부른다.
> d. 가격변화에 대한 지각은 가격수준에 따라 달라진다는 법칙을 웨버의 법칙(Weber's Law)이라 한다.
> e. JND(just noticeable difference)란 가격변화를 느끼게 만드는 최소의 가격변화폭을 의미한다.

① a, b, c ② b, c, d ③ c, d, e
④ b, c, e ⑤ a, d, e

13 YJ시네마는 특별 이벤트로 심야에 8,000원에 두 편의 영화를 동시 관람할 수 있는 상품을 판매하고 있었다. 한 손님이 두 편의 영화 중에서 한 편만 보고 싶으니 4,000원에 한 편의 영화티켓을 구입하겠다고 주장했다. 그러나 YJ시네마 측은 단호하게 8,000원을 지불하고 한 편만 볼 수 있지만, 영화 한 편의 티켓을 별도로 팔 수 없다고 답변했다. 이 경우 YJ시네마가 사용하고 있는 가격전략으로 가장 적절한 것은? [2009 CPA]

① 순수묶음(pure bundling) ② 혼합묶음(mixed bundling)
③ 이중요율(two − part tariff) ④ 스키밍가격(market − skimming pricing)
⑤ 손실유도가격(loss leader price)

14 EJ사는 자사 상품의 가격을 동일한 비율로 인하하는 경우보다 인상하는 경우에 판매량 변화가 더 크다는 사실을 경험적으로 알고 있다. 이러한 현상을 설명할 수 있는 이론적 근거로 가장 적절한 것은? [2010 CPA]

① 음의 법칙(negative law) ② 비율효과(ratio effect)
③ 타협효과(compromise effect) ④ 채찍효과(bullwhip effect)
⑤ 로스 어버전(loss aversion)

15 AB사는 불황으로 매출이 감소하고 있어 자사 제품 3종류에 대한 가격인하를 전격적으로 추진하였다. 소비자들이 가격 인하를 느낄 수 있도록 웨버의 법칙(Weber's Law)을 이용해 최소한의 가격인하 폭을 결정하였다. 현재가격 (가), (나), (다)의 합에 대한 설명으로 가장 적절한 것은? (단, 웨버상수는 주관적으로 느낀 가격변화의 크기 또는 변화를 감지할 수 있는 증가/감소율을 의미한다.) [2010 CPA]

제품	A	B	C
과거가격	1,000원	5,000원	10,000원
웨버상수	0.7	0.2	0.5
현재가격	(가)	(나)	(다)

① (가) + (나) + (다) < 6,000원
② 6,000원 ≤ (가) + (나) + (다) < 9,000원
③ 9,000원 ≤ (가) + (나) + (다) < 12,000원
④ 12,000원 ≤ (가) + (나) + (다) < 15,000원
⑤ 15,000원 ≤ (가) + (나) + (다)

16 레스토랑 A는 소비자들이 지각할 수 있는 최소한의 가격 인하를 실시하였다. 가격 인하 이전의 가격에 관한 설명으로 가장 적절한 것은? 단, 소비자는 웨버의 법칙(Weber's law)에 따라 가격 지각을 한다고 가정한다.

2021 CPA

메뉴	스테이크	피자	파스타
인하 후 가격(원)	27,000	17,100	12,000
K(웨버상수)의 절대값	0.10	0.05	0.20
W(임계수준)의 절대값	0.10	0.05	0
인하 전 가격(원)	a	b	c

① $b + c - a < -5,000$
② $-5,000 \leq b + c - a < -2,500$
③ $-2,500 \leq b + c - a < 0$
④ $0 \leq b + c - a < 2,500$
⑤ $2,500 \leq b + c - a$

17 가격구조의 결정에 관한 설명으로 가장 적절한 것은?

2011 CPA

① 스키밍가격(market-skimming pricing)은 상품라인 가격결정이며, 대량생산으로 인한 원가절감 효과가 클 때 효과적이다.
② 침투가격(market-penetration pricing)은 시간의 흐름에 따른 가격결정이며, 잠재 구매자들이 가격-품질 연상을 강하게 갖고 있을 때 효과적이다.
③ 캡티브제품가격(captive product pricing)은 고객별 가격결정이며, 상품들이 상호 대체재인 경우에 효과적이다.
④ 묶음가격(bundling pricing)은 상품라인 가격결정이며, 상품들이 상호 대체재인 경우에 효과적이다.
⑤ 가격차별(price discrimination)은 고객별 가격결정이며, 가격차별이 중요한 이유는 모든 고객들에게 같은 가격을 받는 것보다 가격을 다르게 받는 것이 더 높은 이익창출이 가능하기 때문이다.

18 가격 및 가격결정에 관한 설명으로 가장 적절한 것은?

2012 CPA

① JND(just noticeable difference)는 변화 전 가격수준에 따라 가격변화의 지각이 달라진다는 개념이다.
② 공헌마진(contribution margin)은 판매가격에서 고정비를 차감한 것이다.
③ 스키밍 가격결정(market-skimming pricing)은 잠재 구매자들이 가격과 품질 간의 연상을 강하게 갖고 있는 경우나 대량생산으로 인한 원가절감 효과가 크지 않은 조건에서 유리하다.
④ 단수가격결정(odd pricing)은 한 상품계열에 몇 가지의 가격대를 설정하는 것이며, 소비자에게 상품의 가격이 최대한 낮은 수준에서 결정되었다는 인상을 주어 판매량을 증가시키기 위한 것이다.
⑤ 순수 묶음가격(pure price bundling)은 상품을 개별적 뿐만 아니라 묶음으로도 구매할 수 있도록 가격을 책정하는 방법이며, 상품들이 상호 보완적인 경우에 효과적이다.

19 다음 중 비용중심적 가격결정방법에 대한 설명으로 가장 적절하지 않은 것은? `2024 9급 군무원`

① 지수가격결정은 총원가와 원가비율을 이용하여 가격을 결정하는 방법으로, 주로 서비스산업에서 사용된다.
② 비용가산 가격결정은 생산원가에 일정한 가산액이나 가산율을 부가하는 방법이다.
③ 공헌마진 가격결정은 상품회전율과 상대적수익률을 기준으로 가격결정방법이다.
④ 손익분기점 가격결정은 상품을 생산가고 판매하는 전 과정을 통해서 특별한 손실이나 이익이 나지 않은 수준에서 가격을 결정하는 방법이다.

20 가격관리에 관한 설명으로 가장 적절하지 않은 것은? `2014 CPA`

① 가격은 다른 마케팅 믹스 요소들에 비해 상대적으로 쉽게 변경가능하며, 반응이 빠른 특성을 지니고 있다.
② 유보가격(reservation price)이 높은 집단에 높은 가격을 책정하는 것은 가격차별 중의 하나이다.
③ 가격변화의 지각은 변화 전 가격수준에 따라 달라질 수 있으며, 이것은 웨버의 법칙(Weber's Law)에 의해 설명될 수 있다.
④ 가격결정방법에서 경쟁기준법은 고객측면을 고려하지 않는다는 단점을 가지고 있다.
⑤ 구매자가 가격이 비싼지 싼지를 판단하는 데 기준으로 삼는 것을 가격-품질 연상 심리라 한다.

21 가격관리에서 아래의 상황을 가장 적절하게 설명할 수 있는 것은? `2015 CPA`

> 1,000원짜리 제품에서 150원 미만의 가격인상은 느끼지 못하지만, 150원 이상의 가격인상은 알아차린다.

① JND(just noticeable difference)
② 단수가격(odd-number pricing)
③ 유보가격(reservation price)
④ 스키밍가격(market-skimming pricing)
⑤ 웨버의 법칙(Weber's Law)

22 가격관리에서 아래의 현상을 가장 적절하게 설명할 수 있는 것은? `2016 CPA`

> 500원의 가격인상이 5,000원짜리 제품에서는 크게 여겨지는 반면에 50,000원짜리 제품에서는 작게 여겨진다.

① 웨버의 법칙(Weber's Law)
② 준거가격(reference price)
③ 가격-품질 연상(price-quality association)
④ 유보가격(reservation price)
⑤ JND(just noticeable difference)

23 아래의 사례를 가장 적절하게 설명할 수 있는 가격결정방법은? `2017 CPA`

- 프린터를 싸게 판매한 이후에 토너는 비싼 가격에 판매함.
- 면도기를 싸게 판매한 다음에 면도날은 비싸게 판매함.

① 순수 묶음제품 가격결정(pure bundling pricing)
② 혼합 묶음제품 가격결정(mixed bundling pricing)
③ 스키밍 가격결정(market-skimming pricing)
④ 시장침투 가격결정(market-penetration pricing)
⑤ 종속제품 가격결정(captive product pricing)

24 가격관리에 관한 설명으로 가장 적절하지 않은 것은? `2018 CPA`

① 최저수용가격(lowest acceptable price)은 구매자가 품질을 의심하지 않으면서 구매할 수 있는 가장 낮은 가격을 의미한다.
② 빈번한 세일로 인해 구매자의 준거가격(reference price)이 낮아질 가능성이 있다.
③ 가격결정방법에서 원가기준법(cost-plus pricing)은 경쟁자의 가격과 원가를 고려하지 않는다는 단점을 가지고 있다.
④ 신제품 도입 초기에 가격을 낮게 책정하는 전략은 시장침투가격(market-penetration pricing)과 관련이 있다.
⑤ 순수 묶음가격(pure bundling)은 여러 가지 제품들을 묶음으로도 판매하고 개별적으로도 판매하는 가격정책이다.

25 아래의 경우에서 가장 적합하게 사용될 수 있는 가격결정 전략은? `2019 CPA`

- 잠재 구매자들이 가격-품질 연상을 강하게 갖고 있는 경우
- 가격을 높게 매겨도 경쟁자들이 들어올 가능성이 낮은 경우

① 사양제품 가격결정(optional-product pricing)
② 시장침투가격(market-penetration pricing)
③ 혼합 묶음가격(mixed bundling)
④ 이중요율(two-part tariff)
⑤ 스키밍 가격(market-skimming pricing)

26 사무용 의자를 생산하는 기업의 총고정비가 1,000만원, 단위당 변동비가 10만원이며, 500개의 의자를 판매하여 1,000만원의 이익을 목표로 한다면, 비용가산법(Cost-Plus Pricing)에 의한 의자 1개의 가격은? `2017 서울시`

① 100,000원　　② 120,000원　　③ 140,000원　　④ 160,000원

27 '가산이익률에 따른 가격결정법(Markup Pricing)'을 사용할 경우 다음 제품의 가격은? `2018 7급 감사직`

- 단위당 변동비: 10,000원
- 고정비: 400,000,000원
- 기대판매량: 100,000개
- 가산(Mark-up)이익률: 20%

① 16,800원 ② 17,500원 ③ 17,800원 ④ 18,500원

28 A기업에서 세탁기 1대를 만드는 데 제조원가가 140만 원이고, 매출총이익률이 30%일 때 세탁기 1대의 가격은 얼마로 해야 하는가? `2018 군무원`

① 180만 원 ② 190만 원 ③ 200만 원 ④ 210만 원

29 A회사에서 세탁기를 제조할 때 단위당 변동비는 20만 원이고, 총고정비는 2천만 원이다. 1000개를 팔아서 2천만 원의 이익을 얻기 위해서는 원가가산방식으로 할 때 제품의 단위당 가격은 얼마인가?(단, 고정비용은 비용에 포함) `2019 군무원`

① 20만원 ② 22만원 ③ 24만원 ④ 26만원

30 다음 중 생산자가 원가를 가장 중요한 기준으로 하여 가격을 책정하는 방식은? `2019 군무원`

① 지각기준 가격결정
② 목표이익률 가격결정
③ 모방 가격결정
④ 입찰참가 가격결정

31 다음 중 제품믹스에 대한 가격결정에 대한 설명으로 가장 옳지 않은 것은? `2022 5급 군무원`

① 제품계열에 대한 가격결정은 한 제품계열을 구성하는 여러 제품 간에 어느 정도의 가격 차이를 둘 것인가를 결정하는 데 초점을 맞춘다.
② 사양제품(optional-product)에 대한 가격결정은 주력제품과 함께 판매되는 각종 사양제품 혹은 액세서리에 부과되는 가격을 말한다.
③ 종속제품에 대한 가격결정은 특정 제품과 반드시 함께 사용되는 제품에 부과되는 가격을 말한다.
④ 묶음제품 가격결정은 자사에서 판매하는 관련 제품들을 함께 묶어 고가에 판매하는 방식을 말한다.

32 가격관리에 관한 설명으로 가장 적절한 것은? _{2023 CPA}

① 공헌마진율이 낮은 제품의 가격 책정 목표는 단위당 마진 증대보다 판매량 증대가 되어야 한다.
② 사양(optional) 제품 가격결정에서는 주제품 가격을 싸게 책정하는 것이 효과적이나, 종속(captive) 제품 가격결정에서는 주제품 가격을 비싸게 책정하는 것이 효과적이다.
③ 시장침투가격은 규모의 경제가 존재할 때는 적절하나, 잠재 구매자의 가격-품질 연상이 강하다면 효과적이지 않다.
④ 제품라인 가격결정(product line pricing)은 여러 가지 제품을 묶어서 함께 판매하는 것이다.
⑤ 유보가격은 준거가격보다 높고 최저수용가격보다 낮다.

33 가격관리에 관한 설명으로 가장 적절한 것은? _{2024 CPA}

① 스키밍 가격전략은 가격 민감도가 높은 집단에서는 적절하나, 진입장벽이 높은 상황에서는 효과적이지 않다.
② 웨버의 법칙(Weber's Law)은 가격변화를 느끼게 만드는 최소의 가격변화 폭을 가리킨다.
③ 혼합 묶음가격(mixed bundling) 전략은 제품을 개별적으로도 팔고 묶음으로도 판매하는 것이다.
④ 이중요율(two-part tariff)은 품질의 차이에 따라 가격대를 설정하여, 가격대 내에서 개별제품의 가격을 결정하는 것이다.
⑤ 비싼 제품은 가격-품질 연상이 강할수록 잘 팔리는 반면, 싼 제품은 최저수용가격 이하로 내려갈수록 잘 판매된다.

34 다음은 제품 A에 관한 자료이다. 비용지향적 가격결정(cost-plus pricing 또는 markup pricing)을 따르고 영업이익률 40%를 기대하는 경우에 제품 A의 단위당 가격에 가장 가까운 것은? (단, 제시된 자료 이외에 다른 비용은 없다고 가정한다.) _{2022 CPA}

단위당 변동비	20,000원
총고정비	100,000,000원
기대 판매량	10,000개

① 30,000원　② 35,000원　③ 40,000원　④ 45,000원　⑤ 50,000원

Chapter 6 마케팅 믹스(3): Place

I | OX문제

1. 유통의 기능 중 조성기능이란 도매상이나 소매상의 활동으로 상품의 매매과정을 통해 이루어지는 기능으로서 교환기능 또는 상거래 기능이라고도 하며 구매 및 판매활동을 통해 수행된다. ○ ×

2. 소매업 수레바퀴 가설이란 제품구색이 넓은 소매업태에서 전문화된 좁은 제품구색의 소매업태로 변화되었다가 다시 넓은 제품구색의 소매업태로 변화되어 간다는 가설이다. ○ ×

3. 계약형 수직적 마케팅 시스템(contractual VMS)은 상호 독립적인 경로구성원들이 계약에 의해서 서로의 활동을 통제하고 조정하는 것을 가리키며, 프랜차이즈 조직, 소매상 협동조합, 도매상이 후원하는 자발적 체인이 이에 해당된다. ○ ×

4. 경로 커버리지와 관련하여 선택적 유통(selective distribution)은 특정 지역 내에서 단 한 개의 중간상에게만 상품을 공급하는 것이며, 집약적 유통(intensive distribution)은 특정 지역 내에서 가능한 많은 수의 중간상들에게 상품을 공급하는 것이다. ○ ×

5. 제조업체가 직접 유통을 하지 않고 유통업체를 활용하게 되면 총 거래 수가 증가하게 되어 거래의 경제성을 달성할 수 있다. ○ ×

---

1. X | 상적 기능에 대한 설명임.
2. X | 소매아코디언 이론(Retail Accordian)에 대한 설명. 소매업 수레바퀴 가설이란 혁신적인 소매상은 항상 기존 소매상보다 저가격, 저이윤 및 저 서비스라는 가격소구(價格訴求) 방식으로 신규 진입하여 기존 업체의 고가격, 고마진 및 고서비스와 경쟁하면서 점차로 기존 소매상과 대체하게 된다는 이론이다.
3. O
4. X | 경로 커버리지와 관련하여 특정 지역 내에서 단 한 개의 중간상에게만 상품을 공급하는 것은 전속적(배타적) 유통경로를 의미하며, 특정 지역 내에서 가능한 많은 수의 중간상들에게 상품을 공급하는 것은 집약적 유통(intensive distribution)를 의미한다.

구분	개방적 유통경로(집중적/집약적 유통경로)	선택적 유통경로	전속적 유통경로(배타적/독점적 유통경로)
유통업체	많음	중간	제한적
제품	편의품 및 저관여제품	선매품	전문품 및 고관여제품
통제력	약함 ←—————————————————————→ 강함		

5. X | 제조업체가 소비자와 직접 거래하지 않고 유통업체를 이용하게 되면 총거래수가 줄어들어서 거래의 경제성을 달성할 수 있게 된다.

6 하이브리드 마케팅 시스템(hybrid marketing system)은 유통경로 기능들 중의 일부는 제조기업이 수행하고, 나머지는 유통기업이 수행하는 유통경로를 말한다. ☐ O ☐ X

7 중간상이 제조기업에 대해 일체감을 갖고 있거나 갖게 되기를 바라기 때문에 발생하는 파워를 준거적 파워(referent power)라 한다. ☐ O ☐ X

8 경로 커버리지 전략 중 전속적 유통(exclusive distribution)은 중간상의 푸쉬(push)보다는 소비자의 풀(pull)에 의해서 팔리는 상품(예컨대 저가의 생활용품)에 적합하다. ☐ O ☐ X

9 유통은 바톤 패스(baton pass)와 유사하다. 즉 제조기업이 유통기업에게 바톤을 넘기듯이 모든 유통기능을 맡기는 것이 적절하다. ☐ O ☐ X

10 '소매상협동조합'과 '도매상이 후원 하는 자발적 체인'은 관리형 VMS에 속하며, '프랜차이즈 조직'은 기업형 VMS에 속한다. ☐ O ☐ X

11 수직적 마케팅 시스템(VMS)에서 경로 구성원의 통합화된 정도는 '관리형 VMS < 계약형 VMS < 기업형 VMS' 순이다. ☐ O ☐ X

12 Reilly의 소매인력법칙(Law of Retail Gravitation)에 의하면 두 경쟁도시가 그 중간에 위치한 소도시로부터 끌어들일 수 있는 상권규모는 그들의 인구에 비례하고, 각 도시와 중간도시간의 거리자승에 반비례한다. ☐ O ☐ X

---

6 O
7 O
8 X | 중간상의 푸쉬(push)보다는 소비자의 풀(pull)에 의해서 팔리는 상품(예컨대 저가의 생활용품)에는 경로 커버리지 전략 중 개방적 유통전략이 적합하다.
9 X | 모든 기능을 유통기업에 넘기는 것이 아니라 총공급사슬관리에서와 같이 제조기업이 공급사슬 전체에 대하여 관리하게 되면 총공급라인의 최적화를 추구할 수 있다.
10 X | 소매상 협동조합, 도매상 후원의 자발적 연쇄점, 프랜차이즈 조직은 모두 계약형 VMS이다.
11 O
12 O

13 Applebaum의 유추법(Analog Method)은 자사의 신규점포와 특성이 비슷한 유사점포를 선정하여 그 점포의 상권범위를 추정한 결과를 자사 점포의 신규입지에서의 매출액 또는 상권규모를 측정하는 데 이용하는 방법이다. ☐ O ☐ X

14 Christaller의 중심지이론(Central Place Theory)에 의하면 한 지역 내 거주자들이 모든 상업중심지로부터 중심기능(최적 구입가격으로 상품을 구입하는 것)을 제공받을 수 있고 상업중심지들 간에 안정적인 시장균형을 얻을 수 있는 이상적인 상권모형은 원형이다. ☐ O ☐ X

15 Huff의 공간적 상호작용모델에 의하면 소비자의 점포에 대한 효용은 점포의 입지에 비례하고, 점포까지 걸리는 시간이나 거리에 반비례한다. ☐ O ☐ X

---

13   O
14   X | 가장 이상적인 상권모형은 육각형이다.
15   X | 소비자의 점포에 대한 효용은 점포의 크기에 비례한다.

II | 개념정리문제

1 유통과정에서 중간상의 역할로 옳지 않은 것은?　　2013 가맹거래사

① 정보탐색비용 등 거래비용을 줄이는 역할을 한다.
② 생산자에게 적정 이윤을 보장하는 역할을 한다.
③ 생산자와 소비자 사이의 접촉횟수를 줄이는 역할을 한다.
④ 생산자와 소비자 사이의 교환과정을 촉진하는 역할을 한다.
⑤ 생산자와 소비자 사이에서 수요와 공급을 조절하는 역할을 한다.

2 유통경로전략을 수립할 때 일반적으로 직접유통경로(또는 유통단계의 축소)를 선택하는 경우가 아닌 것은?　　2015 경영지도사

① 제품의 기술적 복잡성이 클수록
② 경쟁의 차별화를 시도할수록
③ 제품이 표준화 되어 있을수록
④ 소비자의 지리적 분산정도가 낮을수록
⑤ 제품의 부패가능성이 높을수록

3 다음 도매상의 형태 중 한정서비스상인 도매상에 해당하는 것은?　　2016 서울시 7급

① 전문품 도매상　　　　　　　　② 브로커
③ 트럭 배달 도매상　　　　　　　④ 제조업자의 판매지점

4 슈퍼마켓과 할인점 등의 장점을 결합한 대형화된 소매 업태로 주로 유럽을 중심으로 발전한 유형은?　　2018 가맹거래사

① 회원제 도매클럽　　② 하이퍼마켓　　③ 전문할인점
④ 양판점　　　　　　⑤ 전문점

5 유통경로 내의 서로 다른 단계에 속하는 유통기관들 사이의 경로갈등으로 옳은 것은?　　2018 7급 감사직

① 수직적 갈등　　　　　　　　② 수평적 갈등
③ 능력 소요 갈등　　　　　　　④ 능력 쿠션 갈등

6 수직적 마케팅시스템(Vertical Marketing System) 중 소유권의 정도와 통제력이 강한 유형에 해당하는 것은?　　2019 공인노무사

① 계약형 VMS　② 기업형 VMS　③ 관리형 VMS　④ 협력형 VMS　⑤ 혼합형 VMS

7 수직적 마케팅시스템(vertical marketing system: VMS)에 관한 설명으로 옳은 것을 모두 고른 것은?

> ㄱ. 수직적 마케팅시스템은 유통조직의 생산시점과 소비시점을 하나의 고리형태로 유통계열화하는 것이다.
> ㄴ. 수직적 마케팅시스템은 유통경로 구성원인 제조업자, 도매상, 소매상, 소비자를 각각 별개로 파악하여 운영한다.
> ㄷ. 유통경로 구성원의 행동은 시스템 전체보다는 각자의 이익을 극대화하는 방향으로 조정된다.
> ㄹ. 수직적 마케팅시스템의 유형에는 기업적 VMS, 관리적 VMS, 계약적 VMS 등이 있다.
> ㅁ. 프랜차이즈 시스템은 계약에 의해 통합된 수직적 마케팅시스템이다.

① ㄱ, ㄴ, ㄷ ② ㄱ, ㄴ, ㄹ ③ ㄱ, ㄹ, ㅁ
④ ㄴ, ㄷ, ㄹ ⑤ ㄴ, ㄹ, ㅁ

8 다음 중 유통계열화의 유형에서 연결이 알맞은 것은?

① 관리적 VMS - 수평적 관계
② 기업적 VMS - 수평적 관계
③ 계약적 VMS - 수평적 관계
④ 공생적 VMS - 수평적 관계

9 다음 중 프랜차이즈에 대한 설명으로 알맞은 것은?

① 공생적 마케팅 시스템이라고도 한다.
② 수직적 마케팅시스템에서 속하는 계약형 VMS의 대표적인 형태이다.
③ 동일한 두 개 이상의 기업이 서로 대등한 입장에서 연맹체를 구성하는 형태이다.
④ 각 기업이 단독으로 효과적인 마케팅 활동을 수행하는 데 필요한 자본, 노하우, 마케팅 자원 등을 보유하고 있지 않을 때 수평적 통합을 통해 시너지 효과를 얻을 수 있게 한다.

10 라이센싱(Licensing)과 프랜차이징(Franchising)에 대한 설명으로 옳지 않은 것은?

① 진출예정국에 수출이나 해외직접투자에 대한 무역장벽이 존재하는 경우 라이센싱은 무역장벽을 극복하는 방법이다.
② 프랜차이징은 음식점, 커피숍 등 서비스업종에서 많이 사용하는 방법이다.
③ 라이센싱은 브랜드와 기술 등 무형자산과 함께 품질관리, 경영방식, 기업체 조직 및 운영, 마케팅 지원 등과 같은 경영관리 노하우까지 포함하기 때문에 철저한 통제가 가능하다.
④ 라이센싱과 프랜차이징은 잠재적인 경쟁자를 만들 위험이 있다.

11 마케팅 로지스틱스 시스템이라 불리며, 적절한 제품을 적당량만큼 제품수요지에 도달시키는 것으로 마케팅 로지스틱스 시스템은?

① 유통
② 물적 유통
③ 마케팅 커뮤니케이션
④ 마케팅 시스템

12 다음 중 물적 유통관리의 설명으로 알맞지 않은 것은?

① 운송, 보관, 포장, 재고관리 등의 활동이 포함된다.
② 재화에 있어 생산단계부터 소비단계까지의 이동 및 취급과정을 말한다.
③ 물적 유통관리의 목적은 고객에 대한 욕구충족 및 유통비용의 상승에 있다.
④ 물적 유통활동 중 가장 비중이 높은 것은 마케팅병참관리라고도 하는 수송이다.

13 공급사슬에서 채찍효과(Bullwhip effect)에 대한 설명으로 알맞은 것은?

① 공급사슬에서 채찍효과란 부품업체, 제조업체, 유통업체의 순으로 하류방향으로 가면서 상류에서 협력의 경제적 효과가 증폭되어 나타나는 현상을 말한다.
② 공급사슬에서 채찍효과란 소매점, 도매점, 제조업체, 부품업체의 순으로 사슬의 상류로 가면서 재고수준에 대한 정보공유 효과가 증폭되어 가는 현상을 말한다.
③ 공급사슬에서 채찍효과란 부품업체, 제조업체, 유통업체의 순으로 하류 방향으로 가면서 부품업체의 생산량 변동에 대한 정보에서 생산량 변동 폭이 증폭되어 나타나는 현상을 말한다.
④ 공급사슬에서 채찍효과란 고객으로부터 생산자방향으로 갈수록 수요 변동 폭이 증폭되어 가는 현상을 말한다.

14 다음 중 채찍효과를 줄일 수 있는 방법으로 알맞지 않은 것은?

① 공급망에 걸쳐있는 중복 수요의 예측을 가급적 하지 말아야 한다.
② 가급적 대량의 배치주문을 해야 한다.
③ 공급 부족 등의 상황이 발생하지 않도록 리드타임을 단축해야 한다.
④ 공급 경로(supply chain)간의 강력한 파트너십을 구축해야 한다.

15 공급사슬상 채찍효과(Bullwhip Effect)가 발생하는 원인으로 옳지 않은 것은?

① 과잉 주문 ② 일괄 주문 ③ 큰 가격 변동 ④ 짧은 리드타임

16 다음 중 SCM에 관한 내용으로 알맞지 않은 것은?

① 원자재업자로부터 공장, 창고를 거쳐 소비자에게 최종제품을 전달하는 것까지의 모든 활동을 말한다.
② 공급 체인관리의 목적은 전체 시스템의 효율화와 최적화를 꾀한다.
③ 기업이 고객과의 관계를 관리함으로써 고객의 로열티(충성도)를 높여 마케팅의 효율을 높이려는 방법론 또는 소프트웨어(솔루션)를 말한다.
④ 경영혁신이론으로도 볼 수 있다.

17 공급사슬관리의 효율성을 측정하는 지표로 옳은 것은? [2024 공인노무사]

① 재고회전율 ② 원자재투입량 ③ 최종고객주문량 ④ 수요통제 ⑤ 채찍효과

18 다음 중 공급사슬관리(SCM, Supply Chain Management)의 기대효과에 해당하지 않는 것은? [2022 9급 군무원]

① 거래 비용의 절감
② 채찍 효과(bullwhip effect)의 증폭
③ 거래의 오류 감소
④ 정보 전달과 처리의 편의성 증대

19 최종소비자의 수요변동 정보가 전달되는 과정에서 지연이나 왜곡현상이 발생하여 재고부족 또는 과잉 문제가 발생하고 공급사슬 상류로 갈수록 수요변동이 증폭되는 현상은? [2023 공인노무사]

① 채찍효과 ② 포지셔닝 효과 ③ 리스크 풀링 효과
④ 크로스 도킹 효과 ⑤ 레버리지효과

20 수직적 마케팅시스템(VMS : Vertical Marketing System)에 대한 설명으로 가장 거리가 먼 것은? [2023 9급 군무원]

① 기업형 VMS를 통해 경로갈등을 해결할 수 있다.
② 제조기업이 중간상을 통합하는 것은 전방통합에 해당한다.
③ 프랜차이즈 시스템은 관리형 VMS에 해당한다.
④ 계약형 VMS가 관리형 VMS보다 수직적통합의 정도는 강하다.

21 새로운 마케팅 기회를 확보하기 위해 동일한 유통경로 단계에 있는 둘 이상의 기업이 제휴하는 시스템은? [2022 공인노무사]

① 혁신 마케팅시스템
② 수평적 마케팅시스템
③ 계약형 수직적 마케팅시스템
④ 관리형 수직적 마케팅시스템
⑤ 기업형 수직적 마케팅시스템

III | 심화문제

1 제품 판매에 있어서 소매, 도매, 정부로 나누는 기준은 무엇인가? 2019 군무원

① 제품별 ② 고객별 ③ 기능별 ④ 지역별

2 물적유통에 대한 설명 중 옳지 않은 것은? 1995 CPA

① 자재, 완제품의 생산시점에서 소비시점에 이르는 물적흐름계획과 실행에 관련된다.
② 물적유통결정 시 비용극소화, 고객서비스극대화의 상충관계를 고려해야 한다.
③ 물적유통에 대한 결정은 재고수준, 수송방식, 공장, 창고입지 등의 결정과 통합하여 이루어진다.
④ 물적유통활동과 거래유통경로의 전문화를 위해 물상통합유통전략을 전개하여야 한다.
⑤ 단위수송방식, 컨테이너시스템 등이 물적유통의 혁신수단이다.

3 물류관리시스템의 하나인 유니트로드시스템(unit load system)에 대한 설명으로 옳은 것은? 1996 CPA

① 물류의 효율화를 도모하기 위해 한 수송매체에 동일품목만 일정 단위씩 적재하여 수송하는 시스템이다.
② 적시조달과 리드타임을 극소화하기 위해 궁극적으로 한 단위씩의 수송을 지향하는 물류시스템이다.
③ unit load system을 적용하면 전체물류비용이 감소하나 수송횟수가 증가하여 수송비용이 높아진다.
④ unit load system을 활성화하기 위하여 수송매체의 용량을 수송물품의 규격에 따라 차별화시켜 조정할 필요가 있다.
⑤ 물품을 일정한 중량이나 크기로 단위화시켜 기계화된 하역작업과 일관된 수송방식으로 물품을 생산지에서 소비지까지 이동시키는 시스템이다.

4 다음 중 물류관리에 대한 설명으로 옳지 않은 것은? 1996 CPA

① 물류관리가 발전함에 따라 기업은 직접판매망을 구축하여 소비자에게 전달하는 자기대리점망의 구축을 보편화하게 된다.
② 마케팅활동의 일부로서 판매물류에 한정되었던 물류의 개념이 최근에는 조달물류, 생산물류, 판매물류를 포함하는 로지스틱스 개념으로 확장되고 있다.
③ 물류관리의 주요 목적으로 물류표준화를 들 수 있는데, 이는 물류의 기계화를 촉진할 뿐 아니라 물류공동화의 필수조건이다.
④ 물류개념이 확장되는 주요 이유 중 하나로 수요의 다양화와 제품수명주기의 단축을 들 수 있다.
⑤ 물류관리의 주요목적 중의 하나인 상·물분리란 영업활동과 물류업무를 분리함으로써 업무의 효율성을 높이기 위한 것이다.

5 유통경로에 대한 설명 중 옳지 않은 것은?　　　　　　　　　　　　　　　1997 CPA

① 유통경로는 생산자로부터 소비자에게 제품이 전달되는 과정이다.
② 유통경로의 구성원들은 재화를 수송·운반하고 저장하며 정보를 수집한다.
③ 유통경로의 길이는 중간상 수준(level)의 수를 말한다.
④ 중간상들은 생산자가 생산한 제품의 구색을 소비자가 원하는 구색으로 전환시켜주는 역할을 한다.
⑤ 유통경로는 서비스나 아이디어의 생산자들에게 큰 의미가 없다.

6 점차 전문화되고 있는 산업 구조하에서 기업 간에는 경쟁과 협력이 동시에 요구되고 있다. 이러한 상황하에서 여러 기업들이 마케팅자원을 공동으로 활용하거나 마케팅프로그램을 공동으로 수행하는 경우, 이 전략을 무엇이라고 하는가?　　　　　　　　　　　　　　　1999 CPA

① 메가 마케팅　　　　② 집중적 마케팅　　　　③ 공생적 마케팅
④ 디마케팅　　　　　　⑤ 사회마케팅(social marketing)

7 마케팅의 기능을 상적(商的) 유통기능, 물적(物的) 유통기능, 조성(助成)기능으로 구분할 때 물적 유통기능과 가장 관련이 깊은 것을 두 가지만 고른 것은?　　　　　　　　　　　　　　2000 CPA

| a. 시간효용 창조기능 | b. 금융기능 | c. 소유(권)효용 창조기능 |
| d. 위험부담기능 | e. 장소효용 창조기능 | |

① a, c　　　　② b, c　　　　③ a, e　　　　④ b, d　　　　⑤ c, e

8 다음 중 일반적으로 유통경로의 단계수가 증가하는 경우는?　　　　　　　　　2001 CPA

① 고객의 최소판매단위(lot size)에 대한 유통서비스 요구가 높을수록
② 고객의 상품정보제공(product information)에 대한 유통서비스 요구가 높을수록
③ 고객의 배달기간(delivery time)에 대한 유통서비스 요구가 낮을수록
④ 고객의 공간적 편의성(spatial convenience)에 대한 유통서비스 요구가 낮을수록
⑤ 고객이 대형유통업체를 선호할수록

9 아래에 설명된 마케팅 유통경로 커버리지 전략(=유통 경로전략)을 표기한 것 중 가장 옳은 것은?

2021 5급 군무원

> ㉠ 가능한 한 많은 소매상들이 자사의 제품을 취급할 수 있도록 함으로써 포괄되는 시장의 범위를 확대시키려는 전략
> ㉡ 각 판매지역별로 하나 혹은 극소수의 중간상들에게 자사 제품의 유통에 대한 독점권을 부여하는 방식의 전략
> ㉢ 판매지역별로 자사의 제품을 취급하기를 원하는 중간상 중에서 일정 자격을 갖춘 하나 이상 혹은 소수의 중간상들에게 판매를 허가하는 전략

① ㉠ 집약적 유통(intensive), ㉡ 전속적 유통(exclusive), ㉢ 선택적 유통(selective)
② ㉠ 전속적 유통(exclusive), ㉡ 집약적 유통(intensive), ㉢ 선택적 유통(selective)
③ ㉠ 전속적 유통(exclusive), ㉡ 선택적 유통(selective), ㉢ 집약적 유통(intensive)
④ ㉠ 선택적 유통(selective), ㉡ 전속적 유통(exclusive), ㉢ 집약적 유통(intensive)

10 유통경로의 선택을 설명하는 거래비용 분석의 주요개념이 아닌 것은?

2003 CPA

① 자산특유성 ② 거래빈도 ③ 유통마진
④ 제한된 합리성 ⑤ 기회주의

11 제품유통 의사결정에 필요한 내용에 관한 설명 중 가장 옳지 않은 것은?

2005 CPA

① 중간상의 자질에 관한 문제나 유통마진의 크기에 관한 문제 등으로 경로구성원들 사이에서 발생하는 갈등을 목표불일치에 의한 수직적 갈등이라 할 수 있다.
② 물적유통의 목표는 고객만족을 극대화할 수 있도록 적절한 상품을 적시적소에 최소비용으로 배달하는 것이라고 할 수 있다.
③ 선택적 유통경로정책은 소비자들에게 제품의 노출을 선택적으로 제한함으로써 제품의 명성을 어느 정도 유지하면서 적정수준의 판매량을 확보하고자 할 때 사용할 수 있다.
④ 기술수준이 높은 상품의 유통경로 길이는 사후서비스의 편리성 등을 고려할 때 짧게 하는 것이 바람직하다.
⑤ 경로형태선택 시에 판매원을 이용한 직접판매는 대리상을 이용한 판매에 비하여 매출량에 비례해서 늘어나는 변동비는 비교적 많으나 고정비는 상대적으로 적다는 점을 고려하여야 한다.

12 영향전략(influence strategies)이론에 따르면, 유통경로 구성원들은 힘의 원천(sources of power)을 행사할 때 정보교환(information exchange), 추천(recommendation) 등의 비강압적 영향전략과 약속(promise), 위협(threat), 요청(request), 법적 제소(legal plea) 등의 강압적 영향전략을 사용한다. 다음 설명 중에서 가장 옳지 않은 것은? `2006 CPA`

① 약속은 강압적 전략으로 분류되기는 하지만, 실제로 그 효과는 비강압적 전략과 동일하게 나타난다고 한다.
② 일반적으로 비강압적 영향전략은 경로구성원들간의 상호이해를 촉진하여 잠재갈등(latent conflict)의 수준을 낮추고, 반면에 강압적 영향전략의 활용은 경로구성원 간의 목표와 현실인식에서의 양립가능성을 감소시켜 잠재갈등을 증가시킬 것이다.
③ 정보교환, 추천 같은 비강압적 영향전략에 필요한 힘의 원천은 합법력(legitimate power)이다.
④ 공급자와 유통업자의 상호의존성이 높아 힘이 균형을 이루고 있는 경우, 쌍방은 강압적 전략의 활용을 자제하고 비강압적 전략을 보다 많이 사용한다.
⑤ 강압적 영향전략이나 비강압적 영향전략이나 모두 표출된 갈등(manifest conflict)을 증가시킬 수 있다.

13 상권분석에 관한 다음 설명 중 올바른 것은? `2006 CPA`

a. 1차상권(primary trading area)이란 전체 점포이용 고객의 대략 50~70%를 흡인하는 지역범위를 말한다.
b. Christaller의 중심지이론(Central Place Theory)에 의하면 한 지역 내 거주자들이 모든 상업중심지로부터 중심기능(최적 구입가격으로 상품을 구입하는 것)을 제공받을 수 있고 상업중심지들 간에 안정적인 시장균형을 얻을 수 있는 이상적인 상권모형은 원형이다.
c. Reilly의 소매인력법칙(Law of Retail Gravitation)에 의하면 두 경쟁도시가 그 중간에 위치한 소도시로부터 끌어들일 수 있는 상권규모는 그들의 인구에 비례하고, 각 도시와 중간도시간의 거리자승에 반비례한다.
d. Huff의 공간적 상호작용모델에 의하면 소비자의 점포에 대한 효용은 점포의 입지에 비례하고, 점포까지 걸리는 시간이나 거리에 반비례한다.
e. Applebaum의 유추법(Analog Method)은 자사의 신규점포와 특성이 비슷한 유사점포를 선정하여 그 점포의 상권범위를 추정한 결과를 자사 점포의 신규입지에서의 매출액 또는 상권규모를 측정하는 데 이용하는 방법이다.

① a, c, d ② b, c, e ③ a, d, e
④ a, c, e ⑤ b, d, e

14 유통경로구조의 설계 및 관리에 대한 다음 설명 중 올바른 것으로만 구성된 것은? `2007 CPA`

a. 관리형 수직적 경로구조의 구성원들은 자율적인 상호이해와 협력에 의존하지만 협력해야 할 계약이나 소유권에 구속을 받지 않는다.
b. 거래비용이론(Transaction Cost Analysis)에 따르면, 거래특유자산(transaction-specific assets)은 경로구성원의 대안교체를 쉽게 함으로써 기회주의적 행동을 유발한다고 한다.
c. 경로구성원 간의 정보밀집성(information impactedness)이 존재할 때 수직적 통합은 기회주의를 감소시켜 거래비용을 줄일 수 있다.
d. 프랜차이즈 시스템은 계약형 수직적 경로구조로서 주로 강권력(coercive power)에 의해 운영된다.

① a, b ② a, c ③ b, c ④ b, d ⑤ c, d

15 유통경로의 설계 및 관리에 관한 다음의 설명 중 옳은 것으로만 구성된 것은? 2008 CPA

> a. 하이브리드 마케팅 시스템(hybrid marketing system)은 유통경로 기능들 중의 일부는 제조기업이 수행하고, 나머지는 유통기업이 수행하는 유통경로를 말한다.
> b. 중간상이 제조기업에 대해 일체감을 갖고 있거나 갖게 되기를 바라기 때문에 발생하는 파워를 준거적 파워(referent power)라 한다.
> c. 유통경로 갈등의 원인 중 동일한 사실을 놓고도 경로구성원들이 인식을 다르게 하는 경우 발생하는 갈등의 원인을 지각 불일치(perceptual differences)라 한다.
> d. 경로 커버리지 전략 중 전속적 유통(exclusive distribution)은 중간상의 푸쉬(push)보다는 소비자의 풀(pull)에 의해서 팔리는 상품(예컨대 저가의 생활용품)에 적합하다.
> e. 유통은 바톤 패스(baton pass)와 유사하다. 즉 제조기업이 유통기업에게 바톤을 넘기듯이 모든 유통기능을 맡기는 것이 적절하다.

① a, b, c ② b, c, d ③ c, d, e
④ a, c, e ⑤ b, d, e

16 유통에 관한 다음 서술 중 가장 적절하지 않은 것은? 2009 CPA

① 상권분석을 위해 사용되는 허프(Huff)모형에서, 점포의 크기는 점포선택에 영향을 미친다.
② 경로구성원 간의 목표 불일치는 경로갈등의 원인이 된다.
③ 소매상은 상품을 최종 구매자에게 직접 판매하는 활동을 수행하는 상인이다.
④ 상인 도매상(merchant wholesaler)은 상품을 판매할 때까지 상품의 소유권을 갖지 않는다.
⑤ 부동산 중개인은 브로커(broker)이다.

17 제조업체가 유통업자를 이용하게 되는 이유로 가장 적절하지 않은 것은? 2010 CPA

① 총 거래 수가 증가하게 되어 거래의 경제성을 달성할 수 있다.
② 소비자가 원하는 시간에 제품을 구매할 수 있도록 생산시점과 소비시점의 불일치를 감소시킬 수 있다.
③ 소비자가 원하는 장소에서 제품을 구매할 수 있도록 생산장소와 소비장소의 불일치를 감소시킬 수 있다.
④ 유통업자가 제조업체를 대신하여 판매, 재고부담 등의 마케팅 기능을 수행할 수 있다.
⑤ 유통업자가 제조업체를 대신하여 거래촉진기능(시장정보 제공, 금융기능 등)을 수행할 수 있다.

18 유통경로(distribution channel)에 관한 설명으로 가장 적절하지 않은 것은?　　2011 CPA

① 유통경로가 존재하는 근본적인 이유는 생산자와 소비자 사이에 시간, 장소, 형태상의 불일치가 있기 때문이다.
② 통합적 유통경로(integrated distribution channel)는 독립적 유통경로(independent distribution channel)에 비해 통제가능성은 높은 반면 많은 투자비가 요구된다.
③ 복수경로 마케팅 시스템(multichannel marketing system)은 통합적 유통경로와 독립적 유통경로가 함께 존재하는 유통경로이다.
④ 계약형 수직적 마케팅 시스템(contractual VMS)은 상호 독립적인 경로구성원들이 계약에 의해서 서로의 활동을 통제하고 조정하는 것을 가리키며, 프랜차이즈 조직, 소매상 협동조합, 도매상이 후원하는 자발적 체인이 이에 해당된다.
⑤ 경로 커버리지와 관련하여 선택적 유통(selective distribution)은 특정 지역 내에서 단 한 개의 중간상에게만 상품을 공급하는 것이며, 집약적 유통(intensive distribution)은 특정 지역 내에서 가능한 많은 수의 중간상들에게 상품을 공급하는 것이다.

19 수직적 마케팅 시스템(vertical marketing system; VMS)을 경로 구성원의 통합화된 정도가 낮은 수준에서 높은 수준의 순서로 나타낸 것으로 가장 적절한 것은?　　2012 CPA

① 계약형 VMS < 기업형 VMS < 관리형 VMS
② 기업형 VMS < 계약형 VMS < 관리형 VMS
③ 계약형 VMS < 관리형 VMS < 기업형 VMS
④ 관리형 VMS < 계약형 VMS < 기업형 VMS
⑤ 기업형 VMS < 관리형 VMS < 계약형 VMS

20 유통시스템 A에서는 제조업체 3개와 소매상 6개가 존재하며, 모든 제조업체는 모든 소매상과 거래를 한다. 반면 유통시스템 B에서는 제조업체 3개, 도매상 1개, 소매상 6개가 존재하며, 모든 제조업체와 모든 소매상은 도매상과만 거래를 한다. 유통시스템 A에서 가능한 모든 거래의 수에서 유통시스템 B에서 가능한 모든 거래의 수를 뺀 값을 X라고 할 때, X에 관한 다음 설명 중 가장 적절한 것은? (단, 개별 제조업체간, 개별 소매상간에는 거래하지 않는다. 개별 제조업체와 개별 소매상, 개별 제조업체와 도매상, 도매상과 개별 소매상 간의 거래의 수는 각 1개로 계산한다.)　　2013 CPA

① $X < -1$　　② $-1 \leq X < 2$　　③ $2 \leq X < 5$
④ $5 \leq X < 8$　　⑤ $8 \leq X$

21 유통관리에 관한 설명으로 가장 적절한 것은? _{2014 CPA}

① 준거적 파워(referent power)는 제조업자가 중간상이 가지고 있지 않은 지식이나 노하우를 가지고 있어서 발생하는 힘이다.
② 경로 구성원 수(커버리지) 결정 시, 통제의 정도는 '선택적(selective)유통 < 집약적(intensive)유통 < 전속적(exclusive)유통' 순이다.
③ 목표 불일치, 영역 불일치, 지각 불일치는 경로갈등을 발생시키는 원인이다.
④ 수직적 마케팅 시스템(VMS)에서 경로 구성원의 통합화된 정도는 '계약형 VMS < 관리형 VMS < 기업형 VMS' 순이다.
⑤ '소매상협동조합'과 '도매상이 후원하는 자발적 체인'은 관리형 VMS에 속하며, '프랜차이즈 조직'은 계약형 VMS에 속한다.

22 유통경로구성원에 관한 설명으로 가장 적절하지 않은 것은? _{2015 CPA}

① 소매업 수레바퀴 가설(Wheel of Retailing)은 소매환경 변화에 따른 소매업태 변화를 설명하는 것이다.
② 전문점(specialty store)과 비교하여 전문할인점(specialty discount store or category killer)은 상대적으로 낮은 수준의 서비스와 저렴한 가격을 갖고 있다.
③ 상인 도매상(merchant wholesaler)은 취급하는 상품의 소유권을 가지고 있지 않다.
④ 방문판매(direct sales), 자동판매기(vending machine), 다이렉트 마케팅(direct marketing)은 무점포 소매상에 포함된다.
⑤ 판매 대리점(selling agents)은 거래제조업자의 품목을 판매할 수 있는 계약을 맺고 판매활동을 한다.

23 유통관리에 관한 설명으로 가장 적절한 것은? _{2017 CPA}

① 유통경로는 생산된 제품을 소비시점까지 보관하여 시간상의 불일치를 해소한다.
② 도매상 중에서 판매 대리점(selling agents)은 구매자(소매상)와의 계약에 의한 구매대행활동을 하며, 제품에 대한 소유권을 보유하고 있다.
③ 소매상 협동조합은 대형 도매상을 중심으로 소형 소매상들이 자발적으로 만든 체인이다.
④ 유통경로 갈등의 원인 중 목표 불일치는 경로구성원 간에 각자의 역할이나 영역에 대하여 합의가 이루어지지 않은 것을 말한다.
⑤ 전문점(specialty store)의 경쟁적 우위는 저렴한 제품가격에 있다.

24 유통관리에 관한 설명으로 가장 적절한 것은? `2018 CPA`

① 상인 도매상(merchant wholesaler)과 대리점(agent)은 취급하는 제품의 소유권을 갖고 있는 반면에 브로커(broker)는 소유권 없이 단지 거래를 성사시켜 주는 역할을 한다.
② 수직적 마케팅 시스템(VMS)에서 소매상 협동조합은 관리형 VMS이고 프랜차이즈 조직은 계약형 VMS이다.
③ 판매량이 감소한 사실을 놓고, 프랜차이즈 본부의 해석(예 가맹점의 서비스 질에 문제가 있어서)과 가맹점의 해석(예 경쟁브랜드의 신규출점 때문에)이 서로 달라서 발생하는 갈등은 지각 불일치(perceptual differences)와 관련이 있다.
④ 제조업자가 중간상에게 계약에 의거하여 일정 수준의 재고를 유지하도록 요구할 수 있는 것은 전문적 파워와 관련이 있다.
⑤ 전속적 유통(exclusive distribution)은 중간상의 역할이 그다지 중요하지 않은 제품에 적합하며, 제조업체의 표적시장 범위가 넓을수록 유리하다.

25 유통관리에 관한 설명으로 가장 적절한 것은? `2019 CPA`

① 방문판매는 영업사원에 의해 판매되는 무점포형 소매상인 반면에 다단계판매는 '제조업자-도매업자-소매업자-소비자'와 같은 일반적인 유통경로를 거치는 점포형 소매상이다.
② 한정 서비스 도매상(limited-service wholesaler)은 상품을 소유하지 않는 대신 소수의 상품라인만을 취급한다.
③ 전문품에 적합한 경로 커버리지는 집약적 유통(intensive distribution)이다.
④ '도매상이 후원하는 자발적 체인(집단)'은 대형 도매상을 중심으로 중소 제조업체들이 자발적으로 만든 경로유형이다.
⑤ 구매자가 요구하는 서비스 수준이 높은 경우에는 통합적 유통경로(integrated distribution channel)를 갖게 될 가능성이 높아진다.

26 유통관리에 관한 설명으로 적절한 항목만을 모두 선택한 것은? `2021 CPA`

> a. 유통경로는 생산된 제품을 소비시점까지 보관하여 시간상의 불일치를 해소한다.
> b. 유통업체 중에서 판매 대리점(selling agent)은 제품에 대한 소유권을 보유하는 반면에, 브로커(broker)는 제품에 대한 소유권을 보유하지 않는다.
> c. 소매상 협동조합은 제조업체 주도로 만들어진 소매상들의 유통체인이다.

① a ② a, b ③ a, c ④ b, c ⑤ a, b, c

27 유통경로 및 수직적 마케팅 시스템(vertical marketing system, VMS)에 관한 설명으로 가장 적절하지 않은 것은?

2023 CPA

① 독립적 유통경로는 통합적 유통경로보다 통제가능성이 낮다.
② 복수경로(multichannel) 마케팅 시스템은 통합적 유통경로와 독립적 유통경로가 함께 존재하는 혼합적 유통경로이다.
③ 소매상 협동조합(retailer cooperative)과 프랜차이즈 조직은 계약형 VMS이다.
④ 수직적 통합 수준은 기업형 VMS가 가장 높고, 계약형 VMS가 관리형 VMS보다 높다.
⑤ 계약형 VMS 중 하나인 도매상이 후원하는 자발적 체인(wholesaler-sponsored voluntary chain)은 대형 도매상을 중심으로 중소 제조업체들이 자발적으로 만든 체인이다.

28 유통관리에 관한 설명으로 가장 적절하지 않은 것은?

2024 CPA

① 상인 도매상(merchant wholesaler)과 대리점(agent)의 차이는 상품의 소유 유무이며, 대리점과 브로커(broker)는 상품을 소유하지 않는다는 공통점을 가지고 있으나 대리점은 장기적 관계이고 브로커는 단기적 관계라는 차이가 있다.
② 하이브리드 마케팅 시스템은 유통경로 기능들 중의 일부는 제조업자가 수행하고 나머지는 다른 사업자가 수행하는 유통경로이다.
③ 집약적 유통(intensive distribution)에 비해 적극적 판매노력을 유도할 수 있는 전속적 유통(exclusive distribution)은 고가품에 적합한 경로 커버리지이다.
④ 상품판매에 요구되는 서비스 수준이 높거나 일관된 경험을 제공하는 것이 중요한 경우에는 통합적 유통경로를 갖게 될 가능성이 높다.
⑤ 유통경로 갈등의 원인 중 영역 불일치는 동일한 사안을 놓고도 경로구성원들이 인식을 다르게 하는 경우를 가리킨다.

29 다음 중 유통경로 갈등(channel conflict)에 대한 설명으로 가장 옳지 않은 것은?

2022 5급 군무원

① 수평적 갈등은 유통경로 상의 동일한 수준(단계)에 있는 경로 구성원들 간의 갈등을 말한다.
② 유통경로 구성원들 간의 갈등은 유통경로 성과에 긍정적 혹은 부정적 영향을 미칠 수 있으며, 때로는 유통경로 성과에 영향을 주지 않는 경우도 있다.
③ 일반적으로 유통경로 갈등의 발생 원인은 유통경로 구성원 간 목표의 불일치, 현실 인식에서의 차이, 각 경로 구성원이 수행해야 할 영역의 불일치 등이 있다.
④ 유통경로의 갈등은 상위목표가 아닌 거래 쌍방의 개별적 목표를 명확히 설정함으로써 해결할 수 있다.

Chapter 7 마케팅 믹스(4): Promotion

I | OX문제

1. 광고 제품에 대한 관여도가 높을수록 해당 광고에 대한 인지적 반응이 높아진다. ○ ✕

2. 이월효과란 현재 행하고 있는 광고의 효과가 누적적으로 미래에 매출에 영향을 미치는 것을 의미한다. ○ ✕

3. 인적 판매(personal selling)는 판매 프리젠테이션, 카탈로그 판매, 인터넷 판매, 팩스를 통한 판매 메시지의 발송 등을 포함한다. ○ ✕

4. 마케팅 커뮤니케이션 과정은 표적고객들과 자사 및 자사 제품간의 모든 잠재적 상호작용을 검토하는 것에서 출발해야 한다. ○ ✕

5. 판매촉진은 단기적인 상표전환자를 유인하는데는 효과적이나 그 효과가 장기적으로 지속되는 효력이 약하여 최근 기업들은 소비자 지향적 판매촉진을 실시하는 경향이 있다. ○ ✕

6. AIDMA 모델은 주의(attention), 흥미와 관심(interest), 구매 욕망(desire), 기억(memory) 구매 행동(action)등의 5단계를 의미한다. ○ ✕

7. 광고는 매출액에 영향을 주는 한 요인일 뿐 아니라 장기간에 걸쳐서 그 효과가 나타나기 때문에 특수한 경우를 제외하고는 광고목표설정시에 커뮤니케이션목표보다는 매출목표가 현실적으로 적합한 경우가 많다. ○ ✕

8. 소비자 판매 촉진활동에는 고정고객 우대프로그램, 구매 공제, 할인쿠폰, 리베이트, 보상판매 등이 있다. ○ ✕

---

1. O
2. O
3. X | 인적판매는 대면접촉을 통한 판매이며, 카달로그나 인터넷 등을 통한 판매는 비대면 접촉을 통한 판매 행위로 광고에는 포함될 수 있으나 인적판매에는 포함하지 않는다.
4. O
5. O
6. O
7. X | 광고는 매출액에 영향을 주는 한 요인일 뿐 아니라 장기간에 걸쳐서 그 효과가 나타나기 때문에 특수한 경우를 제외하고는 광고목표설정시에 매출목표보다는 커뮤니케이션목표가 광고의 이월효과 등을 고려할 때 오히려 적합한 경우가 많다.
8. X | 구매 공제 등과 같은 공제(allowance)행위는 중간상 판매 촉진에 해당한다.

소비자 판매촉진	할인쿠폰, 리베이트, 보상판매, bonus packs, sale, sample 제공, 무료사용, 사은품 및 경품, 고정고객 우대프로그램 등
중간상 판매촉진	입점 공제(slotting allowance), 구매 공제(buying allowances), 광고 공제(advertising allowances), 진열 공제(display allowance), 대금 지급조건 완화, 판매장려금 지급, 판매원 훈련, 판촉물 제공, 판매원 파견

9 매출액 비율법(percentage-of-sales method)은 기업의 재정이 허락하는 범위 내에서 광고의 예상비용 결정하고 예상매출액과 예상이익을 계산하는 방법. 간단하나 광고목표 없이 예산 설정되는 단점이 있다. ☐O ☐X

10 광고모델의 매력도와 신뢰성은 각각 동일시(identification) 과정과 내면화(internalization) 과정을 거쳐 소비자를 설득시킨다. 그러나 매력도에 근거한 동일시 또는 일체성을 통한 메시지의 수용과정은 유사성, 친숙성, 호감성 등에 기초를 둔 메시지가 유대관계에 근거하여 나타나므로 인해 내면화 과정에 근거하여 이루어지는 신뢰성을 통한 메시지 수용과정보다 지속력은 약하다고 할 수 있다. ☐O ☐X

11 S자의 광고 판매반응함수(sales response function)에서는 광고비(혹은 광고량)를 증가시킬 때 판매량(혹은 판매액)은 감소한다. ☐O ☐X

12 광고의 노출빈도가 어느 수준을 넘어서면 광고효과가 떨어지는 현상을 광고의 이월효과(carryover effect)라고 한다. ☐O ☐X

13 기업과 관련이 있는 여러 집단들(투자자, 정부, 국회, 시민단체 등)과 좋은 관계를 구축하고 유지하는 총체적인 활동을 홍보(publicity)라고 하며 이는 PR(public relations)보다 대상범위가 넓다. ☐O ☐X

14 푸쉬전략(push strategy)이란 제조업자가 판매촉진이나 인적판매를 이용하여 중간상으로 하여금 제품을 구비하고 소비자에게 적극적으로 판매하도록 유도하는 전략이며, 풀전략(pull strategy)이란 재조업자가 광고나 소비자판촉을 이용하여 최종 소비자에게 브랜드나 제품을 알려 스스로 적극적으로 구매하도록 하는 전략을 의미한다. ☐O ☐X

15 청중 1,000명에게 광고를 도달시키는 데 드는 광고비용을 가리키는 용어는 CPM(cost per millennium)이다. 아울러 GRP(gross rating points)는 특정 광고 스케줄에 노출된 총접촉률 또는 중복된 시청자 수를 의미하는 것이다. GRP(gross rating points)는 도달범위와 빈도의 곱으로 계산한다. ☐O ☐X

9 X | 가용예산 할당법(affordable method)에 대한 설명이며, 매출액 비율법(percentage-of-sales method)이란 매출액의 일정비율을 촉진예산으로 할당하는 방법. 실무에서 가장 빈번히 사용. 실무에 사용용이, 기업의 자금운용이 용이, 지나친 경쟁이 방지되는 장점. 그러나 매출을 촉진의 원인으로 보는 논리적인 단점 및 장기적인 광고계획 수립 곤란하다.
10 O
11 X | S자의 광고 판매반응함수(sales response function)에서는 광고비(혹은 광고량)를 증가시킬 때 판매량(혹은 판매액)은 증가한다.
12 X | 광고의 노출빈도가 어느 수준을 넘어서면 광고효과가 떨어지는 현상은 광고의 이월효과(carryover effect)가 아니라 광고의 감퇴또는 광고의 지침현상(advertising wearout)이라고 한다. 광고의 이월효과(carryover effect)란 과거(현재)에 이루어진 광고의 효과가 누적되어 현재(미래)의 매출에 영향을 미치는 것을 의미한다.
13 X | 기업과 관련이 있는 여러 집단들(투자자, 정부, 국회, 시민단체 등)과 좋은 관계를 구축하고 유지하는 총체적인 활동을 PR(public relations)이라고 하며 이는 홍보(publicity)보다 대상범위가 넓다. 홍보는 단순히 기업이나 기업의 제품을 뉴스 등을 통해 소비자에게 알리는 활동을 의미한다.
14 O
15 O

II | 개념정리문제

1 마케팅 커뮤니케이션 활동인 촉진믹스(Promotion mix)의 구성요소와 관련이 없는 것은? `2016 공인노무사`

① 선별적 유통점포 개설 ② 구매시점 진열 ③ PR(public relations)
④ 광고 ⑤ 인적판매

2 다음 보기에서 촉진믹스에 해당하는 것을 모두 고른 것은? `2007 한국토지주택공사`

| a. 제품 | b. 광고 | c. 인적관계 | d. 홍보, PR |

① a, b, d ② b, c, d ③ a, b, c
④ a, d ⑤ a, c

3 마케팅 믹스에서 촉진활동에 해당되지 않는 것은? `2010 노무사`

① 광고 ② 구전 ③ 홍보 ④ 판매촉진 ⑤ 인적판매

4 촉진믹스(promotion mix) 활동에 해당되지 않는 것은? `2018 공인노무사`

① 옥외광고 ② 방문판매 ③ 홍보 ④ 가격할인 ⑤ 개방적 유통

5 마케팅 믹스 중 촉진활동이 아닌 것은? `2015 경영지도사`

① 광고(advertisement) ② 포지셔닝(positioning)
③ 인적판매(personal sale) ④ 판매촉진(promotion)
⑤ PR(public relations)

6 기업에서 수행하는 PR(public relations)에 해당하는 것을 모두 고른 것은? `2017 가맹거래사`

| ㄱ. 제품홍보 | ㄴ. 로비활동 | ㄷ. 교차촉진 | ㄹ. 언론관계 |

① ㄱ, ㄴ ② ㄱ, ㄷ ③ ㄱ, ㄴ, ㄷ
④ ㄱ, ㄴ, ㄹ ⑤ ㄴ, ㄷ, ㄹ

7 촉진믹스(promotion mix) 중 판매촉진(sales promotion) 활동에 해당하지 않는 것은?

① 적극적인 광고 및 홍보　　② 샘플 제공　　③ 가격 할인
④ 상품전시회 개최　　⑤ 할인권 제공

8 다음 촉진전략 중 PUSH형 마케팅에 속하는 것은?

① 인적판매　　② 광고　　③ 홍보　　④ 경품

9 다음 중 촉진활동에 대한 설명으로 알맞지 않은 것은?

① 기업이 의도적으로 예상고객의 수요욕구를 환기시키고자 하는 모든 활동을 말한다.
② 촉진활동의 종류에는 광고, 판매촉진, 홍보, 인적 판매 등이 있다.
③ 소비용품의 경우에는 홍보가 가장 효과적인 촉진수단이다.
④ 산업용품의 경우에는 인적 판매가 가장 효과적인 수단이다.
⑤ 홍보는 광고보다 높은 신뢰성을 가진다.

10 다음 중 소비자 대상 판매촉진활동에 해당하지 않는 것은?

① 샘플 제공　　② 푸시 지원금　　③ 프리미엄　　④ 현금 환급

11 효과적인 광고 목표를 달성하기 위한 소비자의 심리적 반응단계를 순서대로 나타낸 것은?

ㄱ. 주의(attention)　ㄴ. 구매행동(action)　ㄷ. 욕구(desire)　ㄹ. 관심(interest)

① ㄱ - ㄴ - ㄷ - ㄹ　　　　② ㄱ - ㄷ - ㄹ - ㄴ
③ ㄱ - ㄹ - ㄷ - ㄴ　　　　④ ㄹ - ㄱ - ㄴ - ㄷ
⑤ ㄹ - ㄱ - ㄷ - ㄴ

12 소비자의 지각과정 순서로 옳은 것은?

① 주의 → 노출 → 해석 → 수용　　② 주의 → 노출 → 수용 → 해석
③ 노출 → 해석 → 주의 → 수용　　④ 노출 → 주의 → 수용 → 해석
⑤ 노출 → 주의 → 해석 → 수용

13 다음 중 AIDMA 모델의 촉진활동단계로 알맞은 것은?

① 주의 – 흥미와 관심 – 구매 욕망 – 기억 – 구매 행동
② 주의 – 기억 – 흥미와 관심 – 구매 욕망 – 구매 행동
③ 주의 – 흥미와 관심 – 기억 – 구매 욕망 – 구매 행동
④ 주의 – 기억 – 구매 욕망 – 흥미와 관심 – 구매 행동

14 일본의 광고대행사 덴쯔(Dentsu)가 AIDMA 모델을 활용하여 새롭게 제시한 소비자 구매행동 모델의 과정을 순서대로 나열한 것은?

① 검색(search) → 흥미(interest) → 구매(action) → 공유(share) → 주의(attention)
② 검색(search) → 구매(action) → 공유(share) → 주의(attention) → 흥미(interest)
③ 검색(search) → 공유(share) → 주의(attention) → 흥미(interest) → 구매(action)
④ 주의(attention) → 흥미(interest) → 검색(search) → 공유(share) → 구매(action)
⑤ 주의(attention) → 흥미(interest) → 검색(search) → 구매(action) → 공유(share)

15 기업이 광고예산을 책정하는 방법이 아닌 것은?

① 수익성지수법 ② 가용예산활용법 ③ 매출액비례법
④ 경쟁자기준법 ⑤ 목표 및 과업기준법

16 통합적 마케팅 커뮤니케이션에 관한 설명 중 옳지 않은 것은?

① 강화광고는 기존 사용자에게 브랜드에 대한 확신과 만족감을 높여준다.
② 가족 브랜딩(family branding)은 개별브랜딩과는 달리 한 제품을 촉진하면 나머지 제품도 촉진된다는 이점이 있다.
③ 촉진에서 풀(pull)정책은 제품에 대한 강한 수요를 유발할 목적으로 광고나 판매 촉진 등을 활용하는 정책이다.
④ PR은 조직의 이해관계자들에게 호의적인 인상을 심어주기 위하여 홍보, 후원, 이벤트, 웹사이트 등을 사용하는 커뮤니케이션 방법이다.
⑤ 버즈(buzz) 마케팅은 소비자에게 메시지를 빨리 전파할 수 있게 이메일이나 모바일 등을 통해 메시지를 공유한다.

17 영화나 드라마 상에 특정한 상품을 노출시키거나 사용상황을 보여줌으로써 광고효과를 도모하는 광고기법은?

① POP(point of purchase) ② USP(unique selling point)
③ PPL(product placement) ④ POS(point of sale)
⑤ WOM(word of mouth)

18 마케팅 믹스(4P) 중 촉진믹스가 아닌 것은?

① 홍보(PR) ② 광고 ③ 인적판매 ④ 수요예측 ⑤ 판매촉진

19 광고에 관한 설명으로 옳은 것을 모두 고른 것은?

> ㄱ. 소비자의 광고제품에 대한 관여도가 낮을수록 해당광고에 대한 인지적 반응(cognitive response)의 양이 많아진다.
> ㄴ. 광고모델이 매력적일 경우에 모델자체는 주의를 끌 수 있으나 메시지에 대한 주의가 흐트러질 가능성이 있다.
> ㄷ. 광고의 판매효과를 측정하기 힘든 이유로 광고의 이월효과(carryover effect)를 들 수 있다.

① ㄱ ② ㄴ ③ ㄱ, ㄴ ④ ㄴ, ㄷ ⑤ ㄱ, ㄴ, ㄷ

20 소비자가 사랑, 가족애, 우정 등을 경험하게 함으로써 긍정적이고 온화한 감정을 불러일으키는 광고실행 전략은?

① 증언형 광고 ② 비교광고 ③ 유머소구
④ 온정소구 ⑤ 이성적 소구

21 현재 보고 있는 인터넷 창에 새로운 창이 나타나면서 행하여지는 온라인 광고 형태는?

① 스팟광고 ② 배너광고 ③ 팝업광고
④ PPL광고 ⑤ POP광고

22 광고(advertising)와 홍보(publicity)에 관한 설명으로 옳지 않은 것은?

① 광고는 홍보와 달리 매체 비용을 지불한다.
② 홍보는 일반적으로 광고보다 신뢰성이 높다.
③ 광고는 일반적으로 홍보보다 기업이 통제할 수 있는 영역이 많다.
④ 홍보는 언론의 기사나 뉴스 형태로 많이 이루어진다.
⑤ 홍보의 세부 유형으로 PR(Public Relations)이 있다.

23 판매촉진의 수단 중 소비자들의 구입가격을 인하시키는 효과를 갖는 가격수단의 유형을 모두 고른 것은?

> ㄱ. 할인쿠폰 ㄴ. 샘플 ㄷ. 보상판매 ㄹ. 보너스팩

① ㄱ, ㄴ ② ㄷ, ㄹ ③ ㄱ, ㄴ, ㄷ ④ ㄱ, ㄷ, ㄹ ⑤ ㄱ, ㄴ, ㄷ, ㄹ

III | 심화문제

1 A기업은 소비자가 구입한 상품에 대해 무제한 반품정책을 사용하기로 하였다. 이 전략을 행하기 위해 가장 필요한 분석으로 옳은 것은? <small>2021 5급 군무원</small>

① 제품(price)전략 분석 ② 유통(place)전략 분석
③ 촉진(promotion)전략 분석 ④ 판매과정(process)전략 분석

2 마케팅에서 촉진(promotion)의 정의를 고려할 때 다음 중에서 촉진믹스(promotion mix)에 해당되지 않는 것은? <small>2000 CPA</small>

| a. 제품 | b. 가격 | c. 광고 |
| d. 인적 판매 | e. 장소효용 창조 기능 | f. 홍보·PR |

① a, b, d ② a, b, e ③ b, c, e ④ d, e ⑤ c, f

3 기업의 중요한 마케팅 수단인 광고에 관한 다음의 설명 중 가장 적절하지 않은 것은? <small>2002 CPA</small>

① 소비자의 광고제품에 대한 관여도가 낮을수록 해당광고에 대한 인지적 반응(cognitive response)의 양이 많아진다.
② 광고모델이 매우 매력적일 경우에 모델자체는 주의를 끌 수 있으나 메시지에 대한 주의가 흐트러질 가능성이 있다.
③ 광고의 판매효과를 측정하기 힘든 이유로 광고의 이월효과(carryover effect)를 들 수 있다.
④ 광고목표 설정시 표적시장 및 비교기준(bencemark)을 명확하게 규정해야 한다.
⑤ 소비자가 광고에 접할 때 발생하는 유머(humor) 및 온정(warms)의 감정은 소비자의 광고상표에 대한 태도에 영향을 준다.

4 마케팅 커뮤니케이션에 관한 다음의 설명 중 옳지 않은 것은? <small>2004 CPA</small>

① 판매를 목적으로 휴대폰이나 인터넷을 통하여 커뮤니케이션 하는 것은 직접 마케팅(direct marketing)의 한 형태이다.
② 인적 판매(personal selling)는 판매 프리젠테이션, 카탈로그 판매, 인터넷 판매, 팩스를 통한 판매 메시지의 발송 등을 포함한다.
③ 커뮤니케이션 모델에서 잡음(noise)이란 계획하지 않았던 커뮤니케이션 과정상의 왜곡을 의미한다.
④ 마케팅 커뮤니케이션 과정은 표적고객들과 자사 및 자사 제품간의 모든 잠재적 상호작용을 검토하는 것에서 출발해야 한다.
⑤ 촉진예산 결정기준의 하나인 지불능력 기준법(affordable method)은 촉진이 매출에 미치는 영향을 완전히 무시하는 방법이다.

5 제품촉진 의사결정에 필요한 내용에 관한 설명 중 가장 올바른 것은? 2005 CPA

① 제조업자가 최종소비자 보다는 인적판매와 중간상에 대한 촉진에 집중함으로써 유통경로 상의 다음 단계 구성원들에게 영향력을 행사하여 매출을 늘리려는 전략을 촉진믹스(promotion mix)전략이라 한다.
② 제품수명주기상 도입기에 1차 수요를 창출할 목적으로 제품에 관한 상세한 정보를 제공하는 광고를 상기광고(reminder advertising)라 한다.
③ 판매원의 고객관리방법으로 파레토최적 또는 20/80법칙이란 20%의 고객이 구입금액의 80%를 자사 제품에서 구입할 수 있도록 관리해야 한다는 것을 의미한다.
④ 광고는 매출액에 영향을 주는 한 요인일 뿐 아니라 장기간에 걸쳐서 그 효과가 나타나기 때문에 특수한 경우를 제외하고는 광고목표설정시에 매출목표보다는 커뮤니케이션목표가 적합한 경우가 많다.
⑤ 쿠폰이나 무료샘플 같은 판매촉진 수단은 주로 단기적인 목적으로 사용되나 비순환적이고 상표전환자를 유인하는 데는 부적합하다.

6 소비자의 구매의사 결정단계는 문제인식, 정보탐색, 대안평가, 구매, 구매 후 행동의 다섯 단계로 이루어진다. 그 중 소비자의 구매 의사결정에 가장 효과적인 촉진믹스로 이루어진 것은? 2006 CPA

a. 광고　　b. PR　　c. 판매촉진　　d. 인적판매

① a, c　　② b, d　　③ c, d　　④ a, b　　⑤ a, d

7 촉진믹스(광고, PR, 판매촉진, 인적판매) 중 '인적판매(personal selling)'에 관한 설명이다. 다음 항목 중 올바른 것으로만 구성된 것은? 2007 CPA

a. 인적판매는 효과계층모형(hierachy of effects model)의 여섯 단계(인지 - 지식 - 호감 - 선호 - 확신 - 구매) 중 인지와 지식 단계에 가장 큰 영향을 미친다. b. 촉진믹스 중에서 인적판매는 산업재 시장에서 촉진예산의 가장 높은 비중을 차지한다. c. 인적판매는 전형적인 풀(pull) 촉진정책이다. d. 인적판매는 혁신적인 신제품 도입에 효과적인 촉진수단이다. e. 인적판매는 고객 1인당 비용은 매우 많이 드나, 목표시장에 효율적으로 자원을 집중할 수 있다.

① a, c, e　　② b, c, e　　③ b, d, e
④ a, b, c　　⑤ a, d, e

8 광고모델의 효과에 대한 다음 설명 중 가장 옳지 않은 것은? [2007 CPA]

① 광고모델이 신뢰성(credibility)을 갖고 있다고 생각하면 소비자들은 내면화(internalization) 과정을 거쳐 메시지를 수용할 수 있다.
② 신뢰성이 낮은 모델이 전달하는 메시지에는 시간이 지난 다음에 그 효과가 나타나는 수면효과(sleeper effect)가 발생하기도 한다.
③ 광고모델의 매력(attractiveness)은 동일시(identification) 과정을 거쳐 소비자를 설득시킬 수 있다.
④ 저관여 상품의 경우 유명한 모델이 아닌 소비자와 유사한 일반모델을 사용한 증언형(testimonial)광고는 효과가 없다.
⑤ 일반적으로 광고모델의 매력은 유사성(similarity), 친근감(familiarity), 호감(likability)을 포함하는 개념으로 본다.

9 판매촉진에 관한 다음의 설명 중 가장 적절하지 않은 것은? [2008 CPA]

① 소비자에 대한 판매촉진 중 사은품(premium)이란 일정한 기간 동안 어떤 상품을 구입한 사람들에게 다른 상품을 무료 또는 낮은 가격으로 제공하는 것을 말한다.
② 소비자에 대한 판매촉진 중 콘테스트(contests)란 소비자들에게 상당한 지식이나 기술을 요하는 문제를 낸 다음, 이를 맞춘 사람들에게 상을 주는 것을 말한다.
③ 중간상에 대한 판매촉진 중 광고공제(advertising allowances)란 소매기업이 자신의 광고물에 어떤 상품을 중점 광고해주는 대가로 제조기업이 상품 구매가격의 일정 비율을 공제해주는 것을 말한다.
④ 중간상에 대한 판매촉진 중 진열공제(display allowances)란 소매기업이 점포 내에 어떤 상품을 일정 기간 동안 눈에 잘 띄게 진열해 주는 대가로 제조기업이 상품 구매가격의 일정 비율을 공제해주는 것을 말한다.
⑤ 중간상에 대한 판매촉진 중 고정고객우대(patronage awards) 프로그램이란 소매기업이 신상품을 취급해주는 대가로 제조기업이 소매기업에게 일정 액수의 현금을 지불해주는 것을 말한다.

10 광고에 관한 다음 서술 중 가장 적절하지 않은 것은? [2009 CPA]

① 집중형(blitz), 지속형(even), 파동형(pulsing)은 시간의 흐름에 따라 광고예산을 어떻게 할당할 것인지에 관한 광고 스케줄링(scheduling)과 관련된 개념이다.
② S자의 광고 판매반응함수(sales response function)에서는 광고비를 증가시킬 때 판매가 미미하다가 가속점을 넘어서면 판매가 급격하게 증가하는 현상이 있다.
③ CPM(cost per thousand persons reached)은 광고된 상품의 구매고객 1,000명에게 해당 광고를 노출시키는데 소요되는 매체비용을 의미한다.
④ 광고호의(advertising goodwill)는 광고의 누적효과를 나타내기 위한 개념이다.
⑤ 광고 판매반응함수(sales response function)는 광고와 판매반응의 관계를 수학적 함수로 표현한 것이다.

11 A사는 자사제품을 B신문에 광고하고자 한다. B신문을 읽는 사람이 5천 명이고, B신문사는 CPM(Cost Per Milli(A Thousand) Persons Reached) 기준으로 10만 원을 요구하고 있다. B신문사의 요구대로 광고계약을 한다면 예상되는 광고비는?

2015 7급 감사직

① 5만 원　　　② 50만 원　　　③ 500만 원　　　④ 5,000만 원

12 K사는 자사제품을 청소년들이 자주보는 잡지에 전면 4색 컬러 광고를 하고자 한다. 이 잡지는 구독자수가 100만 명이고, CPM기준으로 10만 원을 요구하고 있다. 이 잡지의 요구대로 광고계약을 한다면 예상되는 광고비 금액에 대한 설명으로 가장 적절한 것은?

2010 CPA

① 예상되는 광고비 금액 < 1,000만 원
② 1,000만 원 ≤ 예상되는 광고비 금액 < 10,000만 원
③ 10,000만 원 ≤ 예상되는 광고비 금액 < 100,000만 원
④ 100,000만 원 ≤ 예상되는 광고비 금액 < 1,000,000만 원
⑤ 1,000,000만 원 ≤ 예상되는 광고비 금액

13 촉진믹스(광고, PR, 판매촉진, 인적판매)에 관한 설명으로 가장 적절하지 않은 것은?

2011 CPA

① 광고의 궁극적인 목표는 잠재고객으로 하여금 상품을 구매하게 만드는 것이나, 구매와 관련된 지표(예 시장점유율, 매출액 등) 자체를 광고의 목표로 삼는 것은 바람직하지 않다.
② 언론 매체에 회사의 상품이 노출된 횟수를 카운트(count)한 다음 이를 금액으로 환산하는 PR 효과 측정방법을 '노출횟수(exposures) 측정'이라고 부르며, 이 방법은 PR 효과를 단순하게 측정한다는 한계점을 갖고 있다.
③ '도매업자가 소매업자를 대상으로' 또는 '소매업자가 소비자를 대상으로' 인센티브를 제공하는 것은 중간상 판매촉진(trade promotion)이라고 부른다.
④ 과거(현재)에 이루어진 광고의 효과가 누적되어 현재(미래)의 매출에 영향을 미치는 것을 '이월효과(carryover effect)'라고 부른다.
⑤ 인적판매는 상품을 알리고 질문에 답하며 주문을 끌어내기 위해 잠재고객들과 대면접촉하는 활동이다.

14 광고에 관한 설명으로 가장 적절한 것은?

2012 CPA

① 메시지가 복잡한 경우에는 빈도(frequency)보다는 도달범위(reach)를 높이는 것이 바람직하다.
② GRP(gross rating point)는 도달범위(reach)에 빈도(frequency)를 곱한 것이다.
③ 광고는 풀(pull)보다는 푸쉬(push) 촉진활동에 더 가깝다.
④ 광고예산 결정에서 가용 자원법 혹은 가용예산 할당법(affordable method)은 광고목표 달성을 위한 과업 수행에 소요되는 예산을 추정하여 광고예산을 책정하는 방법이며, 광고를 비용이 아니라 투자로 간주하고 있다.
⑤ 광고의 노출빈도가 어느 수준을 넘어서면 광고효과가 떨어지는 현상을 광고의 이월효과(carryover effect)라고 한다.

15 촉진관리에 관한 설명으로 가장 적절하지 않은 것은? [2014 CPA]

① 광고예산 결정 방법에서 매출액 비율법(percentage-of-sales method)은 현재 또는 앞으로 예상되는 매출액의 일정한 비율을 광고예산으로 책정하는 방법이다.
② 입점공제(slotting allowances)는 소매업자가 신상품을 취급해 주는 대가로 제조업자가 상품대금 일부를 공제해 주는 것이다.
③ 매체 결정에서 표적청중을 명확히 정의하기 어려운 경우에는 일반적으로 도달률(reach)보다는 빈도(frequency)를 높이는 것이 바람직하다.
④ 중간상 판매촉진(trade promotion)은 제조업자가 중간상(도소매업자)을 대상으로 인센티브를 제공하는 것이다.
⑤ 공포를 이용한 광고소구(fear appeal)에서 공포 수준이 너무 낮거나 너무 높으면 광고 효과가 나타나지 않을 수 있다.

16 촉진관리에 관한 설명으로 적절한 항목만을 모두 선택한 것은? [2021 CPA]

> a. 제조업체가 제품 취급의 대가로 특정 유통업체에게 제품대금의 일부를 공제해 준다면, 이러한 판매촉진은 입점공제(slotting allowances)에 해당된다.
> b. 판매촉진을 가격수단과 비가격수단으로 구분할 때, 보너스팩(bonus packs)은 가격수단 판매촉진으로 분류된다.
> c. 판매촉진을 소비자 판매촉진과 중간상 판매촉진으로 구분할 때, 광고공제(advertising allowances)는 소비자 판매촉진으로 분류된다.

① a ② a, b ③ a, c ④ b, c ⑤ a, b, c

17 촉진관리에 관한 설명으로 가장 적절한 것은? [2015 CPA]

① 광고예산 결정 방법에서 매출액 비율법의 단점은 광고비를 매출액의 결과가 아니라 원인으로 보는 것이다.
② 구매 공제는 소비자 판매촉진에 포함된다.
③ 광고 공제는 소비자 판매촉진에 포함된다.
④ 홍보는 PR(public relations) 활동에 포함된다.
⑤ 회상 테스트(recall test)는 소비자에게 다수의 브랜드명을 제시한 후 자신이 본 광고의 브랜드를 표시하게 하는 것이다.

18 '극장' 혹은 '야구장' 처럼 많은 고객이 운집하는 엔터테인먼트 서비스에서 고객들에게 훌륭한 경험을 제공하는 것이 고객만족을 통한 기업의 수익창출에 중요하다. 이러한 서비스에서 고객에게 훌륭한 경험을 제공하는 핵심 요인의 사례로 적절하지 않은 것은? [2015 7급 감사직]

① 고객 참여를 위한 파도타기 같은 집단 응원
② 고객의 오감을 만족시킬 수 있는 의자 및 음향설비와 같은 시설
③ 고객의 기억을 지속하기 위한 티셔츠와 같은 기념품
④ 고객을 지속적으로 유인하기 위한 마일리지 프로그램

19 논리적이라는 장점을 갖고 있지만 실제 현실에 적용하여 사용하기가 쉽지 않은 광고예산 결정방법으로 다음 중 가장 적절한 것은?　　2016 CPA

① 매출액 비율법(percentage-of-sales method)
② 가용예산 할당법(affordable method)
③ 목표 과업법(objective-and-task method)
④ 경쟁자 기준법(competitive-parity method)
⑤ 전년도 광고예산 기준법

20 촉진관리에 관한 설명으로 가장 적절한 것은?　　2017 CPA

① 효과계층모형(인지 → 지식 → 호감 → 선호 → 확신 → 구매)에서 잠재구매자의 단계별 반응에 미치는 광고의 영향력은 판촉의 영향력과 차이가 없다.
② 광고모델의 매력도와 신뢰성은 각각 동일시(identification) 과정과 내면화(internalization) 과정을 거쳐 소비자를 설득시킨다.
③ 소비자 판촉 수단에서 준거가격이 낮아질 위험은 가격할인판촉보다 리베이트에서 더 높다.
④ 진열공제(display allowances)는 소매업자가 신상품을 취급해 주는 대가로 제조업자가 소매업자에게 상품대금 일부를 공제해 주는 것이다.
⑤ 홍보(publicity)는 기업과 관련이 있는 여러 집단들(투자자, 정부, 국회, 시민단체 등)과 좋은 관계를 구축하고 유지하는 총체적인 활동이기 때문에 PR(public relations)보다 대상범위가 넓다.

21 다음 중 촉진믹스 선정에 대한 설명으로 가장 옳은 것은?　　2017 서울시

① 소비재를 판매하는 기업은 대부분의 촉진비용을 PR에 주로 사용하며 그 다음으로 광고, 판매촉진, 그리고 인적판매의 순으로 촉진비용을 지출하게 된다.
② 푸쉬(Push) 전략을 사용하는 생산자는 유통경로 구성원들을 상대로 인적판매나 중간상 판촉 등과 같은 촉진활동을 수행한다.
③ 구매자의 의사결정단계 중 인지와 지식의 단계에서는 인적판매가보다 효과적이다.
④ 제품수명주기 단계 중 성숙기에서는 광고가 판매촉진에 비하여 중요한 역할을 수행하게 된다.

22 촉진관리에 관한 설명으로 가장 적절한 것은?　　2018 CPA

① 광고예산 결정방법에서 가용예산 할당법(affordable method)은 광고를 비용이 아닌 투자로 간주하고 있으며, 광고비의 과소지출보다는 과다지출을 초래하는 경우가 더 많다.
② GRP(gross rating points)는 청중 1,000명에게 광고를 도달시키는 데 드는 광고비용을 가리키는 용어이다.
③ 진열 공제(display allowances)와 입점 공제(slotting allowances)는 중간상 판매촉진(trade promotion) 수단이다.
④ 샘플(samples)은 신제품 시용 유도, 반복구매 촉진, 다른 판촉 방법들에 비해 낮은 비용 등의 장점이 있다.
⑤ 인적판매에서 내부 판매(inside selling)는 판매사원이 잠재 구매자를 방문하여 판매활동을 하는 것이다.

23 촉진관리에 관한 설명으로 가장 적절한 것은?( ) `2019 CPA`

① 정교화가능성 모델(ELM)에 의하면 고관여 소비자는 중심단서(예 제품정보)보다 주변단서(예 광고모델)에 의해 영향을 받는다.
② 홍보는 광고보다 상대적으로 비용과 신뢰성이 낮은 반면에 통제가능성은 높다.
③ 구매주기가 긴 제품인 경우에는 빈도(frequency)보다는 도달률(reach)을 높이는 것이 바람직하다.
④ 보너스 팩(bonus packs)은 일정 기간 동안 제품을 구입한 사람에게 구입가격의 일부를 금품으로 보상해 주는 것이다.
⑤ 구매 공제(buying allowances)는 소매업자가 신제품을 취급해 주는 대가로 제조업자가 제품대금의 일부를 공제해 주는 것이다.

24 아래의 내용과 가장 가까운 태도변화 관련 이론은? `2019 CPA`

- 제품 메시지의 수용영역과 기각영역
- 동화효과(assimilation effect) 혹은 대조효과(contrast effect)

① 사회판단이론(social judgement theory)
② 균형이론(balance theory)
③ 합리적 행동이론(theory of reasoned action)
④ 인지부조화 이론(theory of cognitive dissonance)
⑤ 자기지각이론(self-perception theory)

25 광고효과에 관한 설명으로 적절한 항목은 모두 몇 개인가? `2021 CPA`

a. S자의 광고 판매반응함수(sales response function)는 광고비를 증가시킬 때 판매 증가가 미미하다가, 가속점(임계점)을 넘어서면 판매가 급격하게 증가하는 특징을 갖는다.
b. 광고호의(advertising goodwill)는 특정시점의 광고 투자비가 동일시점의 매출에 미치는 영향의 크기로 측정된다.
c. 광고의 지침효과(wearout effect)는 광고의 노출빈도가 어느 수준을 넘어서면 광고효과가 떨어지는 현상을 의미한다.
d. 광고의 이월효과(carryover effect)는 특정시점의 광고투자 효과가 그 이후 시점에서도 발현되는 현상을 의미한다.

① 0개 ② 1개 ③ 2개 ④ 3개 ⑤ 4개

26 다음은 촉진 관리에 관한 설명들이다. 이들 중 가장 적절하지 않은 것은? 2024 7급 군무원

① 중간상 판매촉진(trade promotion)은 제조업자가 중간상(도소매업자)을 대상으로 인센티브를 제공하는 것이다.
② 제조업체가 제품 취급의 대가로 특정 유통업체에게 제품 대금의 일부를 공제해 준다면, 이러한 판매촉진은 입점 공제(slotting allowances)에 해당한다.
③ 매체결정에서 표적 청중을 명확히 하기 어려운 경우에는 일반적으로 도달률(reach)보다는 빈도(frequency)를 높이는 것이 바람직하다.
④ 광고모델의 매력도와 신뢰성은 각각 동일시(identification) 과정과 내면화(internalization)과정을 거쳐 소비자를 설득한다.

27 촉진비용과 촉진성과 간의 관계 규명이 어렵다는 단점과 논리적 타당성이 높다는 장점을 가지고 있는 촉진예산 결정방법으로 가장 적절한 것은? 2023 CPA

① 매출액 비율법
② 가용예산 활용법(가용 자원법)
③ 경쟁자 기준법
④ 목표과업법
⑤ 수익률 비율법

28 촉진관리에 관한 설명으로 가장 적절하지 않은 것은? 2024 CPA

① 중간상 판매촉진(trade promotion)은 중간상이 소비자를 대상으로 인센티브를 제공하는 것이다.
② 보너스 팩(bonus packs)은 다량구매나 조기구매를 유도할 수 있다는 장점이 있는 반면, 유통업자의 협조가 없이는 사용하기 어렵다는 단점이 있다.
③ 광고모델의 매력성은 일체화(identification) 과정을, 광고모델의 신뢰성은 내면화(internalization) 과정을 통해 소비자의 메시지 수용도를 증가시킨다.
④ 표적청중을 명확히 정의하기 어려운 경우에는 빈도(frequency)보다는 도달률(reach)을 높이는 것이 바람직하다.
⑤ 광고예산 결정방법에서 매출액 비율법은 광고비를 매출액의 결과라고 간주하는 논리적인 문제가 있다.

기 출 로 접 근 하 는   객 관 식 경 영 학

PART 5

생산운영관리

Chapter 1
생산운영관리의 목표와 제품 및 공정설계

Chapter 2
수요예측 및 생산능력계획

Chapter 3
총괄생산계획 및 생산일정 계획

Chapter 4
재고관리와 공급사슬관리

Chapter 5
품질경영

Chapter 1 생산운영관리의 목표와 제품 및 공정설계

I | OX문제

1. Skinner의 집중화 생산전략이란 모든 생산전략은 기업전략과 연결되어야 하며, 생산활동 단순화 관점에서 각 생산부문에 하나의 사명만을 부여하는 공장 내 공장(PWP: Plant Within Plant)을 통한 생산의 반복도 증가를 통한 효율성 추구 전략을 주장이다. [O·X]

2. 순차설계/순차공학(sequential engineering ; SE)이란 신제품 개발은 아이디어 창출로부터 시작하여 기업 내 개별 부서에서 순차적으로 기획, 개발·설계, 생산준비, 제조 등의 과정을 거쳐 진행되는 제품 설계과정이다. [O·X]

3. 제품의 디자인에서 생산에 이르기까지 각 과정의 설계작업을 동시에 수행함으로써 생산 리드타임을 획기적으로 단축시키는 기법을 동시설계/동시공학(concurrent engineering ; CE)이라고 한다. [O·X]

4. 제조용이성 설계(design for manufacturability ; DFM)란 제품을 보다 경제적이고 용이하게 생산할 수 있도록 제품을 소비자 입장에서 설계하는 방법이다. [O·X]

5. 환경친화적 설계(Design For Environment ; DFE)는 '제품과 공정의 전 과정(life-cycle)에 걸쳐 환경, 안전, 보건의 목적을 위한 측면에서 설계를 수행하는 시스템적 고려'라고 정의할 수 있다. [O·X]

6. 모듈러 설계(modular design)란 여러 가지 서로 다른 제품 조립에 널리 이용될 수 있는 모듈로 설계를 표준화 시킨 후 차별화 지연 전략을 통해 최종소비자의 기호에 따라 고객이 원하는 대로 조립하여 판매하는 방법으로 대량 고객화 전략으로 활용가능하다. [O·X]

7. 로버스트(robust) 설계란 생산에 있어서 주변 환경적 영향요인을 줄이자는 것으로 이를 통해 제품의 내 구성을 기르기 위해서 외부환경에 둔감한 제품을 설계하는 방식으로서, 변동을 발생시키는 원인을 제거하는 것이 아니라, 변동원인이 끼치는 영향을 극소화시켜 혹독한 조건 하에서도 품질 유지를 하고자 하는 설계방식이다. [O·X]

---

1. O
2. O
3. O
4. X | 생산자 관점임.
5. O
6. O
7. O

8 서비스는 제품에 비해 수요와 공급을 일치(matching supply with demand)시키기가 용이하다. ○ ×

9 대부분의 서비스는 서비스 패키지를 구성하는 유·무형의 속성들을 혼합적으로 포함하고 있다. ○ ×

10 표준화 정도가 높고 자본비용이 낮은 대량 서비스로 분류되는 도매점의 경우 종업원의 충성도 획득이 중요한 경영과제이다. ○ ×

11 주문생산(make-to-order) 공정에서는 납기관리에 비해 수요예측이 더 중요한 반면 계획생산(make-to-stock) 공정에서는 수요예측에 비해 납기관리가 더 중요하다. ○ ×

12 직렬로 연결된 두 개의 공정 사이에 버퍼(buffer)를 두는 것은 작업장애(blocking) 혹은 작업공전(starving)을 방지하는 데 도움이 된다. ○ ×

13 제품별 배치(product layout)를 이용하는 경우는 공정별 배치(process layout)를 이용하는 경우에 비해 노동 및 설비의 이용률이 비교적 높다는 장점이 있다. ○ ×

14 배취 프로세스(batch process)란 다품종 소량생산이나 고객으로부터의 소량의 주문생산처럼 제품이 서로 상이한 작업을 요하고 흐름경로가 상이한 소규모로 운영되는 프로세스이다. ○ ×

15 위치 고정형 배치(fixed-position layout)란 작업 진행 중인 제품은 한 장소에 고정되어 있고 작업자, 자재, 공구, 설비가 작업할 제품이 있는 장소를 찾아 이동하는 배치 형태로서 연속생산방식에 적합한 배치이다. ○ ×

16 공정별 배치의 목적은 작업장 사이에서 왕래하는 물량의 이동거리를 최소화하는 것이므로 부서 간 자재 취급 이용을 최소화하는 방향으로 이루어져야 한다. ○ ×

---

8 X | 서비스는 제품에 비해 수요와 공급을 일치(matching supply with demand)시키기가 어렵다.
9 O
10 X | 표준화의 정도가 높게 요구되는 도매점의 경우 종업원의 충성도보다는 표준화된 절차가 더 중요한 경영과제가 될 수 있다.
11 X | 계획생산(make-to-stock) 공정에서는 납기관리에 비해 수요예측이 더 중요한 반면 주문생산(make-to-order) 공정에서는 수요예측에 비해 납기관리가 더 중요하다.
12 O
13 O
14 X | 잡샵 프로세스(job shop process)에 대한 설명임. 배취 프로세스(batch process)란 몇몇 표준화된 품목을 배취(로트)로 교대하면서 단속적으로 같은 생산 시스템에서 생산하는 프로세스로서 다품종 소량생산의 잡샵과 소품종 대량생산의 연속프로세스의 중간 형태를 이룬다.
15 X | 위치 고정형 배치(fixed-position layout)란 작업 진행 중인 제품은 한 장소에 고정되어 있고 작업자, 자재, 공구, 설비가 작업할 제품이 있는 장소를 찾아 이동하는 배치 형태로서 조선 산업처럼 무게, 크기, 부피 등으로 제품을 이동하기가 곤란한 프로젝트 생산방식에 적합한 배치이다.
16 O

17 그룹 테크놀로지를 위해서는 부품분류 코드 시스템을 개발하는 문제, 부품들을 부품군으로 그룹핑하는 문제, 제조 셀(cell)을 배치하는 문제 등을 해결할 수 있어야 함. O | X

18 그룹테크놀로지(GT)를 이용하여 설계된 셀룰러 배치는 공정별 배치에 비해 가동준비시간과 재공품 재고가 감소되는 등의 장점이 있다. O | X

19 셀룰러 배치(cellular layout)는 공정별 배치의 유연성에 제품별 배치의 효율성을 결합하는 혼합형 배치 형태이다. O | X

20 주기시간(cycle time)의 변동 없이 처리시간(flow 또는 throughput time)을 감소시키면 재공품 재고는 증가하는 경향이 있다. O | X

21 주기시간은 조립라인의 마지막 작업장에서 완성된 제품이 연속적으로 생산되어 나오는 시간간격이라고 할 수 있다. O | X

22 병목공정(bottleneck process)의 이용률(utilization)은 비병목공정의 이용률보다 낮다. O | X

23 가동준비(setup)가 필요한 뱃치공정(batch process)에서 가동준비시간이 늘어나면 생산능력이 증가되는 효과가 있다. O | X

24 라인균형의 목적은 각 작업장에서 과업수행하는 시간을 거의 같도록 하여 제품이 라인을 원활하게 흐름으로써 유휴시간을 최소화하는 것이다. O | X

25 조립라인의 변경 없이 주기시간을 늘리는 경우, 조립라인 균형의 효율성은 증가한다. O | X

17 O
18 O
19 O
20 X | 주기시간(cycle time)의 변동 없이 처리시간(flow 또는 throughput time)을 감소시키면 재공품 재고도 감소되는 경향이 있다.
21 O
22 X | 병목공정(bottleneck process)의 이용률(utilization) 즉, 설계 생산능력 대비 실제생산능력은 비병목공정의 이용률보다 높다.
23 X | 가동준비(setup)가 필요한 뱃치공정(batch process)에서 가동준비시간이 늘어나면 생산능력이 감소되는 효과가 있다. 일반적으로 가동준비시간이 감소하면 생산능력은 증가하는 경향이 있다.
24 O
25 X | 조립라인의 효율성은 다음과 같이 계산된다. 공식에 따라 살펴 볼 경우 조립라인의 변경 없이 주기시간을 늘리는 경우, 조립라인 균형의 효율성은 감소한다.

$$\text{조립라인 효율성} = \frac{\sum \text{라인의 순과업 시간}}{(\text{작업장수} \times \text{주기시간})}$$

26 조립라인에 존재하는 재공품이 20개이고 주기시간이 2분인 경우, 조립라인의 처리시간(flow/throughput time)은 30분 이내이다. ○ ×

27 공정별 배치를 셀룰러(cellular) 배치로 변경함으로써 생산준비시간을 단축시키는 것이 가능하다. ○ ×

28 대량 고객화(대량맞춤)란 범위의 경제에 입각하여 고객의 다양한 맞춤제품을 규모의 경제에 입각하여 대량으로 하나의 프로세스에서 생산하는 방식으로, 대량생산의 효율성과 맞춤생산의 차별성, 품질향상과 유연성을 달성하려는 방식이다. ○ ×

29 유연생산 시스템(Flexible Manufacturing System ; FMS)이란 컴퓨터로 통제되는 CNC(컴퓨터화된 수치조작), DNC(직접수치조작), 자동화된 자재관리, 로봇 등의 개별 자동화 체계와 기술이 하나의 생산 시스템 내에 서 통합된 공장자동화 생산형태이다. ○ ×

30 집단가공법(Group Technology; GT)이란 가공물들을 특색과 개별 차이에 따라 그룹핑하여 셀 방식으로 가공함을 통하여 표준 품의 대량생산에서 오는 경제적 이점을 다품종 소량생산체제에서 실현시킨 방법이다. ○ ×

---

26 X | 리틀의 법칙은 '재공품재고 = 작업처리율 × 처리시간'

또는 '처리시간 = $\frac{재공품}{작업\ 처리율}$'으로 계산한다. 이를 문제에 적용하여보면 우선 주기시간이 2분이므로 개당 2분의 시간이 걸리므로 개당 작업처리율(개당/주기시간)은 개당 2분이 걸리므로 0.5라고 할 수 있다. 이를 고려하여 문제에 적용하면 $\frac{20}{0.5}=40$ 으로 처리시간을 30분을 초과하는 40분이다. 또한 재공품수를 따져보면 프로세스에 유입되는 유입량은 주기시간이 2분인 만큼 개당 2분이 소요된다고 볼 수 있으며, 분당으로 처리율을 따져보면 0.50이며 공정에 머무르는 시간은 작업의 처리시간으로 볼 수 있으므로 지문상의 30분으로 고려시 (0.5×30 = 15) 재공품수는 15개가 된다.

+ 보충 리틀의 법칙(Little's law)은 프로세스의 안정 상태에서의 재고와 산출율 그리고 흐름 시간의 상관관계를 나타낸 법칙이며, 이는 개별 항목들이 재공품 재고에 사용되는 시간을 추정하는 방법으로도 사용된다. 주로 프로세스의 개별 항목들이 재공품 재고에 사용되는 시간을 추정하는 방법으로 사용되며 프로세스의 작업 처리 시간을 계산할 때 유용하게 사용할 수 있으며 서비스 업종에도 적용 가능하다.

27 ○
28 ○
29 ○
30 X | 유사성에 따라 그룹핑한 생산방식임.

II | 개념정리문제

❶ 생산운영관리의 목표

1 생산관리의 주요 활동목표와 가장 거리가 먼 것은? 2010 노무사

① 포지셔닝　② 품질　③ 원가　④ 납기　⑤ 유연성

2 생산운영관리의 전형적 목표가 아닌 것은? 2012 가맹거래사

① 매출액 대비 제조원가 비율을 현행 60 %에서 2년 뒤 50 %로 낮춘다.
② 생산능력의 10 % 변경기간을 현행 6개월에서 2년 뒤 2개월로 단축한다.
③ 재가공 및 재검사 비율을 현행 0.2 %에서 2년 뒤 0.1 %로 낮춘다.
④ 재고보충을 위한 리드타임을 현행 2주에서 2년 뒤 1주로 단축한다.
⑤ A제품의 시장침투율을 현행 15 %에서 2년 뒤 30 %로 증대한다.

3 생산관리의 전형적인 목표(과업)로 옳지 않은 것은? 2015 노무사

① 촉진강화　② 품질향상　③ 원가절감　④ 납기준수　⑤ 유연성제고

4 원가(cost)를 경쟁우선순위(competitive priority)로 하는 제조업체가 가지는 일반적인 특징으로 가장 옳은 것은? 2016 서울시 7급

① 다품종 소량생산체제를 가지고 있다.
② 다양한 일을 처리할 수 있도록 작업자들을 교차훈련시킨다.
③ 생산라인 자동화를 위한 투자가 비교적 많이 이루어진다.
④ 고객맞춤형 제품을 주력으로 생산한다.

5 다음 중 Skinner에 의해서 도입된 집중화 전략에 대한 설명으로 알맞지 않은 것은? 2006 대한주택보증공사

① 집중화 전략은 집권화의 원리에 의해 생산관리전략이다.
② 공장 내 공장(PWP: plant within plant)으로 구체화되는 생산전략이다.
③ 각 공장이나 설비에 하나의 사명만을 부여하여 생산능력을 집중화하자는 주장이다.
④ 집중화된 공장은 몇 개의 분리된 공장으로 구성되고, 각 PWP는 각자에 맞는 생산 목표를 효율적으로 추구한다.

6 기업에서 생산목표상의 경쟁우선순위에 해당하지 않는 것은? 2024 공인노무사

① 기술　　② 품질　　③ 원가　　④ 시간　　⑤ 유연성

7 다음 중에서 생산관리의 목적으로 가장 옳지 않은 것은? 2022 9급 군무원

① 원가절감　　② 최고의 품질　　③ 유연성 확보　　④ 촉진강화

❷ 제품 및 서비스 설계

8 생산시스템 설계에 해당하는 것은? 2016 공인노무사

① 일정관리　　② 시설입지　　③ 재고관리　　④ 품질관리　　⑤ 수요예측

9 생산시스템 설계과정에 해당하지 않는 것은? 2021 군무원

① 생산입지선정　　② 자원계획　　③ 설비배치　　④ 제품설계

10 다음 중 생산시스템의 설계 시 원재료나 부품의 원가분석을 중요시하여 제품의 가치를 증대시키고자 하는 것은? 2005 한국도시철도공사

① 가치공학　　② 가치분석　　③ 공정설계　　④ 설비배치

11 다음 중 각 공정 간의 제품설계 방식에 대한 설명으로 알맞지 않은 것은? 2004 한국토지주택공사

① 제품설계란 선정된 제품의 기술적 기능을 구체적으로 규정하는 것이다.
② 모듈러 설계는 호환이 가능하지 않는 부분품을 개발하여 특수한 고객의 욕구에 부응한다.
③ 모듈러 설계를 함으로써 다양성과 생산원가의 절감을 달성할 수 있다.
④ 가치분석은 원재료나 재공품의 원가분석을 통해 불필요한 기능을 제거하려는 방법이다.
⑤ 가치공학은 생산이전 단계의 제품이나 공정의 설계분석을 통해 효율성과 원가 최소화를 동시에 달성하려는 기법이다.

12 다음 중 모듈식 생산방식의 특징으로 알맞지 않은 것은? 2006 공무원연금공단

① 완제품의 표준화를 위한 기법이다.
② 수요변화에 대해 유연성과 탄력성이 있다.
③ 소량생산체제와 대량생산체제의 접근화의 한 사례이다.
④ 여러 가지로 조합이 가능한 표준화된 부품의 환경변화에 대해서 유연성을 확보할 수 있다.

13 다음 중 모듈러 생산 방식에 대한 설명으로 알맞지 않은 것은? 〔2010 한국수력원자력〕

① 미리 부품을 만들어 서로 호환성이 없다.
② 조립이 가능한 표준화된 호환부품(즉, 모듈)으로 설계, 개발, 제작 등을 한다.
③ 모듈러 생산방식은 소품종 대량생산체제의 최적화를 실현하기 위한 기법이다.
④ 모듈러생산은 가장 최소 종류의 부품으로 최대 종류의 부품을 생산하는 방식이다.

14 제품의 디자인에서 생산에 이르기까지 각 과정의 설계 작업을 동시에 수행함으로써 생산리드타임을 획기적으로 단축시키는 기법은? 〔2013 가맹거래사〕

① 벤치마킹(benchmarking)　　　② 리엔지니어링(reengineering)
③ 리스트럭처링(restructuring)　　④ 콘커런트 엔지니어링(concurrent engineering)
⑤ 다운사이징(downsizing)

15 고객의 요구를 기술적 특성과 연결시켜 제품에 반영하는 기법은? 〔2016 가맹거래사〕

① 품질기능전개(QFD)　　② 동시공학(CE)　　③ 가치분석(VA)
④ 가치공학(VE)　　⑤ 유연생산시스템(FMS)

16 서비스시설과 관련된 입지요인이 아닌 것은? 〔2015 가맹거래사〕

① 고객과의 근접성　　② 생산능력　　③ 경쟁업자의 위치
④ 부지의 위치　　⑤ 시장의 근접성과 운송비

17 인적서비스에 관한 설명으로 옳지 않은 것은? 〔2015 가맹거래사〕

① 품질의 좋고 나쁨에 대한 평가는 주관적이다.
② 판매되지 않은 서비스는 재고형태로 보관이 가능하다.
③ 서비스 제공과정에 고도의 고객접촉이 일어난다.
④ 서비스는 가변적이며 비표준적인 산출물을 생산한다.
⑤ 서비스는 대량생산이 어렵다.

18 커피를 생산하는 기업의 경쟁우위 확보를 수단 및 효과에 대한 설명으로 옳지 않은 것은? 〔2015 7급 공무원〕

① 제품 생산 프로세스를 바꾸어 동일품질의 제품을 생산하는 데 걸리는 시간을 단축하였다.
② 모든 구성원을 대상으로 종합적 품질경영에 참여하도록 독려하여 고객만족도를 향상시켰다.
③ 신기술 도입으로 원두 가공방식을 수정하여 커피의 품질을 향상시켰다.
④ 제품을 납품하는 대형마트의 재고시스템과 연계된 생산시스템을 도입하여 재고회전율을 낮췄다.

19 서비스 단계별 '고객의 행동, 종업원의 행동, 종업원 지원 프로세스'를 가시선을 기준으로 나누어서 제시하는 플로우 차트(flow chart)는? [2016 7급 감사직]

① 피쉬본 다이어그램 (Fishbone Diagram)　② LOB(Line of Balance)
③ 간트 차트(Gant Chart)　④ 서비스 청사진(Service Blueprint)

20 마이클 해머(M. Hammer)가 주장한 경영혁신 기법으로서 서비스 부문의 프로세스·공정·절차 등을 근본적으로 변혁, 개선하고자 하는 것은? [2015 경영지도사]

① 리엔지니어링(Reengineering)
② 다운사이징(DownSizing)
③ 벤치마킹(Benchmarking)
④ 전사적 품질경영(TQM: Total Quality Management)
⑤ 카이젠(Kaizen)

21 가치분석/가치공학분석에서 사용하는 브레인스토밍(brainstorming)의 주제로 옳지 않은 것은? [2024 공인노무사]

① 불필요한 제품의 특성은 없는가?　② 추가되어야 할 공정은 없는가?
③ 무게를 줄일 수는 없는가?　④ 두 개 이상의 부품을 하나로 결합할 수 없는가?
⑤ 제거되어야 할 비표준화된 부품은 없는가?

22 다음 중 모듈러 설계(modular desgin)방식 생산의 특징에 해당되는 것으로 가장 알맞게 짝지어진 것은? [2024 7급 군무원]

> ㉠ 소품종 대량생산 체제의 최적화를 위한 기법이다.
> ㉡ 모듈식 생산을 통하여 대량 고객화를 달성할 수 있다.
> ㉢ 완제품의 표준화를 위한 기법이다.
> ㉣ 소량생산 체제와 대량생산 체제의 접근화의 한 사례이다.

① ㉠　② ㉠,㉡　③ ㉠,㉡,㉣　④ ㉠,㉢,㉣

23 다음 제품설계와 관련된 내용에서 ( )에 해당하는 설명으로 가장 옳은 것은? 〈2022 7급 군무원〉

> ㄱ. ( )은(는) 원가를 올리지 않으면서 제품의 유용성을 향상시키거나 또는 제품의 유용성을 감소시키지 않으면서 원가를 절감하는 방법이다.
> ㄴ. ( )은(는) 제품의 다양성은 높이면서도 동시에 제품생산에 사용되는 구성품의 다양성은 낮추는 제품설계 방법이다.
> ㄷ. ( )은(는) 제품의 성능특성이 제조 및 사용환경의 변화에 영향을 덜 받도록 제품을 설계하는 방법이다.
> ㄹ. ( )은(는) 마케팅, 생산, 엔지니어링 등 신제품 관련 부서와 경우에 따라서는 외부 공급자까지 참여시켜 제품을 설계하는 방법이다.

① ㄱ(가치분석), ㄴ(모듈러 설계), ㄷ(로버스트 설계), ㄹ(동시공학)
② ㄱ(로버스트 설계), ㄴ(모듈러 설계), ㄷ(가치분석), ㄹ(동시공학)
③ ㄱ(동시공학), ㄴ(가치분석), ㄷ(모듈러 설계), ㄹ(로버스트 설계)
④ ㄱ(동시공학), ㄴ(로버스트 설계), ㄷ(가치분석), ㄹ(모듈러 설계)

24 제품 설계기법에 관한 설명으로 옳은 것은? 〈2023 공인노무사〉

① 동시공학은 부품이나 중간 조립품의 호환성과 공용화를 높여서 생산원가를 절감하는 기법이다.
② 모듈러설계는 불필요한 원가요인을 발굴하여 제거함으로써 제품의 가치를 높이는 기법이다.
③ 가치공학은 신제품 출시과정을 병렬적으로 진행하여 신제품 출시기간을 단축하는 기법이다.
④ 품질기능전개는 소비자의 요구사항을 체계적으로 제품의 기술적 설계에 반영하는 과정이다.
⑤ 가치분석은 제품이나 공정을 처음부터 환경변화의 영향을 덜 받도록 설계하는 것이다.

25 다음 중 슈머너(B.W. Schmenner)가 제시안 서비스 프로세스 매트릭스에 대한 설명으로 가장 적절하지 않은 것은? 〈2024 7급 군무원〉

노동집약도의 정도		고객과의 상호작용 및 고객화 정도	
		저	고
	저	(가)	(나)
	고	(다)	(라)

① (가)유형은 유형제품의 생산공장처럼 표준화된 서비슬 대량을 공급하며, 항공사와 호텔이 포함된다.
② (나)유형에는 병원, 자동차 정비소 등이 포함된다.
③ (다)유형에는 도·소매점, 학교, 은행 등이 포함된다.
④ (라)유형은 전문적인 교육을 받은 서비스가 제공자가 고객의 일반적 요구에 맞는 서비스를 제공한다.

❸ 생산공정의 설계와 배치

26 공정의 유연화와 관련되지 않은 것은? 2013 가맹거래사

① 컴퓨터에 의한 설계·제조(CAD/CAM)
② 통합 생산시스템(IPS)
③ 유연 생산시스템(FMS)
④ 집단 가공법(GT)
⑤ 셀룰러 생산시스템(CMS)

27 생산시설 배치(facility layout)에 대한 설명으로 옳지 않은 것은? 2016 7급 감사직

① 제품형 시설배치(product layout)는 특정 제품을 생산하는 데 필요한 작업순서에 따라 시설을 배치하는 방식을 말한다.
② 공정형 시설배치(process layout)는 다품종 소량생산에 적합하고 범용기계 설비의 배치에 많이 이용된다.
③ 항공기, 선박의 생산에 효과적인 생산시설 배치의 유형은 고정형 시설배치(fixed-position layout)이다.
④ 제품형 시설배치는 재공품 재고의 수준이 상대적으로 높으며 작업기술이 복잡하다.

28 설비배치의 유형 중 공정별 배치와 제품별 배치를 비교한 것으로 옳은 것은? 2016 서울시 7급

① 제품별 배치는 다양한 제품을 소량으로 생산하는 경우에 적합하다.
② 공정별 배치는 제품별 배치에 비해 생산속도가 빠르며 생산설비의 효율성이 높다.
③ 특정 제품만을 생산하기 위한 전용생산라인은 제품별 배치에 해당한다.
④ 공정별 배치는 제품의 공정 순서에 따라 일자형의 형태를 취하는 것이 보통이다.

29 다음 중 연속생산과 단속생산에 대한 설명으로 알맞지 않은 것은? 2011 건설공제조합

① 연속생산은 단속생산에 비해서 설비투자액이 많이 필요하다.
② 단속생산은 수요예측에 의한 계획생산으로 소품종 대량생산을 한다.
③ 연속생산은 단속생산에 비해서 우연성이 낮은 편에 속한다.
④ 단속생산이 연속생산보다 생산 속도가 느린 편이다.

30 다음 연속생산과 단속생산의 특징으로 옳은 것은? 2011 한국지역난방공사

	구분	연속생산	단속생산
①	설비	저가의 범용설비	고가의 전용설비
②	제품	소품종 대량	다품종 소량
③	기계설비	다목적	특수목적
④	배치	기능별 배치	제품별 배치

31 다음 중 단속생산과 연속생산에 대한 설명으로 알맞은 것은? 2005 한국전력공사

① 단속생산 : 개별생산　　　　연속생산 : 시장생산
② 단속생산 : 소품종 대량생산　연속생산 : 다품종 소량생산
③ 단속생산 : 제품별 배치　　　연속생산 : 기능별 배치
④ 단속생산 : 전용 설비　　　　연속생산 : 범용 설비

32 다음 중 단속생산에 대한 설명으로 알맞은 것은? 2011 SH 공사

① 설비투자액이 많다.
② 변화에 대한 신축성이 작은 편이다.
③ 소품종 대량생산에 적합한 시스템이다.
④ 개별생산에 의한 것으로 주문에 의한 다품종 소량생산을 한다.

33 다음 중 공정별 배치에 관한 설명으로 알맞지 않은 것은? 2007 한국수자원공사

① 연속생산시스템에 자주 사용되는 배치이다.
② 단속생산 시스템에 자주 사용되는 배치형태이다.
③ 주문별로 일정계획이 달라서 공정관리가 부족하다.
④ 범용설비를 이용하므로 진부화의 위험이 적고 설비투자액이 적다.

34 다음 중 제품별 배치에 대한 설명으로 알맞은 것은? 2006 한국서부발전

① 작업자가 기계설비를 제품의 제조과정의 순서에 따라 배치하는 방법이다.
② 제품을 한 장소에 고정시키고 모든 설비와 노동력을 현장에 이동시켜서 생산하는 배치유형이다.
③ 개별주문생산시스템에 적합한 것으로 비슷한 작업을 하는 기계나 활동 등을 그룹별로 모아둔 것이다.
④ 생산제품의 부피가 크거나 무거워 이동이 어려운 대형 여객기 제조회사, 기관차 등의 생산에 적합하다.

35 다음 중 설비배치에 대한 설명으로 알맞지 않은 것은? 2006 근로복지공단

① 공정별 배치는 기능별 배치, 작업장별 배치라고도 한다.
② 공정균형은 공정별 배치의 실행에 있어서 가장 핵심개념이다.
③ 제품고정형 배치는 조선업, 토목업, 등 대규모 프로젝트 형태의 생산활동에 적합하다.
④ 제품별 배치는 제품의 재조공정의 순서로 설비와 작업자를 배치하여 대량생산체제에 적합한 시스템이다.
⑤ 공정별 배치는 제품의 운반거리도 길고 자재취급비용도 많아, 대량생산 시 제품별 배치보다 생산성이 떨어진다.

36 셀룰러배치(cellular layouts)의 장점으로 옳지 않은 것은?

① 작업자의 전문성이 향상된다.
② 준비시간을 줄일 수 있다.
③ 재공품 재고를 줄일 수 있다.
④ 자재처리 및 가공대기시간을 줄일 수 있다.
⑤ 생산자동화가 쉽지 않다.

37 다음 중 범위의 경제란 하나의 기업이 2가지 이상의 제품을 함께 생산할 경우, 2가지를 각각 따로 다른 기업에서 생산하는 경우보다 생산비용이 적게 드는 현상으로 이에 알맞은 시스템은?

① 소품종 대량생산시스템
② 프로젝트생산시스템
③ 단속생산시스템
④ 유연생산시스템

38 유연생산시스템에 대한 내용으로 틀린 것은?

① 범위의 경제에 적합한 시스템이다.
② 수공업생산체제로 소품종소량생산을 한다.
③ 유연성와 생산성을 동시에 달성할 수 있다.
④ 시스템의 초기투자 설비가 많이 든다.

39 다음 중 FMS에 대한 설명으로 알맞지 않은 것은?

① 조달기간과 재고수량을 감소시켜 준다.
② 시스템의 초기 투자설비비가 적게 든다.
③ 대량 고객화(mass-customization)를 추구한다.
④ 유연성과 대량생산 시스템의 생산성을 동시에 추구한다.
⑤ 제품의 가공기간이 단축되므로 시간 중심(단축) 경쟁에서 유리하다.

40 다음 중 유연생산시스템(FMS: flexible manufacturing system)에 대한 설명으로 알맞지 않은 것은?

① 범위의 경제에 적합한 시스템이다.
② 다양한 제품종류를 대량생산이 가능하기 때문에 가공시간이 단축된다.
③ 필요로 하는 양만큼만 생산하므로 조달기간과 재공품재고가 줄어든다.
④ 대량생산의 생산성을 이루었지만 주문 생산에 유연성이 없어서 항상 많은 재공품을 유지하고 있어야 한다.
⑤ 24시간 연속생산, 무인생산을 지향하므로 공작기계의 가동률은 향상된다.

41 다양한 종류의 제품을 효율적으로 생산하기에 적합한 방식으로 옳지 않은 것은?

① 유연생산방식
② 린생산(Lean Production)방식
③ 대량생산방식
④ 컴퓨터지원설계·제조(CAD·CAM)방식

42 대량 맞춤화(mass customization)에 관한 내용이 아닌 것은? 2017 가맹거래사

① 개별고객을 만족시키기 위한 제품 맞춤화
② 소프트웨어 융합을 통한 맞춤화 실현
③ 전용설비를 사용한 소품종 대량생산화
④ IT기술과 3D 프린터를 이용한 개별생산 가능
⑤ 일대일 마케팅의 현실화

43 생산공정의 유연성을 높이기 위해 적용되는 기술 혹은 기법 중 다품종 소량생산방식에 해당하지 않는 것은? 2021 5급 군무원

① 집단가공법(Group Technology, GT)
② 유연생산시스템(Flexible Manufacturing System, FMS)
③ 컴퓨터통합생산(Computer Integrated Manufacturing, CIM)
④ 모듈러설계(Modular Design, MD)

III | 심화문제

1 1980년대 들어 일본산업계에서 전자산업과 자동차산업이 두각을 나타내고 있는데 HARVARD대학의 W. SKINNER교수가 제시한 "the missing link in the corporate strategy"의 개념은 학계와 업계에서 관심의 대상이 되었다. 이 때 missing link란 무엇과 관련된 개념인가? `1996 CPA`

① 기업미션 ② 마케팅전략 ③ 재무전략
④ 생산전략 ⑤ 인사전략

2 생산전략과 경쟁우선순위에 대한 설명으로 가장 옳지 않은 것은? `2021 7급 군무원`

① 품질(quality)경쟁력은 산출된 제품과 설계된 사양의 일치정도인 설계품질(quality of design)의 측면으로 생각해 볼 수 있다.
② 유연성(flexibility)경쟁력은 제품 수량의 유연성과 고객화의 2가지 측면으로 구분할 수 있으며, 고객이 원하는 시점에 제품을 전달하는 능력은 적시인도(on-time delivery)를 의미한다.
③ 경쟁우선순위의 상충모형에서는 품질(quality)은 원가(cost)와 상충되며 신뢰성(reliability)은 유연성(flexibility)과 상충되는 관계를 가진다.
④ 라인흐름전략(product-focused strategy)은 저원가에 대한 강조를 중요시 여기며 대량의 표준화된 제품을 만들기 위한 전략이다.

3 유연생산시스템에 대한 설명 중 옳지 않은 것은? `1997 CPA`

① 다품종제품의 생산에 적합하다.
② 무인운전을 지향한다.
③ 유연성과 생산성을 동시에 달성할 수 있다.
④ 초기투자비가 적다.
⑤ 필요량을 가공함으로써 공정품의 재고가 감소한다.

4 범위의 경제(economies of scope)에 가장 적합한 생산시스템은? `1998 CPA`

① 소품종 대량생산시스템 ② 프로젝트형 생산시스템
③ 고정형 자동화시스템 ④ 유연생산시스템
⑤ 단속생산시스템

5 제품개발 및 설계와 관련이 없는 기법은? `1998 CPA`

① CAD ② VE
③ brain storming ④ concurrent engineering
⑤ OPT

6 제품설계의 방법에 대한 설명으로 가장 옳지 않은 것은? `2021 7급 군무원`

① 최종제품 설계는 기능설계, 형태설계, 생산설계로 구분하며 그중 형태설계는 제품의 모양, 색깔, 크기 등과 같은 외형과 관련된 설계이다.
② 가치분석(value analysis)은 불필요하게 원가를 유발하는 요소를 제거하고자 하는 방법을 의미한다.
③ 동시공학(concurrent engineering)은 제품개발 속도를 줄이기 위해 각 분야의 전문가들이 기능식 팀(functional team)을 구성하고 모든 업무를 각자 동시에 진행하는 제품개발 방식이다.
④ 품질기능전개(QFD)는 품질개선의 방법으로 표준화된 의사소통을 통해 고객의 요구를 각 단계에서 전달하는 기법으로 시행착오를 줄이는데 그 목적이 있다.

7 제품개발과정에서 설계, 기술, 제조, 구매, 마케팅, 서비스 등의 담당자뿐만 아니라 납품업자, 소비자들이 하나의 팀을 구성하여 각 부분이 서로 제품개발에 대한 정보를 교환하면서 제품개발과정을 단축시키는 방식을 무엇이라고 하는가? `1999 CPA`

① 인간공학(ergonomics) ② 가치분석(value analysis)
③ 그룹테크놀러지(group technology) ④ 동시공학(concurrent engineering)
⑤ 품질기능개선(quality function deployment)

8 생산설비의 배치는 제품의 생산공정과 밀접한 관계를 맺고 있다. 다음 설비배치에 관한 설명 중 가장 적절하지 않은 것은? `2002 CPA`

① 대형 여객기 제조회사에 가장 적합한 설비배치 형태는 위치고정형 배치(fixed position layout)이다.
② 제품별 배치(product layout)는 생산제품에 변화가 있을 때마다 시설배치를 변경해야하기 때문에 공정의 유연성이 떨어진다.
③ 공정별 배치(process layout)는 유사한 공정을 그룹별로 모아 배치하므로 공장 내 반제품 및 원자재의 흐름을 파악하기 쉽고 생산계획 및 통제가 간단하다.
④ 제품별 배치는 일반적으로 대규모의 생산설비 투자가 필요하며 표준화된 제품의 대량생산에 적합하다.
⑤ 공정별 배치는 제품별 배치에 비해 과업이 다양하므로 작업자로 하여금 작업에 대한 흥미와 만족도를 높여줄 수 있다.

9 아래 그림과 같이 a, b, c 세 개의 순차적인 과업을 통해 제품을 조립하는 생산라인이 있다. 이를 하루 8시간 가동할 때 조립라인 균형의 효율(efficiency)과 하루 생산량은 각각 얼마인가? `2002 CPA`

공정:	ⓐ	→	ⓑ	→	ⓒ
수행시간:	10초		30초		5초

① 50%, 960개 ② 66.7%, 960개 ③ 75%, 960개
④ 50%, 640개 ⑤ 66.7%, 640개

10 생산은 투입물에 변환을 기하여 가치가 부가된 산출물을 만드는 과정이다. 생산 및 생산시스템에 관한 아래의 설명 중 옳은 것을 모두 고르면? 2003 CPA

> a. 생산시스템은 산출물로서 유형의 상품 뿐만아니라 무형의 서비스도 생산한다.
> b. 투입물의 가치 대비 산출물의 가치가 높을수록 생산성이 높으며 이는 상품 경쟁력의 원천이 된다.
> c. 비행기는 비행기제조회사에게는 산출물이지만 여객항공회사에게는 투입물이 된다.
> d. 운송창고업과 같이 투입물에 물리적 변환을 가하지 않는 업종은 생산시스템이라고 볼 수 없다.
> e. 산출물로부터의 피드백이 내부에서 순환적으로 작용하여 투입물과 변환과정을 통제하기 때문에 생산시스템은 폐쇄시스템으로 볼 수 있다.

① a ② a, b ③ a, b, c
④ a, b, c, d ⑤ a, b, c, d, e

11 제품 - 공정행렬(product - process matrix)에 관한 다음 설명 중 가장 적절치 않은 것은? 2003 CPA

① 공정선택에 관한 의사결정을 동태적으로 분석하기 위해, 제품구조와 이를 생산하는 공정기술 유형과의 관계를 행렬 형태로 나타낸 것이다.
② 공정기술 유형은 주문생산공정, 뱃치생산공정, 조립라인생산공정, 연속생산공정으로 분류된다.
③ 제품구조 유형은 개별소량생산품, 다품종소량생산품, 소품종대량생산품, 표준대량생산품으로 분류된다.
④ 제품 발전과 그에 따른 생산공정의 변화는 대체로 행렬의 대각선을 따라 움직이되, 제품과 공정이 동시에 변화하는 경우는 드물기 때문에 대각선을 수직적 또는 수평적으로 번갈아 벗어나면서 변화한다.
⑤ 표준화가 낮은 개별제품의 소량생산은 주문생산방식에 의해 이루어지며 표준화된 일용상품은 연속생산방식에 의해 대량으로 생산되는 것이 일반적이므로, 이 관계를 제품 - 공정행렬상에 표현하면 대부분의 생산기업들은 행렬의 우측상단 모서리와 좌측하단 모서리 부분에 위치하게 된다.

12 다음의 설명 중 제품의 설계와 개발과정에서 고려되는 제조용이성설계(design for manufacturability) 개념을 가장 적절히 나타내는 것은? 2004 CPA

① 소비자가 사용하던 제품을 폐기처분하는 과정에서 재활용이 가능한 부품들의 수거과정을 원활히 하고자 하는 개념이다.
② 제품개발의 기초과정에서부터 모든 관련부서가 참여하여 제품개발에 소요되는 시간을 줄이고자 하는 개념이다.
③ 소비자가 원하는 제품개념(value of customers)을 설계와 생산을 담당하는 부서원들에게 보다 효과적으로 전달하고자 하는 개념이다.
④ 제품개발과정에서 제품설계와 공정설계를 동시에 고려하여 제품설계에 필요한 시간과 비용을 줄이고자 하는 개념이다.
⑤ 단순화, 표준화, 모듈(module)화 등의 원칙을 통해 제품을 설계함으로써 보다 저렴하고 쉽게 생산하자는 개념이다.

13. 다음과 같이 A, B, C, D 네 개의 순차적인 단계를 거쳐 제품이 조립되는 생산라인이 있다. 네 단계 중 생산량에 제약을 주는 병목공정(bottleneck operation)은 무엇이며, 작업수행시간의 조정을 통해 해당 병목공정의 작업수행시간이 5초로 조정된다면 전체 공정에서의 1분당 생산량은 얼마가 되겠는가?

    2004 CPA

작업공정	A	B	C	D
공정별 작업수행시간	4초	12초	6초	10초

    ① A, 5개 ② A, 12개 ③ A, 15개
    ④ B, 12개 ⑤ B, 6개

14. 서비스업의 운영관리와 관련한 다음의 설명 중 가장 적절치 않은 것은?

    2005 CPA

    ① 서비스는 시간소멸적 특성이 있어 서비스업의 경우 수요관리가 더욱 중요하다.
    ② 대부분의 서비스는 서비스 패키지를 구성하는 유·무형의 속성들을 혼합적으로 포함하고 있다.
    ③ 서비스 수요의 성수기와 비수기 주기는 일반적으로 제조업보다 짧고 격차도 큰 경향이 있다.
    ④ 서비스의 이질성을 극복하는 방안의 하나로 종업원에 대한 교육 훈련을 고려할 수 있다.
    ⑤ 표준화 정도가 높고 자본비용이 낮은 대량서비스로 분류되는 도매점의 경우 종업원의 충성도 획득이 중요한 경영과제이다.

15. 생산 및 서비스 설비배치와 관련한 다음의 설명 중 가장 적절치 않은 것은?

    2005 CPA

    ① 놀이 공원은 공정별 배치(process layout)가 적절하다.
    ② 생산제품의 부피가 크거나 무게가 무거워 이동이 어려울 경우 고정형 배치가 적절하다.
    ③ 제조업의 생산제품에서 표준화보다는 고객화 정도가 높을수록 공정별 배치가 적절하다.
    ④ 다품종 소량생산의 경우 제품별 배치(product layout)를 채택하면 생산능력이 부족하여 과부하가 초래되므로 적절하지 못하다.
    ⑤ 공정별 배치가 제품별 배치보다 생산의 효율성이 낮은 경향이 있다.

16. 설비배치 유형에 관한 비교설명으로 가장 적절한 것은?

    2020 CPA

    ① 공정별배치(process layout)는 대량생산을 통한 원가의 효율성이 제품별배치(product layout)보다 상대적으로 높다.
    ② 제품별배치는 생산제품의 다양성과 제품설계변경에 대한 유연성이 공정별배치보다 상대적으로 높다.
    ③ 제품별배치는 설비의 활용률(utilization)이 공정별배치에 비해 상대적으로 낮다.
    ④ 제품별배치는 경로설정(routing)과 작업일정계획(scheduling)이 공정별배치에 비해 상대적으로 단순하다.
    ⑤ 공정별배치는 설비의 고장에 따른 손실이 제품별배치보다 상대적으로 크다.

17 제품별배치(product layout)가 공정별배치(process layout)에 비해 상대적으로 유리한 장점만을 모두 선택한 것은? [2021 CPA]

> a. 산출률이 높고 단위당 원가가 낮다.
> b. 장비의 이용률(utilization)이 높다.
> c. 장비의 구매와 예방보전(preventive maintenance) 비용이 적다.
> d. 자재운반이 단순하고 자동화가 용이하다.
> e. 재공품재고(WIP)가 적다.
> f. 훈련비용이 적게 들고 작업감독이 쉽다.

① a, b, d, e, f   ② b, c, d, e, f   ③ b, d, e, f
④ a, d, e   ⑤ a, b, c

18 제품개발과 관련하여 적절하게 설명된 항목들로 구성된 것은? [2005 CPA]

> a. 제품개발을 위한 아이디어의 원천은 크게 고객욕구와 기술발전으로 분류된다.
> b. 동시공학(concurrent engineering) 접근법은 제품의 공학적 설계과정에서 협력업체를 포함하는 관련 엔지니어들이 동시에 팀으로 진행하여 설계기간을 단축하는 것이다.
> c. 모듈러 디자인(modular design)을 적용하는 경우 제품 생산의 용이성은 증가하나 제품의 다양성은 매우 제한적이 되는 단점이 있다.
> d. 제품개발시 순차적 접근법(sequential approach)을 적용하는 경우 제품개발 소요기간이 길어져서 시장경쟁이 심한 첨단기술 제품의 개발에는 적절하지 않다.

① a, b   ② b, c   ③ c, d   ④ a, d   ⑤ a, b, c, d

19 생산시스템의 경쟁우선순위(competitive priorities)에 대한 설명들 중 가장 적절하지 않은 것은? [2006 CPA]

① 품질(quality)경쟁력은 상대적으로 높은 수준의 제품품질(product quality)을 확보할 수 있는 능력 뿐만아니라 적합한 품질수준을 유지하는 능력도 포함된다.
② 원가(cost)경쟁력은 상대적으로 낮은 가격의 투입자원을 확보하거나 생산성을 향상시킴으로써 얻어지는 가격경쟁력을 의미한다.
③ 신뢰성(reliability)경쟁력은 기업에 대한 고객의 신뢰를 얻어낼 수 있도록 효과적으로 애프터서비스를 제공할 수 있는 능력이다.
④ 유연성(flexibility)경쟁력은 다양한 종류의 제품을 공급할 수 있는 능력뿐만 아니라 주문물량의 대소에 관계없이 대응할 수 있는 능력을 의미한다.
⑤ 시간(time)경쟁력은 빠른 제품개발능력 뿐만아니라 빠른 인도(fast delivery) 및 적시인도(on-time delivery)능력도 포괄하는 개념이다.

20 제품과 그 제조공정의 특성을 연결한 것 중 가장 적절하지 않은 것은? 2006 CPA

① 휘발유 - 연속흐름(continuous flow)
② 소형승용차 - 조립라인(assembly line)
③ 전통공예가구 - 개별작업(job-shop)
④ 특수 중장비 - 다중흐름라인(multi-flow line)
⑤ 제과점의 여러 가지 빵과 생과자 - 뱃치프로세스(batch process)

21 동시공학(Concurrent Engineering)에 관한 다음 설명 중에서 가장 적절하지 않은 것은? 2007 CPA

① 동시공학은 제품개발 과정에 시간, 품질, 가격, 유연성 등의 경쟁요소를 주입(built-in)하고자 한다.
② 동시공학을 실행하기 위해 QFD(Quality Function Deployment), DFM(Design for Manufacturability), 모듈러설계, 실험설계 등이 활용된다.
③ 동시공학을 활용한 제품개발은 일반적으로 전문화의 원리에 충실한 기능별 조직(functional organization) 형태를 갖는다.
④ 동시공학은 CAD/CAE 뿐 아니라 협업을 지원하는 정보시스템을 적극적으로 활용한다.
⑤ 동시공학은 매우 경쟁적인 시장상황에 적합한 제품개발방법이다.

22 프로세스 선택과 설비배치에 대한 다음의 설명 중 가장 적절하지 않은 것은? 2008 CPA

① 정유공정이나 제철공정과 같이 고도로 표준화된 제품을 생산하기 위해서는 연속생산프로세스와 제품별배치가 바람직하다.
② 중장비나 선박용 부속품과 같은 제품의 생산을 위해서는 배치생산프로세스와 공정별배치가 바람직하다.
③ 시장에서의 반응이 아직 확인되지 않은 신제품의 경우에는 배치프로세스와 제품별배치가 바람직하다.
④ 제품의 수명주기에서 성숙기에 속하는 자동차의 생산을 위해서는 조립생산프로세스와 제품별배치가 바람직하다.
⑤ 표준화의 정도가 매우 낮고 주문별로 개별작업이 필요한 경우에는 주문생산프로세스와 공정별배치가 바람직하다.

23 입지선정기법들에 관한 다음의 기술 중 가장 적절한 것은? 2008 CPA

① 입지손익분기분석(locational break-even analysis)은 입지별로 입지와 관련된 비용을 장기 비용요소와 단기 비용요소로 구분한 뒤, 입지별 예상생산수량과 비교하여 최종입지를 결정하는 분석을 말한다.
② 운송모형(transportation model)은 고객시장을 기준으로 수익을 최대화 할 수 있는 입지를 선정하는 기법이다.
③ 요소분석방법(factor rating method)은 입지결정과 관련된 요인들에 가중치를 부여하여 평가하는 분석을 말한다.
④ 무게중심분석방법(center of gravity method)은 한정된 후보지들을 대상으로 하는 입지선정 시 효과적이다.
⑤ 입지에 관한 분석시 직각거리(rectilinear distance)를 이용한 분석은 두 지점 사이의 직선거리 또는 가장 짧은 거리를 이용하여 입지선정에 활용하는 방법이다.

24 생산시설의 설비배치와 관련된 다음 서술 중 가장 적절한 것은? `2009 CPA`

① 공정별 배치(process layout)는 제품이나 고객이 일정한 흐름을 따라 움직이며 생산설비와 자원은 해당 제품이나 서비스의 완성경로에 따라 배치되는 것을 의미한다.
② 제품별 배치(product layout)는 선박의 건조나 대형 항공기의 제작과 같이 제품이 매우 크거나 움직일 수 없는 경우에 작업자들이 해당 제품으로 도구와 장비를 가지고 와서 작업하는 것을 의미한다.
③ GT(group technology)는 한 사람의 작업자가 라인 흐름의 효과를 얻을 수 있도록 한 작업장에서 여러 대의 기계를 동시에 다룰 수 있게 만드는 방법이다.
④ 표준화된 한 가지 제품을 대량생산하기 위해 필요한 설비를 배치하는 경우에는 작업장의 크기 및 작업장 간 인접요인의 계량화가 가장 중요하다.
⑤ 라인 밸런싱(line balancing)은 연속적인 흐름을 갖는 공정에서 최소의 작업장 수로 원하는 생산속도를 달성하기 위해 작업을 작업장에 할당하는 것이다.

25 프로세스(process)관리와 관련된 다음 서술 중 가장 적절하지 않은 항목들로 구성된 것은? `2009 CPA`

a. 연속 프로세스(continuous process)는 제품의 흐름이 고정되어 있으며 산출량이 많고 제품의 표준화 정도가 높은 경우에 해당한다.
b. 개별작업 프로세스(job - shop process)는 특정 유형의 작업을 할 수 있는 장비와 작업자가 일정한 장소에 함께 배치되는 것이다.
c. 후방통합(backward integration)은 제조기업이 유통센터나 소매점포와 같은 유통채널을 보다 많이 확보하는 것을 의미한다.
d. 프로세스에 관한 의사결정은 제품의 개발단계에서 결정되어야 하며 일단 제품이 출시된 이후에는 변경하거나 수정할 수 없다.
e. 수직적 통합을 강화한다는 것은 아웃소싱(outsourcing)의 수준이 낮아진다는 것을 의미한다.

① a, b   ② a, c   ③ b, d   ④ c, d   ⑤ d, e

26 고객과의 접촉정도와 고객화(customization) 그리고 노동 집약 형태에 의해 분류되는 서비스 매트릭스에 대한 다음의 설명 중 옳은 항목만으로 구성된 것은? `2010 CPA`

a. 서비스공장(service factory)은 고객과의 접촉정도와 노동집약도의 정도가 모두 낮은 서비스 조직으로 항공사, 호텔 등이 포함된다.
b. 서비스샵(service shop)은 고객화 정도가 높고 노동집약도는 낮은 서비스 조직으로 서비스 공급의 스케쥴링(scheduling), 비수기와 성수기의 수요관리 등에 의사결정의 중점을 두어야 한다.
c. 전문서비스(professional service)는 고객화의 정도와 노동집약도가 모두 높은 서비스 조직으로 병원, 자동차 수리소 등이 포함된다.
d. 노동집약도가 높은 서비스 조직에서는 인력자원에 대한 교육, 훈련과 종업원 복지 등에 의사결정의 중점을 두어야 한다.
e. 고객과의 접촉 및 고객화 정도가 높은 서비스 조직에서는 마케팅, 서비스표준화, 서비스 시설 등에 의사결정의 중점을 두어야 한다.

① a, b, d   ② b, c, e   ③ a, b, e   ④ a, c, d   ⑤ c, d, e

27 GT(group technology)배치에 관한 다음의 설명 중 가장 적절하지 않은 것은? [2010 CPA]

① 제품 생산방식을 제품별 생산시스템에서 개별 생산시스템으로 변환하여 이점을 얻고자 하는데 있다.
② 빠른 학습효과로 인해 작업자의 능률을 향상시키며 소규모 작업팀의 작업자 간에 더 좋은 인간관계를 형성한다.
③ 상대적으로 적은 종류의 제품으로 가동 준비횟수와 가동준비시간(setup time)을 줄일 수 있다.
④ 셀은 몇 가지 생산단계를 결합하기 때문에 재공품 재고가 감소하고 부품의 이동과 대기시간을 감축시킨다.
⑤ 서로 다른 기계를 같은 셀에 할당하여 라인배치와 유사한 형태를 가지며 금속조립과 컴퓨터 칩 제조 그리고 조립작업에 널리 활용된다.

28 공정의 성능을 측정하기 위한 지표들에 관한 설명으로 가장 적절하지 않은 것은? [2011 CPA]

① 모든 병목(bottleneck)공정의 주기시간(cycle time)을 단축시킴으로써 일반적으로 전체 공정의 주기시간을 단축시킬 수 있다.
② 배치크기(batch size)에 관계없이 일정한 가동준비시간(set-up time)과 단위 제품 당 동일한 공정시간(run time)을 갖는 공정에서 배치크기가 증가하면 일반적으로 공정의 생산능력(capacity)이 증가하는 경향이 있다.
③ 생산성(productivity) 향상을 위해서는 투입(input) 대비 산출(output)의 비율을 높여야 한다.
④ 처리시간(flow time 또는 throughput time)이 동일한 두 공정에서 일반적으로 주기시간이 짧은 공정의 재공품(WIP: Work-in-process) 개수가 적다.
⑤ 공정의 품질 수준은 불량률, Cp, Cpk 등의 공정능력지수(PCIs: Process Capability Indices) 또는 시그마수준(sigma level) 등으로 측정 가능하다.

29 제품설계에 관한 설명으로 가장 적절하지 않은 것은? [2012 CPA]

① 모듈러(modular) 설계는 대량생산과 제품의 고객화를 실현하는 대량 고객화(mass customization)를 가능하게 한다.
② 로버스트(robust) 설계는 생산환경의 변화에 따라 제품의 설계를 변경하는 방식이다.
③ 가치공학(value engineering)과 가치분석(value analysis)은 제품의 가치에 공헌하지 않는 불필요한 기능을 제거하고자 한다.
④ 품질기능전개(quality function deployment)는 고객의 요구를 제품이나 서비스 개발과 생산의 각 단계에서 기술적 명세로 바꾸는 방법이다.
⑤ 동시공학(concurrent engineering)은 설계내역이 프로세스 및 공급사슬의 생산능력과 불일치하는 경우를 방지하기 위해 다양한 관련 전문가들이 한 곳에 모여 설계하는 것이다.

30 생산 및 서비스 설비배치에 관한 설명으로 가장 적절하지 않은 것은? 2012 CPA

① 다품종 소량생산을 위해 설비나 작업장들이 L자, S자, U자의 형태를 갖는 제품별 배치를 채택하는 것이 적절하다.
② 공정별 배치는 범용기계의 사용이 가능하여 제품별 배치에 비해 기계설비에 대한 투자가 비교적 적다.
③ 공정별 배치는 제품별 배치에 비해 자재와 가공품들의 이동이 복잡하고 생산계획 및 통제가 복잡하다.
④ 고정형 배치는 생산제품의 부피가 크거나 무게가 무거워 이동이 어려울 경우 적절하다.
⑤ 그룹테크놀로지 배치(group technology layout)는 유사한 특성 및 생산흐름을 갖는 부품들을 몇 개의 부품군으로 분류한 다음, 각 부품군에 필요한 생산설비들을 모아 제조셀로 구성하는 것이다.

31 아래 그림과 같이 Ⓐ, Ⓑ, Ⓒ, Ⓓ 네 개의 순차적인 과업을 통해 제품이 완성되는 조립라인이 있다. 조립라인 균형을 고려하였을 때, 보기의 설명 중 가장 적절하지 않은 것은? 2012 CPA

과업:	Ⓐ	→	Ⓑ	→	Ⓒ	→	Ⓓ
수행시간:	10초		20초		15초		10초

① 최소주기시간은 20초이다.
② 주기시간을 20초로 결정한다면, 4개의 작업장이 필요하다.
③ 주기시간을 20초로 결정한다면, 총유휴시간(total idle time)은 25초이다.
④ 주기시간을 20초로 결정한다면, 생산라인의 효율(efficiency)은 36%이다.
⑤ 주기시간을 20초로 결정한다면, 8시간 동안 총 1,400개의 수요를 충족시키는 데 문제가 없다.

32 라인밸런싱(line balancing)에 관한 설명으로 가장 적절하지 않은 것은? 2021 CPA

① 연속된 두 작업장에 할당된 작업부하(workload)의 균형이 맞지 않을 경우 작업장애(blocking) 또는 작업공전(starving) 현상이 발생한다.
② 라인밸런싱의 결과, 모든 작업장의 이용률(utilization)이 100%라면 전체 생산라인의 효율(efficiency)도 100%이다.
③ 각 작업장의 이용률은 유휴시간(idle time)이 클수록 낮아진다.
④ 주기시간(cycle time)은 작업장 수를 늘릴수록 줄어든다.
⑤ 목표 산출률을 높이기 위해서는 이를 달성할 수 있는 목표 주기시간도 늘어나야 한다.

33 생산공정 및 설비배치에 관한 다음 설명 중 가장 적절하지 않은 것은? 2013 CPA

① 주문생산(make-to-order)공정에서는 납기관리에 비해 수요예측이 더 중요한 반면 계획생산(make-to-stock)공정에서는 수요예측에 비해 납기관리가 더 중요하다.
② 직렬로 연결된 두 개의 공정 사이에 버퍼(buffer)를 두는 것은 작업장애(blocking) 혹은 작업공전(starving)을 방지하는 데 도움이 된다.
③ 라인공정(line process)은 단속공정(intermittent process)에 비해 효율성이 비교적 높다는 장점이 있으나 유연성이 비교적 낮다는 단점이 있다.
④ 제품별 배치(product layout)를 이용하는 경우는 공정별 배치(process layout)를 이용하는 경우에 비해 노동 및 설비의 이용률이 비교적 높다는 장점이 있다.
⑤ 그룹테크놀러지 배치(group technology layout)를 이용하는 경우, 다양한 제품을 소규모 로트(lot)로 생산하는 기업도 제품별 배치의 경제적 이점을 얻을 수 있다.

34 ㈜설악에서는 시간당 100개의 제품 생산이 가능한 한 개의 생산라인을 보유하고 있다. 최근 수요의 증가에 따라 동일한 생산라인을 추가로 한 개 더 설치하고자 한다. 이 때 발생할 수 있는 상황에 관한 다음 설명 중 적절한 항목만을 모두 고르면? (단, 수요, 공급 및 공정 내부에서의 변동성 등은 고려하지 않고 각 라인은 설비, 작업자의 숙련도 및 원재료 등 모든 요소가 동일하며 두 라인의 가동률은 100%로 가정한다.) 2013 CPA

> (가) 회사 전체의 주기시간(cycle time)은 생산라인 추가 설치 이전의 절반 수준으로 감소하고 시간당 생산능력은 2배 수준으로 증가한다.
> (나) 회사 내부에 존재하는 재공품재고(work in process)는 생산라인 추가 설치 이전의 2배 수준으로 증가한다.
> (다) 하나의 제품을 생산하는 데 소요되는 처리시간(flow time)은 생산라인 추가 설치 이전의 절반 수준으로 감소한다.

① (가)   ② (다)   ③ (가), (나)   ④ (가), (다)   ⑤ (가), (나), (다)

35 공정별 배치(process layout)에 관한 설명 중 적절한 항목만으로 구성된 것은? 2014 CPA

> a. 주로 특정 작업을 위한 전용설비들로 생산라인이 구성된다.
> b. 다품종 소량생산의 주문생산방식에 적합하다.
> c. 제품별로 생산경로가 다양할 수 있어 경로계획과 작업일정계획을 자주 수립해야 한다.
> d. 표준화된 제품의 조립과 같이 반복적인 생산에 적합하다.
> e. 제품-공정 매트릭스(product process matrix)에서 유연성과 생산원가가 낮은 경우에 해당한다.

① a, c   ② b, c   ③ b, c, d   ④ a, d, e   ⑤ b, e

36 K사의 조립라인은 5개의 과업(task)으로 구성된다. 현재는 3개의 작업장(work-station)에 아래 그림과 같이 과업들을 할당하여 생산을 하고 있다. 다음 설명 중 가장 적절하지 않은 것은? 단, 과업은 Ⓐ, Ⓑ, Ⓒ, Ⓓ, Ⓔ의 순으로 순차적으로 수행되며, 과업 밑에 표시된 수치는 각 과업의 수행시간이다. [2014 CPA]

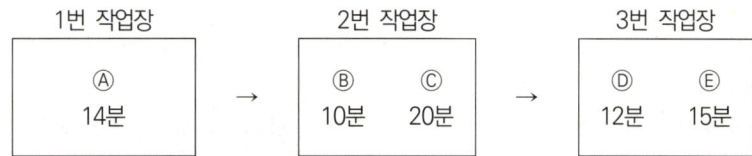

① 현재의 라인밸런싱(line balancing)을 유지한다면 병목(bottleneck)은 2번 작업장이며, 전체 생산라인의 주기시간(cycle time)은 30분이다.
② 현재의 라인밸런싱을 유지한다면 8시간 동안 총 16개의 제품을 생산할 수 있으며, 라인효율(efficiency)은 약 78.9%이다.
③ 라인밸런싱을 수정하여 과업 Ⓑ를 1번 작업장으로 옮길 경우 전체 생산라인의 주기시간은 24분으로 줄어든다.
④ 현재의 라인밸런싱을 유지한다면 총 유휴시간(idle time)은 19분이다.
⑤ 현재의 과업구성을 변경하지 않고 주기시간을 20분으로 줄이기 위해서는 5개의 작업장이 필요하다.

37 다음의 설계기법과 이에 대한 설명을 가장 적절하게 연결한 것은? [2015 CPA]

> (ㄱ) VE(value engineering)   (ㄴ) DFA(design for assembly)
> (ㄷ) QFD(quality function deployment)   (ㄹ) Robust design

> a. 부품수 감축, 조립 방법 및 순서에 초점을 맞추는 설계
> b. 품질에 나쁜 영향을 미치는 노이즈(noise)로부터 영향 정도를 최소화할 수 있도록 설계
> c. 제품의 원가대비 기능의 비율을 개선하려는 노력
> d. 고객의 다양한 요구사항과 제품의 기능적 요소들을 상호 연결함

① (ㄱ) - a, (ㄴ) - c, (ㄷ) - d   ② (ㄱ) - c, (ㄴ) - a, (ㄹ) - d   ③ (ㄱ) - a, (ㄷ) - b, (ㄹ) - d
④ (ㄱ) - c, (ㄷ) - a, (ㄹ) - b   ⑤ (ㄴ) - a, (ㄷ) - d, (ㄹ) - b

38 생산시스템은 유형의 제품과 무형의 서비스에 대한 생산으로 구분된다. 제품과 서비스에 관한 설명으로 가장 적절하지 않은 것은? [2015 CPA]

① 제품은 서비스에 비해 상대적으로 투입물과 산출물의 균질성이 높다.
② 서비스는 제품에 비해 수요와 공급을 일치(matching supply with demand)시키기가 용이하다.
③ 서비스는 제품에 비해 생산프로세스에 대한 특허취득이 어렵다.
④ 서비스는 제품에 비해 산출물 품질에 대한 측정과 품질보증이 어렵다.
⑤ 서비스는 제품에 비해 생산프로세스에 대한 고객참여도가 높다.

39 라인밸런싱(line balancing)에 관한 설명으로 가장 적절하지 않은 것은? [2015 CPA]

① 라인밸런싱은 제품별배치(product layout)의 설계를 위해 사용한다.
② 라인밸런싱의 목적은 작업장(work-station)별 작업시간의 균형을 이루어 유휴시간(idle time)을 최소화하는 것이다.
③ 생산라인의 주기시간(cycle time)은 병목(bottleneck) 작업장의 작업시간보다 작다.
④ 생산라인의 총유휴시간이 감소하면 라인효율(efficiency)은 증가한다.
⑤ 생산라인의 총유휴시간이 감소하면 밸런스지체(balance delay)는 감소한다.

40 생산·서비스 공정 및 설비배치에 관한 설명으로 가장 적절한 것은? [2016 CPA]

① 배치공정(batch process)은 조립라인공정(assembly line process)에 비해 일정계획 수립 및 재고통제가 용이하고 효율성이 높다.
② 주문생산공정(make-to-order process)은 원하는 서비스수준(service level)을 최소 비용으로 충족시키는 것이 주요 목적이며, 재고생산공정(make-to-stock process)은 생산시간을 최소화하는 것이 주요 목적이다.
③ 고객접촉의 정도가 높을수록 서비스공정의 불확실성이 낮아지고 비효율성이 감소하게 된다.
④ 공정별배치를 셀룰러(cellular)배치로 변경함으로써 생산준비시간을 단축시키는 것이 가능하다.
⑤ 제품별배치에서는 제품이 정해진 경로를 따라 이동하지만 프로젝트배치와 공정별배치에서는 다양한 이동경로를 갖는다.

41 주기시간(cycle time)마다 일련의 작업장을 통과하는 이동 컨베이어 시스템이 설치된 조립라인에 관한 설명 중 적절한 항목만을 모두 선택한 것은? [2016 CPA]

> a. 조립라인의 변경 없이 주기시간을 늘리는 경우, 조립라인 균형의 효율성은 감소한다.
> b. 조립라인의 생산능력(capacity) 비교를 위해 각 조립라인의 주기시간 당 생산되는 제품의 수가 활용된다.
> c. 조립라인에 존재하는 재공품이 20개이고 주기시간이 2분인 경우, 조립라인의 처리시간(flow/throughput time)은 30분 이내이다.
> d. 주기시간은 가장 짧은 작업시간을 갖는 작업장과 가장 긴 작업시간을 갖는 작업장의 작업시간 사이의 값을 갖는다.

① a   ② c   ③ a, b   ④ b, c   ⑤ c, d

42 다음과 같이 순서의 변경이 가능한 7개의 작업요소로 구성된 조립라인에서 시간당 20개의 제품을 생산한다. 공정균형화(Line-Balancing)를 고려한 주기시간(Cycle Time)과 공정효율(Efficiency)은? [2017 7급 감사직]

작업요소	A	B	C	D	E	F	G
시간(초)	100	90	45	110	50	100	85

① 110초, 약 81%   ② 110초, 약 107%
③ 180초, 약 81%   ④ 180초, 약 107%

43 제시된 생산운영관리의 목표를 달성하기 위한 방안 및 이에 관한 설명으로 가장 적절한 것은? 2017 CPA

① 원가절감: 설비 가동률의 최소화를 통한 규모의 경제(economies of scale) 달성
② 제품개발 시간의 단축: 지도카(Jidoka) 및 안돈(Andon)의 도입을 통한 제품개발 프로세스 개선 및 고객중심설계 적용
③ 제품 믹스(mix)의 유연성 강화: 작업준비시간(set-up time)의 단축 및 차별화지연(delayed differentiation) 등의 활용
④ 품질향상: 식스시그마(Six Sigma)의 적용을 통한 프로세스 변동성(variation)의 최대화
⑤ 흐름시간(flow/throughput time)의 단축: 프로세스 개선을 통한 재공품(work-in-process)재고 및 주기시간(cycle time)의 최대화

44 다음 그림은 병렬로 배치된 공정 A와 B에서 각각 생산된 부품을 공정 C에서 조립한 후 공정 D에서 마무리 작업을 실시하는 생산시스템을 나타낸 것이다. 버퍼(buffer)는 존재하지 않으며, 각 공정의 ( )안에 표시된 숫자는 공정의 작업시간(단위: 분)이다. 생산시스템은 최소주기시간에 맞추어 운영되고 있으며, 생산시스템 가동 전 모든 공정에는 작업가능한 재공품이 존재한다. 이 생산시스템에 관한 설명으로 가장 적절한 것은?

2017 CPA

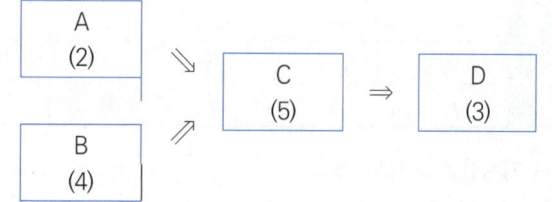

① A는 병목공정(bottleneck process)이다.
② B에 작업자 1명을 더 투입하여 작업시간을 단축시키면, B의 이용률(utilization)은 증가한다.
③ C에서는 작업공전(starving)과 작업장애(blocking)가 동시에 발생한다.
④ 흐름시간(flow/throughput time)은 10분이다.
⑤ 시간당 12개의 제품 생산이 가능하다.

45 공정성능을 나타내는 지표들에 관한 설명으로 가장 적절한 것은? 2018 CPA

① 주기시간(cycle time)의 변동없이 처리시간(flow 또는 throughput time)을 감소시키면 재공품재고도 감소되는 경향이 있다.
② 병목공정(bottleneck process)의 이용률(utilization)은 비병목공정의 이용률보다 낮다.
③ 생산능력(capacity)이 증가하면 이용률이 증가하는 경향이 있다.
④ 생산능력이 감소하면 주기시간이 짧아지는 경향이 있다.
⑤ 가동준비(setup)가 필요한 뱃치공정(batch process)에서 가동 준비시간이 늘어나면 생산능력이 증가되는 효과가 있다.

46 생산공정 및 설비배치에 관한 설명으로 가장 적절한 것은? 2018 CPA

① 제품이 다양하고 뱃치크기(batch size)가 작을수록 잡숍공정(job shop process)보다는 라인공정이 선호된다.
② 주문생산공정은 계획생산공정보다 유연성이 높지만 최종제품의 재고수준이 높아지는 단점이 있다.
③ 제품별배치에서는 공정별배치에 비해 설비의 고장이나 작업자의 결근 등이 발생할 경우 생산시스템 전체가 중단될 가능성이 낮으며 노동 및 설비의 이용률이 높다.
④ 그룹테크놀로지(GT)를 이용하여 설계된 셀룰러배치는 공정별 배치에 비해 가동준비시간과 재공품 재고가 감소되는 등의 장점이 있다.
⑤ 프로젝트공정에 주로 사용되는 고정위치배치에서는 장비와 인원 등이 작업장의 특정위치에 고정되므로 작업물의 이동경로 관리가 중요하다.

47 다음 표는 6개의 작업(task) A~F로 이루어진 조립라인에서 각 작업의 작업시간과 직전 선행작업을 나타낸 것이다. 이 조립라인에서는 하루 400분 동안 100개의 제품이 생산되도록 주기시간을 설정하고 작업장을 구성하였다. 또한, 작업장의 수가 최소가 되도록 각 작업을 작업장에 할당하였으며, 각 작업장에는 1명의 작업자를 배치하였다. 이 조립라인에 관한 설명으로 가장 적절한 것은? 2018 CPA

작업	A	B	C	D	E	F	합계
작업시간(분)	2	1.5	1.5	2	2.5	2.5	12
직전 선행작업	–	A	A	B	C	D, E	

① 조립라인의 주기시간은 2.5분이다.
② 각 작업 간의 선후행 관계를 고려하지 않았을 때, 이론적 최소 작업장의 수는 2개이다.
③ 조립라인은 3개의 작업장으로 구성된다.
④ A와 D는 같은 작업장에 할당된다.
⑤ F만으로 하나의 작업장이 구성된다.

48 라인밸런싱(line balancing)에 관한 설명으로 가장 적절하지 않은 것은? 2019 CPA

① 밸런스 효율(balance efficiency)과 밸런스 지체(balance delay)를 합하면 항상 100%가 된다.
② 최다 후속작업 우선규칙이나 최대 위치가중치(positional weight) 우선규칙 등의 작업할당 규칙은 휴리스틱(heuristic)이므로 최적해를 보장하지 않는다.
③ 주기시간(cycle time)은 병목(bottleneck) 작업장의 작업시간과 동일하다.
④ 주기시간을 줄이기 위해서는 작업장 수를 줄일 필요가 있다.
⑤ 작업장 수를 고정하면 주기시간을 줄일수록 밸런스 효율은 향상된다.

49 MTS(make-to-stock)에서 MTO(make-to-order) 프로세스로 변경할 경우 유리할 것으로 예상되는 상황만을 모두 선택한 것은? `2023 CPA`

> a. 제품의 생산속도가 느리고 경쟁우위 유지에 제품 공급의 신뢰성이 중요하다.
> b. 제품의 수요에 대한 예측이 비교적 용이하다.
> c. 제품의 생산속도가 빠르고 수요를 초과하여 생산할 경우 폐기비용이 크다.
> d. 수요의 변동이 비교적 크고 제품의 재고비용이 크다.

① a, b ② a, c ③ b, c ④ b, d ⑤ c, d

50 생산공정 및 설비배치에 관한 설명으로 적절하지 않은 항목만을 모두 선택한 것은? `2023 CPA`

> a. 제품별 배치는 공정별 배치에 비해 자재와 부품의 이동이 복잡하기 때문에 이동시간과 대기시간 관리가 중요하다.
> b. 집단가공법(group technology)은 기계설비가 중복투자될 수 있고 부품분류에 따른 작업량이 증가할 수 있다는 단점이 있다.
> c. 플로우샵(flow shop) 공정은 잡샵(job shop) 공정에 비해 범위의 경제(economies of scope) 효과를 통해 원가 절감을 하기에 더 유리하다.
> d. 직선 라인배치에 비해 U자나 S자형 라인배치는 인력의 탄력적 운용에 더 유리하며 문제 발생 시 작업자 간의 협업이 더 용이하다.

① a, b ② a, c ③ b, c ④ b, d ⑤ c, d

51 생산방식과 설비배치에 관한 설명으로 가장 적절하지 않은 것은? `2022 CPA`

① 수요의 변동성이 낮고 완제품에 대한 재고비용이 크지 않을 경우 계획생산 방식이 주문생산 방식에 비해 유리하다.
② 제품별 배치(product layout)는 전용설비가 사용되므로 범용설비가 사용되는 공정별 배치(process layout)에 비해 설비투자 규모가 크다.
③ 제품 생산과정이 빠르고 수요를 초과한 생산량에 대한 폐기비용이 클 경우 계획생산 방식이 주문생산 방식에 비해 유리하다.
④ 처리 대상 제품 또는 서비스에 따라 요구사항이 다를 경우 제품별 배치보다 공정별 배치가 적합하다.
⑤ 셀룰러 배치(cellular layout)의 경우 그룹 테크놀로지(group technology)를 활용하여 제품별 배치의 이점과 공정별 배치의 이점을 동시에 얻을 수 있다.

52. 다음 그림과 같이 버퍼(buffer)가 존재하지 않는 4개의 작업장으로 구성된 생산 프로세스에 관한 설명으로 가장 적절하지 않은 것은? (단, 각 작업장에 기재된 시간은 각 작업장에서 투입된 재공품 1단위를 처리하는 데 걸리는 시간이다.) 2022 CPA

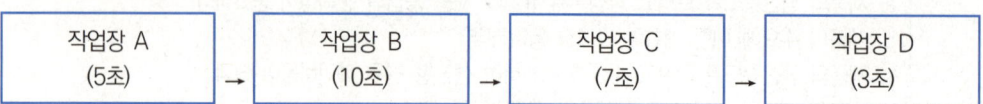

① 이 생산 프로세스의 흐름시간(flow time)은 25초이다.
② 병목(bottleneck)이 발생하는 작업장은 작업장 B이다.
③ 작업장 C에서는 작업공전(starving)이 발생한다.
④ 이 생산 프로세스의 시간당 생산량은 720단위이다.
⑤ 작업장 D의 이용률(utilization rate)은 30%이다.

53. 주민센터 A의 업무 프로세스는 리틀의 법칙(Little's law)을 따른다. 이 주민센터의 시간당 처리 민원인 수가 10명이고, 민원인 한 명이 민원 해결을 위해 평균 30분을 주민센터에 머문다고 할 경우 어느 특정 시간에 주민센터 A 내에 머물고 있는 평균 민원인 수는? (단, 각 민원인은 주민센터에 도착한 순서대로 서비스를 받고 민원이 해결되는 즉시 주민센터를 떠나는 것으로 가정한다.) 2022 CPA

① 2명   ② 5명   ③ 10명   ④ 20명   ⑤ 60명

54. 슈메너(Schmenner)의 서비스 프로세스 매트릭스에 관한 설명으로 가장 적절하지 않은 것은? 2022 CPA

① 전문서비스(professional service)는 노동집약도와 고객화 정도가 모두 높은 서비스를 의미한다.
② 대량서비스(mass service)에는 소매업, 학교, 소매금융 등이 속한다.
③ 서비스 공장(service factory)에는 항공사, 운수회사, 호텔 등이 속한다.
④ 서비스 숍(service shop)은 노동집약도는 높으나 고객화 정도는 낮은 특징이 있다.
⑤ 전문서비스는 높은 수준의 인건비와 고객화 정도 때문에 비효율적인 경향이 있다.

Chapter 2 수요예측 및 생산능력계획

I | OX문제

1 지수평활법에서 평활상수가 크면 최근의 수요변화를 빨리 반영할 수 있으나 평활효과는 감소한다. ⊙⊠

2 결정계수란 회귀식의 적합도를 재는 척도로서, 회귀분석에서 종속변수 Y의 데이터 yi에 대하여, yi의 총변동합에 대한 변동합의 비율을 나타내며, 상관계수는 물가와 화폐발행고 또는 가계의 소득과 소비지출 사이에 어느 정도의 관계가 있는가를 알고자 하는 경우처럼, 두 개의 변량 X와 Y간에 존재하는 관계의 정도를 측정하는 척도이다. ⊙⊠

3 평균오차가 0이라는 것은 예측치가 실제치를 정확하게 예측하였음을 의미한다. ⊙⊠

4 기간이 경과함에 따라 누적오차가 증가하고 있다는 것은 예측이 과소하게 되고 있다는 것이다. ⊙⊠

5 평균자승오차가 0이면 평균오차가 0이 나오며, 또한 평균오차가 0인경우에도 평균자승오차가 0이 나온다. ⊙⊠

6 예측오차의 통제적 개념으로서 예측기법이 실제수요변화를 정확히 예측하고 있는지를 나타내는 지표인 추적지표(TS: tracking signal)를 통해 일반적으로 예측기법의 정확도를 평가하는데 정확도가 높을수록 추적지표 값은 양(+)의 값을 가진다. ⊙⊠

7 유효생산능력은 설계명세서에 명시되어 있는 생산능력으로 설비가 생산가능한 최대생산능력을 의미한다. ⊙⊠

---

1 O
2 O
3 X | 평균오차가 0이라는 것은 편의가 없음을 의미하는 것이지 정확하게 예측하였다는 것을 의미하는 것은 아니다.
4 O
5 X | 평균자승오차가 0이면 평균오차가 0이 나오지만 +, - 상쇄효과로 인해서 평균오차가 0이라고 해서 평균자승오차가 0이 나오는 것은 아니다.
6 X | 추적지표(TS: tracking signal)는 예측오차의 통제적 개념으로서 예측기법이 실제수요변화를 정확히 예측하고 있는지를 나타내는 지표이며, 누적오차를 평균절대오차로 나누어 계산한다. 따라서 추적지표는 양(+)과 음(-)의 값을 모두 가질 수 있으며, 일반적으로 예측기법의 정확도가 높을수록 추적지표 값은 0에 수렴한다. 추적지표가 양의 방향으로 커지면 과소예측, 음의 방향으로 커지고 있으면 과대예측되고 있음을 보여준다.
7 X | 설계명세서에 명시되어 있는 생산능력으로 설비가 생산가능한 최대생산능력은 설계생산능력(최대생산능력)이다.

8 생산능력이란 제품인 서비스를 생산할 수 있는 능력으로 설계능력-유효능력-실제생산량 순으로 크기가 작아진다. ⃞O ⃞X

9 다른 조건이 동일할 경우 실제산출량이 일정하다면 유효생산능력이 커질수록 생산능력의 효율성은 낮아진다. ⃞O ⃞X

10 유효생산능력은 주어진 여건(점심시간, 유휴시간, 품질수준 달성 등)하에서 정상적으로 작업을 할 경우 달성 가능한 최대 산출능력을 의미하며, 설비의 설계명세서에 명시되어 있는 생산능력은 정상생산능력이다. ⃞O ⃞X

11 여유생산능력은 수요의 변동이 클수록 작게 유지하고 자본집약도가 높을수록 크게 유지하는 것이 바람직하다. ⃞O ⃞X

12 장기적으로 기업은 단위당 평균비용의 관점에서 조업의 이상적 최적수준을 실현한다. 단위당 평균비용이 최소인 생산능력의 이용률을 최적 조업도(best operating level)라고 한다. ⃞O ⃞X

13 규모가 큰 시설이 규모의 경제를 가져오므로 성공에 필수적이라는 생각에 정면으로 대립하는 개념이 일본에서 유행한 집중화 공장(focused factory)으로서 오늘날 제품과 기술 수명주기가 짧고 유연성이 중요한 기업환경에서 제품 유연성과 수량 유연성에 적절히 대처하기 위해서는 집중화 공장이 옳은 선택이라고 할 수 있다. ⃞O ⃞X

14 확장주의전략에 따라 생산능력을 확장하게 되면 설비이용율은 극대화시킬 수 있으나 수요를 잠식당할 우려가 있다. ⃞O ⃞X

15 전략적 시설증설의 시기판단 관련 세 가지 전략 중에서 어떤 전략을 선택할 것인가는 생산능력비율(capacity ratio ; CR)을 고려하여 선택할 수 있는데 CR 값이 0.5보다 큰 경우는 사후증설전략을 선택하는 것이 합당하다. ⃞O ⃞X

---

8 O
9 O
10 X | 설비의 설계명세서에 명시되어 있는 생산능력은 설계생산능력이다.
11 X | 수요변동이 크면 여유생산능력을 크게 유지하고, 자본집약도가 크면 여유생산능력을 작게 유지하는 것이 바람직하다.
12 O
13 O
14 X | 설비이용율은 극대화시킬 수 있으나 수요를 잠식당할 우려가 있는 생산능력 확장전략은 지연주의 전략이다.
15 X | 사전확장전략을 펼치는 것이 합당하다.

$$CR = \frac{C_s - C_e}{C_s}$$

C_s: 단위당 품절비용
C_e: 초과능력비용

CR > 0.5	▶ 사전확장전략
−0.5 ≤ CR ≤ 0.5	▶ 기대가치유지전략
CR < −0.5	▶ 사후증설전략

16 기회손실이란 어떤 특정 상황이 발생하였을 경우 특정 대안을 선택하지 않음으로써 후회하게 되는 후회값을 의미하는 것으로 각 상황별 최대값에서 대안별 값을 차감하면 된다. ☐O ☐X

17 후르비츠 준거는 현실적으로 100% 낙관기준이나 100% 비관기준이 없다고 가정하고 낙관 정도에 따라 0에서 1 사이의 값을 갖는 낙관계수를 사용하여 의사결정을 하는 기법이다. ☐O ☐X

18 처리시간(flow time 또는 throughput time)이 동일한 두 공정에서 일반적으로 주기시간이 짧은 공정의 재공품(WIP: Work-in-process) 개수가 적다. ☐O ☐X

19 공정시간(rum time)은 여러 가지 다른 종류의 제품을 공동 장비를 활용하여 생산할 때 발생하게 되는 시간으로, 한 종류의 제품에 대한 생산활동을 마감하고 다른 종류의 제품으로 변환할 때 여러 가지 준비를 위하여 작업을 멈추어야 하는 시간을 의미한다. ☐O ☐X

20 배치크기(batch size)에 관계없이 일정한 가동준비시간(set-up time)과 단위 제품 당 동일한 공정시간(run time)을 갖는 공정에서 배치크기가 증가하면,(가동준비 횟수가 줄어들기 때문에) 일반적으로 공정의 생산능력(capacity)이 감소하는 경향이 있다. ☐O ☐X

---

16 O
17 O
18 X | 처리시간(flow time 또는 throughput time)이 동일한 두 공정에서 일반적으로 주기시간이 짧은 공정의 재공품(WIP: Work-in-process) 개수가 많다. 주기 시간(cycle time)은 각 작업장에 한 단위 생산에 걸리는 최대시간을 의미한다. 리틀의 법칙(Little's low)에 따르면 "제공품 재고(WIP) = 작업처리비율 · 처리시간"이므로 처리시간이 동일하다면, 작업처리비율이 높을수록 재공품 재고는 많아지게 된다. 만약 주기시간(cycle time)이 짧아진다면, 작업처리비율(throughput rate)은 높아지므로, 공정의 재공품(WIP-in-process) 개수가 많아진다.
19 X | 공정시간(rum time)은 가공하여야 하는 배치 단위를 완성하는데 필요한 작업시간을 의미한다. 설명은 가동준비시간에 대한 설명으로서 가동준비시간(setup time)은 여러 가지 다른 종류의 제품을 공동 장비를 활용하여 생산할 때 발생하게 되는 시간으로, 한 종류의 제품에 대한 생산활동을 마감하고 다른 종류의 제품으로 변환할 때 여러 가지 준비를 위하여 작업을 멈추어야 하는 시간을 의미한다.
20 X | 공정시간(rum time)은 가공하여야 하는 배치 단위를 완성하는데 필요한 작업시간을 의미하는데, 각 물건을 가공하는데 걸리는 시간에 배치 크기를 곱함으로써 도출할 수 있다. 만약 배치크기(batch size)에 관계없이 일정한 가동준비시간(set-up time)과 단위 제품 당 동일한 공정시간(run time)을 갖는 공정에서 배치크기가 증가하면,(가동준비 횟수가 줄어들기 때문에) 일반적으로 공정의 생산능력(capacity)이 증가하는 경향이 있다.

II | 개념정리문제

❶ 수요예측

1 다음 수요예측기법 중 인과형(causal) 모형에 속하는 것은? `2010 가맹거래사`

① 시계열분해법 ② 지수평활법 ③ 다중선형회귀분석
④ 이동평균법 ⑤ 추세분석법

2 다음 수요예측기법 중 시계열분석기법이 아닌 것은? `2014 가맹거래사`

① 이동평균법 ② 지수평활법 ③ 추세분석법
④ 선도지표법 ⑤ 전기수요법

3 수요예측의 정성적 기법에 해당하지 않는 것은? `2011 가맹거래사`

① 지수평활법 ② 시장조사법 ③ 델파이법
④ 패널동의법 ⑤ 역사적 유추법

4 수요예측 기법 중 정성적 기법에 해당되지 않는 것은? `2012 노무사`

① 델파이법 ② 시계열분석 ③ 전문가패널법
④ 자료유추법 ⑤ 패널동의법

5 수요예측 방법 중 정성적(qualitative)예측법이 아닌 것은? `2017 가맹거래사`

① 경영자 판단 ② 델파이법 ③ 회귀분석
④ 소비자조사법 ⑤ 판매원 의견종합법

6 수요예측에 대한 설명으로 가장 옳은 것은? `2016 서울시 7급`

① 전문가 그룹에 대해 설문조사를 하는 델파이법은 대표적인 정량적(quantitative) 예측기법이다.
② 종속변수가 독립변수를 설명하는 능력은 결정계수의 크기로 측정한다.
③ 단순이동평균법(simple moving average method)에서 이동평균기간을 길게 잡을수록 최근의 추세변화에 민감하게 반응할 수 있다.
④ 인과형 예측모형의 대표적인 기법으로 회귀분석을 들 수 있다.

7 다음 중 시계열 수요예측 기법에 대한 설명으로 가장 옳은 것은? 2017 서울시

① 과거에 발생하지 않았던 요소를 고려하여 미래의 수요를 예측한다.
② 시계열 수요예측 기법에는 델파이 방법과 회귀분석 방법 등이 있다.
③ 일반적으로 시계열은 추세, 계절적 요소, 주기 등과 같은 패턴을 갖는다.
④ 전략적 계획을 수립하는 데 필요한 장기적인 시장 수요를 파악하기 위하여 주로 사용된다.

8 다음 중 수요예측기법에 관한 설명으로 알맞지 않은 것은? 2006 국민연금공단

① 시장조사법은 수요예측의 질적(정성적) 기법 중 시간과 비용이 가장 많이 들며 설문지, 전화 등을 통해 소비자 의견을 묻는다.
② 지수평활법은 수요예측의 양적 기법으로서 현재에 가까운 과거의 자료에 높은 가중치를 주고 수요를 예측하는 방법이다.
③ 이동평균법은 평균의 계산기간을 순차적으로 1기간씩 이동시켜 나가며 수요를 예측하는 기법으로 계절변화의 분석에 유용하다.
④ 과거자료유추법은 새로운 제품의 개발 시에 기능 면에서 비슷한 기존 제품에 대한 자료를 이용하여 수요를 예측하는 양적(정량적) 방법으로서 생산시설의 장기예측에 유용하다.

9 다음의 수요예측기법 중 그 성격이 가장 이질적인 것은? 2011 한국수력원자력

① 델파이법 ② 시계열분석 ③ 이동평균법 ④ 지수평활법

10 다음 중 수요예측기법에 대한 설명으로 알맞지 않은 것은? 2005 한국토지주택공사

① 회귀분석법은 수요를 예측하는 인과 관계형 분석의 일종이다.
② 시계열분석방법은 추세, 순환, 계절적 변동, 불규칙 변동 등의 특징이 있다.
③ 이동평균법은 예측하려는 제품의 수요와 이에 영향을 미치는 요인들 간의 상관관계를 분석해 수요를 예측하는 기법이다.
④ 지수평활법은 현 시점에 가까운 실제치에 큰 비중을 두고 있는 양적 수요예측기법이다.
⑤ 경영자판단법은 질적 수요예측기법이다.

11 다음 중 수요예측에 대한 설명으로 알맞지 않은 것은? 2010 한국수력원자력

① 인과관계형 분석에서 가장 많이 사용되는 것은 델파법이다.
② 비계량적 예측기법에는 소비자조사법, 경영자판단법 등이 있다.
③ 정량적 예측기법으로는 이동평균법, 지수평활법. 분해법 등이 있다.
④ 지수평활법은 현재에 가까운 과거의 자료에 높은 가중치를 주고 수요를 예측하는 방법이다.

12 다음 글에 대한 설명으로 알맞은 것은? 2004 한국수자원공사

> 과거자료에서 추세나 경향을 파악하며 미래의 단기 수요를 예측하려는 양적 수요예측기법이다.

① 시장조사법 ② 델파이법 ③ 시계열분석기법 ④ 전문예측법

13 최근 3개월 자료로 가중이동평균법을 적용할 때, 5월의 예측생산량은? (단, 가중치는 0.5, 0.3, 0.2를 적용한다.) 2017 공인노무사

구분	1월	2월	3월	4월
제품 생산량(개)	90만	70만	90만	110만

① 87만개 ② 90만개 ③ 93만개 ④ 96만개 ⑤ 99만개

14 다음 자료를 이용하여 지수평활법에 의해 계산한 6월의 판매예측치는? 2016 가맹거래사

> • 5월 예측치 10,000대   • 5월 실제치 11,000대   • α(평활상수) 0.3

① 10,100대 ② 10,200대 ③ 10,300대
④ 10,400대 ⑤ 10,500대

15 다음 중 지수평활법에 대한 설명을 알맞은 것은? 2011 SH 공사

① 질적 수요예측기법 중 하나이다.
② 우편을 통한 설문지로 전문가그룹에게 자료를 수집한다.
③ 최근의 자료가 과거의 자료보다 미래를 더 잘 반영한다는 전제를 갖고 있다.
④ 현 시점에 가까운 실제 치에는 비중을 적게 두고 과거의 수치에는 큰 비중을 주어 수요를 예측하는 방법이다.

16 A제품의 지난달 수요예측치가 200개였는데, 지난달 실제 수요는 150개였다. 평활상수가=0.3이라면, 단순지수평활법(simple exponential smoothing)에 의한 A제품의 이번 달 수요예측치는? 2012 가맹거래사

① 165개 ② 175개 ③ 185개 ④ 195개 ⑤ 215개

17 2014년 5월 수요예측치는 200개이고 실제수요치는 180개인 경우, 지수평활계수가 0.8이면 단순지수평활법에 의한 2014년 6월 수요예측치는? 2014 노무사

① 164개 ② 184개 ③ 204개 ④ 214개 ⑤ 224개

18 수요예측기법 중 시계열(time-series)과 시계열분석기법에 관한 설명으로 옳지 않은 것은? [2012 가맹거래사]

① 시계열은 특정 현상을 일정시간 간격으로 관찰하여 얻어지는 일련의 관측치이다.
② 시계열분석기법은 과거의 수요패턴이 미래에도 계속될 것이라는 가정하에 수요를 예측한다.
③ 대표적인 시계열분석기법에는 이동평균법, 지수평활법, 추세분석법이 있다.
④ 시계열분석기법은 수요패턴의 전환점이나 근본적 변화를 예측할 수 있다.
⑤ 시계열은 추세, 계절적 변동, 순환요인 및 불규칙 변동과 같은 패턴을 가지고 있다.

19 시계열(time-series)분석기법은 시계열의 구성요소를 4가지로 정의한다. 구성요소에 해당하지 않는 것은? [2011 가맹거래사]

① 추세(trend)
② 회귀적 요인(regressional element)
③ 계절적변동(seasonal variation)
④ 불규칙 변동(irregular variation)
⑤ 순환 요인(cyclical element)

20 시계열(time series) 분해법은 시계열변동을 4가지 구성요소로 분해하여 수요를 예측하는 방법이다. 4가지 구성요소에 해당하지 않는 것은? [2013 노무사]

① 계절(seasonal) 변동
② 추세(trend) 변동
③ 불규칙(irregular) 변동
④ 순환(cyclical) 변동
⑤ 인과(causal) 변동

21 수요예측기법들에 대한 설명으로 옳은 것은 무엇인가? [2013 7급 공무원]

① 지수평활법은 평활상수가 클수록 최근 자료에 더 높은 가중치를 부여한다.
② 회귀분석법은 실제치와 예측치의 오차를 자승한 값의 총 합계가 최대화되도록 회귀계수를 추정한다.
③ 이동평균법은 과거의 모든 자료를 반영하고, 최근 자료일수록 가중치를 낮게 부여한다.
④ 이동평균법은 이동평균의 계산에 사용되는 과거자료의 개수(n)가 클수록 수요예측의 정확도가 높아진다.

22 수요예측기법(demand forecasting technique)의 평가에 대한 설명으로 옳은 것은? [2015 7급 감사직]

① 수요예측과정에서 발생하는 예측오차들(forecasting errors)의 합은 영(zero)에 수렴하는 것이 바람직하다.
② 평균절대편차(mean absolute deviation)는 편차들의 평균이 사전에 설정한 절댓값을 초과하는지 여부를 평가하는 방법이다.
③ 평균제곱오차(mean absolute deviation)는 편차들의 평균이 사전에 설정한 절댓값을 초과하는지 여부를 평가하는 방법이다.
④ n기간 동안(단, n≥2) 예측오차들의 합이 영(zero)이라면 동일기간 평균절대편차값도 반드시 영(zero)이 된다.

23. 다음의 수요예측 기법중 시계열 예측기법에 해당하는 것을 모두 고른 것은? [2023 공인노무사]

| ㄱ. 이동평균법   ㄴ. 지수평활법   ㄷ. 델파이 기법 |

① ㄱ ② ㄴ ③ ㄱ, ㄴ ④ ㄴ, ㄷ ⑤ ㄱ, ㄴ, ㄷ

24. 다음 중 시계열분석기법에 속하는 수요예측 방법과 가장 옳지 않은 것은? [2022 9급 군무원]

① 델파이법 ② 이동평균법 ③ 지수평활법 ④ 추세분석법

25. 최근 5개월간의 실제 제품의 수요에 대한 데이터가 주어져 있다고 할 때, 3개월 가중이동평균법을 적용하여 계산된 5월의 예측 수요 값은? (단, 가중치는 0.6, 0.2, 0.2이다.) [2024 공인노무사]

구분	1월	2월	3월	4월
실제 수요(개)	680만	820만	720만	540만

① 606만개 ② 632만개 ③ 658만개 ④ 744만개 ⑤ 766만개

26. (주)한국의 4개월간 제품 실제 수요량과 예측치가 다음과 같다고 할 때, 평균절대오차(MAD)는? [2022 공인노무사]

월(t)	실제수요량(Dt)	예측치(Ft)
1월	200개	225개
2월	240개	220개
3월	300개	285개
4월	270개	290개

① 2.5 ② 10 ③ 20 ④ 412.5 ⑤ 1650

27. 다음 중 수요예측과 관련된 정량적 기법에 대한 설명으로 가장 적절하지 않은 것은? [2024 7급 군무원]

① 정량적 수요예측은 단순이동평균법이나 지수평활법 등 시계열 예측기법과 선형추세법이나 다중 회귀 예측 등 인과적 예측기법으로 나눌 수 있다.
② 단순이동평균법은 최근의 과거 수요를 사용하여 예측하는 기법으로, 수요가 시간에 따라 불안정할 때 상당히 신뢰할 수 있다.
③ 지수평활법은 정교한 형태의 가중 이동 평균 예측으로, 다음 기간의 예측치는 현재 기간의 예측치에서 현재 기간의 실제 데이터와 예측 기간의 가중 차이를 조정한 것이다.
④ 다중 회귀 예측은 종속변수인 수요를 예측하는 데 여러 독립변수가 함께 사용되는 경우 사용되는 방법이다.

28 다음 중 수요예측 기법에 대한 설명으로 가장 옳지 않은 것은? <small>2022 7급 군무원</small>

① 주관적 모형의 델파이기법은 주어진 분야의 전문가들에게 반복적인 질의와 응답을 통한 합의를 도출한다.
② 일반적으로 예측기간은 주관적 모형에서 인과형 모형, 그리고 시계열 모형을 이동함에 따라 점점 짧아진다.
③ 주관적 모형의 상호영향분석 기법은 미래의 사건이 이전 사건의 발생과 관련이 있다고 가정하고 미래사건의 발생가능성을 추정한다.
④ 주관적 모형의 역사적 유추법은 독립변수와 종속변수 간의 관계를 파악하여 수요를 예측한다.

29 국방산업(주)은 단순지수평활법(simple exponertial smoothing)을 이용하여 수요를 예측하고 있다. 다음 표는 4월과 5월의 수요예측치와 실제 수요를 나타낸 것이다. 다음 중 6월의 수요예측치와 가장 가까운 것은? <small>2024 7급 군무원</small>

월	4월	5월	6월
수요예측치	60	50	?
실제수요	52	55	

① 54.75   ② 56.25   ③ 57.75   ④ 59.25

❷ 생산능력계획

30 다음 중 현실적인 조건하에서 달성가능한 최대산출률을 의미하는 생산능력은? <small>2004 한국토지주택공사</small>

① 최대생산능력   ② 유효생산능력   ③ 실제생산능력
④ 설계생산능력   ⑤ 실제산출률

31 다음 생산능력의 3가지 개념 중 크기가 큰 순서대로 있는 것은? <small>2006 국민연금공단</small>

① 설계능력 - 유효능력 - 실제생산량   ② 설계능력 - 유효능력 - 한계생산력
③ 유효능력 - 설계능력 - 실제생산량   ④ 유효능력 - 설계능력 - 한계생산량

32 다음 생산능력 중 작은 순서대로 놓인 것은? <small>2007 한국공항공사</small>

① 실제 생산량 - 설계능력 - 유효능력   ② 설계능력 - 실제 생산량 - 유효능력
③ 유효능력 - 설계능력 - 실제 생산량   ④ 실제 생산량 - 유효능력 - 설계능력

33 생산능력(capacity)에 대한 설명으로 가장 옳지 않은 것은? ` 2021 7급 군무원 `

① 규모의 경제(economic of scale)는 생산량이 고정비를 흡수하게 됨으로써 단위당 고정비용이 감소하는 것을 의미한다.
② 실제생산능력(actual output rate)은 생산시스템이 실제로 달성하는 산출량이다.
③ 병목(bottleneck)을 고려한 정상적인 조건하에서 보여지는 산출량은 유효생산능력(effective capacity)이다.
④ 생산능력 이용률(capacity utilization)은 설계생산능력(design capacity)이 커지면 함께 증가한다.

34 규모의 불경제(diseconomies of scale)의 원인으로 가장 적절하지 않은 것은? ` 2021 7급 군무원 `

① 설비규모의 과도한 복잡성에서 초래되는 비효율성
② 과도한 안전 비용에서 초래되는 비효율성
③ 과도한 고정비에서 초래되는 비효율성
④ 과도한 근로인력 규모에서 초래되는 비효율성

35 다음은 생산능력(production capacity)에 관한 여러 설명들이다. 이들 중 가장 적절한 것은? ` 2024 7급 군무원 `

① 유효생산능력(effective capacity)은 설비의 설계명세서에 명시되어 있는 생산능력으로, 설비 운영의 내적·외적 요인에 영향을 받지 않고 생산 가능한 최대 생산량이다.
② 규모의 경제(economies of scale)란 생산량의 증가 등으로 인해 단위당 변동비가 줄어들어 단위당 평균원가가 감소하는 현상을 의미한다.
③ 최적조업도는 단위당 고저원가가 최소로 되는 산출량을 말한다.
④ 유효생산능력(effective capacity)은 설계생산 능력(design capacity)을 초과할 수 없다.

36 다음 중에서 일정 기간 내의 생산의 절대량이 증가할수록 제품(또는 제품을 생산하는 작업)의 단가가 저하되는 현상을 설명으로 가장 옳은 것은? ` 2022 9급 군무원 `

① 규모의 경제   ② 범위의 경제   ③ 경험효과   ④ 시너지

III | 심화문제

1 다음 중 수요예측기법으로 적절하지 않은 것은? [1992 CPA]

① 탐색결정기법　　② 최소자승법　　③ 이동평균법
④ 지수평활법　　　⑤ 델파이법

2 다음의 수요예측기법에 대한 설명 중 틀린 것은? [1995 CPA]

① 시장조사법 – 정성적 방법　　② 델파이법 – 정량적 방법
③ 회귀분석법 – 정량적 방법　　④ 선도지표방법 – 정량적 방법
⑤ 시계열법 – 정량적 방법

3 수요예측기법 중 인과형 예측기법(causal forecasting methods)에 해당하는 것은? [2019 공인노무사]

① 델파이법　　　　② 패널동의법　　③ 회귀분석법
④ 판매원 의견종합법　⑤ 자료유추법

4 ㈜한국의 연도별 제품 판매량은 다음과 같다. 과거 3년간의 데이터를 바탕으로 단순이동평균법을 적용하였을 때 2020년도의 수요예측량은? [2020 공인노무사]

연도	판매량(개)
2014	2,260
2015	2,090
2016	2,110
2017	2,150
2018	2,310
2019	2,410

① 2,270　　② 2,280　　③ 2,290　　④ 2,300　　⑤ 2,310

5 K회사의 금년도 9월말의 판매예측치가 1,000개이고 실제 판매량이 1,500개였다. K회사의 10월 판매 예측치를 단순지수평활법(exponential smoothing)으로 계산하면 얼마인가? 평활상수는 0.2이다. [1999 CPA]

① 1,000개　　② 1,100개　　③ 1,400개
④ 1,500개　　⑤ 1,600개

6 단순지수평활법(simple exponential smoothing)을 활용한 수요예측에 관한 설명으로 가장 적절하지 않은 것은? 2020 CPA

① 당기예측치는 전기예측치에 전기예측오차(전기실제치와 전기예측치의 차)의 일정부분을 더하는 방식으로 계산한다.
② 평활상수의 값을 크게 하면 최근의 수요변화에 더 민감하게 반응하고, 작게 하면 평활효과(smoothing effect)가 커진다.
③ 평활상수의 값을 작게 하면 전기실제치에 부여되는 가중치가 작아진다.
④ 과거 수요의 변동이 크고 평활상수의 값이 1.0인 경우, 당기예측치는 전기예측치와 같다.
⑤ 과거 실제치에 대한 가중치는 현재로부터 멀어질수록 지수적으로 하락한다.

7 생산능력(production capacity)에 관한 다음 설명 중 틀린 것은? 1999 CPA

① 생산능력은 기업의 공급능력, 원가구조, 재고정책 등에 중대한 영향을 미친다.
② 유효능력(effective capacity)은 설비의 설계명세서에 명시되어 있는 생산능력으로 설비운영의 내·외적 요인에 영향을 받지 않고 생산가능한 최대생산량이다.
③ 효율(efficiency)은 실제생산량을 유효능력(effective capacity)으로 나눈 값으로 정의된다.
④ 생산능력을 단기적으로 조정하는 방법으로 잔업, 작업교대조 확대, 하청 등이 있다.
⑤ 최적조업도는 단위당 평균원가가 최소로 되는 산출량이다.

8 예측모형으로는 다양한 수요요인을 완벽하게 표현할 수 없기 때문에 예측치와 실측치 사이에는 오차가 발생하는 것이 보통이다. A회사는 평활상수(α) 0.9의 단순지수평활법(simple exponential smoothing)을 이용하여, 지난 10년간 분기별 수요를 예측하였다. 그 결과 예측의 성과를 설명하는 여러 가지 측정치 중에서 평균오차(mean error)가 0이고, 평균자승오차(mean squared error)가 100으로 계산되었다. 다음 중 옳은 것은? 2002 CPA

> a. 평균오차가 0이므로 예측은 완벽하다.
> b. 예측치의 편의(bias)는 없다.
> c. 평균자승오차가 100이므로 평균절대편차(mean absolute deviation)는 10이다.
> d. 예측오차가 존재하나 그 크기가 실측치에 비해 상대적으로 얼마나 큰지는 알 수 없다.
> e. 최근의 수요변화에 신속히 반응하는 예측모형을 사용하였다.
> f. 평활상수의 값으로 볼 때 평활효과가 매우 크다는 것을 알 수 있다.

① b, d, e   ② a, b, e   ③ b, e, f   ④ b, c, d   ⑤ a, c, f

9 수요예측기법에 관한 다음의 설명 중 옳은 것은? [2003 CPA]

① 단순이동평균법(simple moving average method)에서 이동평균기간을 길게 잡을수록 최근의 추세변화에 민감하게 반응할 수 있다.
② 인과형 예측모형에서는 수요를 여러가지 기업환경 요인에 의해 나타나는 결과로 간주하는데, 이 범주에 속한 대표적인 예측기법으로 회귀분석을 들 수 있다.
③ 단순지수평활법(simple exponential smoothing method)에서 평활상수(smoothing parameter) α가 크면 클수록 먼 과거 자료에 대한 가중치가 급격히 줄어들므로 평활효과가 증가하게 된다.
④ 가법적 계절변동(additive seasonal variation)분석에서는 수요의 평균치가 증가함에 따라 계절적 변동폭이 합산되면서 증가하는 것으로 가정한다.
⑤ 어떤 수요 예측치와 실측치로부터 계산된 평균오차(mean error)가 0이라는 것은 그 예측이 완벽하게 맞았음을 의미하는 것이다.

10 수요예측에 관한 다음의 설명 중 옳은 것은? [2004 CPA]

① 수요예측오차의 척도 중 평균절대오차(mean absolute deviation)는 예측치가 실제치를 완벽하게 나타내지 않더라도 그 값이 0이 될 수 있다.
② 시계열 수요 자료를 분해하여 분석하는 목적은 자료에 내재되어 있는 임의변동(random variation)의 패턴을 분석하여 예측치에 반영하는 것이다.
③ 가중이동평균법(weighted moving average method)을 사용하면 과거자료 중 최근의 실제치를 더 많이 예측치에 반영할 수 있다.
④ 이동평균법(moving average method)에는 과거예측이 초래한 오차의 일정부분을 미래 예측치에 반영할 수 있는 학습효과가 내재되어 있다.
⑤ 지수평활법(exponential smoothing method)을 사용하면 예측치의 산정에 반영될 과거 기간의 수(n)를 조절함으로써 예측의 정확성을 높일 수 있다.

11 수요예측방법에 대한 설명들 중에서 가장 적절한 항목들로 구성된 것은? [2006 CPA]

> a. 전문가 그룹에 대해 설문조사를 하는 델파이법은 대표적인 정량적(quantitative) 예측기법이다.
> b. 지수평활법은 중요한 원인변수들에 대해 가중치를 다르게 부여하는 정성적(qualitative) 예측기법이다.
> c. 초점예측(focus forecasting)은 과거 정보로부터 논리적 규칙을 도출하여 이를 과거자료에 대한 시뮬레이션을 통해 검증하는 방식으로 진행된다.
> d. 시계열 분석(time-series analysis)이란 특정시점에서 수요에 영향을 주는 변수들을 구별해 내는 것이다.
> e. 인과관계(causal relationship)에 근거한 예측을 수행하기 위한 대표적인 도구는 다중회귀분석이다.

① a, b   ② b, c   ③ c, d   ④ c, e   ⑤ c, d, e

12 생산능력에 관한 다음의 기술 중 가장 적절하지 않은 것은? `2008 CPA`

① 규모의 경제(economies of scale)는 생산량의 증가 등으로 인해 단위당 고정비가 줄어 단위 당 평균원가가 감소하는 현상을 의미한다.
② 규모의 비경제(diseconomies of scale)는 과도한 설비규모가 복잡성, 커뮤니케이션의 장애, 운영초점의 상실 등을 초래하여 단위당 평균원가가 상승하는 현상을 의미한다.
③ 여유생산능력(capacity cushion)은 평균가동률이 100% 이하로 떨어진 정도를 의미하며, 다른 조건이 동일하다면 수요의 변동이 큰 업종일수록 여유생산능력을 크게 유지하는 것이 바람직하다.
④ 유효생산능력(effective capacity)이란 정상적이고 일반적인 제약 하에서 경제적으로 지속가능한 최대 산출량으로서, 실제 산출량이 일정하다면 생산능력의 효율성은 유효생산능력이 클수록 커진다.
⑤ 다른 조건이 동일하다면 자본집약도가 높은 기업일수록 여유생산능력을 적게 유지하는 것이 바람직하다.

13 생산시스템 설계에 관한 다음의 설명 중 가장 적절하지 않은 것은? `2010 CPA`

① 범위의 경제(economies of scope)는 여러 제품을 각각 독립적으로 생산하는 것보다 조합하여 함께 생산함으로써 더 낮은 원가로 생산할 수 있는 능력을 의미한다.
② 능력 유연성(capacity flexibility)은 제품 생산량을 신속히 증감하거나 한 제품 또는 서비스로부터 다른 것으로 전환시키는 능력이다.
③ 총괄생산계획(aggregate production planning)은 제품군(product family)별 또는 제품구분 기준별로 생산율을 정하는 생산계획이다.
④ 여유생산능력(capacity cushion)은 기대 수요를 초과하는 생산능력이다.
⑤ 자재소요계획(MRP)은 최종제품을 언제, 얼마만큼 생산할 것인지를 나타내며 자재명세서(BOM) 등과 함께 기준생산계획(MPS)의 주요 입력자료이다.

14 수요예측에 관한 설명으로 가장 적절하지 않은 것은? `2012 CPA`

① 단순지수평활법(simple exponential smoothing)에서 평활상수값이 클수록 최근의 자료를 더 많이 반영한다.
② 델파이법은 예측에 불확실성이 크거나 과거의 자료가 없는 경우에 유용하며, 신제품 개발을 위한 예측에 사용된다.
③ 평균오차(mean error)가 0이 아닐 때에도 평균절대편차(mean absolute deviation)는 0이 될 수 있다.
④ 예측오차의 측정방법 중 평균절대비율오차(mean absolute percent error)는 수요의 크기에 대한 상대적 예측오차를 측정하는 방법이다.
⑤ 단순이동평균(simple moving average)은 과거의 데이터에 합이 1이 되는 동일한 가중치를 부여하고, 가중이동평균(weighted moving average)은 합이 1이 되는 임의의 가중치를 부여한다.

15 K사는 작년 4분기 수요를 15만 개로 예측하였으나, 실제 판매량은 13만 개였다. 단순 지수평활법 (exponential smoothing)을 사용하여 올해 1분기 수요를 예측하니 14만4천 개였다. 사용한 평활상수(α)는 얼마인가?

`2014 CPA`

① 0.1　　② 0.3　　③ 0.4　　④ 0.5　　⑤ 0.7

16 수요예측에 관한 설명으로 가장 적절하지 않은 것은?

`2015 CPA`

① 예측기법의 정확도가 높을수록 추적지표(TS: tracking signal) 값은 상승한다.
② 시계열(time series) 자료의 변동요인에는 추세, 계절변동, 순환변동, 불규칙변동이 포함된다.
③ 시계열예측법은 과거의 수요패턴이 미래에도 계속 이어진다고 가정한다.
④ 지수평활법은 최근 자료에 높은 가중치를 부여하고 현재로부터 먼 과거자료일수록 낮은 가중치를 부여하는 예측방법이다.
⑤ 단순회귀분석에서는 회귀선 부근의 변동이 우연변동(random variation)이라고 가정한다.

17 A 기업은 단순지수평활법(simple exponential smoothing)을 이용하여 수요를 예측하고 있다. 다음 표는 1월과 2월의 수요 예측치와 실제 수요를 나타낸 것이다. 3월의 수요 예측치와 가장 가까운 것은?

`2016 CPA`

월	1	2	3
수요 예측치	35	33.5	?
실제 수요	30	40	

① 34.5　　② 35.5　　③ 36.5　　④ 37.5　　⑤ 38.5

18 수요예측에 관한 설명 중 가장 적절한 것은?

`2017 CPA`

① 정량적 수요예측 기법에는 시장조사법(market research), 유추법(historical analogy), 시계열분석법 (time series analysis), 인과분석법(causal analysis) 등이 있다.
② 가중이동평균법(weighted moving average)의 일종인 단순지수평활법(simple exponential smoothing)에서는 다음 시점의 수요예측치로 이번 시점의 수요예측치와 실제 수요의 가중평균을 사용한다.
③ 평균절대편차(MAD)는 예측오차의 절대적인 크기 뿐 아니라 예측치의 편향(bias) 정도를 측정하기 위해서도 사용된다.
④ 수요는 평균수준, 추세, 계절적 변동, 주기적 변동, 우연 변동 등으로 구성되며, 이 중 우연 변동에 대한 예측 정확도가 수요예측의 정확도를 결정한다.
⑤ 일반적으로 단기예측보다는 장기예측의 정확도가 더 높다.

19 공정성능을 나타내는 지표들에 관한 설명으로 가장 적절한 것은? 2018 CPA

① 주기시간(cycle time)의 변동없이 처리시간(flow 또는 throughput time)을 감소시키면 재공품재고도 감소되는 경향이 있다.
② 병목공정(bottleneck process)의 이용률(utilization)은 비병목공정의 이용률보다 낮다.
③ 생산능력(capacity)이 증가하면 이용률이 증가하는 경향이 있다.
④ 생산능력이 감소하면 주기시간이 짧아지는 경향이 있다.
⑤ 가동준비(setup)가 필요한 뱃치공정(batch process)에서 가동 준비시간이 늘어나면 생산능력이 증가되는 효과가 있다.

20 수요예측 및 생산계획에 관한 설명으로 가장 적절한 것은? 2018 CPA

① 시계열분석기법에서는 과거 수요를 바탕으로 평균, 추세, 계절성 등과 같은 수요의 패턴을 분석하여 미래 수요를 예측한다.
② 지수평활법은 최근의 수요일수록 적은 가중치가 부여되는 일종의 가중이동평균법이다.
③ 예측치의 편의(bias)가 커질수록 예측오차의 누적값은 0에 가까워지며 예측오차의 평균절대편차(MAD)는 증가한다.
④ 총괄생산계획(APP)을 통해 제품군 등을 기준으로 월별 혹은 분기별 생산량과 재고수준을 결정한 후, 주일정계획(MPS)을 통해 월별 혹은 분기별 인력운영 및 하청 계획을 수립한다.
⑤ 자재소요계획은 전사적자원관리(ERP)가 생산부문으로 진화·발전된 것으로, 원자재 및 부품 등의 필요량과 필요시기를 산출한다.

21 K기업은 다양한 평가지표를 활용하여 두 가지 수요예측방법을 비교 중이다. 다음 표는 지난 3개 분기 동안에 발생한 실제 수요와 예측치를 나타낸 것이다. 3개 분기 자료를 모두 활용하여 평가지표를 계산한 결과로 가장 적절하지 않은 것은? 2019 CPA

분기	1	2	3
실제 수요	30	35	35
예측치(방법 A)	35	35	30
예측치(방법 B)	25	37.5	37.5

① 두 방법의 평균오차(mean error)값은 동일하다.
② 두 방법의 MAD(mean absolute deviation)값은 동일하다.
③ 두 방법의 MSE(mean squared error)값은 동일하다.
④ 두 방법의 MAPE(mean absolute percentage error)값은 동일하다.
⑤ 두 방법의 추적지표(tracking signal)값은 동일하다.

22 다음은 장기적인 생산능력(capacity)의 측정과 평가에 대한 설명이다. 가장 적절하지 않은 것은? [2019 CPA]

① 유효생산능력(effective capacity)은 설계생산능력(design capacity)을 초과할 수 없다.
② 실제산출률(실제생산능력)은 유효생산능력을 초과할 수 없다.
③ 생산능력 이용률(utilization)은 생산능력 효율(efficiency)을 초과할 수 없다.
④ 설계생산능력이 고정된 상태에서 실제산출률이 증가하면 생산능력 이용률은 향상된다.
⑤ 효과적인 생산관리 활동(제품 및 공정설계, 품질관리 등)을 통해 실제산출률은 증가하지만 유효생산능력은 변하지 않는다.

23 수요예측에 관한 설명으로 가장 적절한 것은? [2024 CPA]

① 개별 품목의 수요를 예측하는 것이 제품군의 총괄 수요를 예측하는 것보다 수요예측치의 정확도가 높다.
② 누적예측오차(CFE), 평균절대오차(MAD), 추적지표(TS)는 수요예측치의 편의(bias)를 측정하는 데 유용하다.
③ 단순지수평활법(simple exponential smoothing)의 수요예측치는 직전 시점의 수요예측치와 실제수요를 가중평균하여 얻을 수 있다.
④ 결합예측(combination forecast)은 공급사슬에 참여하는 주체들의 개별적인 수요예측치를 결합하여 수요를 예측하는 방법이고, 초점예측(focus forecast)은 공급사슬 상에서 고객과 가장 가까운 주체의 수요예측치를 사용하는 방법이다.
⑤ 수요예측은 생산계획 수립에 있어서 리드타임 감축이 핵심요소인 재고생산(MTS)공정보다 정시납품이 핵심요소인 주문생산(MTO)공정에서 상대적으로 중요하다

24 A사는 두 가지 예측방법을 활용하여 수요를 예측하고 있다. A사가 추정한 월별 예측수요와 월별 실제수요가 다음과 같을 때 이에 관한 설명으로 가장 적절하지 않은 것은? (단, 1월 이전의 자료는 없으며, 각 월의 통계치는 이전 기간의 자료를 반영하여 계산한다.) [2023 CPA]

구분	실제수요	예측수요(방법 1)	예측수요(방법 2)
1월	500	490	520
2월	560	530	590
3월	490	470	530
4월	450	470	440

① 4월의 경우 방법 1의 추적지표(tracking signal) 값은 음수인데 비해 방법 2의 추적지표 값은 양수이다.
② 두 방법의 2월 기준 평균절대편차(mean absolute deviation) 값은 5의 차이가 있다.
③ 방법 2의 4월 기준 평균절대편차 값은 25이다.
④ 두 방법의 3월 기준 누적예측오차(cumulative forecasting error) 값은 150의 차이가 있다.
⑤ 예측치가 수요를 과대평가하는 경향이 있는 경우 추적지표는 음(-)의 값을 갖는다.

25 수요예측에 관한 다음 설명 중 적절한 항목만을 모두 선택한 것은?　2022 CPA

> a. 지수평활법(exponential smoothing method)에서 최근 수요 패턴의 변화를 빠르게 반영하기 위해서는 평활상수의 값을 줄여야 한다.
> b. 추적지표(tracking signal)의 값이 지속적으로 음의 값을 보이는 경우 예측을 실제보다 작게 하는 경향이 있다고 볼 수 있다.
> c. 이동평균법(moving average method)에서 이동평균 기간을 길게 할수록 우연요소에 의한 수요예측치의 변동이 줄어들게 된다.
> d. 지수평활법에서는 오래된 자료보다 최근 자료에 더 큰 비중을 두고 수요를 예측한다.

① a, b　　② a, c　　③ b, c　　④ b, d　　⑤ c, d

Chapter 3 총괄생산계획 및 생산일정 계획

I | OX문제

1. 총괄생산계획이란 기업의 장기적 전략계획을 고려하여 수립되는 중기계획으로서 개별 제품별로 생산수준을 결정하는 활동이다. ☐O ☐X

2. 반응적 대안(reactive alternative)이란 주어진 수요 패턴에 적응하기 위해 취하는 행동으로 수요를 제약 요인으로 인식하고 이를 그대로 흡수하는 전략적 유형이다. ☐O ☐X

3. 수요추종전략(chase demand strategy)이란 수요변동에 따라 고용수준이나 생산율을 조정하는 전략으로서 수요변화에 따라 신규 고용과 해고가 발생하기 때문에 고용의 불확실성으로 인한 사기저하를 초래할 수 있고, 생산성이나 품질에 문제가 발생할 수 있다는 단점이 있다. ☐O ☐X

4. 총괄계획은 제품군별로 나타낸 전반적 계획이므로 각 개별 제품의 생산량과 그의 시기를 결정하는 실행가능한 생산계획을 얻기 위해 총괄계획을 보다 구체적으로 분해하는 계획인 자재소요계획(MRP)이 필요하다. ☐O ☐X

5. 총괄생산계획의 수립을 위해서는 제품군 내의 품목들에 대한 공통의 측정단위가 필요하다. ☐O ☐X

6. 총괄생산계획을 수립할 때 고려해야 하는 비용들로는 하청비용, 채용비용과 해고비용, 잔업비용과 유휴시간 비용, 재고유지비용과 재고부족비용 등이 있다. ☐O ☐X

7. 총괄생산계획은 설비, 인력, 투입부품 등을 공통으로 사용하는 제품모델들로 구성된 제품군에 대한 생산계획으로 이 단계에서는 제품모델별 생산계획은 도출하지 않는다. ☐O ☐X

---

1. X | 기업의 장기적 전략계획을 고려하여 수립되는 중기계획으로서 개별 제품이 아닌 제품군을 대상으로 생산수준을 결정하는 활동으로 대개 6~18개월을 계획기간으로 하는 중기계획, 계획기간 내 단위는 월 또는 분기단위로 설정된다.
2. O
3. O
4. X | 총괄계획은 제품군별로 나타낸 전반적 계획이므로 각 개별 제품의 생산량과 그의 시기를 결정하는 실행가능한 생산계획을 얻기 위해 총괄계획을 보다 구체적으로 분해하는 계획을 주/기준(생산)일정계획(master production schedule ; MPS)이라고 한다. MRP는 종속 수요제품의 재고관리에 사용되는 자재소요계획을 의미한다.
5. O
6. O
7. O

8   수요변동에 따른 고용인력의 조정이 어려운 경우에는 추종전략을 사용하여 비용을 최소화 시키는 것이 유리하다. ☐ O ☐ X

9   대일정계획(MPS)은 총괄생산계획을 분해한 것으로 대일정계획의 계획기간은 총괄생산계획기간 보다 길지 않다. ☐ O ☐ X

10 MRP는 주일정계획(MPS)에 따라 완제품(독립수요품)의 조립에 필요한 자재나 부품(종속수요품)의 소요량 및 소요계획을 역산하여 자재조달계획을 수립함으로써 종속수요품의 일정관리와 함께 효율적인 재고통제관리를 하고자 하는 전산화된 기법이다. ☐ O ☐ X

11 중기계획인 총괄생산계획과 기준생산계획이 수립된 후 일정계획이 수립되는데 일정계획이란 기준생산계획을 더욱 구체화시켜 작업장에 짧은 기간 매일 매주 등 생산 할 품목과 생산량을 할당하고 운영하는 계획이다. ☐ O ☐ X

12 전진부하할당(forward loading)이란 작업시간 현재일자부터 시작하여 시간상 앞으로 작업을 할당해 나가는 방법이며, 후진부하할당(backward loading)은 각 주문의 납기일부터 시작하여 역으로 각 주문의 처리시간을 할당해 나가는 방법이다. ☐ O ☐ X

13 최소처리시간규칙이란 납기일을 잔여 작업처리일수로 나눈 값이 가장 작은 값을 우선적으로 처리하는 작업순서 결정 방법이다. ☐ O ☐ X

14 간트차트(Gantt Chart)는 프로젝트의 진척상황을 과업단위 활동별로 계획 기간을 막대그림표의 가로로 그리고 작업진행에 따라 그 실적을 표시함으로써 단위 활동별로 추진상황을 잘 파악할 수 있도록 해 준다. ☐ O ☐ X

15 일정계획의 통제기법 중 LOB(Line of Balance) 기법이란 작업자와 작업장의 업무를 효과적으로 결합시켜 사전 또는 동시통제가 가능하도록 일정계획과 결과를 일치시키려는 통제기법이다. ☐ O ☐ X

---

8   X | 수요변동에 따른 고용인력의 조정이 어려운 경우에는 평준화전략이 유리하다.
9   O
10 O
11 O
12 O
13 X | 최소 처리시간규칙이란 작업시간이 짧은 것부터 처리하는 방법이며, 납기일을 잔여 작업처리일수로 나눈 값이 가장 작은 값을 우선적으로 처리하는 방법은 긴급률 규칙이다.
14 O
15 X | 일정계획의 통제기법 중 작업자와 작업장의 업무를 효과적으로 결합시켜 사전 또는 동시통제가 가능하도록 일정계획과 결과를 일치시키려는 통제기법은 단기간 일정법(SIS)이며, LOB(Line of Balance) 기법이란 전체공정을 통제점별로 분해하고 통제점을 집중 관리하는 통제기법으로서 연속생산시스템의 일정통제기법(목표도표, 생산계획도표, 진도도표)이다.

16 PERT는 확정적 모형이고 CPM은 확률적 모형이다. ☐ O ☐ X

17 CPM은 낙관적 시간과 비관적 시간을 이용하여 기대시간을 추정한다. ☐ O ☐ X

18 주경로는 모든 경로들 중 소요시간이 가장 긴 경로를 의미하며, 하나 이상의 경로가 주경로가 될 수 있다. ☐ O ☐ X

19 프로젝트가 예상 완료시간에 끝나기 위해서는 모든 경로상의 활동들이 지체없이 이루어져야 한다. ☐ O ☐ X

20 주경로상에 있는 활동들의 활동여유시간은 모두 0이 되며, 주경로에 속하지 않는 활동들의 여유시간은 0보다 크다. ☐ O ☐ X

---

16 X | PERT는 확률적 모형이고 CPM은 확정적 모형이다.
17 X | 낙관적 시간과 비관적 시간을 이용하여 기대시간을 추정하는 것은 PERT 방식이다.
18 O
19 X | 프로젝트가 예상 완료시간에 끝나기 위해서는 주경로상의 모든 활동들이 지체없이 이루어져야 한다. 주공정 경로의 여유시간은 0이다.
20 O

Ⅱ | 개념정리문제

1 총괄생산계획에서 선택할 수 있는 공급능력의 대안으로 옳지 않은 것은? [2016 가맹거래사]

① 노동력의 규모를 조정하는 전략
② 노동력의 이용률을 조정하는 전략
③ 재고수준을 조정하는 전략
④ 추후납품(back-order)을 통해 조정하는 전략
⑤ 하청(subcontracting)을 이용하는 전략

2 다음 중 총괄생산계획을 실행 시에 고려해야 할 요소로 알맞지 않은 것은? [2006 근로복지공단]

① 재고유지비용을 고려해야 한다.
② 잔업비용에 대해서 고려해야 한다.
③ 채용비용 및 해고비용을 고려해야 한다.
④ 설비확장비용을 제일 먼저 고려해야 한다.
⑤ 하청수준을 결정해야 한다.

3 다음 중 총괄생산계획에서 고려하지 않는 비용으로 옳은 것은? [2021 7급 군무원]

① 채용과 해고비용 ② 재고유지비용 ③ 초과근무비용 ④ 생산입지 선정비용

4 다음이 설명하는 기법은? [2017 공인노무사]

- 비구조적인 문제를 다루는데 유용하다.
- 경험을 체계화하고 정형화하여 해결책을 발견한다.

① 팀 빌딩 ② 휴리스틱 ③ 군집분석
④ 회귀분석 ⑤ 선형계획법

5 최종제품 또는 완제품의 주생산일정계획(MPS)을 기반으로 제품생산에 필요한 각종 원자재, 부품, 중간조립품의 주문량과 주문시기를 결정하는 재고관리방법은?

① 자재소요계획(MRP) ② 적시(JIT) 생산시스템 ③ 린(lean) 생산
④ 공급사슬관리(scm) ⑤ 칸반(kanban)시스템

6 MRP(material requirements planning) 시스템의 3대 입력자료 중 하나로 최종제품으로부터 시작하여 각 상위품목을 한 단위 생산하는 데 필요한 자재명과 소요량을 보여 주는 것은? [2012 가맹거래사]

① 주일정계획(master production schedule)
② 재고기록철(inventory records file)
③ 생선뼈 다이어그램(fishbone diagram)
④ 공급사슬(supply chain)
⑤ 자재명세서(bill of materials)

7 다음 글에 대한 설명으로 알맞은 것은? [2005 한국철도공사]

> 높은 단계 제품의 생산수량 및 일정을 토대로 하여 제품생산에 소요되는 여러 가지 자재의 소요량 및 소요시기를 산출하는 기법이다.

① MRP   ② EOQ   ③ MIS   ④ JIT

8 다음에서 자재소요계획에 대한 설명으로 알맞지 않은 것은? [2010 한국국토정보공사]

① 전통적인 재고통제기법의 약점을 보완하기 위해 개발된 것이다.
② 자재소요계획의 기본 요소로는 기준생산계획, 재고기록, 자재명세서이다.
③ 자재소요계획을 도출하기 위해서는 총괄계획이 필요하다.
④ 재고관리의 전산화된 시스템으로 제조기업에서 원자재와 부품의 수습계획에 쓰일 수 있는 대표적인 시스템이다.

9 자재소요계획(Material Requirement Planning :MRP)과 관련된 설명으로 옳은 것은? [2017 7급 감사직]

① MRP는 풀생산방식(pull system)의 전형적 예로서 시장 수요가 생산을 촉발시키는 시스템이다.
② MRP는 독립수요(independent demand)를 갖는 부품들의 생산수량과 생산시기를 결정하는 방법이다.
③ 자재명세서(bill of materials)의 각 부품별 계획주문발주시기를 근거로 MRP를 수립한다.
④ 대생산일정계획(master production schedule)의 완제품 생산일정과 생산수량에 관한 정보를 근거로 MRP를 수립한다.

10 다음 중 자재소요계획의 특징으로 알맞지 않은 것은? [2006 국민연금공단]

① 대일정계획이 정확하게 수립되어야 한다.
② 운영일정계획이 안정적이어야 한다.
③ 종속수요품에 대한 수요예측이 불필요하다.
④ 생산과정이 복잡하고 여러 단계를 거치는 경우에 적합한 시스템이다.

11 다음 중 MRP의 전제요소로 알맞은 것은?

① 직무분석 ② 직무명세서 ③ 직무평가서 ④ 대일정계획

12 자재소요계획(MRP)의 구성요소가 아닌 것은?

① 자재명세서 ② 재고기록철 ③ 종합생산계획 ④ 주일정계획

13 최종제품 A의 자재명세서(BOM)는 아래 그림과 같다. A를 100단위 생산하는 데 소요되는 부품 E의 양은?

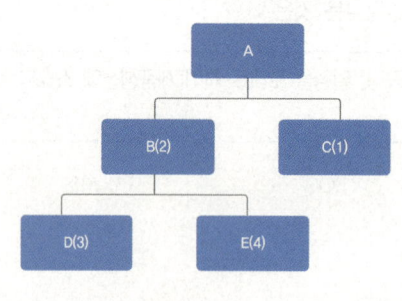

① 100단위 ② 200단위 ③ 400단위 ④ 600단위 ⑤ 800단위

14 최종제품 V의 자재명세서(BOM)가 아래의 그림과 같을 경우, 제품 V를 100개 생산하는 데 소요되는 부품 Z의 소요량은?

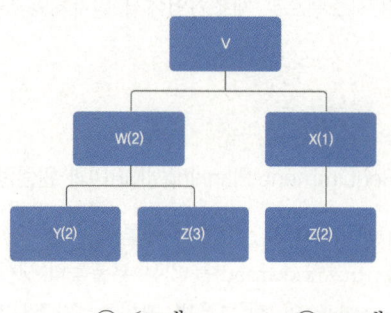

① 300개 ② 500개 ③ 600개 ④ 800개 ⑤ 900개

15 다음 중 LOB에 대한 설명으로 알맞은 것은?

① 단기간 일정법인 SIS를 뜻한다.
② 최적화 생산기법인 OPT를 뜻한다.
③ 프로젝트 일정관리를 위한 것으로, 각 업무별로 일정의 시작과 끝을 그래픽으로 표시하여 전체 일정을 한 눈에 볼 수 있게 한다.
④ 부분품과 반제품의 생산실적을 도표화하여 작업진척별 예정납기일을 최종제품의 납기일과 비교함으로써 일정을 통제하는 기법이다.

16. 인쇄소에 대기작업이 3개 있고, 이들의 예상 작업시간과 납기시간은 다음 표와 같다. 긴급률(critical ratio) 규칙에 따라 작업을 진행하였다면 평균 납기지연시간은?

작업	작업시간	납기시간
가	4	6
나	4	5
다	5	9

① 1.5시간   ② 2.0시간   ③ 2.5시간   ④ 3.5시간

17. PERT/CPM의 확률적 모형에서 각 활동시간은 낙관적 시간, 비관적 시간, 최빈시간의 3가지로 추정한다. 또한, 각 활동시간은 베타분포(beta distribution)를 따른다고 가정한다. 활동 K의 낙관적 시간이 3일, 비관적 시간이 11일, 최빈 시간이 7일이라고 추정될 경우에, 활동 K의 완료에 소요되는 시간의 기대치는 며칠인가?

① 4일   ② 5일   ③ 6일   ④ 7일   ⑤ 8일

18. 활동 A의 활동시간에 대한 낙관적 시간이 5일, 비관적 시간이 27일, 최빈시간이 7일로 추정되는 경우에 PERT/CPM의 확률적 모형에 따른 활동 A의 활동시간에 대한 기대치는? (단, 각 활동시간은 베타분포에 따른다.)

① 7일   ② 9일   ③ 10일   ④ 13일   ⑤ 15일

19. 프로젝트 일정관리 방법론인 PERT/CPM에서 주공정 경로(critical path)에 대한 설명으로 가장 옳은 것은?

① 프로젝트를 완료하는 데 소요되는 시간이 가장 짧은 경로를 주공정 경로라고 한다.
② 주공정경로는 여유시간(slack time)이 0보다 큰 활동들을 연결한 경로이다.
③ 주공정경로상의 활동들은 일정 부분 지연이 되더라도 전체 프로젝트 일정에는 영향이 발생하지 않는다.
④ 여유시간이 0인 활동들이 많을수록 일정관리가 더욱 어려워진다.

20. 다음 PERT/ CPM 네트워크에서 주공정경로(critical path)의 소요시간은? (단, →는 작업, ↑는 가상작업(dummy activity)을 의미한다)

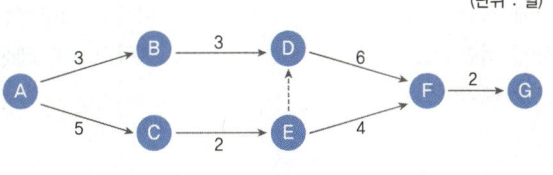

① 13일   ② 14일   ③ 15일   ④ 25일

21 아래 프로젝트에서 주공정(critical path)에 속하지 않는 작업은?

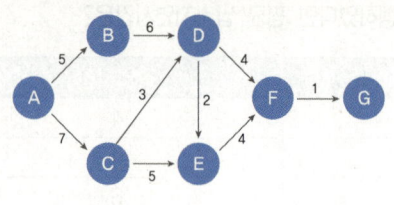

① B   ② C   ③ D   ④ E   ⑤ F

22 다음 표에는 어떤 프로젝트를 구성하고 있는 작업(activity)들과 관련 정보가 정리되어 있다. 이 프로젝트의 주공정경로(critical path)의 길이는 얼마인가?

작업(activity)	선행 작업	수행시간
A	-	13
B	A	8
C	A	7
D	B, C	7
E	B, C	8
F	D, E	3
G	D	5

① 31시간   ② 32시간   ③ 33시간   ④ 34시간

23 다음 글에 대한 설명으로 알맞은 것은?

> 대규모의 건설공사, 연구, 개발사업, 등과 같이 비반복적이고 1회만 하는 프로젝트를 효율적으로 계획, 통제하기 위한 네트워크모델로 알맞다.

① MRP   ② PERT   ③ FMS   ④ LOB   ⑤ CIMS

24 다음 중 PERT기법이 가장 효과적으로 활용되는 프로젝트는?

① 반복적인 일에 적합   ② 다품종 소량생산에 적합
③ 소규모 공사에 적합   ④ 대규모 1회 생산에 적합
⑤ 혼합생산을 할 때 적합

25 다음 중 PERT-CPM에 관한 설명으로 알맞지 않은 것은?
　① CPM은 활동의 완료에 필요한 비용의 추정치가 부여된다.
　② CPM은 시간의 계획과 통제가 목적인 확률적 도구이다.
　③ 주공정은 가장 긴 시간이 소요되는 경로를 말한다.
　④ PERT와 CPM은 네트워크 모형이라는 점에서 동일하다.
　⑤ PERT는 프로젝트에 걸리는 시간이 확률적 형태를 띤다.

26 다음 중 PERT-CPM에 대한 설명으로 알맞지 않은 것은?
　① CPM은 듀폰사의 공장건설을 위하여 개발된 확률적 네트워크 모형이다.
　② PERT는 미 해군성에서 미사일 개발을 위해 개발된 확률적 네트워크 모형이다.
　③ 비반복적이고 복잡하고 큰 프로젝트를 계획할 때 널리 이용된다.
　④ 대규모의 일회성 프로젝트의 일정을 계획하고 통제하기 위해 특별히 고안된 프로그램이다.

27 다음 중 PERT-CPM에 관한 설명으로 알맞지 않은 것은?
　① 반복적이고 소규모 건설공사 등 단순한 작업에 쓰인다.
　② PERT는 시간추정의 확률적 모형이고, CPM은 확정적 모형이다.
　③ PERT-CPM은 계획, 일정표 작성, 통제 등 3가지 기능을 갖고 있다.
　④ 대규모 1회 프로젝트의 일정을 계획, 통제하기 위한 기법이다.

28 다음 중 PERT-CPM에 대한 설명으로 알맞지 않은 것은?
　① PERT는 시간과 비용의 통제가 목적이다.
　② PERT는 확률적 모형이며 CPM은 확정적 모형이다.
　③ 네트워크를 이용하여 시간과 비용을 합리적으로 계획하고 통제한다.
　④ 네트워크를 이용하여 대규모 건설공사 등 큰 규모의 프로젝트의 일정계획수립이나 통제에 사용된다.

29 하나의 작업장에서 작업순서를 결정하려고 한다. 4개 작업(A, B, C, D)의 현재 시점에서의 작업 정보가 다음과 같을 때, 최소여유시간법(LSTR : Least Slack Time Remaining)에 따른 작업순서로 가장 적절한 것은?

작업	A	B	C	D
잔여작업 소요시간(일)	3	10	8	4
납기까지 남은 시간(일)	10	18	17	8

　① D A B C　　② A D C B　　③ D A C B　　④ A D B C

30 여러 대안 중에서 자신의 선호도와 기준의 중요도에 따라 최선의 대안을 선택하는 경영과학기법으로 가장 적절한 것은?

① 선형계획법(linear programming) ② 게임 이론(game theory)
③ 네트워크 모형(network) ④ 계층화 분석법(AHP)

Ⅲ | 심화문제

1 PERT / CPM의 개념에 대한 설명 중 타당한 것은? 1995 CPA

① PERT는 확정적 모형이고 CPM은 확률적 모형이다.
② PERT는 시간과 비용에 관한 문제이고 CPM은 시간에 관한 문제이다.
③ CPM의 주경로는 TE와 TL과의 차이가 최소인 단계를 연결하는 것으로 가장 짧은 시간이 걸린다.
④ CPM은 낙관적 시간과 비관적 시간을 이용하여 기대시간을 추정한다.
⑤ PERT와 CPM은 단계와 활동으로 구성된다.

2 PERT에 관한 설명으로 가장 적합한 것은? 2000 CPA

① 프로젝트의 최단경로를 구하는 기법이다.
② 선형계획법의 특수한 형태이다.
③ 일반적으로 파레토 기법을 이용하여 해를 구한다.
④ 목적계획법의 발전된 형태이다.
⑤ 프로젝트에 걸리는 시간이 확률적인 형태를 가진다.

3 총괄생산계획은 향후 약 1년 동안의 수요를 가장 경제적으로 충족시킬 수 있는 월별 생산 공급계획을 세우는 일이다. 이러한 총괄 계획의 대안들을 평가할 때 총비용에서 고려해야 하는 비용요소 중에 포함되지 않는 것은? 2002 CPA

① 하청비용   ② 채용비용과 해고비용
③ 잔업비용과 유휴시간비용   ④ 생산설비 운용 및 확장비용
⑤ 재고유지비용과 재고부족비용

4 다음과 같은 프로젝트의 완료시간과 주공정 경로는 각각 무엇인가? 2002 CPA

활동	활동시간(일)	직전 선행활동
A	2	
B	4	A
C	3	A, B
D	1	B
E	4	B, C, D

① 11일, A − B − D − E   ② 13일, A − B − C − E
③ 14일, A − B − C − D − E   ④ 10일, A − B − E
⑤ 9일, A − C − E

5 기업의 생산계획수립과정에 관한 다음의 설명 중 가장 적절치 않은 것은? [2004 CPA]

① 총괄생산계획(aggregate planning)의 수립을 위해서 제품군 내의 품목들에 대한 공통의 측정단위가 필요하다.
② 총괄생산계획에서 수요변동에 따른 고용 인력의 조정이 어려운 경우에는 추종전략(chase strategy)을 사용하여 목표생산량을 만족시킬 수 있다.
③ 제품군 내 품목별 대생산일정계획(master production schedule)은 총괄생산계획의 분해(disaggregation)를 통해 얻어진다.
④ 대생산일정계획의 수립은 품목별로 생산시기와 수량을 결정하는 작업으로서 자재소요계획(material requirement planning) 수립을 위한 정보가 된다.
⑤ 총괄생산계획에서 재고, 초과작업, 하청 등을 이용하여 계획기간 동안의 수요변동에 대처하고자 하는 전략을 평준화전략(level strategy)이라고 한다.

6 생산계획에 관한 설명으로 적절한 항목만을 모두 선택한 것은? [2020 CPA]

a. 총괄계획(aggregate planning)을 수립할 때 재고유지비용이 크다면, 수요추종전략(chase strategy)이 생산수준평준화전략(level strategy)보다 유리하다.
b. 자재소요계획(MRP)을 통해 하위품목에 대한 조달일정이 정해진 이후, 완제품에 대한 주생산계획(MPS)을 수립한다.
c. 로트크기(lot size)는 총괄계획의 주요결과물 중 하나이다.
d. 주생산계획은 완제품의 생산시점과 생산량을 결정하고 이를 통해 그 제품의 예상재고를 파악할 수 있다.

① a, b   ② a, c   ③ a, d   ④ b, c   ⑤ a, c, d

7 생산계획과 관련하여 적절하게 설명된 항목들로 구성된 것은? [2005 CPA]

a. 총괄계획은 설비, 인력, 투입부품 등을 공통으로 사용하는 제품모델들로 구성된 제품군에 대한 생산계획으로, 이 단계에서는 제품모델별 생산계획은 도출하지 않는다.
b. 최적 총괄계획을 도출하는 과정은 수요추종전략, 생산수준 평준화전략, 작업시간 조정전략을 각각 적용하고 여기서 얻어진 총괄계획 중 가장 우수한 것을 선택하는 것이다.
c. 주생산계획(Master Production Schedule)은 총괄계획보다 계획기간이 길지 않다.
d. 자재소요계획을 도출하기 위해서는 자재명세서, 재고 기록철, 총괄계획이 필요하다.

① a, b   ② b, c   ③ a, c   ④ b, d   ⑤ c, d

8 다음 중 프로젝트 네트워크 분석에 관해 올바른 설명들로 구성된 것은? `2008 CPA`

> a. 주경로(critical path)는 모든 경로들 중 소요시간이 가장 긴 경로를 의미하며, 하나 이상의 경로가 주경로가 될 수 있다.
> b. 프로젝트가 예상 완료시간에 끝나기 위해서는 모든 경로상의 활동들이 지체없이 이루어져야만 한다.
> c. 주경로상에 있는 활동들의 활동여유시간은 모두 0이 되며, 주경로에 속하지 않는 활동들의 활동여유시간은 0보다 크다.
> d. 프로젝트의 소요시간을 단축(crashing)하는 과정에서, 단축시간 대비 비용효과가 가장 큰 활동을 선택하기 위하여 주경로상의 활동들을 우선적으로 단축하여야 한다.
> e. 프로젝트 네트워크를 작성하고 분석하기 위해서는 활동들의 목록, 활동들의 소요시간, 활동들의 활동여유시간에 관한 정보들이 사전에 준비되어야 한다.

① a, b, c   ② a, c, d   ③ a, d, e   ④ b, c, d   ⑤ c, d, e

9 생산계획(production planning)에 관한 설명으로 가장 적절한 것은? `2014 CPA`

① 일반적으로 생산계획은 총괄생산계획, 자재소요계획(MRP), 기준생산계획(MPS), 작업일정계획(job scheduling)의 순으로 수립한다.
② 총괄생산계획에서 수요추종전략(chase strategy)은 재고와 부재고(backorder)의 조합을 활용하여 수요와 공급을 일치시키려는 전략이다.
③ 자재소요계획(MRP)의 작성을 위해서는 능력계획(capacity planning), 자재명세서(BOM), 재고기록철의 입력자료가 필요하다.
④ 기준생산계획(MPS)은 제품군에 대해 총괄적으로 작성된 총괄생산계획을 품목별로 분해하여 작성한다.
⑤ 작업일정계획은 설비배치의 최적화를 통해 생산비용을 최소화하고 납기를 준수하기 위한 계획이다.

10 프로젝트 일정관리를 위해 사용하는 주경로(critical path) 분석에 관한 설명으로 가장 적절하지 않은 것은? `2014 CPA`

① 여유시간(slack time)이 '0'인 단계(event)들을 연결하면 주경로가 된다.
② 주경로에 있는 활동(activity)들의 소요시간을 합하면 프로젝트 완료 시간과 동일하다.
③ 주경로에 있는 활동이 예상된 소요시간보다 지체될 경우 프로젝트 완료시간도 예정보다 지연된다.
④ 복수의 주경로가 존재할 때 그 중 한 개의 소요시간을 단축하면 프로젝트 완료시간은 항상 단축된다.
⑤ 비용효율적인 프로젝트 완료시간 단축을 위해서는 주경로에 있는 활동 중 단축비용이 가장 작은 활동부터 단축한다.

11 총괄생산계획에 관한 설명 중 적절한 항목만으로 구성된 것은? `2015 CPA`

> a. 총괄생산계획은 주생산계획(MPS) 이후에 수립한다.
> b. 수요추종전략(chase strategy)은 설비의 확장 및 축소를 통해 공급량을 조절하는 전략이다.
> c. 혼합전략은 수요추종전략이나 평준화전략(level strategy)에 비해 총비용이 증가하는 단점이 있다.
> d. 평준화전략은 수요추종전략에 비해 재고수준의 변동폭이 크다.
> e. 총괄생산계획을 위해 도표법, 선형계획법, 휴리스틱이 사용된다.

① a, b   ② b, c   ③ c, d   ④ d, e   ⑤ a, e

12 아래의 도구 중 프로젝트의 완료시간을 계산하는 데 사용되는 적절한 도구만을 모두 선택한 것은?

2016 CPA

> a. PERT/CPM
> b. 간트차트(Gantt Chart)
> c. 이시가와 다이어그램(Ishikawa Diagram)
> d. 파레토차트(Pareto Chart)

① a ② b ③ a, b ④ a, d ⑤ c, d

13 다음은 8개의 활동(activity) A~H로 구성된 프로젝트에서 각 활동들의 직전 선행활동을 나타낸 표와 간트차트(Gantt chart)이다. 이에 관한 설명으로 가장 적절한 것은?

2017 CPA

활동	A	B	C	D	E	F	G	H
직전선행활동	–	A	A	B	B	C	E, F	D, G

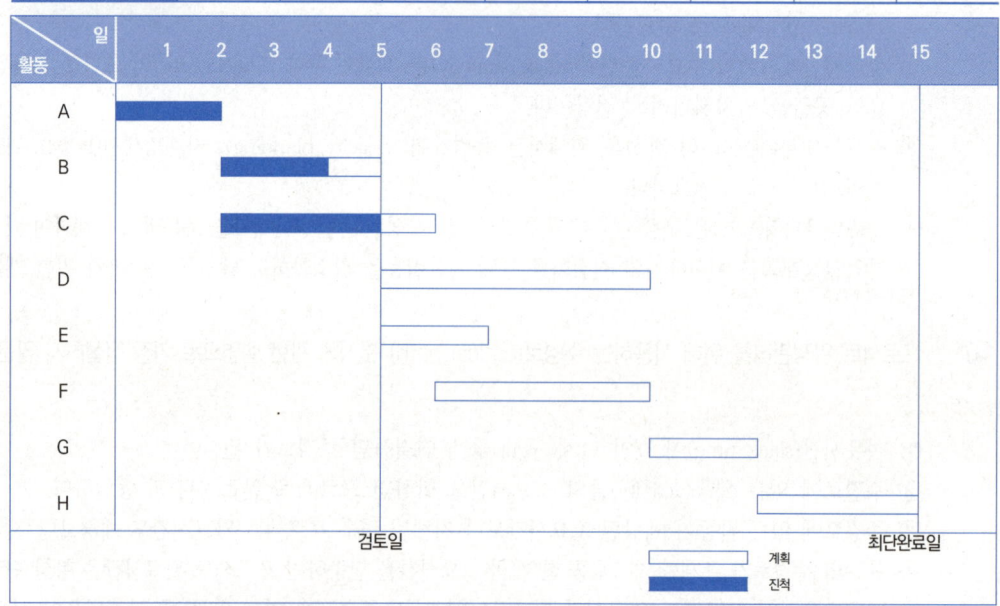

① 검토일 현재 B가 1일 지체되었으므로 프로젝트의 최단 완료일도 늦어진다.
② C의 활동시간(activity time)이 1일 증가되어 C가 7일차에 종료되더라도 프로젝트의 최단 완료일은 변하지 않는다.
③ 활동시간이 가장 긴 D가 지체되면 프로젝트 최단 완료일은 D가 지체된 만큼 늦어진다.
④ B가 6일차에 종료되고 E의 활동시간이 1일 증가되더라도 프로젝트의 최단 완료일과 후속 활동들의 시작일은 영향을 받지 않는다.
⑤ F의 활동시간이 단축되더라도 프로젝트의 최단 완료일은 변하지 않는다.

14 생산능력계획 및 총괄생산계획(APP)에 관한 설명으로 가장 적절하지 않은 것은? `2024 CPA`

① 수요가 충분한 경우 설비의 용량이 증가함에 따라 일정 기간 규모의 비경제(diseconomies of scale)가 나타난 이후 규모의 경제(economies of scale)가 나타난다.
② 고객의 수요에 즉각적으로 대응하기 위해서는 수요의 변동성이 클수록 여유 생산능력을 더 높게 유지하는 것이 필요하다.
③ 총괄생산계획은 제품군을 기준으로 생산율, 고용수준, 재고수준 등을 결정하기 위한 중기계획이다.
④ 재고유지비용이 높으나 생산용량 변경 비용이 낮은 경우에는 총괄생산계획 수립에 평준화전략(level strategy)보다 수요추종전략(chase strategy)을 활용하는 것이 더 효과적이다.
⑤ 총괄생산계획은 주일정계획(MPS)과 자재소요계획(MRP)을 마련하기 이전에 수립되는 것이 일반적이다.

15 다음 보상표(payoff table)의 자료를 바탕으로 (가) 맥시민(maximin) 기준과 (나) 맥시맥스(maximax) 기준을 적용하여 가장 옳은 것은? `2022 5급 군무원`

미래상황 대안	E1	E2	E3
D1	20	20	20
D2	−20	40	50
D3	−60	60	120

① (가) D1, (나) D2
② (가) D1, (나) D3
③ (가) D2, (나) D1
④ (가) D3, (나) D1

16 생산계획에 관한 설명으로 가장 적절하지 않은 것은? `2022 CPA`

① 재고수준의 변동은 일반적으로 수요추종 전략(chase strategy) 보다 평준화 전략(level strategy)을 활용할 경우 크게 나타난다.
② 주생산계획(MPS)은 통상적으로 향후 수개월을 목표 대상기간으로 하여 주 단위로 수립된다.
③ 자재소요계획(MRP)의 입력자료에는 주생산계획, 자재명세서(BOM), 재고기록철(inventory record)이 있다.
④ 총괄생산계획을 통해 개별 제품별로 월별 생산수준, 인력수준, 재고수준을 결정한다.
⑤ 자재소요계획은 생산능력, 마케팅, 재무적 요소 등에 관한 조정 기능을 포함한 MRP II 및 ERP로 확장되었다.

17. 다음 표는 7개의 활동(A~G)으로 이루어진 프로젝트의 각 활동에 대한 활동시간, 직전 선행활동, 단축비용을 나타낸 것이다. 이 프로젝트에 관한 설명으로 가장 적절하지 않은 것은? (단, 활동 A와 G는 활동시간 단축이 불가능하고, 활동 B~F 각각은 주어진 단축비용으로 최대 1일의 활동시간 단축이 가능하다.) 〔2024 CPA〕

활동	활동시간(일)	직전 선행활동	단축비용(백만원)
A	3	–	–
B	4	–	1
C	5	A	3
D	2	A, B	2
E	4	C, D	5
F	5	D	4
G	6	E, F	–

① 활동시간을 단축하지 않는 경우 프로젝트의 최단 완료시간은 18일이다.
② 활동시간을 단축하지 않는 경우 각 활동의 여유시간을 모두 합하면 3일이 된다.
③ 프로젝트의 최단 완료시간을 1일 단축하기 위한 최소의 비용은 3백만원이다.
④ 프로젝트의 최단 완료시간을 2일 단축하기 위한 최소의 비용은 5백만원이다.
⑤ 활동시간의 단축이 가능한 모든 활동(B~F)을 1일씩 단축하면 프로젝트의 최단 완료시간은 16일이 된다.

Chapter 4 재고관리와 공급사슬관리

I | OX문제

❶ 재고관리

1. 재고유지비용이란 재고를 보관하는데 소요되는 비용으로 이자, 보관비용, 취급비용, 세금, 보험료, 진부화비용 및 파손비용 등이 포함된다. ☐O ☐X

2. 수송중재고(pipe line stock/inventory)란 두 프로세스를 분리시켜 독립시킴으로써 후 프로세스가 전 프로세스의 영향을 받지 않도록 한다. 또한 기업은 공급업자로부터 늦은 공급 또는 품절로 인한 생산 프로세스의 지연을 방지하고 공급업자로부터의 영향을 덜 받을 수 있다. ☐O ☐X

3. 생산준비비는 생산공정에서 제품을 제조하기 위해 생산라인을 준비하는데 소요되는 비용으로 설비 및 장치변경비용, 준비하는 동안 유휴시간비용, 준비에 발생하는 노무비용, 종업원 재배치비용 등이 포함된다. ☐O ☐X

4. 재고부족비용은 주문한 사람의 양해 하에 추후 납품에 의해 주문이 충족될 때 발생하는 추후납품비용(backorder cost: 예컨대 벌과금, 생산독촉비용, 신용 상실)과 재고가 없어 고객으로부터 주문이 취소될 때 판매 손실과 고객상실이 발생하는 품절비용(stock-out cost)으로 구분된다. ☐O ☐X

5. 다른 조건이 일정하면 주문비용이 감소하고 연간수요가 감소하면 EOQ는 증가한다. ☐O ☐X

6. EOQ 모형에서는 리드타임은 일정하며, 재고는 주문즉시 입고되므로 재고부족현상 역시 발생하지 않으며, 수요는 확정적이고 일정하며, 수량할인 등이 없어서 재고 구입단가는 일정하다고 가정한다. ☐O ☐X

7. 다른 모든 조건이 동일할 경우 EPQ가 EOQ보다 큰 값을 갖는다. ☐O ☐X

---

1. O
2. X | 분리재고(decoupling inventory)에 대한 설명임. 수송중재고(pipe line stock/inventory)란 물품대금은 지급하였으나 아직 회사 창고에는 입고되지 않은 상태로 수송 중에 있는 상태의 재고를 의미함.
3. O
4. O
5. X | 다른 조건이 일정하면 주문비용이 감소하고 연간수요가 감소하면 EOQ는 감소한다.
6. O
7. O

8 확률적 모형하에서의 재주문점은 리드타임 동안의 평균수요와 안전재고의 차이로 산정한다. ☐O ☐X

9 수요발생이 일정할 경우 생산준비 횟수가 줄어들면 평균재고의 규모도 따라서 작아진다. ☐O ☐X

10 투빈시스템은 볼트나 너트처럼 부피가 작고 중요도가 낮은 품목에 적용하는 방법으로 EOQ모형처럼 재고는 주문즉시 입고된다고 가정하고 있다. ☐O ☐X

11 단일기간재고모형은 재고유지비와 재고주문비의 중요성이 감소하고 재고부족비와 재고과잉비의 중요성이 증가한다. ☐O ☐X

12 동일한 서비스율을 가정할 경우 재고조달기간이 길어질수록 안전재고의 양은 감소한다. ☐O ☐X

13 수요의 표준편차가 클수록 안전재고의 수준을 높여야 동일한 서비스를 제공할 수 있다. ☐O ☐X

14 수량할인이 발생할 경우 총 비용은 재고유지비와 재고주문비의 합에 총 구입비용을 합하여 산출하고 이 경우 총 구입비용은 EOQ에 영향을 미치지 않는다. ☐O ☐X

15 고정주문량모형은 현 재고상태를 항시 알고 있어야 하므로 고정주문기간모형에 비하여 재고조사비용이 많이 발생한다. ☐O ☐X

16 동일한 서비스율을 가정하면 고정주문기간모형이 고정주문량 모형보다 더 낮은 안전재고수준을 요구한다. ☐O ☐X

17 동일거래처에서 여러 품목의 재고를 취급하는 경우에는 고정주문량모형이 고정주문기간모형보다 유리하다. ☐O ☐X

---

8 X | 합으로 산정한다.
 ROP = 리드타임 동안의 평균수요 + 안전재고
     = (재고조달기간 × 일일평균수요량) + 안전재고
 $ROP = \overline{M} + Z\sigma_M = \overline{d}LT + Z\sigma_d\sqrt{LT}$

9 X | 수요발생이 일정할 경우 생산준비 횟수가 줄어들면 평균재고는 증가한다.

10 X | 투빈시스템은 재고조달기간을 인정한 모형이다.

11 O

12 X | 동일한 서비스율을 가정할 경우 재고조달기간이 길어질수록 안전재고의 양은 증가한다.

13 O

14 X | 수량할인이 발생할 경우 총비용은 재고유지비와 재고주문비의 합에 총구입비용을 합하여 산출한다. 이 때 총구입비용이 구입수량과 관련있으므로 관련범위별 총구입비용을 판단하여 계산하게 된다.

15 O

16 X | 동일한 서비스율을 가정하면 조달기간 중의 불확실성을 커버할 수 있는 고정주문량 모형의 안전재고수준이 더 낮아진다.

17 X | 동일거래처에서 여러 품목의 재고를 취급하는 경우에는 고정주문 기간모형이 더 유리하다.

18 EPQ 모형에서는 생산준비비는 생산량의 크기와 무관하며, 재고유지비는 생산량의 크기에 정비례함을 가정하고 있다. ○ ✕

19 고정주문기간모형의 주문량은 상황에 따라 변동하는 것으로 최대재고와 재주문점과의 차이만큼 주문하게 된다. ○ ✕

20 재고부족비용(shortage cost : Cs)은 단위당 판매가격과 단위당 구입원가의 차이로 표시된다. ○ ✕

21 재고수준이 재주문점에 언제 도달하는가를 알기 위하여 재고수준은 계속 실사할 필요가 있으며 이 때의 재고관리 모형을 계속실사 시스템(continuous review system) 또는 Q-system이라고도 한다. ○ ✕

22 C품목은 상대적 중요도가 낮은 품목으로 P시스템의 재고관리방식이 적합하다. ○ ✕

23 ABC 관리법은 취급상품의 종류가 많은 경우에 적합한 재고관리프로그램이다. ○ ✕

24 MRP의 기본입력자료 세 가지는 기준생산계획(MPS), 자재명세서(BOM), 기본수요계획이다. ○ ✕

25 2유형 MRP란 생산능력검토가 일어나는 것으로 생산능력소요계획(CRP)을 포함한다. ○ ✕

26 MRP의 운영체계로는 재생형MRP와 순변화MRP가 있다. ○ ✕

27 MRP의 롯트크기 결정방식 중 L4L 방식은 주문비용이나 셋업비용이 큰 경우 사용하기 적합하다. ○ ✕

28 JIT는 원자재, 부품은 물론 재공품과 완제품 재고를 최소로 유지하면서 적시에 수요를 충족시킬 수 있도록 설계된 시스템이다. ○ ✕

---

18 O
19 X | 고정주문기간모형의 주문량은 상황에 따라 변동하는 것으로 최대재고와 현재재고의 차이만큼 주문한다.
20 O
21 O
22 O
23 O
24 X | MRP의 기본입력자료 세가지는 기준생산계획(MPS), 자재명세서(BOM), 재고현황철(IRF)이다.
25 O
26 O
27 X | L4L 방식은 수시로 주문을 하므로 재고주문비가 작을 경우 사용하기 적합한 방식이다. 즉, 필요한 수량만큼을 주문량으로 결정하는 방식으로 평균재고량은 감소하나 재고주문횟수는 증가하는 모형이므로 개당 재고유지비용이 크고 회당 재고주문비용이 작을 경우 유리한 방식이다.
28 O

29 JIT 시스템은 생산활동에서 낭비적인 요인들을 제거하는 것이 궁극적인 목표이다. ○ X

30 도요타 생산방식(TPS)은 JIT와 인변자동화를 2개의 축으로 운영된다. ○ X

31 JIT는 안정적인 생산을 위하여 생산준비시간을 충분히 확보하여 불량을 예방하는 것을 중시 여긴다. ○ X

32 칸반시스템은 JIT를 지원하는 일종의 정보시스템으로 하위작업장으로부터의 작업흐름을 통제하는 목적으로 사용된다. ○ X

❷ 공급사슬관리

33 공급사슬운영참조(SCOR) 모형은 공급사슬 운영을 계획(plan), 조달(source), 생산(make), 배송(deliver), 판매(sales)의 다섯 개의 프로세스 범주로 나눈다. ○ X

34 공급사슬이란 고객으로 향하는 상류(upstream)방향과 첫 공급업체로 향한 하류(downstream)방향의 자재흐름과 정보흐름을 통합적으로 결정하는 여러 업체와 그 관계의 집합체이다. ○ X

35 채찍효과란 고객으로부터 공급사슬의 하류로 가면서 최종소비자의 수요변동에 따른 수요변동폭이 증폭되어 가는 현상을 의미한다. ○ X

36 공급사슬의 많은 부분을 외부화(outsourcing)하는 것은 기업이 자신의 핵심역량에 집중할 수 있도록 하는 전략이라고 볼 수 있다. ○ X

37 대량고객화전략은 표준화된 단일품목에 대한 고객의 수요를 최대한 확대하는 방향으로 공급네트워크를 구성하는 것이다. ○ X

---

29 O
30 O
31 X | JIT는 소롯트 생산을 위하여 생산준비시간을 단축하여야 한다.
32 O
33 X | 공급사슬운영참조(SCOR) 모형은 공급사슬 운영을 계획(plan), 조달(source), 생산(make), 배송(deliver), 회수(return)의 다섯 개의 프로세스 범주로 나눈다.
34 X | 공급사슬이란 고객으로 향하는 하류(downstream) 방향과 첫 공급업체로 향한 상류(upstream) 방향의 자재흐름과 정보흐름을 통합적으로 결정하는 여러 업체와 그 관계의 집합체임.
35 X | 채찍효과란 고객으로부터 공급사슬의 상류로 가면서 최종소비자의 수요변동에 따른 수요변동폭이 증폭되어 가는 현상을 의미한다.
36 O
37 X | 차별화지연 등의 전략을 통해 표준화된 제품에 고객별 차별화전략을 혼합시킨 형태라고 할 수 있다.

38 위험회피형 공급사슬이란 주요한 원자재나 핵심부품의 공급이 단절되지 않도록 공급선을 다변화하거나 안전재고를 높이는 등의 방식으로 구성되는 것을 의미한다. ☐O ☐X

39 효율적인 공급사슬의 설계를 위해서는 제품개발의 초기단계부터 물류를 고려한 설계 개념을 적용할 수 있다. ☐O ☐X

40 물류고려설계란 공급자 주도로 수요자의 재고를 관리하여 필요하다고 판단되면 재고를 수요자에게 보충해주는 방식의 시스템이다. ☐O ☐X

---

38 O
39 O
40 X | 공급자 재고관리(vender-managed inventory: VMI)에 대한 설명임. 물류고려설계란 제품개발단계부터 물류비용을 최소화 할 수 있는 공급사슬 개발을 의미한다.

II | 개념정리문제

❶ 재고관리

1 재고 및 재고관리에 관한 설명으로 옳지 않은 것은? <small>2010 가맹거래사</small>

① 작업의 독립성을 유지하고 생산활동을 용이하게 하기 위해 재고가 필요하다.
② 고객의 불확실한 예상수요에 대비하기 위한 재고를 안전재고(safety stock)라고 한다.
③ 경제적 주문량모형(EOQ)은 재고모형의 확정적 모형 중 고정주문량모형에 속한다.
④ 고정주문량모형(Q시스템)에서는 재고수준이 미리 정해진 재주문점에 도달하면 일정량 Q만큼 주문한다.
⑤ ABC재고관리에서는 재고품목을 연간 사용량에 따라 A등급, B등급, C등급의 세가지 유형으로 구분한다.

2 보유 목적에 따른 재고 유형에 대한 설명으로 옳지 않은 것은 무엇인가? <small>2013 7급 공무원</small>

① 작업의 독립성을 유지하기 위해 보유하는 것은 완충재고이다.
② 생산준비비용이나 주문비용을 줄이기 위해 보유하는 것은 경제재고이다.
③ 수요의 불확실성에 대비하기 위해 추가적으로 보유하는 것은 안전재고이다.
④ 계절에 따른 수요 변화에 대응하기 위해 보유하는 것은 비축재고이다.

3 재고관리에서 재고비축 유인으로 옳지 않은 것은? <small>2014 가맹거래사</small>

① 재고부족비용   ② 주문비용   ③ 미납주문비용
④ 재고유지비용   ⑤ 수송비용

4 재고비용의 설명으로 옳지 않은 것은? <small>2020 군무원</small>

① 재고비용은 창고비용을 포함하지 않는다.
② 발주비용에는 수송비, 하역비, 통관료, 검사 시험비 등이 포함된다.
③ 준비비용에는 준비시간 중 발생되는 기계의 유휴비용도 포함된다.
④ 재고부족비에는 기업의 이미지손실과 고객상실로 인한 손실도 포함된다.

5 재고관리와 관련된 설명으로 알맞지 않은 것은? <small>2006 한국토지주택공사</small>

① 물류활동은 일반적으로 재고, 수송, 주문처리, 포장 및 하역 등으로 나누어지며 물류관리자는 각 물류활동과 관련된 일상적인 의사결정을 내린다.
② 주문량과 비용과의 관계에서 단위당 주문비와 재고유지비는 주문량의 증가와 함께 상승하는 반면 재고부족비는 주문량의 증가와 함께 하락하는 것이 일반적이다.
③ 최적 재주문량에 대한 결정은 재고 유지비, 주문비 및 재고부족비를 함께 고려하여 결정하며 각각의 비용항목을 합한 총재고비용이 최소가 되는 점이 최적주문량이 된다.
④ 재고관리자는 고객의 수요에 대처하여 최소의 재고비용으로 적정량의 재고를 유지하는 것이 중요하다.
⑤ 재고비용은 크게 재고유지비용, 재고주문비용 및 재고부족(out-of-stock)비용으로 구성된다.

6 다음 중 리드타임(lead time)에 관한 설명으로 알맞은 것은? 2014 한국서부발전

① 상품결손에 대한 인식시점과 실제 주문이 이루어지는 시점까지의 시간
② 상품에 대한 주문실행시점으로부터 주문한 수량이 매장에 도착할 때까지 걸리는 시간
③ 상품에 대한 주문실행시점으로부터 주문한 상품이 점포에 도착하여 진열이 완료되기까지의 시간
④ 보충되어야 할 상품 발주 후 상품이 점포에 도착하는 시점 사이의 시간

7 다음 중 재고관리에 대한 설명으로 알맞지 않은 것은? 2014 공무원연금공단

① 부품공급의 리드타임에 대한 불확실성이 낮을수록 안전재고의 수준을 높여줄 필요가 있다.
② 이자, 보관비용, 취급비용, 세금, 보험료, 상품훼손, 등의 비용은 재고유지비용에 포함한다.
③ 주문비용이나 셋업비용이 상대적으로 클 경우에는 보다 많은 재고를 유지하기 위해서 1회 생산로트의 크기를 늘려야 한다.
④ 도매시장과 같은 유통업체가 보유하는 품목들의 대부분이 독립수요를 갖는 재고라고 볼 수 있다.

8 다음 중 재고관리에 대한 설명으로 알맞지 않은 것은? 2005 국민체육진흥공단

① 재고량이 많을수록 재고유지비용은 증가한다.
② 재고주문비용은 재고량이 많을수록 증가한다.
③ 재고구입량이 증가할수록 재고매입비용이 증가한다.
④ 재고 관련 비용을 최소화하려는 여러 활동을 의미한다.

9 해리스(W. Harris)가 제시한 EOQ(경제적 주문량) 모형의 가정으로 옳은 것은? 2016 공인노무사

① 단일 품목만을 대상으로 한다.   ② 조달기간은 분기단위로 변동한다.
③ 수량할인이 적용된다.   ④ 연간 수요량은 알 수 없다.
⑤ 주문비용은 주문량에 정비례한다.

10 경제적 주문량(EOQ: Economic Order Quantity)에 대한 설명으로 옳지 않은 것은? 2021 5급 군무원

① 연간 재고유지비용과 주문비용의 합을 최소화하는 주문량을 의미한다.
② 주문비용은 주문량과 정비례하여 감소한다.
③ 총비용은 U자 곡선을 그린다.
④ 구입단가는 주문량과 관계없이 일정하다고 가정한다.

11 다음 중 경제적 주문량(EOQ)의 목적으로 알맞은 것은?   2014 국민연금공단

① 재고유지비용을 최소화하는 연간주문량 결정
② 재고주문비용을 최소화하는 연간주문량 결정
③ 재고유지비용과 재고주문비용의 합을 최대화하는 주문량의 크기를 결정
④ 재고유지비용과 재고주문비용의 합을 최소화하는 주문량의 크기를 결정

12 다음 중 기본적인 경제적 주문량(EOQ) 모형에 대한 설명으로 알맞지 않은 것은?   2013 한국가스공사

① 다른 조건이 일정할 때 주문비용이 감소하면 EOQ는 감소한다.
② 다른 조건이 일정할 때 연간수요가 증가하면 EOQ는 증가한다.
③ 다른 조건이 일정할 때 연간 단위당 재고유지비용이 증가하면 EOQ는 감소한다.
④ EOQ는 연간 발주비와 재고유지비의 연간합을 최대로 하는 주문량의 크기를 결정하는 것이다.

13 경제적 주문량(EOQ) 모형에 대한 설명으로 알맞지 않은 것은?   2011 한국수력원자력

① 연간 재고유지비와 연간 발주비의 합을 최대로 하는 1회 주문량 결정
② 경제적 주문량을 결정짓는 변수로는 1회 주문비용, 연간 총수요량, 단위당 유지비용이 있다.
③ 재고 단위당 구입원가는 1회당 주문량에 영향을 받지 않으며, 재고 부족원가는 없다.
④ $EOQ = \sqrt{\dfrac{2 \times 연간재고수요량 \times 1회 주문비용}{단위당 연간 재고유지비}}$

14 확정적 정기주문모형인 경제적 주문량 모형(economic order quantity: EOQ)에서 경제적 주문량은 다음의 산식으로 구한다. $EOQ = \sqrt{\dfrac{2(ㄴ)(ㄷ)}{(ㄱ)}}$ 여기에서 (ㄱ), (ㄴ), (ㄷ)에 해당하는 변수를 바르게 나열한 것은?   2012 가맹거래사

	(ㄱ)	(ㄴ)	(ㄷ)
①	1회 주문비용	연간 단위당 재고유지비용	연간수요
②	연간 수요	단위당 구입가격	연간 단위당 재고유지비용
③	연간 단위당 재고유지비용	연간 단위당 재고유지비용	1회 주문비용
④	연간 단위당 재고유지비용	연간수요	1회 주문비용
⑤	1회 주문비용	단위당 구입가격	연간 단위당 재고유지비용

15 경제적 주문량(EOQ) 모형을 도출하기 위한 가정이 아닌 것은?   2013 가맹거래사

① 재고조달기간은 일정하다.
② 단위 기간당 재고사용량이 일정하다.
③ 연간 수요량이 알려져 있다.
④ 수량할인이 인정되지 않는다.
⑤ 1회 주문비용은 주문량에 비례하여 커진다.

16 (주)한국의 A부품에 대한 연간수요는 4,000개이며, A부품 구입가격은 단위당 8,000원이다. 1회당 주문비용은 4,000원이고, 단위당 연간 재고유지비용은 구입 가격의 10%일 때 A부품의 경제적 주문량(EOQ)은?

[2019 공인노무사]

① 100개　② 200개　③ 300개　④ 400개　⑤ 600개

17 A점포의 연간 자전거 판매수량은 500대이고, 한 번 주문할 때 소요되는 주문비용은 10만원이다. 자전거 한 대의 구입가격은 15만원이며, 재고 유지를 위해 매년 부담하는 비용은 대당 1만원이다. A점포의 경제적 주문량(EOQ)과 최적주문횟수는 각각 얼마인가?

[2018 공인노무사]

① 50대, 5회　② 50대, 10회　③ 100대, 5회
④ 100대, 7회　⑤ 250대, 2회

18 개당 10,000원에 판매되는 제품 A의 연간수요는 400개로 일정하게 발생하고 있으며, 1회 주문비용은 5,000원, 개당 연간 재고유지비용은 판매가격의 25% 정도로 추산하고 있다. 경제적 주문량(EOQ) 모형을 적용하여도 큰 무리가 없다고 가정할 때, 경제적 주문량은?

[2015 경영지도사]

① 25개　② 30개　③ 35개　④ 40개　⑤ 50개

19 제품 P의 연간 수요는 10,000개로 예상된다. 이 제품의 연간 재고유지비용이 단위당 100원이고, 주문 1회당 소요되는 주문비용은 200원이다. 이 경우 경제적 주문량(EOQ)은?

[2010 노무사]

① 100　② 150　③ 200　④ 250　⑤ 300

20 제품 X의 연간 수요량이 10,000개, 1회당 주문비용이 10,000원, 단위당 재고유지비용이 50원이면 제품 X의 경제적주문량(EOQ)은?

[2014 가맹거래사]

① 500개　② 1,000개　③ 1,500개　④ 2,000개　⑤ 2,500개

21 제품 A의 연간수요는 10,000개로 예측된다. 제품 A의 구입단가는 1,000원, 1회당 주문비용은 2,500원, 연간 재고유지비용은 단위당 200원이다. 제품 A의 경제적 주문량(EOQ)으로 산출한 연간 최적주문횟수는?

[2011 가맹거래사]

① 5회　② 10회　③ 15회　④ 20회　⑤ 25회

22 제품 A의 연간 수요는 10,000개로 예상된다. 이 제품의 연간 재고유지비용이 단위당 200원이고 주문 1회당 소요되는 주문비용은 100원이다. 이 경우 경제적 주문량(EOQ)에 의한 최적 주문 횟수는?

[2013 노무사]

① 50회　② 75회　③ 100회　④ 150회　⑤ 200회

23 A 기업의 X 부품에 대한 연간 수요는 2,000개이다. X 부품의 1회 주문비용은 1,000원, 연간 단위당 재고유지비용은 400원일 때 경제적 주문량 모형을 이용하여 1회 경제적 주문량과 이때의 연간 총비용을 구하면?

2012 노무사

① 50개, 20,000원 ② 50개, 40,000원
③ 100개, 20,000원 ④ 100개, 40,000원
⑤ 150개, 60,000원

24 A기업은 1년간 400개의 부품을 사용한다. 부품가격은 개당 1,000원, 주문 비용을 회당 10,000원, 단위당 연간 재고유지비용은 부품가격의 20%라면 이 부품의 경제적 주문량(EOQ)은?

2015 노무사

① 100개 ② 150개 ③ 200개 ④ 250개 ⑤ 300개

25 제품 A의 연간수요는 1,000단위로 예측되며, 단위당 연간 재고 유지비용 1,000원, 1회 경제적 주문량이 100단위일 경우 경제적 주문량(EOQ) 모형을 이용한 1회당 주문비용은?

2015 가맹거래사

① 1,000원 ② 2,000원 ③ 3,000원 ④ 4,000원 ⑤ 5,000원

26 다음 중 자료로 경제적 주문량을 결정하면?

2005 한국자산관리공사

- 연간수요량 20,000개
- 1회당 재고 주문비용 1,000원
- 1회당 재고유지비용 1,000원

① 100개 ② 150개 ③ 200개 ④ 250개

27 다음 중 주어진 자료를 이용하여 경제적 주문량(EOQ)을 구하라.

2006 한국서부발전

- 연간 총수요량: 500,000개
- 단위당 유지비: 100원
- 1회 주문비: 10,000원

① 5,000개 ② 5,500개 ③ 6,000개 ④ 10,000개

28 다음 자료로 총재고비용을 구하면?

2006 한국토지주택공사

- 연간 재고수요량: 2,000개
- 1회당 재고주문비용: 8원
- 1회당 연간 재고유지비용: 5원
- 1회당 연간 재고부족비용: 40원

① 200원 ② 250원 ③ 300원 ④ 350원 ⑤ 400원

29 재고관리의 P시스템(P-모형)과 Q시스템(Q-모형)에 대한 설명으로 옳은 것은?　　2016 7급 감사직

① Q시스템은 P시스템보다 일반적으로 더 많은 안전재고가 필요하다.
② P시스템에서는 주문시점마다 주문량이 달라지지만 Q시스템에서는 주문주기가 고정된다.
③ 투빈(two-bin)법은 재고량을 절반으로 나누어 안전재고를 확보하는 방법으로 P시스템의 내용을 시각화한 것이다.
④ Q시스템은 현재의 재고량을 수시로 조사하여 재주문점 도달여부를 판단해야 하므로 관리부담이 많다.

30 다음 중 재고관리 방법 중 ABC관리의 설명으로 알맞지 않은 것은?　　2011 SH 공사

① 매출액이 큰 순으로 ABC의 3개의 그룹을 나눠서 중점 관리한다.
② 재고관리나 자재관리에만 사용될 수 있는 아주 유용한 관리법이다.
③ A그룹에서는 신중하고 집중적인 재고관리를 실시하여 평균로트 크기를 줄인다.
④ 기업이 관리하고자 하는 상품의 수가 많아 모든 품목을 동일하게 관리하기가 어려울 때 이용하는 방법이다.

31 재고관리의 ABC관리법에서 품목을 분류할 때 가장 많이 사용되는 분석방법은?　　2010 노무사

① 민감도분석　　② 추세분석　　③ 비용-편익 분석
④ 파레토분석　　⑤ 인과분석

32 재고품목을 가치나 상대적 중요도에 따라 차별화하여 관리하는 ABC 재고관리에 관한 설명으로 옳은 것은?　　2018 공인노무사

① A등급은 재고가치가 낮은 품목들이 속한다.
② A등급 품목은 로트 크기를 크게 유지한다.
③ C등급 품목은 재고유지비가 높다.
④ ABC등급 분석을 위해 롱테일(long tail) 법칙을 활용한다.
⑤ 가격, 사용량 등을 기준으로 등급을 구분한다.

33 재고관리 비용을 최소화하기 위한 재고관리 기법에 해당하지 않는 것은?　　2018 7급 감사직

① EOQ(Economic Order Quantity)
② JIT(Just-in-Time)
③ MRP(Material-Requirements Planning)
④ PERT(Program Evaluation and Review Technique)

34 생산수량과 일정을 토대로 필요한 자재조달 계획을 수립하는 관리시스템은?

① CIM ② FMS ③ MRP
④ SCM ⑤ TQM

35 최종품목 또는 완제품의 주생산일정계획(master production schedule)을 기반으로 제품생산에 필요한 각종 원자재, 부품, 중간조립품의 주문량과 주문시기를 결정하는 재고관리방법은?

① 자재소요계획(MRP) ② 적시(JIT) 생산시스템
③ 린(lean) 생산 ④ 공급사슬관리(SCM)
⑤ 칸반(kanban) 시스템

36 자재소요계획(Material Requirement Planning: MRP)과 관련된 설명으로 옳은 것은?

① MRP는 풀생산방식(pull system)의 전형적 예로서 시장 수요가 생산을 촉발시키는 시스템이다.
② MRP는 독립수요(independent demand)를 갖는 부품들의 생산수량과 생산시기를 결정하는 방법이다.
③ 자재명세서(bill of materials)의 각 부품별 계획주문발주시기를 근거로 MRP를 수립한다.
④ 대생산일정계획(master production schedule)의 완제품 생산일정과 생산수량에 관한 정보를 근거로 MRP를 수립한다.

37 다음 중 MRP에 대한 설명으로 알맞지 않은 것은?

① 종속수요품 각 자재에 대한 별도의 수요예측이 필요하다.
② 최종제품의 생산수용에 따른 소요자체를 최소의 재고비용으로 적시에 공급해준다.
③ 시스템의 운영에 컴퓨터의 지원이 필수적인데 컴퓨터시스템의 도입 및 유지비용이 많이 발생한다.
④ 원재료 등의 종속소요량을 순 소요량의 소요시기에서 조달기간만큼 차감하여 결절하는 시간차감법에 의해서 발주한다.

38 전사적 자원관리(ERP) 도입의 효과가 아닌 것은?

① 신기술 수용 및 활용 ② 사업장 및 업무통합
③ 고객 이미지 개선 ④ 정보 적시 제공
⑤ 업무프로세스 복잡화

39 ERP(enterprise resource planning) 시스템에 관한 설명으로 옳지 않은 것은? `2017 가맹거래사`

① ERP 시스템은 기능영역 정보시스템들 사이의 커뮤니케이션 결여를 바로 잡고자 하는 것이다.
② ERP 시스템은 기능영역에 걸친 기업성과에 대한 기업정보를 제공하여 관리자의 의사결정능력을 향상시킬 수 있다.
③ ERP 시스템은 비즈니스 프로세스를 통합하여 고객서비스를 개선시킬 수 있다.
④ ERP 시스템을 구축·실행하는데 초기비용이 적게 소요된다.
⑤ ERP 시스템 도입 후에는 통합 데이터베이스를 운영하게 되어 정보의 공유가 용이해진다.

40 전사적 자원관리(ERP)의 장점으로 가장 옳지 않은 것은? `2021 군무원`

① 경영자원의 통합적 관리
② 자원의 생산성 극대화
③ 차별화된 현지 생산
④ 즉각적인 의사결정 지원

41 적시생산시스템(JIT)과 자재소요계획(MRP)의 차이에 대한 설명으로 옳지 않은 것은? `2019 군무원`

① JIT는 푸시(Push) 방식, MRP는 풀(Pull) 방식이다.
② JIT의 재고는 부채, MRP의 재고는 자산이다.
③ JIT는 무결점을, MRP는 소량의 결점을 인정한다.
④ JIT는 일본이 도요타자동차에서 개발한 기법이다.

42 JIT(Just-In Time) 생산시스템의 특징에 해당하지 않는 것은? `2021 군무원`

① 적시구매
② 소로트의 반복생산
③ 안전재고의 저장
④ 다기능공의 존재

43 적시생산(JIT) 시스템의 특성이 아닌 것은? `2011 노무사`

① 푸시시스템(push system)
② 칸반 생산
③ 공장부하의 균일화
④ 유연한 자원
⑤ 빠른 생산준비시간

44 JIT시스템의 구성요소로 옳지 않은 것은? `2016 가맹거래사`

① 간판방식
② 생산의 평준화
③ 공급자 네트워크
④ 다기능작업자
⑤ 대규모 로트 사이즈

45 다음 중 적시생산방식(JIT)시스템의 특징이 아닌 것은? `2016 서울시 7급`

① 풀시스템(pull system)
② 칸반(kanban)에 의한 생산통제
③ 생산평준화
④ 소품종 대량생산체제

46 JIT(just in time) 구매방식의 특징이 아닌 것은?   2017 가맹거래사

① 소량 구매
② 소수의 협력업체
③ 품질과 적정가격에 의한 장기계약
④ 구매에 관한 문서의 최소화
⑤ 적은 납품횟수

47 다음 중 JIT에 대한 설명으로 알맞지 않은 것은?   2006 근로복지공단

① JIT 시스템에서 생산의 표준화가 이루어져야 효과적인 운영이 가능하다.
② 소로트 생산을 중심으로 하여 환경변화에 유연하게 대응할 수 있도록 한다.
③ JIT 시스템은 생산활동에서의 낭비요인을 제거하는 것이 궁극적인 목적이다.
④ 특정 작업에 대해서만 전문적인 작업수행능력이 있는 작업자를 양성시킨다.
⑤ JIT시스템으로 원가절감 및 생산성 향상을 기대할 수 있다.

48 다음 중 적시생산(Just-In-Time: JIT) 시스템에 관한 설명으로 알맞지 않은 것은?   2014 한국석유공사

① 생산의 평준화가 이루어져야 한다.
② 생산 활동에서 낭비적인 요인들을 제거하는 것이 궁극적 목적이다.
③ 성공적 도입을 위해서는 제조준비시간의 충분한 증가가 먼저 이루어져야 한다.
④ 다품종 소량생산일 경우 효과적으로 운영될 수 있다.

49 다음 중 JIT 시스템에 관한 설명으로 알맞지 않은 것은?   2006 한국서부발전

① 문제 발생시 모든 일을 중지하고 해결책을 최우선으로 찾은 후 업무를 진행한다.
② 주로 반복생산에 사용되며, 푸시 시스템(push system)에 의한 생산시간이 단축된다.
③ 낭비요소의 지속적인 개선을 통한 원가절감을 도모하는 전사적 품질관리 시스템이다.
④ 소비자가 원하는 제품을 적시에 적량만큼 생산하는 재고 없는 생산 시스템이다.

50 다음 중 JIT(Just-In-Time)방식과 미국식 전통적 생산방식(포드시스템)을 비교한 것 중 알맞지 않은 것은?   2012 한국전력 KPS

① 전통적 생산방식은 재고를 낭비로 보아 극소화하고, JIT는 충분한 재고를 갖고 운영한다.
② 전통적 생산방식은 계획 중심적이고 컴퓨터 의존적이며, JIT는 통제중심적이며 시각적 통제를 강조한다.
③ 전통적 생산방식은 다수의 경쟁적인 공급업자를 가지나, JIT는 하나 혹은 소수의 협력적 공급업자를 갖는다.
④ 전통적 생산방식은 전문화되고 개인주의적인 노동력에 기반을 두고 있으나, JIT는 유연하여 팀 중심적인 노동력에 기반을 둔다.

51 MRP와 JIT에 대한 내용으로 옳지 않은 것은?

① MRP는 자재소요계획으로 계획 생산에 입각한 PUSH 방식을 이용한다.
② JIT는 소량의 불량을 인정하며 PULL 방식을 이용한다.
③ MRP는 총괄생산계획이 전제가 되어야 한다.
④ JIT는 적시생산시스템으로 모든 생산과정에서 필요할 때, 필요한 것만을 필요한 만큼만 생산한다.

52 MRP와 JIT에 대한 설명으로 알맞지 않은 것은?

① MRP: 명령에 의한 경영,   JIT: 합의에 의한 경영
② MRP: 어느 정도의 불량은 허용,   JIT: 0% 불량률 추구
③ MRP: PUSH 시스템,   JIT: PULL 시스템
④ MRP: 반복 생산,   JIT: 비반복 생산

53 다음 중 푸시시스템(push system)과 풀시스템(pull system)을 비교한 것으로 알맞은 것은?

① 푸시시스템: 생산자 중심,   풀시스템: 소비자 중심
② 푸시시스템: 무결점 추구,   풀시스템: 약간의 불량 인정
③ 푸시시스템: 반복생산의 재고관리,   풀시스템: 비반복생산의 재고관리
④ 푸시시스템: 납품업자와 협력관계,   풀시스템: 납품업자와 적대관계
⑤ 푸시시스템: 유연성 우선,   풀시스템: 라인밸런싱 우선

54 다음 특성에 알맞는 생산운영관리시스템의 명칭은?

- 칸반(Kanban) 시스템
- 린(lean) 시스템
- 무재고 생산 지향
- 생산의 평준화

① JIT   ② MRP   ③ MRP Ⅱ
④ CIM   ⑤ FMS

55 적시생산(JIT) 시스템의 특성에 해당하지 않는 것은?

① 다기능 작업자의 투입
② 소규모 로트(lot) 크기
③ 부품과 작업 방식의 표준화
④ 푸시(push) 방식의 자재흐름
⑤ 작업장 간 부하 균일화

56 적시생산시스템(JIT)에 관한 설명으로 옳지 않은 것은?

① 유럽의 자동차회사에서부터 시작되었음
② 공간절약을 통해 비용을 절감하고자 함
③ 재고를 최소화하고자 함
④ 이 시스템은 대량의 반복생산체제 적합함
⑤ 유통망의 장애를 고려하지 않는다는 단점이 존재

57 JIT(Just-in-time) 시스템의 특징으로 옳지 않은 것은?

① 푸시(push) 방식이다.
② 필요한 만큼의 자재만을 생산한다.
③ 공급자와 긴밀한 관계를 유지한다.
④ 가능한 한 소량 로트(lot) 크기를 사용하여 재고를 관리한다.
⑤ 생산지시와 자재이동을 가시적으로 통제하기 위한 방법으로 간판(Kanban)을 사용한다.

58 린(lean) 생산방식의 전제조건이 아닌 것은?

① 작업장 정비 ② 품질경영과 실수방지책 구축
③ 푸시 시스템 도입 ④ 생산준비시간 단축
⑤ 생산스케줄 평준화와 안정화

59 다음 중 재고관련비용의 유형에 대한 설명으로 가장 옳지 않은 것은?

① 품목비용: 재고품목 그 자체의 구매비용 또는 생산비용
② 주문비용: 재고품목을 외부에 주문할 때 발생하는 경비와 관리비
③ 재고유지비용: 한 번의 조업을 위한 생산설비의 가동준비에 소요되는 비용
④ 재고부족비용: 재고가 소진된 후 보충될 때 까지 기다리는 과정에서 발생하는 비용

60 다음 중 기업이 재고를 유지하는 목적으로 옳은 것을 모두 고르시오.

(가) 제품 수요의 변동에 맞추기 위해서
(나) 원자재 조달 측면의 안전성을 확보하기 위해서
(다) 경제적 구매량의 이점을 살리기 위해서
(라) 작업 일정에 유연성을 가지기 위해서
(마) 작업의 독립성을 어느 정도 유지하기 위해서

① (가), (나) ② (가), (나), (다)
③ (가), (나), (다), (라) ④ (가), (나), (다), (라), (마)

61 다음 중 재고(inventory) 및 재고관리에 대한 설명으로 가장 옳지 않은 항목은?

① 재고는 제품의 생산이나 고객 수요의 충족을 위해 보유하고 있는 자재이며, 완제품, 재공품, 각종 원자재 등이 포함된다.
② 재고 관련 비용 중에서 추후납품비용이나 품절비용은 재고부족비용에 해당된다.
③ 경제적 주문량 모형은 연간 주문비용 및 연간 재고유지비용 등의 연간 총비용을 최소화하는 주문량을 산출한다.
④ 일반적으로 고정주문량 모형은 정기주문모형 보다 더 많은 안전재고를 요구한다.

62 다음 중 재고관리에 관한 설명으로 가장 적절하지 않은 것은?

① 정량발주시스템(Q-system)에서는 재고 소진 속도가 빨라지면 주문 시기가 빨라진다.
② 정기발주시스템(P-system)에서는 재고조사 기간 사이에 재고 소진이 많을수록 많은 양을 주문하게 된다.
③ 투빈시스템(two-bin system)은 정기발주 시스템을 시각화한 것이다.
④ ABC재고관리에서 A그룹은 재고 기록이나 조달기간을 엄격히 관리해야 한다.

63 다음 중 재고관리의 접근방법으로서 경제적 주문량(EOQ : Economic Order Quantity) 산출시 적용되는 기본 가정에 해당하지 않는 것은?

① 제품의 수요가 일정하고 균일하다.
② 조달기간이 일정하며 조달이 일시에 이루어진다.
③ 품절이나 과잉재고가 허용된다.
④ 주문비와 재고유지비가 일정하며 재고유지비는 평균재고에 기초를 둔다.

64 경제적 주문량(EOQ)에 관한 설명으로 옳지 않은 것은?

① 연간 재고유지비용과 연간 주문비용의 합이 최소화되는 주문량을 결정하는 것이다.
② 연간 재고유지비용과 연간 주문비용이 같아지는 지점에서 결정된다.
③ 연간 주문비용이 감소하면 경제적 주문량이 감소한다.
④ 연간 재고유지비용이 감소하면 경제적 주문량이 감소한다.
⑤ 연간 수요량이 증가하면 경제적 주문량이 증가한다.

65 준비비용이 일정하다고 가정하는 경제적 주문량(EOQ)과는 달리 준비비용을 최대한 줄이고자 하는 시스템은?

① 유연생산시스템(FMS) ② 자재소요관리시스템(MRP) ③ 컴퓨터통합생산시스템(CIM)
④ ABC 재고관리시스템 ⑤ 적시생산시스템(JIT)

66 다음 중 안전재고에 대한 설명으로 가장 적절한 것은? 『2024 9급 군무원』

① 바쁜 크리스마스 판매 시즌이나 세일행사기간과 같은 수요가 높을 것으로 예상되는 기간 동안 수요를 충족시킬 수 있는 재고를 말한다.
② 예상하지 못한 공급이나 생산 문제가 일어나거나 수요가 예상보다 높을 때 수요를 충족시키기 위해 보유하는 재고이다.
③ 기업의 구매나 생산을 하고 다음번 구매나 생산 할 기간까지 유지할 수 있는 충분한 양을 구매하거나 생산할 때 발생한다.
④ 기업들이 가격 인상이나 공급축소 등을 대비하여 물품을 비축해 놓을 대 생성되는 재고이다.

67 다음 중 도요타 생산시스템에서 정의한 7가지 낭비유형에 해당하는 것을 모두 고른 것은? 『2023 공인노무사』

ㄱ. 과잉생산에 의한 낭비	ㄴ. 대기시간으로 인한 낭비
ㄷ. 재고로 인한 낭비	ㄹ. 작업자 재교육으로 인한 낭비

① ㄱ, ㄴ ② ㄷ, ㄹ ③ ㄱ, ㄴ, ㄷ
④ ㄴ, ㄷ, ㄹ ⑤ ㄱ, ㄴ, ㄷ, ㄹ

68 생산 프로세스에서 낭비를 제거하여 부가가치를 극대화하기 위한 것은? 『2022 공인노무사』

① 린(lean) 생산
② 자재소요계획(MRP)
③ 장인생산(craft production)
④ 대량고객화(mass customization)
⑤ 오프쇼오링(off-shoring)

69 다음에서 설명하는 생산시스템으로 가장 적절한 것은? 『2023 9급 군무원』

> 이 생산시스템은 생산 활동에서 가치를 부가하지 않는 활동, 자재, 운영 등 낭비의 원천을 제거하여 생산효율을 극대화한다. 프로세스 개선을 통해 제품품질을 향상시킨다. 재고감소를 통한 생산 리드타임 단축으로 고객의 수요변화에 신속히 대응한다.

① 린(Lean) 생산시스템
② ERP 생산시스템
③ MRP 생산시스템
④ Q-system

❷ 공급사슬관리

70 라이트(J.N. Wright)가 제시한 채찍효과(bullwhip effect)의 대처방안이 아닌 것은? `2013 가맹거래사`

① 수요에 대한 정보를 집중화하여 불확실성을 감소시킨다.
② 고객 요구 프로세스의 고유한 변동 폭을 감소시킨다.
③ 안전재고의 양을 감소시키기 위한 리드타임을 단축시킨다.
④ 뱃치(batch) 주문을 실시한다.
⑤ 공급사슬에서 재고를 관리하는 정보를 공유할 수 있는 전략적 파트너십을 구축한다.

71 공급사슬상 채찍효과(Bullwhip Effect)가 발생하는 원인으로 옳지 않은 것은? `2018 7급 감사직`

① 과잉 주문   ② 일괄 주문   ③ 큰 가격 변동   ④ 짧은 리드타임

72 채찍효과의 발생요인이 아닌 것은? `2014 노무사`

① 공급망의 단계별로 이루어지는 수요예측
② 일정기간 예상되는 물량에 대한 일괄주문방식
③ 판촉 및 세일 등으로 인한 가격변동
④ 공급을 초과하는 수요에 따른 구매자 간 힘겨루기
⑤ 전자자료교환 사용

73 공급사슬 내에서 소비자로부터 생산자로 갈수록 수요변동 폭이 확대되는 것은? `2016 가맹거래사`

① 채찍효과(bullwhip effect)   ② 크로스도킹(cross docking)
③ 동기화(synchronization)   ④ 순환변동(cyclical movement)
⑤ 불규칙변동(random variation)

74 고객 주문 및 수요에 대한 예측 정보가 소매업체, 도매업체, 물류센터, 제조업체, (원료)공급자 방향으로 전달되는 과정에서 지연이나 왜곡현상이 발생하여 과잉재고 등의 문제가 발생하는 것을 무엇이라 하는가? `2016 서울시 7급`

① 시장실패   ② 인지부조화   ③ 집단사고   ④ 채찍효과

75 동일한 목표를 달성하고 새로운 가치창출을 위해 공급업체들과 자원 및 정보를 협력하여 하나의 기업처럼 움직이는 생산시스템은? `2015 가맹거래사`

① 공급사슬관리(SCM)   ② 적시생산시스템(JIT)   ③ 자재소요계획(MRP)
④ 유연제조시스템(FMS)   ⑤ 컴퓨터통합생산(CIM)

76 기업이 공급사슬관리(SCM)를 적극적으로 수행해야 할 필요성과 관계가 없는 것은? `2011 노무사`

① 운송비의 지속적 감소 ② 글로벌화의 진전 ③ 아웃소싱의 증가
④ 공급사슬의 복잡화 ⑤ 전자상거래 도입의 증가

77 공급사슬관리가 중요해지는 이유에 해당하는 것은? `2015 가맹거래사`

① 경영활동의 글로벌화에 따른 리드타임과 불확실성의 증가
② 물류비용의 중요성 감소
③ 채찍효과로 인한 예측의 불확실성 감소
④ 기업의 경쟁강도 약화
⑤ 고객맞춤형 서비스의 감소

78 공급자에서 기업 내 변환과정과 유통망을 거쳐 최종 고객에 이르기까지 자재, 제품, 서비스 및 정보의 흐름을 전체 시스템 관점에서 설계하고 관리하는 것은? `2021 공인노무사`

① EOQ ② MRP ③ TQM ④ SCM ⑤ FMS

79 공급사슬관리에 대한 설명으로 가장 옳지 않은 것은? `2021 7급 군무원`

① 채찍효과(bullwhip effect)는 수요변동의 폭이 도매점, 소매점, 제조사, 공급자의 순으로 점점 커지는 것을 의미한다.
② 지연차별화(delayed differentiation)의 개념은 제품의 차별화가 지연되면 고객의 불만족을 야기하므로 초기에 차별화된 제품 및 서비스를 개발 및 제공하자는 것이다.
③ 신속반응시스템(quick response system)을 갖추기 위해서는 POS(Point Of Sale)이나 EDI(Electronic Data Interchange)와 같이 정보를 신속하게 획득, 공유할 수 있는 프로그램이 필요하다.
④ 판매자가 수송된 상품을 입고시키지 않고 물류센터에서 파레트 단위로 바꾸어 소매업자에게 배송하는 것을 크로스 도킹(cross docking) 이라고 한다.

80 다음 〈보기〉에서 설명하고 있는 것은? `2017 군무원`

> 공급자로부터 최종소비고객에게 제품 및 서비스가 도달하기까지의 전체 시스템을 최적화하여 관리하는 작업흐름으로서 채찍효과를 보완하기 위해 등장하였다.

① SCM ② ERM ③ 6시그마 ④ JIT

81 다음 중 물류관리에 관한 설명으로 가장 거리가 먼 것은? 2023 9급 군무원

① 물류관리의 성과지표에는 매출액 대비 물류비용, 납기 준수율 등이 있다.
② 물류관리의 대상은 하역, 포장, 보관, 운송, 유통가공, 정보 등이다.
③ 제품이 수송 및 배송 활동을 거쳐 소비자에게 전달되는 과정은 인바운드 물류(in-bound logistics)에 해당한다.
④ 생산에 필요한 원자재를 자사 창고나 공장으로 이동하는 활동은 조달물류에 해당한다.

82 다음 중 공급사슬의 유형과 가장 거리가 먼 것은? 2024 9급 군무원

① 파트너십 사슬   ② 효율적 사슬   ③ 린 사슬   ④ 신속대응 사슬

83 다음 중 공급사슬관리와 관련된 설명으로 가장 옳은 것은? 2022 5급 군무원

① 공급사슬 상의 정보 왜곡 현상은 조직마다 목표가 상이하여 발생하기 때문에 공급사슬의 전체 최적화보다 부문 최적화를 목표로 하여야 한다.
② 공급사슬에 물자의 흐름은 공급업체에서 고객에게 이르기까지 구체적인 제품의 흐름을 의미하며, 반품이나 그와 관련된 서비스, 재활용, 처분 등 역방향의 흐름도 포함한다.
③ 황소채찍효과(bullwhip effect)는 공급사슬 상류의 고객 주문 정보가 하류로 전달되면서 정보가 왜곡되는 현상을 말한다.
④ 공급사슬관리는 일반적으로 공급자에서 고객에 이르는 공급사슬 상의 물자와 현금의 흐름만을 관리한다.

84 다음 중 공급사슬관리의 개념과 내용에 대한 설명으로 가장 옳지 않은 항목은? 2022 7급 군무원

① 공급사슬관리는 기업 내 변환과정과 유통망을 거쳐 최종 고객에 이르기까지 자재, 서비스 및 정보의 흐름을 전체 시스템에서 설계하고 관리하는 것이다.
② 채찍효과란 최종 소비자의 수요 변동에 따라 공급사슬의 상류에 있는 주체로 갈수록 하류에 있는 주체로부터 주문을 받는 양의 변동성이 더 커지는 현상을 말한다.
③ 공급사슬의 성과는 총공급사슬원가, 정시납품비율, 재고충족률 등 원가, 품질, 납품, 유연성 및 시간의 측면에서 측정할 수 있다.
④ 공급사슬의 주체들 간 상호작용을 감소시킴으로써 어느 한 주체의 의사결정이 나머지 다른 주체에 영향을 미치지 않는다.

85 다음은 공급망관리 혹은 공급사슬관리(supply chain management, SCM)와 관련된 여러 설명들이다. 이들 중 가장 적절한 것은? `2024 7급 군무원`

① 정보와 물류의 리드타임의 길수록 공급사슬내 채찍효과(bullwhip effect)로 인한 현상은 감소한다.
② 공급자 재고관리를 활용하면, 구매자의 재고유비용은 빈번한 발주와 리드타임의 증가로 인해 상승하고, 공급자의 수요예측 정확도는 낮아진다.
③ 고객에서부터 공장에 이르기까지 공급의 모든 과정을 고객 관점에서 단순화 및 표준화하고, 정보시스템의 지원을 통해 이 과정을 통합적으로 관리하고자 하는 경영노력을 SCM이라고 할 수 있다.
④ 대량 고객화(mass customization) 전략은 표준화된 단일품목에 대한 고객수요를 최대한 확대하려는 방향으로 공급 네트워크를 구성하려는 전략이다.

III | 심화문제

1 기업은 영업활동을 수행하면서 최소의 비용으로 재고자산을 관리하려 한다. 다음 중 재고관련 비용이 최소가 되는 경제적 주문량(EOQ) 모형의 기본적인 가정에 속하지 않는 것은?　1991 CPA

① 단위당 재고유지비용은 일정하다.
② 재고조달기간이 정확히 지켜진다.
③ 재고자산의 사용률은 일정하며 알려져 있다.
④ 주문횟수당 재고주문비용은 일정하다.
⑤ 재고부족현상은 연간 3회 이하로 발생한다.

2 경제적주문량(EOQ)모형에 관한 설명으로 가장 적절하지 않은 것은?　2021 CPA

① 단위당 재고유지비용(holding cost)이 커지면 최적주문량은 줄어들지만, 재주문점(reorder point)은 변하지 않는다.
② 주문당 주문비용(ordering cost)이 커지면 최적주문량은 늘어나지만, 재주문점은 변하지 않는다.
③ 리드타임(lead time)이 증가하면 재주문점은 커지지만, 최적주문량은 변하지 않는다.
④ EOQ모형에서는 재고보충시 재고수준이 일시적으로 증가하지만 경제적생산량(EPQ)모형에서는 생산기간 중 점진적으로 증가한다.
⑤ 주문량에 따라 가격할인이 있는 경우의 EOQ모형에서 최적주문량은 일반적으로 연간 재고유지비용과 연간 주문비용이 같아지는 지점에서 발생한다.

3 재고자산의 관리 등에 대한 설명으로 적절하지 않은 것은?　1992 CPA

① ABC 관리법은 재고자산의 부피로서 구분하여 관리하는 기법이다.
② 재고보유량이 가장 적은 재고자산관리기법은 JIT시스템이다.
③ EOQ, EPQ 모형은 재고관련비용의 최소화를 목적으로 하는 고정주문량모형에 속한다.
④ MRP기법은 독립수요품의 재고가 확정되어 있을 때 종속수요품의 재고자산의 관리 및 통제를 위한 기법이다.
⑤ 재고품목의 중요도가 높은 경우에는 주문기간이 짧은 고정주문기간모형을 이용하는 것이 바람직하다.

4 MRP기법에 대한 설명 중 틀린 것은?　1995 CPA

① 원자재 재고계획을 일정 계획에 통합하여 효과적으로 관리할 수 있다.
② EOQ/ROP방식은 과거수요예측에 근거한 연속적 수요패턴에 효율적이며, MRP는 주생산일정계획에 근거한 이산적 수요패턴에 효율적이다.
③ MRP기법은 EOQ/ROP방식에서 소홀한 수요의 독립, 종속을 중요시한다.
④ MRP기법은 작업의 원활 및 생산소요시간의 단축을 기할 수 있다.
⑤ MRP기법은 수요가 연속적이고 균일하다고 가정하므로 원자재의 적정량, 적정 공급을 할 수 있게 한다.

5 종속적 수요에 대한 설명으로 적절하지 않은 것은? 1998 CPA

① 일반적으로 부품에 대한 수요이다.
② 수요형태가 일괄적이다(lumpy demand).
③ 경제적 주문량 모형을 이용하여 최적의 롯트 크기(lot size)를 결정할 수 있다.
④ 칸반시스템(kanban system)을 이용할 수 있다.
⑤ 수요예측기법으로 예측하는 것이 아니라 간단한 방법으로 계산된다.

6 자재소요계획(MRP)에 관한 설명으로 가장 거리가 먼 것은? 2000 CPA

① 독립수요 제품의 소요량 산정을 위해 주로 사용된다.
② 계획생산에 입각한 푸쉬(push)방식을 적용한다.
③ 자재명세서(Bill Of Materials)를 필요로 한다.
④ MRP운영에는 전산시스템이 중요하다.
⑤ 기준생산계획(Master Production Schedule)이 전제가 되어야 한다.

7 수요가 균등한 단일 제품의 연간 수요량은 3,600개이고, 1회 주문비용은 50원, 그리고 연간 단위당 재고유지비용은 4원이다. 조달기간은 일정하고 주문량은 일시에 배달된다. 총비용이 연간 주문비용과 연간 재고유지비용의 합이라고 할 때 총비용을 최소화하는 경제적 주문량(EOQ)을 구하시오. 2000 CPA

① 200개　　　② 300개　　　③ 400개
④ 500개　　　⑤ 600개

8 푸쉬 시스템(push system)과 풀 시스템(pull system)을 비교한 다음 내용 중 가장 적절하지 않은 것은? 2001 CPA

	푸쉬(push) 시스템	풀(pull) 시스템
①	적시생산 시스템에 적합	자재소요계획 시스템에 적합
②	생산자 중심	소비자 중심
③	비반복생산의 재고관리	반복생산의 재고관리
④	약간의 불량 인정	무결점을 추구
⑤	납품업자와 적대관계	납품업자와 협력관계

9 안전재고(safety stock)란 조달기간 중 수요의 불확실성에 기인한 품절현상을 막기 위해 평균적 수요량을 초과해 보유하는 재고량을 말한다. 아래의 안전재고에 관한 설명 중 가장 적절치 않은 것은? 2002 CPA

① 경제적 주문량 모형에서 안전재고량은 0이다.
② 수요의 표준편차가 클수록 안전재고를 많이 보유해야 한다.
③ 서비스 수준을 높이기 위해서는 안전재고의 수준을 높여야 한다.
④ 조달기간이 짧을수록 안전재고의 수준은 낮아진다.
⑤ 안전재고가 0이면 조달기간 중 품절율은 100%이다.

10 재고관리의 정기주문모형(periodic review system, P시스템)과 고정주문모형(continuous review system, Q시스템)에 관한 다음 설명 중 옳지 않은 것은? [2003 CPA]

① P시스템은 정기적으로 정해진 시점에서만 재고를 조사하고 보충하기 때문에 Q시스템에 비해 재고관리가 간편하다.
② Q시스템에서는 현 재고상태를 항시 알고 있어야 하므로, P시스템에 비해 일반적으로 재고조사 비용이 많이 소요된다.
③ 동일한 수준의 품절율을 가정하면, Q시스템이 P시스템에 비해 더 낮은 안전재고 수준을 유지한다.
④ 다품종 재고관리의 경우, P시스템은 각 제품의 주문을 묶어서 일괄 요청할 수 있으므로 주문비용과 수송비용을 줄일 수 있는 장점이 있다.
⑤ 일반적으로 P시스템의 주문간격은 Q시스템의 주문간격보다 길다.

11 적시생산(Just-in-time : JIT)시스템에 관한 다음의 설명 중 가장 적절치 않은 것은? [2004 CPA]

① JIT시스템은 반복적 조립생산공정에 유효하며 비교적 적은 품종의 제품을 생산할 경우에 보다 효과적으로 운영될 수 있다.
② JIT시스템은 생산활동에서 낭비적인 요인들을 제거하는 것이 궁극적 목적이다.
③ 칸반(kanban)시스템은 JIT시스템을 지원하는 일종의 정보시스템으로서 하위작업장으로부터의 작업흐름을 통제하는 목적으로 사용된다.
④ JIT시스템의 성공적 도입을 위해서는 제조준비(set-up)시간의 충분한 증가가 먼저 이루어져야한다.
⑤ JIT시스템을 효과적으로 운영하기 위해서는 생산의 평준화가 이루어져야한다.

12 다음 중 재고모형들에 관한 설명이 옳지 않은 것은? [2004 CPA]

① 정기주문모형(periodic review system)은 재주문점(reorder point)의 개념과 병행되어 사용된다.
② 단일기간(single period) 재고모형은 재고부족에 따른 기회비용과 초과재고에 따른 재고잉여비용의 합을 최소화하는 재고모형이다.
③ 경제적 주문량(economic order quantity) 모형은 주문비용과 재고유지비용의 합을 최소화하는 재고모형이다.
④ 조달기간(replenishment lead time)동안의 수요에 변동성이 없다면 재주문점은 조달기간 동안의 일일 평균수요의 합과 동일하다.
⑤ 다른 모든 조건이 동일하다면 조달기간이 길수록 안전재고의 양도 많아진다.

13 ABC재고관리와 관련한 다음의 설명 중 가장 적절치 않은 것은? [2005 CPA]

① 취급상품의 종류가 다품종인 경우에 적용한다.
② A품목, B품목, C품목 중 총가치 대비 비중이 가장 큰 품목군이 A품목이다.
③ A, B, C품목 중 C품목의 주문주기가 가장 짧다.
④ C품목군은 정기주문 시스템인 P-시스템 주문모형에 적합하다.
⑤ ABC재고관리 목적과 개념상 3개 이상의 품목으로 분류하는 것도 가능하다.

14 단일기간 재고모형과 관련한 다음의 설명 중 가장 적절치 않은 것은? 2005 CPA

① 단위당 품절비용, 단위당 재고비용, 1회 주문비용 등을 고려하여 주문량을 결정한다.
② 조달기간이 길고 수명주기가 짧은 상품에 대한 주문량 결정과 호텔의 초과예약 객실수 결정에도 적용된다.
③ 단위당 품절비용이 증가되면 적정 주문량도 증가될 가능성이 높다.
④ 수요가 확정적인 경우 수요량만큼 주문한다.
⑤ 수요의 확률분포를 0에서 100사이의 연속형 균일분포(uniform distribution)로 가정하는 경우, 단위당 품절비용 대 단위당 재고 비용의 비율이 1:1에서 3:1로 증가되면 적정 주문량은 50% 증가된다.

15 공급사슬에서 채찍효과(bullwhip effect)를 가장 적절하게 설명한 것은? 2005 CPA

① 공급사슬에서 채찍효과란 고객으로부터 소매점, 도매점, 제조업체, 부품업체의 순으로 사슬의 상류로 가면서 최종 소비자의 수요 변동에 따른 수요 변동폭이 증폭되어 가는 현상을 말한다.
② 공급사슬에서 채찍효과란 부품업체, 제조업체, 유통업체의 순으로 하류방향으로 가면서 부품업체의 생산량 변동에 대한 정보에서 생산량 변동폭이 증폭되어 나타나는 현상을 말한다.
③ 공급사슬에서 채찍효과란 부품업체, 제조업체, 유통업체의 순으로 하류방향으로 가면서 상류에서 협력의 경제적 효과가 증폭되어 나타나는 현상을 말한다.
④ 공급사슬에서 채찍효과란 생산정보를 공유하는 경우 부품업체, 제조업체, 유통업체의 순으로 하류방향으로 가면서 생산정보시스템의 도입에 대한 한계비용 효과가 증폭되어 나타나는 현상을 말한다.
⑤ 공급사슬에서 채찍효과란 소매점, 도매점, 제조업체, 부품업체의 순으로 사슬의 상류로 가면서 재고수준에 대한 정보공유 효과가 증폭되어 가는 현상을 말한다.

16 재고관리에 관한 다음 서술들 중 가장 적절하지 않은 것은? 2006 CPA

① 안전재고의 수준을 높일수록 조달기간 중의 품절율은 낮아진다.
② 수요발생이 일정할 경우 제조설비의 셋업(set-up) 횟수를 줄이면 평균재고의 규모는 상대적으로 작아지게 된다.
③ 가능한 한 작은 규모의 재고를 보유하면서도 안정적인 대응을 할 수 있는 생산시스템을 갖추는 것이 오늘날의 생산관리에서는 필수적이다.
④ 순차적으로 연결된 작업단위들 사이에 존재하는 재공품 재고는 두 작업간의 생산흐름이 불균형을 이루고 있다는 의미로 볼 수 있다.
⑤ 바코드 시스템을 활용할 경우 재고실사에 필요한 많은 시간과 경비를 절약할 수 있다.

17 MRP와 JIT 시스템에 대한 다음 설명들 중 가장 적절하지 않은 것은? 2006 CPA

① MRP는 자재명세서(BOM) 외에도 원자재 및 부품의 재고현황, 조달에 필요한 소요기간(lead-time) 등에 대한 정확한 정보를 필요로 한다.
② JIT는 원자재, 부품은 물론 재공품과 완제품 재고를 최소로 유지하면서 적시에 수요를 충족시킬 수 있도록 설계된 시스템이라 할 수 있다.
③ JIT 시스템을 안정적으로 운영하기 위해서는 신뢰할 수 있는 공급자의 확보가 필수적이다.
④ MRP에서 주된 계획대상으로 삼고 있는 독립수요는 제품설계사양에 의해 일정한 규칙을 가지고 발생하게 된다.
⑤ 시스템 운영원리의 특성에 따라 MRP는 push 시스템, JIT는 pull 시스템이라 불리기도 한다.

18 공급사슬(supply chain)의 구성전략과 관련된 다음 서술들 중 가장 적절하지 않은 항목들로 구성된 것은? 2006 CPA

a. 공급사슬의 많은 부분을 아웃소싱(outsourcing)하는 것은 기업이 자신의 핵심역량에만 보다 집중할 수 있도록 하는 전략으로 볼 수 있다.
b. 대량 고객화(mass customization)전략은 표준화된 단일품목에 대한 고객수요를 최대한 확대하는 방향으로 공급네트워크를 구성하는 것이다.
c. 가치밀도(무게당 제품의 가치)는 제품의 저장위치와 수송방식을 결정하는 유일한 기준이다.
d. 위험회피형 공급사슬이란 주요한 원자재나 핵심부품의 공급이 단절되지 않도록 공급선을 다변화 하거나 안전재고를 높이는 등의 방식으로 구성되는 것을 말한다.
e. 효율적인 공급사슬의 설계를 위해서는 제품개발의 초기단계부터 물류를 고려한 설계(design for logistics) 개념을 적용할 필요가 있다.

① a, c   ② b, c   ③ c, d   ④ b, e   ⑤ d, e

19 JIT(Just-In-Time)방식과 미국식 포드시스템(Ford system)에 기반을 둔 전통적 생산방식의 일반적 특성을 비교한 다음 설명 중에서 가장 적절하지 않은 것은? 2007 CPA

① 전통적 생산방식은 계획 중심적이고 컴퓨터 의존적이나 JIT는 통제 중심적이며 시각적 통제를 강조한다.
② 전통적 생산방식은 전문화되고 개인주의적인 노동력에 기반을 두고 있으나 JIT는 유연하며 팀 중심적인 노동력에 기반을 둔다.
③ 전통적 생산방식은 비교적 충분한 재고를 갖고 운영되나 JIT는 재고를 낭비로 보아 극소화 한다.
④ 전통적 생산방식은 다수의 경쟁적인 공급업자를 가지나 JIT는 하나 혹은 소수의 협력적 공급업자를 갖는다.
⑤ 전통적 생산방식은 생산성을 위해 짧은 준비시간(setup time)을 추구하나 JIT는 안정적 생산을 위해 비교적 긴 준비시간을 추구한다.

20 MRP(Material Requirements Planning) 시스템에 대한 다음 설명 중에서 가장 적절하지 않은 것은?

2007 CPA

① 독립적 수요(independent demand)를 갖는 품목의 재고 및 생산계획과 관련된 컴퓨터 기반의 정보시스템이다.
② 주보고서로는 계획된 주문일정, 계획된 주문변경 등에 대한 보고서가 포함된다.
③ 주요 입력요소로는 MPS(Master Production Schedule), BOM(Bill of Materials), IR (Inventory Record) 등이 있다.
④ 운영체계로는 재생형(regenerative) MRP와 순변화(net change) MRP 시스템이 있다.
⑤ MRP는 MRP II(Manufacturing Resource Planning), ERP(Enterprise Resource Planning) 등으로 확대 발전하였다.

21 기본적인 경제적 주문량(EOQ : Economic Order Quantity) 모형에 대한 다음 설명 중에서 가장 적절하지 않은 것은?

2007 CPA

① 다른 조건이 일정할 때 주문비용이 감소하면 EOQ는 감소한다.
② 다른 조건이 일정할 때 연간 수요가 증가하면 EOQ는 감소한다.
③ EOQ는 연간 재고유지비용과 연간 주문비용이 같아지는 1회 주문량이다.
④ 다른 조건이 일정할 때 연간 단위당 재고유지비용이 증가하면 EOQ는 감소한다.
⑤ EOQ는 연간 재고유지비용과 연간 주문비용의 합인 연간 총재고비용을 Q(1회 주문량)에 대해 미분한 뒤 0으로 놓고 Q에 대해 풀면 구할 수 있다.

22 공급사슬관리(supply chain management)에 관한 다음의 설명 중 가장 적절하지 않은 것은?

2008 CPA

① 공급사슬 성과측정치 중 하나인 재고회전율은 연간매출원가를 평균 총재고가치로 나눈 것이다.
② 공급사슬의 효과적인 설계와 운영을 위해 제품의 수요와 공급에 관한 여러 특성들을 고려하는 것이 바람직하다.
③ 다른 모든 조건이 동일하다면, 수요의 불확실성이 높고 제품의 수명주기가 짧은 제품일수록 적기공급보다 신속한 공급이 더 중요하게 강조되어야 한다.
④ 공급사슬에 속한 기업들간의 기본적 관계는 공급자와 구매자간의 관계로서, 공급사슬은 공급자와 구매자간의 관계가 연달아 이어지는 관계의 사슬이라고도 볼 수 있다.
⑤ 정보와 물류의 리드타임이 길수록 공급사슬내의 채찍효과(bullwhip effect)로 인한 현상은 감소한다.

23 재고관리에 대한 다음 서술 중에서 가장 적절하지 않은 항목들로 구성된 것은? `2009 CPA`

> a. ABC분석에서 경영자가 집중 관리해야 하는 그룹은 품목의 수가 많고 품목별 금전적 가치도 높은 A그룹이다.
> b. 주문비용이나 셋업비용이 상대적으로 클 경우에는 보다 적은 양의 재고를 유지할 수 있도록 1회 생산로트의 크기를 줄여야 한다.
> c. 부품공급의 리드타임에 대한 불확실성이 높을수록 안전재고의 수준을 높여줄 필요가 있다.
> d. 재고유지비용은 이자, 보관비용, 취급비용, 세금, 보험료, 상품훼손 등의 비용을 포함한다.
> e. 도소매상과 같은 유통업체가 보유하는 품목들의 대부분이 독립수요를 갖는 재고라고 볼 수 있다.

① a, b   ② b, c   ③ b, d   ④ c, d   ⑤ d, e

24 재고관리에 관한 다음의 설명 중 가장 적절하지 않은 것은? `2010 CPA`

① 고정기간(fixed time period) 모형은 주문과 주문 사이의 기간이 고정되어 있고, 정해진 주기가 종료되는 시점에서만 발주하는 재고관리 모형이다.
② 고정주문량(fixed order quantity) 모형은 주문량이 고정되어 있으며 재고가 특정 수준까지 줄어들면 주문을 발주하는 재고관리 모형이다.
③ 생산제품 변경을 위해 추가적인 준비비용(setup cost)이 발생하지 않는다면 1회 생산량을 줄이는 것이 재고량도 적어지고 재고유지비용의 절감도 가능하다.
④ 경제적 주문량(EOQ) 모형에서 다른 요인이 일정하다고 가정할 때 주문비용이 50%증가하면 경제적 주문량(Q^*)은 약 37.5%증가한다.
⑤ 고정기간 모형은 고정주문량 모형에 비하여 평균적으로 더 많은 안전 재고를 보유한다.

25 JIT(Just-in-Time) 방식에 관한 다음의 설명 중 가장 적절하지 않은 것은? `2010 CPA`

① JIT는 자재흐름을 위해 풀(pull) 시스템을 사용하며, 제품의 가치에 공헌하지 않는 것은 모두 낭비로 규정하여 재고를 최소로 유지하는 시스템이다.
② 생산흐름을 통제하기 위한 신호수단으로 간판(Kanban)을 사용하며 비반복적이고 소규모 뱃치(batch)로 생산하는 개별주문생산공정에 적합하다.
③ 공급원에서부터 품질관리를 한다는 원칙으로 공장의 작업자 자신들이 품질검사자 역할을 하며 작업결과의 품질에 대한 책임을 진다.
④ 작업자가 기계의 가동준비와 정비까지 할 수 있도록 보다 넓은 범위의 기술을 요구하며, 전통적인 제조방식에 비해 작업자에게 다양한 기술과 강한 팀워크를 요구한다.
⑤ JIT의 궁극적인 목표는 비용절감, 재고감소 및 품질향상을 통한 투자수익률 증대이다.

26 재고(inventory) 및 재고관리(inventory management)에 관한 설명으로 가장 적절한 것은? 2011 CPA

① 가능한 완제품의 재고수준을 낮게 유지할수록 고객의 수요에 신속하게 대응하게 되어 고객서비스 능력이 높아진다.
② 예상재고(anticipation inventory)를 감소시키기 위해서는 공급업체의 납품소요시간 혹은 공급량의 불규칙성을 감소시키는 것이 중요하다.
③ 재고회전율(inventory turnover)이 높다는 것은 기업이 평균적으로 높은 수준의 재고를 보유하고 있어 금융자산의 활용도가 낮다는 것을 의미한다.
④ 수요의 분포, 리드타임의 분포, 재고비용 등 재고시스템을 설계하기 위한 모든 환경이 동일하다면 일반적으로 고정기간모형(fixed-time period model)이 고정주문량모형(fixed-order quantity model)에 비해 필요한 안전재고(safety stock)의 양이 증가한다.
⑤ ABC재고관리에서 A품목은 가능한 철저한 통제를 위해 1회 주문당 주문량은 늘리고 주문횟수는 줄이는 것이 일반적이다.

27 공급사슬관리(supply chain management)에 관한 설명으로 가장 적절하지 않은 것은? 2011 CPA

① 공급의 불확실성은 낮으나 수요의 불확실성이 높은 기업군에서는 주문생산이 가능한 형태의 공급사슬을 설계하여 사용하는 것이 효과적이다.
② 공급의 불확실성은 높으나 수요의 불확실성이 낮은 기업군에서는 안전재고를 확보하고 타사와의 재고 공유 등을 통해 공급의 불확실성에 대한 위험을 회피하고자 하는 공급사슬을 설계하여 사용하는 것이 효과적이다.
③ 정보기술 등을 활용하여 공급사슬 참여자 간에 수요 및 생산계획에 관한 정보를 공유함으로써 채찍효과(bullwhip effect)를 감소시킬 수 있다.
④ 공급사슬을 구성하는 각 조직들은 서로 상반된 목표를 갖고 있는 것이 일반적이므로 개별 조직들의 최적화를 이룬 후에 전체 공급사슬의 최적화를 달성하는 것이 바람직하다.
⑤ 아웃소싱(outsourcing)이 일반적인 구매 혹은 컨설팅 계약과 다른 점 중 하나는 부분적 활동이 이전될 뿐만 아니라 인적자원, 시설, 설비 및 기술 등을 포함한 자원과 일부 의사결정의 책임도 이전된다는 것이다.

28 린 생산(Lean Production)과 적시생산(JIT: Just-in-time)에 관한 설명 중 적절한 항목만으로 구성된 것은?

2011 CPA

> a. 린 생산은 JIT를 미국식 환경에 맞추어서 재정립한 것으로 JIT의 주요 구성요소가 린 생산에서도 그대로 적용된다.
> b. 린 생산에서 린(lean)은 낭비 없는 생산(wasteless production)을 의미하며 생산과정에서 발생하는 어떤 유형의 낭비도 철저히 제거하자는 것이 린 생산의 핵심이다.
> c. 린 생산에서 과잉재고의 보유는 작업장의 품질문제를 숨기는 것으로 인식되고 있다.
> d. 린 생산에서 기계 및 설비가 고장 나기 이전에 예방보전(preventive maintenance)을 하는 것은 자원의 낭비라고 판단하여 기계가 고장난 이후 수리를 실시하는 고장수리(corrective maintenance)를 보다 강조한다.
> e. JIT는 효율성을 추구하는 것을 목표로 하여 로트(lot)의 크기를 최소로 유지하고 작업자들이 한 가지 작업에만 집중하여 숙달할 수 있도록 작업들을 가능한 한 세분화한 후 개별 작업자에게 할당한다.

① a, b, c   ② a, b, e   ③ b, c, d   ④ b, c, e   ⑤ c, d, e

29 재고관리에 관한 설명으로 가장 적절하지 않은 것은?

2012 CPA

① 조건부 보충 시스템(optional replenishment system)은 재고수준을 정기적으로 확인했을 때 재고량이 사전에 정한 최저재고수준보다 작으면 주문을 하여 최대(목표)재고수준이 되도록 하는 시스템이다.
② 경제적 주문량(EOQ) 모형에 기초하였을 때, 연간 수요량이 2배가 될 때 1회 경제적 주문량은 2배가 되어야 한다.
③ 공급, 수요 및 조달기간의 불확실성에 대비하기 위한 재고를 안전재고라고 한다.
④ 정기재고검토시스템(periodic review system)은 연속재고검토시스템(continuous review system)에 비해 재고확인을 위한 비용을 줄일 수 있고, 값싼 품목에 대해 적용하기 좋다.
⑤ 적시생산시스템(just-in-time)은 비용절감, 재고감소 및 품질향상을 통한 이익의 증대를 목적으로 한다.

30 공급사슬망관리에 관한 설명으로 가장 적절하지 않은 것은?

2012 CPA

① 리스크풀링(risk pooling) 효과는 여러 지역의 수요를 하나로 통합했을 때 수요 변동성이 감소하는 것을 의미한다.
② 공급사슬은 상호작용이 큰 시스템으로서 어느 한 부분의 의사결정이 나머지 다른 부분에 영향을 미칠 수 있다.
③ 공급사슬운영참조(SCOR) 모델에서는 공급사슬 운영을 계획(plan), 조달(source), 생산(make), 배송(deliver), 판매(sell)의 다섯 개의 프로세스 범주로 나눈다.
④ 주문에서 납품까지 리드타임이 길어질수록 채찍효과(bullwhip effect)는 커지게 된다.
⑤ 공급자와 구매자간에 품질, 경영, 기술 및 생산에 대한 공동 노력과 지원을 하는 경우, 협력적 관계에 있다고 한다.

31 ㈜한국은 1월부터 6월까지 6개월 동안의 월별 생산계획을 수립하였다. 생산계획에 따르면 외주를 주지 않고, 매월 동일한 양의 제품을 생산하며, 수요 변동은 재고와 추후납품으로 흡수한다. 다음의 표는 6개월 동안의 제품 수요이다. 계획 시작시점인 1월의 기초재고는 0이고, 생산계획에 따른 6월의 기말재고는 0이 된다. 매월 발생되는 재고에 대해 다음 달 납품시점까지의 재고유지비용은 개당 1만원이고 다음 달에 추후납품을 하기 위해서는 개당 5만원의 비용이 발생한다. ㈜한국의 생산계획에 따라 발생하는 6개월 동안의 재고관련 비용(재고유지비용과 추후납품비용의 합)의 최소값과 가장 가까운 것은? (단, ㈜한국은 제품들을 생산된 순서에 따라 순차적으로 납품하고, 미납주문을 우선적으로 충족시킨다.) `2013 CPA`

월	1	2	3	4	5	6
수요(단위:개)	100	200	200	300	300	100

① 533만원 ② 550만원 ③ 600만원
④ 800만원 ⑤ 1,200만원

32 재고관리에서 안전재고(safety stock)에 관한 다음 설명 중 가장 적절하지 않은 것은? `2013 CPA`

① 수요, 공급 및 리드타임(lead time) 등의 변동성이 작을수록 안전재고의 필요성이 감소한다.
② 기업에서 요구되는 서비스수준(service level)이 낮을수록 서비스 수준을 달성하는 데 필요한 안전재고의 수준이 높아진다.
③ 수요예측의 정확도를 향상시키는 노력과 납품업체와의 생산계획 공유를 통해 공급의 불확실성을 감소시키는 노력은 안전재고를 감축하는데 도움이 된다.
④ 고정주문량 모형(Q-모형)을 이용하는 경우, 리드타임 동안에 재고부족이 발생할 수 있으므로 리드타임 동안의 품절 위험에 대비한 안전재고를 고려해야 한다.
⑤ 정기주문 모형(P-모형)을 이용하는 경우, 리드타임 동안 뿐만 아니라 주문시점부터 다음 재고조사 시점까지의 수요의 불확실성도 고려하여 안전재고를 확보해야 한다.

33 린생산시스템(Lean Production System)에서는 작은 로트 크기(lot size)를 추구한다. 작은 로트 크기가 공정에 미치는 영향에 관한 다음 설명 중 적절한 항목만을 모두 고르면? `2013 CPA`

(가) 로트 크기를 줄이면 생산준비(set-up) 비용이 감소하게 되어 생산준비 횟수를 줄일 수 있다.
(나) 로트 크기를 줄이면 소규모의 주문을 자주 발주하게 되어 생산계획을 공급업체와 공유하더라도 채찍효과(bullwhip effect)가 증가된다.
(다) 로트 크기를 줄이면 주기재고(cycle inventory)가 감소하여 재고유지비용이 낮아지고 재고 보관을 위한 공간이 줄어들게 된다.
(라) 로트 크기를 줄이면 공정에서 발생한 품질문제를 조사하거나 처리하는 시간이 감소하게 된다.

① (가), (나) ② (가), (다) ③ (나), (다)
④ (나), (라) ⑤ (다), (라)

34 다음 중 경제적주문량(EOQ) 재고관리모형에 관한 설명으로 가장 적절하지 않은 것은? 2014 CPA

① 1회 최적주문량은 연간재고유지비용(holding cost)과 연간주문비용(ordering cost)이 같아지는 지점에서 발생한다.
② 1회 주문량이 커지면 연간 재고유지비용은 커지고 연간 주문비용은 작아진다.
③ 다른 조건이 일정할 때 연간 수요량이 4배 커지면 1회 최적주문량은 2배 커진다.
④ 다른 조건이 일정할 때 단위당 재고유지비용이 4배 커지면 1회 최적주문량은 2배 작아진다.
⑤ 1회 주문량이 커지면 연속된 주문간 간격시간은 짧아진다.

35 공급사슬망(supply chain)에서 발생하는 채찍효과(bullwhip effect)를 감소시키기 위한 방안으로 가장 적절하지 않은 것은? 2014 CPA

① 공급사슬망 중개업자의 단계수를 늘리고 제품을 다양화함으로써 공급사슬망의 유연성을 증대시킨다.
② 계획 수립과 예측, 재고보충에 있어 공급사슬망 구성원 간의 정보공유를 강화한다.
③ 유통업자 및 소매상의 재고를 공급자가 직접 모니터링하고 필요시에 재고를 자동적으로 보충하는 공급자 재고관리(vendor managed inventory)를 도입한다.
④ 생산 및 운송에 소요되는 공급사슬망 리드타임을 줄인다.
⑤ 전자문서교환(EDI), 무선주파수인식(RFID)과 같은 정보기술을 활용하여 공급사슬망 가시성(visibility)을 높인다.

36 재고관리에 관한 설명으로 가장 적절하지 않은 것은? 2015 CPA

① 확률적 고정주문량모형(fixed-order quantity model, Q-system)에서는 재고수준이 재주문점(reorder point)에 도달할 때 새로운 주문을 하게 된다.
② 확률적 고정주문량모형에서 주문주기(order cycle)는 일정하지 않다.
③ 투빈시스템(two-bin system)은 주기별 주문량이 일정한 고정주문량모델이다.
④ 조달기간(lead time) 동안의 평균수요가 커지면 안전재고량은 증가한다.
⑤ 서비스수준(service level)을 높이면 품절확률은 감소하고 안전재고량은 증가한다.

37 재고관리에 관한 설명으로 가장 적절한 것은? 2016 CPA

① 주문량은 주기재고(cycle inventory)에 직접적인 영향을 미치며, 판매촉진 활동 등으로 인해 예상되는 수요증가는 안전재고(safety stock)에 직접적인 영향을 미친다.
② 경제적 주문량(EOQ) 모델에 기초하였을 때, 연간 재고유지비용은 연간 주문비용보다 작게 된다.
③ EOQ 모델의 기본 가정 하에서는 정량발주모형(fixed-order quantity model)보다 정기발주모형(fixed-order interval model)의 평균 재고수준이 높게 된다.
④ 단일기간(single-period) 재고모형은 정기간행물, 부패성 품목 등 수명주기가 짧은 제품의 주문량 결정 뿐 아니라 호텔 객실 등의 초과예약수준 결정에도 활용될 수 있다.
⑤ ABC 재고분류에서 세심한 관리가 필요한 A항목에 포함된 품목은 높은 재고수준을 감수하고서라도 발주간격을 늘리는 것이 바람직하다.

38 공급사슬관리(SCM)에 관한 설명으로 가장 적절하지 않은 것은? `2016 CPA`

① 공급사슬 참여자간에 원활한 정보공유가 이루어지지 않는 경우, 공급사슬에서 고객과의 거리가 멀어질수록 주문의 변동 폭이 증가하는 채찍효과(bullwhip effect)가 발생할 수 있다.
② 하우 리(Hau Lee)에 의하면 수요의 불확실성 정도 뿐 아니라 공급의 불확실성 정도에 따라서도 공급사슬 전략에 차이가 발생하게 된다.
③ 재고일수는 확보하고 있는 물량으로 공급이 가능한 기간을 의미하며, 재고일수가 짧을수록 재고회전율은 높게 된다.
④ 대량고객화(mass customization)의 구현을 위해 제품의 모듈화 설계(modular design), 차별화 지연(process postponement) 등이 활용될 수 있다.
⑤ 공급자재고관리(vendor managed inventory)를 활용하면, 구매자의 재고유지 비용은 빈번한 발주와 리드타임 증가로 인해 상승하고 공급자의 수요예측 정확도는 낮아진다.

39 적시생산(JIT)시스템에 관한 설명으로 가장 적절한 것은? `2016 CPA`

① 생산리드타임(production lead time) 단축, 생산준비시간(set-up time) 단축, 생산평준화(production leveling) 등을 추구한다.
② 로트(lot)의 크기를 최대화하여 단위 제품당 생산시간과 생산비용을 최소화한다.
③ 선후행 작업장 사이에 발생하는 재고의 양은 칸반(Kanban)의 수에 반비례하므로 칸반의 수를 최대화하고 재고를 줄이기 위한 방안을 지속적으로 강구한다.
④ 품질향상을 위해 품질비용 중 예방비용(prevention cost)의 최소화를 목표로 한다.
⑤ 수요의 변동이 생산시스템에 미치는 영향을 최소화하기 위해 자재소요계획(MRP)을 기반으로 생산 및 통제를 실시한다.

40 재고관리시스템에 관한 설명 중 가장 적절한 것은? `2017 CPA`

① 정량발주시스템(Q시스템)은 주문시점마다 재고수준을 점검하고, 정기발주시스템(P시스템)은 재고에 변동이 발생할 때마다 재고수준을 점검한다.
② 정량발주시스템은 재고수준이 재주문점(reorder point) 이하로 떨어지는 경우 사전에 결정한 주문량과 현 재고 수준과의 차이만큼 주문하고, 정기발주시스템은 일정 시점마다 사전에 결정한 주문량만큼 주문한다.
③ 정량발주시스템에서는 품절이 발생하지 않으며, 정기발주시스템에서는 주문시점부터 주문량이 도착할 때까지의 기간에만 품절이 발생한다.
④ 수요의 변동성이 커질수록, 특정 서비스수준(service level)의 달성을 위해 정량발주시스템에서는 재주문점이 증가하고 정기발주시스템에서는 주문량이 증가하는 것이 일반적이다.
⑤ 정량발주시스템에서 EOQ모형을 사용하는 경우, 주문량은 1회 주문비용 및 단위당 연간 재고유지 비용에 정비례한다.

41 적시생산(JIT) 시스템에 관한 설명으로 가장 적절한 것은? 2017 CPA

① 사전에 수립된 자재소요계획에 따라 실제 생산이 이루어지도록 지시하는 일종의 풀(pull) 시스템이다.
② 각 제품의 수요율과 생산율을 최대한 일치시키고자 필요한 만큼씩만 생산하게 되므로 로트크기 감소를 위한 생산준비시간의 단축이 중요한 요소가 된다.
③ 칸반(kanban)시스템을 통해 공급자에게 소규모의 빈번한 조달을 요구해야 하므로 다수의 공급자를 유지하고 공급자와 단기계약을 체결하는 것이 중요하다.
④ 무결함(zero defect) 생산을 추구하므로 불량품이 재고에 의해 보충되도록 적정 수준의 안전재고를 유지하는 것이 중요하다.
⑤ 생산시스템의 효율을 극대화하기 위해 생산준비 이후 동일 제품을 최대한 많이 생산하고 다음 제품으로 생산 전환을 하는 혼류생산(mixed-model production) 및 생산평준화(production leveling)를 실시한다.

42 토요타생산시스템(TPS)에 관한 설명으로 가장 적절한 것은? 2018 CPA

① TPS 집을 구성하는 2가지 기둥은 JIT와 풀시스템이다.
② 생산평준화(heijunka)를 위해 지도카(jidoka), 자재소요계획(MRP) 등을 활용한다.
③ 전통적인 제조방식에 비해 다기능 작업자보다는 하나의 작업에 전문적인 능력을 갖춘 작업자의 육성을 강조한다.
④ 재작업, 대기, 재고 등을 낭비의 유형으로 간주한다.
⑤ 이용률 최대화 및 재공품의 안정적 흐름을 위해, 공정에 품질 등의 문제가 발생하더라도 공정을 계속적으로 운영할 것을 강조한다.

43 MRP(자재소요계획)에 관한 설명 중 적절한 항목만을 모두 선택한 것은? 2019 CPA

> a. MRP를 위해서는 재고기록, MPS(기준생산계획), BOM(자재명세서)의 입력 자료가 필요하다.
> b. 각 품목의 발주시점은 그 품목에 대한 리드타임을 고려하여 정한다.
> c. MRP는 BOM의 나무구조(tree structure)상 하위품목에서 시작하여 상위품목 방향으로 순차적으로 작성한다.
> d. MRP를 위해서는 BOM에 표시된 하위품목에 대한 별도의 수요예측(forecasting) 과정이 필요하다.

① a, b   ② a, c   ③ b, c   ④ b, d   ⑤ c, d

44 A제품의 수요는 연간 900개로 연중 균일하다. 1회 주문비용은 10만원이고 재고유지비용은 개당 연간 5만원이다. 현재는 2개월에 한번씩 150개를 주문하고 있으며, 리드타임(lead time)은 2일이다. 재고비용을 주문비용과 재고유지비용의 합이라고 할 때 다음 설명 중 가장 적절한 것은? 2019 CPA

① 현재의 주문방식을 고수할 경우 연간 재고비용은 750만원이다.
② EOQ(경제적 주문량)로 주문량을 변경하면 현재에 비해 연간 135만원의 재고비용을 절감할 수 있다.
③ EOQ로 주문량을 변경하면 연간 주문비용은 200만원이 되고, 이는 연간 재고유지비용과 동일하다.
④ EOQ로 주문량을 변경하면 안전재고(safety stock)는 리드타임 동안의 수요량이 된다.
⑤ EOQ 재고모형은 고정주문량모형(fixed-order quantity model)이므로 현재의 수요량과 리드타임이 변경되더라도 EOQ의 변동은 없다.

45 공급사슬관리(SCM)에 관한 설명으로 가장 적절하지 않은 것은? `2019 CPA`

① 수요 변동이 있는 경우에 창고의 수를 줄여 재고를 집중하면 수요처별로 여러 창고에 분산하는 경우에 비해 리스크 풀링(risk pooling) 효과로 인하여 전체 안전재고(safety stock)는 감소한다.
② 공급사슬의 성과척도인 재고자산회전율(inventory turnover)을 높이기 위해서는 재고공급일수(days of supply)가 커져야 한다.
③ 지연차별화(delayed differentiation)는 최종 제품으로 차별화하는 단계를 지연시키는 것으로 대량 고객화(mass customization)의 전략으로 활용될 수 있다.
④ 크로스 도킹(cross docking)은 입고되는 제품을 창고에 보관하지 않고 재분류를 통해 곧바로 배송하는 것으로 재고비용과 리드타임(lead time)을 줄일 수 있다.
⑤ 묶음단위 배치주문(order batching)과 수량할인으로 인한 선구매(forward buying)는 공급사슬의 채찍효과(bullwhip effect)를 초래하는 원인이 된다.

46 재고모형에 관한 설명으로 가장 적절하지 않은 것은? `2022 CPA`

① 실제수요가 예측수요를 초과할 가능성에 대비하여 안전재고를 보유할 경우 재주문점은 증가한다.
② 정기주문모형(fixed-order interval model)에서는 정해진 목표 재고수준에 따라 주문시점에 재고수준과 목표재고수준의 차이 만큼 주문한다.
③ 정기주문모형에서는 배달시기와 배달경로의 표준화가 용이하며 같은 공급자에게 여러 품목을 동시에 주문할 수 있는 장점이 있다.
④ 고정주문량모형(fixed-order quantity model)에서는 고정된 로트(lot) 크기로 주문하므로 수량할인이 가능하다.
⑤ 고정주문량모형은 주기조사시스템(periodic review system)이라고도 불리며 안전재고를 활용하여 수요변화에 대처한다.

47 린 생산(lean production)에 관한 설명으로 가장 적절하지 않은 것은? `2022 CPA`

① 작업장의 재고를 정교하게 통제하기 위해 풀 방식(pull system)에 의한 자재흐름이 적용된다.
② 생산 프로세스의 작업부하를 일정하게 하고 과잉생산을 방지 하기 위해 가능한 작은 로트(lot) 단위로 생산한다.
③ 수요변동에 효과적으로 대응하기 위해 급변하는 환경을 가정하여 설계되었다.
④ 린 생산 시스템의 성공적인 정착을 위해서는 가동준비시간(setup time)의 최소화가 필요하다.
⑤ 린 생산을 도입할 경우 전통적인 생산시스템에 비해 공급자 수는 감소하는 대신 공급자와의 유대는 강화되는 경향이 있다.

48 재고관리에 관한 설명으로 가장 적절하지 않은 것은? [2023 CPA]

① 수요예측의 정확도가 떨어질수록 동일한 서비스 수준을 유지하기 위해 필요한 재고량은 증가한다.
② 고정주문량모형(fixed order quantity model)에서는 재고수준을 지속적으로 관찰하므로 재고부족은 리드타임(lead time) 기간에만 발생한다.
③ 경제적주문량모형(economic order quantity model)에서 주문비용이 증가하고 재고유지비용이 감소하면 경제적주문량은 감소한다.
④ 경제적주문량모형에서 경제적주문량은 연간 주문비용과 연간 재고유지비용이 일치하는 지점에서 결정된다.
⑤ 단일기간재고모형은 조달기간이 길거나 수명주기가 짧은 제품의 주문량 결정에 적합하다.

49 적시생산시스템(JIT system)에 관한 설명으로 가장 적절하지 않은 것은? [2023 CPA]

① 적시생산시스템에서는 재고나 여유용량이 생산 프로세스에 내재되어 있는 문제를 감추는 역할을 하는 것으로 본다.
② 실수를 피하는 프로그램이라는 의미의 헤이준카(heijunka)는 작업자의 오류가 실제 결함으로 이어지지 않고 신속하게 수정될 수 있도록 도와준다.
③ 롯트(lot) 단위가 작아질수록 수요변동에 쉽게 대응할 수 있으므로 이상적인 롯트 단위를 1로 본다.
④ 칸반(kanban)은 부품 컨테이너(container)마다 필요하므로 공정통제를 위해 사용되는 칸반의 수와 부품 컨테이너의 수는 비례 관계에 있다.
⑤ 공정 자동화로 인해 소수의 작업자가 다양한 기계를 다루게 되므로 전통적 제조방식에 비해 더 많은 기능을 수행할 수 있는 다기능작업자를 필요로 한다.

50 공급사슬관리에 관한 설명으로 적절하지 않은 항목만을 모두 선택한 것은? [2023 CPA]

> a. 기능적 제품(functional product)은 혁신적 제품(innovative product)에 비해 수요예측의 불확실성이 상대적으로 크다.
> b. 채찍효과(bullwhip effect)가 발생할 경우 공급사슬의 하류로 갈수록 주문량의 변동이 더 크게 나타난다.
> c. 제조기업이 원재료 및 부품 공급의 안정성을 확보하기 위해 기업인수를 하는 경우는 수직적 통합이면서 후방통합(backward integration)에 해당한다.
> d. 대량고객화(mass customization)를 위한 공급사슬 설계방법으로 모듈화 설계(modular design)와 지연차별화(delayed differentiation)가 있다.

① a, b   ② a, c   ③ b, c   ④ b, d   ⑤ c, d

51 A사는 확률적 고정주문기간모형(fixed order interval model)을 활용하여 재고를 관리하고 있다. 일일 평균수요가 5개, 재고조사주기가 40일, 리드타임(lead time)이 15일, 수요의 변동성을 고려한 안전재고 요구량이 30개라고 할 때 재고조사 시점인 현재의 재고량이 130개라면 최적 주문량은? [2023 CPA]

① 100개   ② 105개   ③ 175개   ④ 205개   ⑤ 230개

52 재고관리에 관한 설명으로 가장 적절한 것은? 2024 CPA

① 주기재고(cycle inventory)는 수요의 계절성(seasonality)에 대응하기 위해 주문량을 주기적으로 변화시킴에 따라 발생한다.
② 정량발주시스템(Q 시스템)은 사전에 정해진 특정 시점마다 일정한 양을 주문하는 것으로 주문량뿐만 아니라 주문 간격도 일정하게 된다.
③ 경제적발주량(EOQ)은 연간 수요가 확정적으로 알려져 있으나 단위시간당 수요는 확률적으로 변화하고 주문비용은 주문량에 관계없이 일정하다는 가정 등을 전제로 도출된다.
④ 긴 공급일수(days-of-supply)와 높은 재고회전율(inventory turns)은 재고수준이 높다는 것을 의미한다.
⑤ 전통적으로 재고는 수요변동을 흡수하여 생산계획의 안정성을 높인다고 인식되고 있으나, 린 생산시스템(Lean system)에서는 재고를 낭비이자 다른 문제들을 감추는 역할을 하는 것으로 인식한다.

53 어느 소매점에서는 명절에 판매할 과일 선물세트를 도매상으로부터 세트당 10만원에 구입하여 15만원에 판매하며, 판매되지 않은 선물세트는 세트당 2만원에 처분하고자 한다. 선물세트 수요의 확률분포가 다음 표와 같을 때, 단일기간 재고모형을 활용한 소매점의 최적 주문량은? 2024 CPA

선물세트 수요(세트)	확률
20	0.3
21	0.2
22	0.1
23	0.2
24	0.2

① 20세트 ② 21세트 ③ 22세트 ④ 23세트 ⑤ 24세트

54 어느 제철소에서는 특수 철강제품을 생산하기 위해 매주 500kg의 철광석을 구매하여 모두 사용하고 있으며, 제품 1개의 생산에 4kg의 철광석이 필요하다. 제철소 내에서 임의의 시점에 재공품 재고로 200개의 제품이 생산되고 있을 때, 철광석이 제철소에 도착해서 제품으로 만들어지는 데까지 필요한 시간과 가장 가까운 것은? 2024 CPA

① 0.4주 ② 1.6주 ③ 2.5주 ④ 8.0주 ⑤ 10.0주

Chapter 5 품질경영

I | OX문제

1. 전수검사와 비교했을 때 샘플링검사는 검사의 양이 줄어 시간과 비용을 줄일 수 있으며 검사에 따른 제품의 손상을 줄일 수 있다는 장점이 있으나, 합격된 로트가 규격에 일치하리라는 보장이 없다는 단점이 있다. ☐O ☐X

2. 외부 실패비용은 완제품의 출하 또는 인도직전의 최종적인 검사에서 발견되는 품질결함과 관련된 비용이다. ☐O ☐X

3. 고객에게 인도된 이후의 품질결함에 대한 비용은 고객의 불만에 따른 고객이탈현상과 기업 신뢰도 하락과 같은 미래손실까지 포함된 것으로 보아야 한다. ☐O ☐X

4. 롯트허용불량률(Lot Tolerance Percentage Defective, LTPD)이란 소비자에게 가장 바람직한 품질수준이며, 허용품질수준(Acceptable Quality Level, AQL)은 소비자가 허용할 수 있는 최저한의 품질수준을 의미한다. ☐O ☐X

5. 샘플링 검사시 합격판정샘플링(acceptance sampling)에서는 크기가 다른 롯트들에 대해서 동일한 검사특성 곡선을 갖도록 표본의 크기와 합격판정개수를 정해야 한다. ☐O ☐X

6. 검사특성곡선(OC curve)이란 롯트의 불량률과 그러한 불량율을 갖는 롯트가 샘플링 검사에서 합격으로 판정될 확률과의 관계를 나타낸 곡선이다. ☐O ☐X

7. 관리도란 공정의 결과와 투입을 모니터링하도록 사용되는 일종의 그림이라 할 수 있으며, 공정관리에서의 이러한 관리도의 사용을 흔히 통계적 공정관리(Statistical Process Control: SPC)라 한다. ☐O ☐X

---

1 O
2 X | 외부실패비용은 최종소비자에게 도달된 불량과 관련된 비용이다.
3 O
4 X | 허용품질수준(Acceptable Quality Level, AQL)이란 소비자에게 가장 바람직한 품질수준이며, 롯트허용불량률(Lot Tolerance Percentage Defective, LTPD)은 소비자가 허용할 수 있는 최저한의 품질수준을 의미한다.
5 O
6 O
7 O

8 속성 관리도는 무게, 온도, 길이 등과 같이 연속적 자료에 대한 관리도로 평균과 분산의 중요한 변동을 체크하며 정규분포 이론을 적용한다. ◯ ✕

9 관리도는 이상변동(assignable variation)의 발생으로 인해 공정이 안정상태(under control)를 벗어났는지를 판단하는 도구이다. ◯ ✕

10 관리한계의 폭을 넓히면 타점이 관리한계 바깥쪽으로 벗어날 가능성이 줄어들고 제1종 오류(소비자 위험)가 커진다. ◯ ✕

11 관리도상의 타점이 일정한 패턴을 보이면 관리한계를 벗어나지 않더라도 공정내에 이상이 있음을 뜻한다. ◯ ✕

12 공정이 안정상태를 유지하고 있으면 공정내에는 우연변동만이 존재한다. ◯ ✕

13 p관리도는 길이, 넓이, 무게와 같이 계량적으로 측정가능한 연속적 품질측정치를 이용하는 관리도이다. ◯ ✕

14 공정능력비율(process capability ratio, C_p)이란 공정의 잠재력이라고도 불리우는데 이는 공정이 규격에 맞는 제품을 생산할 수 있는 능력을 갖추고 있는지를 나타내는 지수로서 공정이 설계규격(specification)에 적합한 제품을 생산하는 능력이 어느 정도인지를 측정하는 도구이다. ◯ ✕

15 안돈(andon)제도란 품질문제 발생 시 그 원천을 규명하고 즉시 해결하도록 생산라인을 중단시킬 권한을 모든 작업자에게 부여하는 제도이다. ◯ ✕

8 ✕ | 변량관리도에 대한 설명임.

속성관리도 (이산분포)	불량관리도 (이항분포)	불량률관리도(P관리도): 표본의 크기가 일정하지 않을 때
		불량개수관리도(Pn관리도): 표본의 크기가 일정할 때
	결점관리도 (포아송분포)	결점률관리도(U관리도): 결점 비율
		결점개수관리도(C관리도): 결점 수
변량관리도 (정규분포)	변량관리도는 무게, 온도, 길이 등과 같이 연속적 자료에 대한 관리도로 평균과 분산의 중요한 변동을 체크하며 정규분포 이론을 적용한다.	

9 ◯
10 ✕ | 제2종 오류(소비자 위험)가 커진다.
11 ◯
12 ◯
13 ✕ | p관리도는 이항분포 관리도로 속성단위의 불연속 측정치를 사용한다.
14 ◯
15 ✕ | 지도카(jidoka)란 대한 설명임. 안돈(andon)이란 품질문제의 발생을 신호하기 위하여 사용하는 신호등 불을 의미한다. (파랑/노랑/빨강)

16 전사적 품질경영은 고객지향, 지속적개선, 종업원 참여를 강조하는 개념이다. ○|×

17 완전무결운동(ZD)은 표준치에 대한 불량률을 인정하지 않으며, 품질의 인적변동요인을 중시여긴다. ○|×

18 TQM은 품질관리부서 최고책임자의 강력한 리더십에 의해 추진되는 단기적 품질혁신 프로그램이다. ○|×

19 지속적 개선을 위한 도구 중 PDCA 싸이클이란 plan – do – check – act를 의미한다. ○|×

20 식스 시그마는 비영리 서비스 조직에는 적용이 불가능하다. ○|×

21 6σ운동은 기업의 모든 활동을 계량화한 뒤 고객의 관점에서 기업의 모든 활동을 평가하는 것을 기본 철학으로 삼고, 모든 프로세스의 품질수준을 3.4ppm(parts per million) 이하로 하고자 하는 품질경영전략이다. ○|×

22 리엔지니어링(reengineering)이란 통계적 품질관리를 기반으로 품질혁신과 고객만족을 달성하기 위하여 전사적으로 실행하는 경영혁신 기법이며 제조과정분만 아니라 제품개발, 판매, 서비스, 사무업무 등 거의 모든 분야에서 활용 가능함. ○|×

---

16 ○
17 ○
18 × | TQM은 전종업원의 참여를 통한 지속적 개선활동을 중심으로 하는 품질전략으로서 장기적으로 이루어진다.
19 ○
29 × | 식스 시그마는 비영리조직, 서비스조직, 연구개발 조직 모두 적용가능하다.
21 ○
22 × | 6시그마(six sigma)에 대한 설명임.

23 6시그마(six sigma)의 추진체계에 있어서 개선 팀을 지도 및 실질적으로 팀을 이끌어가는 사람을 마스터 블랙벨트(Master Black Belt)라고 한다. ◯ ✕

24 6시그마(six sigma)는 통계적 프로세스 관리에 크게 의존하며, '정의-측정-분석-개선-통제(DMAIC)'의 단계에 걸쳐 추진된다. ◯ ✕

---

23 ✕ | 블랙벨트(Black Belt)에 대한 설명임.

직급	역할
챔피언(Champion)	6시그마를 감독하고 주체가 되는 임원으로서, 사업부 최고 책임자
마스터 블랙벨트(Master Black Belt)	6시그마에 정통한 인력으로 블랙벨트를 지도하고 자문 및 여러 개의 팀을 지도함
블랙벨트(Black Belt)	6시그마 개선 팀을 지도 및 실질적으로 팀을 이끌어가는 사람
그린벨트(Green Blet)	6시그마 개선활동의 전문가로 담당업무를 수행하는 실무자
화이트벨트(White Belt)	품질관리의 기초단계를 수행하는 작업자

24 ◯

II | 개념정리문제

1 원자재의 수입검사, 공정검사, 완제품검사, 품질연구실 운영에 소요되는 품질비용을 지칭하는 용어는?

2012 가맹거래사

① 내부 실패비용(internal failure cost)　② 외부 실패비용(external failure cost)
③ 평가비용(appraisal cost)　④ 예방비용(prevention cost)
⑤ 준비비용(setup cost)

2 품질비용에 속하지 않는 것은?

2011 가맹거래사

① 예방비용(prevention cost)　② 내적 실패비용(internal failure cost)
③ 품절비용(stockout cost)　④ 평가비용(appraisal cost)
⑤ 외적 실패비용(external failure cost)

3 통계적 품질관리(statistical quality control)에 대한 설명으로 옳지 않은 것은?

2012 7급 감사직

① 샘플링(sampling) 검사를 활용하는 품질관리 방식으로 표본 수와 크기를 결정해야 한다.
② 관리도(control chart)를 활용하는 품질관리 방식으로 신뢰수준(confidence level)에 따라 관리상한선과 관리하한선이 달라질 수 있다.
③ 샘플링 검사를 활용하여 적은 비용과 시간으로 전체 생산품에서 불량품을 모두 선별하는 것을 목적으로 한다.
④ 관리도를 활용하여 품질변동을 초래하는 우연요인(random cause)과 이상요인(assignable cause) 중 이상요인을 파악하여 관리하고자 하는 기법이다.

4 전사적 품질경영(TQM)에 대한 설명으로 옳지 않은 것은?

2013 7급 공무원

① 고객 만족의 원칙을 바탕으로 품질을 재정의한다.
② 기존의 경영관리방식을 품질 중심으로 통합하여 새롭게 구성한다.
③ 불량률 감소, 원가절감, 품질의 균일화 등을 통해 생산관리의 효율성을 높이는 것이 목표이다.
④ 전략적 차원에서 생산직, 관리자, 최고경영자까지 참여하는 품질운동이다.

5 전사적품질경영(TQM)에 대한 설명으로 가장 옳은 것은?

2016 서울시 7급

① TQM은 프로세스의 지속적인 개선을 중요시한다.
② TQM은 경영 전략이라기보다 서비스 품질관리기법이다.
③ TQM은 결과지향적인 경영방식으로 완성품의 검사를 강조한다.
④ TQM은 단기적인 품질혁신 프로그램이다.

6 다음 중 TQM에 대한 설명으로 틀린 것은?

① 고객 중심, 공정 개선, 전원 참가의 세 가지 원칙하에서 최고 경영자의 고객 만족을 위한 품질 방침에 따른 모든 부문의 활동이다.
② 고객의 관점에서 최고경영자와 전사원이 참여하여 품질향상을 도모하는 전사적인 활동을 말한다.
③ 품질을 제품차원이 아니라 조직시스템 전체적인 차원에서 다룬다.
④ 공급자 위주의 품질관리로서 불량감소를 목표로 삼는다.

7 다음 중 ZD운동과 QC circle을 설명한 것 중 알맞지 않은 것은?

① ERC(error cause removal) 제안은 ZD운동과 관련이 있다.
② QC circle은 작업자에 대한 동기부여를 통하여 품질수준을 달성하고자 하는 것이다.
③ ZD운동에서는 불량률을 인정하지 않는다.
④ QC circle은 같은 부서 또는 작업장에서 생산과 관련된 문제를 분석하고 해결하기 위하여 정기적으로 모임을 갖는 품질분임조를 말한다.

8 다음에서 설명하는 경영혁신기법으로 옳은 것은?

> 통계적 품질관리를 기반으로 품질혁신과 고객만족을 달성하기 위하여 전사적으로 실행하는 경영혁신 기법이며 제조과정뿐만 아니라 제품개발, 판매, 서비스, 사무업무 등 거의 모든 분야에서 활용 가능함

① 학습조직(learning organization)   ② 다운사이징(downsizing)
③ 리스트럭처링(restructuring)   ④ 리엔지니어링(reengineering)
⑤ 6 시그마(six sigma)

9 식스 시그마와 관련된 내용으로 옳지 않은 것은?

① 매우 높은 품질을 확보하기 위한 혁신활동이다.
② 백만개 중에 8개 정도의 불량만을 허용하는 수준이다.
③ 시그마는 정규분포에서의 표준편차를 의미한다.
④ 모토롤라가 시작해서 GE에 의해 널리 알려졌다.

10 6시그마의 프로세스 개선 5단계에 해당되지 않는 것은?

① 정의   ② 측정   ③ 분석   ④ 계획   ⑤ 통제

11 친환경 경영과 직접적인 관련이 없는 것은?

① 식스시그마(6 sigma) 운동   ② 탄소배출권
③ 지속가능한 경영   ④ 교토의정서

12 생산품의 결함발생률을 백만 개 중 3~4개 수준으로 낮추려는 데서 시작된 경영혁신운동으로 '측정'-'분석'-'개선'-'관리'(MAIC)의 과정을 통하여 문제를 찾아 개선해 가는 과정은? [2015 경영지도사]

① 학습조직(learning organization)
② 리엔지니어링(reengineering)
③ 식스 시그마(6-sigma)
④ ERP(enterprise resource planning)
⑤ BSC(balanced scorecard)

13 6시그마 프로젝트의 과정을 순서대로 나열한 것은? [2017 가맹거래사]

① 정의(define) → 분석(analyze) → 측정(measure) → 개선(improve) → 통제(control)
② 정의(define) → 분석(analyze) → 개선(improve) → 통제(control) → 측정(measure)
③ 정의(define) → 분석(analyze) → 개선(improve) → 측정(measure) → 통제(control)
④ 정의(define) → 측정(measure) → 개선(improve) → 분석(analyze) → 통제(control)
⑤ 정의(define) → 측정(measure) → 분석(analyze) → 개선(improve) → 통제(control)

14 6시그마(6 sigma)에 대한 설명으로 옳지 않은 것은? [2014 7급 공무원]

① 프로세스에서 불량과 변동성을 최소화하면서 기업의 성과를 최대화하려는 종합적이고 유연한 시스템이다.
② 프로그램의 최고 단계 훈련을 마치고, 프로젝트 팀 지도를 전담하는 직원은 마스터블랙벨트이다.
③ 통계적 프로세스 관리에 크게 의존하며, '정의-측정-분석-개선-통제(DMAIC)'의 단계에 걸쳐 추진된다.
④ 제조프로세스에서 기원하였지만 판매, 인적자원, 고객서비스, 재무서비스 부문으로 확대되고 있다.

15 6시그마와 TQM을 비교한 설명으로 옳은 것은? [2015 가맹거래사]

① 목표설정에서 6시그마는 추상적이면서 정성적이고, TQM은 구체적이면서 정량적이다.
② 방침결정에서 6시그마는 하의상달이고, TQM은 상의하달이다.
③ 6시그마는 불량품의 발생을 줄이고자 하며, TQM은 조직의 모든 구성원들과 자원을 결집한 지속적인 품질개선을 도모한다.
④ 6시그마는 내·외부 고객, 공급자, 종업원, 경영자에 초점을 맞추고, TQM은 통계적 방법을 사용하여 공정성과를 개선하고자 한다.
⑤ 6시그마는 구성원의 자발적 참여를 중시하고, TQM은 체계적이고 의무적인 행동을 강조한다.

16 식스시그마의 성공적 수행을 위한 5단계 활동으로 옳은 순서는? [2021 공인노무사]

① 계획 → 분석 → 측정 → 개선 → 평가
② 계획 → 분석 → 측정 → 평가 → 개선
③ 계획 → 측정 → 평가 → 통제 → 개선
④ 정의 → 측정 → 분석 → 개선 → 통제
⑤ 정의 → 측정 → 평가 → 통제 → 개선

17 품질경영에 관한 설명으로 가장 옳은 것은? [2021 군무원]

① 지속적 개선을 위한 도구로 데밍(E. Deming)은 PDAC(Plan-Do-Act-Check)싸이클을 제시하였다.
② 싱고 시스템은 통계적 품질관리 기법을 일본식 용어로 표현한 것이다.
③ 품질과 관련하여 발생하는 비용은 크게 예방 및 검사 등 사전조치에 관련된 비용과 불량이 발생한 이후의 사후조치에 관련된 비용으로 분류해 볼 수 있다.
④ 품질의 집 구축과정은 기대품질과 지각품질의 차이를 측정하고 차이분석을 하는 작업이다.

18 다음 중 품질관리의 기법이 아닌 것은? [2010 가맹거래사]

① ZD 프로그램
② 100PPM 운동
③ 식스 시그마(six sigma)
④ QC 서클
⑤ 간트 차트(Gantt Chart)

19 통계적 품질관리기법 중에서 산출물의 일정 단위당 결점수를 측정하는 데 사용되는 관리도(control chart)는? [2012 가맹거래사]

① p 관리도
② R 관리도
③ u 관리도
④ c 관리도
⑤ −R 관리도

20 주요 국가에서는 제품 및 서비스의 품질을 향상시키기 위해 데밍상 등과 같은 국가품질상을 운영하고 있다. 이러한 시상제도의 목적으로 적절하지 않은 것은? [2015 7급 공무원]

① 높은 품질 성과를 달성한 제품을 대외적으로 홍보하기 위한 순위 결정
② 품질 향상을 위해 노력하는 기업들을 평가하기 위한 기준 마련
③ 수상 기업의 성공 지식을 다른 기업들에 전파
④ 시상제도를 통해 내부 평가와 품질 향상을 지속하는 데 도움

21 품질의 산포가 우연원인에 의한 것인지, 이상원인에 의한 것인지를 밝혀주는 역할을 하며, 제조공정의 상태를 파악하기 위해 공정관리에 이용되는 것은? [2020 공인노무사]

① 파레토도
② 관리도
③ 산포도
④ 특성요인도
⑤ 히스토그램

22 서비스 품질측정 도구인 SERVQUAL과 종합적 품질경영인 TQM에 대한 설명으로 가장 옳지 않은 것은? 〔2021 7급 군무원〕

① SERVQUAL은 기대 서비스와 인지된 서비스 차이를 통해 고객만족을 조사하기 위한 도구이다.
② SERVQUAL의 서비스 품질을 판단하는 차원에는 신뢰성(reliability), 보증성(assurance), 유형성(tangible), 공감성(empathy), 반응성(responsiveness)이 있다.
③ TQM에서 '원천에서의 품질관리(quality at the source)'의 의미는 제품의 원재료 품질이 중요하므로 납품업체의 품질관리에 힘쓰라는 것을 의미한다.
④ TQM은 경영시스템으로 최고경영자의 장기적인 열의가 필요하고 지속적인 개선을 통해 종업원들이 주인의식을 가져야한다.

23 품질문제와 관련하여 발생하는 외부 실패비용에 해당하지 않는 것은? 〔2024 공인노무사〕

① 고객불만 비용 ② 보증 비용 ③ 반품 비용 ④ 스크랩 비용 ⑤ 제조물책임 비용

24 다음 중 통계적 품질관리(SQC : Statistical Quality Control)에서 샘플링 검사(sampling inspection)에 관한 설명으로 가장 적절하지 않은 것은? 〔2023 7급 군무원〕

① 샘플링 검사 로트(lot)로부터 추출한 샘플이 판정기준을 충족하지 못하면, 로트 전체를 불합격 판정한다.
② 검사특성곡선(OC Curve)은 로트의 불량률에 대한 합격 판정 확률을 그래프로 표현한 것이다.
③ 합격으로 판정해야 할 로트를 불합격으로 처리할 가능성을 소비자 위험(consumer's risk)이라고 한다.
④ 파괴 검사를 수행해야 하는 경우 샘플링 검사가 효과적이다.

25 다음 중 전통적 품질관리(QC)와 전사적품질경영(TQC)에 대한 비교가 가장 옳지 않은 것은? 〔2022 9급 군무원〕

	구분	전통적 품질관리(QC)	전사적품질경영(TQC)
가	대상	제조부문위주	기업 내 전 부문
나		모든 업종에 적용	제조업 중심
다	목표	생산관리면에 국한(불량률 감소, 원가절감, 품질의 균일화 등)	기술혁신, 불량예방, 원가절감 등을 통한 총체적 생산성 향상 및 고객만족
라	성격	생산현장에 정통한 품질관리 담당자 중심의 통제	생산직, 관리자, 최고경영자까지 전사적으로 참여

① 가 ② 나 ③ 다 ④ 라

III | 심화문제

1 전수검사(total inspection)와 샘플링검사(sampling inspection)에 관한 다음 설명 중 가장 거리가 먼 것은?

1999 CPA

① 샘플링검사는 나쁜 품질의 롯트(lot)를 합격시킬 위험을 배제할 수 없다.
② 샘플링검사는 좋은 품질의 롯트(lot)를 불합격시킬 위험을 배제할 수 없다.
③ 불량품이 출하되었을 때 막대한 손실이 초래될 경우에는 전수검사를 실시한다.
④ 제품을 파괴하여 검사를 해야 할 경우 샘플링검사가 많이 이용된다.
⑤ 생산자에 대한 품질향상 자극은 샘플링검사보다 전수검사가 항상 크다.

2 관리도(control chart)에 대한 다음 설명 중 가장 옳지 않은 것은?

2001 CPA

① 관리도는 공정의 안정상태를 유지하는데 사용하는 통계적 도구이다.
② 공정이 안정상태를 유지할 때, 공정내에는 우연변동만이 존재한다.
③ 슈하트의 3σ법은 검사결과 평균에서 3σ범위 밖이면 불량으로 판단한다.
④ 관리도상의 타점(plot)들이 일정한 패턴을 보이면, 관리한계를 벗어나지 않더라도 공정내에 이상이 있음을 뜻한다.
⑤ 속성(attributes)관리도는 정규분포를 변량(variable)관리도는 이항분포 또는 포아송분포를 가정한다.

3 품질에 관한 다음의 내용 중 옳지 않은 것은?

2004 CPA

① 품질비용(cost of quality)은 예방비용(prevention cost), 평가비용(appraisal cost), 그리고 실패비용(failure cost) 등으로 개념화시킬 수 있다.
② 품질통제의 도구인 관리도(control chart)는 관리상한선과 관리하한선을 결정하여 사용한다.
③ 말콤 볼드리지 상(Malcolm Baldrige National Quality Award)은 국제표준기구(International Organization for Standardization)에 의해 제정된 제3자 기관에 의한 품질시스템 인증제도이다.
④ 관리도는 생산공정에서 발생하는 변동요인 중 우연요인(random causes)과 이상요인(assignable causes)을 구분하기 위해 사용된다.
⑤ 원인결과도표(cause and effect diagram 또는 fishbone diagram)는 품질관리문제의 원인을 찾아내기 위한 도구이다.

4 품질경영과 관련하여 가장 적절하게 설명된 항목들로 구성된 것은? 2005 CPA

> a. 관리도에서 관리한계선의 폭이 좁을수록 생산자 위험(producer's risk)이 높아진다.
> b. 품질의 집(house of quality) 구축과정은 기대품질과 지각품질 차이를 측정하고 차이분석을 하는 작업이다.
> c. 포카요케(poka - yoke)는 종업원에 대한 지속적인 훈련을 통하여 품질오류를 예방하는 프로그램이다.
> d. SERVQUAL은 서비스 기업에서 품질관리 목적으로 개발되었으며, 서비스 품질의 여러 가지 결정요인에 대해서 각각의 통계적 관리도와 종합 관리도를 구축하는 품질 통제 기법이다.
> e. 품질비용은 예방비용, 검사비용, 내부실패비용, 외부실패비용으로 구성된다.

① a, b ② b, c ③ c, d ④ d, e ⑤ a, e

5 품질경영과 관련된 다음 서술들 중 가장 적절하지 않은 항목들로 구성된 것은? 2006 CPA

> a. 품질과 관련하여 발생하는 비용은 크게 예방 및 검사 등 사전조치에 관련된 비용과 불량이 발생한 이후의 사후조치에 관련된 비용으로 분류해 볼 수 있다.
> b. SERVQUAL은 기업이 제공하는 서비스가 기업의 입장에서 볼 때 얼마나 자체품질기준에 부합되는가를 측정하는 도구이다.
> c. 현대의 품질경영은 기업조직 전체가 소비자가 요구하는 제품과 서비스의 기준을 모두 능가할 수 있도록 경영하는 것이라고 할 수 있다.
> d. 싱고(Shingo)시스템은 통계적 품질관리(SQC)기법을 일본식 용어로 표현한 것이다.
> e. 발췌검사(acceptance sampling)에서는 크기가 다른 롯트들에 대해서 동일한 검사특성곡선(OC curve)을 갖도록 표본의 크기와 합격판정개수를 정해야 한다.

① a, c ② b, d ③ b, e ④ c, e ⑤ d, e

6 TQM(Total Quality Management)에 관한 다음 설명 중에서 올바른 것으로만 구성된 것은? 2007 CPA

> a. TQM은 품질경영 전략이라기보다 파레토도표, 원인결과도표 등 다양한 자료분석 도구들의 묶음으로 구성된 품질관리기법이다.
> b. TQM은 내부고객 및 외부고객의 만족을 강조한다.
> c. TQM은 프로세스의 지속적인 개선을 중요시한다.
> d. TQM은 결과지향적인 경영방식으로 완성품의 검사를 강조한다.
> e. TQM은 품질관리부서 최고책임자의 강력한 리더십에 의해 추진되는 단기적 품질혁신 프로그램이다.

① a, d, e ② b, d, e ③ a, d ④ b, c ⑤ a, c

7 대표적인 품질경영 중의 하나인 식스 시그마(Six Sigma)에 관한 다음 설명 중에서 올바른 것으로만 구성된 것은?
[2007 CPA]

> a. 식스 시그마는 비영리 서비스 조직에는 적용이 불가능하다.
> b. 식스 시그마 전문가 중에서 가장 높은 직책은 블랙벨트(Black Belt)이다.
> c. 식스 시그마의 대표적인 방법론은 DMAIC(Define – Measure – Analyze – Improve – Control)이다.
> d. 식스 시그마는 린 시스템(Lean System)과 상호보완적으로 사용되면 큰 효과를 발휘할 수 있다.

① a, b ② c, d ③ b, c ④ a, d ⑤ b, d

8 통계적 품질관리에 관한 다음의 설명 중 가장 적절한 것은? [2008 CPA]

① 통계적 품질관리를 위한 관리도(control chart)를 작성하기 위해서는 생산되는 모든 제품의 전수조사가 필요하다.
② P – 관리도는 길이, 넓이, 무게와 같이 계량적으로 측정 가능한 연속적 품질 측정치를 이용하는 관리도이다.
③ R – 관리도는 프로세스의 변동성이 사전에 설정한 관리상한선과 관리하한선 사이에 있는가를 판별하기 위해 사용된다.
④ 프로세스능력비율(process capability ratio)은 프로세스의 평균이 규격상한선과 규격하한선 사이에 있는가를 판별하는데 사용된다.
⑤ 관리도는 통계적 기법을 통해 품질문제의 원인을 직접 파악 할 수 있도록 하는데 그 목적이 있다.

9 품질불량비용과 관련된 다음 서술 중 가장 적절하지 않은 항목들로 구성된 것은? [2009 CPA]

> a. 내부 실패비용은 생산과정 중에 발견된 결함이 있는 제품을 폐기하거나 재작업 하는데 따른 비용이다.
> b. 외부 실패비용은 완제품의 출하 또는 인도 직전의 최종적인 검사에서 발견되는 품질결함과 관련된 비용이다.
> c. 품질향상을 위해 원자재나 부품의 공급업자와 협력하는데 필요한 비용은 예방비용의 범주에 속한다.
> d. 고객에게 인도된 이후의 품질결함에 따른 비용은 고객의 불만에 따른 이탈과 기업 신뢰도 하락과 같은 미래 손실까지 포함하는 것으로는 볼 수 없다.

① a, c ② b, c ③ c, d ④ b, d ⑤ a, d

10 품질경영에 대한 다음 서술 중에서 가장 적절하지 않은 항목들로 구성된 것은? <small>2009 CPA</small>

> a. C - 관리도는 프로세스 내의 계량적 규격의 변동성을 감지하기 위해 사용된다.
> b. 지속적 개선을 위한 목표를 세울 때 벤치마킹을 적절히 이용하는 것도 좋은 방법이다.
> c. ISO 9000 시리즈는 품질 프로그램에 대한 일련의 표준으로 여기에는 유해물질의 생성, 처리, 처분에 관한 자료를 지속적으로 추적하는 것도 포함된다.
> d. 통계적 프로세스 관리에 있어 품질 측정치들이 안정적인 확률분포를 보이는 경우 그 프로세스는 통제 상태에 있는 것으로 본다.
> e. 전사적 품질경영(TQM)은 고객 지향, 종업원 참여, 지속적 개선을 중점적으로 강조하는 개념이다.

① a, b   ② a, c   ③ b, c   ④ c, e   ⑤ d, e

11 품질경영과 통계적 프로세스 관리(SPC)에 관한 다음의 설명 중 옳은 항목만으로 구성된 것은? <small>2010 CPA</small>

> a. 통계적 프로세스 관리는 프로세스에서 현재 생산되는 산출물의 품질을 측정하고 품질을 저하시킬 정도로 프로세스가 변화되었는지를 찾아내기 위해 사용한다.
> b. 통계적 프로세스 관리에서 프로세스가 통계적 통제 상태에 있다면 산출물에는 변동의 원인을 구체적으로 추적 가능하고 제거될 수 있는 특별원인만 존재하는 것으로 판단한다.
> c. 품질기능전개(quality function deployment)는 고객의 요구를 제품의 특성 또는 기능으로 변환시키는 기법이다.
> d. 특성요인도(fishbone diagram)는 품질과 관련된 어떤 제품 또는 서비스의 특성에 대한 발생빈도를 기록하기 위한 기법이다.
> e. 파레토도(Pareto diagram)는 해결해야 할 품질문제를 발견하고 어떤 문제부터 해결할 것인가를 결정하기 위해 가로축을 따라 요인들의 발생빈도를 내림차순으로 표시한 막대그래프를 말한다.

① a, c, d   ② b, c, d   ③ a, b, e
④ b, d, e   ⑤ a, c, e

12 프로세스 혁신 기법에 관한 다음의 설명 중 가장 적절하지 않은 것은? <small>2010 CPA</small>

① BPR(business process re-engineering)은 비용이나 품질과 같은 주요 성과지표의 극적인 개선을 위해 업무 프로세스를 기본적으로 다시 생각하고 근본적으로 재설계 하는 것이다.
② 아웃소싱(outsourcing)은 기업의 경쟁력 강화를 위해 가치사슬 중 경쟁력이 높은 프로세스는 직접 수행하고, 나머지 프로세스는 외부기업이 수행하게 함으로써 기업이 핵심역량에 집중할 수 있게 한다.
③ 식스시그마(six-sigma)는 프로세스를 개선하여 수익성을 극적으로 향상시키고 고객만족을 극대화하는 경영철학이며, 제품 1백만 개당 6개 이내의 불량만을 허용한다는 의미이다.
④ ERP(enterprise resource planning)는 기업의 목표를 달성하기 위해 기업의 전체 자원과 프로세스를 합리적으로 관리하는 통합정보시스템이다.
⑤ TQM(total quality management)은 고객의 욕구를 만족시키기 위해 전사적으로 자원의 효과적인 이용과 지속적인 개선을 추구하는 기업의 전략이며 철학이다.

13 품질경영(quality management)과 품질향상을 위해 사용되는 도구들에 관한 설명으로 가장 적절한 것은?

2011 CPA

① 공정에서 얻은 데이터로부터 계산된 타점통계량(charting statistic)이 모두 $\bar{X}$관리도의 관리한계선(control limits) 내에 타점된 경우, 공정의 산포가 통계적으로 관리상태(in-control state)에 있다고 판단할 수 있다.
② TQM(Total Quality Management)에서는 정보시스템을 이용한 공정혁신(process innovation)을 품질향상의 원동력으로 간주한다.
③ 통계적 공정관리(SPC: Statistical Process Control)의 기법들은 일반적으로 공정에서 발생하는 우연변동(common variation)을 개선할 수 없는 대상으로 인식하지만, TQM과 식스시그마(Six Sigma)에서는 우연변동을 감소시킬 수 있는 대상으로 인식한다.
④ 원인결과도표(cause-and-effect diagram 또는 fish-bone diagram)는 일반적으로 품질 문제를 유발하는 가장 중요한 요인을 추출해 내기 위해 사용된다.
⑤ 원자재의 검사비용은 불량의 발생을 사전에 방지하기 위한 것으로 품질비용(cost of quality) 중 예방비용(prevention cost)에 속한다.

14 품질경영에 관한 설명으로 가장 적절하지 않은 것은?

2012 CPA

① 원인결과도표(cause and effect diagram)는 품질 문제의 원인을 찾아낼 때 사용된다.
② 파레토(Pareto) 분석은 주요 불량 항목을 파악할 때 사용된다.
③ 산점도(scatter diagram)는 두 변수 간 관계가 있는지를 확인할 때 사용된다.
④ 적합성품질(conformance quality)은 설계사항에 부합하고, 균일한 제품을 생산하는 능력에 대한 품질을 의미한다.
⑤ 지속적 개선(continuous improvement)을 위한 도구로 데밍(Deming)은 PDAC(plan-do-act-check) 싸이클을 제시하였다.

15 품질경영의 도구들에 관한 다음 설명 중 가장 적절하지 않은 것은?

2013 CPA

① $\bar{X}$ 관리도는 품질특성치의 평균과 제품의 규격을 비교하여 공정에 특별한 이상요인이 발생했는지를 판단하는데 사용된다.
② 식스시그마(Six Sigma)는 인적자원, 조직문화와 관련된 요소를 포함하고 있다.
③ SERVQUAL에서는 서비스를 제공받기 이전의 기대된 서비스 수준과 서비스를 제공받은 이후의 지각된 서비스 수준과의 차이를 통해 품질을 측정하는 방법이 활용된다.
④ 품질과 관련된 문제를 발견한 이후, 어떤 문제부터 해결해야 할지를 결정하는 데 파레토도(Pareto diagram)를 이용할 수 있다.
⑤ 원인결과도(Fishbone diagram)는 식스시그마의 DMAIC 방법론 중 A(분석)단계에서 문제의 원인을 규명하는 데 사용될 수 있다.

16 관리도(control chart)를 활용한 통계적 품질관리에 관한 설명으로 가장 적절하지 않은 것은? `2014 CPA`

① 관리도는 이상변동(assignable variation)의 발생으로 인해 공정이 안정상태(under control)를 벗어났는지를 판단하는 도구이다.
② 모든 타점(plot)이 관리한계(control limit) 내에 있을 경우 공정은 안정상태를 유지하는 것으로 판단한다.
③ 관리한계의 폭을 넓히면 타점이 관리한계 바깥쪽으로 벗어날 가능성이 줄어들고 제2종 오류(소비자 위험)가 커진다.
④ 품질개선활동을 통해 품질특성의 산포가 줄어들게 되면 타점들이 지속적으로 하락하는 추세를 보이게 된다.
⑤ 일반적으로 관리상한선과 관리하한선이 중심선으로부터 $\pm 3\sigma$만큼 떨어진 관리도를 많이 사용한다.

17 식스시그마(Six Sigma) DMAIC 방법론의 M(Measure) 단계에서 수행되는 활동으로 가장 적절한 것은? `2016 CPA`

① 품질의 현재 수준을 파악한다.
② 핵심인자(vital few)를 찾아낸다.
③ 통계적 방법을 활용하여 핵심인자의 최적 운영 조건을 도출한다.
④ 관리도(control chart)를 이용하여 개선 결과를 측정하고 관리하는 방안을 마련한다.
⑤ 고객의 니즈(needs)를 바탕으로 핵심품질특성(CTQ: Critical to Quality)을 파악한다.

18 품질경영에 관한 설명으로 가장 적절하지 않은 것은? `2018 CPA`

① 품질분임조(QC서클)는 품질, 생산성, 원가 등과 관련된 문제를 해결하기 위해 모이는 작업자 그룹이다.
② ZD(zero defect)프로그램에서는 불량이 발생되지 않도록 통계적 품질관리의 적용이 강조된다.
③ 품질비용은 일반적으로 통제비용과 실패비용의 합으로 계산된다.
④ 6시그마 품질수준은 공정평균(process mean)이 규격의 중심에서 '1.5×공정표준편차(process standard deviation)'만큼 벗어났다고 가정한 경우, 100만개 당 3.4개 정도의 불량이 발생하는 수준을 의미한다.
⑤ 데밍(Deming)에 의해 고안된 PDCA 사이클은 품질의 지속적 개선을 위한 도구로 활용된다.

19 품질경영에 관한 설명으로 가장 적절하지 않은 것은? `2019 CPA`

① CTQ(critical to quality)는 고객입장에서 판단할 때 중요한 품질특성을 의미하며, 집중적인 품질개선 대상이다.
② 전체 품질비용을 예방, 평가, 실패비용으로 구분할 때 일반적으로 예방비용의 비중이 가장 크다.
③ DMAIC은 6시그마 프로젝트를 수행하는 절차이며, 정의-측정-분석-개선-통제의 순으로 진행된다.
④ 품질특성의 표준편차가 작아지면 공정능력(process capability)은 향상되고 불량률은 감소한다.
⑤ TQM(total quality management)은 결과보다는 프로세스 지향적이고 고객만족, 전원참여, 프로세스의 지속적인 개선을 강조한다.

20 품질관리에 관한 설명으로 가장 적절하지 않은 것은? `2023 CPA`

① 소비자에게 전달되기 전에 발견된 불량품의 재작업 비용 및 실패분석 비용은 내부실패비용에 해당된다.
② 식스시그마(six sigma) 방법론인 DMAIC는 정의, 측정, 분석, 개선, 통제의 순서로 비즈니스 프로세스 혁신을 추진한다.
③ 식스시그마를 지원하는 내부인력으로서 블랙벨트(black belt)는 일상업무에서 벗어나 식스시그마 프로젝트만 수행하며 프로젝트 실무를 이끌어가는 역할을 한다.
④ 관리도는 공정이 우연현상의 발생 없이 이상현상으로만 구성되어 잘 관리되고 있는지를 판단하기 위해 활용된다.
⑤ 실패비용이 전체 품질비용에서 차지하는 비중은 일반적으로 예방비용에 비해 크다.

21 다음 중 품질관리와 관련된 개념 설명으로 옳은 것을 모두 고르시오. `2022 5급 군무원`

> (가) 통계적 품질관리는 생산공정의 모든 단계를 지속적으로 감시하여 품질관리가 초기부터 제품에 구현되도록 하는 프로세스이다.
> (나) 통계적 공정관리는 생산의 매 단계에서 부품의 통계적 표본을 취하여 그 검사 결과를 그래프상에 나타내는 프로세스이다.
> (다) 전사적 품질관리는 소비자가 만족할 수 있는 제품 및 서비스를 경제적으로 생산하고 제공할 수 있도록 기업 내의 모든 부서와 구성원이 품질 통제를 이해하고 조직적으로 제품의 질을 높이는 과정에 참여하는 시스템이다.
> (라) 식스 시그마는 현대적인 품질관리기준으로 십만 개당 3.4개 이하의 불량만을 허용하는 품질 혁신 운동을 말한다.

① (가) ② (가), (나) ③ (가), (나), (다) ④ (가), (나), (다), (라)

22 다음은 품질경영과 관련한 여러 설명들을 제시한 것이다. 이 설명 중 옳은 것만을 모두 고르면? `2022 5급 군무원`

> A. 품질의 집(house of quality) 구축이란 기대품질과 지각 품질의 차이를 측정하고 이 차이를 분석하는 작업을 말한다.
> B. c-관리도는 프로세스 내의 계수적 규격(즉 이산형 변수)의 변동성을 감지하기 위해 사용된다.
> C. 포카요케(poka-yoke)는 종업원에 대한 지속적인 훈련을 통하여 품질 오류를 예방하는 프로그램이다.
> D. SERVQUAL은 기업이 제공하는 서비스가 기업의 입장에서 볼 때 얼마나 자체품질기준에 부합되는가를 측정하는 도구이다.
> E. 전사적 품질경영(TQM, Total Quality Management)은 고객지향, 종업원 참여, 지속적 개선 등을 중점적으로 강조하는 종합적 경영관리 개념이다.

① B, E ② A, D ③ D, E ④ A, C

23 품질경영 및 품질관리에 관한 설명으로 가장 적절한 것은? 2024 CPA

① 전사적품질경영(TQM)의 주요 원칙은 고객 만족, 통계적 방법을 활용한 프로세스 혁신, 전 직원 대표의 경영 참여이다.
② 식스시그마(Six Sigma)의 DMAIC 방법론에서 중점적으로 관리해야 할 핵심인자(vital few)를 찾는 단계는 M(측정) 단계이다.
③ 품질관리분임조(quality circle)는 품질관리기법을 학습하기 위해 구성된 그린벨트(green belt) 종업원의 모임이다.
④ 공정의 평균과 규격 상한과 하한의 중앙이 일치하는 경우 공정능력지수 Cp값이 Cpk값보다 작게 된다.
⑤ X 관리도의 관리한계선을 작성할 때 공정의 산포가 클수록 관리한계선의 폭도 증가하는 경향이 있다.

기출로 접근하는 객관식 경영학

PART **6**

회계

Chapter 1
회계의 기초

Chapter 2
재무회계

Chapter 3
재무비율분석

Chapter 4
원가·관리회계

Chapter 1 회계의 기초

I | OX문제

1. 회계는 조직이 자신의 자산, 부채, 자본의 증감변화와 수익, 비용의 발생을 기록하여 외부 이해관계자에게 외부보고를 하도록 도와준다. 이러한 목적을 중심으로 이루어지는 회계를 특히 재무회계(financial accounting)라 부른다. ☐O ☐X

2. 회계는 경영자가 기업목표를 달성하고자 경영계획을 수립하고, 경영통계를 수행할 수 있도록 도와준다. 이러한 목적으로 활용되는 부분을 회계학에서는 세무회계(tax accounting)라 한다. ☐O ☐X

3. 계속기업의 가정이란 기업이 경영활동을 청산 또는 중단할 의도가 있거나, 경영활동을 계속할 수 없는 상황에 처한 경우를 제외하고는 기업이 계속하여 존속해야 한다는 가정을 말한다. ☐O ☐X

4. 회계정보의 질적 특성은 이해가능성, 목적적합성, 신뢰성과 비교가능성을 들 수 있다. 이러한 질적 특성 중 신뢰성을 가지려면 중립성, 검증가능성, 표현의 충실성이 있어야 한다. ☐O ☐X

5. 재무회계는 과거지향적 정보이며, 관리회계는 과거지향적, 미래지향적 정보이다. ☐O ☐X

6. 관리회계는 외부보고를 위한 목적으로 보고대상은 외부정보이용자이며 보통 1년을 기준으로 한다. ☐O ☐X

7. 관리회계는 화폐적 정보를 제공하고, 재무회계는 화폐적·비화폐적 정보를 제공한다. ☐O ☐X

---

1. O
2. X | 관리회계(management accounting)에 대한 설명임. 세무회계(tax accounting)는 기업의 결영활동 결과와 관련하여 세금결정의 기초가 되는 과세대상 소득을 정확하게 산출하는 것을 목적으로 하는 회계이다.
3. O
4. O
5. O
6. X | 관리회계의 목적은 내부보고를 위한 것이며 보고 대상은 내부정보이용자이다. 반면 재무회계는 외부보고를 위한 목적으로 보고대상은 외부정보이용자이며 보통 1년을 기준으로 한다.
7. X | 재무회계는 화폐적 정보를 제공하고, 관리회계는 화폐적·비화폐적 정보를 제공한다.

8 수익·비용 대응의 원칙(matching principle)이란 거래나 그 밖의 사건의 영향을 현금 및 현금성 자산의 수취나 지급 시점이 아니라 발생한 기간에 인식하여 이를 해당 기간의 장부에 기록하고 재무제표에 표시한다. ◯ ✕

9 거래와 관련된 수익·비용을 현금유출·유입이 있는 기간이 아니라, 그 거래가 발생한 기간에 인식하는 회계가정을 현금기준 회계라고 한다. ◯ ✕

10 분기재무제표는 연차재무제표에 비해 분기별로 정보를 제공함으로서 적시성 있는 정보를 제공하기 때문에 회계정보의 목적적합성을 높일 수 있다. ◯ ✕

---

8 ◯

9 ✕ | 발생주의 회계기준 또는 발생기준회계에 대한 설명임. 현금기준 회계란 현금의 수입과 지출이 일어나는 시점에 수익과 비용 인식

구분	발생기준 회계(accrual-basic acc.)	현금기준 회계(cash-basic acc.)
개념	거래와 관련된 수익·비용을 현금유출·유입이 있는 기간이 아니라, 그 거래가 발생한 기간에 인식	현금의 수입과 지출이 일어나는 시점에 수익과 비용 인식
수익인식 시점	재화의 판매 또는 용역의 제공 시점	현금 수입 시점
비용인식 시점	수익창출을 위한 자산 감소 또는 부채 발생 시점	현금 지출 시점
장점	정확한 손익계산(경영성과 파악)	현금흐름 정보제공
단점	현금흐름과 발생손익의 불일치(현금흐름 정보가 제공되지 않음)	정확한 손익계산 곤란

10 ◯

II | 개념정리문제

1 다음 중 기업의 자산을 역사적 원가주의로 평가하는 근거를 제공하는 것은?

① 계속기업의 전제
② 기업실체의 전제
③ 화폐단위측정의 전제
④ 질적 특성 간의 균형의 전제
⑤ 현재가치의 전제

2 다음 중 회계정보의 질적 특성으로 알맞지 않은 것은?

① 회계정보가 신뢰성을 가지려면 적시성이 존재해야 한다.
② 회계정보가 목적에 적합하려면 적시성이 존재해야 한다.
③ 검증가능성이란 회계정보는 객관적이고 보편적으로 검증이 가능해야 한다는 것을 말한다.
④ 목적적합한 회계 정보는 의사결정 시점에서 과거 및 현재 사건의 평가 또는 미래 사건의 예측에 도움을 준다.
⑤ 중립성이란 회계정보는 의도된 결과를 유도해서는 안 되며 정보 이용자의 공통적인 욕구를 충족시켜야 한다.

3 다음 중 회계제도의 대한 설명으로 알맞지 않은 것은?

① 단식부기는 일정한 원리나 원칙에 따라 기장한다.
② 부기는 기록계산 방법에 따라 단식부기와 복식부기로 나누어진다.
③ 부기는 회계거래들을 장부에 기록하는 회계정보의 생산측면을 강조한다.
④ 복식부기는 일정규모 이상의 기업 또는 내부견제를 강화하기 위한 영리조직에 사용된다.

4 다음 중 재무보고의 근본적 질적 특성이 아닌 것은?

① 검증가능성 ② 중립적 서술 ③ 예측가치 ④ 완전한 서술

5 관리회계에 관한 설명으로 옳지 않은 것은?

① 내부정보이용자에게 유용한 정보이다.
② 재무제표 작성을 주목적으로 한다.
③ 경영자에게 당면한 문제를 해결하기 위한 정보를 제공한다.
④ 경영계획이나 통제를 위한 정보를 제공한다.
⑤ 법적 강제력이 없다.

6 경영자가 기업 내의 투자 및 운영 등에 관한 의사결정을 할 때 필요한 정보를 제공하는 회계분야는? `2018 가맹거래사`

① 고급회계   ② 재무회계   ③ 관리회계   ④ 세무회계   ⑤ 정부회계

7 관리회계와 재무회계의 설명으로 틀린 것은? `2016 한국수자원공사`

① 관리회계는 내부정보자를 위한 것이다.
② 관리회계는 내부정보자가 원하는 기준으로 작성한다.
③ 재무회계는 외부정보자들을 위한 것이다.
④ 재무회계는 국제회계기준에 따라 작성한다.
⑤ 재무회계와 관리회계 모두 과거보다는 미래지향적을 추구한다.

8 다음 중 관리회계와 재무회계에 대한 설명으로 알맞지 않은 것은? `2011 SH 공사`

① 재무회계: 법적강제 있음,   관리회계: 법적 강제 없음
② 재무회계: 외부 보고가 목적,   관리회계: 내부 보고가 목적
③ 재무회계: 회계기간은 기간 규정 없음, 관리회계: 회계기간은 보통 1년
④ 재무회계: 보고대상은 외부정보 이용자, 관리회계: 보고대상은 내부정보 이용자

9 다음 중 재무회계와 관리회계의 차이점으로 알맞지 않은 것은? `2007 서울시도시철도공사`

① 재무회계는 회계기간이 있는 정보이고, 관리회계는 회계기간이 없다.
② 재무회계는 화폐적 정보를 제공하고, 관리회계는 화폐적·비화폐적 정보를 제공한다.
③ 재무회계는 경영자가 주로 이용하고, 관리회계는 투자자가 주로 이용한다.
④ 재무회계는 법적 강제가 있고, 관리회계는 법적 강제가 없다.

10 재무회계와 관리회계의 비교로 옳지 않은 것은? `2020 군무원`

① 재무회계와 관리회계는 고객이 같다.
② 재무회계는 IFRS 등 일정한 기준에 따른다.
③ 재무회계는 과거의 실적에 대한 보고의무가 있다.
④ 관리회계는 미래와 관련된 정보를 포함한다.

11 다음의 회계방식에 대한 설명 중 가장 옳지 않은 것은? `2021 5급 군무원`

① 재무회계 - 투자자들에게 회사상태를 알려주기 위한 회계
② 세무회계 - 국가에 대한 세무처리를 위한 회계
③ 원가회계 - 투자자들의 의사결정을 지원하기 위한 회계
④ 관리회계 - 기업의 내부상황에 따라 임의로 작성되는 회계

III | 심화문제

1 회계정보 또는 재무정보의 질적 특성 중 정보이용자가 항목 간의 유사점과 차이점을 식별하고 이해할 수 있도록 하는 것은?

2017 가맹거래사

① 적시성(timeliness)
② 비교가능성(comparability)
③ 목적적합성(relevance)
④ 검증가능성(verifiability)
⑤ 표현충실성(representational faithfulness)

2 회계정보가 정보로서 가치가 있기 위해 갖추어야 할 질적 특성에 관한 설명으로 옳은 것은?

2018 가맹거래사

① 신뢰성 있는 정보란 주관적으로 검증가능 하여야 한다.
② 회계정보가 중립적이려면 편의(bias)가 있어야 한다.
③ 중립적이라 함은 회계정보가 의도된 결과를 유도할 목적으로 정보이용자의 의사결정이나 판단에 영향을 미쳐야 함을 뜻한다.
④ 분기재무제표는 연차재무제표에 비해 적시성 있는 정보를 제공하기 때문에 목적적합성을 높일 수 있다.
⑤ 연차재무제표는 분기재무제표에 비해 신뢰성과 목적적합성이 높은 정보를 제공할 수 있다.

3 다음 회계정보의 질적 특성 중 신뢰성의 특성에 해당하지 않는 것은?

2018 군무원

① 적시성
② 검증가능성
③ 표현의 충실성
④ 중립성

4 다음 중에서 관리회계에 대한 설명 중 가장 옳지 않은 것은?

2022 9급 군무원

① 기업 외부의 이해관계자들이 필요한 정보를 제공한다.
② 사업부별 성과분석을 제공한다.
③ 원가절감을 위한 원가계산 정보를 제공한다.
④ 기업회계기준이나 국제회계기준 등의 규칙을 준수하지 않아도 된다.

5 다음 중 관리회계에 대한 설명으로 가장 옳지 않은 것은?

2022 5급 군무원

① 관리회계는 경영자가 경영 의사결정을 내리는 데 필요한 회계정보를 제공하는 내부 보고 및 활용을 위한 회계를 말한다.
② 관리회계는 기업 간 비교를 위해 동일한 회계정보나 집계방식을 사용한다.
③ 관리회계는 세금을 최소화하기 위한 전략을 모색하기도 한다.
④ 관리회계는 예산을 편성하여 주어진 예산안에서 잘 통제되고 있는지를 확인한다.

6 다음은 회계정보와 관련된 여러 설명들이다. 이 중 가장 옳지 않은 것은? 〔2022 5급 군무원〕

① 회계정보의 이용자 집단은 다양하며, 이를 크게 외부이용자 집단과 내부이용자 집단으로 분류할 수 있다.
② 회계정보를 이용자들에게 전달하는 가장 주된 수단은 재무제표로서, 여기에는 재무상태표, 포괄손익계산서, 현금흐름표, 이익잉여금처분계산서가 있다.
③ 경영자(혹은 경영진)는 회계정보 이용자 집단 중 내부이용자 집단으로, 주주는 외부이용자 집단으로 분류된다.
④ 외부이용자 집단에게 회계정보를 보고(혹은 전달)하기 위하여 수행되는 회계 분야를 재무회계라 한다.

Chapter 2 재무회계

I | OX문제

1 한국채택국제회계기준(K-IFRS)에서 정하고 있는 기본재무제표는 재무상태표, 포괄손익계산서, 현금흐름표, 자본변동표, 주석을 포함하고 있다. ☐ O | X

2 재무상태표(B/S)상 자산은 유동성 배열의 원칙에 의해 나타나게 된다. 작성일로부터 1년을 기준으로 유동자산과 고정자산(비유동자산)으로 구분한다. 유동자산은 1년 이내에 현금화할 수 있는 자산을 의미하며 다시 당좌자산과 재고자산으로 분류한다. ☐ O | X

3 자본(equity)이란 과거 사건의 결과로 기업이 통제하고 있는 미래의 경제적 효익이 기업에 유입될 것으로 기대되는 자원으로서, 유동자산과 비유동자산으로 구분된다. ☐ O | X

4 자산(asset)이란 회사의 순가치를 의미하며, 기업의 자산에서 부채를 차감한 잔여지분, 자본금·자본잉여금, 자본조정, 이익잉여금 등으로 구성된다. ☐ O | X

5 포괄손익계산서는 기업의 경영성과를 명백히 보고하기 위하여 그 회계 기간에 속하는 모든 수익과 이에 대응하는 모든 비용을 나타내는 표이다. ☐ O | X

6 순이익(net income)은 일정기간 동안 수익활동에서 발생한 총수익에서 동 기간의 비용활동에서 발생한 총비용을 차감한 잔액을 의미한다. ☐ O | X

7 자본변동표란 한 회계기간 동안의 현금의 유입과 유출내용을 적정하게 표시함으로써 현금의 변동내용을 설명해 주는 회계보고서로서, 영업활동·투자활동·재무활동에 의하여 발생되는 현금의 흐름에 관한 전반적인 정보를 제공해 준다. ☐ O | X

---

1   O
2   O
3   X | 자산에 대한 설명임.
4   X | 자본에 대한 설명임
5   O
6   O
7   X | 현금흐름표에 대한 설명임.

8 현금흐름의 3가지 영역 중 특히, 영업현금흐름은 기업이 사업의 건전성을 평가하는데 가장 기준이 되는 지표이다. 영업활동으로 인한 현금흐름이 마이너스로 장기간 지속된다면 그 기업은 투자를 아무리 많이 해도, 부채를 많이 갚아 나간다 해도 존속할 수 없을 것이기 때문이다. ☐O ☐X

9 감사의견중 한정의견(qualified opinion)이란 감사의견을 형성하는 데 필요한 합리적인 증거를 입수하지 못하여 재무제표 전체에 대한 의견표명이 불가능한 경우, 기업의 존립에 의문을 제기할 만한 객관적인 사항이 중요한 경우 또는 감사인이 감사를 수행함에 있어서 독립성이 결여되어 있는 등 재무제표의 적정성에 대하여 의견표명을 하지 못하는 경우에 제시된다. ☐O ☐X

10 유동자산이란 영업순환주기 내에 실현되거나, 1년 내에 실현된 자산을 의미하며, 그 외 자산은 비유동자산으로 분류한다. ☐O ☐X

11 무형자산은 미래 경제적 효익이 기업에 유입될 가능성이 매우 높고, 취득원가를 신뢰성 있게 측정할 수 있는 경우에 한하여 자산으로 인식한다. 내부적으로 창출된 영업권은 취득원가를 신뢰성 있게 측정할 수 없을 뿐만 아니라 기업이 통제하고 있는 식별가능한 자원도 아니기 때문에 자산으로 인식하지 않는다. ☐O ☐X

12 사채, 신주인수권부사채, 전환사채, 장기차입금, 퇴직급여충당부채, 장기제품보증충당부채, 당기법인세부채, 매입채무 등은 비유동부채에 해당한다. ☐O ☐X

13 수익비용대응의 원칙에 따르면 관련된 수익이 인식된 회계기간에 비용을 인식하도록 해야 한다. ☐O ☐X

---

8 O
9 X | 의견거절(disclaimer of opinion)에 대한 내용이며, 감사의견의 종류SMS 아래와 같다.
  ① 적정의견(unqualified opinion): 회사가 작성한 재무제표가 기업회계기준에 따라서 잘 작성되어 회사의 경영 성과와 재무상태를 적정하게 표현하고 있다는 의견
  ② 한정의견(qualified opinion): 어떤 특정 사실이나 특정 부분을 제외하고는 재무제표가 기업회계기준에 따라 적정하게 표시되어 있음을 나타내는 의견
  ③ 부적정의견(adverse opinion): 회사가 작성한 재무제표가 기업회계기준에서 크게 벗어나 회사의 경영성과와 재무상태를 잘 표현하지 못하고 있다는 의견
  ④ 의견거절(disclaimer of opinion): 감사의견을 형성하는 데 필요한 합리적인 증거를 입수하지 못하여 재무제표 전체에 대한 의견표명이 불가능한 경우, 기업의 존립에 의문을 제기할 만한 객관적인 사항이 중요한 경우 또는 감사인이 감사를 수행함에 있어서 독립성이 결여되어 있는 등 재무제표의 적정성에 대하여 의견표명을 하지 못하는 경우에 제시
10 O
11 O
12 X | 당기법인세부채, 매입채무는 유동부채에 해당한다.
13 O

14 거래(transaction)란 기업의 경영활동 중에서 기업의 자산, 부채, 자본의 계정들과 금액에 증감변화를 가져오는 사건을 말한다. 거래가 발생하면 해당 거래의 성격을 분석하고, 기록을 위하여 관련 계정 과목과 금액, 차변과 대변을 결정하는 절차를 분개(journalizing)라 한다. □ O | X

15 분개의 법칙상 자산의 증가는 차변에 자산의 감소는 대변에, 그리고 부채의 감소는 대변에 부채의 증가는 차변에 기록한다. □ O | X

16 영업이익(EBIT : Earnings Before Interest and Taxes) 즉, 법인세 비용 차감전 순이익은 세전영업이익을 의미한다고 볼 수 있음. □ O | X

17 영업현금흐름이란 매출액의 증분에서 현금지출비용의 증분(변동영업비용의 증분과 고정현금지출비용의 증분)과 법인세비용을 차감하여 구할 수 있다. □ O | X

18 재무상태표상 좌변은 자본과 부채로 구성되며 우변의 자산(자본 및 부채의 사용용도)의 크기에 상응하는 자금의 출처를 나타내 주고 파악할 수 있도록 구성해야 한다. □ O | X

19 재고자산이란 정상적인 영업과정에서 판매목적을 위하여 보유하는 자산 또는 판매를 목적으로 한 생산과정에 있는 자산 그리고 생산 또는 서비스 제공과정에 투입될 원재료나 소모품의 형태로 존재하는 자산을 말한다. □ O | X

20 투자자산이란 기업이 장기적인 투자수익이나 타 기업 지배목적 등의 부수적인 기업활동의 결과로 보유하는 자산을 말한다. 장기적인 투자수익을 얻기 위하여 가지고 있는 채무증권과 지분증권, 지분법적용투자주식, 영업활동에 사용되지 않는 토지와 설비자산, 설비확장 및 채무상환 등에 사용할 특정목적의 예금을 포함한다. □ O | X

---

14 O
15 X | 분개의 법칙상 부채의 감소는 차변에 부채의 증가는 대변에 기록한다. 이를 정리하여 보면 다음과 같다.
　(1) 자산의 증가는 차변에 자산의 감소는 대변에
　(2) 부채의 감소는 차변에 부채의 증가는 대변에
　(3) 자본의 감소는 차변에 자본의 증가는 대변에
　(4) 비용의 발생은 차변에 수익의 발생은 대변에
16 O
17 O
18 X | 재무상태표상 우측은 자본과 부채로 구성되며, 좌변의 자산(자본 및 부채의 사용용도)의 크기에 상응하는 자금의 출처를 나타내 주고 파악할 수 있도록 구성해야 한다.
19 O
20 O

21 무형자산이란 영업권, 산업재산권, 특허권, 상표권 등과 같이 재화의 생산이나 용역의 제공, 타인에 대한 임대 또는 관리에 사용할 목적으로 기업이 보유하고, 물리적 형체가 없지만 식별가능하고, 기업이 통제하고 있으며, 미래 경제적 효익이 있는 비화폐성 자산을 말한다. ☐ O ☐ X

22 미지급금이란 거래상대방에게 현금 등 금융자산을 인도하기로 한 계약상 의무, 잠재적으로 불리한 조건으로 거래상대방과 금융자산이나 금융부채를 교환하기로 한 계약상 의무 등 ☐ O ☐ X

23 이자보상비율은 순이익, 이자비용, 법인세비용의 합을 이자비용에 곱하여 계산한다. ☐ O ☐ X

24 영업권은 기업과 분리되어 거래가 되지 않지만 회계적 식별은 가능하다. ☐ O ☐ X

25 현금흐름표는 발생주의로 작성하는 것이 아니고, 현금주의로 작성한다. ☐ O ☐ X

---

21 O
22 X | 금융부채에 대한 설명임. 미지급금이란 일반적인 상거래가 아닌 거래(예: 부동산, 비품의 구입)에서 발생한 채무를 말함.
23 X | 이자보상비율 = (순이익 + 이자비용 + 법인세비용) / 이자비용
24 X | 영업권은 기업과 분리되어 거래가 되지 않으므로 식별불가하다.
    다음 중 하나에 해당하는 경우 무형자산이 식별가능하다.
    (1) 기업과 분리될 수 있고, 개별적으로 매각, 이전, 임대 등이 가능하다.
    (2) 계약상 권리 또는 기타 법적 권리로부터 자산이 발생한다.
25 O

II | 개념정리문제

1 다음 중 재무제표에 포함되지 않은 것은? `2015 국민연금공단`

① 현금흐름표　　② 손익계산서　　③ 자본변동표　　④ 잔액시산표

2 재무제표의 구성요소에 관한 설명으로 옳지 않은 것은? `2011 노무사`

① 자산은 기업이 소유하고 있는 토지, 건물, 기계, 채권 등과 같은 경제적 자원을 말한다.
② 부채에는 외상매입금이나 차입금 등이 포함된다.
③ 수익은 자산의 유입이나 증가 또는 부채의 감소에 따라 자본의 증가를 초래하는 특정 회계기간 동안에 발생한 경제적 효익의 증가이다.
④ 부채는 상환될 때까지 지급할 금액을 기준으로 유동부채와 비유동부채로 분류된다.
⑤ 이익 또는 손실은 수익에서 비용을 차감하여 구한다.

3 재무상태표에 대한 설명으로 가장 옳지 않은 것은? `2021 군무원`

① 재무상태표는 자산, 부채 및 자본으로 구분한다.
② 재무상태표를 통해 기업의 유동성과 재무상태를 파악할 수 있다.
③ 재무상태표는 일정기간 동안의 경영성과를 나타낸 재무제표이다.
④ 재무상태표의 자산항목은 유동자산과 비유동 자산으로 구분한다.

4 재무상태표와 관련된 것을 모두 고른 것은? `2020 공인노무사`

| ㄱ. 수익·비용대응의 원칙 | ㄴ. 일정시점의 재무상태 | ㄷ. 유동성배열법 |
| ㄹ. 일정기간의 경영성과 | ㅁ. 자산, 부채 및 자본 | |

① ㄱ, ㄴ　　② ㄱ, ㄹ　　③ ㄴ, ㄷ, ㄹ　　④ ㄴ, ㄷ, ㅁ　　⑤ ㄷ, ㄹ, ㅁ

5 다음 중 재무상태표에 관한 설명내용으로 알맞지 않은 것은? `2014 국민연금공단`

① 받을 어음, 외상매입금 및 장·단기 차입금은 대변항목을 구성하는 요소들이다.
② 외상매출금, 수취어음, 예금 및 현금은 차변(좌변)항목들을 구성하는 요소들이다.
③ 재무상태표상 좌측은 자산이라 하여 현금자금이나 상품의 재고상태를 표시해 준다.
④ 재무상태표상 우측은 자본과 부채로 구성되며 좌변의 자산(자본 및 부채의 사용용도)의 크기에 상응하는 자금의 출처를 나타내 주고 파악할 수 있도록 구성해야 한다.

6 재무상태표의 구성요소가 아닌 것은? 2012 가맹거래사

① 자산　　② 부채　　③ 청구권　　④ 비용　　⑤ 지분

7 재무상태표 등식은? 2015 가맹거래사

① 자산 = 부채 + 자본　　　　② 자산 = 부채 − 자본
③ 자본 = 부채 + 자산　　　　④ 자산 + 부채 = 수익 + 비용
⑤ 자산 + 비용 = 부채 + 수익

8 다음의 계정과목 중 재무상태표의 구성항목이 아닌 것은? 2013 노무사

① 유형자산　　② 유동부채　　③ 자본금　　④ 이익잉여금　　⑤ 매출원가

9 재무상태표에서 비유동자산에 해당하는 계정과목은? 2015 노무사

① 영업권　　② 매입채무　　③ 매출채권　　④ 자기주식　　⑤ 법정적립금

10 유형자산에 해당하는 항목을 모두 고른 것은? 2021 공인노무사

| ㄱ. 특허권 | ㄴ. 건물 | ㄷ. 비품 | ㄹ. 라이선스 |

① ㄱ, ㄴ　　② ㄴ, ㄷ　　③ ㄱ, ㄴ, ㄷ　　④ ㄴ, ㄷ, ㄹ　　⑤ ㄱ, ㄴ, ㄷ, ㄹ

11 재무상태표의 현금 및 현금성자산에 해당하지 않는 것은? 2017 가맹거래사

① 사채　　　　　　　　② 보통예금
③ 우편환　　　　　　　④ 배당금지급통지표
⑤ 당좌수표

12 재무상태표의 항목에 해당하지 않는 것은? 2018 공인노무사

① 차입금　　② 이익잉여금　　③ 매출채권　　④ 판매비　　⑤ 재고자산

13 다음( )의 내용이 순서대로 나열된 것은?

> 자산은 재무상태표 작성일로부터 1년을 기준으로 ( )과 ( )으로 구분한다. ( )은 1년 이내에 현금화할 수 있는 자산을 의미하며 다시 ( )과 ( )으로 구분한다.

① 유형자산 - 무형자산 - 유형자산 - 투자자산 - 당좌자산
② 유형자산 - 무형자산 - 유형자산 - 당좌자산 - 재고자산
③ 유동자산 - 비유동자산 - 유동자산 - 투자자산 - 당좌자산
④ 유동자산 - 비유동자산 - 유동자산 - 당좌자산 - 재고자산
⑤ 유형자산 - 무형자산 - 당좌자산 - 유동자산

14 다음 중 재무상태표 작성기준에 대한 설명으로 알맞지 않은 것은?

① 재무상태표에 기재하는 자산과 부채의 항목배열은 유동성배열법을 원칙으로 한다.
② 자산과 부채는 1년을 기준으로 하여 유동자산 또는 비유동자산, 유동부채 또는 비유동부채로 구분하는 것을 원칙으로 한다.
③ 가지급금 및 가수금 등의 미결산항목은 그 내용을 나타내는 적절한 과목으로 표시하고 재무상태표의 자산 및 부채항목으로 표시하여야 한다.
④ 자산, 부채 및 자본은 총액에 의하여 기재함을 원칙으로 하고 자산의 항목과 부채 또는 자본의 항목을 상계함으로써 그 전부 또는 일부를 재무상태에서 제외하여서는 아니된다.

15 유동자산에 속하는 항목은?

① 투자자산   ② 유형자산   ③ 무형자산   ④ 매입채무   ⑤ 매출채권

16 유동자산 항목에 해당되는 것은?

① 재고자산   ② 유형자산   ③ 기계장치   ④ 차량운반구   ⑤ 무형자산

17 자본 항목에 해당하는 것은?

① 이익잉여금   ② 사채   ③ 영업권   ④ 미수수익   ⑤ 선수수익

18 재무상태표 상의 유동자산에 포함되지 않는 것은?

① 특허권 등의 산업재산권
② 건설회사가 판매목적으로 건설하였으나 아직 판매되지 않은 아파트
③ 생산에 사용할 목적으로 보유하고 있는 원재료
④ 만기가 6개월 이내에 도래하는 받을어음
⑤ 3개월 이내에 받기로 약정되어 있는 외상매출금

19 당좌자산에 해당하는 것을 모두 고른 것은?   [2018 공인노무사]

> ㄱ. 현금　　　　　　　　ㄴ. 보통예금
> ㄷ. 투자부동산　　　　　ㄹ. 단기금융상품

① ㄱ, ㄴ　　② ㄷ, ㄹ　　③ ㄱ, ㄴ, ㄹ
④ ㄴ, ㄷ, ㄹ　　⑤ ㄱ, ㄴ, ㄷ, ㄹ

20 다음 중 재고자산으로 알맞지 않은 것은?   [2005 한국도로공사]

① 비품
② 원재료
③ 부동산 매매업자의 판매를 목적으로 한 토지나 건물
④ 기업 내부에서 판매를 목적으로 제조한 생산품

21 다음 중 투자자산으로 알맞지 않은 것은?   [2005 한국토지주택공사]

① 이연법인세자산　② 보증금　③ 장기금융상품　④ 단기매매증권　⑤ 투자유가증권

22 다음 중 무형자산으로 알맞지 않은 것은?   [2005 한국도로공사]

① 건물　　② 저작권　　③ 산업재산권　　④ 프랜차이즈

23 다음 중 유가증권의 분류와 평가에 관한 설명으로 알맞지 않은 것은?   [2005 한국석유공사]

① 단기매매증권은 비유동자산으로 보고한다.
② 매도가능증권과 만기보유증권은 투자자산 또는 유동자산으로 보고한다.
③ 단기매매증권은 공정가액법으로 평가하고 관련 손익은 손익계산서에 보고한다.
④ 매도가능증권은 공정가액법으로 평가하고 관련 손익은 재무상태표에 보고한다.

24 금융부채로 분류되는 항목은?   [2014 가맹거래사]

① 미지급금　② 선수금　③ 미지급법인세　④ 예수금　⑤ 선수수익

25 계정과목 중 비유동부채에 해당하는 것은?   [2011 가맹거래사]

① 사채(社債)　② 선수금　③ 매입채무　④ 미지급비용　⑤ 단기차입금

26 다음 중 자산계정과목이 아닌 것은? 〔2010 가맹거래사〕

① 매출채권　② 장기대여금　③ 미수금　④ 선급비용　⑤ 예수금

27 비유동(고정)장기적합률을 나타내는 산식은? 〔2013 가맹거래사〕

① (비유동자산/자기자본＋비유동부채)×100　② (비유동자산/자기자본＋유동부채)×100
③ (비유동자산/자기자본＋유동부채)×100　④ (총자산/유동부채＋비유동부채)×100
⑤ (총자산/비유동부채)×100

28 이자보상비율＝(ㄱ)/이자비용에서 (ㄱ)에 해당하는 것은? 〔2010 가맹거래사〕

① 순이익　② 영업이익　③ 유동부채　④ 매출총이익　⑤ 매출액

29 유동성이 가장 높은 자산항목은? 〔2012 가맹거래사〕

① 건물　② 당좌예금　③ 제품　④ 매출채권　⑤ 영업권

30 자본계정 과목이 아닌 것은? 〔2011 가맹거래사〕

① 감자차익　② 주식발행초과금　③ 임의적립금　④ 자기주식처분이익　⑤ 미수금

31 다음 중 자본잉여금에 해당하는 항목은?

① 미교부주식배당금　② 법정적립금　③ 임의적립금
④ 미처분이익잉여금　⑤ 주식발행초과금

32 자본항목의 분류가 다른 것은? 〔2020 공인노무사〕

① 주식할인발행차금　② 감자차손　③ 자기주식
④ 미교부주식배당금　⑤ 자기주식처분이익

33 자본잉여금에 해당하는 것은? 〔2017 가맹거래사〕

① 이익준비금　② 결손보전적립금　③ 사업확장적립금　④ 감채적립금　⑤ 주식발행초과금

34 다음 중 자본항목에 관한 회계처리의 내용으로 알맞지 않은 것은? 　　　2005 한국토지주택공사

① 주식발행초과금은 자본잉여금으로 회계처리한다.
② 주식할인발행차금은 자본잉여금으로 회계처리한다.
③ 자기주식은 자본에서 차감하는 형식으로 회계처리한다.
④ 감자차손은 자본에서 차감하는 형식으로 회계처리한다.
⑤ 매도가능증권평가이익은 기타포괄손익누계로 회계처리한다.

35 다음 중 식별가능한(identifiable) 무형자산이 아닌 것은? 　　　2010 가맹거래사

① 특허권　　② 상표권　　③ 라이선스　　④ 프랜차이즈　　⑤ 영업권

36 사채의 자기사채의 취득(자전거래)에 대한 회계처리로 알맞은 것은? 　　　2006 한국토지주택공사

① 자기사채의 취득은 회계상의 거래가 아니므로 회계처리하지 않는다.
② 자기사채의 취득은 사채의 매입상환에 해당되므로 사채상환손익을 인식한다.
③ 자기사채를 취득한 경우, 취득가액이 장부가액보다 적을 경우에만 사채상환손익을 인식한다.
④ 자기사채를 취득한 경우 소각을 목적으로 할 경우에는 사채에서 직접 차감하여 사채상환손익을 인식한다.
⑤ 자기사채를 취득한 경우 매각을 전제로 할 경우에는 취득원가로 자기사채 계정의 차변에 기입한다.

37 부채에 관한 설명으로 옳지 않은 것은? 　　　2020 공인노무사

① 매입채무는 일반적인 상거래에서 발생한 외상매입금과 지급어음을 말한다.
② 예수금은 거래처나 종업원을 대신하여 납부기관에 납부할 때 소멸되는 부채이다.
③ 미지급금은 비유동자산의 취득 등 일반적인 상거래 이외에서 발생한 채무를 말한다.
④ 장기차입금의 상환기일이 결산일로부터 1년 이내에 도래하는 경우 유동성 장기차입금으로 대체하고 유동부채로 분류한다.
⑤ 매입채무, 차입금, 선수금, 사채 등은 금융부채에 속한다.

38 재무상태표의 부채에 해당하지 않는 것은? 　　　2021 공인노무사

① 매입채무　　② 선급비용　　③ 선수금　　④ 사채　　⑤ 예수금

39 다음 중 유동부채가 아닌 것은? 　　　2003 한국토지주택공사

① 매입채무　　　　　　② 선수수익
③ 미지급비용　　　　　④ 장기성매입채무
⑤ 유동성장기차입금

40 자기회사의 주식 또는 사채를 발행하여 자본을 조달하고 그것으로 타회사의 증권을 취득하는 것을 무엇이라고 하는가?
2005 국민연금공단

① 증권저축   ② 증권투자   ③ 증거금율   ④ 증권금융   ⑤ 증권대위

41 시산표는 재무상태표 구성요소와 포괄손익계산서 구성요소를 한 곳에 집계한 표이다. 다음 시산표 등식에서 ( )에 들어간 항목으로 옳은 것은?
2018 공인노무사

> 자산+비용=부채+( )+수익

① 매출액   ② 자본   ③ 법인세   ④ 비지급금   ⑤ 감가상각비

42 포괄손익계산서의 계정에 해당하지 않는 것은?
2019 공인노무사

① 감가상각비   ② 광고비   ③ 매출원가
④ 자기주식처분이익   ⑤ 유형자산처분이익

43 다음 중 현금흐름표(Statement of Cash Flows)에 나타나는 3가지 구성 요소가 아닌 것은?
2017 군무원

① 재무활동 현금흐름   ② 영업활동 현금흐름
③ 투자활동 현금흐름   ④ 정보활동 현금흐름

44 다음 중 현금흐름표에 대한 설명으로 알맞지 않은 것은?
2014 한국수력원자력

① 손익계산서와 마찬가지로 발생주의로 작성한다.
② 현금흐름표의 작성방법으로는 직접법과 간접법이 있다.
③ 기업의 배당금지급능력과 채무상환능력을 평가할 수 있다.
④ 일정기간 동안의 현금흐름을 영업활동, 투자활동, 재무활동으로 나누어 표시하는 보고서이다.

45 영업활동을 통한 현금흐름에 해당되는 것은?
2010 노무사

① 재화와 용역의 구입에 따른 현금유출
② 유형자산 처분에 따른 현금유입
③ 제3자에 대한 대여금
④ 주식이나 기타 지분상품의 발행에 따른 현금유입
⑤ 차입금의 상환에 따른 현금유출

46 다음 중 영업현금흐름(OCF)의 정의로 옳은 것은?

① EBIT + 감가상각비 − 세금
② EBIT + 감가상각비 + 유동자산
③ EBIT − 감가상각비 + 세금
④ 세금 − 감가상각비 − EBIT

47 투자활동으로 인한 현금흐름에 해당하는 것은?

① 현금 대여
② 주식 발행
③ 사채(社債) 발행
④ 차입금 상환
⑤ 배당금 지급

48 재무활동으로 인한 현금흐름에 해당하는 것은?

① 차입금의 상환에 따른 현금유출
② 무형자산의 처분에 따른 현금유입
③ 재화의 판매와 용역제공에 따른 현금유입
④ 재화와 용역의 구입에 따른 현금유출
⑤ 유형자산의 취득에 따른 현금유출

49 대손충당금의 과소설정이 재무제표에 미치는 영향으로 옳은 것은?

① 자산 감소
② 자본 감소
③ 부채 증가
④ 당기순이익 증가
⑤ 당기순이익 감소

50 재무제표에 관한 설명으로 옳지 않은 것은?

① 외상매출금과 외상매입금은 일반적 상거래에서 발생한 채권, 채무로서 어음상의 채권, 채무가 아닌 것을 말한다.
② 받을어음과 지급어음은 일반적 상거래에서 발생한 어음상의 채권, 채무를 말한다.
③ 미수금이나 미지급금은 토지, 건물, 비품 등 상품 이외의 자산을 매각하거나 취득하는 과정에서 발생한 채권, 채무를 말한다.
④ 대여금이나 차입금은 자금을 대여하거나 차입하고 그 대가로 차용증서를 주고받는 경우에 발생하는 채권, 채무를 말한다.
⑤ 외상매출금과 받을어음 등 일반적으로 상거래에서 발생한 채권은 매출채권이라는 계정과목과 별도로 분류하여 보고해야 한다.

51 회계의 순환과정을 순서대로 나열한 것은?

> ㄱ. 수정분개 　　　　ㄴ. 거래발생 　　　　ㄷ. 분개
> ㄹ. 수정전시산표 작성　ㅁ. 원장 전기 　　　　ㅂ. 재무제표 작성

① ㄴ－ㄷ－ㄱ－ㅁ－ㄹ－ㅂ　　② ㅁ－ㄴ－ㄷ－ㄱ－ㄹ－ㅂ
③ ㅁ－ㄴ－ㄷ－ㄹ－ㅂ－ㄱ　　④ ㄴ－ㄷ－ㅁ－ㄹ－ㄱ－ㅂ
⑤ ㄴ－ㄷ－ㄹ－ㅁ－ㅂ－ㄱ

52 회계순환과정을 옳게 나타낸 것은?

① 거래발생→분개→원장 전기→결산수정사항 분개→수정전시산표 작성→재무제표 작성
② 거래발생→분개→원장 전기→수정전시산표 작성→결산수정사항 분개→재무제표 작성
③ 거래발생→원장 전기→분개→수정전시산표 작성→결산수정사항 분개→재무제표 작성
④ 거래발생→분개→원장 전기→수정전시산표 작성→재무제표 작성→결산수정사항 분개
⑤ 거래발생→분개→결산수정사항 분개→원장 전기→수정전시산표 작성→재무제표 작성

53 다음 중 회계의 순환과정으로 알맞은 것은?

① 거래의 식별 － 분개 － 전기 － 수정전시산표 － 결산수정분개 － 수정후시산표
② 거래의 식별 － 전기 － 분개 － 수정전시산표 － 결산수정분개 － 수정후시산표
③ 거래의 식별 － 분개 － 전기 － 결산수정분개 － 수정전시산표 － 수정후시산표
④ 거래의 식별 － 분개 － 수전전시산표 － 전기 － 결산수정분개 － 수정후시산표

54 회계순환과정(accounting cycle)의 필수적인 절차가 아닌 것은?

① 분개　　② 시산표작성　　③ 전기　　④ 수정분개　　⑤ 마감분개

55 회계시스템에 인식·측정될 수 있는 거래로 분류될 수 없는 것은?

① 상품을 구입하다.　　　② 용역을 제공하다.
③ 돈을 빌려오다.　　　　④ 도난을 당하다.
⑤ 계약을 체결하다.

56 다음 중 회계상의 거래에 해당하는 것은?

① 상품 500,000원의 주문을 받았다.
② 종업원의 월 2,000,000원으로 채용하였다.
③ 재고자산(시가 400,000원)이 화재로 소실되었다.
④ 월 2,000,000원으로 건물의 임대차 계약을 맺었다.

57 회계상의 거래로 인식할 수 없는 것은? 〔2011 가맹거래사〕

① 화재로 창고가 소실되었다.
② 상품을 외상으로 구입하였다.
③ 은행에서 자금을 차입하였다.
④ 사무실을 임차하는 구두계약을 체결하였다.
⑤ 주주에게 현금으로 배당금을 지급하였다.

58 회계상의 거래가 아닌 것은? 〔2015 가맹거래사〕

① 의자를 ₩300,000에 현금으로 구입하다.
② 화재로 재고 ₩100,000이 소실되다.
③ 은행에 현금 ₩100,000을 예금하다.
④ 책상을 ₩500,000에 주문하다.
⑤ 비품을 ₩600,000에 외상으로 구입하다.

59 공장을 신축하고자 1억원의 토지를 현금으로 취득한 거래가 재무제표 요소에 미치는 영향은? 〔2021 공인노무사〕

① 자본의 감소, 자산의 감소
② 자산의 증가, 자산의 감소
③ 자산의 증가, 자본의 증가
④ 자산의 증가, 부채의 증가
⑤ 비용의 증가, 자산의 감소

60 토지를 10,000,000원에 구입하고 대금은 1개월 후 지급하기로 하고 구입 시 중개수수료 등의 제비용 100,000원을 현금지급한 경우 발생하는 거래요소들은? 〔2014 가맹거래사〕

① 자산의 증가, 부채의 증가, 자산의 감소
② 자산의 증가, 부채의 감소, 비용의 발생
③ 자산의 증가, 부채의 증가, 비용의 발생
④ 자산의 감소, 부채의 감소, 비용의 발생
⑤ 자산의 감소, 부채의 증가, 부채의 감소

61 회계상 거래가 아닌 것은? 〔2018 가맹거래사〕

① 은행에서 현금 300,000원을 인출하였다.
② 상품 150,000원을 도난당하였다.
③ 급료 18,000원을 현금으로 지급하였다.
④ 거래처의 파산으로 외상채권 3,000원이 회수불능이 되었다.
⑤ 다른 회사와 2,000,000원의 상품 판매계약을 체결하였으나 계약금 등을 받지 않았고 아직 상품을 판매하지 않았다.

62 회계처리 요소 중 차변요소로 옳지 않은 것은? 〔2016 가맹거래사〕

① 비용의 발생
② 부채의 감소
③ 자본의 감소
④ 자산의 증가
⑤ 수익의 발생

63 차량을 200만 원에 구입하여 40만 원은 현금 지급하고 잔액은 외상으로 하였다. 이 거래결과로 옳은 것을 모두 고른 것은? [2014 노무사]

| ㄱ. 총자산 감소 | ㄴ. 총자산 증가 | ㄷ. 총부채 감소 | ㄹ. 총부채 증가 |

① ㄱ, ㄷ   ② ㄱ, ㄹ   ③ ㄴ, ㄷ   ④ ㄴ, ㄹ   ⑤ ㄷ, ㄹ

64 액면가액 5,000원인 주식 100주를 발행하여 회사를 설립할 경우 올바른 분개는? [2011 가맹거래사]

	차 변	대 변
①	현 금 500,000	부 채 500,000
②	자본금 500,000	부 채 500,000
③	자본금 500,000	현 금 500,000
④	현 금 500,000	자본금 500,000
⑤	부 채 500,000	자본금 500,000

65 거래의 분개에 있어서 거래의 결합관계로 옳지 않은 것은? [2013 가맹거래사]

	〈차변〉	〈대변〉		〈차변〉	〈대변〉
①	자산증가	부채증가	②	자산증가	자산감소
③	부채감소	자산감소	④	자본증가	수익발생
⑤	비용발생	자산감소			

66 거래를 분개할 때 결합관계가 옳지 않은 것은? [2012 노무사]

	〈차변〉	〈대변〉		〈차변〉	〈대변〉
①	자본증가	부채증가	②	자산증가	자산감소
③	자산증가	수익발생	④	부채감소	수익발생
⑤	비용발생	자산감소			

67 계정과 장부기록의 방법으로 옳지 않은 것은? [2011 가맹거래사]

① 선수수익의 증가는 차변에 기록한다.
② 미수수익의 증가는 차변에 기록한다.
③ 선급비용의 증가는 차변에 기록한다.
④ 미지급비용의 증가는 대변에 기록한다.
⑤ 미지급금의 증가는 대변에 기록한다.

68 다음 중 회계처리(분개)의 대상이 아닌 항목은? `2010 가맹거래사`
① 현금배당　　② 주식배당　　③ 주식분할
④ 무상증자　　⑤ 자기주식의 취득

69 다음 중 현금 및 현금성 자산인 것은? `2012 가맹거래사`
① 차용증　② 주식　③ 부도수표　④ 보통예금　⑤ 당좌차월

70 손익계산서 작성기준으로 옳지 않은 것은? `2012 가맹거래사`
① 발생주의　　　　　　　② 실현주의
③ 현금주의　　　　　　　④ 수익 − 비용 대응의 원칙
⑤ 총액주의

71 포괄손익계산서의 구성항목에 해당되는 것은? `2014 가맹거래사`
① 유동부채　② 유동자산　③ 매출원가　④ 자본금　⑤ 이익잉여금

72 포괄손익계산서상의 '판매비와 관리비'에 해당하지 않는 것은? `2013 노무사`
① 급여　② 임차료　③ 법인세비용　④ 감가상각비　⑤ 광고선전비

73 기타포괄손익에 해당하는 것은? `2011 가맹거래사`
① 종업원급여　　　　　　② 중단영업손실
③ 당기순이익　　　　　　④ 대손상각비
⑤ 유형자산재평가이익

74 이익잉여금을 증가시키는 요소는? `2016 가맹거래사`
① 배당금 지급　　② 당기순이익의 발생　　③ 주식할인발행차금의 상각
④ 자기주식처분손실의 상각　　⑤ 감자차손 처리

75 회계감사의 감사의견에 포함되지 않는 것은? `2017 공인노무사`
① 적정 의견　② 부적정 의견　③ 한정 의견　④ 불한정 의견　⑤ 의견 거절

76 회계거래 분개 시 차변에 기록해야 하는 것은? 2024 공인노무사

① 선수금의 증가   ② 미수수익의 증가   ③ 매출의 발생
④ 미지급비용의 증가   ⑤ 매입채무의 증가

77 회계거래 분개에 관한 설명으로 옳은 것은? 2022 공인노무사

① 매입채무의 증가는 차변에 기록한다.   ② 장기대여금의 증가는 대변에 기록한다.
③ 자본금의 감소는 차변에 기록한다.   ④ 임대료 수익의 발생은 차변에 기록한다.
⑤ 급여의 지급은 대변에 기록한다.

78 다음 중 회계상 거래에 해당하는 것으로만 짝지은 것은? 2023 9급 군무원

> ㄱ. ₩1,000짜리 상품을 주문받다.
> ㄴ. ₩5,000짜리 상품을 도난당하다.
> ㄷ. ㈜甲으로부터 ₩1,000,000짜리 프린터 1대를 기증받다.
> ㄹ. ₩500,000짜리 상품을 외상으로 매입하다.

① ㄱ, ㄴ, ㄷ   ② ㄱ, ㄴ, ㄹ   ③ ㄱ, ㄷ, ㄹ   ④ ㄴ, ㄷ, ㄹ

79 재무상태표의 자산 항목에 해당하지 않는 것은? 2022 공인노무사

① 미수금   ② 단기대여금   ③ 선급금   ④ 이익준비금   ⑤ 선급비용

80 다음 중 현금흐름표상 현금흐름으로 옳지 않은 것은? 2024 9급 군무원

① 매출활동 현금흐름   ② 영업활동 현금흐름   ③ 투자활동 현금흐름   ④ 재무활동 현금흐름

81 다음 중 재무상태표에 관한 설명으로 가장 적절하지 않은 것은? 2024 7급 군무원

① 재무상태표는 특정 시점의 기업의 재무상태를 나타내는 재무보고서이다.
② 재무상태표에서 기업의 재무상태는 자산과 부채 및 자본으로 분류하여 보고한다.
③ 재무상태표에서 보고되는 자본은 자산 총액에서 부채 총액을 차감한 금액과 항상 일치한다.
④ 재무상태표에서 자산은 중요도가 큰 순서로 보고한다.

82 다음의 주어진 자료를 이용하여 산출한 기말자본액은?
[2022 공인노무사]

〈자료〉
기초자산: 380,000원,   기초부채: 180,000원,   당기 중 유상증자: 80,000원,
당기 중 현금배당: 40,000원   당기순이익: 100,000원

① 260,000원   ② 300,000원   ③ 340,000원   ④ 380,000원   ⑤ 420,000원

83 거래의 결합관계가 비용의 발생과 부채의 증가에 해당하는 것은?(단, 거래 금액은 고려하지 않는다.)
[2023 공인노무사]

① 외상으로 구입한 업무용 컴퓨터를 현금으로 결제하였다.
② 종업원 급여가 발생하였으나 아직 지급하지 않았다.
③ 대여금에 대한 이자를 현금으로 수령하지 못하였으나 결산기말에 인식하였다.
④ 거래처에서 영업용 상품을 외상으로 구입하였다.
⑤ 은행으로부터 빌린 차입금을 상환하였다.

84 현행 K-IFRS에 의한 재무제표에 해당하지 않는 것은?
[2023 공인노무사]

① 재무상태변동표   ② 포괄손익계산서   ③ 자본변동표
④ 현금흐름표   ⑤ 주석

85 다음 중 일정 기간 동안 기업의 현금 변동상황, 즉 현금유입과 현금유출에 대한 정보를 제공하는 재무제표의 하나로서 현금흐름표(statement of cash flow)의 3가지 구성요소를 가장 올바르게 표시하고 있는 것은?
[2023 7급 군무원]

① 관리활동 / 영업활동 / 투자활동으로 인한 현금흐름
② 영업활동 / 투자활동 / 재무활동으로 인한 현금흐름
③ 투자활동 / 재무활동 / 정보활동으로 인한 현금흐름
④ 정보활동 / 관리활동 / 영업활동으로 인한 현금흐름

Ⅲ | 심화문제

1 부채총계 4억원, 자본총계 6억원, 유동자산 3억원인 기업의 비유동자산은? `2017 가맹거래사`

① 7억원　　② 9억원　　③ 11억원　　④ 13억원　　⑤ 15억원

2 자산이 2,800만 원이며, 자본금이 1,000만 원, 이익잉여금이 300만 원일 때, 부채는 얼마인가? `2017 군무원`

① 0원　　② 1,300만 원　　③ 1,500만 원　　④ 1,800만 원

3 유동자산 1,200,000원, 유동부채 1,000,000원, 당좌비율이 80 %인 경우 재고자산은? (단, 유동자산은 당좌자산과 재고자산으로만 구성된다고 가정한다.) `2015 가맹거래사`

① 200,000원　　② 300,000원　　③ 400,000원　　④ 500,000원　　⑤ 800,000원

4 유동비율 120 %, 유동부채 100억 원, 재고자산 40억 원이면 당좌비율은? `2014 노무사`

① 70 %　　② 80 %　　③ 90 %　　④ 100 %　　⑤ 110 %

5 A기업의 유동자산은 300억 원, 유동부채 200억 원, 자본 500억 원이다. 이 기업의 유동비율은? `2011 가맹거래사`

① 100 %　　② 150 %　　③ 200 %　　④ 250 %　　⑤ 300 %

6 (주)가맹은 20×1년초 현금 1,000,000원을 출자하였으며 20×1년말 현재 자산 및 부채는 다음과 같다. (주)가맹의 20×1년 순자산변동액은? `2014 가맹거래사`

- 현금 100,000원
- 은행예금 800,000원
- 토지 900,000원
- 상품 250,000원
- 건물 750,000원
- 미지급임차료 300,000원
- 은행차입금 1,000,000원

① 300,000원　　② 400,000원　　③ 500,000원　　④ 600,000원　　⑤ 700,000원

7 다음 자료로 당기순이익을 구하면? `2004 한국수자원공사`

- 영업이익 200,000원
- 영업외 수익 40,000원
- 이자비용 10,000원
- 감가상각비 15,000원
- 기타의 대손상각비 6,000원

① 105,000원 ② 95,000원 ③ 90,000원 ④ 224,000원

8 다음 자료로 당기순이익을 구하면?(단, 회계기간은 1월 1일부터 12월 31일까지이다.) `2016 공인노무사`

- 영업이익 300,000원
- 영업외 수익 50,000원
- 이자비용 10,000원
- 법인세비용 15,000원

① 275,000원 ② 290,000원 ③ 325,000원 ④ 335,000원 ⑤ 340,000원

9 A 기업의 관련 자료가 아래와 같을 때 간접법을 적용하여 영업활동으로 인한 현금흐름을 구하면? `2012 노무사`

당기순이익	10,000원	감가상각비	5,000원
매출채권 증가	5,000원	재고자산 감소	1,000원
매입채무 증가	3,000원	유형자산 증가	10,000원
장기차입금 증가	4,000원		

① 12,000원 ② 13,000원 ③ 14,000원 ④ 18,000원 ⑤ 22,000원

10 다음 자료를 이용하여 계산한 재무활동으로 인한 현금흐름은? `2016 가맹거래사`

- 기초현금 2,000,000원
- 기말현금 2,700,000원
- 영업활동으로 인한 현금흐름 200,000원
- 투자활동으로 인한 현금흐름 100,000원

① 100,000원 ② 200,000원 ③ 300,000원 ④ 400,000원 ⑤ 500,000원

11 액면가액 5,000원인 주식 100주를 발행하여 회사를 설립할 경우 올바른 분개는? `2015 노무사`

① (차) 현금 500,000 (대) 부채 500,000
② (차) 자본금 500,000 (대) 부채 500,000
③ (차) 자본금 500,000 (대) 현금 500,000
④ (차) 현금 500,000 (대) 자본금 500,000
⑤ (차) 부채 500,000 (대) 자본금 500,000

12 다음은 A기업에서 발생한 거래를 분개한 것이다. 분개가 옳지 않은 것은? 2012 가맹거래사

① 장부금액이 20,000,000원인 건물을 현금 18,000,000원에 판매처분하였다.
 (차) 현   금   18,000,000   (대) 건   물   20,000,000
   유형자산처분손실   2,000,000

② 유상증자를 통하여 현금 6,000,000원을 조달하였다.
 (차) 현   금   6,000,000   (대) 차 입 금   6,000,000

③ 토지를 현금 7,000,000원에 구매하였다.
 (차) 토   지   7,000,000   (대) 현   금   7,000,000

④ 매출채권 2,000,000원을 현금으로 회수하였다.
 (차) 현   금   2,000,000   (대) 매 출 채 권   2,000,000

⑤ 은행에서 현금 10,000,000원을 차입하였다.
 (차) 현   금   10,000,000   (대) 차 입 금   10,000,000

13 A기업은 취득원가 ₩1,000,000이고, 잔존가치 ₩100,000이며, 감가상각누계액 ₩400,000인 유형자산을 ₩300,000에 처분하였다. 유형자산처분손익은? 2013 가맹거래사

① 손실 ₩100,000 ② 이익 ₩100,000
③ 손실 ₩200,000 ④ 이익 ₩200,000
⑤ 손실 ₩300,000

14 다음 자료를 이용하여 계산한 재무활동으로 인한 현금흐름은? 2013 가맹거래사

• 기초현금	₩1,000
• 영업활동으로 인한 현금흐름	400
• 투자활동으로 인한 현금흐름	200
• 기말현금	1,800

① ₩0   ② ₩200   ③ ₩400   ④ ₩600   ⑤ ₩800

15 다음 중 결손금리 처리순서로 알맞은 것은? 2005 한국수력원자력

① 자본잉여금 – 이익준비금 – 기타법정적립금 – 임의적립금
② 임의적립금 – 기타법정적립금 – 이익준비금 – 자본잉여금
③ 기타법정적립금 – 이익준비금 – 임의적립금 – 자본잉여금
④ 임의적립금 – 이익준비금 – 자본잉여금 – 기타법적적립금

16 다음 자료를 이용하여 계산한 매출총이익은?   `2013 가맹거래사`

- 기초재고 ₩100,000
- 총매출 1,000,000
- 매출환입 30,000
- 매출에누리 20,000
- 총매입 ₩730,000
- 매입환출 50,000
- 매입에누리 10,000
- 기말재고 380,000

① ₩270,000 ② ₩550,000 ③ ₩560,000 ④ ₩570,000 ⑤ ₩580,000

17 다음 자료를 이용하여 계산한 영업이익은?   `2013 가맹거래사`

- 판매량 5,000단위
- 단위당 변동비 ₩500
- 단위당 판매가격 ₩1,000
- 고정비 ₩1,000,000

① ₩500,000 ② ₩1,500,000 ③ ₩2,500,000 ④ ₩4,000,000 ⑤ ₩5,000,000

18 두 기업 A와 B의 영업이익(EBIT : Earnings Before Interest and Taxes)은 1억 원, 이자비용은 0원, 법인세율은 20%로 동일하다. A의 영업현금흐름(OCF : Operating Cash Flow)이 B의 영업현금흐름보다 클 때 옳은 것은?   `2017 7급 감사직`

① A의 영업현금흐름은 B의 세후영업이익보다 작다.
② B의 영업현금흐름은 B의 세후영업이익보다 작다.
③ A의 감가상각비는 B의 감가상각비보다 크다.
④ A의 감가상각비의 감세효과는 B의 감가상각비의 감세효과보다 작다.

19 (주)가맹의 20x7년도 말의 재무자료는 다음과 같다. (주)가맹의 유동자산은?   `2017 가맹거래사`

- 자산총계: 100,000,000원
- 자본총계: 40,000,000원
- 유동부채: 20,000,000원
- 유동비율: 150%

① 15,000,000원 ② 20,000,000원
③ 25,000,000원 ④ 30,000,000원
⑤ 35,000,000원

20 다음의 정보가 주어졌을 때 매출원가와 판매가능자산은?   `2017 군무원`

- 기초개고자산 150만 원
- 기말재고자산 180만 원
- 당기상품매입액 800만 원

	매출원가	판매가능자산		매출원가	판매가능자산
①	770만원	180만원	②	770만원	950만원
③	830만원	180만원	④	830만원	950만원

21 다음 중 이익잉여금에 대한 설명으로 가장 적절한 것은? [2024 9급 군무원]

① 이익잉여금은 특정 회계기간 동안의 수익과 비용의 세부적인 내역을 나타낸다.
② 배당금으로 지급할 수 있는 현금보유액을 의미한다.
③ 당기순이익과 이익잉여금은 항상 일치한다.
④ 이익잉여금의 증가를 초래하는 주된 항목은 당기순이익이며, 감소를 초래하는 주된 항목은 배당이다.

22 국방산업(주)의 2023년 12월31일 재무상태표 계정과목은 다음과 같다. 2023년 12월 31일 재무상태표 계정과목은 다음과 같다. 2023년 12월 31일 이익잉여금은 얼마인가? [2024 7급 군무원]

매출채권	₩150,000	토지	₩1,200,000
현금 및 현금성 자산	₩250,000	단기차입금	₩700,000
건물	₩1,000,000	장기대여금	₩200,000
매입채무	₩750,000	단기대여금	₩300,000
사채	₩550,000	상품	₩800,000
자본금	₩400,000	이익잉여금	(₩　？　)

① ₩1,300,000   ② ₩1,400,000   ③ ₩1,500,000   ④ ₩1,600,000

23 도소매업을 영위하는 ㈜한국의 재고관련 자료가 다음과 같을 때, 매출이익은? [2023 공인노무사]

총매출액	₩10,000	총매입액	₩7,000
매출환입액	50	매입에누리액	80
기초재고액	200	매입운임액	20
기말재고액	250		

① ₩2,980   ② ₩3,030   ③ ₩3,060   ④ ₩3,080   ⑤ ₩3,110

24 다음 중 거래에 대한 분개로 가장 옳은 것은? [2022 9급 군무원]

거래내용: ₩40,000원의 상품을 구매하였는데, 이 중 ₩10,000원을 현금으로 지급하였으며, 나머지는 외상으로 하였다.

　　　　(차변)　　　　　　　(대변)

① 현금 10,000　　　　　상품 40,000
　 매출채권 30,000

② 상품 40,000　　　　　현금 10,000
　　　　　　　　　　　　매입채무 30,000

③ 상품 40,000　　　　　현금 10,000
　　　　　　　　　　　　매출채권 30,000

④ 현금 10,000　　　　　상품 40,000
　 매입채무 30,000

25 다음 중 회계에서 정의하는 거래에 해당하지 않는 것은? 2022 5급 군무원

> A. 현금 ₩50,000으로 소모품을 구입하다.
> B. 월급 ₩500,000에 종업원을 채용하기로 하다.
> C. 현금 ₩100,000과 건물 ₩200,000으로 영업을 시작하다.
> D. 어젯밤 창고에 보관 중이던 상품(원가 ₩30,000)이 도난당했다.
> E. 원재료 ₩100,000을 구입하기로 하고 계약금 ₩20,000을 선급하다.
> F. 서울물산에 상품 ₩150,000을 판매하기로 계약을 맺다.
> G. 5월 말 현재 5월분 월급 ₩500,000을 다음 달에 지급하기로 하다.

① B, F   ② B, D, F   ③ B, F, G   ④ D, F, G

26 기말 결산 과정에서 나타나는 여러 회계 항목이나 경우들에 관한 다음의 설명 중 가장 옳은 것은? 2022 5급 군무원

① 수익이나 비용에 속하는 계정들은 그 기말잔액이 차기로 이월된다.
② 선급비용의 결산 시점 현재 기간 미경과 부분은 재무상태표에 자산으로 보고된다.
③ 당기 재무상태표에 보고된 미지급비용 계정은 동시에 포괄손익계산서에도 나타난다.
④ 올바르게 작성될 경우, 잔액시산표는 차변과 대변의 합계가 서로 일치하지만, 합계시산표 그렇지 않다.

27 ㈜甲의 2년 동안의 재무상태표는 다음과 같다. 2022년 중 ㈜甲의 자본금인출액이 ₩500이라면, 2022년도의 순이익은 얼마인가? (단, ㈜甲의 배당 성향은 0%이고, 다른 자본 항목의 변동은 없다.) 2023 7급 군무원

구분	2021. 12. 31.	2022. 12. 31.
총자산	₩6,000	₩8,000
총부채	2,000	3,000

① ₩500   ② ₩1,000   ③ ₩1,500   ④ ₩5,000

Chapter 3 재무비율분석

I | OX문제

1. 유동성비율(liquidity ratios)이란 기업의 단기부채에 대한 변제능력으로, 기업의 단기지급능력을 나타내는 단기채무지급능력비율(short-term solvency ratios)을 의미한다. ☐ O ☐ X

2. 당좌비율이란 유동자산과 재고자산의 차액을 유동부채로 나누어 산출한다. ☐ O ☐ X

3. 유동비율은 재고자산의 현금화가 쉽지 않기 때문에 당좌비율보다 더 보수적이라고 할 수 있다. ☐ O ☐ X

4. 자본구조비율(capital structure ratios) 또는 안정성 비율은 기업의 장기지급능력을 평가하는 비율로서 레버리지 비율이라고도 불리운다. ☐ O ☐ X

5. 부채비율이란 부채를 자기자본(또는 총자본)으로 나누어 산출한다. 이 비율을 통해 기업의 차입 정도를 알 수 있는데, 비율이 높을수록 안정성이 높으며 부채비율이 클수록 채권자의 위험이 증가한다. ☐ O ☐ X

6. 이자 보상비율이 낮을수록 해당 기업의 안정성은 높다고 평가할 수 있다. ☐ O ☐ X

7. 재고자산회전율은 매출원가를 평균재고자산으로 나누어 산출하는데, 재고자산이 현금으로 변화되는 속도를 나타내는 비율로서 동 비율이 높을수록 효율성이 높다고 볼 수 있다. ☐ O ☐ X

8. 총자산회전율은 매출액을 평균총자산으로 나누어 산출한다. 동 비율은 기업이 자산을 얼마나 효과적으로 이용하고 있는지를 측정하는 비율로서 총자산회전율이 높은 경우 해당기업의 자산이 효율적으로 운영되고 있다고 볼 수 있다. ☐ O ☐ X

---

1. O
2. O
3. X | 당좌비율[(유동자산 - 재고자산)/유동부채]은 재고자산의 현금화가 쉽지 않기 때문에 유동비율보다 더 보수적이다.
4. O
5. X | 부채비율이 낮을수록 안정성이 높으며, 부채비율이 클수록 채권자의 위험이 증가한다.
6. X | 이자보상비율은 영업이익을 이자비용으로 나누어 산출하므로, 동 비율이 높을수록 해당기업의 안정성이 높다고 평가할 수 있다.
7. O
8. O

9 수익성비율이란 보유자산의 이용효율성을 측정하는 재무비율로서, 특정 자산이 얼마나 효율적으로 운용되고 있는지를 보여주는 비율이다. ☐ O ☐ X

10 총자본이익률(ROI : Return On Investment)은 당기순이익을 총자본으로 나누어 산출하며, 투자수익률이라고도 한다. ☐ O ☐ X

11 수익성 비율은 한 기업이 이익을 얻기 위해 다양한 자원들을 얼마나 효율적으로 사용하는지를 측정한다. ☐ O ☐ X

12 주가수익비율(PER)은 기업의 현재 주가에 주당순이익(EPS)을 곱하여 산출한다. ☐ O ☐ X

13 활동성 비율은 기업의 자산을 얼마나 효율적으로 사용했는지를 측정한다. ☐ O ☐ X

14 시장가치 비율이란 기업의 시장가치를 나타내는 주가와 주당순이익 등의 관계를 분석하는 비율로, 시장에서 특정기업의 과거성과 및 미래전망이 어떻게 평가되고 있는지를 보여주는 지표이다. ☐ O ☐ X

15 PER이 낮으면 이익에 비해 주가가 높게 평가되었기 때문에 주식이 오를 가능성이 낮다. ☐ O ☐ X

16 비율분석은 과거 일정기간의 재무제표에 근거한 평가이므로, 미래에 대한 예측에 활용하는 데는 그 자체 한계가 있는데 이는 역사적 자료인 재무제표를 근거로 하여 과거일정기간의 영업성과와 재무상태가 미래에도 계속될 것이라는 가정하에서 분석되고 있기 때문이다. ☐ O ☐ X

17 재무비율은 회계기간 사이에 발생하는 조직의 환경변화나 회계정책 변경에 영향을 받으나, 계절적 변동 또는 인플레이션에 의한 가치변동 등이 반영되지는 못하고 있다. ☐ O ☐ X

---

9 X | 효율성비율(efficiency ratios) 또는 활동성비율(activity ratios), 자산관리비율(asset management ratios)에 대한 설명임. 수익성비율(profitability ratios)이란 기업의 이익창출능력을 나타내는 지표로 기업의 총괄적인 경영성과 측정하는 비율분석이다.
10 O
11 O
12 X | 주가수익비율(PER)은 기업의 현재 주가를 주당순이익(EPS)으로 나누어 산출한다.
13 O
14 O
15 X | PER이 낮으면 이익에 비해 주가가 낮게 평가되었기 때문에 주식이 오를 가능성이 크다.
16 O
17 O

II | 개념정리문제

1 재무분석에 관한 설명으로 가장 옳지 않은 것은? [2021 군무원]
① 재무분석은 기업과 관련된 의사결정에 필요한 정보를 제공하기 위하여 설계된 일종의 정보 가공 시스템이다.
② 재무분석은 경영자가 내부통제 또는 재무예측을 위하여 기업의 재무상태와 경영성과의 적정성 여부를 검토하는 것을 의미한다.
③ 재무분석을 좁은 의미로 말할 때는 주로 재무 비율분석을 지칭한다.
④ 재무분석시 주로 회계적 자료를 이용한다.

2 재무비율에 관한 설명으로 옳지 않은 것은? [2016 가맹거래사]
① 자기자본이익률은 당기순이익을 높이면 향상된다.
② 매출채권회전율은 매출채권이 현금으로 회수되는 기간을 나타낸다.
③ 부채비율은 재무적 안정성을 평가하는 비율 중 하나이다.
④ 유동비율은 유동자산을 유동부채로 나누어 측정한다.
⑤ 기업의 위험이 동일한 경우, 성장성이 높은 기업일수록 주가수익비율이 높게 나타나는 경향이 있다.

3 총자산회전율을 계산할 때 분자에 해당되는 항목은? [2010 노무사]
① 당기순이익   ② 매출액   ③ 유동자산   ④ 재고자산   ⑤ 비유동자산

4 다음 재무비율 중 성격이 다른 것은? [2005 한국토지주택공사]
① 유동비율   ② 부채비율
③ 이자보상비율   ④ 고정금융보상비율
⑤ 자기자본비율

5 다음 중 기업의 단기채무 지급능력을 나타내는 지표로 사용되는 것은? [2005 국민연금공단]
① 유동성 비율   ② 생산성 비율   ③ 레버리지 비율   ④ 수익성 비율

6 다음 중에서 안전성 비율로 옳지 않는 것은? [2022 9급 군무원]
① 부채비율   ② 유동비율   ③ 당좌비율   ④ 자본이익율

7 (ㄱ)에 해당하는 재무비율은?

$$총자본순이익률 = (ㄱ) \times 매출액순이익률$$

① 총자본회전율 ② 자기자본회전율
③ 유동자산회전율 ④ 비유동자산회전율
⑤ 매출채권회전율

8 재무비율을 계산하는 방법으로 옳지 않은 것은?

① 배당수익률(%) = $\dfrac{총배당액}{당기순이익} \times 100$

② 당좌비율(%) = $\dfrac{당좌자산}{유동부채} \times 100$

③ 비유동장기적합율(%) = $\dfrac{비유동자산}{자기자본 + 비유동부채} \times 100$

④ 유동비율(%) = $\dfrac{유동자산}{유동부채} \times 100$

⑤ 주가수익비율(배) = $\dfrac{주당주가}{주당순이익}$

9 다음 ( )에 해당하는 비율은?

$$자기자본순이익률 = ( ) \times 총자본/자기자본$$

① 총자본순이익률 ② 총자본회전율
③ 매출액순이익률 ④ 총자산영업이익률
⑤ 총자산회전율

10 주가수익률(PER)을 계산하는 산식은?

① 주당순이익 / 현재주가   ② 주식액면가 / 주당순이익   ③ 주당순이익 / 주식액면가
④ 현재주가 / 주당순이익   ⑤ 주당배당액 / 현재주가

11 다음 중 재무제표에 대한 설명으로 옳은 것끼리 짝지은 것은? 2018 군무원

$$\text{ㄱ. 부채비율} = \frac{(유동부채 + 비유동부채)}{자기자본} \qquad \text{ㄴ. 자기자본비율} = \frac{자본}{총부채}$$

$$\text{ㄷ. 총자산회전율} = \frac{매출액}{평균총자산} \qquad \text{ㄹ. 주당순이익} = \frac{당기순이익}{주식수}$$

$$\text{ㅁ. 주가수익률} = \frac{우선주\ 1주당\ 주가}{주당순이익}$$

① ㄱ, ㄷ, ㄹ ② ㄱ, ㄷ, ㅁ ③ ㄴ, ㄷ, ㅁ ④ ㄴ, ㄹ, ㅁ

12 다음 중 자산의 효율적 활용도를 알 수 있는 것은? 2019 군무원

① 수익성 비율 ② 유동성 비율 ③ 활동성 비율 ④ 안전성 비율

13 재무비율에 관한 설명으로 옳지 않은 것은? 2024 공인노무사

① 자산이용의 효율성을 분석하는 것은 활동성비율이다.
② 이자보상비율은 채권자에게 지급해야 할 고정비용인 이자비용의 안전도를 나타낸다.
③ 유동비율은 유동자산을 유동부채로 나눈 것이다.
④ 자기자본순이익률(ROE)은 주주 및 채권자의 관점에서 본 수익성비율이다.
⑤ 재무비율분석 시 기업 간 회계방법의 차이가 있음을 고려해야 한다.

III | 심화문제

1 재무비율에 관한 설명으로 옳지 않은 것은? [2011 노무사]

① 수익성 비율은 한 기업이 이익을 얻기 위해 다양한 자원들을 얼마나 효율적으로 사용하는지를 측정한다.
② 주가수익비율(PER)은 기업의 현재 주가를 주당순이익(EPS)으로 나누어 산출한다.
③ 활동성 비율은 기업의 자산을 얼마나 효율적으로 사용했는지를 측정한다.
④ 레버리지 비율은 기업의 장기채무 지급능력을 측정한다.
⑤ 재고자산회전율이 산업평균보다 낮은 경우 재고부족으로 인한 기회비용이 나타난다.

2 제조원가가 109,500원, 기초재고가 18,000원, 기말재고가 15,000원인 경우, 재고자산 회전율은? (단, 소숫점 둘째자리에서 반올림한다.) [2016 가맹거래사]

① 6.2회   ② 6.4회   ③ 6.6회   ④ 6.8회   ⑤ 7.0회

3 (주)가맹의 20×1년도 자료는 다음과 같다. 매출채권이 1회전 하는 데 소요되는 기간은? (단, 회계기간은 1월 1일부터 12월 31일까지이다.) [2015 가맹거래사]

- 매출액: 1,600,000원
- 기초매출채권: 120,000원
- 기말매출채권: 200,000원

① 28.5일   ② 32.5일   ③ 36.5일   ④ 42.5일   ⑤ 48.5일

4 매출액순이익률이 2%이고 총자본회전율이 5인 기업의 총자본순이익률은? [2015 노무사]

① 1%   ② 2.5%   ③ 5%   ④ 7%   ⑤ 10%

5 매출원가가 1,000,000원이고 매출총이익률이 20%일 때 매출총이익률법에 의한 매출액은? [2014 가맹거래사]

① 1,000,000원   ② 1,200,000원   ③ 1,250,000원   ④ 1,500,000원   ⑤ 5,000,000원

6 유동비율 = $\frac{(A)}{유동부채} \times 100$, 자기자본수익률($ROE$) = (1 + 부채비율) × ($B$)일 때, 각각 옳게 짝지어진 것은? [2017 공인노무사]

① A: 유동자산, B: 총자본순이익률
② A: 유동자산, B: 매출액순이익률
③ A: 유동자산, B: 총자본회전율
④ A: 유형자산, B: 총자본회전율
⑤ A: 유형자산, B: 매출액영업이익률

7 ㈜한국의 유동자산은 1,200,000원이고, 유동비율과 당좌비율은 각각 200%와 150%이다. ㈜한국의 재고자산은?   2019 공인노무사

① 300,000원   ② 600,000원   ③ 900,000원   ④ 1,800,000원   ⑤ 2,400,000원

8 다음 중 재무비율 용어와 분류가 올바르게 짝지어진 것은?   2020 군무원

가. 수익성비율	나. 활동성비율	다. 안정성비율
라. 레버리지비율	마. 당좌비율	바. 부채비율
사. 투자수익률	아. 재고자산회전율	

① 수익성비율 – 당좌비율   ② 활동성비율 – 투자수익률
③ 유동성비율 – 재고자산회전율   ④ 레버리지비율 – 안전성비율

9 ㈜한국의 총자산이 40억원, 비유동자산이 25억원, 유동부채가 10억원인 경우 유동비율은?   2020 공인노무사

① 50%   ② 70%   ③ 100%   ④ 150%   ⑤ 200%

10 다음 중 레버리지 효과에 관한 설명으로 가장 적절한 것은? (단, 이자, 세금 등의 비용이 없다고 가정함.)   2023 9급 군무원

① 기업이 타인자본을 사용하면 자기자본만을 사용하는 경우보다 자기자본 이익률이 높아진다.
② 기업은 타인자본 조달로 인해 발생하는 이자 비용보다 높은 수익률이 기대되는 경우에만 타인자본을 활용하여 투자하는 것이 바람직하다.
③ 기업이 부채비율을 낮게 유지하여야만 레버리지 효과를 최대로 활용할 수 있다.
④ 레버리지 비율을 낮추기 위해서는 자본을 감소시켜야 한다.

11 총자산순이익률(ROA)이 20%, 매출액순이익률이 8%일 때 총자산회전율은?   2024 공인노무사

① 2   ② 2.5   ③ 3   ④ 3.5   ⑤ 4

12 ㈜ 한국의 매출 및 매출채권 자료가 다음과 같을 때, 매출채권의 평균회수기간은?(단, 1년은 360일로 가정한다.)

매출액	₩3,000,000
기초매출채권	150,000
기말매출채권	100,000

① 10일   ② 15일   ③ 18일   ④ 20일   ⑤ 24일

13 다음 중 기업의 장기 채무 지급능력인 레버리지 비율에 대한 설명으로 가장 옳지 않은 것은? 〔2022 7급 군무원〕

① 부채비율은 타인자본 의존도를 나타내며, 타인자본을 총자산으로 나누어 계산한다.
② 자기 자본비율(capital adequacy ratio)이란 총자산 중에서 자기 자본이 차지하는 비율을 의미한다.
③ 비유동비율은 비유동자산의 자기자본에 대한 비율로서 자기자본이 자금의 회전율이 낮은 비유동자산에 얼마나 투자되어 있는가의 정도를 나타낸다.
④ 이자보상배율은 영업이익을 이자비용으로 나눈 값으로 기업이 경영을 통해 벌어들인 영업이익으로부터 이자를 얼마나 갚을 수 있는지 측정하는 지표이다.

14 다음 중 주가수익비율(PER)에 대한 설명으로 가장 옳지 않은 것은? 〔2022 7급 군무원〕

① 주가수익비율(PER)은 주가를 주당순이익(EPS)으로 나눈 값을 의미한다.
② 기업의 이익 대비 주가가 몇 배인가를 의미하며, 상대 가치평가에 사용된다.
③ 당기순이익이 증가하면 PER는 작아지게 된다.
④ PER이 높을수록 투자원금을 더욱 빨리 회수할 수 있다는 것이고 투자수익율이 높다.

15 다음은 재무적 측면의 경영기법인 ROI (Return On Investment, 투자수익률) 기법에 관한 설명들이다. 이 중 가장 옳지 않은 것은? 〔2022 5급 군무원〕

① 투자수익률은 투자액 대비 이익의 크기 비율로 측정하는 지표로서, 보통 투자액은 재무상태표(대차대조표)의 총자산을, 이익은 포괄손익계산서의 당기순이익을 사용하므로, 이는 결국 재무비율 중 하나인 총자산이익률에 해당한다.
② 매출액의 크기에 따라 당기순이익의 크기도 달라지므로, 총자산이익률을 투자수익률로 사용할 경우, 그 측정 결과는 매출액의 크기에 따라 영향을 받게 된다.
③ 총자산이익률은 매출액이익률에 총자산회전율을 곱한 것과 동일하다.
④ ROI기법은 기업의 목표를 투자수익률 극대화로 설정하고서, 이를 결정하는 각 재무요인들을 해당 부서에서 집중관리 함으로써, 전사적(全社的)으로 목표를 달성하려는 관리기법이라고 할 수 있다.

Chapter 4 원가·관리회계

I | OX문제

1 손익분기점(BEP)이란 일정기간의 수익과 비용이 일치하여 이익도 손실도 발생하지 않는 상태로서, 이익을 0으로 만드는 매출액 또는 판매량을 의미한다. ○ X

2 손익분기점에서의 판매량은 고정비를 공헌이익으로 나누어 산출 가능하다. ○ X

3 CVP(cost－volume－profit)분석이란 이익계획의 핵심적인 재무기법으로서 기업 이익계획을 수립할 때, 일정한 원가구조(C) 하에서 판매량 또는 활동수준(V)인 조업도에 따라 변화하는 이익(P)의 행태를 활용하는 기법이다. ○ X

4 제조원가란 직접비에 간접비를 차감한 것으로서 제품의 제조과정에서 발생하는 원가요소 전부를 포함한다. 이 제조원가는 원가의 발생시 제품이라는 자산으로 회계처리하며, 제품이 판매될 때 매출원가라는 비용으로 회계처리한다. ○ X

5 후입선출법이란 여러 단가의 재고품이 실제로는 어떤 순서로 출고되든, 장부상 먼저 입고된 것부터 순차적으로 출고되는 것으로 간주하여 출고단가를 결정하는 원가주의 평가방법이다. ○ X

6 후입선출법은 원가주의에 따른 재고자산의 원가배분 방법의 일종으로서 전에는 매입역법으로 불리우며, 이 방법은 실제에 있어서 어떠한 매입원가의 재고자산이 어떠한 순서로 출고되느냐를 무시하여 출고하는 재고자산은 재고품 중 항상 가장 새롭게 매입된 것으로 이루어졌다고 하는 가정에 기인하고 있다. ○ X

---

1 O
2 O
3 O
4 X | 직접비에 간접비를 가산한 것임.
5 X | 선입선출법에 대한 설명임.
6 O

7 기말재고액에 대하여 선입선출법은 선입재고법이라 말할 수 있는 가장 낡은 취득가액의 것으로 구성되어 있는 것으로 생각한다. ☐ O ☒ X

8 후입선출법에서 재고품은 비교적 최근에 입고된 물품의 원가로 구성되며, 출고품의 가격은 일찍 입고된 물품의 원가에 의해 결정·표시된다. 그러므로 단가가 서로 다른 수종의 동일계열 재고품이 있을 경우에는 장부상의 잔고 난에 종류별로 분기되어 있어야 한다. ☐ O ☒ X

9 내용연수를 기준으로 초기에 비용을 많이 계상하는 감가상각방법은 정액법이다. ☐ O ☒ X

10 정액법은 취득가격과 잔존가격의 차이를 상각비율로 나누어 산출한다. ☐ O ☒ X

---

7 X | 기말재고액에 대하여 후입선출법은 선입재고법이라 말할 수 있는 가장 낡은 취득가액의 것으로 구성되어 있는 것으로 생각한다.

8 X | 선입선출법에 대한 설명임.

9 X | 정률법임.

정액법: $D = \dfrac{A - B}{n} = \dfrac{취득가격 - 잔존가격}{내용연수}$

정률법: $x = 1 - n\sqrt{\dfrac{B}{A}}$

$x =$ 상각비율(초기에 상각이 많이되고, 기간경과에 따라 상각액 감소)

10 X | 정액법: $D = \dfrac{A - B}{n} = \dfrac{취득가격 - 잔존가격}{내용연수}$

II | 개념정리문제

1 이익을 계산하는 방법에 대한 설명으로 옳지 않은 것은? 〔2021 7급 군무원〕

① 매출액에서 총 비용을 차감
② 판매가격에서 단위변동비를 차감
③ 공헌이익에서 총고정비를 차감
④ 총변동비와 총고정비의 합을 매출액에서 차감

2 다음 중 원가에 관한 설명으로 틀린 것은? 〔2011 국민연금공단〕

① 원가는 어떠한 목적으로 소비된 경제 가치를 화폐액으로 표시한 것을 말한다.
② 원가의 3요소는 재료비, 노무비, 경비로 구성된다.
③ 재무회계를 목적으로 하는 경우에 원가는 장부계상 시의 원가로 측정한다.
④ 직접비에 제조에 소요된 간접비를 포함한 것을 제조원가라고 한다.

3 다음 중 직접원가 및 간접원가에 관한 설명으로 알맞지 않은 것은? 〔2007 한국토지주택공사〕

① 제품원가 계산 시 간접원가는 인과관계 등 합리적인 기준에 따라 제품에 배분된다.
② 실질적으로 또는 경제적으로 제품 등에 직접 관련시킬 수 있는 원가를 직접원가라고 한다.
③ 발생한 원가를 원가대상별로 추적할 수 있는가에 따라서 직접원가와 간접원가로 분류된다.
④ 조업도의 변동에 따른 원가형태(cost behavior)에 근거하여 직접원가와 간접원가로 분류된다.
⑤ 원가는 발생형태에 따라 재료비, 노무비, 제조경비로 분류된다.

4 (   )에 들어갈 용어로 옳은 것은? 〔2017 가맹거래사〕

> (   )은 영업이익이 0원이 될 때의 판매량 또는 생산량을 말한다.

① 손익분기점   ② 자본조달분기점
③ 목표판매량   ④ 경제적 주문량
⑤ 최적 재고량

5 다음과 같은 조건에서 손익분기점에 도달하기 위한 판매수량(단위)은? 〔2016 공인노무사〕

> 단위당 판매가격: 20,000원   단위당 변동비: 14,000원   총고정비: 48,000,000

① 5,000   ② 6,000   ③ 7,000   ④ 8,000   ⑤ 9,000

6 손익분기점을 파악하기 위해 반드시 필요한 정보에 해당하지 않는 것은? [2021 군무원]

① 총고정비용　　　　　　　　　② 제품단위당 변동비용
③ 제품가격　　　　　　　　　　④ 영업이익

7 A기업에서는 최근에 개발한 B상품의 판매가격을 개당 1,000원으로 정하였다. 한편 B상품을 생산하는 데 필요한 개당 변동비는 800원, 고정비는 600,000원이다. 이때 B상품의 손익분기점 매출량은? [2017 군무원]

① 1,000개　　　② 1,500개　　　③ 3,000개　　　④ 5,000개

8 감가상각의 옳은 방법이 아닌 것은? [2021 7급 군무원]

① 대상 자산의 원가에서 잔존가치를 차감한 금액을 추정내용연수로 나누어 매년 동일한 금액을 차감하는 방법
② 추정내용연수의 합계와 잔여내용연수의 비율을 이용하여 구한 금액을 차감하는 방법
③ 대상 자산의 기초 장부가액에 일정한 상각률을 곱하여 구한 금액을 차감하는 방법
④ 대상 자산의 잔존가치를 매년 동일하게 차감하는 방법

9 내용연수를 기준으로 초기에 비용을 많이 계상하는 감가상각방법은? [2015 노무사]

① 정액법　　② 정률업　　③ 선입선출법　　④ 후입선출법　　⑤ 저가법

10 선입선출법에 관한 설명으로 옳은 것은? [2016 가맹거래사]

① 물가 상승시 기말재고자산이 과소 표시된다.
② 물가 상승시 세금이 줄어든다.
③ 물가 상승시 재무상태 측면에서 보수적인 회계처리 방법이다.
④ 기말재고액은 시가인 현행원가에 근접한다.
⑤ 나중에 매입한 상품을 먼저 출고한다.

11 다음 중 먼저 입고된 재고자산이 먼저 출고된다는 가정 하에서 매출원가와 기말재고 단가를 결정하는 것은? [2005 한국토지주택공사]

① 개별법　　② 평균법　　③ 선입선출법　　④ 후입선출법　　⑤ 계속 기록법

12 다음 중 후입선출법의 단점으로 옳지 않은 것은?   2012 한국농어촌공사

① 기말 재고자산이 과거의 가격으로 기록되어 현행가치를 나타내지 못한다.
② 당기순이익이 적게 계상된다.
③ 실제물량흐름과 일치하지 않는 경우가 일반적이다.
④ 당기순이익이 과대표시되며, 대응원칙에 충실하지 못하다.

13 다음 중 각 방법의 설명들에 대한 내용으로 알맞지 않은 것은?   2010 한국가스공사

① 후입선출법은 당기순이익이 적게 계상되는 단점이 있다.
② 후입선출법은 고가이며 소량인 재고자산에 쉽게 적용할 수 있다.
③ 평균법은 실무적으로 적용하기 편리하며 이익 조작의 가능성이 적다.
④ 개별법은 실제원가와 실제수익에 대응되므로 대응원칙에 가장 충실하다.

14 다음 중 법인세비용 차감 이후의 이익으로 가장 옳은 것은?   2022 9급 군무원

① 당기순이익
② 매출총이익
③ 영업이익
④ 법인세비용차감전순이익

15 다음 중 유형자산을 감가상각하는 이유로 가장 적절한 것은?   2024 9급 군무원

① 유형자산의 가치를 정확하게 평가하기 위해서이다.
② 일정 기간 동안 감소한 자산의 가치를 정확히 측정하기 위해서이다.
③ 향후 자산을 교체하기 위한 자금을 미리 마련하기 위해서이다.
④ 자산의 취득원가를 체계적으로 각 회계기간에 배분하기 위해서이다.

16 다음 중 감가상각방법에 대한 설명으로 가장 적절하지 않은 것은?   2024 9급 군무원

① 초기에 감가상각비를 많이 인식하는 감가상각방법을 가속상각법이라 한다.
② 생산량 비례법은 자산의 가치감소의 원인이 진부화나 부적응과 같은 경제적 요인에 의해 발생할 경우 적합하다.
③ 정액법은 매 회계기간 일정한 금액을 상각하는 방법이다.
④ 이중체감법은 정액법에 의한 상각률의 두 배를 상각률로 정하고 정률법과 동일한 방법을 사용하는 감가상각한다.

17 유형자산의 취득원가에 포함되는 것은?   2024 공인노무사

① 파손된 유리와 소모품의 대체
② 마모된 자산의 원상복구
③ 건물 취득 후 가입한 보험에 대한 보험료
④ 유형자산 취득 시 발생한 운반비
⑤ 건물의 도색

III | 심화문제

1 (주)가맹은 20×1년에 3가지 제품을 생산하여 판매하였는데, 각 제품의 판매단가, 단위당 변동비, 각 제품의 매출액이 총매출액에서 차지하는 비율은 아래와 같다. 이 회사의 20×1년 연간 총고정비용은 550,000원이며, 원가 – 조업도 – 이익분석의 일반적인 가정에 추가하여 각 제품의 매출액 구성 비율은 변하지 않는다고 가정한다. (주)가맹의 20×1년 손익분기점에서 3가지 제품 A, B, C의 매출액 합계는? `2018 가맹거래사`

제품	판매단가(원)	단위당 변동비(원)	매출액 구성비율(%)
A	500	400	20
B	1,100	880	30
C	2,000	1,300	50

① 1,000,000원　② 1,250,000원　③ 1,500,000원　④ 1,750,000원　⑤ 2,000,000원

2 A기업이 생산하는 제품의 단위당 판매가격이 3만 원, 단위당 변동비용이 1만 원, 고정비가 1,000만원일 경우, 목표 영업이익 500만 원을 달성하기 위한 매출량은? `2011 가맹거래사`

① 550개　② 650개　③ 750개　④ 850개　⑤ 950개

3 상품 A의 단위당 가격이 20,000원이고, 단위당 변동영업비용이 14,000원이다. 고정영업비용이 48,000,000원이라면 상품 A의 손익분기점에 해당하는 매출액은? `2010 노무사`

① 140,000,000원　② 150,000,000원　③ 160,000,000원　④ 170,000,000원　⑤ 180,000,000원

4 A기업은 단일품목을 생산하여 판매하고 있다. 변동비는 판매가의 60%이고 고정비가 600,000원일 때, 손익분기점(BEP)에 해당하는 매출액은? `2010 가맹거래사`

① 1,000,000원　② 1,250,000원　③ 1,500,000원　④ 1,800,000원　⑤ 2,000,000원

5 고정영업비 5억 원, 5,000단위가 판매된 경우 영업이익이 5억 원이라면 단위당 판매가격과 단위당 변동영업비의 차이는? `2015 가맹거래사`

① 100,000원　② 200,000원　③ 300,000원　④ 400,000원　⑤ 500,000원

6 A사의 제품 단위당 판매가격 2,000원, 제품 단위당 변동영업비 1,000원, 고정영업비 8,000,000원일 경우 10,000개를 판매하면 A사의 영업 레버리지도는? `2015 가맹거래사`

① 1　② 2　③ 3　④ 4　⑤ 5

7 단위당 판매가격 200,000원, 단위당 변동비 100,000원, 총고정비 50,000,000원인 제품의 손익분기점 매출량은?

2014 가맹거래사

① 100단위　② 200단위　③ 250단위　④ 300단위　⑤ 500단위

8 다음 자료를 이용하여 계산한 손익분기점의 판매량과 매출액은?

2016 가맹거래사

- 총고정비용 20,000,000원　• 단위당 가격 50,000원　• 단위당 변동비용 10,000원

	판매량	매출액		판매량	매출액
①	400개	20,000,000원	②	500개	25,000,000원
③	600개	30,000,000원	④	700개	35,000,000원
⑤	800개	40,000,000원			

9 A기업은 20×1년 1월 1일에 기계장치를 5억 원에 취득하였다. 이 기계장치의 내용년수는 3년이고, 잔존가치는 없는 것으로 추정된다. 연수합계법으로 감가상각을 한다면, 20×1년의 감가상각액은 얼마인가? (단, A기업의 회계기간은 매년 1월 1일부터 12월 31일까지임)

2010 가맹거래사

① 1억 원　　　　　　　　　② 1억 5천만 원
③ 2억 원　　　　　　　　　④ 2억 5천만 원
⑤ 3억 원

10 (주)가맹은 2016년 1월 1일 건물을 5,000,000원에 취득하고, 취득세 300,000원과 등록세 200,000원을 현금으로 지급하였다. 감가상각방법은 정액법이고 건물내용연수는 10년, 10년 후 잔존가액이 취득원가의 10%라면 2016년 감가상각비는?

2016 가맹거래사

① 450,000원　② 495,000원　③ 500,000원　④ 550,000원　⑤ 620,000원

11 다음에 제시된 자료에 의하여 자산의 취득원가를 구하면 얼마인가?

2005 한국토지주택공사

- 잔존가액은 50,000원이다.
- 감가상각방법은 연수합계법이다.
- 2006년도 감가상각비는 100,000원이다.
- 내용연수는 5년이며, 잔존 내용연수는 3년이다.

① 500,000원　② 550,000원　③ 600,000원　④ 650,000원　⑤ 700,000원

12 다음 자료를 이용하여 계산한 A사의 2010년 매출원가는? [2011 가맹거래사]

〈A사 2010년 자료〉
당기매입액	₩ 500,000	기초상품재고액	₩ 70,000
매입환출	₩ 40,000	매입에누리	₩ 30,000
매입할인	₩ 10,000	기말상품재고액	₩ 30,000

① ₩ 400,000　② ₩ 420,000　③ ₩ 440,000　④ ₩ 450,000　⑤ ₩ 460,000

13 (주)가맹의 20×1년 기초상품 재고는 400만원이며, 20×1년 중에 총 3,460만원의 상품을 매입하였으나 110만원의 매입할인을 받아 실제 지불한 상품매입대금은 3,350만원이었다. 20×1년에 판매 가능한 상품 중에서 410만원이 기말재고로 남아있다. 제시된 자료만을 사용하였을 때, (주)가맹의 20×1년의 매출원가는? [2018 가맹거래사]

① 3,340만원　② 3,450만원　③ 3,750만원　④ 3,860만원　⑤ 3,960만원

14 (주)가맹은 20×1년 1월 1일 기계장치를 600,000원에 취득하였다. 기계장치의 내용연수는 3년이고 잔존가치는 없으며 정액법으로 감가상각한다고 할 때 (주)가맹의 20×1년도 감가상각비는? (단, (주)가맹의 회계기간은 매년 1월 1일부터 12월 31일까지이다.) [2014 가맹거래사]

① 100,000원　② 150,000원　③ 200,000원　④ 300,000원　⑤ 600,000원

15 다음 자료에 따른 감모수량은? [2012 가맹거래사]

- 기초재고수량: 500개
- 당기매입수량: 2,000개
- 계속기록법에 의한 기중 매출수량: 1,800개
- 실지재고조사법에 의한 기말재고수량: 180개

① 520개　② 580개　③ 620개　④ 680개　⑤ 720개

16 (주)한국(결산일: 12월 31일)은 2017년 초 기계장치를 2,000,000원에 취득하고, 잔존가치 200,000원, 내용연수 5년, 정액법으로 감가상각하였다. (주)한국은 2019년 초 이 기계장치를 1,300,000원에 처분하였다. (주)한국의 기계장치 처분으로 인한 손익은? [2019 공인노무사]

① 처분이익 20,000원　② 처분손실 20,000원　③ 처분이익 100,000원
④ 처분손실 100,000원　⑤ 처분손실 300,000원

17 다음 상품 매입 및 매출 자료를 이용하여 총가중평균법에 의한 재고자산 평가 시 가장 가까운 금액은? (단, 실지재고조사법에 의함) [2020 군무원]

기초 상품재고 : 없음.
1월 매입 10개(단가 200원).   2월 매입 30개(단가 220원).   3월 매출 20개(단가 250원).
4월 매입 50개(단가 230원).   5월 매출 40개(단가 280원).
기말 상품재고 : 30개

① 6,900 원   ② 6,700 원   ③ 6,510 원   ④ 6,600 원

18 가속 감가상각방법(accelerated depreciation)이 아닌 것은? [2020 군무원]

① 정률법   ② 이중체감법   ③ 연수합계법   ④ 생산량비례법

19 A클리닝(주)의 8월 한 달 동안 세탁으로 벌어 들인 수익은 ₩1,000,000원이고, 임차료 300,000원, 급여 400,000원, 운송비 50,000원, 소모품 및 기타 비용 100,000원이다. 다음 중 8월 한 달 A클리닝(주)의 당기순이익은 얼마인가? [2022 7급 군무원]

① 100,000원   ② 150,000원   ③ 200,000원   ④ 300,000원

20 K전자에서 공장에서 사용하던 기계장치(M)를 매각하였다. 기계장치(M)와 관련된 자료가 다음과 같을 때 (주)K전자에서 인식하여야 할 처분손익은 얼마인가? (단, 기계장치(M)의 내용연수는 5년이며 감가상각방법은 정액법으로 월할 상각한다.) [2022 5급 군무원]

- 기계장치(M)의 취득원가   ₩30,000,000
- 기계장치(M)의 전기말 감가상각누계액   ₩15,000,000
- 처분일   20X1년 9월 30일
- 처분금액 ₩10,000,000
- 당해 자산의 잔존가치는 없는 것으로 한다.

① 처분손실 ₩500,000   ② 처분손실 ₩1,000,000
③ 처분손실 ₩1,500,000   ④ 처분손실 ₩2,000,000

21 다음은 손익분기점(Break-Even Point : BEP) 분석에 관한 여러 설명들이다. 이들 중 그 내용이 가장 옳지 않은 것은? 2022 5급 군무원

① 손익분기점 분석에서 분석의 단순화를 위해 필요한 여러 가정 중 하나는 모든 비용이 고정비와 변동비로 구분된다고 가정하는 것이다.
② 화폐의 시간가치를 고려함이 없이 단순히 총비용과 총수익이 일치하는 매출량(혹은 매출액)을 계산했다면, 이는 회계적 손익분기점(accounting BEP)이라고 할 수 있다.
③ 기업의 가치창출 기준으로서 손실과 이익이 일치하는 조업수준을 계산하려면 재무적 손익분기점(financial BEP)이 필요하며, 이는 화폐의 시간가치를 고려한 순현재가치(Net Present Value : NPV)가 0이 되게하는 매출수준을 말하는데, 보통 이는 손익분기점보다 낮다.
④ 손익분기점을 응용한 것으로 현금분기점(cash BEP) 개념이 있는데, 이는 현금유출이 없는 감가상각비를 고정비용에서 차감하여 계산한 BEP이다.

22 ㈜대한기업은 2023년 1월 2일에 최신형 노트북을 총 3,000,000원(세금 포함)에 구입하였다. 감가상각법은 정액법을 따른다고 가정하고, 사무용 기기의 내용연수는 5년이며, 5년 후 잔존가치는 취득원가의 10%로 추정된다. 이 사무용기기의 2023년 감가상각비는 얼마인가? 2023 7급 군무원

① 500,000원 ② 540,000원 ③ 580,000원 ④ 620,000원

23 점포를 임대하여 에어컨 판매 영업을 하고 있는 한국유통(주)에서는 에어컨을 대당 ₩1,800,000에 구입하여 ₩2,000,000에 판매하고 있다. 임대료는 매월 ₩1,000,000이며, 점포의 영업용 집기 설비들에 대한 감가상각비는 매월 ₩200,000이라고 한다. 주어진 이 자료들만 고려한다고 할 경우, 월간 손익분기점(break-even point, BEP) 매출 수량은 몇 대 인가? 2024 9급 군무원

① 3 ② 4 ③ 5 ④ 6

24 유형자산의 감가상각에 관한 설명으로 옳은 것은? 2024 공인노무사

① 감가상각누계액은 내용연수 동안 비용처리 할 감가상각비의 총액이다.
② 정액법과 정률법에서는 감가대상금액을 기초로 감가상각비를 산정한다.
③ 정률법은 내용연수 후반부로 갈수록 감가상각비를 많이 인식한다.
④ 회계적 관점에서 감가상각은 자산의 평가과정이라기 보다 원가배분과정이라고 할 수 있다.
⑤ 모든 유형자산은 시간이 경과함에 따라 가치가 감소하므로 가치의 감소를 인식하기 위해 감가상각한다.

25 다음 중 자본예산의 의사결정준칙에 대한 설명으로 가장 옳지 않은 것은? 2022 9급 군무원

① 회수기간법 ② 순현가법 ③ 내부수익률법 ④ 선입선출법

기 출 로 접 근 하 는   객 관 식 경 영 학

PART 7

재무관리

Chapter 1
재무관리의 기초

Chapter 2
자본예산 및 투자안의 경제성평가

Chapter 3
자본조달, 투자평가 및 배당의사결정

Chapter 4
파생금융상품

Chapter 1 재무관리의 기초

I | OX문제

1. 투자의사결정이란 기업가치를 극대화하기 위해 어떤 자산에 얼마나 투자할 것인가를 결정하는 것으로서 자본예산이라고도 한다. O | X

2. 자본조달의사결정은 기업가치를 극대화할 수 있도록 자기자본과 타인자본의 구성을 최적화하는 의사결정을 의미한다. O | X

3. 시장가치로 표시한 대차대조표의 차변은 기업의 각 자산을 사용하여 벌어들일 수 있는 미래현금흐름에 의해 결정되므로 기업가치의 극대화는 대변의 주식가치와 부채가치의 차이를 극대화하는 것을 의미한다. O | X

4. 오늘의 1원을 재투자함으로써 미래에 추가이익을 얻을 수 있다고 단정 지을 수 없기 때문에, 오늘의 1원은 미래의 1원보다 항상 큰 가치를 가진다고 볼 수는 없다. O | X

5. 요구수익률이란 투자자가 현재의 일정한 금액에 대한 수입을 미래로 연기한 대가로서, 요구하는 보상률을 의미하며 화폐의 시간가치를 나타낸다. O | X

6. 요구 수익률이란 위험이 동등한 다른 대체 투자안에서 얻을 수 있는 수익률로 계산하며 절삭률 또는 부채의 기회비용이라고도 함. O | X

---

1. O
2. O
3. X | 대변의 주식가치와 부채가치의 합을 극대화하는 것을 의미한다.
4. X | 오늘의 1원을 재투자함으로써 미래에 추가이익을 얻을 수 있다고 보기 때문에 오늘의 1원은 미래의 1원보다 항상 큰 가치를 가진다는 사실을 보여준다.
5. O
6. X | 자본의 기회비용이라고도 함.

7 연금의 미래가치란 동일한 금액의 현금흐름이 일정 기간 매기 반복하여 발생할 경우, 매기간 현금흐름의 미래가치를 모두 합한 금액이다. ◯ ✕

8 미래 현금흐름을 시장에서 투자자가 결정한 시장이자율로 할인한 현재가치가 바로 채권의 균형가격이 된다. ◯ ✕

9 수익률 변동과 채권 가격변화는 비례관계를 가진다. ◯ ✕

10 만기수익률(Yield to Maturity : YTM)이란 미래 발생하는 현금흐름을 현가화(現價化)하는 수익률을 의미하며, 만기이전 발생 현금흐름을 만기수익률로 재투자한다는 가정한다. ◯ ✕

11 3년만기(표면이율 12%) 산금 할인채를 발행시장(산업은행 창구)에서 매입하여 3년간 투자할 경우 세전 연실효수익률은 26.4%이다. ◯ ✕

12 단기채권은 장기채권보다 위험이 적기 때문에 상대적으로 더 큰 가치를 가지며 더 낮은 수익률을 나타내게 됨. ◯ ✕

13 영구연금의 현재가치는 발생하는 동일금액에 할인율을 곱하여 계산한다. ◯ ✕

---

7 ◯
8 ◯
9 ✕ | 수익률 변동과 채권 가격변화는 역으로 움직임.

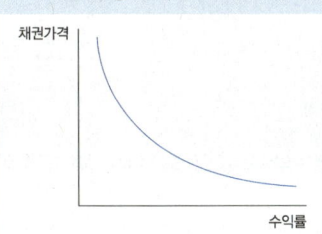

10 ◯
11 ✕ | 3년만기 산금 할인채의 발행수익률은 16.04%이다.
10,000원당 채권가격 = 10,000 × (1 − 0.12 × 3) = 6,400
연실효수익률(세전) = $(10,000/6,400)^{1/3} - 1 = 0.1604$ ⇒ 16.04%
12 ◯
13 ✕ | 연간연금수령액은 영구연금의 현재가치에 연간이자율 곱하여 산출하지만, 영구연금의 현재가치는 발생하는 동일금액을 할인율로 나누어 산정한다.

영구연금의 현재가치 = $\dfrac{\text{발생하는 동일금액}}{\text{할인율}}$

14 잠재선도금리(Implied Forward Rate: IFR)란 만기가 동일한 2개의 채권 수익률로부터 산출한 미래 일정기간의 이자율을 의미한다. O | X

15 채권가격은 채권수익률에 비례하며, 채권의 만기가 길어질수록 일정폭의 채권수익률 변동에 대한 채권가격의 변동폭은 작아진다. O | X

16 채권 수익률 변동에 의한 채권가격 변동폭은 만기가 길어질수록 증가하나 그 변동률은 체감하며, 만기가 일정할 때 채권 수익률 하락으로 인한 가격 상승폭은 같은 폭의 채권수익률 상승으로 인한 하락폭 보다 크게 나타난다. O | X

17 표면이자율이 낮은 채권은 큰 채권보다 일정한 수익률 변동에 따른 가격 변동폭이 작다. O | X

18 채권의 만기가 길어질수록, 표면이자율이 낮을수록, 수익률수준이 높을수록 채권의 가격탄력성은 커지게 된다. O | X

---

14 X | 잠재선도금리(Implied Forward Rate : IFR)란 만기가 상이한 2개의 채권 수익률로부터 산출한 미래 일정기간의 이자율임.

$$IFR = \frac{(L \times I) - (s \times i)}{L - s}$$

여기서 I: 장기채권의 수익률,
  i: 단기채권의 수익률,
  L: 장기채권의 만기,
  s: 단기채권의 만기

15 X | 채권가격은 채권수익률에 반비례하며, 채권의 만기가 길어질수록 일정폭의 채권수익률 변동에 대한 채권가격의 변동폭은 커짐

16 O

17 X | 표면이자율이 낮은 채권이 큰 채권보다 일정한 수익률 변동에 따른 가격 변동폭이 큼

18 O

II | 개념정리문제

1 다음 중 재무관리자의 역할이 아닌 것은? [2021 군무원]

① 투자결정 ② 자본조달결정 ③ 회계처리 ④ 배당결정

2 재무관리의 주요한 영역에 포함되지 않는 것은? [2018 가맹거래사]

① 투자결정 ② 종업원 관리 ③ 위험관리 ④ 운전자본관리 ⑤ 자본조달결정

3 현대 재무관리의 궁극적인 장기 목표는? [2018 가맹거래사]

① 종업원 만족 극대화 ② 기업가치 극대화
③ 고객만족 극대화 ④ 조세납부 최소화
⑤ 협력업체 만족 극대화

4 다음 중 재무관리의 기능에 대한 설명으로 알맞지 않은 것은? [2005 한국토지주택공사]

① 배당결정기능 ② 이익결정기능
③ 투자결정기능 ④ 재무분석기능
⑤ 자본조달가능

5 재무적 의사결정에 관한 설명으로 옳지 않은 것은? [2014 가맹거래사]

① 투자결정을 통해 최적자산을 구성하려는 노력이 필요하다.
② 자금조달결정을 통해 최적자본구조를 형성하려는 노력이 필요하다.
③ 투자안 평가는 회계상 이익이 아닌 현금흐름을 기초로 이루어진다.
④ 위험이 높아지면 기대수익률은 낮아진다.
⑤ 오늘의 100원은 내일의 100원보다 가치가 더 크다.

6 매년 말 200만 원을 영원히 지급받는 영구연금의 현재가치는? (단, 연간이자율은 10 %) [2015 노무사]

① 1,400만 원 ② 1,600만 원 ③ 1,800만 원 ④ 2,000만 원 ⑤ 2,200만 원

7 현재 100,000원을 연 10 % 확정된 복리이자로 은행에 예금할 경우 2년 후 미래가치는? [2013 노무사]

① 110,000원 ② 111,000원 ③ 120,000원 ④ 121,000원 ⑤ 122,000원

8 연간이자율이 10 %인 경우, 단리계산에 의한 현재 100,000원의 2년 후 미래가치는?   2010. 가맹거래사

① 100,000원   ② 110,000원   ③ 120,000원   ④ 121,000원   ⑤ 133,100원

9 일정 금액을 투자했을 때 2년 후 6,050만 원을 만들기 위해 투자해야 할 원금으로 옳은 것은?(단, 연이율은 10%이며, 천원 단위에서 반올림한다)   2017 군무원

① 5,050만 원   ② 5,000만 원   ③ 4,850만 원   ④ 4,800만 원

10 A기업은 액면금액이 ₩ 1,000,000이고, 액면이자율이 연 5 %인 영구채권을 발행하였다. 이자는 연 1회 지급되며, 할인율이 연 10 %인 경우, 이 채권의 균형가격은?   2013 가맹거래사

① ₩ 300,000   ② ₩ 500,000   ③ ₩ 800,000   ④ ₩ 1,000,000   ⑤ ₩ 1,200,000

11 액면금액이 1,000,000원, 표면이자율 연 8 %, 만기가 2년인 채권이 있다. 이자는 연말에 지급되고, 채권에 대한 요구수익률이 연 8 %인 경우 이 채권의 균형가격은?   2015 가맹거래사

① 800,000원   ② 900,000원   ③ 1,000,000원   ④ 1,200,000원   ⑤ 1,500,000원

12 다음 중 채권에 대한 설명으로 가장 옳지 않은 것은?   2016 서울시 7급

① 채권의 이표율과 채권수익률이 동일한 경우 채권가격은 액면가와 같다.
② 채권의 이표율이 채권수익률보다 높은 경우 채권가격은 액면가보다 낮다.
③ 채권의 구입 가격은 채권보유로부터 얻어지는 현금흐름을 이자율로 할인한 것과 같다.
④ 만기수익률은 보통 약속수익률이라 한다.

13 다음 중 채권가격의 특성에 대한 설명으로 알맞은 것은?   2007 한국수자원공사

① 채권가격과 시장이율은 상관관계에 있다.
② 액면이자율과 시장이자율은 별개의 개념이다.
③ 일정한 이자율 변동에 액면이자가 낮을수록 채권가격 변동폭이 작다.
④ 일정한 이자율 변동에 만기가 짧은 채권일수록 채권가격 변동폭이 크다.

14 ㈜서울은 만기 1년, 액면금액 100,000원인 무이표채(zero coupon bond)를 발행하려 한다. 무이표채의 만기수익률(YTM)이 연 10%라고 할 때, 동 채권 발행시 조달할 수 있는 자금은 얼마인가?   2016 서울시 7급

① 82,645원   ② 90,909원   ③ 99,000원   ④ 110,000원

15 다음 중 자본비용과 성격이 다른 용어는?

① 평균수익률　　② 할인율　　③ 필수수익률　　④ 기대수익률

16 다음 중 채권(bond)에 대한 설명으로 가장 거리가 먼 것은?

① 채권 발행자는 구매자에게 액면가(face value)를 만기(maturity date)에 지불한다.
② 연간 지급되는 이자를 '액면가의 비율로 표시한 것'을 쿠폰(coupon)이라고 한다.
③ 채권의 이자를 1년에 2회 지급하기도 한다.
④ 기업이 채권을 발행하여 조달한 자금은 부채에 해당한다.

Ⅲ | 심화문제

1 다음 중 영업현금흐름(OCF)의 정의로 옳은 것은?   [2017 서울시]

① EBIT + 감가상각비 − 세금 ② EBIT + 감가상각비 + 유동자산
③ EBIT − 감가상각비 + 세금 ④ 세금 − 감가상각비 − EBIT

2 A기업은 액면가액 10,000원, 만기 2년, 액면이자율 연 3%인 채권을 발행하였다. 시장이자율이 연 2%라면, 이 채권의 이론가격은? (단, 가격은 소수점 첫째 자리에서 반올림한다.)   [2018 공인노무사]

① 9,194원 ② 9,594원 ③ 10,194원 ④ 10,594원 ⑤ 10,994원

3 대한이는 오늘부터 매년 1백만 원씩 5년 간 지급받는 연금복권에 당첨되었고 민국이는 1년 후부터 매년 1백만 원씩 5년 간 지급받는 연금복권에 당첨되었다. 대한이가 당첨된 연금복권의 현재가치와 민국이가 당첨된 연금복권의 현재가치의 차이는 얼마인가? (단, 연간 이자율은 10%이고, $(1.1)^{-5}$은 0.620921이다.)   [2017. 서울시]

① 0원 ② 379,079원 ③ 620,921원 ④ 1,000,000원

4 현재 1,000,000원을 연 3 % 복리이자로 은행에 정기예금하였을 때 2년 후 미래가치는?   [2014 가맹거래사]

① 1,050,900원 ② 1,060,000원 ③ 1,060,900원 ④ 1,100,900원 ⑤ 1,130,900원

5 현금유입이 1년 후에는 500만 원, 2년 후에는 800만 원, 3년 후에는 900만 원이 예상되는 투자안이 있다. 할인율이 20%라고 할 때, 이 투자안의 현재가치는? (단, 가장 근사치를 선택한다.)   [2016 가맹거래사]

① 1,293만 원 ② 1,393만 원 ③ 1,493만 원 ④ 1,550만 원 ⑤ 1,833만 원

6 다음 채권의 듀레이션은? (단, 소수점 셋째 자리에서 반올림한다.)   [2024 공인노무사]

- 액면가액 1,000원 • 액면이자율 연 10%, 매년 말 이자지급
- 만기 2년 • 만기수익률 연 12%

① 1.75년 ② 1.83년 ③ 1.87년 ④ 1.91년 ⑤ 2.00년

7 ㈜ 한국은 다음과 같은 조건의 사채(액면금액 ₩1,000,000, 액면이자율 8%, 만기 5년, 이자는 매년 말 지급)를 발행하였다. 시장이자율이 10%일 경우, 사채의 발행금액은? (단, 사채 발행비는 없으며, 현가계수는 주어진 자료를 따른다.)

[2023 공인노무사]

기간(년)	단일금액 ₩1의 현가계수		정상연금 ₩1의 현가계수	
	8%	10%	8%	10%
5	0.68	0.62	3.99	3.79

① ₩896,800   ② ₩923,200   ③ ₩939,800   ④ ₩983,200   ⑤ ₩999,200

Chapter 2 자본예산 및 투자안의 경제성평가

I | OX문제

1 투자안은 세후 기준의 증분 현금흐름으로 평가되어야 한다. 즉 투자안을 평가할 때 회계적 이익 아닌 현금흐름을 사용하여야 한다. 또한 그 현금흐름은 증분기준에 의해 측정되고 세금을 차감한 것이어야 한다.   O｜X

2 감가상각비 등 비현금지출비용은 회계적 이익 계산시 비용으로 차감된다. 그러나 감가상각비는 인위적으로 배분된 회계적 비용으로 기업이 실제 지출하는 것이 아니기 때문에 현금유출에 포함시키지 않아야 한다.   O｜X

3 매몰원가는 이미 발생한 과거의 원가로서 현재의 투자안의 채택여부와 상관이 없는 비용이므로 현재 투자안의 증분 현금흐름을 추정할 때는 제외되어야 한다.   O｜X

4 회계적 기준에 의하면 자본적 지출은 현재의 비용이 아니라 투자자산의 원가에 가산하여 감가상각하여 미래의 수익에 대응한다. 그러나 현금흐름 기준에 의하면 자본적 지출은 현금유출을 수반하므로 자본적 지출이 발생하는 시점의 현금유출에 포함한다.   O｜X

5 감가상각비와 이자비용 등은 현금유출에 포함되어 기업의 과세대상이익을 줄여줌으로써 납부하여야 하는 세금(현금유출)을 감소시켜주므로 현금흐름을 추정시 이러한 세금절감효과를 현금유입에 포함시키지 않는다.   O｜X

---

1   O
2   O
3   O
4   O
5   X｜감가상각비와 이자비용 등은 현금유출에 포함되지 않는다. 그러나 이들은 기업의 과세대상이익을 줄여 납부하여야 하는 세금(현금유출)을 감소시켜주므로 현금흐름을 추정시 이러한 세금절감효과를 현금유입에 포함시켜야 한다.

6 순현재가치(NPV)는 투자로부터 발생하는 미래의 모든 현금유입액을 적절한 자본비용으로 할인한 현재가치에서 현금유출의 현재가치를 가산한 금액으로 기업이 투자안을 채택함으로써 발생하는 기업가치의 순변화를 의미한다. ◯ ✕

7 독립적인 투자안의 경우, 순현재가치법에서는 투자안의 순현재가치가 투자비용보다 큰 경우 선택하는 것임. ◯ ✕

8 순현가법은 모든 현금흐름을 고려하여 화폐의 시간적 가치를 반영하며, 현금흐름과 자본 비용만으로 평가하여 주관적인 다른 요인을 배제한다. ◯ ✕

9 가치가산성의 원리란 전체 투자안이 두 개의 투자안 A와 B로 구성되어 있는 경우, 전체 투자안의 NPV는 개별 투자안의 NPV를 합하여 계산할 수 있음을 의미한다. ◯ ✕

10 NPV(B) < 0로서 NPV(A+B) < NPV(A)라면 가치가산성의 원리를 적용함으로써 열등한 투자안 B를 채택하는 오류를 피할 수 있게 된다. ◯ ✕

---

6 ✕ | 순현재가치(NPV)는 투자로부터 발생하는 미래의 모든 현금유입액을 적절한 자본비용으로 할인한 현재가치에서 현금유출의 현재가치를 공제한 금액으로 기업이 투자안을 채택함으로써 발생하는 기업가치의 순변화를 의미한다.

7 ✕ | 독립적인 투자안의 경우, 순현재가치법에서는 투자안의 순현재가치가 투자비용보다 크면 채택하는 것이 아니라 0보다 큰 경우 선택하는 것임.

8 ◯

9 ◯

10 ◯

II | 개념정리문제

1 자본예산(capital budgeting)을 수행하기 위한 현금흐름 추정에 관한 설명으로 옳은 것을 모두 고른 것은?

2017 가맹거래사

> ㄱ. 감가상각비는 현금유출에 포함한다.
> ㄴ. 감가상각비로 인한 법인세 절감효과는 현금유입에 포함한다.
> ㄷ. 주주에게 지급하는 배당금은 현금유출에 포함한다.
> ㄹ. 매몰비용(sunk cost)은 현금유출에 포함하지 않는다.

① ㄱ, ㄴ   ② ㄱ, ㄷ   ③ ㄴ, ㄷ   ④ ㄴ, ㄹ   ⑤ ㄴ, ㄷ, ㄹ

2 투자안의 경제성 평가에 이용되는 지표 중 현금유입의 현재가치에서 현금유출의 현재가치를 차감한 것은?

2017 가맹거래사

① 내부수익률   ② 순현재가치   ③ 회수기간   ④ 수익성지수   ⑤ 평균회계이익률

3 화폐의 시간적 가치를 고려하지 않는 투자안의 경제성 평가방법을 모두 고른 것은?

2011 가맹거래사

> ㄱ. 내부수익률법   ㄴ. 회계적이익률법   ㄷ. 순현재가치법   ㄹ. 회수기간법

① ㄱ, ㄴ   ② ㄱ, ㄷ   ③ ㄴ, ㄷ   ④ ㄴ, ㄹ   ⑤ ㄷ, ㄹ

4 투자안의 경제성분석방법 중 화폐의 시간가치를 고려한 방법을 모두 고른 것은?

2019 공인노무사

> ㄱ. 회수기간법   ㄴ. 수익성지수법   ㄷ. 회계적이익률법   ㄹ. 순현재가치법   ㅁ. 내부수익률법

① ㄱ, ㄴ   ② ㄱ, ㄹ   ③ ㄴ, ㄷ   ④ ㄴ, ㄹ, ㅁ   ⑤ ㄷ, ㄹ, ㅁ

5 투자안의 경제성 분석기법 중 화폐의 시간적 가치를 고려한 방법에 해당하는 것은?

2021 5급 군무원

① 순현재가치법(Net Present Value, NPV), 회수기간법(Payback Period Method, PPM)
② 회수기간법(Payback Period Method, PPM), 회계적이익률법(Accounting Rate of Return, ARR)
③ 내부수익률법(Internal Rate of Return, IRR), 회수기간법(Payback Period Method, PPM)
④ 순현재가치법(Net Present Value, NPV), 내부수익률법(Internal Rate of Return, IRR)

6 다음 〈보기〉에서 설명하고 있는 것은? [2017 군무원]

> 어떤 사업에 대해 사업기간 동안의 현금수익 흐름을 현재가치로 환산하여 합한 값이 투자지출과 같아지도록 할인하는 이자율을 말한다.

① 평균이익률 ② 내부수익률 ③ 순현재가치 ④ 수익성지수

7 투자안의 순현가를 0으로 만드는 수익률(할인율)은? [2015 노무사]

① 초과수익률 ② 실질수익률 ③ 경상수익률 ④ 내부수익률 ⑤ 명목수익률

8 자본예산은 투자로 인한 수익이 1년 이상에 걸쳐 장기적으로 실현될 투자결정에 관한 일련의 과정을 말한다. 투자안의 평가방법에 해당하지 않는 것은? [2018 공인노무사]

① 유동성분석법 ② 수익성지수법 ③ 순현재가치법 ④ 내부수익률법 ⑤ 회수기간법

9 다음에서 설명하는 투자안의 경제성 평가방법은? [2020 공인노무사]

> - 투자안으로부터 예상되는 미래 기대현금 유입액의 현재가치와 기대현금 유출액의 현재가치를 일치시키는 할인율을 구한다.
> - 산출된 할인율, 즉 투자수익률을 최소한의 요구수익률인 자본비용 또는 기회비용과 비교하여 투자안의 채택여부를 결정한다.

① 순현가법 ② 수익성지수법 ③ 회수기간법
④ 내부수익률법 ⑤ 평균회계이익률법

10 순현가(NPV)의 특성으로 옳지 않은 것은? [2021 군무원]

① 투자안의 모든 현금흐름을 사용한다. ② 모든 개별 투자안들간의 상호관계를 고려한다.
③ 가치의 가산원칙이 성립한다. ④ 화폐의 시간가치를 고려한다.

11 투자안 분석기법으로서의 순현가(NPV)법에 관한 설명으로 옳은 것은? [2013 노무사]

① 순현가는 투자의 결과 발생하는 현금유입의 현재가치에서 현금유입의 미래가치를 차감한 것이다.
② 순현가법에서는 수익과 비용에 의하여 계산한 회계적 이익을 사용한다.
③ 순현가법에서는 투자안의 내용연수 동안 발생할 미래의 모든 현금흐름을 반영한다.
④ 순현가법에서는 현금흐름을 최대한 큰 할인율로 할인한다.
⑤ 순현가법에서는 투자의 결과 발생하는 현금유입이 투자안의 내부수익률로 재투자될 수 있다고 가정한다.

12 투자안의 경제성 분석을 위한 자본예산기법에 관한 설명으로 옳은 것을 모두 고른 것은? [2010 노무사]

> ㄱ. 독립적인 투자안의 경우, 순현재가치법에서는 투자안의 순현재가치가 투자비용보다 크면 채택한다.
> ㄴ. 순현재가치법과 내부수익률법은 화폐의 시간적 가치를 고려한다.
> ㄷ. 내부수익률법에서 내부수익률은 투자로부터 기대되는 현금유입의 현가와 현금유출의 현가를 같게 하는 할인율이다.
> ㄹ. 상호배타적인 투자안의 경우 순현재가치법과 내부수익률법은 상반된 결론이 나올 수도 있다.

① ㄱ, ㄴ   ② ㄴ, ㄷ   ③ ㄱ, ㄷ, ㄹ   ④ ㄴ, ㄷ, ㄹ   ⑤ ㄱ, ㄴ, ㄷ, ㄹ

13 자본예산기법에 관한 설명으로 옳은 것은? [2013 가맹거래사]

① 회계적이익률법은 화폐의 시간적 가치를 고려한다.
② 회수기간법은 회수기간 이후의 현금흐름을 고려한다.
③ 순현가법은 개별투자안의 경우 순현가가 0보다 크면 경제성이 있다.
④ 내부수익률법은 화폐의 시간적 가치를 고려하지 않는다.
⑤ 수익성지수법은 개별투자안의 경우 수익성지수가 1보다 작으면 경제성이 있다.

14 투자안의 평가방법에 관한 설명으로 옳지 않은 것은? [2011 노무사]

① 순현재가치(NPV)법에서 투자안의 NPV가 0보다 크면 투자안을 채택한다.
② 수익성지수(PI)법에서 투자안의 PI가 0보다 크면 투자안을 채택한다.
③ 내부수익률(IRR)법에서 투자안의 IRR이 자본비용보다 크면 투자안을 채택한다.
④ 회계이익률법에서 투자안의 회계이익률이 목표회계이익률보다 크면 투자안을 채택한다.
⑤ 회수기간법에서 투자안의 회수기간이 목표회수기간보다 짧으면 투자안을 채택한다.

15 투자안의 경제성 평가방법에 관한 설명으로 옳은 것은? [2014 노무사]

① 회계적이익률법은 화폐의 시간적 가치를 고려한다.
② 회수기간법은 회수기간 이후의 현금흐름을 고려한다.
③ 내부수익률법은 평균이익률법이라고도 한다.
④ 순현재가치법에서는 가치의 가산원리가 적용된다.
⑤ 수익성지수법은 수익성지수가 0보다 커야 경제성이 있다.

16 투자안의 경제적 평가방법에 관한 설명으로 옳지 않은 것은? [2014 가맹거래사]

① 현재가치지수가 1보다 작으면 투자안을 채택한다.
② 회계적 이익률이 높을수록 양호하다고 판단한다.
③ 회수기간이 짧을수록 유리하다고 판단한다.
④ 순현재가치가 0보다 크면 경제성이 있는 것으로 판단한다.
⑤ 내부수익률이 기회비용보다 크면 채택한다.

17 투자안의 경제성 평가 방법에 관한 설명으로 옳지 않은 것은? [2012 가맹거래사]

① 회수기간법과 회계적이익률법은 화폐의 시간적 가치를 무시한다.
② 순현가법의 경우 순현가는 현금유입의 현재가치에서 현금유출의 현재가치를 차감하여 구한다.
③ 수익성지수법은 현금유입의 현재가치와 현금유출의 현재가치의 비율로 구한다.
④ 순현가법과 내부수익률법에 의한 개별투자안의 경제성평가 결과는 상이할 수 있다.
⑤ 순현가법이 내부수익률법에 비해 재투자수익률에 대한 가정이 더 합리적이다.

18 투자안의 경제성 평가 방법에서 상호배타적 투자안에 대한 의사 결정으로 적절한 것은? [2015 7급 공무원]

① 투자안의 수익성지수(PI)가 0보다 큰 투자안 중에서 가장 낮은 투자안을 선택한다.
② 투자안의 내부수익률(IRR)이 할인율보다 낮은 투자안 중에서 가장 높은 투자안을 선택한다.
③ 투자안의 평균회계이익률(AAR)이 목표 ARR보다 큰 투자안 중에서 가장 낮은 투자안을 선택한다.
④ 투자안의 순현재가치(NPV)가 0보다 큰 투자안 중에서 가장 높은 투자안을 선택한다.

19 다음 중 NPV법과 IRR법의 설명으로 알맞지 않은 것은? [2015 한국방송광고진흥공사]

① IRR법에서는 가치가법성의 논리가 적용하지 않는다.
② 둘 다 화폐의 시간가치를 고려하고 있다.
③ 둘 다 투자안의 경제성 분석방법으로 이용된다.
④ NPV법은 NPV가 0보다 작으면 투자안을 채택한다.
⑤ IRR법은 IRR이 자본비용보다 클 때 투자안을 채택한다.

20 투자안의 경제성 평가에 사용하는 자본예산기법에 관한 설명으로 옳은 것은? [2018 가맹거래사]

① 회수기간법은 화폐의 시간가치를 고려한 자본예산기법이다.
② 회수기간의 역수는 항상 내부수익률의 대용치로 사용해야 한다.
③ 순현재가치법은 'NPV(A+B)=NPV(A)+NPV(B)'와 같은 가치가산의 원리가 성립하지 않는다.
④ 수익성지수는 현금유출액의 현재가치를 현금유입액의 현재가치로 나누어 산출한다.
⑤ 내부수익률은 현금유입액의 현재가치와 현금유출액의 현재가치를 일치시켜 주는 할인율을 의미한다.

21 순현재가치(NPV)와 내부수익률(IRR)에 대한 설명으로 틀린 것은? [2011 한국무역보험공사]

① NPV와 IRR 모두 화폐의 시간 가치를 반영한 현금흐름 모형이다.
② IRR은 투자로부터 발생되는 현금흐름을 내부수익률로 재투자할 수 있다고 가정한다.
③ NPV는 할인율로 재투자한다고 가정하고 있으나, IRR은 내부수익률로 재투자한다고 가정한다.
④ NPV와 IRR 모두 가치기산의 원리가 적용된다.

22 다음 중 순현재가치에 대한 설명으로 알맞지 않은 것은? 2011 SH 공사
① 내용연수 동안의 모든 현금흐름을 고려한다.
② 화폐의 시간가치개념을 고려할 필요가 없어서 편하다.
③ 투자로부터 발생되는 현금흐름을 시장이자율로 재투자할 수 있다고 가정한다.
④ 순현재가치가 0보다 크면 투자가치가 있는 것으로 여기며, 0보다 작으면 투자가치가 없는 것으로 판단한다.

23 다음 중 투자안의 경제성 분석방법으로 알맞지 않은 것은? 2005 서울시도시철도공사
① 수익성지수법   ② 회수기간별   ③ 외부수익률법   ④ 최소공개수법

24 다음 중 순현재가치법에 관한 설명으로 알맞지 않은 것은? 2005 인천국제공항공사
① 당초 투자액의 현재가치가 그 투자로부터 기대되는 수입액의 가치와 동일하게 되는 할인율을 말한다.
② 투자와 관련된 모든 현금흐름을 할인하여 고려하고 가치가산의 원리가 적용되어 기업가치 극대화의 개념과 부합된다.
③ 독립된 투자안의 경우는 NPV가 0보다 큰 투자안을 채택하고 상호 배타적인 투자안의 경우에는 NPV가 가장 큰 투자안을 채택한다.
④ 순현재가치(NPV: net present value)란 투자의 결과로 예상되는 현금유입액을 적절한 할인율로 할인한 금액에서 현금유출의 현재가치를 차감한 금액을 말한다.

25 내부수익률법에 관한 설명으로 옳은 것은? 2016 가맹거래사
① 수익률은 순현재가치를 0으로 만드는 할인율이다.
② 수익률이 1보다 크면 투자안을 채택하고, 1보다 작으면 기각한다.
③ 투자안의 현재가치를 초기투자비용으로 나누어 구한다.
④ 상호배타적인 투자 안을 쉽게 분별할 수 있게 한다.
⑤ 화폐의 시간적 가치를 고려하지 않는다.

26 다음 중 투자안 평가방법에 대한 설명으로 가장 옳지 않은 것은? 2022 7급 군무원
① 회계적 이익률법은 화폐의 시간적 가치를 고려하지 않는다.
② 회수기간법에서는 원금 회수기간이 목표회수기간보다 긴 투자안을 선택한다.
③ 내부수익률법에서는 내부수익률(r)이 투자자 요구 수익률보다 큰 투자안을 선택한다.
④ 순현가법에서는 순현가(NPV)가 투자자 요구 수익률보다 큰 투자안을 선택한다.

27 투자안의 경제성 평가 방법에 관한 설명으로 옳은 것은?　　2022 공인노무사

① 회계적이익률법의 회계적이익률은 연평균 영업이익을 연평균 매출액으로 나누어 산출한다.
② 회수기간법은 회수기간 이후의 현금흐름을 고려한다.
③ 순현재가치법은 재투자수익률을 내부수익률로 가정한다.
④ 내부수익률법에서 개별투자안의 경우 내부수익률이 0보다 크면 경제성이 있다.
⑤ 수익성지수법에서 개별투자안의 경우 수익성 지수가 1보다 크면 경제성이 있다.

III | 심화문제

1 내부수익률(IRR)에 대한 설명으로 가장 옳은 것은? [2016 서울시]

① 현금유입의 현재가치에서 현금유출의 현재가치를 뺀 값으로 정의된다.
② 투자안으로부터 얻어지게 될 미래 순현금 흐름의 현재가치를 최초투자액으로 나누어 구한다.
③ 한 가지 투자안에서 복수의 값이 얻어질 수도 있다.
④ 상호배타적인 투자안들의 우선순위를 결정하고자 할 경우, 순현재가치 방법과 항상 동일한 결론을 가져다준다.

2 ㈜서울은 서울에 빌딩 건설을 추진하여 영화관, 커피숍, 옷가게 등을 유치할 계획이다. ㈜서울은 당장 대지구입에 100억 원, 건물설계에 50억 원을 지출해야 하고, 공사비로 1년, 2년 후 각각 100억 원씩 지출해야 한다. 현금유입으로는 1년 후 분양계약금 150억 원, 2년 후 분양잔금으로 300억 원의 수입이 예상된다. 위험수준을 고려할 때 조달금리는 10%이다. 이 사업의 추진타당성과 그 판단기준으로 가장 옳은 것은? (단, 소수점 둘째 자리에서 반올림한다.) [2016 서울시 7급]

① 사업추진이 타당하다. 사업의 순현재가치(NPV)가 약 60.7억 원이다.
② 사업추진이 타당하다. 사업의 순현재가치가 약 34.3억 원이다.
③ 사업추진이 타당하다. 사업의 순현재가치가 약 371.9억 원이다.
④ 사업을 포기해야 한다. 사업의 순현재가치가 약 −21.9억 원이다.

3 A기업은 2019년 1월 1일에 150만원을 투자하여 2019년 12월 31일과 2020년 12월 31일에 각각 100만원을 회수하는 투자안을 고려하고 있다. A기업의 요구수익률이 연 10%일 때, 이 투자안의 순현재가치(NPV)는 약 얼마인가? (단, 연 10% 기간이자율에 대한 2기간 단일현가계수와 연금현가계수는 각각 0.8264, 1.73550이다.) [2018 공인노무사]

① 90,910원   ② 173,550원   ③ 182,640원   ④ 235,500원   ⑤ 256,190원

4 K사는 A, B, C 세 투자안을 검토하고 있다. 모든 투자안의 내용연수는 1년으로 동일하며, 투자안의 자본비용은 10%이다. 투자액은 투자 실행 시 일시에 지출되며 모든 현금흐름은 기간 말에 발생한다. 투자안의 투자액과 순현재가치(NPV)가 다음과 같을 경우 내부수익률(IRR)이 높은 순서대로 나열한 것은? [2021 공인노무사]

투자안	A	B	C
투자액	100억원	200억원	250억원
순현재가치	20억원	30억원	40억원

① A, B, C   ② A, C, B   ③ B, A, C   ④ C, A, B   ⑤ C, B, A

5 투자안 평가를 위한 실물옵션 접근법과 순현재가치법의 차이에 대한 설명으로 옳은 것은? 〔2021 7급 군무원〕

① 실물옵션 접근법에서는 불확실성, 순현재가치법에서는 위험의 개념을 사용한다.
② 실물옵션 접근법에서는 확장옵션, 순현재가치법에서는 포기옵션에 초점을 맞춘다.
③ 실물옵션 접근법에서는 현금흐름이 고정되어 있지 않다고 가정하지만 순현재가치법에서는 현금흐름이 고정되어 있다고 가정한다.
④ 실물옵션 접근법에서는 만기가 고정되어 있지 않다고 가정하지만 순현재가치법에서는 만기가 고정되어 있다고 가정한다.

6 기업에서 투자 의사 결정을 내림에 있어서, 가장 우선시되는 것은 그 투자로 인해 기업의 가치가 극대화될 수 있어야 한다는 것으로서, 이를 위해 수행하는 것이 투자안의 경제성 분석이다. 투자안의 경제성 분석을 위한 이상적 평가 방법이 되기 위해서는 다음의 여러 사항들이 충족될 수 있어야 하는데, 이러한 취지에서 볼 때 다음 중 가장 옳지 않은 것은? 〔2022 5급 군무원〕

① 투자안의 경제성분석에서는 투자로 인해 예상되는 모든 현금흐름이 고려되어야 한다.
② 투자안의 경제성분석에서는 적절한 할인율을 사용하여 계산된 화폐의 시간가치를 고려하는 것이 바람직하다.
③ 여러 투자안을 결합한 복합투자안을 평가할 경우는 개별 투자안의 가치들에 대해 단순가산 원칙을 적용하려고 하기보다는, 가급적 결합 투자안에 대한 새로운 현금흐름을 추정하여 경제성을 분석하는 것이 바람직하다.
④ 경제성 분석 방법으로서의 순현가법(net present value method)이나 내부수익률법(internal rate of return method)은 화폐의시간가치를 고려하는 방법이다.

7 투자안의 경제성 분석방법에 관한 설명으로 옳은 것은? 〔2024 공인노무사〕

① 투자형 현금흐름의 투자안에서 내부수익률은 투자수익률을 의미한다.
② 화폐의 시간가치를 고려하는 분석방법은 순현재가치법이 유일하다.
③ 순현재가치법에서는 가치가산의 원칙이 성립하지 않는다.
④ 내부수익률법에서는 재투자수익률을 자본비용으로 가정한다.
⑤ 수익성지수법은 순현재가치법과 항상 동일한 투자선택의 의사결정을 한다.

Chapter 3 자본조달, 투자평가 및 배당의사결정

I | OX문제

1 영업레버리지효과란 영업레버리지에 의해서 매출액(R)의 변화율보다 영업이익(EBIT)의 변화율이 더 커지게 되는 현상을 의미한다. ☐ O ☐ X

2 고정영업비용(FC)이 증가하면, 영업레버리지도(DOL)는 감소한다. ☐ O ☐ X

3 매출액이 증가할수록 고정영업비용의 영향이 점차 줄어들어 영업레버리지도가 감소함 ☐ O ☐ X

4 재무레버리지효과란 재무레버리지에 의해서 영업이익(EBIT)의 변화율보다 주당순이익(earning per share : EPS)의 변화율이 더 커지게 되는 현상을 의미한다. ☐ O ☐ X

5 영업이익이 증가할수록 고정재무비용인 이자비용의 영향이 점차 줄어들어 재무레버리지도가 감소함 ☐ O ☐ X

6 결합레버리지효과란 영업레버리지와 재무레버리지가 동시에 존재함으로써 매출액(R)의 변화율보다 주당순이익(EPS)의 변화율이 더 커지게 되는 현상을 의미함. ☐ O ☐ X

---

1   O

2   X | 영업레버리지도(degree of operating leverage : DOL) $= \dfrac{\dfrac{\Delta EBIT}{EBIT}}{\dfrac{\Delta R}{R}} = \dfrac{(P-V)Q}{(P-V)Q-FC} = \dfrac{R-VC}{R-VC-FC}$

☞ 고정영업비용(FC)↑ → DOL↑

3   O
4   O
5   O
6   O

7 고유위험 또는 비체계적 위험(unsystematic risk)이란 어떤 자산의 총위험 중에서 자본시장의 전반적인 변동 때문에 발생하는 위험의 부분을 의미하며, 시장 위험 또는 체계적 위험(systematic risk)은 시장 전체의 변동과 무관하게 기업 고유의 요인 때문에 발생하는 위험을 뜻한다. ☐ O ☐ X

8 비체계적 위험과는 달리 체계적 위험은 여러 종류의 자산에 분산투자함으로써 감소될 수 있기 때문에 분산가능위험(diversifiable risk)이라고 한다. ☐ O ☐ X

9 둘 이상의 투자자산의 배합, 즉 투자자들이 투자자금을 여러 종류의 자산에 분산 투자하게 될 때, 투자자가 소유하는 여러 종류의 자산의 집합(combination of assets)을 포트폴리오(portfolio)라고 부른다. ☐ O ☐ X

10 무위험자산은 위험이 없는 자산으로 정의상 수익률의 표준편차는 0이며, 수익률의 변동이 없으므로 다른 자산 수익률과의 공분산은 항상 0이다. 아울러 수익률의 실현이 확실하므로 기대수익률 보다 실현수익률이 크다. ☐ O ☐ X

11 자본시장선(CML)상에 있는 포트폴리오는 무위험자산과 시장포트폴리오로 구성된 포트폴리오로서 무위험자산이 존재할 때 다른 자산에 지배당하지 않는 효율적 포트폴리오이다. 아울러 완전 분산투자된 포트폴리오(즉, 비체계적 위험은 모두 제거되고 체계적 위험만 남아 있는 포트폴리오)이며, 시장포트폴리오 수익률과의 상관계수가 0인 포트폴리오이다. ☐ O ☐ X

12 자본자산가격결정모형(CAPM)은 모든 투자자가 평균–분산기준에 따라 기대효용을 극대화할 수 있도록 투자하는 경우, 자본시장이 균형상태가 되면 위험과 기대수익률 사이에 어떤 관계가 성립하는지를 설명하고자 하는 이론이다. ☐ O ☐ X

---

7 X | 시장 위험 또는 체계적 위험(systematic risk)이란 어떤 자산의 총위험 중에서 자본시장의 전반적인 변동 때문에 발생하는 위험의 부분을 의미하며, 고유위험 또는 비체계적 위험(unsystematic risk)은 시장 전체의 변동과 무관하게 기업 고유의 요인 때문에 발생하는 위험을 뜻한다.

8 X | 체계적 위험과는 달리 비체계적 위험은 여러 종류의 자산에 분산투자함으로써 감소될 수 있기 때문에 분산가능위험(diversifiable risk)이라고 한다.

9 O

10 X | 무위험자산은
① 위험이 없는 자산이므로, 정의상 수익률의 표준편차는 0이다.
② 수익률의 변동이 없으므로, 다른 자산수익률과의 공분산은 항상 0이다.
③ 수익률의 실현이 확실하므로, 기대수익률과 실현수익률은 같다.

11 X | 자본시장선(CML)상에 있는 포트폴리오의 특성
① 무위험자산과 시장포트폴리오로 구성된 포트폴리오이다.
② 무위험자산이 존재할 때 다른 자산에 지배당하지 않는 효율적 포트폴리오이다.
③ 완전 분산투자된 포트폴리오(즉, 비체계적 위험은 모두 제거되고 체계적 위험만 남아 있는 포트폴리오)이다.
④ 시장포트폴리오 수익률과의 상관계수가 +1인 포트폴리오이다.

12 O

13 CAPM에 의하면 자본시장이 균형을 이룰 때, 어떤 자산의 기대수익률은 그 자산의 체계적 위험을 나타내는 베타계수(βcoefficient)와 선형적 증가함수의 관계를 갖는다. □O □X

14 자본시장이 균형 상태를 이룰 때, 체계적 위험이 작은 자산은 보다 큰 기대수익률이 얻어지도록 가격이 결정되어야 한다는 것이 CAPM의 결론이다. □O □X

15 증권시장선에서 기대수익률보다 균형수익률이 큰 경우, 해당 자산은 과소평가된 자산으로서 경제성 있는 자산으로 볼 수 있다. □O □X

16 MM이론(자본구조 무관계론)이란 법인세와 거래비용 등이 존재하지 않는 완전자본시장 가정시 자본구성은 기업의 가치에 아무런 영향을 주지 않는다는 주장이다. □O □X

17 수정 MM이론(수정자본구조이론)이란 부채에 대한 이자는 비용처리되므로 세금절약효과가 발생하는 반면, 자기자본에 대한 배당은 비용처리가 되지 않기 때문에 부채를 많이 사용할수록 기업가치가 증가한다는 이론이다. □O □X

18 주식분할의 경우 주식의 액면가치가 감소하나 주식배당은 액면가치의 변화가 없으며, 주식배당은 이익잉여금을 자본과 자본준비금으로 전입시키는 회계상의 이전이나 주식분할은 회계상 처리가 없다. □O □X

---

13 O
14 X | 자본시장이 균형 상태를 이룰 때, 체계적 위험이 큰 자산은 보다 큰 기대수익률이 얻어지도록 가격이 결정되어야 한다는 것이 CAPM의 결론이다.
15 X | 증권시장선의 이용한 자산의 경제성평가
    ㉠ 기대수익률 > 균형수익률 ⇨ 과소평가된 자산 ⇨ NPV > 0 ⇨ 경제성 있는 자산
    ㉡ 기대수익률 < 균형수익률 ⇨ 과대평가된 자산 ⇨ NPV < 0 ⇨ 경제성 없는 자산
16 O
17 O
18 O

19 현금배당시 발행주식수는 불변하나, 주당이익은 증가한다. ☐ O ☐ X

20 투자수익률 증가하고, 가중평균자본비용과 투자자본이 감소하는 경우 EVA는 감소한다. ☐ O ☐ X

21 가중평균자본비용(WACC : Weighted Average Cost of Capital)은 기업이 조달한 다양한 자금에 대하여 지불하여야 하는 평균 비용(이율)을 말하며 이는 곧 주주 및 채권자가 요구하는 수익률로서 부채와 자기자본의 구성비율에 각각의 요구수익률을 곱한 것을 합하여 산출한다. ☐ O ☐ X

22 A기업의 부채(시장가치 기준)가 30억원이고 자기자본(시장가치 기준)이 70억원이며, 채권자와 주주가 요구하는 수익률이 각각 7%와 10%일 때 가중평균자본비용(WACC)은 15%가 되며, 여기에 부채의 절세효과(= 금융비용이 비용으로 계상됨에 따라 과표가 감소하게 됨)를 고려하면 (법인세율 15% 가정) 10%가 된다. ☐ O ☐ X

---

19 X | 현금배당시 발행주식수는 불변하나, 주당이익은 불변한다.

구 분		현금배당	자사주재매입	주식배당	주식분할
의 의		정규현금배당과 추가·특별배당	기발행주식을 주주로부터 재매입	이익잉여금을 자본금과 자본준비금으로 전입	주식의 액면가치 감소
효 과	발행주식 수	불변	↓	↑	↑
	주당이익	불변	↑	↓	↓
	주 가	↓	↑	↓	↓
	주주부	불변	불변	불변	불변
특 징		기업이 배당지급 대신에 자사주 재매입 시 현금배당이 자본이득으로 대체되는 결과를 얻을 수 있다.		투자자에게 기업의 미래성장성에 관한 우수한 정보를 전달, 주식거래의 유동성을 증가시킨다.	

20 X | EVA = 세후 영업이익 − (세후 이자비용 + 자기자본비용(금액)) = 투자자본 × (투자수익률 − 가중평균자본비용)
▶ EVA↑ ← 투자수익률↑, 가중평균자본비용↓, 투자자본↓

21 O

22 X | A기업의 부채(시장가치 기준)가 30억원이고 자기자본(시장가치 기준)이 70억원이며, 채권자와 주주가 요구하는 수익률이 각각 7%와 10%일 때 가중평균자본비용(WACC)은 9.1%가 되며, 0.3 × 7% + 0.7 × 10% = 9.1%
여기에 부채의 절세효과(= 금융비용이 비용으로 계상됨에 따라 과표가 감소하게 됨)를 고려하면 (법인세율 15% 가정) 8.75%가 된다. 0.3 × 7% (1 − 0.15) + 0.7 × 10% = 8.785%

Ⅱ | 개념정리문제

1 올해 말(t = 1)에 예상되는 A사 보통주의 주당 배당금은 1,000원이며, 이후 배당금은 매년 10%씩 영구히 증가할 것으로 기대된다. 현재 (t = 0) A사 보통주의 주가(내재가치)가 10,000원이라고 할 경우 이 주식의 자본비용은? 2021 공인노무사

① 10%　　② 15%　　③ 20%　　④ 25%　　⑤ 30%

2 다음 중 포트폴리오의 분산투자효과에 관한 설명으로 알맞지 않은 것은? 2006 한국토지주택공사

① 상관계수가 1이면 분산투자의 효과가 없다.
② 체계적 위험은 분산불가능위험이다.
③ 이자율 변동에 의한 위험은 체계적 위험에 해당한다.
④ 비체계적 위험으로는 전쟁, 인플레이션, 경기변동 등이 있다.
⑤ 비체계적 위험은 분산가능위험이다.

3 자본예산기법과 포트폴리오에 관한 설명으로 옳지 않은 것은? 2012 노무사

① 포트폴리오의 분산은 각 구성주식의 분산을 투자비율로 가중평균하여 산출한다.
② 비체계적 위험은 분산투자를 통해 제거할 수 있는 위험이다.
③ 단일 투자안의 경우 순현가법과 내부수익률법의 경제성 평가 결과는 동일하다.
④ 포트폴리오 기대수익률은 각 구성주식의 기대수익률을 투자비율로 가중평균하여 산출한다.
⑤ 두 투자안 중 하나의 투자안을 선택해야 하는 경우 순현가법과 내부수익률법의 선택 결과가 다를 수 있다.

4 포트폴리오 투자의 설명으로 옳지 않은 것은? 2020 군무원

① 상관계수가 1일 때 분산효과가 크다.
② 투자 종목 수가 많을수록 위험이 낮아진다.
③ 이자율의 변동, 부동산 경기변동 등은 포트폴리오를 구성해도 제거할 수 없는 위험이다.
④ 파업, 경영진의 변동 등 특정기업의 사건이나 상황은 분산투자로 제거할 수 있는 위험이다.

5 금융시장의 위험관리(risk management)기법에 대한 설명으로 가장 옳은 것은? 2016 서울시 7급

① 분산투자를 통해 체계적 위험을 없앨 수 있지만, 비체계적 위험은 없앨 수 없다.
② 두 자산의 상관관계가 높을수록 분산투자효과가 크다.
③ 헤지(hedge)가 모든 위험을 없애고자 하는 전략이라면, 보험(insurance)은 하방위험을 없애고자 하는 전략이다.
④ 헤지대상과 헤지수단 간의 상관관계가 낮을수록 헤지(hedge)효과가 크다.

6 자본자산가격결정모형(CAPM)의 가정으로 옳지 않은 것은? 2015 가맹거래사

① 투자자들은 기대효용을 극대화하고자 하는 위험회피자이다.
② 투자자들의 투자기간은 1기간이다.
③ 투자자들은 투자대상의 미래수익률 확률분포에 대하여 동질적으로 예측한다.
④ 세금과 거래비용이 존재한다.
⑤ 투자자들은 무위험이자율로 아무런 제한 없이 차입과 대출이 가능하다.

7 CAPM의 주요 가정으로 옳지 않은 것은? 2015 한국방송광고진흥공사

① 투자기간의 단일기간을 가정하지 않는다.
② 무위험자산이 존재한다고 가정한다.
③ 자산수익률이 시장포프폴리오라는 하나의 공통요인에 의해 결정된다.
④ 모든 투자자의 동질적 예상을 가정한다.
⑤ 완전경쟁적이고 효율적인 자본시장으로 가정한다.

8 다음 중 자본자산가격결정모형(CAPM)에 대한 설명으로 알맞지 않은 것은? 2012 한국농어촌공사

① 증권시장선의 기울기는 β값에 상관없이 항상 일정한 값을 가진다.
② 자본시장선상에 있는 포트폴리오와 시장포트폴리오의 상관관계는 1이다.
③ 자본시장선에서 무위험자산과 시장포트폴리오에 대한 투자가중치와 시장포트폴리오에 대한 투자비율은 둘 다 주관적이다.
④ 증권시장선에 다른 조건은 동일하고 시장포트폴리오의 기대수익률이 커진다면 β가 1보다 훨씬 큰 주식의 균형수익률과 β가 0보다 크지만 1보다 훨씬 작은 주식의 균형수익률은 상승한다.

9 APT(차익거래 가격결정이론)와 관련된 설명으로 알맞지 않은 것은? 2004 한국토지주택공사

① 각 공통요인 간은 서로 독립적이라고 가정한다.
② APT는 평균-분산기준이 필요하다.
③ APT는 무위험 자산의 개념이 필요하지 않다.
④ APT는 가정은 CAPM보다 상대적으로 약하며 따라서 CAPM은 APT의 특수한 형태로 볼 수 있다.
⑤ APT와 CAPM은 둘 다 자산의 기대수익률과 관련 위험요인이 선형 관계를 갖고 있다는 것을 보여준다.

10 다음 중 CAPM과 APT에 대한 설명으로 알맞지 않은 것은? 2006 근로복지공단

① CAPM: 투자자의 효용함수에 대한 가정 없음,   APT: 효용함수에 대한 가정이 없음
② CAPM: 무위험자산이 존재,   PT: 무위험 자산이 없어도 됨
③ CAPM: 시장포트폴리오 존재,   APT: 시장포트폴리오 없어도 됨
④ CAPM과 APT는 완전시장을 전제로 함,   APT: 시장포트폴리오 없어도 됨

11 자본시장선(CML)과 증권시장선(SML)에 관한 설명으로 옳은 것은?　　2012 노무사

① 자본시장선을 이용하여 타인자본 비용을 산출할 수 있다.
② 자본시장선을 이용하여 비효율적 포트폴리오의 균형가격을 산출할 수 있다.
③ 자본시장선은 위험자산만을 고려할 경우의 효율적 투자기회선이다.
④ 증권시장선은 포트폴리오 기대수익률과 포트폴리오 표준편차 간의 선형관계를 나타낸다.
⑤ 증권시장선 위에 존재하는 주식은 주가가 과소평가된 주식이다.

12 자본시장선에 관한 설명으로 옳은 것은?　　2013 가맹거래사

① 위험자산과 무위험자산을 모두 고려할 경우 효율적 투자기회선이다.
② 포트폴리오 기대수익률과 시장수익률 간의 선형관계를 나타낸다.
③ 개별주식의 기대수익률과 체계적 위험 간의 선형관계를 나타낸다.
④ 모든 포트폴리오들의 균형가격을 산출할 수 있다.
⑤ 개별주식의 균형가격을 산출할 수 있다.

13 포트폴리오의 기대수익률과 표준편차 간의 선형관계를 나타내는 것은?　　2015 가맹거래사

① 자본시장선　　② 증권시장선　　③ 증권특성선　　④ 순현가곡선　　⑤ 무차별곡선

14 증권시장선에 관한 설명으로 옳은 것은?　　2010 가맹거래사

① 증권시장선에 의하면 주식의 균형수익률을 결정하는 것은 배당수익률이다.
② 어떤 주식이 증권시장선보다 위쪽에 위치하면 이 주식은 저평가된 것이다.
③ 증권시장선을 이용하더라도 비효율적 포트폴리오의 균형가격은 구할 수 없다.
④ 증권시장선은 시장포트폴리오 수익률과 개별주식 수익률간의 선형관계를 나타내는 선이다.
⑤ 증권시장선은 포트폴리오 수익률의 표준편차와 포트폴리오 기대수익률간의 선형관계를 나타내는 선이다.

15 다음 글에 대한 설명으로 알맞은 것은?　　2005 한국농수산식품유통공사

> 기업이 고정영업비용을 부담하고 있을 때 고정영업비용이 지렛대 역할을 하여 매출액의 변화율보다 영업이익의 변화율이 더 커지는 효과이다.

① 결합레버리지효과　　② 재무레버리지효과　　③ 영업레버리지효과　　④ 투자레버리지효과

16 보통주에 관한 설명으로 옳지 않은 것은? [2014 가맹거래사]

① 장기자금을 안정적으로 조달할 수 있다.
② 이자와 같은 고정재무비용을 발생시키지 않는다.
③ 보통주 발행비용은 부채발행비용보다 낮다.
④ 기업의 재무구조를 개선시킨다.
⑤ 보통주에 대한 배당실시의무규정은 없다.

17 다음 중 유가증권이나 투자안의 위험(risk) 중 특정기업에만 해당하는 수익률변동성(위험)으로 가장 옳은 것은? [2022 9급 군무원]

① 포트폴리오 효과 ② 체계적 위험 ③ 변동계수 ④ 비체계적 위험

18 주식배당과 주식분할에 대한 설명으로 옳지 않은 것은? (단, 주식배당과 주식분할 전후 순이익은 변화가 없다.) [2016 7급 감사직]

① 주식분할 후 주당 순이익이 감소한다.
② 주식배당 후 주식의 액면가는 변화가 없지만, 주식분할 후 주식의 액면가는 감소한다.
③ 주식배당 후 주당 순이익은 변화가 없다.
④ 주식배당 후 이익잉여금은 감소하지만, 주식분할 후 이익잉여금은 변화가 없다.

19 기업의 배당정책에 영향을 미치는 요인으로 가장 거리가 먼 것은? [2011 노무사]

① 기업의 유동성 ② 시장의 경쟁상태
③ 새로운 투자기회 ④ 부채상환의 의무
⑤ 기업의 지배권

20 배당수익률을 계산하는 산식은? [2011 가맹거래사]

① 총배당액 / 주식수 ② 주당배당액 / 주가
③ 주당순이익 / 총배당액 ④ 총배당액 / 주당순이익
⑤ 주당배당액 / 주식수

21 포트폴리오의 위험분산효과에 대한 설명으로 옳지 않은 것은? [2018 7급 감사직]

① 자산을 결합하여 포트폴리오를 구성함으로써 위험이 감소하는 현상이다.
② 위험분산효과가 나타나는 이유는 포트폴리오를 구성하는 자산들의 변동성이 상쇄되기 때문이다.
③ 포트폴리오의 위험 중에서 분산투자로 줄일 수 없는 위험을 체계적 위험이라고 한다.
④ 포트폴리오의 위험은 일반적으로 포트폴리오를 구성하는 투자종목수가 많을수록 증가한다.

22 주식투자 시 분산투자를 통해 회피할 수 있는 위험은?

① 시장위험
② 마케팅 위험
③ 체계적 위험
④ 비체계적 위험
⑤ 분산불가능위험

23 마이어스(C. Myers)의 자본조달순서이론(pecking order theory)에 따를 경우, 기업이 가장 선호하는 투자자금 조달방식은?()

① 회사채
② 내부유보자금(유보이익)
③ 우선주
④ 보통주

24 100 % 자기자본만으로 구성되어 있는 X회사와 Y회사의 현재 기업가치는 각각 70억 원, 30억 원이다. X회사가 Y회사를 합병하여 XY회사가 탄생하면 합병 후 기업가치는 120억 원이 될 것으로 추정된다. X회사의 Y회사 인수가격이 40억 원일 경우 X회사의 입장에서 합병의 순현가는? (단, 다른 조건은 고려하지 않는다)

① 10억 원
② 20억 원
③ 50억 원
④ 80억 원

25 경제적 부가가치(Economic Value Added: EVA)에 대한 설명으로 옳지 않은 것은?

① EVA를 증가시키기 위해서는 세후 영업이익을 늘려야 한다.
② EVA는 장기성과를 측정하는 데 유용하다.
③ EVA가 0보다 큰 기업은 자본비용 이상을 벌어들인 기업으로 평가된다.
④ 다각화된 기업은 사업단위별로 EVA를 평가하여 핵심사업과 한계사업을 분류할 수 있다.

26 주식이나 채권 등의 자본자산들의 기대수익률과 위험과의 관계를 도출해내는 모형으로서 자본자산가격결정모형(CAPM: Capital Asset Pricing Model)의 기본 가정과 가장 거리가 먼 것은?

① 투자자들의 투자기간은 단일기간의 투자를 가정한다.
② 투자자들은 위험회피 성향이 낮으며 기대 효용을 최소화하려고 노력한다.
③ 투자자들은 평균-분산 기준에 따라 포트폴리오를 선택한다.
④ 투자자들은 자산의 기대수익률, 분산, 공분산에 대해 동일한 기대를 한다.

27 다음 중 기업의 배당전략에 대한 설명으로 가장 옳지 않은 것은? [2017 서울시]

① 수동적 잔고정책(passive residual policy)에 따르면, 수행할 만한 투자기회의 존재와 상관없이 배당금이 일정하다.
② 배당률은 이익의 증가를 따라가는 경향을 보이지만, 기업들은 대체로 안정적인 배당정책을 선호한다.
③ 장래의 전망이 밝은 기업의 경영자들은 자신들의 장래 전망에 대한 정보를 투자자들에게 알리는 수단으로서 배당정책을 사용하며, 투자자들은 배당정책의 변화를 기업내용 변화의 신호로 인식함으로써 주가에 변화를 가져온다.
④ 분기마다 배당을 지급하는 경우에 매 사분기마다 지급하는 배당금은 작게 하고 회계연도 말이 되어서 추가배당을 하는 정책은 연도별 이익규모와 현금수요가 각각 변동이 심한 기업들에게 적합하다.

28 자본자산가격결정모형(CAPM)의 가정으로 옳지 않은 것은? [2017 공인노무사]

① 투자자는 위험회피형 투자자이며 기대효용 극대화를 추구한다.
② 무위험자산이 존재하며, 무위험이자율로 무제한 차입 또는 대출이 가능하다.
③ 세금과 거래비용이 존재하는 불완전 자본시장이다.
④ 투자자는 평균 - 분산 기준에 따라 포트폴리오를 선택한다.
⑤ 모든 투자자는 투자대상의 미래 수익률의 확률분포에 대하여 동질적 예측을 한다.

29 자본시장선(CML)에 관한 설명으로 옳은 것을 모두 고른 것은? [2017 공인노무사]

> ㄱ. 위험자산과 무위험자산을 둘 다 고려할 경우의 효율적 투자 기회선이다.
> ㄴ. 자본시장선 아래에 위치하는 주식은 주가가 과소평가된 주식이다.
> ㄷ. 개별주식의 기대수익률과 체계적 위험 간의 선형관계를 나타낸다.
> ㄹ. 효율적 포트폴리오의 균형가격을 산출하는데 필요한 할인율을 제공한다.

① ㄱ, ㄴ   ② ㄴ, ㄷ   ③ ㄱ, ㄹ   ④ ㄷ, ㄹ   ⑤ ㄴ, ㄷ, ㄹ

30 마코위츠(Markowitz)가 제시한 포트폴리오 이론의 가정으로 옳은 것은? [2014 노무사]

① 투자자들은 기대수익극대화를 추구한다.
② 거래비용과 세금을 고려한다.
③ 투자자들은 포트폴리오 구성 시 무위험자산을 고려한다.
④ 완전자본시장이 고려된다.
⑤ 투자자들은 투자대상의 미래수익률 확률분포에 대하여 같은 예측을 한다.

31 증권시장선(SML)과 자본시장선(CML)에 관한 설명으로 옳지 않은 것은? 2021 공인노무사

① 증권시장선의 기울기는 표준편차로 측정된 위험 1단위에 대한 균형가격을 의미한다.
② 증권시장선 아래에 위치한 자산은 과대평가된 자산이다.
③ 자본시장선은 효율적 자산의 기대수익률과 표준편차의 선형관계를 나타낸다.
④ 자본시장선에 위치한 위험자산은 무위험자산과 시장포트폴리오의 결합으로 구성된 자산이다.
⑤ 자본시장선에 위치한 위험자산과 시장포트폴리오의 상관계수는 1이다.

32 타인자본 비율에 따라 기업의 수익에 차이가 발생하는 현상을 의미하는 용어로 가장 적절한 것은? 2021 군무원

① 레버리지 효과   ② 가중 효과   ③ 톱니바퀴 효과   ④ 비례 효과

33 다음 〈보기〉 중 간접적 자본 조달 수단으로 옳은 것을 모두 고른 것은? 2019 군무원

| ㄱ. 주식 발행 | ㄴ. 기업어음 발행 | ㄷ. 은행차입 | ㄹ. 회사채 발행 |

① ㄱ, ㄴ   ② ㄴ, ㄷ   ③ ㄴ, ㄹ   ④ ㄷ, ㄹ

34 부채를 통한 자금조달에 대한 설명으로 옳지 않은 것은? 2020 군무원

① 부채조달 시 소유권을 포기하지 않아도 된다.
② 부채조달 시 순손실이 발생하면 부채비율이 증가한다.
③ 기업의 시각에서 볼 때 부채가 자기자본보다 유리하다.
④ 부채사용이 증가할수록 재무곤경(finacial distress)위험 또는 기대파산비용이 증가한다.

35 조직의 타인자본 조달의 한 방법으로서 채권(bond)에 대한 특징으로 가장 적절하지 않은 것은? 2021 5급 군무원

① 채권자들은 의결권이 없기 때문에 채권발행 조직은 경영권을 유지할 수 있다.
② 만기에 채권의 액면금액을 상환해야 하며 필요에 따라 채권의 이자는 지불면제가 가능하다.
③ 채권은 일시적으로 자금을 조달할 수 있는 방법으로 채권을 상환하면 부채가 사라진다.
④ 조기상환조건을 지닌 채권을 발행할 경우 조기 상환이 가능하다.

36 기업의 직접 자금조달 방식으로 가장 적절한 것을 모두 고른 것은? 2021 5급 군무원

| ㄱ. 전환사채 발행 | ㄴ. 어음발행 | ㄷ. 비참가적우선주발행 |
| ㄹ. 은행차입 | ㅁ. 벤처투자사 투자 | ㅂ. 사모펀드(PEF)투자 |

① ㄱ, ㄷ   ② ㅁ, ㅂ   ③ ㄱ, ㄷ, ㄹ   ④ ㄹ, ㅁ, ㅂ

37 자본시장선(CML)과 증권시장선(SML)에 관한 설명으로 옳지 않은 것은? [2024 공인노무사]

① 증권시장선 보다 아래에 위치하는 주식은 주가가 과대평가 된 주식이다.
② 자본시장선은 개별위험자산의 기대수익률과 체계적 위험(베타) 간의 선형관계를 설명한다.
③ 자본시장선 상에는 비체계적 위험을 가진 포트폴리오가 놓이지 않는다.
④ 동일한 체계적 위험(베타)을 가지고 있는 자산이면 증권시장선 상에서 동일한 위치에 놓인다.
⑤ 균형상태에서 모든 위험자산의 체계적 위험(베타) 대비 초과수익률(기대수익률[$E(r_i)$] - 무위험수익률[r_f])이 동일하다.

38 증권시장선(SML)에 관한 설명으로 옳은 것을 모두 고른 것은? [2022 공인노무사]

> ㄱ. 개별주식의 기대수익률과 체계적 위험간의 선형관계를 나타낸다.
> ㄴ. 효율적 포트폴리오에 한정하여 균형가격을 산출할 수 있다.
> ㄷ. 증권시장선보다 상단에 위치하는 주식은 주가가 과소평가된 주식이다.
> ㄹ. 증권시장선은 위험자산만을 고려할 경우 효율적 투자기회선이다.

① ㄱ, ㄴ   ② ㄱ, ㄷ   ③ ㄱ, ㄹ   ④ ㄴ, ㄷ   ⑤ ㄷ, ㄹ

39 다음 중 분산 투자를 함으로써 제거할 수 있는 비체계적 위험으로 옳은 것은? [2022 7급 군무원]

① 기업의 노사분규나 소송발생 등과 같은 요인에서 발생하는 위험
② 이자율과 같은 금리 인상 요인에서 발생하는 위험
③ 물가 상승 요인에 의해 발생하는 위험
④ 정부의 경기 정책에 의해 발생하는 위험

Ⅲ | 심화문제

1 다음의 SML의 자료로 ㈜OO물산의 균형수익률을 계산하면? [2005 한국토지주택공사]

> a. 무위험자산의 수익률은 30%이다.
> b. 시장포트폴리오는 기대수익률은 35%이다.
> c. 체계적 위험(주식의 베타)는 3이다.

① 10%   ② 15%   ③ 18%   ④ 20%   ⑤ 45%

2 시장포트폴리오 수익률의 표준편차가 0.1이고, 주식 A의 수익률과 시장 포트폴리오 수익률간의 공분산이 0.02일 경우 주식 A의 베타(β)는? [2015 가맹거래사]

① 0.8   ② 1   ③ 2   ④ 2.5   ⑤ 3

3 시장포트폴리오 기대수익률이 12%이고 무위험수익률은 6%이다. A 주식의 베타가 1.5라면 증권시장선(SML)에 의한 이 주식의 균형 수익률은? [2011 가맹거래사]

① 10%   ② 11%   ③ 12%   ④ 15%   ⑤ 16%

4 A 주식의 기대수익률은 10%이고, B 주식의 기대수익률은 20%이다. A 주식에 40%, B 주식에 60%를 투자한 포트폴리오의 기대수익률은? [2010 가맹거래사]

① 13%   ② 15%   ③ 16%   ④ 18%   ⑤ 20%

5 주식 A와 B의 기대수익률은 각각 10%, 20%이다. 총 투자자금 중 40%를 주식 A에, 60%를 주식 B에 투자하여 구성한 포트폴리오 P의 기대수익률은? [2021 공인노무사]

① 15%   ② 16%   ③ 17%   ④ 18%   ⑤ 19%

6 다음 포트폴리오와 관련된 설명으로 옳은 것은? [2016 가맹거래사]

	매입시점		매도시점		표준편차(%)
	주가	주식 수	주가	주식 수	
주식 A	10,000원	400주	15,000원	400주	10
주식 B	20,000원	200주	20,000원	200주	13

① 매입시점에서 주식 A와 주식 B의 구성 비율은 주식 A=33.3%, 주식 B=66.6%이다.
② 매도시점에서 주식 A와 주식 B의 구성 비율은 주식 A=60%, 주식 B=40%이다.
③ 주식 A와 주식 B의 구성 비율을 계산할 때 주식 수만 고려한다.
④ 주식 A와 주식 B의 구성 비율을 계산할 때 주가만 고려한다.
⑤ 위험을 싫어하는 투자자들은 주식 A보다 주식 B를 선호한다.

7 두 자산 A, B의 베타(β, 체계적 위험)는 각각 1.35와 0.90이다. 자산 A에 40%, 자산 B에 60%를 투자하여 구성한 포트폴리오의 베타는? _{2018 7급 감사직}

① 0.45　　　② 1.08　　　③ 1.17　　　④ 2.25

8 다음에서 증권시장선(SML)을 이용하여 A주식의 균형기대수익률을 구한 값은? _{2017 공인노무사}

- 무위험이자율: 5%　　• 시장포트폴리오 기대수익률: 10%　　• A주식의 베타: 1.2

① 5%　　② 7%　　③ 9%　　④ 11%　　⑤ 13%

9 자본시장에 다음과 같은 포트폴리오(A~E)가 존재한다.

구분	A	B	C	D	E
기대수익률	25%	25%	15%	15%	10%
분산	0.2	0.1	0.2	0.1	0.1

위 포트폴리오 중 효율적(efficient) 포트폴리오에 해당하는 것은? (단, 평균−분산 기준의 포트폴리오 이론이 성립한다고 가정함) _{2017 가맹거래사}

① A　　② B　　③ C　　④ D　　⑤ E

10 매년 1,200원의 주당 배당금을 영구히 지급하여야 하는 우선주가 현재 주당 12,000원에 거래된다. 이 우선주의 자본비용은? _{2017 가맹거래사}

① 6%　　② 8%　　③ 10%　　④ 12%　　⑤ 14%

11 (주)가맹의 올해 말 주당순이익은 1,000원으로 예상되며, 주주들의 요구수익률은 20% 이다. 성장이 없다고 가정하는 무성장모형(zero growth model)을 적용할 경우, (주)가맹의 현재주가는? _{2018 가맹거래사}

① 2,000원　　② 4,000원　　③ 5,000원　　④ 7,000원　　⑤ 10,000원

12 A 주식의 금년도 말 1주당 배당금은 1,100원으로 추정되며, 이후 배당금은 매년 10%씩 증가할 것으로 예상된다. A 주식에 대한 요구수익률이 15%일 경우, 고든(M.J. Gordon)의 항상성장모형에 의한 A 주식의 1주당 현재가치는? _{2012 노무사}

① 4,400원　　② 7,333원　　③ 11,000원　　④ 22,000원　　⑤ 23,000원

13 A기업 주식의 내년 주당예상배당액은 1만 원이고, 향후 연 5 %씩 일정하게 성장할 것으로 기대된다. 이 주식의 요구수익률이 15 %일 때, 고든(Gordon)의 배당평가모형 중 항상성장모형에 의한 적정주가는?

2011 가맹거래사

① 4만 원　　② 6만 원　　③ 8만 원　　④ 10만 원　　⑤ 12만 원

14 A기업의 적정주가는 3,000원이다. 1년 후 150원의 배당금을 지급하고 이 배당금은 매년 10 %씩 영구히 성장한다고 한다. 고든(Gordon)의 항상성장모형을 이용하여 구한 할인율은?

2012 가맹거래사

① 8 %　　② 10 %　　③ 12 %　　④ 13 %　　⑤ 15 %

15 A기업은 주당 1,000원의 배당을 지급하고 있고, 이는 향후 변하지 않을 것으로 예상된다. 이 주식의 기대수익률이 10 %이면, 배당평가 모형에 의한 이 주식의 적정가격은?

2010 가맹거래사

① 10,000원　　② 15,000원　　③ 20,000원　　④ 25,000원　　⑤ 30,000원

16 100 % 자기자본만으로 구성되어 있는 X회사와 Y회사의 현재 기업가치는 각각 70억 원, 30억 원이다. X회사가 Y회사를 합병하여 XY회사가 탄생하면 합병 후 기업가치는 120억 원이 될 것으로 추정된다. X회사의 Y회사 인수가격이 40억 원일 경우 X회사의 입장에서 합병의 순현가는? (단, 다른 조건은 고려하지 않는다.)

2016 7급 감사직

① 10억 원　　② 20억 원　　③ 50억 원　　④ 80억 원

17 증권시장선(security market line)이 성립한다고 할 경우 시장포트폴리오(market portfolio)의 베타(β)는?

2017 가맹거래사

① -1　　② -0.5　　③ 0　　④ 0.5　　⑤ 1

18 (주)가맹 주식의 베타가 1.4, 무위험이자율이 4 %, 시장포트폴리오의 기대수익률이 8 %일 때, 증권시장선(SML)을 이용하여 산출한 (주)가맹 주식의 기대수익률은? (단, 문제에서 주어지지 않은 조건은 고려하지 않는다.)

2018 가맹거래사

① 6.4 %　　② 7.6 %　　③ 9.6 %　　④ 10.4 %　　⑤ 12.0 %

19 자기자본과 타인자본이 차지하는 비중이 5:5이며, 자기자본비용은 12 %이고, 타인자본비용은 10 %이다. 법인세율 50 %를 가정하여 가중평균자본비용(WACC)을 계산하면? (단, 이자비용의 세금절감 효과는 자본비용에 반영함)

2011 노무사

① 8.5 %　　② 9.5 %　　③ 10.5 %　　④ 12.5 %　　⑤ 14.5 %

20 다음 자료를 이용하여 가중평균자본비용을 구하면? [2015 가맹거래사]

구분	가치(억 원)	자본비용(%)
부채	300	6
우선주	200	8
보통주	500	10
합계	1,000	-

① 6.4% ② 7.4% ③ 8.4% ④ 9.4% ⑤ 10.4%

21 다음 자료를 이용하여 계산한 가중평균자본비용은? [2013 가맹거래사]

- 타인자본 시장가치   2억 원
- 세전타인자본비용   10%
- 법인세율   50%
- 자기자본 시장가치   3억 원
- 자기자본비용   20%

① 10% ② 12% ③ 14% ④ 16% ⑤ 18%

22 (주)한국의 자기자본 시장가치와 타인자본 시장가치는 각각 5억원이다. 자기자본 비용은 16%이고, 세전타인자본비용은 12%이다. 법인세율이 50%일 때 (주)한국의 가중평균자본비용(WACC)은? [2019 공인노무사]

① 6% ② 8% ③ 11% ④ 13% ⑤ 15%

23 영업레버리지도가 3이고 재무레버리지도가 2인 경우, 매출액이 10% 상승하면 순이익은 얼마나 상승하는가? [2010 가맹거래사]

① 20% ② 30% ③ 50% ④ 60% ⑤ 100%

24 영업부분에서 손익 확대효과가 존재하지 않는 기업의 영업레버리지도는? [2017 가맹거래사]

① 0 ② 1 ③ 2 ④ 3 ⑤ 4

25 A주식에 대한 분산은 0.06이고, B주식에 대한 분산은 0.08이다. A주식의 수익률과 B주식의 수익률간의 상관계수가 0인 경우, 총 투자자금 중 A주식과 B주식에 절반씩 투자한 포트폴리오의 분산은? [2022 공인노무사]

① 0.025 ② 0.035 ③ 0.045 ④ 0.055 ⑤ 0.065

26 금년 초에 5,000원의 배당(=d_0)을 지급한 A기업의 배당은 매년 영원히 5%로 일정하게 성장할 것으로 예상된다. 요구수익률이 10%일 경우 이 주식의 현재가치는? 2024 공인노무사

① 50,000원　② 52,500원　③ 100,000원　④ 105,000원　⑤ 110,000원

27 다음 세 주식으로 구성된 포트폴리오의 기대 수익률은 얼마인가? 2024 7급 군무원

주식	투자액(만원)	기대수익율
A	1,000	10%
B	600	8%
C	400	6%

① 8.2%　② 8.4%　③ 8.6%　④ 8.8%

28 다음 중 효율적 시장가설에 대한 설명으로 가장 적절하지 않은 것은? 2024 7급 군무원

① 현재의 주가가 과거의 주가자료에 포함된 정보를 반영하여 결정된다고 보는 견해를 약형(weak form) 효율시장 가설이라고 한다.
② 효율적 시장에서는 주가의 움직임에 패턴이 있으며, 어제의 주가변화와 오늘의 주가변화는 상관관계가 존재한다.
③ 특정 거래전략이 지속해서 통계적으로 유의한 초과수익을 낼 수가 없다.
④ 전문투자자와 보통투자자 간의 투자성과는 통계적으로 유의한 차이가 없다.

# Chapter 4 파생금융상품

I | OX문제

1 선물가격과 기대현물가격의 관계에 대한 콘탱고가설이란 선물가격이 기대현물가격보다 높게 형성되었다가 만기일이 가까워지면 하락하여 만기일에는 기대현물가격으로 수렴한다는 가설이다. ◯ ✕

2 옵션과 선물은 거래소를 통해서 이루어지고 표준화된 조건에 따라 계약이 체결되는 반면에, 스왑은 계약 내용이 당사자의 합의에 의하여 결정되고 장외시장에서 개별적인 형태로 계약이 체결된다는 점에서 선도거래와 유사하다. ◯ ✕

3 옵션매입자에게는 거래를 할 수 있는 권리가 부여되고, 옵션매도자는 옵션매입자가 권리를 행사하며 거래 요구시 거래에 응하여야 할 의무를 가진다. ◯ ✕

4 만기일 이전에 언제든지 그 권리를 행사할 수 있는 옵션을 유럽식 옵션이라 한다. ◯ ✕

5 콜옵션은 기초자산을 싸게 살 수 있는 권리이므로, 기초자산의 가격이 행사가격보다 낮으면 싸게 살 유인이 없어지기 때문에 권리행사가 되지 않음. ◯ ✕

6 스왑거래의 결제일은 한 시점인 반면, 선도거래는 정해진 기간 동안 약정일마다 현금흐름을 교환하는 거래이다. 그러므로 선도거래는 각 약정일을 만기일로 하는 여러 개의 스왑계약으로 구성된 포트폴리오라고 볼 수 있다. ◯ ✕

---

1 ◯
2 ◯
3 ◯
4 ✕ | 만기시점 이전이라도 유리할 경우 행사가 가능한 옵션은 미국형 옵션이며 유럽형 옵션은 만기일에만 행사가 가능하다.
5 ◯
6 ✕ | 선도거래의 결제일은 한 시점인 반면, 스왑은 정해진 기간 동안 약정일마다 현금흐름을 교환하는 거래이다. 그러므로 스왑은 각 약정일을 만기일로 하는 여러 개의 선도계약으로 구성된 포트폴리오라고 볼 수 있다.

7 우리나라 원화와 미국 달러화의 환율이 1달러 = 1,181.50원이고, 동경 외환시장에서 미국 달러화와 일본 엔화 간의 환율이 1달러 = 120.25엔이라면 원화와 엔화의 환율은 연쇄방식에 의해 100엔 = 982.54원이 된다. ☐ O ☐ X

8 구매력평가이론은 완전한 무역거래의 자유화를 기본 가정으로 한다. 즉 국제무역에 있어서 수송비나 거래수수료, 정보획득비용, 보호무역장벽 등 일체의 거래비용이 없다면 어떤 상품의 가격은 모든 나라에서 똑같아지며, 바로 그 과정에서 환율이 결정된다는 이론이다. ☐ O ☐ X

9 이자율평가이론은 환율변동에 따른 위험을 커버하지 않은 유위험 이자율평가이론과 선물환계약으로 그 위험을 사전에 커버한 무위험 이자율평가이론으로 나눌 수 있다. ☐ O ☐ X

10 전환사채(convertible bond): 주식으로 전환할 수 있는 권리가 붙은 사채를 말한다. 전환청구기간 내에 전환권을 행사함으로써 미리 정해진 가격으로 신주를 인수할 수 있다. 전환청구기간은 사채를 발행한 날로부터 상당한 거치기간을 두는 것이 통례이다. 발행 후 즉시 전환권을 행사할 경우 주가가 급락해 일반 주주에게 피해가 가기 때문이다. ☐ O ☐ X

11 신주인수권부사채(bond with subscription warrant): 미리 정해진 가격으로 일정액의 신주를 인수할 수 있는 권리(warrant)가 붙은 채권이다. 전환사채(CB)와 다른 점은 전환사채가 전환에 의해 그 사채가 소멸되는 데 비해 신주인수권부사채는 인수권의 행사에 의해 인수권 부분만 소멸될 뿐 사채부분은 계속 효력을 갖는다는 점이다. 따라서 인수 권리를 행사할 때에는 신주의 대금은 따로 지불해야 한다. ☐ O ☐ X

7	O
8	O
9	O
10	O
11	O

II | 개념정리문제

1 파생상품(derivatives)에 대한 설명으로 가장 옳지 않은 것은? `2016 서울시 7급`

① 풋옵션은 팔 수 있는 권리로 만기일에 기초자산의 시장가격이 행사가격보다 낮으면 행사하여 이익을 본다.
② 옵션매입자에게는 거래를 할 수 있는 권리가 부여되고, 옵션매도자는 옵션매입자가 권리를 행사하며 거래 요구시 거래에 응하여야 할 의무를 가진다.
③ 만기일 이전에 언제든지 그 권리를 행사할 수 있는 옵션을 미국식 옵션(American option)이라 한다.
④ 선물의 계약가치는 선물가격이기 때문에 선물매입계약 체결시 매입자는 매도자에게 선물가격을 지불하여야 한다.

2 선도거래에 관한 설명으로 옳은 것을 모두 고른 것은? `2013 가맹거래사`

ㄱ. 계약조건이 표준화되어 있다.
ㄴ. 장외시장에서 거래가 이루어진다.
ㄷ. 만기일에 결제가 이루어진다.
ㄹ. 청산소에 의해 일일정산이 이루어진다.
ㅁ. 거래상대방의 신용리스크가 직접적으로 노출된다.

① ㄱ, ㄴ, ㄷ   ② ㄱ, ㄷ, ㄹ   ③ ㄴ, ㄷ, ㄹ   ④ ㄴ, ㄷ, ㅁ   ⑤ ㄷ, ㄹ, ㅁ

3 선물거래에 관한 설명으로 옳지 않은 것은? `2020 공인노무사`

① 조직화된 공식시장에서 거래가 이루어진다.
② 다수의 불특정 참가자가 자유롭게 시장에 참여한다.
③ 거래대상, 거래단위 등의 거래조건이 표준화되어 있다.
④ 계약의 이행을 보증하려는 제도적 장치로 일일정산, 증거금 등이 있다.
⑤ 반대매매를 통해 중도청산이 어려워 만기일에 실물의 인수·인도가 이루어진다.

4 선물거래의 특성에 해당되는 것은? `2012 가맹거래사`

① 장외거래
② 당사자 간 직접거래
③ 계약조건 합의 가능
④ 낮은 유동성
⑤ 결제소에 의한 일일정산

5 다음 중 선물거래의 경제적 기능으로 알맞지 않은 것은? `2004 한국토지주택공사`

① 현물에 대한 가격예시기능
② 가격변동위험의 이전기능
③ 시장의 공평성에 기여
④ 금융시장의 효율적인 자원분배
⑤ 현물거래의 활성화

6 선물을 이용한 다음의 헤지거래 중 알맞지 않은 것은? [2007 한국토지주택공사]

① 헤지거래는 주가지수 선물시장에서 반대되는 포지션을 취함으로써 가격변동에 대한 위험이 커지는 것이 단점이다.
② 1개월 후에 자금을 차입하려고 하는 기업이 금리선물을 매도하였다.
③ 3개월 후에 채권을 매입하려고 하는 투자자가 금리선물을 매입하였다.
④ 보유현물과 동일하지 않으나 정(+)의 상관관계가 큰 선물을 매도하였다.
⑤ 헤지목적으로 주가지수 선물거래를 이용하면 전체적인 손익은 거의 없게 된다.

7 선물거래에 관한 설명으로 옳은 것은? [2014 노무사]

① 계약당사자 간 직접거래가 이루어진다.
② 계약조건이 표준화되어 있지 않다.
③ 결제소에 의해 일일정산이 이루어진다.
④ 장외시장에서 거래가 이루어진다.
⑤ 계약불이행 위험이 커서 계약당사자의 신용이 중요하다.

8 옵션에 관한 설명으로 옳지 않은 것은? [2013 노무사]

① 옵션이란 약정된 기간 동안에 미리 정해진 가격으로 약정된 증권이나 상품 등을 사거나 팔 수 있는 권리이다.
② 콜옵션은 약정된 증권이나 상품 등을 팔 수 있는 권리이다.
③ 유럽형 옵션은 만기에만 권리를 행사할 수 있다.
④ 옵션은 위험 회피를 위한 유용한 수단이다.
⑤ 기초자산이란 옵션의 근간이 되는 자산을 의미한다.

9 옵션에 관한 설명으로 옳은 것은? [2015 가맹거래사]

① 풋옵션은 기초자산을 살 수 있는 권리가 부여된 옵션이다.
② 유럽형 옵션은 만기시점 이전이라도 유리할 경우 행사가 가능한 옵션이다.
③ 콜옵션은 기초자산의 가격이 낮을수록 유리하다.
④ 풋옵션의 경우 행사가격이 낮을수록 유리하다.
⑤ 콜옵션의 경우 기초자산의 현재가격이 행사가격보다 작을 경우 내재가치는 0이다.

10 상품이나 유가증권 등 기초자산을 미리 정해진 가격으로 팔 수 있는 권리는? [2010 가맹거래사]

① 콜옵션(call option)
② 공매도(short-selling)
③ 스왑(swap)
④ 선도거래(forward transaction)
⑤ 풋옵션(put option)

11 파생상품 중 옵션에 관한 설명으로 옳지 않은 것은?   `2013 가맹거래사`

① 주식을 기초자산으로 하는 유럽형 콜옵션의 경우 만기시점에서 주식의 가격이 행사가격보다 낮으면 행사한다.
② 현재의 주식가격이 높을수록 주식을 기초자산으로 하는 유럽형 콜옵션 가격은 높아진다.
③ 유럽형 옵션은 만기일에 옵션 행사가 가능하다.
④ 옵션 프리미엄은 옵션의 가격을 말한다.
⑤ 행사가격이 높을수록 주식을 기초자산으로 하는 유럽형 풋옵션의 가격은 높아진다.

12 다음 중 풋옵션에 대한 설명으로 틀린 것은?   `2011 한국무역보험공사`

① 무위험이자율이 증가하면 풋옵션 가격은 하락한다.
② 주식의 가격이 증가하면 풋옵션의 가격은 그만큼 증가한다.
③ 기초자산에 대한 배당이 많을수록 풋옵션 가격은 상승한다.
④ 변동성이 높을수록 풋옵션의 가치는 높아진다.

13 다음 콜옵션과 풋옵션에 대한 설명으로 알맞지 않은 것은?   `2010 공무원연금공단`

① 콜옵션은 기초자산을 팔 수 있는 권리를 말한다.
② 주가가 낮을수록 주식 풋옵션의 가치는 높아진다.
③ 잔존기간이 길면 길수록 풋옵션의 가격은 상승한다.
④ 만기일 이전에 지급되는 배당이 많을수록 콜옵션가격은 감소한다.

14 다음 중 옵션에 대한 설명으로 알맞지 않은 것은?   `2010 한국국토정보공사`

① 미국식옵션은 만기일 이전에 언제든지 옵션을 행사할 수 있다.
② 유럽식 옵션은 옵션 만기일이나 만기일 직전에만 옵션을 행사한다.
③ 옵션의 기초자산을 특정일까지 매도할 수 있는 권리를 옵션매입자에게 부여하는 것을 콜옵션이라고 한다.
④ 동일한 만기와 동일한 행사가격을 가지는 콜옵션과 풋옵션을 동시에 매수하는 전략을 스트래들 매수라 한다.

15 다음 중 스왑(swap)에 관한 설명으로 알맞지 않은 것은?   `2006 한국토지주택공사`

① 두 거래의 당사자가 미래의 현금흐름을 서로 교환할 것을 약정하는 계약을 스왑이라 한다.
② 스왑을 통하여 기업들은 환율 및 금리변동에 유연하게 대처하여 이자비용을 절감할 수 있다.
③ 통화스왑은 서로 다른 통화로 표시된 채무를 부담하고 있는 두 당사자가 원금상환만을 서로 교환하기로 약정한 계약이다.
④ 현물거래, 선도거래, 또는 일련의 선도 거래가 여러 개 모여진 하나의 거래를 스왑이라 한다.
⑤ 금리스왑은 동일 통화에 대해 원금교환 없이 서로 다른 형태의 이자지급만을 교환하는 거래이다.

16 옵션포지션의 위험을 측정하는 그릭문자(Greeks)에 관한 설명으로 가장 옳지 않은 것은? 2017 서울시

① 델타는 기초자산의 가격변화에 대한 옵션가격의 변화로 정의된다.
② 옵션포트폴리오의 세타는 거래비용의 변화에 대한 옵션 가격의 변화로 정의된다.
③ 옵션포트폴리오의 감마는 기초자산의 가격변화에 대한 포트폴리오 델타의 변화로 정의된다.
④ 파생상품으로 구성된 포트폴리오의 베가는 기초자산의 변동성 변화에 대한 포트폴리오의 가치 변화로 정의된다.

Ⅲ 심화문제

1 다음 중 주식을 기초자산으로 하는 미국식 콜옵션 가격에 음(-)의 영향을 주는 것은?　　2010 가맹거래사

① 주식가격
② 만기까지의 기간
③ 주가의 변동성
④ 옵션의 행사가격
⑤ 무위험이자율

2 미리 정해놓은 일정한 시점에 양, 등급, 가격, 만기일 등에 대하여 계약을 맺고, 이 계약의 만기일 이전에 반대매매를 행하거나 또는 만기일에 현물을 인수 및 인도함으로써 그 계약을 종결하는 거래 형태는?　　2016 가맹거래사

① 교환사채(exchangeable bond) 거래
② 선물(futures) 거래
③ 스왑(swap) 거래
④ 워런트(warrant) 거래
⑤ 주식(stock) 거래

3 ㈜서울의 보통주에 대한 콜옵션과 풋옵션의 행사가격이 모두 22,000원으로 동일하며, 두 옵션은 유러피언옵션으로 만기일 이전에 행사할 수 없다고 가정한다. 만기일은 1년 후, 현재의 주가는 16,000원이며 주식에 대한 배당은 없다. 1년간의 무위험 이자율이 10%이고 풋-콜등가(Put-Call parity)가 성립할 때 콜옵션의 현재가치가 4,000원이면 풋옵션의 현재가치는 얼마인가?　　2017 서울시

① 5,000원　　② 6,000원　　③ 7,000원　　④ 8,000원

4 ㈜가맹의 주식을 기초자산으로 하며, 만기가 1개월이고 행사가격이 10,000원인 유럽형 콜옵션이 있다. 이 옵션의 만기일에 ㈜가맹의 주가가 12,000원인 경우 만기일의 옵션 가치는?　　2017 가맹거래사

① -2,000원　　② 0원　　③ 2,000원　　④ 10,000원　　⑤ 12,000원

5 환율결정이론에 대한 설명으로 옳지 않은 것은?　　2018 7급 감사직

① 한 국가의 물가상승률이 높을수록 그 국가의 환율은 장기적으로 평가절상된다.
② 구매력평가설이 성립하는 상황에서 환율의 변동은 국내물가상승률과 외국물가상승률의 차이로 결정된다.
③ Big Mac지수는 같은 비용을 지불하여 전 세계 어디에서나 동일한 품질의 햄버거를 구매할 수 있다는 가정하에 균형환율을 계산한 것이다.
④ 구매력평가설은 일물일가의 법칙이 성립하고, 관세를 포함한 무역장벽이 없으며, 수송비용이 크지 않은 경쟁적인 시장을 가정한다.

6 1달러 = 1,150원이고, 1유로 = 1.6달러인 경우, 원화와 유로화 간의 재정환율(Arbitrage Rate)은?

2018 7급 감사직

① 1유로 = 718.75원   ② 1유로 = 1,150원   ③ 1유로 = 1,265원   ④ 1유로 = 1,840원

MEMO

기 출 로 접 근 하 는   객 관 식 경 영 학

PART 8

경영정보

Chapter 1
정보기술의 발전과 정보

Chapter 2
경영정보시스템

Chapter 3
기타

Chapter 1 정보기술의 발전과 정보

I | OX문제

1 SECI 모델은 암묵지와 형식지라는 두 종류의 지식이 공동화, 표출화, 연결화, 내면화라는 네 가지 변환과정을 거쳐 지식이 창출된다는 이론이다. ☐ O ☐ X

2 놀란(Richard L. Nolan)의 정보기술 성장의 6단계는 착수(initiation) → 전파(contagion) → 통합(integration) → 통제(control) → 데이터관리(data administration) → 성숙(maturity)단계를 의미한다. ☐ O ☐ X

3 정보는 정확성과 증거성 및 검증가능성을 가져야 하며, 정보의 가치적 측면이 생산비용보다 커야 하므로 경제성이 있어야 한다. 관련성 및 적합성 측면에서 정보가 필요한 목적에 맞게 사용될 수 있어야 한다. 또한 적시성, 형태성(완전성), 간편성이 있어야 한다. ☐ O ☐ X

4 데이터마이닝이란 누적된 고객정보를 바탕으로 고객의 구매패턴을 분석하여 마케팅전략을 도출하는 기법으로, 마케팅전략을 이끌어 내는 기법의 하나로, 누적된 고객과 관련된 정보를 기초로 하여 고객의 미래 구매행동의 양상을 예측하고 변수 사이의 인과관계를 분석한다. ☐ O ☐ X

5 애자일 개발이란 소프트웨어 개발 방법의 하나로, 개발 대상을 다수의 작은 기능으로 분할하여 하나의 기능을 하나의 반복 주기 내에 개발하는 개발 방법을 말한다. ☐ O ☐ X

6 최종 사용자 개발(end-user development, EUD)은 소프트웨어 개발 방법론의 일종으로 프로그램의 로직을 각각의 독립적인 컴포넌트로 구성하고 이를 짜 맞춰 전체 프로그램을 구성하는 것을 의미한다. ☐ O ☐ X

7 웹마이닝이란 소프트웨어 개발생명주기(SDLC)에 기반하고 있는 소프트웨어 개발 기법을 의미한다. ☐ O ☐ X

---

1 O
2 X | 놀란(Richard L. Nolan)의 정보기술 성장의 6단계는 착수(initiation) → 전파(contagion) → 통제(control) → 통합(integration) → 데이터관리(data administration) → 성숙(maturity)단계를 의미한다.
3 O
4 O
5 O
6 X | 컴포넌트 기반 개발(component based development : CBD)에 대한 설명으로 이는 소프트웨어 개발 방법론의 일종으로 프로그램의 로직을 각각의 독립적인 컴포넌트로 구성하고 이를 짜 맞춰 전체 프로그램을 구성하는 것. CBD를 이용하여 구현한 프로그램의 장점은 소프트웨어 재사용이 가능하고, 다른 프로그램과의 호환성 및 이식성이 우수하여 소프트웨어 개발 생산성이 높다는 것이다. 최종 사용자 개발(end-user development, EUD)은 최종 사용자가 기술전문가의 도움 없이 정보시스템을 직접 개발하는 것을 말한다. 이는 최종 사용자가 보고서를 생성하거나 응용 소프트웨어를 개발할 수 있도록 도와주는 소프트웨어 도구인 4세대 언어가 최종 사용자 개발을 가능하게 돕는다.
7 X | 폭포수 모델 개발에 대한 설명임. 웹 마이닝이란 인터넷상에서 수집된 정보를 기존의 데이터 마이닝 방법으로 분석 통합하는 것. 고객의 취향을 이해하고 특정 웹 사이트의 효능을 평가하여 마케팅의 질적 향상을 도모하기 위해 사용되는 기법이다.

II | 개념정리문제

1 조직의 가치창출을 위해 지식을 생성, 저장, 공유, 활용하는 일련의 활동은?   [2016 가맹거래사]

① 공급망관리 ② 고객관계관리
③ 전사적품질경영 ④ 지식경영
⑤ 기술경영

2 다음 중 지식경영에 대한 설명으로 알맞지 않은 것은?   [2007 한국토지주택공사]

① 암묵지는 학습과 체험을 통해 습득된다.
② 지식은 형식지와 암묵지로 구분된다.
③ 형식지와 암묵지는 서로 독립적이지 않고 서로 간의 연결 작용을 통해서 저장되고 활용된다.
④ 지식경영은 기업의 외부로부터 오는 지식만을 소중히 여겨 체계적으로 축적하고 활용하는 경영기법을 말한다.
⑤ 지식은 더 많은 사람이 공유하면 할수록 그 가치가 더욱 증대되는 수확체증의 법칙을 따른다.

3 다음 중 지식경영에 대한 설명으로 알맞지 않은 것은?   [2010 한국토지정보공사]

① 암묵지는 학습과 체험을 통해 습득된다.
② 지식경영은 기업의 내부와 외부로부터 지식을 체계적으로 축적하고 활용하는 것을 말한다.
③ 지식경영은 노하우 등 눈에 보이지 않는 지적재산을 관리하거나 공유하는 경영기법을 말한다.
④ SECI 모델은 암묵지와 형식지라는 두 종류의 지식이 독립화, 표출화, 연결화, 내면화라는 네 가지 변환과정을 거쳐 지식이 창출된다는 이론이다.

4 놀란(Richard L. Nolan)의 정보기술 성장의 6단계 모델의 각 단계를 바르게 나열한 것은?   [2010 가맹거래사]

① 착수(initiation) → 전파(contagion) → 통제(control) → 통합(integration) → 데이터관리(data administration) → 성숙(maturity)
② 착수(initiation) → 전파(contagion) → 통제(control) → 통합(integration) → 성숙(maturity) → 데이터관리(data administration)
③ 착수(initiation) → 통제(control) → 전파(contagion) → 통합(integration) → 성숙(maturity) → 데이터관리(data administration)
④ 착수(initiation) → 통합(integration) → 전파(contagion) → 통제(control) → 성숙(maturity) → 데이터관리(data administration)
⑤ 착수(initiation) → 데이터관리(data administration) → 통제(control) → 통합(integration) → 성숙(maturity) → 전파(contagion)

5 다음은 놀란(Richard L. Nolan)이 제시한 정보기술 성장의 6단계 모델을 나열한 것이다. 빈칸의 (ㄱ), (ㄴ), (ㄷ)에 해당하는 단계를 바르게 나열한 것은? <small>2012 가맹거래사</small>

착수 → (ㄱ) → (ㄴ) → (ㄷ) → 데이터관리 → 성숙

① 전파 → 통합 → 통제
② 전파 → 통제 → 통합
③ 통제 → 전파 → 통합
④ 통제 → 통합 → 전파
⑤ 통합 → 통제 → 전파

6 놀란(Nolan)이 제시한 정보기술 성장의 6단계 모델은 다음과 같다. (ㄱ), (ㄴ), (ㄷ)에 해당하는 단계명칭을 바르게 나열한 것은? <small>2014 가맹거래사</small>

착수 - (ㄱ) - 통제 - (ㄴ) - (ㄷ) - 성숙

	(ㄱ)	(ㄴ)	(ㄷ)
①	전파	데이터관리	통합
②	통합	전파	데이터관리
③	데이터관리	전파	통합
④	전파	통합	데이터관리
⑤	통합	데이터관리	전파

7 정보의 가치와 특성으로 옳지 않은 것은? <small>2011 가맹거래사</small>

① 정확성   ② 적시성   ③ 관련성   ④ 완전성   ⑤ 휘발성

8 정보가 지녀야 할 바람직한 가치 및 특성 중 가장 거리가 먼 것은? <small>2010 노무사</small>

① 적시성   ② 완전성   ③ 검증 가능성   ④ 관련성   ⑤ 복잡성

9 다음에서 설명하는 기술발전의 원칙은? <small>2023 공인노무사</small>

- 1965년 미국 반도체회사의 연구개발 책임자가 주장하였다.
- 마이크로프로세서의 성능은 18개월마다 2배씩 향상된다.

① 길더의 법칙   ② 메칼프의 법칙   ③ 무어의 법칙
④ 롱테일 법칙   ⑤ 파레토 법칙

10 다음 중 '네트워크의 가치는 그 이용자 수의 제곱에 비례한다'는 법칙으로 가장 적절한 것은? 2023 7급 군무원

① 멧칼프의 법칙(Metcalfe's Law) ② 길더의 법칙(Gilder's Law)
③ 무어의 법칙(Moore's Law) ④ 황의 법칙(Hwang's Law)

11 다음 중 의사결정지원시스템과 관련된 설명으로 가장 옳지 않은 것은? 2023 5급 군무원

① 의사결정지원시스템은 반구조적 및 비구조적인 의사결정 문제보다 일상적이며 구조적인 의사결정 문제를 지원한다.
② 의사결정지원시스템은 대화식 정보처리와 그래픽 디스플레이를 지원하는 사용자 인터페이스를 통해 시스템의 효과를 크게 높여준다.
③ 의사결정지원시스템에서 활용하는 민감도 분석은 결정된 해결 방안과 관련하여 일부 변수의 변화가 여타 변수에 미치는 영향을 분석함으로써 불확실한 미래의 상황에 대한 가정을 테스트하는 데 사용된다.
④ 의사결정지원시스템에서 활용하는 목표값 찾기 분석은 결과변수 값이 주어질 때 입력변수가 어떠한 값을 가져야 하는지 역으로 추적하는 데 사용된다.

Ⅲ | 심화문제

1 정보시스템으로 인한 조직변화에 관한 설명으로 옳은 것은? _{2016 가맹거래사}

① 중간관리자의 역할이 늘어난다.
② 권위적인 리더십이 필요해진다.
③ 경영자층과 하위층의 의사소통이 더욱 쉬워진다.
④ 조직계층의 수가 늘어난다.
⑤ 조직 내의 의사결정 권한이 상위계층에 집중된다.

2 기업 경영 활동 과정에서 발생한 대규모 데이터에 담겨있는 변수들 간에 존재하는 패턴과 관계를 발견하여 가치 있는 정보를 추출하는 기법은? _{2015 가맹거래사}

① 델파이법
② 데이터마이닝
③ 명목집단법
④ 데이터베이스
⑤ 신디케이트 조사

3 데이터 중복을 최소화하고 무결성을 극대화하면, 최상의 성능을 달성할 수 있도록 관계형 데이터베이스를 분석하고 효율화하는 과정을 지칭하는 용어는? _{2015 노무사}

① 통합화(intergration)
② 최적화(optimization)
③ 정규화(normalization)
④ 집중화(centralization)
⑤ 표준화(standardization)

4 정보시스템을 구축할 때 최소 규모의 개발 팀을 이용하여 프로젝트를 능률적으로 신속하게 개발하는 방식은? _{2018 가맹거래사}

① 최종 사용자(end - user)개발
② 컴포넌트 기반(component - based)개발
③ 폭포수 모델(waterfall model)개발
④ 웹마이닝(web mining)개발
⑤ 애자일(agile)개발

5 소프트웨어 개발 시 관리방법에 대한 설명 중 옳지 않은 것은? _{2018 군무원}

① 폭포수 이론은 자원을 순차적으로 배분하는 관리방법이다.
② 애자일 이론은 반복·점진적 방식을 통해 지속적으로 요구사항 개발과 변경을 수용한다.
③ 폭포수 이론은 유연성이 높고 비용이 적게 든다.
④ 애자일 이론은 이터레이션이라는 일정 기간 단위를 반복한다.

Chapter 2 경영정보시스템

I | OX문제

1 경영 각 부문의 정보가 따로 처리돼 있으면 경영 전체의 정보를 정확하게 파악할 수 없기 때문에 일상적인 데이터 처리를 경영의 토털 시스템으로 통합한 것이 MIS다. ☐ O ☐ X

2 ERP(Enterprise Resource Planning)란 공급자와 공급기업을 연계하여 활용하는 정보시스템이라기보다는 기업 전체 경영자원의 효과적 이용이라는 관점에서 통합적으로 관리하고 경영의 효율화를 기하기 위한 수단이다. ☐ O ☐ X

3 시스템개발수명주기(SDLC) 방법이란 업무 프로세스의 개발방법론으로서, 비교적 정형화된 업무를 위해 정보시스템을 개발하는 경우 가장 많이 이용되는 방법이다. 이 방법이 문제점으로는 대상 업무의 한계(∵ 정형화된 업무를 대상), 개발과정의 연속, 장시간의 개발기간, 과다한 비용, 많은 인력 소요 등을 들 수 있다. ☐ O ☐ X

4 ISP(information strategy planning)는 기업의 경영목표 달성에 필요한 전략적 주요정보를 포착하고, 주요정보를 지원하기 위한 전사적 관점의 정보구조를 도출하며, 이를 수행하기 위한 전략 및 실행계획을 수립하는 전사적인 종합정보 추진계획을 의미한다. ☐ O ☐ X

5 거래처리시스템(TPS, Transaction Processing Systems): 반복적이고 일상적인 거래를 처리하고 그 거래로 발생하는 여러 가지 데이터를 저장하고 관리하는 정보시스템이다. TPS는 경영 활동의 처리 속도를 빠르게 하지만, 사무 노동비용을 크게 증가시킬 수 있다. ☐ O ☐ X

---

1 O
2 O
3 O
4 O
5 X | 거래처리시스템(TPS, Transaction Processing Systems): 반복적이고 일상적인 거래를 처리하고 그 거래로 발생하는 여러 가지 데이터를 저장하고 관리하는 정보시스템이다. TPS는 경영 활동의 처리 속도를 빠르게 하고 사무 노동비용을 크게 절감할 수 있게 한다.
따라서 TPS는 가장 기본적인 정보시스템인 동시에 현대의 기업 조직에 없어서는 안 될 정보시스템이라 할 수 있다. 오늘날의 기업들이 처리하는 거래들은 정보시스템의 도움 없이는 거래의 기록과 데이터의 처리가 불가능하기 때문이다. 이와 같이 TPS는 조직의 데이터 대부분을 축적하고 있기 때문에 조직 내 여러 정보시스템의 기본이라 할 수 있다.

6 EIS는 경영자정보시스템, 관리자정보시스템, 임원정보시스템 등으로 불리는 것으로, 최고경영자나 임원 혹은 관리자가 전략적 경쟁적 의사결정을 내리는 데 도움이 되고 전체 사업과 그 기능부서의 활동을 감독하는 데 필요한 정보를 모두 다루는 시스템이다. ○ⅠX

7 DBMS는 기존 프로그램과 데이터 간에 존재하는 의존성 문제인 전통적 파일관리 문제점을 극복하지 못하고 있다는 문제점이 있다. ○ⅠX

8 일반적으로 SDLC는 시스템 조사(실현가능성 조사) → 시스템 분석(기능요구사항) → 시스템 지원(개선된 시스템) → 시스템 설계(시스템 명세서) → 시스템 구현(작동하는 시스템)의 5단계로 구성된다. ○ⅠX

9 KMS(지식관리 시스템, Knowledge Management System)이란 인적자원이 소유하고 있는 지식 자원을 축적, 활용할 수 있도록 정형, 비정형 지식을 체계적으로 통합, 관리하는 시스템이다. ○ⅠX

10 데이터 웨어하우스의 특징: 경영자의 의사 결정을 지원하는 주제 지향적(subjectoriented), 통합적(integrated), 시계열적(timevarient) 그리고 비휘발적(nonvolatile) 데이터의 집합체이다. ○ⅠX

11 의사 결정 지원 시스템(DSS, decision support system)란 규모가 큰 프로젝트의 개시시에 이용되는 경우가 많으며, 많은 변동 요소가 복잡하게 관계되는 경영이나 정책 등의 분야에서 변동 요소의 데이터를 컴퓨터를 이용하여 분석하거나 모델을 사용한 모의 실험(simulation)을 행하여 영향을 판정하는 시스템이다. ○ⅠX

---

6 O
7 X Ⅰ DBMS는 데이터베이스를 관리하기 위해 필요한 수행과정인 데이터의 추가, 변경, 삭제, 검색 등의 기능을 집대성한 소프트웨어 패키지로서 기존 프로그램과 데이터 간에 존재하는 의존성 문제인 전통적 파일관리 문제점 극복에 도움을 주고 있다.
8 X Ⅰ 일반적으로 SDLC는 다음과 같이 5단계로 구성된다. 시스템 조사(실현가능성 조사) → 시스템 분석(기능요구사항) → 시스템 설계(시스템 명세서) → 시스템 구현(작동하는 시스템) → 시스템 지원(개선된 시스템)
9 O
10 O
11 O

II | 개념정리문제

1 모바일 비즈니스의 특성으로 옳지 않은 것은? [2017 공인노무사]

① 편재성　② 접근성　③ 고정성　④ 편리성　⑤ 접속성

2 경영정보시스템(MIS)에 관한 설명으로 옳지 않은 것은? [2011 노무사]

① MIS는 경영시스템의 하위 시스템 중 하나이다.
② MIS는 경영자에게 데이터보다 정보를 제공하는 데 중점을 둔다.
③ MIS는 정보시스템을 통해 기업의 경영목표를 달성하도록 지원하는 시스템이다.
④ 정보는 숫자, 이름 또는 수량과 같이 분석되지 않은 사실을 말한다.
⑤ 정보시스템은 데이터를 입력받아 이를 정보로 변화시키는 시스템이다.

3 경영정보시스템 관련 용어에 대한 설명으로 옳은 것은? [2012 노무사]

① 데이터베이스관리시스템은 비즈니스 수행에 필요한 일상적인 거래를 처리하는 정보시스템이다.
② 전문가시스템은 일반적인 업무를 지원하는 정보시스템이다.
③ 전사적자원관리시스템은 공급자와 공급기업을 연계하여 활용하는 정보시스템이다.
④ 의사결정지원시스템은 데이터를 저장하고 관리하는 정보시스템이다.
⑤ 중역정보시스템은 최고경영자층이 전략적인 의사결정을 하도록 도와주는 정보시스템이다.

4 정보시스템의 개발방식이 아닌 것은? [2013 가맹거래사]

① 시스템개발 수명주기 방식　② 정보공학 방식
③ 프로토타이핑 방식　④ 최종사용자 컴퓨팅 방식
⑤ 전략정보시스템 방식

5 정보시스템 개발을 위한 절차는? [2016 가맹거래사]

① 분석 → 설계 → 구축 → 구현　② 설계 → 분석 → 구축 → 구현
③ 설계 → 구축 → 분석 → 구현　④ 설계 → 분석 → 구현 → 구축
⑤ 분석 → 설계 → 구현 → 구축

6 ISP(information strategy planning)의 일반적인 수행 단계에 해당하지 않는 것은? [2010 가맹거래사]

① 조직이 보유하고 있는 제반 자원의 기준정보(master data)체계 구축
② 조직의 경영전략과 정보시스템 전략 간의 연계
③ 조직의 정보요구사항을 반영하는 정보시스템 아키텍처 설계
④ 정보시스템 구축·운영에 필요한 자원의 합리적 배분계획 수립
⑤ 정보시스템 개발 프로젝트에 대한 적정한 일정 및 예산 계획 수립

7 ISP(information strategy planning)의 목표에 관한 설명으로 옳지 않은 것은? 〔2012 가맹거래사〕

① 국지적 차원의 정보시스템 부문의 최적화를 통해서 미래지향적 시스템 계획을 마련한다.
② 현행 정보시스템과 정보시스템 조직을 분석, 진단, 평가한다.
③ 정보시스템의 구축과 운영에 소요되는 자원의 효율적 활용을 위한 프로젝트 계획을 수립한다.
④ 경영전략을 체계적으로 검토하고 경영전략에 부합하는 정보전략을 도출한다.
⑤ 통합정보시스템에 대한 아키텍처와 이를 구성하는 핵심요소를 기술한 마스터 플랜을 작성한다.

8 독립적으로 운영되어 온 생산, 유통, 재무, 인사 등의 기능영역별 정보시스템을 전사적 차원에서 단일 플랫폼으로 통합하는 정보시스템의 명칭은? 〔2014 가맹거래사〕

① DSS   ② BPR   ③ MRP   ④ KMS   ⑤ ERP

9 데이터 웨어하우스의 활용방안으로 가장 거리가 먼 것은? 〔2011 가맹거래사〕

① TPS   ② OLAP   ③ 데이터마이닝   ④ DSS   ⑤ EIS

10 최고경영자층의 의사결정을 지원하기 위한 목적으로 개발된 경영정보시스템의 명칭은? 〔2013 노무사〕

① ERP   ② EDI   ③ POS   ④ EIS   ⑤ TPS

11 최고경영자층의 의사결정을 지원하기 위한 목적으로 개발된 경영정보시스템은? 〔2014 가맹거래사〕

① EDI   ② POS   ③ TPS   ④ SCM   ⑤ EIS

12 거래를 처리하는 과정에서 발생하는 데이터를 저장하고 관리하는 시스템은? 〔2013 가맹거래사〕

① TPS   ② MIS   ③ EIS   ④ DSS   ⑤ SIS

13 급여계산, 고객주문처리, 재고관리 등 일상적이고 반복적인 과업을 주로 수행하는 정보시스템은? 〔2021 공인노무사〕

① EIS   ② DSS   ③ ES   ④ SIS   ⑤ TPS

14 조직의 최하위부서에서 이루어지는 일상적인 업무처리를 돕는 정보시스템은? `2011 노무사`

① 전략계획시스템(strategic planning system)
② 거래처리시스템(transaction processing system)
③ 의사결정지원시스템(decision support system)
④ 전문가시스템(expert system)
⑤ 관리통제시스템(managerial control system)

15 조직의 말단부에서 이루어지는 일상적인 업무 처리를 자동화하여 처리해주는 시스템은? `2015 경영지도사`

① 전략계획시스템(strategic planning system)
② 운영통제시스템(operational control system)
③ 거래처리시스템(transactional processing system)
④ 관리통제시스템(managerial control system)
⑤ 의사결정지원시스템(decision support system)

16 다음에서 설명하는 것은? `2016 공인노무사`

> 기업의 자재, 회계, 구매, 생산, 판매, 인사 등 모든 업무의 흐름을 효율적으로 지원하기 위한 통합정보 시스템

① CRM   ② SCM   ③ DSS   ④ KMS   ⑤ ERP

17 전통적인 파일관리 시스템의 한계를 극복하기 위해 등장한 것이 데이터베이스관리시스템(database management system: DBMS)이다. DBMS 도입의 장점으로 옳지 않은 것은? `2012 가맹거래사`

① 데이터 중복성(redundancy)을 최소화할 수 있다.
② 데이터 무결성(integrity) 제어가 용이하다.
③ 데이터와 프로그램 사이의 의존성(dependency)을 증대시켜 준다.
④ 데이터 동시성(concurrency) 제어가 가능하다.
⑤ 데이터 불일치성(inconsistency)을 최소화할 수 있다.

18 데이터베이스의 보안관리, 장애복구, 무결성, 사용자 허가 및 비허가 사용자의 접근통제 등의 업무를 수행하며, 데이터베이스의 정의, 갱신 및 유지에 대한 책임을 지는 사람을 지칭하는 용어는? `2012 가맹거래사`

① Database operator
② Database designer
③ Database manager
④ Database officer
⑤ Database administrator

19 기업의 의사결정을 지원하기 위한 핵심 기반구조로서 데이터웨어하우스(DW: Data Ware house)의 주요 특징에 대한 설명 중 가장 적절하지 않은 것은?

2023 7급 군무원

① 주제지향성(subject-orientation) : DW의 데이터는 컴퓨터에 익숙하지 않은 사용자라도 이해하기 쉬운 의사결정 주제를 중심으로 구성됨
② 통합성(integration) : DW의 데이터는 유관기업과의 통합된 업무처리를 위한 일관적인 형태(일관된 코드 등)를 유지하도록 추출, 변환, 적재되기 때문에 통합성이 유지됨
③ 시계열성(time-variancy) : DW의 데이터는 시간의 경과에 따라 일정 부분 변경되더라도 변경 이전의 과거 데이터가 계속해서 관리됨
④ 비휘발성(non-volatilization) : DW의 데이터는 과거 데이터를 제외한 최신 3년 동안의 데이터에 한해서는 추가 및 삭제 등이 허용되지 않음

20 기업의 반복적인 과업을 수행하는 운영관리업무에 유용한 정보시스템으로서 주로 조직의 운영상 기본적으로 발생하는 자료를 신속하고 정확하게 처리하는 데에 초점을 두고 있는 정보시스템의 유형을 무엇이라고 하는가?

2023 7급 군무원

① 거래처리시스템(TPS : Transaction Processing System)
② 정보보고시스템(IRS : Information Reporting System)
③ 중역정보시스템(EIS : Executive Information System)
④ 의사결정지원시스템(DSS : Decision Support System)

21 다음 중 비즈니스 인텔리전스에 관한 설명으로 가장 적절하지 않은 것은?

2024 9급 군무원

① 온라인 분석처리는 다차원 데이터분석을 가능하도록 해준다.
② 텍스트 마이닝은 대량의 구조화된 데이터집합으로부터 핵심요약을 추출하고 패턴을 발견하도록 해준다.
③ 웹마이닝은 웹 컨텐트 마이닝, 웹 구조 마이닝, 웹 사용 마이닝으로 분류된다.
④ 데이터 마이닝을 통해 획득 가능한 정보의 유형은 연관성, 순차, 분류, 군집, 예보 등이다.

Ⅲ | 심화문제

1 경영정보시스템 용어에 관한 설명으로 옳지 않은 것은? 2020 공인노무사

① 비즈니스 프로세스 리엔지니어링(business process reengineering)이란 새로운 방식으로 최대한 이득을 얻기 위해 기존의 비즈니스 프로세스를 변경하는 것이다.
② 비즈니스 인텔리전스(business intellingence)는 사용자가 정보에 기반하여 보다 나은 비즈니스 의사결정을 돕기 위한 응용프로그램, 기술 및 데이터 분석 등을 포함하는 시스템이다.
③ 의사결정지원시스템(decision su8pport system)은 컴퓨터를 이용하여 의사결정자가 효과적인 의사결정을 할 수 있도록 지원하는 시스템이다.
④ 위키스(Wikis)는 사용자들이 웹페이지 내용을 쉽게 추가·편집할 수 있는 웹사이트의 일종이다.
⑤ 자율컴퓨팅(autonomous computing)은 지리적으로 분산된 네트워크 환경에서 수많은 컴퓨터와 데이터 베이스 등을 고속 네트워크에 연결하여 공유할 수 있도록 한다.

2 경영정보시스템의 분석 및 설계과정에서 수행하는 작업이 아닌 것은? 2016 공인노무사

① 입력 자료의 내용, 양식, 형태, 분량 분석
② 출력물의 양식, 내용, 분량, 출력주기 정의
③ 시스템 테스트를 위한 데이터 준비, 시스템 수정
④ 자료가 출력되기 위해 필요한 수식연산, 비교연산, 논리연산 설계
⑤ 데이터베이스 구조 및 특성, 자료처리 분량 및 속도, 레코드 및 파일 구조 명세화

3 ISO가 제정한 OSI(open system interconnection) 7계층 참조모델의 계층에 해당하지 않는 것은? 2010 가맹거래사

① 전송 계층(transfer layer) ② 방화벽 계층(firewall layer)
③ 물리 계층(physical layer) ④ 세션 계층(session layer)
⑤ 네트워크 계층(network layer)

4 다음은 무엇에 관한 설명인가? 2011 가맹거래사

- 조직의 경영전략과 정보시스템 전략을 정렬(alignment)한다.
- 조직의 정보요구사항을 반영하는 정보 아키텍처를 설계한다.
- 정보시스템 개발을 위한 통합 프레임워크를 제공한다.

① ERP   ② MRP   ③ ISP   ④ KMS   ⑤ ASP

5 여러 개의 데이터베이스를 통합한 보다 큰 데이터베이스로서 의사결정에 필요한 정보를 제공하는 것은?

2016 가맹거래사

① 아웃소싱관계관리
② 데이터 웨어하우스
③ 중역정보시스템
④ 거래처리시스템
⑤ 경영지원시스템

6 데이터 웨어하우스의 특징으로 가장 거리가 먼 것은?

2010 가맹거래사

① 주제중심적   ② 통합적   ③ 시간성   ④ 비휘발성   ⑤ 정규화

7 데이터 웨어하우스의 특성으로 옳지 않은 것은?

2014 가맹거래사

① 주제지향성(subject-oriented)
② 통합성(integrated)
③ 시간 가변성(time-variant)
④ 비휘발성(non-volatile)
⑤ 정규성(normalized)

8 전문가시스템(ES)의 구성요소에 해당되지 않는 것은?

2012 노무사

① 지식베이스   ② 추론기관   ③ 계획기관
④ 설명기관   ⑤ 사용자인터페이스

9 다음의 설명에 가장 적합한 경영정보시스템의 명칭은?

2012 가맹거래사

- 반구조적(semi-structured) 경영문제
- Ad-hoc 질의
- 모델베이스
- 대화기반(dialog-based) 사용자 인터페이스

① TPS   ② DSS   ③ ERP   ④ POS   ⑤ SCM

10 데이터베이스관리시스템(DBMS)에 관한 설명으로 옳지 않은 것은?

2011 가맹거래사

① 파일처리방식에서 발생할 수 있는 데이터의 중복성과 불일치성을 감소시킨다.
② 다수의 응용프로그램에서 데이터를 공유할 수 있다.
③ 응용프로그램과 데이터 간의 의존성을 높여 준다.
④ 파일처리방식보다 데이터 보안을 강화할 수 있다.
⑤ 데이터의 표준화 작업을 용이하게 한다.

Chapter 3 기타

Ⅰ. OX문제

1 TCP/IP (transfer control protocol/Internet protocol)란 인터넷 표준 프로토콜로 컴퓨터의 데이터 통신을 행하기 위해서 만들어진 프로토콜 체계를 의미하며, TCP/IP는 응용 계층, 트랜스포트층, 인터넷층, 네트워크 인터페이스층의 4개의 계층으로 구성되어 있다. ☐O ☒X

2 RFID(radio frequency identification)란 극소형 칩에 상품정보를 저장하고 안테나를 달아 무선으로 데이터를 송신하는 장치. IC칩과 무선을 통해 식품·동물·사물 등 다양한 개체의 정보를 관리할 수 있는 인식 기술을 지칭한다. ☐O ☒X

3 클라우드 컴퓨팅이란 인터넷을 통해 IT자원을 서비스형태로 제공받는 방식(기술이 아닌 서비스 제공방식)으로서 IT자원을 소유하지 않고 서비스 형태로 빌려 쓰는 방식을 말한다고 할 수 있음. 즉 IT자원의 모든 것, 즉 컴퓨터(VDI), 서버 및 회선(IaaS), 개발플랫폼(PaaS), 소프트웨어(SaaS)를 구매하지 않고 빌려 쓰게 된다는 것이 클라우드 컴퓨팅임. ☐O ☒X

4 광범위한 데이터를 생각과 의견까지 분석이 가능함으로 모호성을 극복할 수 있게 되었으므로 모호성은 옳은 특성이라고 보기 어렵다. 아울러 빅데이터의 특징은 3V로 요약하는 것이 일반적이다. 즉 데이터의 양(Volume), 데이터 생성 속도(Velocity), 형태의 다양성(Variety)을 의미한다(O'Reilly Radar Team, 2012). 최근에는 가치(Value)나 복잡성(Complexity)을 덧붙이기도 한다. ☐O ☒X

5 그리드컴퓨팅(grid computing)이란 모든 컴퓨팅 기기를 하나의 초고속 네트워크로 연결하여, 컴퓨터의 계산 능력을 극대화한 차세대 디지털 신경망 서비스를 말한다. ☐O ☒X

1	O
2	O
3	O
4	O
5	O

6 클라이언트 컴퓨팅이란 클라이언트, 개인용(PC)의 유휴 성능을 활용하기 위한 방안으로서, 종류로는 기존의 클라이언트/서버구조에서 쉬고 있는 클라이언트 PC를 이용하여 가상의 슈퍼컴퓨팅 파워를 구현하는 방식, 서버 없이 P2P(Peer to Peer)로 연결된 순수 클라이언트들로 구현하는 방식, 그리고 이 2가지의 혼합(hybrid) 방식이 있다. ☐O ☐X

7 엑스트라넷이란 사용자 컴퓨터 시스템에 침투하여 중요 파일에 대한 접근을 차단하고 금품(ransom)을 요구하는 악성프로그램을 말한다. ☐O ☐X

8 서비스 거부(DoS) 공격이란 서버가 처리할 수 있는 능력 이상의 것을 요구하여, 그 요구만 처리하게 만듦으로써 다른 서비스를 정지시키거나 시스템을 다운시키는 것. 이 공격의 목적은 네트워크 기능을 마비시키는 것이다. ☐O ☐X

---

6   O
7   X | 랜섬웨어(ransomeware)에 대한 설명임. 엑스트라넷이란 기업들이 외부 보안을 유지한 채 협력업체들과 서로의 전산망을 이용, 업무를 처리할 수 있도록 협력업체들의 인트라넷을 인터넷으로 연결한 것을 의미함.
8   O

II | 개념정리문제

1 다음 네트워크 용어의 약어에서 밑줄 친 P에 동일하게 해당하는 영어 단어는? `2011 가맹거래사`

| • HTTP • FTP • TCP/IP |

① Process ② Program ③ Protocol ④ Project ⑤ Principle

2 다음 네트워크 용어들의 밑줄 친 P에 해당하는 영어 단어는? `2013 노무사`

| • TCP / IP • HTTP |

① program ② process ③ procedure ④ profile ⑤ protocol

3 인터넷에서 사용하는 TCP/IP 프로토콜을 구성하는 4개 계층에 해당되지 않는 것은? `2014 가맹거래사`

① 응용(application) 계층
② 네트워크 인터페이스(network interface) 계층
③ 전송(transport) 계층
④ 인터넷(internet) 계층
⑤ 게이트웨이(gateway) 계층

4 초소형 칩에 데이터를 저장하고 무선으로 데이터를 송수신하는 기술은? `2013 가맹거래사`

① OCR
② RFID
③ LAN
④ 바코드
⑤ 자기문자인식장치

5 USB는 컴퓨터와 주변장치(키보드, 마우스, 메모리스틱 등)를 연결하는 장치이다. 여기서, USB는 U = Universal, S = Serial B = ( )의 약자이다, 괄호안에 들어갈 단어는? `2015 노무사`

① Bit ② Bus ③ Box ④ Boot ⑤ Base

6 정보통신 보안의 요건에 해당하지 않는 것은? `2011 가맹거래사`

① 인증(authentication) ② 부인방지(non repudiation) ③ 무결성(integrity)
④ 기밀성(confidentiality) ⑤ 위조(fabrication)

7 e-비즈니스와 전자상거래를 수행하는 데 요구되는 보안요건에 해당되지 않는 것은? 2014 가맹거래사

① 무결성(integrity)　　② 부인방지(nonrepudiation)　　③ 확장성(scalability)
④ 프라이버시(privacy)　　⑤ 인증(authentication)

8 e-비즈니스 관련 기술을 활용한 정부-시민 간 서비스 제공유형은? 2015 가맹거래사

① B2B　　② B2C　　③ C2B　　④ G2C　　⑤ G2B

9 데이터 용량을 측정하는 단위를 오름차순으로 바르게 나열한 것은? 2014 가맹거래사

① GB − TB − PB − EB　　② GB − PB − EB − TBB
③ TB − EB − GB − PB　　④ GB − PB − TB − EB
⑤ GB − TB − EB − PB

10 가장 기본적인 데이터의 구성요소로 0과 1을 표현하는 비트가 모여 조합을 이룬 것으로 하나의 문자를 표현하는 단위는? 2015 가맹거래사

① 필드　　② 바이트　　③ 레코드　　④ 파일　　⑤ 데이터베이스

11 클라우드 컴퓨팅에 관한 설명으로 옳지 않은 것은? 2014 노무사

① 인터넷기술을 활용하여 가상화된 IT자원을 서비스로 제공하는 방식이다.
② 사용자는 소프트웨어, 스토리지, 서버, 네트워크 등 다양한 IT자원을 필요한 만큼 빌려서 사용한다.
③ 조직의 모든 정보시스템의 중앙집중화로 막대한 IT자원을 필요로 한다.
④ 사용자 주문형 셀프서비스, 광범위한 네트워크 접속, 자원공유, 사용량 기반 과금제 등의 특징을 갖는다.
⑤ 단기간 필요한 서비스, 규모의 변화가 큰 서비스, 범용 애플리케이션을 구축하는 경우에 효과적이다.

12 빅데이터(Big Data)의 대표적 특징인 3V에 해당하지 않는 것은? 2023 9급 군무원

① 변동성(Variability)　　② 규모(Volume)　　③ 다양성(Variety)　　④ 속도(Velocity)

13 컴퓨터, 저장장치, 애플리케이션, 서비스 등과 같은 컴퓨팅 자원의 공유된 풀(pool)을 인터넷으로 접근할 수 있게 해주는 것은?

2022 공인노무사

① 클라이언트/서버 컴퓨팅(client/server computing)
② 엔터프라이즈 컴퓨팅(enterprise computing)
③ 온프레미스 컴퓨팅(on - premise computing)
④ 그린 컴퓨팅(green computing)
⑤ 클라우드 컴퓨팅(cloud computing)

14 일반 사용자의 컴퓨터 시스템 접근을 차단한 후, 접근을 허용하는 조건으로 대가를 요구하는 악성코드는?

2023 공인노무사

① 스니핑(sniffing)　　② 랜섬웨어(ransomware)　　③ 스팸웨어(spamware)
④ 피싱(phishing)　　⑤ 파밍(pharming)

15 다음 중 고품질 데이터의 특징과 관련된 내용이 올바르게 짝지어진 것은?

2024 7급 군무원

> ㉠ 정보에 누락된 값이 있는가?
> ㉡ 통합 정보 또는 요약 정보가 상세 정보와 일치하는가?
> ㉢ 정보가 비즈니스 필요의 관점에서 최근의 것이다.

① ㉠ 완전성, ㉡ 일관성, ㉢ 적시성
② ㉠ 완전성, ㉡ 일관성, ㉢ 고유성
③ ㉠ 일관성, ㉡ 완전성, ㉢ 적시성
④ ㉠ 일관성, ㉡ 완전성, ㉢ 고유성

16 비정형 텍스트 데이터의 가치와 의미를 찾아내는 빅데이터 분석기법은?

2024 공인노무사

① 에쓰노그라피(ethnography) 분석　　② 포커스그룹(focus group) 인터뷰
③ 텍스트마이닝　　④ 군집 분석
⑤ 소셜네트워크 분석

III | 심화문제

1 개인 정보보호 방안에 관한 설명으로 옳지 않은 것은? [2016 가맹거래사]

① 업무를 위해 수집한 개인정보를 타 부서에 제공할 경우에 외부 유출방지를 위해 해당 부서의 서면 동의만 받는다.
② 방화벽을 설치하여 허가 받지 않은 사용자의 불법 침입을 막는다.
③ 침입탐지장치를 설치하여 네트워크를 감시하고 이상 징후를 기록한다.
④ 기밀정보를 암호화하여 지정된 수취인만 해독할 수 있게 한다.
⑤ 사용자의 업무에 따른 최소한의 권한을 부여하도록 한다.

2 빅데이터 기술에 관한 설명으로 옳지 않은 것은? [2016 공인노무사]

① 관계형 데이터베이스인 NoSQL, Hbase 등을 분석에 활용한다.
② 구조화되지 않은 데이터도 분석 대상으로 한다.
③ 많은 양의 정보를 처리한다.
④ 빠르게 변화하거나 증가하는 데이터도 분석이 가능하다.
⑤ 제조업, 금융업, 유통업 등 다양한 분야에 활용된다.

3 빅데이터(big data)의 기본적 특성(3v)으로 옳은 것을 모두 고른 것은? [2017 공인노무사]

ㄱ. 거대한 양(volume)	ㄴ. 모호성(vagueness)
ㄷ. 다양한 형태(variety)	ㄹ. 생성 속도(velocity)

① ㄱ, ㄴ   ② ㄴ, ㄷ   ③ ㄱ, ㄴ, ㄹ   ④ ㄱ, ㄷ, ㄹ   ⑤ ㄴ, ㄷ, ㄹ

4 '언제, 어디서나 존재한다'라는 의미로, 사용자가 시간과 장소에 상관없이 네트워크를 사용할 수 있는 환경은? [2016 가맹거래사]

① 무선망   ② 인터넷   ③ 유비쿼터스
④ 홈네트워크   ⑤ 전자상거래

5 그리드 컴퓨팅(grid computing)에 관한 설명으로 옳지 않은 것은? [2016 가맹거래사]

① 그리드 상의 모든 관련 컴퓨터의 계산능력을 결합하여 저렴한 가격으로 복잡한 연산을 수행한다.
② 할당 받은 작업을 처리용량에 여유가 있는 PC에 할당한다.
③ 지리적으로 멀리 떨어져 있는 컴퓨터들을 하나의 네트워크로 연결한다.
④ 컴퓨터 자원을 효율적으로 사용하지만 기존 컴퓨터보다는 업무 처리 속도가 느리다.
⑤ 그리드 컴퓨팅의 보편화를 위해서는 컴퓨팅 기술표준과 보안문제가 해결되어야 한다.

6 다음에서 설명하는 것은? [2018 공인노무사]

> 지리적으로 분산된 네트워크 환경에서 수많은 컴퓨터와 저장장치, 데이터베이스 시스템 등과 같은 자원들을 고속 네트워크로 연결하여 그 자원을 공유할 수 있도록 하는 방식

① 전문가 시스템(Expert System)
② 그린 컴퓨팅(Green Computing)
③ 사물인터넷(Internet of Things)
④ 그리드 컴퓨팅(Grid Computing)
⑤ 인트라넷(Intranet)

7 지리적으로 떨어져 있는 많은 컴퓨터들을 연결해서 가상 슈퍼컴퓨터를 구축함으로써 복잡한 연산을 수행하는 방식은? [2018 가맹거래사]

① 가상화
② 서버 컴퓨팅
③ 클라이언트 컴퓨팅
④ 그리드 컴퓨팅
⑤ 전사적 컴퓨팅

8 사용자의 컴퓨터를 조정하거나 성가신 팝업 메시지들을 띄워서 컴퓨터시스템을 악성코드로 감염시켜 사용자의 돈을 갈취하는 악성 프로그램은? [2018 가맹거래사]

① 웜
② 엑스트라넷
③ 트로이 목마
④ 스파이웨어
⑤ 랜섬웨어

9 전자(상)거래의 유형에 관한 설명으로 옳은 것은? [2020 공인노무사]

① B2E는 기업과 직원 간 전자(상)거래를 말한다.
② B2C는 소비자와 소비자 간 전자(상)거래를 말한다.
③ B2B는 기업 내 전자(상)거래를 말한다.
④ C2C는 기업과 소비자 간 전자(상)거래를 말한다.
⑤ C2G는 기업 간 전자(상)거래를 말한다.

10 기업이 미래 의사결정 및 예측을 위하여 보유하고 있는 고객, 거래, 상품 등의 데이터와 각종 외부 데이터를 분석하여 숨겨진 패턴이나 규칙을 발견하는 것은? [2020 공인노무사]

① 데이터 관리(data management)
② 데이터 무결성(data integrity)
③ 데이터 마이닝(data mining)
④ 데이터 정제(data cleaning)
⑤ 데이터 마트(data mart)

11 디지털 경제의 확산에 따라 많은 관심을 받는 빅데이터(big data)의 대표적 특징인 '3V'에 해당하지 않는 것은? 2021 5급 군무원

① 데이터의 생성 속도(velocity)
② 데이터 출처의 가상성(virtuality)
③ 데이터의 양(volume)
④ 데이터 형태의 다양성(variety)

12 스마트폰에 신용카드 등의 금융정보를 담아 10~15cm의 근거리에서 결제를 가능하게 하는 무선통신기술은? 2019 공인노무사

① 블루투스(Bluetooth)
② GPS(Global Positioning System)
③ NFC(Near Field Communication)
④ IoT(Internet of Things)
⑤ 텔레매틱스(Telematics)

13 네트워크 붕괴를 목적으로 다수의 잘못된 통신이나 서비스 요청을 특정 네트워크 또는 웹 서버에 보내는 방식을 의미하는 것은? 2018 공인노무사

① 스푸핑(spoofing)
② 스니핑(sniffing)
③ 서비스 거부 공격(denial-of-service attack)
④ 신원도용(identity theft)
⑤ 피싱(phishing)

14 특정기업의 이메일로 위장한 메일을 불특정 다수에게 발송하여 권한 없이 데이터를 획득하는 방식은? 2022 공인노무사

① 파밍(pharming)
② 스니핑(sniffing)
③ 피싱(phishing)
④ 서비스 거부 공격(denial-of-service attack)
⑤ 웜(worm)

15 다음 중 4차 산업혁명 시대의 핵심기술에 대한 설명으로 가장 적절하지 않은 것은? 2023 7급 군무원

① 빅데이터는 경쟁력 향상을 위한 중요한 자산이라는 점에서, 데이터 자본주의 시대가 도래하였다.
② 클라우드 컴퓨팅 서비스가 증가한다.
③ 사물인터넷을 통해 '현실 세계에 존재하는 물리적 사물'과 '사이버 세상에 존재하는 가상의 사물'을 결합하여 상호작용한다.
④ 가상현실(VR : Virtual Reality)이란 사용자가 눈으로 보는 실제 세계의 배경이나 이미지에 가상의 이미지를 겹쳐 하나의 영상으로 보여주는 기술이다.

16 다음에서 설명하는 것은?

- 데이터 소스에서 가까운 네트워크 말단의 서버들에서 일부 데이터 처리를 수행한다.
- 클라우드 컴퓨팅 시스템을 최적화하는 방법이다.

① 엣지 컴퓨팅 ② 그리드 컴퓨팅 ③ 클라이언트/서버 컴퓨팅
④ 온디멘드 컴퓨팅 ⑤ 엔터프라이즈 컴퓨팅

MEMO

저자 박도준

학력 및 경력 사항

동국대학교 대학원 경영학박사

現. (사) 한국지역문화콘텐츠연구원 연구위원
　　(사) 국제 e-비즈니스학회 부회장
　　(주) 영수 메디컬 이사
　　KG에듀원 경영아카데미 CPA 경영학 담당교수
　　Eduwill 및 GWP 군무원 학원 경영학 담당교수
　　Eduwill 공인노무사 경영학 및 경영조직론 담당교수
　　고려대, 단국대, 동국대, 상명대, 인천대, 평택대 외 다수 대학 출강

前. 동국대학교 행정대학원 글로벌 무역학과 겸임교수
　　군준모/일타클래스 군무원 경영학
　　Weport 공기업 경영학 담당교수
　　박문각/에듀스파 노무사, 7급 감사직 경영학 및 매경테스트 담당교수
　　경기벤처협회 벤처고용센터 자문교수
　　시립인천전문대학 경영학과 겸임교수
　　중소기업인재개발원 부원장

강의관련 수상 내역

2014년 동국대학교 인문사회계열 Best Lecturer Awards 수상
2014년 고려대학교 라이시움칼리지 우수강의상 수상

주요 저서 및 논문

- 논문

　"Impact of COVID-19 on Korea-China Import and Export Trade and Countermeasures"
　"Construction and Research of Macro-ESG Comprehensive Evaluation System-Taking 10 Provinces in China"
　"A study on ZTE's Internationalization Operation Strategies"
　"An Analysis of the Economic effect and the driving force of Free Trade Agreement between Korea and China"
　「글로벌 제휴 의사결정이 제휴활동에 미치는 영향에 관한 실증연구」
　「여섯 가지 구성요소를 이용한 비즈니스 모델 프레임워크 개발 및 적용에 관한 연구」
　등 다수의 등재지 논문 게재 및 발표

- 저서

　「기출로 접근하는 객관식 경영학원론(4판)」, (도서출판 배움, 2022)
　「박도준의 핵심 경영학원론(4판)」, (도서출판 배움, 2020)
　「박도준의 CPA 경영학(2판)」, (도서출판 배움, 2020)
　「국제협상의 이론과 실제」, (2인공저, 도서출판 책연, 2020)
　「경영학개론」, (4인 공저, 한올출판사, 2015)
　「매경TEST 핵심이론 및 실전예상문제」, (4인 공저, 박문각, 2015)
　「최신시사상식」, (시사경제경영테스트, 박문각, 2014, 2015 연재)
　「국제금융입문」, (3인 공저, 형설출판사, 2010)
　등 다수의 저서 출간

기출로 접근하는 객관식 경영학

ISBN 979-11-94002-87-1

| 발행일 · 2016年 3月 9日 초판 1쇄 |
| 2017年 3月 17日 2판 1쇄 |
| 2018年 11月 7日 2쇄 |
| 2019年 3月 7日 3판 1쇄 |
| 2022年 3月 4日 4판 1쇄 |
| 2024年 5月 1日 2쇄 |
| 2024年 12月 30日 5판 1쇄 |

저자와의
협의하에
인지생략

저 자 · 박도준 | 발행인 · 이용중

발행처 · 도서출판 배움 | 주소 · 서울시 영등포구 영등포로 400 신성빌딩 2층 (신길동)

주문 및 배본처 · Tel : 02) 813-5334 | Fax : 02) 814-5334

본서는 저작권법 보호대상으로 무단복제(복사, 스캔), 배포, 2차 저작물 작성에 의한 저작권 침해를 금합니다. 또한 저작권법 제136조에 따라 5년 이하의 징역 또는 5천만 원 이하의 벌금에 처하거나 이를 병과할 수 있으며, 저작권법 제125조에 따라 1억 원 이상의 손해배상책임이 발생할 수 있습니다.

저작권 침해 제보 · 이메일 : baeoom1@hanmail.net | 전화 : 02) 813-5334

정가 46,000원 (전 2권)

정답 및 해설

ver. 5.0

기출로 접근하는
객관식 경영학

군무원 | 공인노무사 | 가맹거래사 | 7급 감사직 | 경영지도사 | 공기업 시험 완벽대비

경영학 관련
시험 기출문제
총망라

이론 체계에
따른 문제 분류 및
구성

포괄적인
이해를 위한
구체적 해설

CONTENTS

PART 1 경영학개론

Chapter 1	경영학개론 및 기업론	4
Chapter 2	경영전략 및 국제경영	23
Chapter 3	경영학의 발전과정	48

PART 2 경영조직론

Chapter 1	개인차원의 조직행동	58
Chapter 2	집단차원의 조직행동	83
Chapter 3	조직차원의 조직행동: 거시조직론	107

PART 3 인적자원관리

Chapter 1	직무관리	133
Chapter 2	확보 및 개발관리	145
Chapter 3	평가 및 보상관리	158
Chapter 4	노사관계관리	181

PART 4 마케팅 관리

Chapter 1	마케팅 일반 및 마케팅 조사	187
Chapter 2	소비자 행동분석	208
Chapter 3	STP 분석	226
Chapter 4	마케팅 믹스(1): Product	238
Chapter 5	마케팅 믹스(2): Price	263
Chapter 6	마케팅 믹스(3): Place	276
Chapter 7	마케팅 믹스(4): Promotion	287

PART 5 생산운영관리

Chapter 1	생산운영관리의 목표와 제품 및 공정설계	299
Chapter 2	수요예측 및 생산능력계획	323
Chapter 3	총괄생산계획 및 생산일정 계획	336
Chapter 4	재고관리와 공급사슬관리	347
Chapter 5	품질경영	374

PART 6 회계

Chapter 1	회계의 기초	385
Chapter 2	재무회계	390
Chapter 3	재무비율분석	413
Chapter 4	원가·관리회계	420

PART 7 재무관리

Chapter 1	재무관리의 기초	430
Chapter 2	자본예산 및 투자안의 경제성평가	436
Chapter 3	자본조달, 투자평가 및 배당의사결정	447
Chapter 4	파생금융상품	466

PART 8 경영정보

Chapter 1	정보기술의 발전과 정보	472
Chapter 2	경영정보시스템	477
Chapter 3	기타	487

부록

- 경영학 분야별 이론 및 학자 정리 498
- 참고문헌 502

정답 및 해설

PART 1 : 경영학개론

CHAPTER 1 : 경영학개론 및 기업론

개념정리문제

1 ②

해설 경영학의 기본 지도원리인 효과성과 효율성에 대한 문제로서 비용 및 생산적 측면에서 효율성은 달성하고 있으나, 목표의 달성적 측면에서 효과성은 달성하고 있지 않은 상황임.

2 ④

해설 기업의 특성을 고려한 창업시의 고려 사항으로는 경제성, 기술성, 사회성, 시장성 등을 고려하여야 하며, 성장 가능성 또한 고려할 필요는 있으나 기술성 등을 통해 고려 가능하며 성장성은 창업 이후 적극적으로 추진 및 고려하여야 할 사항임.

보충 창업시 필수 고려사항
1) 시장조사
   - 현재 시장이 포화 상태인지, 시장 내 진입이 어려운지 판단해야 합니다. 시장조사를 통해 경쟁업체가 선점하지 않은 틈새시장을 공략할 수 있습니다.
2) 사업아이디어 적합성
   - 기술트렌드, 소비자 수요, 경쟁업체 비교, 정부정책 방향 등 다양한 요인을 고려하여 사업아이디어가 적합한지 판단해야 합니다.
3) 수익성 분석
   - 향후 수익을 충분히 낼 수 있는 지 사업타당성 평가를 실시합니다.
4) 사업계획서 작성
   - 구체적인 사업계획이 정해졌다면 이를 문서화 할 수 있게 사업계획서를 작성하여 정리하도록 합니다.
5) 인허가 가능여부
   - 관계 법령의 규정에 따라서 분야별로 필요한 인 허가 사항을 제대로 갖추었는지 검토합니다.

보충 제조업 창업시 업종 및 아이템 선정시 성공전략으로서 필요한 것
- 경쟁우위기술 보유의 강점을 살려 진입장벽 강화
- 독창적인 차별화 기술개발에 의한 신규수요 창출
- 시장의 호응을 유발할 수 있는 기술수준 제고
- 생산공정관리의 효율화에 의한 원가절감
- 지속적인 R&D를 통한 고객기대욕구 충족
- 조직의 기능을 연계, 조정, 통합할 수 있는 유능한 경영능력 배양

3 ④

해설 통제(controlling)란 계획된 결과와 실제 결과 사이의 편차를 규명하고 시정조치를 취하는 단계의 활동이다.
① 계획화(planning): 목적을 설정하고 수행할 업무의 사전계획을 수립한다.
② 조직화(organizing): 계획달성에 필요한 자원을 조달하고 배분하고 조정한다.
③ 지휘(leading): 목적을 달성하도록 구성원들로 하여금 수행해야 할 업무를 의사소통을 통하여 지시하고 이에 대한 동기를 유발하는 활동이라고 볼 수 있다.

4 ①

해설 조직시스템은 투입 → 프로세스(변환상자) → 산출 → 피드백의 과정으로 진행된다.

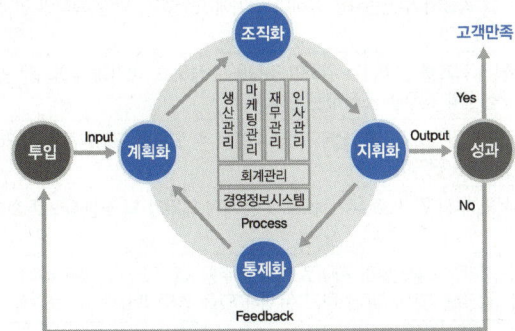

5 ③

해설 ①번 지문을 혼동할 수 있는 문제임. 문제가 페욜의 관리과정을 물어보았다면 명확히 계획 – 조직 – 명령 – 조정 – 통제의 PODCs로 C를 조정과 통제의 두 개로 보아야 하나, 현대에 와서 많은 학자들은 계획 – 조직 – 명령 – 통제로 단순화하여 PODC로 보기도 함. ③번 지문의 경우 지휘는 갈등을 해결하고 동기부여 하는 등의 역할이지만, 업무 수행을 감독하는 역할은 통제의 기능 및 역할로 보아야 한다.

보충 경영의 기능
(1) 관리기능
　계획(planning): 목표의 수립과 달성방법 결정
　조직(organizing): 과업 수행을 위한 책임의 할당
　지휘(leading): 구성원의 동기유발을 위한 리더십
　통제(controlling): 계획과 실행의 비교 및 수정조치
(2) 업무기능: 경영관리 활동
　관리적 활동: 인사관리, 마케팅관리, 생산운영관리, 재무관리, 회계관리, 경영정보시스템

6 ③

해설 관리는 업무를 조직화하고 감독하는 활동이라기 보다는 기존에 정립되어 있는 목표와 조직이 올바로 과업을 수행하고 있는지에 대한 통제적 활동이라고 볼 수 있다.

7 ②

해설 과업의 목표, 달성 방법 등을 정리하는 것 및 이에 따른 과업 수행을 위한 책임의 할당하는 단계가 조직화 단계이다.
⇒ 아울러 지문을 정리하여 보면 다음과 같다.

① 과업의 목표 및 달성방법을 정리하는 것 ⇒ 과업의 목표와 이의 달성방법을 정하는 것은 계획단계에서 결정되어져야 한다.
③ 과업이 계획대로 실행되었는지 살펴보고 필요한 시정조치를 취하는 것 ⇒ 통제
④ 과업이 실제로 실행되도록 시키거나 이끌어가는 것 ⇒ 지휘

8 ②

해설 페욜의 관리과정 단계상 조직화에 대한 설명임.

구분	핵심내용
계획(Planning)	• 경영목표를 수립하고 이를 달성하기 위한 가장 합리적인 방안을 도출하고 • 조직이 수행해야 할 목표의 우선순위를 정하여 여기에 도달하기 위한 최적의 방안 및 방법을 구체화하는 단계이다.
조직(Organization)	• 계획단계에서 수립된 목표를 성취하기 위하여 조직을 구성하고, 여기에 부합되게 인적 및 물적 자원의 배분과 구성원의 직무를 조정하는 단계이다.
지휘(Directing)	• 수립된 조직의 목표를 달성하기 위한 업무가 잘 수행될 수 있도록 구성원들을 자극하고 격려하는 일련의 활동을 하는 단계이다.
조정(Coordinating)	• 직무와 직무, 부서와 부서 간 서로 유기적으로 관련시켜 업무가 더 효율적으로 수행되도록 하는 단계이다.
통제(Controlling)	• 수립된 사업계획서 대로 구성원들이 제대로 직무를 수행하고 있는지, 목표 대비 진척도(度)에 문제가 없는지 등을 확인 및 모니터링하고 문제가 있을 경우 피드백 및 보완하는 단계이다.

9 ③

해설 합자회사의 경우 무한책임사원(직접·무한·연대)과 유한책임사원(직접·유한·연대)사원으로 구성되어 있다. 합자회사에 대하여 부연설명하면 다음과 같다.
• 합자회사는 1인 이상의 무한책임사원과 1인 이상의 유한책임사원으로 구성됩니다. 무한책임사원은 회사채권자에 대하여 직접·연대하여 무한의 책임을 지는 반면, 유한책임사원은 회사에 대해 일정 출자의무를 부담할 뿐 그 출자가액에서 이미 이행한 부분을 공제한 가액을 한도로 하여 책임을 집니다(상법 제268조 및 제279조).
• 무한책임사원은 정관에 다른 규정이 없는 때에는 각자가 회사의 업무를 집행할 권리와 의무가 있으며, 유한책임사원은 대표권한이나 업무집행권한은 없지만 회사의 업무와 재산상태를 감시할 권한을 갖습니다(상법 제273조, 제277조 및 제278조).

10 ⑤

해설 주시회사제도에 대한 설명임.

11 ③

해설

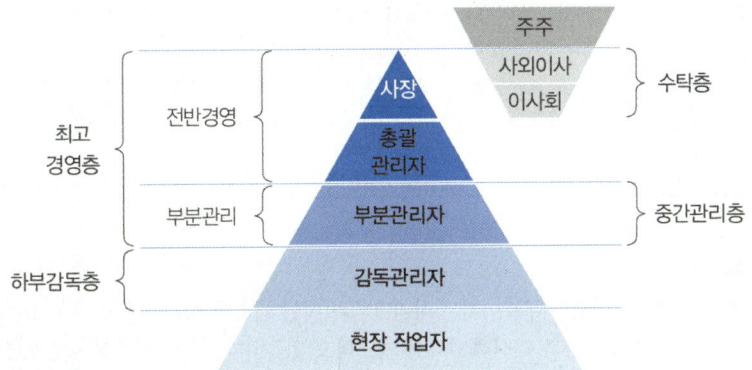

수탁경영층 (이사회)	• 기업 활동의 종합적 성과를 평가 • 기업조직상 최상위에 있는 이사회 • 주주총회에서 선임되어 기업경영을 책임 • 주주의 이익을 대표하여 기업의 기본방침 결정 • 주주권리를 위임한다는 의미로 수탁경영층이라 불림
전반경영층 (사장, 전무, 상무 등)	• 수탁경영층인 이사회로부터 위임된 권한의 범위 안에서 기업 활동 전반에 대한 구체적인 계획을 세우고 이의 실시를 위한 명령·통제기능을 수행 • 경영자가 결정한 기본방침과 이양된 권한의 범위 내에서 기업경영 전체에 대한 종합계획을 수립하고 조직, 지휘, 조정, 통제하는 관리자

12 ④

해설

슘페터의 창조적 과정을 중심으로 이해한다.
- 기업가 정신: 혁신, 모험정신, 불확실성하의 선택 … 보상＝이윤

13 ①

해설

민츠버그(Mintzberg)가 제시한 관리자의 역할
- 대인적 역할(interpersonal role): 대표자로서의 역할, 리더로서의 역할, 섭외자로서의 역할·정보적 역할(informational role): 정보탐색자 역할, 정보전파자 역할, 대변인 역할·의사결정적 역할(decisional role): 기업가 역할, 혼란수습자 역할, 자원배분자 역할, 협상자 역할

14 ②

해설

민쯔버그는 관리자 또는 경영자의 역할을 대인적(대인관계), 정보전달자, 의사결정자로서의 역할로 분류하였다.
- 민쯔버그(Mintzberg)가 제시한 관리자의 역할
  - 대인적 역할(interpersonal role) : 대표자로서의 역할, 리더로서의 역할, 섭외자로서의 역할
  - 정보적 역할(informational role) : 정보탐색자 역할, 정보전파자 역할, 대변인 역할
  - 의사결정적 역할(Decisional role) : 기업가 역할, 혼란수습자 역할, 자원배분자 역할, 협상자 역할

15 ②

해설

소유경영자의 자산을 증식하기 위해 고용된 대리인은 고용경영자라고 볼 수 있다.

보충 | 경영자의 유형

소유 경영자(owner manager)	소유와 경영이 분리되지 않은 상태에서 자본가가 경영자를 겸하는 경우
고용 경영자(employed manager)	*소유와 경영이 완전히 분리되지 않은 중간단계 *소유경영자가 기업외부에서 경영자를 고용하여 경영의 일부를 분담시키는 경우
전문 경영자(expert manager)	*소유자인 출자자가 전문적인 경영능력과 지식을 갖춘 전문가에게 경영을 위탁하는 실질적 분리 단계 *전문경영자의 출현은 대리인 문제를 발생시키게 되고 이로 인해 대리비용이 발생

16 ④

해설

환경적 책임은 중요한 부분이기는 하지만 일반적인 기업의 사회적 책임에는 법률적, 윤리적 책임을 저변에 깔고 경제적 책임과 자선적 책을을 강조하고 있습니다. 특히, 경제적 책임으로서 기업의 유지와 성장, 경제적 그리고 법적 윤리적 책임과 결합된 이해관계의 조정 및 자선적 책임으로서의 사회발전에의 기여가 중요시되는 것이 기업의 사회적 책임입니다.

◆ 기업의 사회적 책임(CSR : Corporate Social Responsibility)
- 법과 질서 및 윤리를 준수하면서 이해관계자 요구 충족
- 비판: 보여 주기식, 진정성과 순수성 의심
- 다음과 같은 4단계로 구분하기도 한다.
  제1단계는 경제적인 책임으로, 이윤 극대화와 고용 창출 등이다.
  제2단계는 법적인 책임으로, 회계의 투명성, 성실한 세금 납부, 소비자의 권익 보호 등이다.
  제3단계는 윤리적인 책임으로, 환경·윤리 경영, 제품 안전, 여성·현지인·소수 인종에 대한 공정한 대우 등을 말한다.
  제4단계는 자선적인 책임으로, 사회 공헌 활동 또는 자선·교육·문화·체육 활동 등에 대한 기업의 지원을 의미한다.
- 국제표준화기구(ISO)는 CSR을 표준화한 ISO26000의 국제규격을 제정한다고 공표했으며, CSR라운드라 불리는 이 규격은 환경경영, 정도(正道)경영, 사회공헌을 그 기준으로 정하고 있다.

17 ②

해설

1단계 경제적 책임, 2단계 법적 책임, 3단계 윤리적 책임, 4단계 자선적 책임으로 분류하고 있다. 나아가 ISO26000에서는 환경경영, 정도경영, 사회공헌을 추가기준으로 제시하고 있다.

18 ③

해설

전략적 의사결정	• 환경의 변화에 대응하기 위한 제품 및 시장믹스를 선정 • 제품시장의 기회에 기업의 총자본을 배분하는 의사결정
관리적 의사결정	• 전략적 의사결정을 구체화하기 위하여 최적의 성과를 산출하도록 제자원을 조직화 • 조직편성, 자원의 조달방법, 인사와 훈련계획, 권한책임의 문제, 유통경로, 작업 및 정보의 흐름 등
업무적 의사결정	• 전략적 의사결정과 관리적 의사결정을 구체화하기 위한 활동 • 기업자원의 효율을 극대화하는 일정계획, 감독, 통제활동 등이 있음

19 ②

해설 위계수준과 경영기술을 정리하면 다음과 같다.

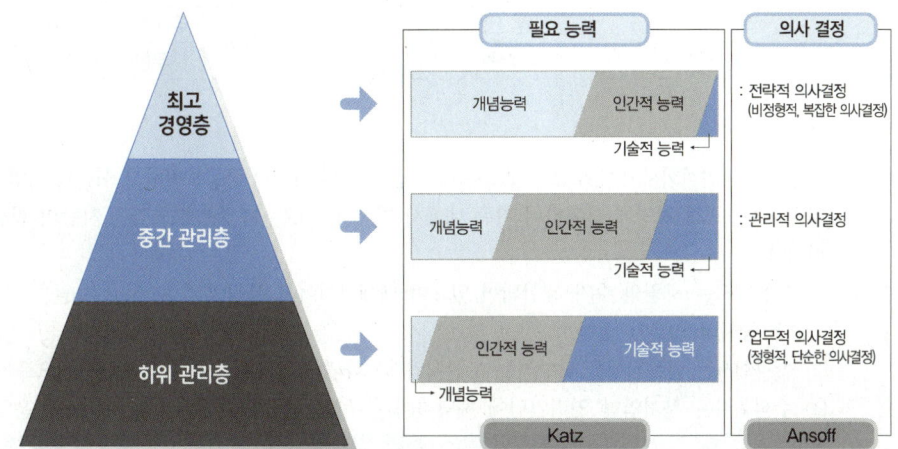

20 ①

해설

정형적 의사결정	• 일상적이고 보편적인 의사결정 • 하위 경영층이 주로 행하는 관리직, 업무적 의사결정 유형
비정형적 의사결정	• 고위 경영층이 주로 행하는 전략적 의사결정 • 해결안이 사전에 확정되어 있지 않기 때문에 특수적인 의사결정

21 ③

해설 기업의 주주 부(wealth)해설의 극대화에 대한 책임은 기업의 사회적 책임과는 상관이 없는 사항임.

22 ③

해설 잔여손실은 감시비용과 확증비용의 차이에서 발생하는 추가적 손실을 의미함.

23 ②

해설 대리비용
- 자본의 대리비용: 주주/채권자와 경영자 간의 대리문제로서 상호간의 상충된 이해 관계로 인하여 발생하는 비용으로서 특권적 소비, 단기적 이익 치중, 무사안일주의 등으로 발생하며 이러한 과정에서 발생하는 대리인비용으로는 주주/채권자의 감시비용과 이에 대한 경영자의 확증비용이 있으며 이러한 비용의 차이를 잔여손실이라고 한다.
- 부채의 대리비용: 주주-채권자 간의 대리문제로서 위험유인과 과소투자유인 등이 있다.

24 ②

해설

구분	합명회사	합자회사
사원의 책임	직접·무한·연대	• 무한책임사원: 직접·무한·연대 • 유한책임사원: 직접·유한·연대
사원 수	2인 이상	2인 이상

출자	금전 기타의 재산+신용+노무	• 무한책임사원: 금전 기타의 재산+신용+노무 • 유한책임사원: 금전 기타의 재산
출자금	한도 없음	한도 없음
의결	사원 전원	무한책임사원 전원
집행	각 사원	무한책임사원

25 ②

해설 합명회사는 인적회사의 대표적인 것으로 두 사람 이상의 사원이 공동출자하고 회사의 경영에 대한 무한책임을 지며, 직접 경영에 참여하며 가족 내에서 친척 간, 또는 이해관계가 깊은 사람의 회사 설립이 많은 편이다.

① 유한회사는 사원의 수가 제한되어 있으며 폐쇄적이어서 사원의 수는 적고 사원을 공모하지는 않는다.(공시의 의무가 없다.)
③ 합자회사는 업무진행을 담당하는 무한책임사원과 출자만 담당하는 유한책임사원으로 구성되어 있다.
④ 주식회사는 사기업인 영리기업에 해당하며 주주라는 불특정 전문경영자에 의해 운영이 가능하다.

경제적 형태			법률적 형태		
사기업	단독(개인)기업		개인상인(기업)		
	공동기업	인적 공동기업 (소수공동기업)	합명회사, 합자회사		회사기업
			유한회사		
			민법상의 조합, 익명조합	조합기업	
		자본적 공동기업 (다수공동기업)	협동조합		
			주식회사		
공기업			국영기업, 지방공익기업, 공사, 공단		
공사공동기업			특수회사		

26 ③

해설
• 주주라는 불특정 다수인으로부터 거액의 자본조달 가능 및 주주의 유한책임 → 소유권 양도가 용이
• 전문경영자에 의한 운영이 가능 → 소유와 경영의 분리를 가속화
• 상설기관: 주주총회, 이사회(대표이사 및 사외이사), 감사

27 ①

해설 시장지배를 목적으로 시장에서 경쟁을 배제하고 독점하기 위해서 동종기업이나 관계있는 이종기업 간의 trust는 시장에서 사적 독점에 의한 중대한 사회문제를 야기할 가능성이 있다.

② 동종기업 간의 법률적·경제적 독립성을 유지한 채 상호협정을 체결하는 형태로 생산 cartel, 구매 cartel, 판매 cartel이 있다.
③ 금융적 결합을 통하여 내부통제를 강화하는 형태로 법률적으로 독립성이 유지되나 금융상 종속되어 실질적으로는 독립성이 상실된다.
④ 공동판매 cartel로 가장 강력한 것으로 독과점 금지 규제의 대상이 된다.

28 ②

해설 카르텔은 법적, 경제적 독립성을 유지한 수평적 결합 형태의 기업 집중이다.

29 ②

해설

콘째른이란 법률적 독립성을 유지하면서 경제적 독립성은 상실된 형태의 기업지배 형태로서 금융지주회사 등이 대표적인 금융 콘째른이라고 할 수 있다. 콘째른의 방법으로는 주식에 의한 기업지배, 대규모 자금지원에 의한 기업지배 등의 방법이 주로 사용된다.

독립성	법적	경제적
카르텔(기업 연합)	O	O
트러스트(기업합동)	X	X
콘째른(기업연맹)	O	X

30 ⑤

해설

경영 합리화	기업결합을 통하여 경영자뿐만 아니라 종업원의 사기를 높일 수 있으며, 기업경영의 비효율성으로 인하여 저평가된 기업을 인수하여 경영을 활성화할 수 있음
재무상의 시너지 효과	기업결합을 통해 기업규모가 커지고 파산위험 감소 시 자본조달이 용이해지고, 자본비용도 감소시킬 수 있음
위험 분산효과	영업상 서로 관련이 없는 기업과의 결합을 통해 경영 위험을 분산시킬 수 있음
규모와 범위의 경제효과	기업 규모의 대형화로 각종 비용 절감
진입 장벽의 완화	매수기업의 상표인지도, 유통경로 등을 이용으로써 진입장벽을 보다 쉽게 뛰어넘을 수 있음
경쟁사와의 마찰 회피	M&A로 신규사업 진출 시 해당 산업에 새로운 사업이 추가되는 것이 아니므로 경쟁사와의 마찰을 피할 수 있음
대리인 이론	주주의 입장에서 경영사의 지위를 위협하는 수단으로 M&A를 활용하여 비효율적 의사결정을 하지 못하도록 견제
조세 절감	영업성적이 양호한 회사와 영업성적이 불량하여 결손금이 누적되고 있는 회사 결합 시 법인소득세를 절감할 수 있음

31 ④

해설

황금낙하산(golden parachute)이란 M&A로 경영진이 교체될 경우, 퇴직하는 경영진에게 많은 비용을 지급하게 함으로써 매수자의 매수 부담을 증가시키는 적대적 M&A방어 전략임.

역공개 매수 (counter tender offer)	M&A에 나선 상대회사에 대해 역으로 M&A에 나서 맞공개 매수를 시도하는 전략
백기사 (white knight)	공격자에게 경영권을 넘기기 전에 호의적인 제3자를 찾아 좋은 조건으로 기업을 매각하는 방법
황금낙하산 (golden parachute)	M&A로 경영진이 교체될 경우, 퇴직하는 경영진에게 많은 비용을 지급하게 함으로써 매수자의 매수 부담을 증가시키는 전략
왕관의 보석 (crown jewel)	적대적 M&A가 시도될 때 중요자산을 미리 팔아버려 자산 가치를 떨어뜨리는 방법으로 M&A 의미를 희석시키는 것
독소 조항 (poison pill)	• 대규모 신주 발행을 통해 M&A 업체가 확보한 지분을 희석시킴으로써 인수를 막는 전략 • 적대적 M&A 위협을 받는 주주들이 이사회 결의만으로도 시기보다 싸게 신주를 살 수 있도록 한 장치
자본감소 전략	자기주식을 매입 소각하여 매수 대상기업의 총발행주식 수를 감소시켜 지분율 확보를 어렵게 하는 전략
이사 임기 교차제	이사들의 임기 만료 시기를 분산 시켜 기업을 인수하더라도 기업 지배력의 조기 확보를 어렵게 하는 전략
의결 정족수 특약	M&A 등 주요시안에 대해 주총의결 요건을 강화하는 제도

32 ④

해설 M&A로 경영진이 교체될 경우, 퇴직하는 경영진에게 많은 비용을 지급하게 함으로써 매수자의 매수 부담을 증가시키는 전략은 황금낙하산이라고 함.

33 ②

해설 파킹(Parking)에 대한 설명임.

주식 공개 매수 (take over bid)	대상기업의 불특정 다수 주주를 상대로 장외에서 일정 가격으로 권유에 대량 매수하는 전략
곰의 포옹 (bear개념정리문제s hug)	대상기업의 경영진에게 주식가격을 갑작스레 제시하고 이에 응하지 않을 경우 공개 매수하겠다고 으름장을 놓는 것으로, 사전 경고 없이 매수자가 목표 기업의 경영진에 편지를 보내 매수 제의를 하고 신속한 의사결정을 요구하려는 전략
새벽의 기습(dawn raid)	대상기업의 주식을 상당량 매입해 놓고 기업인수 의사를 대상기업 경영자에게 전달하는 방법
시장 매집(market sweep)	대상기업의 주식을 장내 시장인 주식 시장을 통해 지속적으로 매수하는 전략
위임장 대결(proxy fight)	다수의 주주로부터 주주총회에서의 의결권 행사 위임장을 확보하여 M&A를 추진하는 전략
파킹(parking)	우호적인 제3자를 통해 지분을 확보하게 한 뒤, 주주총회에서 기습적으로 표를 던져 경영권을 탈취하는 방법
턴어라운드(turn around)	내재가치는 충분한데 경영능력이 부족해 주가가 떨어진 기업을 인수, 경영을 호전시킨 다음 비싼 값에 되파는 방법

34 ③

해설 주식의 발행을 통해 소유와 경영의 분리를 가속화하며 전문경영인에 의한 운영이 증가하게 되었다.

35 ③

해설 카르텔의 경우 법적, 경제적으로 개별 기업이 독립된 형태의 기업간 연합의 형태로서 가장 느슨한 형태의 결합이다.

보충 카르텔기업연합 : 법률적, 경제적 독립성 유지
– 특징 : 동종기업 간 수평적 통합, 계약에 의한 결합체, 내부간섭배제, 다수결에 의한 의사결정, 계약기간 만료 시 자동종료

생산 카르텔		가맹 기업 간에 생산 내용에 관하여 협정
구매 카르텔		원료나 반제품의 구매를 용이하게 하기 위해 협정
판매 카르텔	조건 카르텔	가격 이외의 조건에 관하여 협정
	가격 카르텔	판매 가격의 최저선을 협정
	지역 카르텔	지정 지역 이외에는 판매하지 않기로 협정
	공동판매카르텔 (신디케이트)	일정한 공동 시설에서 생산물의 공동 판매와 공동 구매를 행하며, 가명 기업의 개별 거래를 인정하지 않는 협정(카르텔 중 결합성이 가장 강함)

36 ④

해설 콘체른(기업연맹)은 법률적 독립성 유지되나, 경제적 독립성 상실한 형태로서 가장 고도화된 기업 집중 형태를 의미하며, 자본적 결합체로서 주로 금융지주회사 등을 금융콘체른이라고 분류함.

참고 ⑤ 디베스티처(divestiture)란 경영성과가 부진하거나 비효율적인 생산라인을 타사에 매각하여 기업의 체질을 개선하고 경쟁력을 향상시키려는 기업집중전략이다. 즉, 회사 전체를 매각하는 것은 흡수합병이 되지만, 디베스티처는 채산성이 떨어지는 부문이나 이익이 나지 않는 생산라인 일부를 부분 매각하는

것을 말한다.

37 ④

해설 정부나 공공기관이 추진하는 대규모 사업에 다수 업체가 한 회사의 형태로 참여하기도 하는데, 이를 컨소시엄이라고 한다. 컨소시엄의 구성은 주사업자가 주축이 되어 다수의 업체들이 참여하는 것이 일반적이다. 컨소시엄의 구성방법은 주사업자를 주축으로 크고 작은 업체들이 참여하는 것이 일반적이다.

38 ④

해설 역공개 매수 또는 팩맨 방어라고도 하며 이는 적대적 M&A 방어전략이라고 할 수 있다.

39 ①

해설 전략적 아웃소싱이란 "조직이나 기관이 내부 기능과 활동의 전문화와 원가 절감을 실현하기 위해 전략적으로 중요하지 않거나 전문적 역량이 부족한 기능과 활동에 대해 외부의 전문 서비스를 채용하는 개념"이다. 이를 테면 각 기업이 인력, 자본, 시설을 모두 내부에서 직접 운영·관리하는 데에 한계성을 지니고 있기 때문에 건물 관리나 회계 처리 등 일부 업무를 외부 전문 기관에 의존하는 것을 볼 수 있다. 국내 기업의 초기 아웃소싱 도입 목적은 주로 비용 절감, 시간 단축, 업무 품질 향상이었으나, 최근에는 아웃소싱 목적이 전략적 차원에서 핵심 역량에 집중하기 위한 것과 지식 서비스 기반 산업을 겨냥한 성장 전략 차원으로 발전하고 있다.

위의 문제 상의 사례는 유행이 중요한 제품이나 기술 진보가 빠른 제품 또는 많은 부품이 소요되는 복잡한 시스템을 만드는 경우에는 전략적 아웃소싱이 유리하다. 즉, 산업의 특성상 발생하는 위험을 최적의 생산설비를 갖춘 공급업자에게 전이시킬 수 있고, 타 기업의 부품 생산 노하우와 핵심 역량을 최대로 활용할 수 있다. 이렇게 자신의 핵심 역량이 아닌 사업 부문을 외주에 의존함으로써 회사는 핵심 역량을 가진 가치 활동에 집중적으로 투자를 해 경쟁우위를 더욱 높일 수 있게 된다.

40 ①

해설 가맹점주들은 프랜차이즈 계약을 통해 프랜차이즈 회사의 전반적인 규정과 규칙을 준수하며 브랜드 이미지 훼손을 하여서는 안되고 전반적인 운영을 자율적이기 보다는 프랜차이즈의 관리아래 이루어진다. 프랜차이즈는 또한 유통상 계약형 VMS에 해당함을 유념할 필요가 있다.

41 ④

해설 소유와 경영의 분리란 말 그대로 소유주, 즉 기업 설립에 있어서의 출자자의 소유 경영 형태가 점차 전문경영인 체제로 진화되어 가는 과정을 의미한다.

42 ④

해설 포이즌 필 제도에 대한 설명임.

43 ②

해설 차입매수방식인수라고도 하는 LBO(Leveraged Buyout)방식은 인수대상 기업의 자산을 담보로 인수자금의 대부분을 조달하는 방식의 경영권 인수전략이다.

44 ③

해설 개념적 기술은 실무적 능력이 아니라 조직의 비전과 방향성을 제시하는 능력이다.

45 ③

해설 법적 책임의 범위 내에서 기업을 경영하는 것은 법적 책임이며, 윤리적 책임은 윤리적 경영을 통해 정당하며, 공정한 행위를 하는 것을 의미한다.

보충 기업의 사회책임(CSR : Corporate Social Responsibility)

: 각국의 경제·사회 상황이 서로 상이하고 각 기업마다 사회적 책임에 대한 인식 차이가 존재해 국제적으로 통일된 정의는 없으나, 기업이 경제적 책임이나 법적 책임 외에도 폭넓은 사회적 책임을 적극 수행해야 한다는 것을 말한다. 이는 기업 경영방침의 윤리적 적정, 제품 생산 과정에서 환경파괴, 인권 유린 등과 같은 비윤리적 행위의 여부, 국가와 지역사회에 대한 공헌 정도, 제품 결함에 대한 잘못의 인정과 보상 등을 내용으로 한다.

- 이를 폭넓게 정의하여 보면 다음과 같은 4단계로 구분하기도 한다.

  제1단계는 경제적인 책임으로, 이윤 극대화와 고용 창출 등이다.

  제2단계는 법적인 책임으로, 회계의 투명성, 성실한 세금 납부, 소비자의 권익 보호 등이다.

  제3단계는 윤리적인 책임으로, 환경·윤리 경영, 제품 안전, 여성·현지인·소수 인종에 대한 공정한 대우 등을 말한다.

  제4단계는 자선적인 책임으로, 사회 공헌 활동 또는 자선·교육·문화·체육 활동 등에 대한 기업의 지원을 의미한다.

- 국제표준화기구(ISO)는 CSR을 표준화한 ISO26000의 국제규격을 제정한다고 공표했으며, CSR라운드라 불리는 이 규격은 환경경영, 정도(正道)경영, 사회공헌을 그 기준으로 정하고 있다.

46 ③

해설 케롤의 피라미드 모형은 다음과 같다.

- 자선적(자의적) 책임: 좋은 기업시민, 지역사회 자원기여 및 삶의 질 개선
- 윤리적 책임: 윤리적 경영으로서의 옳고, 정당하며, 공정한 행위
- 법적 책임: 법률준수 및 옳고 그름에 대한 사회적 규범 준수 (필수적 준수사항)
- 경제적 책임: 수익창출(모든 다른 책임의 기반)

출처: Carroll (1996)

심화문제

1 ②

해설 효율성 (Efficiency)은 "일을 올바르게 하는 것"을 의미하는 것으로서 수단의 효율성으로서의 자원의 활용을 의미한다면, 효과성(Effectiveness)은 "올바른 일을 하는 것"으로서 목표에 대한 달성적 접근이다. 이를 바탕으로 생각하였을때 소비자가 원하는 것을 공급대비 생산하는 능력은 소비자 만족이라는 측면에서 기업의 목표에 대한 달성도에 가까운 것으로 볼 수 있다.

나머지 지문상의 의미를 살펴보면
① 소비자에게 가장 저렴한 가격으로 공급하는 능력: 낭비의 최소화를 통한 저가 공급 능력
③ 기업의 가격대비 비용을 최소화하는 능력: 자원의 효율적 활용과 낭비의 최소화
④ 기업의 투입 대비 산출 비율을 최소화하는 능력: 생산성은 효율성에 가까운 접근임.

2 ②

해설 기업의 목적은 크게 단일목적론과 고객창조목적론을 들 수 있는데 이중 피터 드러커가 주장한 것이 고객창조목적론이라고 할 수 있다. 이를 정리하여 보면 다음과 같다.
- 단일목적론: 기업의 목적 중 가장 중요한 것은 이익이다. 이익은 기업을 존속·성장하게 하며 사회적 기능을 수행할 수 있는 자원이 된다.
- 피터 드러커의 고객창조목적론: '기업의 목적은 고객의 창조이며 사회에 봉사하는 것이다'라고 하며 고객창조목적론을 제창하였다. 기업이 사회가 부를 창출할 수 있는 자원을 위탁한 사회적 기관이므로 그 목적은 사회발전에 있어야 하고 그것이 고객의 창조라고 주장하였다. 또한, 이러한 고객창조의 목적을 달성하기 위한 방법으로 마케팅활동과 경영혁신을 강조하였다.

3 ⑤

해설 수탁경영자라 함은 주주로부터 경영에 관한 권한을 위임 받은 경영층으로서 이사회를 의미한다고 볼 수 있으며, 이는 최고경영층을 의미한다.

4 ②

해설

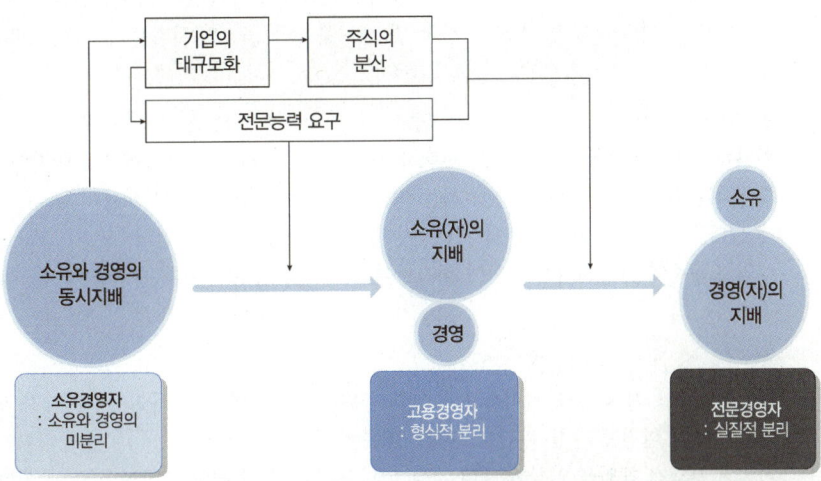

소유 경영자 (owner manager)	소유와 경영이 분리되지 않은 상태에서 자본가가 경영자를 겸하는 경우
고용 경영자 (employed manager)	• 소유와 경영이 완전히 분리되지 않은 중간과정에서 나타남 • 소유경영자가 기업외부에서 경영자를 고용하여 경영의 일부를 분담시키는 경우
전문 경영자 (expert manager)	• 소유와 경영이 완전히 분리된 상태에서 나타남 • 소유자인 출자자가 전문적 경영능력과 지식을 갖춘 전문가에 경영을 위탁하는 경우 ＊ 전문경영자의 출현은 대리인 문제를 발생시키게 되고 이로 인해 대리비용이 발생

5 ④

[해설] 매몰 비용(sunk cost)이란 다시 되돌릴 수 없는 비용을 의미하며 매몰비용 오류(sunk cost fallacy)란 개인이 일단 어떤 행동을 선택하면 그것이 만족스럽지 못하더라도 매몰비용으로 간주될 경우 이전에 투자한 것이 아깝거나 그것을 정당화하기 위해 더욱 깊이 개입해 가는 비합리적 의사결정 과정의 오류로서 이미 회수할 수 없는 비용 때문에 추가로 투자하는 것은 더 큰 손해를 가져올 수 있다.

6 ②

[해설] 리더는 조직이 나아가야할 방향성을 제시하고 목표를 구체적으로 제시하며 이러한 목표를 달성할 수 있도록 분위기를 조성하고 여기에 적합한 인적자원을 적재적소에 배치 조정하는 역할 한다. 리더를 지원하는 중간관리들이 리더가 제시한 비전과 목표에 대한 세부적 기획과 예산을 책정하는 것이다.

7 ①

[해설] ① 외부로부터의 투자유치 및 기업홍보를 위한 대변인 역할은 대인관계 역할(interpersonal roles)적 역할이 아니라 정보적 역할(Informational role)에 해당한다고 볼 수 있다.
＊ 민쯔버그(Mintzberg)가 제시한 관리자의 역할은 다음과 같다.
• 대인적 역할(Interpersonal role) : 대표자로 서의 역할, 리더로서의 역할, 섭외자로서의 역할
• 정보적 역할(Informational role) : 정보탐색 자 역할, 정보전파자 역할, 대변인 역할
• 의사결정적 역할(Decisional role) : 기업가 역할, 혼란 수습자 역할, 자원배분자 역할, 협상자 역할

8 ⑤

[해설] 슘페터(J. Schumpeter)는 기업이윤의 원천으로 기업가의 혁신을 주장하였는데, 혁신이란 기업가가 신상품, 신기술, 새로운 자원, 새로운 시장 및 새로운 조직을 개발시키는 창조적인 파괴행위라고 하였다.

9 ③

[해설] 위험유인이란 위험이 큰 투자안을 선택하게 되면 채권자의 부가 주주에게로 이전하기 때문에 주주의 입장에서는 위험이 큰 투자안을 선호하는 경향을 의미하는 것으로 부채비율이 높을수록 그 정도가 심해지게 된다. 과소투자유인은 주주와 채권자사이의 대리비용으로 투자안의 NPV가 양의 값을 갖는다 해도 주주의 요구수익률에 미치지 못하여 투자안이 포기되는 경우로 이를 수익성 투자포기유인이라고도 한다.

10 ④

[해설] 기업들이 사회적 책임을 인식하고 수행하기 위해 고려해야 하는 중요한 세 가지 요소는 바로 '사람에 대한 관심', '환경에 대한 관심', 그리고 '이윤에 대한 관심'이다.
기업이 사회적 책임을 인식하는 데 가장 먼저 고려해야 할 사항은 바로 '사람에 대한 관심'이다. 이것은 기업과 관련된 이해 당사자들이 기업에 어떤 사회적 책임을 요구하고 있는지에 대한 분석과 이해가 필요

하다는 것이다. 둘째로 기업이 사회적 책임을 인식하는 데 고려해야 할 것은 '환경에 대한 관심'으로, 기업이 처해있는 사회 환경 속에서 기업이 사회 전체 이익에 기여할 수 있는 방안을 찾아 실행하는 것을 말한다. 마지막으로 '이윤에 대한 관심'이다.

기업은 이윤 추구를 목표로 하는 조직이다. 따라서 기업이 어떠한 기업의 사회적 책임 활동을 계획하고 수행할 것인가를 고민할 때 반드시 기업의 이윤 추구와 연관성을 고려해야 한다는 것이다. 이는 투자자 등의 이해관계자에 대한 책임도 포함될 수 있다. 그러나 내부자 거래 등과 같은 경우는 불법적인 거래로서 특정투자자에게는 이득을 줄 수는 있으나 다른 선량한 투자자들에게는 불이익으로 돌아갈 수도 있다. 기업들은 전략적인 기업의 사회적 책임 활동을 수행하는 과정에서 반드시 법률적인 요건을 충족해야 하며, 사회 구성원 모두에게 유익한 공공선(公共善)의 달성을 목표로 두어야 한다. 예를 들어, 대부분의 나라에서 기업들이 사회 전체의 이익에 반하는 활동을 하지 못하도록 법률로 규제하고 있는데, 이러한 법률적 요건을 기업이 충실히 지키는 것이 기업의 사회적 책임을 수행하는 기본이 된다.

11 ①

해설 합명회사는 출자액 한도 내에서 유한책임을 지는 사원만이 아니라 직접, 무한, 연대 책임 사원만으로 구성된다.

12 ④

해설 주주의 수에 제한을 가하고 있지는 않다.

13 ④

해설 주식 등을 매입하여 그 회사를 지배하는 회사를 지주회사라고 한다. 지주회사에는 사업을 하지 않고 지배만을 목적으로 하는 순수지주회사와 본연의 사업을 운영하는 사업지주회사로 구분할 수 있다.

14 ③

해설 부품의 자력 공급을 통해 제품차별화 가능성을 높일 수 있는 것은 후방통합(backward integration)의 이점이다. 추가로 핵심사업을 중심으로 소비자방향으로의 통합은 전방통합이며, 원자재 쪽으로의 통합은 후방통합임.

15 ②

해설 조립업체가 부품업체를 통합하는 것은 전방통합이 아니라 후방통합임. 전방통합은 소비자 방향으로의 통합임.

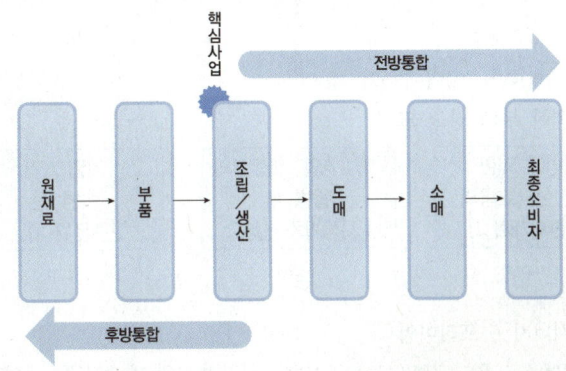

16 ③

해설: 기업의 수직적 통합에는 현 사업의 뒷 단계에 있는 사업부문 즉, 소비자 쪽으로 통합하는 전방통합과 현 사업의 앞 단계에 있는 사업부문 즉, 원자재 쪽으로 통합하는 후방통합으로 구분된다. ③의 경우는 전방통합이지만 나머지 보기들은 후방통합이라고 볼 수 있다.

17 ②

해설: 두 조직을 유기적으로 결합하는 합병 후 통합과정은 시너지 효과적 측면에서 인수합병 성패의 주요 요인이 된다고 볼 수 있다. 아울러 인수 프리미엄이 높다는 것만으로 높은 성과가 창출된다고 단정 지을수 없으며, 비용적 부담을 초래 할 수도 있다. 아울러 일부 잘못된 인수합병은 기업에 부정적 영향을 줄 수 있으며 인수합병의 궁극적인 목표는 효율성 향상 등을 통한 기업의 시저지 효과 창출로 보는게 합당할 것이다.

18 ①

해설: 독약조항(poison pill)이란 적대적 M&A에 대응하기 위하여 저렴한 가격으로 신주를 매입하거나, 대주주에게 신주인수권을 부여하는 등의 여러 가지 방법을 사용하여 공격자측의 부담을 높이려는 적대적 M&A에 대한 대응 방법이다.

19 ②

해설: 주식소유의 분산 및 대중화는 권력의 분산을 가져오게 된다고 볼 수 있으나, 실제로는 주식소유가 분산되어 소액주주들로만 구성되면 기업의 주인이 없어지는 효과를 갖게 되어 경영자의 대리인 문제가 더 심하게 발생할 가능성이 높아진다. 사외이사제도, 대주주 및 기관투자자의 경영참여 등을 통하여 경영자의 경영에 참여할 수 있고 M&A, 기업공개 등이 활성화 되면 기업경영의 투명성이 오히려 높아져서 경영자가 경영을 방만하게 하지 못하게 하는 압력을 행사할 수 있다.

20 ①

해설: 적대적 M&A의 경우 피인수기업의 주가가 상승하여 주주는 자본이득을 취할 수 있다. 또한 적대적 M&A를 통하여 지배구조를 개선할 수 있는 기회가 되기도 하는 등의 긍정적인 효과도 발생할 수 있다.

21 ①

해설: 황금낙하산은 적극적인 M&A 방어전략으로서, M&A로 경영진이 교체될 경우, 퇴직하는 경영진에게 많은 비용을 지급하게 함으로써 매수자의 매수 부담을 증가시키는 전략이다.

22 ①

해설: 120억−40억＝80억, 80억−70억＝10억

• 합병에 의한 부의 창출 크기

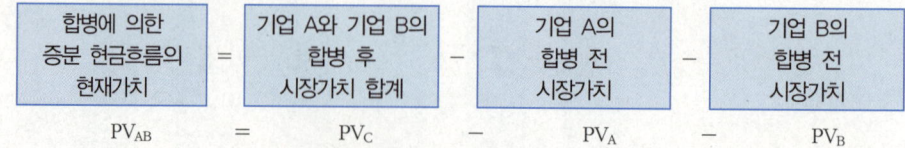

PV_{AB} = PV_C − PV_A − PV_B

• NPV = 시너지 − 프리미엄
 = [PV(A + B) − (PV(A) + PV(B))] − [기업 B의 매수가격 − PV(B)]

- NPV = 합병 후 기업 A의 가치 − 합병 전 기업 A의 가치
  = [PV(A + B) − 기업 B의 매수가격] − PV(A)

23 ①

해설

도덕적인 기업, 투명한 기업, 환경 친화적인 기업만을 투자 대상으로 삼는 것을 뜻하며, 단순 중소기업 및 벤처기업이라고해서 무조건 투자가 이루어지는 것은 아니다.

- 사회적 책임투자(Socially Responsible Investment: SRI): 도덕적인 기업, 투명한 기업, 환경 친화적인 기업만을 투자 대상으로 삼는 것을 뜻한다. 반면 담배, 술 등을 판매하는 비도덕적인 기업이나 반윤리적 기업 등은 투자 대상에서 제외된다. 실제로 아시아투자연합 등 투자펀드 연합회에 따르면 상당수의 SRI펀드는 수익면에서 일반 펀드에 뒤지지 않고, 일부는 4%포인트 이상 더 나은 수익률을 기록하고 있다.

24 ①

해설
보충

기업의 사회적책임의 피라미드 (Pyramid of Corporate Social Responsibility)

- 미국 조지아 대학의 아치 캐럴교수는 1991년에 기업의 사회적책임의 피라미드 (Pyramid of Corporate Social Responsibility)를 발표했습니다.

  1) 경제적 책임 − 기업의 기본적인 책임
     : 파라미드의 가장 아래 단이며 가장 중요한 부분을 차지하고 있는 것이 기업의 경제적 책임입니다. 자본가는 자본을 바탕으로 서비스와 제품을 생산합니다. 생산과 유통, 판매과정에서 일자리가 창출되어 관련된 피고용자(노동자)들이 생계를 유지할 수 있게 됩니다. 또한 제품과 서비스를 구매하게 되는 소비자는 소비를 통해 삶의 질을 높일 수가 있습니다. 이렇게 제품과 서비스의 생산, 유통, 판매를 통해 경제적 가치가 창출되도록 하는 것이 기업의 경제적 책임이며, 이는 기업의 다른 모든 책임의 기본이다.

  2) 법적 책임 − 법대로 생산, 유통, 판매한다.
     : 기업이 서비스나 제품을 생산, 유통, 판매하는 모든 과정은 물론이고, 기업자체를 경영하는 일에 있어서도 법을 준수해야 한다.

  3) 윤리적 책임 − 옳고, 공정하고, 정당한 것을 이행한다. 피해를 주지 않는다.

  4) 자선적 책임 − 좋은 기업 시민이 된다. 공동체에 자원을 제공한다. 삶의 질을 개선한다.

- 자선적(자의적) 책임: 좋은 기업시민, 지역사회 자원기여 및 삶의 질 개선
- 윤리적 책임: 윤리적 경영으로서의 옳고, 정당하며, 공정한 행위
- 법적 책임: 법률준수 및 옳고 그름에 대한 사회적 규범 준수 (필수적 준수사항)
- 경제적 책임: 수익창출(모든 다른 책임의 기반)

출처: Carroll (1996)

25 ①

해설 중소기업의 경우 자본조달에 한계가 있어 비한계성이 아니라 한계성을 가지고 있다.
* 중소기업은 다음과 같은 특질을 갖고 있는 기업이라고 할 수 있다.
 – 시장의 독점적 지배력이 없다.
 – 상대적으로 투하자본(投下資本)이 적다.
 – 기술적인 면에서나 경제사회 면에서 상대적으로 열등한 경영조건을 갖고 있는 기업이다.

26 ①

해설 동종기업 간 경쟁을 배제하고 시장을 통제하는데 그 목적을 두고 있으며, 경제적, 법률적으로 봤을 때 독립성을 유지하고 있지 않은 것은 트러스트이며, 카르텔(cartel)은 법적, 경제적 독립성을 유지한 채 이루어지는 기업간 연합이라고 볼 수 있다.

27 ①

해설 보통주보다 재산적 내용(이익·이자배당·잔여재산의 분배 등)에 있어서 우선적 지위가 인정된 주식을 의미 한다. 우선주는 우선권의 내용에 따라 여러 가지로 분류된다. 우선권의 존속기간이 한정되어 있는 것이 있고, 우선배당의 참가방법에도 여러 가지가 있으며,
그 참가방법에 따라 분류하면,
① 소정비율의 우선배당을 받고도 이익이 남는 경우에 우선주주가 다시 보통주주와 함께 배당에 참가할 수 있는 참가적 우선주,
② 소정비율의 우선배당을 받는 데 그치는 비참가적 우선주(이익이 많은 경우에는 보통주보다 불리하므로 실제로는 거의 발행하지 않음),
③ 당해 영업연도에 소정비율의 우선배당을 받지 못한 경우, 그 미지급배당액을 다음 영업연도 이후에도 우선하여 보충 배당받는 누적적 우선주(보증주),
④ 당해 영업연도에 우선배당을 받지 못하고 그 미지급배당액을 다음 영업연도에도 보충 배당받지 못하는 비누적적 우선주 등이 있다.
이중 일반적으로 이익배당우선주가 대표적이다. 대개 영업이 부진한 회사가 신주(新株) 모집을 용이하게 하기 위하여 또는 설립시의 발기인을 우대하기 위하여 회사의 이익과 관계없이 미리 배당금이 정해서 발행한다.
아울러 기타 지문을 살펴보면
② 이자가 미리 정해져 있는 것은 주식이 아니라 채권 즉, 사채의 특징이며,
③ 우선주라고 하여 세금 감면 혜택이 있는 것은 아니다.
④ 우선주에 대하여 비용을 공제하기 전이라도 우선 배당이 이루어지진 않으며, 우선주라도 비용은 공제한 후 우선 배당이 이루어진다.

28 ①

해설 계획과정은 미래의 추세에 대해 예측하고 목표의 수립과 달성방법 결정과 조직의 목표를 달성하기 위한 최선의 전략과 전술을 결정하는 과정이다.
⇒ 기타 지문들을 바로 잡으면 다음과 같다.
② 조직이 목표에 다가가고 있는지 확인하기 위한 명확한 기준을 설정하고 직원의 성공적인 수행을 보상하기 위한 과정은 통제의 과정이라고 볼 수 있다.
③ 조직의 구조를 설계하고 모든 것들이 목표 달성을 위해 함께 작동하는 체계를 구축하는 과정은 조직

화의 과정이라고 볼 수 있다.
④ 비전을 수립하고 조직목표를 더 효과적으로 달성하기 위해 의사소통 및 권한과 동기를 부여하는 과정은 지휘의 과정이라고 볼 수 있다.

29 ③

해설 지속가능경영은 조직과 이해관계자와의 의사소통을 증진하고 조직원의 경제적, 사회적, 환경적 지속가능성을 추구하여 조직의 가치를 제고하는 경영활동이다. 기업의 궁극적인 목적인 수익과 매출이라는 부분에서 벗어나 앞서 언급한 사회, 환경, 경제적 요인을 종합적으로 고려하면서 기업의 생존에 핵심적인 역할을 하는 소비자, 사회와 함께 발전해나가자는 의미로 사용되고 있는 개념이다. 단순이 기업의 대외적 공헌성을 강조하는 개념은 아니며, 지속가능성(Sustainability)은 이러한 환경적 측면을 바탕으로, 사회적 측면이 강화된 포괄적으로 의미이다.

이 개념은 1987년 환경 및 개발에 관한 세계 위원회(WECD)의 브란트란트 보고서라고도 불리우는 '환경과 개발 보고서'에서 언급한 지속가능한 개발에서 유래한 개념으로서 지속가능한 발전(Sustainable Development)을 미래 세대가 그들의 필요를 충족시킬 능력을 저해하지 않으면서 현 세대의 필요를 충족시키는 것이라고 정의하였다. 즉, 우리가 물려줄 환경과 자연 자원의 여건 속에서 우리의 미래 세대도 최소한 우리 세대만큼 잘 살 수 있도록 담보하는 범위 안에서 우리에게 주어진 환경과 자연 자원을 이용해야 한다는 것을 의미한다.

30 ③

해설 미국 경제학자인 밀턴 프리드먼(Milton Friedman)은 시장에서의 자유로운 경쟁과 이를 통한 이윤 추구를 강조하였으나 기업의 사회적 책임을 강조하지는 않고 오히려 뉴욕타임스 매거진에 실린 '기업의 사회적 책임은 이윤 극대화다'라는 기고문을 통해 기업이 사회적 책임 활동을 할 이유는 없다고 주장하였다.

보충 밀턴 프리드먼(1912~2006년)은 노벨 경제학상을 받은 뛰어난 경제학자로서 그의 저서 '자본주의와 자유(Capitalism and Freedom)'을 통해 정부의 개입을 줄이고 개인과 시장의 자유를 확대할 것을 주장했던 자유시장경제 주의자로서 개인의 자유와 복지를 증진시키는 데 있어서는 자유경쟁을 근간으로 하는 경쟁적 자본주의 체제가 가장 훌륭한 제도이며, 따라서 보다 나은 사회를 건설하기 위해서도 가장 중요한 일은 모든 이에게 최대한의 경제적 자유를 보장해주는 것이며, 이를 위하여 사유재산권을 존중하고 모든 이에게 공평한 기회를 보장하며 공정하고도 치열한 경쟁이 이뤄져고도 한다고 주장하였으며 나아가 자원의 효율적 배분을 위해서는 정부 개입을 줄이고 시장기능에 의존해야 한다. 거꾸로 지나친 국가의 시장 개입은 장기불황을 초래할 수 있고 높은 실업률을 불러 일으킨다고 보았다. 이러한 그의 주장은 시장의 자유를 강조한 시장주의자로서의 긍정적 평가를 받고 있다. 그러나 한편으로는 부정적 평가 역시 강하게 받고 있는 경제학자이다. 특히 오늘날 그에게는 시장 만능주의자, 신자유주의의 화신이라는 부정적 이미지가 강하게 씌워져 있다. 특히, 그는 1970년 뉴욕타임스 매거진에 실린 '기업의 사회적 책임은 이윤 극대화'라는 기고문을 통해 다음과 같은 주장을 펼쳤다.

첫째, 경영자는 주주들에 의해 임명된 대리인으로서 주주 이익, 즉 이윤 극대화를 위해 행동해야 한다. 물론 이 과정에서 기업은 법률과 사회 규범을 준수해야 한다.

둘째, 주주나 경영자가 사회공헌 활동을 하기 원하면 자신의 돈과 시간을 쓰면 되고 기업이 사회적 책임 활동을 할 이유는 없다.

셋째, 만약 경영자가 법에서 정한 수준 이상으로 환경·사회 문제 개선에 기업 자원을 썼다면 이는 경영자가 자신의 판단에 따라 다른 누군가의 자원을 썼다는 뜻이다. 이처럼 다른 사람의 돈을 활용해서 사회적 목적을 달성하는 것은 원래 정부 일이다. 따라서 이 경우에 경영자는 세금을 걷어 어디에 쓸지 결정하는 정부 역할을 하는 셈이다. 이처럼 기업의 의사결정이 정치적 의사결정화하면 시장기구가 아닌 정치적 메커니즘이 자원배분을 하는 셈이니 시장경제의 장점이 사라진다. 프리드먼은 기업은 시장을 통해 사회후생을 창출하고, 그 이외의 사회적 목표는 정부가 정치적 프로세스를 통해 해결함으로써 시장과 정부의 영역을 분리할 것을 촉구한다.

넷째, 시장은 만장일치 원칙에 기반하고 있다. 즉, 시장 거래는 자발적 참여를 전제로 하기 때문에 참여자들은 손해를 본다면 그 거래에 참여하지 않을 것이다. 따라서 이 거래에 참여자들의 손해를 강요하는 사회적 책임이란 개념은 존재할 여지가 없다. 그에 비해 정치적 메커니즘은 다수결 원칙에 기반하고 있다. 물론 시장은 불완전하기 때문에 당연히 다수결에 기반한 정치적 결정이 필요한 영역이 존재한다. 하지만 프리드먼은 사회적 책임이 지나치게 강조되면 거의 모든 활동이 정치 영역화 할 것을 우려했다.

31 ②

해설 주식을 보유한 주주에게 원금 상환의무는 없다.

32 ④

해설 경영자가 일반 주식보다 자신이 소유한 주식에 대해 많은 투표권을 갖도록 책정하는 행위는 방법론에서는 논란의 소지가 있을 수는 있으나 경영권의 안정적 유지 및 신속한 의사결정적을 위한 노력으로서 대리인문제에 해당한다고 보기는 어렵다.

특히 주식회사의 재산권 행사는 주식에 의하여 이루어지게 되는데, 주주평등의 원칙에 따라 주식을 가진 주주는 회사에 대하여 갖는 법률관계에 관하여는 그가 보유하는 주식의 수에 따라 평등하게 취급받게 된다. 그러나 최대주주 등이 보유하는 주식은 통상적인 주식가치에 더하여 당해 회사의 경영권 내지 지배권을 행사할 수 있는 특수한 가치, 이른바 '경영권 프리미엄'을 지니고 있게 된다. 이러한 프리미엄을 행사할 수 있게하는 대신에 최대주주가 소유한 주식도 시가로 평가함을 원칙으로 하며 이를 기준으로 상증법(상속세 및 증여세법)상 주식을 평가할 때 이 같은 최대주주의 경영권프리미엄을 반영한 것이 할증평가규정이며, 일반적으로 20%를 할증한다.

나머지 지문을 분석하면 다음과 같다.

① 경영자가 자신을 보호하기 위해 적대적 인수합병이 일어나지 않도록 방어하는 정관을 제정하는 행위
   ⇒ 경영자를 위해 정관을 변경하는 것은 도덕적해이에 해당한다.
② 경영자가 이사회의 구성원을 선임하는 데에 영향을 미쳐 사외이사의 독립성을 훼손하는 행위 ⇒ 기업의 투명성과 견제기능을 방해하는 행위는 도덕적 해이에 해당한다.
③ 경영자가 경영 실적에 비해 과다한 보상을 책정하는 행위 ⇒ 자신의 사적 이익 추구행위로서 도덕적 해이에 해당한다.

CHAPTER 2 : 경영전략 및 국제경영

개념정리문제

1 ⑤
해설 내부 환경적 요소임.

2 ⑤
해설 균형성과표(BSC)란 기존 기업의 성과를 평가하는 재무적 관점에서 벗어나, 기업이 추구하는 전략을 달성하는데 효과적인 핵심요소들을 재무적 관점, 고객관점, 기업내부 프로세스 관점, 성장과 학습관점으로 구분하여 구체적인 전략을 달성하려는 성과관리 도구이다.

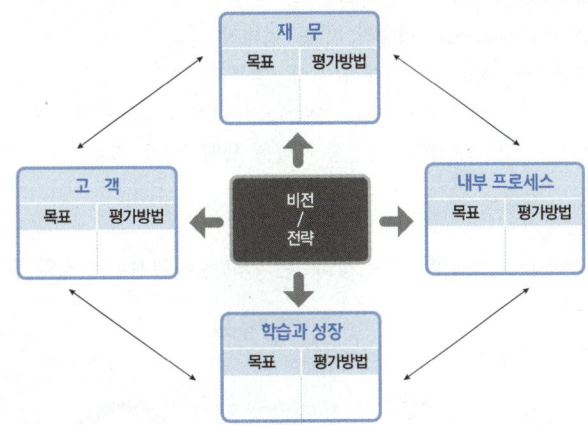

구분	내용
재무적 관점	기업가치 향상을 위한 중요한 재무성과에 대한 질문으로 재무적으로 성공하기 위하여 주주에게 어떻게 보일 것인가를 중시여긴다.
고객관점	평가대상이 되는 고객을 명확하게 한 후 고객이 중시여기는 가치는 무엇인가를 파악하는 과정이라고 할 수 있다.
기업내부 프로세스 관점	주주와 고객을 만족시키기 위하여 기업 내부에 가치를 창출할 수 있는 프로세스를 가지고 있어야 하는데 이를 평가하는 관점이라고 할 수 있다.
학습과 성장관점	기업이 새로운 프로세스를 개발하고 장기적으로 성장하려면 고객을 만족시키는 능력을 지속적으로 향상시켜 나아갈 수 있는 조직기반이 있어야 하며 이 부분의 성과를 평가하는 관점이다.

3 ④
해설 균형성가표의 4가지 관점은 재무적관점, 고객관점, 학습과 성장관점, 내부프로세스 관점임.

4 ③
해설 사회적 책임 관점은 해당하지 않는다. 단기적이고 결과론적인 재무적 관점과 장기적이고 과정 중심적인 고객, 학습과 성장, 내부프로세스 관점으로 4가지 관점을 통해 살펴보고 있는 것이 균형성과표이다.

5 ②

균형 성과표는 비젼과 전략이라는 기본적 전제 아래 단기적이고 결과론적인 재무적 관점과 장기적인 관점의 학습과 성장, 고객, 내부프로세스 관점을 고려하여야 한다.

6 ①

매뉴얼은 글로 체계화되어 표현된 형식적 지식(형식지)에 해당한다. 암묵지는 몸에 체화된, 내재된 지식을 의미한다.

- 암묵지(암묵적 지식) : 어떤 유형이나 규칙으로 표현하기 어려운 주관적이자 내재적인 지식 개인이나 조직의 차원에서 개인적 경험, 이미지, 조직문화, 풍토 등의 형태로 존재
- 형식지(명시적 지식) : 누구나 이해 또는 전달할 수 있는 객관적인 지식으로 제품사양, 문서, 데이터베이스, 규정, 매뉴얼, 공식, 컴퓨터 프로그램 등의 형태로 표현
- 노나카의 지식순환프로세스
    - 사회화(Socialization) : 암묵적 지식　암묵적 지식
    - 외면화(Externalization) : 암묵적 지식　형태적 지식
    - 조합화(Combination) : 형태적 지식　형태적 지식
    - 내면화(Internalization) : 형태적 지식　암묵적 지식
- KMS(지식 관리 시스템, Knowledge Management System): 인적 자원이 소유하고 있는 지식 자원을 축적, 활용할 수 있도록 정형, 비정형 지식을 체계적으로 통합, 관리하는 시스템.

7 ③

노나카의 모형은 SECI모형으로도 불리우는데 그 순환과정은 아래와 같다.

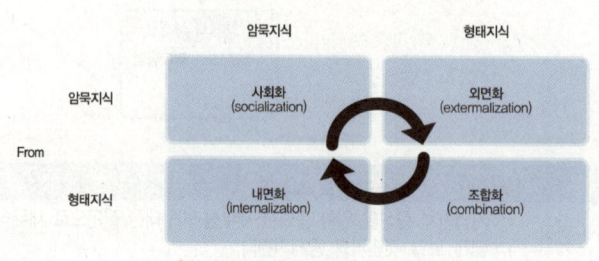

출처 : Nonaka Ikujiro, "The Knowledge-Creation Company", Oxford Univ. Press(1995)

8 ⑤

훈련가능성이 아니라 MBO는 그자체로서 단기적 성과에 집중한 개념으로서 적시성을 의미한다고 보아야 한다.

9 ⑤

포터(Michael Porter)의 산업구조분석모형(5 force model)에서는 기업의 환경에서 경쟁적 우위를 확보하는 데 위협이 되는 요소를 5가지로 파악하여 다섯 가지의 힘(5 forces)이라고 명명하였는데 이는 기존 기업간/산업내 경쟁, 잠재적 진입자(신규진입자)의 위협, 대체제의 위협, 공급자 및 수요자의 교섭력을 들고 있다.

10 ①

포터(Michael Porter)는 기업의 환경에서 경쟁적 우위를 확보하는 데 위협이 되는 요소를 5가지로 파악하여 다섯 가지의 힘(5 forces)이라고 명명하였는데 이는 기존 기업간/산업내 경쟁, 잠재적 진입자(신규진입자)의 위협, 대체제의 위협, 공급자 및 수요자의 교섭력을 들고 있다.

11 ④

해설 제품의 질이나 가격 등에 영향을 줄 정도로 공급자의 협상능력이 커진다면 소비자들의 구매력은 차차 낮아진다.
①, ②, ③ 포터의 5FORCE에는 대체재, 잠재적 진입자의 위험, 공급자의 협상력, 구매자의 협상력, 기존 산업 내 경쟁정도가 있다.
- 수평적 경쟁 요인(경쟁 축): 대체재, 잠재적 진입자의 위험, 기존 사업자
- 수직적 경쟁 요인(공존 축): 공급자 협상력, 구매자 협상력

12 ④

해설 5FORCE MODEL, 기존산업내경쟁, 잠재적 진입자, 대체제, 공급자 교섭력과 구매자 교섭력 5가지의 힘의 균형 모형이다.

13 ⑤

해설 ⑤ 진입장벽이 높으면 신규기업의 진입이 어려우므로 산업내 기업의 수익률은 증가한다. 또한 공급자의 교섭력, 구매자의 교섭력, 대체재의 위협은 낮을수록 산업내 수익률은 증가한다.
포터의 산업구조분석모형(5 force model)을 정리하면 다음의 표와 같다.

구분	내용
산업내 경쟁 (산업내 경쟁↑ →수익률↓)	① 산업의 집중도 – 높을수록 수익률이 커짐 ② 제품차별화 – 차별화가 많이 될수록 수익률이 커짐 ③ 초과설비 – 초과설비가 많아지면 수익률이 낮아짐 ④ 퇴거장벽 – 퇴거장벽이 높으면 수익률이 낮아짐
잠재적 진입자(진입장벽) (잠재적 진입자↑→ 경쟁↑→수익률↓)	① 자본소요량 – 자본소요량이 크면 진입장벽의 역할을 수행 ② 규모의 경제 / 절대적 비용우위 – 규모의 경제나 절대적 비용우위가 진입장벽의 역할을 수행 ③ 유통채널 – 강력하게 형성된 유통채널이 진입장벽의 역할을 수행 ④ 제품차별화 – 소비자에게 인식된 제품이나 상표의 특성은 그 자체가 진입장벽의 역할을 수행
구매자의 교섭력, 공급자의 교섭력 (상대의 교섭력↑→ 경쟁↑→수익률↓)	① 정보력 – 구매자나 공급자가 갖고 있는 정보가 많으면 교섭시 우위를 점할 가능성이 높음 ② 전환비용 – 공급자나 구매자의 전환시 많은 전환비용이 발생하게 된다면 전환이 어렵게 되고 이는 거래비용을 증가시킬 가능성이 높아짐 ③ 수직적 통합 – 수직적 통합의 가능성이 있다고 하면 통합가능한 쪽의 교섭력이 높아지게 됨
대체재와의 경쟁 (대체재↑→ 경쟁↑→수익률↓)	대체재가 많으면 수익력이 감소하게 됨

14 ②

해설 구매자의 공급자 전환비용(Switching Cost)이 높을수록 타 기업으로의 전환이 용이하지 않아서 구매자의 교섭력이 낮아져 기업 입장에서 시장의 매력도가 높아진다.

15 ④

해설 본원적 활동에는 물류투입활동(inbound logistics), 운영활동(operation), 물류산출활동(outbound logistics), 마케팅활동(marketing), 애프터서비스활동(after service)이 있으며, 인적자원관리활동 및 기업의 하부구조(infrastructure), 구매활동(Procurement), 기술개발활동 등은 보조적 활동에 속하는 활동에 속한다.

16 ③

해설 M. Porter의 가치사슬모형에서 본원적 활동으로 물류 투입, 생산운영관리, 물류반출(물류산출), 마케팅

및 세일즈, 사후관리로서의 서비스의 5가지를 들고 있으며 제품의 사후지원은 마지막 단계인 사후관리에 해당하며 나머지 보기는 지원활동에 해당한다.

17 ②

해설 주활동(본원적 활동)에는 물류투입, 생산운영관리, 물류반출, 판매 및 마케팅, 서비스가 해당된다.

18 ③

해설 산업구조분석 모형(5 Force Model) 중 소비자 관점의 사용용도 유사한 다른 제품과 비교를 통한 경쟁분석요소는 대체재와 관련이 있다.

19 ③

해설 대체재가 많다는 것은 자사 제품을 대체 할 수 있는 상품이 많으므로 경쟁이 치열해진다는 의미이다. 그러므로 대체재가 많으면 경쟁이 치열해져 해당 기업의 수익은 감소한다고 볼 수 있다.

20 ③

해설 정부정책(government policy)의 위협은 5가지 요소에 해당하지 않는다. 포터(M. Porter)의 5대 경쟁세력 모형(5-Forces Model)의 5가지 요소에는 기존 산업내 경쟁, 잠재적진입자(진입장벽), 대체재, 구매자 교섭력, 공급자교섭력이 해당된다.

21 ②

해설 복제가능하단 의미는 모방가능성으로 생각할 수 있다. 이를 근거로 문제를 살펴본다면 모방가능한 즉, 복제가능한 범위의 경제에는 세금혜택, 위험 감소, 종업원 보상 등을 들 수 있다.
아울러 복제하기 어려운 즉, 모방가능성이 낮은 범위의 경제로는 핵심역량을 기반으로 내부자본 할당, 복수시장 경쟁, 시장지배력 등을 들 수 있다.

22 ②

해설 소수의 종류로 핵심역량을 집중하는 것이 바람직하다. 핵심역량은 기업 내의 여러 가지 요소 중 기업이 경쟁적 우위를 확보할 수 있도록 이끌어 주는 핵심적인 능력을 말한다. 이것을 올바로 찾아내서 명확히 설정하고 전사적 차원에서 이용하여 기업의 경쟁력으로 키워 나가는 것이 중요한 경영전략으로 떠오르고 있다. 과거에 단순히 환경의 변화에 따라 대처하던 경영전략을 지양하고 기업의 내부에서 발전과 성공의 원천으로 찾으려는 시도를 그 배경으로 하고 있다.

23 ②

해설 전략이 아니라 강점임. 강점 – 약점 – 기회 – 위협 요인으로 분류함.

24 ②

해설

S-O 전략	외부기회와 내부 강점: 인수합병, 다각화, 성장, 확대전략
W-T 전략	외부위협과 내부 약점: 철수, 제거, 방어적 전략, 삭감전략, 합작투자전략
S-T 전략	외부위협과 내부 강점: 다양화 전략, 안정적 성장 전략
W-O 전략	외부기회와 내부 약점: 약점 극복, 턴어라운드 전략

25 ⑤

해설 집중적 다각화는 SO상황에서 성장을 위한 도구로 사용된다.

외부 전략적 요소

		O (Opportunity: 기회요인)	T (Threat: 위험요인)
내부 전략적 요소	S (Strength: 강점요인)	SO 상황: 내부강점을 기회에 활용하는 전략 (성장위주의 공격적 전략)	ST 상황: 내부강점으로 위험을 극복하는 전략 (다각화 전략)
	W (Weakness: 약점요인)	WO 상황: 기회를 활용해 약점을 극복하는 전략 (전략적 제휴, 우회전략)	WT 상황: 약점과 위험을 동시에 극복하는 전략 (방어적 전략)

26 ②

해설
① BCG 분석: 제품포트폴리오관리(PPM)를 위해 보스턴 컨설팅 그룹이 만든 전략사업부 단위 구성을 위한 분석방법
③ GAP 분석: 케인스 학파의 소득결정·저축·투자이론을 기초로 하고, 완전고용의 수준을 하나의 기준으로 하여 인플레이션과 디플레이션을 구별하는 분석방법.
④ BEP 분석: Break Even Point는 손익분기점으로 매출과 비용이 같아지는 지점을 의미.
⑤ 4P 분석: Product, Price, Place, Promotion

27 ②

해설 BCG 매트릭스를 정리하면 다음과 같다.

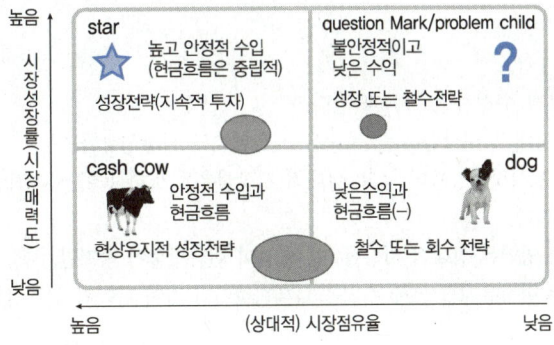

28 ①

해설 자금젖소(cash cow)와 물음표(question mark) 영역에 대한 질문임.

29 ③

해설 개(Dog) 사업부의 경우 사양사업으로 회수 혹은 철수전략이 적합하다.

30 ③

해설 star 영역은 제품 수명주기상으로 성장기에 해당하며, 이 영역의 경우 현금유입은 많으나 현금유출도 많을 수 있으므로 현금 흐름 자체가 무조건 긍정적이라고 단정지을 수는 없는 영역이다.

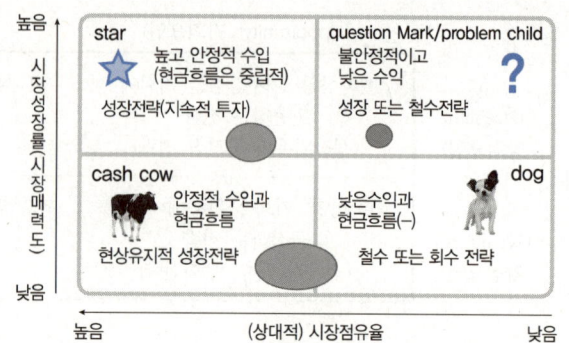

31 ②

해설 물음표는 높은 시장성장률과 높은 상대적 시장점유율을 유지하기 때문에 투자가 필요하다.

32 ⑤

해설
① 산업의 매력도와 강점을 기준으로 분류한 것은 GE매트릭스에 대한 설명이며, BCG매트릭스는 산업의 매력도(성장률)과 상대적 시장점유율을 기준으로 분류함.
② 물음표 영역은 성장가능성이 커서 신규투자가 필요한 영역임.
③ 개에 속한 사업단위는 확대전략이 아니라 철수전략을 생각하여야 한다.
④ 별에 속한 사업단위는 철수나 매각이 아니라 성장전략을 추진하여야 한다.

33 ②

해설 지문을 바르게 수정하면 다음과 같다.
① 횡축은 상대적 시장점유율, 종축은 시장매력도(시장성장률)이다.
③ 별 영역은 시장성장률이 높고, 상대적 시장점유율 또한 높아 지속적인 투자를 통한 성장 전략이 필요한 영역이다.
④ 자금젖소 영역은 상대적 시장점유율이 높아 현금창출이 많지만, 시장성장률이 낮아 이 영역에 대한 투자보다는 현상유지를 통해 수익을 극대화하여야 하며 나아가 신규사업(문제아 영역)으로의 투자가 필요하다.
⑤ 개 영역은 쇠퇴기에 접어든 영역이며, 시장지배적인 위치를 구축하여 성숙기에 접어든 경우는 자금젖소 단계이다.

34 ②

해설 일반적인 사업부 단위의 수명주기는 물음표(문제아) → 별 → 현금젖소 → 개의 순서로 진행된다.

• 바람직한 사업부의 이동 경로

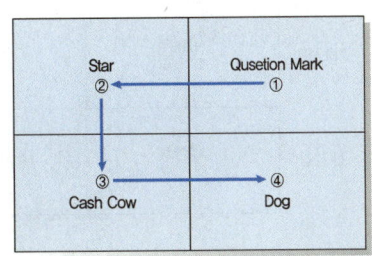

35 ③

해설 일반적인 사업부 단위의 수명주기는 물음표(문제아) → 별 → 현금젖소 → 개의 순서로 진행되지만, 자금의 흐름은 가장 많은 수익을 창출하고 있는 자금젖소 단계에서 신규산업인 문제아(물음표) 단계로 진행되어야 함.

• 현금의 이동경로

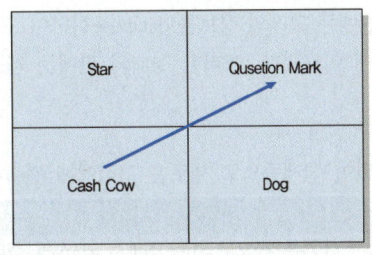

36 ②

해설 시장침투전략에 대한 설명임.

37 ③

해설 포터(M. Porter)의 본원적 경쟁전략(generic competitive strategy)을 정리하면 다음과 같다.

	저원가	차별화
광범위한 시장	원가우위전략	차별화전략
좁은 시장	원가 중심 집중화	차별화 중심 집중화

(경쟁범위)

38 ①

해설 제품-시장 확장격자(Ansoff)는 아래 그림과 같으며, 시장침투전략이란 기존제품으로 기존시장에서 매출액을 증대하고자 하는 전략이다.

	기존제품	신제품
기존시장	시장침투 전략	제품개발 전략
신시장	시장개발 전략	(다각화 전략)

39 ①

해설 기존 제품인 치약을 기존 시장에서 매출액을 증대하고자 하는 전략인 시장 침투 전략을 찾으면 됨.

40 ①, ② (중복정답인정)

해설 교차판매란 기존 고객들 중 회사의 다른 제품을 살 가능성이 많은 고객들에게 판매를 권유하는 형태의 판매방식으로 기존재하는 제품으로 기존재하는 시장에서 매출을 확대하는 시장침투전략의 일종이라고 할 수 있다. 하지만 최근에 교차판매는 고객의 정보를 database화하여 고객이 원하는 제품을 파악 및 개발하여 고객에게 판매하는 단계에 이르렀다. 이러한 형태의 판매는 제품개발전략이라고 할 수 있다.

41 ④

해설 기존의 제품과 상관없이 신제품으로 새로운 고객에게 진출하려는 전략이다.

구분		내용
집약성장	시장침투	기존제품으로 기존시장에서 매출액을 증대하고자 하는 전략
	시장개발	기존제품을 신시장에 판매
	제품개발	신제품을 기존시장에 판매(고객의 욕구변화 충족, 신제품 경쟁에 대항 등)
통합성장	수직적 통합 전방통합	현 사업의 뒷단계에 있는 사업부문을 통합
	수직적 통합 후방통합	현 사업의 앞단계에 있는 사업부문을 통합
	수평적 통합	동일한 단계에 있는 경쟁업체들의 통합을 통해 시장지배력을 강화할 수 있음
다각성장	관련다각화 집중적	기술적 혹은 마케팅적 등으로 시너지 효과가 있는 신제품＋신시장
	관련다각화 수평적	기존 고객층에 소구(신제품＋신시장)
	비관련다각화	기존사업과 전혀 무관한 신제품＋신시장: (컨그로머릿, 집성적, 복합적 다각화)

제품-시장 확장격자(Ansoff)

	기존제품	신제품
기존시장	시장침투 전략	제품개발 전략
신시장	시장개발 전략	(다각화 전략)

42 ③

해설 기업의 수직적 통합에는 현 사업의 뒷 단계에 있는 사업부문 즉, 소비자 쪽으로 통합하는 전방통합과 현 사업의 앞 단계에 있는 사업부문 즉, 원자재 쪽으로 통합하는 후방통합으로 구분된다. ③의 경우는 전방통합이지만 나머지 보기들은 후방통합이라고 볼 수 있다.

43 ②

해설 조립업체가 부품업체를 통합하는 것은 전방통합이 아니라 후방통합임. 전방통합은 소비자 방향으로의 통합임.

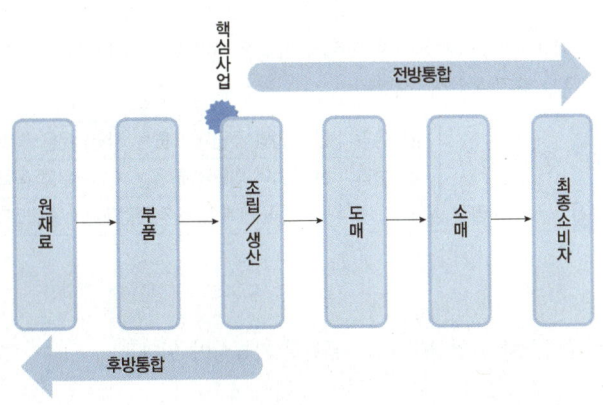

44 ①

해설

핵심 역량의 활용을 통한 매출이나 이익의 상승효과를 기대하기 위한 전략적 적합적 고려는 관련다각화에 더 가까운 개념이라고 볼 수 있다. 특히 비관련 다각화를 시행할 경우 범위의 경제 효과와 도미노 효과의 예방 및 재무적 위험 분산으로 인한 안정적 인수익과 내부자원의 효율적 활용과 현금흐름이 원활하여 질 수 있으나 핵심역량을 가지지 못하는 사업 분야로의 진출로 인해 효과적 통합과 운영의 어려움이 발생할 수 있다.

보충

다각화 전략 수립시 고려사항

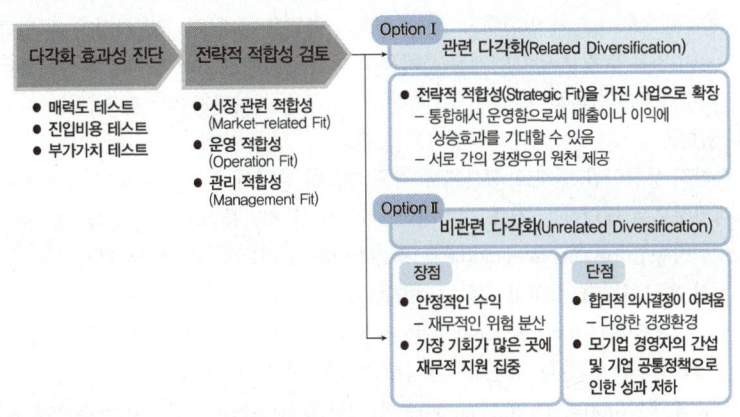

45 ④

해설

Porter의 본원적 경쟁전략

전략적 목표	전략적 우위요소		구분	차별화전략	원가우위전략	집중화전략
	제품특성	원가우위				
시장전체	차별화 전략	원가우위 전략	특징	• 수요의 가격탄력성이 낮음 • 진입장벽이 높음	• 수요의 가격탄력성이 높음 • 규모의 경제효과가 큼	자원이 적은 기업이 사용가능
			장점	• 소비자의 욕구를 잘 충족시켜 줄 수 있음 • 소비자에게 제공된 편익으로 가격을 향상시킬 수 있음	• 표준화의 추구로 비용을 절감할 수 있음 • 절감된 비용으로 이익을 높일 수 있음	• 특성화된 시장에 전문성을 높일 수 있음 • 높아진 전문성으로 가격을 높일 수 있음
특정시장	집중화전략		단점	경쟁자의 모방으로 경쟁우위가 사라질 수 있음	소비자의 다양한 욕구를 충족시킬 수 없음	Risk가 증가함

46 ①

[해설] 자사의 핵심분야에서 소비자방향으로의 합병은 전방통합, 원자재 방향으로의 합병은 후방통합임. ①번 지문의 경우는 후방통합에 해당됨

통합 성장	수직적 통합	전방통합	현 사업의 뒷단계에 있는 사업부문을 통합
		후방통합	현 사업의 앞단계에 있는 사업부문을 통합
	수평적 통합		동일한 단계에 있는 경쟁업체들의 통합을 통해 시장지배력을 강화할 수 있음

47 ③

[해설] 효율성은 증가하나 유연성은 다소 떨어질 가능성이 있다.

48 ①

[해설] 자동차 완제품 회사와 자동차 부품 업체 간의 결합은 경영합리화를 목적으로 한 기업의 수직적 결합으로서, 이러한 수직적 결합은 다시 자사의 핵심 사업에서 소비자 방향으로의 결합인 전방 통합과 원자재 방향으로의 결합인 후방 통합이 있다. 아울러 수평적 결합은 시장 통제력 및 시장 지위 극대화를 위한 동종 업체 간의 결합이 대표적이라고 볼 수 있다.

49 ④

[해설] 3번 지문으로 실수 할 수 있으나 3번 지문의 경우 통합을 통해 개별 기업의 특허기술이 통합된 회사내에서 공유됨으로 보호가 안된다고 볼 수 있으나 통합을 통해 하나의 기업이 된 만큼 보호될 수 있다. 그러나 ④번 지문의 경우 상호연계된 분야를 하나로 흡수함으로써 우리의 핵심역량을 보호할 수 있다. 그러나 비중요부분을 다른 기업에 맡긴다는 것은 통합이 아니라 외주화 내지는 아웃소싱의 개념이라고 볼 수 있다.

[보충]
- 수직적 통합이란 원재료 생산에서 최종 제품의 판매까지 기업의 모든 경영활동 단계에 관련된 회사를 체계적으로 매입하는 것을 의미하며 이는 다시 전방통합과 후방통합으로 구분함.
  - 전방통합(forward integration)은 최종소비자의 행동을 포함하는 경영활동 영역의 확장으로 예를 들면 제조업자가 소매점포를 구입하는 것 등이다.
  - 후방통합(backward integration)은 자동차 제조업체가 철강공장을 구입하는 것과 같이 제품 생산에 필요한 생산시설을 구입하거나 만드는 과정을 말한다.
- 수평적 통합(horizontal integration)은 동일한 생산수준이나 자원사용 수준에 있는 회사끼리 흡수나 합병하는 것이다.

50 ①

[해설] 포터의 본원적 경쟁전략에는 원가우위, 차별화, 집중화 전략이 있다.

51 ④

[해설] 디자인의 차별화는 원가우위전략이 아니라 차별화전략에 해당한다.

52 ④

[해설] 경쟁자는 철저히 고려하여야 하는 과업환경이며 나머지 지문들은 PEST분석에서의 환경대상들로서 이는 거시적 환경으로 일반 환경 분석에 해당함.

53 ③

해설 경쟁자 관점은 균형성과표에서의 관점이라고 볼 수 없으며, 균형성과표(BSC)의 4가지 관점을 정리하면 다음과 같다.

구 분	내 용
재무적 관점	기업가치 향상을 위해 중요한 재무성과에 대한 질문으로 재무적으로 성공하기 위하여 주주에게 어떻게 보일 것인가를 중히 여긴다.
고객관점	평가대상이 되는 고객을 명확하게 한 후 고객이 중히 여기는 가치는 무엇인가를 파악하는 과정이라고 할 수 있다.
기업내부 프로세스 관점	주주와 고객을 만족시키기 위하여 기업 내부에 가치를 창출할 수 있는 프로세스를 가지고 있어야 하는데 이를 평가하는 관점이라고 할 수 있다.
학습과 성장관점	기업이 새로운 프로세스를 개발하고 장기적으로 성장하려면 고객을 만족시키는 능력을 지속적으로 향상시켜 나아갈 수 있는 조직기반이 있어야 하며 이 부분의 성과를 평가하는 관점이다.

54 ③

해설 다음과 같은 순환과정을 거친다.

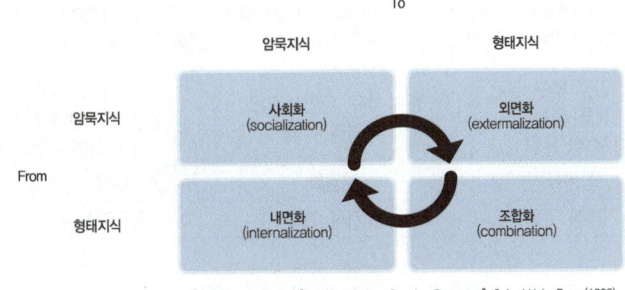

출처 : Nonaka Ikujiro, "The Knowledge-Creation Company", Oxford Unix, Press(1995)

55 ①

해설 기업전략은 어느 사업 분야에 참여할까를 결정하는 전략(where?)으로서 기업의 종합적인 관점에서 비전과 목표를 설정하고 각 사업 분야에서 경영자원을 배분하고 조정하는 일련의 활동이라고 할 수 있다. 즉, 기업전략(企業戰略, Corporate strategy)은 기업, 기관 등 조직전체 단위측면에서 그 조직의 미션과 비전을 달성하기 위하여 대상과 숫자를 구체화시킨 것으로 최고경영자 중심으로 결정된다.

56 ②

해설 현금젖소(cash cow): 시장점유율은 높지만 시장성장률이 낮은 영역이다.

57 ④

해설 고성장 영역에 해당하는 산업은 물음표 및 스타영영이며, 고점유영역에 해당하는 영역은 스타와 현금젖소영역이다.

58 ①

해설 이식(공동화 socialization)단계는 타인의 암묵지식(tacit knowledge)을 암묵지식으로 습득하는 단계이다. 지문상 각 개인들이 가진 형식지(explicit knowledge)를 조직 안에서 서로 나누어 가지는 과정은 종합화/연결화(Combination) 단계이다.

59 ③

해설 목표의 유연성을 언급하고 있지 않다. 목표관리(MBO, Management By Objectives)는 피터 드러커(P. Drucker)가 1954년 저술한 "The Practice of Management"에서 주장하였다. 목표관리는 구성원들의 참여를 통한 장·단기적 목적들의 설정, 그로 인한 업무자들의 기관에 대한 기여증진, 목표성취 여부에 대한 체계적인 평가를 가능하게 해 주는 것이다.

기본적으로 관리의 전 과정에서 업무자들의 참여하여 일정 기간에 성취되어야 할 장기적인 목적과 단기적 목표들이 구체화된다. 구체적으로 합의된 목적과 목표들이 존재함으로 인해 그것들이 성취되고 있는지의 성공 여부가 정기적으로 평가하여 환류함으로써 궁극적으로 조직의 효율성을 향상 시키고자 하는 관리기법이라고 말할 수 있다.

60 ④

해설 마일즈(R. Miles)와 스노우(C. Snow)의 전략 유형 중 유연성이 높고 분권화된 학습지향 조직구조는 혁신형 또는 탐색형기업으로도 불리우는 공격형기업에 해당한다.

방어형(defenders)	탐색형(prospectors)	분석형(analyzers)	반응형(reactors)
좁은 활동영역에서 한정된 제품을 생산/판매하는 유형	신제품이나 시장 기회를 찾는 공격적 유형	제품/시장영역에서 안정과 변화를 동시에 추구하는 유형	환경에 대해 일관성 있는 해결안을 수립하지 못하는 유형
안정 추구 능률 중시 보수적 유형	변혁 추구 유연성 강조 공격적 유형	안정/변혁 추구 능률/유연성 중시 기회주의적 유형	소극/무반응 일관성 결여 낙오형/수동형
집권화	분권화	집권화와 분권화	현재 유형 고집
기계적 구조	유기적 구조	매트릭스 구조	?

61 ②

해설 BRICs란 방대한 인구와 자원을 배경으로 고속 성장을 하고 있는 브라질, 러시아, 인도, 중국 등 4개국을 일컫는 말이다.

이후 2011년 남아프리카공화국이 가입하면서 BRICS로 변경하였다. 이 용어는 미국의 투자은행인 Goldman Sachs의 Willson과 Puru-shothaman이 2003년 10월에 발표한 투자전략보고서인 'Dreaming with BRICs: The Path to 2050'에서 처음 사용되었다. 캐나다는 이에 해당되지 않는다.

62 ③

해설 다른 기업에게 수수료를 받는 대신 자사의 기술이나 상품 사양을 제공하고 그 결과로 생산과 판매를 허용하는 것은 라이선싱(licensing)이다.

아울러 ④ 계약생산(contract manufacturing)에는 OEM, ODM등이 있으며, ⑤ 턴키프로젝트(turn-key project)란 일괄수주 방식으로 플랜트 수출등에 많이 나타나는 수출방식임.

63 ③

해설 소비시점은 자회사 설립을 통한 해외 진출과는 관련성이 없음.

64 ④

해설 간접수출→직접수출→합작투자→단독투자 순으로 투자와 통제가능성이 증가한다. 해외직접투자 정도와 통제정도 간의 관계를 설명한 루트의 점진적 학습 모형은 아래와 같다.

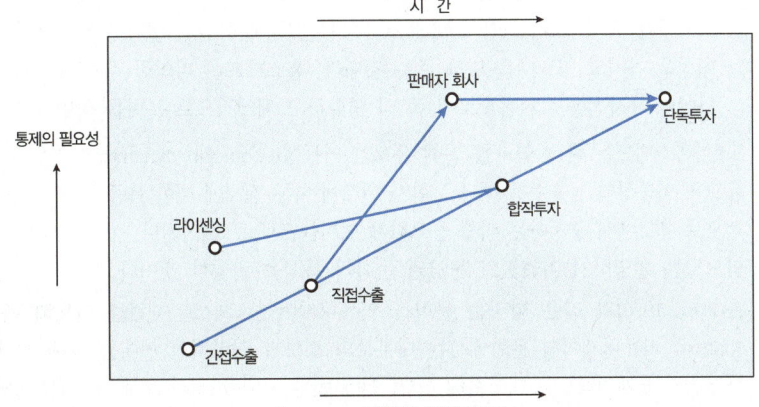

출처 : Franklin Root, *Entry Strategies for International Markets*, Lexington, 1994. p.39

65 ②

해설　수직적 해외직접투자에 관한 설명임.

66 ①

해설　Green field investment는 국외자본이 투자대상국의 용지를 직접 매입해 공장이나 사업장을 새로 짓는 방식의 투자로서 비용이 많이 들고, 생산하기까지 시간이 오래 걸리지만, 투자를 받는 국가 입장에서는 고용창출 효과가 더 크다는 장점이 있다. Brown field investment는 이미 설립된 회사를 사들이는 것으로서 초기 설립 비용이 들지 않고 인력, 생산라인 등의 확장을 꾀할 수 있을 뿐 아니라 투자 후 조기에 정상조업이 가능하다는 장점이 있다.

67 ①

해설　'고맥락/저맥락(high context/low context)' 개념은 홉스테드가 아니라 미국의 인류학자 에드워드 홀(Hall, E. T.)이 의사소통과 관련하여 제시한 개념이다. 저맥락 문화에서는 의사소통이 주로 표현된 내용(대화, 글)에 의해 이루어지고 이러한 표현은 직설적인 편인 반면, 고맥락 문화에서는 의사소통은 표현된 내용으로부터 상대방의 진의를 유추하는 단계를 중요하게 여긴다. 쉽게 말하자면 저맥락 문화에서는 생각을 말로 그대로 표현하기 때문에 맥락 또는 상황이 덜 중요한 반면, 고맥락 문화에서는 말보다는 말을 하는 맥락 또는 상황을 중요하게 여겨 상대방의 뜻을 미루어 짐작해야 할 필요성이 더 크다고 볼 수 있다.

68 ④

해설　홉스테드의 문화 차원 척도는 IBM의 72개국 종업원을 대상으로 실시한 설문조사 결과를 토대로 한 것이며, 총 4개의 차원으로 권력 거리, 개인주의·집단주의, 남성주의·여성주의, 불확실성 회피로 이루어져 있다.

- 권력 거리(power distance) 차원은 한 문화권의 사람들이 권력의 불공평한 배분을 어느 정도로 수용하는가를 말해주는 차원
- 개인주의·집단주의(individualism/ collectivism) 차원은 대체로 서구 사회와 아시아를 구분하는 뚜렷한 특징임
- 남성주의·여성주의 성향(masculinity /feminity) 차원은 한 문화권에서 업적과 성공을 중시하는지, 아

니면 인간관계 지향적이고 행복을 추구하는지를 말해 줌
- 불확실성 회피(uncertainty avoidance) 차원은 한 문화권이 얼마나 불확실성과 예측불가능성에 대한 내성을 가지고 있느냐를 말해 주는 것이다. 홉스테드는 다양한 사회 문화들에 대한 네 가지 차원의 차이와 유사점을 살펴봄으로써 좀 더 명확하고 체계적으로 문화를 설명하고 이해할 수 있다고 했다.

또한 홉스테드는 후속 연구를 통해 유교적 역동성(confucian dynamism) 차원을 제안했다. 한 문화권의 유교적 역동성이 높을수록 해당 문화가 위계에 따른 질서에 대한 복종이나 검소, 인내 등의 가치 등 일반적으로 유교에서 중시하는 바를 중요하게 여기는 것으로 해석된다. 이 구성 차원은 홉스테드의 4개 차원만으로는 설명하기 어려웠던 동양권 문화의 특성을 반영한 것이다.

> [참고] 홀(Hall, 1976)과 같은 학자는 문화를 커뮤니케이션 스타일 차원을 이용해 분류했다. 고맥락(high-context) 커뮤니케이션 문화에서는 대부분의 정보가 직접적인 언어를 통해 전달되기보다는 상황의 한 부분이거나 개인적으로 내부화해 있다. 이에 반해 저맥락(low-context) 커뮤니케이션 문화는 정보를 가시적으로 분명하게 표현되는 메시지 형태로 전달한다.

69 ③

[해설] 국제화를 통해 국제간 공조 등을 통해 환경오염에 대한 범지구적 논의가 진행되고 있는 만큼 국제화 및 세계화는 환경오염의 원인이라고 보기 보다는 이를 해결하기 위한 노력도 포함된다고 볼 수 있다.

[보충] ※ ISO 14001(환경경영시스템) 도입배경

: 1992년 리우지구정상회의를 계기로 환경적으로 건전하고 지속가능한 개발을 달성하기 위한 실천적 방법론으로 환경경영이 새로운 기업경영 패러다임으로 등장하였습니다. 이는 조직에게 경제적 수익성 뿐만 아니라 환경적 지속가능성을 포괄하는 경영전략을 도입할 것을 강력히 요구하는 것입니다. ISO 14001 환경경영시스템은 일부 환경담당자들에 의해 운영되어 오던 기존의 관리방식을 탈피하여 전직원의 참여를 통해 사전에 환경문제를 관리하는 시스템적 접근방법입니다. 조직은 ISO 14001 인증을 통해 경제적 이윤 창출과 환경성과 개선이라는 두 가지 효과를 동시에 누릴 수 있습니다.

※ ISO 14001(환경경영시스템) 인증이란?

: ISO 14001은 모든 산업 분야 및 활동에 적용할 수 있는 환경경영시스템에 관한 국제규격입니다. 기업은 환경경영시스템을 통해 환경측면을 체계적으로 식별, 평가, 관리 및 개선함으로써 환경위험성을 효율적으로 관리할 수 있습니다.

- 인증취득의 효과

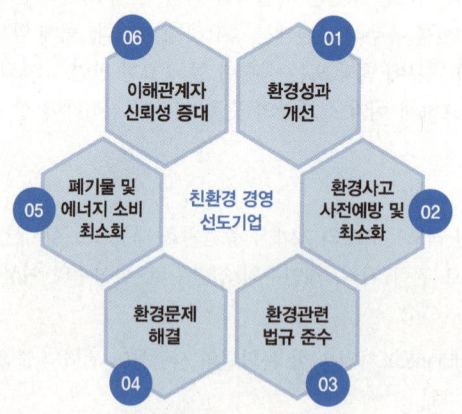

70 ③

[해설] 경영관리를 위한 이슈나 의사결정은 통제(관리)적 역할로서 Root의 점진적 학습모형을 통해서 이를 살펴

보면 통제의 필요성이 가장 높은 것은 해외자회사 내지는 판매자회사라고 볼 수 있다.
지문을 통해 통제의 필요성의 크기로 분류하면 다음과 같다.
글로벌 소싱 < 프랜차이즈 < 전략적 제휴 < 해외 자회사

보충　Root의 점진적 학습모형(아래 그림)

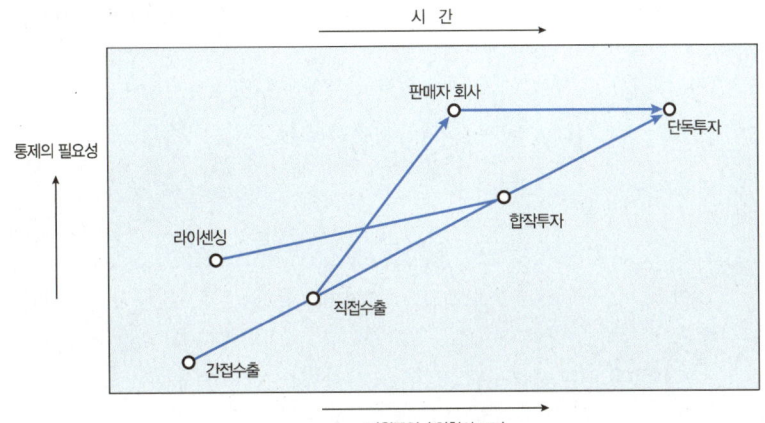

출처 : Franklin Root, *Entry Strategies for International Markets*, Lexington, 1994. p.39

71　③
해설　편협성(parochialism) 대 진취성(progressiveness)은 해당하지 않는다. 호프스테드(Hofstede)는 권력거리, 남성성-여성성, 개인주의-집단주의, 불확실성 수용-기피성향을 기준으로 분류하였다.

72　②
해설　글로벌 경영을 통한 기업의 세계화 및 글로벌 시장 확대는 지리적 다변화를 통한 위험집중이 아니라 위험을 분산시키는 효과를 기대할수 있다.
참고로 기업의 세계화를 촉진시키는 원인을 살펴보면 다음과 같다.
규모의 경제 : 생산방식이 점차 노동집약적인 생산방식에서 자본집약적인 생산방식으로 전환
기술의 진보와 이를 바탕으로 한 인터넷을 비롯한 통신수단의 발달
소비자 수요의 동질화
무역장벽의 감소와 자유무역의 확산

보충　다국적기업의 세계화와 현지화 압력

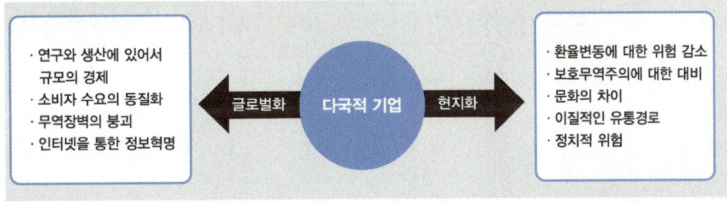

출처 : 장세진, 글로벌 경영, 2012

73　③
해설　주문자가 만들어 준 설계도에 따라 생산하는 단순 하청 생산 수출방식인 반면 자체개발주문생산방식 또는 제조업자개발생산(Original Development Manufacturing ; ODM)으로 불리우는 방식으로 제조자 설계생산 형태로서 ODM방식 수출은 주문자의 요구에 따라 제조업자가 주도적으로 연구개발, 설계, 디자인 자체를

해결하여 공급가에 개발비까지를 추가하여 부가가치를 높여 제품을 생산하여 수출하는 방식이다.
다른 지문을 설명하면 다음과 같다.
① OJT(on the job training): 직장내 교육훈련
② OBM(Own brand manufacturing): 자체상표생산
④ OEM (Original Equipment Manufacturing): 주문자상표부착방식(위탁 계약생산의 형태)

심화문제

1 ④

해설
① 지속가능 기업전략에서는 주주의 이익이 중요하지만 모든 이해관계자를 다 고려하며 사회적 이익을 창출할 수 있어야 한다.
② 지속가능성 평가 기준의 일종인 삼중선(triple bottom lines)은 기업의 경제, 사회, 정부 차원의 책무가 아니라 기업 이익, 환경 지속성, 사회적 책임이라는 세 가지 기준으로 기업 실적을 측정하는 비즈니스 원칙을 강조한다.
③ 사회적 책임이 포함된 기업전략을 수립하는 것에 대해 모든 기업이 동의한다고 단정 지을 수는 없다.

2 ③

해설
내부 프로세스 관점이란 자발적 이직을 파악하기보다는 주주와 고객을 만족시키기 위하여 기업 내부에 가치를 창출할 수 있는 프로세스를 가지고 있어야 하는데 이를 평가하는 관점이라고 할 수 있다.
① 재무 관점이란 기업가치 향상을 위해 중요한 재무성과에 대한 질문으로 재무적으로 성공하기 위하여 주주에게 어떻게 보일 것인가를 중히 여기는 관점으로 이러한 측면에서 경제적 부가가치 창출인 EVA(Economic Value Added)는 중요하다고 할 수 있다.
② 고객 관점이란 평가대상이 되는 고객을 명확하게 한 후 고객이 중히 여기는 가치는 무엇인가를 파악하는 과정으로서 이를 통해 시장점유율을 파악하고 넓혀나가는 것을 중히 여긴다고 할 수 있다.
④ 학습 및 성장 관점이란 기업이 새로운 프로세스를 개발하고 장기적으로 성장하려면 고객을 만족시키는 능력을 지속적으로 향상시켜 나아갈 수 있는 조직기반이 있어야 하며 이 부분의 성과를 평가하는 관점으로 이를 위해서는 직원 만족도 역시 중요한 항목으로 고려되어져야 한다.

3 ④

해설
전략적 제휴(strategic alliance)에서는 경쟁이 무의미한게 아니라 경쟁을 극복하기 위해 상호 보완적 요소를 확대하기 위한 전략적 판이며, 향후 제휴사간에 경쟁이 다시금 발생할 소지가 있다.

4 ④

해설
균형성과표 (Balanced Scorecard ; BSC)란 기존 기업의 성과를 평가하는 재무적 관점에서 벗어나, 기업이 추구하는 전략을 달성하는 데 효과적인 핵심요소들을 재무적 관점, 고객 관점, 기업 내부 프로세스 관점, 성장과 학습 관점으로 구분하여 구체적인 전략을 달성하려는 성과관리 도구이다.

5 ②

해설
자원기반이론에 의하면 기업의 지속적 경쟁우위는 높은 진입장벽이 아니라 자사가 가지고 있는 핵심역량에 근거한다고 보고 있으며 핵심역량은 VRIO적 특성을 가지고 있어야 한다고 주장하고 있다.

보충
* 자원거점적 이론 (VRIO 분석)
  - 기업이 보유한 자원, 역량 경쟁우위 요소
  - 기업의 경쟁력을 높일 수 있는 자원의 특징(VRIO)
    : 만약 어느 기업의 자원이 가치 있고, 희소하며, 모방하기 힘들고 그 기업이 그 자원(들)을 이용하기 위해 조직된다면 그 기업은 그 자원으로부터 창출되는 지속적인 경쟁우위를 기대할 수 있다.

6 ③

해설 M. Porter의 산업 구조 분석을 통한 전략적 의사결정을 생각하면되는 문제로서, M. Porter 5가지 경쟁요인을 제시하였는데 이는 ① 기존 산업내 경쟁 ② 잠재적 진입자 ③ 대체재 ④ 구매자 교섭력 ⑤ 공급자 교섭력이 해당된다. 이를 통해 살펴보면 ㄱ. 구매자 = 구매자 교섭력, ㄴ. 공급자 = 공급자 교섭력, ㄹ. 미래경쟁자= 잠재적 진입자로 볼 수 있으나, 정부의 통화정책과 유망기술은 이에 해당하지 않는다.

7 ①

해설 포터는 5-force model에서 산업의 수익률은 경쟁자, 대체재, 잠재적 시장진입자, 공급자의 교섭력, 구매자의 교섭력의 5가지 힘의 균형에 의하여 결정된다고 주장한다. 보완재는 포터가 주장하고 있는 5가지 동인에 해당하지 않는다. 보완재를 6-force로 포함하는 경우도 있으나 보완재가 적으면 그 재화에 대한 소비도 줄어들 수 있다. 가령 설탕의 물량이 부족하게 되면 커피를 마시는 사람도 줄어들 수 있다.

8 ②

해설 가치 사슬은 다른 기업과 아웃소싱 등 다양한 방법으로 연계될 수 있으며, 개별기업의 가치사슬이 확대되어 여러 기업간의 공급사슬을 구축하는데 이를 공급사슬망관리라고도 한다.

9 ④

해설 포터에 의하면 기업의 가치활동은 크게 본원적 활동과 보조적 활동으로 구분할 수 있고 본원적 활동에는 물류투입활동(inbound logistics), 운영활동(operation), 물류산출활동(outbound logistics), 마케팅활동(marketing), 애프터서비스활동(after service)이 있으며, 보조적 활동에는 기업의 하부구조(infrastructure), 구매활동(Procurement), 기술개발활동, 인적자원관리활동 등이 있다. 따라서 기업의 하부구조는 보조적 활동에 속하는 활동이다.

10 ①

해설 기계, 설비, 사무장비, 건물 등의 자산을 구입하는 구매행위(procurement)는 보조활동에 포함된다. 자재관리, 저장, 재고관리, 반품 계획 등의 행위를 물류투입활동(inbound logistics)이라 하고 이 활동은 본원적 활동에 포함된다.

11 ④

해설 전사적(기업) 전략은 조직이 나아가야할 방향을 제시하는 전략이며, 사업부 전략은 기업전략을 바탕으로 구체적인 방법을 만드는 경쟁전략이라고 할 수 있다.
④ 영화 제작사와 제휴를 맺어서 새로운 영화에 등장하는 캐릭터 인형을 판매한다는 것은 전략적 제휴 등을 통한 사업의 다각화를 모색하고자 하는 기업단위의 전략이라고 볼 수 있다.

12 ④

해설 핵심역량은 전략적 제휴 등을 통해서 타 기업과 공동 개발도 가능하다.

13 ④

해설 상이한 전략을 사용하는 전략집단 간의 경쟁보다는 유사한 전략을 사용하는 전략집단 내에서의 경쟁이 더욱 치열하다.

참고로 경쟁의 범주는 아래 그림과 같이 분류하여 볼 수 있다.

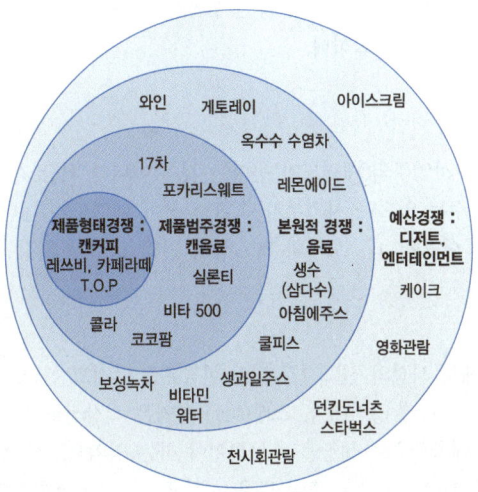

14 ⑤

해설 문제아 사업부는 개발사업으로 question mark영역에 해당한다. 반면 현금젖소(cash cow) 영역은 수익주종사업에 해당한다.

제품수명주기	BCG 영역	PPM	전략
도입기	Question Mark	개발사업	구축(build/육성/성장), 수확 혹은 철수
성장기	Star	성장사업	구축(build/육성/성장) 및 성장전략
성숙기	Cash Cow	수익주종사업	유지 혹은 수확전략
쇠퇴기	Dogs	사양사업	회수 혹은 철수전략

15 ③

해설 전략적 강점을 지닌 특정 사업 혹은 제품에 대한 지원을 결정하기 위한 전략을 포트폴리오 전략(Portfolio Strategy)이라 하며, 분석을 위한 대표적 모델 중 하나가 제품포트폴리오관리(PPM: Product Portfolio Management)이다.

PPM은 전략적 강점과 약점을 분석하기 위한 요인으로 성장률과 점유율이라는 두 개의 축을 이용한다. PPM은 다수의 사업 혹은 제품을 가진 기업의 전략적 강약점 분석을 위해 시장 성장률(시장 매력도)과 상대적 시장점유율이라는 두 개의 분석요인을 가진 도표(growth/share matrix)를 사용하여, 그 기업이 가진 사업 혹은 제품을 두 분석요인에 따라 분류하고 적절한 자원배분을 위한 대응전략을 취할 수 있도록 해주는 기법으로 Boston Consulting Group(BCG)이 개발하여 일반적으로는 BCG matrix로 통용된다. BCG 매트릭스의 각 사업단위는 다음과 같은 의미를 가지고 있다. ① Star(성장사업): 고성장·고점유율 사업으로 현금의 유입이 크기는 하나 경쟁자들의 방어를 위해 많은 현금유출이 수반된다. ② Cash Cow (수익주종사업): 저성장·고점유율 사업으로 현금유입이 큰 반면 낮은 성장률로 현금유출이 적어 순현금유입이 크게 증가된다. ③ Question Mark (개발사업): 고성장·저점유율 사업으로 성장가능성이 있으며 사업초기에는 대부분 이 영역에 속한다. 고성장에 따르는 투자로 자금유출이 크며, 상황에 따라 성장 혹은 사양산업으로 분류될 수 있는 영역이다. ④ Dogs (사양산업): 저성장·저점유율 사업으로 투자비용이 크고 적음에 관계없이 수익성이 낮거나 때에 따라 손실을 유발할 수 있다.

각 전략사업단위에 대응하는 전략은 다음과 같으며 기업은 효과적인 전략을 구사함으로써 PPM이 애초에 달성하고자 했던 포트폴리오 전략을 완성할 수 있게 되는 것이다. ① 성장사업: 시장점유율을 높이기 위해 구축(build) 전략을 사용하는 것이 가장 적합하다. ② 개발사업: 구축, 수확 혹은 철수 전략을 사용할 수 있다. ③ 수익주종사업: 유지 혹은 수확전략을 사용해 안정적인 현금회수를 노린다. ④ 사양사업: 회수 혹은 철수전략이 적합하다.

16 ④

해설 ㄱ. 보기의 경우 사업부의 매력도가 높다는 것이 아니라 시장 자체의 매력도가 높다는 것임. 약간 문맥적으로 혼동될 수는 있으나 사업부가 속한 시장이 매력도가 높다고 해당 사업부의 매력도를 평가내릴 수는 없습니다. 아울러 ㄴ. 보기의 BCG상의 원의 크기는 시장규모가 아니라 매출액을 의미함.

17 ④

해설 고도성장 시장에서 시장의 선도자가 되어 현금유출이 적고 현금흐름의 여유가 큰 사업이 해당하는 영역은 현금젖소(cash cow) 영역이다. 스타(star) 영역은 시장선도자라기 보다는 고도성장 즉, 시장성장률이 높은 시장에서 계속적으로 성장을 추구하여야 하는 영역으로서 높고 안정적인 수입은 발생하나 여전히 투자가 많이 필요하여 현금 유출이 많은 시장으로서 현금흐름상의 여유가 있다고 보기는 어렵다고 볼 수 있다.

보충 제품수명주기, 제품 포토폴리오 관리 비교

제품수명주기	BCG 영역	PPM	전략
도입기	Question Mark	개발사업	구축 (build/육성/성장), 수확 혹은 철수
성장기	Star	성장사업	구축 (build/육성/성장) 및 성장전략
성숙기	Cash Cow	수익주종사업	유지 혹은 수확전략
쇠퇴기	Dog	사양사업	회수 혹은 철수전략

18 ③

해설 다양한 제품의 기획이나 제품 품질에 대한 광고전략 등을 통해 비용우위전략 보다는 차별화 전략을 추진할 수 있다. 비용우위전략은 원가우위적 관점에서 표준화된 제품의 기획이나 제품 차별화 이미지 및 기능에 대한 광고전략 등을 통해 경쟁우위를 도모하여야 한다.

보충 Porter의 본원적 경쟁전략

구분	차별화 전략	원가우위 전략	집중화 전략
특징	• 수요의 가격탄력성이 낮음 • 진입장벽이 높음	• 수요의 가격탄력성이 높음 • 규모의 경제효과가 큼	• 자원이 적은 기업이 사용가능
장점	• 소비자의 욕구를 잘 충족시켜 줄 수 있음 • 소비자에게 제공된 편익으로 가격을 향상시킬 수 있음	• 표준화의 추구로 비용을 절감할 수 있음 • 절감된 비용으로 이익을 높일 수 있음	• 특성화된 시장에 전문성을 높일 수 있음 • 높아진 전문성으로 가격을 높일 수 있음
단점	• 경쟁자의 모방으로 경쟁우위가 사라질 수 있음	• 소비자의 다양한 욕구를 충족시킬 수 없음	• Risk가 증가함

19 ④

해설 수직적 통합은 공급사슬상의 연계를 고려한 통합으로서 통합된 기업 중 어느 한 기업이 비효율성을 나타내는 경우, 전체 기업으로 비효율성이 확대될 가능성이 높다. 아울러 틀린 지문들을 수정하여보면 다음과 같다.
① 수직적 통합에서 후방통합(backward integration)은 그 방향성이 원자재 방향이다. 반면에 판매 및

마케팅 경로를 통합하여 안정적인 유통경로를 확보하기 위하여 하류방향으로의 통합이 이루어지는 것은 전방통합이라고 할 수 있다.
② 기존의 제품이나 시장을 벗어나 새로운 사업으로 진출하는 것은 관련다각화가 아니라 비관련다각화에 해당한다.
③ 특정 기업이 현재의 사업 범위와 서로 관련성이 큰 사업에 진출하는 것을 의미하는 것은 비관련다각화가 아니라 관련다각화라고 볼 수 있다.

20 ①

해설

관련다각화란 기술적 혹은 마케팅적 등으로 시너지 효과가 있는 집중적 관련다각화와 기존 고객층에 소구 형태의 수평적 관련다각화가 있다. 이러한 관련다각화는 전략적 적합성을 가진 사업으로 확장 시 주로 사용되는 전략으로서 통합해서 운영함으로서 매출이나 이익에 상승효과를 기대할 수 있는 경우와 서로간의 경쟁우위 원천 제공이 가능할 때 주로 사용된다. 아울러 기업이 속한 산업이 정체되었거나 저성장인 경우 현재 제품과 연계된 신제품 또는 현재 포화상태의 제품을 새로운 시장으로 진출시키는 확장을 도모할 때도 사용된다.

② 기업의 현재 제품 시장이 포화 상태인 경우
→ 새로운 시장으로의 전환을 위한 시장개발 또는 현재 시장에 신제품을 출시하는 제품개발전략이 활용가능

③ 신제품의 판매 주기가 현재 제품의 판매 주기와 서로 보완될 수 있는 경우
→ 수명주기를 활용하여 관련 없는 제품을 연계하는 경우로서 비관련다각화에 해당

④ 기업의 현재 유통 경로를 신제품출시에 활용할 수 있는 경우
→ 제품개발 전략을 활용할 수 있다.

보충

- 관련다각화는 기업이 수행하는 가치사슬상의 활동(Porter, 1980), 경영자의 지배논리(Prahalad and Bettis, 1986), 여유자원 등에 의해서 기존사업과 관련이 있는 분야로 진출하여 특정기능의 경영자원의 생산성 향상, 수익성 변동 최소화, 기업규모 증대에 의한 시장지배력 강화, 판매와 생산, 그리고 연구개발의 활용도 제고 등의 효과가 있다. 반면, 비관련 다각화는 재무상의 위험을 감소시키기 위해서 관련성이 낮은 사업 분야로 진출하여 잉여 자금의 활용에 따른 효율적 현금관리, 장기적 이윤 극대화, 정보력 향상 등의 이점이 있다. 일반적으로 기업의 관련다각화는 기업이 보유하고 있는 기존의 내부역량이 기존 사업 내에서 경쟁력을 지니고 있고 이를 관련된 사업에 활용하여 시너지를 창출할 수 있다고 판단되었을 때 비로소 행하는 전략적 선택이다. 주로 전략경영분야에서 논의되는 자원기반관점이나 '핵심역량'에 관한 논의가 여기에 해당된다(Chatterjee, 1990). 관련다각화의 잠재적 효익은 특정 기능면에서의 비교 우위나 제품 시장에서의 강점을 중심으로 사업부들간의 자원공유나 기술이전 등을 통한 운영시너지효과(Bettis and Hall, 1982)에 있다. 기업전략에 있어서도 기업본부는 관련 다각화된 사업부들의 협조적인 관계를 통하여 시너지를 창출하기 위해 의사결정의 집권화와 행동통제를 수행한다. 다각화 전략을 세울 때 사업부 간의 협동이 필요하고, 기업이 소유한 자원의 효율적인 활용을 통해서 시너지효과의 발생을 목표로 한다. 따라서 기업본부에서는 시너지효과의 달성을 위해서는 계열사 간에 협동이 이루어질 수 있는 조직 분위기의 형성에 주력해야 한다.

- 비관련다각화의 잠재적 효익은 대체로 운영시너지보다는 자금 또는 일반관리 등을 공유함으로써 발생하는 재무시너지에 있으며, 사업 간의 기능별 강점의 교환이 많이 일어나지 않는다. 기업전략에 있어 비관련 사업부들에 대해서는 사업부간 경쟁적인 관계를 통하여 재무적 시너지를 창출하기 위해 분권화하고 산출통제를 한다. 비관련 다각화는 자원의 공유나 기술이전 등을 통한 시너지효과의 추구보다는 외부자본시장이 가지는 위험을 내부로 이전시켜 내부자본시장의 효과적인 활용을 주목적으로 한다.

구분	관련대각화	비관련다각화
기본성격	기존사업과 관련 있는 사업 분야로의 다각화 (마케팅, 유통, 생산기술면에서 유사한 시장)	기존사업과 무관한 신사업분야로의 다각화
방법	기존상표, 시설, 기술, 마케팅 능력의 활용 등	자금, 수명주기, 자금 포트폴리오 개념 활동 등
이전 가능한 자원	운영기술, 기능별 기술, 유통시스템, 생산설비, 연구 활동	일반관리기술, 재무자원
기대효과 (목적)	규모의 경제, 전문성, 시너지효과, 운영효율성의 증대, 규모증가에 따른 경쟁지위 상승, 매출과 이익의 안정성	위험분산, 성장, 비용절감, 현금관리와 자원배분의 중요성 증대, 자본조달 비용 감소, 매출과 이익의 안정성
잠재적 이익의 달성 가능성	새로운 사업을 기존 조직에 통합시키는데 어려움이 있으므로 상대적으로 어려움	사업 간의 조정과 통합문제가 발생하지 않으므로 상대적으로 쉬움

* 주: 「대한상공회의소, "기업이 보는 미래유망산업 전망과 육성과제"」

21 ④

해설 포터(M. Porter)는 5요인 모형(5 forces model)에서 언급하고 있는 5가지요인은 기존 산업내 경쟁, 잠재적 진입자(진입장벽), 대체재, 공급자 및 구매자 교섭력을 들고 있다. 인구통계적요인은 상관없는 항목이다.

22 ①

해설 자원기반관점(resource-based view)에서는 기업의 지속적 경쟁우위를 가능하게 하는 것은 기업의 외부 자원이 아니라 기업 내부에 보유하고 있는 자원들 중 VRIO적 특성을 가진 핵심역량으로 보고 있다.

23 ④

해설 성장전략 중 집약성장관련한 문제로서 4번지문과 같이 (기존 '㈜오직커피' 매장에서 기존 고객을 대상으로 판촉활동을 하는 것은 '시장침투 전략'에 해당한다.) 기존 시장에서 기존 제품으로 매출 증대를 도모하는 것은 시장침투전략이다.
틀린 질문들을 바로 잡으면 다음과 같다.
① 한국에서 '㈜오직커피' 매장 하나를 추가로 여는 것은 '시장개발전략'에 해당한다.⇒기존제품으로 기존시장에서 사업을 확장하는것인 만큼 시장침투전략에 가깝다.
② 베트남에 '㈜오직커피' 매장을 여는 것은 '시장침투전략'에 해당한다.⇒베트남이라는 신시장을 개척하는 것인 만큼 시장개발전략이다.
③ 기존 '㈜오직커피' 매장에서 기존 고객에게 샌드위치를 판매하는 것은 '다각화전략'에 해당한다.⇒기존고객(기존시장)에서 새로운 제품을 추가하여 매출을 증대시키고자 하는 전략으로 제품개발전략에 해당된다

24 ③

해설 문제아(question mark 또는 problem child) 영역은 시장성장률은 높으나, 상대적 점유율도 낮은 영역임.

25 ②

해설 ① BCG 매트릭스는 시장성장률과 절대적이 아닌 상대적 시장점유율이라는 두 변수를 양축으로 사업의 매력도를 평가한다.
③ BCG 매트릭스상에서 수익성이 낮고 시장전망이 어두워 철수가 요망되는 영역은 별(star)이 아니라 개(Dog) 영역이다.
④ GE/McKinsey 매트릭스는 시장 매력도와 강점을 기준으로 구분한 9개의 영역으로 구성된다.

⑤ GE/McKinsey 매트릭스상에서 원의 크기는 제품 시장의 크기를 나타내며, 원내에 진하게 표시된 부분의 크기는 시장점유율을 나타낸다.

26 ①

해설

GE 매트릭스를 정리하여 보면 다음과 같다.
- 모형의 구조 - 산업매력도 / 사업 강점(경쟁적 지위)
- 원의 크기 - 해당산업의 규모(음영부분 - 회사의 시장점유율)
- 구분 - 청신호지역, 주의신호지역, 적신호지역
- 장단점 - 각종요인들을 포괄적으로 고려할 수 있으나 경영자의 주관개입 가능성이 높아짐

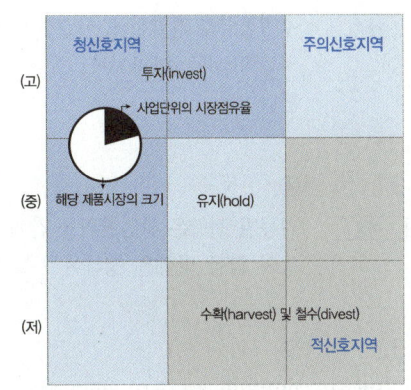

27 ④

해설

- BCG 모델은 시장성장률에 의해서만 사업의 우선순위를 결정하는 방법이 아니라 종축은 시장성장률(시장매력도), 횡축은 상대적 시장 점유율을 통해 분석하는 모형이다. 전략적 강점을 지닌 특정 사업 혹은 제품에 대한 지원을 결정하기 위한 전략을 포트폴리오 전략(Portfolio Strategy)이라 하며, 분석을 위한 대표적 모델 중 하나가 Boston Consulting Group이 개발하여 BCG 모델이라고도 불리우는 제품포트폴리오관리(PPM: Product Portfolio Management)이다.
- PPM은 전략적 강점과 약점을 분석하기 위한 요인으로 성장률과 점유율이라는 두 개의 축을 이용한다. PPM은 다수의 사업 혹은 제품을 가진 기업의 전략적 강약점 분석을 위해 시장 성장률(시장 매력도)과 상대적 시장점유율이라는 두 개의 분석요인을 가진 도표(growth/share matrix)를 사용하여, 그 기업이 가진 사업 혹은 제품을 두 분석요인에 따라 분류하고 적절한 자원배분을 위한 대응전략을 취할 수 있도록 해주는 기법이다.

28 ④

해설

기계와 건물을 구입하는 활동은 구매획득활동(procurement)으로서 지원 활동에 해당한다.

29 ①

해설

보스턴 컨설팅 그룹(BCG)의 사업포트폴리오 매트릭스에서 문제아(problem child, question marks)의 경우에는 성장 또는 철수 전략이 사용되는 단계로서 성장 전략으로서 자금을 투입하기도 하며, 철수 전략이 사용되는 사업의 경우는 자금 투입이 이루어지지 않는 경우도 있다.

② 관련다각화 전략은 규모의 경제(economy of scale) 실현을 목적으로 행하지만, 반드시 규모의 경제가 실현되는 것은 아니다. 참고로 규모의 경제란 사업 규모는 커지지만 비용이 절감되는 현상을 의미하는데 규모의 비경제가 나타나기도 한다.

③ 포터(Porter)의 가치사슬(value chain) 모형에 의하면 본원적 활동(primary activities)에는 물류투입, 생산운영, 물류산출, 판매 및 마케팅, 서비스가 포함되며 이외의 부분은 지원활동으로 보면 된다.

④ 포터(Porter)의 산업구조분석 모형에 의하면 구매자와 공급자의 교섭력이 약해야 산업내 경쟁이 적어져 수익성이 높아질 수 있으며, 또한 대체재가 적을수록 경쟁이 적어져 수익성이 높아진다.

⑤ 보스턴 컨설팅 그룹(BCG)의 사업포트폴리오 매트릭스에서 상대적 시장점유율이 1보다 크다는 것은

시장점유율이 크다는 것을 의미하지만 50% 이상이라고 단정지을 수는 없는 개념으로 상대적으로 시장점유율이 높음을 의미한다.

30 ④

해설 경영전략을 기업전략, 사업전략, 기능전략으로 구분할 때, 포터(Porter)가 제시한 본원적 전략 중의 하나인 차별화(differentiation)는 기업전략이 아니라 사업부 전략에 해당하며, 사업부 전략을 경쟁전략이라고도 한다.

31 ④

해설 기능별 전략은 사업단위들 간의 시너지효과를 높이는 데 초점을 둔다기보다는 생산, 재무, 인사, 마케팅 등의 활동 방향을 정하여 기능별 효율성을 극대화하기 위한 전략이다.

32 ③

해설 마일즈와 스노우의 전략유형에서 방어형 조직은 생산효율성을 중시 여기고 있고 공격형(혁신형) 조직은 창의성을 중시 여기고 있다.

33 ③

해설
a. 포터(Porter)의 가치사슬(value chain)모형에서 기획과 구매는 지원활동에 해당하며 본원적 활동 (primary activities)에 해당하는 것은 물류, 생산, 판매 및 유통, 사후관리 등이다.
b. 보스톤 컨설팅 그룹(BCG)의 사업포트폴리오 매트릭스에서 시장의 성장률이 낮고 상대적 시장점유율이 높은 경우는 cash cow에 해당한다. star의 경우는 시장 성장률은 높고 상대적 시장점유율 또한 높은 상태이다.
c, d, e는 모두 맞는 설명임.

34 ③

해설 후방통합(backward integration)은 원재료 공급업자의 사업을 인수하거나 원재료 공급자가 공급하던 제품이나 서비스를 직접 생산, 공급하는 방식의 전략으로 수직적 통합(vertical integration) 전략의 하나이다. 전략적 인적자원관리는 경쟁우위의 원천으로 인적자원(human resource)을 중시 여긴다.

35 ②

해설 ②는 홉스테드의 이론이 아니라 홀(Edward T. Hall)의 연구로 그는 전 세계의 문화를 고맥락 문화(high-context culture)와 저맥락 문화(low-context culture)로 분류하고, 고맥락 문화는 타인과 대화하고 인간관계를 가질 때 상대방이 제시한 내용보다도 그 배경, 즉 그의 신분이나 직책 등에 더 큰 비중을 둔다는 것이다. 반면 저맥락 문화권의 사람들은 기록된 정보나 상대방이 말한 내용에 비중을 많이 둔다.
• 홉스테드(G. Hofstede)는 국가별 문화의 차이를 다음의 5가지 차원으로 설명하고 있다.
  1. 권력 거리(power distance)
  2. 개인주의와 집단주의(individualism vs collectivism)
  3. 남성성문화와 여성성문화(masculinity vs femininity)
  4. 불확실성 회피 성향(uncertainty avoidance)
  5. 장기 성향과 단기 성향(long vs short-term orientation)

36 ②
해설 전방통합은 다운스트림(하향) 활동에 대한 합작투자를 의미한다.

37 ④
해설 의류제조업체가 섬유제조업체를 통합하는 것은 전방통합이 아니라 후방통합의 예이다.

38 ②
해설 전방통합은 다운스트림(하향) 활동에 대한 합작투자를 의미한다.

39 ③
해설 사회계약론적 윤리관이란 산업계와 사회 전반에 통용되는 관행에 근거하여 경영의 옳고 그름을 판단하여야 한다는 주장으로 윤리의 절대 기준은 없으며, 사회적으로 윤리적이라고 여겨지는 계약에 의해 경영활동이 이루어지면 그 활동 자체를 윤리적이라고 보아야 한다는 주장으로서 문제 상의 해당 국가에서 적절하게 여겨지는 관행이라면 터무니 없는 사항도 그 사회적으로는 타당하다고 볼 수 있다는 경영윤리관.
① 공리주의 윤리관: 윤리문제에 대해 다수가 혜택을 본다면 그 정도의 윤리문제는 지적하지 않는 편이 옳다는 관점으로서 개인의 권리보다는 다수의 행복을 중시하는 윤리관 (벤담: 최대다수의 최대행복)
② 정의론적 윤리관: 비슷한 수준의 기술을 갖추고, 비슷한 성과를 올리고, 비슷한 책임을 지는 종업원에게는 동일한 임금을 주어야 하며, 성별, 성격, 인종, 개인적 선호 등 자의적 판단에 따·라 차별을 하여서는 안 된다는 주장으로 소수자의 권한을 보할 수 있다는 장점은 있으나, 동등한 급여와 대우를 받는 다는 생각은 자칫하면 무사안일주의와 혁신성을 감소시킬 가능성이 있다.
④ 인권론적 윤리관: 개인의 말할 권리, 양심의 자유, 생명, 안전 등과 같은 개인의 권리와 자유를 우선적으로 존중하고 보호해야 한다는 윤리관으로 개인의 권리보호에 장점이 있으나, 성과보다는 개인의 권리를 더 보호해야 한다는 중장은 자칫하면 효율성을 저하시킬 우려가 있다.

40 ③
해설 브랜드와 기술 등 무형자산과 함께 품질관리, 경영방식, 기업체 조직 및 운영, 마케팅 지원 등과 같은 경영관리 노하우까지 포함하는 계약관계로서 철저한 통제가 가능한 것은 프랜차이징에 대한 설명임.

41 ④
해설 크로스 레이트(cross rate)가 American Terms으로 표기 된 경우는 곱하여 주면 된다.
1150 · 1.6 = 1,840

42 ①
해설 한 국가의 물가상승률이 높을수록 그 국가의 환율은 장기적으로 평가절하된다.

CHAPTER 3 : 경영학의 발전과정

개념정리문제

1 ⑤

해설 테일러는 사회적 접근이 아니라 작업 현장에서의 능률의 원리에 입각한 과학적 접근을 시도하였음.

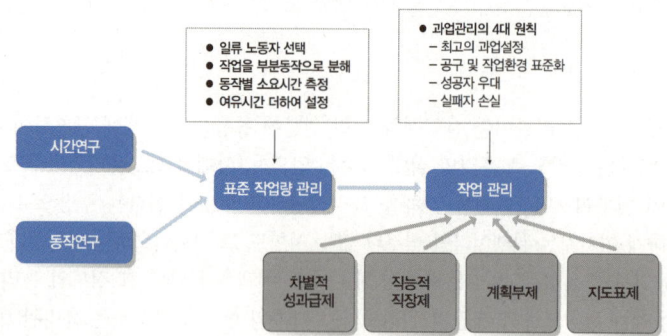

2 ⑤

해설 과학적 관리의 4대 원칙은 다음과 같다.
① 한 과업의 각 요소들을 과학적으로 연구하여 과업을 수행하는 데 가장 좋은 작업방법과 절차를 표준화한다.
② 각 작업을 수행할 기술과 능력을 갖춘 적격자를 과학적으로 선발하고 과학적인 표준방법으로 과업을 수행하도록 훈련·교육시킨다.
③ 관리자는 작업자들이 과학적인 작업방법으로 과업을 수행할 수 있도록 그들과 협력토록 한다.
④ 관리자는 작업자의 작업을 계획하고 작업수행방법을 설정하는 반면 작업자는 이에 따라 작업을 수행함으로써 작업과 책임을 균등하게 배분한다. 이와 같이 관리자와 작업자의 직무와 기능이 분업화되어야 한다.

3 ⑤

해설 컨베이어시스템은 포드에 대한 설명임.

4 ⑤

해설 과학적 관리의 시조는 테일러이지만, 시스템적 관리의 입장에서 현대적 경영관리의 전형은 포드(H. Ford)에서 시작되었다고 보는 것이 현실적임.
①, ② 20세기 초에는 근로자들의 조직적 태업으로 인하여 생산성이 매우 낮았기 때문에 이를 극복하기 위하여 모든 생산작업에 시간연구를 적용해서 모든 작업에 표준시간을 설정하였으며 임금은 생산량에 비례하였다.
③ 경경자가 계획의 직능을 담당하고, 노무자가 담당하는 작업을 원조했다. 계획은 시간연구나 동작연구, 또는 기타 과학적으로 얻어진 정확한 자료에 따라서 설정하였다.
④ 인간의 심리적·사회적·생리적 측면에 대해서는 연구가 이루어지지 않았다.

5 ①

해설 Taylor의 Scientific Management의 특징은 다음과 같다.
- 전제 : 인간은 달성하여야 할 일정한 과업이 명확하게 결정되지 않으면 능률은 올라가지 않는다는 것이 과업관리의 근본정신임. 이에 근거하여 과학적 관리 필요성 주장 (경제적 논리에 의한 능률의 원리만 강조)

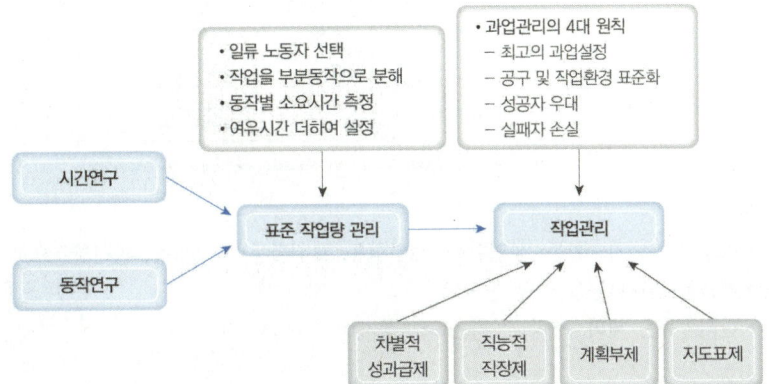

- 시간연구와 동작연구를 통해 표준 과업량 제시 → 과업관리
- 차별성과급제 (성과의 따른 외적 보상의 차별화)
- 직능식 조직 → 기능식 직장제도
- 고임금, 저노무비의 실현

6 ③

해설 테일러는 집단중심의 보상이 아니라 개인별 성과에 따른 차별성과급제를 주장하였다.

7 ③

해설 포드는 대량생산 시스템으로 3S를 통한 이동조립법(컨베이어벨트)시스템을 도입하였다. 여기서 3S에는 표준화, 단순화, 전문화를 들 수 있다. 보기상 작업의 복잡화느누 해당하지 않는다.
▶ Ford의 conveyor belt system
- 전제 : 저렴하게 만들어 공급하자(표준품 대량생산: conveyor belt → 동시관리)
- 생산의 표준화와 이동조립법(conveyor system)에 의한 유동작업방식 채택. 소품종 대량생산에 의한 제품의 단위당 원가절감 실현. 제품의 판매가격 인하.
- 표준화(standardization), 단순화(simplification), 전문화(specialization)의 3S 개념을 정립
- Fordism : 봉사목적의 강조 → 봉사목적론: 고임금, 저가격의 실현

8 ④

해설 페욜은 고전학파에 해당하는 학자로서 고전학파의 기본적 특징을 다 가지고 있으며, 명령의 효율적 이행 등 집권화적 성향을 보여줌.

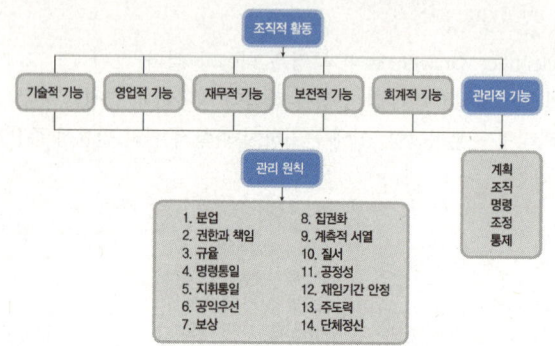

자료: Kae H. Chung, *Management: Critical Success Factors* (Boston: Allyn and Bacom, Inc., 1987), p.70

보충 페욜 정리
- 경영활동을 기술활동, 상업활동, 재무활동, 보전활동, 회계활동, 관리활동으로 나눔
- 페욜은 관리활동을 가장 중시함
- 관리활동은 계획, 조직, 지휘, 조정, 통제(P-O-D-C)

9 ①

해설 포드는 표준화(standardization), 단순화(simplification), 전문화(specialization)의 3S개념을 정립

10 ①

해설 저가격, 고임금 원칙을 주장하며 제품의 질을 높이고 지속적으로 가격을 인하하여 대중에게 봉사하고 임금 인상을 통해 근로자들에게 봉사해야 한다고 주장하였다.

11 ③

해설 대량소비, 대량생산의 개념은 포드의 경영철학으로서, 포드 시스템은 컨베이어 벨트와 동시화 작업 기능으로 대량생산이 가능하다.

12 ④

해설 연공에 의한 승진이 아니라 업적 및 이와 관련한 자료에 근거한 승진을 강조함.

13 ③

해설 베버는 조직은 사적욕망에 의해 즉흥적이고, 상황 적합적 관리가 아니라 <u>합리적 기반에 근거한 관리가 이루어져야한다</u>고 주장하였음. 베버의 이론은 분류상 고전학파에 들어가며 고전학파는 기본적으로 합리적 경제인가설에 근거한 이론들임.

14 ②

해설 관리과정의 순서로는 계획-조직-명령(지휘)-조정-통제이다.

15 ①

해설 ② 상업활동 - 계획, 조직, 지휘, 조정, 통제활동은 상업활동이 아니라 관리활동을 의미함.
③ 회계활동 - 구매, 판매, 교환의 기능은 영업적 또는 상업적 기능에 해당함.

④ 관리활동 – 재화 및 종업원 보호는 보호 또는 보전적 기능에 해당함.
⑤ 재무활동 – 원가관리, 예산통제는 회계적 기능에 해당함.

16 ③
해설 인간관계론은 서부전기회사의 호손공장에서 실행된 호손실험을 통해 성립되었다.

17 ⑤
해설 4차 배선관찰 실험을 통해서 경제적 욕구보다는 사회적 관계 특히, 비공식적 조직의 존재 및 중요성을 파악하게 되었다.

18 ③
해설 호손실험을 통해 종업원의 심리상태가 생산성에 중용한 영향을 주며, 비공식집단의 중요성을 발견했고 이를 기반으로 한 이론적 체계가 인간관계론이다.

19 ⑤
해설
① 과학적 관리법의 기본가설들을 비판하며 조직의 생산성 중심에서 인간 중심으로 변화된 이론임
② 인간 없는 조직이란 비판을 들은 이론은 테일러–포드의 이론임
③ 심리요인과 사회요인은 생산성에 매우 중요한 영향을 미친다는 것을 증명한 이론임
④ 비공식 집단의 중요성을 인식하게 된 이론임

20 ③
해설 ①은 페욜의 일반관리론에 대한 설명이며, ②, ④, ⑤는 테일러의 과학적 관리법에 대한 설명임.

21 ④
해설 포드는 봉사정신이라고도 불리우는 저가격 고임금의 포디즘이라는 경영철학을 제시하였다. 즉, 3S와 이동조립법에 근거한 대량 생산을 통하여 자동차 가격을 낮추어 질좋은 제품을 싸게 공급하여 얻은 수익을 종업원에게 고임금으로 지급하고자 하였다. 고 임금, 고가격을 제시하지는 않았음
① 테일러는 차별성과급제를 통해 저노무비 고임금을 주장하였다.
② 메이요는 호손실험을 통해 종업원의 심리상태가 생산성에 미치는 영향력이 크므로 이를 기반으로한 인간관계론을 주장하였 고 이 실험의 결과 비공식적 조직을 중요성을 발견하여 이를 강조하였다.
③ 페욜은 계획–조직–명령–조정–통제의 과정을 중시하며 이 과정에서의 각 구성원의 책임과 권한 등을 강조하는 14가지 기업경영의 세부 원칙을 제시하였다.
⑤ 베버는 관료제 조직을 가장 이상적 조직으로 보고 분업, 명확한 계층. 규칙과 규정 및 절차에 입각한 의사결정과 고도의 공식적 절차 등을 강조하였다.

22 ④
해설
① 명령을 부하가 수용할 때 관리자의 권한이 성립된다.
② 명령의 권한은 관리자에게 있는 것이 아니라 부하가 명령에 따라 행동할 때 권한이 성립되는 것으로 명령의 권한은 관리자가 아니라 수용하는 부하에게 있다.

③ 버나드가 제창한 것을 사이먼이 승계하였다.

23 ①

해설 사이먼(H. A. Simon)은 인간을 과학적 관리론의 경제인가설과, 인간관계론의 사회인도 가설을 혼합한 형태의 오직 관리인 가설로 인간을 보았다. 그는 조직을 성립·존속시키는 조건이 관리라는 사고방식하의 조직적 의사결정론이라고 주장하였다.

24 ②

해설 페이욜(H. Fayol)은 관리활동의 PODC의 과정 즉, 계획, 조직, 지휘, 조정, 통제의 5단계로 설명하고 있음.
① 테일러(F. Taylor)의 과학적 관리론에서는 차별 성과급제를 통한 조직관리를 주장.
③ 인간을 제한된 합리성을 갖는 의사결정자로 보고 이론을 전개한 학자는 사이먼(H. A. Simon)의 조직이론임.
④ 호손실험을 계기로 활발하게 전개된 인간관계론은 종업원의 심리상태와 비공식적 조직이 생산성에 큰 영향을 미친다고 주장.

25 ③

해설 조직 내 비공식조직 활용의 중요성을 언급하고 강조한 이론은 인간관계론임

26 ⑤

해설 제품을 제외한 나머지 보기들은 투입요소에 가깝다고 할 수 있다.

27 ①

해설 Z이론의 특징
- 미국의 오우치(W. Ouchi) 교수가 제창한 것으로 일본식 경영이론을 미국기업의 경영방법에 도입한 이론
- 장기고용, 순환근무제, 상호신뢰를 바탕으로 하는 일본기업의 경영 특징에 미국기업의 특징인 개인 책임 관리 시스템과 데이터와 전문화에 의한 경영의 장점을 결합시킨 이론
- 경력관리제 도입과 비공식적 통제의 강화와 비업무적 복지에도 관심을 보인 이론

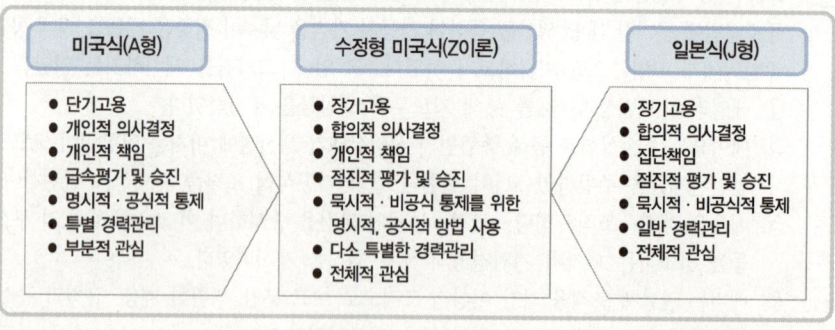

출처 김영규, 『경영학원론』, 박영사

28 ④

해설 Z이론은 점진적 평가 및 인사, 즉 느린 인사고과가 특징이며 장기고용이 이루어진다.

29 ④

해설 벤치마킹에 대한 설명으로 특정분야에서 뛰어난 업체를 자사의 혁신분야와 비교하여 창조적 모방을 통해 그 차이를 극복하는 경영혁신 방법을 말한다.

① 브로드 밴딩은 개인의 성과를 중요시하는 조직에 어울리며 낮은 단계에서 뛰어난 성과를 거둔 직원이 높은 단계에서 낮은 성과를 거둔 직원보다 더 많은 급여를 받는다.
② 리엔지니어링에 대한 설명으로 비즈니스 과정의 과감한 재구성을 통해 적은 투자와 노력, 인원으로 생산성, 품질, 서비스 등에 혁신을 가져오는 총체적 재창조과정을 말한다. 정확하게는 비즈니스 프로세스 리엔지니어링(BPR)이다.
③ 다운사이징은 기구축소 또는 감원이나 원가절감이 목표이기는 하나, 단기적 비용절감이 아니라 장기적 경영전략을 의미한다.

30 ②

해설 MIS(management information system)에 대한 설명으로 기업경영의 의사결정에 사용할 수 있도록 기업 내외의 정보를 전자계산기로 처리하고 필요에 따라 이용할 수 있도록 인간과 전자계산기를 연결시킨 경영방식으로, 경영관리에 필요한 모든 정보를 신속·정확하게 공급함으로써 생산성과 수익성을 높이고자 하는 정보시스템이다.

31 ③

해설 변화관리를 먼저 수행한 후 BPR, 미래의 업무과정의 구성으로 수행한다.

32 ①

해설 인소싱과 아웃소싱은 서로 반대의 개념이며, 사업의 일부 또는 많은 부분을 외부에 위탁하는 아웃소싱에 비해서 인소싱은 조직의 계통과 체계를 통해 서비스와 기능을 직접 전달하는 경제활동 방식이다.

②, ③, ④ 아웃소싱은 기업이 비용을 줄이고 핵심사업에 기업의 제한된 자원을 집중시킴으로써 경쟁력 우위를 유지하는 것으로서, 그 기본개념은 기능적 차별화와 규모의 경제에 있다.

33 ①

해설 분리설립
- 목적: 회사 분할의 한 방업으로서 분할회사가 현물출자 등의 방법을 통하여 자회사를 신설하고 취득한 주식 또는 기존 자회사의 주식을 모회사의 주주에게 분여하는 것을 말한다.
- 특징: 과도한 기업 집중이나 기업 확장에 따르는 폐단을 시정하기 위한 방안이다.

심화문제

1 ④

해설: 조직의 관리과정을 계획, 조직, 지휘, 조정, 통제의 단계로 구분한 것은 페욜의 관리과정론이다.

2 ④

해설: 테일러는 능률의 원리에 입각한 능률적 작업과 생산성 향상을 주된 목표로 하였다.
① 테일러는 개별적 과업관리를 통한 차별적 성과급제를 주장하였다. 보상이 연공(seniority), 팀웍에 비례하여 주어져야 한다고 보기는 어렵다.
② 임파워먼트(empowerment)와 상향적 커뮤니케이션보다는 러는 시간동작연구를 통한 과업관리를 강조한 하향적 커뮤니케이션을 중시하였다.
③ 감정연구, 인간관계연구가 활발히 진행된 것은 인간관계론이라고 보아야 함.
⑤ 직무설계가 철저한 과업관리의 필요성을 강조한 만큼 개성화, 자율화되었다고 보기는 어렵다.

3 ④

해설: 저가격·고임금의 원리는 포드의 경영철학인 포디즘과 관련한 사항임. 테일러의 경우 저노무비, 고임금임

4 ②

해설: 동일한 체격과 성격을 소유한 사람을 선발이 아니라 직무 적합성을 고려한 일류 노동자의 선발이어야 한다.

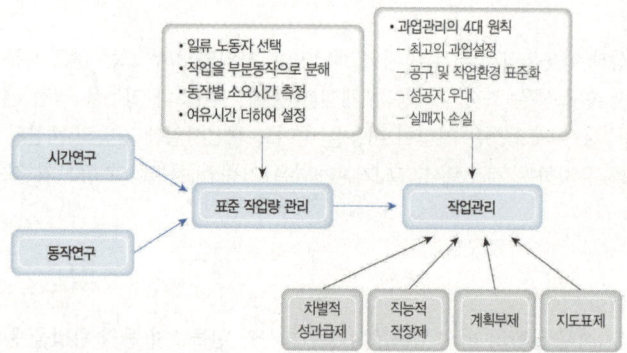

5 ①

해설: 테일러의 과학적관리법은 생산관리 및 품질관리에 많은 영향을 주었으나, 전사적품질경영(TQM)에서 시작된 것으로 보기는 어렵다. 전사적 품질경영은 현대적 관점에서 고객중심, 지속적 개선 활동 등을 통한 품질 향상을 도모하는 기법이다.

6 ①

해설: 과학적 관리론은 주먹구구식의 표류 경영체제에서의 소품종 소량생산을 과학적 관리를 통한 생산의 효율성을 향상시키고자 한 접근이었음.

7 ①

해설 테일러는 시간과 동작연구를 통한 개별과업관리를 단행하였으며 과업관리의 4대 원칙으로서 최고의 과업 설정, 공구 및 작업환경의 표준화, 성공자 우대 및 실패자 손실을 주도록과업을 관리하였다. 그러나 공정분석과 같은 동시관리적 접근을 하고 있지는 않다.

8 ④

해설 벤치마킹(benchmarking)에 대한 설명임.
나머지 지문을 설명하면 다음과 같다.
① 블루오션 전략(blue ocean strategy) : 기업이 성공하기 위해서는 경쟁이 없는 독창적인 새로운 시장을 창출하고 발전시켜야 한다는 경영 전략이다. 많은 경쟁자들이 비슷한 전략과 상품으로 경쟁하는 시장을 레드오션(Red Ocean)으로 규정하고, 경쟁자가 없는 새로운 시장인 블루오션(Blue Ocean)을 창출해야 한다는 것이 이 전략의 요지이다. 2004년 프랑스 인시아드(INSEAD) 경영대학원의 김위찬(W. Chan Kim)과 러네이 모본 교수는 '블루오션 전략 (Blue Ocean Strategy)'이라는 논문을 공동 집필했는데, 이 논문이 2005년 동명의 책으로 출간돼 43개 언어로 350만 부 이상 팔리며 전세계적으로 널리 알려졌다. 이는 수많은 베스트셀러 경영 서적을 출간한 하버드대 출판국의 역대 최고기록으로 남아 있다.
② 지식경영(knowledge management): 지식을 창출, 저장, 전이, 적용하려고 조직에서 개발한 일련의 비즈니스 프로세스를 말한다. 지식경영은 환경에서 학습하고 지식을 비즈니스 프로세스에 통합하는 조직의 능력을 향상 시킨다. 지식경영은 다른 정보시스템 투자와 마찬가지로 지식경영 프로젝트의 투자수익률을 극대화하기 위해 협력적 가치와 구조, 행동 패턴들을 개발해야 한다.
③ 브레인스토밍(brainstorming) : 자유연상법의 일종으로 10명 내외의 소수집단에서 행하여지는 비판없는 자유토론으로 정보의 질보다는 양을 추구하는 집단의사결정기법이다.

9 ①

해설 Fayol은 경영 활동을 기술 활동, 상업(영업적) 활동, 재무 활동, 보전 활동, 회계 활동, 관리 활동으로 나눈 후 이 중 관리 활동을 가장 중시하였고 이러한 관리 활동을 계획, 조직, 지휘, 조정, 통제의 과정으로 설명하고 이를 바탕으로 14가지의 관리원칙을 제시함.

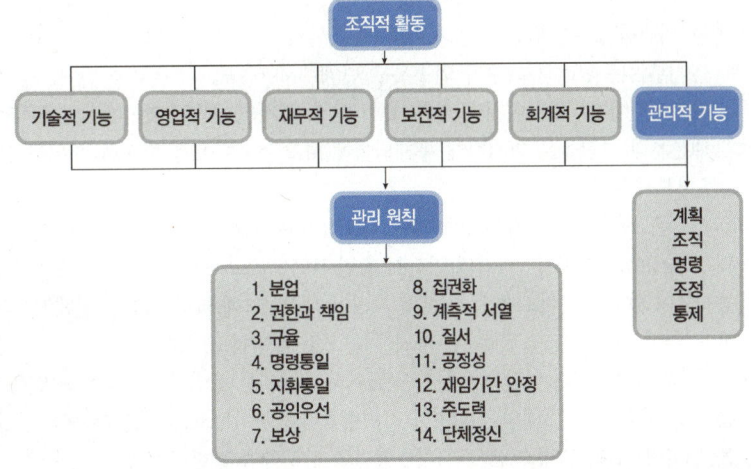

10 ②

해설 호손공장의 실험을 통하여 작업환경도 작업능률에 영향을 미치지만 종업원의 심리상태가 작업능률에 더 큰 영향을 미침을 알게 되었고 비공식적 조직의 중요성 등이 이때부터 대두되기 시작하였다.

11 ③

해설 버나드가 아닌 사이먼의 주장임

12 ②

해설 행동과학이론은 인간관계론에서부터 파생되어 나온 것은 맞으나 비공식 조직의 존재와 그 기능을 밝힌 이론은 인간관계론임.
- 행동과학이론을 정리하여 보면 다음과 같다.
  ① 인간관계론은 행동과학으로 계승 발전됨
      인간은 경제적 이익을 얻는 것만을 목적으로 하는 것이 아니라 더욱 많은 요구를 가지고 있고, 이에 대한 종합적인 인간 행동에 대한 연구가 필요
  ② 행동과학은 리더십론, 동기유발이론 등을 중심으로 전개됨
      ㉠ 리더십이론은 민주적 참가적 리더십에 의해 조직의 요구와 개인의 요구를 통합하여야 한다고 주장
      ㉡ 동기부여이론은 매슬로우 등의 욕구단계설, 맥그리거의 XY이론 등이 주목받음

13 ②

해설 하위 시스템들간에는 상호의존성을 가지고 있다.

14 ③

해설 집단이나 조직차원에서의 의사결정이 더 합리적이라는 합리성의 수준을 애기하는 것이 아니라 정보의 비대칭성이나 인간으로서의 한계로 인한 만족해 수준에서의 의사결정을 애기하고 있는 것이 제한된 합리성이다.

15 ④

해설 보기를 파악하여보면 다음과 같다.
  ㄱ. 동기부여는 생리적 욕구나 안전욕구 단계에서만 가능하다.⇒ X이론적 관점
  ㄴ. 작업조건이 잘 갖추어지면 일은 놀이와 같이 자연스러운 것이다.⇒Y이론적 관점
  ㄷ. 대부분의 사람들은 엄격하게 통제되어야 하고 조직목표를 달성하기 위해서는 강제되어야 한다.⇒ X이론적 관점
  ㄹ. 사람은 적절하게 동기부여가 되면 자율적이고 창의적으로 업무를 수행한다.⇒Y이론적 관점

보충
- 맥그리거는 그의 저서 『기업의 인간적 측면(The Human Side of Enterprise)』에서 관리자가 인적자원을 통제함에 있어서 근거로 하는 이론적 가정이 무엇이냐에 따라 기업의 전체적성격이 결정된다고 전제하고 이러한 가정을 X, Y라는 두 가지 이론으로 설명하고 있다.
- X이론의 가정 : 원래 인간은 일하기를 싫어하고 놀기를 좋아하며 가능하면 일을 피하고자 한다. 사람들은 별로 야심이 없고 책임을 회피하며 명령받기를 좋아하고 안전을 추구한다. 따라서 조직목표의 달성을 위하여 강제, 명령, 위협 및 처벌방법을 강구하여야 한다.
- Y이론의 가정 : 인간이 일에 대하여 기울이는 노력은 스포츠나 놀이와 마찬가지로 본성적인 것이다. 인간은 외적 강제나 처벌의 위협이 없더라도 조직목표를 위하여 자기 통제를 한다. 개인이 조직 목표

에 헌신적으로 관여하는 정도 는 목표달성과 보상과의 함수이다. 보수는 경제적 보수, 정신적 보수 모두가 포함이지만 이 중에서 가장 중요한 것은 자아실현 욕구의 충족이다.
- X이론에 따르면 인간의 동기는 대체로 저차적 욕구수준인 생리적 욕구, 안전 욕구 수준에 머무르고 있다고 가정하고 있으며, Y이론에 따르면 인간의 동기는 고차적 수준의 욕구에 머무르고 있다고 가정하고 있다.

16 ②
해설
일률적이 아닌 개별 판매점의 특색 즉, 개별 기업 단위의 상황에 따른 진단적 접근 방식을 취하여야 한다는 이론은 상황이론임.

17 ②
해설
베버(Weber)가 주장한 관료주의(bureaucracy)란 합리적이고 이상적이며 매우 효율적인 조직은 분업, 명쾌하게 정의된 조직의 위계, 공식적인 규칙과 절차를 강조하였으나 베버의 이론도 고전학파에 속하는 공통적인 요소를 가지고 있는 이론으로 개인보다는 조직을 우선시한 이론적 체계이다. 이를 바탕으로 보았을 때 인간적(개인적)인 면을 최대한 고려한 관계 등의 원칙을 제시하지는 않았다.

18 ⑤
해설
벤치마킹이란 자신보다 우위에 있는 기업과 자신을 비교하여 차이를 규명하여 차이를 없애기 위한 전략을 추진함으로 경쟁력을 제고하려는 방법이다.

| PART 2 | 경영조직론 |

| CHAPTER 1 | 개인차원의 조직행동 |

개념정리문제

1 ②

해설 빅-파이브(Big-Five) 모형에서 제시하고 있는 다섯 가지 성격요소를 정리하여 보면 다음과 같다.

구분	내용
외향성 (extroversion)	외향성이란 사람들이 많은 관계 안에서 느끼는 편안함의 정도를 의미함. 외향적인 성향의 사람들은 사교적이고 친화력이 뛰어난 반면 내향적인 사람들은 소심하고 수줍어하며 조용한 성향임
조화성 (agreeableness)	조화성이란 다른 사람들에게 양보하고 순응하는 성향을 의미. 조화성이 높은 사람들은 따뜻하며, 협력적이고 타인을 신뢰하는 반면 조화성이 낮은 사람들은 차갑고 까다로우며 타인에 대해 적대적임
성실성 (conscientiousness)	성실성이란 신뢰성과 관련 있음. 성실성이 높은 사람은 책임감이 있고 믿음직스럽고 우직한 반면 성실성이 낮은 사람은 산만하고 쉽게 마음이 분산되어 믿음직스럽지 못함
정서 안정성 (emotional stability)	정서 안정성이란 스트레스에 견디는 개인의 능력을 의미. 정서가 안정적인 사람들은 온화하고 자신감이 있으며 안정적인 반면 정서 안정성이 낮은 사람들은 신경질적이고 불안하며 불안정함
개방성 (openness to experience)	개방성이란 새로운 것에 대한 관심과 흥미를 나타내는 정도를 의미. 개방성이 높은 사람들은 창의적이고 호기심이 많으며, 예술적 감수성이 있는 반면 개방성이 낮은 사람은 보수적이며 익숙한 환경에서 편안함을 느낄 수 있음

2 ③

해설 마키아벨리즘이란 자신의 목표를 달성하기 위하여 각종 수단과 방법을 가리지 않고 다른 사람을 이용하고 조작하려는 성향을 의미. 마키아벨리즘 성향이 강한 사람은 감정적 거리를 잘 유지하고 목적이 수단을 정당화시킬 수 있다고 믿음을 의미한다.
- 높은 마키아벨리즘 성향이 있는 사람들은 낮은 사람들에 비해 남을 잘 구슬리고 쟁취를 잘 하며, 남에게 쉽게 설득당하지 않는 반면 남을 잘 설득 함. 그러나 목적이 수단을 정당화할 수 없는 업무에서는 마키아벨리즘이 높은 사람의 성과를 예측하기란 어려움
- 마키아벨리즘 성격의 세 가지 핵심요인
  - 대인관계에 있어 속임수와 조작을 사용하는 성향
  - 인간 본성을 나약하고 믿을 수 없다고 보는 냉소적 관점
  - 전통적 도덕과 윤리를 무시하는 성향

3 ④

해설 로키치는(Rokeach)는 가치관을 수단적 가치(instrumental value)와 궁극적 가치(terminal value)로 분류하고, 궁극적 가치란 개인이 선호하는 최종 상태로서 인간이 살아가는 동안 획득하고자 하는 존재양식이나 목표를 의미하는 것으로 성취감, 자유, 평등, 내적 조화, 지혜, 존중, 사랑 등을 제시하였고, 수단적 가치란 최종상태에 이르기 위해 개인이 선호하는 행위방식이나 행동양상으로서 용기, 정직, 지성 등을 제시했다.

보충 가치관의 유형

(1) Rokeach의 가치관 분류
- 가치요소들에 대한 상대적 중요도를 표시하도록 하여 개인의 가치관을 측정, 분석
- 궁극적 가치
  - 개인이 선호하는 최종 상태
  - 인간이 살아가는 동안 획득하고자 하는 존재양식이나 목표
  - 성취감, 평등, 자유, 행복, 내적 조화, 쾌락, 구원, 지혜, 자아존중, 편안한 삶, 즐거운 삶, 안정된 가정, 성숙한 사랑, 아름다운 세상, 사회적 안정, 진정한 우정, 세계평화, 국가안보
- 수단적 가치
  - 최종 상태를 이루기 위해 개인이 선호하는 행위방식이나 행동양상
  - 근면, 능력, 명창, 청결, 정직, 상상력, 독립, 지능, 논리, 베풂, 용서, 봉사, 사랑, 순종, 공손, 책임감, 자기 통제, 용기

4 ①

해설 켈리의 이론을 정리하여 보면 다음과 같다.

구분	내용	고	저
특이성 (distinctiveness)	다른 사건의 결과와 비교	외적 귀속	내적 귀속
합의성 (consensus)	다른 사람의 결과와 비교	외적 귀속	내적 귀속
일관성 (consistency)	다른 시점의 결과와 비교	내적 귀속	외적 귀속

5 ③

해설 켈리(Kelly)의 입방체 이론에서의 성향을 반대로 설명하고 있으며 이를 정리하면 다음과 같다.

구 분	내용	고	저
특이성(distinctiveness)	다른 사건의 결과와 비교	외적귀속	내적귀속
합의성(consensus)	다른 사람의 결과와 비교	외적귀속	내적귀속
일관성(consistency)	다른 시점의 결과와 비교	내적귀속	외적귀속

6 ④

해설 행위자-관찰자 효과 또는 행위자-관찰자 편견이란 귀속과정의 오류에 해당하는 것으로서, 귀속과정의 오류를 정리하면 다음과 같다.

구분	내용
자존적 편견	성공 시 내적귀속 / 실패 시 외적귀속
행위자 - 관찰자 편견	자기행동 - 외적귀속 / 타인행동 - 내적귀속
근원적 귀인오류 (fundamental attribution error)	관찰자가 다른 이들의 행동을 설명할 때 상황 요인들의 영향을 과소평가하고 행위자의 내적, 기질적인 요인들의 영향을 과대평가하는 경향을 말하는 것으로 맞는 설명임.
통제의 환상	모든 결과를 내적귀속

① 최근효과(recency error)/나중효과에 대한 설명으로 가장 최근에 얻어진 정보에 비중을 더 많이 주어 평가한다.

② 유사효과에 대한 설명으로 유사효과란 평가자의 태도, 종교, 정치적 입장 등에서 자신과 유사한 사람에게 후한 평가를 주는 것을 의미함.

③ 주관의 객관화 또는 투사의 오류에 대한 설명으로 자신의 특성이나 관점을 다른 사람에게 귀속 또는 전가하는 것(투영)으로서 주관적인 생각으로 타인을 평가하는 오류를 의미함.

7 ④

해설 개인의 일부 특성을 기반으로 그 개인 전체를 평가하는 지각경향으로서 한 분야에 있어서의 어떤 사람에 대한 호의적 혹은 비호의적 인상이 다른 분야에 있어서의 그 사람에 대한 평가에 영향을 주는 것을 후광 효과 또는 현혹효과라고 한다.

8 ②

해설 일부정보가 다른 부분의 정보 해석에 영향을 주는 지각오류는 후광효과(현혹효과/Halo effect)로서 이는 한 분야에 있어서의 어떤 사람에 대한 호의적 혹은 비호의적 인상이 다른 분야에 있어서의 그 사람에 대한 평가에 영향을 주는 것을 의미한다.

9 ④

해설 항상오류란 규칙적 오류의 개념으로 생각하면 되는데 질문에 대한 답변 등이 한쪽으로 쏠리는 규칙적인 오류현상을 의미한다.

10 ①

해설 규칙적 오류 중 하나인 관대화 경향에 대한 설명임. 평가결과가 정규분포를 나타내지 않고 평균치 이상에 집중적으로 나타나는 경향
② 상동적 오류(stereotyping): 집단의 특성을 개인에 전가함으로써 발생하는 오류
③ 연공오류(seniority error): 평가대상자의 업적이나 역량에 대한 객관적이고 공정한 평가보다는 연령이나 근속기간을 우선적으로 고려하여 평가하려는 경향
④ 후광효과(halo effect): 개인의 부분적 특성을 개인의 전반적 인상으로 평가하는 경향
⑤ 대비오류(contrast error): 피평가자의 평가에 있어 자신이 지닌 특성과 비교하여 평가함으로서 나타나는 오류

11 ②

해설 기대의 오류로 불리는데 이는 주위사람들이나 자신이 기대한 대로 행동함으로써 결국은 기대대로 이루어진다는 것으로 피그말리언 효과(the Pygmalion effect), 자기실현적 예언(self-fulfilling prophecy)이라고도 불린다. 부하직원에 대해서 상사가 잘 할 것이라고 기대하고 있으면 부하직원은 상사의 기대를 저버리기 싫어서 더욱 열심히 일을 하여 정말 좋은 결과를 이끌어 내는 것을 예로 들 수 있다.

12 ①

해설 자기이해, 자기인정, 객관성테스트 등을 통한 자아개념의 달성은 오류를 극복하는 방법 중의 하나이다.

13 ②

해설 상동적 태도의 예로는 "독일 사람들은 근면해", "남자는 늑대야" 등처럼 그 사람이 속한 집단의 특성에 의하여 그 사람을 평가하는 것이다.

14 ②

해설 사람에 대한 경직적인 편견을 가진 지각으로서 타인에 대한 평가는 그가 속한 사회적 집단에 대한 지각을 기초로 이루어지는 것은 상동적 태도라고 한다.

① 현혹효과(후광효과): 한 분야에 있어서의 어떤 사람에 대한 호의적 혹은 비호의적 인상이 다른 분야에 있어서의 그 사람에 대한 평가에 영향을 주는 것을 의미

③ 유사효과: 평가자의 태도, 종교, 정치적 입장 등에서 자신과 유사한 사람에게 후한 평가를 주는 것

④ 지각적 방어: 개인에게 불쾌감 또는 위험을 안겨 주는 자극이나 상황적 사건이 있을 경우 이에 대해 담을 쌓거나 인식하기를 거부함으로써 방어를 구축하는 것

15 ②

해설 논리적 오류는 상관적 편견 때문에 생기는 것으로 서로 상관관계가 있는 특질에 대해 하나의 특질이 우수하면 서로 상관관계에 있는 다른 특질도 우수하다고 생각하는 오류이다.

① 유사효과: 평가자의 태도, 종교, 정치적 입장 등에서 자신과 유사한 사람에게 후한 평가를 주는 것

③ 선택적 지각: 편견으로 지각자의 내적 상태, 즉 경험·욕구·동기를 근거로 눈에 먼저 들어오는 정보에 의존하는 현상

④ 통제의 환상: 귀속과정의 오류로 모든 결과를 내적 귀속하려는 성향을 의미함.

참고 근원적 귀인오류(fundamental attribution error)는 사건의 원인에 대해서 외적 요인을 간과하거나 무시하고 행위자의 내적 요인으로 귀인하려는 오류이다.

16 ②

해설 태도의 세 가지 요소는 인지적, 감정적, 행동적 태도이며 통상 이 순서로 태도가 결정된다.

17 ④

해설 태도의 구성 3요소는 인지, 정서(감정), 행동이며 가장 잘 연결한 것은 4번 보기이다.

ㄱ. 나의 상사 A는 권위적이다. : 인지적 반응

ㄴ. 나는 상사 A가 권위적이어서 좋아하지 않는다.: 호불호적인 감정적 반응

ㄷ. 나는 권위적인 상사 A의 지시를 따르지 않겠다. : 지시이행을 하지 않는 행동적 요소이다.

보충 태도의 요소

- 인지적 요소 : 대상 혹은 사건에 대한 정보
  - 오렌지는 비타민 C가 풍부하다, 동료는 일을 못한다.
- 정서적 요소 : 대상 혹은 사건에 대한 개인의 감정
  - 오렌지는 맛있다, 일을 못하는 동료가 싫다.
- 행동적 요소 : 대상 혹은 사건에 대한 의도적 방식
  - 맛있는 오렌지를 사야겠다, 일을 못하는 동료와 같이 프로젝트를 진행하지 말아야겠다.

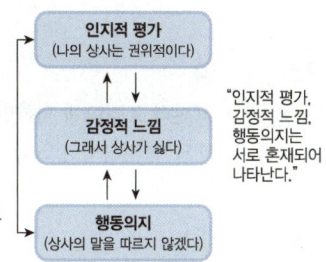

18 ⑤

해설 조직시민행동(OCB, organizational citizenship behavior)

- 자신에게 주어진 조직 내의 공식적인 역할이 아니고 직접적인 보상이 없어도 조직을 위해 희생하고 자발적으로 열심히 일하며, 주어진 책임 이외의 부가적인 업무를 수행하는 행위
- 직무만족과 조직몰입이 높은 사람들이 조직시민행동을 많이 함

- 조직시민행동은 개인의 업무적 성과를 직접적으로 높이지는 않을지라도 조직의 맥락적 성과를 높여줄 수 있어서 조직에 공헌 할 수 있음

19 ②

해설 켈리(Kelley)의 귀인이론(attribution theory)에서는 행동의 원인을 합의성, 특이성, 일관성의 세 가지 차원으로 구분하여 해석하고 있다.

20 ④

해설 모험 선호성은 해당되지 않음.

21 ③

해설 태도 구성 3요소는 인지적 요소(신념의 표현), 정서적 요소(감정: 감정표현), 행위적 요소(행동하려는 경향)를 들 수 있다.

22 ④

해설 잠재적 창의성은 자신이 원하는 것을 보통 사람들이 생각해 내지 못하는 독창적인 방법으로 현실화시키고, 한 가지 지식을 다양한 형태의 지식이나 사고와 연관시켜 문제 해결 과정에 적용할 수 있는 잠재적 능력을 말한다.

아울러 창의성은 새롭고 독창적이기만 해서는 창의적이라고 인정하기 어려우며, 사회·문화적 맥락에서 가치 있게 인정되며 실현될 때 창의적이라고 할 수 있다. 즉, 창의성은 바람직한 많은 개별적 특성과 관계가 있다고 보기 보다는 개인과 사회의 상호작용 결과로 보아야 한다. 창의적이라 불릴 만한 아이디어나 업적은 한 개인의 머리에서 나오는 것이 아니라 여러 조건이 어우러져 빚어내는 상승작용의 결과라고 할 수 있다.

창의성에 대한 정의는 독창성, 가치, 실현성의 세 요소를 포함하는 것으로 볼 수 있다. 독창성이 창의성으로 발현되기 위해서는 새로운 가치를 창출해야 하며, 실현 가능해야 한다. 우리 사회와 역사에 독창적이고 혁신적인 아이디어는 무수히 많이 등장하였으나 사회적, 경제적, 문화적 차원과 결합되지 않아 사장된 사례가 많이 있다. 독창적이며 창의적인 아이디어가 그 사회에서 실현될 때 비로소 창의성이 구현된다고 말할 수 있다.

23 ⑤

해설 고전적 조건화에 의하면 자극에 지속적인 노출로 인하여 태도가 형성된다는 이론으로 음악에 대한 좋은 태도가 지속적인 노출로 인하여 상품으로 전이될 수 있다.

24 ①

해설 자유연상법이란 자유로운 분위기에서 창의적인 사고를 통하여 서로 발표하여 문제해결점을 찾는 것으로 고든법과 브레인스토밍법이 있다.
- 브레인스토밍: 오스본(Osborn)에 의해 제시된 것으로 적정수의 약12명 사람들이 모여 집단회의를 열어 리더가 제시한 문제에 대해서 각자가 많은 아이디어를 자유롭게 제시하여 문제의 해결책을 찾고자하는 방법으로 정보의 질보다 양을 중시 여기는 특징이 있다. 아울러 성공적인 브레인스토밍을 위한 원칙으로는 비난하지 말라, 자유분방하게 토론하게 하라, 아이디어를 첨가하거나 개선하는 것을 환영하라, 가급적이면 많은 아이디어를 내도록 권장하라 등을 들 수 있다.

• 고든법: 브레인스토밍과 비슷하나 정보의 양보다 질을 추구하며, 리더 혼자서만 주제를 알고 장시간 동안 문제해결의 방안을 각자 마음대로 제시하도록 하는 방법

25 ②

해설

브레인스토밍은 10명 내외의 소수집단에서 행하여지는 비판 없는 자유토론으로서 정보의 질보다 양을 중시하며 리더가 하나이 주제를 제시하면 집단구성원이 각자의 의견을 자유롭게 제시하며 토론하는 방법이다.

고든법의 경우 브레인스토밍과 유사한 방법이나 이 경우 정보의 양보다는 질을 우선시하는 방법으로서 리더 혼자서만 주제를 알고 장시간 동안 문제해결의 방안을 각자 제시 할 수 있도록 한 창의성개발기법이라고 할 수 있다.

• 창의성 측정 기법과 개발방법을 정리하면 다음과 같다.

측정기법	원격연상검사법(RAT)	3개의 단어를 나열하여 그 공통점을 요구 / 단순한 측정방법
	토란스검사법	여러 가지로 해석이 가능한 그림들을 연속으로 보여주고 질문 / 복합적인 측정방법
개발법	브레인스토밍	리더가 제기한 문제에 대하여 참가자 각자가 생각난 아이디어를 자연스럽고 자발적으로 제시 / 정보의 질보다 양
	고든법	• 브레인스토밍과 비슷하나 양보다 질을 추구 • 리더 혼자서만 주제를 알고 장시간 동안 문제해결의 방안을 각자 제시
	분석적 기법	한 문제와 그 문제의 여러 요소를 철저하게 논리적으로 분석
	강제적 관계기법	정상적으로 관계가 없는 둘 이상의 물건이나 아이디어를 강제적으로 관계를 맺어 보게 하는 방법
	명목집단법	이름만 집단이지 구성원 상호간의 대화 토론이 이루어지지 않는 방법
	델파이법	전문가의 의견을 우편으로 수집

26 ③

해설

투사법(projective tests)은 다른 분야에 자신을 투사, 투영하여 의견을 개진하도록 하는 기법으로서, 특정 주제에 대하여 직접적 질문 대신 단어, 문장, 그림이나 다른 사람의 얘기 등을 통해 간접적인 자극 제공하여 응답자가 자신의 신념과 감정을 이러한 자극에 자유롭게 투사하도록 함으로써 진솔한 반응을 표현하게 함으로서 소비자의 의중을 파악하는 기법임.

• 프로빙 기법: 응답자가 응답이 완전하지 않거나 불명확할 때 다시 질문하는 것으로 캐묻기라고 함.
• 래더링 기법: 소비자 심층 면접을 통하여 상품이 소비자에게 어떤 속성, 편익, 가치들을 제공하는지 파악함으로써 소비자와 상품 사이의 인지 구조의 연결성을 추적하려는 마케팅 기법.
• 에스노그라피: 특정 집단 구성원의 삶의 방식, 행동 등을 그들의 관점에서 이해하고 기술하는 연구 방법으로 사람들이 어떻게 지각하고 행동하는가를 그들이 속한 일상적·문화적 맥락에서 파악하고자 하는 기법

27 ④

해설

대상자가 시험에 익숙해짐으로써 변화되는 상황을 보여주는 효과로서 특정 상황에 익숙해짐으로서 그 상황을 인식하지 못하는 등의 상황으로서 시험효과에 대한 설명임.

• 성숙효과(maturation effect): 시간이 지남에 따라 자연스럽게 변화되어가는 것으로써, 실험 또는 조사연구에서 표본으로서 집단구성원들이 정책의 효과와는 관계없이 스스로 성장함으로써 인과적 추론의 타당성을 저해하는 효과.
• 매개효과(mediated effect): 통제되어야 할 매개변인에 의하여 발생하는 효과이다. 즉, 독립변인이 매개변인에 영향을 미치고 이 매개변인이 다시 종속변인에 영향을 주는 흐름이 가능하다. 예를 들어, 지능

이 학업 성취에 영향을 준다고 가정할 때, 학습 동기가 이들의 효과를 매개하는 역할을 한다. 학습 동기가 학업 성취에 영향을 미칠 수 있기 때문이다. 또 다른 예로, 사회경제적 수준에 따라 학업 성취도에 차이가 있다면 부모의 사회·경제적 지위가 학업 성취도를 예언하는 데 매개변인으로 작용하게 된다. 매개 효과를 검증하기 위해서는 구조 방정식 모형(structural equation modeling)이나 다중회귀분석(multiple regression analysis) 방법을 사용한다.

- 상호작용효과: 매개 효과와 동일한 개념으로 사용되기도 한다. 즉, 독립변인들 간의 상호 작용 효과가 있을 때 종속변인에 대한 중재 효과가 있다고 해석한다. 예를 들면, 자기효능감이 사회성에 미치는 영향에 외로움이 매개한다는 말은 자기효능감과 외로움이 사회성에 주는 효과에서 상호 작용한다는 말과 같다.

28 ③

해설 도피학습과 회피학습은 소극적 강화의 유형이다.

29 ①

해설 강화는 긍정적(적극적), 또는 부정적(소극적) 강화 모두 발함직한 행동을 증가시키려는 활동이다.

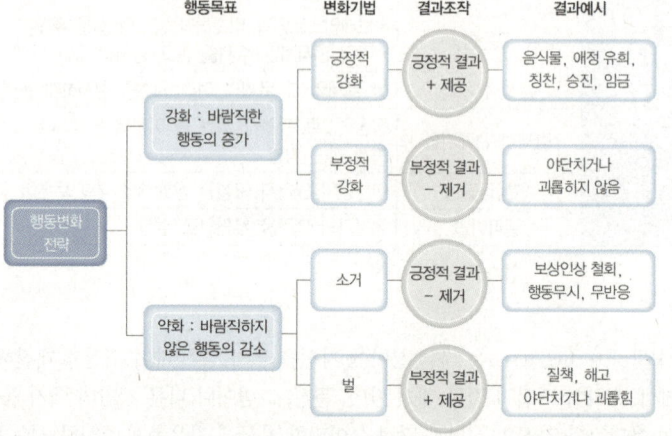

30 ④

해설 규칙한 횟수의 바람직한 행동 후 강화요인을 제공하는 것은 단속적 강화계획 중 변동비율법에 해당한다.

보충 강화 일정계획

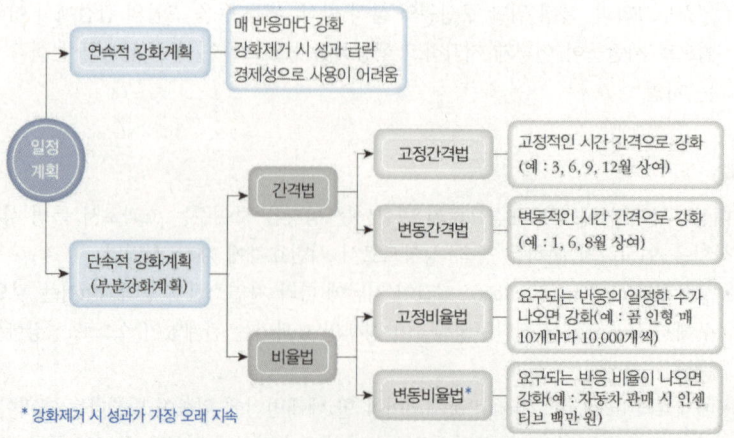

❖ 연속적 강화계획(continuous reinforcement schedule)
: 연속적 강화계획이란 학습대상이 정확한 반응을 낼 때마다 강화반응이 주어지는 것으로 강화방법 중 가장 효과적이고 이상적이나 경제성이 문제가 되어 현실 적용에 어려움이 있으며 강화요인 제거 시 성과가 급격히 하락하는 경향이 있어서 새롭게 형성된 강화행동이나 발생빈도가 낮은 행동의 경우에 적합하다.

❖ 단속적 강화계획(intermittent reinforcement schedule)
: 단속적 강화계획은 부분적으로 혹은 불규칙적으로 강화요인을 적용하는 방법으로 학습의 속도는 느리지만 학습의 보존효과는 높다는 장점이 있다.

① 고정간격법(fixed interval schedule) : 고정간격법이란 일정 시간이 경과하면 강화요인을 제공 하는 것으로 일정 기간 동안의 정기적 상여금 제공 등을 예로 들 수 있다.

② 변동간격법(variable interval schedule) : 변동간격법이란 강화요인의 적용시기에 간격을 두지않고 변동적인 간격으로 강화요인을 적용하는 방법으로 불규칙적으로 승진시켜 주는 것을 예로 들 수 있다.

③ 고정비율법(fixed ratio schedule) : 고정비율법이란 요구되는 반응의 일정한 비율에 의하여 강화요인을 적용하는 방법으로 곰인형을 매 100개 만들 때마다 성과급을 지급하는 행위를 예로 들 수 있다.

④ 변동비율법(variable ratio schedule) : 변동비율법이란 산출의 단위에 기초를 두고 반응의 비율은 불특정하게 강화요인을 적용하는 방법으로 보험판매 시 받게 되는 성과급을 예로 들 수 있다. 보험판매 시 그 실적에 따라 성과급이 주어지지만 어떤 때는 1명을 만나서 보험계약을 체결할 수도 있고 어떤 때는 30명을 만나서 보험계약을 체결할 수도 있으므로 이러한 방법이 변동비율법에 속하는 것이다. 변동비율법이 강화제거 시 유지보존의 효과가 가장 오랫동안 지속될 수 있는 방법이다.

31 ④

해설
동인은 사람으로 하여금 행동하게 하는 것을 말한다. 사람은 무엇인가를 하는 능력에 있어서뿐만 아니라 무엇인가 하려고 하는 의지(will to do), 즉 동기부여에 있어서 개인차가 있다.
인간행동에 있어서 모티베이션의 강약은 동인의 강약 여하에 달려있다는 것이다. 여기서 말하는 동인이란 각 개인 내부에 있는 욕구(needs), 욕망(wants) 또는 충동(drives)이라고 정의된다.
동인은 목표 지향적인 것으로서 의식되는 것도 있고 의식되지 않는 것도 있다.
일반적으로
1차적 동인은 생리적 동인으로 학습되지 않는 동인을 의미하며,
2차적 동인은 사회 발생적 동인으로서 학습된 동인이다.
참고로 맥클리랜드는 동기부여의 내용이론에서 성취동기이론을 전개하며 학습되지 않는 저차욕구는 분석하지 않고, 사회적으로 학습되는 고차 욕구를 중심으로 동기부여 이론을 전개하였다.

32 ①

해설
맥클리랜드의 성취동기이론은 동기부여의 내용이론이다. 아울러 ② 브룸의 기대이론, ③ 아담스의 공정성 이론, ④ 로크의 목표설정이론, ⑤ 데시의 인지평가이론들은 모두 동기부여의 과정이론임

33 ②

해설
생리적 욕구 → 안전 욕구 → 사회적(소속) 욕구 → 존경 욕구 → 자아실현 욕구

34 ⑤
해설 행복의 욕구(happiness needs)는 해당되지 않음.

35 ③
해설 생리적 욕구 → 안전욕구 → 사회적 욕구 → 존경욕구 → 자아실현 욕구 순임.

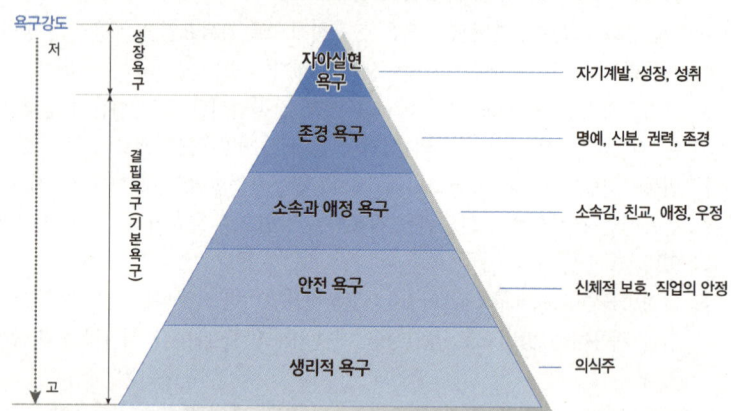

- 인간 욕구에 대한 체계적 인식
- 다섯 단계의 욕구
  - 저차욕구 : 생리적 욕구, 안전욕구
  - 고차욕구 : 사회적 욕구, 존경욕구, 자아실현욕구
- 단계별 원리 : 인간의 욕구는 생리적 – 안전 – 애정 – 존경 – 자아실현 욕구로 계층화됨
- 결핍의 원리 : 인간은 결핍된 욕구를 충족시키기 위해서 노력하게 됨
- '만족 ⇒ 진행' 모형

36 ④
해설 다른 사람으로부터 인정과 존경을 받고자 하는 욕구는 성장욕구라고 주장한 것은 알더퍼의 ERG이론이다. 매슬로우는 다른 사람으로부터 인정과 존경을 받고자 하는 욕구를 존경욕구라고 규정하였다.

37 ⑤
해설
① 조직의 감시, 감독 및 통제가 필요하다는 주장은 X이론임.
② 쌍방향 의사결정은 Y이론에서 주로 발생한다.
③ 자기 통제가 많은 것은 Y이론이다.
④ 순자의 성악설은 X이론에 해당한다고 볼 수 있다.

38 ⑤
해설 브룸의 기대이론은 동기부여의 과정 이론임

39 ①
해설 사랑은 관계욕구로 볼 수 있으며 이의 좌절 퇴행으로 인해 존재욕구로서의 식욕이 증가한 것이므로 알더퍼의 ERG이론에 해당한다고 볼 수 있다.

보충 ERG이론

(1) 단계별 욕구
① 존재 욕구(existence needs) : 존재 욕구는 배고픔, 목마름 등의 생리적 욕구와 안식처, 급여, 육체적 작업 조건 등의 물리적 욕구가 이 범주에 속한 다. 이는 매슬로우의 생리적 욕구, 안전 욕구와 비교할 수 있다.
② 관계 욕구(relatedness needs) : 관계 욕구는 가족구성원, 공동작업자, 친구 등 타인과의 관계에서 형성되는 모든 욕구를 포괄하는 개념으로 이는 상호 간의 이해, 할당과정(process of sharing), 상호 간의 감정(mutuality of feeling) 등이 있다. 이러한 욕구는 매슬로우의 안전 욕구, 사회적 욕구, 존경 욕구와 유사하다.
③ 성장 욕구(growth needs) : 성장 욕구는 개인이 자기 능력을 최대로 이용 할 뿐만 아니라 새로운 능력개발 등과 관련된 욕구로 매슬로우의 존경 욕구와 자아실현 욕구와 유사하다.

(2) 특징
① 매슬로우가 욕구를 5단계로 구분한 것에 비해, 알더퍼는 욕구를 존재 욕구-관계 욕구-성장 욕구로 3단계로 구분
② 매슬로우는 만족-진행접근(satisfaction-progression approach), 즉 저차 욕구가 만족되면 고차 욕구로 진행되어 간다는 이론을 전개하였으나 알더퍼는 만족-진행접근에 좌절-퇴행(frustration-regression) 요소를 가미하여 이론을 전개하고 있다. 즉, 고차 욕구가 만족되지 않거나 좌절되게 되면 저차 욕구에 대한 욕망의 정도나 중요성이 더 커지게 되는 것이다.

(3) 시사점
: 종업원의 상위 욕구가 좌절되면 하위 욕구의 중요성이 더 커지게 되므로 기업의 관리자는 종업원의 상위 욕구 충족에 관심을 가져야 종업원의 하위 욕구에 대한 집착이 줄어들 수 있게 된다.

40 ③

해설
허츠버그(F. Herzberg)는 인간은 상호 독립적인 2가지(동기요인과 위생요인) 욕구를 가지고 있으며 각기 인간행동에 다른 영향을 미친다고 보았으며, 이 중 동기요인이 종업원의 만족을 가져오고 동기유발하므로 관리자는 직무내용을 개선 향상시키는데 주의를 하여야 한다고 주장함. (직무충실화 설계로 발전)
- 동기요인(만족요인) : 만족에 영향, 성취감, 책임감, 인정, 직무의 내용과 관련
- 위생요인(불만요인) : 불만족에 영향, 급여, 대인관계, 감독, 정책, 직무의 환경과 관련

41 ②

해설
허츠버그의 2요인 이론에서는 만족과 관련된 요인을 동기요인, 불만족과 관련된요인을 위생요인으로 분류하였다.

〈연계 심화〉 허쯔버그의 2요인 이론
- 상호 독립적인 2가지(동기요인과 위생요인) 욕구를 가지고 있으며 각기 인간행동에 다른 영향을 미침
- 동기요인(만족요인) : 만족에 영향, 성취감, 책임감, 인정, 직무의 내용과 관련
- 위생요인(불만요인) : 불만족에 영향, 급여, 대인관계, 감독, 정책, 직무의 환경과 관련
- 위생요인 충족 → 불만감소(적절한 관리필요)
- 동기요인 충족 → 만족감 유발(자원투입필요)
- 동기요인이 종업원 만족을 가져오고 동기 유발하므로 관리자는 직무내용을 개선 향상시키는 데 주의
  → 직무충실화이론으로 발전

42 ④

해설 상사와의 관계, 회사 정책 및 관리방식 및 작업조건은 위생요인에 해당하며, 성취, 인정 등은 동기요인에 해당함.

43 ①

해설 허츠버그(F. Herzberg)의 2요인이론(two-factor theory)은 상호 독립적인 2가지(동기요인과 위생요인) 욕구를 가지고 있으며 각기 인간행동에 다른 영향을 미친다고 보는 이론으로 여기서 동기요인과 위생요인은 다음과 같다.
- 동기요인(만족요인) : 만족에 영향, 성취감, 책임감, 인정, 직무의 내용과 관련
- 위생요인(불만요인) : 불만족에 영향, 급여, 대인관계, 감독, 정책, 직무의 환경과 관련

나머지 지문을 바로 잡으면 다음과 같다.
② 위생요인을 개선하면 만족이 증가한다. ⇒위생요인은 적정관리대상인 위생요인으로 종업원의 만족을 증대시킬수는 없는 불만족 요인에 해당한다.
③ 직장에서 타인으로부터 인정받지 못한 직원은 불만족하게 된다. ⇒인정감 자체는 동기적 요인으로서 이는 불만족과는 다른 차원의 만족스럽지 않은 상황이다.
④ 불만족을 해소시키면 만족이 증가한다. ⇒불만족을 해소시키면 불만이 없는 것이지 만족스러워진다고 볼 수는 없다.

44 ③

해설
① 매슬로우(Mslow)는 욕구를 생리적 욕구 → 사회적 욕구 → 안전욕구 → 존경욕구 → 자아실현 욕구로 구분환 것이 아니라 욕구의 단계를 생리적 욕구 → 안전 욕구 → 사회적 욕구 → 존경욕구 → 자아실현 욕로 구분하였다.
② 앨더퍼(Alderfer)의 ERG 이론에 따르면 Aksawhr-진행에 좌절-퇴행요소를 가미하였다.
④ 허츠버그(Herzberg)의 2요인이론에 따르면 임금은 동기 요인이 아니라 위생요인에 해당한다.

45 ②

해설 수단성이란 성과에 따른 보상을 의미하는데 조직의 신뢰성이 떨어지고 조직정치에 의해 보상 등이 좌우된다면 수단성은 작아진다고 보아야 함

46 ⑤

해설 유의성(valence)이란 조직의 보상이 개인목표나 욕구를 충족시키는 정도를 나타내는 지표임. 즉, 보상에 대해 느끼는 매력 정도 (+ / −)로서 주어진 보상에 대하여 동일한 유의성을 갖지 않고 개별적 선호에 따라 유의성은 달라진다.

* 브룸의 기대 이론을 정리하여 보면 다음과 같다.
- 기대감(expectancy): 노력하면 규정된 성과를 달성할 수 있으리라는 개인의 주관적 확신 정도(0~1.0)
- 수단성(instrumentality): 규정된 성과를 달성했을 경우 보상을 받을 것이라는 기대감의 정도(−1.0~1.0)
- 유의성(valence): 조직의 보상이 개인목표나 욕구를 충족시키는 정도, 보상에 대해 느끼는 매력 정도(+/−)

47 ①

해설 노력에 따른 성과에 대한 기대감과 성과에 대한 보상의 수단성 그리고 보상에대한 개인차 및 선호가 반영된 유의성의 순석으로 작동된다고 보고 있다.

48 ⑤

해설 준거인물을 유지하지 않고 비교대상을 변경하는 행동이 나타날 수 있다.

보충 Adams의 공정성 이론
- 공정성 이론은 조직 내에서 개인은 자신들의 투입 대 보상 간의 비율과 동료의 투입 대 보상간의 비율을 비교하여 이 비율이 같다고 인식하면 공정성을 느끼고 그렇지 않다고 인식하면 불공정성을 느끼게 된다.
- 개인이 불공정성을 느끼게 되면 마음속에 인지 부조화가 발생하여 긴장과 추진력이 발생하게 되고 자신이 느낀 불공정성을 공정하게 만들기 위하여 노력하는 과정에서 동기가 부여된다는 이론이다.
- 이 이론은 훼스팅거(Festinger)의 인지 부조화 이론(cognitive dissonance theory)과 호만즈(Homans)와 브로(Blau)의 교환이론(exchange theory)을 기초로 하고 있다.
- 1960년 Adams에 의해 체계화
- 사회적 비교이론 : 자신의 산출/투입 비율이 타인과 비교하여 불공정할 때 긴장감을 유발. 긴장을 해소하는 방향으로 모티베이트됨.
- 투입 : 시간, 지성, 교육훈련, 경험, 기술, 나이, 노력, 건강, 창의성, 충성심
- 산출 : 임금, 직업안정, 개발기회, 승진, 칭찬, 인정, 근무환경, 직무안정, 의사결정 참여
- 준거대상 선택변수 : 성, 근무시간, 조직에서의 지위계층, 교육정도 및 전문성 정도

▶ 불공정성 감소방법
① 투입의 변경 : 과소보상을 지각한 개인은 노력을 감소시킬 것이며 과다보상을 지각한 경우는 노력을 증가시킬 것이다.
② 산출의 변경 : 산출을 증가시키기 위하여 노력을 더 하거나 기업주에게 임금을 인상시켜 달라고 할 것이다. 산출의 변경은 과소보상의 경우가 더욱 민감하게 작용한다.
③ 투입·산출의 인지적 왜곡 : 개인은 실제로 투입이나 산출을 변경하지 않고도 인지적으로 공정한 것이라고 왜곡하거나 합리화함으로 인지 부조화 현상을 극복하고자 할 수 있다.
④ 비교대상의 변경 : 비교대상을 변경하여 자기와 유사한 대상을 찾음으로 불공정성을 해소 할 수 있다.
⑤ 조직이탈 : 불공정성을 일으키는 조직을 떠남으로 불공정성을 없애 버릴 수 있다.

49 ⑤

해설 훈련가능성이 아니라 MBO는 그자체로서 단기적 성과에 집중한 개념으로서 적시성을 의미한다고 보아야 한다.

심화문제

1 ①

해설

big 5 유형 성격유형 중 개방성(openness to experience)이란 새로운 것에 호기심을 갖고 매료되는 정도를 의미하며, 다른 사람들과 잘 어울리고 남을 신뢰하는 성향은 친화성(agreeableness)으로 이는 타인을 존중하는 개인의 성향을 의미한다.

- Big5 성격유형을 정리하면 다음과 같다.
  외향성: 사회적 관계 속에서 편안함을 느끼는 정도, 사교, 명랑, 적극, 활달 ↔ 수줍음, 소극, 내성적, 조용함
- 경영관리직/영업직과 관련성 높음. 직무와 생활 전반에 더 만족.
  친화성: 타인을 존중하는 개인의 성향. 양보, 화평, 포용, 협조 ↔ 냉철, 비판, 몰인정, 차가움
- 더 행복한 경향. 함께 일 할 동료로 선택될 확률 높음
  성실성: 신뢰성에 관한 것, 조심, 철저, 계획적, 완벽 ↔ 나태, 무계획, 가벼움
- 높은 수준의 직무지식 개발, 직무성과 향상. 조직시민행동과 관련
  정서적안정성: 스트레스에 대처하는 개인의 능력. 침착, 인내, 자제력 ↔ 혈기, 조바심, 격정적
- 직무성과와 별다른 관련성 없음. 인생에 대한 만족도, 직무만족도, 낮은 스트레스와 관련
  개방성: 새로운 것에 호기심을 갖고 매료되는 정도, 호기심, 혁신, 창조적, 변화 ↔ 보수적, 고정적
- 훈련과정에서의 숙련도와 높은 관련성. 과학과 예술에 창의적 성향, 상황변화에 잘 적응

2 ①

해설

외재론자(externalizer)는 운명은 주어진 것으로 여기고 상황은 스스로 통제 할 수 없다고 생각하는 반면에, 내재론자(internalizer)는 자기 자신을 자율적인 인간으로 보고 자기의 운명과 일상생활에서 당면하는 상황을 자기 자신이 통제할 수 있다고 믿는 경향이 있다.

3 ③

해설
보충

내재론자는 자신의 운명을 스스로 개척할 수 있다고 판단하므로 외재론자보다 걱정을 덜 하는 경향이 있다. 사람들을 내재론자와 외재론자로 구분하는 것은 통제 위치가 어디에 있는가에 대한 여부로 구분한 것으로서, 내재론자는 자기가 자기 운명의 주인이라고 생각하고 자신이 스스로 운명을 통제할 수 있다고 믿고 있다. 외재론자는 자신은 운명을 결정할 수 없고 운명에 순응해야 하는 존재라고 믿고 있다. 연구결과에 의하면 내재론자는 복잡한 환경에서 개인 스스로 대처해 나가야 하는 직무나 창조적인 직무에서 업무성과가 높고 외재론자는 업무수행절차가 정해져 있고 강력한 통제하에서 규칙과 절차를 따라서 수행해야 하는 업무에 성과가 높은 것으로 나타난다.

4 ③

해설

타인을 존중하는 개인 성향은 Big Five 성격 유형에서는 조화성에 속하며, 성실성은 직무성과와 관련성이 높다.

5 ④

해설

① 출신학교나 출신지역과 같이 그 사람이 속한 집단을 근거로 사람을 평가하는 오류는 후광효과가 아니라 상동적 태도 즉, 스테레오타입(stereotype)의 오류라고 한다. 후광효과는 현혹효과라고도 하며, 한 분야에 있어서의 어떤 사람에 대한 호의적 혹은 비호의적 인상이 다른 분야에 있어서의 그 사람에

대한 평가에 영향을 주는 것을 의미한다.
② 피평가자가 가진 비슷한 특질들(예 근면성과 성실성)이 서로 관계가 있는 것으로 생각하여 유사하게 평가하려는 경향은 유사효과가 아니라 논리적 오류라고 한다. 유사효과란 평가자의 태도, 종교, 정치적 입장 등에서 자신과 유사한 사람에게 후한 평가를 주는 것을 의미한다.
③ 최근효과(recency error)는 최근 정보에 큰 비중을 두는 것이고, 평가를 할 때, 처음에 주어진 정보에 더 큰 비중을 두는 경향을 먼저효과 또는 초기효과(primacy error)라고 한다.
④ 강제할당법을 사용하면 규칙적 오류인 관대화, 중심화, 가혹화 경향의 오류를 감소시킬 수 있다.
⑤ 투영효과(투사, 주관의 객관화, projection)란 정직성이 낮은 평가자가 정직한 평가자보다 피평가자를 덜 부정적으로 평가하는 경향이 아니라 더욱 부정적으로 평가하는 경향을 의미한다.

6 ③

해설

근원적 귀인오류(fundamental attribution error): 관찰자가 다른 이들의 행동을 설명할 때 상황 요인들의 영향을 과소평가하고 행위자의 내적, 기질적인 요인들의 영향을 과대평가하는 경향을 말하는 것으로 맞는 설명임

보기 해설

① 내적귀인(internal attribution)은 어떤 행위의 원인을 능력, 동기, 성격 등 내적 요인으로 이해하려는 것(능력, 동기, 성격)이며, 외적귀인(external attribution)은 어떤 행위의 원인을 상황 요인에 의한 것으로 이해하려는 것(상황요인)으로 보기의 설명은 반대로 이를 설명하고 있음
② 켈리(Kelley)의 귀인모형에서 합의성(consensus)이 높으면 행위자의 내적 요인에 귀인하지 않고 외적귀인한다고 설명하고 있으며 이를 정리하여 보면 다음과 같다.

구분	내용	고	저
특이성(distinctiveness)	다른 사건의 결과와 비교	외적귀속	내적귀속
합의성(consensus)	다른 사람의 결과와 비교	외적귀속	내적귀속
일관성(consistency)	다른 시점의 결과와 비교	내적귀속	외적귀속

④ 자존적 편견(self-serving bias)은 사건의 결과를 실패로 보지 않고 성공을 위한 학습으로 지각하여 실패를 행위자 자신의 탓으로 돌리려는 귀인오류가 아니라 성공 시 내적 귀속/실패 시 외적 귀속하는 귀속과정의 오류이다.
⑤ 켈리(Kelley)의 귀인모형에서 특이성(distinctiveness)이 높으면 행위자의 내적 요인에 귀인하지 않고 외적귀인하는 경향이 있다.

7 ③

해설

합의성이란 다른 사람과의 비교결과이고, 특이성이란 다른 사건과의 비교결과이고, 일관성이란 다른 시점과의 비교결과이다. 합의성이 낮고(다른 사람의 행동결과와 다른 결과가 나오고), 특이성이 낮고(내가 한 다른 사건의 결과와 일치하고), 일관성이 높으면 (내가 한 다른 시점의 결과와 일치하면) 내적으로 귀속하는 경향이 있다.

• Kelly 입방체이론

구분	내용	고	저
특이성	다른 사건의 결과와 비교	외적귀속	내적귀속
합의성	다른 사람의 결과와 비교	외적귀속	내적귀속
일관성	다른 시점의 결과와 비교	내적귀속	외적귀속

8 ②

해설
① 10명의 후보자가 평가위원과 일대일 최종 면접을 할 때 피평가자의 면접순서는 평가자의 최근효과 및 대비효과에 영향을 미칠 수 있으나, 중심화 경향 및 관대화 경향과 면접 순서는 관련이 없다.
③ 행위자 관찰자효과(actor observer effect)는 행위자 입장에서는 외적 귀속, 관찰자 입장에서는 행위자의 행동을 내적 귀속시키는 경향이 나타난다.
④ 제한된 합리성(bounded rationality) 하에서 개인은 최적의 대안(optimal solution)을 찾는 의사결정을 하기보다는 인지적 한계와 탐색비용 등을 고려하여 만족할 만한 수준의 대안을 찾는 의사결정을 한다.
⑤ 집단 사고(group think)는 응집력이 강한 대규모 집단에서 복잡한 의사결정을 할 때, 문제에 대한 토론이 진행되지 않은 상태에서 맹목적인 추종의 형태가 나타날 때 집단 내의 의견이 양극화되는 현상이다.

9 ③

해설
현혹효과란 하나의 평가기준에 의하여 다른 평가요소들이 영향을 받는 것으로 평가기준이 많아진다고 하여 현혹효과가 없어지는 것은 아니다. 현혹효과를 제거하기 위해서는 평가요소를 객관적인 사실과 연결시키는 기준을 만든다거나 평가요소들의 구체적인 기준을 정하는 방법이 효과적이다.

10 ①

해설
타인의 평가에 자신의 감정이나 경향을 투사시키는 오류는 투사의 오류라고 한다. 현혹효과란 특정부분의 평가가 다른 부분의 평가에 영향을 미치는 것을 의미한다.

11 ⑤

해설
① 주관의 객관화(projection)는 타인의 행동에 대한 원인을 자신의 특성이나 경험에 의하여 평가하는 경향을 의미한다.
② 자존적 편견(self-serving bias)은 개인의 자존욕구로 인하여 성공한 것은 자기 탓으로, 실패한 것은 외부의 탓으로 돌리려는 경향이다.
③ 나와의 유사성(similar to me)효과는 자기와 유사한 사람을 후하게 평가하는 경향을 의미한다.
④ 대비효과(contrast effect)는 시간적, 공간적으로 가까이 있는 대상과 비교하면서 평가하는 오류이다.

12 ④

해설
"내 상사가 이런 태도를 보이는 것은 이러이러한 가치관을 가졌기 때문이야"라고는 말할 수 있으나, 이가 역으로 성립하지는 않는다.

13 ④

해설
틀린 지문을 바로 잡으면 다음과 같다.
b. 직무만족은 직무를 활용한 전문가로서의 체계적인 경력개발을 의미한다. ⇒ 직무만족은 구성원이 본인이 맡은 해당 직무에서 느끼는 만족감을 의미한다. 즉, 조직구성원의 직무에 대한 태도 및 긍정적 감정상태를 의미하며, 직무에 대한 높고 낮음의 개인적 평가를 통해 나타난다.
d. 켈리(Kelly)가 제시한 귀인의 결정요인은 합의성(consensus), 특이성(distinctiveness), 책무성(accountability)이다. ⇒ 켈리(Kelly)는 책무성(accountability)이라는 개념을 언급하지는 않고 있으며, 합의성(consensus), 특이성(distinctiveness), 일관성(consistency) 측면에서 입방체(큐빅)이론/공변원리를 제시하였다.

14 ③

해설 3번지문의 경우 로키치의 가치관 유형분류관련 지문으로서 궁극적 가치가 아닌 수단적 가치에 대한 설명임. 개인차원의 조직행동분야에서 감정, 지각 및 가치관에 대한 질문으로서 조직행동 전반부에서의 기본 개념 문제임.

15 ①

해설 틀린 지문을 바로 잡으면 다음과 같다.

b. 사회적 태만(social loafing)은 집단으로 일할 때보다 개인으로 일할 때 노력을 덜 하는 현상을 의미한다. ⇒ 사회적 태만(social loafing)은 집단작업시 구성원 개개인이 자신의 노력을 최소화하려는 무임승차 현상에 기인한 행동을 의미함.

c. 제한된 합리성(bounded rationality)에서 사람들은 의사결정시 만족스러운 대안이 아닌 최적의 대안을 찾는다. ⇒ 제한된 합리성(bounded rationality)은 완전정보하에서의 최적해가 아닌 현실적인 제한된 정보 및 정보의 비대칭성 등의 요인으로 만족해 수준의 의사결정이 일어남을 보여준다.

e. 빅 파이브(big-five) 모델에서 정서적 안정성(emotional stability)은 사회적 관계 속에서 편안함을 느끼는 정도를 의미한다. ⇒ 정서적 안정성은 스트레스를 견디는 능력을 의미하며, 사회적 관계 속에서 편안함을 느끼는 정도는 친화성/조화성에 대한 설명임

16 ④

해설 임파워먼트의 4가지 구성 요인

의미감(Meaning) : 수행하고 있는 과업이 자신과 조직의 발전에 중요하다는 인식

능력/역량감(Competence) : 효율적으로 업무를 수행할 수 잇는 능력에 대한 인식

자기결정력(Self-determination) : 업무수행 방법과 시기를 자발적으로 결정한다는 인식

영향력(Impact) : 성과에 어느정도 결정적 기여를 했는지에 대한 인식

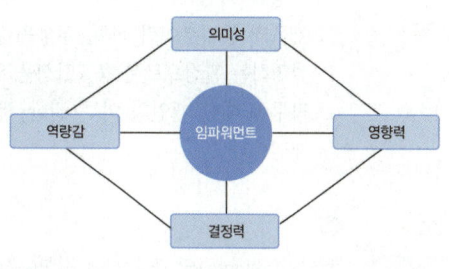

17 ②

해설 강화론적 관점에서 특정 행동에 뒤따르는 보상은 학습효과로 인해 그 이후 유사한 상황에서 그 행동의 발생 가능성을 억제하는 것이 아니라 지속시킨다.

18 ④

해설 조직에 남아 있는 이유가 생계, 경제적 가치를 위한 것일 때 나타내고 있는 것은 경제적 또는 지속적 몰입이다.

19 ②

해설 자존적 편견(self-serving bias)은 평가자가 자신의 자존심을 지키기 위하여, 자신이 실패했을 때는 자신의 외부적 요인에서 원인 을 찾고, 자신의 성공에 대해서는 내부적 요인에서 원인을 찾으려는 경향을 의미한다.

20 ①

해설 부적 강화(negative reinforcement)는 바람직한 행동의 빈도수를 증가시키기 위하여 부정적 강화물을 제거하는 방법이고, 정적 강화(positive reinforcement)는 바람직한 행동의 빈도수를 증가시키기 위하여 긍정적 강화물을 증가시키는 방법이다.

21 ①

해설 불쾌한 결과를 제거하여 바람직한 행위를 유도하는 방법은 소거가 아니라 부정적 강화(negative reinforcement)라고 한다.

22 ③

해설
① 직무불만족을 증가시키는 개인적 성향은 부정적 정서와 부정적 자기평가이다.
② 역할 모호성, 역할 갈등, 역할 과다를 경험한 사람들의 직무 만족도가 매우 낮게 나타난다.
④ 종업원과 상사 사이의 공유된 가치관은 직무만족과 조직 몰입을 높여준다.

23 ②

해설 틀린 지문을 설명하면 다음과 같다.
b. 행동을 일정한 방향으로 작동시키는 내적 심리 상태는 욕구가 아니라 동기이다. 욕구란 어떤 개인이 특정한 시점에서 경험하게되는 어떤 가치에 대한 결핍으로서 행태반응의 방아쇠 혹은 활력제이다. 아울러 동기부여란 목표 달성을 위한 개인의 노력의 강도, 방향으로서 행동으로서 행동의 지속성을 설명하는 관점으로서 목표달성을 위하여 인간의 행동을 각성, 방향 지시 및 유지하는 일련의 과정이다.
d. 직무에 대한 개인의 의무·권한·책임이 명료하지 않은 지각상태는 역할갈등이 아니라 역할 모호성의 개념이다.

24 ②

해설 스키너(Skinner)의 조작적 조건화(operant conditioning)에 의하면 학습은 단순히 자극에 대한 조건적 반응에 의해 이루어지는 것이 아니라 반응행동으로부터의 바람직한 결과를 작동시킴에 따라서 이루어진다. 즉, 반응에 대한 결과 예상에 따른 효과법칙에 의해 강화된다고 봄.
① 브룸(Vroom)의 기대이론(expectancy theory)은 개인과 개인 또는 개인과 조직 간의 교환관계에 초점을 둔 이론이 아니며 교환관계에 기초한 이론은 아담스의 공정성이론임.
③ 성장욕구는 가장 상위위치를 점하는 욕구로서, 다른 사람들로부터 인정이나 존경을 받고 싶어 하는 심리적 상태를 말하고 있는 이론은 매슬로우의 이론이 아니라 알더퍼의 ERG이론임.
④ 맥그리거(McGregor)의 'X형·Y형이론'에 의하면 관리자가 부하를 신뢰하지 않고 철저히 관리해야 한다고 보는 관점은 Y형의 인간관이 아니라 X형 인간관임.
⑤ 암묵지(tacit knowledge)는 개인이 체화하여 가지고 있으며 말로 하나하나 설명할 수 없는 내면의 비밀스러운 지식을 의미하고, 형식지(explicit knowledge)는 전달과 설명이 가능하며 적절히 표현되고 정리된 지식을 의미한다.

25 ⑤

해설 모두 옳은 설명이다.

26 ②
해설 리더 혼자 주제를 알고 회의하는 것은 고든법인데 이 방법은 장시간 동안 충분히 자유롭게 토론을 하게 하는 방법이다.

27 ①
해설
b. 좌절 – 퇴행요소가 있는 것은 알더퍼의 ERG이론이다.
c. 매슬로우가 주장하는 욕구단계는 생리적 욕구 – 안전욕구 – 사회적 욕구 – 존경욕구 – 자아실현욕구의 순서로 단계가 나누어진다.
d. 위생요인과 동기요인의 구분은 허즈버그의 이론이다.
e. 맥클리랜드가 매슬로우의 5가지 욕구 중 고차욕구인 사회적 욕구, 존경욕구, 자아실현의 욕구에 집중하여 연구하였다.

28 ②
해설 하위 욕구가 먼저 충족이 되어야 상위 욕구가 행위에 영향을 미친다는 것은 매슬로우의 가정인 반면 알더퍼는 한번에 여러 가지의 욕구가 나올 수 있다고 보았다.

29 ③
해설 허츠버그(F. Hertzberg)가 제시한 이요인(two-factor)이론에서 임금은 위생요인에 해당한다고 볼 수 있음.
① 좋은 성과를 낸 종업원을 표창한다. → 성과달성 및 인정감: 동기요인
② 종업원이 하고 있는 업무가 매우 중요함을 강조한다. → 업무의 중요성 및 이로 인한 책임감: 동기요인
④ 좋은 성과를 낸 종업원을 승진시킨다. → 승진: 동기요인
⑤ 좋은 성과를 낸 종업원에게 자기 계발의 기회를 제공한다. → 성장: 동기요인

30 ②
해설 X이론적 관점에서의 가정 및 동기부여방식임.

31 ②
해설 허쯔버그(Herzberg)의 이요인이론(two factor theory)에 의하면, 임금 및 작업환경은 동기요인이 아닌 위생요인으로 이를 높여 주거나 개선하는 것으로는 종업원의 만족도를 높일 수 없다고 보고 있다.
① 브룸(Vroom)의 기대이론(expectancy theory)에 의하면, 수단성(instrumentality)이란 규정된 성과를 달성했을 경우 보상을 받을 것이라는 기대감의 정도를 의미하며, 종업원이 선호하는 보상 수단을 조사함으로써 보상에 대해 느끼는 매력 정도를 높여주면 수단성(instrumentality)이 아니라 유의성(valence)이 높아진다.
③ 브룸의 기대이론에서 기대(expectancy)는 노력했을 때 성과가 나타날 수 있는 객관적 확률이 아니라 노력하면 규정된 성과를 달성할 수 있으리라는 개인의 주관적 확신 정도를 의미한다.
④ 브룸의 기대이론은 노력, 성과, 보상 사이의 관계를 연구한 이론으로서 연공서열 등에 따른 연공급제도가 아니라 성과에 따른 성과급 지급과 관련된 이론이라고 할 수 있다.
⑤ 아담스(Adams)의 공정성 이론(equity theory)에 의하면, 과대보상을 받았든 과소 보상을 받았든 두 경우 다 조직 내의 비교과 정을 통해 불공정 지각이 발생하고 이러한 불공정성을 인식하기 때문에 행동의 변화가 나타난다고 보고 있다.

32 ④

해설 직무특성모형의 다섯 가지 핵심직무 특성은 기능의 다양성, 과업의 중요성, 과업의 자율성, 정체성 및 결과의 피드백이다. 이 중 과업의 정체성이란 직무가 요구하는 전체로서의 완결 정도를 의미하는 것으로 전체 직무 중에서 과업이 차지하는 범위의 정도를 의미한다. 통상 과업의 정체성이 높으면 직무를 보다 의미있는 것으로 인식하게 된다.

33 ①

해설 과업정체성(task identity)이란 과업의 완결성으로서 직무가 전체 작업에서 차지하고 있는 범위의 정도를 의미한다.

* 직무특성이론(Hackman & Oldham) 개관
    - 직무특성이 종업원의 동기부여나 직무만족에 관련을 갖도록 직무특성을 재설계하려는 이론
    - 직무의 성과는 중요심리상태에서 얻어지며 중요심리상태는 핵심직무특성에서 만들어진다는 가정에 근거
    - 직무 충실화의 문제점을 보완(직무 충실화 + 개인차를 고려)

34 ③

해설 성장 욕구 및 성취 욕구가 높은 구성원에게 도전적인 목표를 제시함으로써, 직무수행자가 해당 직무에서의 성취감을 경험하게 한다.

35 ⑤

해설 포터와 로울러의 기대이론이 기존의 "만족 ⇒ 성과" 가설에서 "성과 ⇒ 만족" 가설로 제시하였다.

36 ③

해설 브룸의 기대이론과 관련된 설명이다.

37 ④

해설 기대이론에 의하면 종업원에 따라 보상의 선호도가 달라질 수 있으므로 종업원이 선호하는(유의성이 높은) 보상을 지급하고, 성과에 따라 보상이 지급되고 유의성과 수단성이 높으면 동기부여가 높아지게 된다. ⑤는 목표설정이론의 내용이다.

38 ③

해설 기대감이란 노력이 투입될 때 성과가 달성될 수 있는지 여부에 대한 주관적인 기대치이다.

39 ④

해설 봉급, 작업조건 등은 위생요인에 해당한다.

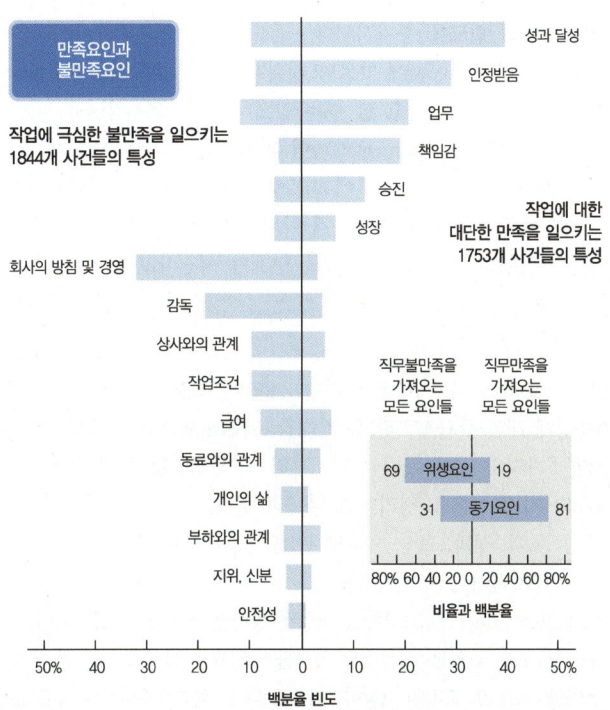

40 ②

해설 사례는 분배공정성 상에서의 인지부조화에 따른 불공정성 인식으로 산출의 변경을 요구하는 상황이므로 아담스의 공정성이론으로 보는게 타당함.

41 ③

해설
① 목표설정이론에 따르면 구체적이고 계량화된 목표로 수용가능하고 구성원이 참여한 목표이며 조금 어려운 목표로서 성취감을 가질 수 있는 목표여야 구성원들의 동기부여에 더 효과적이며 feed back 을 통해 이를 증가시킬 수 있다.
② 아담스의 공정성 이론의 경우 분배 공정성에 대해서만 연구되었고 이후 추가연구들을 통해 절차 공정성, 상호작용 공정성 등이 연구되었다.
④ 알더퍼(Alderfer)가 제시한 ERG 이론에 따르면 한 욕구의 충족을 위해 이를 계속 시도하기보다는 좌절 퇴행의 작용이 일어난다고 봄
⑤ 현대적 직무설계이론들은 전통적 방식의 직무설계에서 언급하는 분업화를 통한 전문화보다는 확대를 통한 다양성을 추구하며, 대표적인 이론인 핵크만(Hackman)과 올드햄(Oldham)의 직무특성모형(job characteristics model)에 의하면, 다양한 기능을 사용하는 기술 또는 기능의 다양성, 직무 또는 과업의 정체성과 직무의 중요성, 자율성과 feed back의 핵심직무특성을 통해 이론을 설명하고 있다.

42 ⑤

해설
① 허쯔버그(Herzberg)의 2요인이론(two factor theory)에서 급여는 위생요인에 해당하며, 권한의 확대는 동기요인에 해당한다.
② 강화이론(reinforcement theory)에서 벌(punishment)과 소거(extinction)는 바람직하지 못한 행동의 빈

도를 감소시키지만, 긍정적 강화(positive reinforcement)와 부정적 강화(negative reinforcement)는 바람직한 행동의 빈도를 증가시킨다.
③ 브룸(Vroom)의 기대이론에 따르면 행위자의 자기 효능감(self efficacy)이 클수록 과업성취에 대한 기대(expectancy)가 커진다고 할 수는 있으나, 자기 효능감(self efficacy)이 높다고하여 보상의 유의성(valence)과 수단성(instrumentality)이 커진다고 보기는 어렵다.
④ 매슬로우(Maslow)의 욕구이론에 따르면 생리 욕구-친교 욕구-안전 욕구-성장 욕구-자아실현 욕구의 순서로 욕구가 충 족되는게 아니라 생리-안전-사회-존경-자아실현 욕구의 순으로 단계별 만족-진행의 형태로 욕구 충족 단계가 생긴다고 보고 있다.

43 ②

해설

기대이론(Expectancy Theory)에 의하면, 개인이 특정한 성과를 달성했을 때 최종적인 보상을 받을 수 있는 가능성에 대한 주관적 믿음을 기대감(expectancy)이 아니라 수단성(instrumentality)이라고 하며, 이는 '0'부터 '1'까지의 값이 아니라 '-1'부터 '1'까지의 값을 가진다.

※ Vroom의 기대 이론을 정리하면 다음과 같다.
- 특징: 노력, 성과, 보상 사이의 관계를 연구: 개인의 노력 → 개인의 성과(1차결과) → 조직 보상(2차결과) → 개인목표
- 기대감(expectancy): 노력하면 규정된 성과를 달성할 수 있으리라는 개인의 주관적 확신 정도(0 ~ 1.0)
- 수단성(instrumentality): 규정된 성과를 달성했을 경우 보상을 받을 것이라는 기대감의 정도(-1.0 ~ 1.0)
- 유의성(valence): 조직의 보상이 개임목표나 욕구를 충족시키는 정도, 보상에 대해 느끼는 매력 정도(+/-)
- 곱셈모형(유의성, 수단성, 기대감을 모두 극대화)

① 허쯔버그(Herzberg)의 2요인이론(Two Factor Theory)에 의하면, 회사의 정책, 작업조건, 급여 등의 경우는 위생요인(불만요인)에 해당함으로 요건이 충족되어도 만족도가 증가하지는 않으며, 만족에 영향, 성취감, 책임감, 인정, 직무의 내용과 관련된 것은 동기요인(만족요인)이며, 이러한 동기요인이 종업원 만족을 가져오고 동기 유발하므로 관리자는 직무내용을 개선 향상시키는 데 주의하여야 한다.
③ 공정성 이론(Equity Theory)에 의하면, 과다보상을 받았다고 또는 과소보상을 받았을 경우 불공정 인식을 하게 되며, 불공정 인식을 하였을 경우 투입의 변경, 산출의 변경, 투입-산출의 인지적 왜곡, 비교대상에 영향력 행사, 비교대상의 변경, 조직이탈 등을 할 수 있다.
④ 핵크만(Hackman)과 올드햄(Oldham)의 직무특성이론(Job Characteristics Theory)에 의하면, 직무의 자율성이 '0'의 값을 가지면, $\frac{기능의\ 다양성 + 과업의\ 정체성 + 과업의\ 중요성}{3} \times 자율성 \times Feed\ Back$ 으로 계산되는 잠재적 동기지수(MPS: Motivating Potential Score)는 '0'의 값을 가진다.
⑤ 목표설정이론(Goal Setting Theory)은 설정된 목표가 행위에 영향을 미치는 인지적 과정 이해하고 있으며 이러한 설정 모표에 대한 달성 의도가 동기부여의 원천으로 보고 있다. 아울러 목표의 특성과 종류뿐만 아니라 상황적 요인에 따라서도 성과가 달라질 수 있다고 본 이론이다.

44 ②

해설

강화이론(reinforcement theory)에서 강화는 바람직한 행동을 지속하도록 만드는 것을 의미하며, 강화에는 긍정적 강화물을 제공하여 이전의 행동이나 원하는 행동을 증가시키는 것을 의미하는 긍정적인 강화(positive reinforcement)와 적극적 강화, 그리고 바람직한 행동을 보일 경우에 부정적 강화물을 제거함으로써 바람직한 행동을 계속 유도하는 부정적인 강화(negative reinforcement)와 소극적 강화가 있다.

45 ④

해설 스키너의 작동적(조작적) 조건화는 보상이나 처벌이라는 경험에 의한 자극과 반응의 관계를 파악하고 있는 행태론적 학습이론으로서 반응과 이에 따른 결과의 예상이 행동의 변화를 가져온다는 이론임. 과거의 부정적 결과를 제거함으로써 긍정적인 행동의 확률을 높이는 것은 학습이론 중 강화에 대한 설명이며, 소거는 긍정적 보상의 제거를 통해 바람직하지 않은 행동의 감소를 도모하는 것임. 아울러 스키너는 이러한 강화 중 적극적(긍정적) 강화와 소거를 동시에 사용할 경우 그 효과가 크다고 강조함.

46 ④

해설
① 브룸의 기대이론(expectancy theory)에서 기대감이란 구성원의 노력이 성과를 달성할 수 있을지에 대한 주관적 믿음의 정도이다.
② 아담스(Adams)의 공정성 이론(equity theory)은 분배적 측면에서의 과소보상과 과대보상이라는 불공정 인식 차원의 공정성 만을 고려하고 있다는 문제점이 있다.
③ 허쯔버그(Herzberg)의 2요인이론에서 임금, 작업환경, 근로조건, 칭찬, 인정 등은 동기요인이 아니라 위생요인에 해당한다.
⑤ 동기부여이론을 크게 내용이론(content theory)과 과정이론(process theory)으로 분류할 때 직무특성이론, ERG 이론, 내재적 동기이론은 내용이론에 해당하며, 과정이론에는 브룸(Vroom)의 기대이론, 아담스(Adams)의 공정성 이론, 포터와 로울러(Porter & Lawler)의 수정기대이론, 로크(Locke)의 목표설정이론, 데시(Deci)의 인지적 평가이론(내적 동기이론) 등이 속한다.

47 ②

해설 허쯔버그(Herzberg)는 성취감은 동기요인으로, 급여는 위생요인으로 분류하였다.

48 ①

해설 Y이론적 관점에 따르면 직원은 자율적이며, 자발적 성향이 강하고, 긍정적 강화에 의해 동기부여가 된다.

49 ②

해설
① 아담스(Adams)의 공정성이론(equity theory)은 분배적 공정성에 대한 연구임. 추후 많은 연구들에 의해 공정성이론을 이론을 확대 발전시켜 나간 개념이 절차적 공정성과 상호작용적 공정성임.
③ 브룸(Vroom)의 기대이론에서 수단성(instrumentality)이 높다고 해서 꼭 보상의 유의성(valence)도 커진다고 단정할 수는 없다.
④ 인지적 평가이론(cognitive evaluation theory)에 따르면 내재적 보상에 의해 동기부여가 된 사람에게 외재적 보상을 주면 내재적 동기부여는 감소한다.
⑤ 허쯔버그(Herzberg)의 2요인이론(two factor theory)에서 동기요인은 만족을 증대시키고 위생요인은 불만족을 감소시킨다.

50 ④

해설
① 조직몰입(organizational commitment)에서 지속적 몰입(continuance commitment)은 조직구성원으로서 가져야 할 의무감에 기반한 몰입이 아니라 경제적 몰입이라고도 하며, 이직의 불안 등과 같은 이유에서 나타나는 몰입이다.
② 정적 강화(positive reinforcement)에서 강화가 중단될 때, 고정비율법에 따라 강화된 행동이 변동비율

법에 따라 강화된 행동보다 빨리 사라진다.

③ 감정지능(emotional intelligence)이 높을수록 조직몰입은 증가하고 감정노동(emotional labor)을 요구하는 업무에서 그 성과를 증가시키는 효과가 있을 수 있다. 감정소진(emotional burnout)은 감소할 가능성이 있다.

보충 감정지능(EI)은 자신이나 타인의 감정을 인지하는 개인의 능력을 나타내는 용어로서, 감정지능은 자신과 타인의 감정을 잘 통제하고 여러 종류의 감정들을 잘 변별하여 이것을 토대로 자신의 사고와 행동을 방향 지을 근거를 도출해 내는 능력이다. 높은 감정지능을 갖춘 사람은 더 정신건강 상태가 좋고, 더 나은 업무 수행과 더 강한 리더십 기술을 갖고 있음을 보여주고 있는데, 감정지능은 리더가 우월한 성과를 내기 위해 필요하다고 여겨지는 능력의 67%를 차지한다. 그리고 기술적 전문지식이나 IQ보다 두 배 더 중요하다고 강조하고 있다.

Daniel Goleman은 감정지능을 리더십 행동을 이끌어내는 기술과 특성의 집합이라고 정의한다. Goleman의 모델은 다섯 가지의 주요 감정지능 구조를 설명한다.(Daniel Goleman, "What Makes A Leader" best of Harvard Business Review 1998)

- 자기인식: 자신의 감정, 강점, 약점, 충동, 가치관과 목표를 아는 것과 직감을 이용해 결정을 할 때 타인에게 미치는 영향을 인식하는 것이다.
- 자기조절/감정조절: 자신의 파괴적 감정과 충동을 조절하고 가라앉히는 것과 변화하는 상황에 적응하는 것을 포함한다.
- 사회적/대인관계 기술: 사람을 올바른 방향으로 이끌어 관계를 유지할 수 있는지를 말한다.
- 감정이입: 결정을 할 때 타인의 감정을 고려하는 것을 말한다.
- 동기화/자기동기부여: 성과를 위해 성취하도록 이끌려지는지를 의미한다.

⑤ 조직시민행동(organizational citizenship behavior)은 신사적 행동(sportsmanship), 예의바른 행동(courtesy), 이타적 행동(altruism), 전문가적 행동(professionalism)의 네 요소로 구성되는게 아니라 이타적 행동/이타주의(altruism), 예의바른 행동(courtesy), 성실함(conscientiousness), 시민의식(civic virtue), 그리고 신사적 행동/스포츠맨쉽(sportsmanship)이라는 다섯 개의 요인으로 구분된다.

보충 조직시민행동의 구성요인에 대해 다양하게 제시하지만 일반적으로 인디애나대학교 오르간(Organ) 교수가 1988년에 발표한 분류가 가장 대표적으로 쓰인다. Organ교수에 의하면 조직시민행동은 이타적 행동/이타주의(altruism), 예의바른 행동(courtesy), 성실함(conscientiousness), 시민의식(civic virtue), 그리고 신사적 행동/스포츠맨쉽(sportsmanship)이라는 다섯 개의 요인으로 구분된다.

- 이타적 행동/이타주의(altruism): 보상을 바라지 않고 다른 구성원을 도와주려는 친사회적인 행동을 말한다. (예 결근한 동료의 빈자리를 대신하는 행동)
- 예의바른 행동(courtesy): 자기로 인해 다른 조직구성원이 피해보지 않게 하는 사려깊은 행동을 말한다. (예 업무를 방해하지 않는 행동)
- 성실함(conscientiousness): 조직이 요구하는 수준 이상의 역할을 수행하는 행동을 말한다. (예 부지런하고 시간을 낭비하지 않는 행동)
- 시민의식(civic virtue): 조직의 이익을 위해서 책임의식을 갖고 솔선수범하는 행동을 말한다. (예 조직 변화활동에 자발적으로 참여하는 행동)
- 신사적 행동/스포츠맨쉽(sportsmanship): 조직에 대한 비난을 삼가고 조직 차원의 의사결정이나 정책을 받아들이는 행동을 말한다. (예 상사에 대해 불평하거나 욕하지 않음)

위 다섯 가지 요인은 크게 두 가지로 나뉘기도 하는데, 이타주의와 예의는 사람을 대상으로 한다는 점에서 'OCBI(OCB for individual)'로 지칭되며, 나머지 세 개의 요인인 성실함, 시민의식, 스포츠맨쉽은 조직을 대상으로 한다는 점에서 'OCBO(OCB for organization, OCB)'로 분류된다.

51 ②

해설 위생요인인 불만족요인으로서 적정수준의 관리가 필요한 부분으로서 이 부분으로는 동기부여가 되지 않으며, 만족요인인 동기요인에 대한 관리와 지원을 통해서 동기부여가 된다.

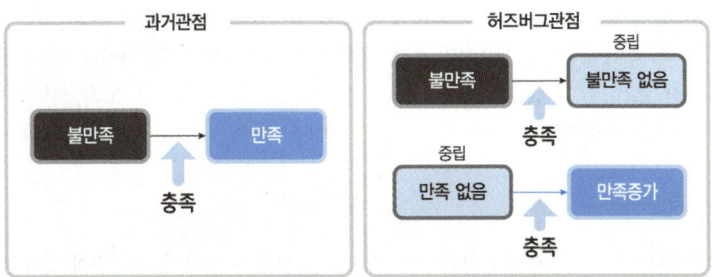

52 ①

해설 브룸(Vroom)은 기대이론(expectancy theory)을 통해 노력, 성과, 보상 사이의 관계를 연구하였으며 이를 통해 '개인의 노력 → 개인의 성과(1차결과) → 조직 보상(2차결과)'의 프로세스로 동기부여의 과정이론을 설명하였다. 해당 프로세스를 개관하면 다음과 같다.

- 기대감(expectancy) : 노력하면 규정된 성과를 달성할 수 있으리라는 개인의 주관적 확신 정도(0 ~ 1.0)
- 수단성(instrumentality) : 규정된 성과를 달성했을 경우 보상을 받을 것이라는 기대감의 정도(-1.0 ~ 1.0)
- 유의성(valence) : 조직의 보상이 개인목표나 욕구를 충족시키는 정도, 보상에 대해 느끼는 매력 정도 (+ / -)

53 ①

해설 의미감(=의미충만)에 영향을 미치는 핵심 직무특성은 기술의 다양성, 과업의 정체성, 과업의 중요성이며, 자율성은 책임감, 피드백은 지식과 경험을 느끼게 하여 준다.

54 ①

해설 알더퍼(C. Alderfer)의 ERG이론은 인간의 욕구를 존재-관계-성장욕구로 구분하였다. 아울러 친교욕구, 권력욕구, 성취욕구로 구분한 것은 맥클리랜드의 성취-동기이론이다.

55 ④

해설 인지평가이론(cognitive evaluation theory)에서는 어떤 직무에 대하여 내재적 동기가 유발되어 있는 경우 외적 보상이 주어지면 내재적 동기가 강화되는 것이 아니라 감소한다. 즉, 내적 동기와 외적 동기는 서로 상쇄 관계에 있다고 볼 수 있다.

56 ③

해설 허쯔버그(Herzberg)의 2요인 이론(two-factor theory)에서 봉급, 작업조건, 감독, 상급자와의 관계 등은 동기요인(motivator)이 아니라 위생요인에 해당하며, 이러한 위생요인(hygiene factor)이 충족되더라도 구성원을 동기화시키지 못하며, 성과 향상을 위해서는 동기요인을 충족시켜야 한다고 주장한다.

57 ③

해설 b, c 만 맞는 설명임. b지문의 경우 비교대상의 변경은 투입의 변겨ㅇ 산출의 변경 투입-산출의 인지적 왜곡 해소 및 조직이탈 등과 같이 불공정 인식하에서의 태도 변화 형태임. 또한 c지문의 경우 명목집단법은 진행자(리더)의 전문성 하에서 무기;명 서면의견개진으로서 토론 등은 하지 않으며 리더의 취합 정리 후 투표에 부치는 방식임(투표 붙이기 전에 간단한 의견개진은 할 수 있으나 매우 제한적임.) 아울러 보기 a는 X이론이 아니라 Y이론적 인간에 대한설명이며, 보기 d는 과정의 공정성은 절차공정성과 관련된 개념임.

58 ②

해설 맥클리랜드(McClelland)의 성취-동기이론에서, 개인이 다른 사람들에게 영향력을 행사하여 그들을 통제하고 싶은 욕구는 성취욕구(need for achievement)가 아니라 권력욕구에 해당한다고 보아야 함.

CHAPTER 2 : 집단차원의 조직행동

개념정리문제

1 ⑤

해설 ⑤ 협상을 제외하고는 개인 차원의 변수임

2 ②

해설
① grapevine은 비공식적 집단의 의사소통 네트워크이다.
③ 공식집단에 과업집단과 명령집단이 여기에 속하며, 이익집단은 우호집단과 함께 비공식적 집단의 유형으로 볼 수 있다.
④ 공식적 집단은 구체적인 과업이나 목적을 달성하기 위하여 조직에 의해 의도적으로 형성된 집단인 반면 비공식집단은 조직에 의해 의도적으로 형성된 것이 아니라 구성원들의 욕구충족의 방편으로 공동의 관심사나 친목 등의 도모를 위하여 자연발생적으로 형성된 집단이다.

3 ③

해설 공통된 리더십이라기 보다는 집단이 처한 여러 요인들 및 집단의 목적과 특징에 따라 상이한 리더십을 보여준다.

보충
1) 작업집단 (work group) : 각자의 책임영역 내에 있는 일을 수행하는데 서로 도움이 되는 정보를 공유하고 의사 결정하는 상호작용 집단
2) 작업팀 (work team) : 협력을 통해 긍정적 시너지 창출

4 ②

해설 집단 응집성과 조직 성과와의 관계를 살펴보면 다음과 같다.

구 분		응집성	
		고	저
목표	일치	성과 ↑↑	성과 ↑
	불일치	성과 ↓↓	성과 ↓

〈집단응집성과 성과의 관계〉
• 집단의 목표가 조직 목표와 일치하는 경우 응집력이 높은 것이 성과와 연결
• 집단의 목표가 조직 목표와 일치하지 않을 경우 응집력이 높은 것이 오히려 역기능을 발휘하게 됨

5 ①

해설 소시오 매트릭(sociometric)라고도 하며 구성원 간의 好/不好의 사회적 관계를 기초로 하여 집단 내지 동료의 내부구조를 측정하기 위한 이론과 기술이며 집단을 분석하는 도구

6 ②

해설 커뮤니케이션은 두 개 이상의 다른 요소 사이의 상호작용을 의미하는데, 메시지로 표현된 의사소통은 송신자에게서 수신자에게 로 전달된다. 이러한 커뮤니케이션 과정이란 송신자에게서 메시지가 상징적인 기호의 형태로 기호화(encoding)되어 매체(channel)에 의해 수신자에게 전달되고 수신자는 기호화된 원래의 메시지를 자신에게 주는 특정 의미로 해석/해독(decoding)하는 과정을 거친다.

7 ①

해설 '비공식적 커뮤니케이션 네트워크(informal communication network)'란 자생적이고 비계획적이며 대부분 소문의 형태를 띠는 커뮤니케이션 형태이다. 사람들은 여러 가지 필요에 의해 직종과 계층을 넘어서 인간적 유대를 갖고 커뮤니케이션을 유지하려 하는데 이러한 비공식적 커뮤니케이션 네트워크를 흔히 '그레이프바인(grapevine)'이라고도 한다. 이러한 비공식적 커뮤니케이션 네트워크의 형태를 분류하여 보면 다음과 같다.
- 일방형: 구성원들 사이의 단선적 통로를 통한 정보전달이 이루어지는 형태
- 잡담형: 한 사람이 나머지 사람 모두에게 정보를 전달하는 형태
- 군집형: 정보를 전달해야 할 사람에게만 선택적으로 전달되는 형태
- 확률형: 의사소통이 의도적·선택적이 아니라 확률적·무작위적으로 전달되는 형태

* 참고로 문제의 보기의 내용들은 공식적 조직의 커뮤니케이션 방향들로서 다음과 같이 정리할 수 있다.

유형		특징
수직적 커뮤니케이션	상향적 커뮤니케이션	• 메시지나 부하로부터 상사에게 전달되는 커뮤니케이션 • 하급자 주도형 • 성과보고, 제안제도 등
	하향적 커뮤니케이션	• 조직의 위계 또는 명령계통에 따라서 상사가 부하에 전달하는 커뮤니케이션 • 지시적 의사소통 • 방침, 명령, 지시, 성과표준 등
수평적 커뮤니케이션	횡적 커뮤니케이션	• 조직에서 위계수준이 같은 구성원이나 부서 간의 커뮤니케이션 • 회의, 위원회제도 등
대각적 커뮤니케이션		• 조직구조상 동일한 계층에 속하지 않으며, 또한 동일한 명령계층에도 속하지 않는 하부단위 간의 커뮤니케이션 • 라인(line) 부문과 스태프(staff) 부문간, 동태적 조직의 커뮤니케이션

8 ⑤

해설 소집단의 커뮤니케이션 모형과 효율성 비교

구분	쇠사슬형	수레바퀴형	Y형	원형	완전연결형
권한의 집중도	높음	중간	중간	낮음	매우 낮음
구성원의 만족도	낮음*	낮음*	낮음*	높음	높음
결정의 수용도	낮음	중간	중간	높음	높음

* 중심인물 제외한 구성원의 만족도임/비공식적 조직의 의사소통 유형: 그레이프바인(grapevine)

9 ④

해설 ① 가장 이상적인 형태는 완전연결형이다.
② 만족도가 낮은 편에 속하는 것은 쇠사슬형, 수레바퀴형이며 완전연결형은 만족도가 높다.
③ 공식적 작업집단에 맞는 것은 수레바퀴형이다.
⑤ 완전연결형은 의사소통 속도가 빠른 편이다.

10 ④

해설 사슬형 또는 쇠사슬형의 경우 전통적 군대식 조직으로서 구성원의 만족도가 가장 낮은 형태를 보인다.

11 ③

해설 수레바퀴형의 경우 모든 집단의 커뮤니케이션을 위한 연결 통로로서 역할을 하기 위해 특정 중심인물에 의존도가 높다.

12 ④

해설 완전연결형은 비공식적 작용에 적용되는 경우가 많으며 권한집중이 매우 낮다.

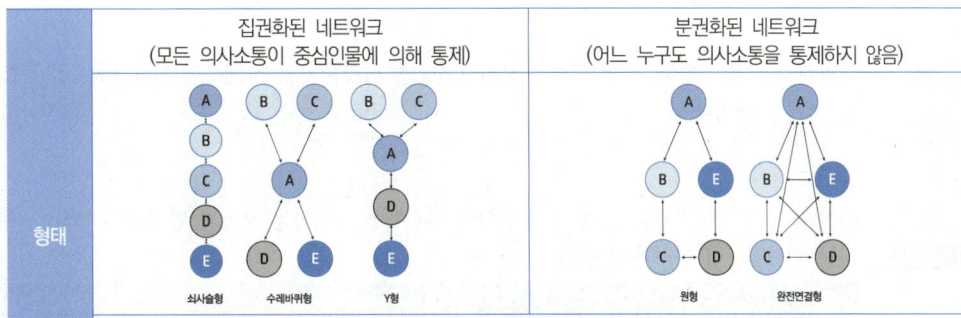

- 체인형(쇠사슬형): 공식적인 명령계통에 따라 아래로만 흐르는 조직
- 수레바퀴형: 공장종업원들이 한 사람의 감독자에게 보고하는 작업집단
- Y형: 라인과 스태프의 혼합 조직
- 원형: 태스크 포스, 위원회
- 완전연결형: 그레이프 바인과 같은 비공식적 의사소통의 네트워크

13 ①

해설 완전연결형은 권한 집중이 매우 낮은 편에 속하며 주로 비공식적인 곳에 많이 적용된다.
② 수레바퀴형은 주로 공식적 작업에 적용되며 권한의 수용도는 중간인 편에 속한다.
③ 완전연결형은 의사소통 속도가 빠르며 만족도가 높다.
④ 쇠사슬형은 의사결정의 수용도와 구성원의 만족도가 낮은 편이다.

14 ④

해설 의사소통의 증대방법
1. 고충처리제도: 조직구성원의 개인적인 애로 사항이나 근무 조건 등에 대한 불만을 처리·해결해 주는 절차를 말한다. 고충처리제도 인사상담·제안제도·소청제도 등과 같이 공무원의 권익을 보호하고 신분 보장을 강화하기 위한 제도이다.
2. 민원조사원제도: 책임 있는 언론을 실현하기 위한 언론의 자율규제제도로 불만, 불편등 각종 민원을 중립적으로 처리하고 행정을 감시하는 방법이다.
3. 문호개방정책(open-door policy): 상위경영자와 특정 문제에 대해서 자유롭게 대화할 기회를 보장하는 것을 말한다.

15 ②

해설 합리적 의사결정 모형에 따르면 의사결정자는 완벽한 정보를 가지고 있으며, 이슈와 관련한 모든 대안을 검토할 수 있고, 그 중 가장 효용이 높은 대안을 선택한다고 한다.
그러나 ②번 지문은 만족해로서의 의사결정으로 제한된 합리성하의 모형이다.

합리적 경제인 모형(이상적 의사결정자)	관리인 모형(현실적 의사결정자)
• 이상적 의사결정자 • 최적해 추구 • 완전정보·완전대안 • 일관된 선호체계·무제한적 효과 계산 가능 • 경제인 모형 • 정형화된 문제 해결	• 현실적 의사결정자 • 만족해 추구 • 정보수집비용 발생 • 관리인 모형 • 비정형화된 문제 해결

16 ⑤
해설 개방적 분위기를 형성하려는 압력은 오히려 창의성 상황을 만들어 낼 수 있으며, 이는 집단사고의 증상으로 보기는 어렵다.

17 ⑤
해설 최선은 아니지만 다수결 등의 논리에 따라 차선책을 채택하는 오류가 발생할 가능성이 매우 크다.

보충 집단 의사결정의 이익과 손실

이익	손실
① 구성원으로부터 다양한 정보를 얻을 수 있다. ② 다각도로 문제에 접근할 수 있다. ③ 구성원의 합의에 의한 것이므로 수용도와 응집력이 높아진다. ④ 의사결정에 참여한 구성원들의 교육효과가 높게 나타난다.	① 집단 내 정치적 힘이 작용한다. ② 의사결정 시간이 지연된다. ③ 서로의 의견에 비판 없이 동의하는 경향이 있다. ④ 차선책을 채택하는 오류를 범한다. ⑤ 집단사고의 함정에 빠질 수 있다.

18 ①
해설 10명 내외의 소수집단에서 행하여지는 비판없는 자유토론으로서, 정보의 질보다는 양을 추구하는 기법이 브레인 스토밍(brainstorming)이다.

참고 ⑤ 프리모텀법(premortem): 2000년대부터 하버드대 비즈니스스쿨 등에서 널리 사용되어온 편향 극복 기법이다. '포스트모텀(Postmortem)'이라는 의학 용어에서 힌트를 얻은 말로, 직역하면 '사전 부검'을 지칭하는 용어이지만 기업관리와 관련하여 '실패를 전제로 의사 결정을 내리는 것'을 의미한다. 굳이 자신의 직업 선택이 실패한 미래를 머릿속에 떠올려 편향의 영향을 한계까지 줄이는 테크닉이라고 볼 수 있다.

19 ④
해설 전략적 의사결정은 분권적이라기보다는 최고경영층에 의한 집권적 의사결정이라고 볼 수 있다.

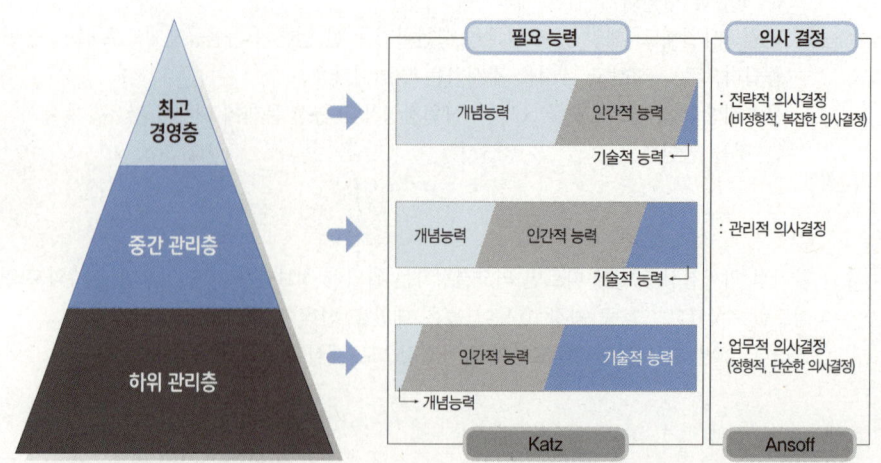

20 ①

해설 전문가 그룹을 두 그룹으로 나누어 진행되는 경우는 지명 반론자법에 주로 해당한다고 볼 수 있다. 델파이법은 특정한 문제에 대해서 익명의 다수 전문가들에게 우편으로 독립적인 의견들을 취합하여 다시 전문가들에게 재 배부한 후 전문가들이 다른 사람의 의견을 읽고 자신의 의견을 재개진하도록 한 후 다시 취합하는 과정을 의견 통일 시까지 반복하는 창의성 개발 방법의 일종이다. 한 번에 여러 가지 문제를 해결할 수 있고, 의사결정 및 의견개진 과정에서 타인의 압력을 배제할 수 있으며 전문가들의 의견 통일이 이루어진다는 점에서 미래의 불확실성에 대한 의사결정에 있어서 전문적인 의견을 반영할 수 있고 장기예측에 좋은 방법이라는 장점이 있으나, 시간과 비용이 많이 소요된다는 단점이 있다.

21 ①

해설 집단 간 갈등의 원인을 정리하여 보면 다음과 같다.
- 작업흐름의 상호 의존성: 한 개인이나 집단의 과업이 다른 개인이나 집단의 성과에 의해 좌우될 때
- 불균형: 개인이나 집단과, 권력, 가치, 지위 등에 있어서 차이가 있을 때
- 영역모호성: 한 부서나 개인이 역할을 수행함에 있어 방향이 분명치 못하고 목표나 과업이 명료하지 못할 때
- 자원부족

그러나 ①의 집단응집성은 집단의 내부적 결속력이 강화되는 것으로 집단 간 갈등의 원인이라고 보기보다는 집단 간 갈등의 결과로 집단애에서 나타나는 현상이라고 볼 수 있다.

22 ⑤

해설 상위목표 설정은 조직 내 집단 간 갈등을 해결하기 위한 방법이며, 조직 내 집단 간 갈등의 원인은 아래와 같이 정리할 수 있다.
- 작업흐름의 상호 의존성: 한 개인이나 집단의 과업이 다른 개인이나 집단의 성과에 의해 좌우될 때
- 불균형: 개인이나 집단과, 권력, 가치, 지위 등에 있어서 차이가 있을 때
- 영역모호성: 한 부서나 개인이 역할을 수행함에 있어 방향이 분명치 못하고 목표나 과업이 명료하지 못할 때
- 자원부족

23 ①

해설

의미		개인 또는 집단을 움직여 행동을 취하게 하여 변화를 이끌어 내는 능력	권력수용과정
원천	공식적	보상적 권력	타인에게 보상을 해줄 수 있는 자원과 능력을 가진 경우	순종
		강압적 권력	타인에게 처벌을 가하거나 불쾌한 결과를 가져올 능력을 가진 경우	
		합법적 권력	자신에게 미치는 어떠한 영향이 합법적이라고 스스로 인정할 경우	내면화
	개인적	준거적 권력	권력을 갖지 않는 사람이 권력을 장악한 집단과 스스로 동일시하려는 경우	동일화
		전문적 권력	제한된 영역에서 전문능력을 가진 경우	내면화

24 ②

해설 프렌치와 레이븐의 권력 유형은 보상적, 해설 강압(강제)적, 합법적, 준거적, 전문적 권력으로 분류함.

25 ②

해설 프렌치와 레이븐은 권력을 보상적 권력, 강압적 권력, 합법적 권력, 전문적 권력, 준거적 권력으로 구분하였으며, 맥클리랜드는 이를 사회적(공식적) 권력과 개인적 권력으로 구분하였음.

26 ②

해설 준거적 및 전문적 권력은 개인차원의 권력이라고 볼 수 있다.

의미		개인 또는 집단을 움직여 행동을 취하게 하여 변화를 이끌어 내는 능력		권력수용과정
원천	공식적	보상적 권력	타인에게 보상을 해줄 수 있는 자원과 능력을 가진 경우	순종
		강압적 권력	타인에게 처벌을 가하거나 불쾌한 결과를 가져올 능력을 가진 경우	
		합법적 권력	자신에게 미치는 어떠한 영향이 합법적이라고 스스로 인정할 경우	내면화
	개인적	준거적 권력	권력을 갖지 않는 사람이 권력을 장악한 집단과 스스로를 동일시하려는 경우	동일화
		전문적 권력	제한된 영역에서 전문능력을 가진 경우	내면화

보충
- 맥클리랜드는 권력을 개인중심적 권력과 사회중심적 권력으로 구분하고 조직 내에서 권력이 정당하게 행사되고 수용되기 위해서는 사회중심적 권력을 사용하여야 하고 조직 내에서 개인중심적 권력을 사용하게 되면 권력행사의 남용을 가져와 조직의 성과에 부정적인 영향을 미칠 수 있음을 주장하였다.

27 ③

해설 전문적 권력과 준거적 권력은 개인차원의 권력에 해당한다. 프랜치와 레이븐의 권력유형분류를 정리하여보면 아래와 같으며, 추가로 맥클리랜드는 권력을 개인 중심적 권력과 사회 중심적 권력으로 구분하고 조직 내에서 권력이 정당하게 행사되고 수용되기 위해서는 사회 중심적 권력을 사용하여야 하며, 조직내에서 개인 중심적 권력을 사용하게 되면 권력행사의 남용을 가져와 조직의 성과에 부정적인 영향을 미칠 수 있다고 주장하였다.

28 ④

해설 맥클리랜드는 개인적 차원의 권력에는 정보적, 준거적, 전문적 권력이 있다고 설명하고 있으며 사회기반의 권력에는 보상적, 합법적, 강압적 권력이 있다고 설명함. 지문상 ①, ②의 경우는 보상적 권력에 해당한다고 볼 수 있으며,
③은 합법적 권력에 해당한다고 볼 수 있다. ④ 다른 직원에게 전문지식을 제공하여 발생하는 영향력은 전문적 권력으로서 개인차원의 권력이다.

29 ①

해설 목표관리는 동기부여 및 조직의 해설 성과 관리 측면에서 행해지는 것으로 권력과는 연관성이 낮다.

30 ②

해설 방향일원화의 원칙은 상관없음.

31 ⑤

해설 직무 스트레스란 업무상 요구사항이 구성원의 능력이나 자원, 바람(요구)와 일치하지 않을 때 생기는 유해한 신체적·정서적 반응으로서 이러한 직무스트레스는 조직의 성과와 역 U자형 관계를 보인다.

32 ⑤

해설 정보 과부하는 수신자가 제대로 정보의 해석하지 못하게 되는 요인이다.

33 ⑤

해설 Thomas & Kilmann 조직 갈등관리 5가지 유형은 다음과 같다.
- 협력형(협동형): Win-Win
- 수용형(양보형): Lose-Win
- 회피형: Lose-Lose
- 타협형(절충형): Give & Take)
- 경쟁형(강요형): Win-Lose

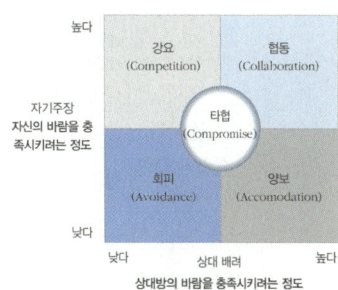

34 ③

해설 조화(accommodating)전략은 양보의 의미로서, 자신의 관심사를 접어두고 다음 기회를 위해 상대의 요구를 수용하는 전략임.

35 ③

해설 자신의 입장에 근거한 협상을 분배적 내지는 경쟁적 협상이라고 한다.

36 ④

해설 자신의 입장에 근거한 협상을 분배적 내지는 경쟁적 협상이라고 하며 Negative sum game 형태임

교섭의 특징	분배적	통합적
목표	파이나누기	파이키우기
동기	win-lose	win-win
주요관심사	경쟁	협력
정보 공유	최소	최대

37 ②

해설 상황보다 이익에 집중하는 협상은 투쟁적-경쟁적 협상으로서 win-lose 협상이며, 피셔와 유리는 원칙협상으로서의 협동협상전략(Collaborative Strategy)인 win-win 게임 상황에서의 협상전략으로 서로 정보와 의중(bottom line)을 공개하고 정보의 공유를 통한 상호 신뢰의 바탕 하에 협상을 하는 전략을 제시하였다. 이러한 휘셔-유리의 협상갈등해결이론에서는 원칙협상을 강조하였는데 원칙적으로 협상자와 협상의제를 분리시키고 원칙에 근거한 객관적 기준의 제시 강조하였으며 이는 호혜적 협상(결합적, 통합적 협상)과 유사한 형태를 보인다.

보충 하버드대학의 휘셔—유리(Fisher & Ury 교수는 협상을 강성입장 협상(Hard Positional Negotiation), 연성입장 협상(Soft Positional Negotiation), 원칙협상(Principled Negotiation) 으로 나눈다.
강성입장 합상과 연성입장 협상은 포지션(Position) 협상인 반면 원칙협상은 비포지션 협상이다.
즉, 앞의 두 종류 협상에서 협상자는 협상목적, 상대방에 대한 인식 등에서 자신의 고유한 포지션을 가지고 이에 근거하여 협상을 진행시킨다. 이 세 가지 협상의 특징은 상대에 대한 인식, 협상목적 등 7가지 측면에서 다음과 같이 요약할 수 있다

구분	강성입장 협상	연성입장 협상	원칙협상
상대에 대한 인식	적대자(adversary) 상대를 불신	친구 상대를 신뢰	문제해결자(problem solver) 신뢰 여부와 관계없이 협상진행
협상목적	승리	합의	현명한 합의
합의에 대한 인식	합의 대가로 일방적 양보요구	합의를 위해 일방적 양보	상호이익을 얻는 방법 모색
관계	관계를 담보로 양보를 요구	관계를 돈독히 하기 위해 양보	관계로부터 협상을 분리 (negotiation from relationship)
포지션의 변화	초기 입장을 고수	입장을 자주 바꿈	입장보다는 협상이익에 초점을 둠
협상자의 태도	상대와 협상이슈에 대해 강경한 태도 (Be hard on the issues & people)	상대와 협상이슈에 대해 부드러운 태도 (Be soft on the issues & people)	협상이슈에는 강경하나 상대에는 부드러움 (Be hard on the issues, but soft on the people)
협상전략	위협과 압력	위협에 굴복	이성에 따를 뿐 압력에 굴복하지 않음

38 ②

해설 리더는 조직이 나아가야할 방향성을 제시하고 목표를 구체적으로 제시하며 이러한 목표를 달성할 수 있도록 분위기를 조성하고 여기에 적합한 인적자원을 적재적소에 배치 조정하는 역할 한다. 리더를 지원하는 중간관리들이 리더가 제시한 비전과 목표에 대한 세부적 기획과 예산을 책정하는 것이다.

보충 유능한 리더의 6가지 원칙

1. 성숙한 판단력을 가지고 의사 결정을 한다.
   : 리더는 구성원들을 이끌어나가기 위해 중요한 의사결정을 내리는 역할을 합니다. 리더에게는 의사결정의 권한이 주어지지만, 의사결정에 대한 책임 또한 수반하게 됩니다. 리더의 의사 결정은 상부 보고를 통해 지시를 받는 것이 아닌 주체적인 판단을 통해 결정을 내리는 경우가 다수입니다. 전사적인 전략과 목표가 주어진 상황에서 목표를 세분화하고 업무를 분배하는 것도 리더의 의사 결정에 속합니다. 따라서 업무에서 요구되는 다양한 문제들에 대한 대안을 제시하고 팀원들을 목표까지 이끌어가기 위해 의사결정을 내릴 수 있는 성숙한 판단력이 요구됩니다.

2. 명확한 목표와 비전을 제시한다.
   : 회사의 지시와 팀원들의 의견이 어긋날 때, 직원들의 의견을 무시하고 일방적으로 지시를 내리는 상황이 발생하기도 합니다. 좋은 리더라면 중간에서 회사의 목표와 비전을 정확히 전달하여 직원들을 이해시키고 의견을 수렴하는 자세를 갖추어야 합니다. 경영진의 결정을 전달해야 하는 상황이라면 의사 결정이 내려지게 된 배경을 사전에 이해하고 구성원들에게 설명할 수 있어야 하며, 한걸음 더 나아가서 업무를 파악하고 구성원들의 역량에 맞춘 업무를 할당해야 합니다. 좋은 리더는 명확한 목표와 비전을 제시하고, 성장을 도모하기 위해 구성원의 마음을 움직여 성과를 만들어 냅니다.

3. 말과 행동 일치 시킨다.
   : 리더의 언행일치는 당연하게 여기지만, 생각보다 실천하기가 쉽지만은 않습니다. 실제 업무 환경에서는 경영진들이 추구하는 방향과 실제로 취한 행동에서 차이가 나는 경우가 종종 발생합니다. 그러나 리더의 지시와 행동이 일치하지 않는다면 구성원들은 리더에게서 혼선을 느끼고 불신을 가지게 될 수 있으며, 이는 조직 전체에 대한 신뢰와 믿음에 부정적인 영향을 미칠 수 있습니다. 예를 들어, 리더가 일과 휴식의 균형 잡힌 생활을 중요하게 여긴다고 말하면서 직원들이 초과근무를 해야만 성취 가능한 목표를 설정한다면, 이는 진정성이 없다고 해석될 수 있으며, 오히려 직원들의 반발을 불러일으킬 수 있습니다. 또는 '내부 승진을 통한 사내 인력 육성'이라는 기업 문화를 강조하지만 지속적으로 외부에서 인재를 영입해 온다면, 결국 직원들은 경영자가 보여주는 리더십에 대한 신뢰를 잃게 될 수 있습니다.

4. 팔로워십을 보여준다.
: 그리스의 과학자이자 철학자인 아리스토텔레스는 "남을 따르는 법을 모르는 사람은 결코 좋은 지도자가 될 수 없다"라고 했습니다. 많은 리더들이 간과하는 팔로워십은 리더십에서 중요한 항목이자 좋은 리더십의 출발점입니다. 팔로워십이란 일방적으로 구성원에게 지시를 내리고 명령하는 커뮤니케이션이 아닌, 직원들의 의견을 경청하고 반영할 수 있는 열린 커뮤니케이션을 말합니다. 유능한 리더는 옳은 의견에는 지지를 실어 주고 구성원들이 능동적으로 의견을 공유할 수 있게 하며, 의사결정에 주도적으로 참여해 경쟁력을 갖추도록 돕습니다.
5. 구성원을 신뢰하고 동기를 부여한다.
: 좋은 리더가 되기 위해서는 리더가 항상 완벽한 것은 아니라는 사실을 받아 들여야 합니다. 구성원의 역량과 기술을 파악하고, 믿을 수 있는 담당자를 배치하는 것도 리더의 중요한 역할입니다. 훌륭한 리더에게서 공통적으로 볼 수 있는 중요한 특징 중 하나는 구성원들에 대한 강한 믿음과 신념입니다. 유능한 리더는 자신의 장점과 단점 및 능력의 한계를 잘 인지하며, 자신의 단점을 보완할 수 있는 팀원들 통해 서로의 부족함을 신뢰를 통해 채워 나가는 능력을 보유하고 있다. 좋은 리더는 강압적인 지시보다는 구성원 개개인이 주인의식을 가지고 일할 수 있는 동기를 이끌어낼 수 있어야 합니다.
 * 성공적인 동기부여를 위한 요건은 다음과 같습니다.
  – 지속적인 커뮤니케이션
  – 공정한 직원 평가
  – 명확한 목표 설정
  – 신뢰를 통해 구성원을 이끌어가는 리더만이 직원의 잠재력을 파악하고 성장하도록 도울 수 있습니다.
6. 스스로 리더십을 평가하고 되돌아본다.
: 리더십은 고정된 개념이 아닌 팀이나 집단의 성격에 따라 변화합니다. 따라서 리더는 상황에 따라 역할 및 관리 방법을 개선하며, 구성원들과의 지속적인 커뮤니케이션을 통해 리더로서의 역할을 지속적으로 정립해야 합니다. 다음 다섯 가지 질문을 통해 스스로의 리더십을 평가하고 리더로서의 개선점을 찾아봅시다.

39 ①

리더십의 변화과정: 1940~1950년대(특성이론), 1950~1960년대(행위이론), 1960~1970년대(상황이론), 1970년대 이후(변혁적 리더십을 중심으로한 현대적 리더십이론으로 전개)

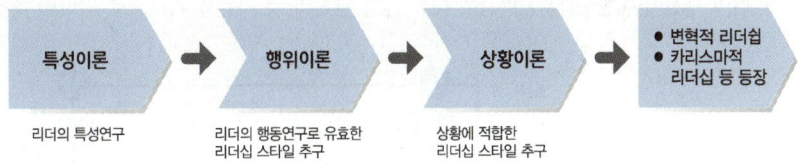

40 ④

명확한 역할 및 과업 요건을 제시하는 것은 거래적 리더십의 특성이며 변혁적 리더십은 비전 공유를 강조하여 이를 발현하기 위해서는 카리스마, 지적자극, 영감, 개별적 배려 등이 필요함

41 ③

하우스와 에반스의 경로-목표이론은 동기부여적 리더십 상황이론에 속한다.

42 ②

해설 허쉬와 블랜차드는 이론은 리더십 수명주기이론이며, 경로-목표이론은 하우스(& 에반스)의 이론임

43 ①

해설 생산성의 측면에는 민주적, 전제적 리더십은 우열을 가리기 힘들지만 생산성측면을 제외한 다른 부분에서는 민주적 리더십이 우수한 평가를 받음.

구분	민주적 리더십	전제적 리더십	방임형 리더십
생산성과	우열을 결정하기 어려움		나쁨
리더-집단관계	리더에 호의적	리더에 수동적	리더에 무관심
집단행위 특성	안정적임·응집력이 강함	노동이동이 많고 공격적임	초조하고 불안해함
리더부재 시 구성원의 태도	계속 작업수행	좌절감을 갖고 작업 중단함	무관함

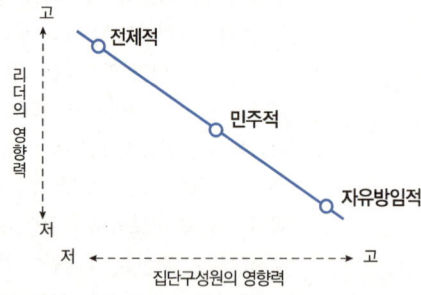

44 ①

해설 오하이오 주립대학 모형은 고려와 구조주도모형이라고도 불리며 리더십의 유형을 구조주도형 리더, 즉 과업 중심적 리더와 종업원 중심적인 배려형 리더로 구분하고 있다.

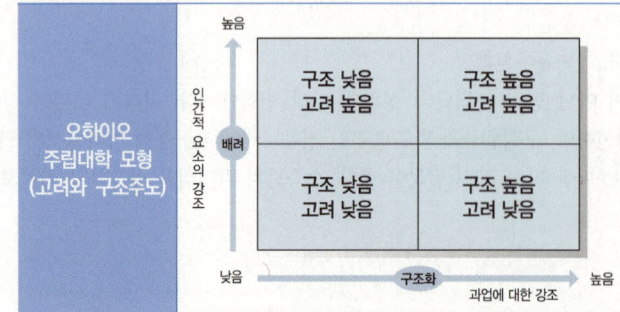

- 구조주도: 직무나 인간을 조직화 하는 것(구성원의 역할 결정, 직무수행절차 결정, 커뮤니케이션 경로 설정 등)
- 고려: 구성원 사이의 관계에서 우정, 온정, 존경 등을 표시하는 리더의 행동
- 고려와 구조주도가 독립적인 변수라고 간주함
- 구조주도와 고려가 모두 높은 리더가 가장 높은 성과

45 ②

해설 리더의 생산에 대한 관심과 인간에 대한 관심의 두 차원을 기준으로 리더의 행동유형을 분류하였다.

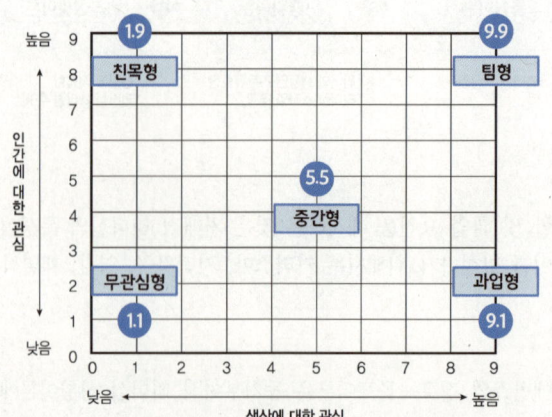

46 ④

해설 리더십의 유형 분류에는 LPC 척도를 사용하였다.

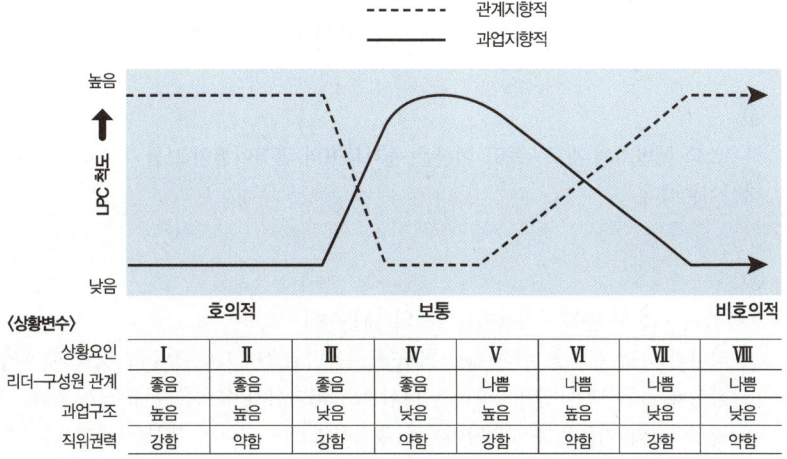

47 ②

해설 허시와 블랜차드(Hersey & Blanchard)의 리더십 수명주기 이론을 정리하여 보면 다음과 같다.

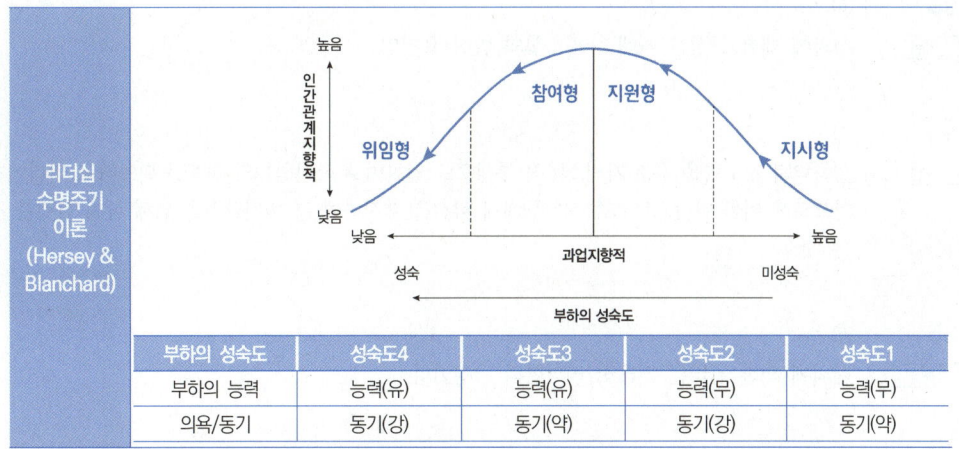

48 ①

해설 위임형 리더는 허수와 블랜차드의 모형에서의 리더십유형에 해당한다.

49 ①

해설 성취지향적(achievement) 리더십에 대한 설명으로 도전적 목표설정, 성과강조, 종업원의 성과 발휘에 높은 기대를 갖고 있는 리더십의 유형이다.
② 참여적 리더십에 관한 설명이다.
③ 후원적 리더십으로 종업원의 웰빙이나 복지에 관심이 많다.
④ 수단적 리더십으로 계획, 통제 등 공식적 활동을 강조한다.

50 ④
해설 경로−목표(path−goal theory)의 경우 브룸의 기대이론을 리더십이론에 적용한 이론으로서 부하의 특성과 환경적 특성의 2가지 상황변수를 활용하여 리더십의 유형을 지시적 리더십, 후원적 리더십, 참여적 리더십, 성취지향적 리더십으로 분류하여 리더십의 행동유형을 분류한 이론임.

51 ③
해설 하우스와 에반스의 경로−목표 이론은 동기부여의 과정이론인 브룸의 기대이론에 근거한 동기부여적 리더십이론이다.

52 ①
해설 하우스의 이론인 경로−목표이론에서의 내용이다.
① 리더의 유형 분류를 위해 LPC 척도를 사용하였으며 LPC 점수가 낮을 때 과업지향형 리더십, LPC 점수가 높을 때는 관계지향적 리더십으로 리더십의 유형을 분류하고 있다.
② 블레이크와 머튼은 관리격자이론을 주장하였으며 리더의 생산에 대한 관심과 인간에 대한 관심의 두차원을 기준으로 리더의 행동유형을 분류하였다.
③ 서번트 리더십은 헌신형 또는 봉사형 리더십이라고도 한다.

53 ⑤
해설 성과에 대한 보상은 거래적 리더십의 발현 요건임.

54 ①
해설 설득력과 지도력을 갖춘 카리스마적 특성으로 인하여 부하직원들의 신뢰를 확보하고 리더에게 이끌리게 함으로써 이를 바탕으로 부하직원들에게 비전을 제시하여 그 비전달성을 위해 함께 협력할 것을 호소하는 것

55 ⑤
해설 예외에 의한 관리는 거래적 리더십의 특징이다.

56 ②
해설 변혁적 리더십은 감정에 의존하기보다는 비전의 제시와 이에 종업원들의 동참을 유도하기 위해 카리스마, 영감, 지적 자극, 개별적 배려 등을 통해 종업원들의 비전에의 동참과 이를 통한 태도와 행동의 변화를 도모하는 리더십이다.

57 ①
해설

구분	특징
변혁적 리더십	• 추종자들에게 장기 비전을 제시 • 비전을 함께 수행할 수 있게 추종자들의 가치관, 태도, 의식의 변화 • 조직몰입을 통하여 조직의 성과를 증가 • 카리스마 / 개별적 배려 / 지적 자극 • 변혁적 리더십에서는 기존 리더십 이론을 거래적 리더십이라 통칭 • 변혁적 리더십과 거래적 리더십은 상호 보완적 관계 가능

카리스마적 리더십	• 리더의 카리스마적 권위에 기초한 리더십 • 리더가 남들이 갖지 않은 천부적 특성이 있다고 하급자들이 느껴야 함
슈퍼 리더십	셀프 리더를 키우는 리더십
서번트 리더십	타인을 위한 봉사에 초점을 두며, 종업원, 고객 등을 우선으로 여겨 그들을 위해 헌신하는 리더십
리더십 대체이론	• 리더십 대체물 : 리더의 행동을 불필요하게 만드는 상황요인 • 리더십 중화물 : 리더 행동의 유효한 기능을 방해하는 상황요인

58 ①

해설

② 하급자들을 셀프 리더로 키우는 리더십은 슈퍼리더십이다. 카리스마리더십은 리더가 실제로 갖고 있는 능력보다 하급자들이 더 크게 느끼는 것을 말하는 것으로 카리스마적 권위에 기초를 두고 있다.

③ 계획, 조직, 통제와 같은 공식적 활동을 강조하는 리더십은 지시적(수단적)리더십이다. 성취지향적 리더십은 능력 발휘를 강조, 도전적 목표 설정 등이 있다.

④ 변혁적 리더십은 거래적 리더십을 비판하는 개념으로 감정에 의존하는 리더십은 아니다.

59 ⑤

해설

슈퍼리더십은 리더가 종업원을 관리하고 통제하려는 것이 아니라 셀프 리더로서의 성장을 도와주는 리더십으로서, 부하직원들을 스스로 판단하고 행동하여, 그 결과에 책임질 수 있는 자율적 리더로 키우는 것으로서 부하의 주체적 존재를 인정하고 그 역량발휘를 지원하는 리더십임

60 ①

해설

② 리더와 구성원 간의 교환 관계에 기반을 두고, 부하들을 보상·처벌의 연속선에서 통제하는 리더십은 거래적 리더십의 특징으로 볼 수 있다.

거래적 리더십
• 상황에 따른 보상 : 노력과 보상을 교환하기로 계약하고, 좋은 성과에 대한 보상을 약속하며 성취를 인정함. • 예외에 의한 관리(적극적) : 규칙과 표준으로부터의 이탈을 지켜보고 조사하며, 수정 조치를 취함. • 예외에 의한 관리(소극적) : 표준이 충족되지 않을 경우에만 개입함. • 자유방임 : 책임을 포기하고 의사결정을 회피함.

③ 리더는 부하들이 자기통제에 의해 자신을 스스로 이끌어 나가도록 역할모델이 되는 것은 슈퍼리더십임.

▶ 슈퍼리더십
- 부하직원들을 스스로 판단하고 행동하여, 그 결과에 책임질 수 있는 자율적 리더로 키우는 것
- 부하의 주체적 존재를 인정하고 그 역량발휘를 지원하는 리더십

▶ 서번트리더십
- 일반적인 리더와 달리 섬기는 자세를 가진 봉사자로서의 역할을 먼저 생각하는 리더십
- 조직의 사명이나 목표를 위해 부하직원들이 헌신하도록 하고, 과업달성을 통해 부하직원들의 욕구를 충족하게 하는 데 궁극적인 목적이 있음
- 부하직원들의 창조성을 최대한 개발하고 완전한 헌신과 학습을 자연적으로 유도하는 학습조직에 유용한 리더십

④ 변혁적 리더십은 감정에 호소한다기 보다는 이상적 영향력과 영감 및 지적자극과 개별적 배려를 통해하여 의사나 가치관을 변혁시켜 변화에 동참시키는 리더십이다.

변혁적 리더십
• 카리스마 : 비전과 사명감을 제공하며 자긍심을 불어넣어주며, 존경과 신뢰를 얻음. • 영감 : 높은 기대를 전달하고, 노력 집중을 위해 상징을 사용하며, 중요 목적을 단순하게 표현함. • 지적 자극 : 지능, 합리성, 세심한 문제해결을 촉진함. • 개별 배려 : 개인적 관심을 보이고, 각 종업원을 개별적으로 다루며, 코치하고, 조언함.

61 ①

해설 슈퍼리더십이라고도 하는 셀프(자기)리더십에 해당하는 내용으로써 종업원을 셀프리더로 키우는 리더십이며, 이러한 슈퍼리더십이 발현되기 위해서는 (1) 리더 먼저 셀프리더가 되어야 하며, (2) 구성원이 셀프리더로 성장할 수 있도록 적극적인 지원을 하여야 하며, 마지막으로 (3) 조직내 자율경영문화가 확립되어 있어야 한다.

62 ③

해설 부하의 성숙도 변수는 허쉬와 불랜차드의 모형에서으 상황변수이다. 피들러 모형에서는 리더-부하간의 관계, 과업구조와 리더의 직위 권한이라는 3가지 상황변수를 사용하고 있다.

63 ②

해설 부하들에게 즉각적이고 가시적인 보상으로 동기 부여하는 것은 거래적 리더십의 특징으로 볼 수 있다. 반면에 변혁적 리더십(Transforming leadership)이란 구성원들에게 개인적 이해관계들을 초월할 수 있는 장기 비전을 제시하고 그 비전을 함께 수행할 수 있게 구성원들의 태도나 공유가치를 변화시켜서 구성원들이 조직몰입을 일으키고 조직몰입이 조직의 성과를 증가시킬 수 있게 하는 형태의 리더십이다.

64 ③

해설 변혁적 리더십의 특성으로는 카리스마에 기반한 이상적 영향력, 영감, 지적자극, 개별적 배려를 들수 있다. 자기통제 는 진성 리더십의 특징이라고 볼 수 있다.

65 ②

해설 베스(B.M Bass)는 변혁적 리더십의 구성요소로 이상적 영향력(카리스마), 개별적 배려, 영감적 동기부여, 지적 자극을 제시하였다. 그 세부내용은 다음과 같다.
① 이상적 영향력(카리스마 : charisma) : 하급자에게 비전과 사명감을 제공하고 자긍심을 고취시키며 하급자들로부터 존경과 신뢰를 받게 하는 특성을 의미한다.
② 영감(영감적 동기부여) : 높은 기대를 전달하고, 노력 집중을 위해 상징을 사용하며, 중요 목적을 단순하게 표현함.
③ 지적 자극(intellectual stimulation) : 과거의 사고방식과 업무 습관에서 벗어나 창의력이 발휘되도록 하는 행동을 의미한다.
④ 개별적 배려(individualized consideration) : 구성원 한 사람 한 사람의 감정과 관심, 그리고 욕구를 존중하고 격려함으로 동기유발을 고취시켜 줄 수 있다.

66 ①

해설 리더십이란 일정한 상황에서 목표달성을 위하여 개인이나 집단의 행위에 영향력을 행사하는 과정으로써, 리더십이론은 특성이론→행위(행동)이론→상황이론→현대적 리더십이론으로 발전 진화하여왔다.

참고 전술이론이란 고객을 만나 상담을 하고, 기안을 하고, 시스템을 설계하고, 광고를 만드는 일상적인 기업관리 활동이 바로 전술이라고 하며, 이러한 전술에는 행위(action), 목적(purpose), 일정(schedule), 결과(result)라는 4가지 구성요소가 갖춰져야(한 두 개 정도는 빠져도 되지만) 하나의 전술이라고 말할 수 있다. 반면에 전략이란 미래에 대해 '큰 그림'을 그리고 현재의 상황보다 나은 상태로 이끄는 방향이 무엇인지를 제시하는 계획이 바로 전략을 의미한다. 여기서 중요한 키워드는 바로 '방향'이다. 전략이란 모든 것을 다 잘 하자는 것이 아니라, 방향을 정해 놓고 그것에 활동의 모든 초점을 맞추자는 개념이다. 전술이론이란 이러한 전략이 일상적으로 잘 적용되고 활용되기 위한 전술적 방법을 다룬 이론체계이다.

심화문제

1 ④

해설 툭크맨(B.W.Tuckman)이 주장한 집단 발전의 과정은 "형성기(forming) – 격동기(storming) – 규범기(norming) – 성과수행기(performing) – 해체기(disorganization)"이다.

2 ②

해설 팀 제도는 변화하는 환경에 신속히 대처하기 위하여 조직된 형태로 기존의 수직적 의사결정체계의 단점을 보완하기 위하여 팀에서 의사결정을 할 수 있게 권한을 부여한 특징이 있다. 전통적 조직에 비하여 관리업무의 기능이 오히려 줄어든 것이 특징이다.

3 ③

해설 팀의 규모가 커질수록 무임승차 현상은 더욱 증가할 수 있다. 이는 각자의 업무 행동을 쉽게 관찰할 수 없게 됨으로서 나타나는 현상이다.

4 ①

해설 쇠사슬(chain)형의 의사소통유형은 상향에 있는 구성원들의 만족도는 높을 수 있으나 하향에 있는 구성원들의 만족도는 상당히 낮다.

5 ②

해설 불확실성의 상황에서 의사결정을 할 때에는 미래 상황에서의 객관적 확률보다는 주관적 확률을 통해 예측하고 있다.

6 ④

해설 의사결정에 참여한 구성원 집단을 둘로 나누어서 한 집단이 제시한 의견에 대하여 반론 집단의 비판을 들으면서 본래의 의사결정대안을 수정하고 보완하는 방법은 명목집단법(nominal group techniques)이 아니라 변증법적 토의법에 대한 설명임.

7 ②

해설 1차 집단은 비공식적 집단의 의미이며, 2차 집단은 공식적 집단의 의미로 해당 지문은 반대로 설명되어 있다.

8 ③

해설 집단의사결정은 응집력이 높은 집단에서 구성원들 간의 합의에 대한 요구가 지나치게 커서 현실적인 다른 대안의 모색을 저해하는 경향인 집단사고로 인하여 합리적이고 합법적인 의사결정이 이루어지지 못하는 경우가 발생할 수 있다. 집단의사결정 기법의 장단점을 살펴보면 아래와 같다.

장점	단점
• 많은 지식, 사실, 관점의 이용 • 구성원 상호간의 지적 자극 • 일의 전문화 • 구성원의 결정에 대한 만족과 지지 • 커뮤니케이션기능 수행	• 시간과 에너지의 낭비 • 특정 구성원에 의한 지배가능성(집단사고) • 최적안의 폐기 가능성 • 의견불일치로 인한 갈등 • 신속하고 결단력 있는 행동의 방해

9 ①

해설　c. 집단 의사결정에서는 리더가 정보를 충분히 공개하고, 자신의 의견을 먼저 명확하게 제시하게 되면 구성원들은 리더의 의견에 동조하게 되는 집단사고의 현상이 발생하기 쉽다.
　　　d. 집단 의사결정에서는 집단사고의 함정에 빠질 수 있으므로 창의성 발휘를 위하여 명목집단법이나 브레인스토밍 등의 방법을 사용한다.

10 ②

해설　명목집단법을 적용할 때는 집단사고를 예방하기 위하여 구성원 간에 토론을 최소화시킨다.

11 ④

해설　권한은 조직규범에 의하여 그 합법성이 인정된 권력(legitimate power)으로서 비서는 권한이 크다고 볼 수는 없다. 한이란 일정한 직무를 수행하거나 타인으로 하여금 수행하게 하는 데 필요한 조직상 부여된 공식적 권한(formal authority)을 말한다.

12 ④

해설　전문적 권력(expert power)과 준거적 권력(referent power)은 개인중심적 권력으로 분류된다.

13 ④

해설　a. 프렌치(French)와 레이븐(Raven)이 제시한 권력의 원천 중 준거적 권력(referent power)은 개인의 특성에 기반을 둔 권력이다.
　　　d. 몰입상승(escalation of commitment)이란 의사결정의 속도와 질을 높여주는 의사결정이라고 볼 수 없다. 몰입상승은 개인 또는 그룹이 부정적인 결과에 직면할 때, 그들의 결정과 투자를 합리화하기 때문에 존치되는 행동 패턴이다. 여러 가지 결정 요인과 전후 관계에 영향을 받는 이들의 결정은 현재의 전후 관계에 비논리적인 것 같지만 이전에 이루어지는 행동과 결정에 대 한 지지에서 발생한다. 통상 결정의 원인이 되고 있는 딜레마는 더 이상 일하지 않거나 개인 또는 그룹 손실의 원인을 사전에 선택하고 포함한다. 현재의 행동을 그만둘지, 계속할지의 선택은 어느 쪽에도 뚜렷한 결과와 분명한 선택이 아니며, 철회하기보다는 지속할 것을 선택할 때, 몰입상승의 확대가 발생한다.

14 ④

해설　갈등관리유형 중 회피형(avoiding)은 자기에 대한 관심과 자기주장의 정도와 상대에 대한 관심과 협력의 정도가 모두 낮은 경우이다.

15 ③

해설　Fiedler의 상황이론에 의하면, 해설 LPC점수가 높다는 것은 리더가 관계지향적인 리더임을 의미한다.

16 ②

해설　① 오하이오 주립대학의 리더십 연구에 관한 설명이다.
　　　③ 허시와 블랜차드에 관한 설명이다.
　　　④ 지도적, 지원적, 참여적, 성취지향적 리더십으로 구분한 것은 하우스와 에반스의 경로–목표이론이다.
　　　⑤ 내집단과 외집단으로 구분하여 차별적으로 다루고 있다.

17 ⑤

해설
① 상황이론에서는 상황별로 유효한 리더십이 달라진다.
② 의사결정 상황별로 유효한 리더십 이론을 제시한 것은 브룸과 예튼의 리더십 규범이론이다.
③ 리더십 행위이론에 의하면 전제적(authoritative) 리더와 민주적(democratic) 리더 간의 생산성에 대한 우열을 가리지 못하였다.
④ 리더십 수명주기이론에서는 상황변수가 종업원의 성숙도 하나이다.

18 ④

해설
피들러는 리더십 스타일을 관계 중심적 리더와 과업 중심적 리더의 2가지 유형으로 나누었으며 상황변수로는 리더-구성원과의 관계, 과업구조, 리더의 직위권한의 3가지를 각각 2개의 상황으로 구분하여 8개의 상황으로 분류하였다. 피들러 이론에서 LPC 점수는 리더십 스타일을 구분하는 도구로 사용된다.

이론	리더십	상황변수	특징
상황적합성 이론 (Fiedler)	• 과업지향적 리더 • 관계지향적 리더	• 리더-구성원 간 관계 • 과업구조 • 리더의 직위 권한	• LPC는 리더십을 구분하는 도구임 • 상황변수 3개를 이용하여 총 8가지 상황을 도출 • 리더에게 호의적이나 비호의적이면 과업지향적 리더가 우수하고, 어중간한 상황이면 관계지향적 리더가 우수함

상황요인	Ⅰ	Ⅱ	Ⅲ	Ⅳ	Ⅴ	Ⅵ	Ⅶ	Ⅷ
리더-구성원 관계	좋음	좋음	좋음	좋음	나쁨	나쁨	나쁨	나쁨
과업구조	높음	높음	낮음	낮음	높음	높음	낮음	낮음
직위권력	강함	약함	강함	약함	강함	약함	강함	약함

19 ④

해설
하우스(House)의 경로목표이론에서 부하의 경험과 능력, 부하의 성취 욕구 등은 종업원의 특성변수에 해당한다.

20 ②

해설
하우스(House)의 경로목표이론에 의하면 내재론자에게는 참여적 리더십이 적합하고 외재론자에게는 지시적 리더십 스타일이 적합하다.

21 ③

해설
① 하우스(House)의 경로-목표이론(path-goal theory)에서는 리더의 유형을 지시적(directive), 후원적(supportive), 참여적(participative), 성취지향적(achievement oriented) 리더십으로 구분하고, 상황변수로서 종업원의 특성(종업원의 능력, 통제 위치, 욕구 등)과 작업환경특성(과업, 공식적인 권한관계, 작업집단 등)에 따라 리더십 스타일이 달라진다고 하였다.

② 피들러(Fiedler)의 이론에서는 리더의 특성을 LPC(least preferred co-worker) 척도를 활용한 설문에 의해 측정 및 분류하였다. LPC 점수는 리더가 가장 싫어하는 동료 작업자에 대한 평가점수로, 높을수록 관계지향적 리더십, 낮을수록 과업지향적 리더로 구분하였다.

③ 피들러(Fiedler)는 상황변수 3개를 이용하여 총 8가지 상황을 도출하였으며, 리더에게 호의적이나 비호의적이면 과업지향적 리더가 우수하고, 어중간한 상황이면 관계지향적 리더가 우수한 리더십으로 정의하고 있다.

④ 허쉬(Hersey)와 블랜차드(Blanchard)는 리더십을 지시적(telling), 설득적/지원형(selling), 참여적(participation), 위양적(delegating) 리더십으로 구분하였고 이에 상황변수는 종업원의 성숙도 변수 하나를 사용한 리더십 상황이론이다. 아울러 성 숙도는 종업원의 의지(동기)와 능력에 따라 결정지어진다고 보았다. 능력 없고 의지 또한 낮은 경우는 지시적 리더, 의지는 생겼으나 여전히 능력이 없는 경우 지원형 리더, 능력은 생겼으나 의지가 낮아진 경우 참여적 리더, 의지와 능력 모두 높은 경우 위양적 리더가 유효한 리더십이라고 설명하고 있다.

⑤ 허쉬(Hersey)와 블랜차드(Blanchard)의 이론에서는 관계행위(배려)가 높고, 과업행위(구조주도)가 낮은 경우 구성원들이 이미 과업적 능력은 있으므로 종업원과의 관계에서 동기부여 내지는 의지를 북돋아줄 필요가 있기에 지시형 리더보다는 참여형 리더가 효과적이라고 정의하고 있다.

22 ⑤

해설

① 피들러(Fiedler)의 상황이론에 의하면, 리더가 처한 상황이 매우 호의적이거나 매우 비호의적인 경우에는 LPC(least preferred co-worker) 점수가 높은 인간(관계)지향적 리더보다는 LPC 점수가 낮은 과업지향적 리더가 적합하다고 보고 있다.

② 기존의 이론들이 상사와 모든 부하의 관계가 동질적이라고 가정한 것에 반해, 리더-구성원 교환관계이론(leader-member exchange theory ; LMX)의 경우는 상사와 부하의 관계가 각 부하에 따라 이질적인 형태의 차별대우가 이루어지고 있다는 상황을 가정하고 부하와 상사와의 관계에 따라 내집단과 외집단으로 분류하고 있다.

③ 허쉬(Hersey)와 블랜차드(Blanchard)의 상황이론에 의하면, 아래의 표와 같이 부하의 성숙도가 매우 낮은 경우에는 지시형 리더십 스타일이 적합하고, 부하의 성숙도가 매우 높은 경우에는 위임형 리더십 스타일이 적합하다.

리더의 유형		위임형	참여형	지원형	지시형
종업원의 성숙도	능력	↑	↑	↓	↓
	동기	↑	↓	↑	↓
	성숙 ←────────────────────────────→ 미성숙				

④ 블레이크(Blake)와 머튼(Mouton)의 관리격자 모형(managerial grid model)은 리더십 행위이론에 해당하며, 이러한 행위이론에는 아이오와 대학 모형, 미시간 대학 모형(Likert 모형), 오하이오 주립대학 모형(고려-구조주도 모형), 블레이크(Blake)와 머튼(Mouton)의 관리격자 모형(managerial grid model)이 해당된다. 아울러 리더가 처한 상황에 따라 리더십 스타일이 달라진다고 보는 상황이론에는 대표적으로 피들러(Fiedler)의 상황적합성 이론, 허쉬(Hersey)와 블랜차드(Blanchard)의 리더십 수명주기이론, 하우스와 에반스(House & Evans)의 경로-목표이론, 댄서로우(Dansereau)의 리더-구성원 교환관계이론(leader-member exchange theory ; LMX) 및 브룸과 예튼(Vroom & Yetton)의 의사결정 상황이론(리더십 규범이론) 등이 해당된다.

23 ④

해설

허쉬(Hersey)와 블랜차드(Blanchard)는 부하의 성숙도를 부하의 능력(ability)과 의지(willingness), 두 가지 측면에서 파악하여 리더십의 유형을 지시적(telling), 설득적(selling), 참여적(participation), 위양적(delegating) 리더의 4가지 유형으로 구분 하였다.

보기 해설

① 거래적 리더십(transactional leadership)은 조건적 보상, 예외에 의한 관리(management by exception), 자유방임으로 구성되며 지적인 자극, 이상적인 영향력 등은 영감, 개별적 배려 등과 함께 변혁적 리더십의 구성요소임
② 피들러(Fiedler)의 리더십 모형은 리더를 둘러싼 상황을 과업의 구조, 부하와의 관계, 권한의 정도로 보고 있다.
③ 브룸(Vroom)과 예튼(Yetton)의 리더십 모형에서는 의사결정의 중요성과 관련된 속성 3가지와 의사결정의 수용도와 관련된 속성 4가지를 중심으로 이론을 전개하고, 리더십의 유형을 전제적 형태(autocratic type)의 AI, AII, 협의적 유형(consultation type)의 CI, CII, 그리고 집단적 유형(group type)의 GII로 리더십 유형을 분류하고 있다.
⑤ 블레이크(Blake)와 머튼(Mouton)은 (1, 1)형 리더를 무관심형으로 보고 (9, 9)형 리더를 이상적인 리더십 스타일로 규정하였다.

24 ②

해설

허쉬(Hersey)와 블랜차드(Blanchard)의 상황적 리더십 이론(situational leadership theory)은 리더십 수명주기이론이라고도 불 리우며, 과업 특성에 따라 리더십 스타일의 유효성이 달라진다고 보지 않고 종업원의 성숙도 변수 하나를 사용하여 리더십의 유효성을 검증한 이론임

25 ④

해설

허쉬(Hersey)와 블랜차드(Blanchard)는 아지리스의 성숙-미성숙 이론을 상황변수로 적용하여 리더십 수명주기와 종업원의 성숙도 관계를 연결한 이론을 전개하였다.
① 변혁적 리더십(transformational leadership)은 영감을 주는 동기부여, 지적인 자극, 이상적인 영향력의 행사 및 지적 자극 등으로 구성된다. 그러나 상황에 따른 보상, 예외에 의한 관리 등은 거래적 리더십의 특징이다.
② 피들러(Fiedler)는 과업의 구조가 잘 짜여져 있고, 리더와 부하의 관계가 긴밀하고, 부하에 대한 리더의 지위권력이 큰 상황에서 과업지향적 리더가 관계지향적 리더보다 성과가 높다고 주장하였다.
③ 스톡딜(Stogdill) 등은 OSU모형을 통해 부하의 직무능력과 감성지능이 높을수록 리더의 구조주도(initiating structure)행위 보 다는 종업원에 대한 배려 등이 부하의 절차적 공정성과 상호작용적 공정성에 대한 지각을 높인다고 주장하였다.
⑤ 서번트 리더십(servant leadership)은 공식화와 명확한 비전을 제시하고 있지는 않다. 아울러 집단의 효율성과 생산성보다 집단의 안정적 성장에 초점을 두고 있는 이론은 PM 이론으로 볼 수 있다.

26 ②

해설

예외에 의한 관리(management by exception)는 거래적 리더십에서 사용하는 개념이다.

27 ①

해설

서번트 리더십이란 일반적인 리더와 달리 섬기는 자세를 가진 봉사자로서의 역할을 먼저 생각하는 리더십으로서 조직의 사명이나 목표를 위해 부하직원들이 헌신하도록 하고, 과업달성을 통해 부하직원들의 욕구를 충족하게 하는 데 궁극적인 목적이 있으 며, 부하직원들의 창조성을 최대한 개발하고 완전한 헌신과 학습을 자연적으로 유도하는 학습조직에 유용한 리더십이다. 그러나 개별적 배려, 지적 자극, 영감에 의한 동기부여, 비전 제시를 주요 내용으로 하는 리더십은 변혁적 리더십(transformational leadership)이다.

변혁적 리더십이란 카리스마적 특성으로 인하여 부하직원들을 리더에게 이끌리게 함으로써 그들의 이해관계를 초월하게 하고, 부하직원들에게 비전을 제시하여 그 비전달성을 위해 함께 동참할 것을 호소 및 유도하는 리더십으로서 부하에게 이상적인 방향을 제시하고 임파워먼트(empowerment)를 실시한다. 이러한 변혁적 리더십이 발현되기 위해서는 기본적으로 리더는 첫째, 비전과 사명감을 제공하며 자긍심을 불어넣어 주며, 존경과 신뢰를 얻을 수 있는 카리스마가 있어야 한다. 두 번째로 높은 기대를 전달하고, 노력 집중을 위해 상징을 사용하며, 중요목적을 단순하게 표현하는 등 구성원에게 영감을 불러일으켜 주어야 한다. 세 번째로 지능, 합리성, 세심한 문제 해결을 촉진시키기 위한 지적 자극을 심어주어야 한다. 마지막으로 구성원들에게 개인적 관심을 보이고, 각 구성원을 개별적으로 다루며, 코칭하고, 조언할 수 있어야 한다.

28 ④

해설 변혁적 리더십이론은 기존 리더십 이론을 보상에 근거한 거래적 리더십이론이라고 비판하면서 등장한 이론이다.

29 ④

해설 LPC점수가 높다는 해설 것은 리더십이 종업원과의 관계 지향적 리더십을 의미함.

30 ②

해설
b. 거래적 리더십(transactional leadership)이란 리더와 부하 사이의 교환이나 거래관계를 통해 발휘된다는 이론이다.
d. 수퍼리더십(super leadership)을 발휘하는 리더는 부하를 강력하게 지도하고 통제하는 것이 아니라 스스로 판단하여 행동하는 셀프리더를 키우는 리더십이다.

31 ⑤

해설
① 허시(Hersey)와 블랜차드(Blanchard)의 상황이론에 따르면 참여형(participating) 리더십 스타일의 리더보다 설득형(selling) 리더십 스타일의 리더가 상대적으로 과업지향적 행동을 더 많이 한다. 과업지향적 행동의 크기에 따라 허쉬와 블랜차드의 모형에서 언급한 리더십 유형을 분류하여 보면 다음과 같다. 지시형 > 설득형(지원형) > 참여형 > 위임형
② 피들러(Fiedler)의 상황이론에 따르면 개인의 리더십 스타일은 LPC척도에 따라 과업지향형과 관계지향형으로 분류함으로써 일정부분 리더십 유형은 고정되어 있다는 가정 하에 리더-구성원간의 관계, 과업구조, 리더의 직위권한이라는 상황변수의 상황이 변할 때마다 자신의 리더십 스타일을 바꾸어 상황에 적응하는 게 아니라 리더십의 변화 내지는 리더의 교체가 필요하다고 설명하고 있다.
③ 블레이크(Blake)와 머튼(Mouton)의 관리격자이론(managerial grid theory)은 리더십의 상황이론이 아니라 행위이론에 해당된다.
④ 거래적 리더십(transactional leadership)이론에서 예외에 의한 관리(management by exception)란 예외적 사건이 발생한 경우 리더가 개입하는 것을 말한다. 적극적(또는 능동적) 예외관리와 소극적(또는 수동적) 예외관리로 이루어져 있다. 적극적 예외관리는 구성원들의 실수나 규칙 위반을 철저히 확인해서 문제가 발생하지 않도록 사전에 점검하는 리더 행동을 의미하며, 소극적 예외관리는 업무표준에 미달하거나 문제가 표면화된 경우에만 개입하는 리더 행동을 의미한다. 아울러 일반적으로 업적에 따른 보상이 긍정적 강화(positive reinforcement)를 수반하는 반면에 예외관리는 부정적 강화(negative reinforcement)를 수반한다.

32 ④

해설

① 높은 과업지향적 행위, 높은 관계지향적 행위
   : 지도형(coaching), 지원형(supporting), 또는 판매형(selling)
② 낮은 과업지향적 행위, 높은 관계지향적 행위: 참여형(participating)
③ 높은 과업지향적 행위, 낮은 관계지향적 행위: 지시형(directing)

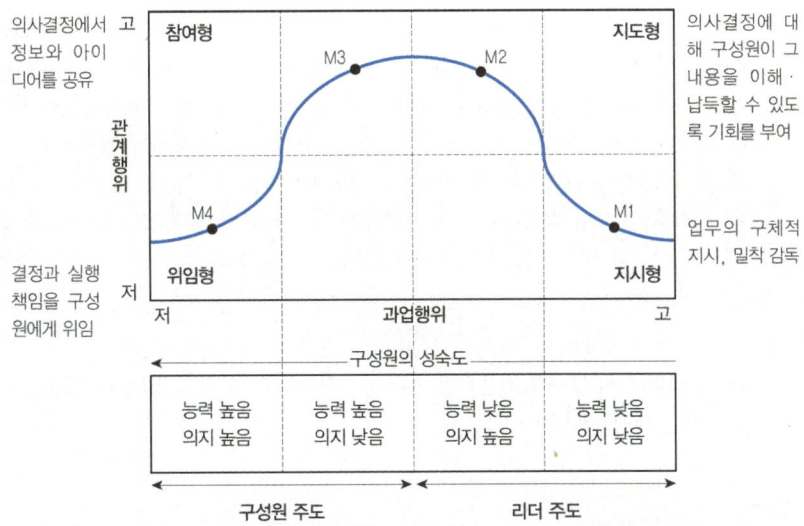

보충 Hersey & Blanchard의 리더십 수명주기이론

- OSU 모형에서 구조주도행동과 배려행동의 효과에 대하여 일관된 결론이 나오지 않은 점에 주목하여, Hersey와 Blanchard는 효과적인 리더십이 부하의 욕구를 얼마나 잘 충족시켰느냐의 전제 하에 리더와 부하의 상호관계를 중심으로 리더십의 효과가 구성원의 성숙도라는 상황요인에 의하여 달라질 수 있다는 상황적 리더십 모델(situational leadership theory; SLT)을 통해 효과적 리더십유형을 분석하여 리더십 수명주기이론을 발표하였다.

(1) 상황변수
  : 허쉬와 블랜차드는 아지리스의 성숙-미성숙 이론과 맥클리랜드의 성취동기 이론을 토대로 과업수행 시 나타나는 개인행동을 기준으로 종업원의 성숙도를 상황변수로 사용하였다.

(2) 리더십 스타일: 리더가 취할 수 있는 행동양식이 크게 과업과 관계의 측면으로 나누어 볼 수 있다고 보았다.
  ① 과업행동 : 리더가 집단 구성원들의 역할 범위와 한계를 명확히 해주는 행동을 뜻한다.
     - 과업수행의 방식 구체화, 조직구조의 효과적 설계, 구성원 간의 커뮤니케이션 지원 등 업무수행을 촉진하는 제반 노력을 기울이는 것이다.
  ② 관계행동 : 리더가 구성원과의 커뮤니케이션을 보다 개방적으로 유지하고 사회적·정서적 지원을 실시하며, 보다 긴밀한 인간관계를 맺는 행동을 뜻한다.

(3) 상황에 따른 리더십의 효과성
- 구성원의 성숙도 수준에 따라 적합한 리더십의 형태가 달라진다.
  ① 능력과 의지 모두가 낮은 경우(M1, 지시형 리더십) : 관계행동보다는 과업행동을 위주로하는 리더십이 효과가 있다고 보았으며, 이를 지시형(telling/directing)이라 한다. 여기서는 구성원의 직무수행 역량이 갖추어져 있지 않기 때문에 리더가 구체적인 직무수행방법과 절차를 구체적으로 지시함으로써 구성원의 성과향상을 도모할 수 있다.

② 능력은 낮으나 의지가 높은 경우(M2, 지원형 리더십) : 과업행동과 관계행동의 수준 모두를 높이는 리더십이 효과가 있다고 보았으며, 이를 지도형(coaching), 지원형(supporting), 또는 판매형(selling)이라 한다. 여기서는 구성원이 직무를 시작한지 일정기간이 경과하여 조직정체감이 형성되고 몰입도가 높아지는 시기지만 아직 직무가 요구하는 역량은 충 분히 갖추지 못한 시기이다.(의사결정에 대한 이해 위한 기회 부여)

③ 능력은 높으나 의지가 낮은 경우(M3, 참여형 리더십) : 리더는 관계행동 의 수준은 높게 유지하되 과업행동의 수준은 약간 낮은 수준으로 유지할 필요가 있으며, 이러한 리더십을 참여형(participating)이라 한다. 여기서는 구성원이 직무를 맡은 기간이 어느 정도 경과하여 직무가 요구하는 역량을 충분히 갖추게 되지만 점차 업무상의 매너리즘에 빠지는 시기이다.(의사결정의 참여와 정보공유 필요)

④ 능력과 의지 모두가 높은 경우(M4, 위임형 리더십) : 과업행동과 관계행동의 수준 모두를 낮게 유지하는 리더십이 효과가 있으며, 이를 위임형(delegating)이라 한다. 여기서는 구성원이 성취동기에 의해 스스로 동 기유발되며 리더가 구체적인 지시를 하지 않더라도 스스로 목표를 달성 할 수 있게 되므로 상사의 대폭적 권한위양이 가능해진다.

33 ④

해설 다양한 권력의 원천 가운데 전문적인 기술이나 지식 또는 독점적 정보에 바탕을 둔 권력은 전문적 권력 및 정보적 권력에 해당한다.

34 ②

해설 거래적 리더십(transaction leadership)은 장기적인 목표를 강조해 부하들이 창의적 성과를 낼 수 있게 환경을 만들어 주며, 새로운 변화와 시도를 추구하게 된다고 보기보다는 조건에 따른 보상과 예외에 의한 관리 및 자유방임적 성향을 보여주는 전통적 리더십을 총칭한 개념이다.

35 ④

해설 카리스마적 리더(charismatic leader)는 집단응집성 제고를 통해 집단사고를 강화함으로써 집단의사결정의 효과성을 떨어뜨릴 가능성이 크다.

36 ①

해설 명확한 비전제시는 변혁적 리더십 및 카리스마적 리더십의 특징으로 볼 수 있다.
진성 리더십이란 리더의 진정성을 강조하는 리더십으로, 명확한 자기 인식에 기초하여 확고한 가치와 원칙을 세우고 투명한 관계를 형성하여 조직 구성원들 에게 긍정적인 영향을 미치는 리더십이다.

> ▶ 진성리더십의 개념은 진정성(authenticity)의 개념을 바탕으로 정의된다. 진정성은 한 개인이 자기 스스로를 알고, 자신 내면의 생각과 감정, 가치관 등에 일치되도록 행동하는 것을 의미하며, 자기인식(self-awareness)과 자기규제(self-regulation) 등 두 가지 요소로 이루어진다.
> • 자기인식은 현재 자신의 진정한 자아를 인식하는 것으로 자신의 재능, 강점, 목표, 핵심 가치관, 믿음, 욕망 등을 지속적으로 이해하는 과정이며,
> • 자기규제는 개인이 그들의 가치관과 목표를 자신의 행위와 일치시키는 과정이다.
> ▶ 진성리더십은 '리더와 조직구성원들의 긍정적 자기개발 촉진 측면에서 자기인식, 내재화된 도덕적 관점, 정보의 균형된 프로세스(처리) 및 관계적 투명성 등을 보다 발전시키기 위해 긍정적 심리 역량과 긍정적/도덕적 분위기를 만들어내고 증진하는 리더의 행동 양식'으로 정의된다.
> ▶ 진성리더란 '자신이 어떻게 행동하고 생각하는지 충분히 지각하며, 그들과 다른 사람들의 가치/도

덕적 관점, 지식 및 강점을 알고 있는 다른 사람들에 의해 인식되는 사람들로서, 그들이 행동하는 맥락을 알고 있으며, 자신감 있고, 희망적이며, 낙관적이고, 복원력이 높으며, 높은 도덕적 특성을 지닌 리더'이다.

▶ 진성리더 (Authentic Leaders) 들이 다른 리더들과 다른 점은 목적을 추구함으로써 결과와 성과를 도출하는 사람들이라는 점일 것이다. 즉 이들은 결과나 성과를 도출하기 위해서 목적을 희생하는 것을 가장 부끄러운 일로 생각한다. 이들은 목적이 구현되면 결과와 성과는 자연적으로 따라온다는 것을 깨달은 사람들이다. 따라서 이들은 사람들에게 선한 영향력을 미칠 수 있는 진정성 있는 조직과 자신의 "목적"을 찾기 위해 지속적으로 성찰하며 목적이 설정되었을 때 이것을 구현하기 위해서 말보다는 몸으로 먼저 실천하는 사람들이다. 이런 성찰과 실천 과정을 통해 이들의 목적의 스토리는 이들의 품성으로 자연스럽게 체화된다. 진성리더는 목적의 스토리가 성품으로 체화된 사람을 지칭한다.

> 진성리더십(Authentic leadership)의 개념은 시장중심의 무한경쟁 패러다임에 한계점이 있다고 지각한 학자, 실무자, 운영자들에 의해 2004년 네브래스카 리더십 컨퍼런스에서 처음으로 소개되었다. 이는 2000년대에 들어 기존의 리더십 이론들이 리더의 화려한 언변이나 제스처, 스킬 등을 강조하는 방향으로 발전해서 경영자의 개인적 욕구를 채우는 수단으로 전락했다는 인식이 강해졌기 때문이다.
> 이처럼 기존 리더십의 한계를 논함과 동시에 진성리더십 및 리더가 가진 진정성(Authenticity)과 윤리성(Ethicality) 등에 대한 관심이 증폭된 결정적 사건은 미국의 거대 에너지 기업 엔론(Enron)의 파산이었다. 비윤리적 기업, 부패 리더십의 상징으로 여겨지는 엔론 사태는 리더들의 도덕적 해이, 탐욕과 오만, 진정성 없는 리더들이 글로벌 거대 조직은 순식간에 파산에 이르게 만들 수 있음을 보여주었다. 한편 2012년 다보스 포럼에서도 지금까지의 친기업적 주장과는 달리 위기에 빠진 자본주의를 구제하기 위한 해법이 필요하다고 주장하였다

37 ①

[해설] 하급자가 어떤 일정에 따라 무슨 일을 해야 할지 스스로 결정하여 추진하도록 지시하는 유형지시적 리더십보다는 참여적 내지는 성취지향적 리더에 가깝다고 볼 수 있다.

38 ④

[해설] 과업형 리더에게는 이미 과업 중심적인 관점을 가지고 있으므로 생산에 대한 관심을 높일 수 있는 훈련보다는 종업원을 배려하는 인간관계 훈련 등이 필요하다.

39 ④

[해설] 제왕학, 위인이론 등은 리더십 특성이론(trait theory)에 해당한다고 보아야 함.

40 ③

[해설] 리더-구성원 교환(LMX)이론은 리더와 개별 구성원간의 차별대우가 존재하는 상황에서 「이방인→면식→파트너」 단계로 나아가며 모두 내집단화시켜야 한다는 이론임. 반면에 역할과 업무 요구사항을 명확히 함으로써 부서 내 구성원의 목표 달성을 돕는 것은 하우스의 경로-목표이론에 대한 설명임.

41 ③

해설 하우스(House)의 경로-목표 이론에 의하면, 외재적 통제위치를 갖고 있는 부하에게는 참여적 리더십 보다는 지시적 리더십이 더 적합하다.

42 ②

해설 피들러의 상황적합성이론의 경우 상황적 요인이 리더에게 회의적이거나 비호의적인 경우는 과업 지향적 리더가 관계지향적 리더보다 효과적이라고 보고 있으며, 어중간한 경우에는 관계지향적 리더가 효과적이라고 설명한 이론임. 리더십관련 문제에 권력유형분류 지문을 하나 섞은 문제로 리더십과 권력에 대한 기초적 개념 질문임.

CHAPTER 3 : 조직차원의 조직행동: 거시조직론

개념정리문제

1 ②

해설: 제품은 상황변수로 보기 어려움.

2 ①

해설: 조직몰입과 근속년수는 상당한 정의 관계에 있으며, 조직몰입 이 높은 사람은 현재의 상태에 집착하여 변화에 저항하는 경향이 큼. 분업은 상관없는 상황임.
아울러 업무몰입을 높이기 위해서는
단기적요인 중에서 집단적 요인으로 즐거움주기, 개인적으로 인정감 부여가 있고
중기적 차원에서 개인적 요인으로 성취감의 부여 등을 통해 높일 수 있다.
장기적 요인으로 집단적 요인으로 소속감 고취, 개인적요인으로 자기개발을 들 수 있다.

3 ②

해설: 조직설계에 있어서 기술변수를 고려한 특히, 기술의 복잡성 정도에 따른 제조업 중심의 연구인 우즈워드의 연구를 살펴본 문제로서 우즈워드의 연구에서는 아래와 같이 조직 유형을 설명하고 있다.

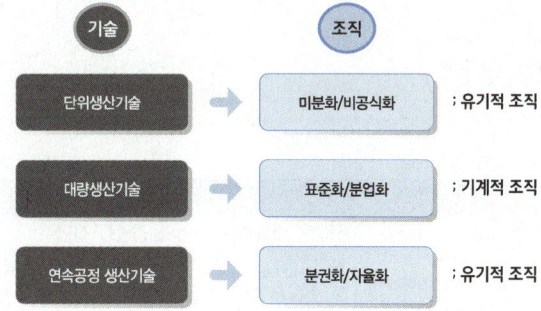

4 ③

해설: 페로우는 서비스업과 일반기업까지 확대한 연구로 우즈워드의 연구의 제조업만에 국한한 문제점을 극복하였고 페로우는 기술을 과업의 다양성(문제와 예외의 발생빈도)와 문제 분석가능성(해결가능성)으로 구분하고 단순기술, 공학기술, 장인기술, 복잡기술로 구분하였다.

기술구분의 기준		과업의 다양성(문제와 예외발생 빈도)	
		적음(반복)	많음(변화)
예외발생 시 분석가능성 (해결 용이성)	쉬움(체계적)	기술유형 Ⅰ 단순기술	기술유형 Ⅱ 공학기술
	어려움(직관적)	기술유형 Ⅲ 장인기술	기술유형Ⅳ 복잡기술

5 ④

해설: 비공식적 커뮤니케이션은 유기적 조직의 특징으로 보아야 함.

6 ①

해설 애드호크라시란 미국의 미래학자 앨빈 토플러가 그의 저서 『미래의 충격』에서 종래의 관료조직을 대체할 미래 조직을 가리키는 말로 사용한 용어이다. 애드호크라시는 관료조직처럼 지위나 역할에 따라 종적으로 조직된 것이 아니라 기능과 전문적 훈련에 의해 유연하게 기능별로 분화된 횡적 조직이다.

7 ⑤

해설 뷰로크라시 조직이란 일종의 관료제로서 조직구조의 유형 중 합법적 권한에 의한 근대적 지배방식을 말한다. 뷰로크라시 체제는 법과 규정에 의한 지배로 업무의 한계 안에서 지배와 복종만 있을 뿐 인간 자체의 지배, 복종관계는 개입되지 않는다.

〈뷰로크라시 조직의 특징〉
- 분업(division of labor): 모든 업무는 단순하고 일상적이며 명확히 규정된 과업으로 분할되어 각 구성원에게 할당된다.
- 고도의 공식화: 공식적인 규칙과 절차에 의존함으로써 일치를 모색하고 직무수행자의 행동을 규제할 수 있다.
- 명확히 규정된 권한의 위계구조: 직위의 위계구조를 갖는 다단계의 공식적 구조가 형성됨으로 인해 하위직위는 상위직위의 감독과 통제하에 있게 된다.
- 비인격성: 제재조치는 일관적이고 비인격적으로 적용됨으로 인해 구성원에 대한 개인적인 인신비평과 사적인 감정개입을 배제할 수 있다.
- 공사(公私)의 명확한 구별: 개인사정으로 인한 요구사항이나 이해관계를 완전히 배제함으로써 그러한 사사로운 사항들이 조직활동을 합리적이고 비개인적으로 수행해 나가는 데 있어 저해요인으로 작용하지 못하도록 한다.

〈기계적 조직〉
강한 승진욕구, 존경욕구

8 ⑤

해설

기본부문	내용	조직형태
전략경영부문(strategic apex)	전략을 수립하는 기업의 경영진 집단	단순조직
전문기술가부문(technostructure)	조직 내에서 업무나 기술을 표준화하고 조직 내에서 일을 수행함에 있어서 전문적이고 기술적인 도움을 주는 부문	기계적 관료제
생산핵심부문(operation core)	• 조직의 원래 목표가 이루어지는 부문 • 기업의 생산, 판매활동, 병원의 치료활동, 대학의 강의활동 등	전문적 관료제
중간관리자부문(middle apex)	최고경영층에 의해 수립된 전략을 실질적으로 운영해 나가는 핵심 운영층을 직·간접적으로 연결하는 위치에 있는 부문	사업부제
일반지원부문(support staff)	• 핵심 라인을 지원하는 간접 스텝 부문 • 병원의 원무과 등	애드호크라시

9 ①

해설 테일러: 과학적 관리의 창시자로서, 인간은 달성하여야 할 일정한 과업이 명확하게 결정되지 않으면 능률은 올라가지 않는 다는 것이 과업관리의 근본정신임. 이에 근거하여 과학적 관리 필요성 주장. ① 시간연구와 동작연구를 통해 표준 과업량 제시→과업관리, ② 차별성과급제, ③ 직능식 조직(현대 기능식 조직), ④ 고임금, 저노무비의 실현

– 네트워크 조직: 조직활동을 상대적 비교 우위가 있는 한정된 부문에만 국한시키고, 나머지 활동 분야는 아웃소싱(outsourcing)하거나 전략적 제휴 등을 통해 외부 전문가에게 맡기는 조직을 말한다. 네트워크 조직은 계층이 거의 없고, 조직 간의 벽도 없으며, 부문 간 교류가 활발하게 이루어지는 특징을

지닌다.
- 오케스트라形 조직: 표준화된 절차, 전문 인력이 있는 조직으로서, 특정 전략, 목표에 따라 일사불란하게 움직이며 강력한 카리스마를 갖춘 리더가 필요한 조직 형태 → 불확실성의 시대에는 적응하기 어려움. (예 GM, 도요타)
- 재즈밴드形 조직: 변화에 민감, 순발력, 유연성, 개방성을 특징으로 하는 조직으로 오케스트라形은 20세기형 조직, 재즈밴드形은 21세기형 조직으로 평가함.

10 ③

해설

이익센터(profit center)란 기업에 직접적으로 이익을 가져다주는 단위 조직을 의미한다. 특히, 이익센터장은 수익과 비용을 고려하여 이윤창출에 책임이 있다. 즉, 이익센터장은 이윤창출과 관련된 활동에 초점을 두어야 하며 동시에 비용도 통제해야 한다. 비용창출센터는 수익과 비용을 결정하는 별개의 주체로 인정되기 때문에 독립적인 사업을 운영하는 것과 유사하다. 이러한 측면에서 사업부제 조직과 유사하다고 할 수 있다. 아울러 인적자원 관리적 측면에서 본다면 기업교육에서 이익윤창출센터 형태로 나타나는데 이는 기업 내의 교육훈련 부서가 교육훈련을 통해 이윤을 창출해야 한다는 의미로 주로 활용된다.

11 ⑤

해설

자원의 효율적인 활용으로 규모의 경제를 기할 수 있는 것은 기능식 조직에 가까우며, 사업부제조직은 효율적이라기보다는 유연성 확보에 중점을 둔 고비용구조에 가깝다.

12 ①

해설

①, ⑤ 사업부제 조직은 분화의 원칙에 의하여 편성되고 운영하는 형태로서 시장의 변화에 탄력적으로 대응할 수 있는 장점이 있다.
② 프로젝트 조직에 대한 내용으로 인적 자원의 효율적인 활용이 이루어진다.
③ 매트릭스 조직에 대한 내용으로 양쪽의 업무를 동시에 수행하여야 하기 때문에 추가 업무의 스트레스와 지휘 체계의 곤란으로 인한 역할갈등과 스트레스가 발생한다.
④ 직능식 조직에 대한 내용으로 명령일원화의 원칙이 적용되지 않아서 대기업에는 부적절한 조직이다.

13 ④

해설

사업부제 조직

의미	• 분화의 원리에 따라 사업부단위를 편성하고 각 단위에 대하여 독자적인 생산과 영업 및 관리 권한을 부여로 사업부가 부문화되어 만들어진 조직 • 제품별·시장별·지역별 이익중심점 또는 이익센터(profit center)를 중심으로 독자적인 경영과 이익에 대한 책임을 지는 독립채산제를 실시하는 조직형태 • 오늘날 다국적 기업들이 가장 보편적으로 채택하고 있는 조직구조 형태 • 본사의 전반적인 종합적 조정기능의 강화
장점	• 사업부문별로 권한과 책임을 부여함으로써 시장변화 또는 소비자욕구변화에 빠르게 대처 • 각 사업부 내부의 관리자와 종업원의 상호작용으로 효율이 향상되고 사업부 내의 기능 간 조정이 용이 • 실전에 유능한 경영자 양성 • 각 사업부는 이익중심 및 책임 중심점이 되어 경영성과 향상
단점	• 사업부 간의 과도한 경쟁에 의한 조직능력의 분산 • 중복 투자와 관리비용이 증가 • 독립사업부의 이익 중심으로 움직임으로 인한 전체적 측면에서의 시너지 효과 산출이 어려움 • 각 사업부 간 이익대립가능성과 이의 조정이 어려움

14 ①

해설 기능식 조직은 효율성을 강조하는 부문별 전문화된 조직이며, 사업부제는 이러한 기능식조직의 특징을 가지고는 있으나 효율성보다는 유연성을 좀 더 강조하는 조직 형태이다.

15 ④

해설 프로젝트 조직에 대한 설명임.

의미	• 특정 과제나 목표를 달성하기 위해 구성되는 임시적이고 동태적인 조직구조 • 팀은 기존 조직에서 프로젝트 수행에 적합하다고 판단되는 사람을 차출하여 구성
장점	• 프로젝트 수행을 위해 새로운 조직을 만들지 않아도 되기 때문에 기업조직의 인력운영에 유연성을 확보할 수 있음 • 목표가 명확하여 동기부여가 되며 이로인해 사기가 높음 • 조직의 기동성과 환경적응성이 높음
단점	• 이중적 지휘체계에 의한 종업원의 지휘가 모호해짐 • 팀장의 능력과 역할이 프로젝트 성과에 결정적 • 구성원의 우월감으로 조직전체의 단결저해 우려 있음

16 ①

해설 틀린 지문들을 살펴보면 다음과 같다.
② 프로젝트 조직은 매트릭스 조직과 기능식 조직을 절충한 것이 아니라 매트릭스조직이 프로젝트 조직과 기능식 조직을 결합하여 사업부제 조직의 고비용 구조를 해소하기 위해 만들어진 것이다.
③ 목표보다 일상적 과업에 집중하는 것이 아니라 프로젝트라는 목표에 집중하는 것이다.
④ 전문가나 관계요원들로 구성되는 영구적 조직이 아니라 프로젝트 조직은 임시조직의 한 형태라고 볼 수 있다.

17 ①

해설 매트릭스 조직은 이중지휘체제로 인한 명령일원화의 원칙이 깨져서 구성원들이 역할 갈등이 생길 수가 있으며 나아가 이러한 문제는 책임과 권한을 모호하게 하여 구성원 갈등 해결을 어렵게 만드는 요인이 되기도 하며, 권한간 균형 유지에 많은 시간과 비용을 발생시킨다.

18 ⑤

해설 매트릭스조직의 경우 명령일원화의 원칙이 깨질 경우 역할 갈등이 발생할 소지가 큼.

19 ①

해설 매트릭스 조직에서 종업원들은 이중적 고객의 요구에 대응하기 위해 최소한 두 개의 부서에 속하게 되어 모든 부하들은 상사가 2명인 이중지휘체계를 갖게 된다. 이를 다르게는 "종업원의 역할갈등(role conflict) 발생 가능성이 높다." 혹은 "조직설계의 원칙 가운데 명령 일원화(unity of command)의 원칙에 위배되는 조직구조이다."라고 표현하기도 한다.
② 시장의 새로운 변화에 유연하게 대처하기 쉽다. 매트릭스 조직보다 새로운 변화에 더 유연하게 대처할 수 있는 조직은 수평적 조직이나 네트워크 조직이다.
③ 기능적 조직과 사업부제 조직을 결합한 형태는 혼합형 조직(hybrid structure)이다.
④ 단일 제품을 생산하는 조직에 적합한 형태는 단순조직(simple structure)이나 기능조직(functional stucture)이다.

20 ③

해설 매트릭스 조직은 자원을 효율적으로 활용할 수 있다는 장점을 지니고 있지만, 구성원이 원래 부서에 속해있으면서도 프로젝트 팀에 소식이 되어 있기 때문에 누가 의사결정에 대하여 권한과 책임이 있는지를 결정하는 데 혼란스러움을 겪게 된다.

① 라인 조직은 직계 조직이라고 하며, 명령 일원화의 원칙에 의해서 하급자에게 명령, 통제, 지시를 할 수 있는 장점이 있다.
② 사업부제 조직은 경영 활동을 분화의 원칙에 의해 지역별, 고객별, 제품별 등으로 사업부를 편성하는 형태로 변화하는 시장에 대해서 탄력적으로 움직일 수 있다.
④ 프로젝트 조직은 특정임무의 수행을 위하여 임시로 형성된 조직이다.

21 ⑤

해설 역할 갈등의 발생소지가 있으며, 갈등조정의 어려움이 있는 조직의 유형이라고 볼 수 있음.

의미	• 기능식 조직의 장점과 프로젝트 조직의 장점을 결합시켜 만들어진 그리드 조직구도 • 사업부제 조직의 고비용구조를 상대적으로 해소 가능 • 구성원은 종적으로는 기능별 조직 일원이고, 횡적으로는 프로젝트 조직의 일원임
장점	• 인적자원을 효율적으로 사용할 수 있음 • 새로운 환경변화에 융통성 있게 대처할 수 있음 • 동시에 여러 가지의 프로젝트를 실행할 수 있음 • 전문지식과 기술의 축적 및 개발 용이
단점	• 이중적 지휘체계에 의한 상사 간 권력갈등이 발생할 수 있음 • 명령일원화의 원칙이 무너질 경우 종업원에 대한 지휘가 모호해지고 종업원이 역할 갈등을 겪을 수가 있음 • 책임과 권한의 모호함으로 인한 갈등해소와 권한 간 균형 유지에 많은 시간과 비용소요 • 복합적 이해관계로 인해 의사결정이 지연

22 ③

해설 이중지휘체제로 인하여 명령 일원화 원리가 적용되지 않으며 이로 인한 역할갈등 문제가 발생할 가능성이 큰 조직의 형태라고 볼 수 있다.

① 매트릭스 조직은 프로젝트 조직과 기능식 조직을 합한 이원적인 조직의 형태로서 직능 부분의 수직적 권한과 프로젝트 수행의 수평적 권한에 의하여 권한과 책임의 이중관계를 유지해 나가기 때문에 성과평가의 담당자가 명확하지 않다.
②, ④ 매트릭스 조직의 구성원은 종적으로 기능별 조직의 자기부서와 횡적으로 프로젝트에 동시에 소속되어 근무하는 형태로 프로젝트가 끝나면 원래 조직 업무를 수행한다.

의미	• 기능식 조직의 장점과 프로젝트 조직의 장점을 결합시켜 만들어진 그리드 조직구도 • 사업부제 조직의 고비용구조를 상대적으로 해소 가능 • 구성원은 종적으로는 기능별 조직 일원이고, 횡적으로는 프로젝트 조직의 일원임
장점	• 인적자원을 효율적으로 사용할 수 있음 • 새로운 환경변화에 융통성 있게 대처할 수 있음 • 동시에 여러 가지의 프로젝트를 실행할 수 있음 • 전문지식과 기술의 축적 및 개발 용이
단점	• 이중적 지휘체계에 의한 상사 간 권력갈등이 발생할 수 있음 • 명령일원화의 원칙이 무너질 경우 종업원에 대한 지휘가 모호해지고 종업원이 역할 갈등을 겪을 수가 있음 • 책임과 권한의 모호함으로 인한 갈등해소와 권한 간 균형 유지에 많은 시간과 비용소요 • 복합적 이해관계로 인해 의사결정이 지연

23 ②

해설
위원회조직
- 기능식 조직의 부문 간 갈등을 조정하고 부문 간의 조정기능을 수행하기 위한 조직
- 의사결정에 시간과 비용이 많이 소요되며, 환경변화에 대응하는 신속한 의사결정을 못함
- 이해관계가 상이한 집단들의 관련기능을 통합해 주는 임시적 또는 영구적 조직

24 ④

해설
매트릭스 조직의 구성원은 종적으로 기능별 조직의 자기부서와 횡적으로 프로젝트 조직에 동시에 소속되어 근무하는 형태로 두 명의 관리자로부터 지휘를 받아 누가 의사결정에 대하여 권한과 책임이 있는지를 결정하는 데 혼란스러움을 겪게 된다.
①, ② 라인조직에 대한 내용으로 명령체제가 상부에서 하부로 이동하는 명령일원화의 원칙을 적용하여 의사결정의 신속함, 통솔의 용이성 등의 장점이 있다.
③ 사업부제 조직에 대한 내용으로 독립적인 사업부로 부문화된 후 각 사업부 내부에 기능식 부문화가 이루어지는 형태를 말한다.

25 ⑤

해설
에드호크라시 조직이란 임시조직의 형태로 생각하여야 함.
① 사업부제 조직의 성격을 수반한 자유형 혼합조직이다.
② 관료제 조직에 대한 설명으로 분업과 위계구조를 강조하며 구성원의 행동이 공식규정과 절차에 의존하는 조직이다.
③ 프로젝트조직에 대한 설명으로 특정프로젝트를 해결하기 위해 구성된 조직으로 프로젝트의 완료와 함께 해체되는 조직이다.
④ 위원회조직에 대한 설명으로 다양한 의견을 조장하고 의사결정의 결과에 대한 책임을 분산시킬 필요가 있을 때 흔히 사용되는 조직이다.

26 ①

해설
위원회조직은 명령 계통 혹은 각 부문 간의 불화나 마찰 등의 단점을 보완하기 위하여 고안된 형태로서 주로 한시적 또는 필요에 따라 소집되고 결정되는 임시적 조직이며, 의사결정과 환경변화의 대응에 있어 시간과 비용이 많이 소비된다.

보충 위원회조직과 TFT의 비교

	Committee	Task Force
영속성	장기	단기(임무 완수 때까지)
목적	번번하게 발생하는 문제해결이나 의사결정, 갈등해소 및 조정 목적의 정보교환	특정문제해결이나 과업을 한시적으로 수행
구성원의 배경	조직 내의 역할이나 지위	전문성·기술
구성원의 안정성	안정적	유동적
업무추진태도	수동적	적극적

27 ①

해설
전문적 관료제는 복잡한 환경하에서 표준화된 기술과 지식이 활용될 때 유용한 조직구조라고 볼 수 있다. 아울러 틀린 지문들을 살펴보면 다음과 같다.
② 많은 규칙과 규제가 필요하여 공식화 정도가 매우 높다. → 기계적 관료제

③ 강력한 리더십이 필요한 경우에 적합하며, 벤처기업에 적용이 가능하다. → 단순구조조직
④ 기술의 변화속도가 빠른 동태적인 환경에 적합하다. → 에드호크라시형 조직

기본부문	내용	조직형태
전략부문 (strategic apex)	• 전략을 수립하는 기업의 경영진 집단	단순조직
전문기술가부문 (Techno Structure)	• 조직 내에서 업무나 기술을 표준화하고 조직 내에서 일을 수행함에 있어서 전문적이고 기술적인 도움을 주는 부문	기계적관료제
생산핵심부문 (Operation Core)	• 조직의 원래 목표가 이루어지는 부문 • 기업의 생산, 판매활동, 병원의 치료활동, 대학의 강의활동 등	전문적관료제
중간관리자부문 (Middle Line)	• 최고경영층에 의해 수립된 전략을 실질적으로 운영해 나가는 핵심운영층을 직·간접적으로 연결하는 위치에 있는 부문 • 회사를 분할하는 힘	사업부제
지원부문 (Support Staff)	• 핵심 라인을 지원하는 간접 스텝 부문 • 병원의 원무과 등	애드호크시

28 ③

기본부문	내용
전략부문 (strategic apex)	• 조직의 나아갈 방향을 결정하고 전략을 수립하는 최고경영부문을 의미
기술구조부문 (techon structure)	• 조직 내의 업무나 기술을 표준화하거나 개선하는 기능을 수행하는 부문
(생산)핵심운영부문 (operation core)	• 조직의 원래 목표가 이루어지는 부문으로서 조직의 기본업무를 수행하는 부문에 해당. 제조업에서는 제품을 생산하는 부문, 병원의 의사, 대학의 교수 등을 예로 들 수 있다.
중간라인부문 (middle line apex)	• 전략부문과 핵심운영부문 간을 직접 연결시키는 라인인데 이들은 조직의 전략을 핵심 운영부문으로 전달하고 기능부서 내의 활동을 조정하고 통제하는 역할을 수행한다.
지원스태프부문 (support staff)	• 핵심 라인을 지원하는 간접 스태프 부문으로서 연구개발, 병원 원무과, 대학 행정실, 법률자문, 급여담당, 홍보 등 기본적인 과업이 외에 발생하는 문제에 대하여 조직구성원들을 지원하는 부문이다.

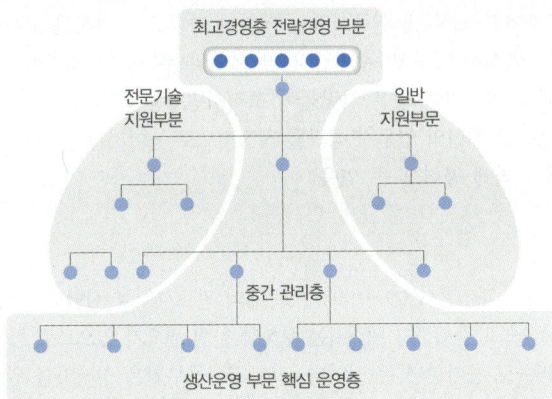

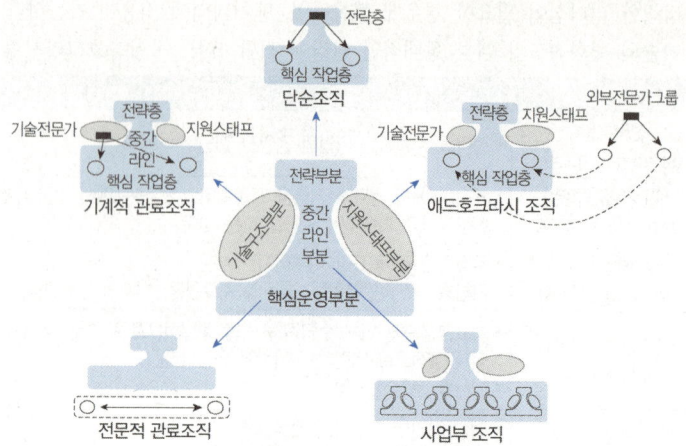

29 ①

모든 기업은 나름대로 금과옥조로 삼는 근무규범과 제도를 가지고 있다. 그러나 그것을 어떻게 운용하는지에 따라 그 성과는 일률적이지 않다. 모든 조직의 벌칙제도는 마땅히 뜨거운 난로와 같은 것이어야 한다.

- 첫째, 그것을 만져보지 않아도 누구나 뜨거운 줄 알 수 있다.(경고성의 원칙)
- 둘째, 그것에 닿으면 몇 번이든 반드시 화상을 입는다. 즉, 규칙을 위반하면 반드시 처벌을 받게 된다. (인과성의 원칙)
- 셋째, 그것을 만지면 즉시 화상을 입게 된다.(즉시성의 원칙)
- 넷째, 누가 그것을 만지든 반드시 화상을 입는다.(공평성의 원칙)

30 ⑤

조직시민행동(OCB, organizational citizenship behavior)
- 자신에게 주어진 조직 내의 공식적인 역할이 아니고 직접적인 보상이 없어도 조직을 위해 희생하고 자발적으로 열심히 일하고, 주어진 책임 이외의 부가적인 업무를 수행하는 행위
- 직무만족과 조직몰입이 높은 사람들이 조직시민행동을 많이 함
- 조직시민행동은 개인의 업무적 성과를 직접적으로 높이지는 않을지라도 조직의 맥락적 성과를 높여줄 수 있어서 조직에 공헌할 수 있음

31 ①

영국의 경영학자 파킨슨(1909~1993)이 현대의 관료사회를 신랄하게 풍자하며 제창한 사회생태학 법칙. "공무원이 상급으로 출세하기 위해서는 부하를 늘릴 필요가 있으므로 공무원은 일의 유무나 경중에 관계없이 일정한 비율로 증가한다"는 것이다. 그는 또 '공무원은 경쟁자를 원하지 않는다', '공무원은 자신들을 위해 업무를 만들어낸다', '예산 심의에 필요한 시간은 예산액에 반비례한다'며 공무원 조직을 비판했다.
- 파레토법칙: 상위 20% 사람들이 전체 부(富)의 80%를 가지고 있다거나, 상위 20% 고객이 매출의 80%를 창출한다든가 하는 의미로 쓰이지만, 80과 20은 숫자 자체를 반드시 의미하는 것은 아니다. 전체 성과의 대부분(80)이 몇 가지 소수의 요소(20)에 의존한다는 의미이다. 그러나 이 이론은 80%의 다수가 20%의 핵심 소수보다 뛰어난 가치를 창출한다는 롱테일법칙으로 대체되고 있는 추세를 보임.
- 에릭슨 법칙: 어떤 일이든 10년을 열심히 하면 전문가가 된다는 것으로 최근 만 시간의 법칙 등으로 알려진 법칙임.

- 호손 효과: 실험에서 피험자들이 자신이 실험하에 있다는 인식 때문에 영향을 받는 피험자들의 수행.
- 하인리히 법칙: 대형사고가 발생하기 전에 그와 관련된 수많은 경미한 사고와 징후들이 반드시 존재한다는 것을 밝힌 법칙으로, 사소한 문제가 발생하였을 때 이를 면밀히 살펴 그 원인을 파악하고 잘못된 점을 시정하면 대형사고나 실패를 방지할 수 있지만, 징후가 있음에도 이를 무시하고 방치하면 돌이킬 수 없는 대형사고로 번질 수 있다는 것을 경고한다.

32 ①

해설

쉐인은 조직이론의 발달순서에 따라 인간의 유형을 '합리적, 경제적 인간 – 사회적 인간 – 자아실현적 인간 – 복합적 인간'으로 구분하였다.

〈쉐인의 조직 유형에 따른 인간유형〉

- 합리적 경제인(rational economic man)
  조직 내 인간은 자기쾌락을 추구하는 인간으로 자기의 이익을 극대화하기 위하여 행동한다는 인간관이다. 인간은 합리적 기계적으로 움직이고 인간은 경제적 유인에 의하여 동기부여가 이루어지며 인간의 감정은 비합리적이므로 통제하여야 한다는 가정을 전제하고 있다.
  맥그리거의 X이론에 의한 인간관과 유사한 특징을 지니고 있다.
- 사회인(social man)
  인간은 집단에 대한 소속감이나 일체감을 중시하며 사회적 욕구에 의하여 동기부여된다는 이론이다. 이런 경우 관리자는 수행하는 과업보다는 과업을 수행하는 사람의 욕구에 관심을 가지고 관리하여야 한다. 이 이론은 메이요의 인간관계론과 유사한 특징을 지니고 있다.
- 자기실현인(self-actualizing man)
  인간은 자기의 능력, 자질을 최대한 생산적으로 활용하고자 하는 자기실현 욕구, 성취욕구를 지니고 있으며, 자율적으로 자기규제를 할 수 있다. 따라서 관리전략은 직무에 대한 충실이나 자기개발 그리고 내적인 보상과 참여 등이 적합하다. 이는 맥그리거의 Y이론에 의한 인간관과 유사한 특징을 지니고 있다.
- 복합인(complex man)
  위의 세 가설은 인간을 단순화, 일반화한 것이지만 현실적으로 인간은 위의 세 가지 인간형보다 더 복잡하고 다양한 존재이다. 인간의 욕구수준은 시간과 상황에 따라 변화하고 모든 사람에게 유효한 하나의 관리방법은 존재하지 않으므로 개인차를 진단하면서 관리하는 상황조건적 관리전략이 요구된다.

33 ⑤

해설

혁파(exnovation)는 혁신도입(innovation)의 전제이며, 조직문화 개혁은 지속적인 인습 등의 혁파를 필요로 한다.

34 ④

해설

조직문화란 조직구성원의 행동을 지배하는 비공식적 분위기 및 종업원 행동을 결정하는 집단적 가치관이나 규범으로서, 조직 내의 고유한 문화로서 조직에 대해 몰입을 높이지만 외부환경변화에 대한 적응성, 탄력성 등은 감소시키기도 한다.

35 ④

해설

파스칼과 피터스의 7s모형 또는 맥킨지사의 7S 조직문화 구성요소는 다음과 같다.

- 공유가치(Shared Value) : 조직 구성원들의 행동이나 사고를 특정 방향으로 이끌어 가는 아주 특별한 원칙이나 기준→조직문화에 형성에 가장 중요한 위치를 차지
- 전략(Strategy) : 변화하는 시장 환경에 기업이 어떻게 적응하여 능력을 발휘할 것인가 하는 장기적인

목적과 계획, 그리고 이를 달성하기 위한 자원 배분 방식
- 스킬(Skill) : 장기적인 목적과 계획이 전략이라면, 스킬은 그 전략을 어떻게 실행할 것인가를 말함
- 구조(Structure) : 전략을 실행해 나가기 위한 틀로 조직 구조나 직무 분류 역할과 책임 등이 해당
- 시스템(System) : 반복되는 의사 결정 사항들의 일관성을 유지하기 위해 제시된 틀
- 구성원(Staff) : 기업이 필요로 하는 사람의 유형
- 스타일(Style) : 구성원들을 이끌어 가는 전반적인 조직 관리 스타일

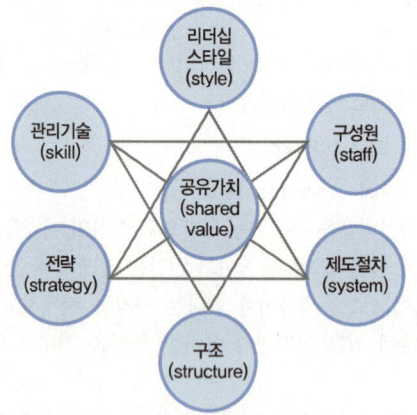

36 ③

[해설] 파스칼과 피터스의 7s모형 또는 맥킨지사의 7S 조직문화 구성요소는 공유가치(Shared Value)를 중심에 놓고 다른 요소들을 연결하고 있다.

37 ②

[해설] 파스칼과 피터스의 7s모형 또는 맥킨지사의 7S 조직문화 구성요소는 공유가치(Shared Value), 전략(Strategy), 스킬(Skill), 구조(Structure), 시스템(System), 구성원(Staff), 스타일(Style)이며 학습은 여기에 해당하지 않는다.

38 ②

[해설] 델파이법은 수요예측 및 집단의사결정기법으로 볼 수 있다.
[보충] 조직개발에 대하여 정리하면 다음과 같다.

의미		환경변화에 대응하는 조직의 적응능력을 기르기 위한 조직의 변화와 구성원의 행동개선
목표		조직유효성(개인과 조직 모두의 목표 달성)의 향상
성격		• 조직이 의도적으로 주도하는 계획적인 변화 • 행동과학적 지식을 기본으로 사고함
가정		인본주의적이고 민주적인 가치를 지향 & Y이론
기법	개인	감수성훈련(T그룹 훈련)
	집단	탐구축법
	조직	조사연구 피드백 기법, 그리드 훈련, 근로생활의 질 프로그램

* 관리도 훈련(그리드 훈련)은 개인, 집단, 조직차원의 기법

39 ②
해설
① Blake와 Mouton에 의해서 개발되었다.
③ 과정자문법은 외부의 상담자를 통하며 문제를 해결한다.
④ 감수성훈련은 상호작용을 통한 사회성 훈련 기법의 일종으로 상호 간의 영향력과 인지력을 평가하고 개발한다.

40 ②
해설
직장 내 교육훈련에 관한 설명으로 곧바로 현장에서 적용이 가능한 장점이 있다.

보충
조직개발기법에 대하여 정리하면 다음과 같다.

감수성훈련	• T-group 훈련은 1945년 미국의 브레드포드(L. Bredford)가 재직자 훈련의 일부로 시도 • 이질적인 성향의 낯선 소그룹 집단이 일정기간 동안 사회와 격리된 집단생활을 하면서 특정한 주제를 정하지 않고 서로 자유롭게 감정을 표현함으로써 지금까지 자신이 타인에게 어떤 영향을 주고 또 받아 왔는지 이해하며 본인의 사회적 위치와 역할을 깨닫게 되는 훈련 • 어떤 문제의 해결 방안이나 대인관계의 이해 및 이를 통한 인간관계의 개선 등이 목적
팀구축법	공식적인 일을 하는 집단에서 과업에 초점을 맞춰서 상호협조하면서 직무를 수행 및 개선할 수 있도록 하는 것
과정자문법	외부 상담자를 통하여 그룹 간 또는 그룹 안의 문제를 해결하고 진단하기 위한 방법

41 ④
해설
조직설계의 기본변수는 복잡성(분화의 정도), 집권화/분권화, 공식화를 들 수 있으며, 대표적인 상황변수로는 환경, 규모, 기술, 전략 등을 들 수 있다.

42 ③
해설
페로우(C. Perrow)의 모형을 정리하면 다음과 같다.

기술구분의 기준		문제와 예외발생 빈도	
		적음(반복)	많음(변화)
예외발생 시 분석 가능성 (해결 용이성)	쉬움(체계적)	기술유형 Ⅰ 단순기술	기술유형 Ⅱ 공학기술
	어려움(직관적)	기술유형 Ⅲ 장인기술	기술유형 Ⅳ 복잡기술

43 ①
해설
매트릭스 조직은 사업부제의 고비용 문제를 해결하기위하여 기능식조직의 장점과 프로젝트 조직의 장점을 살리면서 사업부제의 장점을 살리기 위한 대안적 형태로 등장하였다. 단, 해당 조직 구조상 권력 갈등과 종업원의 역할 갈등 문제가 나타날 수 있다.

44 ②
해설
별도의 스텝 부분이 기능단위의 라인을 지원하는 형태이다.

45 ⑤
해설
네트워크 조직에 대한 설명임.

46 ②

호프스테드(G. Hofstede)가 제시한 국가적 문화 유형의 차이를 구분하는 기준에는 권력거리(권력격차), 개인주의와 집단주의, 남성성대 여성성, 불확실성회피 수준이 있으므로 추후 연구를 통해 단기 지향성과 장기지향성을 추가하여 분류 기준으로 삼고 있다.

47 ③

조직수명주기는 다음과 같다.

구분	창업단계	집단공동체단계	공식화 단계	정교화 단계
조직 형태	비관료적	준 관료적	관료적	초 관료적
특징	비공식적, 1인 체제	전반적 비공식적, 부분적 공식화	공식절차, 명확한 과업분화, 전문가 영입	관료제 내의 팀 운영, 문화 중시
제품, 서비스	단일제품, 서비스	관련 주요제품	제품라인 및 서비스	복수의 라인
보상과 통제 시스템	개인적, 온정적	개인적, 성공에 대한 공헌	비인적, 공식화된 시스템	제품과 부서에 따라 포괄적
혁신 주체	창업주	종업원과 창업주	독립적 혁신집단	제도화된 R&D
목표	생존	성장	명성, 안정, 시장 확대	고유성, 완전한 조직
최고경영자 관리스타일	개인주의적, 기업가적	카리스마적, 방향 제시	통제를 바탕으로 위임	참여적, 팀 접근법

심화문제

1 ④

해설　급변하는 환경에 적응하기 위하여 설립된 조직은 동태적인 특징이 있다.

2 ④

해설　조직구조 설계의 기본 변수로는 복잡성(분화의 정도), 집권화와 분권화, 공식화 등이 있으며, 조직구조 설계의 상황변수로는 환경, 기술, 규모, 전략, 권한 등이 있다.

3 ②

해설　관리자가 스텝으로부터 조언과 지원을 많이 받을수록 관리하여야 할 스텝의 수가 늘어날 수 있으며 이로인해 통제의 범위는 넓어지며, 스탭의 조언·권고를 받기 위해 라인 부서의 의사결정과 집행이 지체될 수 있을 뿐만 아니라, 스탭은 조언·권고는 할 수 있지만 명령권한이 없기 때문에 스태프와 라인 간의 갈등이 야기될 수도 있음.

4 ②

해설　전략적선택이론이란 조직설계의 문제는 환경적응의 과정일 뿐만 아니라 창조적 행위자로서의 경영자 및 의사결정집단이 가지는 자유재량 및 관련자들 간의 정치적 과정으로 설명하고 있는 이론임. 경영자가 자원을 획득하고 유지할 수 있는 능력을 조직생존의 핵심요인으로 파악하고 있는 이론은 자원의존론임.

5 ④

해설
① 폐쇄 합리적 조직이론은 조직 내 생산성 향상에만 초점을 두고 있다. 환경과의 관련성을 파악한 개방적 이론이 아닌 폐쇄적 이론으로 주로 고전학파 이론이 해당된다.
② 폐쇄 사회적 조직이론은 조직구조의 복잡성, 조직구성원의 참여 등을 강조하여 비공식적 구조에 관심을 보인 이론으로서 인간관계론, 환경유관론 및 XY이론 등이 이에 해당한다.
③ 개방 합리적 조직이론을 따르는 챈들러(Chandler)는 시장경쟁 환경에서 '전략은 구조를 따른다'가 아니라 '조직구조는 전략을 따른다'고 하였다.
⑤ 개방 사회적 조직이론은 조직을 개방체제로 인식하여 인간의 합리적 행동보다는 감정이나 비합리적 동기측면에서의 행위를 하는 존재로 인식하였다. 또한 개방 합리적 조직이론과 동일하게 조직환경의 중요성을 강조하지만, 조직의 합리적 목적 수행보다는 조직의 생존을 강조하며 비공식성과 비합리성에 대한 초점을 통해 합리적 측면으로 설명하기 어려운 비합리적 행동을 설명하려고 한 이론이다.

〈SCOTT의 조직이론 분류〉

출처 Scoff, W.R. (1992, 2003). 수정인용

6 ⑤

해설 제한된 합리성에 대한 주장은 사이먼이 주장한 것이다.

7 ③

해설 Scott의 조직이론 분류를 생각하면 되는 문제임. 1상한 폐쇄 – 합리적 조직이론, 2상한 폐쇄 – 사회적 조직이론, 3상한 개방 – 합리적 조직이론, 4상한 개방 – 사회적 조직이론이 있다.

8 ②

해설 자원의존론이란 Pfeffer와 Salancik에 의해 발전한 이론으로 조직이 생존하고 성장하기 위해서는 환경으로부터 필요한 자원을 획득하고 적절하게 유지해야 한다는 이론이다. 자원의존론의 기본 원리를 살펴보면 첫째, 조직은 핵심 자원을 통제하는 다른 조직이나 집단의 요구에 적절히 반응해야 한다. 둘째, 경영자들은 조직의 생존과 환경의 제약으로부터 더 많은 자율성과 재량권을 확보하기 위해서 외부적 의존관계를 관리하려 한다를 들 수 있다. 이러한 관점에 대해 물어보는 질문임

9 ②

해설 조직 이론중 제도화이론에서 주장하는 내용으로서 조직의 동형화(isomorphism) 현상이란 특정 사항을 조직들 서로가 받아들이면서 조직들이 서로 비슷해지는 현상을 의미한다. 이러한 동형화에는 법률적 규제로 대표되는 강압적 동형화, 성공하는 조직을 벤치마킹하는 것으로 대표되는 모방적 동형화가 있다. 이러한 강압적, 모방적 동형화는 철저하게 '인식'을 하고 '비슷하게'가는 조직적 동형화로 볼 수 있으며, 나아가 규범적 동형화가 있다. 이는 조직이 사회의 가치관에 맞춰 달라지는 동형화 현상을 의미한다.

보충
- 강압적 동형화 (Coercive Isomorphism): 먼저 법규 등으로 대표되는 강압적 동형화(Coercive Isomorphism)가 조직간 유사성을 만든다. 기업도 사회 조직의 한 형태이므로 사회에서 요구하는 법규나 규범에 위배되는 활동을 할 수 없다. 이는 현재 수행하는 사업 전략에 직접적인 영향을 미칠 뿐만 아니라 미래 전략을 설계함에 있어서도 고려할 수 밖에 없는 요소다.
- 모방적 동형화 (Mimetic Isomorphism): 우수하다고 '생각'되는 조직을 모방하려는 모방적 동형화(Mimetic Isomorphism)가 조직간 유사성을 이끈다. 19세기 영국의 유명한 경제학자이자 언론인이었던 월터 바조트가 역설한대로 눈앞에 있는 것을 모방하려는 것은 인간의 본성 중 가장 강한 부분 중 하나다. 기업 운영의 시각에서 분석해보면, 심리적 동조 현상과 설득의 용이성, 혁신적인 이미지 확보 등의 이유로 모방 활동이 나타남을 알 수 있다. 조직은 우수하다고 생각되는 대상을 따라하고자 하는 경향이 높으며 이를 모방적 동형화라고 한다.
- 규범적 동형화 (Normative Isomorphism): 기업 활동의 유사성을 이끈다. 규범적 동형화란 '마땅히 그리해야 한다'라는 사회의 가치가 조직간 동질화를 이끈다는 것이다. 느슨해 보이지만 사실 가장 강력한 힘을 발휘하는 동인이다. 사회의 규범은 대학 교육과 같은 공식 교육, 조직의 경계를 뛰어 넘는 협회 등 전문 단체의 행태, 신문 및 방송과 같은 미디어의 논조 등으로 생성되고 강화된다. 교육과 언론을 통한 이데올로기적 규범은 조직의 인력 충원 기준을 비슷하게 만들고, 결국 신입, 중간 관리자, 최고 경영진 등 구성원 모두가 비슷한 시각으로 문제를 보며, 정책 결정, 업무 수행, 조직 구조의 설계에서 규범적으로 정당화 할 수 있는 것을 수용하게 되는 것이다.

10 ④

해설 모두 학습조직에 대한 설명임.

11 ②

해설 제도화이론이란 조직집합에서 조직들이 서로 비슷해지는 현상을 설명하는 이론으로, 사회문화적 압력 속에 존재하는 조직은 효율성보다 적절성을 추구하게 된다는 이론임. 또한 조직은 생존을 위해 이해관계자들로부터 사회적 정당성을 확보하기 위해 유사한 행위를 하게 된다는 이론으로서 조직의 감정적, 비합리적 행위를 설명함으로서 조직에 대한 이해를 확대하였고 사회문화와 제도적 환경을 강조함으로써 조직설계에 대한 고려요소를 추가한 이론임.

〈제도적 적응 메카니즘〉

	모방	강압	규범
조직유사성의 원리	불확실성	의존성	의무, 책임
사건	혁신, 가시성	법령, 규칙, 제재	전문가 인증, 심의
사회적 토대	문화적 지원	법	도덕
사례	BPR, 벤치마킹	오염통제, 학교규제	회계기준, 컨설턴트 교육

출처 Richard L. Daft, Organization Theory and Design, Cengage, 2009.6.1.

보충 조직군생태학 이론(population ecology theory)
- 비교적 동질적인 조직들의 집합인 조직군의 생성과 소멸 과정에 초점을 두어, 조직구조는 환경과의 적합도 수준에 따라 도태되거나 선택된다는 이론적 관점.
- 1970년대 중반에 등장한 이 이론의 특징은 조직환경의 절대성을 강조하고, 생물학의 자연도태(natural selection) 이론을 적용해 분석 수준을 개별 조직에서 조직군으로 바꾸어 놓은 점이다.
- 조직군이란 특정 환경 속에서 생존을 유지하는 동종 조직의 집합, 즉 유사한 조직구조를 갖는 조직들을 말한다.
- 조직군의 형태와 그 존재 및 소멸 이유를 외부환경의 선택이라는 관점에서 설명하고자 하는 조직군생태학 이론은 조직구조에 일단 변이(variation)가 발생하면, 환경과의 적합도 수준에 따라 환경적소(environmental niche)로부터 도태되거나 선택(selection)되며, 그 환경 속에서 제도화되어 보존(retention)된다고 설명한다.

12 ①

해설 조직에서는 공식화 정도가 높고 유기적 조직에서는 공식화의 정도가 낮다.

13 ②

해설 조직의 중간라인부분은 각 사업을 분할하는 힘을 행사하는 조직으로 중간라인 부문의 힘이 강한 조직이 사업부제 조직이다. 기술전문가부문이 산출물을 표준화시키는 힘을 행사하고 있다.

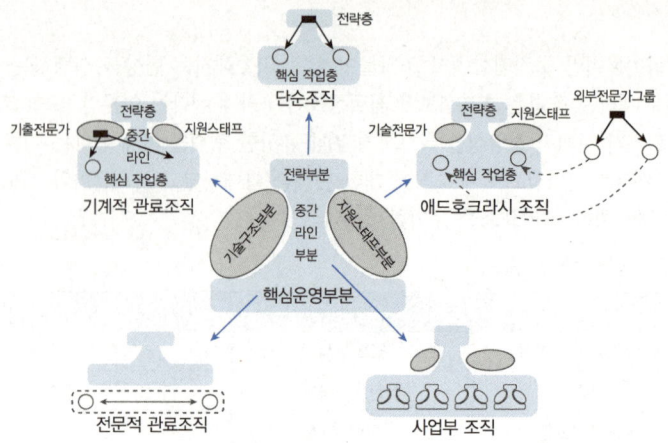

14 ①
해설
② 많은 규칙과 규제가 필요하여 공식화 정도가 매우 높은 조직은 기계적 관료제가 적합하다.
③ 강력한 리더십이 필요한 소규모 조직은 단순조직구조가 적합하다.
④ 기술의 변화속도가 빠른 동태적인 환경에는 애드호크라시 구조가 적합하다.
⑤ 중간관리층의 역할이나 중요성이 매우 큰 조직은 사업부제 조직이다.

15 ⑤
해설
조직설계에 있어서의 기술이라는 상황변수에 따른 연구를 물어보는 문제임
① 우드워드(Woodward)는 제조업을 대상으로 기술의 복잡성에 따라 생산기술을 크게 단위소량생산기술(unit), 대량생산기술 (mass), 연속공정생산기술(process)의 3가지 유형으로 분류하였다.
② 우드워드(Woodward)에 따르면 기술의 복잡성이 너무 작든가 너무 큰 경우는, 즉 단위소량생산기술(unit)이나 연속공정생산 기술(process)의 경우 현장 유연성적 측면에서 일반적으로 유기적 조직구조를 가지는 반면, 대량생산기술(mass)을 가진 조직은 기계적 조직구조를 가진다고 보았다.
③ 페로우(Perrow)는 우즈워드 연구의 문제점 극복과정에서 서비스업과 일반기업까지 확대하여 연구하였고, 페로우는 기술을 문제의 예외발생빈도와 예외발생 시의 분석 가능성(해결의 용이성)에 따라서 부서단위의 기술을 분류하였다.
④ 페로우(Perrow)에 따르면 일상적 기술(routine technology)을 가진 부서는 공학적 기술(engineering technology)을 가진 부서에 비하여 공식화와 집권화의 정도가 상대적으로 높다.
⑤ 톰슨(Thompson)의 연구는 기술의 상호의존성에 따라 분류하였는데, 이를 정리하여 보면 다음과 같다

구분	상호 의존성	조정 기반	조직구조	예
집합적(중개형)	낮음	규칙, 절차, 표준화	낮은 분화, 높은 공식화	은행, 복덕방, 우체국
연속적(순차적, 장치형)	중간	일정계획, 감독	중간 정도	자동차 조립
교호적(집약적)	높음	협력, 상호조정	높은 분화, 낮은 공식화	병원, 대학, 실험실

16 ②
해설
톰슨(Thompson)의 연구는 기술의 상호의존성에 따라 분류하였는데, 이를 정리하여 보면 다음과 같다.

구분	상호 의존성	조정 기반	조직구조	예
집합적 (중개형)	낮음	규칙, 절차, 표준화	낮은 분화, 높은 공식화	은행, 복덕방, 우체국
연속적 (순차적, 장치형)	중간	일정계획, 감독	중간 정도	자동차 조립
교호적 (집약적)	높음	협력, 상호조정	높은 분화, 낮은 공식화	병원, 대학, 실험실

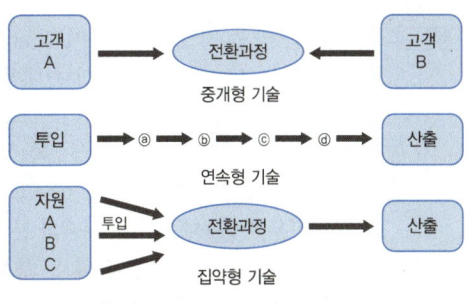

①, ④, ⑤ 페로우(Perrow)의 연구에 의한 기술유형과 조직구조와의 관계를 살펴보면 다음과 같다.

기술 구분	일상적 기술	비일상적 기술	장인 기술	공학적 기술
조직 특성	기계적	유기적	다소 유기적	다소 유기적
공식화	높음	낮음	중간	중간
집권화	높음	낮음	중간	중간
스텝의 자격	낮은 훈련, 경험	훈련과 경험	작업경험	공식적 훈련
감독범위	넓음	좁음	중간	중간
의사소통	수직적, 문서	수평적	수평적, 언어	문서, 언어
조정과 통제	규칙, 예산, 보고서	회의, 가치관(규범)	훈련, 모임	보고서, 모임
중점 목표	양, 효율	질	질	신뢰성, 효율성
산업	석유정제, 철강, 자동차	기초분야/우주 항공산업/프로젝트/ 고도의 전략연구	공예산업/제화업 /가구수선업	건축/주문생산/회계사의 기술

③ 우드워드(Woodward)의 연구를 정리하여 보면 다음과 같다.

	단위소량생산	대량생산	연속공정생산
기술시스템의 특징			
제품생산방식	개별 고객의 주문(수공예에 의존)	조립공정방식(표준화된 제품)	연속적인 기계적 변환
공정의 특징	비반복적	반복적, 일상적	연속적
기술의 복잡성	낮음	중간	높음
결과의 예측 가능성	낮음	예측 가능	높은 예측 가능성
적용 예	맞춤 양복, 특수목적용 설비, 선박	자동차, 전자제품	화학제품, 석유정제, 음료수
조직구조 특성			
관리계층의 수	3	4	6
관리자/비관리자비율	1: 23	1: 16	1: 8
작업자의 기능수준	높음	낮음	높음
절차의 공식화	낮음	높음	낮음
집권화	낮음	높음	낮음
구두(대면)에 의한 의사소통 정도	높음	낮음	높음
문서에 의한 의사소통 정도	낮음	높음	낮음
전반적 구조	유기적 조직구조	기계적 조직구조	유기적 조직구조

17 ④

해설: 톰슨은 기술의 상호의존성에 따라 (의존성의 정도가 높아질수록) 중개형(집합적), 연속적(순차적), 교호적(집약적) 기술로 구분하였다.

18 ⑤

해설
① 우드워드는 기술의 복잡성이 가장 낮은 단위생산기술과 기술의 전문성이 요구되는 연속생산기술의 경우 유기적 구조가 적합하나 대량생산기술의 경우 기계적 구조가 적합하다고 주장하고 있으므로 기술이 복잡할수록 유기적인 구조를 갖는 것은 아니다.
② 페로우는 과업다양성이 높을수록 공식화시키기 어렵고 집권적으로 통제하기 어려우므로 조직구조를 유기적으로 가져가는 것이 좋다고 주장하고 있다.
③ 페로우의 연구에 의하면 문제의 분석가능성이 높을수록 집권화가 유리하다고 주장하고 있는데 집권화된 조직에서는 수평적 의사소통보다는 수직적 의사소통이 더욱 중요하다.
④ 톰슨의 연구에 의하면 연속형 기술을 사용하는 조직에서는 조정기반을 일정계획, 감독 등의 수단을 활용하고 중개형 기술을 사용하는 조직에서 규칙, 절차, 표준화 등의 수단을 통하여 부서간의 활동을 조정한다.

19 ④

해설
① 부문화란 전문화된 직무를 부문단위로 통합하는 과정이다.
② 공식화란 조직에서 하는 업무를 표준화시키는 것을 의미한다.
③ 우드워드는 조직에서 사용하는 기술에 따라 조직의 구조가 바뀐다고 주장하고 있다.
⑤ 유기적 조직과 기계적 조직은 나름대로의 특징이 있다. 조직에서 혁신을 개시하여 가령 신사업을 시작할 때에는 유기적 조직이 좋지만 그것이 잘 정착되어 효율성을 높여야 할 때에는 기계적 조직이 더 적합할 수 있다. 혁신의 양면성 모델은 혁신의 시작에는 유기적 조직처럼 하고, 혁신을 실행할 때에는 기계적 조직처럼 실행하는 조직의 경영방식과 구조의 양면성을 모두 인정하는 모델이다.

20 ⑤

해설
톰슨(Thompson)은 과업에서의 상호의존성을 교호적(reciprocal) 상호의존성, 순차적(sequential) 상호의존성, 집합적(pooled) 상호의존성으로 나누었다.

21 ④

해설
유사한 업무를 결합시켜서 만들어 내는 기능적 조직(functional organization)은 기계적 조직에 가깝고, 프로젝트 조직 같은 경우가 유기적 조직에 가깝다고 할 수 있다.

22 ⑤

해설
매트릭스 조직은 대규모 조직보다는 오히려 자원이 풍부하지 않은 소규모조직에서 구성원들을 효율적으로 활용하기 위하여 사용하는 경향이 있으며, 많은 종류의 제품을 생산하는 대규모조직에서는 제품(군)의 종류별로 사업부를 운영하는 형태의 조직이 효율적이다.

23 ③

해설
기능적 조직은 분업의 원리에 따라 기능별로 조직을 구성한 조직으로 제품 및 서비스의 종류가 증가되면 기능별 조직보다 제품별 조직이 더 효과적이다.

24 ④

해설
매트릭스 구조(matrix structure)는 담당자가 기능부서에 소속되고 동시에 제품 또는 시장별로 배치되어 이중지위체계 아래에 노출되므로 다른 조직구조에 비하여 개인의 역할갈등이 증가된다.

25 ④

해설

- 현대적 조직의 유형 개관

구분	특징	장점	단점
사업부제 조직	각 사업부별로 독립적인 이익중심점으로 운영하는 조직	• 이익중심점으로 운영되어 경영성과가 향상 • 유능한 CEO 양성 가능	• 공통관리비의 중복 • 목표불일치 현상 발생 • 사업부 간 조정 작업 및 사업부 평가가 애로
프로젝트 조직	특정 프로젝트의 수행을 위해 형성되는 동태적 조직, 프로젝트가 해결될 때까지만 존재하는 임시조직임	• 특정프로젝트에 대량의 자원집중 가능 • 탄력적이며 동태적 조직 • 목표지향적 조직으로서 환경적응력 높음	• 원래 소속부서와 프로젝트 조직간의 관계 조정이 어려움 • 프로젝트 관리자에 지나치게 의존
매트릭스 조직	기능식 조직+프로젝트 조직	• 종업원의 능력을 최대한 활용 가능 • 환경변화에 신속히 대처할 수 있음	이중지위체계하에서 명령일원화 원칙이 지켜지지 않아 종업원의 역할 갈등 발생

- 기능식 조직과 사업부제 조직 비교

구분	기능 조직	사업부제 조직
환경	안정적 환경	불확실성이 높은 환경
기술	일상적 기술, 낮은 상호의존성	비일상적 기술, 높은 상호의존성
조직규모/품종	낮거나 중간, 소품종	대규모, 다품종
운영목표	각 기능별 규모의 경제 달성	각 사업부의 이익극대화, 사업부 내 기능 간 조정이 용이

- 기타 조직 유형

조직형태		특징
전통적 조직	라인 조직	직계식 조직, 계층의 원리에 입각, 명령일원화 원칙 중시, 군대식 조직
	직능식 조직	관리자의 업무를 기능화하여 부문별로 전문 관리자를 두고 지휘 감독, 분업의 원리(테일러의 전문화 원리)에 입각
	라인-스탭 혼합조직	라인 조직+직능식 조직(명령일원화의 원칙+분업의 원칙)
기타 현대적 조직	위원회	일상적인 사항을 처리하기 위하여 정기적으로 소집되는 조직
	네트워크 조직	본사는 소수의 핵심기능만을 수행하고 내부 여러 기능들을 계약을 통해 아웃소싱 하고 있는 조직(예 나이키)
	가상 조직	여러 기업이 하나의 목표를 달성하기 위해 각자 보유하고 있는 핵심역량을 투입 연계하여 마치 하나의 조직처럼 행동하는 임시적, 영구적 조직 형태

26 ③

해설

a. 매트릭스 조직은 프로젝트 조직과 기능식 조직을 절충한 것으로 이중보고체계로 인하여 종업원들 간에 혼란이 야기된다.

d. 매트릭스 조직은 전통적 조직화의 원리에 의한 조직 구조가 아니라 환경에 대한 적응력과 조직구조의 유연성을 추구하는 애드호크라시에 입각한 유기적 조직이다.

b. c 매트릭스 조직은 프로젝트 조직과 기능식 조직을 절충한 것으로 외부 환경 변화에 융통성이 있으며 제품이나 시장의 변화에 대해 다양한 욕구에 부응한다.

27 ②

해설

① 특정 프로젝트의 해결을 위하여 구성된 조직은 프로젝트 조직이다.
③ 이익중심점으로 구성된 조직은 사업부제 조직의 특징이다.
④ 분업의 원리, 공식적 규정과 절차의 강조 등은 관료제 조직의 특징이다.
⑤ 위원회조직의 특징이다.

28 ③
해설 사업부제 조직은 사업부간의 활동이 중복되어 공통관리비가 증가할 수 있는 단점이 있다.

29 ④
해설 고객의 욕구 및 환경이 안정적이고 예측 가능성이 높은 경우에 효과적인 조직은 기계적 조직이다.

30 ①
해설 통제의 범위(span of control)는 부문 간의 협업에 필요한 업무 담당자의 자율권을 보장해줄 수 있도록 하는 부서별 권한과 책임 의 범위를 의미하는 것이 아니라 관리자가 직접적으로 지휘·통솔하는 종업원의 수를 뜻하는 개념이다.

31 ⑤
해설
a. 기능별 구조(functional structure)에서는 기능부서 간 협력과 의사소통이 원활하게 이루어지지 않을 위험이 내포되어 있다.
b. 글로벌기업 한국지사의 영업담당 팀장이 한국지사장과 본사 영업담당 임원에게 동시에 보고하는 체계는 매트릭스 조직에 해 당하며 이 경우 역할갈등이 발생할 가능성이 있다.
c. 단순 구조(simple structure)에서는 수평적 분화와 수직적 분화는 낮으며, 공식화 정도 역시 낮은 수준이다.

32 ②
해설 전통적인 기능적 및 집단적 조직형태를 준수하고 있지 않고 개별 사업부 단위를 이를 조정한 형태이다.

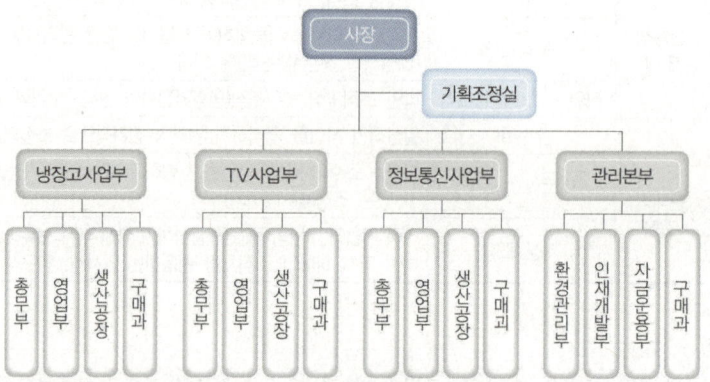

의미	• 분화의 원리에 따라 사업부단위를 편성하고 각 단위에 대하여 독자적인 생산과 영업 및 관리권한 부여로 사업부가 부문화되어 만들어진 조직 • 제품별·시장별·지역별 이익 중심점 또는 이익센터(profit center)를 중심으로 독자적인 경영과 이익에 대한 책임을 지는 독립채산제를 실시하는 조직 형태 • 오늘날 다국적기업들이 가장 보편적으로 채택하고 있는 조직구조 형태 • 본사의 전반적인 종합적 조정기능의 강화
장점	• 사업부문별로 권한과 책임을 부여함으로써 시장변화 또는 소비자욕구변화에 바르게 대처 • 각 사업부 내부의 관리자와 종업원의 상호작용으로 효율이 향상되고 사업부 내의 기능 간 조정이 용이 • 실전에 유능한 경영자 양성 • 각 사업부는 이익 중심 및 책임 중심점이 되어 경영성과 향상
단점	• 사업부 간의 과도한 경쟁에 의한 조직능력의 분산 • 중복투자와 관리비용이 증가 • 독립사업부의 이익 중심 움직임으로 인한 전체적 측면에서의 시너지 효과 산출이 어려움 • 각 사업부 간 이익대립 가능성이 있으며 이의 조정이 어려움

33 ①
해설

a. 매트릭스 조직은 기능식조직과 프로젝트 조직을 결합한 형태로서 두 개 이상의 조직 형태가 목적에 의해 결합한 형태라고도 할 수 있다.
d. 업무 참여시 전문가와 상호작용이 가능하므로 창의적인 업무 수행이 가능하다.

틀린보기를 살펴보면 다음과 같다.

b. 프로젝트를 수행하기 위해 만들어지는 한시적인 조직 형태인 에드호크라시 형태의 임시조직으로 보기는 어렵다.
c. 기존 조직구성원과 프로젝트 구성원 사이에 갈등이 생길 가능성은 매우 적다.
e. 이중지휘체제로 인해 명령일원화의 원칙이 무너짐에 따라 구성원들이 역할 갈등 문제에 직면할 수 있다.

34 ②
해설

팀제도는 변화하는 환경에 신속히 대처하기 위하여 조직된 형태로 기존의 수직적 의사결정 체계의 단점을 보완하기 위하여 팀에서 의사결정을 할 수 있게 권한을 부여한 특징이 있다. 전통적 조직에 비하여 관리업무의 기능이 오히려 줄어든 것이 특징이다.

35 ⑤
해설

레빈에 의하면, 해빙 단계는 변화추진 세력과 변화에 저항하는 세력 간 힘겨루기 상태인데, 변화를 성공시키기 위해서는 추진 세력의 힘의 총량이 저항세력의 힘의 총량을 능가하도록 만들어야 하는데 그렇게 하기 위해서는 (1) 추진세력의 힘을 증진시키든가, (2) 저항세력의 힘을 약화시키든가, 아니면 (3) 이 두 방법을 동시에 사용하든가 할 수 있다. 따라서 변화추진력을 높이면 저항하는 힘이 작아지는 것이 아니라 변화추진력이 저항하는 힘을 능가하게 되므로 효과가 있다.

36 ①
해설

조직구성원들이 변화에 대한 정보가 없거나 상당한 저항이 예상되면 피변화자들을 참여시켜 정보를 공유하게 하고 변화 테스크포스팀에 함께 일하게 하는 등의 방법을 사용하여 저항을 줄여 나가는 것이 바람직하다.

보충

조직 변화와 저항

변화의 요인	저항의 요인		
	조직	집단	개인
• 경쟁적 상황 • 국제적 상황 • 경제적 상황 • 사회·문화적 상황 • 정치적 상황 • 윤리적 상황	• 조직문화 • 조직구조 • 조직전략	• 집단규범 • 집단사고 • 집단응집력	• 인식의 상충 • 선택적 지각 • 불확실성과 기득권 상실

변화에 대한 저항의 관리기법

기법	적용 상황	장점	단점
교육과 커뮤니케이션	정보가 전혀 없거나 부정확한 정보와 분석이 있을 때	피변화자가 일단 설득이 되면 변화시행에 도움을 줌	다수의 사람이 관련되는 경우에 시간의 소비가 많음
참여와 몰입	변화의 주도자가 변화에 필요한 정보를 가지고 있지 못하거나 다른 사람들이 저항할 수 있는 상당한 힘을 가지고 있을 때	참여한 사람이 변화에 대해 일체감을 갖고 정보를 제공함	참여자들이 변화를 잘못설계하면 시간이 많이 소요됨
촉진과 지원	적응문제로 사람들이 저항할 때	적응문제에는 가장 성공적임	시간과 비용이 과다함

협상과 동의	어떤 사람이나 집단이 변화에서 손해 보는 것이 분명한데, 그 집단이 상당한 저항의 힘을 가지고 있을 때	중요한 저항을 피하는 데 비교적 손쉬운 방법일 때가 많음	이것이 타인들에게도 협상을 하도록 일깨우게 되면 비용이 큼
조작과 호선	다른 전술이 전혀 안 듣거나 비용이 너무 많이 들 때	신속하고 비용이 별로 들지 않음	조작되었다고 느끼는 경우에 추가적인 문제를 야기함
명시적·묵시적 강압	신속한 변화가 필요하고 변화의 주도자가 상당한 파워를 가지고 있을 때	신속하고 어떤 저항도 극복 가능함	주도자에 대한 반감으로 위험이 따름

37 ④

[해설] 민쯔버그(Mintzberg)에 따르면 애드호크라시(adhocracy)는 임시조직의 형태로서 기계적 관료제(machine bureaucracy)보다 공식화와 집권화의 정도가 낮은 수준임. 관료제 즉, 뷰로크라시(bureaucracy의 반대적 개념으로 사용됨.

38 ⑤

[해설] 레윈(Lewin)의 조직변화 3단계 모델은 해빙→변화→재동결의 과정을 거치는데 구성원의 변화 필요성 인식, 주도세력 결집, 비전과 변화전략의 개발 등은 주로 '해빙' 단계에서 이루어진다.

39 ⑤

[해설] 기능 중심의 전문성 확대화 통제를 통한 능률과 합리성의 원리가 적용되는 것은 집권화적 접근이다.

40 ⑤

[해설] 경계연결활동이란 환경의 불확실성에 대처하기 위하여 조직의 외부 경계를 넘어 유효한 정보, 자원을 탐색하고 수집하여 내부 조직의 필요한 지식 및 자원으로 활용하는 활동으로 정의될 수 있다.

41 ②

[해설] 통제의 범위란 내 지휘 통제하에 있는 종업원의 수를 의미한다. 부하의 창의성 발휘가 고도화가 이루어지면 자율권이 많이 위양되므로 통제의 범위가 넓어진다고 볼 수 있다.
반면,
① 통제의 범위가 좁아지면 상사의 부하직원에 대한 통제가 수월하여지므로 관리자의 통제는 능률이 오른다.
③ 통제의 범위가 좁아지면 특정 상사 휘하의 통제 가능 종업원이 적어지고 이는 기능별 분화가 많아지게 되므로 이로 인해서 관리비가 증대되어 기업 고정비가 증가한다.
④ 통제가능종업원수가 적어지므로 상사와 종업원간의 상하간 의사소통이 원활해진다.

42 ①

[해설] 카메론(K.S.Cameron)과 퀸(R.E.Quinn)의 경쟁가치 프레임워크(competing vaule framework, CVF)를 도식화하여 정리하면 다음과 같다.

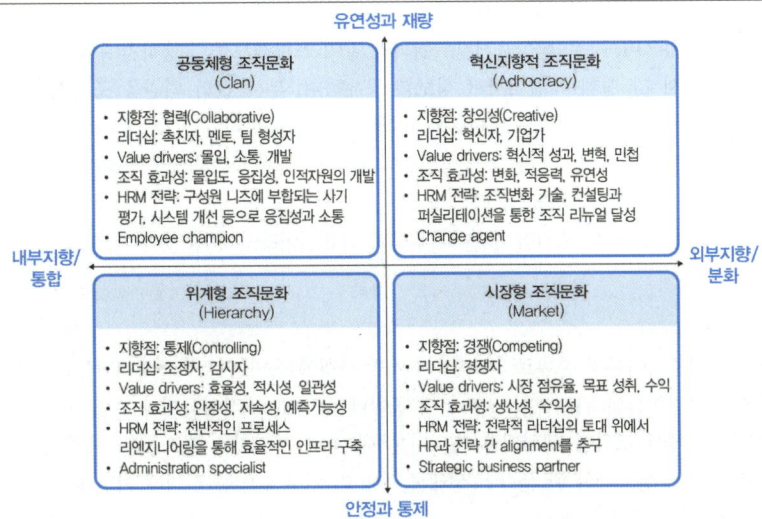

43 ④

해설 관료문화 즉, 뷰로크라시적 문화는 관료주의적 문화형태로 차별화 전략 보다는 효율성을 기반에 둔 원가 우위적 전략을 추구하는 조직에 적합하다.

44 ③

해설 자원기반관점(resource-based view)에서 기업은 경쟁우위를 창출하기 위해서 가치(valuable)있고, 모방불가능(inimitable)하며, 대체불가능(non-substitutable)하고, 유연한(flexible) 자원들을 보유해야 한다가 아니라 기업의 경쟁력을 높일 수 있는 자원의 특징(VRIO)은 다음과 같이 정의할 수 있다. 만약 어느 기업의 자원이 가치(V)있고, 희소하며(R), 모방하기 힘들고(I) 그 기업이 그 자원(들)을 이용하기 위해 조직(O)된다면 그 기업은 그 자원으로부터 창출되는 지속적인 경쟁우위를 기대할 수 있다.

45 ⑤

해설 챈들러(Chandler)가 구조와 전략 간의 관계를 설명하기 위해 제시한 명제는 '전략은 구조를 따른다(strategy follows structure)'가 아니라 '조직구조는 전략을 따른다(structure follows strategy)'이다.

46 ①

해설 조직이 변화하는 외부상황에 적절하고 신속하게 대처하기 위해서는 유연성이 필요한데 이러한 유연성을 강조할 경우는 집권화가 아니라 분권화가 필요하다.

47 ②

해설 틀린지문을 바로 잡으면 다음과 같다.
b. 기능팀(functional team)은 다양한 부서에 소속되어 있고 상호보완적인 능력을 지닌 구성원들이 모여 특정한 업무를 수행하는 팀을 말한다.
  → 기능팀(functional team)이란 전통적 조직의 일부로 공식적인 명령사슬에서 상사와 부하들로 구성

되기 때문에, 수직적 팀 혹은 명령팀이라 불리우며 전형적으로 한 부서단위가 하나의 기능 팀이 된다. 참고로 교차기능팀(cross-functional team)은 조직 내에서 여러 기능부서들의 요원들로 구성되어 있으며, 주로 신상품개발위원회와 같이 프로젝트를 수행하기 위해 조직화된다. 교차기능팀은 부서 간 경계를 넘어서서 정보를 공유하며, 부서 간의 의견을 조정하며, 기존의 조직문제에 대해 해결책을 개발하고, 새로운 정책개발을 보조한다.

d. 구성원의 만족감이 직무수행상의 성취감이나 책임감 등 직무자체에 존재하는 요인을 통해 나타날 때, 이 요인을 외재적 강화요인이라고 한다.
→ 만족감, 성취감, 책임감 등은 내재적 강화요인이라고 보아야 함.

48 ④

해설

Scott의 경영조직이론의 분류로 파악할 때 개방-사회에 속하는 조직군생태학이론에 대한 설명으로 해당 이론은 환경결정론의 관점에서 1970년대 중반에 등장한 조직이론이다.
- 조직개체군에서 조직이 생성되고 소멸하는 데 영향을 미치는 요소들을 설명
- 이론적 토대 : 생물학의 한 분야인 생태론, 생물이 외부의 영향에 의해 어떻게 생성·분포·소멸하는가를 연구학문

조직군 생태론의 기본 원리
- 조직 형태와 환경적소 간의 일 대 일의 관계가 존재한다는 동일성의 원칙에 근거하여 조직구조는 환경적소로 편입되거나 도태
- 조직군에서 일어나는 변화의 과정: 변이 → 선택 보존

조직군 생태론에 대한 평가
- 긍정적 평가 : 개별조직을 넘어 조직군을 분석단위로 종단적 조직변화에 대한 연구를 추구, 조직환경에 대한 균형에 대한 이론적 토대를 제공
- 문제점 : 조직 관리자의 적극적인 전략적 선택을 경시한 채 환경결정론에 지나치게 치우침, 조직군 내의 조직들 간 또는 조직군 간의 성과 차이를 설명하지 못함

〈 지문상의 이론들을 개관하면 다음과 같다. 〉

① 자원의존 이론: Pfeffer와 Salancik에 의해서 발전된 환경임의론관점에서의 이론으로서, 조직이 생존하고 성장하기 위해서는 환경으로부터 필요한 자원을 획득하고 적절하게 유지해야 한다는 이론으로서 다음과 같은 기본원리로 전개된 이론이다.
- 조직은 핵심 자원을 통제하는 다른 조직이나 집단의 요구에 적절히 반응해야 한다.
- 경영자들은 조직의 생존과 환경의 제약으로부터 더 많은 자율성과 재량권을 확보하기 위해서 외부적 의존관계를 관리하려 한다.

② 제도화 이론: 조직이 생존하기 위해서는 효율적인 생산을 하는 것 이상으로 이해관계자로부터 '정당성'을 획득하는 것이 중요하다고 주장한다. 즉, 소속한 환경에서 어떤 조직의 존재가 정당하다고 인정할 때에만 그 조직은 성공할 수 있다는 것이다. 따라서, 조직은 정당하게 보이고자 노력한다. 즉, 조직 간 관계는 유사한 개체군에 속한 다른 개체들과 유사하게 보이는 방향으로 움직이도록 압력을 가한다고 설명하고 있다. 아울러 이러한 유사성은 다음과 같은 3가지 메커니즘에 의해 증가한다.

모방적 동형화: 대부분의 조직은 불확실성 속에서 활동을 한다. 이러한 불확실성에 직면했을 때, 다른 조직을 '모방'하여 그들이 하는대로 하려는 모방적 힘이 작용한다.(ex; 벤치마킹)

강압적 동형화: 기업이 의존하고 있는 다른 조직에 의해 강제되는 공식적 또는 비공식적 압력과 조직이 속해있는 사회의 문화적 기대에 의해 '강제'되는 것을 말한다. 강제적인 요인 중 가장 대표적인 것이 정부의 법적인 규제라고 할 수 있다.

규범적 동형화: 규범적 동형화는 조직 내부 인력의 '전문화'에 기인한다. 여기서 인력이 전문화되어

간다는 것은 전문가가 되기 위한 동질적인 교육과 평가를 거친다는 것을 의미한다.

	모방	강압	규범
조직유사성의 원리	불확실성	의존성	의무, 책임
사건	혁신, 가시성	법령, 규칙, 제재	전문가 인증, 심의
사회적 토대	문화적 지원	법	도덕
사례	BPR, 벤치마킹	오염통제, 학교규제	회계기준, 컨설턴트 교육

③ 학습조직 이론: 1990년대 Senge에 의해 제기된 조직이론으로 학습조직은 시스템적 사고를 통해 조직의 내·외부적인 환경변화를 총체적인 프로세스로 인식하고 이에 대응할 수 있는 방안을 제시하여 지속적인 경쟁우위를 점하고 성장해가는 과정을 설명하고 있는 조직이론으로서, 학습조직을 구성하는 핵심적 요인으로서 시스템 사고, 팀 학습, 개인적 숙련, 사고 모형, 공유비전을 제시하고 있다.

⑤ 거래비용 이론: 개방-합리적 조직이론에 속하는 이론으로서 코즈(coase) 거래개념 즉 코즈정리를 체계화하여 윌리암슨(Williamson)이 기업과 시장 사이 효율적인 경계를 설명한 이론으로서, 조직은 자원 조달 시 거래비용과 관리비용의 비교를 통해 합리적이고 효율적인 것을 선택하는데 관리비용으로서의 내부거래비용이 시장에서의 거래비용에 비해 조직이 더 효율적인 이유를 설명하고 있다. 즉, 시장실패로 인해 거래비용이 발생시 외부에서의 거래보다 내부적 거래가 더 효율적이며 이로 인해 조직이 시장으로부터 형성되는 이유를 설명하고 있다.

거래비용(생산비 이외의 비용; 탐색비용, 합의비용, 통제비용, 적응비용 등의 합)
- 탐색비용(잠재적 거래 대상자에 대한 정보탐색비용)
- 합의비용(계약과정 협상 시 드는 비용)
- 통제비용(거래시작 및 유지/제어 위해 드는 비용)
- 적응비용(계약 내 발생하는 여러 제약조건 변동에 드는 비용)

시장실패에 따른 거래비용 발생 이유
- 인간적 요인(인간의 제한된 합리성&거래상대방에게 정보 선택, 왜곡, 조작하는 기회주의 행동)
- 환경적 요인(환경불확실성↑, 독과점(소수거래) 거래↑, 거래 대상 대체불가능↑, 정보밀집성↑⇒거래비용증가)
- 분위기(실제 시장거래에서 개인 감정, 정서적 요인 반영)

거래비용 발생으로 인한 조직 형성
- 거래비용 발생으로 조직형성되면서 위계로 포섭(ex; 사외변호사비용 500만원→채용→사내변호사 월급 300만원→거래비용↓)

49 ①

해설

학습조직은 모든 구성원이 문제인지와 해결에 관여하면서, 조직 능력을 제고시키기 위해 시행착오를 거치면서 지속적으로 실험을 할 수 있는 조직을 말한다. 즉 학습조직은 집단적인 학습과정을 통해 조직행태를 변화시키는 조직을 말한다. 관리자와 팀원 사이에는 명확한 권한-지시 관계가 존재한다고 보기는 어렵다.

• 학습조직의 특성: 학습조직이 일반적으로 가지고 있는 특성은 끊임없이 실험하며, 과거의 행동을 고수하기보다는 새로운 행동을 고안한다. 의문이나 반대되는 의견을 오히려 권장한다. 다시 말해서 학습조직은 기존의 사고의 틀을 일단 보류하고 주장과 탐구를 거쳐 새로운 실험행동을 하는 특성을 가지고 있다.

• 학습조직 구성요소: Senge는 학습조직 구축에 필요한 기반을 5가지로 제시하고 있다.
  - Personal Mastery(자기 인식): 개인의 비전을 지속적으로 명료화하고 심화하는 것이다. 즉, 자신의 비전과 현재 상태 사이에 존재하는 간극을 메우기 위해 끊임없이 학습활동을 전개함으로써 삶의 전반

에 걸쳐 전문가적 수준이 되는 것을 말한다.
- Mental Model(사고 모형) : 학습조직 구축을 위한 철학적 기반을 말한다. 이것은 현실인식과 행동양식에 영향을 미치는 기본가정, 일반화된 인식기반, 그리고 인지적 심층구조를 의미한다.
- Shared Vision(공유 비전) : 조직이 추구하는 방향이 무엇이며, 왜 중요한 것인지에 대해 모든 조직구성원들이 공감대를 형성하는 것이다. 진정한 의미에서 비전은 조직구성원 개개인이 간직한 비전과 리더의 비전이 부단한 대화 속에서 통합되어 형성된다. 비전의 정립과정이 리더와 조직원의 일체감 속에서 이루어져야 '회사의 비전이 곧 나의 비전이며 나의 비전이 곧 회사의 비전'이라는 인식으로 승화된다. 이렇게 정립된 비전은 그 비전의 실현과정에 전 조직구성원의 적극적인 참여를 유도할 수 있다.
- Team Learnig(팀 학습) : 조직공통의 목적을 달성하기 위해서는 조직구성원 모두가 개인적인 전문성을 갖추어야 할 뿐만 아니라 이를 조화시킬 수도 있어야 한다. 이를 위해 팀학습의 활성화가 필수적이다. 이의 핵심적인 요소는 대화와 토론문화의 정착이다.
- Systems Thinking(시스템적 사고) : 부분적인 현상보다 전체와, 전체에 포함된 부분들 사이의 역동적 관계를 이해하는 것이다. 통합적 사고, 협동적 사고라고도 하며 전체를 '통합된 하나'로 보는 사고이다.

PART 3 : 인적자원관리

CHAPTER 1 : 직무관리

개념정리문제

1 ①

해설 관찰법(observation method)의 특징
- 장점: 광범위한 정보수집이 가능하고, 관찰자가 훈련되고 유능한 관찰능력을 가지고 있을 경우 공식적 및 비공식적 행위·작업 활동, 작업 대상과의 상호관계 등을 파악할 수 있다. 그리고 현장조사형태로 정보수집이 진행되기 때문에 오차를 감소시킬 수 있다.
- 단점: 직무분석자 주관(관점)에 따라 직무분석내용의 왜곡 가능성, 직무담당자가 고의로 작업을 어렵게 한다든지, 시간을 실제보다 더 소요되게 한다든지 하여 관찰을 왜곡시킬 가능성, 충분한 행위표본(行爲標本)을 얻기 위해서는 상당한 시간이 소요되므로 정신적인 집중을 요하는 작업이나 직무수행기간이 긴 작업에는 부적합한 직무분석방법임. 아울러 관찰대상 직무 전부를 일일이 관찰할 수는 없으며, 관찰에 따른 직무수행자(고객)의 불편을 초래할 수도 있다.

2 ①

해설 직무평가는 직무분석의 결과를 근거로 실시한다.

3 ①

해설 직무평가방법 중 점수법에 대한 설명임.
② 관찰법에 대한 내용으로 평가요소로 구분하여 각 요서별로 그 중요도에 따른 점수를 준다.
③ 경험법에 대한 내용으로 직무분석자가 직접 직무를 수행함으로써 실증자료를 얻는 방법으로 가장 우수한 방법이나 현실적으로 사용하기 힘들다.
④ 설문지법으로 직무분석방법에 대한 내용으로 직무의 모든 측면을 파악할 수 있는 질문서를 작성하여 직무수행자로 하여금 기입하도록 하여 직무를 분석하는 방법이다.

4 ②

해설 직무분석의 대표적 방법으로는 경험법, 관찰법, 면접법, 질문서법이 있으며, 요소비교법은 직무 평가의 방법 중 하나로 기준 직무에 다른 직무를 비교하는 것으로 내용이 복잡하여 시간이 많이 소요된다.

5 ①

해설 직무기술서는 직무자체에 대한 설명이며, 요구되는 지식 등 인적 수행요건을 명시하고 있는 것은 직무명세서임.

6 ①

해설 지식과 기술은 인적 수행요건의 항목으로 볼 수 있다.

7 ④

해설

	직무기술서	직무명세서
의미	직무 수행과 관련된 과업 및 직무 행동을 일정한 양식에 기술한 문서	직무 수행에 필요한 종업원의 행동, 기능, 능력, 지식 등을 일정한 양식에 기록한 문서
강조점	직무의 내용과 요건(과업 중심)	인적요건(사람 중심)
포함 내용	• 직무표식 • 직무개요 • 직무내용 • 직무요건	• 직무표식 • 직무개요 • 인적요건
특징	직무분석의 결과를 바탕으로 직무의 내용과 개선점을 기록	• 직무분석의 결과를 세분화하여 정리 • 채용 관리와 밀접

8 ①

해설 직무분석의 결과로 직무기술서는 직무에 대한 기술 중심이며, 직무 명세서는 직무와 이를 수행하기 위한 인적 수행요건이 포함되어 있다.

9 ④

해설 직무기술서(job description)란 직무표식과 직무요건에 동일한 비중을 두고 직무분석의 결과를 일정서식으로 정리하고 기록한 문서이다. 이는 직무의 능률화와 인적자원의 모집 및 배치의 타당성을 높이기 위하여 작성한다.

10 ①

해설 인적 수행요건에 초점을 두고 직무 수행에 필요한 종업원의 행동, 기능, 능력, 지식 등을 일정한 양식에 기록한 문서가 직무명세서이다.
② 직무기술서에 대한 내용으로 수행되어야 할 과업에 초점을 두며 종업원의 직무분석 결과를 토대로 직무수행과 관련된 각종 과업 및 직무행동 등을 일정한 양식에 따라 기술한 문서이다.
③ 직무기술서는 직무분석의 결과를 정리하여 기록한 문서이며, 직무명세서는 직무기술서의 내용에 기초하여 직무수행에 필요한 요건 중에서 인적 요건에 큰 비중을 두어서 기록한 것이다.
④, ⑤ 직무기술서에 대한 내용으로 직무에 관한 사실이나 정보를 모든 사람이 이해하기 쉽도록 간략하게 정리한 것이며 직무내용과 직무요건이 동일한 비중으로 한다.

11 ①

해설 직무기술서에 대한 내용으로 수행되어야 할 과업에 초점을 두며 종업원의 직무분석 결과를 토대로 직무수행과 관련된 각종 과업 및 직무행동 등을 일정한 양식에 따라 기술한 문서이다.
②, ③, ④ 직무명세서에 대한 내용으로 직무 요건인 인적 요건에 큰 비중을 두고 있으며 고용이나 훈련, 승진 등에 기초자료가 된다.

12 ③

해설 ①, ②, ④ 직무기술서에 대한 설명으로 주로 과업요건에 초점을 맞추고 있고, 직무내용이나 요건을 상세히 기록하였다. 인적 요건에 중점을 두고 정리하고 기록한 문서로 직무분석의 결과를 바탕으로 직무의 내용과 개선점을 기록하였다.

13 ①

해설 직무명세서는 직무기술서의 내용을 기초로 한 것으로 인적 요건에 중점을 두고 정리한 문서이다.

②, ④ 인적요건에 중점을 두고 있는 직무명세서에 대한 내용으로 직무분석의 결과에 의해서 직무수행에 필요한 종업원의 인적 요건에 관한 정보를 구체적으로 기록해 놓은 문서이다.
③ 직무기술서에 기록되는 내용으로 직무분석의 결과를 기반으로 직무수행과 관련된 과업 및 직무행동을 일정한 양식에 기록하였다.

14 ④
해설 직무평가 방법은 서열법과 분류법의 비계량(비양적)방법과 양적방법인 점수법과 요소비교법으로 분류된다.

15 ③
해설
① 서열법에 대한 내용으로 점수법은 전체적·포괄적 관점에서 각각의 직무를 상호 교차하여 순위를 결정한다.
② 점수법에 대한 설명으로 직무를 구성요소별로 분해한 후 가중점수를 이용하여 직무의 순위를 결정하는 가장 합리적인 방법으로 공장의 기능직 평가에 많이 적용된다.
④ 요소비교법은 기업조직에 있어 핵심이 되는 몇 개의 기준직무를 선정하고 각 직무의 평가요소를 기준직무의 평가요소와 비교함으로써 모든 직무의 상대적 가치를 결정하는 방법이다.

비교기준	직무평가의 방법			
	서열법	분류법	점수법	요소비교법
사용빈도	가장 적음	둘째나 셋째	가장 많음	둘째나 셋째
비교방법	직무와 직무	직무와 기준	직무와 기준	직무와 직무
요소의 수	없음	없음	평균 11개	7개 이하
척도의 형태	서열	등급	점수, 요소	점수, 기준직무
타방법과의 관계	요소비교법의 단순한 형태	점수법의 단순한 형태	분류법의 발전된 형태	서열법의 발전된 형태
인적자원관리방법 간 상호관계	인사평가의 서열법	인사평가방법의 등급제	도표식 척도법	대인비교법
평가의 특성	상대평가	절대평가	절대평가	상대평가

16 ④
해설 요소비교법의 특징
- 점수법의 단점을 보완하기 위해 만들어진 직무평가방법이다.
- 기능직, 사무직 등 상이한 직무에서도 적용 가능하며 직무의 수가 많은 경우에 복잡하며 시간과 비용이 많이 든다.

17 ⑤
해설 직무평가는 직무 간 상대적 난이도를 측정하는 것으로 직무 성과와는 무관하다고 할 수 있다. 아울러 일반적인 핵심직무평가요소로는 숙련(지식, 경험), 책임(설비, 재료 및 제품, 안전 및 타인작업에 대한 책임), 노력(정신적, 육체적 노력) 및 작업조건(작업환경 및 위험정도)을 들 수 있다.

18 ⑤
해설 전통적 관점은 분업의 원리에 기초한 과학적 관리에 기반을 둔 표준화와 직무 전문화 형태의 직무 축소적 접근이었다면 근대, 현대적 관점은 직무에 다양성을 통해 의미감을 가질 수 있도록 직무를 확대해 나가는 관점으로 변화되었다고 할 수 있다. 직무순환은 다양한 직무를 경험할 수 있는 기회를 제공하는 형태의 직무설계라고 할 수 있다. (작업자에게 다양한 업무를 순차적으로 부여 / 일반관리자 양성에 도움)

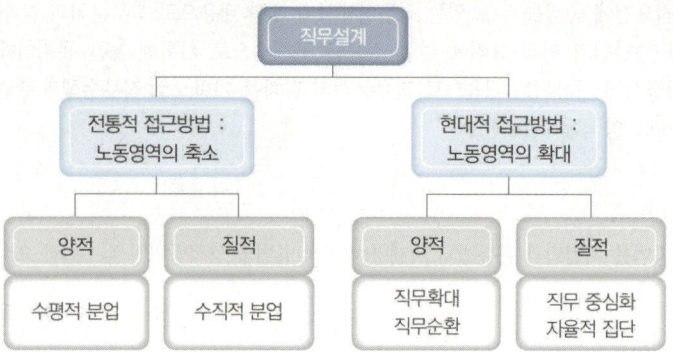

19 ④

해설
① 직무 설계는 조직목표 달성과 동시에 개인의 만족감을 부여하고자 한다.
② 직무 확대란 직무의 다양성을 증대시키기 위해 직무를 수평적으로 확대시키는 방안을 말한다. 직무 확대를 통한 직무 설계에서는 직무 수행에 요구되는 기술과 과업의 수를 증가시킴으로써 작업의 단조로움과 지루함을 극복하여 높은 수준의 직무 만족으로 이끌어갈 것으로 기대하고 있다.
③ 유연시간근무제로 인하여 근무 중 생산성이 증가할 수 있다.

20 ①

해설
직무 순환은 조직 구성원에게 돌아가면서 여러 가지 직무를 수행하게 하는 것을 말하며 조직 구성원의 작업 활동을 다양화함으로써 지루함이나 싫증을 감소시켜준다.

21 ④

해설
직무확대란 한 직무에서 수행되는 과업의 수를 증가시키는 것을 말하며 이를 통해서 작업의 단조로움과 지루함을 극복하여 높은 수준의 직무 만족으로 이끌어 갈 것을 기대한다.
① 직무기술서와 직무명세서가 마련되면 이러한 정보를 활용하여 직무를 설계하거나 재설계란다.
② 직무충실화이론은 허쯔버그의 2요인 이론을 모태로하고 있는 이론으로서 위생요인으로는 조직의 정책과 행정, 감독, 보수, 대인관계, 작업조건 등이 있으며 동기요인으로는 직무상의 성취, 직무성취에 대한 인정, 직무내용, 책임, 승진, 개인적 성장 또는 발전 등이 있다. 직무충실화는 직무성과가 직무수행에 따른 경제적 보상보다는 개개인의 심리적인 만족에 달려 있다는 전제하에 직무수행내용과 환경을 재설계하려는 방법으로 위생요인보다는 동기요인에 더 중점을 둔다. 그러나 개인차를 무시하고 있다는 비판을 받는 이론임.
③ 직무 순환이란 조직 구성원에게 돌아가면서 여러 가지 직무를 수행하게 하는 것을 말하며 조직 구성원의 작업 활동을 다양화함으로써 지루함이나 싫증을 감소시켜주고 일반관리자의 양성에 도움을 줄 수 있는 직무설계 방법이다.

22 ④

해설
직무충실화이론은 허쯔버그의 2요인이론을 모태로 한 이론으로서 기본적으로 개인차를 인정하지 않으며, 직무가 동기요인을 충족시키도록 재구성되어야 한다는 이론이다.
① 통합적 작업팀은 집단수준의 직무 확대적 직무설계방법이며, 참고로 집단수준의 직무충실화적 직무설계방법을 자율적 작업팀이라고 한다.
② 직무순환은 작업자에게 다양한 업무를 순차적으로 부여하는 방법으로 이 방법의 사용이 가능하려면 서로 상호 교환이 가능해야 한다.
③ 직무확대는 직무의 다양성을 증대시켜 단조로움을 없앤다.

23 ⑤

해설 직무충실화이론은 허즈버그의 2요인이론을 모태로 한 이론으로서 수직적 직무확대적 직무설계방법이다. 이 이론은 기본적으로 개인차를 인정하지 않으며, 직무가 위생요인보다는 동기요인을 충족시키도록 재구성되어야 한다는 이론으로서, 직무 성과가 직무수행에 따른 경제적 보상보다는 개개인의 심리적 만족에 달려 있다는 전제하에 직무수행 내용과 환경을 재설계하려는 방법이다. 특히 작업 생활의 질과 관련하여 품질 향상과 사기 향상을, 그리고 이직률 및 사고율의 감소와 간접비의 절감 등에 실질적인 많은 성과를 거두어 왔다.

24 ②

해설 직무충실화는 수직적 직무확대 방법으로 계획, 통제 등의 관리기능의 일부를 종업원에게 위임하여 작업상의 책임을 늘리고 능력을 발휘할 수 있는 여지를 만들고, 도전적이고 보람 있는 일이 되도록 직무를 구성하여 생산성을 향상시키고자 하는 방법이다. 반복적인 업무의 단조로움과 지루함을 줄일 수 있는 것은 (수평적)직무확대에 대한 설명이다.

25 ③

해설 개인차원의 직무설계
(1) 직무순환: 작업자에게 다양한 업무를 순차적으로 부여 / 일반관리자 양성에 도움
(2) 직무확대(수평적): 작업자가 맡은 과업의 수를 증가시켜서 단조로움을 극복시키려는 방법(불만은 제거하였으나 만족은 증진시키지 못함) / 종업원의 작업량이 증대될 수 있음
(3) 직무충실화(수직적 직무확대): 계획, 통제 등의 관리기능의 일부를 종업원에게 위임하여 작업상의 책임을 늘리고 능력을 발휘할 수 있는 여지를 만들고, 도전적이고 보람 있는 일이 되도록 직무를 구성하여 생산성을 향상시키고자 하는 방법
– Herzberg의 2요인이론에 기초 / 개인차를 무시

26 ③

해설 자율성은 책임감이라는 심리적 매개변수에 영향을 준다.

27 ③

해설 기술의 다양성, 과업의 정체성, 과업의 중요성, 자율성과 피드백이라는 5가지 핵심직무 특성을 통해 설명하고 있는 것이 직무특성모형이다.

28 ①

해설 Hackman & Oldham의 직무특성모형(job characteristics model)에서 성장욕구 강도(growth need strength)는 핵심직무차원이 아니라 조절 변수로서 성장욕구 강도(growth need strength)에 있어서의 개인차가 활용되었다.

29 ②

해설 과업의 표준성과 교차성은 이에 해당하지 않음. 5가지 핵심 직무특성으로는 기술 또는 기능의 다양성, 과업의 정체성, 과업의 중요성, 자율성과 피드백임

30 ⑤

해설 전체적으로는 핵크만과 올드햄의 직무특성이론으로 착각하기 쉬운 문제임. 그러나 종업원에게 직무의 정체성과 중요성을 높여 주고 일의 보람과 성취감을 느끼게 한다는 것은 결국 동기요인을 통한 동기부여를 해준다는 의미로 허쯔버그의 2요인 이론에 근거한 직무충실화에 가까운 내용임.
참고로 직무특성이론에서는 직무의 정체성과 직무의 중요성이란 직무가 가져야 할 핵심직무특성으로서 이는 심리적 의미감을 부여해주는 것으로 의미감과 성취감은 다른 의미로 해석되어야 함. 나머지 부분은 직무충실화이론과 직무특성이론이 공통적으로 갖는 내용임

31 ①

해설 직무충실화 이론이 개인차를 인정하고 있지 않는 문제점 등을 개선 발전시킨 이론이 핵크만과 올드햄의 직무특성이론이다. 직무특성이론을 정리하여 보면 아래와 같이 도식화하여 살펴볼 수 있다.

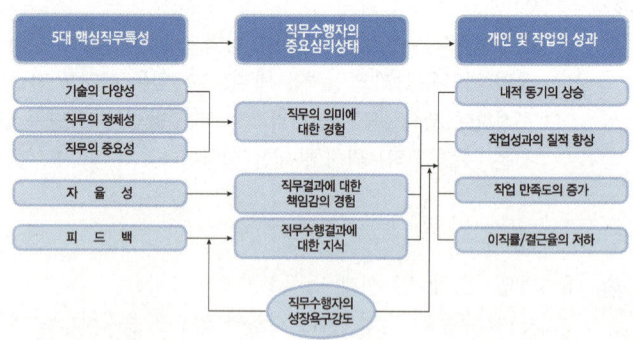

32 ④

해설 인적자원개발이란 직무관점에서의 관리라기보다는 조직의 현재 및 미래의 직무요구를 충족시킬 수 있도록 구성원의 능력과 기술을 향상시키는 체계적이고 계획적인 활동을 의미한다.

① 테일러(Taylor)와 길브레쓰(Gilbreth)의 시간과 동작연구: 20세기 초에 미국에서 F.W. 테일러가 공정한 1일 작업량을 정하기 위하여 창안한 작업시간 연구에 이어서 길브레쓰 부처(Gilbreth 夫妻)가 동작의 공간적 구조를 분석하는 방법을 고안하여 동작과 시간에 관한 연구가 진전되었다.

② 파인(Fine) & 크론쇼(Cronshaw)의 기능적 직무분석법: 미국 노동성에 의해서 개발된 직무분석 방법으로, 실제 직무담당자인 직원에 대한 관찰과 면접을 통해 기능을 분류하고 정리하는 방식으로, 원래 개발 취지는 직무배치와 상담에 사용하기 위한 것으로 특히 직무를 간략하게 분류하는 데 편리한 방법이다.

③ 미공군(USAF)의 과업목록법: 직무분석기법의 하나로, 과업목록에 대한 설문지를 이용하여 직무를 성공적으로 수행하기 위해 필요한 지식, 기술, 태도를 결정하는 데 사용된다. 인터뷰와 조사를 통해 직무에 대한 과업목록을 개발하고 직무와 구성원의 특성과 평가점수를 통해 지식, 기술, 태도 매트릭스를 작성하는 절차로 이루어진다.

⑤ 플래너건(Flanagan)의 중요사건법: 정성적인 자료조사방법 중의 하나로 특정한 주제나 내용과 관련한 주요 사건을 수집, 기록하는 조사법이다.
개인의 경험 중에서 특정한 주제에 관련한 사건 중에서 의미있다고 생각하는 것을 상세하게 스토리 형식으로 기술하는 것으로 피평가자가 구술하는 내용을 평가자가 기술할 수도 있으며, 관찰의 형태로 평가자가 스토리를 기술할 수도 있다. 예를 들어, 종업원의 실제 업무 행동과 연결된 평가지침을 만들 때 바람직한 또는 바람직하지 않은 행동을 기술할 수 있는 자료를 수집할 때 사용할 수 있다.

33 ④

해설 환경적 요인에 따라 직무자체가 변경되기는 하지만 그 내용과 범위가 내외부의 요구에 따라 수시로 변경된다고 보기는 어렵다.

34 ④

해설   직무기술서와 직무명세서는 직무분석의 결과물이며, 이를 토대로 직무평가를 실시한다. 즉, 명확한 직무분석이 토대가 되었을 때 공정한 직무평가가 가능하다.

35 ①

해설   비계량적인 정성적 평가방법 중 상호 비교를 통해 순위를 매기는 서열법에 대한 설명임.
서열법의 경우 가장 오래되고 간단한 방법으로서 조직에 대한 직무의 상대적 가치를 전체적·포괄적으로 비교하여 순위를 결정하는 방법이다. 평가시 직무의 중요요소를 구분하지 않으며, 직무 간 차이가 명확한 경우나 평가자가 모든 직무를 알고 있을 때만 적용이 용이

심화문제

1 ④
[해설] 대조법은 인사고과의 한 방법이다.

2 ④
[해설] 질문서법은 해석상의 차이로 오해가 발생할 우려가 가장 높은 방법이다.

3 ⑤
[해설] 직무와 직무의 비교는 직무평가의 단계라고 볼 수 있다.

4 ③
[해설] 성과기준은 조직의 입장에서 평가의 기준으로 활용되는 것이지 성과기준이 종업원의 성과에 대한 기대수준을 의미하지는 않을 뿐만 아니라 직무명세서는 직무에 대한 인적 수행능력 등을 설명해 놓은 것이지 이를 기준으로 성과기준을 설명하지는 않는다.

5 ④
[해설] 직무평가방법을 정리하면 다음과 같다.

비양적 방법	서열법	• 가장 오래되고 간단한 방법 • 조직에 대한 직무의 상대적 가치를 전체적·포괄적으로 비교하여 순위를 결정 • 직무의 중요요소를 구분하지 않음 • 직무 간 차이가 명확한 경우나 평가자가 모든 직무를 알고 있을 때만 적용이 용이
	분류법	• 서열법에서 좀 더 발전된 것 • 직무를 여러 등급이나 수준으로 분류하여 표현하였고, 직무를 포괄적으로 평가하여 강제적으로 배정 • 간단하고 이해하기 쉬우며 비용이 적게 듦 • 정부, 학교, 서비스조직체 등 등급분류가 용이한 조직에 많이 적용
양적 방법	점수법	• 가장 체계적이고 합리적인 방법 • 직무를 직무특성요소(숙련, 책임, 노력, 작업환경)로 구분하여 각 요소별로 중 용도에 따라 점수를 매겨 직무의 순위를 결정 • 평가항목 설정 및 가중치 부여가 어려우며, 공장의 기능직에 많이 사용
	요소 비교법	• 점수법보다 합리적 • 기준직무를 미리 정하고, 각 직무의 평가요소와 기준직무의 평가요소를 비교하여 직무평가 • 직무의 상대적 가치를 임금액으로 나타내며, 상이한 직무에도 적용이 가능 • 전체 직무의 평가가 용이하여 직무급제도의 실시에 크게 기여

6 ⑤
[해설] 수행해야 할 업무와 기술의 수를 증가시키는 것은 직무확대의 차원이고, 직무충실화는 종업원들이 도전감, 성취감 등을 느껴서 직무에 관한 만족감이 증가될 수 있게 직무를 설계하려는 것이다.

7 ③
[해설] 직무특성모형의 다섯 가지 핵심직무특성은 기능의 다양성, 과업의 중요성, 과업의 자율성, 정체성 및 결과의 피드백이다.

구분	내용
기능의 다양성	직무수행에 요구되는 기능이나 재능의 정도
과업의 정체성	직무가 전체 작업에서 차지하고 있는 범위(현재 수행하는 직무와 완제품과의 관계를 인식할 수 있는 정도)
과업의 중요성	직무가 조직 외부 및 다른 사람들에게 실질적인 영향을 미치는 정도
자율성	직무계획수립, 수행절차 결정 시 작업자에게 허용된 재량권
피드백	직무성과의 유효성에 대해 작업자가 직무로부터 받게 되는 직접적인 정보의 양

8 ④

해설
① 직무충실화는 직무의 수직적 확대이고, 직무확대는 직무의 수평적 확대이다.
② 직무평가는 직무의 상대적 가치를 결정하는 과정이고, 누가 어떤 직무를 수행하는 것이 적절한지는 인사고과와 관련된 내용이다.
③ 중요사건기술법, 자유기술법, 행위고과법 등의 방법들은 모두 인사고과 방법이다.
⑤ 직무특성모형에 의하면 기능의 다양성, 과업의 중요성, 과업의 자율성, 정체성 및 결과의 피드백의 다섯 가지 요인을 핵심직무차원으로 한다.

9 ②

해설
① 직무평가는 직무분석을 기초로 하여 직무의 상대적 가치를 결정하는 과정이다. 이는 직무급 제도의 기초가 된다.
③ 직무수행에 필요한 인적 요건에 관한 정보를 구체적으로 기록한 것은 직무명세서이다.
④ 직무를 세부요소로 구분하여 직무들의 상대적 가치를 판단하는 방법은 점수법이다.
⑤ 사전에 등급이나 기준을 만들고 그에 맞게 직무를 판정하는 방법은 분류법이다.

10 ④

해설
과업의 정체성이란 직무가 요구하는 전체로서의 완결정도를 의미하는 것으로 전체 직무 중에서 과업이 차지하는 범위의 정도를 의미한다. 통상 과업의 정체성이 높으면 직무를 보다 의미 있는 것으로 인식하게 된다.

11 ③

해설
수평적 직무확대는 유사한 직무의 종류를 확대시키는 것이고, 의사결정과 관련된 직무의 권한 등을 확대시키는 것은 수직적 직무확대 즉 직무충실화적 설계에 해당한다.

12 ④

해설
직무충실화설계는 허쯔버그의 2요인이론에 기반을 둔 이론으로서 수직적 확대를 통한 책임감과 의미감의 증대를 가져오려는 설계방식이다. 아울러 수평적으로 직무의 수를 늘리는 것은 일반적인 직무확대 설계이다.

13 ③

해설
기술다양성(skill variety), 과업정체성(task identity), 과업중요성(task significance)은 의미감(meaningness)에 영향을 미친다. 자율성(autonomy)은 책임감(responsibility) 그리고 피드백(feedback)은 수행결과에 대한 경험과 지식에 영향을 미치게 된다.

14 ⑤

해설
①, ② 직무평가는 직무수행방식의 장단점 및 절대적 가치를 평가하는 것이 아니라 직무들간의 상대적 가치를 평가하는 것이다.
③ 서열법은 직무의 수가 많고 직무의 내용이 복잡하게 되면 사용하기 곤란하다.
④ 핵심이 되는 몇 개의 기준 직무를 선정하고, 평가하고자 하는 직무의 평가요소를 기준 직무의 평가요소와 비교하는 방법은 요소비교법이다.

15 ④

해설
직무확대(job enlargement)는 과업의 단조로움을 극복하기 위하여 직무의 범위를 수평적으로 확대하는 것이다. 수직적으로 직무의 범위를 확대하는 것은 직무충실화이다.

16 ③

해설
직무평가란 직무분석의 결과물로서 직무 자체를 기술하고 있는 직무기술서와 직무수행요건을 포함하고 있는 직무명세서를 기초 로 직무가 지니는 상대적인 가치를 결정하는 것으로서, 명확한 직무분석과 공정한 직무평가를 바탕으로 직무급 체계를 확립하는 것을 목적으로 한다.

17 ④

해설
① 핵크만(Hackman)과 올드햄(Oldham)의 직무특성이론에 의하면, 핵심직무 특성에는 기능다양성(skill variety), 과업의 완결성 또는 정체성(task identity), 과업의 중요성(task significance), 자율성(autonomy), 성장욕구가 아닌 피드백(fees back)과정의 5가지 핵심 직무특성을 제시하고 있다.
② 핵크만(Hackman)과 올드햄(Oldham)의 직무특성이론에 의하면, 자율성(autonomy)이 높은 직무를 수행할수록 직무에 대한 책임감을 많이 느끼게 되며, 기능다양성(skill variety), 과업의 완결성 또는 정체성(task identity), 과업의 중요성(task significance)이 높은 직무를 수행할수록 직무에 대한 의미감을 많이 느끼게 된다.
③ 직무충실화(job enrichment)는 재량권의 확대를 줌으로써 동기부여를 증가시키고자 하는 방법인 반면, 재량권과 책임은 변화시키지 않고, 수행하는 작업의 종류만 증가시키는 직무재설계 방법은 직무확대(job enlargement)방법이다.
⑤ 서열법(Ranking Method)은 직무의 수가 많을 경우에는 사용할 수 없는 방법이다. 단, 직무의 수가 적고, 시간과 비용을 절약하기 위해 도입하는 직무평가방법이라고 할 수 있다.

18 ①

해설
과업정체성(task identity)이란 과업의 완결성으로서 직무가 전체작업에서 차지하고 있는 범위의 정도를 의미한다.

19 ①

해설
요소비교법이란 기준직무를 미리 정하고, 각 직무의 평가요소와 기준직무의 평가요소를 비교하여 직무평가하는 방식으로 직무 의 상대적 가치를 임금액으로 나타내며, 상이한 직무에도 적용이 가능하므로 전체 직무의 평가가 용이하여 직무급제도의 실시에 크게 기여하는 직무평가방법이다.
② 핵크만(Hackman)과 올드햄(Oldham)이 주장한 직무특성이론(job characteristics theory)에서 핵심직무특성에는 기능다양성(skill variety), 과업정체성(task identity), 과업중요성(task significance), 자율성(autonomy), 피드백(feedback)이 포함된다. 직무독립성(task independence)이 아니라 자율성(autonomy)이 포함되어야 한다.

③ 과업의 다양성을 증진시키기 위해 직무의 수를 증가시키는 것(수평적)은 직무 확대의 개념이며, 직무 충실화(job enrichment)란 수직적 직무 확대로서 한 작업자가 수행하고 있는 직무에 의사결정의 권한과 책임이 추가로 부여되는 과업을 더 할당하는 방식의 직무설계 방식이다.
④ 서열법은 조직에 대한 직무의 상대적 가치를 전체적·포괄적으로 비교하여 순위를 결정하는 방식이며, 직무평가를 할 때에 등급분류 기준을 설정하는 방식은 분류법이다.
⑤ 핵크만(Hackman)과 올드햄(Oldham)의 직무특성이론에서 중요심리상태에는 작업에 대한 만족감이 아니라 작업에 대한 의미감과 작업 결과에 대한 책임감 및 직무수행 결과에 대한 지식이 포함된다.

20 ①

해설
② 강제할당법(forced distribution method), ③ 중요사건기술법(critical incident method), ④ 행동기준평가법(behaviorally an-chored rating scale), ⑤ 체크리스트 법(check list method)은 성과평가방법임

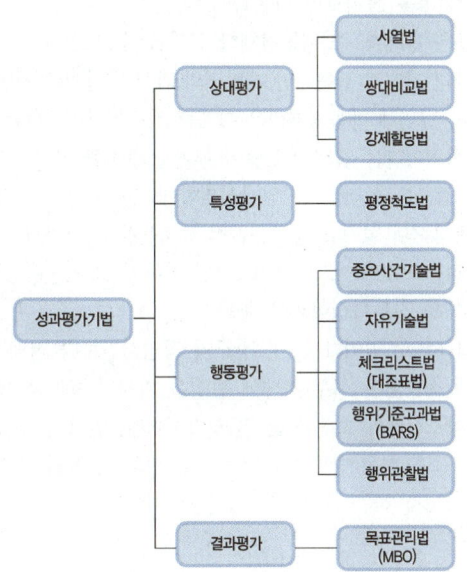

21 ③

해설
성장욕구 및 성취 욕구가 높은 구성원에게 도전적인 목표를 제시함으로써, 직무수행자가 해당 직무에서의 성취감을 경험하게 한다.

22 ①

해설
② 분류법, 요소비교법, 점수법, 서열법 등은 직무분석 방법이 아니라 평가 방법임.
③ 직무기술서는 해당 직무자체에 대한 설명이며, 직무를 수행하기 위해 필요한 지식, 기술, 능력 등의 인적 수행능력을 기술하고 있는 것은 직무명세서임.
④ 관찰법, 질문지법, 중요사건법, 면접법 등은 직무평가(job evaluation)방법이 아니라 직무분석 방법임.
⑤ 직무충실화(job enrichment)는 허쯔버그의 2요인이론에 기반을 둔 수직적 직무확대방법임.

23 ④

해설
명확한 직무분석은 직무의 내용과 요건 및 해당 직무에 맞는 인적 수행요건을 파악하게 해줌으로써 만약에 발생할 수 있는 직무상의 안전사고를 예방할 수 있다.

① 직무의 내용을 체계적으로 정리한 것은 직무명세서가 아니라 직무기술서이다.
② 직무수행자에게 요구되는 자격요건을 정리한 것은 직무명세서이다.
③ 직무분석은 전반적인 인적자원관리활동의 기초정보는 취합정리하는 활동으로서 인력확보를 연계하는 것은 타당하다.
⑤ 직무분석의 결과를 토대로 직무간 상대적 가치를 비교하여주는 활동은 직무평가이다.

24 ③

해설

직무설계에 있어서의 지각-운동적 접근은 사람들이 정신적인 능력과 한계에 초점을 두고 이를 초과하지 않는 수준에서 직무를 설계하자는 접근 방식으로 낮은 정신적 과부하 및 낮은 스트레스 가능성 및 실수가능성과 사고가능성을 낮추는 등 긍정적 효과를 보이고도 하지만 직무만족도와 동기유발이 낮다는 단점이 있는 접근방식임.
아울러 틀린 지문들을 살펴보면 다음과 같다.
① 기계적 접근은 경제학 중 행동경제학 근간을 두고 있다.
  → 직무설계의 기계적 접근이란 테일러의 과학적 관리에 기반을 두고 직무 전문화를 추구하는 접근 방식이다. 반면에 행동경제학은 기계적 접근이라기보다는 인간의 실제 행동에 대한 연구로서 인간은 이성적이라는 전제에서 벗어나 이를 관찰한 심리학적 접근을 경제학에 접목시킨 접근이다.
② 동기부여적 접근은 심리학 중 임상심리학에 기반을 두고 있다.
  → 동기부여적 직무설계란 동기유발적 요소들을 고려하여 직무를 설계하자는 접근 방식으로 직무확대적 접근으로서 허쯔버그의 2요인 이론에 그 기반을 두고 있으며, 직무충실화 설계와 헥크만과 올드햄의 직무특성이론이 대표적임.
④ 생물학적 접근은 조명이나 공기, 장소와 작업시간보다 작업 자체에 관심을 기울인다.
  → 생물학적 접근법은 직무 자체에 관심을 가지기 보다는 인간의 신체적 특성과 물리적 작업환경 사이의 상호작용에 초점을 둔 접근 방식이다. 인간의 신체가 작용하는 방식에 따라 물리적 작업환경을 구조화 하는 방법으로 이를 통해 피로 및 작업 관련 통증 감소와 건강증진 및 능률 증진의 효과를 보고자 하는 직무설계 접근방식이다.

25 ②

해설

틀린 지문을 바로 잡으면 다음과 같다.
① 평가자가 포괄적인 지식을 사용하여 직무 전체를 서로 비교해서 순위를 결정하는 것은 서열법이다.
③ 사전에 직무에 대한 등급을 미리 정해 놓고 각 등급을 설명하는 서술을 준비한 다음, 각 직무가 어느 등급에 속하는지 분류하는 방법은 분류법 내지는 등급법이라 한다.
④ 여러 직무들을 전체적으로 비교하여 직무들 간의 서열을 결정하고, 기준직무의 내용이 변하면 전체 직무를 다시 재평가하는 것은 요소비교법에 해당한다고 볼 수 있다. 이러한 직무평가방법인 요소비교법은 기준직무를 미리 정하고, 각 직무의 평가요소와 기준직무의 평가요소를 비교하여 직무평가를 하는 방법으로서 이때 직무의 상대적 가치를 임금액으로 나타내며, 상이한 직무에도 적용이 가능한 직무평가방법으로서 전체 직무의 평가가 용이하여 직무급제도의 실시에 크게 기여한 방법이다.

CHAPTER 2 : 확보 및 개발관리

개념정리문제

1 ⑤

해설 노동과학적 기법은 작업시간 연구를 기초로 조직의 하위 개별 작업장별 필요한 인력을 산출하는 미시적 (상향적) 접근기법으로 생산직종의 인력수요를 예측하는 데 활용되는 양적 인력 수요 예측기법임. 인력 수요의 예측에 있어서 시나리오 분석, 자격요건 분석, 델파이 법, 명목집단법은 대표적인 질적 기법이며, 브레인스토밍은 비판 없는 자유토론을 통해 인력수요에 대한 의견 토론을 할 수 있으므로 질적 기법에 해당한다고 볼 수 있다. 양적 기법에는 생산성 비율분석, 노동과학적 기법, 통계적 분석형태의 추세분석, 회귀분석, 그리고 화폐적 분석 등이 있다.

2 ③

해설 델파이법은 전문가들에 대한 서면 의견조사 방법으로서 질적 수요예측기법이며, 회귀식을 만들어내는 것은 양적 수요예측기법으로서 통계적 기법에 해당한다. 아울러 마코브 분석 또는 마코브 체인 기법은 안정적 환경하에서 전이 행렬을 활용하여 인력의 공급을 예측하는 기법이다.

보충 인력 수요예측

질적 수요 예측	자격요건 분석	• 현재 직무에 대한 직무기술서 및 직무명세서를 바탕으로 미래 자격요건 변화를 예측하는 방법 • 직무내용, 조직구조, 기술환경이 거의 변하지 않는 경우에 적합
	시나리오 기법	• 미래에 발생할 경영환경의 변화를 고려하여 전문가집단이 브레인스토밍 또는 예측프로그램 팀이 예측하는 방법 • 경영환경에 대한 예측이 용이하지 않은 경우에 사용
	델파이법	• 전문가 집단을 대상으로 미래의 인력수요를 예측하게 하는 기법 • 거시적(하향적) 접근기법으로서 통계적 기법보다 정확하나 시간과 비용이 많이 듦
양적 수요 예측	통계적 기법	• 해당기업의 역사적 자료를 바탕으로 미래의 수요를 예측하는 기법 • 생산성 비율분석, 추세분석, 회귀분석, 시계열분석 등이 있음 • 과거자료를 근거로 예측하기 때문에 예측의 정확성에 한계가 있음 • 예측기간을 단기간으로 좁혀 예측치에 대한 수정작업을 계속하여 신뢰성을 높이는 것이 바람직
	노동과학적 기법	• 작업시간연구를 기초로 조직의 하위 개별 작업장별 필요한 인력을 산출 • 미시적(상향적) 접근기법으로서 생산직종의 인력수요를 예측하는 데 활용
	화폐적 분석	• 미래의 어느 시점에서 기업이 어느 정도 종업원을 보유할 수 있는가 하는 그 지불능력에 초점을 맞추어 인력수요를 예측하는 기법 • 다른 기법에 비해 현실적이지만 기업환경의 변화가 빠른 업종에서는 정확성이 떨어짐

3 ④

해설 내부모집은 승진기회를 제공함으로써 내부인들의 사기를 고양하고 자기개발을 유도할 수 있다. 보기 ①, ②, ③은 모두 맞는 설명으로서, 내부모집은 내부충원 또는 사내모집이라고도 하며, 원래 있던 인력을 다시 평가하여 기회를 주는 것으로 지원자에 대한 정확한 평가가 가능한 장점을 가지고 있으나. 인재선택 폭이 제한적이고, 조직 폐쇄성의 강화로 인한 패거리 문화가 형성될 가능성이 있다. 나아가 내부인력에만 지나치게 의존할 경우 조직구성원들이 결국 무능한 인력으로만 구성되는 피터의 원리 등이 나타날 가능성이 있음

4 ②

해설 외부모집에 대한 설명으로 조직 내부의 분위기에 신선한 충격을 줄 수 있다. 보기 ① 내부모집은 외부모집에 비해 채용비용의 절약의 효과를 가져오며, 직원들에게 동기유발의 긍정적인 효과를 가져온다. 보기 ③, ④ 외부모집을 통해 인력개발 비용의 절감과 더불어 새로운 정보와 지식을 얻을 수 있는 장점이 있으나 내부인력 사기저하와 더불어 부적격자 채용의 위험을 갖고 있다.

5 ②

해설 맥락효과(Context Effect)란 처음 제시된 정보가 나중에 들어오는 정보들을 처리하는 기본지침이 되어 전반적인 맥락을 제공하는 것으로서, 처음에 긍정적으로 생각한 대상이라면 이후에 관련된 정보가 입력돼도 긍정적으로 생각하려는 경향이 생기는 것도 맥락효과의 일종이라고 할 수 있다. 맥락 효과는 수많은 정보들을 빠른 시간에 효율적으로 해석하고 받아들일 수 있도록 하기 위한 인지적 노력의 일종으로 볼 수 있다. 즉, 자신이 이미 알고 있는 틀(frame, scheme)에 빗대어 새로운 정보를 비교하고 위치시킴으로써 판단의 근거를 얻는 것이다. 또, 자신이 기존에 가지고 있던 생각이나 태도를 지속적으로 유지하며 인지적 일관성을 유지하고자 하는 시도로도 해석할 수 있는데 집단면접시 면접자가 이러한 태도를 가질 수 있다.
① 표준화된 질문을 통한 면접은 구조화 면접이며, 비구조화 면접은 자유질문으로 구성된 면접임.
③ 면접의 신뢰성과 타당성을 높이기 위해서는 면접 내용 개발단계에서부터 면접관 및 경영진이 참여하여 조직의 목표와 이에 필요한 역량 등을 질문에 반영할 필요가 있다.
④ 위원회 면접은 패널 면접이라고도 불리우는데 3명 이상의 면접자와 1명의 피면접자가 있는 형태임.
⑤ 스트레스 면접이란 피면접자들 무시할 때 스트레스에 어떻게 대응하는가를 보는 것으로서 여러 시기에 걸쳐 여러 사람이 진행하는 형태는 아님.

6 ④

해설 집단면접은 복수의 피면접자가 있는 형태로서 각 집단별로 과제를 토론하게하고 면접자가 이를 관찰함으로 개인적인 적격여부를 판정하는 방법으로서, 시간을 절약할 수 있다는 장점이 있다.

7 ③

해설

구조화정도	지시적 면접(구조적면접)	면접 내용이 상세하게 정형화되어 있음(높은 타당성, 낮은 융통성)
	비지시적 면접(비구조적 면접)	면접 내용이 사전에 구조화되어 있지 않음(낮은 타당성, 높은 융통성)
참가자 수	패널 면접(위원회 면접)	3명 이상의 면접자와 1명의 피면접자가 있는 형태
	집단 면접	복수의 피면접자가 있는 형태로서 각 집단별로 과제를 토론하게 하고 면접자가 이를 관찰함으로써 개인적인 적격여부를 판정하는 방법. 시간을 절약할 수 있음

8 ③

해설 종합평가제도(Assessment Center)란 인사 평가방식의 하나인 평가센터법을 선발과정에 응용한 방법임.
• 평가센터(Assessment Center)방법이란 경영자 개발방법의 일종으로서 평가센터기법은 원래 조직 내에서 개인이나 집단에 대한 평가를 시행하는 장소, 즉, 평가센터를 지칭하는데서 유래되었으며, 새로운 경영자로서의 자질을 평가하는 목적으로 다양한 활동들을 통해 직무 관련 강점과 약점을 파악하는 것이다. 그러나 현재 평가센터는 장소나 건물과 같은 공간적인 개념이 아니고 개인의 성과를 평가하는 절차를 의미하는 용어이다. HR프로그램에서 주요 학습 모듈의 효과성을 평가하는 도구로 주목받고 있다.
• 측정센터(평가자집단)는 참가자들이 업무에 주로 활용되는 특정 지식, 기술, 능력을 발휘하도록 구성된 다양한 활동을 평가한다. 평가 대상이 되는 지식, 기술, 능력은 HR프로그램에 참가한 참가자들이 성공

적으로 현업을 수행하는데 매우 중요한 요소들이다.
- 참가자들이 모든 활동을 완료하는데 4시간에서 3일까지 다양하게 소요된다.
- 평가자들은 각 단계에서 참가자들의 활동결과를 종합하고 주관성을 배제하여, 각 참가자의 최종순위를 부여하게 된다. 측정센터법의 절차는 프로그램 시행 전에 각 참가자의 능력을 측정하고 순위를 매긴 후, 프로그램이 실행되고 난 후 참가자들의 업무차원에서 성과향상이 있었는지를 살펴보기 위해 다시 측정한다.

9 ⑤

해설

신뢰성(일관성, 항상성)이란 언제 누가 평가해도 동일한 결과를 나타내는 정도를 의미한다. 아울러 타당성(정확성)은 시험에서 측정하고자 하는 내용이나 대상을 정확히 측정하는 정도로서 아래와 같이 분류된다.
- 타당성(정확성): 시험에서 측정하고자 하는 내용이나 대상을 정확히 측정하는 정도

기준 관련 타당성	• 시험 성적과 하나 또는 그 이상의 기준치를 비교함으로써 파악할 수 있는 타당성 • 동시 타당성: 현직종업원에 대한 시험성적과 직무 성과를 비교하여 타당성 검사 • 예측 타당성: 선발시험에 합격한 지원자의 시험성적과 입사 후의 직무성과를 비교
내용 타당성	• 측정대상의 취지를 어느 정도 테스트문제에 담고 있는가를 알아보아서 타당성 검사 • 시험성적과 직무성과의 통계적 상관계수로 측정되지는 않으며 논리적으로 판단해서 결정
구성 타당성	• 특정 시험이 무엇을 측정하느냐 하는 시험의 이론적 구성과 가정을 측정하는 정도 • 요인분석이라는 통계적 절차를 사용

10 ③

해설

대체형식법은 한 사람에게 한 종류의 항목으로 테스트한 다음 유사한 항목으로 다시 테스트하여, 두 형태 간의 상관관계를 살펴보는 방법

보충

선발도구의 합리성

① 신뢰성(reliability): 언제 누가 평가해도 동일한 결과를 나타내는 정도
- 선발도구의 측정결과가 일관성(consistency)이 있고 안정성(stability)이 있다는 의미이다.
- 신뢰성 검증방법
  - 시험-재시험 방법(test-retest method): 선발도구의 측정결과가 안정적인지를 알아보기 위해서 동일한 테스트를 동일한 집단을 대상으로 시간적 간격을 두고 재실시하여 두 측정치(첫 번째와 두 번째)가 일치하는지 정도를 검증하는 방법을 말한다.
  - 양분법(split half method): 시험 내용이나 문제를 반으로 나누어 각각 검사하여 양지의 결과를 비교하는 방법
  - 대체형식법(alternative form method): 한 사람에게 한 종류의 항목으로 테스트한 다음 유사한 항목으로 다시 테스트하여, 두 형태 간의 상관관계를 살펴보는 방법
  - 내적 일관성(internal consistency) 측정방법: 특정 평가집단에 대해서 하나의 평가표로 측정한 결과만 있을 때 평가항목 점수들간의 관계의 일관성을 산출한 신뢰성을 말한다.

② 타당성(정확성): 시험에서 측정하고자 하는 내용이나 대상을 정확히 측정하는 정도

기준관련 타당성	• 시험 성적과 하나 또는 그 이상의 기준치를 비교함으로써 파악할 수 있는 타당성 • 동시 타당성: 현직종업원에 대한 시험성적과 직무 성과를 비교하여 타당성 검사 • 예측 타당성: 선발시험에 합격한 지원자의 시험성적과 입사 후의 직무성과를 비교
내용 타당성	• 측정대상의 취지를 어느 정도 테스트 문제에 담고 있는 가를 알아보아서 타당성 검사 • 시험성적과 직무성과의 통계적 상관계수로 측정되지는 않으며 논리적으로 판단해서 결정
구성 타당성	• 특정 시험이 무엇을 측정하느냐 하는 시험의 이론적 구성과 가정을 측정하는 정도 • 요인분석이라는 통계적 절차를 사용

11 ①

> [해설] 인사관리란 인적자원의 관리적 측면에서 인력의 충원과 유지·활용·개발에 관한 계획적이고 조직적인 관리활동의 체계를 말하는데, 인적자원관리의 가장 중요한 과제는 조직의 목표와 개인의 목표가 조화를 이루도록 하는 일이다. 그러므로 인적자원관리는 조직구성원들이 자발적으로 조직의 목표달성에 적극적 참여 및 기여하도록 함으로써 조직의 발전과 개인의 발전이 균형을 이루도록 해야 한다. 이러한 점에서 조직에서 사람을 다루는 철학과 그것을 실현하는 제도와 기술의 체계가 인적자원관리라고 할 수도 있다. 아울러 구조적 인사관리란 인적자원의 관리를 마케팅 4P의 관점에서 체계적으로 분석관리를 하자는 것이다. 예산관리는 기업 활동 전반에서 계획 수립 시 중요한 부분이기는 하나 인사관리의 기본 영역이라고 보기는 어렵다.
>
> • 구조적 인사관리의 기본영역
>   ① Product=직무관리: 직무분석, 직무평가, 직무설계
>   ② Price=보수(보상)관리: 임금관리, 복리후생관리, 퇴직금
>   ③ Place=신분관리: 승진관리, 교육훈련관리, 경력관리
>   ④ Promotion=평가관리: 인사고과

12 ④

> [해설] 대용승진은 준승진(quasi promotion)이라고도 하며 승진 대상자는 많으나 직위가 없을 경우 인사체증과 사기저하를 방지하기 위하여 직무내용의 변화 없이 직위명칭이나 호칭 등의 상승만 이루어지게 하는 형식적인 승진제도이다.

기준		• 연공주의: 근무경력에 의한 승진 • 능력주의: 업무수행능력에 의한 승진
유형	신분자격 승진	• 사람 중심적 연공주의에 입각한 제도 • 개인의 근무 연수·학력·연령 등의 요건에 따라 승진시킴
	직위 승진	직무 중심적 능력주의에 입각한 제도로서 보다 높은 직무를 담당하게 될 때 승진시킴
	능력자격 승진	연공주의와 능력주의를 종합시킨 것으로서 개인의 지식·능력·기능 등의 잠재능력을 평가하고 그 장래의 유용성이나 신장도를 평가하여 승진 시킴
	역직 승진	관리체계로서의 직위상의 승진(과장→부장→공장장 등)
	대용 승진	• 직무상 실질적 변화 없이 직위명칭 또는 자격호칭 등 형식적 승진 • 특성 구성원에 대한 승진의 필요성은 있으나 마땅한 담당직책이 없을 경우
	OC 승진	• 조직 변화를 통해 조직의 직위계층을 늘려 종업원에게 승진의 기회를 확대 • 승진대상에 비해 직위가 부족한 경우

13 ③

> [해설]
> • 인적자원관리의 기본영역은 다음과 같다.
>   – 확보관리: 인적자원의 수급예측과 모집 및 선발 활동
>   – 개발관리: 교육훈련, 보상관리: 경력관리
>   – 평가관리: 직무평가, 인사고과(성과평가)
>   – 보상관리: 임금관리 및 복리후생관리
>   – 유지관리: 인간관계, 근로조건, 노사관계관리
> • 구조적 측면에서의 인사관리의 기본영역은 다음과 같다.
>   – 직무관리: 직무분석, 직무평가, 직무설계
>   – 보수관리: 임금관리, 복리후생관리, 퇴직금
>   – 신분관리: 승진관리, 교육훈련관리, 경력관리
>   – 평가관리: 인사고과

14 ②

해설 피교육자로 하여금 다른 사람의 역할을 맡아 수행하게 함으로써 교육을 시키는 방법으로서, 어려운 대인관계 상황에서 조직에 적합한 태도 가지게 하기위한 교육훈련 및 개발 방법이지 교육 훈련에 대한 필요성 파악방법은 아님.

보충 주요 교육훈련방법

	방법	장점	단점
직장내	코칭	자연스러우며 직무관련적이다.	좋은 코치를 발견하는 것이 어렵다.
	위원회 참석	참여자들이 주요과정에 참여한다.	시간낭비일 수 있다.
	직무순환	조직에 대한 전박적 이해를 강화한다.	시간이 많이 소요된다.
	보좌관제도	훌륭한 관리자의 행동거지를 관찰 경험할 기회를 갖는다.	배울 점이 많은 좋은 관리자들이 한정된다.
직장외	강의실 교육	익숙하며, 쉽게 적응하며, 현 업무를 유지하면서 할 수 있다.	항상 성과를 개선할 수 있는 것이 아니다.
	인간관계훈련	중요한 경영기술을 다루게 된다.	효과를 측정하기가 쉽지 않다.
	사례연구	사실적인 사례를 통해 경영에 대한 이해를 얻을 수 있다.	때로 정보가 의사결정을 하기에 부적절한 경우가 있다.
	역할연기	어려운 대인관계 상황에서 적합한 태도를 바꿀 수 있다.	역할연기 하는 것은 피훈련자에게 불편함을 야기한다.
	모의기업경영게임	가상과 현실성 통합	학습보다는 단지 게임을 한다는 생각에 빠질 수 있다.
	안식년제	재충전과 개발가능	비용과다
	야외훈련	육체적 도전이 자신감과 팀워크를 증진시킬 수 있다.	피훈련자의 육체적 특징이나 위험으로 인해 모든 사람에게 적응할 수 있는 것이 아니다.

15 ④

해설 교육과 훈련의 비교

교 육		훈 련	
• 개인의 목표를 강조	• 장기적인 목표달성	• 조직 목표를 강조	• 단기적인 목표달성

16 ③

해설

구분	OJT	Off JT
장점	• 교육이 실제적임, 맞춤형 교육 가능, 동료간 친밀감 증가 • 실시가 용이하고 비용이 적게 발생	• 다수의 종업원에게 통일된 훈련 가능 • 교육훈련에만 전념하여 교육훈련 성과가 높다
단점	• 통일된 훈련이 어려우며, 교육인원에 제한이 있음 • 우수한 상사가 우수한 훈련자는 아님	• 경제적 부담이 증가 • 훈련 결과가 실제적이지 못할 수 있음

보충 커크 패트릭의 교육훈련 평가 단계

단계	초점	내용	
제1단계	반응	참가자가 그의 훈련 및 개발을 어떻게 생각하는가?	교육장
제2단계	학습	어떠한 원칙·사실·기술을 배웠는가?	
제3단계	행동	훈련 및 개발을 통하여 직무수행상 어떠한 행동의 변화를 가져왔는가?	업무복귀 후
제4단계	결과	훈련 및 개발을 통하여 비용절감, 품질개선, 생산성증대 등에 어떠한 결과를 가져왔는가?	

17 ④

해설 많은 종업원들에게 통일된 훈련을 시킬 수 있는 것은 Off-JT의 특징이다. OJT는 도제식에 가까운 교육훈련으로 상사에게 업무를 수행하며 교육훈련을 받는 것으로서 다수의 종업원에게 통일된 교육이 어렵다는 단점이 있다.

구분	OJT	Off JT
장 점	• 교육이 실제적임, 맞춤형 교육 가능, 동료간 친밀감 증가 • 실시가 용이하고 비용이 적게 발생	• 다수의 종업원에게 통일된 훈련 가능 • 교육훈련에만 전념하여 교육훈련 성과가 높다
단 점	• 통일된 훈련이 어려움, 우수한 상사가 우수한 훈련자는 아님, 교육인원에 제한	• 경제적 부담이 증가 • 훈련 결과가 실제적이지 못할 수 있음

18 ②

해설 현장에서 직접 일을 하며 상사에게 배우는 것으로 직접 실무경험을 쌓을 수 있다. 보기 ①, ③, ④ Off JT에 대한 내용으로 직장 밖에서 연수원이나 강의실 등에서 강의 또는 토의를 통해 실시하는 교육훈련방식으로 다수의 많은 종업원을 교육시킬 수 있다.

19 ④

해설 OJT: 직장 내 교육 훈련으로 직장 상사나 선배가 교육하며 현장훈련이라고 하며 피훈련자가 직무를 수행하면서 훈련받을 수 있다

20 ⑤

해설 신입 직원 또는 피훈련자가 실제 직위에서 직무를 정상적으로 수행하면서 상관으로부터 지도와 훈련을 받는 것으로 비용이 적은 장점이 있다. 보기 ①, ②, ③, ④ OJT(On the job training)는 직장 내 교육 훈련으로 작업 현장에서 직접 실무자에게 배우는 실무중심의 교육으로 Off JT에 비해서 비용이 적게 드는 장점이 있다.

21 ③

해설 지문 ③은 Off JT에 대한 설명이다. OJT는 직장 내 교육훈련으로 직장 내 교육훈련은 훈련과 생산이 직결되어있어 경제적이고 강의장 이동이 필요치 않지만 작업수행에 지장을 받는다.

22 ④

해설 OJT(on-the-job training)란 기업 내에서의 종업원 교육 훈련방법으로서 피교육자인 종업원은 직무에 종사하면서 지도교육을 받아서 업무수행이 지연되는 경우는 없고, 상사와 피교육자 사이에 친밀감을 조성하며 시간의 낭비가 적다. 아울러 기업의 필요에 따른 현장 중심적인 교육훈련을 할 수 있다. 그러나 상사의 높은 자질이 요구되며 교육훈련 내용의 체계화가 어렵다는 등의 문제가 있다.

23 ④

해설 OJT는 작업장에서 직장의 직속상사에게 직무에 관련된 교육을 받는다. ①, ②, ③은 Off JT에 대한 설명으로 직장 외 교육훈련으로 체계적인 교육프로그램에 따라 이루어지며 다수를 동시에 훈련시킬 수 있다.

24 ①

해설 Off-JT는 작업현장을 떠나서 전문가에게 체계적이고 전문적인 교육을 집단적으로 받는 것으로 다수 종업원의 통일적 교육이 가능하다. 반면에 OJT는 실무중심의 교육으로 작업현장에서 실무를 학습하고 바

로 적용할 수 있다. 그러나 체계적인 훈련과정이 없기 때문에 통일된 내용의 훈련이 불가능하고, 현장의 잘못된 관행이나 기존에 사용했던 비효율적인 방식이 그래도 전해질 수 있다.

25 ①

해설 OJT는 훈련 전문가가 아닌 직장내 업무 담당자에 의한 도제식 훈련임.

26 ②

해설 경력관리의 목적은 종업원의 동기부여와 안점감을 주어 인적자원의 효율적인 확보 및 배분과 이직 방지 및 유능한 후계자의 양성에 있으며, 효과적인 임금제도의 설계는 종업원에게 동기부여 등의 효과는 있으나 이 자체가 경력관리의 목적이라고 보기는 어렵다.

27 ①

해설 CDP(Career development program)는 최고경영자들의 경력과 승진을 관리하는 시스템이라고 보기는 어렵다. 우선 경력개발(career development)이란 개인측면에서 볼 때 한 개인이 일생에 걸쳐 일과 관련하여 얻게 되는 경험을 통해 자신의 직무관련태도, 능력 및 성과를 향상시켜 나가는 과정이며 조직측면에서는 한 개인이 입사로부터 퇴직에 이르기까지 경력경로를 개인과 조직이 함께 계획하고 관리하여 개인목표와 조직목표를 달성해가는 총체적인 과정으로서, 조직구성원의 자기 발전 욕구를 충족시켜 주면서 조직에 필요한 인재를 육성, 조직 목표 달성을 이룩하고자 하는 총제적인 인사관리 활동을 경력개발계획(CDP)라고 말한다.

28 ⑤

해설 Action-Learning에 대한 설명임. 액션러닝은 실제 경영 현장에서 경영성과와 직결되는 이슈 혹은 과제를 정해진 시점까지 해결하고, 이를 통해 개인과 조직이 함께 성장할 수 있도록 하는 기법이다. 핵심 포인트는 개인, 팀, 그리고 조직이 변화에 보다 효과적이고 유연하게 대응할 수 있는 역량을 기르는 데 있다. 아울러 이러한 액션러닝은 조직구성원이 팀을 구성하여 동료와 촉진자(facilitator)의 도움을 받아 실제 업무의 문제를 해결함으로써 학습을 하는 훈련방법이다. '행함으로써 배운다'(Learning by Doing)라는 학습원리를 근간으로 4~6명을 한 팀으로 구성, 실천현장에서 발생하는 문제(Real Problems)를 팀 학습(Team Learning)을 통해서 다양한 아이디어를 도출, 실제 적용하는 과정에서 발생하는 학습을 강조하는 전략이다

참고로, 다른 지문들을 정리하여 보면 다음과 같다.
① team learning 또는 Team-Based Learning(TBL)이란 공통의 인식과 관심을 같이하는 적정 규모의 팀원이 현안과제나 문제를 해결하고, 공동의 목표를 달성하기 위해서 개개인이 갖고 다양한 아이디어를 대화를 통해 공유하면서 지식을 창출하는 학습이다. 팀기반학습과 집단학습은 개개의 구성원이 공동의 목표를 향해서 새로운 대안을 모색하는 점에서는 일맥상통한다. 하지만 팀기반학습이 집단학습에 비해서 구성원의 집단에 대한 소속감과 구성원간 결속력 및 목표달성에 대한 열망과 의지가 보다 강하다고 볼 수 있다.

보충 팀빌딩(Team Building): 작업그룹(work group)의 목적과 기능을 향상시키는 전략으로 분석, 발견, 문제의 해결과정을 배우는 것을 목적으로 한다. 이 전략의 기본은 그룹토론으로 팀 멤버의 주의 깊은 청취와 그들의 아이디어와 느낌을 자유롭게 표현하고 반대의사 표현도 자신있게 표현하며, 의견이 다른 것을 작업의 목표와 멤버들의 기여에 중점을 두어 해결하게 한다. 이러한 팀빌딩은 기본적으로 장기적 단기적 전략, 자료의 재분배, 통신과 조정, 문제의 해결, 훈련과 개발, 결정, 조정(control)의 디자인과 설치가

표함된다. 이는 널리 이용되는 조직개발기법으로서 목표는 조직내 다양한 팀들을 개선하고 그 유효성을 증대시키는데 있다. 문제진단(problem diagnosis), 가족적 팀구축(family team building), 역할분석(role analysis)을 위한 회의를 통해 구성원들의 응집력을 높이고 업무효율을 향상시켜 가게 된다. 이 방법은 레빈(Lewin, K.)의 태도변화 과정인 '해빙 → 변화 → 재동결'의 단계를 거쳐 이루어진다.

② Organizational Learning(조직학습)은 조직차원의 제도와 시스템, 업무여건과 환경, 문화적 기반을 어떻게 조성하면 개인차원의 학습이 효과적으로 발생해서 조직 전체가 외부 환경변화에 능동적으로 대응하고, 나아가 조직이 지속적으로 발전할 수 있는지를 모색하는 학습이다. 미시적 측면의 학습활동 촉진 및 극대화에 주력하는 심리학적 개인 학습(Individual Learning)이 주로 개인차원의 자세와 태도변화, 사고방식과 행동의 변화를 밝혀 보려는 노력과는 다르게 심리적 차원에서 이루어지는 개인학습의 단순 합은 결코 조직학습이 될 수 없다고 주장한다. 조직학습이 발생하기 위해서는 개인차원의 학습촉진 및 지원활동과는 근본적으로 다른 어떤 노력이 필요함을 역설한다.

③ problem based learning란 문제 중심 학습 또는 문제 기반 학습(problem-based learning, PBL)을 의미하며 이는 제시된 실제적인 문제를 학습자들이 해결하는 과정에서 학습이 이루어지는 학생 중심의 학습 환경(student-centered learing)이자 모형이다. 학생들은 사고 전략과 영역 지식을 함께 배우게 된다. 문제 중심 학습의 형태는 의학 교육에서 출발하였는데 현재에는 다른 분야에서도 쓰이고 있다. 문제 중심 학습의 목적은 유연한 지식, 효과적인 문제 해결 능력, 자기 주도 학습, 효과적인 협업 능력, 내재적 동기를 학생들이 계발하도록 돕는 데에 있다. 문제중심학습은 능동적 학습의 한 가지 양식이라고 할 수 있다.

> [주의] Project-Based Learning(PBL)은 문제해결학습의 일종으로 최근에 경직된 조직에서 동태화 되어 감에 따라서 각종 프로젝트팀이나 테스크포스(task force) 등이 많이 나타나게 되었고 더욱 중요성이 높아졌다. 팀을 구성해서, 문제발견능력의 양성에서부터 목표설정 → 계획 → 실행 → 평가의 단계를 훈련시켜서 집단의 문제해결 능력을 향상시킨다.

④ blended learning이란 e-Learning의 학습성과 극대화를 위해 온-오프라인을 연계하는 교육으로 학습자의 수행성과를 높이기 위해 다양한 교수 설계전략, 미디어 개발방식 등을 적절히 혼합하는 방식이다.

29 ③

[해설] OJT의 경우 일반적으로 상사에게 도제식의 훈련 형태로 이루어지므로 많은 종업원들에게 통일된 훈련을 시킬 수 없다. 반면에 Off-JT의 경우 많은 종업원들에게 통일된 표준화된 훈련을 시킬 수 있다는 장점이 있다.

30 ③

[해설] 인력수요의 양적인 면에서의 충족 가능은 기본적으로 내부모집이 아니라 외부모집의 장점이라고 볼 수 있다.

심화문제

1 ④
해설 우수한 업무성과자가 우수한 학습자 내지는 교육자라고 단정 지을 수는 없다.

2 ⑤
해설 전환배치는 수평적 인사이동의 형태로 능력(적성 및 직무간의 관계를 고려하여 적재적소의 배치와 시간적 상황)을 고려한 적시주의의 원칙에 따라 적합성을 극대화하여야 한다.

3 ②
해설 사내게시판이나 사보를 이용하는 직무게시(job posting)는 외부모집이 아니라 내부모집으로 보아야 함.
참고 네포티즘(nepotism)이란 권력자가 자기의 친족에게 관직, 지위 따위를 주는 일이다. 본래 네포티즘은 가족비즈니스 사업에서 자주 발생하는 행위였으나, 지금은 그 의미를 확대하여 어떤 조직에서든지 기존의 조직구성원 중에서 가족이나 친척, 친구들을 대상으로 편애하여 발생되는 차별적 행위를 의미하고 있다. 네포티즘은 조직구성원의 능력이나 경력, 수행성과보다 친분적 관계를 우선시하기 때문에 종종 비판의 대상이 되지만, 일부 조직구성원의 충성도를 향상시킬 수 있다는 긍정적인 측면도 있다.

4 ①
해설 사내공모제는 종업원의 상위직급 승진 기회가 제공되어 기존 종업원의 동기부여 및 사기진작 효과가 있다. 사내공모제도는 결원공지제도(vacancy announcement system)라고도 한다. 그 예로 내부충원이 필요한 인력을 조직의 사보, 직무게시판, 인트라넷(intranet) 등의 알림란을 통해 필요한 직무에 적합한 인력을 모집한다.
보충 사내공모제도는 조직이 충원 예정인 직위나 직무를 기존 구성원들에게 공개적이고 균등한 고용기회를 제공한다는 장점이 있다. 또한 이를 통해 구성원들의 경력개발에 대한 동기부여, 새로운 직무에 대한 도전의식, 잠재능력의 발휘 등의 장점도 있다. 하지만 사내공모된 직무에 지원하려고 하는 지원자가 직속상사에게 자신의 이동을 알릴 경우 갈등이 발생할 수 있어 공모에 의해 인사이동이 확정되기 전까지는 해당 상사에게 통보하지 않는 경우가 많다. 이는 모집에 탈락한 경우 기존 부서원들과의 갈등을 예방하기 위한 배려이기도 한다.

5 ⑤
해설 ⑤의 경우 기업자 닻에 대한 설명이 아니라 서비스/헌신 닻에 대한 내용임.
- E. Schein의 경력 닻(career anchor): 자신의 가치와 관심을 포기하지 않고 지속적으로 갈망하는 영역을 경력닻이라 한다.
- E. Schein의 경력 닻(career anchor) 모형은 다음과 같다.
  - 전문역량 닻: 일의 실제 내용에 주 관심을 둠. 전문 분야 종사 희망.
  - 관리역량 닻: 전문영역보다 일반적 관리직에 주목적을 둠. 노력조정, 결과에 대한 책임 및 다른 부서를 잘 통합하는 데 주된 관심을 둠.
  - 자율성/독립성 닻: 규칙이나 제약에서 벗어나려는 데 관심이 있으며, 자율성 확보에 주 관심을 둠.
  - 안전·안정 닻: 장기적 경력 안정성이 주 관심임. 안정적이고 예측가능한 일을 선호.
  - 서비스/헌신 닻: 봉사와 헌신이 주 관심임.
  - 도전 닻: 해결하기 어려운 문제나 극복 곤란한 장애를 해결하는 데 주된 관심을 둠.

- 라이프스타일 통합 닻: 인생의 모든 부분에서 균형을 갖는 것이 주된 관심임.
- 기업가 정신 닻: 장애극복 및 위험을 감수하며 개인적인 탁월성을 성취하려는 것 등에의 도전 및 창조적인 활동에 주 관심을 둠.

6 ⑤

[해설] 신뢰성(일관성, 항상성): 언제 누가 평가해도 동일한 결과를 나타내는 정도

시험–재시험법	같은 사람에게 같은 내용의 시험을 시기를 달리하여 두 번 실시 후, 두 번의 성적을 비교하는 방법
대체형식법	한 사람에게 한 종류의 항목으로 테스트한 다음 유사한 항목으로 다시 테스트하여, 두 형태 간의 상관관계를 살펴보는 방법
양분법	시험 내용이나 문제를 반으로 나누어 각각 검사하여 양지의 결과를 비교하는 방법

7 ③

[해설] 집단면접이란 각 집단별로 특정 문제를 토론하게 하고 면접자가 이를 관찰하는 과정에서 개인적 적격여부를 판단하는 면접형태이고, 다수의 면접자가 한 명의 응모자를 평가하는 형태는 위원회 면접(패널 면접)이라고 한다.

8 ⑤

[해설] 자격요건 분석은 해당직무를 수행하는데 필요한 자격요건이 무엇인지를 분석하는 방법으로 조직환경이 안정적일 경우에 실시하는 기법이고 조직환경이 불안정할 것으로 기대되면 시나리오 분석기법을 사용한다.

9 ①

[해설] 조직사회화는 예비사회화, 현장경험, 안정화 단계로 조직에 진입하기 전에도 예비 사회화 단계(인턴, 현실적 직무소개)를 통하여 할 수 있다.

10 ①

[해설]
② 관대화경향(leniency tendency)오류는 집단에 대한 오류로 전체적으로 후하게 점수를 주는 것을 말한다.
③ 피평가자를 평가자 자신의 가치 기준으로 평가하는 오류는 대비오류이다.
④ 피평가자에 대한 측정결과의 정확성(accuracy)은 타당성이라고 한다.
⑤ 같은 지원자에 대해 다른 평가 방법을 사용하더라도 결과가 동등할 경우 선발도구의 신뢰성이 높다고 한다.

11 ⑤

[해설] 중요사건법은 중요한 사건이 발생할 때 마다 그것을 기록한 후 나중에 인사고과시 누적된 데이터를 통해 인사고과시 활용하는 인사평가의 한 방법이다.

12 ⑤

[해설] 여러 상황에서도 똑같은 측정결과를 나타내는 것은 선발도구의 일관성이라고 한다.

13 ②

[해설] 상향식 접근방법은 인력의 과대예측이 발생하기 쉬우며, 하향식 접근의 경우는 과소예측이 발생되기 쉽다.

14 ①

내부충원과 외부충원

구분	내부충원(사내모집)	외부충원(사외모집)
장점	• 승진기회 확대를 통한 종업원의 사기향상 • 시간과 비용이 절감되며 인적자원의 정확한 평가 가능	• 인재선택의 폭 확대를 통한 인력의 양적 충족 가능 • 새로운 지식, 경험의 축척 및 조직 분위기 쇄신 가능
단점	• 인재선택의 폭 감소 • 조직의 폐쇄성이 강화되며, 패거리 문화 형성	• 시간과 비용 소요 • 종업원들의 사기 저하와 이직률 증가 가능성 있음

15 ③

b. 기준관련타당도(criterion - related validity)에는 예측타당도와 동시(현재)타당도가 있다.
c. 조직내부에 새로운 충격을 주기 위해 선택되는 충원제도는 외부충원제도이다.

16 ③

직무기술서를 기초로 질문항목을 미리 준비하여 면접자가 피면접자에게 질문하는 것으로 이러한 면접은 훈련을 받지 않았거나 경험이 없는 면접자도 어려움 없이 면접을 수행할 수 있다는 이점이 있는 면접은 구조적 면접이다. 비구조적 면접(unstructured interview)은 경험있고 훈련된 면접자들에 의한 자유질문 형태로 면접의 유연성은 높으나 객관성이 떨어진다는 단점이 있다.

17 ③

임금공정성(pay equity)이란 기본적으로 보상액을 결정하기까지의 절차가 얼마나 공정했는가에 대한 절차공정성과 보상액의 크기가 적당한가에 대한 분배공정성으로 분류할 수 있으며 다시 분배공정성은 조직 내부 동료와의 비교인 내적 공정성과 다른 회사와 비교하는 외적 공정성으로 분류할 수 있다. 실제 성과가 상당히 다를 경우 그 성과에 기반하여 임금 지급에서 차이가 발생할 때 공정성 개념이 적용될 수 있으며, 임무 수행에 요구되는 지식, 기술, 능력 수준이 유사하면 비슷한 수준의 급여가 지급되어야 한다는 개념은 직능급 제도에 대한 설명이다.

18 ④

델파이 기법(Delphi method)은 인력의 수요예측기법으로서 관련 전문가들을 구성원들이 직접 대면하지 않고 비대면 방식으로 서면의견을 받아 취합 정리한 다음 재교부 후 수정 의견을 받는 방식으로 전문가들을 활용한 하향식 인력의 수요예측 의사결정 방법이다.

①, ② 마코프체인 기법(Markov chain method)은 미래의 어떤 시점에서 해당기업 내 종업원의 이동에 대한 예측을 가능하게 해주는 방법으로서, 전이확률행렬을 이용하여 예측기간 동안 종업원들의 근속 가능성, 이직 가능성, 승진 가능성 등을 표시하는 인력의 공급예측기법으로서 경영환경이 급격하게 변할 경우에는 적합하지 않은 방식이다.

③ 기능목록(skill inventory)이란 인력의 공급예측기법으로서 인적자원의 필요에 대비하여 기업의 현재 인적자원의 이용가능성을 평가하기 위하여 만들어진 종업원의 기본적인 정보를 입력한 데이터 베이스를 의미하며 여기에는 종업원 개인의 학력, 직무 경험, 기능, 자격증, 교육훈련 경험이 포함된다.

⑤ 조직의 규모가 급격하게 성장하고, 전략적 변화가 필요할 때에는 조직 혁신과 새로운 분위기 조성을 위하여 외부모집이 적절하다고 할 수 있다.

19 ③

해설

선발도구의 신뢰성(reliability)이란 언제 누가 평가해도 동일한 결과를 나타내는 정도로서, 선발도구의 측정결과가 일관성(consistency)이 있고 안정성(stability)이 있다는 의미이다. 신뢰성 검증방법에는 시험-재시험 방법(test-retest method), 내적 일관성(internal consistency) 측정방법, 양분법(split half method) 등과 같은 방법들이 선발도구의 신뢰도 측정에 사용된다.

- 시험-재시험 방법(test-retest method): 선발도구의 측정결과가 안정적인지를 알아보기 위해서 동일한 테스트를 동일한 집단을 대상으로 시간적 간격을 두고 재실시하여 두 측정치(첫 번째와 두 번째)가 일치하는지 정도를 검증하는 방법을 말한다.
- 내적 일관성(internal consistency) 측정방법: 특정 평가집단에 대해서 하나의 평가표로 측정한 결과만 있을 때 평가항목 점수들 간의 관계 일관성을 산출한 신뢰성을 말한다.
- 양분법(split half method): 시험 내용이나 문제를 반으로 나누어 각각 검사하여 양지의 결과를 비교하는 방법

① 평가자가 피평가자의 중심적인 행동 특질을 가지고 피평가자의 나머지 특질을 평가하는 경향은 인상형성이론과 같이 중심

특질에만 의존하여 대상자를 평가하는 경향으로 평정자 자신이 중시하고 있는 요소가 뛰어날 경우 다른 요소도 우수하다는 인식과 같은 현혹효과의 일종으로 볼 수 있다. 반면 중심화 경향은 평정자를 잘 모르는 경우에 마음대로 평정을 낮게 할 수 없기 때문에 발생하며 또한 평정자로서의 자신감, 판단력 결여, 평정요소의 기준 불명확 등으로 인해 평가결과가 중심값으로 쏠리는 경향을 의미한다.

② 관대화 경향, 중심화 경향, 후광효과, 최근효과, 대비효과를 인사평가 지표로 측정하는 이유는 인사평가의 실용성 및 수용성을 파악하기 위해서가 아니라 인사평가의 신뢰성을 파악하기 위해서이다.

④ 신입사원의 입사 시험성적과 입사 후 일정 기간이 지난 후의 직무태도를 비교하여 상관관계를 조사하는 방법은 선발도구의 예측/미래 타당성이며, 현직 대상으로 그 기준을 설정하는 방법이 현재 타당도(concurrent validity)를 조사하는 방법이다.

⑤ 특정의 평가도구가 얼마나 평가목적을 잘 충족시키느냐에 관한 것은 인사평가의 신뢰성이 아니라 타당성이다.

20 ①

해설

선발대상자의 특징을 측정한 결과가 일관성 있게 나타나는 것은 선발도구의 신뢰성을 의미하며, 선발도구의 타당성(validity)이란 시험에서 측정하고자 하는 내용이나 대상을 정확히 측정하는 정도를 의미한다.

21 ⑤

해설

내적 일관성(internal consistency) 측정방법, 양분법(split half method), 시험 재시험(test - retest) 방법 등은 선발도구의 타당성을 측정하는 방법이 아니라 일관성을 측정하는 방법이다.

22 ⑤

해설

교육훈련으로 인해 인지능력과 감성능력이 향상되었는가에 대한 기초능력평가가 아니라 교육장에서의 반응과 학습 평가, 업무 복귀후의 행동 및 결과 평가의 4단계 과정을 통해 교육훈련의 통한 구성원의 만족도와 직무수행 능력과 행동을 평가하는 것이다.

23 ④

해설

조직이 조직체의 인적자원 수요와 구성원이 희망하는 경력목표를 통합하여 구성원의 경력진로(career path)를 체계적으로 계획·조정하는 인적자원관리 과정은 경력 경로 및 경력개발에 대한 설명임. 승계계

획(succession planning)이란 핵심 직위가 공석이 되었을 경우를 대비하여 해당 직위를 승계할 수 있는 적합한 인재를 확보하고 개발하는 프로세스를 말한다.

24 ①

해설 교육훈련 즉, training이라고도 하는 훈련은 종업원에게 현재 수행하고 있는 직무 능력 향상에 초점을 둔 교육훈련이라고 볼수 있다. 미래의 직무에서 사용하게 할 목적으로 지식과 기술을 제공한다고는 보기 어렵다.

25 ⑤

해설 구조화 면접은 객관화된 질문을 사용하여 비구조화 면접에서 나타날 수 있는 주관적 편견을 배제할 수 있으며 이를 통해 지원자들에 대한 객관화된 비교가능한 정보를 오히려 획득하기 쉽다.

26 ④

해설 외부의 전문화된 교육훈련은 OJT가 아니라 Off-IT에 해당한다.

27 ④

해설 친족주의(nepotism)란 네포티즘(nepotism) 또는 족벌주의(族閥主義) 친족중용주의라고도 하며, 이는 기존 종업원의 친척이 동일한 고용주를 위해 일하는 것을 금지하는 관행이 아니라 조카(nephew)와 편견(favoritism)의 합성어로 자신의 친척들에게 관직이나 지위 등을 주는 친족중용주의 또는 족벌정치를 이르는 말로서 친족중심으로 고용이 이루어지는 현상을 의미한다.

28 ⑤

해설 직무설계 시 고려하는 직무를 성공적으로 달성하는 데 있어서 여러 가지 활동을 요구하는 정도를 말하는 것은 과업중요성이 아니라 기능의 가양성을 의미한다고 보아야 함.
참고로 헥크만과 올드햄의 직무특성 모형에서의 핵심직무특성을 정리하면 다음과 같다,

구 분	내 용
기능의 다양성	직무수행에 요구되는 기능이나 재능의 정도
과업의 정체성	직무가 전체 작업에서 차지하고 있는 범위(현재 수행하는 직무와 완제품과의 관계를 인식할 수 있는 정도)
과업의 중요성	직무가 조직 외부 및 다른 사람들에게 실질적인 영향을 미치는 정도
자율성	직무계획수립, 수행절차 결정시 작업자에게 허용된 재량권
피드백	직무성과의 유효성에 대해 작업자가 직무로부터 받게 되는 직접적인 정보의 양

CHAPTER 3 : 평가 및 보상관리

개념정리문제

1 ⑤
[해설] 인사평가 시 집단성과에 공헌하는 개인행위는 평가요소로 선정하지 않는 경우 조직에 대한 공헌의욕을 도출할 수 없으므로 평가요소로 선정하여야 한다.

2 ③
[해설] 현대적 인사고과의 특징 중의 하나로 경력중심적인 능력개발과 육성, 객관적 성과, 능력 중심 등이 있다. ①, ②, ④, ⑤ 전통적 인사고과의 특징으로 평가자 중심의 인사고과로 주관적인 특성으로 구체적인 기준이 있는 것이 아니라 추상적인 기준이다.

3 ④
[해설] 평정척도법은 가장 오래되고 일반화된 인사고과방법으로 작성하기가 비교적 용이하고 피평가자를 전체적으로 평가하지 않고 평가요소별로 평가하므로 평가의 타당성이 증가된다는 장점이 있으나, 관대화, 중심화 등의 규칙적 오류가 발생할 수 있고, 후광효과(halo effect) 등의 심리적 오류가 발생할 수 있다는 단점이 있다.
① 평정척도법은 사전에 마련된 척도를 근거로 하여 종업원을 체크하는 것으로 점수를 주어 척도상의 우열을 표시한다.
② 평정척도법은 성과평가방식 중 특성 평가방법으로서 행위자의 특정에 초점을 둔 행위자 지향적인 접근방법에 택하고 있다.
③ 단점으로 평가요소의 선정과 평가요소가 비교적 어려우며 고과오류 발생 개연성이 높은 편에 속한다.

4 ④
[해설] 평정척도법으로 인사고과 중 가장 오래 되고 널리 사용되는 방법이며, 나머지 모두 맞는 언급이지만 최근 발전한 기법들임.

5 ④
[해설] 강제할당법은 사전에 전체의 등급과 미리 정해놓은 비율에 맞추어 피고과자를 강제로 할당하는 것으로 중심화 경향, 관대화 경향, 가혹화 경향 등의 규칙적 오류를 제거할 수 있다. 그러나 정규분포를 가정하고 있으므로 실제 분포가 강제할당비율과 다르면 평가결과가 실제를 반영하지 못할 수 있음.

6 ④
[해설] 중요사건기술법은 중요사건 서술법이라고도 불리우며, 평가자가 피평가자의 중요한 행위를 기록하였다가 이 기록을 토대로 평가를 하는 방법으로 근접오류 등을 극복할 수 있음.

7 ②
[해설] 행위기준고과법(BARS)란 평정척도법의 결점을 시정하기 위한 시도에서 개발된 것으로서 중요사실서술

법이 발전된 형태로서 중요사건서술법 + 평정척도고과법의 방식을 합하여 나온 평가방법이다. 이 방법은 조직구성원이 수행하는 구체적인 행동을 근거로 평가하는 방법으로 분류 할 수 있으며, 직무성과에 초점을 맞추기 때문에 타당성이 높고 피평가자의 구체적인 행동양식을 평가척도로 제시하여 신뢰성 높다는 장점이 있으나, 방법의 개발에 있어 시간과 비용이 많이 소요되고 복잡성과 정교함으로 인해 소규모 기업에서는 적용하기가 어려워 실용성이 낮은 평가 방법이라고 할 수 있다.

8 ④

해설   행위기준 고과법은 평정척도법과 중요사건 서술법이 결합한 형태의 고가 평정방법으로 인원수가 증가하면 중요사건 서술법 상의 DB가 지나치게 증가하여 평정의 효과성을 담보하기가 어렵다.

9 ②

해설   발생빈도까지를 평가하는 방법은 행위기준고과법의 발전적 형태라고 볼 수 있는 행위관찰평가법임.

10 ③

해설   원칙적으로 다면평가의 결과는 본인에게 공개하여 인사평가 자료로서의 활용은 제한적이나, 본인에게의 공개를 통해 인사평가를 통한 본인의 동기부여목적이 강한 평가방법임.

11 ④

해설   다면평가법이란 특정 계층의 고과자들에 의하여 평가가 좌우되는 평가방법이 아니라 종래의 상사 위주의 하향식 평가방법에서 탈피하여 자신에 의한 평가, 동료에 의한 평가, 부하에 의한 평가, 고객에 의한 평가 등 다양한 원천으로부터 평가하는 방법으로 보상적 차원의 평가라기보다는 종업원의 개발과 동기부여목적의 평가 방법이다.

12 ③

해설   목표에 의한 관리란 로크의 목표설정이론을 기반으로 한 관리기법으로써 일정기간 내에 달성할 특정 목표를 평가자와 피평가자가 합의하여 설정한 후 기간 종료 후에 그 목표를 달성하였는지를 평가함으로 인사고과 하려는 방법이다. 일반적으로 MBO는 "공동으로 목표 설정 → 중간 피드백 → 기말평가" 단계로 실시된다.

보충   MBO의 효과적인 목표 충족 요건으로 SMART 원칙을 제시하기도 한다.
① S: specific(목표가 구체적일 것)
② M: measurable(목표는 측정가능 할 것)
③ A: achievable(달성가능하면서 도전적인 목표를 세울 것)
④ R: result-oriented(결과 지향적일 것)
⑤ T: time-based(목표달성에 기간을 정해놓을 것, 너무 장기간의 목표는 피드백하기 어려움)

13 ③

해설   사기와 같은 직무의 무형적인 측면을 중시하기보다는 성과에 의한 평가를 중시함.

14 ③

해설   목표에 의한 관리는 구체적 목표에 대한 성과, 즉 결과평가로서 다면평가와는 상관 없음.

15 ①

해설 목표관리(Menagement by objective: MBO)란 로크의 목표설정이론을 기반으로 종업원의 참여를 통해 상사와 함께 단기적이고 구체적인 목표를 설정하고 그 성과를 평가함으로 인사고과 하려는 방법으로서 조직의 역할과 구조를 명확하게 해주고, 동기부여를 제공하여 작업 의욕을 향상시키고 하급자의 참여를 촉진시킨다. 또한 관리 방법의 개선으로 작업을 할 때 그 작업에 의해 초래할 결과를 고려하여 계획함으로써 보다 나은 관리가 가능하다는 장점이 있다. 그러나 앞서 언급한 바와 같이 단기적 목표에 치중할 수 있다는 단점이 있다.

16 ③

해설 MBO는 Top-down 방식의 관리이지만 Locke의 목표설정이론을 기반으로 하고 있어 목표설정과정은 하향식이라고 보기보다는 구성원을 참여시킨 목표설정과정을 가져감.

17 ①

해설 목표에 의한 관리는 종업원의 동기부여에 큰 효과가 있다.

18 ④

해설 MBO(managerment by objectives)에서 언급하고 있는 목표제시란 구체적이고 계량화된 단기적인 목표를 강조하고 있는 방식으로서, 성과 평가 방식 중 결과 평가 방식으로 구체적이고 계량적 측면에서 성과의 질보다는 결과론적인 양을 중요시하는 관리방법이다.

19 ①

해설 목표에 의한 관리는 로크의 목표설정이론을 발전시킨 결과 평가 방식으로서 목표 설정과정에서의 종업원의 참여를 기반으로 하고 있다. 즉, 상사와 부하가 서로 협조하여 목표를 설정하고, 그러한 목표의 진척상황을 정기적으로 feed back을 통한 검토 후 진행시켜 나간 다음 목표의 달성 여부를 근거로 평가하는 성과평가 방식 중 결과에 의한 평가제도를 의미한다.

20 ③

해설 내용: 인적평정센터법은 중간경영층의 승진 목적의 고과로 등장, 피고과자를 합숙시키면서 각종 의사결정게임과 토의, 심리검사를 실시하여 여러 명의 고과사, 심리적 전문가들에 의한 복수평정 절차를 밟게 하는 방식의 인사평가방법이지만, 다른 고과방법에 비해 비용과 시간이 많이 소비된다.

21 ① 특정인의 한 부분만으로 그 사람 전체를 평가하는 오류임.

해설
- 인사고과 오류

구분	제거방안
상동적 태도	한 집단의 여러 구성원들과 접촉할 기회를 늘린다.
방어적/선택적 지각	평가요소를 광범위하게 정해 놓고 모든 평가요소에 입각하여 평가
현혹효과 (후광효과, halo effect)	고과방법 개선(중요사건기술법, 행위기준고과법, 대조법, 목표관리법), 평가요소를 하나씩 배열하여 전원을 평가
논리적 오류	관찰가능한 객관적 사실을 평가, 유사요소의 차이점을 명확히 하고 유사요소는 시간적 간격을 두고 평가

규칙적 오류 (관대화, 중심화, 가혹화)	강제할당법이나 서열법을 적용, 평가의 단계를 짝수로 한다(중심화경향).
순위효과 (나중효과 / 먼저효과)	유사요소들을 간격을 두고 배열, 요소의 배열순서에 의하지 않고 확신할 수 있는 요소부터 평가
대비오류	평가자만의 자기식 평가를 삼간다. 자기신고법을 도입하여 평가편차를 발견한다.

22 ①

해설 현혹효과(halo effect)는 한 분야에 있어서의 어떤 사람에 대한 호의적 또는 비호의적인 인상을 말한다. 이는 다른 분야에 있어서의 그 사람에 대한 평가에 영향을 주는 경향을 말하며 후광 효과라고도 한다.

23 ①

해설 상동적 태도란 집단의 특성에 대한 평가자의 편견 및 고정관념에 의해 피평가자를 평가하는 것을 말한다. 즉, 타인에 대한 평가가 그가 속한 사회적 집단에 대한 지각을 기초로 하여 이루어지는 것을 말한다.

24 ②

해설 개인에게 불쾌감 또는 위험을 안겨 주는 자극이나 상황적 사건이 있을 경우 이에 대해 담을 쌓거나 인식하기를 거부함으로써 방어를 구축하는 유형의 오류로서, 자신이 싫은 것을 회피해버리는 경향을 지각적 방어라고 한다.

25 ③

해설 분배적 오류(Distributional Error)란 항상 오류(Constant Error) 또는 규칙적 오류 내지라고도 불리우는 관대화 경향, 중심화 경향, 가혹화 경향을 의미한다.
- 관대화 경향: 개인을 평가할 때 가급적 후하게 평가하려는 것
- 가혹화 경향: 가혹하게 평가해서 평가결과의 부포가 아래로 편중되는 것
- 중심화 경향: 대다수의 평가가 가운데로 몰리는 것

보충
① 후광효과(현혹효과, halo effect): 현혹효과(halo effect)라고도 불리우는 것으로 특정 개인의 능력, 지능, 용모 등 특정 부분에서의 인상으로 그 사람의 전반적인 특성을 평가하려는 경향을 의미한다. 수학선생님이 특정 학생이 수학을 잘 하니까 그 학생은 영어성적도 좋을 것이라고 생각하는 것을 예로 들 수 있다.
② 상동적 태도(stereotyping): 사람을 평가함에 있어서 그 사람이 가지는 특성에 기초하지 않고 그 사람이 속한 집단의 특징이나 그가 속한 집단에 대한 고정관념으로 그 사람을 평가하는 오류이다. "나이가 많은 사람은 성과를 잘 못 낼 거야", "남자들은 다 늑대 같아"등이 스테레오 타입의 예라고 할 수 있다.
④ 대비오류(contrast error): 직무 기준과 직무 능력 요건이 말한 절대 기준이 아닌, 자신에 기준을 두어 자신과 부하를 비교하는 경우를 말한다. 이러한 오류를 방지하기 위해서는 직무 기준(업무 목표)과 직무 능력 요건에 비추어 평가를 해야 하며, 평가자 훈련을 통해 판단 기준을 통일하도록 해야 한다.

참고
- 대비 효과 (Contrast effect): 사람들에게 한 개의 사물을 보여 주고 그 가치에 대해 말하라고 하면 명확하게 판단을 내리지 못한다. 그러니 추하고 값싸고 부족한 것을 보여 주면 앞에 본 것이 더 아름답거나 값지거나 크다는 식으로 판단하게 되는 효과를 의미한다. 즉, 인사 편과 과정에서 다른 사람과의 비료를 통해 나타나게 되는 오류라고 할 수 있다.
⑤ 확증편향(Confirmation Bias): 요약 기존의 신념에 부합되는 정보나 근거만을 찾으려고 하거나, 이와 상반되는 정보를 접하게 될 때는 무시하는 인지적 편향을 의미한다.

26 ①

해설 스테레오 타이핑 즉 상동적 태도에 대한 내용임. 이는 사람에 대한 경직적인 편견을 가진 지각으로서 타인에 대한 평가는 그가 속한 사회적 집단에 대한 지각을 기초로 이루어지는 것이라고 볼 수 있다.

② 논리적 오류(logical errors) : 고과요소들 간에 논리적 상관관계가 있을 경우에 논리적 상관관계에 따라 발생하게 되는 편견으로 "저 사람은 농구선수니까 운동신경이 뛰어나서 골프도 잘 할거야"라는 것도 논리적 오류의 예라고 할 수 있다.

③ 대비오류(contrast errors): 고과자가 자신과 반대되는 특성을 지닌 피고과자를 과대, 혹은 과소평가하는 경향을 말하기도 하며, 다른 피고과자와의 비교에 따라 피고과자를 과대 또는 과소평가하는 경향을 말한다. 인사고과자와 피고과자간의 지적 수준의 차이나 세대 차이, 견해 차이 등에서 잘못 평가하게 되는 경우와 피고과자 상호간 비교평가시에 발생할 수 있다. 특히 직무 기준과 직무 능력 요건이 말한 절대 기준이 아닌, 자신에 기준을 두어 자신과 부하를 비교하는 경우를 말한다. 이러한 오류를 방지하기 위해서는 직무 기준(업무 목표)과 직무 능력 요건에 비추어 평가를 해야 하며, 평가자 훈련을 통해 판단 기준을 통일하도록 해야 한다.

참고 대비 효과 (Contrast effect): 사람들에게 한 개의 사물을 보여 주고 그 가치에 대해 말하라고 하면 명확하게 판단을 내리지 못한다. 그러니 추하고값싸고 부족한 것을 보여 주면 앞에 본 것이 더 아름답거나 값지거나 크다는 식으로 판단하게 되는 효과를 의미한다. 즉, 인사 편과 과정에서 다른 사람과의 비료를 통해 나타나게 되는 오류라고 할 수 있다.

④ 근접오류(proximity errors): 시간적 혹은 공간적으로 근접해 있는 항목들에 대해서는 멀리 떨어져 제시된 항목들보다 비슷하게 평가하는 경향성이다.

참고 나중효과(recency effect) : 평가기간 동안 발생한 모든 정보로 평가하는 것이 아니라 나중에 일어난 사건에 대한 정보에 의해 평가하려는 오류로 최근의 정보가 이전의(과거의) 정보보다 더 큰 영향을 미치게 되는 현상이다. 인사고과 시 상반기 좋은 실적보다는 하반기 좋지 않은 실적이 고과에 더 큰 영향을 미치는 것을 예로 들 수 있다.

⑤ 후광효과(halo effect): 현혹효과(halo effect)라고도 불리우는 것으로 특정 개인의 능력, 지능, 용모 등 특정 부분에서의 인상으로 그 사람의 전반적인 특성을 평가하려는 경향을 의미한다. 수학선생님이 특정 학생이 수학을 잘 하니까 그 학생은 영어성적도 좋을 것이라고 생각하는 것을 예로 들 수 있다.

27 ①

해설 고과자가 평가방법을 잘 이해하지 못하거나 피고과자들 간의 차이를 인식하지 못하는 무능력에서 규칙적으로 배분하는 과정에서 보통으로 전체 대상자를 평가하는 오류라고 볼 수 있으며 이를 중심규칙적(항상/분배적오류) 중에서 중심화 경향이라고 한다.

28 ②

해설 서열화는 인사고과의 오류로 보기 어려움.

29 ⑤

해설 대비오차 / 대비오류(contrast errors)는 피고과자의 능력을 실제보다 높게 평가하는 경향과는 상관이 없으며, 대비오차 / 대비오류(contrast errors)란 고과자가 자신이 지닌 특성과 비교하여 피고과자를 고과하는 경향으로서, 특히 고과자의 편견과 상투적 태도에서 자주 볼 수 있는 오류로서 평가자 자신과 비교하는 오류라고 할 수 있다.

참고로 대조효과(contrast effect)는 시공간적으로 가까이에 있는 대상과 비교하여 평가하는 오류로서 피평가자 간 서로를 비교를 하는 것을 의미하는데, 구체적으로 설명하면 비교되는 자극이 하나의 기준점(reference point)으로 작용해 표적 대상이나 상황이 실제와 다르게 지각되는 현상을 의미하는 것이다.

30 ⑤

[해설] 관대화, 중심화, 가혹화 등과 같은 규칙적 오류의 경우 분포에 제한을 가하는 강제할당법이나 순위로 나열하는 서열법 등과 같은 상대 평가방식으로 감소시킬 수 있으며, 직무를 기준으로 한 평가 지향 및 평정요소의 정의를 명확히 하고 그 정의를 의식하면서 평정하도록 함으로써도 감소시킬 수 있다. 특히 중심화 경향의 경우는 평정자 자신이 피평정자와 접촉하는 기회를 많이 갖고 피평정자의 태도를 평소에 파악토록 함으로서도 감소시킬 수 있다.

31 ①

[해설] 관대화, 중심화, 가혹화 등과 같은 규칙적 오류의 경우 분포에 제한을 가하는 강제할당법이나 순위로 나열하는 서열법 등과 같은 상대 평가방식으로 감소시킬 수 있으며, 직무를 기준으로 한 평가 지향 및 평정요소의 정의를 명확히 하고 그 정의를 의식하면서 평정하도록 함으로써도 감소시킬 수 있다. 특히 중심화 경향의 경우는 평정자 자신이 피평정자와 접촉하는 기회를 많이 갖고 피평정자의 태도를 평소에 파악토록 함으로써도 감소시킬 수 있다.

② 관대화 경향은 분포에 제한을 가하는 강제할당법이나 순위로 나열하는 서열법 등과 같은 상대 평가방식으로 감소시킬 수 있으며, 직무를 기준으로 한 평가 지향 및 평정요소의 정의를 명확히 하고 그 정의를 의식하면서 평정하도록 함으로써도 감소시킬 수 있다.

③ 현혹효과는 대조표법, 행위기준고과법 및 목표관리법 등으로 감소시킬 수 있으며 동일인물에 대해서 모든 요소로 연속해서 평정하지 말고 평정 요소 하나로 모든 사람에 대하여 동시에 평정하고 그것이 끝나면 다음 요소로 가는 방법과 피평정자의 특성을 간단하게 일반화해서 성급하게 결정을 않음으로서 감소시킬 수 있다.

④ 상동적 태도는 한 집단의 여러 구성원과 접촉 기회를 늘려서 감소시킬 수 있다.

32 ③

[해설] 정확성은 타당성과 같은 개념으로 보아도 됨.

33 ②

[해설] 후광효과는 현혹효과(halo effect)라고도 불리우는 것으로 특정 개인의 능력, 지능, 용모 등 특정 부분에서의 인상으로 그 사람의 전반적인 특성을 평가하려는 경향을 의미한다. 수학선생님이 특정 학생이 수학을 잘 하니까 그 학생은 영어성적도 좋을 것이라고 생각하는 것을 예로 들 수 있다. 평가자와 피평가자 간의 가치관, 행동패턴 그리고 태도 면에서 유사한 정도에 따라 평가결과가 영향을 받는 경우는 나와의 유사성 오류 또는 유사효과(Similar to me effect) 로서 평가자가 자신과 태도, 취미, 종교 등이 유사한 사람을 후하게 평가하는 경향을 의미한다.

34 ①

[해설] 서열법은 조직의 규모가 크거나 직무의 수가 많을 경우 그 의미가 사라진다고 볼 수 있다.

35 ④

[해설] 동일직무를 수행하면 동일임금을 주는 것은 직능급이 아니라 직무급제도의 특징임.
[보충] 임금과 관련한 문제는 아래의 표를 중심으로 생각하면 됨.

의미	사용자가 근로의 대가로 근로자에게 지급하는 일체의 금품으로서 공정성이 중요한 관심사임.
특징	• 근로자 측면: 생활의 원천, 사회적 위신의 표시 • 기업 측면: 제품원가를 구성하는 노무비
내용	• 임금수준의 관리(외적 공정성: 적정성): 임금의 크기와 관련 • 기업의 지급 능력: 임금수준의 상한에서 조정 • 사회 일반의 임금수준: 임금수준의 중간에서 조정 • 생계비 수준: 임금수준의 하한에서 조정 • 임금체계의 관리(내적 공정성): 임금의 구성내용과 관련 • 연공급, 직무급, 직능급 등 • 임금형태의 관리(내적 공정성: 합리성): 임금의 계산 및 지급방법과 관련 • 시간급, 성과급(복률성과급제도, 일급보장 성과급제 등), 이익배분제, 성과배분제 등

36 ⑤

해설 기업의 지불능력은 하한선이 아니라 임금의 상한선에 해당함.

의미	• 노동자의 생계유지를 위한 기업의 임금지급 수준 • 일정기간 동안 기업 내의 모든 종업원에게 지급될 임금 또는 노동비 수준
결정요인	• 생계비수준: 임금수준의 하한에서 조정 • 기업의 지급 능력: 임금수준의 상한에서 조정 • 사회 일반의 임금수준: 임금수준의 중간에서 조정

37 ⑤

해설 ⑤ 성과배분기준으로 스캔론 플랜에서는 생산의 판매가치, 럭커 플랜에서는 부가가치를 사용한다.

의미	사용자가 근로의 대가로 근로자에게 지급하는 일체의 금품
특징	• 근로자 측면: 생활의 원천, 사회적 위신의 표시 • 기업 측면: 제품원가를 구성하는 노무비
내용	• 임금수준의 관리(적정성): 임금의 크기와 관련(종업원에 지급되는 평균 임금) / 승급, 베이스업 • 임금체계의 관리(공정성): 임금의 구성내용과 관련(임금격차 결정 방법) / 연공급, 직무급, 직능급 • 임금형태의 관리(합리성): 임금의 계산 및 지급방법과 관련 / 시간급제, 성과급제, 특수한 형태

38 ②

해설 직무급 제도를 도입하기 위해서는 명확한 직무분석을 통한 공정한 직무평가가 선행되어야 하며, 직무평가방법중에서도 가장 복잡한 요소비교법을 통해 직무간 상대적 난이도 측정과 이를 통한 임률비교표가 나와야 하므로 절차가 단순하다고 볼 수는 없다.

39 ①

해설 연공급에 대한 설명으로 개인의 학력, 근속연수, 연령 등의 요인들로 임금을 정한다.

40 ③

해설

구분	연공급	직무급	직능급
의의	개인의 연령, 근속년수 등 인적요소에 따라 기본급 산정	• 직무의 상대적 가치에 따라 기본급 산정 • 동일직무에 동일임금 • 철저한 직무분석과 직무평가가 전제되어야 함	• 직무수행 능력을 중심으로 기본급 산정 • 연공급+직무급
장점	• 고용의 안정화 • 종업원의 소속감, 애사심 • 동양적 풍토의 질서유지와 사기유지	• 공정성이 보장 (능력위주의 인사풍토 조성) • 개인별 임금격차에 대한 불만 해소	• 능력에 따른 임금결정 • 완전한 직무급 도입이 어려운 동양적 기업 풍토에 적절

	단점	• 공정성이 떨어짐 • 소극적, 무사안일주의 유발 • 전문기술인력 확보 곤란	• 철저한 직무분석과 직무평가가 어려움 • 동양적 연공중심 풍토에서는 저항감 발생	직무수행능력 개발에 치우쳐 일상 업무를 소홀히 할 수 있음

41 ①
해설 직무급(job-based pay)제도에 대한 설명임.

42 ③
해설 등급에 따라 임금을 결정하는 것으로 동일직무에는 동일임금이다.

43 ⑤
해설 직무급제도는 명확한 직무분석 후 공정한 직무평가가 선행되어야만 사용이 가능하며, 주로 직무평가방법 중 요소비교법이 선행되어야 하는데 이는 절차가 복잡하고 시간적 소요가 많이 필요한 방법으로 직무급 제도 역시 이를 바탕으로 함으로 시행절차가 복잡하고 시간적 소요가 많이 필요한 방법이다.

44 ③
해설 성과급이란 노동성과에 따라 임금을 산정·지급되므로 근로자에게 합리성과 공평성 높여주는 방식으로서 직접노무비가 일정하므로 시간급제보다 원가계산이 용이하지만, 일정부분 작업량 위주가 되어 품질저하의 문제가 발생할 우려가 있으며 일한 직무를 수행하여도 임금은 달라질 수 있음
① 직능급에 대한 설명으로 동일한 임금에서 시작하여도 지식이나 능력이 증가함에 따라서 임금도 같이 오르는 임금체계를 말한다.
②, ⑤ 연공급에 대한 설명으로 개인의 학력이나 근속연수, 연령 등의 요인들을 기준으로 하여 임금이 체결되는 것을 의미하며, 소극적 근무태도 및 능력개발의 소홀로 인해 전문인력 확보에 어려움을 겪는 단점이 있다.
④ 직무급에 대한 설명으로 동일직무를 한 종업원은 같은 임금을 주는 것을 말한다.

45 ④
해설 임금형태관리를 정리하면 다음과 같다.

의미		임금의 계산 및 지급 방법에 관한 것
분류	시간급제	• 근로시간을 기준으로 임금을 산정·지급되므로 종업원들에게 안정된 임금을 지급 • 임금 계산이 간단하며 실질적으로 사용하기가 편리 • 작업 성과와 직접적인 연결성이 없으며, 작업자의 작업 의용 향상에도 기여하지 않음
	성과급제	• 노동 성과에 따라 임금을 산정·지급되므로 근로자에게 합리성과 공평감을 줌 • 직접노무비가 일정하므로 신간급제보다 원가계산이 용이 • 작업량 위주가 되어 품질저하가 우려 및 동일한 직무를 수행하여도 임금은 달라질 수 있음
	특수임금제	집단자극제, 순응임률제, 집단성과급제(이익분배제, 성과분배제도)

46 ④
해설 단순시간법은 시간급이지만 ①, ②, ③은 성과급이라 임금형태의 성격이 다르다.

47 ④
해설 기본급이 고정되어 있어 계산이 편리한 것은 시간급 및 연공급의 특징이라고 볼 수 있다. 성과급의 경우

48 ①

| 해설 | 카이저플랜은 재료비와 노무비 측면의 비용절감액을 배분하는 협동적 집단인센티브 제도이다. |
| 보충 | 지문 ⑤ 레만플랜(Lehmann plan)이란 독일의 경영경제학자 M.R. 레만이 제기한 성과분배방식으로서 매출액에서 원재료비와 감가상각비 등을 뺀 것을 가치창조라고 하며, 가치성과(자본성과, 사회성과, 노동성과)의 합계로 계산된다. 이러한 가치성과에 노동생산성을 기초로 한 일정률을 곱해서 부가노동성과를 산출하여 그것을 분배하는 방식임. |

49 ③

해설 복률성과급제는 근로자의 작업능률을 보다 높이기 위하여 작업성과에 따라 적용임금률을 달리 산정하는 제도로 테일러식, 메리크식, 리틀식, 일급보장 성과급제도 등이 있다. 매릭식/메리크식은 테일러의 제자인 메리크가 테일러식 차별성과급제도의 단점을 보완하여 임금을 3단계로 구분(미숙련공을 위하여 표준과업 이하의 목표치를 설정함)하여 차등 지급함으로써 표준과업달성이 불가능한 초보자나 저능률작업자에게도 인센티브를 제공하는 방식이다.

50 ③

해설 스캔론 플랜과 럭커 플랜을 정리하면 다음과 같다.

구분	내용
스캔론 플랜	• 위원회제도(제안제도)를 통해 노무비 절감액을 생산의 판매가치를 기준으로 배분 • 상여자원 = 생산의 판매가치 × 임금비율 – 기지급액
럭커 플랜	• 노무비 절감액을 기업의 안정적인 부가가치 분배율로 노사간에 배분 • 증분임금액 = 부가가치 × 부가가치분배율(표준생산성비율) – 기지급임금(실제노무비)

51 ⑤

해설 스캔론 플랜, 럭커 플랜 모두 발생한 이득을 사전 합의된 비율에 따라 회사가 사원과 배분한다. 스캔론 플랜은 생산의 판매가치를 기준으로 전체 상여기금의 25%는 회사 적립금으로 유보하고 나머지 75%를 종업원측과 회사측이 일반적으로 3:1의 비율로 배분하며, 럭커 플랜의 경우 노무비를 부가가치 비율로 나눈 표준생산성비율을 기준으로 이를 초과하는 부가가치 생산액은 노사협력에 의한 생산성의 향상결과로 보고 노사 간에 일정한 비율로 배분하는 제도이다.

52 ③

해설 럭커플랜(Rucker plan): 부가가치 분배원리라고 하여 생산부가가치의 증대를 목표로 노사가 협력하여 얻은 생산성향성의 결과물을 일정분배율에 따라서 노사 간에 적정하게 배분하는 방법이다.

• 성과배분제를 정리하면 다음과 같다.

스캔론 플랜	• 종업원의 제안을 통한 경영참여의 대가로 개선된 성과를 분배 • 위원회제도를 통하여 종업원의 참여 유도, 판매가치를 기초로 성과분배 • 상여자원 = 생산의 판매가치 × 임금비율 – 기지급액
럭커 플랜	• 부가가치의 증대를 목표로 하여 이를 노사협력체제에 의하여 달성하고, 그 증가된 생산성 향상분을 분배하는 방식으로 전체 경제에 인플레 효과가 없는 임금상승이 가능, 부가가치액의 증가에 비례하여 성과배분 • 증분임금액(상여자원) = 부가가치 × 표준생산성비율 – 기지급임금 표준생산성비율 = 부가가치분배율 = 인건비 / 부가가치

임프로쉐어 플랜	단위당 소요되는 표준작업시간과 실제작업시간을 비교하여 절약된 작업시간에 대한 생산성 이득을 노사가 각각 50:50의 비율로 배분하는 임금제도
링컨 플랜	성과급과 이윤분배제도를 결합한 배분
카이저 플랜	재료비와 노무비 절약분을 분배
프렌치시스템	실제 산출액에서 기대산출액을 차감한 모든 비용 절약분을 배분

53 ③

해설 임금피크제란 work sharing의 일종으로 근속년수에 따라 임금이 상승하는 연공형 임금제도하에서 정년까지(혹은 그 이상까지) 근무하는 것을 보장하여 주되 정년을 몇 년 앞둔 시점부터 임금액을 삭감하는 제도이다.

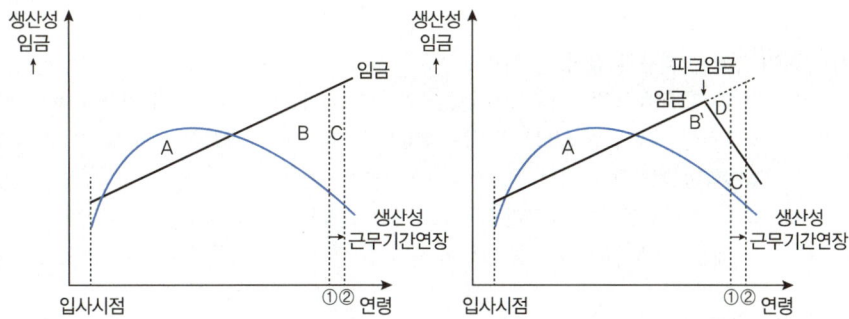

54 ③

해설 임금수준이란 임금액의 크기를 나타내는 말로 종업원에게 지급되는 평균임금액을 의미한다. 따라서 임금수준관리란 평균임금액의 관리를 의미한다. 임금수준관리는 제품시장 및 노동시장에서 대외적 경쟁력을 확보하는 것과 종업원에게 최소한의 생계비를 보장해 주는 방향으로 진행되어야 한다.

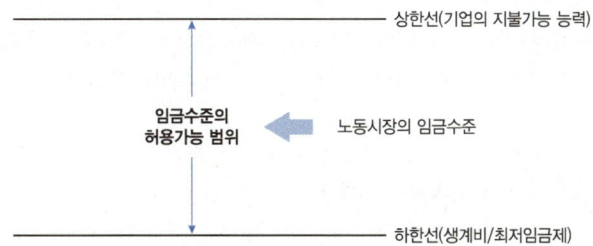

55 ④

해설 생계비는 기업 내적 요소로 볼 수 없다. 생계비를 대표하는 최저임금제는 법적 의무사항이라고 볼 수 있다.

56 ③

해설 직능급체계는 '동일직능 동일임금'이 적용되며, '동일노동 동일임금(Equal Pay for Equal Work)'이 적용되는 임금 체계는 직무급제도이다.

57 ①

해설 단위당 소요되는 표준노동 시간과 실제노동시간을 비교하여 절약된 노동시간을 노사가 반반씩 배분하는 제도

58 ⑤

해설 상여금이란 임금 이외에 특별히 지급되는 현금급여로, 보너스라고도 한다. 본래는 능률급제도로, 표준작업량 이상 성과를 올린 경우에 지급되는 임금의 할증분이었다. 유럽과 미국에서의 보너스는 이 할증분을 뜻한다. 한국에서의 보너스는 그것과는 조금 달라서 하기휴가·연말 등에 정기 또는 임시로 지급되는 일시금을 가리키며, 일반적으로 임금의 일부로서 노사교섭에 따라 결정된다. 보너스는 강제로 지급해야 하는 임금은 아니므로 지급 여부는 당사자에게 달려 있지만, 지급되는 경우에는 근로기준법상의 임금으로 취급되기 때문에 몇몇 예외(매월지급·일정기일지급 규정)를 빼고는 임금에 관한 규정이 적용된다. 이러한 상여금의 목적은 상여의 의미, 즉 높은 성과에 대한 보상으로 성과에 대하여 보람을 느끼게 하고 앞으로의 업무에 자극을 주기 위한 것이다.

59 ④

해설 복리 후생은 다음과 같이 분류된다.
(1) 법정복리후생: 법정복리후생이란 종업원과 그들 가족의 사회보장을 위하여 법에 의하여 보호해 주는 것으로 흔히 4대 보험으로 불리는 국민건강보험, 산업재해보상보험, 고용보험, 국민연금 등과 최근 법제화된 퇴직연금 및 유급휴가제 등이 있다.
(2) 법정외복리후생: 법정외복리후생이란 기업이 자율적으로 설정한 복리후생제도로 급식제공, 통근버스 제공, 주택지원, 경조사, 의료실, 운동실, 휴가와 무노동시간 등이 있다.

60 ③

해설 법정복리후생이란 종업원과 그들 가족의 사회보장을 위하여 법에 의하여 보호해 주는 것으로 흔히 4대 보험으로 불리는 국민건강보험, 산업재해보상보험, 고용보험, 국민연금 등과 최근 법제화된 퇴직연금 및 유급휴가제 등이 있다. 이외의 것은 모두 법정외 복리후생으로 보면 됨.

61 ①

해설 카페테리아 복리후생은 기업이 일방적으로 설계하여 운영하는 표준적 복리후생프로그램이 아니라 각각의 종업원들이 기업이 제공하는 복지후생제도나 시설 가운데 원하는 것을 선택함으로써 자신의 복지후생을 원하는 대로 설계할 수 있도록 하는 것으로 예산의 합리적 배분, 자율적 조직분위기 조성, 보상의 유의성 증가 및 동기부여에 효과적이다. 이러한 카페테리아식 복리후생은 다음과 같은 형태로 분류하여 살펴볼 수 있다.
㉠ 선택항목 추가형: 필수적인 복리후생항목은 일괄 지급되고 추가 항목은 종업원이 선택
㉡ 모듈형(modular plan): 몇 개의 복리후생항목을 프로그램화하여 그중 하나의 항목을 선택
㉢ 선택적 지출 계좌형: 종업원개인의 복리예산의 범위 내에서 자유로이 복리후생항목을 선택

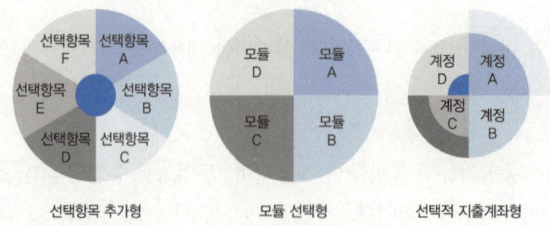

62 ②

해설 카페테리아 복리후생(cafeteria incentive)제도란 선택적 복리후생제도로 자신에게 맞는 메뉴를 선택하는 새로운 복리후생제도이다.

63 ①

해설 카페테리아 복리후생은 각각의 종업원들이 기업이 제공하는 복지후생제도나 시설 가운데 원하는 것을 선택함으로써 자신의 복리후생을 원하는 대로 설계할 수 있도록 하는 것으로, 이러한 카페테리아식 복리후생은 다음과 같은 형태로 분류하여 살펴볼 수 있다.
  ㉠ 선택항목 추가형: 필수적인 복리후생항목은 일괄 지급되고 추가 항목은 종업원이 선택
  ㉡ 모듈형(modular plan): 몇 개의 복리후생항목을 프로그램화하여 종업원에게 제시하고 이를 종업원이 그중 하나의 항목을 선택하는 형태로서, 항목에 대한 예산의 합리적인 배분이 가능하다는 장점이 있으나 집단화로 인하여 선택의 폭이 제한된다는 단점이 있다.
  ㉢ 선택적 지출 계좌형: 종업원개인의 복리예산의 범위 내에서 자유로이 복리후생항목을 선택

64 ②

해설 틀린 지문을 바로 잡으면 다음과 같다.
  ① 종업원이 달성한 성과의 크기를 기준으로 임금액을 결정하는 제도는 성과급제도이다.
  ③ 해당기업에 존재하는 직무들을 평가하여 상대적인 가치에 따라 임금을 결정하는 제도는 직무급제도이다.
  ④ 종업원의 근속년수를 기준으로 임금을 차별화하는 제도는 연공급제도이다.

65 ③

해설 임금형태에 대한설명임.

보충 효율적 보상관리
  • 임금수준 관리(외적 공정성 : 적정성) : 임금의 크기와 관련
    → 대외적 비교 통한 사회적 균형(타 기업과의 형평성과 가격경쟁력) 확보
  • 임금체계 관리(내적/조직 내 공정성 : 공정성) : 임금 구성내용과 관련
    → 임금격차 결정방법(생계보장의 원칙과 노동대응의 원칙)
  • 임금형태 관리(내적/개인 간 공정성 : 합리성) : 임금의 계산 및 지급방법과 관련
    → 개별 임금지급방식의 합리성 통한 개인 간 공정성 확보

66 ①

해설 부가가치를 기준으로 배분하는 것은 럭커플랜임.

심화문제

1 ⑤

해설 알파위험이란 테스트상의 오류로 정상을 비정상으로 판단하게 될 위험으로 인력 선발 시 실력은 있으나 시험에서 탈락하는 오류를 본다.

2 ⑤

해설 행위기준고과법은 중요사건서술법과 평정척도고과법을 응용, 결합한 방법으로 과업별로 피평가자의 구체적인 행동에 대한 평가척도를 설계하여야 하므로 시간과 비용이 많이 소요된다.

3 ④

해설 강제할당법은 미리 정해놓은 비율에 따라 피평가자들을 평가하는 방법으로 실제 성과분포와 미리 정해놓은 비율이 다르게 나타나는 것이 문제점으로서 정규분포 가정으로 발생하는 문제점이라고도 할 수 있다.

4 ⑤

해설 평정척도고과법에 대한 설명으로 가장 오래된 일반적인 방법이다.
① 서열법은 종업원의 능력과 업적에 대하여 순위를 매긴다.
② 현장토의법은 인사담당자가 감독자들과 토의에서 얻은 정보를 이용하는 방법이다.
③ 평가센터법은 평가를 전문으로 하는 평가센터를 만들고 여기에서 다양한 자료를 활용하여 고과하는 방법이다.
④ 대조표법은 설정된 평가세부일람표에 따라 체크하는 방법으로 고과자는 평가항목의 일람표에 따라 미리 설정된 장소에 체크만 하고 그에 대한 평가는 인사과에서 한다.

5 ⑤

해설 ① 주관의 객관화(projection)는 타인의 행동에 대한 원인은 자신의 특성이나 경험에 의하여 평가하는 경향을 의미한다.
② 자존적 편견(self - serving bias)은 개인의 자존욕구로 인하여 성공한 것은 자기탓으로 실패한 것은 외부의 탓으로 돌리려는 경향이다.
③ 나와의 유사성(similar to me)효과는 자기와 유사한 사람에게 후하게 평가하는 경향을 의미한다.
④ 대비효과(contrast effect)는 시간적, 공간적으로 가까이 있는 대상과 비교하면서 평가하는 오류이다.

6 ⑤

해설 가장 장기지향적인 것은 행동 평가법이며, 결과평가법의 특성평가법이 개발과 활용에 시간이 적게 든다. 개발과 활용에 시간과 비용이 많이 소요된다는 특징을 가진다.

7 ⑤

해설 행위기준평정법(BARS: Behaviorally Anchored Rating Scales)은 평정척도법의 결점을 시정하기 위한 시도에서 개발, 중요사실서술법이 발전된 방식으로서, 개인의 성과목표와 행동기준을 제시하고 조직구성원이 수행하는 구체적인 행동을 근거로 실제 달성정도를 구성원 별로 절대적으로 평가를 하는 방법이다. 추가로 인사고과 방법을 정리하면 다음과 같다.

구분		내용
상대 평가법	서열법	• 피평가자를 총체적으로 평가하여 1위부터 최하위까지 나열하는 방법 • 직무간 차이가 명확한 경우나 평가자가 모든 직무를 알고있을 때만 적용이 용이 • 장점 : 평가가 용이함 / 단점 : 너무 주관적임
	강제 할당법	• 사전에 정해 놓은 비율에 따라 피고과자를 강제로 할당하여 고과하는 방법 • 장점 : 관대화경향 등 규칙적 오류를 예방할 수 있음 • 단점 : 정규분포를 가정하고 있으므로 실 분포가 강제할당비율과 다르면 평가결과가 실제를 반영하지 못할 수 있음
절대 평가법	평정척도법	• 평가요소를 선정하고 평가요소별 척도를 정한 다음 피평가자를 평가요소의 척도상에 우열을 표시하는 방법 • 장점 : 피평가자를 전체적으로 평가하지 않고 평가요소별로 평가하므로 평가의 타당성이 증가됨 • 단점 : 관대화, 중심화 등의 규칙적 오류가 발생할 수 있고, 후광효과(halo effect) 등의 심리적 오류가 발생할 수 있음
	대조표법 (check list method)	• 평가에 적당한 행동 항목들을 미리 선정하여 피평가자가 이 항목에 해당되는지 아닌지를 체크하여 평가하는 방법 • 장점 : 평가결과의 신뢰성과 타당성이 증가, 현혹효과(halo effect) 감소, 평가자의 심적 부담 감소 • 단점 : 행동표준의 선정이 어려움, 점수화가 복잡
	자유서술법 (자기신고법)	• 피평가자가 자기평가를 하는 방법 • 자기개발의 효과를 얻을 수 있고, 피평가자의 동기부여에 효과적임
	중요사건 서술법	• 평가자가 피평가자의 중요한 행위를 기록하였다가 이 기록을 토대로 평가를 하는 방법 • 근접오류 등을 극복할 수 있음
	목표에 의한 관리법(MBO)	종업원의 참여를 통해 상사와 함께 단기적이고 구체적인 목표를 설정하고 그 성과를 평가함으로 인사고과 하려는 방법
	행위기준고과법 (BARS)	• 평정척도법의 결점을 시정하기 위한 시도에서 개발, 중요사실서술법이 발전된 것 • 조직구성원이 수행하는 구체적인 행동을 근거로 평가하는 방법 • 중요사건서술법 + 평정척도고과법
	행위관찰평가법 (BOS)	• BARS와 BOS는 공통적으로 피평가자의 구체적인 행동을 측정평가. • BARS는 평가범주 마다 제시된 대표적인 행동패턴 가운데 하나를 선택해서 등급을 매기는 방식. • BOS는 피평가자의 해당 행동의 빈도를 관찰해서 빈도를 측정하는 방식으로 평가한다.
	평가센터법	평가를 전문으로 하는 평가센터에서 특별히 훈련된 관리자들이 복수의 평정절차를 통해 인사고과 하는 방법
	인적평정센터법 (HAC)	중간경영층의 승진 목적의 고과로 등장, 피고과자를 합숙시키면서 각종 의사결정게임과 토의, 심리검사를 실시하여 여러 명의 고과사, 심리적 전문가들에 의한 복수평정 절차를 밟게 함
	다면평가법	종래의 상사위주의 평가방법에서 탈피하여 피평가자 자신, 동료, 상사, 부하, 고객 등 다양한 원천으로부터 평가받는 방법

8 ③

해설

관대화 경향(leniency tendency)이란 규칙적 오류의 일종으로 개인을 평가할 때 가급적 후하게 평가하려는 것을 의미하며, 평가자가 자신과 유사한 종교, 환경, 태도 등을 가진 사람을 후하게 평가하는 즉, 자신과 생각이나 행동방식이 유사한 사람을 호의적으로 평가하는 오류를 유사효과 또는 나와의 유사성효과(similar-to-me effect)라고 한다.

9 ③

해설

서열법은 종업원의 업적과 능력에 대하여 순위를 매기는 방법으로 직무 간 차이가 명확한 경우나 평가자가 모든 직무를 알고 있을 때만 적용이 용이한 방법이며, 피평가자의 수가 너무 많거나 적으면 사용하기 어려움

〈성과평가기법〉

1) 상대평가: 서열법, 쌍대비교법, 강제할당법, 표준인물법
2) 특성평가: 도표척도법
3) 행동평가: 중요사건서술법, 자유기술법, 체크리스트 법, 행위기준고과법, 행위관찰법
4) 결과평가: 목표관리법, 생산평가시스템

10 ③

해설
① 개인의 성과목표와 행동기준을 설정하고, 목표 대비 달성 정도를 평가하는 방법은 목표에 의한 관리를 의미하며, 행위기준고과법(behaviorally anchored rating scales ; BARS)에서는 직무를 수행할 때 발생하는 수많은 중요사건을 추출하여 몇 개의 범주로 나눈 후에 각 범주의 중요사건을 척도에 따라 평가하는 방식으로 중요사건서술법과 평정척도법을 혼합한 방식이다.
② 후광효과(halo effect)란 현혹효과로도 불리우는 지각오류의 유형으로 한 분야에 있어서의 어떤 사람에 대한 호의적 혹은 비 호의적 인상이 다른 분야에 있어서의 그 사람에 대한 평가에 영향을 주는 것을 의미하며, 피평가자 개인의 특성보다는 출신 학교나 출신지역에 근거해 평가할 때 나타나는 오류는 상동적 태도(stereotyping)를 의미하며 이는 사람에 대한 경직적인 편 견을 가진 지각으로서 타인에 대한 평가는 그가 속한 사회적 집단에 대한 지각을 기초로 이루어지는 것을 의미한다.
④ 행위기준고과법은 체크리스트 법과 중요사건법을 결합한 것이 아니라 평정척도법과 중요사건기록법을 혼용하여 중요사건을 토대로 척도를 설정하여 기존의 방식들이 가지고 있는 문제점들을 보완하여 보다 정교하게 계량적으로 수정한 방법이다.
⑤ 동일한 피평가자를 반복하여 평가하여도 비슷한 결과가 나타나는지를 의미하는 것은 평가의 신뢰성(reliability)으로서 일관성을 의미하며, 평가의 타당성(validity)이란 평가의 정확성을 의미한다.

11 ③

해설
① 내부모집은 외부모집에 비하여 모집과 교육훈련의 비용을 절감하는 효과가 있으나, 외부모집은 내부모집에 비하여 새로운 아이디어의 도입 및 조직의 변화와 혁신에 유리하다.
② 최근효과(recency effect)와 중심화 경향(central tendency)은 인사 선발에 나타날 수 있는 인지적 오류로서 선발도구의 타당성과 관련이 있다.
④ 행위기준고과법(BARS: behaviorally anchored rating scales)은 개인의 성과목표대비 달성 정도를 요소별로 상대 평가하여 서열을 매기는 방식이 아니라 평정척도법과 중요사건 서술법을 혼합하여 구성원의 행동을 평가하는 방법이다.
⑤ 360도 피드백 인사평가에서는 전통적인 평가 방법인 상사의 평가와 피평가자의 영향력이 미치는 부하의 평가를 제외하는 것이 아니라 피평가자의 주변 모든 관련자들의 평가를 통해 자기이해와 자기개발 동기부여 목적의 평가방법이다.

12 ⑤

해설
피평가자가 속한 집단에 대한 지각에 기초하여 이루어지는 것으로 평가자가 생각하고 있는 특정집단 구성원의 자질이나 행동을 그 집단의 모든 구성원에게 일반화시키는 경향에서 발생하는 오류는 상동적 태도(stereotyping)이다. 대조오류(contrast errors)란 대비오류라고도 하며 피평가자의 평가를 자신과 비교하여 평가하는 것을 말합니다. 아울러 대비효과는 대비되는 정보로 인해 왜곡이 일어나는 경우로 좀더 넓은 의미입니다.

13 ①

해설
평가센터(assessment center) 또는 역량평가센터는 다양한 평가기법을 사용하여 다양한 가상상황에서 피평가자의 행동을 한 명의 평가자가 평가하는 방법이 아니라 전문 기관에서의 다양한 전문가들에 의한 평가가 이루어진다.

14 ④

해설 핵심자기평가는 사회심리학, 성격, 임상심리학, 철학 등 다양한 영역의 문헌으로부터 개념적 기반을 두고 있는 개인특성을 가진 개념으로 기존의 성격개념보다 개념적 영역범위가 더 넓은 것이 특징이다. 핵심자기평가는 또한 잠재의식을 강조하기 때문에 기존의 개인특성 영역과 차별된다.

핵심자기평가는 자기존중(자존감), 통제위치, 일반화된 자기효능감, 신경증(정서적 안정성) 등 4가지의 개인특성들로 구성되어있다.

이러한 4가지 특성은 자기자신에 대한 근본적인 평가에 초점을 두고 있다. 즉 자신이 유능하고 성공할 수 있다고 인정하고 지각하는 자기존중(self-esteem), 다양한 상황에서 성공적으로 수행할 수 있다고 지각하는 일반화된 자기효능감(generalized self-efficacy), 외부환경을 통제할 수 있다고 지각하는 내재적 통제위치, 그리고 정서적으로 안정되어 있는 정도를 측정하는 신경증(neuroticism) 등 4가지의 개인특성들로 구성되어있다.

15 ②

해설 성과 측정은 성과 측정 지표를 통해 조직의 목표 달성과 성과를 측정하고 평가하는 과정으로서, 성과 측정 지표는 이를 위한 도구로서 중요한 역할을 수행한다. 이러한 지표들은 조직의 성공과 발전을 이루기 위해 필수적인 정보를 제공하며, 리더십과 전략의 방향성을 결정하고 개선하기 위한 중요한 도구이다. 이러한 성과 측정은 성과 측정은 얼마나 많은 일이 얼마나 자주 처리되는지의 반복성 보다는 일이 처리되는 방식과 목표 달성 정도로 평가한다.

성과 측정 지표의 주요 역할은 다음과 같다

- 목표 달성 평가 : 성과 측정 지표는 조직의 목표 달성 정도를 평가하는 데 사용. 목표와 기대치를 기준으로 실제 성과를 비교하여 목표 달성 여부를 확인할 수 있다. 이를 통해 조직은 목표에 따라 리더십과 전략을 조정하고 개선할 수 있다.
- 성과 개선 기회 제공 : 성과 측정 지표는 조직의 강점과 약점을 식별하는데 도움을 줌. 어떤 부분에서 높은 성과를 보이고, 어떤 부분에서 개선이 필요한지를 파악할 수 있다. 이를 통해 리더십과 팀은 개선을 위한 목표와 전략을 수립하고 실행할 수 있다.
- 의사결정 지원 : 성과 측정 지표는 데이터와 사실에 기반하여 의사결정을 지원. 리더십은 객관적인 데이터를 활용하여 전략을 평가하고 조정함으로써 조직의 방향성을 결정할 수 있다. 또한 성과 지표는 리더십과 팀이 중요한 결정을 내리는데 도움을 줌.
- 효율성 및 생산성 측정 : 성과 측정 지표는 조직의 효율성과 생산성을 평가하는 데 활용. 작업 프로세스의 효율성, 자원 활용의 효과성 등을 평가하여 조직 내에서 더 나은 방향으로 개선할 수 있는 기회를 제공.
- 직원 동기 부여 : 성과 측정 지표는 직원들을 동기 부여하고 성과를 인정하는데 활용될 수 있다. 성과에 대한 보상이나 인센티브 시스템을 설계하고 운영하는데 기반을 제공하여 직원들의 노력과 기여를 격려할 수 있다.
- 투명성과 의사소통 강화 : 성과측정지표는 조직 내부 및 외부와의 투명하고 효과적인 의사소통을 지원. 조직의 성과와 동향을 공유하고 설명함으로써 조직 구성원들과 이해관계자들 간의 신뢰를 구축하고 유지할 수 있다.
- 목표 설정 및 계획 수립 : 성과 측정 지표는 목표를 설정하고 그에 따른 계획을 수립하는 데 기반이 된다. 명확한 성과 지표를 통해 조직과 팀은 목표 달성을 위한 전략과 행동 계획을 세울 수 있다.
- 지속 가능성 및 혁신 지원 : 성과 측정 지표는 조직의 지속 가능성과 혁신을 지원. 지속 가능한 성과와 혁신적인 성과를 측정하여 조직이 장기적으로 성장하고 발전하는 데 기여합니다.
- 리더십 평가와 발전 : 성과 측정 지표는 리더십의 품질과 효과를 평가하고 발전시키는데 활용됩니다.

리더십의 역량과 성과를 통해 리더 개인의 성장과 발전 방향을 결정할 수 있다.
• 기업 평가와 투자자 관계 강화 : 성과 측정 지표는 기업의 재무성과 및 가치를 측정하는데 활용. 투자자와의 의사소통에서 조직의 성과와 재무 건전성을 보여주는 중요한 정보로 작용.

16 ①
해설 측정결과가 실제 성과를 얼마나 제대로 평가했는지 정도를 의미하는 것은 타당성이다.
보충 성과측정(Performance Measurement, Result Analysis) : 성과 관리 체계를 수행하는 과정에서 특정한 기능의 수행 결과를 표준과 비교하여 생산성(능률성)을 평가하는 관리 기법. 투입에 대한 산출과 정책 효과의 비율 등을 측정하는 것을 말한다. 성과측정은 동일한 업무를 수행하는 기관 간의 비교와 한 기관 내에서의 통시적 비교에 유용한 평가 방법이다.

17 ④
해설 생산성과 관계없이 제품 단위당 일정한 임금이 주어지는 것은 보기 ④번이다. 일반적인 시간급에 해당한다고 볼 수 있다. Y축이 단위당 임금임을 착안하여 보면 됨. 그리고 ①의 경우는 단순성과급에 해당한다고 볼 수 있다.

18 ②
해설 생계비 순응임금제도는 생계비 지수에 임금을 연동시켜 지급하는 임금형태로 물가가 변동하여도 종업원의 실질임금은 하락하지 않게 된다.

19 ②
해설 스캔론 플랜은 노사협의회제도하의 제안제도를 통한 종업원의 참여의식의 개선을 목표로 한 성과배분 방법으로 생산물의 판매가치를 기준으로 한 상여금 결정방법으로 제도의 근간에는 경영참가제도를 두고 있다고 할 수 있다.

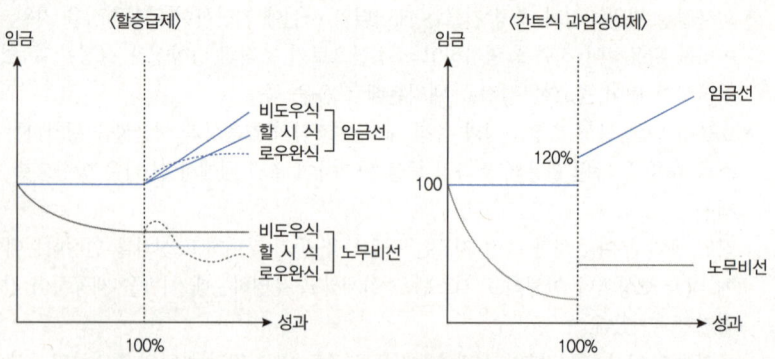

20 ④
해설 로우완식은 표준작업시간을 과거의 경험으로 설정한 후 절약임금의 배분율을 처음에는 높게 지급하다가 점차 체감하게 지급하는 방식이다.

21 ⑤
해설 임금은 노동의 질·양·능률 등에 따라 차등하게 지급하지만, 복지후생은 노동의 질·양·능률 등에 무관하게 지급한다.

22 ①
해설 종업원이 맡은 직무의 중요성과 난이도에 근거하여 임금을 결정하는 방식은 직무급제도이다. 직능급제도란 종업원이 직무를 수행하는데 요구되는 능력을 기준으로 임금을 결정하는 제도이다.

23 ②
해설
① 스캔론플랜은 집단성과배분제의 일종이다.
③ 성과이윤분배제(profit sharing)는 이익이 발생하였을 경우에 배분하는 제도이고, 생산이윤분배제(gain sharing)는 원가절감, 품질향상 등으로 인해 생산성이 증가하게 되면 원가절감분 등을 배분하는 형태이다.
④ 다양한 업무기술 습득에 대한 동기 유발로 학습조직 분위기를 만들 수 있는 임금체계는 업무수행능력을 개발해야 하는 직능급이다.
⑤ 성과향상을 위한 과다 경쟁으로 구성원간의 협동심을 저하시키는 제도는 성과급, 혹은 연봉급 등이다.

24 ②
해설 임금수준이란 일정기간 동안 기업 내의 종업원에게 지급되는 평균임금으로 상한선은 기업의 지불가능능력(생산성기준: 매출액, 부가가치 등, 수익성기준: 손익분기, 원가분석 등), 하한선은 근로자의 생계비 수준 등(법에서 정한 최저임금, 단체협약 사항 등)을 고려하여 결정하되 사회적 균형(사회일반의 임금수준이나 경쟁기업의 임금수준 등)을 유지하는 범위 내에서 결정되어야 한다.

25 ②
해설 팀 인센티브는 일반적으로 분배방식이 복잡하여 이해하기 어렵고, 잘못 설정하면, 구성원간에 불협화음이 발생할 수 있다.

26 ③
해설 팀의 규모를 늘리면 무임승차 현상이 더 많이 발생하게 된다.

27 ①
해설 스캔론 플랜(Scanlon plan)은 성과표준을 초과달성한 부분에 대해 생산의 판매가치(sales value of production)을 기준으로 배분을 실시하고 럭커플랜은 부가가치를 기준으로 배분을 실시한다.

28 ②
해설 경력 닻 모형(career anchors model)을 주장한 학자는 샤인(Shein)이다.

29 ③
해설 직무급(job-based pay)은 동일노동 동일임금의 원칙에 의거하여 직무의 난이도에 따라 임금이 차등화되는 임금제도이다.

구분	연공급	직무급	직능급
의의	개인의 연령, 근속년수 등 인적요소에 따라 기본급 산정	• 직무의 상대적 가치에 따라 기본급 산정 • 동일직무에 동일임금 • 철저한 직무분석과 직무평가가 전제되어야 함	• 직무수행 능력을 중심으로 기본급 산정 • 연공급＋직무급
장점	• 고용의 안정화 • 종업원의 소속감, 애사심 • 동양적 풍토의 질서유지와 사기유지	• 공정성이 보장 (능력위주의 인사풍토 조성) • 개인별 임금격차에 대한 불만 해소	• 능력에 따른 임금결정 • 완전한 직무급 도입이 어려운 동양적 기업 풍토에 적절
단점	• 공정성이 떨어짐 • 소극적, 무사안일주의 유발 • 전문기술인력 확보 곤란	• 철저한 직무분석과 직무평가가 어려움 • 동양적 연공중심 풍토에서는 저항감 발생	직무수행능력 개발에 치우쳐 일상업무를 소홀히 할 수 있음

30 ⑤

해설

성과배분제도 중 매출액을 성과배분의 기준으로 하는 것은 스캔론 플랜이며, 럭커플랜(Rucker plan)은 부가가치를 성과배분의 기준으로 하고 있다. 이를 정리하면 다음과 같다.

스캔론플랜	• 종업원의 제안을 통한 경영참여의 대가로 개선된 성과를 분배 • 위원회제도를 통하여 종업원의 참여 유도, 판매가치를 기초로 성과분배 상여자원 = 생산의 판매가치 × 임금비율 − 기지급액
럭커플랜	부가가치의 증대를 목표로 하여 이를 노사협력체제에 의하여 달성하고, 그 증가된 생산성 향상분을 분배하는 방식으로 전체 경제에 인플레 효과가 없는 임금상승이 가능, 부가가치액의 증가에 비례하여 성과배분 증분임금액 = 부가가치 × 부가가치분배율 (표준생산성비율) − 기지급임금

① 임금관리의 외적공정성 측면에서는 임금의 수준 에따른 적정성을 판단하여야 하므로 동일한 직무에 대한 경쟁사의 임금수준을 조사할 필요가 있다.
② 작업능률에 따라 여러 단계의 시간당 임률 산정 후 작업 능률에 따라 각기 다른 시간당 임률을 적용하는 형태를 복률시간급제라고 한다.
③ 직능급 도입을 위해서는 동일직능, 동일임금의 원칙 기준하에서 임금이 책정, 지급되므로 종업원의 능력에 대한 정확한 평가가 필요하다.
④ 직무급을 도입하기 위해서는 공정한 직무평가 즉, 직무의 상대적 가치를 평가하고 개인의 능력과 적성에 맞는 적재적소의 배치가 필요하다.

31 ②

해설

우리나라의 법정 복리후생에는 국민건강보험, 산업재해보상보험, 고용보험, 국민연금 등이 포함되는데, 국민건강보험과 고용보험의 경우 전액이 아니라 회사측에서 반액 정도를 지원하여야 한다.
복리후생제도를 정리하면 다음과 같다.

의미	• 경제적, 사회적, 정치적, 윤리적인 측면에서 임금 이외에 종업원이 받게 되는 간접적인 보상 • 기본적인 근로조건을 보완하는 추가적으로 제공되는 파생적 근로조건
성격	• 노동의 질, 양 능률에 따른 차등을 두지 않음 • 필요성의 원칙에 의하여 지급되며 용도가 한정되어 있음 • 기대소득의 성격을 가지며 지급형태가 다양 • 종업원의 생활수준을 안정시켜 줌
분류	• 법정 복리후생: 국민건강보험, 국민연금, 산업재해보상보험, 고용보험 ＋ 퇴직연금제도 • 법정 외 복리후생: 생활지원(급식, 주택, 탁아시설지원 등), 경제지원(공제제도, 소비조합 등 각종 금융지원), 특별수당(건강진단, 사내 보건소 및 양호실 운영), 여가활동(동호회 활동 지원 등) 지원 등 법정복리후생이외의 다양한 수단을 총칭

관리원칙	필요성 및 공개성의 원칙	종업원에게 필요한 지원으로서 선택을 위한 공개가 이루어져야 함.
	적정성의 원칙	경비부담이 적당하며, 동종기업과 비교할 때 큰 차이가 없어야 함
	합리성의 원칙	기업, 국가, 지역사회의 복지수행이 중복되지 않아야 함
	협력성의 원칙	지역사회와도 협력, 노사간의 협력
설계원칙	• 종업원의 욕구를 충족하도록 설계 • 종업원들의 참여에 의한 설계	• 대상범위가 넓은 제도의 우선적 채택 • 복지후생의 지불능력을 고려한 설계

32 ②

해설

스캔론 플랜(Scanlon plan)에서는 성과배분의 기준으로 판매가치(혹은 매출액)을 사용하며, 럭커 플랜(Rucker plan)에서는 부가가치를 기준으로 성과배분을 한다.

스캔론 플랜	• 종업원의 제안을 통한 경영참여의 대가로 개선된 성과를 분배 • 위원회제도를 통하여 종업원의 참여 유도 • 판매가치를 기초로 성과분배 • 상여자원 = 생산의 판매가치 × 임금비율 − 기지급액
럭커 플랜	• 부가가치의 증대를 목표로 하여 이를 노사협력체제에 의하여 달성하고, 그 증가된 생산성 향상분을 분배하는 방식으로 전체 경제에 인플레 효과가 없는 임금상승이 가능 • 부가가치액의 증가에 비례하여 성과배분 • 증분임금액(상여자원) = 부가가치 × 부가가치분배율(표준생산성비율) − 기지급임금

33 ③

해설

직능급제도란 직무수행능력에 비례하여 지급되는 임금체계로서 직무급에서 평가요인을 능력요인에 한정한 경우에 해당된다. 연공급적 요소와 직무급적 요소의 결합된 형태로서 우수 인재를 계속 보유하고, 능력개발 유도를 통해 학습조직의 분위기 형성이라는 장점은 있으나 일상업무를 소홀히 할 가능성 또한 내포하고 있다.

① 회사 재직 중에 종업원의 직무가 변하지 않을 경우에는 직무급보다는 근속연수 등을 기준으로 임금을 책정하는 연공급을 도입하면 종업원의 장기근속을 유도할 수 있다.
② 개인이 받는 임금의 크기란 임금의 배분의 구성내용, 즉 임금격차를 결정하는 방법으로서 이는 임금의 체계를 의미한다. 이와 달리 임금수준이란 일정기간 동안 기업 내의 모든 종업원에게 지급되는 평균임금의 크기를 의미하며, 임금수준을 결정할 때에는 기업의 지불능력 및 생계비 수준을 고려하여 노동시장의 임금이 결정되는 것을 의미한다.
④ 직무급은 직무담당자의 능력, 태도, 성과에 의해 결정되는 것이 아니라 직무들이 가지는 상대적 가치에 따라 결정된다. 그러므로 공정한 직무평가가 선행되어야 한다.
⑤ 럭커 플랜(Rucker plan)은 부가가치의 증대를 목표로 하여 이를 노사협력체제에 의하여 달성하고, 그 증가된 생산성 향상분을 분배하는 방식으로 전체 경제에 인플레 효과가 없는 임금상승이 가능한 방식으로서, 임금분배율을 정해두고 이를 부가가치에 곱하여 임금총액을 계산하는 성과분배방식이다.

34 ⑤

해설

임금수준(적정성)은 종업원에게 지급되는 (평균)임금 의미로서 상한선인 해당 기업의 지불능력과 하한선인 생계비 수준 사이에 서 노동시장에서의 임금수준이 결정되는데 이는 외적 공정성 측면에서의 임금수준관리에 관한 내용이다.
반면에 임금체계(공정성)란 임금지급항목의 구성내용으로 개별 근로자의 임금을 결정하는 기준을 의미한다. 형식적 측면에서 는 종업원에게 지급되는 임금이 어떠한 항목으로 구성되고 있는가를 나타내고 있지만, 내용적 측면에서는 각 항목이 어떠한 기 준에 의하여 설정되었으며 개별 임금의 격차가 공정하게 결정되는가를 나타내주는 개념이라고 할 수 있으며, 보상원칙과 임금 체계의 결정기준에 따른 체계의 유형을 정리하면 아래 그림과 같다.

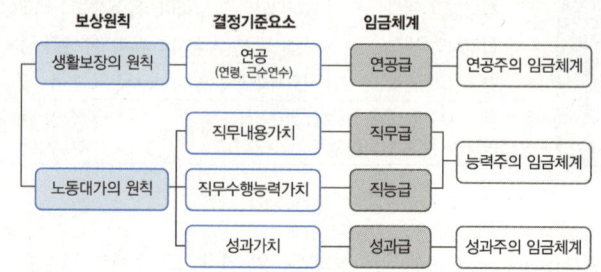

※ 임금 공정성의 유형과 비교기준 및 임금관리 시스템과의 관계

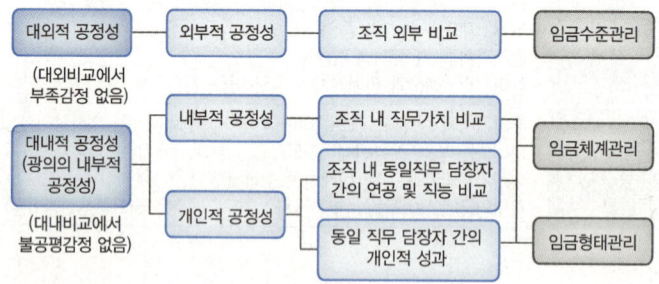

35 ②

해설
① 보상관리 전략은 기업 성장주기(life cycle)와 관련이 있는데, 초기와 성장기에는 복리후생보다는 성과에 따른 보상을, 즉 성과급을 강조하는 것이 일반적이다.
③ 임금조사(wage survey)를 통해 경쟁사 및 유사한 조직체의 임금자료를 조사하는 것은 대외 비교를 통해 보상관리의 적정성 측면에서 외적 공정성을 확보하기 위해서이다.
④ 직무의 중요도, 난이도, 위험도 등이 반영된 직무의 상대가치를 기준으로 보상수준이 결정하는 것은 직무급제도이다.
⑤ 스캔론 플랜과 럭커 플랜은 개인성과급제도가 아니라 집단성과급제도이다.

36 ②

해설
ㄴ. 직무수행의 성과와 직무난이도가 잘 반영된 것은 담당직무기준의 노동대응의 원칙이 적용된 직무급제도의 것임.
ㄹ. 고급인력의 확보와 유지가 용이한 것은 능력 및 성과기준의 노동대응원칙이 적용된 직능급제도를 들 수 있다.

37 ②

해설
허쯔버그(Herzberg)의 2요인이론(two-factor theory)에 따르면 임금 등과 같은 경제적 복리후생은 동기요인이 아니라 위생 요인에 해당하며 위생요인은 직원 동기부여에 긍정적 영향을 미치지 않는다고 보고 있다.

38 ③

해설
내재적 보상이 크다고 해서 임금의 내부공정성이 높아지는 것은 아니며, 외재적 보상이 클 경우, 작은 경우 모두 불공정 인식을 하게 된다. 부연설명을 하면, 성취감, 직무에 대한 만족감, 자신의 흥미나 호기심과 같은 요인들에서 유래된 동기를 내재적 동기라고 하는 데, 내재적으로 동기화되었을 때는 활동 그 자체가 보상으로 작용하기 때문에 그 활동을 하도록 하기 위해서는 어떤 유인물과 처벌도 필요로 하지 않는다. 반면에 내부 공정성은 임금의 구성 내용과 관련한 임금격차에 대한 체계관리적 측면으로 두 개념 간에는 관련성이 매우 낮다. 아울러 공정성 이론에서 본다면 외재적 보상이 큰 경우와 작은 경우 즉, 과대 또는 과소보상 모두 불공정 인식을 가질 수 있다.

39 ②
해설 복리후생(benefits)은 직접적 보상이 아니라 간접적 보상임.

40 ④
해설 변동급 체계가 아닌 직무급 체계에 대한 설명임. 직무급 체계는 직무가치와 급여조사에서 나온 정보를 사용하여 개발되며, 아울러 직무가치는 직무평가를 통해 상대적 가치가 판정된다. 시장가격책정을 사용하여 결정될 수 있다. 변동급 체계란 연공서열로 되어 있는 고정급 임금체계를 직능급제로 전환하는 것을 의미한다. 즉 임금총액을 결정하는 요인을 직능, 고과 등으로 다양화해 임금에 대한 경영성과의 반영을 높이기 위한 제도다. 정리하면 변동임금이란 사원의 직무성과나 업적, 회사의 이익 등에 임금의 산정기준을 두고 있는 것이 변동임금이다.

41 ②
해설 유연근로제 실시시 종업원들간의 선호 시간대 등이 상이할 경우 조정이 매우 어려운 단점이 있다.

보충
* 유연시간근무제: 통상의 근무시간·근무일을 변경하거나 근로자와 사용자가 근로시간이나 근로장소 등을 선택·조정하여 일과 생활을 조화롭게 하고, 인력활용의 효율성을 높일 수 있는 제도
* 유연근로시간제의 유형
  - 시차출퇴근제: 기존의 소정근로시간을 준수하면서 출·퇴근시간을 조정하는 제도
  - 선택적 근로시간제: 1개월 이내의 정산기간을 평균하여 1주 소정근로시간이 40시간을 초과하지 않는 범위에서 1주 또는 1일 근로시간을 조정하는 제도
  - 재량근로시간제: 업무특성상 업무수행방법을 근로자의 재량에 따라 결정하고 사용자와 근로자가 합의한 시간을 근로시간으로 보는 제도
  - 원격근무제: 주거지, 출장지 등과 가까운 원격근무용 사무실에 출근해서 일하거나, 사무실이 아닌 장소에서 모바일 기기를 이용하여 근무하는 제도
  - 재택근무제: 근로자가 정보통신기기 등을 활용하여 사업장이 아닌 주거지에서 업무공간을 마련하여 근무하는 제도
* 탄력근무제
  : 탄력근로제를 알기 위해서는 근로시간 제도를 먼저 알아야 합니다. 대한민국의 법정근로시간은 주 40시간, 연장근로시간은 주 12시간으로 총 52시간은 넘어서면 안 됩니다. 하지만 직종별 특성을 고려해 탄력근로제가 나왔다. 일이 너무 바쁠 때 시간을 늘리고 일이 없을 때는 시간을 줄여서 단위기간 내 근무시간을 주 평균 40시간으로 맞추는 제도입니다. 유연하게 사용 가능하지만 단위기간이 2주라면 한 주 평균이 일하는 시간이 주 48시간을 초과할 수 없으며, 단위기간이 3개월이라면 주 52시간을 넘기면 안됩니다.
  즉, "탄력적 근로시간제"란 일정한 단위기간을 평균하여 1주간의 근로시간이 40시간을 초과하지 않는 범위에서 특정한 주와 특정한 날에 기준 시간을 초과하여 근로하게 할 수 있는 유연근무제입니다
* 탄력근로제와 유연근무제의 차이

: 상호 유사하나 유연근무제는 개인 여건에 따라 근무시간과 형태를 조절할 수 있다면, 탄력근로제는 사업주의 입장에서 일이 적을 때와 많을 때를 판단해 근로시간을 늘리거나 줄일 수 있다.

42 ⑤

해설 기본급의 일부로 지급되는 것이 아님. 추가적으로 회사가 벌어들인 결산기 이윤(profit) 일부를 추가적으로 지급하는 형태임.

43 ②

해설 직무급은 직무수행자의 직무몰입(job commitment)과 직무만족(job satisfaction)에 의해 결정되는 것이 아니라 공정한 직무평가에 기반을 두고 동일노동 동일임금의 원칙하에서 직무 자체에 따·라 임금이 결정되는 제도이다

44 ③

해설 직무평가(job evaluation)는 조직 내 여러 가지 직무의 절대적 가치를 결정하는 과정이 아니라 상대적 가치를 평가하는 공식적이며 체계적인 과정을 의미한다.

CHAPTER 4 : 노사관계관리

개념정리문제

1 ②

해설 노동3권(단결권, 단체교섭권, 단체행동권)
1) 단결권: 단결권의 의의 – 우리 헌법은 조직(기업)에 있어서 근로자에게만 단결권을 인정하고 있으므로 사용자는 단결권이 없으며, 다만 사용자는 단결권자인 근로자(노동조합)의 상대방이 되는 것이다.
2) 단체교섭권: 단체교섭권의 의의 – 우리나라 노동관계법은 단결권을 기반으로 한 단결체(노동조합)를 대상으로 하기 때문에 근로자 개개인은 단체교섭권을 행사할 수 없다. 따라서 단체교섭의 주체는 노동조합이 되므로 근로자 개개인은 단체교섭을 요구하거나 수행할 수 없으며, 단체교섭의 대상은 개별 근로자의 요구사항이 아니라 근로자집단의 교섭 요구사항이 된다.
3) 단체행동권: 단체행동권의 의의 – 단체행동권은 단결체의 존립과 목적을 달성하기 위하여 실력으로 의사를 관철하려는 투쟁수단을 말하는 것으로서, 단체행동의 허용은 노동법분야를 제외하고는 그 유례를 찾아 볼 수 없는 특수한 권리형태이다.

2 ②

해설 숙련근로자들의 최저생활조건을 확보하기 위한 조직으로 초기에 발달한 형태는 직업별노조이다.

보충 노조의 유형
- 직업별 노동조합(craft union) : 직업별 노동조합이란 동일직종 또는 동일직업에 종사하는(숙련된) 근로자들이 조직하는 노동조합으로, 생산이 근로자 의 숙련도에 크게 의존하고 있던 산업자본주의 초기에 숙련근로자가 노동 시장을 배타적으로 독점하기 위하여 조직된 형태이다. 우리나라에서 찾아볼 수 있는 예로는 미용사 노조, 전교조, 인쇄공 조합, 선반공 조합 등이 있다.
- 산업별 노동조합(industrial union) : 산업별 노동조합이란 숙련공이나 미숙련공의 구분 없이 동일 산업에 종사하는 근로자들을 모두 가입시켜 노동조합의 교섭력을 강화시킨 노동조합으로 오늘날 노동조합의 가장 대표적인 조직 형태이다. 우리나라의 예로는 전국철도노동조합, 전국담배인삼노동조합, 전국체신노동조합 등이 있다.
- 일반 노동조합(general union) : 일반 노동조합은 직종이나 산업에 관계없이 일반 근로자들을 폭넓게 규합하는 노동조합의 형태로서 한국노총 산하의 연합노조연맹 등을 예로 들 수 있다.
- 기업별 노동조합(company union) : 기업별 노동조합은 동일한 기업에 종사하는 근로자들에 의해 조직되는 노동조합을 의미하며, 동일 기업 내의 근로자이므로 근로조건 등의 결정에 있어서 통일성 및 종합성을 기하기 쉬우나 개별기업을 존립기반으로 하고 있어 노동시장에 대한 지배력이 없어서 교섭력이 떨어질 수 있다.

3 ④

가입방식 (노조원 확보 방법)	closed shop	근로자 전원의 가입이 강제되는 것으로 노동조합의 조합원만이 사용자에게 고용될 수 있는 제도로서 노조의 인정·독립의 성격이 가장 강함
	union shop	사용자가 비조합원을 일단 자유로 채용할 수는 있지만 채용 후 일정기간 안에 조합에 가입해야 하는 제도로서 open shop과 closed shop의 중간 형태
	open shop	조합원, 비조합원에 관계없이 채용가능하며, 사용자 측에 가장 유리한 제도임.
	preferential shop	채용에 있어 노동조합원에게 우선순위를 부여하는 형태의 제도
	maintenance shop	조합원이 되면 일정기간 동안 조합원으로서의 자격을 유지해야 한다는 제도
조합비 확보 방법	agency shop	조합원이 아니더라도 모든 종업원에게 조합회비를 징수
	check off system	조합비 일괄공제 제도로 노동조합 조합비의 안정적인 확보를 위하여 조합원의 2/3 이상의 동의가 있으면 급여계산 시 회사에서 일괄적으로 조합비를 공제하는 제도를 의미한다.

4 ①

오픈숍제도는 노조 가입 유무와 상관 없이 채용할 수 있는 제도이다.

5 ②

노조의 지배력이 강한 순서 → closed shop > union shop > open shop

6 ④

closed shop제도는 조합가입이 입사의 전제 조건이 제도이다.

7 ①

조합원이나 비조합원 모두 고용할 수 있으며 우리나라에서 많이 채택하고 있는 노동조합의 형태이다.

8 ②

노조의 자금확보측면에서 회사의 급여계산 시 조합비를 일괄공제제도로 노동조합 조합비의 안정적인 확보를 위하여 조합원의 2/3 이상의 동의가 있으면 급여계산 시 회사에서 일괄적으로 조합비를 공제하는 제도를 의미한다.

9 ②

closed shop제도란 근로자 전원의 가입이 강제되는 것으로 노동조합의 조합원만이 사용자에게 고용될 수 잇는 제도로서 노조의 인정·독립의 성격이 가장 강함

10 ②

union shop 제도란 사용자가 비조합원을 일단 자유로 채용할 수는 있지만 채용 후 일정기간 안에 조합에 가입해야 하는 제도로서 open shop과 closed shop의 중간 형태의 제도임.

11 ③

agency shop제도란 조합원이 아니더라도 모든 종업원에게 조합회비를 징수하는 형태의 제도임.

12 ④

해설 단체교섭(collective bargaining)이란 사용자와 노동조합이 교섭단위 내에 노동자들의 고용조건을 협상하는 과정으로서 이에 대하여 정리하여 보면 다음과 같다.
- 일반적으로는 노동조합이 임금이나 근로시간, 근로조건을 비롯하여 노동자의 권리에 관계되는 제 문제에 대해 사용자 또는 사용자단체와 상호의 조직력을 배경으로 대등한 입장에서 교섭하는 과정을 의미함.
- 협약의 협상(contract negotiation)과 협약의 관리(contract administration) 활동의 두 과정으로 구분.

• 단체교섭의 유형
1) 기업별 교섭: 특정 기업 또는 사업장 단위로 조직된 독립된 노동조합이 그 상대방인 사용자와 단체교섭을 행하는 방식.
2) 통일교섭: 노동시장을 전국적 또는 지역적으로 지배하고 있는 산업별 또는 직업별 노동조합과 이에 대응하는 전국적 또는 지역적 사용자 단체 간에 행해지는 단체교섭방식.
3) 대각선교섭: 산업별 노동조합이 개별기업의 사용자와 개별적으로 교섭하는 방식.
4) 집단교섭: 수 개의 단위노동조합이 집단을 구성하여 이에 대응하는 수 개 기업의 사용자 대표와 집단적으로 교섭하는 방식.
5) 공동교섭: 상부단체인 산업별 및 직업별 노동조합이 하부단체인 기업별 노조 또는 기업단위의 지부와 공동으로 당해 기업의 사용자 대표와 교섭하는 방식.

13 ⑤

해설 직장폐쇄는 노동쟁의에 대한 경영자측의 대응방안으로서 노동쟁의 발생전에 선제적으로 사용되어서는 안된다. 이는 사용자가 근로자를 일시적으로 해고하는 것으로 사용자 측의 쟁의 행위이다.
① 파업은 노동력을 생산수단과의 결합상태에서 분리시키고 사용자의 지휘, 명령으로부터 완전히 벗어나는 형태의 노동행위이다.
② 태업은 표면적으로는 작업을 하면서 집단적으로 작업능률을 저하시켜 사용자에게 손해를 주는 쟁의 행위이다.
③ 노동조합의 불매운동은 조합원이나 일반 시민에게 직접 쟁의의 상대가 되어 있는 사용주나 그와 거래관계에 있는 상품구매를 거부하도록 설득하는 것을 말한다.
④ 직장점거는 파업근로자가 파업 중의 조업을 방해(저지)하기 위해 직장(사업장의 시설)을 점거하는 보조적 쟁의 행위이다.

14 ③

해설 부당노동행위란 불이익 대우, 황견계약(yellow-dog contract), 단체 교섭 거부, 노조에 대한 지배·개입·자금원조, 노동쟁위행위와 관련한 보복적 불이익 대우 등으로 정상적인 노동조합의 활동을 방해하기 위한 편법적 활동을 얘기한다.

보충 황견계약은 '근로자가 어느 노동조합에 가입하지 아니할 것 또는 탈퇴할 것을 고용조건으로 하거나, 특정한 노동조합의 조합원이 될 것을 고용조건으로 하는 행위'(「노동조합 및 노동관계조정법」 제81조제2호)를 말한다. 비열계약, 반조합계약이라고도 한다. 「노동조합 및 노동관계조정법」은 이 같은 행위를 사용자의 부당노동행위로서 금지하고 있다.

15 ④

해설 직장 폐쇄 조치는 노사 간에 분쟁이 있을 때만 가능하며, 직장 폐쇄를 결정한 기업주는 관할 시. 도와 노동위원회에 신고해야 한다.
① 단체교섭을 합당한 이유 없이 거부하는 행위는 부당노동행위에 속한다.
② 노동조합에 가입하거나 조직하려는 이유 등으로 근로자에게 정당한 이유 없이 해고, 전근, 또는 감봉 등 불이익을 주는 경우도 부당노동행위이다.
③ 고용할 때 노동조합에 가입 또는 탈퇴를 고용 시 조건으로 내세우는 경우 부당노동행위에 속한다.

16 ⑤
해설

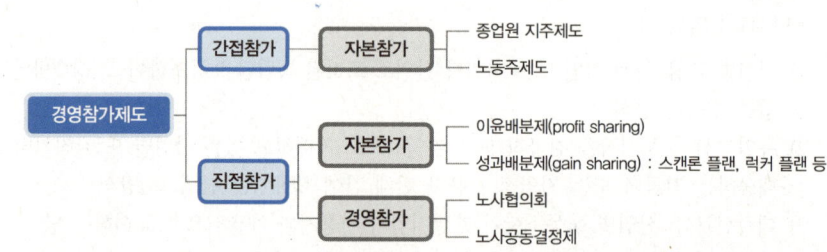

17 ④
해설 설비 및 장치상의 오류와 개인적 부주의는 별개의 문제임.

18 ①
해설 근로자의 만족도 또는 성과를 개선하기 위해 고안된 용어로서, 직장 내 근로생활의 질을 중시하는 것으로서 '노동의 인간화'라고 말하여진다.

19 ⑤
해설 강제성을 띠는 방법으로는 중재와 긴급조정이 있다.

단체협약		단체교섭의 결과로 노사 간에 의견의 일치를 보았을 때 성립
노동쟁의	의미	임금, 근로시간, 후생 등의 근로조건에 관한 노사 간의 주장의 불일치로 인한 분쟁 상태
	행위 노동조합	파업(strike), 태업(sabotage), 불매운동(boycott), 준법투쟁(집단휴가 사용, 정시 출·퇴근)
	행위 기업	직장폐쇄(lock-out) : 생산수단을 차단함으로써 노무의 수령을 집단적으로 거부
	조정 알선	분쟁당사자를 설득하여 문제를 토론하게 만드는 방법
	조정 조정	조정위원회를 구성하여 분쟁당사자의 의견을 조정, 단 제시하는 조정안은 권고 사항
	조정 중재	중재위원회에 의해 쟁의가 조정, 중재결정을 당사자는 반드시 따라야 함
	조정 긴급조정	공익사업이나, 현저히 국민경제를 헤치거나 국민의 일상생활을 위태롭게 할 위험이 있는 경우 노동부장관이 결정

심화문제

1 ②
해설   비조합원에게도 조합비를 징수하는 제도는 agency shop이라고 함. Maintenance Shop 이란 조합원이 되면 일정기간동안 조합원으로서의 자격을 유지해야 한다는 제도이다. 이는 고용의 조건으로 일정 기간 동안 조합원으로 머무르게 하거나 교섭 중에 조합원이었던 구성원을 조합원으로 머물게 할 수 있도록 하는 단체교섭의 조건으로 이용되기도 한다.

2 ④
해설   신규채용된 근로자는 일정기간이 지나도 반드시 노동조합에 가입해야 할 의무는 없는 형태의 제도는 open shop제도임.

3 ⑤
해설   경영참가제도의 유형으로는 자본참가제도(종업원지주제도 등), 이익참가제도(럭커플랜, 스캔론플랜 등), 의사결정참가제도(제안제도, 노사협의회, 노사공동결정제 등)로 구분할 수 있다.

4 ④
해설   체크오프 시스템이란 조합비 일괄공제 제도로서 노동조합 조합비의 안정적인 확보를 위하여 조합원의 2/3 이상의 동의가 있으면 급여 계산시 회사에서 일괄적으로 조합비를 공제하여 주는 제도임.

5 ③
해설   유니온 숍(union shop)은 입사시에는 비조합원도 입사할 수 있으나 일정기간 경과 후 반드시 조합에 가입할 것을 전제로 하는 형태의 숍제도이다.

6 ④
해설   유니온 숍(union shop)은 하나의 사업장에 하나의 노동조합만 인정하는 제도가 아니라 사용자가 비조합원을 일단 자유로 채용할 수는 있지만 채용 후 일정기간 안에 조합에 가입해야 하는 제도로서 open shop과 closed shop의 중간 형태이다. 아울러 하나의 사업장에 하나의 노동조합만 인정하는 제도는 교섭창구 단일화 제도를 의미한다.
보충   교섭창구 단일화 제도 : 근로조건의 결정권이 있는 사업 또는 사업장 단위에서 복수 노동조합과 사용자 사이의 교섭절차를 일원화하여 효율적이고 안정적인 교섭체계를 구축하고, 소속 노동조합과 관계없이 조합원들의 근로조건을 통일하기 위한 것으로, 교섭대표노동조합이 되지 못한 소수 노동조합의 단체교섭권을 제한하고 있지만, 소수 노동조합도 교섭대표노동조합을 정하는 절차에 참여하게 하여 교섭대표노동조합이 사용자와 대등한 입장에 설 수 있는 기반이 되도록 하고 있으며, 그러한 실질적 대등성의 토대 위에서 이뤄낸 결과를 함께 향유하는 주체가 될 수 있도록 하고 있으므로 노사대등의 원리 하에 적정한 근로조건의 구현이라는 단체교섭권의 실질적인 보장을 위한 불가피한 제도라고 볼 수 있다.

7 ①
해설   대각선 교섭에 대한 설명임. 교섭의 유형을 정리하면 다음과 같다.
• 통일교섭 : 노동시장을 전국적 또는 지역적으로 지배하고 있는 산업별 또는 직업별 노동조합과 이에

대응하는 전국적 또는 지역적 사용자 단체간에 행해지는 단체교섭방식
- 기업별 교섭 : 특정 기업 또는 사업장 단위로 조직된 독립된 노동조합이 그 상대방인 사용자와 단체교섭을 행하는 방식
- 공동교섭 : 상부단체인 산업별 및 직업별 노동조합이 하부단체인 기업별 노조 또는 기업단위의 지부와 공동으로 당해 기업의 사용자 대표와 교섭하는 방식
- 집단교섭 : 수 개의 단위노동조합이 집단을 구성하여 이에 대응하는 수 개 기업의 사용자 대표와 집단적으로 교섭하는 방식

8 ①

해설 부진한 성과만으로 자발적 이직의 일반적 원인을 파악하기는 어려우며, 이는 비자발적 이직의 한 원인이 되기도 한다. 아울러 자발적 이직의 일반적 원인을 정리하여 보면 다음과 같다.
- 직무불만족(임금, 작업환경 및 조건, 조직 내 인간관계 등 다양한 요인)
- 통근조건, 작업조건, 교대근무의 어려움 때문에
- 개인적 성장기회 및 성취감의 미충족, 장래에 대한 불안 등
- 집안사정, 결혼, 임신, 가족의 이주 등 개인적 요인 등

PART 4 마케팅 관리

CHAPTER 1 마케팅 일반 및 마케팅 조사

개념정리문제

1 ①

해설 선행적 마케팅이란 생산 전 마케팅조사 활동으로서 시장과 소비자를 조사하고 이를 기반으로 제품계획 및 판매예측 등을 통해 마케팅계획수립 등을 하는 마케팅활동이다. 아울러 미시적 마케팅 기능이란 개별 기업 의 목표를 달성하기 위한 수단으로 수행하는 마케팅 활동으로서 선행적 기능과 제품 생산 후의 유통경로, 가격, 광고 등의 촉진활동 등로 이루어지는 마케팅 활동들을 의미하는 후행적 기능이 있다. 참고로 마케팅의 거시적 기능이란 생산자와 소비자를 연결시키는 유통경로상의 마케팅 활동이다.

2 ③

해설 선행적 마케팅은 현대적 마케팅이라고 하며, 소비자 지향적 활동으로서 소비자 만족을 추구하고, 소비자의 욕구를 확인하며, 욕구를 충족시켜 줄 수 있는 제품을 생산하여 마케팅활동을 수행하는 것을 의미한다. ①, ②, ④ 전통적 마케팅에 한 내용으로, 소비자 지향적 활동보다는 판매자 중심의 활동으로 소비자 욕구와는 상관없이 기업이 생산한 제품을 소비자에서 강압적·고압적으로 구매하도록 하는 마케팅이다.

3 ①

해설 전통적 혹은 전형적 마케팅은 판매자 중심의 고압적 마케팅인 반면에 현대적 마케팅은 구매자(소비자) 중심 의 저압적 마케팅적 성격을 가진다.

4 ⑤

해설 전통적 혹은 전형적 마케팅은 판매자 중심의 고압적 마케팅인 반면에 현적 마케팅은 구매자(소비자) 중심 의 저압적 마케팅적 성격을 가지는데 이를 정리하여 보면 다음과 같다.
- 고압적 마케팅(high pressure marketing): 판매자 중심
  - 소비자의 욕구에 관계없이 기업의 입장에서 생산 가능한 제품을 생산하여 강압적, 고압적으로 판매하는 형태
  - 선형 마케팅(linear marketing): 기업과 소비자의 관계가 피드백이 없음
  - 후행적 마케팅 활동에 초점: 판매를 위하여 광고, 판촉 등의 활동을 중점 수행
- 저압적 마케팅(low pressure marketing): 구매자 중심
  - 소비자의 욕구를 고려하여 판매될 수 있는 제품을 생산하여 판매하는 형태
  - 순환형 마케팅(cyclical marketing): 소비자의 반응을 기업이 피드백하여 제품에 반영
  - 선행적 마케팅 활동에 초점: 소비자의 욕구를 반영하기 위하여 마케팅 조사 등에 중점

5 ④

해설 판매자가 중심의 후행적 마케팅활동은 전통적 마케팅의 특징 중 하나이다. 전통적 마케팅 특징으로는 고압 적 마케팅, 판매자 중심, 선형 마케팅 등이 있다.

6 ④

해설 기업의 시장지향성 정도에 따른 마케팅 컨셉의 변화는 생산지향컨셉 → 제품중심컨셉 → 판매중심컨셉 → 마케팅지향컨셉 → 총체적(사회적)마케팅컨셉으로 발전되어 왔음.

7 ①

해설 아래와 같은 순서로 진화 발전하여 왔다.

8 ②

해설 마케팅 컨셉(철학)의 변화과정은 다음과 같다.

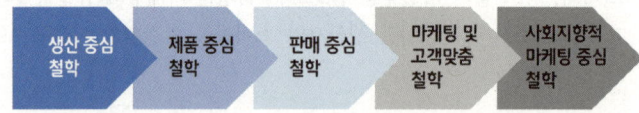

9 ①

해설 마케팅 관리이념의 발전과정은 기업의 시장지향성 정도에 따라 생산지향 → 제품지향 → 판매지향 → 마케팅 지향 또는 고객지향 → 사회지향 마케팅 컨셉으로 발전되어 왔음.

10 ④

해설 고객 중심적 사고는 마케팅 컨셉이라고 보아야 한다. 아울러 생산 컨셉과 제품 컨셉은 생산자 중심적 사고이며, 판매 컨셉 역시 생산자 및 판매자 중심 컨셉이다.

보충 마케팅 개념의 변화
- 생산중심철학
  - 소비자는 손쉽게 이용할 수 있고 원가가 낮은 제품을 선호한다고 주장, 생산효율성을 높이고 유통범위 확장에 집중
- 제품중심철학
  - 소비자는 품질, 성능, 디자인 등에서 최고인 제품을 선호한다고 주장, 경쟁사보다 더 좋은 상품 개발에 집중
  - 마케팅근시안(Marketing myopia)에 빠질 위험 존재
- 판매중심철학
  - 소비자는 그대로 두면 기업의 제품을 많이 구입하지 않는다고 주장, 판매 및 촉진에 노력을 집중
- 마케팅 및 고객 맞춤철학
  - 기업이 선정한 표적시장에서 고객가치 창조하고 전달, 판매는 판매자의 욕구에 초점, 마케팅은 구매자의 욕구에 초점 (기업의 이익극대화 → 소비자 이익 극대화)
- 사회 지향적 마케팅중심철학
  - 단순한 고객만족을 넘어 고객의 장기적 복지와 건강을 추구, 기업의 마케팅 활동에서 사회적, 윤리적 측면이 강조됨
  - 사회적 마케팅 : 기업의 사회적 책임을 강조(그린 마케팅, 계몽 마케팅)

11 ②

해설 초기의 생산자 관점에서의 생산지향적 관점에 대한 질문임.

12 ④

해설 생산개념, 즉 생산중심 철학은 세이의 법칙이 존재하는 형태의 컨셉으로서 수요가 공급을 초과하는 시기로 넓은 유통망 확보와 저가공급에 한 보장이 주요 마케팅과업이다. ① 제품개념에 한 설명 ② 고객지향, 즉 마케팅중심컨셉의 단계에 한 설명임 ③ 판매개념에 한 설명

보충 세이의 법칙(Say's law): 자유경쟁 경제하에서는 일반적인 생산과잉은 발생하지 않고 '공급은 그 스스로의 수요를 창조한다.'고 한 프랑스의 고전파 경제학자 세이(J. B. Say)의 시장 이론으로 '판로의 법칙'이라고도 한다. 즉, 공급이 이루어지면 그만큼의 수요가 생겨나므로 경제 전체를 볼 때 수요 부족에 따른 초과공급이 발생하지 않음을 의미한다. 세이의 법칙에 따르면 만성적인 수요 부족이나 이에 따른 실업은 존재할 수 없는데, 이는 공급이 수요를 창조하기 때문에 시장 전체로 보면 수요와 공급은 항상 일치하게 되기 때문이다. 특정 상품의 초과공급이나 초과수요가 발생할 수는 있으나 이는 물가의 신축성으로 곧 해소될 것이라고 여겨졌다. 그러나 세계 공황으로 모순이 일어났으며, 케인즈(J. M. Keynes)의 유효수요원리에 의해 비판을 받았다.

13 ①

해설 생산개념(The Production Concept)은 소비자들이 '쉽게 그리고 싸게 구매할 수 있는 상품을 선호할 것이라고 생각하여 제품을 저렴하게 생산하고 소비자들이 쉽게 구매할 수 있게 하는 것을 주요 목표로 삼는 개념으로, 주로 수요가 공급보다 더 많은 상황에서 발생했던 개념이다.

14 ③

해설 관계 마케팅(relationship marketing)이란 신규고객을 확보하는 것보다 기존 고객을 유지하는 것이 기업에게 더 유리하다는 전제하에 기업이 고객과 접촉하는 모든 과정을 통해 고객이 충분한 대가를 받고 있다고 느끼게 해 주어 자사의 고객으로 남아 있도록 하는 마케팅 활동을 의미한다.

15 ②

해설 판매자 중심에서 고객 중심적으로의 변화임.

16 ③

해설 고객관계관리(CRM)에 한 정의임.
① RFM: 고객의 미래 구매 행위를 예측하는 데 있어 가장 중요한 것이 과거 구매내용이라고 가정하는 시장분석기법이다. RFM은 최근의(Recency) 주문 혹은 구매 시점, 특정 기간 동안 얼마나 자주(Frequency) 구매하였는가, 구매의 규모는 얼마인가(Monetary value)를 의미
② EDLP: 상시저가전략(Every Day Low Price), 모든 상품을 언제나 싸게 판매하는 것을 의미함.
③ CRM: 고객관계관리(Customer Relationship Management), 집중공략형 영업전략. 고객과 관련된 기업의 내외부 자료를 분석, 통합하여 고객 특성에 기초한 마케팅 활동을 계획하고, 지원하며, 평가하는 과정.
④ MIS: 경영정보시스템. 조직의 계획·운영 및 통제를 위한정보를 수집, 저장·검색·처리하여 적절한 시기에 적절한 형태로 적절한 구성원에게 제공함으로써 조직의 목표를 효율적이고 효과적으로 달성할 수 있도록 조직화한 통합적 인간·기계 시스템을 의미.

⑤ CSR: 기업의 사회책임이라는 뜻으로 기업이 경제적 책임이나 법적 책임 외에도 폭넓은 사회적 책임을 적극 수행해야 한다는 것을 의미. 이는 기업 경영방침의 윤리적 적정, 제품 생산 과정에서 환경파괴, 인권유린 등과 같은 비윤리적 행위의 여부, 국가와 지역사회에 한 공헌 정도, 제품 결함에 한 잘못 의 인정과 보상 등을 내용으로 함. 국제표준화기구(ISO)는 CSR을 표준화한 ISO26000의 국제규격을 제정한다고 공표함.

17 ③

해설 그린마케팅에 한 설명임.

18 ①

해설 그린마케팅(green marketing)이란 사회 지향적 마케팅중심철학으로서 기업의 사회적 책임을 강조하는 사회적 마케팅의 일환으로 고객의 욕구나 수요 충족뿐만 아니라 환경보전, 생태계균형 등을 중시하는 마케팅을 의미한다. ③ 심비오틱 마케팅(symbiotic marketing): 공생마케팅으로도 불리우는 마케팅 기법으로, 자사와 타사의 장점만을 결합하여 공동으로 생산, 판매, 마케팅 활동을 전개하는 방식을 의미한다.

19 ④

해설 ① 디마케팅, ② 재마케팅, ③ 사회마케팅에 한 설명이다.

20 ②

해설 판매원의 설득 노력이 장점인 것은 마케팅 믹스 전략 중 촉진에서 인적 판매가 해당한다고 볼 수 있다.

• 인터넷 마케팅의 특징

① 미디어 기능 & 시장의 기능, ② 소비자의 전환비용이 매우 낮고 인터넷상의 진입장벽이 높지 않음, ③ 소비자는 가격에 매우 민감함, ④ 소비자의 습성상 자주 찾는 익숙한 사이트에 자주 접속하게 됨, ⑤ 고객 과의 관계가 더 중요해지게 되고 기존고객의 유지 개념이 중요하게 부각, ⑥ 구전마케팅(word of mouth MKT)이 중요: viral MKT, virus MKT, ⑦ 수확체증의 법칙(increasing returns of scale)이 발생, ⑧ 보안에 한 노력이 많이 요구됨, ⑨ 중간상 재창출효과, ⑩ 다양한 소비자와 다양한 공급자로 mass customization 가능

21 ①

해설 초과수요의 존재시 이를 일정부분 의도적으로 줄이고자 하는 마케팅은 디마케팅(demarketing)을 의미한다.

명칭	내용	구분	마케팅과업
전환 마케팅	소비자들이 구매를 꺼리는 경우 제품수명주기에 따라 산업자체가 쇠퇴해 가는 경우	부정적 수요	수요의 전환
자극 마케팅	소비자들이 제품에 관심이 전혀 없는 경우	무수요	수요의 창조
개발 마케팅	소비자의 수요는 존재하나 그들이 알고 있는 제품으로는 충족시키지 못하는 경우	잠재적 수요	수요의 개발
재마케팅	소비자들이 제품에 대한 관심이 줄어든 경우	감퇴적 수요	수요의 부활
동시화 마케팅	수요가 계절성을 띠거나 생산과잉이 일어나는 경우	불규칙 수요	수요와 공급 시기의 일치

유지 마케팅	기업이 현재 판매량으로 충분히 만족하는 경우	완전 수요	수요의 유지
디마케팅	수요가 공급능력을 초과하는 경우, 혹은 기업의 입장에서 해가 되는 수요가 존재하는 경우	초과 수요	수요의 감소
대항 마케팅	수요가 사회적으로 바람직하지 못한 경우	불건전한 수요	수요의 파괴

22 ②

해설 디마케팅이란 초과 수요가 존재하는 경우 적용하는 마케팅이다.

23 ④

해설 디마케팅에 한 설명임.
① 플래그십 마케팅(flagship marketing): 성공을 거둔 특정상품에 판촉활동을 집중하여 그 긍정적 이미지를 다른 상품의 매출에 이용하는 것
② 앰부시 마케팅(ambush marketing): 규제를 교묘히 피하는 마케팅기법이다.
③ 프로슈머 마케팅(prosumer marketing): 소비자의 아이디어를 수용하여 기업이 신제품을 개발하는 것.

24 ①

해설 대항마케팅이란 사회적으로 바람직하지 못한 수요를 소멸시키기 위한 마케팅이다.

25 ①

해설 코틀러(Kotler, 1986)는 현의 급격한 기업환경 변화를 극복하고 시장을 주도해 나가기 위한 개념으로 메가 마케팅(mega marketing)을 주장했다. 이것은 새로운 시장으로 진입하거나 비즈니스를 위해 다양한 이해 관계자의 협력을 구하기 위해 경제적, 심리적, 정치적, PR 등을 전략적으로 적용해 나가는 마케팅이다. 이러한 목적을 실현시키기 위한 마케팅 믹스 수단으로 전통적인 4P 이외에 2p를 추가한 개념으로 정치적 영향력(political power)과 공중관계(public relation)을 추가한 개념이며 추가로 포장(package)을 추가해 이를 7P라고 부른다.

26 ⑤

해설 디마케팅(demarketing)에 대한 질문임.

보충 수요상황에 따른 마케팅 관리

명 칭	내 용	구 분	마케팅과업
전환 마케팅	소비자들이 구매를 꺼리는 경우 제품수명주기에 따라 산업자체가 쇠퇴해 가는 경우	부정적 수요	수요의 전환
자극 마케팅	소비자들이 제품에 관심이 전혀 없는 경우	무수요	수요의 창조
개발 마케팅	소비자의 수요는 존재하나 그들이 알고 있는 제품으로는 충족시키지 못하는 경우	잠재적 수요	수요의 개발
재마케팅	소비자들이 제품에 대한 관심이 줄어든 경우	감퇴적 수요	수요의 부활
동시화 마케팅	수요가 계절성을 띠거나 생산과잉이 일어나는 경우	불규칙 수요	수요공급 시기의 일치
유지 마케팅	기업이 현재 판매량으로 충분히 만족하는 경우	완전 수요	수요의 유지
디마케팅	수요가 공급능력을 초과하는 경우, 혹은 기업의 입장에서 해가 되는수요가 존재하는 경우	초과 수요	수요의 감소

| 대항 마케팅 | 수요가 사회적으로 바람직하지 못한 경우 | 불건전한 수요 | 수요의 파괴 |

27 ④

해설 　불건전한 수요를 제거하고자하는 마케팅은 대항마케팅이다.
　참고로 터보 마케팅(turbo marketing)이란 제품개발, 유통, 생산, 금융, 마케팅 등의 각종 활동과 흐름을 컴퓨터 커뮤니케이션과 오토메이션(자동적으로 조종·제어되어, 인간은 단지 그것의 감시·지령·연구·개발만을 하고 있으면 되는 기계·기계체계)에 의한 저스트 인 타임(just in time)으로 전개시켜 필요한 시간을 크게 단축하는 마케팅 구성을 말한다. 따라서 터보 마케팅을 성립키 위해서는 컴퓨터, 커뮤니케이션, 오토메이션 3가지가 요구되며 이미 이탈리아 베네통, 일본 카오(花王) 등에 도입되고 있다. 베네통(Benetton)을 예로 들면, 불과 수년만에 전세계에 수천여 개의 판매점에서 거의 시간차 없이 어떤 상품이 얼마나 팔리고 있는가 하는 정보가 들어온다. 그리고 이를 근거로 하나 하나의 매출경향을 분석하여, 매주 공급하는 상품의 내역과 구색을 조절하는 동시에 점두의 디스플레이도 변경시키고 있는데, 이와 같은 구성은 베네통의 고객인 젊은이들의 인기를 끌고 있다.

28 ③

해설 　무수요일 경우 그 자체에 해서 흥미가 없고 무관심한 상태이므로 수요의 창조를 위해서 자극적 마케팅을 시도해야 한다.

29 ①

해설 　잠재적 수요가 있을 경우 즉, 소비자의 수요는 존재하나 그들이 알고 있는 제품으로는 충족시키지 못하는 경우로서 마케팅 활동은 수요를 개발하는 데 주안점을 두고 실행된다.

30 ②

해설 　① 전환적 마케팅, ③ 항적 마케팅, ④ 동시화 마케팅에 한 설명임.

31 ④

해설 　동시화마케팅은 수요가 계절성을 띠거나 생산과잉이 일어나는 경우 등에 따른 불규칙한 수요상태를 해결하기 위해 도입할 수 있는 마케팅으로 적합하다.

32 ②

해설 　① 부정적 수요는 전환적 마케팅, ③ 초과수요는 디마케팅, ④ 완전수요일 경우 유지 마케팅, ⑤ 잠재적 수요일 경우 개발 마케팅을 사용하여야 한다.

33 ①

해설 　동시화마케팅은 수요가 계절성을 띠거나 생산과잉이 일어나는 경우 등에 따른 불규칙한 수요상태를 해결하기 위해 도입할 수 있는 마케팅으로 적합하다.

34 ④

해설 　기업이 능률적·효율적으로 기업 목표를 달성하기 위하여 서로 다른 각 부문 기능 사이에 협조와 조화가 있어야 가능하다. 이러한 유기체적 경영을 전사적 마케팅(total marketing)이라고 말할 수 있다.
① 니치란 빈틈 또는 틈새를 해석되며, 특정한 성격을 가진 소규모의 소비자를 대상으로 판매목표를 설정 하는 것으로, 마치 틈새를 비집고 들어가는 것과 같다는 뜻에서 붙여진 이름이다.
② 인터넷 마케팅을 전자 상거래라고도 하며, 전통적인 상거래와는 달리 컴퓨터를 이용해 온라인상에서 상품을 사고파는 행위를 일컫는다. 또한, 컴퓨터와 네트워크 등 정보통신기술을 기반으로 전자화된 데이터의 형태로 상업적인 활동을 지칭하기도 한다.
③ 기업들이 자사의 상품을 많이 판매하기보다는 오히려 고객들의 구매를 의도적으로 줄임으로써 적절한 수요를 창출하고, 장기적으로는 수익의 극화를 꾀하는 마케팅전략을 말한다. 금융기관이 휴면계좌를 정리하거나 채무규모가 적정수준을 넘은 고객의 거래 및 출자 한도를 제한하는 것, 인터넷상에서 청소년 회원에게 부모의 동의를 요구하는 것, 무료사이트에서 유료사이트로 전환하는 것, 우량고객에게만 별도의 선물을 보내거나 특별행사를 실시하는 것 등이 이러한 마케팅기법에 속한다.

35 ④

해설

바이럴 마케팅(viral marketing)이란 블로그나 카페 등을 통해 소비자들에게 자연스럽게 정보를 제공하여 기업의 신뢰도 및 인지도를 상승시키고 구매욕구를 자극시키는 마케팅 방식을 의미한다.

- 옵트인(opt-in)·옵트아웃(opt-out) 방식은 불특정 다수인에게 무작위로 보내지는 스팸메일을 규제하는 방식으로, e-메일을 비롯해 전화나 팩스를 이용한 광고성 정보 전송 등에서도 적용된다. '옵트인(opt-in)'이란 수신자의 사전 동의를 얻어야 메일을 발송할 수 있도록 하는 방식을 말한다. 반로 수신자가 발송자에게 수신거부 의사를 밝혀야만 메일 발송이 안 되는 방식은 '옵트아웃(opt-out)'이라고 부른다.
- 퍼미션 마케팅(permission marketing): 고객에게 동의를 받은 마케팅 행위를 말한다. 퍼미션 마케팅은 오프라인 세계에서도 존재해 오던 것이었지만, 인터넷이 등장하면서 본격화되고 있다. 인터넷은 시간과 공간의 제약을 받지 않고 상호 작용이 가능하므로 엄청난 비용절감과 효율적인 고객확보를 기할 수 있다. 인터넷을 이용한 마케팅이 늘어나면서 고객이 동의하지 않는 메일이나 정보는 오히려 부작용을 가져올 수 있기 때문에 퍼미션 마케팅의 중요성이 높아지고 있다.

36 ③

해설

옴니마케팅이란 기업이 전문직 종사자, 연구자, 소비자 운동가 등과 같은 시장 지도자와 협조체제를 이루면서 기업윤리에 입각한 마케팅을 의미한다. ① 디마케팅, ② 사회마케팅, ④ 메가마케팅에 대한 설명이다.

37 ③

해설

바이럴 마케팅(viral marketing)이란 블로그나 카페 등을 통해 소비자들에게 자연스럽게 정보를 제공하여 기업의 신뢰도 및 인지도를 상승시키고 구매욕구를 자극시키는 마케팅 방식을 의미한다. 참고로 WOM(word of mouth)은 구전마케팅으로 불리우며 제품, 서비스, 기업이미지 등을 마케팅하는 데 소비자의 입소문을 활용하는 것. 대중매체 대신 소비자들의 입소문을 광고의 매체로 이용하는 것이다.

① 다이렉트마케팅(direct marketing): 측정가능한 하나 혹은 여러 개의 광고매체를 쓰는 마케팅으로 판매채널의 다각화의 일환으로 부각되고 있는 마케팅
② 텔레마케팅: 전화 등의 매체를 이용하여 소비자마다의 구매이력 데이터베이스에 근거하여 세심한 세일즈를 행하는 과학적 마케팅방법.
④ 데이터베이스 마케팅: 컴퓨터에 수록된 고객 데이터베이스를 바탕으로 고객과의 장기적인 관계구축을 위한 마케팅 전략을 수립하고 집행하는 모든 활동

⑤ 심바이오틱 마케팅: 공생 마케팅이라고 하며, 마케팅 관리를 기업들간에 공동으로 수행하는 마케팅을 의미함.

38 ②

해설 지수평활법(exponential smoothing)은 과거의 데이터를 기초로 미래를 예측하는 방법이다.
- 지수평활법: 최근의 자료에 더 높은 가중치를 주고 과거 자료의 비중을 지수적으로 적게 주어 예측하는 방법
  - 기간에 부여하는 가중치를 과거로 갈수록 지수 함수적으로 감소시키는 방법
  - 지수적 모델의 정확성과 용이성 등의 이유로 단기예측에 많이 사용
- 단순지수평활법

$$당기예측치 = 전기예측치 + \alpha \,(전기실제치 - 전기예측치)$$

  - α = 지수평활계수($0 < \alpha < 1$): 수요가 불안정하면 1에 가까운 α를 사용
  - 평활상수가 커질수록 최근의 자료가 더 많이 반영되어 수요 변화에 더 민감하게 반응
  - 평활상수가 작아질수록 평활효과가 더 커지게 됨

39 ⑤

해설 ① 상표전환 매트릭스(brand switching matrix), ② 지각도(perceptual map), ③ 상품/시장 매트릭스(product/market matrix), ④ 수요의 교차탄력성(cross-elasticity of demand) 등은 경쟁자와의 관계 속 경쟁구도 파악에 사용되지만, ⑤ 제품수명주기(product life cycle)는 자사의 상품만을 대상으로 하므로 경쟁자를 분석하기에는 적합하지 않다.

40 ①

해설 브랜드 전환 매트릭스(brand switching matrix)는 고객중심적 방법으로서 교차탄력성 분석과 함께 고객행동에 기초한 방법임. 아울러 제품-시장 매트릭스(product-market matrix), 기술적 대체 가능성(technological substitutalbility), 표준 산업분류(standard industrial classification)방법은 대표적인 기업 중심적 방법이다.

분류	기업중심적 방법			고객중심적 방법				
	공급 측면 경쟁자 확인 방법		관리적 판단	고객 행동에 기초한 방법		고객 지각에 기초한 방법		
경쟁수준	표준 산업분류	기술적 유사성	제품-시장 매트릭스	브랜드 전환 매트릭스	교차 탄력성	지각도 (인지도 맵)	상품 제거	사용 상황별 대체
제품형태	○	○	○	○	○	○	○	○
제품범주	△	△	○	○	○	○	○	○
본원적효익	×	×	○	×	×	○	○	○
예산	×	×	○	×	×	×	○	○

41 ①

해설 마케팅 조사의 과정으로 문제의 정의 - 조사 및 설계 - 자료수집 - 분석 및 보고서작성 순이다.

42 ①

해설 마케팅 조사의 종류는 아래와 같이 분류하여 볼 수 있다.

조사목적		조사방법
탐색조사		• 조사문제가 명확하지 않을 때 조사문제를 찾거나 분석대상에 대한 가설을 도출하기 위하여 사용 • 특징: 유연함과 융통성, 종종 선행연구의 형태로 사용됨 • 문헌조사, 사례조사, 전문가의견청취법, 표적집단면접법(FGI), 심층면접법
종결조사	기술조사	• 어떤 현상을 기술하기 위하여 자료를 수집하고 결과를 기술하는 조사로 대부분의 마케팅 조사가 이에 해당함 • 특징: 사전에 구체적인 가설이 언급됨. 즉, 사전에 계획된 설계임(대부분의 기업 현장에서의 조사). • 횡단조사(서베이법), 종단조사(시계열조사), 패널조사 등
	인과관계조사	• 어떤 가설의 원인과 결과를 검증하기 위한 조사 • 특징: 여러 독립변수들의 사용, 다른 조정변수들은 통제함(학계나 연구소 등에서 주로 사용). • 실험법

43 ④

해설 　전문가 의견조사는 탐색법에 속하는 것으로 문헌조사, 사례조사, 표적집단 면접법, 개인 면접법이 있다. ①, ②, ③은 마케팅조사방법 중 기술조사에 속한다.

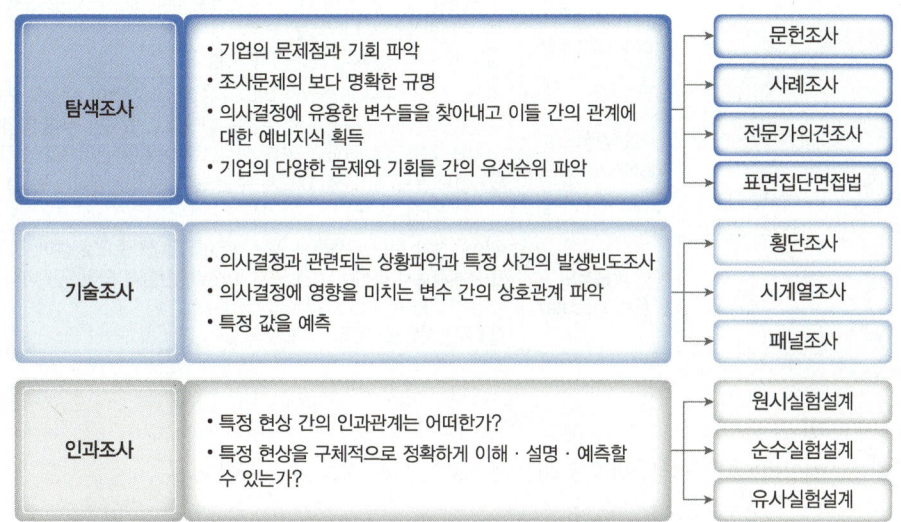

44 ①

해설 　표적집단 면접법(FGI, focus group interview)이란 전문지식을 보유한 조사자가 특정 소수의 응답자(6~12명)를 한 장소에 모아 놓고 자유스러운 분위기에서 토론하게 하여 정보를 수집하는 방법이다. 이 방법은 개별면접보다 많은 정보를 얻을 수 있고 참가자에게 응답을 강요하지 않으므로 솔직한 의사를 들을 수 있다 는 장점이 있으나 표적집단이 전체를 표하기 어려우므로 일반화하기 어렵다는 단점이 있다.

45 ②

해설 　마케팅조사의 종류는 아래와 같다.
탐색조사: 사례조사, 전문가 의견 청취법, 표적집단 면접법(FGI), 관찰조사, 심층면접법 등
기술조사: 종단조사, 횡단조사, 패널조사
인과조사: 실험법

46 ③

해설 문헌조사법은 기존에 존재하는 자료를 통해 파악하는 것으로 2차 자료에 해당한다.

47 ④

해설 기비율척도란 심속성이 전혀 존재하지 않는 상태를 절대기준으로 삼아 크기에 따라 배열한 숫자체계로서 측정대상 간 구분과 순위, 산술적 의미뿐만 아니라 숫자 간 비율계산이 가능한 척도로서, 절대영점이 존재한다.

48 ④

해설 비율척도에는 절대 영점이 존재하며, 마케팅조사의 척도로는 비율척도 외에 명목척도, 서열 척도, 등간척도가 있다.

분류		내용
질적 척도 (질적 변수)	명목척도 (nominal scale)	측정대상이 속한 범주나 종류를 구분하기 위해 부여한 척도, 즉 관심속성을 상호배타적인 범주로 구분한 후 각 범주에 임의로 대응시킨 숫자 **예** 성별을 남자는 1, 여자는 2라는 숫자를 부여하는 것
	서열척도 (ordinal scale)	측정대상 간 구분뿐 아니라 순위관계를 나타내는 척도, 즉 관심속성의 크기 따른 순서관계만을 나타내는 숫자체계 **예** 학과성적 등수나, 운동경기 서열 등
양적 척도 (양적 변수)	등간척도 (interval scale)	측정대상 간 구분과 순위뿐 아니라 숫자 간 간격이 산술적 의미를 갖는 척도, 즉 관심속성의 크기에 따른 순위를 나타내고 있지만 절대 영점이 없으며, 임의 크기를 기준으로 정하고 이를 중심으로 동일한 간격으로 숫자를 배열하는 것 **예** 섭씨 온도계(기점점 0도: 순수한 물이 얼기 시작하는 온도), (좋아하는 정도 1, 2, 3, 4, 5)
	비율척도 (ratio scale)	관심속성이 전혀 존재하지 않는 상태를 절대기준으로 삼아 크기에 따라 배열한 숫자체계로서 측정대상 간 구분과 순위, 산술적 의미뿐만 아니라 숫자 간 비율계산이 가능한 척도, 절대영점이 존재 **예** 시장점유율 10%

49 ②

해설 서열척도는 서열상관관계에 의한 것으로 순위를 정할 때 적합하다.

50 ③

해설 모집단의 특성을 반영하도록 통제 특성별로 미리 정해진 비율만큼 표본을 추출하는 방법. 즉, 미리 정해진 분류기준에 의해 전체표본을 여러 집단으로 구분, 각 집단별로 필요한 대상을 추출하는 방법으로서 사전에 모집단 특성(분포)를 어느 정도 파악한 상태에서 이 정보를 표본할당 기준으로 활용하는 표본추출방법은 할당 표본추출(quota sampling)임.
① 확률 표본추출 방법 중의 하나이다. → 할당 표본추출(quota sampling)은 비확률적 표본추출방법임.
② 모집단 내의 각 대상이 표본에 추출될 확률이 모두 동일한 방법이다. → 난수표를 활용한 확률표본추출방법에 대한 설명임.
④ 모집단을 어떤 기준에 따라 상이한 소집단으로 나누고 각 소집단으로부터 표본을 무작위로 추출하는 방법이다. → 층화표본추출방법에 대한 설명임.

51 ④
해설 모집단을 서로 배타적이고 포괄적인 소그룹으로 구분한 다음 각 소그룹별로 단순 무작위 표본추출하는 방법은 층화표본추출방법임.

52 ④
해설 모집단을 어떤 기준에 따라 상이한 소집단으로 나누고 이들 각각 소집단들로부터 표본을 무작위로 추출하는 층화 표본추출법(stratified sampling)에 한 설명임.

53 ①
해설 확률적 표본 추출방법의 예로는 단순무작위표본추출, 체계적 표본추출, 층화표본추출과 군집표본추출이 있다.

54 ⑤
해설 서열척도(ordinal scale)를 통해 측정 대상들의 절대적 위치가 아니라 상대적 위치를 알 수 있다. 즉, 측정 대상 간 구분뿐 아니라 순위관계를 나타내는 척도로서, 관심속성의 크기 따른 순서관계만을 나타내는 숫자체계라고 할 수 있다. 예 학과성적 등수나, 운동경기 서열 등

55 ②
해설 휴리스틱기법이란 한정된 정보와 상황적 제한, 그리고 인간의 한정된 인지능력으로 짧은 시간에 적은 비용으로 합리적인 의사결정을 하기 위한 단순화 전략이라고 할 수 있다. 오늘날 기업이 당면한 경영환경은 매우 복잡하고 변화가 심하다. 기업이 어떤 사안의 의사를 결정하려면 다양한 변수를 고려해야 한다. 그러나 기업은 현실적으로 정보의 부족과 시간제약으로 완벽한 의사결정을 할 수 없다. 제한된 정보와 시간제약을 고려 해 실무상 실현 가능한 해답이 필요하다. 이것이 바로 휴리스틱 접근법이다.

보충 휴리스틱기법의 유형

가용성 휴리스틱 (availability heuristic)	대표성 휴리스틱 (representative heuristic)	기준설정과 조정 휴리스틱 (anchoring and adjustment)
• 기억 속에서 얼마나 잘 떠오르는가 하는 정도로 어떤 사건의 발생가능성과 빈도를 추정하는 단순화 전략 • 빈도와 관계없이 단순히 생각해내는 방법의 용이성에 의존하기 때문에 잘못된 판단을 내리기 쉬움 예) - 비행기와 자동차의 안정성 비교 - 첫 문자가 r인 단어와 세번째 - 문자가 r인 단어의 수	• 상품 혹은 사건에 대하여 평가할 때, 평가대상을 특정한 부류로 분류하여 평가하는 단순화 전략 • 사람을 평가할 경우에 사용하면 극히 비난받을 만한 많은 차별적 요소를 포함 예) 인종, 출신지역, 장애유무 등에 따른 평가	• 판단을 할 때 개인적인 가치 기준점을 먼저 설정해 놓고, 최종적인 결정을 위하여 점차 조정하여 가는 단순화 전략 • 최초의 값에 따라 추정하고자 하는 값의 대부분이 결정됨 예) $(1 \times 2 \times 3 \times 4 \times 5 \times 6 \times 7)$과 $(7 \times 6 \times 5 \times 4 \times 3 \times 2 \times 1)$의 추정값 비교

③ 팀 빌딩(TB) 각 개인의 능력은 뛰어남에도 불구하고 이들이 소속된 집단이 그들이 가진 능력을 제대로 발휘하지 못하고 있다 는 평가가 있을 경우 그 원인을 찾아 문제를 해결하는 신경영기법을 말한다. 1947년 미국의 행동과학연구소에서 집단역학에 대한 연구를 본격화하면서 단위조직 내에 존재하는 문제를 해결하기 위해 최초로 개발되었고, 이후 MIT 대학의 심리학 교수 인 레빈에 의해 학문적으로 개념이 확립되고 기업의 경영에 본격적으로 응용되었다. TB는 조직을 개발하고 활성화시키기 위한 팀워크 훈련프로그램의 일종으로 조직 전체의 성과를 높이는 데 목표를 두고 있다.

심화문제

1 ③

해설: 심비오틱마케팅은 서로 다른 기업이 협조하여 마케팅을 수행하여 서로의 이익을 가지려는 공생적 마케팅 이다.

2 ②

해설:

명칭	내용	구분	마케팅과업
전환 마케팅	소비자들이 구매를 꺼리는 경우 제품수명주기에 따라 산업자체가 쇠퇴해 가는 경우	부정적 수요	수요의 전환
자극 마케팅	소비자들이 제품에 관심이 전혀 없는 경우	무수요	수요의 창조
개발 마케팅	소비자의 수요는 존재하나 그들이 알고 있는 제품으로는 충족시키지 못하는 경우	잠재적 수요	수요의 개발
재마케팅	소비자들이 제품에 대한 관심이 줄어든 경우	감퇴적 수요	수요의 부활
동시화 마케팅	수요가 계절성을 띠거나 생산과잉이 일어나는 경우	불규칙 수요	수요와 공급 시기의 일치
유지 마케팅	기업이 현재 판매량으로 충분히 만족하는 경우	완전 수요	수요의 유지
디마케팅	수요가 공급능력을 초과하는 경우, 혹은 기업의 입장에서 해가 되는 수요가 존재하는 경우	초과 수요	수요의 감소
대항 마케팅	수요가 사회적으로 바람직하지 못한 경우	불건전한 수요	수요의 파괴

3 ⑤

해설: 전통적 마케팅은 판매와 촉진활동을 마케팅 수단으로 강조하였지만 현대적 마케팅에서는 고객만족을 추구 하는 것을 최우선으로 삼아 전사적, 통합적 마케팅 활동을 추구한다.

4 ③

해설: 관계마케팅은 신규고객의 창출 개념보다는 기존고객의 유지관리에 가까운 개념이다.

5 ④

해설: ④번의 경우 고객관계관리(customer relationship management, CRM)와는 개념상 다른 내용이임. 참고로 잠재고객 평생가치(Lifetime Value, LTV)는 한 고객이 기업과의 관계를 유지하는 동안 발생할 수 있는 총 수익을 의미합니다. 따라서 잠재고객을 경쟁상대에게 빼앗겼을 때 예상할 수 있는 손실값이 아니라 해당 고객이 기업에 기여할 수 있었던 총 수익을 의미합니다.
추가로 이를 계산하기 위해서는 다음과 같은 요소들을 고려해야 합니다:
⇒ 평균 구매 금액(고객이 한 번 구매할 때 지출하는 평균 금액), 구매 빈도(고객이 일정 기간 동안 얼마나 자주 구매하는지.), 고객 유지 기간(고객이 기업과 관계를 유지하는 평균 기간), 이익률(총 수익에서 비용을 뺀 순이익 비율)

보충: 전략과 전술의 차이: 전략은 최고경영자들이 수립하는 의사결정이며, 전술은 관리적 의사결정으로서 중간관리자들의 의사결정

6 ①

해설 고객 중심적, 즉 수요자 측면에서의 경쟁자 확인 방법으로는 상표전환 매트릭스, 교차 탄력성, 지각도, 고객 의사 결정 과정 방법이 있다. 표준산업 분류 방법은 공급자 측면, 제품-시장 매트릭스는 관리적 판단에 의한 경쟁자 규명방법이다.

기업 중심적 방법	제품/시장 매트릭스 방법	기존시장 – 기존제품: LG 생활건강의 페리오치약과 태평양의 2080치약
		기존시장 – 신제품: 치약 제품과 치아건강과 관련된 자일리톨 껌
		신시장 – 기존제품: 노인들을 목표로 한 시린메드 치약
		신시장 – 신제품: 다른 제품을 다른 시장에 출시하고 있으므로 직접적인 경쟁관계는 없음
고객 중심적 방법	고객지각에 기초한 방법	제품지각도(product perceptual map): 고객의 마음속에 여러 제품들이 차지하고 있는 위치를 2차원이나 3차원 공간에 나타낸 그림으로 가까이에 위치한 제품들은 유사성이 높음(경쟁관계가 많음)을 나타내고 멀리 위치한 제품들은 유사성이 낮음(경쟁관계가 적음)을 나타낸다.
		제품제거(product deletion): 여러 개의 제품들 중에서 응답자가 가장 선호하는 제품을 제거한 다음, 나머지 중에서 무엇을 살 것인가를 질문하여 경쟁관계를 파악하는 방법
		사용상황별 대체(substitution in-use): 어떤 제품의 사용상황별로 대안이 될 수 있는 제품들이 무엇인가를 파악하여 경쟁관계를 추론하는 방법(생일선물용품으로 지갑, 옷, 책, 선물권 등…)
	고객의 행동에 기초한 방법	상표전환 매트릭스방법(brand switching matrix analysis): 구매자들이 한 상표에서 다른 상표로 전환하는 비율을 계산해 놓은 표를 통해 유사제품의 대체관계를 분석하여 경쟁관계를 파악하는 방법
		수요의 교차탄력성 분석법(cross-elasticity of demand): 한 제품의 가격이 1% 변했을 때, 다른 제품의 판매량이 변화한 비율을 분석하여 경쟁관계를 파악하는 방법

7 ③

해설 경쟁자 파악방법에는 기업중심적인 방법과 고객중심적인 방법이 있다. 고객의 지각(perception)에 기초한 경쟁자 파악 방법은 이 중 고객중심적 방법에 해당한다. 고객중심적인 방법은 다시 지각도(perceptual map), 상품제거(product deletion), 사용상황별 체 (substitution in use) 등과 같은 고객지각에 기초한 방법과 상표전환 매트릭스(brand switching matrix), 수요의 교차탄력성(cross-elasticity of demand) 등과 같은 고객행동에 기초한 방법으로 분류한다. 아울러 기업중심적인 방법에는 제품-시장매트릭스 이용 방법, 기술적 체가능성 판단 방법, 표준산업분류 이용 방법 등이 있다.

8 ②

해설 구매전환율 또는 전환율(CVR, Conversion Rate)이란 광고 성과를 파악하는 지표의 하나로서, 유입된 방문객수 대비 전환된 비율로써 광고의 타겟률 혹은 웹사이트(랜딩페이지)의 경쟁력을 나타내는 지표이다. 타겟이 정확하지 않은 매체에 광고를 집행하는 경우, 웹사이트의 경쟁력이 낮은 경우 전환율은 낮게 나온다.

$$전환율(CVR) = \frac{전환자수 \ 또는 \ 실구매자수}{유입수 \ 또는 \ 클릭수} \times 100 = \frac{50}{1000} \times 100 = 5\%$$

9 ①

해설 재구매율: 제품을 구매한 고객들 중 다시 우리 제품을 구매한 사람들의 비율로 다음과 같이 산출한다.

$$재구매율 = \frac{재주문자수}{실구매자수} \times 100 = \frac{12}{50} \times 100 = 24\%$$

참고 ▶ 구매전환율 또는 전환율(CVR, Conversion Rate): 광고 성과를 파악하는 지표이다.
- 유입된 방문객수 대비 전환된 비율로서 광고의 타겟률 혹은 웹사이트(랜딩페이지)의 경쟁력을 나타내는 지표이다.

– 타겟이 정확하지 않은 매체에 광고를 집행하는 경우, 웹사이트의 경쟁력이 낮은 경우 전환율은 낮게 나온다.

$$전환율(CVR) = \frac{전환수\ 또는\ 실구매자수}{유입수\ 또는\ 클릭수}$$

10 ③

해설

a. 마케팅 근시(marketing myopia)는 경쟁의 범위를 본원적 편익이 아닌 제품형태 수준 수준에서 바라보는 것이다. 이로 인해 소비자의 요구를 제대로 파악하지 못하는 상황이 발생하게 된다.

b. 제품 제거(product deletion)와 사용상황별 대체(substitution in-use) 등도 인지도 기법 등은 모두 고객 지각에 기초한 경쟁자 파악 방법이다. 고객행동에 기초한 경쟁자 파악 방법에는 상표전환 매트릭스, 수요의 교차 탄력성 방법이 있다.

11 ③

해설

정부의 통계나 언론매체 등의 자료는 2차 자료 수집방법이다.

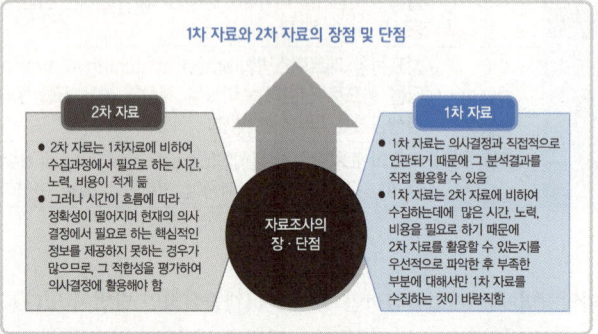

12 ②

해설

조사문제가 명확하지 않거나 조사문제의 가설을 수립하기 위하여서는 탐색조사를 이용, 실험법은 인과관계 조사의 방법이다.

조사유형 특징	탐색조사	기술조사	인과조사
주요 조사내용	가설설정을 위한 탐색 중심의 질적 조사	특정 시점의 자료를 이용한 가설 검증	실험을 통한 인과관계 가설검증
조사방법	• 문헌조사 • 전문가의견조사 • 사례조사 • 표적집단면접법(FGI)	• 횡단조사나 시계열조사 • 패널조사 • 서베이조사	구체적 인과관계 검정을 위한 실험설계
질문의 구조	• 질적인 정보중심 • 비구조화된 질문 • 비공식화된 양식 • 가설이 없기 때문에 시행착오식 조사 진행	• 계량적 정보중심 • 구조화된 질문 • 공식화된 양식 • 통계적 분석을 전제로 함	• 계량적 정보중심 • 정밀한 관찰 • 시간적 흐름에 따른 원인-결과분석
조사결과	• 가설탐색에 활용됨 • 일반화에 한계가 있음	• 통계적 분석방법에 의한 객관성 확보 • 가설검정 및 명확한 가설에 기초한 문제해결 방안을 제시함	• 구체적 대안들에 대한 인과구조적 테스트 결과제시 • 의사결정대안들에 대한 효과분석 결과제시

13 ①

해설   틀린 것을 바로 잡으면 다음과 같다.

b. 척도의 4가지 유형 중에서 측정대상을 구분하는 범주나 종류를 측정하는 데 사용되는 유형을 서열척도(ordinal scale)가 아니라 명목척도이다.

c. 전수조사시 발생하는 오류는 비표본오류이며, 표본조사시 발생하는 것은 표본오차이다.

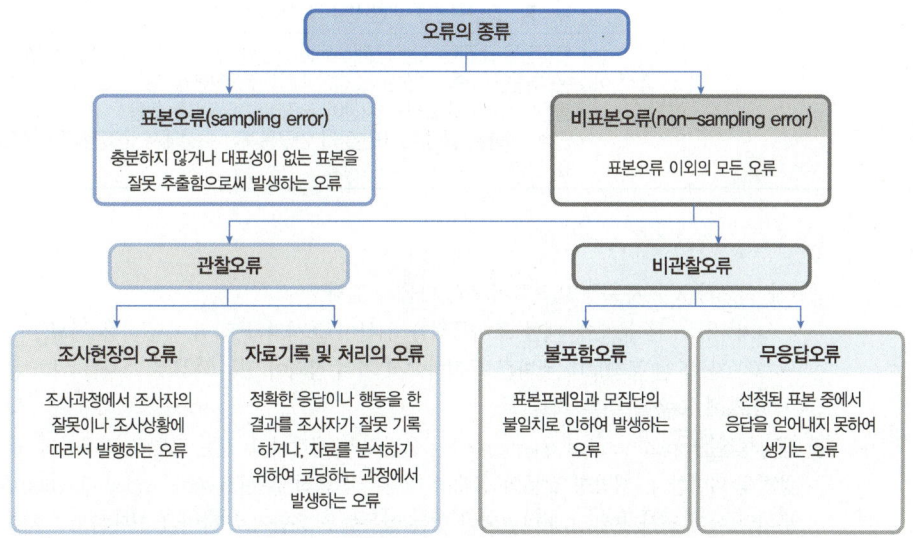

14 ④

해설

구분		내용
비확률 표본 추출 방법	편의추출법 (convenience sampling)	임의로 선정한 지역과 시간대에 조사자가 원하는 사람들을 표본으로 선택하는 방법. 즉, 조사자의 편의대로 표본을 선정하는 방법
	판단표본추출 (purposive sampling)	조사문제를 잘 알고 있거나 모집단의 의견을 반영할 수 있을 것으로 판단되는 특정집단을 표본으로 선택하는 방법
	할당 표본추출방법 (quota sampling)	• 미리 정해진 분류기준에 의해 전체표본을 여러 집단으로 구분, 각 집단별로 필요한 대상을 추출하는 방법 • 사전에 모집단 특성(분포)을 어느 정도 파악한 상태에서 이 정보를 표본할당 기준으로 활용 • 성별, 연령, 지역이 할당 기준으로 많이 활용됨. 특히, 모집단의 특성(나이, 성별 등)을 기준으로 이에 비례하여 표본을 추출하는 방법(작위적 표출)
확률 표본 추출 방법	단순무작위 표본추출방법 (random sampling)	• 각 표본들이 동일하게 선택될 확률을 가지도록 선정된 표본프레임 안에서 각 표본단위들에 일련번호를 부여하여 난수표를 이용해서 선정된 번호에 따라 무작위로 추출하는 방법. 즉, 표본프레임 내의 각 표본들에 대해 일련번호를 부여하고, 이를 이용해 일정수의 표본을 무작위(random)로 추출하는 방법으로 확률표본추출방법 중 가장 기본적인 방법 • 단순무작위 표본추출법에서의 표본추출과정 ① 모집단을 대표할 수 있는 표본프레임을 확보한다. ② 표본프레임 내의 모든 표본들에 대하여 일련번호를 부여한다. ③ 난수표(random number table)를 이용하여 표본수 만큼의 난수를 추출하고, 추출된 번호에 해당되는 표본이 선정된다. (난수란 규칙성이 없는 연속되는 수들이며, 이런 수를 모아 놓은 것이 난수표이다.) ④ 위의 과정을 반복하여 조사대상 표본수만큼의 표본단위를 추출한다.
	체계적 표본추출법	전체표본에 대해 일정한 간격을 두고 표본단위를 선정하는 방법, 단순무작위 표본추출보다 실행하기 쉽고, 표본프레임이 필요하지 않으나 대표성이 단순무작위 표본추출보다 감

	소함
층화 표본추출법	• 모집단을 어떤 기준에 따라 서로 상이한 소집단(strata)들로 나누고 이들 각 소집단들로부터 표본을 단순 무작위 표본추출하는 방법 • 장점: 집단 간의 이질성(heterogeneity)이 존재하는 경우(즉 모집단이 다양한 특성을 가진 집단으로 구성된 경우) 무작위표본추출법보다 추출된 표본이 모집단의 특성을 더 잘 대표함 • 유의점: 집단구분을 위한 변수의 선정에 주의를 기울여야 함
군집 표본추출법	• 모집단을 소집단(또는 군집(cluster))들로 나누고 일정 수의 소집단을 무작위적으로 표본 추출한 다음, 추출된 소집단 내의 구성원들을 모두 조사하는 방법 • 장점: 조사에 소요되는 시간이나 경비를 줄일 수 있음 • 단점: 선출된 집단 내 표본들이 인구통계적 특성에서 동질적이면 모집단을 충분히 대표 못함

15 ②

해설

① 1차 자료와 2차 자료를 비교하여보면 다음과 같다.
- 1차 자료: 현 문제에 대한 조사목적을 위하여 조사자가 직접 수집하는 자료
- 2차 자료: 현 문제보다는 다른 목적하에서 기 수집되어 있는 자료로 조사를 위한 문제인식과 목적 설정에 도움을 주는 자료

② 개방형질문(open-ended question)이란 응답자가 생각하고 있는 답변을 자유롭게 표현하도록 하는 방법을 의미한다. 개방형 질문의 상대적 개념은 선택적 질문(closed-ended question)으로 선택적 질문이란 이미 조사자에 의해 마련되어 있는 항목들을 응답자로 하여금 선택하도록 하는 방법이다. 선택적 질문의 종류로는 다지선다형 질문과 양자택일형질문이 있다. 반면에 단어연상법이란 면접법이나 서베이법과는 달리 응답자가 조사의 목적을 모르는 상태에서 다양한 심리적 의사소통법을 이용하여 자료를 수집하는 투사법의 한 유형으로 조사자가 한 단어를 제시하고 응답자가 그 단어로부터 연상되는 단어들을 순서대로 나열하도록하는 조사방법이다. 이러한 단어연상법에서는 응답자가 가장 먼저 연상하고 반응시간이 짧은 단어일 수록 해당 단어에 대한 응답자의 감정몰입이 크다는 것을 의미한다. 예를 들어 DSLR 상품의 특징에 해당하는 화소, 배터리 용량, 무게 등의 단어들 중에서 가장 먼저 떠오르는 단어가 무엇인가를 조사함으로써 실제 해당 제품 구매과정에서 중요한 요인이 무엇인지를 분석하는 방법이다.

③ 척도의 종류 및 그 특징은 다음과 같다.

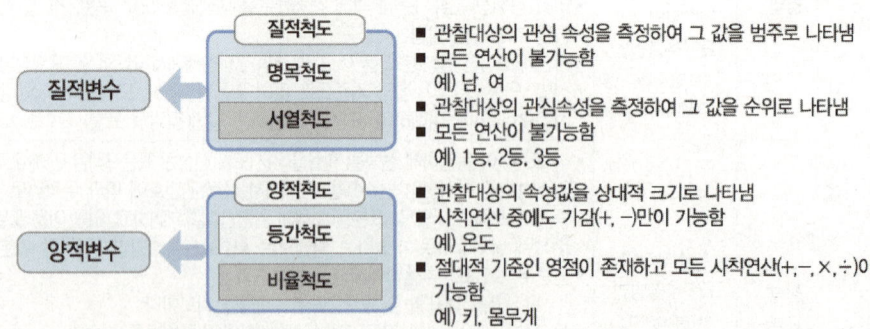

④ 표본조사는 모집단 내에서 모집단의 특성을 잘 나타낼 수 있는 일부 대상들을 추출하여 이들로부터 자료를 수집하고, 이를 근거로 전체 모집단의 특성을 추정하는 것이며, 전수조사는 모집단 내에 포함된 모든 대상들을 조사하는 방법으로 예를 들어 국민인구조사 등을 들 수 있다.

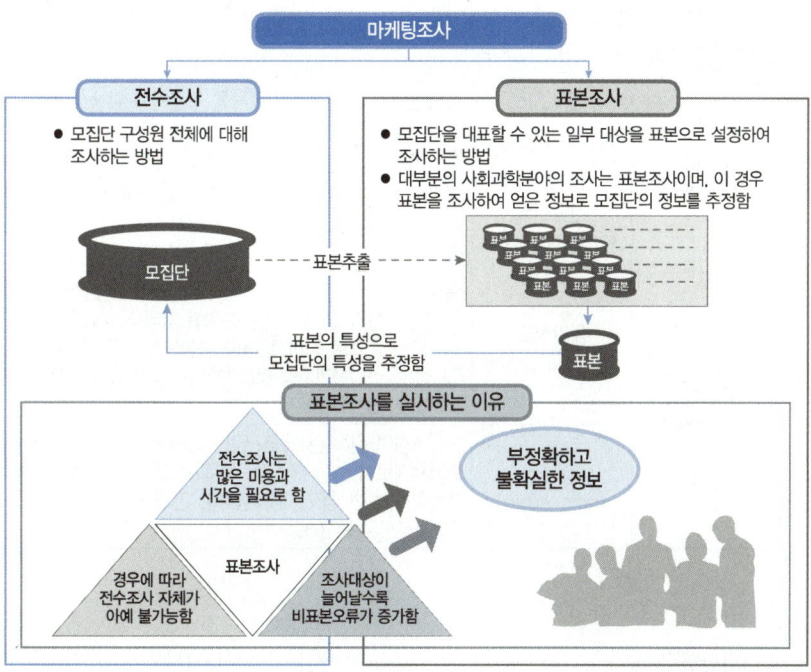

16 ②
해설 군집표본추출(cluster sampling)은 확률표본추출인 것은 맞지만, 군집표본 추출은 모집단을 서로 동일한 소집단들로 나누고, 각 소집단들 중에서 특정 소집단을 단순무작위 추출하는 방법이다. 모집단을 서로 상이한 소집단들로 나누고, 각 소집단으로부터 표본을 단순무작위추출하는 확률적 표본추출방법은 층화표본추출이다.

17 ②
해설 표본의 크기가 커질수록 조사비용과 조사시간이 증가하며, 표본오류는 감소한다.

18 ②
해설 리커트 척도(Lickertis scale): 태도측정법의 하나로, 피험자에게 조사항목에 동의하느냐의 여부를 묻지 않고 각각의 항목에 대 한 동의 정도(범위)를 표시하도록 하는 측정방법.

문제에서 언급하고 있는 것은 의미변별척도(意味辨別尺度, semantic differential scale)를 의미하는데 이는 관심대상 사물이나 현상을 염두에 두고 다양한 단어가 함축하는 의미를 평정하여 그 사물이나 현상의 특성을 측정하는 척도이다. 어의차이척도라고도 한다. 창안자인 Osgood은 76가지의 대립되는 형용사를 이용하였는데, 이들은 평가적 요인, 역량요인, 그리고 활동요인으로 분류된다. 대립되는 형용사 쌍은 연구의 목적에 따라 달리 선택된다. 흔히 태도조사에 이용되는데, 응답자들은 어떤 대상에 대한 태도를 차다-따뜻하다 또는 어둡다-밝다 등의 단어쌍 사이의 급간에 답한다. 개인 또는 집단의 태도는 그러한 응답들의 평균 또는 합으로써 척도화된다.

19 ④
해설 등간척도(interval scale)는 속성의 절대적 크기가 아니라 상대적 크기를 측정하는 것으로 덧셈과 뺄셈의 연산이 가능하다.

• 척도의 형태(정보의 양과 정확성 및 비용 간의 상충관계를 고려하여 척도 선택)

분류		내용
질적 척도 (질적 변수)	명목척도 (nominal scale)	측정대상이 속한 범주나 종류를 구분하기 위해 부여한 척도, 즉 관심속성을 상호배타적인 범주로 구분한 후 각 범주에 임의로 대응시킨 숫자 예 성별을 남자는 1, 여자는 2라는 숫자를 부여하는 것
	서열척도 (ordinal scale)	측정대상 간 구분뿐 아니라 순위관계를 나타내는 척도, 즉 관심속성의 크기 따른 순서관계만을 나타내는 숫자체계 예 학과성적 등수나, 운동경기 서열 등
양적 척도 (양적 변수)	등간척도 (interval scale)	측정대상 간 구분과 순위뿐 아니라 숫자 간 간격이 산술적 의미를 갖는 척도, 즉 관심속성의 크기에 따른 순위를 나타내고 있지만 절대 영점이 없으며, 임의 크기를 기준으로 정하고 이를 중심으로 동일한 간격으로 숫자를 배열하는 것 예 섭씨 온도계(기준점 0도: 순수한 물이 얼기 시작하는 온도), (좋아하는 정도 1, 2, 3, 4, 5)
	비율척도 (ratio scale)	관심속성이 전혀 존재하지 않는 상태를 절대기준으로 삼아 크기에 따라 배열한 숫자체계로서 측정대상 간 구분과 순위, 산술적 의미뿐만 아니라 숫자 간 비율 계산이 가능한 척도, 절대영점이 존재 예 시장점유율 10%

20 ②

해설 표적집단면접(focus group interview), 문헌조사, 전문가 의견조사는 기술조사(descriptive research)방법 아니라 탐색조사 방법에 해당한다.
① 타당성(validity)은 측정 도구가 측정하고자 하는 개념이나 속성을 얼마나 정확하게 측정할 수 있는가를 나타내는 지표로서 정확성적 관점이다.
③ 척도에 따라 변수가 갖게 되는 정보량의 크기는 서열척도(ordinal scale)보다 등간척도(interval scale)가 더 크다.
④ 단순무작위표본추출과 군집표본추출은 확률표본추출방법이다.
⑤ 조사현장의 오류와 자료처리의 오류는 관찰오류(survey error)에 포함된다.

21 ③

해설 a. 표본의 수가 증가할수록 비표본오류는 커지고, 표본의 수가 적은 경우 표본오류는 커진다.

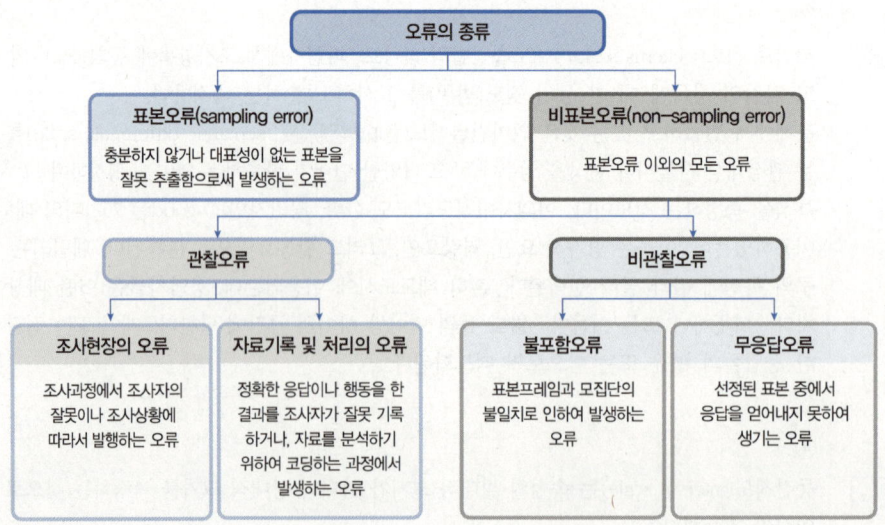

b. 단일집단 사후실험설계는 원시실험설계 방법에 포함된다.

실험설계 (인과 관계 조사)	원시 실험설계	• 특징: 표본선정의 무작위화나 실험상의 외생변수통제가 거의 이루어지지 않으며, 가설검정보다는 문제도출 및 순수실험설계를 수행하기 전의 탐색조사로 많이 활용됨. • 유형: 단일집단 사후실험설계, 단일집단 사전사후실험설계, 집단비교설계
	순수 실험설계	• 특징: 실험과 관련된 변수의 통제 및 대상의 무작위화가 엄격하게 이루어진 실험설계방법으로, 상업적 조사보다는 학문적 조사에서 주로 활용됨 • 유형: 통제집단 사전사후 실험설계, 통제집단 사후실험설계, 솔로몬 4집단설계
	유사 실험설계	• 특징: 실제상황에서는 순수실험설계의 조건을 완벽하게 갖추기 어렵기 때문에 실험대상의 무작위화를 제외하고 측정대상과 측정시점만을 통제하는 실험을 설계하는 방법 • 유형: 2집단 사전사후 실험설계, 시계열실험 설계, 반복실험설계

c. 할당표본추출(quota sampling)은 비확률표본추출방법이다.

22 ②

해설 체계적 오차는 조사방법이나, 조사 도구가 잘못된 경우로서 타당도와 관련이 있으며, 비체계적 오차는 응답자의 일시적 특성 변화, 상황적 요인, 응답자의 표기 실수, 분석과정에서의 오류 등으로 신뢰도와 관련이 있다.

틀린 보기를 살펴보면 다음과 같다.

a. 패널조사는 기술조사에 해당하며, 실험설계는 인과조사에 해당한다고 볼 수 있음.
b. 리커트 척도에 대한 설명
c. 층화표본추출 설명

23 ③

해설 표적집단면접법(FGI)과 투사법(projective technique)의 차이점 중 하나는 실시하고자 하는 조사목적을 조사 대상자에게 밝히는가의 여부이다. 투사법(projective method, projective technique)에 의한 조사는 겉으로 보기에는 조사와는 아무런 관련이 없는 것으로 보여지는 자극이 주어지는데 그 대표적인 것으로는 잉크자국(ink bot)과 같은 무의미한 형상이나 그림·사진·미완성 문장 등을 들 수 있다. 이와 같이 태도조사와는 관련이 없는 것으로 생각되는 자극 상황에 의하여 조사를 받으므로 피조사자는 무엇에 관한 검사인지를 모르고 솔직한 태도를 그대로 드러내게 된다. 이러한 기법으로 피조사자의 태도를 진단하고 분석하기 때문에 정확하고 심도 깊은 조사를 할 수 있다. 그러나 투사법을 실시하려면 고도의 심리학적 지식과 기술 및 경험이 있는 전문가가 아니면 불가능하므로 특수한 경우에만 한정하고 일반적인 태도조사에는 잘 쓰이지 않고 있다. 반면 표적집단면접법(Focus Group Interview)은 면접진행자가 7~8명의 면접 대상자들을 한 장소에 모이게 한 후, 비체계적이고 자연스러운 분위기에서 조사목적과 관련된 토론을 함으로써 대상자들의 생각, 태도, 의향 등을 파악하는 조사방법이다. FGI란 정성조사(Qualitative Research)의 한 종류로 시장정보, 신제품개발, 광고조사나 진단조사 등을 하는 데 주로 사용된다.

a. 실험결과의 일반화는 외적 타당성과 관련이 있는 반면에 외생변수의 통제는 내적 타당성과 관련이 있다.

| 실험의 타당성 | 인과조사분석을 통하여 도출된 실험결과를 일반화시킬 수 있는 정도를 나타내는 척도 |

* 외적 타당성과 내적 타당성이 적절히 균형을 맞추고 보장될 때, 실험의 타당성이 있다고 말할 수 있음

내적 타당성
- 실험효과를 어느 정도 정확하게 설계하고 수행하였는가를 나타내는 지표
- 외생변수가 얼마나 효과적으로 통제되었는가?
  예) "종업원이 친절(실험변수)할수록 레스토랑의 매출액(결과변수)이 증가한다."
  – 이를 점검하고자 하는 실험에서는 친절도 이외의 모든 외생변수들은 모두 제거하거나 통제되어야 함

외적 타당성
- 실험에서 도출된 결과를 실제상황에 적용할 경우 어느 정도 적합한가를 나타내는 지표
- 실험결과를 일반화하여 실제 사회현상에 확대 적용시킬 수 있는가?

출처:이훈영, 「이훈영교수의 마케팅조사론」 도서출판 청람.

b. 비표본 오류는 조사현장의 오류와 자료기록 및 처리의 오류로 분류되는 괄찰오류와 불포함 오류 및 무응답 오류로 분류되는 비관찰 오류로 분류하는데, 표본프레임이 모집단과 정확하게 일치하지 못함으로써 발생하는 오류는 비표본오류 중 불포함 오류에 해당한다.

24 ①

해설

다차원척도법(MDS)란 중요 제품속성을 좌표축으로 하여 각 상표의 상대적 위치를 공간상에 표시하는 직접적 방법 대신 상표들 간의 유사성정도의 비교 또는 각 상표에 대한 선호도 자료를 이용하여 상표들의 상대적 위치를 간접적으로 추론해 내는 방법으로 브랜드들의 절대적 위치를 보여주는 것은 아님. 아울러 다차원척도법은 간접적 포지셔닝 맵 작성에 이용. 각 상표의 선호나 상표들 간의 유사성(similarity) 자료를 토대로 상표선택에 중요한 제품속성이나 상표별 경쟁적 위치를 간접적으로 추론학세 해주는 방법이다.

25 ③

해설

투사법은 자료수집 과정의 비체계화(비표준화)되어 있다는 공통점이 있으나, 면접법과 투사법의 차이는 조사목적을 공개하지 않는 정도로 면접법은 공개하지만 투사법은 공개하지 않는 다는 차이가 있다.

		자료수집과정의 표준성과 체계성	
		체계화(표준화)	비체계화(비표준화)
조사목적의 공개여부	공개	설문지(설문지법: 공개)를 이용한 서베이법 (전화, 대인, 우편 및 인터넷조사)	면접법(심층면접법, FGI)
	비공개	(비공개)	투사법(단어연상법, 그림묘사법, 문장완성법)

26 ②

해설

실험의 타당성이란 인과관계분석을 통하여 도출된 실험결과를 일반화 시킬수 있는 정도를 나타내는 척도로서 내적 타당성과 외적타당성으로 나누어 설명할 수 있으며, 외적 타당성과 내적 타당성이 적절히 균형을 맞추고 보장 될 때, 실험의 타당성이 있다고 말할 수 있다.
아울러 외적타당성이란 실험에서 도출된 결과를 실제 상황에 적용할 경우 어느 정도 적합한가를 나타내는 지표로서, 실험 결과를 일반화하여 실제 사회 현상에 확대 적용할 수 있는가를 설명하는 것이다. 그리고 내적 타당성이란 시험효과를 어느 정도 정확하게 설계하고 수행하였는가를 나타내는 지표로서, 외생변수를 얼마나 효과적으로 통제하였는가를 보여준다.
틀린 지문들을 살펴보면 다음과 같다.

① 등간척도(interval scale)는 속성의 절대적 크기를 측정하기 때문에 사칙연산이 가능하다. ⇒ 등간척도가 아니라 비율척도에 대한 설명임.
③ 표적 집단 면접(focus group interview), 문헌조사, 전문적 의견조사는 기술조사 방법(descriptive research method)에 해당한다. ⇒ 기술조사가 아니라 탐색조사방법에 대한 얘기임.
④ 전화 설문 기법(telephone survey technique)은 표본 범주를 통제하기에 용이하다. ⇒ 전화설문조사의 경우 표본 범주를 통제하기가 용이하지 않은 방법이다.

27 ②
해설
첫 번째 측정이 그 다음의 측정에 영향을 미치는 것을 측정 도구의 편향(instrumental bias)이 아니라 추정편향(Estimation Bias)이라고 할 수 있다. 이러한 추정편향은 첫 번째 문제와 관련되어 항목묶음이 잘못되었을 경우, 개별항목 분석보다 좋은 결과들은 보여줄 수 있지만 왜곡된 분석결과를 제공하게 된다. 예를 들어 개별항목 분석에서는 논리적으로 유의하지 않은 경로라도, 항목묶음 후 분석에서는 같은 경로의 결과가 유의하게 나타내 질 수 있다. 즉, 분석결과에 서 편향된 경로계수의 결과를 보여줄 수 있는 것이다

28 ④
해설
유사실험설계는 실험대상의 무작위화를 실행하지 않는 실험설계방법으로서 외생변수를 상대적으로 적게 제한하거나 제약하면서도 실험 대상을 무작위로 두지 않기 때문에 어떤 연구에서 나타난 결과를 다른 맥락이나 상황의 피실험자들에게 일반적으로 적용가능한지를 구분하는 정도인 외적 타당도가 높아지는 실험설계 방법이다. 대상을 무작위화한다는 것은 일반화 시킬 수 있도록 한다는 의미이다. 또한 이러한 유사실험설계에는 2집단 사전사후 실험설계, 시계열 실험설계 및 반복실험 설계 등이 있다.

아울러 5번 지문으로 실수 할 수 있는 문제 인데 5번지문의 경우 타당성은 연구자가 측정하고자 하는 개념이나 속성을 정확히 측정하였는가를 보는 개념으로서 타당도가 높아지면 신뢰도도 같이 높아지지만 타당성이 없다면 신뢰성도 의미가 없다. 아울러 신뢰도가 높다고 해서 무조건 타당도가 높아지는 것은 아님. 아울러 내적 타당성이란 실험효과를 어느 정도 정확하게 설계하고 수행하였는가를 나타내는 지표로서 외생변수가 얼마나 효과적으로 통제되고 있는 가를 보는 개념이며, 외적 타당성이란 실험에서 도출된 결과를 실제 상황에 적용할 경우 어느 정도 적합한가를 나타내는 지표이다. 이는 기본적으로 별개의 개념으로 보아야 한다. 그러므로 내적 타당도가 높다고 해서 외적 타당성도 높아지는 경향을 보이는 것은 아니다.

CHAPTER 2 : 소비자 행동분석

개념정리문제

1 ②

해설 | 가족은 소비자 구매행동의 영향요인 분류상 내재적 동기(개인적 특성 및 심리적 특성)보다는 사회적 특성에서 나타나는 영향요인이다.
내재적 특성 중 개인적 특성에는 라이프스타일(AIO : Activity, Interest, Opinion), 나이, 생애주기, 직업, 경제적 상황 등이 있으며, 심리적 특성에는 동기부여, 지각, 학습, 태도 등이 있다.

구 분	내 용	구 분	내 용
문화적 특성	문화, 하위문화, 비교문화, 사회계층 등	개인적 특성	라이프스타일(AIO : Activity, Interest, Opinion), 나이, 생애주기, 직업, 경제적 상황 등
사회적 특성	준거집단, 가족(구성원수, 가족수명주기 Family life cycle 등)	심리적 특성	동기부여, 지각, 학습, 태도

2 ④

해설 | 소비자들의 일반적 구매의사결정과정은 '필요 또는 문제인식 → 정보탐색 → 대안평가 → 구매 → 구매 후 행동'

3 ⑤

해설 | 관여도에 따른 소비자 구매의사결정과정
- 고관여 제품: 인지 → 태도 → 행동 (포괄적 문제해결과정)
- 저관여 제품: 인지 → 행동 → 태도 (일상적 문제해결과정)

〈고관여제품: 포괄적 문제해결방식〉

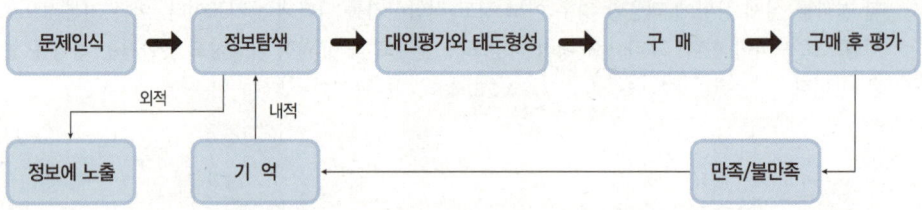

〈저관여제품: 일상적 문제해결방식〉

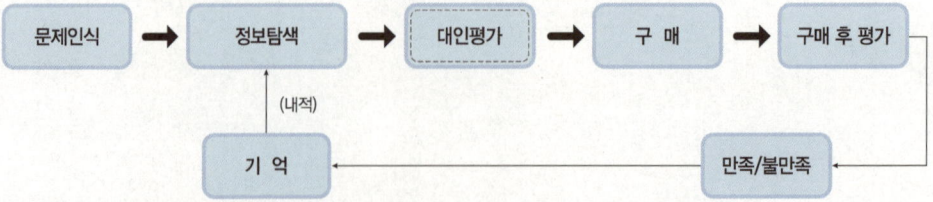

4 ④

해설 문제인식 → 정보탐색 → 대안평가(+태도) → 구매결정 → 구매후 행동의 순으로 이루어진다.

5 ③

해설 소비자 구매의사결정 과정을 세부적 측면까지를 파악한 문제로 세부적인 과정까지를 포함한다면 다음과 같은 순서로 진행된다고 볼 수 있다. 문제인식 → (의사결정의 기준 설정 후 각 기준에 대한 기준별 가중치 부여) → 대안탐색(정보탐색) → 대안 평가 및 선택 → 구매 의사결정 → 구매후 행동

* 일반적인 소비자 구매의사결정의 과정은 다음과 같다.

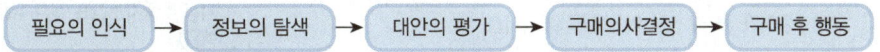

보충 소비자 구매의사결정과정과 정보처리과정

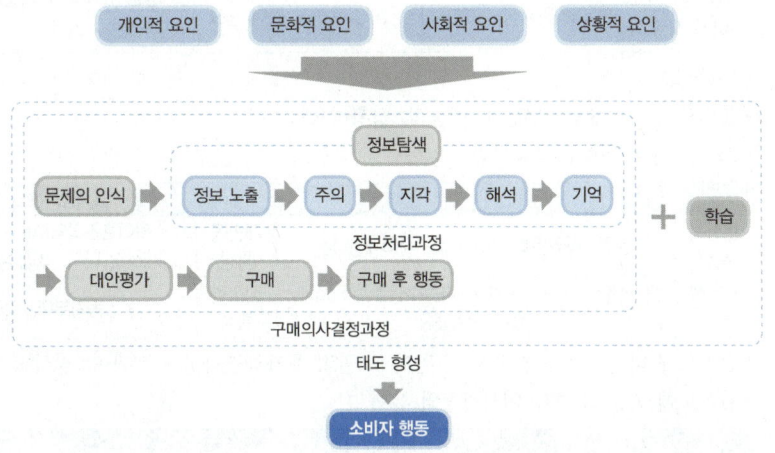

〈소비자의 정보처리과정〉

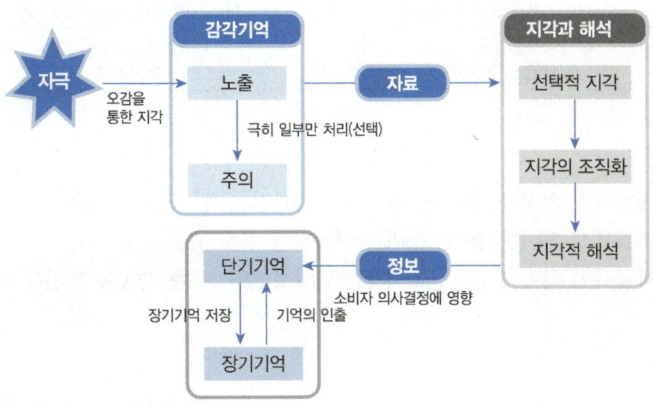

6 ⑤

해설

구분	고관여	저관여
제품특성 간 (브랜드 간) 차이가 클 때	복잡한(Complex) 구매행동 - 소비자가 중시 여기는 속성을 파악하여 자사제품의 특성을 부각시킴	다양성추구(Variety-Seeking) 구매행동 - 시장 선도자: 습관적 구매 유도 - 시장 추종자: 상표 전환 유도(강력한 판매촉진 행위)

제품특성 간 (브랜드 간) 차이가 작을 때	부조화 감소(Dissonance-Reducing) 구매행동 - 가격민감성, 구매용이성, A/S 용이성 등이 중요	습관적(Habitual) 구매행동 - 넓은 진열대, 잦은 광고 등으로 소비자에게 자주 노출시켜야 함

7 ①

해설 관여도에 따른 소비자 구매행동 유형을 정리하면 다음과 같다.

구 분	고관여	저관여
제품특성 간 (브랜드 간) 차이가 클 때	복잡한(Complex) 구매행동 - 소비자가 중시 여기는 속성을 파악하여 자사제품의 특성을 부각시킴	다양성추구(Variety-Seeking) 구매행동 - 시장 선도자 : 습관적 구매 유도 - 시장 추종자 : 상표 전환 유도(강력한 판매촉진 행위)
제품특성 간 (브랜드 간) 차이가 작을 때	부조화 감소(Dissonance-Reducing) 구매행동 - 가격민감성, 구매용이성, A/S 용이성 등이 중요	습관적(Habitual) 구매행동 - 넓은 진열대, 잦은 광고 등으로 소비자에게 자주 노출시켜야 함

〈연계학습〉
- 관여도의 영향요인: 개인적, 제품적, 상황적요인
- 소비자 구매행동에 영향요인

구 분	내 용	구 분	내 용
문화적 특성	문화, 하위문화, 비교문화, 사회계층 등	개인적 특성	라이프스타일(AIO : Activity, Interest, Opinion), 나이, 생애주기, 직업, 경제적 상황 등
사회적 특성	준거집단, 가족(구성원수, 가족수명주기 Family life cycle 등)	심리적 특성	동기부여, 지각, 학습, 태도

- 관여도에 따른 문제해결과정: 고관여: 포괄적 문제해결과정 / 저관여: 일상적 문제 해결과정
- 관여도에 따른 소비자 의사결정의 유형

구 분	고관여	저관여
복잡한 의사결정	복잡한 의사결정 (complex decision making)	제한된 의사결정 (limited decision making)
습관적 의사결정	상표충성도 (brand royalty)	관성(inertia)적 의사결정

8 ④

해설
① 저관여 제품이고 제품특성 차이가 작을 때 소비자는 습관적 구매 행동을 보인다.
② 고관여 제품이고 제품특성 차이가 클 때 소비자는 복잡한 구매 행동을 보인다.
③ 저관여 제품이고 제품특성 차이가 클 때 소비자는 다양성 추구 구매 행동을 보인다.

9 ④

해설 관여도란 특정 제품에 한 관심의 정도로서 고관여, 저관여 제품으로 일반적으로 분류하며 이러한 관여도의 크기는 절대적인 것이 아니라 개인적, 상황적, 제품적 요인에 의해서 달라지는 상적인 개념이라고 할 수 있다.

10 ④

구분	고관여	저관여
브랜드간 차이가 클 때 (의사결정 구매: 최초구매)	복잡한 의사결정	다양성 추구 (제한적 의사결정)
브랜드간 차이가 작을 때 (습관적 구매: 반복구매)	부조화 감소 (브랜드 충성도)	습관적(관성적) 구매 (관성)

11 ①

- 고관여: 특정 제품에 대하여 관심을 많이 갖고 관련 정보를 많이 수집한 후 구매, 포괄적 문제해결 방식
- 저관여: 특정 제품에 대하여 관심이 별로 없고 관련된 정보를 크게 수집하지 않고 구매, 일상적 문제해결 방식

12 ③

구매 후 부조화 감소는 주로 고관여 구매행태에서 나타난다.

13 ④

소비자들은 그들의 결정이 현명했는지에 한 확신을 얻기 위해 구매 후에 그 결정을 다시 생각해 보게 된다는 것이다. 소비자의 인지 부조화(cognitive dissonance)는 소비자 스스로가 그의 방침이나 상표의 선택이 올바른 것이었는지를 다시 점검케 하며 소비자의 미래 구매전략을 다시 조정하게 하는 피드백 구실을 하게 된다. 일반적으로 구매 후 평가단계에서 만족/불만족 인지부조화가 발생하고 이러한 인지 부조화가 부정적 불일치가 크게 나타날 경우 정보의 외부 노출이 나타나게 된다. 그러므로 기업 입장에서는 이를 고려하여 After MKT 활동을 펼쳐야 한다.

14 ①

사전편찬식에 대한 설명임.

		속성	소나타	로체	토스카
사전편찬식	고객이 가장 중요하다고 여기는 평가기준에서 최상으로 평가되는 브랜드를 구매하는 방식 예를 들면, 고객이 내부공간을 가장 중요하게 생각하고 이어 경제성과 안전성을 중요한 평가기준으로 여긴다고 가정한다면, – 내부공간이 가장 넓은 소나타와 로체를 우선 구매 대상으로 선정 – 그 다음 속성인 경제성을 평가하여 경제성에서 우월한 가치를 가지는 대안을 선택 – 추가탐색은 중지되고 고객은 로체를 선택	출력 (0.2) 안전성 (0.4) 경제성 (0.2) 내부공간 (0.2)	7 9 3 7	6 4 9 7	7 7 8 5
순차제거식	소비자가 가장 중요시하는 속성에 대해 수용기준을 설정하고 수용기준을 만족시키지 못하는 상표를 제거해 나가는 방식 고객이 특별히 중요하다고 여기는 한두 가지 속성에서 최소한의 수용기준을 정하여 브랜드별로 대안을 평가하는 방식 예를 들면, 고객이 출력에 7점, 내부공간에 6점이라는 최소 요구치를 기준으로 삼고 대안을 평가한다고 가정한다면, – 출력에서 기준점수 7점에 미치지 못하는 로체를 제거 – 내부공간에서 기준점수 6점에 미치지 못하는 토스카를 제거 – 따라서 고객은 출력과 내부공간에서 최소점을 충족시킨 소나타를 선택				
결합식	고객이 중요하게 여기는 각각의 속성에 대한 평가점수의 최소치를 제시하고 이를 만족시키지 못하는 대안을 제거하는 방법				

괄호 안은 가중치

	예를 들면, 고객이 모든 속성에 대하여 5점이라는 최소점수를 평가기준치로 설정하였다고 가정한다면 - 경제성에서 기준점수 5점에 미치지 못하는 소나타를 제거 - 안전성에서 기준점수 5점에 미치지 못하는 로체를 제거 - 따라서 고객은 모든 점수에서 최소치를 만족하는 토스카를 선택
분할식	복수의 속성에 대한 수용기준이 있되 그중 하나라도 만족하는 것이 있으면 그 대안을 선택하는 방법

15 ①

해설

구매 후 행동과 관련한 올리버(Oliver)의 기대-성과 불일치 모형에 따르면 인지적 왜곡을 정당화하려는 노력은 인지부조화적 관점으로서 소비자들은 그들의 결정이 현명했는지에 대한 확신을 얻기 위해 구매 후에 그 결정을 다시 생각해 보게 되고, 그 과정에서 일정 부분 제공받은 성과가 기대와 다를 경우 제공받은 성과를 기대의 방향으로 정당화시켜 가는 쪽으로 지각하려는 현상으로서 가령 성과가 기대 보다 못하더라도 그다지 못하지 않은 것으로 본인의 구매행동을 정당화하려는 동화효과가 발생한다는 것이다. 또한 이러한 제공받은 성과가 기에 미치지 못할 경우 분노를 느껴 성과를 실제보다 더 낮게 평가한다든 가, 성과가 기를 초과할 경우 실제보다 더 높게 평가하는 대조효과가 나타나기도 한다.

16 ④

해설

가족은 준거집단, 사회신분 및 역할과 함께 소비자 구매행동에 영향요인 중에서 사회적 요인에 해당한다. 지문을 좀더 세부적으로 구분하면 다음과 같다.
① 라이프스타일: 연령, 가족생애주기, 직업과 경제적 상황 및 개성과 자아 개념과 함께 개인적 요인에 해당. 특히 라이프 스타일은 AIO분석을 통해 그 사람만의 개성이 표출되므로 개인적 심리적 요인에 해당한다고 볼 수 있다.
② 학습 & ③ 가치: 내적동기, 인지 또는 지각, 신념과 태도 등과 함께 심리적 요인에 해당

17 ①

해설

소비자의 정보처리과정은 (자극에의 노출)노출→ 주의 →지각과 이해(해석)→ 태도(정보화와 기억)의 과정을 거친다.

심화문제

1 ④

해설 4번 지문의 내용은 저관여 제품에서 주로 나타나는 반복노출을 통한 연습법칙적 상황에서의 패턴을 설명하고 있으며, 아울러 고관여 제품의 경우 인지 → 태도 → 행동, 저관여 제품의 경우 인지 → 행동 → 태도의 의사결정과정이 나타난다. 또한 Krugman(1964)은 저관여 위계(Low Involvement Hierarchy) 모형을 제시하였는데, 저관여 제품의 경우 인지-행동-태도(cognition-behavior-attitude)로 구매행동이 이루어지며, 대상에 대한 태도가 행동에 근거해서 형성된다고 주장하고 있으며, 소비자가 대상 제품에 대해 관여가 매우 낮거나, 선택해야 할 대안 제품들간의 차이가 별로 없다고 느낄 때 및 제품을 구매하는 것에 대한 위험 지각(perceived risk)이 낮을 때 이러한 태도가 발생한다고 설명하고 있다. 그리고 고관여 구매행동은 소비자가 구매 전 많은 시간과 노력을 기울여 정보 탐색을 적극적으로 수행하는 경우이다. 비교적 고가이면서 구매 빈도가 낮을수록, 브랜드간 기능이나 디자인에 차이가 뚜렷할수록 고관여 구매행동이 나타나며, 금융상품이나 부동산이 대표적인 예이다. 또한, 개인적으로 흥미를 많이 가지고 있거나 구매 목적이 선물용일 경우에도 고관여 구매행동을 보일 수 있다. 고관여도를 가진 상품군에 대해서는 소비자들이 신중한 의사결정 과정을 거치기 때문에 브랜드 전환이 쉽게 일어나지 않으며, 기업은 충분한 정보와 구매 혜택을 제공하여 소비자를 유인해야 한다.

아울러 광고적 접근으로 본다면 고관여 제품의 경우는 광고의 선호유무보다 구체적 정보제공 등 광고는 합리적이고 논리적인 설득적 정보를 함축하고 있어야 한다. 또한 감성적인 측면에서도 고관여 제품의 경우는 광고에서 자존심이나 자아 이미지에 소구하는 강정적 호소력이 강조된다.

2 ⑤

해설 인지부조화는 저관여제품보다 고관여제품에서 더 많이 발생하는데 인지부조화 현상은 제품의 구매의사 결정 전에 긍정적인 태도가 형성되었으나 구매 후 사용하여 보니 제품에 대한 부정적 태도가 발생하게 되면서 나타나는 현상이다.

3 ①

해설 피시바인의 다속성 태도모형은 한 속성의 낮은 점을 다른 속성의 높은 점으로 보완해 줄 수 있는 방법으로 보완적 방법에 해당한다.

4 ④

해설 ① 사회계층은 소득뿐만 아니라 교육수준, 사회적 지위, 신분 등 각종 다양한 요인들에 의하여 결정된다.
② 블랙박스 내부에 존재하는 두 개의 구성요소는 소비자의 특성(관여도 등)과 구매의사결정과정이며 소비자의 반응은 자극이 블랙박스를 거친 후 나온 output이다.
③ 준거집단, 가족, 역할, 지위 등은 소비자의 구매의사 결정에 영향을 미치는 요인 중 사회적 특성에 해당한다.
⑤ 라이프스타일이란 사람이 살아가고 시간과 돈을 소비하는 유형으로 사람의 활동, 관심, 의견(activities, interests & opinions, AIO)을 반영하고 있다.

5 ②

해설 두려운 자극이 소비자에게 더 효과적일 경우가 있어서 광고의 기법 중 소비자의 두려움에 소구하는 공포소구 등의 광고기법이 활용되기도 한다.

6 ④

해설 차별화 전략을 지나치게 하다 보면 회사 제품의 차별성을 소비자가 인지하지 못할 수도 있으며 제살깎아 먹기를 할 수도 있다.

① 소비자의 사용빈도와 소비량을 증가시키는 전략은 Ansoff 매트릭스 중 시장침투전략에 해당한다.
② 지각적 경계(perceptual vigilance)란 개인이 자극에 노출되었을 때 본인에게 관심이 많은 정보는 주의를 기울이지만 그렇지 않은 경우는 주의를 기울이지 않는 매커니즘을 의미한다.(선택적 지각과 유사한 개념임) 가령 자동차의 속도에 관심이 있는 고객은 자동차 속도와 관련된 광고에 주의가 집중되는 현상을 의미한다. 이에 반하여 지각적 방어(perceptual defense)는 개인의 욕구, 가치관, 신념 등에 일치하지 않는 정보를 무의식적으로 왜곡시키는 현상을 의미한다.
③ 마케팅의사결정지원시스템이란 내부정보시스템, 고객정보시스템, 마케팅 인텔리전스 시스템, 마케팅 조사시스템 등에 의하여 얻어진 정보를 분석 및 해석하고 의사결정을 위하여 사용하는 것을 의미한다.
⑤ 모집단을 서로 상이한 소집단으로 분류한 후에 각 소집단으로부터 단순 무작위표본추출을 하는 방법을 층화표본추출방법이라 한다. 군집표본추출방법은 모집단을 동질적인 여러 소그룹으로 나눈 후 특정 소그룹을 표본으로 추출하고 선택된 소그룹 전체를 조사하는 방법이다.

7 ④

해설 피시바인(Fishbein)의 확장모델에 의하면 기 제안된 신념/평가 모델에서 상표태도와 구매의도의 형성과정을 설명하기 위하여 기 제안된 모델을 두가지 측면(태도측정과 구매의도에 영향을 미치는 요소)에서 수정하였다. 우선 태도측정은 상표자체에 대한 태도가 아니라 상표를 구매하는 행동결과에 대한 태도를 다루어야 한다고 수정하였고 구매의도에 영향을 미치는 중요한 요소로 사회적 영향(주관적 규범)을 포함시켰는데 이는 다른 사람으로부터 오는 영향에 대한 지각과 그에 순응하는 동기로 구성된다.

보충 ③ Petty와 Cacioppo는 정교화가능성모델(elaboration likelihood model)에서 소비자가 광고에 관심이 많은 경우와 관심이 없는 경우를 구분하여 설명하였는데, 애초에 소비자가 광고되는 제품을 구매할 일이 있다거나 원래부터 관심이 있는 경우는 광고에서 제시되는 정보메시지를 열심히 보므로 메시지의 내용에 의하여 태도가 형성되지만, 광고되는 제품에 관심이 없는 경우에는 정보 메시지에는 관심을 두지 않으므로 광고모델, 배경, 색상 등에 의하여 태도가 형성된다는 사실을 발견하였다. 전자의 경우에는 이성적인 주의와 이해과정을 거쳐서 태도가 형성(중심경로에 의한 태도변화)되지만, 후자의 경우에는 주변적 단서의 유추나 추측에 의해 태도가 형성(주변적 경로에 의한 태도변화)된다고 주장하였다.

8 ⑤

해설 고전적 조건화에 의하면 자극에 지속적인 노출로 인하여 태도가 형성된다는 이론으로 음악에 대한 좋은 태도가 지속적인 노출로 인하여 상품으로 전이될 수 있다.

9 ⑤

해설 소비자가 자신이 가장 중요시 여기는 속성을 기준으로 최상으로 평가되는 상표를 선택하는 의사결정규칙은 사전편집식으로, 이는 비보완적 방식(compensatory rule)에 해당한다.

10 ③

해설 피쉬바인(Fishbein)모형은 보완적(compensatory) 평가모형에 해당하지만, 결합적(conjunctive) 모형은 비보완적(non-compensatory) 평가모형에 포함된다.

11 ①

해설
- 보완적 방식(compensatory rule), 즉 피쉬바인의 다속성 태도 모형에 따르면 다음과 같이 계산하여 볼 수 있다.
  - 브랜드 A=(50×4)+(30×2)+(20×4)=200+60+80=340
  - 브랜드 B=(50×5)+(30×4)+(20×2)=250+120+40=410
  - 브랜드 C=(50×3)+(30×3)+(20×3)=150+90+60=300   ∴ 가장 높은 총점인 브랜드 B가 선택됨.
- 사전편찬식의 경우: 중요도에 따라 B선택
- 순차적 제거식의 경우: 최소수용기준 3을 기준으로 중요도에 따라 제거하여나가면 C가 선택됨.
- 분리식의 경우: 중요도 상위 2개만을 고려시 A는 선택안되지만 B와 C는 둘 중 아무거나 선택될 수 있다.
- 결합식의 경우: 최소수용기준 3을 기준으로 보면 2점이 있는 A, B는 선택이 안되고 C가 선택될 것임.

12 ④

해설
다속성태도모형은 Fishbein이 주장한 이론으로 마케터에게 소비자들의 사물에 대한 평가를 인식하는데 큰 영향을 미친 이론이다.

13 ②

해설
사전편집식 규칙(lexicographic rule)이란 평가항목간 우선순위를 정하고 첫번째 우선순위에서 공동선두가 나오면 해당 대안들만으로 두번째 우선순위의 항목을 평가하고 두번째 우선순위에서 공동선두가 나오면 해당 대안들만으로 세번째 우선순위의 항목을 평가하는 형태의 평가방법이다.

14 ②

해설
피쉬바인(Fishbein)의 다속성 태도모델이란 사물에 대한 사람들의 태도는 그 사물의 여러 가지 속성에 대한 신념과 속성에 관련된 내재적 평가로 이루어 진다는 모형이다.

$$A_0 = \sum_{i=1}^{n} b_i \cdot e_i$$

A_0: 대상에 대한 태도
b_i: 대상이 속성 i를 갖는다는 신념의 강도
e_i: 속성 i의 평가

대안 A: $2 \times 0.1 + 2 \times 0.1 + 6 \times 0.45 + 4 \times 0.35 = 4.5$
대안 B: $3 \times 0.1 + 1 \times 0.1 + 5 \times 0.45 + 6 \times 0.35 = 4.75$
대안 C: $1 \times 0.1 + 3 \times 0.1 + 4 \times 0.45 + 4 \times 0.35 = 3.6$
대안 D: $0 \times 0.1 + 4 \times 0.1 + 4 \times 0.45 + 3 \times 0.35 = 3.25$
대안 E: $3 \times 0.1 + 1 \times 0.1 + 5 \times 0.45 + 3 \times 0.35 = 3.7$

15 ①

해설
AIO(Activity, Interest, Opinion) 척도를 이용한 조사방법이란 소비자의 인간적 측면이나 생활양식을 일상의 행동, 주변의 사물에 대한 관심 및 사회적·개인적 문제에 관한 의견 등 세 가지 차원에서 파악하는 라이프스타일 조사방법을 의미한다. 특정 상황이나 대상에 대해 행동이나 판단을 이끄는 지속적 신념을

의미하는 태도(attitude)로서 소비자 구매행동 영향요인으로 심리적 특성에 해당한다고 볼 수 있다. 이와 같은 소비자 구매행동에의 영향요인을 정리하여 보면 다음의 표와 같다.

구분	내용	구분	내용
문화적 특성	문화, 하위문화, 비교문화, 사회계층 등	개인적 특성	라이프스타일(AIO: Activity, Interest, Opinion), 나이, 생애주기, 직업, 경제적 상황 등
사회적 특성	준거집단, 가족(구성원수, 가족수명주기 Family life cycle 등)	심리적 특성	동기부여, 지각, 학습, 태도

16 ①

[해설]

올리버(Oliver)의 기대불일치 모델(expectancy disconfirmation model)은 기대성과와 실제성과와의 차이에 관한 연구 모형으로서 구매 후 소비자가 느끼는 만족과 불만족을 구매전 소비자의 사전기대(expectancy)와 제품사용 후 소비자가 지각한 성과(performance)를 비교하여 지각과 기대가 일치(confirmation)하거나 불일치(disconfirmation) 할 경우 소비자의 반응에 대한 연구이다. 불일치 정도를 정리하면 다음과 같다.
- 단순일치: 구매 전 기대 = 구매 후 성과,
- 긍정적 불일치: 구매 전 기대 < 구매 후 성과
- 부정적 불일치: 구매 전 기대 > 구매 후 성과

17 ①

[해설]

소비자 의사결정 일반모델은 문제인식 → 정보탐색 → 대안평가 → 구매 → 구매 후 평가행동의 과정을 거치는데, Heider 귀인 이론(attribution theory)은 타인의 행위를 보고 그 행위의 원인을 추리하려는 경향을 의미한다. 이는 구매 후 소비자가 불만족 원인의 추적 과정을 이해하는 데에는 도움이 되며, 기업의 잘못으로 일어났다고 소비자가 생각할수록 더 불만족할 가능성이 높지만, 원인은 일시적이지 않고 항구적이다.

18 ②

[해설]

(가) 정교화가능성모델(Elaboration Likelihood Model)에서 중간경로라는 것은 없으며, 동 이론에서는 소비자 정보처리경로는 중심경로(central route)와 주변경로(peripheral route)로 구분된다. 아울러 정교화가능성이란 소비자가 설득적 메시지에 노출될 때 메시지 정보에 주의를 기울이며 자신의 욕구와 관련지어 정보를 처리하려는 노력의 정도를 의미한다.

(나) 피쉬바인(Fishbein)의 다속성 태도모델이란 사물에 대한 사람들의 태도는 그 사물의 여러 가지 속성에 대한 신념과 속성에 관련된 내재적 평가로 이루어진다는 모형이다.

$$A_0 = \sum_{i=1}^{n} b_i \cdot e_i$$

A_0: 대상에 대한 태도
b_i: 대상이 속성 i를 갖는다는 신념의 강도
e_i: 속성 i의 평가

(다) 태도는 관찰될 수 없으며, 지속적이며, 경험을 통해 학습된다.

(라) 피쉬바인모델($A_0 = \sum_{i=1}^{n} b_i \cdot e_i$)에서는 오차항이 존재하지 않는다.

19 ①

해설 첫 문장은 소비상황에서 다른 사람에 대한 의식을 나타내는 것으로서 피쉬바인 확장모형(이성적 행동 모형 / 행위의도모델)에서 주관적 규범(subjective norm)을 의미한다. 두 번째 문장은 단순한 구매 행동에 대한 태도를 넘어 대상에 대한 태도보다는 피쉬바인 확장모형에서 언급하는 있는 주관적 규범에 따른 구매의도에 따른 구매행동을 보여주고 있음.

20 ④

해설 상기상표군(evoked set)은 내적탐색의 결과물을 의미하고, 고려상표군(consideration set)은 대안으로 최종적으로 고려되는 상표들을 의미. 소비자의 정보탐색과정에서 내적탐색만으로 충분할 때는 고려상표군과 상기상표군이 일치하지만, 소비자가 정보탐색과정에서 내적탐색과 외적탐색을 모두 할 때는 고려상표군은 상기상표군과 외적탐색의 결과물을 합한 것임. 따라서 상기상표군(evoked set)에 포함된 상표의 수는 고려상표군에 포함되어 있는 상표의 수보다 더 적거나 같음.

21 ①

해설 하이더(Heider)의 균형이론(balance theory)에 한 상황으로 볼 수 있다. 균형이론(balance theory)은 한 사람이 다른 사람에 갖는 태도와 그 두사람이 하나의 상에 한 태도가 불균형 상태에 이르면 이 불균형 상태를 균형 상태로 만들기 위하여 태도를 변회시키도록 동기부여된다는 이론으로서 특정인(P), 타인(O), 특정상(X)이 상호 간에 가지는 태도관계를 요소들 간의 삼각관계로 설명한 이론이다. 즉, 각 관계(PO, OX, PX)를 각각 +와 −로 분류하고 그 곱이 +의 값을 가지면 균형상태로 구분하고 −의 값을 가지면 불균형상태로 구분한다. 그리고 불균형상태가 발생하는 경우에 개인은 균형상태를 회복하기 위해 기존의 태도를 변화시킨다는 것이다.

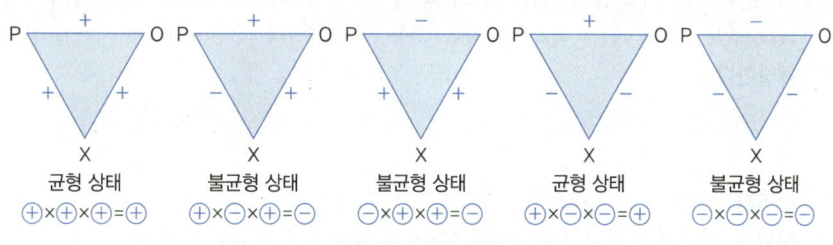

P: 특정인(Perceiver)   O: 타인(Other)   X: 특정 대상

22 ③

해설 피쉬바인의 확장모델(Fishbein's extended model)은 행위의도모델(이성적 행동 모형)이라고도 불리우며, 타인의 평가에 대한 신념, 타인의 기대에 순응하려는 순응동기의 결합으로 이루어지며 이는 소비자가 제품을 구매하는 것은 소비자가 제품으로부터 얻게 되는 편익 때문이므로 마케터는 그 제품의 속성을 강조하기보다는 제품이 소비자에게 미칠 수 있는 편익을 강조할 필요가 있다는 것을 시사하는 이론이다.

a. 구매행동의도(behavioral intention)를 통한 구매행동 예측 → 맞는 설명임
b. 대상과 관련된 구매행동에 대한 태도가 아닌 대상에 대한 태도 → 잘못된 설명임. 행동의도에 영향을 미치는 개인적 요인은 대상에 대한 태도가 아니라 대상과 관련된 행동에 대한 태도임
c. 주관적 규범(subjective norm) → 맞는 설명임
d. 중심경로(central route)와 주변경로(peripheral route) → 잘못된 설명임. 이 개념은 정교화 가능성(elaboration likelihood) 모형에서 언급하고 있는 내용임

23 ①

피쉬바인(Fishbein)의 다속성 태도모델이란 사물에 대한 사람들의 태도는 그 사물의 여러 가지 속성에 대한 신념과 속성에 관련된 내재적 평가로 이루어진다는 모형이다.

$$A_0 = \sum_{i=1}^{n} b_i \cdot e_i$$

A_0: 대상에 대한 태도
b_i: 대상이 속성 i를 갖는다는 신념의 강도
e_i: 속성 i의 평가

→ 5.4로 가장 높은 점수를 받은 A 브랜드 선택

		제품 속성			
		가격	성능	스타일	
중요도		0.5	0.3	0.2	
속성별 평가	A 브랜드	4×0.5=2	6×0.3=1.8	8×0.2=1.6	5.4
	B 브랜드	5×0.5=2.5	5×0.3=1.5	6×0.2=1.2	5.2
	C 브랜드	3×0.5=1.5	7×0.3=2.1	6×0.2=1.2	4.8
	D 브랜드	4×0.5=2	7×0.3=2.1	5×0.2=1	5.1

24 ③

절대적 식역(absolute threshold)은 감각기관이 감지할 수 있는 최소한의 강도를 의미하며, 두 개의 자극이 지각적으로 구분될 수 있는 최소한의 차이는 차이 식역(differential threshold)이라고 한다. JND(just noticeable difference)는 최소한의 구분 가능 차이로 절대 식역이 아니라 차이를 인식하는 차이 식역에 해당한다.

25 ①

정교화 가능성 모델은 페티와 카치오포(R. E. Petty & J. T. Caccioppo, 1986)가 제안한 설득의 이중 경로 모델로, 설득 메시지를 처리하는 경로를 중심 경로와 주변 경로로 구분하며, 두 가지 경로 중 어떤 경로를 사용해 설득 메시지를 처리하느냐에 따라서 적합한 설득 메시지가 달라질 수 있다고 가정했다. 정교화 가능성 모델에서는 제시된 메시지를 얼마나 '정교하게 처리할 수 있는가', 즉 설득 메시지를 인지적으로 심사숙고해 처리하는 정도가 설득을 결정하는 데 가장 핵심요인이 된다.

중심경로에 의한 태도변화	주변경로에 의한 태도변화
중심단서(메시지의 내용)로 태도 변화	주변단서(광고모델, 포장 등)로 태도변화
• 고관여 제품 • 구체적 제품정보 제공을 통해 태도변화 유도	• 저관여 제품 • 구체적인 제품정보와 같은 메시지의 내용이 아니라 광고 분위기, 모델 등의 광고실행적 요소에 의해 태도변화
• 정보처리에 대한 동기부여 → 구체적 정보제공 → 인쇄매체가 효과적임 • 정보처리의 동기 & 능력	• 인지적반응(싫어함)-실행적요소(○) • 강제노출, 상표친숙도 향상, 핵심정보를 짧게 자주 광고 • 정보처리 동기 × or 능력 ×

② 수단-목적사슬모델(means-end chain model): 소비자가 자신이 중요하다고 생각하는 것에 입각하여 제품과 상표의 속성을 지각하는 경향을 뜻한다. 수단 목적 사슬은 속성, 결과, 가치 3단계로 이루어져 있는데 실례를 들자면, 카페에서 마시는 커피라는 상품은 장소의 자유로운 이용이라는 속성을

띠고 있고, 그것이 소비자에게 편안한 장소 제공이라는 결과를 가지며, 이것이 소비자에게 최종적으로 안락함이라는 가치를 가져다준다는 의미이다.

③ 사회판단이론(social judgement theory): Sherif의 사회적 판단이론은 수용자(receiver)가 어떠한 메시지를 받아들일 때 자신의 기존 태도를 기반으로 송신자(sender)의 메시지를 판단하고 그에 따라 수용 또는 거부한다는 이론으로, 만약 자신의 태도가 메시지의 내용과 너무 달라 거부감이 들면 메시지를 거부하게 되고, 만약 메시지와 나의 기존의 태도가 비슷하다면 메시지의 내용을 긍정적으로 판단하고 수용하게 된다는 이론

④ 계획적 행동이론(theory of planned behavior ; TPB): 행위의 직접적인 결정인자로 행위의 의도(intention)를 제시하고 있으며, 이 행위의 의도는 다시 세 요인에 의해서 결정된다고 보는데, 즉 행위에 대한 태도(attitude toward the behavior)와 주관적 규범(subjective norm), 그리고 지각된 행동 통제(perceived behavioral control)임. 행위에 대한 태도는 특정 행위의 결과에 대해 갖는 신념(행위신념)과 그 결과와 관련된 가치(결과의 평가)에 의해서 결정된다. 주관적 규범은 개인이 특정 행위의 수행 여부에 대해 특정인들로부터 사회적 압력을 느끼는 정도(규범적 신념)와 특정 준거인을 따르려는 정도(순응 동기)에 의해서 결정된다. 또한 지각된 행위 통제는 행위 수행의 용이성 및 행위 관련 자원과 장애에 관한 신념(통제 신념)에 의해서 결정된다.

⑤ 저관여 하이어라키모델(low involvement hierarchy model): 저관여 위계(low involvement hierarchy)란 광고내용에 대한 의식적 각성과 평가가 부족한 상태에서 대상정보를 무의미한 철자처럼 학습하고 이를 통해 구매의사결정을 하며, 구매 후 사용과 평가를 통해 제품이나 브랜드에 대한 감정을 확립하는 과정을 뜻한다. 앤드류 에렌버그(Andrew Ehrenberg, 1974)의 '인식(awareness) → 시용(trial) → 강화(reinforcement)' 모형이 전형적인 저관여 위계 모형인데, 이 모형에서는 제품 선호가 초기 제품 시용(시험 삼아 한번 사용) 후에 형성된다고 제안하고 있다. 일부 연구(Levin & Gaeth, 1988 ; Hoch & Ha, 1986)에서는 광고 노출이 제품 사용경험 전에 발생했을 때 광고가 상대적으로 더 효과적이라는 증거들도 있다. 또 다른 연구에 의하면 소비자의 브랜드 인지가 증가될 때 구매가 증가했지만 브랜드 태도는 변화가 없었다. 즉, 이러한 결과는 소비자의 행동을 변화시키기 위해서는 우선 감정이나 태도를 변화시켜야 한다는 전통적 견해(고관여 위계)에 상반되는 것이며, 오히려 저관여 위계를 입증한 것이다. 이러한 저관여 위계는 상대적으로 의사결정이 복잡하지 않은 제품군들, 가령 타깃 소비자에게 특별히 관련이 없는 제품들(예 여성이 선물로 사는 남성용 면도기), 크게 중요하지 않은 제품들(예 일용품이나 저가의 식료품 등)에 적용된다. 따라서 이런 제품들의 광고에서는 매출을 증가시키기 위해 브랜드 인지도를 높이거나 간단한 브랜드 정보를 전달하는 방식의 기법이 효과적일 수 있다.

26 ④

해설　지각적 경계에 대한 설명임. 지각방어란 지각자가 사물을 보는 습성 또는 그의 고정관념에 어긋나는 정보를 회피하거나 그것을 자기의 고정관념에 부합되도록 왜곡시키기 때문에 범하게 되는 오류를 의미하며, 보기 지문상의 다이어트를 하는 학생들이 하지 않는 학생들에 비해 과거보다 식품 관련 광고가 더 많아졌다고 느끼는 것은 지각적 경계 또는 지각 탐색에 해당된다. 즉 지각적 경계(perceptual vigilance)라는 개념은 사람들이 자신의 가치관이나 필요 등과 관련된 것, 혹은 자신이 관심이 있는 대상을 그렇지 않은 것보다 더 잘 인식한다는 것이다.

27 ①

해설　Sherif의 사회적 판단이론은 수용자(receiver)가 어떠한 메시지를 받아들일 때 자신의 기존 태도를 기반으로 송신자(sender)의 메시지를 판단하고 그에 따라 수용 또는 거부한다는 이론. 만약 자신의 태도가 메시지의 내용과 너무 달라 거부감이 들면 메시지를 거부하게 되고, 만약 메시지와 나의 기존의 태도가 비슷

하다면 메시지의 내용을 긍정적으로 판단하고 수용하게 된다는 이론이다.

수용영역	관여도	메시지 반응
수용영역이 좁음	고관여	수용 혹은 거부의 입장이 분명하며, 과장된 메시지를 사용함에는 주의를 기울여야 함
수용영역이 넓음	저관여	수용 혹은 거부의 입장이 명확하지 않으며, 약간의 과장된 메시지를 받아 줄 수 있음

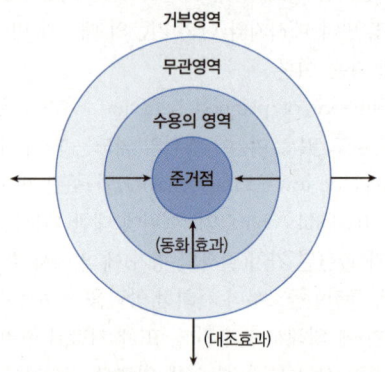

28 ①

해설 상기상표군(evoked set)은 내적 정보탐색의 결과 상기된 상표이며, 내적 탐색의 결과 회상된 상기상표군과 외적 탐색을 통해 발견된 상표군을 모두 합한 상표군을 고려상표군이라고 한다.

29 ②

해설 다양성 추구 행동(Variety Seeking Behavior)이란 소비자가 그동안 구매해 오던 상표에 싫증이 나서 또는 단지 새로운 것을 추구하려는 의도에서 다른 상표로 전환하는 구매행동을 뜻한다. 즉, 소비자들은 구매행동을 함에 있어 어떤 제품은 선택에 많은 관심을 기울이거나 정보탐색에 많은 시간을 투입하는 반면에 다른 어떤 유형의 제품을 구입할 때에는 여러 대안들 간의 차이에 대한 심각한 고민 없이 빠르게 결정을 내리기도 한다. 또한 같은 유형의 제품군이라 하더라도 내가 사용할 것인지 선물할 것인지 등의 구매목적에 따라 사전 정보탐색 시간에도 차이가 생길 수도 있는데 구매 행동 간에 차이가 생기는 것은 제품 또는 특성차에 따른 관여도의 차이에 의해 설명될 수 있다. 소비자 구매행동을 관여도와 제품 또는 상표 간의 차이에 따라 4가지로 분류해 보면 다음과 같다.

구분	고관여	저관여
제품특성 간 (브랜드 간) 차이가 클 때	복잡한(Complex) 구매행동 – 소비자가 중시 여기는 속성을 파악하여 자사제품의 특성을 부각시킴	다양성추구(Variety-Seeking) 구매행동 – 시장 선도자 : 습관적 구매 유도 – 시장 추종자 : 상표 전환 유도(강력한 판매촉진 행위)
제품특성 간 (브랜드 간) 차이가 작을 때	부조화 감소(Dissonance-Reducing) 구매행동 – 가격민감성, 구매용이성, A/S 용이성 등이 중요	습관적(Habitual) 구매행동 – 넓은 진열대, 잦은 광고 등으로 소비자에게 자주 노출시켜야 함

아울러 다른 보기들이 틀린 이유는 다음과 같다.
① 소비자의 만족 또는 불만족은 구매 전 사전 기대에 비해 제품 사용자가 사용 후 지각한 성과에 대한 지각하는 지에 따라 달라진다는 이론은 올리버의 기대-성과 불일치 모형이다.
③ 동화효과(assimilation effect)란 어떤 자극에 우선적으로 노출이 되면 이미 기억 속에 있는 어떤 정보에 대한 접근성이 증가하는 현상에 의해 새로운 정보에 대한 해석이 기존의 개념과 일치하는 방향으로 이루어지는 것을 말하며, 대조효과는 정보를 해석할 때 기존의 개념보다는 새로 수용하는 정보를 판단의 기초로 사용하며 나타나는 현상을 말한다.

④ Krugman(1964)은 저관여 위계(Low Involvement Hierarchy) 모형을 제시하였는데, 저관여 제품의 경우 인지-행동-태도(cognition-behavior-attitude)로 구매행동이 이루어지며, 대상에 대한 태도가 행동에 근거해서 형성된다고 주장하고 있으며, 소비자가 대상 제품에 대해 관여가 매우 낮거나, 선택해야 할 대안 제품들간의 차이가 별로 없다고 느낄 때 및 제품을 구매하는 것에 대한 위험 지각(perceived risk)이 낮을 때 이러한 태도가 발생한다고 설명하고 있다.

⑤ 관성(inertia)은 물리학의 법칙을 응용한 마케팅 및 조직 이론에서 사용되는 개념으로 운동하고 있는 물질은 계속 운동하려고 하고 정지한 물건은 계속 정지하려는 성질로서, 마케팅에서 소비자 의사결정과 관련하여 소비자가 시간적, 경제적 제약으로 인해 키친 타월이나 조미료 등과 같이 낮은 관여도 제품을 별다른 고민 없이 구매하는 것을 타성이나 관성에 의한 의사결정이라고 한다. 즉 제품경험이 없는 경우가 아니라 일반화된 경험이 있는 제품에 있어서 저관여 소비자가 의사결정의 과정을 단순화하기 위해 동일 브랜드를 반복적으로 구매하는 행동이다. 참고로 소비자 의사결정의 4가지 유형을 살펴보면 다음과 같다.

	고관여	저관여
복잡한 의사결정	복잡한 의사결정 (Complex decision making)	제한된 의사결정 (Limited decision making)
습관적 의사결정	상표충성 (Brand Loyalty)	관성적 의사결정 (Inertia)

30 ③

해설

b. 구매 이후 반품이나 환불이 가능해서 언제든 구매 후 취소할 수 있다거나, d. 구매 결정의 중요성이 낮아서 관여도 자체가 매우 낮은 제품의 경우에는 기대도 낮아서 구매 후 부조화가 발생하지 않은 가능성이 있다.

구매 후 인지 부조화(cognitive dissonace)란 소비자가 제품구매에 대한 심리적 불편을 겪는 과정으로서, 제품 구매 이후 만족/ 불만족을 느끼기 전에 자신의 선택이 과연 옳은 것이었는가에 대한 불안감을 느끼는 것을 의미하는데 주로 고관여 제품에 많이 발생하는 경향이 있으며, 구매결정을 취소할 수 없을 때, 선택하지 않은 대안이 장점을 가질 때, 대안이 여러 가지일 때 및 심리적 중요성을 가지고 결정할 때 등에 주로 발생하는 경향이 있다.

특히 제품간 특성차이가 적을 때 나타나는 고관여 제품의 부조화 감소 구매행동을 대표적인 예로 들 수 있다. 아울러 보기 지문상의 a. 마음에 드는 선택 대안이 다수 있을 때, c. 구매 결정의 주체가 소비자 자신일 때 및 e. 선택한 대안이 갖지 않은 장점을 선택하지 않은 대안이 갖고 있을 때는 구매 후 비교를 통한 후회가 커서 구매 후 인지부조화가 크게 나타날 수 있다.

31 ③

해설

부정적 불일치란 구매 전 기대가 구매 후 성과보다 클 경우로서 외적귀인(external attribution) 즉, 외적요인에 의해 구매후 부조화가 크게 나타나는 경우로서, 결과의 원인이 지속적일 때나, 발생한 결과가 기업에 의해 통제 가능했다고 판단할 때 외적 귀속(귀인) 시키는 성향이 나타남. 그러나 결과가 소비자 자신에 의해 유발되었을 때는 이러한 부정적 불일치를 내적 귀인시키는 성향이 나타남.

32 ①

해설

지각적 범주화(Perceptual Categorization)란 스키마에 의한 분류와 이해(분류 기준 : 수준, 연상, 일반화)를 의미하며, 참고로 지각적 조직화(Perceptual Organization)란 게슈탈트 과정(단순화, 폐쇄화, 집단화)을 의미하며 나아가 지각적 추론(Perceptual Inference)이란 특정 대상 평가 시 다른 것들로부터의 추리를 의미(예 가격－품질연상효과)의미한다.

33 ②

해설

틀린 지문을 수정하면 다음과 같다.

① 정교화 가능성 모형 (elaboration likelihood model)에 따르면, 소비자의 정보처리 경로는 중심경로(central route)-중간경로(middle route)-주변경로(peripheral route) 로 구분된다. ⇒ 중간경로는 없음.

③ 소비자의 구매 의사결정과정에서 '구매 후 과정'과 관련하여, 귀인이론(attribution theory)은 구매 후 소비자가 불만족 원인이 일시적이고, 기업이 통제 불가능한 것이었고, 기업의 잘못으로 일어났다고 소비자가 생각할수록 불만족할 가능성이 높다.
⇒ 기업의 잘못으로 일어났다고 소비자가 생각할수록 불만족할 가능성이 높아진다. 하지만 소비자가 불만족 원인이 일시적이고, 기업이 통제 불가능한 것이라면 고객의 불만족은 낮아지고, 불만족 원인이 지속적이고, 기업이 통제가능한 경우에 불만족 가능성이 높아진다.

④ 구매하기로 선택안 대안이 갖지 못한 장점을 선택하지 않은 대안이 갖고 있을 때, 구매 후 부조화(postpurchase dissonance) 현상은 크게 발생되지 않는다. ⇒ 구매 후 부조화(postpurchase dissonance) 현상의 발생 가능성이 높아진다.

34 ④

해설

노출효과(Exposure Effect) 또는 단순노출효과(Mere Exposure Effect)는 사회 심리학 용어로서 단순히 노출되는 횟수가 많아질수록 그 대상에 대해 호감이 증가하는 현상을 말한다. 그래서 친숙성의 원리라고도 한다. 이 현상은 미국의 사회 심리학자 로버트 자이언스(Robert Zajonc)가 이론으로 정립하였다. 광고에도 이 효과를 이용되는데 소비자에게 지속적으로 보여 줌으로써 브랜드의 인지도 및 호감도를 높일수 있다. 특히 화장지와 같은 일용품이나 간단한 식료품 같은 저관여 제품은 구매의 중요성이 그리 크지 않고, 잘못 구매해도 리스크가 적은 편이다. 따라서 구매 전에 소비자가 특정 브랜드의 특징을 경쟁 브랜드와 꼼꼼히 비교한 후 구매의사를 결정하는 경우가 많지 않다. 이에 습관적 구매를 유도하기 위해 상표 친숙도 향상을 위해 짧은 광고를 지속적으로 보여주는 전략이 활용된다.

35 ②

해설

노출 → 감지 → 주의 → 이해(지각 & 해석) → 기억의 과정을 거침.
- 노출 : 메시지와 접촉하여 소비자의 감각이 활성화 되기 시작하는 것
- 주의 : 노출된 자극에 관심을 보이는 것. 지각 용량의 한계. 지각의 노출된 자극에 할당 되어야 자극이 처리
- 지각 : 소비자가 자극 요소에 의미를 부여하고 내용을 이해하는 과정. 기억 속 정보 인출하기도 함
- 해석 : 지각된 정보를 해석
- 기억(저장) : 지각되고 이해된 정보를 기억/저장. 기억 속 정보가 인출되어 지각에 도움을 주기도 함

36 ②

해설

과거 경험이나 장기기억 탐색을 의미하는 내적 탐색(internal search)에 대한 질문임.

① 강화된 주의(heightened attention): 소비자가 자신의 문제와 관련된 정보에 노출될 때마다 상당한 주의를 기울이는 것
  - 주의 : 노출되는 자극을 걸러내는 작용. 자신에게 필요한 정보를 가진 자극만 받아들임, 정보과부하 회피 목적

③ 의도적 노출 : 스스로 어떤 자극에 노출시키는 것. 외적 정보탐색과정에서 의도적 노출 발생
  - 우연적 노출 : 의도와 상관 없이 오감에 감지되는 것. 스포츠경기장 광고판 등

- 선택적 노출 : 자신에게 필요한 정보만 스스로 노출. 재미있는 광고 시청 등
④ 관여(involvement): 관여도로 살펴보며 관여도는 주어진 상황에서 특정 대상에 대한 개인의 중요성 지각정도(관심도, 관련성 지각정도)를 의미함.
⑤ 프레이밍(framing): 어떤 사건을 이해하거나 반응하기 위하여 일화적 지식이나 전형적 기억 등을 바탕으로 그 사건을 해석하기 위한 뜻을 형성하는 행동에 대한 사회과학적 이론. 참고로 프레이밍 효과(framing effect, 구조화 효과)는 문제의 표현 방식에 따라 동일한 사건이나 상황임에도 불구하고 개인의 판단이나 선택이 달라질 수 있는 현상을 말한다.

37 ⑤

해설

확장된 피쉬바인(Fishbein) 모델은 이성적 행동모형 또는 행위 의도 모형이라고도 불리우며 이는 주관적 규범을 결정하는 요인으로 준거인에 순응하려는 순응동기와 다른 사람들이 자신의 행동을 지지 혹은 반대할 것인가에 대한 자신의 생각 즉, 준거인의 동의여부에 관한 신념인 규범적 신념(normative belief)을 들고 있다. 나머지 틀린 지문을 바로 잡으면 다음과 같다.
① 계획적 행동이론(theory of planned behavior)에 기반하고 있다.
  ⇒ 피쉬바인 확장모델(Fishbein's extended model)은 합리적 행동이론(theory of reasoned action)에 토대를 두고 있고, 계획적 행동이론(theory of planned behavior)은 확장모델(Fishbein's extended model)에 기반을 두고 발전된 이론으로서 행위의 직접적인 결정인자로 행위의 의도(intention)를 제시하고 있으며, 이 행위의 의도는 다시 세 요인에 의해서 결정된다고 보는데, 즉 행위에 대한 태도(attitude toward the behavior)와 주관적 규범(subjective norm), 그리고 지각된 행동 통제(perceived behavioral control)임.
② 다속성 태도모델(multiattribute attitude model)과 비교하여, 태도와 행동의도가 모델에 포함되어 있는 것은 동일하나 태도를 측정하는 대상이 다르다. ⇒ 동일 대상에 추가적인 작용원리를 가미한 것임.
③ 지각된 행동통제(perceived behavioral control)는 구매행동에 영향을 미친다. ⇒ 확장모델(Fishbein's extended model)에 기반을 두고 발전된 계획적 행동이론(theory of planned behavior)이다.
④ 브랜드에 대한 태도와 주관적 규범이 구매행동에 미치는 영향을 정보처리의 관여도 차이에 의해 설명하고 있다. ⇒ 관여도적 관점이라기보다는 소비자가 제품을 구매하는 것은 소비자가 제품으로부터 얻게 되는 편익 때문이므로 마케터는 그 제품의 속성을 강조하기 보다는 제품이 소비자에게 미칠 수 있는 편익을 강조할 필요가 있다는 마케팅적 시사점을 주고 있는 이론이다.

38 ①

해설

자신에 대한 상징성 및 과시적 관점에서 공공장소에서 사용되는 사치품(publicly consumed luxuries)의 경우, 제품의 소유와 브랜드 선택 모두가 준거집단에 의해 영향을 받는다. 나머지 틀린 지문을 바로 잡으면 다음과 같다.
② 비공개적(내재적) 모델링(covert modeling)은 모델이 취한 행동과 결과를 상상하도록 유도하지 않는 대신 타인이 어떻게 행동했는가를 들려주는 대리학습(vicarious learning)이다. ⇒ 비공개적 모델링(covert modeling)이란 실제적 행동이나 결과가 제시되지 않는 대신 소비자에게 모델이 어떤 상황에서 취하는 행동과 결과를 상상하도록 요구함으로써 이루어진다. ex) 라디오에서의 맥주광고
참고로 대리 학습에는 공개적 모델링(가장 대표적), 비공개적 모델링, 언어적 모델링 등이 있다.
- 공개적(외재적) 모델링(overt modeling): 개인으로 하여금 타인(모델)의 행동 및 행동결과를 관찰하게 하여 개인의 행동을 변화시키고자 하는 시도로서, 이러한 모델링의 사용목적을 (1) 관찰자의 행동목록(behavior repertoire)에 존재하지 않던 새로운 반응패턴 획득, (2) 바람직하지 않은 행동을 금지시킴(공익광고에서 많이 이용; 마약금지광고, 쓰레기 투척금지 광고 등) 및 (3) 관찰자의 행동목록에 이미 있는

바람직한 행동의 유발을 도와주기 위함에 있다.(맥주회사에서 자사의 맥주가 중요한 파티 등 특별한 경우에 사용될 수 있음을 보여주어 소비자를 설득시킴)
- 언어적 모델링(verbal modeling): 소비자에게 자신과 유사한 다른 사람들이 특정 상황에서 어떻게 행동했는가를 들려줌 ex) 불우이웃돕기, 수재민 돕기 모금운동

유형	내용	사례	매체
외재적(공개적) 모델링 (Overt Modeling)	모델의 행동과 결과를 관찰함	〈보험회사〉 신보험상품의 구매행동을 보여주는 광고	TV, 인적 판매, 점 내 비디오 방영
내재적(비공개적) 모델링 (Convert Modeling)	특정 행동을 수행하는 모델이나 자신의 모습을 상상하도록 함	〈항공사·여행사〉 겨울 휴가기간 동안 남쪽 해 변에서 휴가를 즐기는 모습을 보여줌으로써 고객을 유인하는 광고	라디오, 인적 판매, 인쇄광고
언어적 모델링 (Verbal Modeling)	자신들과 유사한 처지의 타인들이 구매·소비 상황에서 행동하는 모습을 기술하거나 들려줌	〈항공사 영업직원〉 인접 주민들에게 선물을 나눠 주는 행동에 대해 설명함	인적 판매, 라디오, 직접우편, 인쇄광고

③ 사회계층의 특성은 다차원적이고 동적이며, 사회계층 측정에서 객관적 방법은 타인의 계층적 지위를 평가하도록 하는 것이다. ⇒ 타인의 계층적 지위를 평가하도록 하는 것은 평가적방법이다. 객관적 방법으로는 교육수준, 소득, 직업 등과 같은 객관적 변수(속성)들로 사회적 계층을 측정하는 방법이다. 아울러 주관적 방법은 자신의 계층적 지위를 스스로 평가하도록하는 방법이다.

④ 수단-목적 사슬 모형(means-end chain model)에 의하면, 제품 속성은 목적에 해당된다. ⇒ 제품 속성은 목적이 아니라 수단에 해당한다.

⑤ 사회적 자아개념(social self-concept)은 타인들이 자신을 어떻게 봐주었으면 하는 것이다. ⇒ 자아개념(自我槪念) 또는 자기 개념(Self-concept)은 사회적인 맥락 속에서 능력, 태도, 느낌을 포함한 자신에 대한 주관적인 인식 개념을 말한다. 긍정이나 부정 또는 어느 한 가지가 아닌 양극으로 연결된 연속성의 성질이다. 반면에 타인들이 자신을 어떻게 봐주었으면 하는 것은 거울자아이론(Looking Glass Self)이론과 연계되는데 거울 자아이론이란 심리학 이론으로, 타인이 보는 자신의 모습에 대한 인식이 자아를 형성하는 데 영향을 미친다고 보는 이론이다.

39 ③

해설

틀린 지문을 살펴보면, a지문의 경우 지각경계가 아니라 지각방어에 대한 설명임 그리고 b지문의 경우 비교를 통한 구분 가능 부분이므로 해당 지문은 차이식역에 해당하는 설명이다.

반면 c지문의 경우 브랜드 인지도적 관점에서 보면 재인보다는 회상이 높다고 볼 수 있다. 구체적으로 브랜드 재인이란 한 브랜드에 관한 정보가 기억 속에 있는지를 확인하는 것으로서 회상보다는 상대적으로 인지적 가치가 낮지만 소비자에게 한 제품군에 있는 여러 브랜드 네임을 제시해 주고 과거에 들었거나 본 적이 있는지를 조사하는 것으로서 재인 상태가 되어야 실제 구매 행동이 일어날 가능성이 높아진다. 그러나 브랜드 회상이란 소비자들이 자신의 기억 속에 이미 저장하고 있는 특정 브랜드의 정보를 그대로 인출할 수 있는 능력을 의미하며, 소비자들에게 하나의 제품군 안에서 생각나는 브랜드를 자유롭게 열거하도록 하는 방법을 통해 평가된다. 이 방법은 특정 브랜드의 이름을 제시하지 않기 때문에 응답자의 응답률이 낮은 경향을 보이며 많은 브랜드가 응답되지는 않는다. 그러므로 재인보다 상대적으로 어려우며 많은 리허설이 요구된다.

아울러 브랜드 회상은 열거한 브랜드 순위가 강력한 인지도의 순위를 나타내며 이는 결과적으로 해당 브랜드의 시장 점유율과 직접 관련이 있다. 아울러 참고로 브랜드 회상에서 개인별로 가장 먼저 떠오르는 브랜드를 최초 상기(TOM, Top of Mind) 브랜드라고 한다. 이 브랜드는 소비자에게 가장 강력한 인상을 가지고 있는 브랜드인데, 특정 브랜드가 회상도를 파악하는 과정에서 응답자의 몇 퍼센트에서 최초

상기가 되었는가를 평가하는 것은 브랜드 인지적 가치를 평가하는 데 매우 중요하다.

40 ①

해설

개인차원의 행동을 이해하고 이를 마케팅에 적용한 문제임. 자기감시성향(self-monitoring)은 기본적으로 외부환경과 상황적인 것에 자신을 조정할 수 있는 개인의 능력을 말한다. 자기감시성향이 높은 사람들은 외부 상황적 조건의 변화에 잘 적응한다. 외부의 자극에 따라 다른 방식으로 행동하는데 능숙하며, 개인적인 자아와 사회적 자아의 차이가 큰 경우도 있다. 반면 자기감시성향이 낮은 사람들은 자신을 외부에 변화에 적절히 적응하지 못하고, 모든 상황에서 자신의 성향이 드러내며 일관성을 보인다. 이러한 성향을 마케팅에 적용할 경우 소비자 행동에 미치는 본인의 기본적인 태도를 변화시키지 못하고 그 영향력이 크게 나타나며 준거인의 동의 및 준거인에 순응하려는 동기가 약하고 이로인해 확장모형에서 보여주는 주관적 규범은 감소한다.

혼동하기 쉬운 4번지문의 정교화 가능성 모형은 설득의 이중경로 모형으로서 고관여 상황(중심경로를 통한 태도 변화)과 저관여 상황(주변경로에 의한 태도변화)을 통합하여 설득적 메시지에 대한 처리 경로로 구분하여 설명하고 있다. 정보처리 과정을 설득적 메시지의 정교화 수준에 따라 분리하여 설명한 이론으로 통합하여 사용하고 있다. 단 결과론적으로는 고관여 상황(중심경로를 통한 태도 변화)과 저관여 상황(주변경로에 의한 태도변화)으로 구분한다고도 할 수는 있으나 이론자체에서는 고관여 및 저관여 상황의 태도차이를 보았다기보다는 메시지의 정교화 수준으로 태도의 변화가 나타나고 이러한 태도의 변화를 도모할 수 있는 메시지에 따라 고관여 및 저관여 제품이 중심이 될 수 있다고 보고 있다.

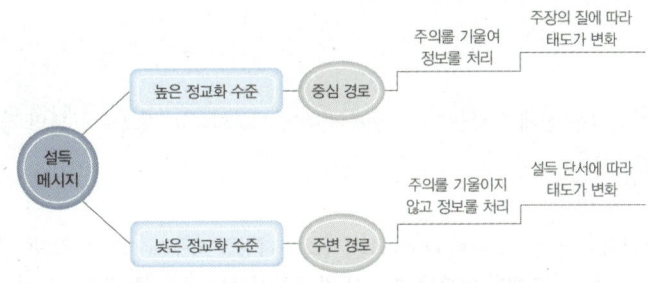

CHAPTER 3 : STP 분석

개념정리문제

1 ④

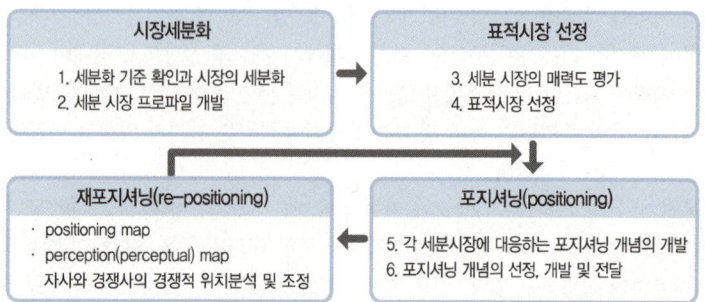

2 ①

마케팅 전략은 STP – MKT Mix(4P)의 순으로 진행된다. 즉, 시장 세분화 → 표적시장 선정 → 포지셔닝(재포지셔닝) → 마케팅믹스 활동으로 이루어진다.

3 ①

시장 세분화는 전체 시장을 각 특성에 맞추어 세분화하는 것으로 규모의 경제와의 개념과는 맞지 않다.

4 ④

시장세분화(market segmentation)란 소비자들의 다양한 욕구에 따라 이질적인 전체시장을 동질적인 몇 개의 시장으로 나누는 행위를 말한다. 따라서 기업은 시장을 세분화함으로써 표적시장을 명확히 설정할 수 있다.

5 ④

욕구가 비슷하거나 동일한 일부를 가지고 시장을 세분화 한 것으로 소비자들의 다양한 욕구를 충족시키기에 적합하다.

6 ①

시장 세분화란 수요층별로 시장을 구분하여 각 층에 집중적인 마케팅을 하는 것이다.

7 ⑤

시장세분화 기준

구분	세부내역
지리적 기준	지역, 인구밀도, 기후 등
인구동태적 기준	성별, 소득, 나이, 직업, 종교, 교육수준 등
심리형태별 기준	라이프스타일, 개성 등
구매행동적 기준	구매동기, 구매행동단계, 상표충성도, 소비자가 추구하는 편익 등

8 ①

해설 유효타당성 측면에서 내적 동질성과 외적 이질성이 극대화되도록 기준의 정확성을 가져야 한다.

9 ①

해설
② 추구하는 편익, 사용량, 상표애호도, 사용여부 등을 바탕으로 시장을 나누는 것은 구매행동적 기준에 따른 분류임.
③ 시장 내에서 우월한 위치를 차지하도록 고객을 위한 제품·서비스 및 마케팅 믹스를 개발하는 것은 포지셔닝 전략임.
④ 세분화된 시장의 좋은 점을 분석한 후 진입할 세분시장을 선택하는 것은 목표시장 전략 또는 시장 표적화 전략임.
⑤ 구매자의 사회적 위치, 생활습관, 개인성격 등을 바탕으로 시장을 나누는 것은 사회 심리형태별 기준에 의한 시장 분류임.

10 ①

해설 ② 라이프스타일과 ③ 개성은 심리형태별 기준, ④ 추구편익과 ⑤ 제품 사용률은 구매형태별 기준에 해당함.

11 ③

해설 라이프스타일은 심리형태별 기준에 해당함.

12 ④

해설 라이프스타일은 심리형태별 시장 분류기준에 해당함.

13 ⑤

해설 라이프스타일은 심리형태별 시장 분류기준에 해당함.

14 ④

해설 무형성은 비분리성, 변동성, 소멸성과 같이 서비스의 특징이다. 시장세분화의 성공요건, 즉 요건은 아래와 같이 정리할 수 있다.

요건	내용
측정가능성	세분시장의 규모와 구매력 등 측정가능
접근가능성	세분시장에 접근하여 활동할 수 있는 정도
실체성	세분시장의 규모가 수익을 내기에 충분
유효타당성	세분시장의 분류기준이 타당하여야 함
신뢰성	일정기간 일관성 있는 특징을 지녀야 함
차별적 반응	각각의 세분시장은 마케팅 믹스에 대하여 서로 다른 반응을 나타내야 함
실행가능성	세분시장 공략을 위한 마케팅 믹스의 개발가능성

15 ④

해설 분류기준의 유효타당성은 내적 동질성, 외적이질성의 성격을 지녀야 함.

16 ②
해설 소멸가능성(perishability)은 시장세분화의 요건에 해당하지 않는다.

17 ①
해설 신뢰성 측면에서 일정기간 일관성 있는 특징이 유지될 필요가 있다.

18 ①
해설 내적 동질성, 외적 이질성의 요건을 갖추도록 세분화하여야 한다.

19 ①
해설 표적시장은 세분시장의 수준결정 → 세분화의 기준결정과 시장 세분화의 실행 → 세분시장에 대한 평가 → 표적시장 선정의 순으로 시장 세분화가 이루어지면 표적시장을 명확히 설정할 수 있다.

20 ③
해설 내적 동질성, 외적 이질성을 확보하여야 한다.

21 ①
해설 가족생활주기는 행동적 변수가 아니라 고객특성변수로 보아야 함.

22 ②
해설 전체 시장을 하나의 마케팅 믹스 전략을 사용하여 공략하는 전략은 비차별적 마케팅 전략임.

23 ②
해설 다수의 표적시장이 존재하는 경우 기업의 보유 자원 등을 고려하여 차별적 또는 집중적 마케팅 전략을 사용하여야 한다. 순환적 마케팅은 선행 마케팅적 개념으로서 제품개발 이전에 소비자의 욕구부터 판단하는 개념이다.

24 ④
해설

구분	내용	장점	단점
비차별적 마케팅	• 세분 시장의 차이를 무시하고 하나의 제품을 가지고 전체 시장에 접근하는 것 • 수요의 동질성이 높은 제품에 대해 최대 다수의 구매자를 만족시킬 수 있는 제품과 마케팅 믹스를 개발하는 것 • 제품의 도입기에 적합	생산 표준화, 원가절감	개별화 어려움
차별적 마케팅	• 모든 세분 시장에 서로 다른 제품을 가지고 접근하는 것 • 자원과 능력이 매우 많은 대기업에 적합 • 제품의 특성이 차이가 나거나, 시장이 이질적인 경우, 경쟁업자가 적극적으로 차별화전략을 사용하는 경우, 제품이 쇠퇴기에 접어든 경우에 유리	총매출액 증대, 차별화로 소비자의 만족 증대	마케팅믹스의 개발비용, 판관비 등의 증대
집중적 마케팅	• 하나 또는 소수의 적은 시장부문에만 진출하고자 하는 전략 • 기업의 자원이나 능력이 한정되어 있을 때 하나의 세분 시장만을 공략하여 강력한 지위를 확보할 수 있는 전략 • 단일 제품으로 전체 시장을 공략하는 비차별화 마케팅 전략과는 구분됨	전문화에 의한 강력한 입지확보 가능성	상대적 높은 위험

25 ⑤
해설 차별화 전략의 원천으로는 제품의 특성과 포지셔닝을 들 수 있으며, 나머지 ① 경험효과, ② 규모의 경제, ③ 투입요소 비용, ④ 생산시설 활용도 등은 비차별적 전략의 원천으로 보아야 함.

26 ⑤
해설 마케팅 역사는 이론적 연구를 위한 분야이지 질문과는 전혀 관련 없는 상황이라고 볼 수 있다.

27 ①
해설 차별화 전략은 타사 제품과는 다른 우리만의 제품, 서비스 등을 통한 우리만의 독특한 이미지를 부각시켜 상표 충성도를 높여 소비자 욕구 충족과 편익 제공을 통해 수요의 가격 탄력성이 낮은 시장에서 이익을 극대화하려는 전략. 단, 경쟁자의 모방으로 경쟁우위가 사라질 위험은 존재한다. 경쟁 자체를 차별화 전략의 특징으로 보기는 어렵다.

구분	내용	장점	단점
비차별적 마케팅	• 세분 시장의 차이를 무시하고 하나의 제품을 가지고 전체 시장에 접근하는 것 • 수요의 동질성이 높은 제품에 대해 최대 다수의 구매자를 만족시킬 수 있는 제품과 마케팅 믹스를 개발하는 것 • 제품의 도입기에 적합	생산 표준화, 원가절감	개별화 어려움
차별적 마케팅	• 모든 세분 시장에 서로 다른 제품을 가지고 접근하는 것 • 자원과 능력이 매우 많은 대기업에 적합 • 제품의 특성이 차이가 나거나, 시장이 이질적인 경우, 경쟁업자가 적극적으로 차별화전략을 사용하는 경우, 제품이 쇠퇴기에 접어든 경우에 유리	총매출액 증대, 차별화로 소비자의 만족 증대	마케팅믹스의 개발비용, 판관비 등의 증대
집중적 마케팅	• 하나 또는 소수의 적은 시장부문에만 진출하고자 하는 전략 • 기업의 자원이나 능력이 한정되어 있을 때 하나의 세분 시장만을 공략하여 강력한 지위를 확보할 수 있는 전략 • 단일 제품으로 전체 시장을 공략하는 비차별화 마케팅 전략과는 구분됨	전문화에 의한 강력한 입지확보 가능성	상대적 높은 위험

28 ①
해설 집중화는 하나의 세분시장에 집중적으로 진출하는 방법이다.

29 ④
해설 단일의 동질적인 제품을 대량으로 판매할 때에는 비차별적 마케팅을 구사한다.

30 ②
해설 포지셔닝은 고객의 마음속에 경쟁상품과 구별되는 분명하고 확고한 위치를 차지하려는 노력으로 정의할 수 있음.

31 ①
해설 시장위치 선정의 절차는 소비자 분석 및 경쟁자 확인 → 경쟁제품의 포지션 분석 → 자사제품의 포지션 개발 → 포지션의 확인 및 재포지셔닝 절차를 거친다.

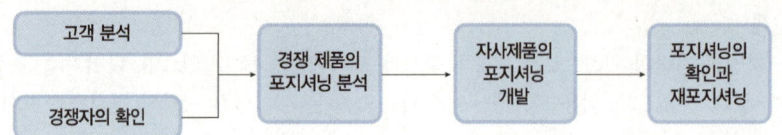

32 ③

해설 포지셔닝은 고객의 마음속에 경쟁상품과 구별되는 분명하고 확고한 위치를 차지하려는 노력으로 정의할 수 있으며 이는 포지셔닝의 유형을 통해 확인할 필요가 있음.

33 ④

해설 범주 포지셔닝 즉, 제품 범주 포지셔닝은 기업이 자사나 자사 브랜드를 해당 제품 범주의 선도자(leader)라고 주장함으로써 소비자에게 어필하는 것이다. 코크(Coke)는 하나의 브랜드라기보다 콜라를 의미하며, 제록스(Xerox)는 복사기를, IBM은 컴퓨터를 의미한다. 제품 범주 포지셔닝은 최초의 브랜드가 주로 사용한다. 사람들은 습관적으로 최초(first)를 최고(best)라고 인식하는 경향이 있다.

34 ③

해설 표적시장 선정단계에 대한 설명임.

보충 포지셔닝 절차

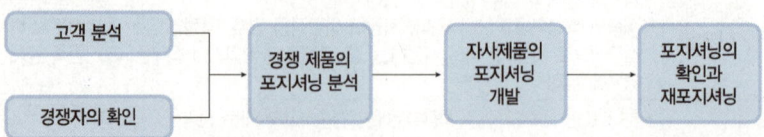

35 ③

해설 세분시장내에서는 고객과 기업간의 적합성이 가능한 높아야 된다. 효과적 시장세분화 요건은 다음과 같다.

요건	내용
측정 가능성	세분시장의 규모와 구매력 등 측정 가능
접근 가능성	세분시장에 접근하여 활동할 수 있는 정도
실체성	세분시장의 규모가 수입을 내기에 충분
유효타당성	세분시장의 분류기준이 타당하여야 함
신뢰성	일정 기간 일관성 있는 특징을 지녀야 함
차별적 반응	각각의 세분시장은 마케팅 믹스에 대하여 서로 다른 반응을 나타내야 함
실행 가능성	세분시장 공략을 위한 마케팅 믹스의 개발 가능성

36 ③

해설 시장세분화를 하면 할수록 시장별 증분비용은 증가하게 되므로 비용효율성이 높아지지 않고 떨어질 가능성이 높다.

37 ②

해설 소비자의 구매 패턴, 소비자가 추구하는 편익 등은 고객의 심리적 특성이 아니라 구매행동적 특성이다.

38 ④
해설 자원(resource)에 의한 위상정립은 포지셔닝의 유형으로 보기는 어렵다. 자원자체는 공통적 요소가 많아서 차별화적인 포지셔닝 전략을 구축하는데는 적합하지 않다.

39 ③
해설 시장세분화 기준을 정리하여보면 다음과 같다.

구분		세부내역
지리적 변수		지역, 인구밀도, 인구규모, 기후 등
구매행동적 변수(고객 행동 변수)		사용상황 변수, 구매동기, 구매행동 단계, 상표충성도, 소비자가 추구하는 편익 등
고객 특성 변수	인구 동태적 기준	성별, 소득, 나이, 직업, 종교, 교육수준, 가족형태 등
	심리 분석적 기준	사회계층, 라이프 스타일, 개성 등

심화문제

1 ④

해설　아기비누를 피부가 민감한 성인에게 파는 경우 기존제품으로 신시장에 들어가는 전략으로 시장개발 전략에 해당.

구 분		내 용
집약성장	시장침투	기존제품으로 기존시장에서 매출액을 증대하고자 하는 전략
	시장개발	기존제품을 신시장에 판매
	제품개발	신제품을 기존시장에 판매(고객의 욕구변화 충족, 신제품 경쟁에 대항 등)

	기존제품	신제품
기존시장	시장침투 전　략	제품개발 전　략
신시장	시장개발 전　략	(다각화 전략)

2 ②

해설　밀집화란 집중화의 개념으로서 특정 세분집단에 소구하려는 것으로 특정 세분집단을 위한 마케팅 믹스를 개발하는 것이지 타사제품을 모방하는 전략이 아니다.

3 ③

해설　성별, 소득, 나이, 직업 등으로 세분화 하는 것은 인구동태별 세분화이다.

4 ④

해설　시장세분화의 전제조건으로는 측정가능성, 접근가능성, 실체성, 신뢰성, 실행가능성, 유효타당성 등이 있다.

5 ⑤

해설　모두 맞는 설명임. 추가로 시장 세분화의 요건을 정리하면 아래와 같다.

요건	내 용
측정가능성	세분시장의 규모와 구매력 등 측정가능
접근가능성	세분시장에 접근하여 활동할 수 있는 정도
실체성	세분시장의 규모가 수익을 내기에 충분
유효타당성	세분시장의 분류기준이 타당하여야 함
신뢰성	일정기간 일관성 있는 특징을 지녀야 함
차별적 반응	각각의 세분시장은 마케팅믹스에 대하여 서로 다른 반응을 나타내야함
실행가능성	세분시장 공략을 위한 마케팅 믹스의 개발가능성

6 ③

해설　시장세분화를 통하여 규모의 경제가 발생하지 않고 오히려 비용이 증가하게 된다. 규모의 경제효과는 비세분화를 하는 것이 더욱 크게 발생한다.

7 ②

해설　대량생산, 생산의 표준화 등은 비차별화 마케팅에 적합하다.

8 ④

해설 포지셔닝이란 소비자들의 마음속에 경쟁회사의 제품과 비교되도록 자사 제품의 특징을 정확히 심어주는 과정을 의미한다.

9 ①

해설 치약을 충치예방의 기능, 미백의 기능, 청결유지 기능, 향기 등으로 세분한 것은 제품의 효용에 따른 분류로 이는 행동적 변수에 포함된다.

10 ②

해설 선호가 동질적이면 단일제품으로 소구할 수 있으나 선호가 이질적이면 다수 제품으로 소구하여야 한다. 경쟁이 치열한 상황일수록 더욱 차별화된 제품을 판매하여 자사의 매출을 높이려 할 것이다.

11 ⑤

해설 틈새시장 집중화 전략은 주로 자원이 풍부하지 못한 중소기업들이 사용하는 전략이다.

12 ③

해설 제품의 사용자집단이나 계층에 의한 포지셔닝은 사회적 관계에 대한 상징성을 강조할 수 있다. "정상에 오르신 당신, 하지만 더 높은 완벽함을 추구합니다. 그런 당신을 닮은 자동차가 있습니다." 등의 광고가 제품사용자에 의한 포지셔닝의 예라고 할 수 있다.

포지셔닝 유형	내 역
제품 및 속성 편익에 의한 포지셔닝	• 자사의 제품이 경쟁제품과 비교하여 차별적 속성(가격, 품질, 스타일, 성능 등), 특징을 가져 고객에게 다른 효익을 제공한다고 인식시키는 것 • 동일한 제품이지만 아이리버는 세련된 디자인으로, 코원은 장시간 재생과 음질의 우수성을 강조함으로써 서로 상이한 효익을 제공
제품군에 의한 포지셔닝	• 고객들이 특정제품군에 대해서 좋게 평가하고 있는 경우에 자사의 제품을 그 제품군과 동일한 것으로 포지셔닝, 반대로 고객들이 특정제품군에 대해서 나쁜 평가를 할 경우에는 자사의 제품을 그 제품군과 다른 것으로 포지셔닝하는 방법 • 코카콜라의 위세에 눌려있던 청량음료 시장에서 세븐업(7-UP)은 'UNCOLA'라는 광고메시지를 통해 콜라에 대한 소비자의 부정적인 반응을 부각시켜 성공하였다
니치시장에 대한 포지셔닝	• 경쟁적 포지셔닝의 한 방법으로 기존의 제품이 충족시키지 못하는 시장기회를 이용, 니치시장의 규모가 작기 때문에 비교적 소규모 기업에 의해 사용 • 중국기업 하이얼은 국내 시장에서 시장지위의 열세를 극복하고자 국내기업이 제공하기 어려운 가격경쟁력을 강조하는 포지셔닝을 실시
사용상황 포지셔닝	• 제품의 적절한 사용상황을 묘사 혹은 제시함으로써 포지셔닝하는 것 • Arm & Hammer의 베이킹 소다 제품은 식용소다를 이용하여 미백치약, 냉장고 탈취제 및 주방세제 등의 사용상황을 제시함으로써 다른 제품과의 차별화를 이룸
제품 사용자 포지셔닝	• 자사의 제품이 특정한 고객층에게 적절하다고 포지셔닝하는 방법 • 특정고객층이 가지는 가치관, 라이프스타일 등을 고려하여 가장 어필할 수 있는 제품속성이나 광고메시지 등을 통해 이루어짐
경쟁에 의한 포지셔닝	• 고객의 지각 속에 자리 잡고 있는 경쟁제품과 명시적 혹은 묵시적으로 비교함으로써 자사제품의 혜택을 강조하려는 방법. 즉, 경쟁브랜드로부터 고객을 끌어오기 위해 경쟁브랜드를 준거점으로 사용하는 것 • 에이비스는 1위 기업인 허츠와의 경쟁을 피하고 2위 기업이기에 더욱 노력한다는 이미지를 심어주기 위하여 '우리는 더 노력합니다'라는 광고를 실시

13 ③

해설　동일한 세분시장 내에서는 소비자들의 동질성이 극대화 되도록 하여야 마케팅 믹스를 개발할 수 있다.

14 ⑤

해설　매스마케팅은 비차별화 단일화 전략의 형태로서 고객이 모두 같은 것을 갈구하는 동질 욕망에 근거를 둔 마케팅으로 현대의 마케팅의 특징인 차별화적 관점과는 거리가 있다.

15 ②

해설　① 마케팅 비용을 절감하기 위해서는 차별화가 아닌 비차별화를 단행 하는 게 좋다.
③ 포지셔닝은 전체시장을 목표로 하는 마케팅 전략이 아니라 우리의 독특한 특징을 강조하는 차별화전략이다.
④ 판매자가 제공하거나 구매자가 추구하는 본질적 편익은 핵심속성내지는 핵심제품에 해당한다.
⑤ 시장세분화 전제조건으로서의 실질성은 실체성과 같은 맥락에서 생각하면 되며, 세분시장의 구매력 등이 측정가능해야 함은 측정가능성적 요건이다.

16 ①

해설　틀린 지문들을 살펴보면 다음과 같다.
② 제품전문화는 특화의 관점에서 좋으나 시장 소멸 가능성 등의 위험이 증가하는 경향이 있다.
③ 시장집중화는 단일제품으로 복수시장이 아니라 단일 시장에 집중 공략하는데 유효한 전략이라고 할 수 있다.
④ 시장집중화는 고객집단의 욕구 변화에 관계없는 것이 아니라 고객의 욕구 변화시 시장이 소멸될 가능성이 있어 위험이 큰 전략이다. 이러한 집중화 전략의 경우는 유연성이 높은 소규모 조직에 적합한 전략이라고 볼 수 있다.

보충　시장전문화는 시장을 세분화 한 후 특정시장만을 공략하는 전략이며, 제품전문화는 제품별로 전문화하는 형태

전략유형	특 징	예
시장전문화 또는 시장집중화	특정한 세분시장에 다양한 제품 제공	- 노인용품 전문회사 - 유아용품 전문회사
제품전문화 또는 제품집중화	특정한 제품으로 다양한 세분시장에 제공	- 안경점, 자전거 회사 - 다양한 연령층의 남녀캐주얼 의류 회사
단일제품 단일시장 집중화	특정한 세분시장에 특정 제품 제공	- 여성 스포츠 자전거 회사 - 유아용 이유식 전문 회사
선택적 전문화	복수의 단일제품 단일시장을 표적시장으로 선정	- 한 기업이 남성용 내의, 여성용 액세서리, 유아용 화장품 사업을 동시에 보유

17 ①

해설　제품시장을 어린이가 선호하는 맛과 청소년이 선호하는 맛으로 구분하는 것은 연령과 추구되는 효익(맛)으로 구분한 것이고 각각의 시장에 별도의 마케팅 믹스를 사용한 것은 차별화 마케팅이라 할 수 있다. 고유의 맛으로 소비자들에게 포지셔닝한 것은 제품의 속성으로 포지셔닝한 것이라고 할 수 있다.

18 ①

해설　d. 효과적인 시장세분화가 되기 위한 조건으로 같은 세분시장에 속한 고객끼리는 최대한 비슷하고, 서로

다른 세분시장에 속하는 고객끼리는 최대한 상이하게 세분화되는 것이 좋다.
e. 교차분석은 명목척도나 서열척도로 측정된 범주형 변수(categorical variables)들 간의 연관성을 분석하는 방법이다.

19 ④

해설

세분시장의 요건으로는 측정가능성, 접근가능성, 실체성, 유효타당성, 신뢰성, 실행가능성 등이 있다.
① 세분시장의 크기, 구매력, 기타 특성 등을 측정할 수 있어야 한다는 것은 측정가능성을 의미한다.
② 세분시장에 속하는 고객들에게 효과적이고 효율적으로 접근할 수 있어야 한다는 접근가능성을 의미한다.
③ 세분시장이 너무 작아서는 안된다는 실체성을 의미한다.
⑤ 같은 세분시장에 속한 고객끼리는 최대한 비슷하여야 하고, 서로 다른 세분시장에 속한 고객끼리는 최대한 상이하여야 한다는 유효타당성을 의미한다.

20 ④

해설

집중적(concentrated) 마케팅 전략은 하나 또는 소수의 적은 시장부문에만 진출하고자 하는 전략이며, 각 세분시장의 차이를 무시하고 단일(혹은 소수의) 제품으로 전체시장에 접근하는 것은 비차별적(undifferentiated) 마케팅 전략이다.

21 ⑤

해설

시장 세분화의 요건을 정리하면 아래와 같다.

요건	내용
측정가능성	세분시장의 규모와 구매력 등 측정가능
접근가능성	세분시장에 접근하여 활동할 수 있는 정도
실체성	세분시장의 규모가 수익을 내기에 충분
유효타당성	세분시장의 분류기준이 타당하여야 함
신뢰성	일정기간 일관성 있는 특징을 지녀야 함
차별적 반응	각각의 세분시장은 마케팅믹스에 대하여 서로 다른 반응을 나타내야함
실행가능성	세분시장 공략을 위한 마케팅 믹스의 개발가능성

22 ①

해설

고객중심적인 방법은 다시 지각도(perceptual map), 상품제거(product deletion), 사용상황별 대체(substitution in use) 등과 같은 고객지각에 기초한 방법과 상표전환 매트릭스(brand switching matrix), 수요의 교차탄력성(cross-elasticity of demand) 등과 같은 고객행동에 기초한 방법으로 분류
b. 시장세분화 기준변수를 크게 고객행동변수와 고객특성변수로 구분하였을 때, 사용상황은 고객특성변수가 아니라 구매행동적 기준에 해당하며 고객특성변수로는 인구통계적 기준과 심리형태별 기준이 이에 해당한다.
c. 기업이 세분시장의 차이를 무시하고 하나의 제품으로 전체시장을 공략하는 전략은 비차별적 마케팅 전략이라고 할 수 있다.

23 ②

해설

경쟁자 파악 방법에서 고객지각에 기초한 사용상황별 대체(substitution in-use)는 고객이 사용상황을 고려한 대체 가능성을 판단하는 방법이다. 반면에 고객행동에 기초한 경쟁자 파악방법인 상표전환 매트릭스(brand switching matrix)는 특정 상표간의 이전구매와 현재구매간의 관계를 차악하여 상표충성도를 평가할 수 있는 방법으로 사용상황별 대체(substitution in-use)보다는 좀더 좁은 의미에서 경쟁자를 파악하게 해준다. 즉, 경쟁자 파악 방법에서 사용상황별 대체(substitution in-use)는 상표전환 매트릭스(brand switching matrix)보다 폭넓게 경쟁자를 파악하게 해준다는 맞는 지문임. 아울러 틀린 지문을 바로 잡으면 다음과 같다.

① 효과적인 시장세분화의 요건 중 측정가능성(measurability)은 마케팅믹스가 표적 세분시장에 도달할 수 있어야 하는 것을 의미한다. ⇒ 측정가능성(measurability)이 아니라 접근가능성과 관련한 요건임.

③ 시장세분화에서 추구편익(benefit sought)은 심리분석적 변수에 속한다. ⇒ 심리분석적 변수가 아니라 고객행동적(구매행동적) 변수이다.

④ 제품/시장 성장매트릭스(product/market expansion matrix)에서 시장침투전략은 기존 제품을 잠재적 구매자에게 판매함으로써 성장을 추구하는 전략이다. ⇒ 제품/시장 성장매트릭스(product/market expansion matrix)는 Ansoff Matrix라고도 불리우며 기업들이 지속적으로 성장하기 위해 제품과 시장에 대해 어떤 전략을 선택할 것인지 의사결정하기 위한 도구로, 시장침투, 시장개발, 제품개발, 다각화의 4가지 성장전략 유형이 있다. 이중 시장 침투(Market penetration) 전략이란 수익성이 높은 기존 시장의 경쟁사 고객을 공략하여 시장 점유율을 확대하고, 기존 고객의 제품 사용률을 증가시켜 기업을 성장시키는 방법이다.

참고로 경쟁자 분석방법에서의 제품-시장 매트릭스(product-market matrix)는 기업중심적(관리자적 판단)에 기초한 경쟁자 분석방법으로서 동일 시장을 소구하고 있으나 동일 제품을 공급하지 않는 잠재적 경쟁자를 파악할 수 있다. 시장침투전략은 기존 제품을 잠재적 구매자에게 판매함으로써 성장을 추구하는 전략

⑤ 차별적 마케팅은 틈새시장 전략이며, 자원이 제한된 기업에 의해 주로 사용된다. ⇒ 자원이 제한된 기업에 의해 주로 사용되는 전략은 차별적 마케팅 전략이 아니라 집중적 마케팅임.

24 ②

해설

경쟁자 파악 방법에서 고객 지각에 기초한 방법에는 지각도, 상품제거, 사용상황대체 방법이 있다. 참고로 고객 행동에 기초한 방법에는 브랜드 전환 매트릭스와 교차 탄력성 분석이 있다. 또한 기업 중심적 방법에는 표준산업분류, 기술적 유사성 및 제품-시장 매트릭스 방법이 있다.

분류	기업중심적 방법			고객중심적 방법				
	공급 측면 경쟁자 확인 방법		관리적 판단	고객 행동에 기초한 방법		고객 지각에 기초한 방법		
경쟁수준	표준 산업분류	기술적 유사성	제품-시장 매트릭스	브랜드 전환 매트릭스	교차 탄력성	지각도 (인지도 맵)	상품 제거	사용 상황별 대체
제품형태	○	○	○	○	○	○	○	○
제품범주	△	△	○	○	○	○	○	○
본원적효익	×	×	○	×	×	○	○	○
예산	×	×	○	×	×	×	○	○

아울러
- 1번 지문의 경우 시장침투전략의 경우 기존 제품으로 기존시장에서 매출액 증대를 도모하는 전략으로 기존 고객의 자사 제품 사용빈도를 늘리거나 1회 사용량을 늘려나가는 방법도 이에 해당한다. 하지만

시장개발전략은 기존제품으로 신 시장을 도모하는 전략이다.
- 3번지문의 경우 라이프스타일과 고객생애가치는 고객행동변수라기 보다는 고객 특성 변수 중 심리적 변수에 해당한다. 고객행동변수에는 사용상황, 편익, 사용량, 상표 충성도 등이 포함된다.
- 4번 지문의 경우 본원적 편익 수준의 경쟁이란 본원적 효익 또는 욕구별 경쟁으로서 고객의 동일 욕구 충족 제품 형태에서의 경쟁이다. 반면 지문상의 설명은 제품 범주 경쟁으로서 상품 형태는 다르지만 유사속성의 동일 제품 범주로 분류한 것임.
- 5번 지문의 경우 집중적 마케팅은 특화적 관점에서의 전문화적 접근으로 특정 세분시장에서의 장악력을 높이고자 하는 전략임.

CHAPTER 4 : 마케팅 믹스(1): Product

개념정리문제

1 ①

해설 포지셔닝은 4P이전에 STP전략에 해당한다.
▶ 마케팅믹스(marketing mix)의 개념
- 기업이 목표시장 고객들로부터 기대하는 반응을 창출하기 위해 사용하는 통제가능하고 전술적인 마케팅도구들의 집합
- 제품(product), 가격(price), 유통(place), 촉진(promotion)으로 구성되는 4Ps로 분류될 수 있다.

2 ④

해설 과정(process)이 아니라 마케팅 믹스(4P Mix)는 상품(product), 가격(price), 유통(place) 그리고 촉진(promotion)이다.

3 ⑤

해설 마케팅 믹스의 4P's로는 제품(Product), 가격(Price), 유통(Place), 촉진(Promotion) 전략이 해당됨. 절차(Procedure)는 해당되지 않음.

4 ①

해설 ① ~ ④번 전부가 4P 중 제품(Product)에 관한 내용임.

5 ②

해설 코틀러의 제품 유형 분류상 ① 보증, ③ 대금결제방식, ④ 배달, ⑤ A/S는 확장제품에 해당.

6 ⑤

해설

제품종류	내 역
핵심제품 (core product)	가장 근본적인 차원, 고객이 제품구입에서 얻으려고 하는 근본적인 서비스나 효용을 의미 (핵심편익)
유형제품 (formal product)	고객이 제품으로부터 추구하는 핵심적인 편익을 구체적인 물리적 속성들의 집합으로 유형화한 것
확장제품 (augmented product)	유형제품에 덧붙여 제공할 수 있는 개발, 보증, 애프터서비스, 설치 등과 같은 효익을 부가한 개념

7 ④

해설 산업재의 경우 수요의 집중도가 높으며, 주로 인적판매와 전문매체를 활용한 촉진활동이 주를 이룬다. 반면 소비재는 광고와 대중매체를 활용한 촉진활동이 주를 이룬다.

보충 산업재와 소비재의 비교

산업재	소비재
특정 소수로서 수요의 집중도가 높음	불특정 다수를 대상으로하며 수요의 집중도가 낮음
인적판매 및 전문매체를 통한 촉진활동	광고 및 대중매체를 통한 촉진활동
수요자와 공급자가 조율하여 가격결정(옵션 등 선택 사항이 많음)	공급자가 가격을 제시, 소비자는 수용여부 결정
파생수요(최종수요에 종속적)	최종 독립수요임
기술의 중요성이 높음(승자 독식 현상 가능)	상대적으로 덜함
구매의사결정이 복잡(기업의 구매센터)	구매의사결정이 간단함
전환비용(switching cost)이 높음	전환비용이 낮음
시스템적 구매와 판매(제품뿐 아니라 기술, 서비스 등을 일괄 구매할 때가 많음) 상호 호혜적 거래관계가 형성(구매자이면서 판매자의 관계)	

8 ③

해설 강한 브랜드 선호도와 고객 충성도를 보이며, 고관여이며 가격이 높아 구매시 가장 많은 시간과 노력을 필요로 하는 제품은 전문품임.

9 ②

해설

결정요소	내 역
편의품 (convenience goods)	• 소비자들이 제품의 특성 등을 미리 알고 있어서 구매에 적은 노력을 투입하여 자주 구매하는 제품 • 구매 시 편의를 위한 유통경로에 초점을 둠 • 유통경로가 길며 판촉활동은 제조업자가 부담 예 편의점에서 볼 수 있는 물품들(담배, 과자 등)
선매품 (shopping goods)	• 고객이 구매하기 전에 상품의 품질, 가격 등을 비교하여 구매하는 제품 • 동질적 선매품 ⇒ 가격변수가 중요 / 이질적 선매품 ⇒ 제품특성이 중요 • 유통경로가 짧고 판매업자의 판촉비중이 증가됨 예 여성용 고급의류, 가구류, 보석류 등
전문품 (specialty goods)	• 고객이 구매과정에서 특별한 노력을 하게 되는 특성과 상표표시가 있는 제품으로 고객은 특정 상표만을 고집하는 경향이 있으며, 상표가 중요한 역할을 하게 됨 • 전속적 유통형태를 많이 선호 예 자동차, 컴퓨터

10 ④

해설 사탕은 편의품에 해당한다고 볼 수 있다.

11 ②

해설 틀린 지문을 정리하면 다음과 같다.
① 소비자가 필요하다고 느낄 때 수시로 구매하는 경향을 보인다. ⇒ 편의품
③ 소비자는 잘 알지 못하거나 알고 있어도 능동적으로 구매하려 하지 않는다. ⇒ 미탐색품
④ 일상생활에서 빈번히 구매하는 저관여 제품들이 많다. ⇒ 편의품
⑤ 독특한 특징을 지니거나 브랜드 차별성을 지니는 제품들이 많다. ⇒ 전문품

12 ④

해설 가격전략은 윤리적 법적 의무와는 무관하게 기업이 자체적으로 전략적 측면에서 설정하는 것임.

13 ⑤

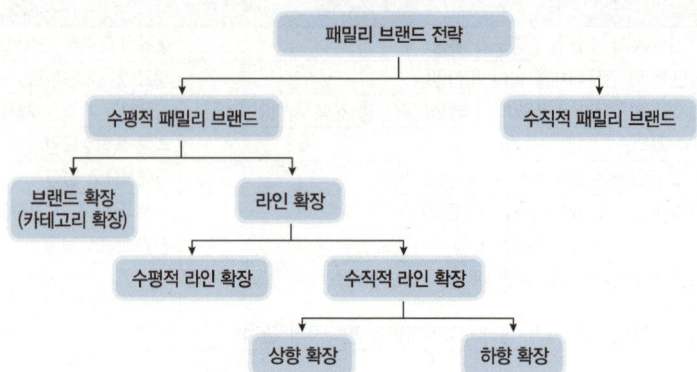

구 분	내 용
수직적 패밀리 브랜드 전략	• 기업명을 모든 제품에 사용 • 성공한 제품명을 기업명으로 사용
수평적 패밀리 브랜드 전략 — 라인 확장 (line extension)	• 기존 브랜드류의 신제품에 기존 브랜드를 사용 • 장점 : 적은 비용으로 높은 효과 • 단점 : 하향확장 시 기존 고급이미지 약화(희석효과) • 하향확장 시 자기잠식 가능성(canibalization), 신제품 이미지에 선입관 작용 가능성
수평적 패밀리 브랜드 전략 — 브랜드 확장 (brand extension)	• 장점 : 적은 비용으로 높은 효과 • 단점 : 신제품 이미지에 선입관 작용 가능성 • 브랜드확장 실패 시 브랜드 자산이 손상되어 원래 제품 판매에 타격을 줄 수 있음 (상호작용효과) • 브랜드 이미지 희석가능성

구 분	유사 범주류	신규 범주류
개별 상표전략	다상표전략	신규 상표전략
수평적 패밀리 브랜드전략	라인 확장전략	브랜드 확장전략

제품범주

브랜드범주	기존	신규
기존	라인 확장	브랜드 확장
신규	복수브랜드	신규브랜드

14 ②

하향 확장시 모브랜드가 저가 형태로 이미지 추락이 나타나게 됨으로서 자기잠식 위험성이 높아진다.

15 ③

복수상표전략이란 본질적으로 동일한 기존제품의 범주에 대하여 두 개 이상의 상이한 상표를 설정하여 별도의 품목으로 차별화하는 전략이다. 새로운 범주의 제품을 출시할 경우 새로운 상표를 창조하는 상표전략은 신상표(신규브랜드)전략이라고 한다.
① 상표인지도란 브랜드가 소비자에게 알려진 정도로서 브랜드 인지도가 높을수록 상표친숙도가 높아짐

16 ⑤

공동브랜드란 둘 이상의 기업이 공동으로 상표를 개발, 이용하는 상표(자원이 적은 중소기업이 주로 선

호)로서 전략적 제휴를 통해 신제품에 브랜드를 공동으로 표기하거나, 시장지위가 확고하지 못한 중소업체들이 공동으로 개발하여 사용하는 브랜드를 말한다.

17 ③

해설 상표연장(brand extension)에 대한 상황임.

18 ①

해설 개별 상표전략에 대한 설명임.

19 ②

해설 원가우위보다는 다양성 확보를 통한 고객화가 목적임.

20 ④

해설 제품 정보 등을 규정하는 것임.

21 ①

해설 레터르(letter)라고도 한다. 상품용기나 포장물 등에 붙일 목적으로 만들어진다. 라벨 표시의 중심은 상품명과 상표인데, 상품에 관해 올바르게 알 권리를 주장하는 소비자의 요구에 따라, 내용·품질·성분·원자재·규격·용량·제조연월일·제조 및 판매원·사용방법 등을 기재하는 활동으로 브랜드의 구성요소로 보기는 어렵다.

22 ⑤

해설 브랜드는 일반적으로 다음과 같은 다섯 가지 요소로 구성됨.
1. 브랜드 네임(Brand Name)
   - 브랜드 이미지를 인식시키고, 고객과의 커뮤니케이션에서 가장 중요한 브랜드의 핵심 요소
   - 친숙성과 차별성, 독특성이 필요
2. 심벌과 로고(Symbol and Logo)
   - 기호화된 모양이나 색 등 시각 정보
   - 상품의 내용을 논리적 판단이 아닌 감정적으로 이해시키는 수단
3. 캐릭터(Character)
   - 기업이나 특정한 상품의 특징을 강조할 목적으로 브랜드를 의인화한 것
   - 개성의 표출이나 친근감 조성을 위한 효과적인 수단
4. 슬로건(Slogan)
   - 기업의 구체적 시장 전략에 사용되는 두 단어 이상의 문장
   - 구체적이고, 적절하고, 기억하기 쉬운 문장을 선택하여 전달(예) 나이키의 Just do it, 소니의 It's Sony 등)
5. 패키지(Package)
   - 1차적 기능: 상품의 보호, 유통, 사용상 편리함 제공
   - 2차적 기능: 상품 정보 제공 및 시각 요소를 통한 브랜드 이미지 전달
     - 징글(jingle): 후렴 등이 딸린 외기 좋은 시구나 어조가 듣기 좋게 배열된 말 등 비슷한 소리의 반복을 의미하는 말로서, 징글마케팅(jingle marketing)이란 짧은 멜로디나 효과음 등을 통해 브

랜드를 연상하게 만듦으로써 브랜드 이미지를 각인시키는 광고기법이다.

23 ①

해설 신상품 개발 프로세스는 일반적으로 아이디어 창출 → 아이디어 평가 → 제품개념(컨셉트)개발 및 테스트 → 마케팅 믹스 개발 → 사업성 분석 → 제품개발(시제품 생산) → 시험시장(시장테스트) → 상업화 (출시) 순서로 이루어진다. 아이디어 창출단계에서는 가능한 많은 아이디어가 도출되도록 한 후 심사 및 평가 단계를 거치며 이는 줄어들 수 있다.

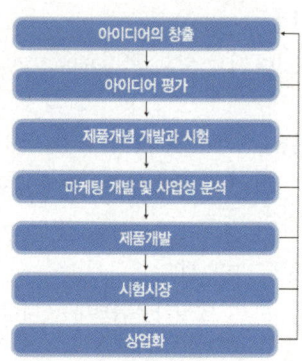

24 ④

해설 신제품에 대한 아이디어가 소비자의 언어로 잘 표현되고 있는지 여부는 시험 마케팅 단계로 보기보다는 제품개념의 시험(concept test) 단계로 보아야 함.

25 ②

해설 신제품 개발과정은 소비자 요구 분석을 기반으로 → 아이디어의 창출과 평가 → 제품개념(concept) 도출과 이의 시험 → 마케팅 믹스 개발 → 사업성분석 → 제품개발(시제품) → 시험 마케팅 → 상업화의 순으로 진행된다.

26 ③

해설 아이디어 창출단계에서는 가능한 한 많은 아이디어를 창의적으로 제출받는 단계이다. 그러나 결합 분석법 즉, 컨조인트 분석은 제품 개념 및 개발단계로서 제품구매 시 소비자가 중요하게 생각하는 제품속성들을 찾아, 이러한 속성별로 소비자가 원하는 속성의 수준을 찾아냄으로써, 최적 신제품개발을 가능케 해주는 조사기법으로서 제품을 구성하는 속성들 각각에 대해 응답자들이 부여하는 가치 또는 중요도를 수치로 계산해주며, 각 속성들의 가능한 수준들에 대해서도 응답자가 부여하는 주관적 가치를 계산해주는 등 유용한 정보를 제공한다. 특히 컨조인트분석을 이용한 제품개발의 첫 번째 단계인 제품컨셉트를 형성하는 주요 제품속성선정은 무엇보다 가장 중요한 단계라 할 것이다.

27 ①

해설
- 혁신자/혁신수용자: innovator, 기술애호가들, 호기심과 모험심
- 조기/초기수용자: early adopter, 혁신제품에 대한 빠른 호감, 의견선도자의 역할을 수행
- 조기/초기다수자: early majority, 신중하고 실용적 특성, 혁신제품이 일시적 유행인지 검토
- 후기다수자: late majority, 혁신에 일단 회의적인 성향, 대중적으로 표준이 되어야 구매
- 최후수용자/혁신지체자: laggards, 혁신을 거부, 마지 못해 구매하는 경향

28 ②

해설 조기수용자(early adopters): 13.5 %

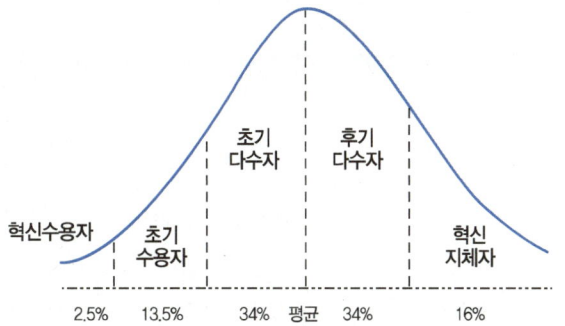

29 ①
해설 소비자의 기존 사용습관에 부합할수록 신제품을 좀 더 이질감 없이 쉽게 받아들일 수 있으므로 수용속도는 빨라진다고 할 수 있다.

30 ③
해설 제품라인의 깊이란 브랜드가 가지고 있는 제품품목의 개수를 의미한다.

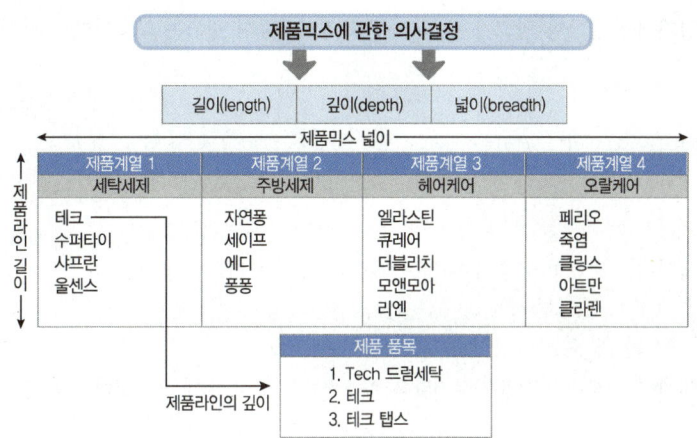

31 ④
해설 현대자동차에 승용차, 버스, 트럭, 승합차가 있다는 것은 제품 계열적 측면이므로 믹스의 깊이가 아닌 제품믹스의 폭(넓이)이 4가 된다.

32 ③
해설 쇠퇴기에 기업은 매출액 감소를 보완하기 위해 유통경로를 축소한다.

33 ④
해설 쇠퇴기의 경우 사양산업으로서 가격인하전략이 사용된다.

34 ①
해설 매출이 점점 증가하는 시기는 성장기 이며, 성숙기에는 고점을 찍고 떨어지기 시작한다.

35 ③

	도입기	성장기	성숙기	쇠퇴기
• 매출 • 이익 • 경쟁자	• 낮음 • 적자 • 소수	• 급속성장 • 증대 • 점차 증대	• 최대매출 • 최대 • 최대/점차감소	• 매출쇠퇴 • 감소 • 쇠퇴
〈마케팅 목표〉	제품의 인지, 사용의 증대	시장점유율 극대화 전략	시장점유율 방어, 이익 극대화	비용 절감, 투자액 회수
시장세분화	무차별	시장세분화 시작	시장세분화 극대화	역세분화
제품전략	기본제품	제품과 서비스의 확대	모델의 다양화	경쟁력 없는 제품의 철수
가격전략	원가가산가격	시장침투가격	경쟁대응가격	가격인하
경로전략	선택적 유통전략	집중적 유통전략	집중적 유통전략의 강화	선택적 유통
광고전략	정보전달형(인지형 광고)	설득형 광고	비교(차별화)광고	상기광고

36 ④

제품인지도를 높여 새로운 구매수요를 발굴하는 단계는 도입기에 해당한다.

37 ②

성장기에는 설득형 광고가 주를 이루며 정보제공형 광고는 도입기에 해당한다고 할 수 있다.

38 ③

성장기는 신장되는 시기로 보아야 함.

39 ③

성숙기에는 완만하게 증가 내지는 체감적 증가가 나타난다.

40 ②

도입기에는 선택적 유통경로전략을 사용한다는 측면에서 유사하다.

41 ①

도입기 – 성장기 – 성숙기 – 쇠퇴기

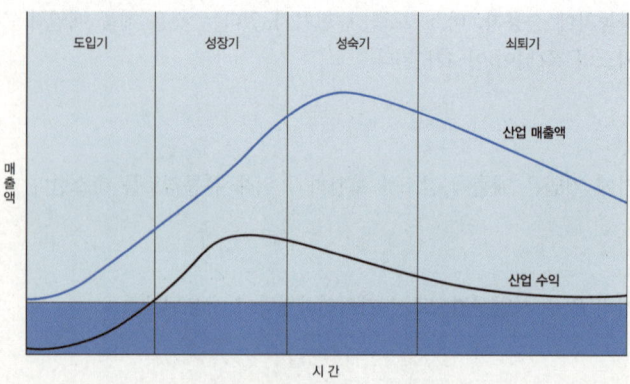

42 ①

해설 상층흡수가격전략(skimming pricing)을 생각하면 됨. skimming 가격전략은 조기현금 회수내지는 품질선도 이미지 구축을 위한 선고가 전략으로서 잠재 구매자들이 가격과 품질 간의 연상을 강하게 갖고 있는 경우나 기업이 기술 특허를 보유하고 있는 경우 등과 같이 경쟁자에 대한 진입장벽을 높게 가지고 갈 경우나 대량생산으로 인한 원가절감 효과가 크지 않은 조건에서 유리하다.

43 ①

해설 매출량이 가장 높은 시기는 성숙기로 경쟁이 심화되고 수요는 포화상태이기 때문에 이익은 점차 감퇴되기 시작한다.

44 ①

해설 도입기에는 원가가산가격, 성장기에는 시장침투가격, 성숙기에는 경쟁대응가격, 쇠퇴기에는 가격인하 정책을 쓴다.

45 ③

해설 품질관리에 중점을 두어야 하는 시기는 도입기이다.

46 ③

해설 주로 혁신고객층을 대상으로 하는 단계는 도입기이다.

47 ①

해설 성숙기에는 경쟁제품이 시장에 출현하여 경쟁이 가장 치열한 시기로 매출액이 서서히 감소하는 시기이다.
② 도입기에는 제품이 처음으로 시장에 출시되는 시기로 제품에 대한 인지도나 수용도가 낮은 시기이다.
③ 쇠퇴기에는 판매가 감소하는 단계로 이익이 매우 적은 시기이다.
④ 성장기에는 수요가 급속히 늘어나 실질적인 이익이 창출되는 시기이다.

48 ①

해설 기술의 진전에 따라 신제품 개발이 활발해져 그만큼 제품수명 주기가 짧아지고 있다.

49 ①

해설 성장기에 대한 설명으로 이 시기에는 이익과 매출액이 급격히 증가하는 시기이다.
② 성숙기에 대한 설명, 이 시기에는 신제품개발전략이 요구되는 시기이다.
③ 도입기에 대한 설명, 이 시기에는 제품을 소개하고 홍보하기 위한 광고를 강화해야 한다.
④ 쇠퇴기에 대한 설명으로 취약제품을 폐기하고, 비용절감을 해야 한다.

50 ④

해설 성숙기의 상품은 소매점에서는 큰 이익을 기대할 수 없으나 재고에 주위하면서 판매를 계속해 나아가며, 또한 시장 세분화와 물적 유통의 합리화가 이룩된다.

51 ①

해설) 도입기에 대한 설명

52 ②

해설) 대량 생산 판매를 통한 매출의 증가로 인한 이익증가가 나타나지만 경쟁자가 유입되므로 신규 고객확보와 생산의 확장과 투자증대가 요구되는 성장기의 주요 특징이라고 볼 수 있다.

53 ③

해설) 후기수용자라는 개념을 사용하지 않았으며 아래와 같이 구분하였다.
- 혁신자/혁신수용자 : innovator, 기술애호가들, 호기심과 모험심
- 조기/초기수용자 : early adopter, 혁신제품에 대한 빠른 호감, 의견선도자의 역할을 수행
- 조기/초기다수자 : early majority, 신중하고 실용적 특성, 혁신제품이 일시적 유행인지 검토
- 후기다수자 : late majority, 혁신에 일단 회의적인 성향, 대중적으로 표준이 되어야 구매
- 최후수용자/혁신지체자 : laggards, 혁신을 거부, 마지못해 구매하는 경향

54 ⑤

해설) 브랜드 확장(brand extension)에 대한 설명임. 개별상표전략과 패밀리브랜드 전략을 비교하여보면 다음과 같다.

구분	유사 범주류	신규 범주류
개별상표전략	다상표전략	신규상표전략
수평적 패밀리 브랜드전략	라인 확장전략	브랜드 확장전략 (범주/카테고리 확장)

추가로 공동 브랜딩(co-branding)은 공동 상표 마케팅이라고도 불리는 전략으로, 적은 비용으로 더 많은 판매를 달성하고 자사 제품의 브랜드 가치를 높이기 위해 이미 구축되어 있는 연상을 가지고 있는 두 개 이상 브랜드를 서로 합쳐 사용하는 것이다.

즉, 소비자 인식에 강력한 이미지(image)가 있는 브랜드들의 합작으로 각 브랜드들의 파워를 더 크고 강하게 만들 수 있는 장점이 있다. 이러한 사례로는 신용 카드사의 경우가 가장 흔한데, 이들 신용 카드 브랜드들은 음식점, 정유회사, 각종 놀이공원, 학원, 백화점 등과 공동 브랜딩 제휴를 통해 소비자들에게 자사의 브랜드 자체를 알리면서 혜택을 다양하게 제공하고 있다.

55 ③

해설) 반응성은 서비스의 특성이라기보다는 서비스 평가모형인 SERVQUAL의 5가지 차원(유형성, 신뢰성, 반응성, 공감성, 확신성)에 해당하는 것이다.

56 ②

해설) 서비스는 무형적 특성을 가지지만 물리적 요소와 결합하여 자본집약형태의 유형화를 도모하기도 한다(무형의 유형화). 예를들어 항공사, 호텔 등도 이러한 형태라고 볼 수 있다.

특 성	생산시스템	서비스운영시스템
산출물의 특성	유형인 제품(유형성)	무형인 서비스(**무형성**)
생산과정에 고객참여	최소한의 생산과정 참여 (낮은 참여도)	밀접하게 생산과정에 참여(높은 참여도) ▸ 서비스는 서비스제공자와 분리될수 없다(**비분리성**)
생산과 소비의 동시성	지연된 소비(간격성)	즉시 소비(**동시성**)
재고보유 가능성	재고보유 가능(저장성)	재고보유 불가능(**비저장성 또는 소멸성**)
성과측정의 어려움	쉬운 품질측정	어려운 품질측정 ▸ 서비스는 제공자에 따라 또한 언제, 어디서, 어떻게 서비스하느냐에 따라 서비스의 품질이 달라지기 때문에 표준화하기 어렵다.(**변동성**)
생산설비의 특징	설비집약생산(자본집약적)	노동집약생산(노동집약적)
시장 규모	넓다	좁다
시스템의 규모	크다(대규모 설비)	작다(소규모 설비)
입지선정	비교적 자유롭다	고객소재지에 입지
관리	마케팅과 생산기능이 분리됨	마케팅과 생산기능이 밀착됨
생산공정	복잡함	단순함

57 ④

해설 서비스의 특성에는 무형성, 비분리성, 이질성(변동성), 소멸성이 있으며 서비스의 품질에 대해서 다른 평가를 내리는 것을 이질성 또는 서비스품질의 변동성이라고 한다.

58 ②

해설 제품과 다른 서비스의 특성으로 무형성(intangibility), 비분리성(inseparability), 변동성(이질성), 소멸성(perishability) 등을 들 수 있다. 서비스의 특성 가운데 비분리성(inseparability)이란 생산과 동시에 소비가 발생한다는 의미임.

59 ②

해설 SERVQUAL 모형은 서비스 품질을 기대한 서비스(expected service)와 인지된 서비스(perceived service)의 차이로 측정하는 모형으로서, 고객이 서비스품질을 판단하는 차원에는 신뢰성(reliability), 반응성(responsiveness), 확신성(assurance), 공감성(empathy), 유형성(tangibles) 등이 있으며, 이 모형은 기본적으로 서비스품질의 갭 모형(quality gap model)을 근거로 고객만족을 조사하기 위한 효과적인 도구라고 할 수 있다. 반응성(responsiveness)은 응답성 또는 대응성이라고도 하는데 고객을 돕고 즉각적인 서비스를 제공하려는 의지를 의미한다. 고객에 대한 배려와 개인적 관심은 공감성(empathy)로서 이는 접근용이성, 원활한 의사소통과 고객에 대한 충분한 이해적 의미로 해석되는 것임.

60 ②

해설 판매원의 설득 노력이 장점인 것은 마케팅 믹스 전략 중 촉진 활동 중에서 인적 판매가 해당한다고 볼 수 있다.

- 인터넷 마케팅의 특징
  ① 미디어 기능 & 시장의 기능, ② 소비자의 전환비용이 매우 낮고 인터넷상의 진입장벽이 높지 않음, ③ 소비자는 가격에 매우 민감함, ④ 소비자의 습성상 자주 찾는 익숙한 사이트에 자주 접속하게 됨, ⑤ 고객과의 관계가 더 중요해지게 되고 기존 고객의 유지 개념이 중요하게 부각, ⑥ 구전마케팅(word of mouth MKT)이 중요: viral MKT, virus MKT, ⑦ 수확체증의 법칙(increasing returns of scale)

이 발생, ⑧ 보안에 대한 노력이 많이 요구됨, ⑨ 중간상 재창출효과, ⑩ 다양한 소비자와 다양한 공급자로 mass customization 가능

61

해설 ⑤

소멸성(perishability)은 무형성, 비분리성, 변동성과 함께 서비스의 4대 특징에 해당하는 것으로 SERVQUAL 품질평가 차원에는 포함되지 않는다. SERVQUAL 모형에서 고객이 서비스 품질을 판단하는 차원에는 신뢰성(reliability), 반응성/대응성(responsiveness), 확신성(assurance), 공감성(empathy), 유형성(tangibles) 등이 있다.

서비스 품질평가 10차원	SERVQUAL 차원	SERVQUAL 차원 정의
유형성	유형성	물리적 시설, 장비, 외관, 직원, 제반자료 및 설명서 커뮤니케이션 자료의 외양
신뢰성	신뢰성	약속한 서비스를 믿을 수 있고 정확하게 수행할 수 있는 능력 약속시간 준수, 성심성의, 제대로 서비스, 실수하지 않음
반응성	반응성	고객을 돕고 신속한 서비스를 제공하려는 자세(대응성/ 응답상) 서비스 제공시간 정확, 신속한 서비스, 언제나 가까운 고객 지원
능력	확신성	직원의 지식과 예절, 신뢰와 자신감을 전달하는 능력 거래의 안전, 친절, 어떤 문의도 대답 가능, 확신을 주는 직원
예절		
신빙성		
안전성		
가용성	공감성	관심, 고객에게 편리하게 시간 맞춤, 고객 욕구 이해, 접근성 회사가 고객에게 제공하는 개별적 배려와 관심
커뮤니케이션		
고객 이해		

62

해설 ④

SERVQUAL 모형은 서비스 품질을 기대한 서비스(expected service)와 인지된 서비스(perceived service)의 차이로 측정하는 모형으로서, 고객이 서비스품질을 판단하는 차원에는 신뢰성(reliability), 반응성/대응성(responsiveness), 확신성(assurance), 공감성(empathy), 유형성(tangibles) 등이 있으며, 이 모형은 기본적으로 서비스품질의 갭 모형(quality gap model)을 근거로 고객만족을 조사하기 위한 효과적인 도구라고 할 수 있다.

63

해설 ⑤

동질성은 서비스의 기본적 4대 특징에 해당하지 않음.

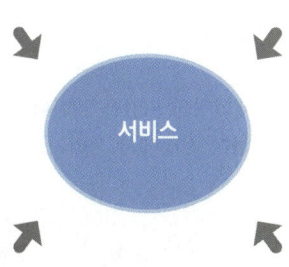

심화문제

1 ②
해설 : 신제품이 시장에 도입되어 쇠퇴할 때까지의 기간을 말한다기 보다는 하나의 제품이 시장에 출시 된 후 성장과 성숙과정을 거쳐 결국 쇠퇴하여 시장에서 사라지는 전반적인 제품의 변천과정을 설명하여주는 모형이다.

2 ②
해설 : 촉진(Promotion)은 4P에 해당함.

생산자/판매자 관점	변화	소비자/구매자 관점		개념
4P		4C	4A	
Product (제품)	⇒	Customer Value (고객가치)	Acceptability (수용성)	• Product: 기업이 목표시장에 제공하는 재화와 서비스의 묶음. • Customer Value: 고객에게 어떤 가치를 줄 것인가 • Acceptability: 제품이 고객의 기대치를 초과하는 정도.
Price (가격)	⇒	Cost (비용)	Affordability (가용성)	• Price: 제품을 얻은 대가로 지불해야하는 금액 • Cost: 고객이 제품 구매 시 지불할 만큼의 비용적 가치가 있는가 • Affordability: 고객이 제품 가격을 지불할 의향이 있고 지불할 수 있는 정도
Place (유통)	⇒	Convenience (편리성)	Accessibility (접근성)	• Price: 목표고객이 제품을 쉽게 이용할 수 있도록 하는 기업 활동 • Convenience: 고객입장에서 얼마나 편리하게 접근이 가능할까 • Accessibility: 고객이 제품을 쉽게 얻을 수 있는 정도
Promotion (촉진)	⇒	Communication (의사소통)	Awareness (인지도)	• Promotion: 제품의 장점을 알리고 목표고객이 구매하도록 설득하는 활동 • Communication: 고객과의 양방향 소통 • Awareness: 고객이 제품의 특징에 대해 알고 재구매할 것을 상기하는 정도

기본적인 판매자 관점의 4P는 Product(제품), Price(가격), Place(유통), Promotion(촉진)이며, 여기에 구매자 관점을 반영하여 만들어진 것이 4A이다. 구매자 관점의 4A에는 Acceptability(수용성), Affordability(가용성), Accessibility(접근성), Awareness(인지도)가 있다.

아울러 소비자 관점에서의 4C는 Customer Value(고객가치), Cost(비용), Convenience(편리성), Communication(의사소통)이 있다.

보충 : 포털 서비스 마케팅 전략의 4C : 인터넷 마케팅의 전략적인 요소로 콘텐츠(contents), 커뮤니케이션(communication), 커머스(commerce), 커뮤니티(community)를 말한다. 4C는 포털 서비스가 반드시 갖추어야 할 요건에서 출발하여 인터넷 비즈니스의 마케팅 요소로서 각 분야를 나타는 의미로 발전하였다. 사이트 운영업체들은 고객에게 보다 나은 4C 서비스를 제공하고, 솔루션 업체들은 보다 나은 4C를 가능케 하는 기술개발을 목표로 하고 있어 모든 인터넷 업체들의 지향점은 4C에 초점이 맞추어져 있다고 할 수 있다.

3 ⑤
해설 : 제품믹스란 기업이 제공하는 모든 개별제품들의 집합을 의미한다. 유사하거나 유사한 유통경로를 사용

하는 관련된 제품들의 집합은 제품계열이라고 한다.

4 ①

해설 신제품 개발은 아이디어창출(브레인스토밍 등을 통하여 가급적 많은 아이디어를 창출) → 아이디어 스크리닝 및 평가(시장에서 반응이 좋을 것으로 예상되는 아이디어의 선정과정임) → 제품컨셉 개발(서베이 등을 통하여 소비자들에게 제품개념의 적합성을 확인) → 마케팅 믹스 개발을 포함한 사업타당성 분석 (경제성의 분석) → 제품 개발(물리적 형태의 제품 개발로서 시제품 출시단계) → 시험마케팅 → 시장생산(상업화)의 순서로 이루어진다. 아이디어 스크리닝 및 평가과정에 제품컨셉 개념이 포함하여 판단하는 경우도 있음.

5 ①

해설 성장기에 경쟁이 시작되어 성숙기에는 경쟁이 최대화 된다. 이익률이나 판매성장률이 증가되는 것은 성장기의 특징이고 제품의 인지를 위한 광고는 도입기의 특징이다.

6 ③

해설 공동상표(cooperative brand)란 여러 기업들이 공동으로 개발하여 사용하는 상표로 자금이 부족한 중소기업들이 브랜드의 인지도를 높이기 위하여 주로 사용하는 전략이다. 공동상표를 사용하게 되면 저렴한 비용으로 인지도를 높일 수 있으나 품질의 통제가 어렵다는 것이 단점이다.

7 ④

해설 마케팅 믹스(4P)라고 '하면 제품(product), 가격(price), 경로(place), 촉진(promotion)을 의미하며, 포장은 제품 중 유형제품의 유형에 해당한다.

8 ③

해설 증폭제품은 확장제품을 의미하는 것으로서 설치, 배달, 보증, A/S 등 유형제품 이외의 부가적인 서비스의 제공물들을 의미한다.

9 ①

해설 c. 제품컨셉 개발에서는 시제품을 만드는 것이 아니라 설문조사 등을 통하여 제품 개념의 적합성을 조사하는 것이다.
d. 제품개발 후 시장테스트에서 성공하면 제품을 대규모로 출시하는 것이다.

10 ④

해설 복수상표전략(Multi-brand Strategy)은 기업이 동일 시장 내에서 두 가지 이상의 브랜드를 출시하는 전략으로, 소비자 집단의 다양한 니즈(Needs)를 충족시켜 시장점유율을 높이고 경쟁사의 위협으로부터 자사 브랜드를 보호하기 위해 활용한다. 다른 문화권에 속하는 시장에 진출할 때에도 사용하는 전략이다.
① 일반적으로 무상표전략이 유상표전략보다 원가부담이 더 낮다.
② 유통업자 상표는 롯데백화점 등의 대형유통기관이 사용하는 것이 유리하다.
③ 각 제품 시장규모가 어느 정도 확보되어야 개별상표전략을 사용할 수 있다.
⑤ 상표확장전략은 상품간 생산기술상의 관련성이 높을수록 성공할 가능성이 높다.

11 ⑤

해설 사전적인 의미에서 컨조인트분석이란 고려할 수 있는 변수들은 모두 결합하여 분석하는 방법이다. 컨조인트분석에서 고려하는 주요 변수는 특정 브랜드가 가지고 있는 속성으로 소비자들이 여러 브랜드 중에서 특정의 브랜드를 선택할 경우에는 여러 속성들 중에서 자신에게 가장 큰 효용을 주는 속성의 제품을 선택한다는 것이 컨조인트분석의 기본적인 가정이다. 즉, 컨조인트 분석은 소비자가 느끼는 제품의 속성에 대한 효용과 그 효용의 가치를 산출하여 제품의 컨셉을 잡는데 이용하는 방법이라고 할 수 있다. 군집분석은 대상(개체 혹은 변수)들이 지니고 있는 다양한 이질적인 특성을 유사성(similarity)을 바탕으로 동질적인 집단으로 묶어 주는 방법으로서, 대상들의 명확한 분류기준이 존재하지 않거나 밝혀지지 않은 상태에서 유용하게 이용될 수 있는 방법이다. 이 방법의 기본골격은 여러 특성값들의 유사성을 거리로 환산하여 거리가 가까운 대상들을 동일한 집단으로 군집화 시키는 것이다.

12 ⑤

해설 소비자의 마음속에 브랜드 이미지가 자리잡게 되면 이미 상품에 대한 평가에 투입하는 노력을 대폭 감소시킬 수 있다(사고비용이 줄어든다.).

13 ②

해설 라인확장전략이란 동일한 제품 범주 내에서 새로운 제품을 추가시키면서 기존의 브랜드를 이용하는 전략으로 소비자의 다양성은 충족시켜 주면서 상대적으로 낮은 비용과 낮은 위험(제품간의 이질성이 크면 위험이 높아짐)을 부담할 수 있다.

14 ③

해설 서비스창출과정은 고객의 소비와 동시에 일어나는 경우가 제조업보다 많은데 이를 서비스의 생산과 소비의 동시성이라고 한다. 서비스의 특징으로는 무형성, 서비스 질의 이질성, 생산과 소비의 동시성, 서비스 잠재력의 소멸성, 고객과의 관계 중요성, 품질평가의 어려움 등이 있다. 서비스는 제품에 비해 고객접촉도가 높다.

15 ②, ③

해설 ① 제품을 여러 기준에 의하여 분류하는 것은 제품별 특성을 찾아서 그에 적합한 마케팅 믹스를 개발하는 등 다양한 이유들이 있다.
④ 제품은 어느 한 가지 효용으로만 이루어진 것이 아니며 눈에 보이는 것 뿐만 아니라 눈에 보이지 않는 것도 제품이 될 수 있다.
⑤ 낮은 유통원가와 대량노출, 대량광고 등이 가장 중요한 마케팅 전략 수단이 되는 제품은 편의품이다.

16 ③

해설 주문자 상표 부착방식은 주문자에게 하청을 받아 주문자 즉, 바이어의 요구대로 주문자의 브랜드로 생산하는 방식으로 자사 브랜드 이미지를 구축하기 어렵고(주문자의 상표로 상품이 시장에 판매됨) 바이어의 의존도가 높으며 마진율이 낮다(주문자가 마진의 일정부분을 share하므로 자사상표보다 마진율이 낮음).

17 ③

해설 b. 서비스는 탐색적 속성, 경험적 속성, 신뢰적 속성으로 품질평가를 하는데 서비스의 특성상 소비자들은 자신이 경험한 후 서비스를 평가하는 경향이 있다.

d. SERVQUAL모형이 서비스 기대치와 성과치의 차이를 측정하는 방법이고 SERVPERF 모형은 서비스 성과치만을 측정하는 모형이다.

18　⑤
해설　산업재는 소비재에 비하여 수요층이 한정되어 있으므로 광범위한 유통망 보다는 전속적 유통망이 더 적합하다.

19　②
해설
c. 인터넷쇼핑몰에서는 전환비용이 낮아 가격에 민감한 것은 사실이나 소비자들이 저렴한 가격만으로 구매의사결정을 하는 것은 아니다.
d. 인터파크, 다음쇼핑몰 등은 인터넷 유통경로에서 재창출된 중간상들이다.

보충　인터넷 마케팅의 특징
- 미디어 기능 & 시장의 기능
- 소비자의 전환비용이 매우 낮고 인터넷상의 진입장벽이 높지 않음
- 소비자는 가격에 매우 민감함
- 소비자의 습성상 자주 찾는 익숙한 사이트에 자주 접속하게 됨(포털 사이트 등을 통한 고객의 유입을 고려하여야 함), B2B(Business to Business)
- 고객과의 관계가 더 중요하게 되고 기존 고객의 유지개념이 중요하게 부각
- 구전마케팅(word of mouth MKT)이 중요: viral MmKT, virus MKT
- 수확체증의 법칙(increasing returns of scale)이 발생
- 보안에 대한 노력이 많이 요구됨
- 중간상 재창출효과
- 다양한 소비자와 다양한 공급자로 mass customization 가능

20　③
해설
b. 높은 브랜드 인지도로만 브랜드자산의 가치가 증가되는 것은 아니다.
c. 기존 브랜드와 다른 상품범주에 속하는 신상품에 기존 브랜드를 붙이는 것을 브랜드 확장이라고 한다.

21　④
해설　SERVQUAL 모형은 호텔 등에만 한정적으로 사용되는 모형이 아니라 서비스 산업 전반에 적용가능한 모형이다.

보충
- SERVQUAL 모형: 1985년 파라슈라만(A. parasuraman), 발레리 자이사믈(Valarie Zeithaml) 레너드 베리(Leonard L. Berry)라는 세 사람의 학자가 SERVQUAL 모델을 발표. 서비스 품질의 특성을 10가지 차원으로 정의(유형성, 신뢰성, 반응 성, 고객이해, 가용성/접근성, 커뮤니케이션, 안전성, 신빙성, 능력, 예절성)
- PZB(Parauraman, Zeithaml, Berry)는 1988년 실증적 방법을 통한 변수 수정 SERVQUAL 모형의 차원을 10개에서 5개로 재정의
  → 신뢰성(reliability), 반응성/대응성(responsiveness), 확신성(assurance), 공감성(empathy), 유형성(tangibles)

서비스 품질평가 10차원	SERVQUAL 차원	SERVQUAL 차원 정의
유형성	유형성	물리적 시설, 장비, 외관, 직원, 제반자료 및 설명서 커뮤니케이션 자료의 외양
신뢰성	신뢰성	• 약속한 서비스를 믿을 수 있고 정확하게 수행할 수 있는능력 • 약속시간 준수, 성심성의, 재대로 서비스, 실수하지 않음
반응성	반응성	• 고객을 돕고 신속한 서비스를 제공하려는 자세(대응성 / 응답상) • 서비스 제공시간 정확, 신속한 서비스, 언제나 가까운 고객 지원
능력	확신성	• 직원의 지식과 예절, 신뢰와 자신감을 전달하는 능력 • 거래의 안전, 친절, 어떤 문의도 대답 가능, 확신을 주는 직원
예절		
신빙성		
안전성		
가용성	공감성	• 관심, 고객에게 편리하게 시간 맞춤, 고객 욕구 이해, 접근성 • 회사가 고객에게 제공하는 개별적 배려와 관심
커뮤니케이션		
고객 이해		

- 모형은 기본적으로 서비스 품질의 갭 모형(quality gap model)을 근거로 고객만족을 조사하기 위한 효과적인 도구라고 할 수 있다.
- 서비스 품질을 기대한 서비스(expected service)와 인지된 서비스(perceived service)의 차이로 측정하는 모형으로서 이를 수식화하여 보면 다음과 같다.
  → 서비스 품질 = 성과(인지된 서비스) − 기대(고객의 기대)

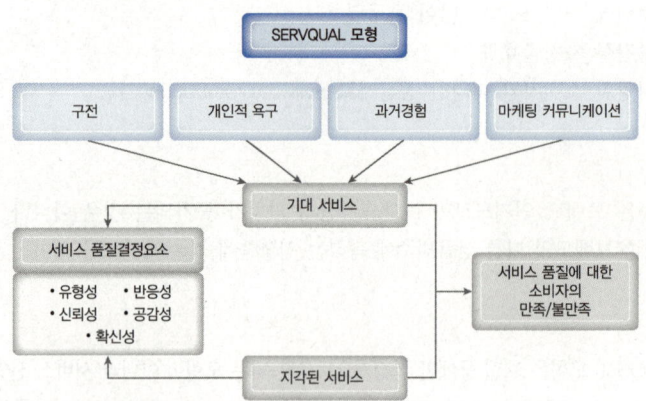

22 ④

해설 기존 브랜드와 다른 제품범주에 속하는 신제품에 기존 브랜드를 사용하는 것을 브랜드확장(brand extension)이라고 한다. 하지만 우리가 '신상품'이라고 부르는 것의 대부분이 이러한 패밀리 브랜드 전략이 적용된 것은 아니다.

23 ②

해설 고객의 다수가 혁신자인 제품수명주기는 도입기이며, 쇠퇴기에는 주로 지연수용층이 존재한다.

24 ④

해설 제품은 형태가 존재하지만 서비스는 형태가 존재하지 않는 경우가 일반적이다. 따라서 서비스는 무형성을 특징으로 하고 있다. 서비스의 품질 수준 향상을 위해 물적기반의 유형성을 도모하기는 하나 일잔적인 서비스의 기본 특성은 무형성으로 파악하여야 한다.

25 ①
해설 쇠퇴기에는 신규고객의 보수성은 증가하게 된다.

26 ⑤
해설 산업재의 구매자는 지역적 편중도가 높은 특징이 있다.

27 ⑤
해설 두 상품 범주 간에 유사성이 높을수록 카테고리확장이 성공할 가능성이 높으며, 여기서 유사성이란 '상품과 상품 사이의 유사성'을 의미하는 것이고 '브랜드 이미지와 상품 사이의 유사성'까지를 포함하는 개념이다.

28 ②
해설
① 신상품 개발 프로세스는 일반적으로 아이디어 창출 및 심사 → 컨셉트 개발 및 테스트 → 마케팅 믹스 개발 → 업성분석 → 시제품 생산 → 시장테스트 → 출시 단계로 이루어진다.
③ 신상품 컨셉트, 즉 제품 개념의 개발은 아이디어를 소비자가 사용하는 언어나 그림 등을 통하여 보다 구체화시킨 것으로서 고객의 관점에서 의미를 부여한 것이라고 할 수 있다.
④ 신상품이 '내구재인가' 아니면 '비내구재인가'는 시장 테스트의 방법과 의미에 큰 영향을 미친다고 볼 수 있다.
⑤ 아이디어 창출 및 심사 단계에서는 많은 아이디어를 창출하는 것이 중요하며, 아이디어의 원천은 사내(예 종업원, 최고경영자 등), 사외(예 최종 소비자, 유통업체, 공급업체, 국내외 경쟁자, 다른 산업/국가 등)를 망라해서 활용되어야 한다.

29 ①
해설 서비스는 제품과 구별되는 여러 가지 고유의 특성을 지니고 있는데, 이를 정리하면 다음과 같다.

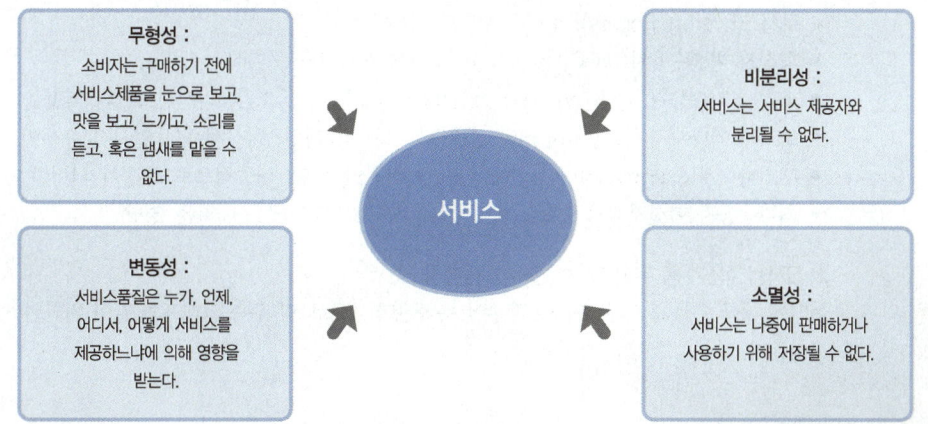

⑤ 그뢴루스(Grönroos)의 2차원 서비스 품질모형이란 소비자들이 서비스에 대해 크게 두 가지 측면에서 서비스의 질을 평가한다고 보는 모형이다. 즉 서비스 제공부터 무엇을 받았느냐와 그것을 어떻게

받았느냐의 두 가지 측면에서 전반적인 서비스를 평가한다는 것이다. 두 개의 차원은 결과품질 (outcome quality)과 과정품질(process quality)이다.
- 결과 품질: 고객이 서비스 기업으로부터 무엇을 받았는가를 나타낸다. 기술적 품질이라고 불린다. 레스토랑에서 음식의 맛이나 병원에서 성공적인 수술결과가 결과 품질에 해당한다.
- 과정 품질: 고객이 서비스를 어떻게 받는가 또는 서비스 제공과정을 어떻게 경험하는가를 나타낸다. 기능적 품질이라고도 한다. 레스토랑의 종업원이 얼마나 친절하게 했는가나 병원에서 의사가 얼마나 자상하게 진찰 후 설명을 해주었는가 등이 이에 속한다.

30 ②

해설 신제품개발프로세스에서 마케팅믹스 개발은 마케팅 전략 개발 단계에서 다루므로 사업성 분석 전에 시행됨.

31 ②

해설 신상품 개발 프로세스는 일반적으로 아이디어 창출 및 심사 → 컨셉트 개발 및 테스트 → 마케팅 믹스 개발 → 사업성 분석 → 시제품 생산(제품개발) → 시장테스트 → 출시(상업화) 순서로 이루어진다.

보충 ① 로저스(Rogers)는 혁신의 수용과 확산모형에서 소비자들을 신제품 수용 시점에 따라 혁신소비자(innovator), 조기수용자(early adopter), 조기다수자(early majority), 후기다수자(late majority), 지각수용자(laggard)로 구분하였다 이를 정리하면 다음과 같다.
- 혁신자 / 혁신수용자: innovator, 기술애호가들, 호기심과 모험심
- 조기 / 초기수용자: early adopter, 혁신제품에 대한 빠른 호감, 의견선도자의 역할을 수행
- 조기 / 초기다수자: early majority, 신중하고 실용적 특성, 혁신제품이 일시적 유행인지 검토
- 후기다수자: late majority, 혁신에 일단 회의적인 성향, 대중적으로 표준이 되어야 구매
- 지각수용자 / 혁신지체자: laggards, 혁신을 거부, 마지 못해 구매하는 경향

32 ①

해설 신제품 확산(diffusion)과 관련한 신제품의 특성에는 상대적 이점, 단순성, 고객과의 커뮤니케이션 가능성, 고객 욕구에의 부합성 등을 들 수 있으며 이는 신제품 확산에 영향을 미치는 신제품 특성 요인이라고 할 수 있다.

※ 로저스(Everett Rogers), 혁신의 수용과 확산모형
- 혁신자/혁신수용자: innovator, 기술애호가들, 호기심과 모험심
- 조기/초기수용자: early adopter, 혁신제품에 대한 빠른 호감, 의견선도자의 역할을 수행
- 조기/초기다수자: early majority, 신중하고 실용적 특성, 혁신제품이 일시적 유행인지 검토
- 후기다수자: late majority, 혁신에 일단 회의적인 성향, 대중적으로 표준이 되어야 구매
- 최후수용자/혁신지체자: laggards, 혁신을 거부, 마지못해 구매하는 경향

※ S자형 혁신수용 누적 확산곡선과 캐즘현상
혁신에 대한 수용을 시간 흐름에 맞추어 누적된 형태로 보면 우측 그래프와 같이 완만한 S자형 그래프를 보여준다.

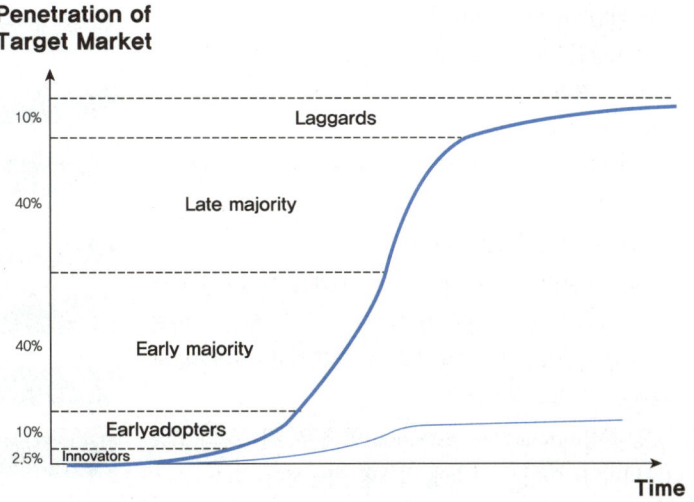

결국 신기술 혹은 혁신은 초기에 일부 수용자들에게만 전파되다가 기술의 표준화 또는 기술 및 혁신이 기업체들에 보편화되면서 신제품에 대한 확산 속도는 빠르게 진행되며 이에 대한 수용 역시 급격한 증가세를 보이다 충분히 보급되면 다시 완만한 모습을 보이게 되며 이는 제품 및 산업의 유형에 따라 다른 기울기를 보여줌.

하지만 이 모형은 이후 현실과의 괴리감을 보이이게 된다. 이는 처음에는 사업이 잘되는 것처럼 보이다가 더 이상 발전하지 못하고 마치 깊은 수렁에 빠지는 것과 같은 심각한 정체 상태에 이른 것을 말한다. 특히 인터넷 비즈니스에 이런 캐즘 현상이 심각하다. 캐즘이란 원래 지질학 용어로, 지층 사이에 큰 틈이나 협곡이 생긴 것을 말하는데 벤처기업의 경우 계속해서 성장하는 것이 아니라 성장하다 단절이 생기는 것을 피할 수 없다는 뜻으로 빗대어 이른 말이다. 아무리 뛰어난 기술도 일반인들이 쉽게 사용하기까지는 시간이 걸리기 때문이다.

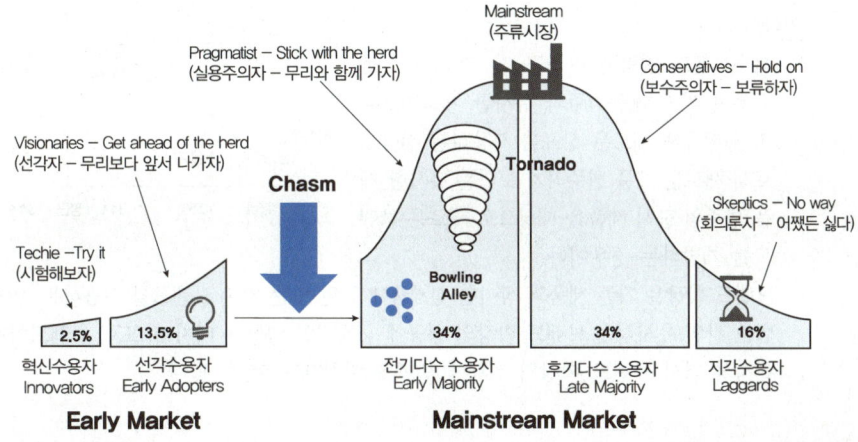

33 ②

해설 선매품(shopping goods)은 브랜드 대안 간 비교가 많이 이루어지는 상품이라고 할 수 있다.

34 ④

해설 제품수명주기는 제품 수준에서 사용되는 개념임.

① 제품라인(product line) 내에 새로운 품목을 추가할 경우 자기시장잠식(cannibalization) 문제가 발생할 수 있다. 특히, 수직적 라인 확장시 하향확장의 경우 많이 발생할 가능성이 크다.
② 신제품개발 프로세스에서 '마케팅믹스 개발'은 '컨셉트 개발 및 테스트' 후에 실시된다. 이러한 신제품 개발 과정을 살펴보면 우측 그림과 같다.
③ 브랜드와 관련된 이미지(연상) 즉, 브랜드 연상이란 브랜드를 떠올릴 때 드는 생각이나 느낌을 의미하는데 이러한 느낌이 호의적이고(유리하고), 독특하고, 강력할수록 브랜드 자산이 커진다.
⑤ 상향 확장(upward line extension)의 경우, 신제품의 고급(프리미엄) 이미지 구축에 실패할 가능성이 있다.

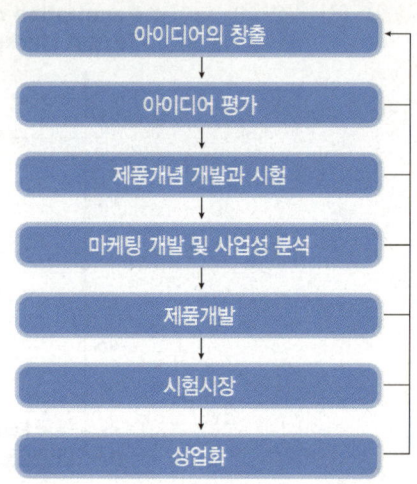

35 ②

해설
a. 후기다수 수용자(late majority)는 조기다수수용자 바로 다음에 신제품을 수용하는 소비자 집단이다. 조기 수용자(early adopters) 는 혁신층 다음, 조기다수자 앞에 위치한다. 이를 그림으로 파악하면 아래와 같다.
c. 시장규모는 성숙기가 성장기 보다 더 크지만 시장의 확산 속도는 성장기가 더 크다고 할 수 있다. 아울러 제품원가는 대량생산체계에 들어간 성장기 보다 도입기에 더 크다고 할 수 있다.

36 ①

해설
하향 확장 시 기존 고급이미지 약화와 같은 브랜드 희석효과(dilution effect)의 발생 가능성을 높인다.
b. 복수브랜드 전략은 다상표 전략이라고도 불리우며 기존 제품범주와 유사한 제품범주류의 신제품에 새로운 상표를 사용하는 전략으로서 새로운 제품 범주라기 보다는 유사한 제품 범주의 출시 제품을 대상으로 새로운 브랜드를 개발하는 경우이다.

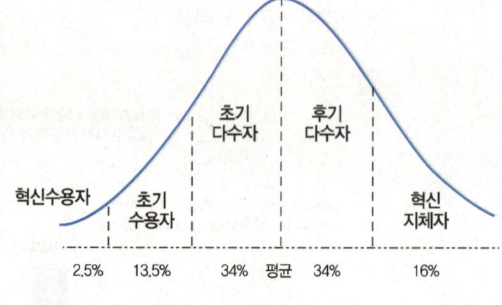

c. 브랜드 확장은 기존 제품과 상이한 신제품에 동일 또는 기존 브랜드를 사용하는 전략으로서, 두 제품 범주 간의 유사성은 브랜드 확장의 성공에 긍정적인 영향을 미치며, 또한 브랜드이미지와 제품 간의 유사성 역시 브랜드 확장의 성패에 영향을 미친다고 할 수 있다.

37 ②

해설
a. 기존 브랜드와 다른 제품 범주에 속하는 신제품에 기존 브랜드를 붙이는 것은 라인확장(line extension)이 아니라 브랜드확장(brand extension)이다.
c. 라인확장을 할 때 자기잠식(cannibalization)의 위험성은 상향 확장보다 하향 확장에서 높다. 하향확장 시 기존 고급이미지 약화(희석효과), 자기잠식 가능성(canibalization), 신제품 이미지에 선입관 작용 가능성이 크다.

38 ①

해설 추상적 이미지를 구체화 시키게 됨으로 구체적 이미지의 브랜드가 추상적 이미지의 브랜드보다 확장 범위가 좁다고 볼 수 있다.

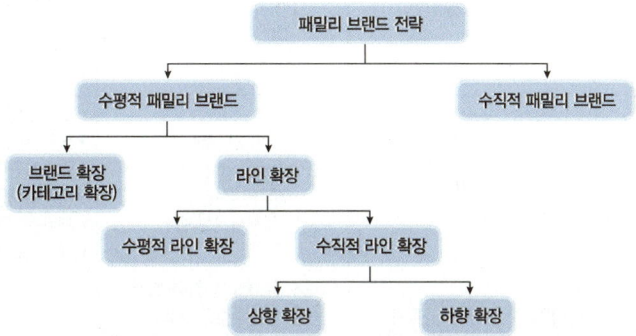

- 개별상표전략과 패밀리 브랜드전략의 비교

구 분	유사 범주류	신규 범주류
개별상표전략	다상표전략	신규상표전략
수평적 패밀리 브랜드전략	라인 확장전략	브랜드 확장전략 (범주/카테고리 확장)

- 개별상표전략

구 분	내 용
다상표전략	기존 제품범주와 유사한 제품범주류의 신제품에 새로운 상표를 사용하는 전략
신규상표전략	기존 제품범주와 상이한 제품범주류의 신제품에 새로운 상표를 사용하는 전략

39 ③

해설 라인확장이 아니라 브랜드(범주/카테고리) 확장에 대한 설명임.

- 개별상표전략과 패밀리 브랜드 전략의 비교

구분	유사 범주류	신규 범주류
개발상표전략	다상표전략	신규 상표전략
수평적 패밀리 브랜드전략	라인 확장전략	브랜드 확장전략 (범주/카테고리 확장)

	제품범주 기존	제품범주 신규
브랜드명 기존	라인 확장	브랜드 확장
브랜드명 신규	복수 브랜드	신규 브랜드

40 ④

해설 틀린 지문을 정정하여 보면 다음과 같다.

b. 쉬메너(Shemenner)의 서비스 프로세스 매트릭스에서는 고객화의 정도와 노동집약도가 높은 경우를 서비스공장(service factory)이 아니라 전문가 서비스에 해당하고, 원가관리와 서비스품질유지를 강조한다.

d. 서비스는 생산프로세스에 대한 고객참여도가 높기 때문에 제품에 비해 산출물의 품질변동이 줄어든다고 보기보다는 오히려 크게 나타난다고 할 수 있다.

		고객과의 접촉 정도(상호작용의 정도)	
		낮음	높음
노동집약의 정도	낮음	서비스 공장 (Service Factory) 예) 항공사, 운수업, 호텔 & 리조트	서비스 숍 (Service Shop) 예) 병원, 자동차 수리소, 기타 수리소
	높음	대량 서비스 (Mass Service) 예) 도소매업, 학교	전문가 서비스 (Professional Service) 예) 변호사, 의사, 회계사, 설계사

- 현재의 서비스 장비, 시설 등에 대한 감독
- 새로운 장비와 새로운 서비스 기법에 대한 평가
- 서비스 전달의 일정(스케줄 관리)관리
- 서비스의 수요율 조절

- 노동력의 관리와 통제에 많은 노력
- 직무수행방법을 개발하고 이를 통제
- 인력자원에 대한 스케줄링
- 비중앙 집권화
- 새로운 지역에 시스템을 소개
- 몇 개의 서비스 지역을 동시에 관할

- '따뜻한' 서비스 만들기
- 서비스 물적 환경에 관심
- 운영절차를 정하고 엄격하게 관리
- 종업원과의 관계는 엄격

- 비용 절감을 위하여 노력
- 높은 품질수준을 지속
- 종업원에 대한 훈련 및 세심한 관리
- 종업원의 높은 충성도
- 관리자와 부하와의 관계는 덜 엄격

〈출처〉 Roger W. Schmenner Operations Management, Prentice-Hall

41 ④

해설 라인확장(line extension)은 유사제품류에 기존브랜드를 사용하는 것이며, 현재의 브랜드명을 다른 제품 범주의 신제품에 확장해 사용하는 것은 브랜드확장(범주 또는 카테고리 확장)이다.

42 ①

해설 신상품 개발 프로세스는 일반적으로 아이디어 창출 및 심사 → 컨셉트 개발 및 테스트 → 마케팅 믹스 개발 → 사업성 분석 → 시제품 생산 → 시장테스트 → 출시/상업화 순서로 이루어지므로 ①번 지문은 맞는 지문이며 나머지 틀린 지문을 바로 잡으면 다음과 같다.

② 선매품(shopping goods)의 경우 선택적 유통보다는 전속적 유통이 고려된다. ⇒ 전속적보다 선택적 유통경로를 고려하여야 한다.

③ 제품믹스(라인)의 길이(length)는 제품믹스 안에 들어 있는 제품라인의 개수를 가리킨다. ⇒ 제품믹스의 길이가 아니라 제품믹스(라인)의 넓이를 의미함.

④ 상대적 이점(relative advantage)은 신제품 확산에 정(+)의 영향을 미치고, 단순성(simplicity)은 신제품 확산에 부(-)의 영향을 미친다. ⇒ 단순성(simplicity)은 역시 신제품 확산에 정(+)의 영향을 미친다.

⑤ 희석효과(dilution effect)가 발생할 위험은 하향 확장(downward line extension)보다 상향 확장(upward line extension)에서 더 크다. ⇒ 상향 확장(upward line extension) 보다 하향 확장(downward line extension)에서 더 크다.

43 ③

해설 제품믹스란 특정 판매자가 구매자들에게 제공하는 모든 제품계열과 품목을 합한 것으로 제품믹스의 넓이를 의미한다. 제품계열은 동일 유형의 유통경로를 통해 동일한 고객집단에게 판매되는 서로 밀접한 관련이 있는 제품들의 집단으로서 해당 개별 집한은 제품라인의 길이로 파악한다. 제품 품목(제품제목)은 하나의 제품계열 내에서 크기, 가격, 외형 또는 다른 속성에 따라 구분할 수 있는 하나의 독특한 단위로서 제품라인의 깊이를 의미한다. 이를 바탕으로한 ⇒ 제품믹스에 대한 의사결정을 사례로 정리하여보면 다음과 같다.

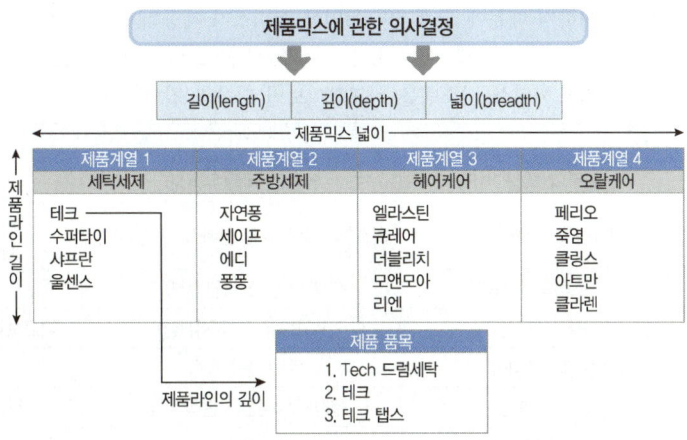

44 ③
해설 기존 브랜드와 동일한 제품범주 내에서 출시된 신제품에 기존 브랜드를 사용하는 것은 카테고리 확장(category extension)이 아니라 라인 확장(line extension)이며, 카테고리 확장(category extension)은 기존 제품과 상이한 제품범주에 기존브랜드를 사용하는 것이다.

45 ④
해설 희석효과(dilution effect)는 브랜드 확장이 아니라 수직적 라인 확장 중에서 잘못된 하향확장으로 인해 브랜드 자산 가치가 떨어지는 효과이다. 아울러 패밀리 브랜드 전략을 정리하면 다음과 같다.

구분		내용
수직적 패밀리 브랜드 전략		• 기업명을 모든 제품에 사용, • 성공한 제품명을 기업명으로 사용
수평적 패밀리 브랜드 전략	라인 확장 (line extension)	• 기존 브랜드 류의 신제품에 기존 브랜드를 사용 • 장점 : 적은 비용으로 높은 효과 • 단점 : 하향확장 시 기존 고급 이미지 약화(희석효과) • 하향확장 시 자기잠식 가능성(canibalization) • 신제품 이미지에 선입관 작용 가능성
	브랜드 /카테고리 확장 (brand extension)	• 장점 : 적은 비용으로 높은 효과 • 단점 : 신제품 이미지에 선입관 작용 가능성 • 브랜드확장 실패 시 브랜드 자산이 손상되어 원래 제품 판매에 타격을 줄 수 있음(상호작용효과) • 브랜드 이미지 희석 가능성

46 ④
해설 리브랜딩(rebranding)이란 소비자의 기호, 취향, 환경변화 등을 고려하여 기존제품이나 브랜드의 이미지를 새롭게 창출하고 이를 소비자에게 인식시키는 활동으로 매우 중요하게 인식되어지고 있다. 그러나 이는 필요조건이지 충분조건은 아니다. 리브랜딩이란 단지 비주얼의 변경만이 아닌 결과적으로 기존 브랜드의 경험을 바꾸고 이를 통해 인식을 바꾸는 과정이자 결과이다. 그러나 이러한 리브랜딩은 오래된 브랜드에 활력을 제공하는 측면보다는 잘못 활용될 경우 소비자들로부터 브랜드 가치와 신뢰를 잃어버리는 계기가 될 수도 있어 많은 비용과 위험성이 높은 방법이다.

47 ④

| 해설 | 제품과 다른 서비스의 특성으로 무형성, 비분리성, 변동성, 소멸성 등을 들 수 있다. 서비스 전달 시스템에 고객이 참여하기 때문에 고객마다 동일한 서비스가 제공되기는 어렵다. 즉, 변동성이라는 서비스의 특성상 서비스는 누가, 언제, 어디서, 누구에게 제공하느냐에 따라 품질이 달라질 수 있다.
⇒ 생산시스템과 서비스 시스템을 비교하여보면 다음과 같다.

특 성	생산시스템	서비스운영시스템
산출물의 특성	유형인 제품(유형성)	무형인 서비스(무형성)
생산과정에 고객참여	최소한의 생산과정 참여(낮은 참여도)	밀접하게 생산과정에 참여 (높은 참여도/비분리성)
생산과 소비의 동시성	지연된 소비(간격성)	즉시 소비(동시성)
재고보유 가능성	재고보유 가능(저장성)	재고보유 불가능(비저장성/소멸성)
성과측정의 어려움	쉬운 품질측정	어려운 품질측정
생산설비의 특징	설비집약생산(자본집약적)	노동집약생산(노도집약적)
시장 규모	넓다	좁다
시스템의 규모	크다(대규모 설비)	작다(소규모 설비)
입지선정	비교적 자유롭다	고객소재지에 입지
관리	마케팅과 생산기능이 분리됨	마케팅과 생산기능이 밀착됨
생산공정	복잡함	단순함

48 ③

| 해설 | SERVQUAL모형에 대한 질문으로 해당 모형은 서비스 품질을 기대한 서비스(expected service)와 인지된 서비스(perceived service)의 차이로 측정하는 모형으로서, 고객이 서비스품질을 판단하는 차원에는 신뢰성(reliability), 반응성/대응성(responsiveness), 확신성(assurance), 공감성(empathy), 유형성(tangibles) 등이 있다.

CHAPTER 5 : 마케팅 믹스(2): Price

개념정리문제

1 ②

해설
① 시장침투가격(penetration pricing): 신제품 시장 출시 시 특정 세분시장 확보를 위한 선저가-후고가 전략
② 스키밍가격(skimming pricing): 신제품 시장 출시 시 특정 세분시장 확보를 위한 선고가-후저가 전략
③ 이미지가격(image pricing): 기존제품의 포장, 용기 변경 등을 통해 고가화하는 전략
④ 이분가격(two-part pricing): 이중요율가격 또는 이중가격책정이라고도 불리우며, 일단 소비자로 하여금 재화를 구입할 수 있는 자격을 취득하는 명목으로 회비(membership fee)를 청구한 뒤 다시 소비자가 실제로 해당 재화를 구입하거나 서비스를 이용할 때 한 단위당 가격(usage fee)을 부과하는 방식이며, 핸드폰 요금처럼 기본요금과 사용요금 등의 두 가지로 이루어지는 가격요율체계도 포함된다고 봄.
⑤ 노획가격(captive pricing): 종속제품가격(captive product pricing)이라고도 불리며, 보완재 중 어떤 제품은 싸게 판 후 그 제품에 필요한 소모품이나 부품을 비싸게 팔아 수익을 남기려고 하는 정책

2 ④

해설
혁신적인 기능이 추가된 신제품의 경우 초기고가전략인 스키밍(skimming) 가격전략이 유효하다고 할 수 있음.

3 ③

해설
시장 진입장벽이 높아 경쟁자의 진입이 어려운 경우 고가격 정책인 스키밍 가격전략(market-skimming pricing)이 많이 활용된다.

4 ①

해설
수요의 가격탄력성이 높다는 것은 소비자의 가격에 대한 민감도가 높다는 의미로 고가 전략에 소비자가 민감하게 반응할 수 있어 초기고가전략을 사용하기는 어렵다.

5 ①

해설
상층흡수가격정책(Skimming Price)이란 처음에는 고가격을 책정하였다가 시간이 지남에 따라 가격을 인하하는 전략이다. 초기에 많은 이익을 창출하기 위해 가격민감도가 가장 낮은 혁신층 등을 대상으로 고가격을 책정한 후 이들의 구매가 감소하면 가격을 조금 낮추어 중산층을 대상으로 판매한 후 이들의 구매가 감소하면 가격을 더 낮추어 서민층을 대상으로 판매하려는 정책이다. 상층흡수가격정책이 적합한 상황은 고가격에도 제품을 구매하려는 혁신층이 많을 경우, 가격 품질 연상효과가 있을 경우, 수요의 가격탄력성이 낮을 경우(소비자들이 가격에 둔감할 경우), 경쟁자의 시장진입이 어려울 경우 등을 들 수 있다.

6 ②

해설
침투가격정책(Penetration Price)이란 처음에는 낮은 가격을 책정하여 시장에 신속하게 침투하려는 정책으로 장기적인 이익을 모색하려는 정책이라 할 수 있다. 침투가격정책이 적합한 상황은, 수요의 가격탄력성이 높을 경우(소비자들이 가격에 아주 민감할 경우), 경험곡선효과가 높을 경우, 저가격 전략이 경쟁사들의 시장진입을 막아줄 경우 등을 들 수 있다.

7 ④

해설   수요의 가격탄력성이란 소비자의 가격에 대한 민감도를 의미함.

8 ①

해설   끝단위를 한단위 내려줌으로서 심리적으로 싸다는 느낌을 주게하는 전략임.

9 ③

해설   보완재 중 특정 제품을 싸게 팔고 그 제품에 필요한 소모품이나 부품을 비싸게 팔아 수익을 챙기려는 종속제품가격전략을 의미함.
참고로 부산물가격결정은 보완재가 아니라 제품생산시 발생한 부산물에 가격을 책정하는 전략이다.

10 ①

해설   본체와 부속품 모두가 갖추어져야 제품의 기능을 사용할 수 있을때, 본체의 가격은 낮게 책정하여 소비자의 구매를 유도한 후, 부속품의 가격은 높게 책정해 이윤을 창출하는 가격전략으로서 종속(포획)제품 가격에 대한 설명으로 지문 상 캡티브제품 가격(captive-product pricing)에 대한 설명임.

11 ②

해설   구매자가 제품을 비축할 수 있는 경우 이미 제품을 보유하고 있는 만큼 시장 가격변화에 더욱 민감해질 것임.

12 ④

해설   ① 유보가격: 구매자가 어떤 상품에 대해 지불할 용의가 있는 최고 가격
② 최저수용가격: 소비자들이 품질에 의심 없이 구매할 수 있는 가장 낮은 가격
③ 관습가격: 사회적으로 일반적으로 인정하는 가격을 기업이 받아들이는 것
④ 준거가격: 소비자들이 특정제품의 구매시 싸다 비싸다의 기준이 되는 가격, 유보가격과 최저수용가격 사이에 존재
⑤ 단수가격: 끝 단위를 단수로 (10,000 → 9,900) 책정한 가격

13 ⑤

해설   종속제품 가격결정(captive product pricing)이란 보완재 등의 판매 시 어떤 제품은 싸게 판 후 그 제품에 필요한 소모품이나 부품을 비싸게 팔아 수익을 남기려고 하는 정책으로 잉크프린터는 싸게 팔고 잉크는 비싸게 팔아 전체적으로 이익을 극대화하려는 전략을 의미한다.

14 ③

해설   노획가격(captive pricing)또는 종속제품 가격책정(captive product pricing)은 보완재 중 어떤 제품은 싸게 판 후 그 제품에 필요한 소모품이나 부품을 비싸게 팔아 수익을 남기려고 하는 정책을 말한다.
① 제품라인 가격책정(product line pricing)란 가격단계화라고도 불리는 형태로서 제품가격에 큰 차이가 있을 때만 소비자가 인식한다고 가정하고 몇 가지의 가격만을 설정, 선매품에 주로 사용, 잘 팔리는 가격대를 단계화한 형태의 가격전략을 의미함.
② 주산물(Main Product)의 제조 과정에서 필연적으로 파생되는 부가적 물품으로 매각 가치 또는 이용 가치책정을 의미함.
④ 옵션(선택사양)제품 가격책정(optional product pricing)이란 제품표시가격을 저렴하게 하고, 옵션(추

가금 발생)을 필수적으로 선택하여야만 하도록 유도하는 가격책정 전략.

15 ①

해설
보완재 중 어떤 제품은 싸게 판 후 그 제품에 필요한 소모품이나 부품을 비싸게 팔아 수익을 남기려고 하는 정책을 종속제품가격(captive product pricing)전략이라고 한다.
② 묶음가격(bundling price)결정: 기본적인 제품과 선택사양 등을 묶어서 하나의 가격으로 제시하는 것으로 순수묶음가격(묶음상품만 판매)과 혼합묶음가격(묶음상품, 개별상품 모두 판매)하는 가격결정 형태로도 분류된다.
③ 단수가격결정(odd pricing)이란 끝 단위를 단수로(10,000 → 9,900) 책정한 가격결정 방법.
④ 침투 가격전략(penetration pricing)이란 조기시장장악 내지는 생존 전략의 형태로 사용하는 선저가 가격책정 전략으로 원가우위나 규모의 경제 및 학습효과가 있는 경우 가능한 전략
⑤ 스키밍 가격결정(상층흡수가격전략/ skimming pricing)이란 조기현금 회수 내지는 품질선도 이미지 구축을 위한 선고가 전략으로서 잠재 구매자들이 가격과 품질 간의 연상을 강하게 갖고 있는 경우나 대량생산으로 인한 원가절감 효과가 크지 않은 조건에서 유리하다.

16 ④

해설
소비자에게 판매하는 가격을 단수(10,000 → 9,900)로 표시하여 가격이 싸다는 인상을 소비자에게 심어 주어 판매를 증대시키려는 방법이다

17 ④

해설
유인가격전략이란 촉진가격이라고도 불리우며 미끼상품가격(loss leader price)을 의미한다. 그리고 단수가격이란 끝 단위를 단수로(10,000 → 9,900) 책정한 가격을 의미한다.

18 ③

해설
로스리더(loss leader)란 촉진가격 또는 미끼상품가격(loss leader price)이라고도 불리우는 손실유도가격결정으로서 특정제품의 가격을 대폭 인하하여 다른 품목의 수익성을 확보하기 위한 일종의 심리가격결정방법의 한 유형으로 고객의 관심을 끌기 위하여 원가보다 싸게 혹은 일반판매가보다 훨씬 싼 가격으로 판매하는 상품으로 다른 물품의 판매촉진을 위한 미끼상품에 해당하며, 일반적으로 일정기간을 정해놓고 판매가 이루어지는 형태를 말한다.
① 제품라인 가격책정(product line pricing)란 가격단계화라고도 불리는 형태로서 제품가격에 큰 차이가 있을 때만 소비자가 인식한다고 가정하고 몇 가지의 가격만을 설정, 선매품에 주로 사용, 잘 팔리는 가격대를 단계화한 형태의 가격전략을 의미함.
② safe guard란 국제 규범상의 개념은 '특정상품의 수입급증이 수입국의 전반적인 경제여건이나 국내 경쟁산업에 심각한 피해를 주거나 또는 피해를 줄 우려가 있을 경우 GATT 제19조에 근거하여 취하는 긴급수입제한조치를 의미한다.
④ killer app이란 등장하자마자 경쟁상품을 몰아내고 시장을 완전히 재편하는 제품이나 서비스를 말한다. 미국 노스웨스턴대 래리 다운스 교수가 금속활자, 도르래, 증기기관, 백열전구, 엘리베이터, 원자탄 등을 '킬러 애플리케이션(killer application)'이라고 명명하면서 시작됐다. 킬러앱은 시장을 완전히 지배하면서 초기 투자비용의 수십 배를 단기간에 회수하는 폭발력을 지닌다. 이 기술들은 한결같이 처음 개발한 사람이 의도한 것보다 훨씬 큰 충격을 사회 정치 경제 시스템에 미쳤으며, 경영학자들은 창조적인 아이디어와 상품성을 연결하는 킬러 앱을 많이 보유한 기업이 높은 경쟁력을 유지할 것이라고 전망한다.

19 ③

해설 단수가격(odd pricing) 전략에 대한 설명임

20 ②

해설 묶음가격(product bundled pricing)은 자사가 제공하는 여러 개의 제품이나 서비스를 묶어서 하나의 가격으로 판매하는 것으로, 상품들이 상호 대체재인 경우가 아니라 보완재인 경우에 효과적이다.

21 ④

해설 주력제품에 추가하여 제공하는 각종 옵션제품 혹은 액세서리에 부과하는 가격 정책으로 사양제품가격전략이라고도 불리우며 이는 특히 제품의 성능이나 옵션 등에 의해 가격이 변동하는 것을 의미함. 대표적으로 국산자동차의 옵션질이 있다.

22 ⑤

해설 기점가격이란 생산 공장입지의 여하를 막론하고, 특정 기점에서 공장까지의 운임을 일률적으로 원가에 더하여 제품의 발송가격을 정하는 제도로서 구매자가 특정 기점거리보다 공장과의 거리가 가까우면 이 기점가격제하의 운임이 실제운임보다 높을 것이고, 유령 운임을 부담하게 되므로 오늘날 독점금지법 아래에서는 위법으로 여겨지고 있다. 이 가격제는 수송비가 가격과 높은 상관성을 갖는 산업에서는 가장 효과적인 것이다. 이것에 대한 반대론자는 그것이 가격경쟁을 배제시키고 지역적 가격격차를 야기시키며, 그 때문에 쓸데없는 착오 수송이나 비경제적인 공장의 설치를 유도한다고 주장한다.

23 ①

해설 종속가격(captive pricing)은 보완재 중 어떤 제품은 싸게 판 후 그 제품에 필요한 소모품이나 부품을 비싸게 팔아 수익을 남기려고 하는 정책으로서, 심리적 요소가 아니라 상품간의 관계에 따른 가격결정방법임.

보충 가격 조정과 전략 : 가격결정전략

(1) 신제품의 가격전략 : 초기고가전략(skimming price), 침투가격전략(penetration price)
(2) 심리적 가격전략 : 단수가격(odd pricing), 층화가격(price lining), 명성/긍지가격(prestige pricing), 촉진가격(promotional pricing), 관습가격(customary pricing) 등
(3) 할인가격전략 : 현금할인(cash discount), 수량할인(quantity discount), 기능할인(functional discount), 계절할인(seasonal discount) 등

24 ②

해설 웨버의 법칙이란 가격변화에 대한 지각은 가격수준에 따라 상이하며, 인식할 수 있는 수준은 최초자극에 의하여 결정된다는 법칙으로 다음과 같이 계산된다.

$K(\text{인식}) = \dfrac{\Delta I(\text{변화량})}{I(\text{최초자극})} \Rightarrow 0.2 = \dfrac{\chi}{2{,}000\text{원}},\ \chi = 400$

즉, 400원 이상 가격 인상시 소비자들은 이를 감지 할 수 있으므로 2,400원 이상이 되면 소비자들은 가격변화를 인지하게된다. 그러므로 소비자들이 인지하시 못하게 최대한 가격을 인상시키는 방법은 ② 2,300원≤현재가격<2,400원에 해당한다고 볼 수 있다.

25 ②

해설 묶음가격(bundle pricing) 전략은 기본가격을 조정하여 세분시장별로 가격을 차별화시키는 전략이 아니

다. 기본적인 제품과 선택사양 등을 묶어서 하나의 가격으로 제시하는 것이 묶음가격 전략이다.

26 ③

[해설] 구매자가 어떤 상품에 대해 지불할 용의가 있는 최저가격은 최저 수용가격으로 품질 이상을 느끼지 않는 선에서의 최저가격이다. 아울러 유보가격은 소비자가 지불의사가 있는 최고가격을 의미하며, 이러한 유보가격과 최저수용가격사이에서 싸다 비싸다의 기준이되는 준거가격이 형성된다.

27 ①

[해설] 원가가산가격결정법은 비용가산가격결정법이라고도 불리우며 사전에 결정된 목표이익을 총비용에 가산하여 가격을 결정하는 방법으로서, 다음의 공식과 같이 계산할 수 있다.

$$가격 = \frac{총고정비용 + 총변동비용 + 목표이익}{총생산량}$$

② 단수가격은 소비자가 제품의 구매를 결정할 때 기준이 되는 가격이다. ⇒ 소비자가 제품의 구매를 결정할 때 기준이 되는 가격은 다양한 형태를 보일 수 있으나 싸다 비싸다의 기준이 되는 가격은 준거가격이며 단수가격은 끝 단위를 단수로 (10,000 → 9,900) 책정한 가격을 의미한다.

③ 2부제가격(two-part tariff)은 성수기와 비수기의 가격을 다르게 책정하는 방식이다. ⇒ 2부제가격(two-part tariff)는 이중요율제라고도하며 기본요금에 추가 요금이 반영되는 형태를 의미한다. 반면 성수기와 비수기의 가격을 다르게 책정하는 방식은 계절에 따른 차별가격정책이다.

④ 유보가격(reserved price)보다 제품의 가격이 낮으면, 소비자가 제품의 품질을 의심해서 구매를 유보하게 된다. ⇒ 유보가격이란 구매자가 어떤 상품에 대해 지불할 용의가 있는 최고 가격을 의미하며, 소비자들이 품질에 의심없이 구매할 수 있는 가장 낮은 가격은 최저수용가격이다.

28 ④

[해설] 재고지향적 방법이란 상품의 가격 책정방법이라고 볼 수 없다. 기타 지문을 설명드리면 다음과 같다.

① 원가가산의 방법: 제품을 생산·유통·판매하는 데 드는 비용에다 적정 수준의 마진(즉, 기업의 노력과 위험부담에 대한 보상)을 더하여 가격을 책정하는 것으로서 제품원가에 일정률의 이익을 가산하여 가격을 결정하는 가장 기본적인 가격산정 방법임. 계산 방법은 다음과 같다.

$$단위원가 = 변동비 + \frac{고정비}{예상판매량}, \quad 가격 = \frac{단위원가}{1 - 예상판매수익률}$$

[참고] 비용가산 가격결정 방법 : 사전에 결정된 목표이익을 총비용에 가산하여 가격을 결정하는 방법으로서, 다음의 공식과 같이 계산할 수 있다.

$$가격 = \frac{총고정비 + 총변동비용 + 목표이익}{총생산량}$$

② 수요지향적 방법(소비자 기대수준 가격산정법): 제품 생산에 든 원가나 목표수익률을 고려하여 가격을 결정하는 것이 아니라 소비자가 예상하는 가격대에 맞게 가격을 책정하는 방법

③ 경쟁지향적 방법: 경쟁자를 고려한 가격산정으로 기업이 자사제품 생산에 소요되는 비용측정이 어려운 경우나, 또는 시장에서 경쟁기업의 반응이 불확실한 경우 사용하는 방법임.

심화문제

1 ④
해설 수요의 탄력성이 높다는 것은 가격에 민감하다는 의미로서 이 경우는 침투가격정책이 유리하다.

2 ②
해설 가격선도란 과점시장 등에서 주도 기업이 공표한 가격을 다른 기업이 그대로 받아들이는 것을 말한다.

3 ③
해설 지각가치결정법과 차별가격결정법은 수요기준의 가격결정방법이다.

4 ③
해설 침투가격정책은 선저가 형태의 가격전략으로서 수요의 가격탄력도가 높은 경우 즉, 수요가 가격에 민감할 때 유리한 정책이다.

5 ②
해설 규모의 경제란 생산규모가 증가함에도 비용이 절감되는 효과로 비용 절감 부분만큼 시장에서 저가로 시장 장악력을 높일 수 있는 방법이다. 그러나 규모의 경제를 통한 이득이 미미하다고 하면 굳이 저가전략으로 나가는 것은 무의미할 수 있다.

6 ④
해설 경쟁자들의 시장진입이 용이하면 침투가격정책(penetration)으로 초기 고가 전략 보다는 선저가를 통한 진입장벽을 펼치던가, 저가전략으로 시장 장악력을 높이는 게 좋다.

7 ②
해설 개별상품보다 묶음 상품이 더 저렴하다거나 하는 특징이 있을 때(소비자들이 평가하는 가치가 이질적일 때) 묶음가격이 더 효과적이다.

8 ②
해설 틀린 것을 바로 잡으면 다음과 같다. 유보가격(reservation price)은 구매자가 어떤 상품에 대해 지불할 용의가 있는 최저 가격이 아니라 지불의사가 있는 최고가격을 의미한다.

9 ①
해설 종속제품가격(captive product pricing)에 해당하는 설명임. 이는 보완재 등의 판매시 어떤 제품을 싸게 판 후 그 제품에 필요한 소모품이나 부품을 비싸게 팔아 수익을 남기려고 하는 정책을 의미한다.

10 ⑤
해설 기업이 극단적으로 허용할 수 있는 최저가격은 고정비가 포함된 총원가가 아니라 변동원가이다.

11 ①

해설
a. 프린터를 싸게 판 다음, 잉크토너 등 관련 소모품을 비싸게 파는 가격정책을 종속(포획)제품가격(Captive Product Pricing)이라 한다.
d. 소비자들은 손실회피(loss aversion) 경향에 의하여 가격 10% 인하보다는 가격 10% 인상에 더 민감하게 반응한다.

12 ③

해설
a. 여러 가지 상품을 묶어서 판매하는 것을 묶음가격이라고 한다.
b. 신상품이 처음 나왔을 때 선저가, 후고가 형태의 가격정책을 침투가격정책(penetration pricing)이라 한다.

13 ①

해설
순수묶음가격은 묶음상품으로만 판매를 하고 개별상품으로는 판매하지 않는 묶음상품가격을 의미하며 혼합묶음상품은 묶음상품으로도 판매를 하고 개별상품으로도 판매를 하는 묶음상품을 의미한다.

14 ⑤

해설
loss aversion이란 위험회피형 효용함수에서는 이익보다 손실에 더 민감하게 반응(가격인하보다 가격인상에 더 민감)한다는 것으로서 즉, 소비자들은 가격인하보다 가격인상에 더 민감하게 반응한다는 개념임.

15 ③

해설
Weber's law $(K = \dfrac{\Delta I}{I})$ 이란 가격변화에 대한 지각은 가격수준에 따라 상이하다는 것임.

A: $0.7 = \dfrac{1,000 - x}{1,000}$, $x = 300$ 또는 (가) $= 1,000 \times (1 - 0.7) = 300$

B: $0.2 = \dfrac{5,000 - x}{5,000}$, $x = 4,000$ 또는 (나) $= 5,000 \times (1 - 0.2) = 4,000$

C: $0.5 = \dfrac{10,000 - x}{10,000}$, $x = 5,000$ 또는 (다) $= 10,000 \times (1 - 0.5) = 5,000$

(가) + (나) + (다) $= 9,300$

16 ⑤

해설
$a = \dfrac{27,000}{0.9} = 30,000$, $b = \dfrac{17,100}{0.95} = 18,000$, $c = \dfrac{12,000}{0.8} = 15,000$

$b + c - a = 18,000 + 15,000 - 30,000 = 3,000$

17 ⑤

해설
① 상품라인 가격결정은 캡티브제품가격(captive product pricing)을 의미하며, 대량생산으로 인한 원가절감 효과가 클 때 효과적인 가격전략은 신제품에 대한 가격결정 중 침투가격(market-penetration pricing)이다.
② 잠재 구매자들이 가격-품질 연상을 강하게 갖고 있을 때 효과적인 가격 전략은 침투가격(market-penetration pricing)이 아니라, 스키밍가격(market-skimming pricing)으로 이는 신제품에 대한 가격결정으로서, 선고가-후저가 전략이다.

③ 캡티브제품가격(captive product pricing)은 고객별 가격결정이 아니라 상품라인 가격결정이며, 상품들이 상호 대체재가 아닌 보완재인 경우에 효과적이다.
④ 묶음가격(bundling pricing)은 상품라인 가격결정이며, 상품들이 상호 대체재가 아니라 보완재인 경우에 효과적이다.

18 ③

[해설]
① 변화 전 가격수준에 따라 가격변화의 지각이 달라진다는 개념은 베버의 법칙(Weber's law)을 의미한다. JND(just noticeable difference)는 가격변화를 느끼게 만드는 최소의 가격변화폭을 의미한다. 즉, 겨우 구분할 수 있는 차이로서 가격 인상 시는 *JND* 범위 내에서 인상, 가격 인하 시는 *JND* 범위 밖으로 인하하는 것이 효과적임.
② 공헌마진(contribution margin) 또는 공헌이익은 판매가격에서 변동비를 차감한 것이다.

[참고] 손익분기 판매량: $Q = \dfrac{FC}{(P-VC)} = \dfrac{고정비}{공헌이익}$

[참고] 손익분기점(BEP): 매출액 – 변동비 – 고정비 = $(P \cdot Q) - (VC \cdot Q) - FC = 0$

$$Q(P-VC) = FC$$

$$Q = \dfrac{FC}{(P-VC)}$$

④ 단수가격결정(odd pricing)은 끝 단위를 단수로 (10,000 → 9,900) 책정한 가격으로 현재의 화폐단위보다 조금 낮춘 가격을 책정하여 소비자들에게 가격을 낮게 책정하였다는 인식을 심어주기 위한 것이다. 그러나 한 상품계열에 몇 가지의 가격대를 설정하는 것은 가격단계화로서 이는 제품가격에 큰 차이가 있을 때만 소비자가 인식한다고 가정하고 몇가지의 가격만을 설정하는 방식으로 주로 선매품에서 사용하며, 잘 팔리는 가격대를 단계화 함
⑤ 상품을 개별적 뿐만 아니라 묶음으로도 구매할 수 있도록 가격을 책정하는 방법은 혼합 묶음가격(mixed price bundling)방법이며, 상품들이 상호 보완적인 경우에 효과적이다.

19 ③

[해설]
공헌마진 가격결정은 가격과 변동비용의 차이를 기준으로 가격을 설정하는 방법이다.
비용중심적 가격결정방법을 정리하면 다음과 같다.
• 지수가격결정 : 서비스산업에서 주로 사용되며 총원가와 원가비율을 이용해 가격을 결정
• 비용가산에 따른 가격결정 : 생산원가에 가산액을 더해 가격을 결정 (와인)
• 공헌마진 가격결정 : 판매가격에서 원가를 빼고 남은 금액 (공헌마진이 고정비를 커버함)
• 프라임 코스트 가격결정 : 원가와 직접적 인건비만 포함하여 계산한다. (사무,경영 등 간접적 인건비 제외)
• 손익분기점에 따른 가격결정 : 손실이 나지 않는 수준에서 가격을 결정하는 것
• 목표이익에 따른 가격결정 : 손익 분기의 개념이 기반, 목표 이익을 실현시키는 가격으로 결정

20 ⑤

[해설]
소비자들이 특정제품의 구매할 때 싸다 비싸다의 기준이 되는 가격은 준거가격(reference price)이라고 하며, 이는 유보가격(*Max*)과 최저수용가격(*Min*) 사이에 존재한다. 가격–품질 연상심리란 가격을 보고 품질을 연상하는 심리를 의미한다.

21 ①

해설 최소인식가능차이(just noticeable difference ; JND)란 소비자들이 가격 차이를 느낄 수 있는 가장 최소한의 가격변화를 말한다. 일반적으로 가격을 인하하는 경우의 JND가 가격을 인상하는 경우의 JND보다 크다. 가격인하는 JND보다 크게 해야 판매가 늘고, 가격인상은 JND보다 작게 해야 소비자의 저항을 줄일 수 있다.

② 단수가격(odd-number pricing): 소비자에게 판매하는 가격을 단수(10,000 → 9,900)로 표시하여 가격이 싸다는 인상을 소비자에게 심어주어 판매를 증대시키려는 방법이다 즉, 끝 단위를 단수로 (10,000 → 9,900) 책정한 가격을 의미한다.

③ 유보가격(reservation price): 구매자가 어떤 상품에 대해 지불할 용의가 있는 최고 가격

④ 스키밍가격(market-skimming pricing): 초기고가전략의 형태로서 처음에는 고가격을 책정하였다가 시간이 지남에 따라 가격을 인하하는 전략이다. 초기에 많은 이익을 창출하기 위해 가격민감도가 가장 낮은 혁신층 등을 대상으로 고가격을 책정한 후 이들의 구매가 감소하면 가격을 조금 낮추어 중산층을 대상으로 판매한 후 이들의 구매가 감소하면 가격을 더 낮추어 서민층을 대상으로 판매하려는 정책.

⑤ 웨버의 법칙(Weber's Law): 두 자극 사이의 최소인식가능차이(JND)는 절대적 양에 기인하는 것이 아니라 첫 자극의 강도에 대한 상대적인 차이에 기인한다는 것으로서, 즉 최초의 자극이 강할수록 두 번째 자극이 차이가 있는 것으로 지각되기 위해서는 더 큰 추가적인 강도가 필요하다는 것을 의미한다. 가격과 관련하여 살펴보면 가격변화에 대한 지각은 가격수준에 따라 상이하며, 인식할 수 있는 수준은 최초자극에 의하여 결정된다는 것으로서 웨버의 법칙에 의하면 마케터는 제품가격 인상, 제품크기의 축소 등의 부정적인 변화는 소비자들이 분간할 수 없게 JND 범위내에서 인상하여야하고 낮아진 가격, 새로운 포장지, 제품크기의 확대 등 긍정적인 변화는 소비자들이 분간할 수 있게 JND 범위이상으로 결정하여야 한다는 것으로 활용되고 있다.

22 ①

해설 웨버의 법칙(Weber's Law)의 법칙에 대한 설명임. Weber's law이란 가격변화에 대한 지각은 가격수준에 따라 상이하며, 인식할 수 있는 수준은 최초자극에 의하여 결정된다는 것임.

② 준거가격(reference price): 소비자들이 특정제품의 구매할 때 싸다 비싸다의 기준이 되는 가격, 유보가격(Max)과 최저수용가격(Min) 사이에 존재

③ 가격-품질 연상(price-quality association): '싼 게 비지떡'이란 의미로 '가격이 비싼 만큼 제값을 한다'는 고정관념

④ 유보가격(reservation price): 구매자가 어떤 상품에 대해 지불할 용의가 있는 최고 가격

⑤ JND(just noticeable difference) : 겨우 구분할 수 있는 차이
 → 가격 인상 시: JND 범위 내에서 인상 / 가격 인하 시: JND 범위 밖으로 인하

23 ⑤

해설 보완재 중 어떤 제품은 싸게 판 후 그 제품에 필요한 소모품이나 부품을 비싸게 팔아 수익을 남기려고 하는 가격정책을 종속제품가격(captive product pricing)이라고 한다.

24 ⑤

해설 순수 묶음가격(pure bundling)은 여러 가지 제품들을 묶음으로 만 판매하는 전략이고, 묶음과 개별 판매를 병행하는 경우 혼합 묶음 전략이라고 한다.

25 ⑤

해설 소비자들의 가격탄력성이 낮은 경우들로 초기고가 전략 형태의 스키밍 가격(market-skimming pricing)에 대한 설명임.

26 ③

해설 비용가산 가격결정 방법은 사전에 결정된 목표이익을 총비용에 가산하여 가격을 결정하는 방법으로서, 다음의 공식과 같이 계산할 수 있다.

$$가격 = \frac{총\ 고정비용 + 총\ 변동비용 + 목표이익}{총\ 생산량}$$

$$\frac{1000만원 + (500개 \times 10만원) + 1000만원}{500개} = \frac{2000만원 + 5000만원}{500개} = \frac{7000만원}{500개} = 14만원$$

또는
원가가산 가격결정법으로 구한 예를 보면 다음과 같다.

단위당원가: $\frac{1000만원 + (500개 \times 10만원)}{500개} = \frac{6000만원}{500개} = 12만원$

단위당희망판매 이익: $\frac{1000만원}{500개} = 2만원$

12만원 + 4만원 = 14만원

27 ②

해설 가산이익률에 따른 가격결정법(Mark-up Pricing)은 원가기반 가격결정법을 사용하면 됨.

$$단위원가 = 변동비 + \frac{고정비}{예상판매량} = 10,000원 + \frac{400,000,000원}{100,000개} = 14,000$$

$$가격 = \frac{단위원가}{1 - 예상판매수익률} = \frac{14,000원}{1 - 20\%} = 17,500원$$

28 ③

해설 원가기반가격결정법(가산이익률법)으로 계산이 가능하다. $P = \frac{140}{1 - 0.3} = \frac{140}{0.7} = 200$

아울러
매출총이익률을 통해 계산도 가능한데 매출총이익률이란 매출액과 매출총이익과의 관계를 나타내는 비율로서 사업의 특질에서 오는 수익성을 나타내는 지표이다.
매출총이익률은 일반적인 판단기준으로서의 일정한 표준비율은 없고 업종과 규모에 따라 약간의 차이는 있으나 이 비율이 높을수록 기업의 판매·제조 또는 매입활동이 양호하였음을 의미하며 아래와 같이 계산이 가능하다.

$$매출\ 총이익률 = \frac{매출총이익}{매출액} = \frac{매출액 - 매출원가}{매출액} \Rightarrow 0.3 = \frac{\chi - 140}{\chi}$$

$$b+c-a = 18{,}000 + 15{,}000 - 30{,}000 = 3{,}000$$

보충 보충연계학습

- 비용가산 가격결정 방법: 사전에 결정된 목표이익을 총비용에 가산하여 가격을 결정하는 방법으로서, 다음의 공식과 같이 계산할 수 있다.

$$가격 = \frac{총고정비용 + 총변동비용 + 목표이익}{총생산량}$$

- 원가 기반 가격결정(cost-based pricing): 제품을 생산·유통·판매하는 데 드는 비용에다 적정 수준의 마진(즉, 기업의 노력과 위험부담에 대한 보상)을 더하여 가격을 책정하는 것으로서 제품원가에 일정률의 이익을 가산하여 가격을 결정하는 가장 기본적인 가격산정 방법임

$$단위원가 = 변동비 \frac{고정비}{예상판매량}, \quad 가격 = \frac{단위원가}{1-예상판매수익률}$$

- 목표수익률 기준 가격산정: 기업의 목표수익률을 정하여 이를 기준으로 가격을 산정하는 방법

$$가격 = 단위원가 + \frac{투자액 \times 목표수익률}{예상판매량},$$

여기서, $단위원가 = 변동비 + \dfrac{고정비}{예상판매량}$ 이므로,

$$가격 = 변동비 + \frac{고정비}{예상판매량} + \frac{투자액 \times 목표수익률}{예상판매량}$$

- 경쟁 중심 가격산정법: 경쟁자를 고려한 가격산정으로 기업이 자사제품의 생산에 소요되는 비용측정이 어려운 경우나, 또는 시장에서의 경쟁기업의 반응이 불확실한 경우 사용하는 방법임
- 소비자 기대수준 가격산정법: 제품 생산에 든 원가나 목표수익률을 고려하여 가격을 결정하는 것이 아니라 소비자가 예상하는 가격대에 맞게 가격을 책정 하는 방법

29 ③

해설 비용가산가격법(원가가산 가격법)으로 산출하면 아래와 같다.

$$P = \frac{총고정비 + 총변동비 + 목표이익}{총생산량}$$

$$= \frac{20{,}000{,}000원 + 200{,}000{,}000원 + 20{,}000{,}000원}{1000개} = \frac{240{,}000{,}000원}{1{,}000개} = 240{,}000원$$

또는

$$단위원가 = 변동비 + \frac{고정비}{예상판매량} = 200{,}000원 + \frac{20{,}000{,}000원}{1{,}000개} = 220{,}000원$$

총비용 = 단위당원가 × 생산량 = 220,000원 × 1000개 = 220,000,000원
= 총변동비 + 총고정비 = (200,000원 × 1000개) + 20,000,000원 = 220,000,000원

총수익 = 이익 + 총비용 = 20,000,000원 + 220,000,000 = 240,000,000

총수익 = 매출액 = 판매단가 × 판매량 = $P \times Q$

$$P = \frac{매출액}{Q} = \frac{240{,}000{,}000원}{1{,}000개} = 240{,}000원$$

30 ②

해설 목표이익률법(target-return pricing)은 총원가에 대한 기업의 목표수익률을 가산하여 이를 기준으로 가격을 결정하는 방식으로 목표로 하고 있는 투자수익률(return on investment, ROI)을 달성할 수 있도록 가격을 결정하는 방법이다. 다음과 같이 계산하는 것이 일반적이다.

$$가격 = 단위원가 + \frac{투자액 \times 목표수익률}{예상판매량},$$

여기서, 단위원가 $= 변동비 + \frac{고정비}{예상판매량}$ 이므로,

$$가격 = 변동비 + \frac{고정비}{예상판매량} + \frac{투자액 \times 목표수익률}{예상판매량}$$

이 방법의 장점 및 단점은 원가기준법과 동일하다. 이 방법은 시장 내에서 독점적인 지위를 갖고 있고, 투자자들에게 적절한 이익을 제공해야 하는 의무를 안고 있는 정부 투자기관이나 공기업들에 의하여 많이 사용된다.

31 ④

해설   묶음제품 가격결정은 자사에서 판매하는 관련 제품들을 함께 묶어 고가에 판매하는 방식이 아니라 개별 상품 판매보다는 저렴하게 설정하여 매출을 늘리고자 하는 가격 전략이다.

32 ③

해설   시장침투가격은 선저가-후고가 전략으로 규모의 경제가 존재할 때는 적절하나, 잠재 구매자의 가격-품질 연상이 강하다면 시장침투가격보다는 선고가 전략인 스키밍(상층흡수가격)전략이 효과적이다. 나머지 틀린 지문을 바로 잡으면 다음과 같다.
① 공헌마진율이 낮은 제품의 가격 책정 목표는 단위당 마진 증대보다 판매량 증대가 되어야 한다. ⇒ 판매가격 중에서 공헌마진이 차지하는 비율을 공헌마진율(contribution margin rate)이라고 하며, 가격변화가 수익성에 어떤 영향을 미치는지를 결정하는 중요한 지표이다. 특히 공헌마진율이 높은 상품의 가격목표는 판매량 증대가 되어야 한다. 즉, 총 원가에서 변동비의 비중은 매우 낮은 반면 고정비의 비중은 아주 높은 상품의 경우에는 고정비를 커버하기 위하여 총공헌마진을 높이는 것이 매우 중요하다. 예를 들어, 일단 여객기가 이륙하면 빈 자리는 모두 매출액 손실에 해당되고, 매출액 손실은 곧 고정비를 커버할 수 있는 총공헌 마진의 감소를 의미한다. 그러므로, 변동비만 커버할 수 있다면 운임을 할인해서라도 빈 자리의 수를 최소화하는 것이 바람직하다. 물론 운임을 할인해주면 승객 1인당 수입은 감소하지만 고정비의 증가없이 매출액 총액이 늘어나기 때문에, 결과적으로는 이익이 높아진다.
② 사양(optional) 제품 가격결정에서는 주제품 가격을 싸게 책정하는 것이 효과적이나, 종속(captive) 제품 가격결정에서는 주제품 가격을 비싸게 책정하는 것이 효과적이다. ⇒ 사양(optional) 제품 가격결정에서는 주제품/기본제품 가격을 싸게 책정하고 옵션으로 제공되는 사양제품에는 고마진의 제품 가격을 책정하는 것이 바람직하며, 종속(captive)제품 가격결정에서는 주제품에 대해서는 낮은 가격을 책정하고 종속제품에 가격을 비싸게 책정하는 것이 효과적이다.
④ 제품라인 가격결정(product line pricing)은 여러 가지 제품을 묶어서 함께 판매하는 것이다. ⇒ 여러 가지 제품을 묶어서 함께 판매하는 것은 묶음가격전략이다. 제품라인 가격결정(product line pricing)은 여러 제품 라인을 구축하고 있는 기업에서 제품-산 제조원가, 성능 등의 차이로 가격을 단계를 다양하게 책정하는 전략이다.
⑤ 유보가격은 준거가격보다 높고 최저수용가격보다 낮다. ⇒ 유보가격은 구매자가 지불의사를 가진 최고 가격이다. 그러므로 싸다-비싸다의 기준이 되는 준거가격보다는 높으며, 최저 수용가격보다도 높은 수준이다. 최저수용가격이란 소비자가 품질이상을 느끼지 않는 수준에서의 최저가를 의미한다.

33 ③

해설 틀린지문을 바로 잡으면 다음과 같다.

① 가격 민감도가 높은 집단에서는 적절하나, 진입장벽이 높은 상황에서는 효과적이지 않은 것은 스키밍 가격전략이라기 보다는 시장침투가격전략이다.

② 가격변화를 느끼게 만드는 최소의 가격변화 폭을 가리키는 것은 절대식역이며, 웨버의 법칙(Weber's Law)은 차이의 인식이 절대적이라기 보다는 상대적이라는 것으로서 차이 식역에 도달하기 위해서는 필요한 자극의 최소변화치는 초기자극의 강도에 따라 달라진다는 법칙이다. ($K = \dfrac{\Delta I}{I}$)

④ 품질의 차이에 따라 가격대를 설정하여, 가격대 내에서 개별제품의 가격을 결정하는 것은 라인가격 또는 계단가격의 형태이며, 이중요율(two-part tariff)은 재화나 서비스를 제공하는 것에 대해 고정요금이나 가입비 같은 형식으로 한 번 부과하고, 이와는 별도로 실제로 사용량에 대해서 한 번 더 사용료의 형태로 요금을 부과하는 것과 같은 형태이다.

⑤ 최저수용가격은 품질이상을 느끼지 않는 선에서 소비자가 받아들일수 있는 최적 가격으로서 그 이하로 내려간다면 소비자는 받아들이지 못할 수 있다.

34 ⑤

해설 markup pricing가격 결정법에 따른 가격 책정은 다음과 같다.

$$\text{단위원가} = \text{변동비} + \dfrac{\text{고정비}}{\text{예상판매량}} = 20,000 + \dfrac{100,000,000}{10,000} = 30,000$$

$$\text{가격} = \dfrac{\text{단위원가}}{1 - \text{예상판매수익률}} = \dfrac{30,000}{1 - 40\%} = 50,000원$$

CHAPTER 6 : 마케팅 믹스(3): Place

개념정리문제

1 ②

해설   생산자에게 적정 이윤을 보장하는 역할을 한다고 보장할 수는 없음. 유통경로에 있어서 중간상의 중요성은 총거래수 최소화의 원칙, 집중준비(저장)의 원칙, 분업의 원칙 및 변동비 우위의 원칙을 들 수 있다.

2 ③

해설   제품이 표준화되어 있을수록 유통단계를 늘릴 필요가 있다.

3 ③

해설   한정서비스 도매상(Limited - Service Wholesalers)이란 고객에게 소수의 한정된 서비스만을 제공하는 형태의 도매상로서, 즉, 완전서비스 도매상은 유통 경로에서 수행되어지는 대부분의 도매상 기능을 수행하고 있지만 한정 서비스 도매상은 이들 기능 중 일부만을 수행한다.
- 한정 서비스 도매상에는 현금거래 도매상, 트럭 도매상, 낙하 선적인, 선반 중개인 등이 있다. 현금거래 도매상은 회전이 빠른 한정된 계열의 제품만을 소규모의 소매상에게 현금 지불을 조건으로 판매를 하며 배달은 하지 않는다.
- 트럭 도매상은 트럭 중개상(Truck jobber)이라고도 하며 주로 판매와 배달 기능을 중심으로 영업을 한다. 이들은 식료품을 중심으로 한 부패성이 강한 한정된 제품 계열을 취급하여 슈퍼마켓, 소규모 채소 상인, 병원, 음식점, 호텔 등을 순회하면서 현금 판매를 한다.
- 낙하 선적인(Drop shipper)은 석탄, 목재, 중장비 등의 산업에서 고객으로부터 주문을 접수하면 현상을 통해 합의된 조건과 배달시간에 따라 고객에게 직접 제품을 선적 운반한다.
- 선반 중개인은 주로 비식료품 분야인 잡화 및 의약품 소매상을 대상으로 영업을 한다. 이들 소매상들은 많은 제품들에 대한 직접적인 진열과 독자적인 주문 절차를 싫어하므로 선반 중개인은 점포까지 트럭 배달을 해주고 배달원은 제품을 선반에 쌓아 놓은 역할까지 수행한다.

4 ②

해설   하이퍼마켓에 대한 설명으로 슈퍼마켓보다 훨씬 규모가 큰 데다 가격이 저렴하고, 구비 품목 역시 방대하여 하이퍼마켓(hypermarket)이라는 명칭이 붙었다. 시초는 1963년 프랑스 파리 인근의 에손(Essonne) 지역에서 문을 연 까르푸(Carrefour)라고 할 수 있다.

5 ①

해설   수직적 경로 갈등에 대한 질문임. 수직적 경로갈등에는 지각불일치, 목표불일치 등으로 발생한다. 수평적 경로갈등은 같은 경로상에서 주로 영역불일치 등으로 발생한다.

6 ②

해설   기업형 > 계약형 > 관리형의 순서로 보면 됨.

보충 수직적 마케팅 시스템 개관

특 성	전통적 유통경로	관리형 VMS	계약형 VMS			기업형 VMS
			도매상 후원 자발적 연쇄점과 소매상 협동조합	프랜차이즈	
시스템 차원의 목표	없다	제한적, 비공식적	제한적, 비공식적	광범위, 공식적	완전, 공식적
조정 메커니즘	교섭력, 협상력	마케팅 프로그램	계 약	계 약	기업정책
의사결정자	개별조직	비공식적 협력단체	승인된 도소매업체	승인된 본부	집중적
결속력	불안정적	약 함	중 간	매우 높다	매우 높다
규모의 경제 실현 가능성	희박	약 함	높 다	매우 높다	매우 높다
유연성	매우 높다	높 다	중 간	낮 다	매우 낮다
재고수준	매우 낮다	중 간	높 다	높 다	매우 높다

7 ③

해설 수직적 마케팅시스템(vertical marketing system: VMS)이란 유통경로의 계열화 내지는 통합화의 의미임.

구 분	내 용
기업형 VMS	소유권의 구속(주식취득, 흡수합병 등)
계약형 VMS	계약에 의존하여 협력(프렌차이즈 계약 등)
관리형 VMS	친분, 자율적인 이해관계, 힘의 우열 등

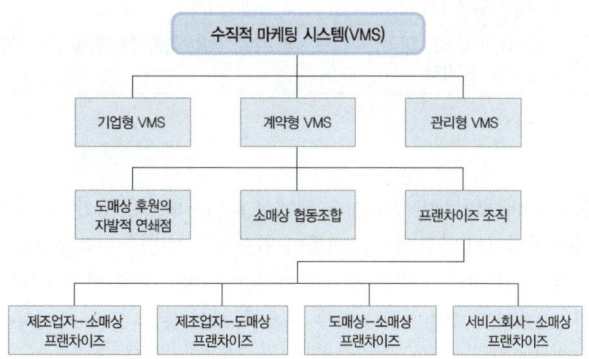

8 ④

해설 수평적 유통계열화 즉, 수평적 VMS란 동일 경로에 있는 두 개 이상의 개별조직들이 결합하는 유통경로 체제로서 공생적 VMS는 수평적 유통경로계열화의 대표적인 예라고 할 수 있다. 아울러 수직적 VMS란 소유권의 구속(주식취득, 흡수합병 등)형태를 띠는 기업형 VMS, 프랜차이즈 등과 같은 계약에 의존하여 협력하는 형태의 계약형VMS 및 친분, 자율적인 이해관계, 힘의 우열 등에 의해 통제가 이루어지는 관리형VMS를 들 수 있다.

9 ②

해설 ①, ③, ④ 수평적 유통경로계열화에 대한 설명으로 공생적 마케팅 시스템이며 동일한 두 개 이상의 기업이 서로 대등한 입장에서 연합하는 형태이다. 기업이 단독으로 효과적인 마케팅 활동을 수행하는 데 필요한 자본, 노하우, 마케팅 자원 등을 보유하고 있지 않을 때 수평적 유통경로 계열화를 통해 시너지 효과를 얻을 수 있다.

10 ③

해설   브랜드와 기술 등 무형자산과 함께 품질관리, 경영방식, 기업체 조직 및 운영, 마케팅 지원 등과 같은 경영관리 노하우까지 포함하는 계약관계로서 철저한 통제가 가능한 것은 프랜차이징에 대한 설명임.

11 ②

해설   물적 유통(PD: physical distribution)이란 재료 조달부터 최종소비자에 이르기까지 모든 물적 흐름을 효율적으로 관리하여 고객서비스를 향상시키고 물류관련비용을 최소화하기 위한 노력으로서 아래와 같은 활동을 으로서, 흔히 로지스틱스(logistics system)이라고도 불리며 생산자로부터 소비자에게 제품·재화를 효과적으로 옮겨주는 기능 또는 활동을 뜻하는 것으로 물류비용을 최소화하면서 그 수요가 존재하는 곳에 도달시키는 여러 활동을 뜻한다.

12 ③

해설   물적유통관리란 원재료 조달부터 최종소비자에 이르기까지 모든 물적 흐름을 효율적으로 관리하여 고객서비스를 향상시키고 물류관련비용을 최소화하기 위한 노력으로서 아래와 같은 활동을 포함한다.

구 분	내 용
창고관리	창고의 수와 창고의 입지 등의 결정
재고관리	재고비용을 최소화할 수 있는 1회 주문량, 주문기간, 안전재고 등의 결정
수송관리	각종 수송수단들을 이용하여 비용절감, 서비스 개선 등의 활동 수행, 단위수송방식, 협동수송방식, 물류 고려 설계 등
정보관리	고객관련정보, 대금청구정보, 재고수준 등의 각종 정보들을 공유하여 효율적인 서비스 제공, POS, bar code, RFID)

13 ④

해설   채찍효과(bullwhip effect)란 공급사슬 내에서 소비자로부터 생산자로 갈수록 수요변동 폭이 확대되는 것으로서, 소매점에서의 약간의 수요변동이 원자재의 상당한 수요증가를 초래하는 현상을 의미한다. 이는 부정확한 수요자료/예측과 같은 정보의 왜곡 또는 부족으로 발생하기도 하며 과도한 재고투자, 고객 서비스 저하, 비효과적 수송 이용, 잘못 사용된 제조 능력 등을 야기하여 수익 감소를 초래하는 현상이 나타나기도 한다.

14 ②

해설   가급적 대량의 배치 주문을 적당한 규모에 해당하는 것으로 줄인다.

15 ④

해설   채찍효과(bullwhip effect)란 공급사슬 내에서 소비자로부터 생산자로 갈수록 수요변동 폭이 확대되는 현상으로서, 소매점에서의 약간의 수요변동이 원자재의 상당한 수요증가를 초래하는 현상임. 주로 부정확한 수요자료 / 예측과 같은 정보의 왜곡 또는 부족 및 과도한 재고투자, 고객 서비스 저하, 비효과적 수송 이용, 잘못 사용된 제조 능력 등을 야기하여 수익 감소시키게 된다. 이에 대한 대책으로는 수요예측의 정확성을 위해 공급사슬의 모든 구성원 사이에 정보 공유를 통한 공급사슬 내 모든 개체들의 동기화(synchronization) 및 적극적인 SCM활동과 재고를 줄이기 위해 설계가 끝난 후 생산이 시작되기까지의 시간인 리드타임을 짧게 가져 가는게 좋다. 문제 상 ④번 지문의 경우 채찍 효과의 발생 원인이 아니라 해결책에 가깝다고 보아야 함.

16 ③

해설
CRM(Customer Relationship Management: 고객관계관리)에 대한 설명으로서, CRM은 기업의 마케팅 부서에서 고객을 분류 식별해 내고 고객들마다 선별적인 관계의 형성을 통해 명확한 목표를 가지고 그들을 겨냥한 마케팅 캠페인을 추진할 수 있게 함으로써 고객 만족과 이익의 극대화를 추구하는 시스템이며, DB 마케팅과 밀접한 관련을 맺고 있다.

①, ②, ④ SCM, 즉 공급사슬망관리란 원자재 공급업체 → 제조업체 → 유통업체 → 고객의 단계를 거치는 자재 및 제품의 흐름을 원자재로부터 소비자까지의 각 과정상의 자재, 정보, 지불, 서비스 등의 흐름을 효율적으로 관리하고자 하는 공급망 관리를 의미한다.

17 ①

해설
공급사슬관리란 공급체인 내의 모든 구성요소들을 하나의 통합된 운영체계로 하여 구성요소의 부분최적화가 아닌 공급체인 전체의 최적화를 추구하고자 하는 전략적 접근을 의미하며, 여기서 공급사슬이란 고객으로 향하는 하류(downstream) 방향과 첫 공급업체로 향한 상류(upstream)방향의 자재흐름과 정보흐름을 통합적으로 결정하는 여러 업체와 그 관계의 집합체를 의미한다. 공급사슬관리는 이러한 공급사슬에서 정보, 재무, 상품의 흐름을 관리하는데 관리의 중심은 채찍효과를 예방하고 자원의 효율적 흐름을 관리하는데 중점을 두는 전략으로서 각 공급사슬단계에서의 재화의 효율적 흐름은 재고회전율을 통해서 확인할 수 있다.

18 ②

해설
채찍효과(bullwhip effect)란 공급사슬 내에서 소비자로부터 생산자로 갈수록 수요변동 폭이 확대되는 것을 의미하며, 소매점에서의 약간의 수요변동이 원자재의 상당한 수요증가를 초래하는 현상이라고 할 수 있다. 공급사슬관리(SCM, Supply Chain Management)는 채찍 효과(bullwhip effect)의 증폭이 아니라 이를 최소화 시켜야 하는 것이라고 볼 수 있다. 공급사슬관리는 공급체인 내의 모든 구성요소들을 하나의 통합된 운영체계로 하여 구성요소의 부분최적화가 아닌 공급체인 전체의 최적화를 추구하고자 하는 전략이라고 할 수 있다.

19 ①

해설
채찍효과에 대한 설명임.
지문들을 부연설명하면
- 리스크 풀링이란 여러 수요를 통합하여 관리하게 되면 수요의 불확실성이 상대적으로 감소하게 된다는 개념적 효과를 의미함.
- Cross Docking이란 공급 업체에서 제품을 가져와 운송업체가 최종 사용자 또는 소매점에 직접 처리하거나 보관 시간을 최소화하면서 자체 창고 또는 유통 센터로 우회하는 물류 프로세스를 의미한다.

20 ③

해설
프랜차이즈 시스템은 계약형 VMS에 해당한다.

21 ②

해설
수평적 마케팅시스템이란 동일 경로에 있는 두 개 이상의 개별조직들이 결합하는 유통경로체제로서 흔히 공생적 마케팅 기법이 활용된다. 아울러 기업형, 계약형, 관리형은 수직적 마케팅 시스템으로서 아래와 같이 정리할 수 있다.

구분	내용
기업형 VMS	소유권의 구속(주식취득, 흡수합병 등)
계약형 VMS	계약에 의존하여 협력(프랜차이즈 계약 등)
관리형 VMS	친분, 자율적인 이해관계, 힘의 우일 등

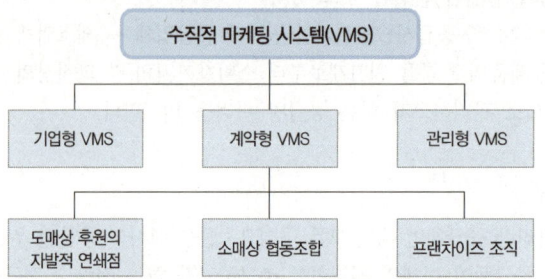

심화문제

1 ②

해설: 질문 상에서의 제품 판매 분류 기준은 유통과정에서의 고객별 분류기준이라고 볼 수 있다. 소매의 경우 최종 소비자를 상대로 소매활동을 하는 유통단계 기관으로 볼 수 있으며, 도매의 경우 소매판매상을 대상으로 재판매 내지는 기관구매자를 대상으로 물건을 판매하는 기관으로서 구매자를 기준으로 한 분류이며, 정부는 공공구매 대상으로서의 구매자 즉, 고객으로 볼 수 있다.

보충:

B2B 고객의 분류 (Customer Segmentation)
- ① 생산업자 (Producers)
  - 1차 산업군: 농업, 수산업, 임업
  - 2차 산업군: 제조, 생산업
  - 3차 산업군: 금융, 교통, 의료 등 서비스업
- ② 재판매업자 (Distributors or Wholesalers)
  - 도매상
  - 분배업체
  - 소매상
  - → 재화의 유통
- ③ 정부/유관 조직 (Government and NGO)
  - 정부기관: 연방, 주, 시
  - 교육기관: 대학, 초중고
  - 비영리단체: 자선단체, 공익단체

2 ④

해설: 물적유통경로와 상적유통경로를 전문화시키기 위해서는 물상분리유통전략을 전개하여야 한다.

3 ⑤

해설: 단위수송방식(unit load system)은 화물을 컨테이너, 빠렛뜨 등 일정한 묶음으로 단위화하여 이동하는 것으로 중량, 포장, 용량 등의 형태를 통일화하여 하역비, 수송비, 포장비 등의 물류비용을 절감하려는 것이다.

4 ①

해설: 유통이 발전함에 따라 기업은 유통활동을 전문화된 유통기관에 직접 위탁하는 형태로 발전하였다. 최근 인터넷, 택배 등의 발전으로 직접유통이 다시 등장하고 있으나 자기 대리점망을 독자적으로 구축하여 유통시키는 형태는 아니다.

5 ⑤

해설: 제품이나 서비스 모두 유통경로를 어떻게 설계할 것인가하는 것은 중요한 마케팅 믹스 중의 하나이다.

6 ③

해설: 공생 마케팅이란 두 개 이상의 기업이 시설의 공동이용, 공동적인 마케팅 활동 등 마케팅 관리를 공동으로 수행하여 효율성을 확보하려고 하는 마케팅 활동을 의미한다.

7 ③

물적유통의 기능은 시간과 장소의 제약을 극복할 수 있다는 것이고 소유권이전은 상적유통에, 위험이전, 금융기능 등은 조성기능에 해당한다.

8 ①

고객의 최소판매단위에 대한 서비스의 요구가 높다는 것은 고객이 유통회사에 낱개로 구매를 원한다는 의미이고 이런 욕구를 충족시키기 위해서는 유통의 단계수를 증가시켜야 한다.
② 상품정보제공에 대한 유통서비스 요구가 높으면(자동차, 컴퓨터 등) 고객에게 상세히 설명해 주어야 하는 것으로 유통단계를 줄여야 한다.
③ 배달기간에 대한 서비스 욕구가 낮다는 것은 주문 후 오랜 시간을 기다려서 배송 받아도 무관하다는 것(델컴퓨터의 주문판매)으로 이는 유통단계를 줄일 수 있는 요소이다.
④ 공간적 편의성에 대한 요구가 낮으면 멀리 있어도 고객이 찾아갈 의사가 있는 것으로 유통단계를 줄일 수 있다.

9 ①

구 분	개방적 유통경로 (집중적 유통경로)	선택적 유통경로	전속적 유통경로(배타적 유통경로)
유통업체	많음	중간	제한적
제품	편의품 저관여제품	선매품	전문품 고관여제품
통제력	약함		강함
기대효과	매출기회 확대		판촉 및 서비스 기능

10 ③

유통거래비용이론이란 유통경로의 길이는 수직적 통합에 드는 비용과 시장거래에서 발생되는 비용간의 상대적인 크기에 따라 결정된다는 것으로 유통경로를 이용하게 되면 자산의 특수성, 거래빈도, 상대방의 기회주의, 불완전한 정보의 제한된 합리성 때문에 시장거래에서 발생되는 비용이 증가되고 이 때문에 수직적 통합이 발생된다고 설명하는 이론이다.

11 ⑤

판매원을 이용한 직접판매를 하게 되면 기업이 지급하는 고정비(판매원의 급여)가 증가하게 되고 변동비(대리점 수수료 등)가 감소하게 되는 효과가 있다.

12 ③

사회적 기반의 권력인 강압적 영향전략의 힘의 원천이 강제력 내지는 합법력이다.

13 ④

b. 가장 이상적인 상권모형은 육각형이다.
d. 소비자의 점포에 대한 효용은 점포의 크기에 비례한다.

14 ②

해설
b. 거래비용이론(Transaction Cost Analysis)에 따르면, 거래특유자산(transaction – specific assets)은 경로 구성원의 대안교체를 어렵게 함으로써 기회주의적 행동을 유발한다고 한다.
d. 프랜차이즈 시스템은 계약형 수직적 경로구조로서 주로 합법적 권력에 의해 운영된다.

15 ①

해설
d. 중간상의 푸쉬(push)보다는 소비자의 풀(pull)에 의해서 팔리는 상품(예컨대 저가의 생활용품)에는 경로 커버리지 전략 중 개방적 유통전략이 적합하다.
e. 모든 기능을 유통기업에 넘기는 것이 아니라 총공급사슬관리에서와 같이 제조기업이 공급사슬 전체에 대하여 관리하게 되면 총공급라인의 최적화를 추구할 수 있다.

16 ④

해설
상품을 판매할 때까지 상품의 소유권을 갖지 않는 상인은 위탁판매상이다. 일반적인 중간상은 거래기능을 수행하고 있다.

17 ①

해설
제조업체가 소비자와 직접 거래하지 않고 유통업체를 이용하게 되면 총거래수가 줄어들어서 거래의 경제성을 달성할 수 있게 된다.

18 ⑤

해설
경로 커버리지와 관련하여 특정 지역 내에서 단 한 개의 중간상에게만 상품을 공급하는 것은 전속적(배타적) 유통경로를 의미하며, 특정 지역 내에서 가능한 많은 수의 중간상들에게 상품을 공급하는 것은 집약적 유통(intensive distribution)를 의미한다.

구 분	개방적 유통경로(집중적/집약적 유통경로)	선택적 유통경로	전속적 유통경로(배타적/독점적 유통경로)
유통업체	많음	중간	제한적
제품	편의품 및 저관여제품	선매품	전문품 및 고관여제품
통제력	약함 ←		→ 강함

19 ④

해설
소유권으로 묶인 기업형 VMS가 가장 통합정도가 높고, 소유권이나 계약도 없는 관리형 VMS의 통합정도가 가장 낮은데 이를 정리하면 다음과 같다.

20 ⑤

해설
유통의 특징 중 총거래수 최소화의 원칙을 물어보는 질문으로 유통시스템 A은 중간상이 없으므로 총거래수는 3×6=18인 반면 유통시스템 B는 중간상이 존재하므로 총거래수는 3+6=9가 된다. 따라서 18−9=9이다.

21 ③

해설
목표 불일치, 영역 불일치, 지각 불일치, 의존 등은 경로갈등을 발생시키는 대표적인 원인이다.
① 준거적 권력이 아니라 전문적 권력(expert power)에 대한 설명임.

② 집약적(intensive)유통 < 선택적(selective)유통 < 전속적(exclusive)유통 순이다.
④ 관리형VMS < 계약형VMS < 기업형VMS
⑤ 모두 계약형VMS에 해당한다.
→ 수직적 유통계열화를 정리하면 다음과 같다.

특 성	전통적 유통경로	관리형VMS	계약형VMS		기업형 VMS
			자발적 연쇄점과 협동조합	프랜차이즈	
시스템 차원의 목표	없다	제한적, 비공식적	제한적, 비공식적	광범위, 공식적	완전, 공식적
조정 메카니즘	교섭력, 협상력	마케팅 프로그램	계약	계약	기업정책
의사결정자	개별조직	비공식적 협력단체	승인된 도소매업체	승인된 본부	집중적
결속력	불안정적	약함	중간	매우 높다	매우 높다
규모의 경제 실현 가능성	희박	약함	높다	매우 높다	매우 높다
유연성	매우 높다	높다	중간	낮다	매우 낮다
재고수준	매우 낮다	중간	높다	높다	매우 높다

22 ③

해설 상인 도매상(merchant wholesaler)은 가장 전형적인 도매상의 형태로서 취급 상품의 소유권을 가지는 독립된 사업체라고 할 수 있다.
- 소매업 수레바퀴 가설(Wheel of Retailing): 혁신적인 소매상은 항상 기존 소매상보다 저가격, 저이윤 및 저 서비스라는 가격소구(價格訴求) 방식으로 신규 진입하여 기존업체의 고가격, 고마진 및 고 서비스와 경쟁하면서 점차로 기존 소매상과 대체하게 된다는 이론이다.

23 ①

해설
② 도매상 중에서 판매 대리점(selling agents)은 제품에 대한 소유권을 가지지는 않으며 단순대리인 역할을 수행한다.
③ 소매상 협동조합은 계약형 VMS의 한 유형으로 대형 도매상을 중심이 아니라 소형 소매상들이 공동소유창고나 혹은 구매클럽(buying club)을 통해 협동구매를 하기 위해 조직된 독립소매상의 집단으로서 자발적으로 만든 체인이다.
④ 유통경로 갈등의 원인 중 경로구성원 간에 각자의 역할이나 영역에 대하여 합의가 이루어지지 않은 것 때문에 발생하는 경로갈등은 목표 불일치가 아니라 지각불일치로 볼 수 있다.

※ 경로갈등을 정리하여 보면 다음과 같다.
- 목표불일치: 경로구성원 간의 이해관계의 대립, 경로구성원이 추구하는 자원의 희소성에 기인
- 지각불일치: 동일한 현상에 대하여 상이한 해석으로 발생(예 재고부족현상에 대하여 상이한 해석)
- 영역불일치: 상권의 범위 혹은 경로구성원이 수행해야 할 역할에 대한 견해 차이로 발생(예 프랜차이저가 생각하는 영역과 프랜차이지가 생각하는 영역의 차이로 인한 갈등)

⑤ 전문점(specialty store)의 경쟁적 우위는 저렴한 제품가격보다는 차별화된 제품의 특성 및 전문성에 기인한다고 볼 수 있다.

24 ③

해설 판매량이 감소한 사실을 놓고, 프랜차이즈 본부의 해석(예 가맹점의 서비스 질에 문제가 있어서)과 가맹

점의 해석(**예** 경쟁브랜드의 신규출점 때문에)이 서로 달라서 발생하는 갈등은 수직적 경로갈등의 유형 중에서 판매량이라는 한 부분에 대한 해석 및 지각의 차이를 보이고 있는 경우 이므로 지각 불일치와 관련이 있다.

① 상인 도매상은 취급하는 제품의 소유권을 갖고 있는 반면에 브로커(broker)와 대리점(agent) 둘다 소유권 없이 단지 거래를 성사시켜 주는 대행적 역할을 한다.
② 수직적 마케팅 시스템(VMS)에서 소매상 협동조합, 도매상 후원 자발적 연쇄점 및 프랜차이즈 조직은 모두 계약형 VMS이다.
④ 제조업자가 중간상에게 계약에 의거하여 일정 수준의 재고를 유지하도록 요구할 수 있는 것은 강압적 파워와 관련이 있다. 전문적 파워는 경영노하우의 전수 등과 관련한 것으로 보아야 한다.
⑤ 전속적 유통은 중간상의 역할이 그다지 중요하지 않은 제품에 적합하며, 제조업체의 표적시장 범위가 넓은 경우 보다 한정적인 좁을수록 유리하다.

25 ⑤

해설

구매자가 요구하는 서비스 수준이 높은 경우에는 많은 비용이 들어가지만 통제가능성이 높은 제조업자가 유통경로 기능을 직접 수행하는 통합적 유통경로(integrated distribution channel)를 갖게 될 가능성이 높아진다.

① 방문판매와 다단계판매는 모두 무점포형 소매상이다.

보충

방문판매는 무점포 판매의 일종으로 점포를 갖지 않고 세일즈맨이 소비자의 가정이나 직장을 방문하여 상품의 현물이나 카탈로그를 보여주고 상품을 판매하는 방법임. 가정이나 직장에 있으면서 원하는 상품을 살 수 있는 장점이 있으나 상품을 다른 상품과 비교할 수 없는 단점이 있다. 아울러 다단계판매는 무점포 판매의 한 형태로 판매업체에서 최종소비자에 이를 때까지 여러 단계를 거치는 판매방식이다. 최초의 판매자가 물품을 소비자에게 판매하기까지 단계적으로 판매원을 동원하는 것으로 단계별로 일정한 이윤이 붙여진다.

일반 기업들의 판매 방식과 달리 철저한 무점포 형태의 점조직으로 판매원이 구성돼 있으며 이들 판매원은 주로 가정이나 회사를 직접 방문, 상품을 파는 것이 특징이다. 판매업체에 가입한 판매원(회원)들이 상품의 구매자인 동시에 하위 판매원에 대해선 판매자가 되는 종적인 구조를 갖추고 있어 방문판매와는 구별된다.

② 한정 서비스 도매상(limited-service wholesaler)은 상품을 소유한 상태에서 고객에게 소수의 한정된 서비스만을 제공하는 형태의 도매상이다. 즉, 완전서비스 도매상은 유통경로에서 수행되어지는 대부분의 도매상 기능을 수행하지만 한정 서비스 도매상은 이들 기능 중 일부만을 수행한다.
③ 전문품에 적합한 경로 커버리지는 집약적 유통(intensive distribution)이 아니라 전속적 유통이다.
④ '도매상이 후원하는 자발적 체인(집단)'은 대형 도매상을 중심으로 독립적인 소매상들이 수직 통합된 경로조직이다. 대형도매상이 독립적인 개개인의 소매상을 위해 대량구매, 물류, 상표선정, 마케팅 등을 함으로서 규모의 경제를 이룰 수 있게 해주는 형태이지 중소 제조업체들이 자발적으로 만든 경로유형은 아니다.

26 ①

해설

틀린 지문을 수정하여보면 다음과 같다.
b. 유통업체 중에서 판매 대리점(selling agent)과 브로커(broker)는 모두 제품에 대한 소유권을 보유하지 않는다.
c. 소매상 협동조합은 제조업체 주도가 아니라 소매상들간의 연합체적 성격으로서 소매상들이 자발적으로 만든 유통체인이다.

27 ⑤

해설 계약형 VMS 중 하나인 도매상이 후원하는 자발적 체인(wholesaler-sponsored voluntary chain)은 대형 도매상을 중심으로 중소 제조업체들이 자발적으로 만든 체인이 아니라 도매상이 후원하는 자발적 체인(wholesaler-sponsored voluntary chain)은 도매상후원 자발적 연쇄점이라고도 불리우는 형태로서 도매상을 중심으로 독립적인 소매상들이 수직통합된 경로조직이다.

아울러 계약형 VMS 중 하나인 소매상 협동조합은 중소 소매상들이 도매기능을 가진 공동 소유의 조직체를 결성하여 이를 공동으로 운영하는 경로조직으로 전국 중소상인 연쇄점협회등을 들 수 있다.

28 ⑤

해설 영역불일치가 아니라 지각불일치에 대한 설명임. 경로갈등의 원인별로 정리 하여보면 다음과 같다.
- 목표불일치 : 경로구성원 간의 이해관계의 대립, 경로구성원이 추구하는 자원의 희소성에 기인
- 지각불일치 : 동일한 현상에 대하여 상이한 해석으로 발생(재고부족현상에 대하여 상이한 해석)
- 영역불일치 : 상권의 범위 혹은 경로구성원이 수행해야 할 역할에 대한 견해 차이로 발생

29 ④

해설 유통경로의 갈등은 상위목표가 아닌 거래 쌍방의 개별적 목표를 명확히 설정함으로써 해결할 수 있는게 아니라 이런 경우 목표불일치로 인한 수직적 경로갈등이 발생하게 된다.

CHAPTER 7 : 마케팅 믹스(4): Promotion

개념정리문제

1 ①

해설   선별적 유통점포 개설은 유통경로 전략으로 4P 중 Place(유통)에 해당함. 촉진믹스는 광고, 인적판매, PR과 판매 촉진으로 구성된다. 광고, 인적판매, PR을 제외한 다양한 수단이 판매촉진에 해당되며, 보기 중 구매시점 진열 등은 판매촉진 활동에 포함된다.

2 ②

해설   촉진(promotion) 또는 마케팅 커뮤니케이션이란 기업의 제품이나 서비스를 소비자들이 구매하도록 유도할 목적으로 해당 제품이나 서비스의 성능에 대해서 고객을 대상으로 정보를 제공하거나 설득하려는 마케팅 노력의 일체로서 이의 대표적인 촉진(promotion)수단으로는 광고, 인적판매, PR, 판매촉진을 들 수 있다.

3 ②

해설   촉진의 수단은 광고, PR, 판매촉진, 인적판매가 있다.

4 ⑤

해설   촉진믹스에는 광고(①옥외광고), 인적판매(②방문판매), 홍보를 포함한 PR, 판매 촉진(④가격할인)이 있다. ⑤ 개방적 유통은 유통믹스전략에 해당한다.

5 ②

해설   촉진의 수단은 광고, PR, 판매촉진, 인적판매가 있으며, 포지셔닝(positioning)은 STP전략에 해당한다.

6 ④

해설   교차판매(cross−selling) 혹은 교차 촉진의 경우 금융회사들의 대형화 겸업화 추세가 가속화하면서 나타난 현상 가운데 하나로, 자체 개발한 상품에만 의존하던 전통적인 수익모델로는 더 이상 이윤을 창출하기 어렵다는 현실 인식에서 등장한 새로운 유형의 수익모델로서, 자체 개발한 상품에만 의존하지 않고 다른 금융회사가 개발한 상품까지 파는 적극적인 판매방식. 예를 들어 생명보험사 소속 설계사들이 손해보험사의 상품을 판매할 수 있고 그 반대도 허용되게 되는 제도를 말한다.

7 ①

해설   촉진의 수단 중 광고, PR, 인적판매를 제외한 모든 수단이 판매촉진임.

8 ①

해설   촉진전략의 방향을 정리하여보면 우선, 풀전략(pull strategy)을 들 수 있는데 이는 제조업자가 광고나 소비자판촉을 이용하여 최종 소비자에게 브랜드나 제품을 알려 스스로 적극적으로 구매하도록 하는 전략을 의미하며, 푸시전략(push strategy): 제조업자가 판매촉진이나 인적판매를 이용하여 중간상으로 하여금 제품을 구비하고 소비자에게 적극적으로 판매하도록 유도하는 전략을 의미한다. 이를 촉진 수단별로 정리하면 아래 그림과 같다.

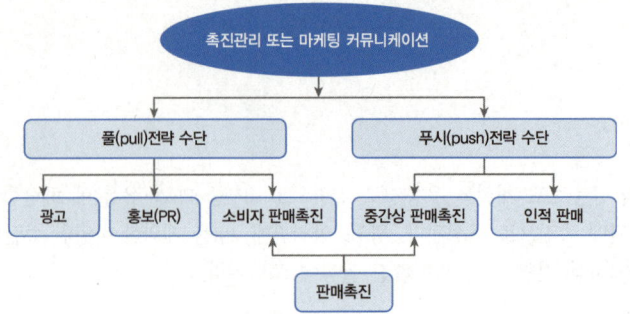

9 ③

해설 저관여, 소비용품의 경우에는 광고가 가장 효과적인 촉진방법이하고 할 수 있다. 아울러 고관여, 산업재의 경우에는 인적판매 방식이 유리한 촉진수단이라고 할 수 있다.

10 ②

해설 푸시 지원금은 판매장려금 지원의 성격을 가지고 있는 판촉이라고 볼 수 있다

소비자 판매촉진	할인쿠폰, 리베이트, 보상판매, bonus packs, sale, sample제공, 무료사용, 사은 품 및 경품, 고정고객 우대 프로그램 등
중간상 판매촉진	입점공제(slotting allowance), 구매 공제(buying allowances), 광고 공제(advertising allowances), 진열 공제(display allowance), 대금 지급조건 완화, 판매장려금 지급, 판매원 훈련, 판촉물 제공, 판매원 파견

11 ③

해설 효과적인 광고 목표를 달성하기 위한 소비자의 심리적 반응단계는 인지-감정-행동의 단계를 거치게 된다. 이 문제의 경우 이러한 구매의사결정단계 중 AIDA 모형을 물어보는 질문임. 소비자의 구매의사결정과 관련된 모형을 정리하여 보면 다음과 같다.

구 분	DARGMA 모형	AIDMA 모형	효과계층 모형	효과적인 판촉수단
인지단계	awareness	attention	awareness knowledge	광고, 홍보
감정단계	comprehension conviction	interest desire memory	liking preference conviction	
행동단계	action	action	purchase	인적판매, 판매촉진

12 ⑤

해설 소비자의 지각과정은 자극에 대한 노출 →(감각기관)→ 주의 → 해석 →(감각기관)→ 반응(수용/거부) → 지각의 순으로 이루어진다.

13 ①

해설 AIDMA 모델은 주의(attention), 흥미와 관심(interest), 구매 욕망(desire), 기억(memory) 구매 행동(action) 등의 5단계를 의미한다.

14 ⑤

해설

덴쯔(Dentsu)가 제시한 광고처리모형은 AISAS 모형인데, 광고정보처리란 광고가 수용자에게 보이고 난 뒤 어떤 절차에 걸쳐 구매를 하게 되는지를 나타내는 모형이다. 현대사회에 와서 뉴미디어의 등장과 기술의 발달로 사람들의 행동 양식이 달라지기 시작함에 따라 전통적인 기존의 AIDMA(Attention – Interest – Desire – Memory – Action) 모형에서 AISAS[주의(attention) → 흥미(interest) → 검색(search) → 구매(action) → 공유(share)] 모형으로 바뀌기 시작했다. 사람이 광고를 보고 난 뒤 그 상품에 대한 "지각(Attention)"을 하게 되고 상품에 대한 "흥미(Interest)"를 갖게 되며 인터넷을 통해 얼마나 좋은 제품인지 "검색(Serch)"을 해보고 후기가 좋으면 "구매행동(Action)"를 하고난 뒤 본인도 제품에 대한 긍정적인 후기를 "공유(Share)"한다는 것이다.

15 ①

해설

수익성지수법(profitability index method: PI법)은 재무비율분석방법으로 투자안으로부터 발생되는 미래 현금흐름의 현재가치를 투자액의 현재가치로 나누어 수익성지수(PI)를 산출한 후, 수익성지수가 1보다 큰 투자안(PI > 1)을 채택하는 방법이다.

※ 광고예산결정방법을 정리하여 보면 다음과 같다.

- 가용예산활용법 (가용자원법): 기업의 재정이 허락하는 범위 내에서 광고의 예상비용 결정하고 예상매출액과 예상이익을 계산하는 방법. 간단하나 광고목표없이 예산 설정되는 단점
- 매출액비례법 (매출액비율법): 매출액의 일정비율을 촉진예산으로 할당하는 방법. 실무에서 가장 빈번히 사용. 실무에 사용용이, 기업의 자금운용이 용이, 지나친 경쟁이 방지되는 장점. 그러나 매출을 촉진의 원인으로 보는 논리적인 단점 및 장기적인 광고계획 수립 곤란
- 임의 할당법: 최고 경영자나 관련 의사결정자가 감각이나 직관에 근거하여 광고예산 결정. 단순하나 비합리적인 예산책정 방법
- 경쟁사기준법: 가장 중요한 경쟁자의 광고예산이나 산업의 평균 광고 예산을 기준으로 광고예산 책정하는 방법. 경쟁사와 자사의 기업의 비전, 가용자원 및 기업의 목표가 다르므로 단순히 광고예산만 유사하게 책정하는 것은 무리
- 목표 및 과업기준법: 광고가 달성해야 하는 목표를 먼저 설정하고 이를 달성하기 위해 수행될 과업계획, 각각의 과업과 관련된 비용을 산정함으로써 광고예산 결정하는 방법. 시장점유율 목표결정 → 광고가 도달되어야 하는 표적청중 결정 → 설득해야 할 잠재적 구매자 비율 계산 → 광고노출회수의 결정 → 필요광고 예산 결정

16 ⑤

해설

지문 ⑤의 내용은 바이럴 마케팅(viral marketing)에 가깝다고 할 수 있다. 바이럴 마케팅(viral marketing)은 누리꾼이 이메일이나 다른 전파 가능한 매체를 통해 자발적으로 어떤 기업이나 기업의 제품을 홍보하기 위해 널리 퍼뜨리는 마케팅 기법으로, 컴퓨터 바이러스처럼 확산된다고 해서 이러한 이름이 붙었다. 반면에 버즈 마케팅(buzz marketing)이란 소비자에게 빨리 메시지를 전파하기 위해 이메일이나 모바일을 등을 공유하는 것이 아니라, 구전 마케팅(Verbal Marketing)의 일종으로 상품을 이용해 본 소비자가 자발적으로 주위 사람에게 그 상품에 대한 긍정적인 메시지를 전달함으로써 좋은 평판이 확산되도록 한다는 것이다. 꿀벌이 윙윙거리는(buzz) 것처럼 소비자들이 상품에 대해 말하는 것을 마케팅으로 삼는 것으로, 최근에는 고객이 특정 제품이나 서비스에 열광하는 반응을 나타내는 용어로도 사용된다. 버즈 마케팅은 대중매체를 통해 불특정 다수에게 무차별적으로 전달하는 기존 마케팅과는 달리 광고비가 거의 들지 않지만 엄청난 효과를 내기도 한다. 영화, 음반, 유아용품, 자동차 등 다양한 제품에 적용된다.

17 ③

해설
① POP(point of purchase): 구매시점광고/판매시점광고
② USP(unique selling point): 고유판매제안/제품 장점 중심광고
  - '독특한 판매 제안'으로 철저한 제품 조사 및 소비자 조사를 바탕으로 제품 고유의 장점(inherent advantages)을 소비자에게 반복해서 전달하는 것이다.
③ PPL(product placement): 특정 기업의 협찬을 대가로 영화나 드라마에서 해당 기업의 상품이나 브랜드 이미지를 끼워 넣는 광고기법
④ POS(point of sale): 금전등록기와 컴퓨터 단말기의 기능을 결합한 것으로 판매시점 정보관리 시스템이라고 함.
⑤ WOM(word of mouth): 구전마케팅
  - 제품, 서비스, 기업이미지 등을 마케팅하는 데 소비자의 입소문을 활용하는 것. 대중매체 대신 소비자들의 입소문을 광고의 매체로 이용하는 것이다.

18 ④

해설
촉진수단 - 광고, 인적판매, 홍보, 판매촉진

19 ④

해설
소비자의 광고제품에 대한 관여도가 높을수록 즉, 고관여 제품일수록 해당광고에 대한 인지적 반응(cognitive response)의 양이 많아진다.

20 ④

해설
① 증언형 광고: 유명한 모델이 아닌 소비자와 유사한 일반모델을 사용한 광고로 소비자들의 신뢰성을 높이려는 광고
② 비교 광고: 비교소구의 방법으로 주로 후발주자가 선발주자에 비하여 자신의 장점을 부각하기 위하여 사용한다.
③ 유머소구: 소비자에게 접근할 때는 유머가 식상하지 않게 주의하여야 하며 그림자효과가 발생하지 않게 주의하여야 한다.
⑤ 이성적 소구: 논리적인 광고 메시지로 소비자의 지적 이해를 구하는 광고 기법.

21 ③

해설
① 스팟광고: 텔레비전 방송에서 프로그램 사이에 방송하는 짧은 광고나 소식을 가리키는 단어이다. 한국어에서 일본어식 영어 commercial film의 준말인 CF를 사용하기도 한다.
② 배너광고: 인터넷 홈페이지에 띠 모양으로 만들어 부착하는 광고
④ PPL(product placement): 특정 기업의 협찬을 대가로 영화나 드라마에서 해당 기업의 상품이나 브랜드 이미지를 끼워넣는 광고기법.
⑤ POP(point of purchase): 구매시점광고/판매시점광고

22 ⑤

해설
지문과 달리 PR의 세부영역이 홍보이다. 즉 PR은 홍보를 포함하는 개념이다.

23 ④

해설   샘플은 구입가격인하보다는 추가적 혜택을 받게 해주는 것이다. 이로 인해 전체 소비지출에서 싸게 산 느낌을 줄수는 있으나 이것으로 가격이 인하되는 혜택을 준다고 보기는 어렵다.

심화문제

1 ③
해설 　무제한 반품정책 등과 같은 것은 소비자 판매 촉진(promotion)전략의 일종으로 생각할 수 있다.

2 ②
해설 　촉진믹스에는 광고, 인적판매, 판매촉진, 홍보(PR) 등이 있다.

3 ①
해설 　광고 제품에 대한 관여도가 높을수록 해당 광고에 대한 인지적 반응이 높아진다.
② 그림자효과에 관한 설명이다.
③ 이월효과란 현재 행하고 있는 광고의 효과가 누적적으로 미래에 매출에 영향을 미치는 것을 의미한다.
⑤ 광고메세지를 소구하는 방법에는 비교광고, 유머소구, 공포소구 등이 있다.

4 ②
해설 　인적판매는 대면접촉을 통한 판매이며, 카달로그나 인터넷 등을 통한 판매는 비대면 접촉을 통한 판매행위로 광고에는 포함될 수 있으나 인적판매에는 포함하지 않는다.

5 ④
해설 　① 인적판매나 중간상 판촉을 통하여 다음 단계 구성원들에게 영향력을 행사하려는 전략을 푸쉬전략이라고 한다.
② 도입기에는 제품의 인지에 관한 광고를 하여야 하고 상기광고는 쇠퇴기 등에 행하는 광고형태이다.
③ 파래토 법칙은 20%의 고객이 80%의 매출을 차지하고 있다는 법칙이다.
⑤ 판매촉진은 단기적인 상표전환자를 유인하는데는 효과적이나 그 효과가 장기적으로 지속되는 효력이 약하여 최근 기업들은 소비자 지향적 판매촉진을 실시하는 경향이 있다.

6 ③
해설 　소비자의 행동단계에서는 판매촉진과 인적판매가 가장 효과적인 촉진믹스로 사용되고 인지단계에서는 광고와 PR이 가장 효과적인 촉진믹스로 사용된다.

7 ③
해설 　a. 인적판매는 효과계층모형(hierachy-of-effects model)의 여섯 단계(인지 – 지식 – 호감 – 선호 – 확신 – 구매) 중 구매 단계에 가장 큰 영향을 미친다.
c. 인적판매는 전형적인 푸쉬(push) 촉진정책이고 광고는 풀(pull) 촉진정책이다.

8 ④
해설 　증언형 광고는 소비자들의 신뢰성을 증가시켜서 광고의 효과를 높게 한다.

9 ⑤

해설 고정고객우대(patronage awards) 프로그램은 소비자 판촉의 유형이며, 소매기업이 신상품을 취급해주는 대가로 제조기업이 소매기업에게 일정 액수의 현금을 지불해주는 것은 신제품진열지원금(slotting allowance)이라고 한다.

10 ③

해설 CPM(cost per thousand persons reached)이란 상품의 구매고객 천명이 아니라 천명의 오디언스에게 해당 광고를 노출시키는데 필요한 광고비를 의미한다.

11 ②

해설 CPM은 1000명의 청중에게 도달하는데 필요한 광고비를 의미함. 구독자 5000명은 5 CPM이므로, CPM 기준으로 10만 원인 경우,

5×10만 원=50만 원 (또는 $5000 \times \frac{10만}{1000}$)

12 ③

해설 CPM은 1000명의 청중에게 도달하는데 필요한 광고비를 의미한다. 구독자 100만 명은 1000 CPM이므로, CPM 기준으로 10만 원인 경우,

1000×10만 원=1억 (또는 $100만 명 \times \frac{10만 원}{1000}$)

13 ③

해설 중간상 판매촉진(trade promotion)은 제조회사가 소매상이나 도매상인 중간상을 대상으로 판촉활동을 전개하는 것을 말한다.

① 광고의 궁극적인 목표는 잠재고객으로 하여금 상품을 구매하게 만드는 것이나, 구매와 관련된 지표(예 시장점유율, 매출액 등) 자체를 광고의 목표로 삼는 것은 바람직하지 않고 커뮤니케이션 지표를 현실적 목표로 삼는 것이 바람직하다.

② 언론 매체에 회사의 상품이 노출된 횟수를 카운트(count)한 다음 이를 금액으로 환산하는 PR 효과 측정방법을 '노출횟수(exposures) 측정'이라고 부르며, 이 방법은 PR 효과를 단순하게 측정함으로서 통제 및 기타 부분을 파악할 수 없다는 한계점을 갖고 있다.

④ 과거(현재)에 이루어진 광고의 효과가 누적되어 현재(미래)의 매출에 영향을 미치는 것을 '이월효과(carryover effect)'라고 부른다. 이러한 광고누적 현상은 과거의 광고 중 효과가 남아 있는 부분을 광고호의(advertising goodwill)라고 하며 이는, 당기의 광고호의 = 전기의 광고호의 × (1−상각율) + 당기 광고비중으로 측정되며 여기서 1−상각율을 잔존율로 볼 수 있다.

⑤ 인적판매는 상품을 알리고 질문에 답하며 주문을 끌어내기 위해 잠재고객들과 대면접촉하는 활동이다. 이러한 인적 판매는 광고와 비교 이해가 필요함.

광고	인적판매
• 비인적매체, 불특정 다수 대상, 1인당 비용저렴 • 제한된 정보제공, 표준화된 정보 제공 • 소비재, 저관여제품 등 유리	• 인적매체, 특정 소수 대상, 1인당 비용고가 • 무제한적 정보제공, 개별화된 정보 제공 • 산업재, 고관여제품 등 유리

14 ②

해설

① 메시지가 복잡한 경우에는 주어진 기간 동안 한 번 이상 광고에 노출된 청중의 수나 비율을 의미하는 도달범위(reach) 또는 도달율보다는 청중들이 특정기간 동안 광고 메시지에 노출된 횟수를 의미하는 광고의 빈도(frequency)를 높여 복잡한 내용의 이해시키는 것이 바람직하다.

② GRP(gross rating point)는 특정광고에 노출된 총접촉률로서 이는 중복 노출된 시청자의 수를 합하여 계산된 것으로 도달범위(reach) 즉, 도달율에 도달빈도(frequency)를 곱하여 계산한다.

③ 광고는 소비자에게 고압적 형태의 푸쉬(push)보다는 저압적 형태의 구매를 유도하는 풀(pull) 촉진활동에 가깝다.

④ 광고예산 결정에서 가용 자원법 혹은 가용예산 할당법(affordable method)은 기업의 재정이 허락하는 범위 내에서 광고의 예상비용 결정하고 예상매출액과 예상이익을 계산하는 방법으로서 그 방식이 간단하나 광고목표 없이 예산 설정되는 단점이 있는 방식이다. 광고목표 달성을 위한 과업 수행에 소요되는 예산을 추정하여 광고예산을 책정하는 방법이며, 광고를 비용이 아니라 투자로 간주하고 있는 방법은 목표과업법이다.

이러한 목표과업법은 광고가 달성해야 하는 목표를 먼저 설정하고 이를 달성하기 위해 수행될 과업계획, 각각의 과업과 관련된 비용을 산정함으로써 광고예산 결정하는 방법으로서, 시장점유율 목표 결정 → 광고가 도달되어야 하는 표적청중 결정 → 설득해야 할 잠재적 구매자 비율 계산 → 광고노출회수의 결정 → 필요광고 예산 결정 방법임.

⑤ 광고의 노출빈도가 어느 수준을 넘어서면 광고효과가 떨어지는 현상은 광고의 이월효과(carryover effect)가 아니라 광고의 감퇴또는 광고의 지침현상(advertising wearout)이라고 한다. 광고의 이월효과(carryover effect)란 과거(현재)에 이루어진 광고의 효과가 누적되어 현재(미래)의 매출에 영향을 미치는 것을 의미한다.

15 ③

해설

도달률(reach)이란 일정한 기간 동안에 특정 광고에 적어도 한번 이상 노출된 사람의 비율을 가리키는 말이며, 빈도(frequency)는 일정한 기간 동안에 한 사람당 특정 광고가 노출된 평균횟수를 의미한다. 매체결정에서 표적청중을 명확히 정의하기 어려운 경우에는 일반적으로 빈도(frequency)보다는 도달률(reach)을 높이는 것이 바람직하다.

16 ②

해설

틀린 지문을 수정하여 보면 다음과 같다.

c. 판매촉진을 소비자 판매촉진과 중간상 판매촉진으로 구분할 때, 광고공제(advertising allowances)는 소비자 판매촉진이 아니라 중간상 판촉에 해당한다.

소비자 판촉과 중간상 판촉을 분류하여 보면 다음과 같다.

소비자 판매촉진	할인쿠폰, 리베이트, 보상판매, bonus packs, sale, sample제공, 무료사용, 사은 품 및 경품, 고정고객 우대프로그램 등
중간상 판매촉진	입점공제(slotting allowance), 구매 공제(buying allowances), 광고 공제(advertising allowances), 진열공제(display allowance), 대금 지급조건 완화, 판매장려금 지급, 판매원 훈련, 판촉물 제공, 판매원 파견

17 ④

해설

① 광고예산 결정 방법에서 매출액 비율법(percentage-of-sales method)의 단점을 반대로 설명하고 있다. 매출액비율법의 단점은 광고비를 매출액의 원인이 아니라 결과로 보는 것이다.

②, ③ 구매 공제(buying allowances)와 광고 공제(advertising allowances)는 소비자 판매촉진(consumer promotion)이 아니라 유통기관 판매촉진(trade promotion) 즉 중간상 판매촉진에 포함된다.

소비자 판매촉진	할인쿠폰, 리베이트, 보상판매, bonus packs, sale, sample 제공, 무료사용, 사은품 및 경품, 고정고객 우대프로그램 등
중간상 판매촉진	입점 공제(slotting allowance), 구매 공제(buying allowances), 광고 공제(advertising allowances), 진열 공제(display allowance), 대금 지급조건 완화, 판매장려금 지급, 판매원 훈련, 판촉물 제공, 판매원 파견

⑤ 회상 테스트(recall test)는 광고에 노출된 소비자들이 광고를 본 후 광고주와 광고제품에 대해 기억해 낼 수 있는 모든 내용을 이야기하게 하는 방법이다.

18 ④
해설 고객을 지속적으로 유인하기 위한 마일리지 프로그램은 경험 제공의 핵심요인은 아님

19 ③
해설 목표 과업법(objective-and-task method)이란 광고가 달성해야 하는 목표를 먼저 설정하고 이를 달성하기 위해 수행될 과업 계획, 각각의 과업과 관련된 비용을 산정함으로써 광고예산 결정하는 방법. 시장점유율 목표결정 → 광고가 도달되어야 하는 표적청중 결정 → 설득해야 할 잠재적 구매자 비율 계산 → 광고노출회수의 결정 → 필요광고 예산 결정
① 매출액 비율법(percentage-of-sales method): 매출액의 일정비율을 촉진예산으로 할당하는 방법. 실무에서 가장 빈번히 사용. 실무에 사용용이, 기업의 자금운용이 용이, 지나친 경쟁이 방지되는 장점. 그러나 매출을 촉진의 원인으로 보는 논리적인 단점 및 장기적인 광고계획 수립 곤란
② 가용예산 할당법(affordable method): 기업의 재정이 허락하는 범위 내에서 광고의 예상비용 결정하고 예상매출액과 예상이익을 계산하는 방법. 간단하나 광고목표없이 예산 설정되는 단점
④ 경쟁자 기준법(competitive-parity method): 가장 중요한 경쟁자의 광고예산이나 산업의 평균 광고예산을 기준으로 광고예산 책정하는 방법. 경쟁사와 자사의 기업의 비전, 가용자원 및 기업의 목표가 다르므로 단순히 광고예산만 유사하게 책정하는 것은 무리

20 ②
해설 광고모델의 매력도와 신뢰성은 각각 동일시(identification) 과정과 내면화(internalization) 과정을 거쳐 소비자를 설득시킨다. 그러나 매력도에 근거한 동일시 또는 일체성을 통한 메시지의 수용과정은 유사성, 친숙성, 호감성 등에 기초를 둔 메시지가 유대관계에 근거하여 나타나므로 인해 내명화 과정에 근거하여 이루어지는 신뢰성을 통한 메시지 수용과정보다 지속력은 약하다고 할 수 있다.
① 효과계층모형(인지 → 지식 → 호감 → 선호 → 확신 → 구매)에서 잠재구매자의 단계별 반응에 미치는 광고의 영향력은 판촉의 영향력에 비해 그 효과 단계가 반비례 형태를 띠지만 판촉의 경우는 단계별로 비례관계를 가진다고 할 수 있다.
③ 소비자 판촉 수단에서 준거가격이 낮아질 위험은 리베이트 보다 가격할인판촉에서 더 높다.
④ 소매업자가 신상품을 취급해 주는 대가로 제조업자가 소매업자에게 상품대금 일부를 공제해 주는 것은 진열공제(display allowances)가 아니라 입점공제(slotting allowance)에 해당한다.
⑤ 기업과 관련이 있는 여러 집단들(투자자, 정부, 국회, 시민단체 등)과 좋은 관계를 구축하고 유지하는 총체적인 활동을 PR(public relations)이라고 하며 이는 홍보(publicity)보다 대상범위가 넓다. 홍보는 단순히 기업이나 기업의 제품을 뉴스 등을 통해 소비자에게 알리는 활동을 의미한다.

21 ②

해설 푸쉬전략(push strategy)이란 제조업자가 판매촉진이나 인적판매를 이용하여 중간상으로 하여금 제품을 구비하고 소비자에게 적극적으로 판매하도록 유도하는 전략이며, 풀전략(pull strategy)이란 조업자가 광고나 소비자판촉을 이용하여 최종 소비자에게 브랜드나 제품을 알려 스스로 적극적으로 구매하도록 하는 전략을 의미한다.

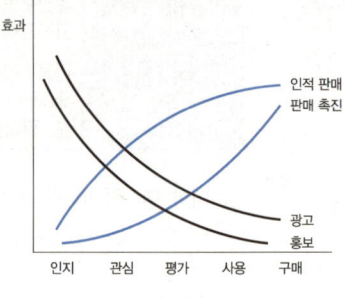

① 소비재를 판매하는 기업은 대부분의 촉진비용을 PR 보다는 광고에 주로 사용하며 그 다음으로 판매촉진, 그리고 인적판매의 순으로 촉진비용을 지출하게 된다.
③ 구매자의 의사결정단계 중 인지와 지식의 단계에서는 인적판매 보다는 광고와 홍보가 보다 효과적이다. 이를 정리하면 우측 그림과 같다.
④ 제품수명주기 단계 중 성숙기에서는 광고보다는 판매촉진 활동을 통해 상표전환자를 유도하는 것이 중요한 역할을 수행하게 된다. 아울러 광고의 경우는 상표차이와 효익을 강조하는 광고가 활용된다.

22 ③

해설 진열 공제(display allowances)와 입점 공제(slotting allowances) 등과 같이 대부분의 공제(allowances)는 중간상 판매촉진(trade promotion) 수단이다.
① 광고예산 결정방법에서 가용예산 할당법(affordable method)은 광고를 투자가 아닌 비용으로 간주하고 있으며, 광고비의 과다지출보다는 과소지출을 초래하는 경우가 더 많다.
② 청중 1,000명에게 광고를 도달시키는 데 드는 광고비용을 가리키는 용어는 CPM(cost per millennium)이다. 아울러 GRP(gross rating points)는 특정 광고 스케줄에 노출된 총접촉률 또는 중복된 시청자 수를 의미하는 것이다. GRP(gross rating points)는 도달범위와 빈도의 곱으로 계산한다.
④ 샘플은 제품 사용유도, 반복구매 촉진, 다른 판촉방법들에 비해 효과는 좋으나 비용이 많이 든다는 단점이 있다.
⑤ 인적판매에서 내부 판매(inside selling)는 판매사원이 잠재 구매자를 방문하여 판매활동을 하는 것이이 아니라 사내판매라고도 불리우는 개념으로서 기업의 어떤 팔 물건과 고객이 접촉할 때 추가적 제품이나 서비스가 판매되도록 모색하는 전략이다 실례로, 호텔의 고객에게 호텔 이발관을 이용하도록 유도하거나 레스토랑 단골 고객에게 식사와 함께 포도주를 들도록 권유하는 경우 등을 들 수 있다.

23 ③

해설 도달률(reach)이란 일정한 기간 동안에 특정 광고에 적어도 한번 이상 노출된 사람의 비율을 가리키는 말이며, 빈도(frequency)는 일정한 기간 동안에 한 사람당 특정 광고가 노출된 평균횟수를 의미한다. 매체결정에서 표적청중을 명확히 정의하기 어려운 경우와 구매주기가 긴 제품인 경우에는 일반적으로 빈도(frequency)보다는 도달률(reach)을 높이는 것이 바람직하다. 반면에 메시지가 복잡한 경우에는 주어진 기간 동안 한 번 이상 광고에 노출된 청중의 수나 비율을 의미하는 도달범위(reach) 또는 도달율 보다는 청중들이 특정기간동안 광고 메시지에 노출된 횟수를 의미하는 광고의 빈도(frequency)를 높여 복잡한 내용의 이해시키는 것이 바람직하다.
① 정교화가능성 모델(ELM)에 의하면 저관여 소비자는 중심단서(예: 제품정보)보다 주변단서(예: 광고모델)에 의해 영향을 받는다.
② 홍보는 신뢰성이 높은 반면에 통제가능성은 낮다.

④ 일정기간 동안 제품을 구입한 사람에게 구입가격 일부를 금품으로 보상해 주는 것은 리베이트이다.
⑤ 소매업자가 신제품을 취급해 주는 대가로 제조업자가 제품대금의 일부를 공제해 주는 것은 구매 공제(buying allowances)가 아니라 입점공제(slotting allowance)에 해당한다.

24 ①

해설 Sherif의 사회적 판단이론은 수용자(receiver)가 어떠한 메시지를 받아들일 때 자신의 기존 태도를 기반으로 송신자(sender)의 메시지를 판단하고 그에 따라 수용 또는 거부한다는 이론. 만약 자신의 태도가 메시지의 내용과 너무 달라 거부감이 들면 메시지를 거부하게 되고, 만약 메시지와 나의 기존 태도가 비슷하다면 메시지의 내용을 긍정적으로 판단하고 수용하게 된다는 이론이다.

수용영역	관여도	메시지 반응
수용영역이 좁음	고관여	수용 혹은 거부의 입장이 분명하며, 과장된 메시지를 사용함에는 주의를 기울여야 함
수용영역이 넓음	저관여	수용 혹은 거부의 입장이 명확하지 않으며, 약간의 과장된 메시지를 받아 줄 수 있음

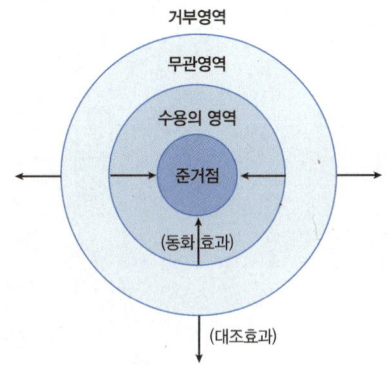

25 ④

해설 b지문 하나만 틀린 것으로 보면 된다. 광고호의(advertising goodwill)란 과거의 광고 중에 그 효과가 남아 있는 부분으로서 특정시점의 광고 투자비가 동일시점의 매출에 미치는 영향의 크기로 측정되는 것이 아니라 아래와 같은 식으로 측정할 수 있다.
광고호의 = 전기의 광고호의 × (1 − 상각율) + 당기의 광고비중

26 ③

해설 매체결정에서 표적 청중을 명확히 하기 어려운 경우에는 일반적으로 자주하는 빈도(frequency)보다는 도달범위를 넓히는 도달률(reach)을 높이는 것이 바람직하다.
아울러 메시지가 복잡한 경우에는 주어진 기간 동안 한 번 이상 광고에 노출된 청중의 수나 비율을 의미하는 도달범위(reach) 또는 도달률보다는 청중들이 특정 기간 동안 광고 메시지에 노출된 횟수를 의미하는 광고의 빈도(frequency)를 높여 복잡한 내용을 이해시키는 것이 바람직하다.

27 ④

해설 목표과업법은 광고가 달성해야 하는 목표를 먼저 설정하고 이를 달성하기 위해 수행될 과업 계획, 각각의 과업과 관련된 비용을 산정함으로써 광고 예산을 결정하는 방법으로서 촉진예산 책정방법들 중 논리

적 타당성이 가장 높다고 볼 수 있다. 그러나 시장점유율 목표 결정 → 광고가 도달되어야 하는 표적 청중 결정 → 설득해야 할 잠재적 구매자 비율 계산 → 광고노출 회수 결정 → 필요 광고예산 결정을 과정을 거치는 과정에서 표적 청중결정과 잠재적 구매자 비율계산 등의 현실적 어려움으로 촉진비용과 촉진성과간의 관계 규명이 어렵다.

28 ①

해설 중간상 판매촉진(trade promotion)은 제조업체가 중간상을 대상으로 인센티브를 제공하는 것이다. 소비자를 대상으로 하는 것은 소비자 판촉이다.

소비자 판매 촉진	할인쿠폰, 리베이트, 보상판매, bonus packs, sale, sample 제공, 무료사용, 사은품 및 경품, 고정고객 우대프로그램 등
중간상 판매 촉진	입점 공제(slotting allowance), 구매 공제(buying allowances), 광고 공제(advertising allowances), 진열 공제(display allowance), 대금 지급조건 완화, 판매장려금 지급, 판매원 훈련, 판촉물 제공, 판매원 파견

PART 5 : 생산운영관리

CHAPTER 1 : 생산운영관리의 목표와 제품 및 공정설계

개념정리문제

1 ①

해설 참고로 생산운영관리/ 생산시스템의 목표는 다음과 같다.

품 질	원가(비용)	납 기	유연성	
• 높은수준의 품질 • 일관된 품질 유지	• 낮은 원가	• 연구개발 시간의 단축 • 빠른 시간 내 인도 • 적시에 공급	• 생산량 유연화 • 고객화	– 기업 측면에서 경쟁우위를 제공할 생산·운영의 특정 경쟁능력, 즉 비용, 품질, 시간, 유연성 등의 목표 – 경쟁우선순위(competitive priorities)라고도 함

목표 간 상충문제 해결
(1) 우선순위 선정(전략 간 연계관계), (2) 반복도 증가 → 재작업, 불량률 감소, 공장내공장(집중화공장)

2 ⑤

해설 A제품의 시장침투율을 현행 15%에서 2년 뒤 30%로 증대한다는 것은 마케팅 차원의 목표임.
① 매출액 대비 제조원가 비율을 현행 60%에서 2년 뒤 50%로 낮춘다. → 원가
② 생산능력의 10% 변경기간을 현행 6개월에서 2년 뒤 2개월로 단축한다. → 유연성
③ 재가공 및 재검사 비율을 현행 0.2%에서 2년 뒤 0.1%로 낮춘다. → 품질
④ 재고보충을 위한 리드타임을 현행 2주에서 2년 뒤 1주로 단축한다. → 납기

3 ①

해설 촉진강화는 마케팅 및 판매의 전형적 방법으로 보아야 함.

4 ③

해설 원가(cost)를 경쟁우선순위(competitive priority)로 하는 제조업체의 경우 생산라인 자동화를 통한 소품종 대량생산을 위한 초기 설비 투자가 비교적 많이 이루어진다.
① 다품종 소량생산체제보다는 원가절감을 위하여 소품종 대량생산체계를 일반적으로 취한다.
② 다양한 일을 처리하기보다는 단순화 전문화를 위해 작업자들을 전문화 내지는 분업화한 반복 훈련을 시킨다.
④ 고객맞춤형 제품보다는 시장 표준화 제품을 주력으로 생산한다.

5 ①

해설 Skinner는 생산전략은 기업전략과 연계되어야 하며, 모든 생산 활동 관련 의사결정들은 생산전략의 개념에 따라 통합되어야 한다고 주장하였다. 아울러 이러한 전략적 관점 하에서 Skinner는 전문화를 통한 생산성 향상을 도모하는 차원에서 집중화의 원리에 입각한 집중화(생산)전략을 주창하였다. 즉, 생산 활동의 단순화를 통한 반복도 및 숙련도 향상의 관점에서 공장내공장(PWP)이라고 하는 집중화공장의 개념을 도입하였는데 이는 각 작업에 맞는 몇 개의 분리된 공장으로 구성되어 각자에 맞는 생산목표를

정하여 추구하는 전략이다. 즉, 각 공장이나 설비에 생산능력을 높이기 위하여 하나의 사명만을 부여하여 효율적으로 생산을 추구하는 전략으로 Skinner에 의하여 도입되었다.

6 ①

[해설] 생산운영관리의 전형적인 기본 4대 목표는 품질, 원가, 납기, 유연성을 들 수 있다. 이러한 전형적 4대 목표는 목표 간 상충문제가 발생할 수 있는데 이를 해결하기 위하여 기본적으로 전략과의 연계가 필요하다.

품질	원가(비용)	납기	유연성
• 높은 수준의 품질 • 일관된 품질 유지	• 낮은 원가	• 연구개발 시간의 단축 • 빠른 시간 내 인도 • 적시에 공급	• 생산량 유연화 • 고객화
– 기업 측면에서 경쟁우위를 제공할 생산·운영의 특정 경쟁능력, 즉 비용, 품질, 시간, 유연성 등의 목표 – 경쟁우선순위(competitive priorities)라고도 함			

7 ④

[해설] 촉진강화는 마케팅 전략이며 생산관리의 주된 목적은 주로 4대 목적으로서 품질, 원가, 납기, 유연성을 얘기할 수 있다.

8 ②

[해설] 일정관리, 재고관리, 품질관리, 수요예측은 생산시스템의 운영 및 통제 상의 문제이며, 제품설계, 공정설계 및 배치, 작업측정 및 입지분석 등은 생산시스템의 설계와 관련된 사항임.

9 ②

[해설] 생산시스템 설계는 제품 설계(WHAT) 후 공정설계(HOW)와 직무설계(WHO)가 필요하며, 이러한 공정이 위치하여야 할 입지(WHERE) 선정이 중요 요소로 고려되어야 한다.

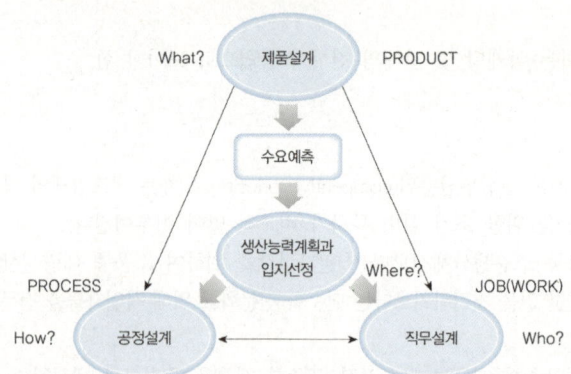

10 ②

[해설] 가치분석(Value Analysis)이란 원가절감과 제품가치를 동시에 추구하기 위해 제품개발에서부터 설계, 생산, 유통, 서비스 등 모든 경영활동의 변화를 추구하는 경영기법으로서, '불필요한 코스트, 즉 품질, 사용상의 수명, 외관, 소비자의 기호 등에 아무런 관계가 없는 코스트를 효율적으로 확인하는 것을 목적으로 하는 체계적이고 창조적인 분석기법'이라고 할 수 있다.

• 가치분석을 가치공학(Value Engineering; VE)과 함께 사용하며, 가치분석(VA)/가치공학(VE)이라고 동시에 명명되기도 함

- 가치분석과 가치공학의 차이점
  - 가치분석(Value Analysis): 원재료나 부품의 원가분석을 중요시한다.
  - 가치공학(value engineering): 제품이나 공정의 설계분석을 중요시한다.
- 최근 VA/VE는 '원가절감과 제품가치를 동시에 추구하기 위해 확대되어 정의 되고 있으며, 제품개발에서부터 설계, 생산, 유통, 서비스 등 모든 경영활동의 변화를 추구하는 경영기법'이라고 그 의미가 확장됨

11 ②
해설

모듈러 설계는 호환 가능한 부분품을 개발과 이를 통한 모듈의 결합을 통하여 다양한 제품라인을 공급함으로서 다양한 고객의 욕구에 부응하면서도 구성품의 단순화, 표준화, 낮은 생산비용을 통한 다양성과 생산원가의 절감이라는 이중의 목적을 달성할 수 있는 제품설계의 방법이다. 즉, 여러 가지 서로 다른 제품 조립에 널리 이용될 수 있는 모듈로 설계를 표준화한 후 최종 소비자의 기호에 따라 고객이 원하는 대로 조립하여 판매하는 방법

→ 대량 고객화(다품종 대량생산)
→ 모듈(module): 다수의 부품으로 구성된 표준화된 중간조립품/기본구성품

12 ①
해설

모듈(module)이란 다수의 부품으로 구성된 표준화된 중간조립품/기본구성품을 의미하는 것으로서 이를 바탕으로 한 모듈식 생산방식이란 완제품의 표준화를 위한 기법이 아니라 부분품의 호환가능성을 높여 제품의 다양성과 원가 절감을 추구하는 방식으로서, 호환성이 있는 표준화된 모듈로 환경변화의 유연성에 민감할 뿐만 아니라 소품종 대량생산의 대량 고객화적 생산방식이라고 할 수 있다.

13 ①
해설

모듈러 생산은 부분품의 호환가능성을 높여 제품의 다양성과 원가 절감을 추구하는 방식이다.

14 ④
해설

동시설계/동시공학(concurrent engineering, CE)이라고 하며 이는 관련된 모든 부서가 제품의 설계·개발과정에 동시에 참여하여 제품의 개념에서부터 판매에 이르는 전 과정의 통합화를 추구하는 현대적 제품개발 방법이다. 신제품개발 시 관련되는 모든 부서의 전문가들이 다기능팀(task force team)을 구성하여 제품설계, 공정설계, 생산계획 등 모든 것을 한 번에 수행하는 것으로서 시간경쟁에서의 우위, 제품설계에서 생산으로의 원활한 전환을 목적으로 한다.

15 ①
해설

품질기능전개(QFD): 고객의 요구를 제품의 기술규격으로 전환하도록 마케팅, 설계, 제조 등의 전문가들이 협조관계를 유지하는 현대적 제품개발기법으로서, 고객의 목소리를 신제품의 설계 및 생산과정에 반영하는 시스템. 예 품질의 집

② 동시공학(CE): 관련된 모든 부서가 제품의 설계 및 개발과정에 동시에 참여하여 제품의 개념에서부터 판매에 이르는 전 과정의 통합화를 추구하는 현대적 제품개발 방법으로, 신제품개발 시 관련되는 모든 부서의 전문가들이 다기능팀(task force team)을 구성하여 제품설계, 공정설계, 생산계획 등 모든 것을 한 번에 수행

③ 가치분석(VA): '불필요한 코스트, 즉 품질, 사용상의 수명, 외관, 소비자의 기호 등에 아무런 관계가 없는 코스트를 효율적으로 확인하는 것을 목적으로 하는 체계적인 창조적 분석기법'이라고 함

- 가치분석을 가치공학(Value Engineering; VE)과 함께 사용하며, 가치분석(VA)/가치공학(VE)이라고 동시에 명명되기도 함
④ 가치공학(VE): 가치분석과는 좁은 의미로 주로 제품설계시 공학적 측면을 중시하여 제품의 기능과 가치를 설정하는 데 초점을 두어 사용함
⑤ 유연생산시스템(FMS): 컴퓨터로 통제되는 CNC(컴퓨터화된 수치조작), DNC(직접수치조작), 자동화된 자재관리, 로봇 등의 개별 자동화체계와 기술이 하나의 생산시스템 내에서 통합된 공장자동화 생산형태

16 ②

[해설] 생산능력은 서비스가 아니라 제조업 입지의 요건임.

17 ②

[해설] 서비스는 무형성, 비분리성, 변동성, 소멸성의 특징을 보인다. 소멸성/동시성으로 인해 서비스는 재고형태로 보관할 수 없다.

18 ④

[해설] 제품을 납품하는 대형마트의 재고시스템과 연계된 생산시스템을 도입하여 재고회전율을 높여주었다.

19 ④

[해설] 서비스 청사진(service blueprint)은 서비스를 제공하는 절차와 각 단계별 종업원과 고객의 역할 및 서비스 요소 등 서비스 시스템 전반을 시각적으로 볼 수 있게 묘사해 놓은 것을 의미한다.

20 ①

[해설] 리엔지니어링(Reengineering)에 대한 설명임.

21 ②

[해설] 가치분석/가치공학은 불필요한 비용은 줄이고 설계적 가치는 높이자는 것으로서 추가공정 등은 논의 대상이라고 보기 어렵다.
- 가치분석(Value Analysis)은 '불필요한 코스트, 즉 품질, 사용상의 수명, 외관, 소비자의 기호 등에 아무런 관계가 없는 코스트를 효율적으로 확인하는 것을 목적으로 하는 체계적인 창조적 분석기법'이라고 함
- 가치공학(value engineering)은 가치분석과는 좁은 의미로 주로 제품설계 시 공학적 측면을 중시하여 제품의 기능과 가치를 설정하는 데 초점을 두어 사용함
- 최근 VA/VE는 '원가절감과 제품가치를 동시에 추구하기 위해 확대되어 정의 되고 있는, 제품개발에서부터 설계, 생산, 유통, 서비스 등 모든 경영 활동의 변화를 추구하는 경영기법'이라고 그 의미가 확장됨

22 ③

[해설] 모듈러 생산이란 다수의 부품으로 구성된 표준화된 중간조립품/기본 구성품을 의미하는 모듈의 결합을 통하여 다양한 제품라인을 공급하면서도 구성품의 단순화, 표준화, 낮은 생산비용의 장점을 살리기 위한 방법이다. 그러므로 호환가능한 모듈을 사용하여 소품종 대량생산의 최적화를 통해 대량고객화를 달성하려는 기법이다. 또한 소량생산 체제에서 오는 고객화적 장점을 대량생산 체제의 비용 절감적 장점을 접근화의 한 사례라고 볼 수 있다. 그러나 모듈러 생산을 완제품의 표준화적 기법이라고 보기보다는 이

를 넘어 공정유연화를 통한 소품종대량생산의 대량고객화적 접근을 가능하게 한 접근방법이라고 보아야 한다.

23 ①

해설 1번 지문만 맞는 설명임.

ㄱ. 원가를 올리지 않으면서 제품의 유용성을 향상시키거나 또는 제품의 유용성을 감소시키지 않으면서 원가를 절감하는 방법은 가치분석(Value Analysis)이라고 하며 이는 구체적으로 '불필요한 코스트, 즉 품질, 사용상의 수명, 외관, 소비자의 기호 등에 아무런 관계가 없는 코스트를 효율적으로 확인하는 것을 목적으로 하는 체계적인 창조적 분석기법'이라고 함.

ㄴ. 제품의 다양성은 높이면서도 동시에 제품생산에 사용되는 구성품의 다양성은 낮추는 제품설계 방법은 모듈러 설계(modular design)이다. 이는 제품계열에 있는 여러 상이한 제품에 사용될 수 있는 일련의 기본적인 부품(모듈)을 설계하는 것이다.

ㄷ. 제품의 성능특성이 제조 및 사용 환경의 변화에 영향을 덜 받도록 제품을 설계하는 방법은 로버스트(robust) 설계이며, 이는 생산에 있어서 주변 환경적 영향요인을 줄이자는 것으로 이를 통해 제품의 내구성을 기르기 위해서 외부환경에 둔감한 제품을 설계하는 방식이다.

ㄹ. 마케팅, 생산, 엔지니어링 등 신제품 관련 부서와 경우에 따라서는 외부 공급자까지 참여시켜 제품을 설계하는 방법은 동시설계/동시공학(concurrent engineering, CE)이라고 하며, 이는 관련된 모든 부서가 제품의 설계·개발과정에 동시에 참여하여 제품의 개념에서부터 판매에 이르는 전 과정의 통합화를 추구하는 현대적 제품개발 방법으로서 신제품개발 시 관련되는 모든 부서의 전문가들이 다기능팀(task force team)을 구성하여 제품설계, 공정설계, 생산계획 등 모든 것을 한 번에 수행하는 형태의 제품개발방법이다.

24 ④

해설 틀린 지문을 바로 잡으면 다음과 같다.
① 호환성 관점에서 모듈러 설계로 보아야 한다.
② 가치공학에 대한 설명임.
③ 제조용이성 설계에 대한 설명임.
⑤ 로버스트설계에 대한 설명임.

25 ④

해설 (라) 전문가 서비스(Professional Service)로서 주로 변호사, 의사, 회계사 등이 포함되며 이는 고객의 일반적 요구에 맞는 서비스를 제공한다기 보다는 보다 전문화된 고객화된 서비스가 제공된다.

추가로 슈머너(B.W. Schmenner)가 제시안 서비스 프로세스 매트릭스 정리하여보면 다음 그림과 같다.

		고객과의 접촉 정도(상호작용의 정도)		
		낮음	높음	
노동집약의 정도	낮음	서비스 공장 (Service Factory) 예) 항공사, 운수업, 호텔 & 리조트	서비스 숍 (Service Shop) 예) 병원, 자동차 수리소, 기타 수리소	• 현재의 서비스 장비, 시설 등에 대한 감독 • 새로운 장비와 새로운 서비스 기법에 대한 평가 • 서비스 전달의 일정(스케줄 관리)관리 • 서비스의 수요율 조절
	높음	대량 서비스 (Mass Service) 예) 도소매업, 학교	전문가 서비스 (Professional Service) 예) 변호사, 의사, 회계사, 설계사	• 노동력의 관리와 통제에 많은 노력 • 직무수행방법을 개발하고 이를 통제 • 인력자원에 대한 스케줄링 • 비중앙 집권화 • 새로운 지역에 시스템을 소개 • 몇 개의 서비스 지역을 동시에 관할
		• '따뜻한' 서비스 만들기 • 서비스 물적 환경에 관심 • 운영절차를 정하고 엄격하게 관리 • 종업원과의 관계는 엄격	• 비용 절감을 위하여 노력 • 높은 품질수준을 지속 • 종업원에 대한 훈련 및 세심한 관리 • 종업원의 높은 충성도 • 관리자와 부하와의 관계는 덜 엄격	

출처 Roger W. Schmenner Operations Management, Prentice-Hall

26 ①

해설 유연 생산시스템(FMS), 집단 가공법(GT), 셀룰러 생산시스템(CMS)의 3가지를 통합하여 통합 생산시스템(IPS)이라고 한다. 광의의 개념으로는 ① 컴퓨터에 의한 설계·제조(CAD/CAM)의 경우도 다품종 소량생산의 공정 유연화로 볼 수 있으나 엄밀히 따지면 이는 컴퓨터 통합제조 시스템(Computer Integrated Manufacturing, CIM)을 위한 설계 및 제조 자동화 기법의 일종으로서 유연성을 높이는 공장자동화의 한 방법이라고 할 수 있음.

27 ④

해설 제품별 배치는 미숙련공도 가능한 단순작업으로 작업기술이 복잡하지 않다.

28 ③

해설
① 제품별 배치는 소품종 대량생산에 합당한 방식임.
② 공정별 배치는 제품별 배치에 비해 생산속도는 느리지만, 초기투자비용이 낮아 생산설비의 효율성이 높다.
③ 특정제품만을 생산하기 위한 전용생산라인, 즉 자동차 조립라인 생산과 같은 형태는 주로 제품별 배치에 해당한다.
④ 제품의 공정 순서에 따라 일자형의 형태의 고정경로를 취하고 있는 생산설비 배치 방식은 제품별 배치를 취하는 것이 보통이다.

제품별 배치: 자동차 조립생산	공정별(기능별) 배치: 종합병원
• 특수목적형 전용설비 • 고가의 초기투자비 • 고정경로형(신축성 낮음) • 목표 – 라인 밸런싱 • 단순작업(미숙련공) • 소품종 대량생산에 적합	• 일반목적형 범용설비 • 저가의 초기투자비 • 자유경로형(신축성 높음) • 목표 – 총운송비용 최소화 • 다양한 작업(숙련공) • 다품종 소량생산에 적합

29 ②

[해설] 단속생산은 주문생산에 의한 다품종 소량생산의 생산 흐름이다.
① 연속생산은 고가의 특수목적형 전용설비가 필요하며, 단속생산은 저가의 일반 목적형 범용설비가 필요하다.
③ 연속생산은 제품별 배치로서 생산제품에 변화가 생길 때마다 배치를 새로 해야 하기 때문에 유연성이 낮은 편이다.
④ 단속생산은 다품종 소량생산을 하므로 연속생산의 소품종 대량생산에 비해서는 생산 속도가 느리다.

30 ②

[해설] 연속생산과 단속(개별)생산을 비교하면 아래의 표와 같다.

수주 및 생산시기	주문생산	시장(예측, 계획)생산
생산의 반복성	개별생산	연속생산
품종 및 생산량	다품종 소량생산	소품종 대량생산
생산의 흐름	단속생산	계속생산
생산공정	기능별 배치	제품별 배치
작업조직	기계별 작업조직, 만능작업조직	품종별 작업조직, 유동작업조직
주요목표	납기	원가
운영상의 주요문제	생산활동(납기)의 관리	수요예측 및 재고관리

31 ①

[해설]

수주 및 생산시기	주문생산	시장(예측, 계획)생산
생산의 반복성	개별생산	연속생산
품종 및 생산량	다품종 소량생산	소품종 대량생산
생산의 흐름	단속생산	계속생산
생산공정	기능별 배치	제품별 배치
작업조직	기계별 작업조직, 만능작업조직	품종별 작업조직, 유동작업조직
주요목표	납기	원가
운영상의 주요문제	생산활동(납기)의 관리	수요예측 및 재고관리

32 ④

[해설] 단속생산은 공정별 배치를 취하며 이에 따라 일반목적형 범용설비가 사용되므로 설비투자액이 상대적으로 적으며 주로 개별생산에 적합한 생산흐름으로서 주문생산에 의한 다품종 소량생산을 하므로 시장의 변화에 따른 유연성이 크다. ①, ②, ③은 시장(예측) 생산에 의한 연속생산 흐름에 대한 설명임.

33 ①

해설 연속생산시스템에 자주 사용되는 배치는 제품별 배치의 형태이다. 아울러 공정별 배치는 일반 목적형 범용설비를 활용하는 주문생산형태의 개별 생산방식으로서 주문에 대한 납기와 관련한 일정계획 관리가 힘들어서 이의 관리가 매우 중요하다. 아울러 일반 목적형 범용설비를 사용함으로써 생산설비의 진부화가 덜하며 초기 투자액이 상대적으로 적게 든다는 장점이 있다.

34 ①

해설 제품별 배치는 공정의 순서에 따라 배치하는 것으로 종합연속흐름 생산방식의 소품종 대량생산에 적합한 방식으로서 자동차 조립라인이나 석유화학산업 등에서 많이 볼 수 있다.
②, ④ 위치고정형 배치에 대한 설명이다.
③ 공정별 배치에 대한 설명이다.

기준/구분	제품별 배치	공정별 배치	위치고정형 배치
생산시스템 유형	소품종 대량생산	다품종 소량생산	단일제품
제품의 흐름	라인흐름(단일함)	분산흐름(다양함)	흐름이 없음
작업과 기술인력	단순반복작업을 위한 미숙련 작업자 가능	기능별 작업을 위한 전문화된 작업자	특정직무수행을 위한 전문화된 작업자
요구되는 관리기술과 문제점	재고관리, 라인 밸런싱	납기관리, 배치문제, 순서계획	납기관리, 고도의 일정계획

35 ②

해설 공정균형, 즉 라인밸런싱은 각 공정의 역할을 분담하여 생산성을 높이고 공정 간의 균형을 최적화하기 위한 방법으로서 제품별 배치의 중심개념이자 목표라고 할 수 있다.

36 ⑤

해설 셀룰러배치(cellular layouts)란 제품들을 유사한 작업 프로세스를 갖는 그룹단위로 묶어서 그룹테크놀러지를 이용하여 셀(CELL)단위로 생산하는 배치의 유형으로, 기계간에 부품이동거리와 대기시간이 짧기 때문에 생산소요시간이 단축되고 재공품의 제고를 감축시킬 수 있는 방식.

보충 집단가공법(Group Technology): 가공물들을 유사성에 따라 그룹핑하여 셀 방식으로 가공함을 통하여 표준품의 대량생산에서 오는 경제적 이점을 다품종 소량생산체제에서 실현시킨 방법

37 ④

해설 범위의 경제란 한 공장 내의 생산라인에서 두 가지 이상의 제품을 동시에 생산하는 것으로, 다양한 제품을 효율적으로 생산할 수 있는 능력을 말한다. 시장의 다양한 요구에 맞추어 저비용으로 대량생산을 하는 유연생산시스템이 범위의 경제에 가장 적합한 시스템이다.
① 소품종 대량생산시스템은 표준품 내지는 소품종의 대량생산을 통한 생산의 효율성은 달성할 수 있으나, 생산품목의 범위가 늘어남에도 비용절감이 나타나는 범위의 경제와는 관련이 없다.
② 프로젝트생산시스템은 비반복적인 생산을 할 때 주로 사용하는 시스템으로서 위치고정형 배치의 형태를 가지며 이는 댐, 교량, 항공기 등과 같이 제품의 이동이 없이 고정된 위치에서 작업자, 원자재, 기계 등이 생산제품으로 이동하는 접근방식을 의미한다.
③ 단속생산시스템은 주문생산에 의한 개별생산방식 형태의 다품종 소량생산방식으로서 다양성은 확보할 수 있으나, 생산의 효율성이 떨어져 생산 속도가 느린 문제가 나타나게 되어 납기 관리가 주요 과제의 형태로 나타난다.

38 ②

해설 유연생산시스템은 규모의 경제보다는 범위의 경제적 효과를 거두고자하는 방식으로서 다양한 제품을 높은 생산성으로 유연하게 제조하기 위하여 여러 가지의 자동생산기술과 생산관리기술을 통합한 생산시스템이다. 유연생산시스템은 공작기계, 산업용 로봇, 자동운송시스템 등의 개별 자동생산기술과 이들을 종합적으로 제어, 관리하는 중앙컴퓨터와 소프트웨어 등의 생산관리기술을 하나의 생산시스템으로 통합한 자동생산시스템이다. 이는 자동화를 통하여 표준부품의 대량생산에서 발생되는 경제적 이점을 다품종 소량생산시스템에서도 가능하게 해주었다. 이는 다품종 소량생산의 공정유연화 시스템의 일종이다.
①, ③, ④는 모두 유연생산시스템에 대한 설명임. 유연생산시스템은 범위의 경제에 적합한 시스템으로 초기에 많은 설비투자비용과 시간이 소요되지만 컴퓨터에 의한 자동화 및 통제로 직접노무비의 감소와 품질의 일관성과 생산성의 향상 등 많은 장점이 있다.

39 ②

해설 유연생산시스템(FMS Flexible Manufacturing System)은 다양한 제품을 높은 효율성과 생산성으로 유연하게 제조하는 자동화 시스템으로서, 공작기계, 산업용 로봇, 자동운송시스템 등의 개별 자동생산기술과 이들을 종합적으로 제어, 관리하는 중앙컴퓨터와 소프트웨어 등의 생산관리기술을 하나의 생산시스템으로 통합한 자동생산시스템을 말한다. 이와 같은 시스템 구축으로 재공품이 감소하고 생산시간이 단축되며 시장수요나 기술변동에 유연하게 대응 할 수 있으나, 시스템 구축을 위한 초기 설비투자비용이 많이 소요된다는 단점이 있다.

40 ④

해설 유연생산시스템(FMS: flexible manufacturing system)이란 자동화를 통하여 표준부품의 대량생산에서 발생되는 경제적 이점을 다품종 소량생산시스템에서도 가능하게 함으로써 주문생산의 유연성과 대량생산의 생산성을 동시에 달성하고자 하는 이는 다품종 소량생산의 공정유연화 시스템이다.

41 ③

해설 대량생산 방식의 경우 소품종 내지는 표준품의 형태를 가지며, 보기 ①, ④의 경우는 대량고객화 방법들이라고 할 수 있다. 아울러 ② 린 생산방식의 경우는 가치 있는 재화의 빠른 연구 개발을 포함한 개념으로 다양한 종류의 제품을 효율적 생산을 위한다고 할수 있다.

42 ③

해설 대량 맞춤화 또는 대량고객화라고 하는 것은 생산공정의 유연화 개념으로서 소품종 대량생산의 장점과 다품종 소량생산의 장점을 믹스한 형태이다.

43 ④

해설

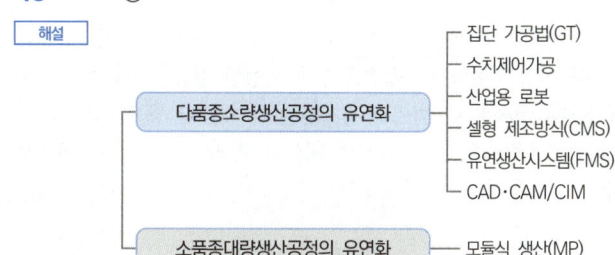

심화문제

1 ④

해설   SKINNER 교수는 기업이 생산전략을 수립할 때는 반드시 기업전략과 연결되어 일관성이 유지되어야 한다고 하였다. 일본기업은 미국기업에 비해 생산전략이 corporate strategy와 잘 link되어 있어서 더 성공적이 되었다고 주장하고 있다.

2 ①

해설   산출된 제품과 설계된 사양의 일치정도는 생산자 관점에서의 적합품질(quality of conformance))을 의미한다. 반면 설계품질이란 제품이나 서비스에 품질 특성이 설계되는 정도로서 소비자 욕구와 기호를 충족시켰는지 설계단계에서 결정되는 품질특성이다.

* 기업 경쟁력과 관련하여 중요한 부분을 차지하는 품질은 품질의 계획·관리·향상의 과정인 품질 사이클(quality cycle)을 통해 이루어짐

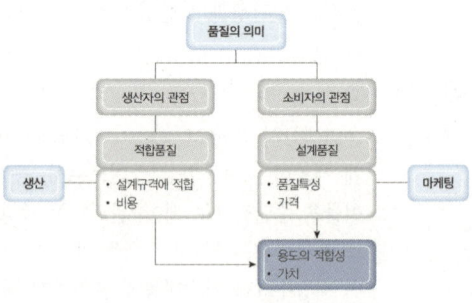

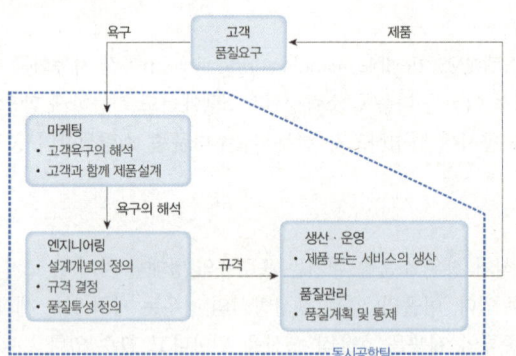

3 ④

해설   유연생산시스템은 자동화시스템으로 초기 시스템 구축에 투자비가 많이 들어가게 된다. 자동화의 섬 문제 발생하기도 함.

4 ④

해설   범위의 경제란 생산품목의 범위가 넓어지는데도 결합 생산요소로 인해 오히려 비용이 절감되는 경제적 효과를 의미한다. 공정상 필요한 투입요소를 여러 분야에서 공동으로 활용 가능한 결합 생산요소로 인해 얻게 되는 경제적 효과를 말한다(Jones & Hill, 1988). 이 범위의 경제성은 한 제품의 생산공정을 다른 제품의 생산시 추가 비용 없이 전용 가능한 공통생산요소가 존재하기 때문에 발생하는 것으로 유연생산시스템이나 CIM 등에서 적합한 개념이다.

5 ⑤

해설   OPT(optimized production technology)는 개별생산의 일정관리용 컴퓨터 프로그램 기법이다.

6 ③

해설　동시공학(concurrent engineering)은 제품개발 속도를 줄이기 위해 각 분야의 전문가들이 기능식 팀(functional team)을 구성하고 모든 업무를 각자 동시에 진행하는 제품개발 방식이 아니라 교차기능팀(또는 동시설계팀)을 구성하여 함께 제품개발을 진행하는 방식이다.

7 ④

해설　동시공학(동시설계)이란 순차설계와 대칭되는 개념으로 제품 설계시 관련되는 모든 부서의 전문가들이 다기능팀(task force team)을 구성하여 제품설계, 공정설계, 생산계획 등 모든 것을 한 번에 수행하게 함으로 제품 개발 기간을 단축하고 비용절감 및 품질향상을 달성하고자 하는 설계 방식을 의미한다.

8 ③

해설　유사한 공정을 그룹별로 모아 배치하는 형태는 그룹별 배치(GT)이다.

9 ①

해설　효율성이란 작업가능시간에 대한 실제 작업시간의 비율이다.
효율성 = (10 + 30 + 5) / (30초 × 3작업장) = 50%
하루 생산량 = 8시간 × 60분 × 60초 / 30초 = 960개

10 ③

해설　d. 투입물의 물리적 변환이 없다고 생산시스템이 안되는 것은 아니다. 호텔 등의 서비스업도 서비스생산시스템이라고 할 수 있다.
e. 생산시스템은 개방시스템의 일종이다.

11 ⑤

해설　제품 – 공정행렬상 소량주문 생산은 좌측상단 모서리에 위치하고 표준품의 대량생산은 우측하단 모서리에 위치하게 된다.

12 ⑤

해설　제조용이성설계는 제품의 생산이 용이하고 경제적으로 이루어 질 수 있도록 제품설계를 하는 것으로 생산설계에서의 단순화, 표준화, 모듈화 등은 제조용이성설계를 실현하는 좋은 방법들로 볼 수 있다.

13 ⑤

해설　현재의 병목공정은 가장 작업수행시간이 오래 걸리는 B이고 B작업수행시간이 5초로 조정되면 병목공정은 D가 된다. 1분당 생산량 = 60초 / 10초 = 6개

14 ⑤

해설　표준화의 정도가 높게 요구되는 도매점의 경우 종업원의 충성도보다는 표준화된 절차가 더 중요한 경영과제가 될 수 있다.

15 ④

해설 다품종 소량생산의 경우 제품별 배치는 적절한 형태의 공정으로 보기 어렵다. 이 경우 공정별 배치 형태를 취해야 한다. 다품종 소량생산시 제품별배치를 활용할 경우 특수 목적형 전용설비로 다품종 생산이 불가하다고 할 수 있다. 단 공정별 배치를 통한 대량생산시에는 과부하가 초래될 수 있다.

16 ④

해설 제품별배치는 경로설정(routing)과 작업일정계획(scheduling)이 공정별배치에 비해 상대적으로 단순하여 소품종, 대량생산시의 라인밸런싱을 중요하게 생각하며, 설비 자체가 특수목적형 전용설비로 작업을 단순화 시킨 자본집약적 생산배치로 작업의 단순화로 인해 미숙련공도 가능한 설비배치이다.
① 공정별배치(process layout)는 대량생산을 통한 원가의 효율성이 제품별배치(product layout)보다 상대적으로 낮다고 보아야함. 특히 공정별 배치는 대량생산보다 다품종 소량생산에 적합한 설비배치이다.
② 제품별배치는 생산제품의 다양성과 제품설계변경에 대한 유연성이 공정별배치보다 상대적으로 낮은 소품종 대량생산에 활용되는 설비배치이다.
③ 제품별배치는 설비의 활용률(utilization)이 공정별배치에 비해 상대적으로 높다고 보아야 한다.
⑤ 공정별배치는 일반 목적형 범용설비로 설비의 고장에 따른 손실이 제품별배치보다 상대적으로 적다.

17 ①

해설 제품별배치(product layout)는 대량생산 방식 등에 적합한 방식으로서 해당 지문의 설명 c를 제외하고는 모두 맞는 설명임.
c의 경우 제품별 배치는 특수 목적형 전용설비가 사용되므로 장비 구매 등과 관련한 초기 비용이 많이 들어간다고 볼 수 있다. 아울러 자동화된 생산설비의 안정적인 관리를 위해서는 사전 예방보전과 관련한 비용 또한 많이 든다고 볼 수 있다.

18 ④

해설 b. 동시공학이란 제품개발과정에서 설계, 기술, 제조, 구매 마케팅, 서비스 등의 담당자 뿐만 아니라 납품업자, 소비자들이 하나의 팀을 구성하여 각 부분이 서로 제품개발에 대한 정보를 교환하면서 제품개발과정을 단축시키는 방식이다.
c. 모듈러 디자인(modular design)을 적용하게 되면 제품의 다양성이 증가하게 된다.

19 ③

해설 생산시스템의 경쟁우선순위는 품질, 원가, 납기, 유연성, 서비스 등이 있다. 기업의 신뢰성은 주어진 품질을 보장하는 것, 적시에 고객에게 인도하는 것 등의 개념을 모두 포함하는 것이다.

20 ④

해설 공정흐름구조에 따르면 특수 중장비는 표준화된 제품을 일정기간 생산한 후 표준화된 다른 제품을 생산하는 묶음 생산공정의 형태이다.(아주 특수한 중장비는 개별작업공정으로 볼 수도 있다.)

21 ③

해설 동시공학을 활용한 제품개발은 일반적으로 프로젝트 조직 또는 기능횡단팀(교차 기능팀)의 형태를 갖는다. 전문화의 원리에 충실한 기능별 조직(functional organization)구조를 가지는 경우는 순차 설계에 많이 나타난다.
① 동시공학은 제품개발 과정에 시간, 품질, 가격, 유연성 등의 경쟁요소를 주입(built – in)하여 시간기

반경쟁력을 확보하고자 할 수 잇다.
② 동시공학을 실행하기 위해 QFD(Quality Function Deployment), DFM(Design for Manufac-turability), 모듈러설계, 실험설계 등이 같이 활용될 수 있는 방법이다.
④ 동시공학은 CAD/CAE뿐 아니라 협업을 지원하는 정보시스템을 적극적으로 활용하게 되는데 CAE는 물체를 가공할때에 필요한 지식으로서 컴퓨터로 프로그래밍하여 기계에 입력하여 가공을 하게 되는데 이때 필요한 것이 CAE로 가공시에 가공물에 하자 혹은 문제가 발생하는지 미리 시뮬레이션으로 돌려보고 어떤 부분에 힘이 과하게 집중되는지 안되는지를 알 수 있는 것임. CAD업무는 단순 도면 작업이 대부분이라면 CAE는 다음 단계로서 CAE는 CAD로 모델링한 제품을 분석하는 것임.
⑤ 동시공학은 매우 경쟁적인 시장상황에서 TBC확보에 유용하고 적합한 제품개발방법이다.

22 ③
해설
시장에서의 반응이 아직 확인되지 않은 신제품의 경우에는 주문생산프로세스와 공정별 배치가 바람직하다.

23 ③
해설
① 입지손익분기분석(locational break-even analysis)은 입지별로 조업도별 비용을 파악하여 비용을 비교하는 방법이다.
② 운송모형(transportation model)은 복수의 시장과 복수의 공장을 기준으로 입지선정에 사용하는 기법이다.
④ 무게중심분석방법(center of gravity method)은 설치하고자 하는 창고나 물류센터가 하나일 경우에 사용하는 방법이다.
⑤ 입지에 관한 분석시 직각거리(rectilinear distance)를 이용한 분석은 두 지점 사이의 직선거리 또는 가장 짧은 거리가 아니라 X좌표와 Y좌표상 거리의 합으로 분석하는 방법이다.

24 ⑤
해설
① 제품이나 고객이 일정한 흐름을 따라 움직이며 생산설비와 자원은 해당 제품이나 서비스의 완성경로에 따라 배치되는 것은 제품별 배치이다.
② 선박의 건조나 대형 항공기의 제작과 같이 제품이 매우 크거나 움직일 수 없는 경우에 작업자들이 해당 제품으로 도구와 장비를 가지고 와서 작업하는 것은 위치고정형 배치이다.
③ GT(group technology)는 유사한 제조를 동일한 셀에서 작업하게 하여 학습효과를 높이고 범위의 경제를 높게 하려는 생산방식이다. 보기에 있는 한 사람의 작업자가 한 작업장에서 다수의 기계를 동시에 다루게 하는 것은 OWMM(one worker multiple machine)과 관련된 이야기이다.
④ 표준화된 한 가지 제품을 대량생산하기 위해 필요한 설비를 배치하는 경우에는 라인밸런싱이 중요하다.

25 ④
해설
c. 제조기업이 유통센터나 소매점포와 같은 유통채널을 보다 많이 확보하는 것은 전방통합에 해당한다.
d. 제품이 출시된 이후에도 프로세스에 관한 의사결정을 변경 및 수정할 수 있다.

26 ①
해설
c. 전문서비스(professional service)는 고객화의 정도와 노동집약도가 모두 높은 서비스 조직으로 의사, 변호사, 회계사 등이 있다. 병원, 자동차 수리소 등은 고객화의 정도는 높지만 노동집약의 정도는 낮은 서비스에 해당한다.
e. 고객과의 접촉 및 고객화 정도가 높은 서비스 조직에서는 서비스의 고객화, 종업원의 충성도 등에 의사결정의 중점을 두어야 한다. 서비스표준화는 고객화의 정도가 낮은 서비스에서 중요하다.

27 ①

해설 GT는 제품 생산방식을 개별 생산시스템에서 제품별 생산시스템으로 변환하여 이점을 얻는 방식이다.

28 ④

해설
① 병목(bottleneck)공정의 주기시간(cycle time)이 단축되면, 전체 공정의 주기시간도 단축될 수 있다.
② 가동준비시간(setup time)은 여러 가지 다른 종류의 제품을 공동 장비를 활용하여 생산할 때 발생하게 되는 시간으로, 한 종류의 제품에 대한 생산활동을 마감하고 다른 종류의 제품으로 변환할 때 여러 가지 준비를 위하여 작업을 멈추어야 하는 시간을 의미한다. 공정시간(rum time)은 가공하여야 하는 배치 단위를 완성하는데 필요한 작업시간을 의미하는데, 각 물건을 가공하는데 걸리는 시간에 배치 크기를 곱함으로써 도출할 수 있다. 만약 배치크기(batch size)에 관계없이 일정한 가동준비시간(set-up time)과 단위 제품 당 동일한 공정시간(run time)을 갖는 공정에서 배치크기가 증가하면,(가동준비 횟수가 줄어들기 때문에) 일반적으로 공정의 생산능력(capacity)이 증가하는 경향이 있다.
④ 처리시간(flow time 또는 throughput time)이 동일한 두 공정에서 일반적으로 주기시간이 짧은 공정의 재공품(WIP: Work-in-process) 개수가 많다. 주기 시간(cycle time)은 각 작업장에 한 단위 생산에 걸리는 최대시간을 의미한다. 리틀의 법칙(Little's low)에 따르면 "재공품 재고(WIP) = 작업처리비율*처리시간"이므로 처리시간이 동일하다면, 작업처리비율이 높을수록 재공품 재고는 많아지게 된다. 만약 주기시간(cycle time)이 짧아진다면, 작업처리비율(throughput rate)은 높아지므로, 공정의 재공품(WIP-in-process) 개수가 많아진다.

29 ②

해설 로버스트(robust) 설계는 제품의 내구성을 기르기 위해서 외부환경에 둔감한 제품을 설계하는 방식이다.
① 모듈러(modular) 설계는 여러 가지 서로 다른 제품 조립에 널리 이용될 수 있는 모듈로 설계를 표준화시킨 후 최종 소비자의 기호에 따라 고객이 원하는 대로 조립하여 판매하는 방법으로 소품종 대량생산의 대량 고객화(mass customization)를 가능하게 한다.
② 로버스트(robust) 설계는 생산환경의 변화에 따라 제품의 설계를 변경하는 방식이 아니라 주변 환경적 영향요인을 줄이자는 것으로 이를 통해 제품의 내구성을 기르기 위해서 외부환경에 둔감한 제품을 설계하는 방식이다.
③ 가치공학(value engineering)과 가치분석(value analysis)은 불필요하게 원가를 유발하는 요소를 제거하고자 하는 체계적 방법 즉, 제품의 가치에 공헌하지 않는 불필요한 기능을 제거하고자 하는 방식임.
④ 품질기능전개(quality function deployment)는 고객의 요구를 제품의 기술규격으로 전환시키도록 마케팅, 설계, 제조 등의 전문가들이 협조관계를 유지하는 현대적 제품개발기법으로서 고객의 요구를 제품이나 서비스 개발과 생산의 각 단계에서 기술적 명세로 바꾸는 방법이다.
⑤ 동시공학(concurrent engineering)은 관련된 모든 부서가 제품의 설계·개발과정에 동시에 참여하여 제품의 개념에서부터 판매에 이르는 전 과정의 통합화를 추구하는 현대적 제품개발 방법으로서 설계 내역이 프로세스 및 공급사슬의 생산능력과 불일치하는 경우를 방지하기 위해 다양한 관련 전문가들이 한 곳에 모여 설계하는 것이다.

30 ①

해설 주문생산 → 개별생산 → 다품종 소량생산 → 단속생산 → 공정별 배치(process layout)를 채택하는 것이 적절하다.
(시장생산 → 종합(연속생산) → 소품종 대량생산 → 연속생산 → 제품별 배치)

• 설비배치 정리

제품별 배치(자동차조립)	공정별 배치(종합병원)
- 시장 생산에 의한 소품종 대량생산에 적합 - 특수목적형 전용설비 - 고가의 초기투자비 - 고정경로형 (신축성 낮음) - 목표 – 라인 밸런싱 - 단순작업(미숙련공)	- 주문생산에 의한 다품종 소량생산에 적합 - 일반목적형 범용설비 - 저가의 초기투자비 - 자유경로형 (신축성 높음) - 목표 – 총운송비용 최소화 - 다양한 작업(숙련공)

31 ④

[해설]

① 최소주기시간은 과업 수행시간이 가장 긴 Ⓑ 20초이다.
② 주기시간을 20초로 결정한다면, 4개의 작업장이 필요하다. 각 작업장의 활동에 걸리는 시간이 A=10초, B=20초, C=15초, D=10초인데, 작업장 수를 줄이려고 A와 B작업장을 합치면 주기시간이 30초가 되므로 불가능하고, B와 C를 합치면 주기시간이 35초가 되고, C와 D를 합치면 주기시간이 25초가 되므로 어쩔 수 없이 작업장은 4개가 될 수밖에 없다.
③ 주기시간을 20초로 결정한다면, 총유휴시간(total idle time)은 25초이다.

과업	Ⓐ	→	Ⓑ	→	Ⓒ	→	Ⓓ
유휴시간	(20-10)	+	(20-20)	+	(20-15)	+	(20-10)

④ 주기시간을 20초로 결정한다면, 생산라인의 효율(efficiency)은 36%이다.

$$\text{라인 효율성} = \frac{\text{작업시간}}{\text{주기시간} \times \text{작업장수}} \times 100 = \frac{55}{20 \times 4} \times 100 = 68.7\%$$

⑤ 주기시간을 20초로 결정한다면, 8시간 동안 총 1,400개의 수요를 충족시키는 데 문제가 없다.

$$\text{일일생산량} = \frac{\text{일일작업시간}}{\text{주기시간}} = \frac{8H \times 60M \times 60S}{20} = 1440\text{개}$$

32 ⑤

[해설]

목표 산출률을 높이기 위해서는 이를 달성할 수 있는 목표 주기시간을 늘려서는 안되고 효율성을 높이는 차원에서 주기시간을 줄여야 한다.

① 연속된 두 작업장에 할당된 작업부하(workload)의 균형이 맞지 않을 경우 작업장애(blocking) 또는 작업공전(starving) 현상이 모두 발생할 수 있는데 작업공전(starving)이란 순차적 작업 진행 중 선공정에서 작업이 넘어오지 않아서 작업진행이 이루어지지 않는 상황을 의미함으로 선공정 A, B는 병렬적으로 작업이 이루어지므로 선행공정은 4분이면 작업이 넘어오므로 C작업보다 짧으므로 작업공전은 발생하지 않으나, 작업장애(blocking)란 선공정에서 넘어온 작업을 처리하지 못하는 것을 의미하므로 선행작업에서의 제공품들이 너무 빨리 들어와 작업장애가 발생할 가능성이 있음.
② 라인밸런싱의 결과, 모든 작업장의 이용률(utilization) 즉, 제생산량을 설계능력으로 나눈 개념인 이용률이 100%라면 여유능력이 없이 전체가동되고 있는 상태(여유능력=100-이용률)로서 작업가능시간에 대한 실제 작업시간의 비율인 전체 생산라인의 효율(efficiency)도 100% 될 것임.
③ 각 작업장의 이용률(실제생산량을 설계능력으로 나눈 개념)은 유휴시간(idle time)이 클수록 실제 생산량이 감소하므로 이용률은 낮아진다.
④ 이론적 최소작업장수(= $\frac{\text{총과업시간}}{\text{주기시간}}$)는 총과업시간을 주기시간으로 나누어 산출하는 만큼 주기시간(cycle time)은 작업장 수를 늘릴수록 줄어든다.

33 ①

해설

보기 ①의 경우 반대로 설명하고 있다. 납기관리에 비해 수요예측 및 재고관리가 중요한 것은 계획생산(make-to-stock) 공정에서이며, 반면 주문생산(make-to-order) 공정에서는 수요예측에 비해 납기와 같은 생산활동 관리가 더 중요하다. 이를 정리하면 다음과 같다.

수주 및 생산시기	주문생산(make-to-order)	계획생산(make-to-stock)
생산의 반복성	개별생산	연속생산
품종 및 생산량	다품종 소량생산	소품종 대량생산
생산의 흐름	단속생산	계속생산
생산공정	기능별 배치	제품별 배치
작업조직	기계별 작업조직, 만능작업조직	품종별 작업조직, 유동작업조직
주요목표	납기	원가
운영상의 주요문제	생산활동(납기)의 관리	수요예측 및 재고관리

② 직렬로 연결된 두 개의 공정 사이에 버퍼(buffer)를 두는 것은 작업장애(blocking) 혹은 작업공전(starving)을 방지하는 데 도움이 된다. 버퍼는 병목공정을 보호(가동) 하기 위한 완충재고의 성격을 가진다.

③ 라인공정(line process)이란 소품종 대량생산을 위해 표준화된 자재와 부품이 고정된 작업순서에 따라 하나의 생산라인 또는 조립라인을 따라 이동하는 공정(반복생산)으로서 단속공정(intermittent process)에 비해 효율성, 단위당 원가의 절감, 제품통제의 용이성, 납기속도 등이 비교적 높다는 장점이 있으나 높은 장비비용, 인적자원 과소이용, 수요변화/개별고객 대응 부족 등 유연성이 비교적 낮다는 단점이 있다.

④ 제품별 배치(product layout)를 이용하는 경우는 공정별 배치(process layout)를 이용하는 경우에 비해 소품종 대량생산에 적합한 방식으로 특수목적형 전용설비의 이용으로 인해 고가의 초기투자비가 발생하지만, 노동 및 설비의 이용률이 비교적 높다는 장점이 있다.

⑤ 그룹테크놀러지 배치(group technology layout)란 몇몇 표준화된 품목을 배취(묶음, lot)로 교대하면서 단속적으로 같은 생산시스템에서 생산하는 공정으로서 가공물들을 유사성에 따라 그룹핑 하여 셀 방식으로 가공함을 통하여 표준품의 대량생산에서 오는 경제적 이점을 다품종 소량생산체제에서 실현시킨 방법이다. 이를 이용하는 경우, 다양한 제품을 소규모 로트(lot)로 생산하는 기업도 제품별 배치의 경제적 이점을 얻을 수 있다.

34 ③

해설

(가) 1시간에 100개 생산하던 생산라인에 동일한 생산라인을 추가로 한 개 더 설치함으로써 1시간에 200개로 생산능력이 변화되므로, 회사 전체의 주기시간(cycle time)은 생산라인 추가 설치 이전의 절반 수준으로 감소하고 시간당 생산능력은 2배 수준으로 증가한다.

(나) 작업자의 숙련도 및 원재료 등 모든 요소가 동일하며 두 라인의 가동률은 100%로 가정하고 있으므로 동일한 생산라인의 추가로 인해 회사 내부에 존재하는 재공품재고(work in process)는 생산라인 추가 설치 이전의 2배 수준으로 증가한다.

(다) 하나의 제품을 생산하는 데 소요되는 처리시간(flow time)은 생산라인 추가 설치로 인해 주기시간은 줄어들지만 처리시간이 절반으로 줄어드는 것은 아니라 동일하다고 할 수 있다.

35 ②

해설

a. 주로 특정 작업을 위한 전용설비들로 생산라인이 구성되는 것은 제품별 배치임.

d. 표준화된 제품의 조립과 같이 반복적인 생산에 적합한 형태는 제품별배치임.
e. 제품-공정 매트릭스(product process matrix)에서 유연성과 생산원가가 낮은 경우에 해당하는 것은 연속생산 프로세스로 이 경우의 배치는 제품별 배치에 해당함.

36 ③

해설

① 2번 작업장이 가장 시간이 오래 걸리기 때문에 병목공정이며, 전체 생산라인의 주기시간은 30분.
② 주기시간이 30분이므로 1시간에 2개, 8시간 동안 총 16개의 제품을 생산할 수 있으며,

$$\text{라인효율성(efficiency)} = \frac{14+30+27}{3\times 30} ≒ 0.789, \text{ 약} 78.9\%$$

③ 과업 ⓑ를 1번 작업장으로 옮길 경우, 전체 생산라인의 주기시간은 24분이 아니라 27분으로 줄어든다.
④ 현재의 라인밸런싱을 유지한다면 총 유휴시간은 19분이다. 유휴시간=(30-14)+(30-30)+(30-27)=19
⑤ 현재의 과업구성을 변경하지 않고 주기시간을 20분으로 줄이기 위해서는 5개의 작업장이 필요하다.
   14 ⇒ 10 ⇒ 20 ⇒ 12 ⇒ 15

37 ⑤

해설

(ㄱ) VE(value engineering)=c. 제품의 원가대비 기능의 비율을 개선하려는 노력=가치공학
(ㄴ) DFA(design for assembly)=a. 부품수 감축, 조립 방법 및 순서에 초점을 맞추는 설계=제조용이성설계
(ㄷ) QFD(quality function deployment)=d. 고객의 다양한 요구사항과 제품의 기능적 요소들을 상호 연결함=품질기능전개
(ㄹ) Robust design=b. 품질에 나쁜 영향을 미치는 노이즈(noise)로부터 영향 정도를 최소화할 수 있도록 설계=로버스트설계/강건성설계

38 ②

해설

서비스는 제품에 비해 수요와 공급을 일치(matching supply with demand)시키기가 어렵다.
• 서비스의 특징

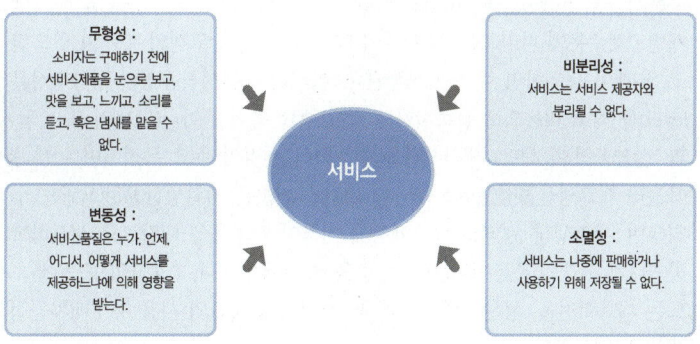

39 ③

해설

생산라인의 주기시간(cycle time)은 작업장을 통과하는 일정한 시간간격 중 최대 시간을 의미하므로, 병목(bottleneck) 작업장의 작업시간보다 크거나 같다.
• 라인밸런싱
  - 제품별 배치
  - 각 작업장에서 수행할 작업시간이 균형을 이루어 일정한 시간간격에 알맞도록 과업을 각 작업장에

할당하는 과정
- 라인균형의 목적은 각 작업장에서 과업수행하는 시간을 거의 같도록 하여 제품이 라인을 원활하게 흐름으로써 유휴시간을 최소화하는 것

구 분	내 용
선행관계	각 과업의 선후관계
과업	더 이상 나눌 수 없는 작업의 기본단위
주기시간	작업장을 통과하는 일정한 시간간격 중 최대 시간(물건이 제작되 나오는 일정한 시간 간격)
유휴시간	주기시간에서 과업 수행시간을 제외한 시간(노는 시간)
효율성	작업가능시간에 대한 실제 작업시간 비율, 효율성 = 작업시간 / (총작업장 수 × 주기시간)
일일생산량	일일생산시간 / 주기시간

40 ④

해설

셀룰러 배치(cellular layout)는 공정별 배치의 유연성을 유지하면서 동시에 소수의 제품을 대량생산할 때 이용하는 제품별 배치의 효율성을 결합하는 혼합형 배치의 형태로서 공정별배치를 셀룰러(cellular)배치로 변경시 효율성은 증가하며, 생산준비시간도 단축된다.
- 작업설비와 소요자원이 생산량의 변화와 자재량의 변화에 적절하게 조종될 수 있도록 기계설비를 유사한 생산흐름을 갖는 제품들도 그룹화하여 셀(cell)단위로 작업량이 배치되는 방식임.
- 다양한 제품을 효율적으로 생산하기 위하여 그룹 테크놀로지(GT)와 밀접하게 결합되어 있으며, 효과적인 통제를 위하여 컴퓨터 시스템이 활용.
- 셀룰러 배치는 주로 소규모 로트의 주문생산이나 수요의 다양화를 위해 이용.

※ 보기 해설
① 배치공정(batch process)은 대량생산시스템에서처럼 표준화된 제품을 계획 생산하지만, 한 제품의 생산량을 계속생산하기에는 불충분한 양이다. 따라서 이러한 제품은 단속적으로 생산하는 것이 경제적이다. 배치공정(batch process)은 다품종 중간생산 유형으로서 조립라인공정(assembly line process)과 같은 소품종 대량생산 방식에 비해 일정계획 수립 및 재고통제가 용이하지 않고 효율성이 낮다.
② 주문생산공정(make-to-order process)은 고객으로부터 주문을 받은 후에 제품을 생산하는 방식으로 개별고객주문에 따라 생산이 이루어 지는 방식이며, 고객의 주문이 있으면 생산자는 견적서를 발행하고, 고객이 동의하면 주문이 시작된다. 이러한 주문생산공정의 성과측정은 원하는 서비스수준(service level)을 최소 비용으로 충족시키는 것이 주요 목적이 아니라 납기 또는 납기 준수율 등('프로젝트공정'과 '잡샵공정'이 해당) 생산시간을 최소화하는 것이 주요 목적이며 이를 통해성과측정이 이뤄진다. 아울러 재고생산공정(make-to-stock process)은 계획생산공정(Make-to Stock Process)이라고도 불리우며 '예측생산' 형태로 수요예측에 의하여 표준품을 대량으로 생산하고, 제품을 일정 재고로 보유하였다가 고객의 주문이 있으면 납품을 하는 유형이다. ('재고의 보충'에 초점) 계획생산공정의 성과척도는 재고회전율, 생산능력의 가동률, 작업/잔업시간의 사용 등 ('배치공정'과 '라인생산공정' 및 '연속생산공정'이 해당)이다.
③ 고객접촉도란 서비스 창출에 소요되는 총시간 대비 고객이 시스템 내에 머무는 시간의 비율로서, 일반적으로 고객접촉의 정도가 높을수록 서비스공정의 불확실성이 높아지고 비효율성이 증가하게 된다.
⑤ 제품별배치에서는 제품이 정해진 경로를 따라 이동하지만, 공정별 배치에서는 다양한 이동경로를 갖는다. 하지만 프로젝트배치와는 위치고정형배치로서 제품의 흐름이 없다.

41 ①

해설

a. 조립라인의 효율성은 다음과 같이 계산된다. 공식에 따라 살펴 볼 경우 조립라인의 변경 없이 주기시

간을 늘리는 경우, 조립라인 균형의 효율성은 감소한다.

$$조립라인\ 효율성 = \frac{\sum 라인의\ 순과업시간}{(작업장수 \times 주기시간)}$$

b. 조립라인의 생산능력(capacity) 비교를 위해서는 각 조립라인의 주기시간 당 생산되는 제품의 수는 동일하므로 주기시간의 길이나 단위시간당 생산되는 제품의 수가 활용된다.

c. 리틀의 법칙을 문제에 적용하면 우선 프로세스에 유입되는 유입량은 주기시간이 2분이므로 개당 2분의 시간이 걸리므로 개당 작업처리율(제품 한 단위/주기시간)은 개당 2분이 걸리므로 0.5라고 할 수 있다. 이를 고려하여 문제에 적용하면 $\frac{20}{0.5} = 40$으로 처리시간을 30분을 초과하는 40분이다. 또한 재공품수를 따져보면 분당으로 처리율을 따져보면 0.5이며, 공정에 머무르는 작업의 처리시간은 지문상의 30분으로 고려시 ($0.5 \times 30 = 15$) 재공품수는 15개가 된다.

d. 주기시간은 가장 짧은 작업시간을 갖는 작업장과 가장 긴 작업시간을 갖는 작업장의 작업시간 사이의 값을 갖는게 아니라 주기시간은 가장 긴 작업시간이 걸리는 작업장의 작업시간으로 한다.

42 ③

[해설] 주기시간이란 사전적으로 계산할 때는 각 작업장에서 한 단위의 제품 생산에 허락된 최대한의 시간을 의미. 사후적으로는 하나의 제품이 생산되는데 걸리는 시간을 측정하여 계산 가능하며, 작업장 중 병목 작업장의 작업소요시간으로 확인 할 수 있다.

※ 일반적인 라인 밸런싱과 같이 선후 공정이 있는 문제가 아니라 이동이 가능한 즉, 순서 변경이 가능한 공정임을 주의 할 필요가 있음. 또 하나는 조립라인의 시간당 생산량이 20개로 주어져있음을 고려하여야 함.

[풀이] ※ 시간당 생산량이 주어져 있음에 유의하여야 함.

$$시간당\ 생산량 = \frac{생산시간}{주기시간},\ 20개 = \frac{60초 \times 60분}{x} \quad \therefore x = 180초$$

생산량을 고려한 사후적 관점에서의 주기시간 = 180초

※ 이론적 최소작업장수

$$이론적\ 최소작업장수 = \frac{순작업시간}{주기시간} = \frac{580}{180} = 3.2$$

→ 3.2개로 3개 이상의 작업장이 필요한 4개로 볼 수 있음.

※ 이론적 측면에서의 공정효율성: 밸런스효율성 = $\frac{580}{4 \times 180} = 0.8055$ ∴ 약 81%

[참고] 일반적 계산: 선후 공정이 정해져 있는 경우: 주기시간 = 110초

$$라인\ 밸런싱효율성 = \frac{580}{(7 \times 110)} = 0.75$$

43 ③

[해설] 제품믹스(mix)는 보통 폭(width)·깊이(depth)·길이(length)·일관성(consistency) 등 4차원에서 평가되는데, 제품믹스의 폭은 서로 다른 제품계열의 수이며, 제품믹스의 깊이는 각 제품계열 내의 제품품목의 수를 말한다. 이에 비해 제품믹스의 길이란 각 제품계열이 포괄하는 품목의 평균수를 말한다. 제품믹스의 일관성이란 다양한 제품계열들이 최종용도·생산시설·유통경로·기타 측면에서 얼마나 밀접하게 관련되어 있는가 하는 정도를 말한다.

제품믹스를 확대하는 것은 제품믹스의 폭이나 깊이 또는 이들을 함께 늘리는 것으로 제품의 다양화라고 하는데, 기업의 성장과 수익을 지속적으로 유지하는 데 필요한 중요한 정책이다. 제품믹스를 축소하는 것은 제품믹스의 폭과 깊이를 축소시키는 것으로 제품계열수와 각 제품계열 내의 제품 항목수를 동시에 감소시키는 정책이다.

제품 믹스(mix)의 유연성 강화란 제품의 다양성 측면에서 볼 수 있는데 이 경우 특정 제품의 작업준비시간(set-up time)의 단축할 경우 lot size를 줄일 수 있어 다른 제품생산으로의 변경이 쉬워질 수 있어 재품 다양성 측면에서의 유연성이 강화될 수 있다.

아울러 고객의 특수한 주문은 상품라인 전체의 변동성을 증가시키게 되므로 가능한 주문이 확정된 후에 착수하는 것이 바람직하다. 그러나 이 방법은 고객의 주문적체로 이어지고 더욱 신속성을 원하는 고객의 기대에 부응하기 어렵다. 이러한 유형의 문제를 극복하는 방법으로 생산과정에 유연성을 부여하는 차별화지연(delayed differentiation)이라는 개념은 마케팅 분야에서 Alderson (1950)에 의해 처음 소개되었다. 본래 이 개념은 차별화시점, 즉 상품이 독특한 개성을 가지는 단계가 가능한 지연될 수 있게 제품이나 공정을 재설계하는 것이다. 제조업 분야에서 표준화의 연장선상으로 이해되고 있는 차별화지연이라는 새로운 개념은 기업의 유연성을 확보하고 대량고객화를 이루기 위한 전제조건이 되고 있다.

예를 들면 제조업에서 제품제조 사이클에서 제품을 가능한 표준화된 상태로 유지하다가 가장 늦은 순간에 고객화한다. 즉 재공품재고(work-in-process)를 완성품으로 만드는 시점을 가능한 늦추어 시장불확실성에 대항할 수 있게 과정의 유연성을 높여 주는 동시에 고객에 대한 서비스수준(service level)을 향상시키고 전체 재고를 낮추어 준다는 것이다. 특히 완충재고는 큰 폭으로 감축될 수 있다.

통상적으로 차별화연기 방법은 대부분 초기에는 부품이나 과정을 공유하다가 어느 시점에 이르러 특수한 부품이나 공정이 이용되어 재고품이 고객화된다. 이 점을 바로 상품차별화시점(point of product differentiation)이라고 한다. 이렇게 하면 예측과 실제 주문간의 갭에 덜 취약하게 된다.

차별화 지연은 원자재를 부품으로 혹은 표준품목을 차별화된 품목으로 전환을 늦추는 것이므로 가능한 각 처리단계에서 품목을 저원가 혹은 저부가가치 상태로 보관한다. 제조업에서 출연한 이 개념은 신속한 대응으로 의류업체 베네통이 시즌 내에 2-3주만에 시즌내 상품인도를 가능하게 만든 전통적 사례로 널리 알려졌다.

[보기 해설] ① 원가절감을 위해서는 설비 가동률의 최대화를 통한 규모의 경제(economies of scale) 달성할 필요가 있다.
② 제품개발 시간의 단축을 위해서는 동시설계/동시공학 방식을 활용할 필요가 있다. 지도카(Jidoka) 및 안돈(Andon)은 품질관리적 관점으로 지도카는 자동화를 의미하는 일본말로서, 기계가 부품을 생산하고 난 후 그 아이템을 자동으로 검사하여, 만약 결함이 발견되면 생산을 멈추고 사람에게 알려주는 즉, 인간의 감성이 있는 자동화이며, 안돈 제도란 도요타 사의 품질 개선 방식으로, 현장 작업자가 품질 등에 문제가 있다고 여길 시 조사 후 라인을 중지하는 것을 말한다. 여기서 안돈은 도요타 공장에 매달아 놓은 정보판을 가리키는데, 각 공정과 정상 작동 여부를 램프로 표시한 것을 지칭한다. 이 안돈 시스템을 통해 도요타는 상품의 품질을 관리하고 있다.
④ 프로세스 변동성(variation)의 최대화한다는 것은 변동성이 늘어남으로 품질이 나빠지고 품질의 일관성이 저해 될 수 있다. 이러한 경우 품질향상을 위해서는 식스시그마(Six Sigma)의 적용을 통해 불량률을 3.4PPM 이하로 가져 감으로써 프로세스 변동성(variation)을 최소화할 수 있다.
⑤ 흐름시간(flow/throughput time)의 단축은 프로세스 개선을 통한 재공품(work-in-process)재고를 줄일 수 있다. 아울러 주기시간(cycle time)과 흐름시간(flow/throughput time)상관관계가 약한 개념이지만, 동일한 흐름시간내에서 주기시간(cycle time)이 늘어나면 특정 공정에서의 시간이 길어져 제공품의 재고는 감소한다.

44 ⑤

해설 A, B 공정은 병렬적 작업이라는데 주의하여야 한다. 1시간/주기시간=60/5=12개 생산이 가능하다.
① 병목공정(bottleneck process) 주기시간에 제일 긴 구간으로서 A가 아니라 C가 될 것임.
② B에 작업자 1명을 더 투입하여 작업시간을 단축시킨다고 해서 병목구간이 변화되는 것은 아니므로 의미가 없다고 볼 수 있다. 그러므로 B의 이용률(utilization)은 증가한다고 볼 수 없다.
③ 작업공전(starving)이란 순차적 작업 진행 중 선공정에서 작업이 넘어오지 않아서 작업진행이 이루어지지 않는 상황을 의미함으로 선공정 A, B는 병렬적으로 작업이 이루어지므로 선행공정은 4분이면 작업이 넘어오므로 C작업보다 짧으므로 작업공전은 발생하지 않으나, 작업장애(blocking)란 선공정에서 넘어온 작업을 처리하지 못하는 것을 의미하므로 선행작업에서의 제공품들이 너무 빨리 들어와 작업장애가 발생할 가능성이 있음.
④ 흐름시간(flow/throughput time)은 10분으로 볼 수 없다. A, B는 병렬작업을 전제하고 있으므로 제품생산에 사용되는 시간은 4+5+3=12분이 소요된다.

45 ①

해설
② 병목공정(bottleneck process)의 이용률(utilization)은 비병목공정의 이용률보다 높다.
③ 생산능력(capacity)이 증가하면 이용률이 낮아지는 경향이 있다.
④ 생산능력이 감소하면 주기시간이 길어지는 경향이 있다.
⑤ 가동준비(setup)가 필요한 뱃치공정(batch process)에서 가동 준비시간이 늘어나면 생산능력이 감소하는 효과가 있다.

46 ④

해설
① 제품이 다양할 경우는 개별/단속생산 형태의 잡숍공정(job shop process)이 종합/연속생산 형태의 라인공정보다 선호된다.
② 주문생산공정은 계획생산공정보다 재고수준이 낮아진다는 장점이 있다.
③ 제품별배치에서는 공정별배치에 비해 설비의 고장이나 작업자의 결근 등이 발생할 경우 생산시스템 전체가 중단될 가능성이 상대적으로 더 높다.
⑤ 프로젝트공정에 주로 사용되는 고정위치배치에서는 장비와 인원 등이 고정되는게 아니라 작업물이 고정되어 있는 배치를 의미한다. 그러므로 작업물이 아니라 인원 및 장비의 이동경로 관리가 중요하다.

47 ⑤

해설 문제의 조건 상으로 보았을 때 주기시간이 4분이므로 이 경우 4개의 작업장으로 구성되어지며 이러한 경우를 네트워크화 시켜보면 우측 그림과 같다. 그러므로 F만으로 하나의 작업장이 구성된다는 것은 적절한 설명이다.
① 조립라인의 주기시간은 2.5분이 아니라 4분이다.

$$주기시간 = \frac{1일\ 작업시간}{1일\ 생산량} = \frac{400분}{100개} = 4분$$

② 각 작업 간의 선후행 관계를 고려하지 않았을 때, 이론적 최소 작업장의 수는 2개가 아니라 이론적 최소 작업장 수는 ($\frac{총과업시간}{주기시간} = \frac{12분}{4분}$)는 3개 이상이다.
③ 주기시간을 4분을 고려시 조립라인은 4개의 작업장으로 구성된다.
④ 직전 선행작업 고려시 A와 D는 같은 작업장에 할당되지 않는다. B와 D 그리고 C와 E는 각각같은 작업장에 할당된다.

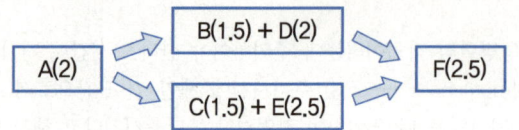

48 ④

해설 작업장 수를 줄인다고 해서 주기시간을 줄어든다고 단정지을 수는 없다.
① 밸런스 효율(balance efficiency)과 밸런스 지체(balance delay)를 합하면 항상 100%가 된다. 즉, 생산라인의 비능률을 나타내는 불균형률 또는 밸런스 지체라고도 하는 라인손실률(balance delay: d)은 라인밸런스 효율(Eb)의 역수나 생산라인의 유휴율로 구할 수 있다. (ex. d = 1 – Eb) 아울러, 라인밸런스 효율(Eb)은 흐름라인의 종류에 따라 약간의 차이는 있을 수 있으나 대체로 75%를 기준으로 그 이하일 때는 비경제적이라고 평가하며, 적어도 80% 이상을 유지할 수 있어야 바람직하다고 할 수 있다.
② 최다 후속작업 우선규칙이나 최대 위치가중치(positional weight) 우선규칙 등의 작업할당 규칙은 단지 할당의 편의를 위한 규칙으로서 휴리스틱(heuristic)적 기법으로 볼 수 있으며 이는 최적해를 보장하지 않는다.
③ 주기시간(cycle time)은 병목(bottleneck) 작업장의 작업시간과 동일하다.
⑤ 작업장 수를 고정하면 주기시간을 줄일수록 밸런스 효율은 향상된다.

49 ⑤

해설 틀린지문을 바로 잡으면 다음과 같다.
a. 제품의 생산속도가 느리고 경쟁우위 유지에 제품 공급의 신뢰성이 중요하다. ⇒ 제품공급의 신뢰성이 중요한 경우는 적정재고 유지하는 계획생산(MTS)가 유리하다.
b. 제품의 수요에 대한 예측이 비교적 용이하다. ⇒ 주문생산(MTO)은 주문에 의한 생산으로 제품 수요 예측이 어렵다.

용어정리 MTS(make-to-stock)/계획생산 프로세스: 적정재고 유지위한 선행 생산방식으로 생산계획을 판매예측 또는 과거 수요를 기반으로 하는 선행생산방식으로 대량생산을 통해 생산비용을 최소화하여 단가를 낮추고, 창고에 대량으로 재고를 보유하는 형태로서 계절적 수요 제품을 가지거나, 쉽게 수요예측이 되는 제품 판매 기업에 적합한 생산방식
MTO(make-to-order)/주문생산 프로세스: 주문에 따른 생산방식으로 제품에 대한 확정 주문이 접수되면 제품을 생산하는 방식으로 재고유지비용이 매우 높은 제품과 같이 고가의 제품에 적합한 방식으로 부품 조달기간에 맞추어 적절한 사용이 요구됨. 고객의 요구에 잘 대응하고 불용재고를 줄일수는 있으나 제조업체가 수요변동에 취약하며, 제조공정에서의 가동률이 떨어진다는 단점이 있다.

50 ②

해설 틀린 지문을 바로 잡으면 다음과 같다.
a. 제품별 배치는 공정별 배치에 비해 자재와 부품의 이동이 복잡하기 때문에 이동시간과 대기시간 관리가 중요하다. ⇒ 자재와 부품의 이동이 복잡하기 때문에 이동시간과 대기시간 관리가 중요한 것은 공정별 배치이다.
c. 플로우샵(flow shop) 공정은 잡샵(job shop) 공정에 비해 범위의 경제(economies of scope) 효과를 통해 원가 절감을 하기에 더 유리하다. ⇒ 잡샵(job shop) 공정이 플로우샵(flow shop) 공정에 비해 상대적으로 유리하다고 볼 수 있다. 플로우샵(flow shop) 공정은 연속흐름공정(continuous flow/process)

이라고도 하며 이는 표준품의 대량 생산으로서 제품 종류가 다양해져도 비용이 적게 드는 범위의 경제와는 거리가 있는 개념이다.

51 ③

해설
제품 생산과정이 빠르고 수요를 초과한 생산량에 대한 폐기비용이 클 경우 계획생산 방식보다는 초과 수요로 인한 폐기비용이 발생하지 않을 수 있는 주문생산 방식이 오히려 유리하다.

52 ④

해설
이 프로세스에서의 시간당 생산량은 720단위가 아니라 360단위이다.

$$생산량 = \frac{생산시간}{주기시간} = \frac{60분 \times 60초}{10초} = 360개$$

① 이 생산 프로세스의 흐름시간(flow time)은 25초이다. → 5+10+7+3=25초
② 병목(bottleneck)이 발생하는 작업장은 작업장 B이다. → 10초로 가장 오랜 시간이 걸리는 작업장은 B
③ 작업장 C에서는 작업공전(starving)이 발생한다. → 작업공전(starving)이란 순차적 작업 진행 중 선공정에서 작업이 넘어오지 않아서 작업진행이 이루어지지 않는 상황을 의미함으로 선공정 병렬적으로 작업이 이루어지므로 선행공정 B는 10초가 걸려 작업이 넘어오므로 B작업보다 C작업장은 7초로 더 짧으므로 작업공전은 발생할 수 있으며 또한 3초의 여유시간은 발생한다. 참고로 작업장애(blocking)란 선공정에서 넘어온 작업을 처리하지 못하는 것을 의미함.
⑤ 작업장 D의 이용률(utilization rate)은 30%이다.

→ 특정 공정의 이용률 $= \frac{해당공정의 작업시간}{주기시간} \times 100 \Rightarrow$ D공정의 이용률 $= \frac{3}{10} \times 100 = 30\%$

→ 설계생산능력 $= \frac{60 \times 60 \times (25-20)}{25} = 720개$

이용률 $= \frac{실제생산량}{설계능력} = \frac{360}{720} = 0.5$ 전체공정이용률은 50%

D공정의 이용률 $= \frac{공정이용률 \times 주기시간}{작업장수 \times 해당작업장작업시간} = \frac{0.5 \times 10}{5 \times 3} ≒ 0.333$ 약 30%

53 ②

해설
리틀의 법칙이란 MIT 교수였던 존 리틀이 만든 것으로 리틀의 법칙은 그 적용 범위가 넓기 때문에 매우 유용하게 활용된다. 손님뿐만 아니라 재고 흐름을 파악할 수도 있다. 재고량(I)=처리속도(R)×재고 체류시간(T)이다. 재고창고에 쌓여 있는 재고량은 재고가 들어오는 유입량과 재고로 머무는 시간의 곱과 같다. 우선 문제상의 고객 흐름을 계산시에는 '공간 내 머무는 객체 수(I)=객체의 공간 유입량(R)×객체의 공간 내 머무는 시간(T)'이다. 10명/시간×0.5시간=5명

참고
리틀의 법칙(Little's law)이란 개별 항목들이 재공품 재고에 사용되는 시간을 추정하는 방법으로도 사용되며, 주로 프로세스의 작업 처리 시간을 계산할 때 유용하게 사용할 수 있다. 이 경우

'처리시간 $= \frac{재공품}{작업 처리율}$'로 계산한다. 이를 위 문제에 적용하면 $\frac{x}{10} = 0.5$ $x = 5$명

54 ④

해설
서비스 숍(service shop)은 노동집약도는 높으나 고객화 정도는 낮은 특징이 있다.

고객접촉도와 노동집약도에 따른 서비스 매트릭스(Roger W. Schmenner)를 살펴보면 아래 그림과 같다.

		고객과의 접촉 정도(상호작용의 정도)		
		낮음	높음	
노동집약의 정도	낮음	서비스 공장 (Service Factory) 예) 항공사, 운수업, 호텔 & 리조트	서비스 숍 (Service Shop) 예) 병원, 자동차 수리소, 기타 수리소	• 현재의 서비스 장비, 시설 등에 대한 감독 • 새로운 장비와 새로운 서비스 기법에 대한 평가 • 서비스 전달의 일정(스케줄 관리)관리 • 서비스의 수요율 조절
	높음	대량 서비스 (Mass Service) 예) 도소매업, 학교	전문가 서비스 (Professional Service) 예) 변호사, 의사, 회계사, 설계사	• 노동력의 관리와 통제에 많은 노력 • 직무수행방법을 개발하고 이를 통제 • 인력자원에 대한 스케줄링 • 비중앙 집권화 • 새로운 지역에 시스템을 소개 • 몇 개의 서비스 지역을 동시에 관할
		• '따뜻한' 서비스 만들기 • 서비스 물적 환경에 관심 • 운영절차를 정하고 엄격하게 관리 • 종업원과의 관계는 엄격	• 비용 절감을 위하여 노력 • 높은 품질수준을 지속 • 종업원에 대한 훈련 및 세심한 관리 • 종업원의 높은 충성도 • 관리자와 부하와의 관계는 덜 엄격	

CHAPTER 2 : 수요예측 및 생산능력계획

개념정리문제

1 ③

해설

시계열 분석법	추세분석법	시계열을 관통하는 추세선을 구한 다음 그 추세선상에서 미래의 수요를 예측
	전기수요법	시계열 분석기법 중에서 가장 단순한 기법이다. 시계열 중 가장 최근의 실제치를 바로 다음 기간의 예측치로 사용하는 기법이다. 기간에 따라 수요변화가 크지 않을 때는 비교적 정확하게 예측할 수 있는 장점이 있는 반면, 불규칙변동에 과민반응하여 상당한 예측오차 (forecast error)를 유발할 결점이 있다.
	이동평균법	• 매기 앞으로 이동하면서 일정기간의 수요를 평균하여 수요를 예측, 경기변동이나 계절변동을 충분히 알 수 없음 • 단순이동평균법에서 이동평균기간이 짧을수록 최근의 수요변화를 많이 반영 • 가중이동평균법은 가까운 기간에 더 큰 가중치를 주어 최근 수요변화를 많이 반영할 수 있음
	지수평활법	• 현시점에서 가까운 실적치에 가중치를 크게 주고 과거로 갈수록 가중치를 적게 주어 수요를 예측 수요예측치 = 전기예측치 + 평활상수 × (전기실제치 − 전기예측치) • 수요변동이 크거나 성장률이 높은 제품에 대하여는 평활상수값을 크게 조정 • 평활상수 값이 클수록 현시점에 가까운 실적치에 큰 비중을 둠, 최근의 자료만으로도 예측이 가능
인과관계 분석법	회귀 분석법	• 수요에 영향을 주는 요인을 파악하여 수요와 요인의 관계를 나타내는 회귀식을 추정하여 수요를 예측 • 상관계수가 ±1에 가까울수록 모형의 신뢰성이 높음 • 인과형 분석법은 시간 이외의 특정 요인이 수요와 인과관계를 지닌다고 가정

2 ④

해설 선도지표법은 인과관계분석 모형임.

보충 전기수요법(last period method): 시계열 분석기법 중에서 가장 단순한 기법이다. 시계열 중 가장 최근의 실제치를 바로 다음 기간의 예측치로 사용하는 기법이다. 기간에 따라 수요변화가 크지 않을 때는 비교적 정확하게 예측할 수 있는 장점이 있는 반면, 불규칙변동에 과민반응하여 상당한 예측오차(forecast error)를 유발할 결점이 있다.

3 ①

해설 지수평활법은 시계열 분석법의 일종임.

4 ②

해설 정성적 기법을 정리하면 아래의 표와 같다.

델파이법	전문가의 의견을 우편으로 수집하는 방법으로 미래의 불확실성에 대한 의사결정(장기적인 예측)에 유용하며 타인들의 영향력을 배제할 수 있으나 시간이 너무 많이 소요되며, 응답자에 대한 통제력이 결여
시장조사법	• 설문지, 직접인터뷰, 전화, 시제품 발송 등을 이용하여 소비자들의 의견을 조사함으로써 수요를 예측 • 단기, 중기, 장기의 수요예측에 모두 사용될 수 있음, 그러나 질적 기법 중 가장 많은 비용과 시간이 소요 • 소비용품보다는 산업용품의 경우(소비자수가 적고 소재파악이 쉬우므로) 유용
패널동의법	경영자, 판매원, 소비자 등으로 패널을 구성하여 자유롭게 의견을 제시하게 함으로써 예측치를 구함
자료유추법 (역사적 유추법)	• 제품의 수명주기를 고려하여 수요변화를 유추하는 방법 • 신제품 개발의 경우에 주로 이용

5 ③

해설 회귀분석법은 정량적 방법임.

6 ④

해설
① 델파이법은 전문가들에 대한 무기명 설문조사를 하는 대표적 정성적 예측기법이다.
② 결정계수란 종속변수가 독립변수를 설명하는 능력을 측정하는 것이 아니라 회귀식(回歸式)의 적합도를 재는 척도로서, 회귀분석에서 종속변수 Y의 데이터 y_i에 대하여, y_i의 총변동합에 대한 변동합의 비율을 나타낸다. 참고로 상관계수는 물가와 화폐발행고 또는 가계의 소득과 소비지출 사이에 어느 정도의 관계가 있는가를 알고자 하는 경우처럼, 두 개의 변량 X와 Y간에 존재하는 관계의 정도를 측정하는 척도이다.
③ 특정 기간에 더 큰 가중치를 부여함으로서 특정 수요의 변화를 더 민감하게 반응 예측 또는 최근의 추세변화에 민감하게 좀 더 빨리 반영하여 이에 반응할 수 있는 방법은 가중이동평균법이다. 단순이동평균법(simple moving average method)에서 이동평균기간을 길게 잡아도 n기의 양을 합한 후 n으로 나누어 구하므로 특정 기간 또는 최근 변화에 민감하게 반응하지 않는다.

7 ③

해설
① 과거에 발생한 것을 토대로 미래 수요를 예측하는 것이 시계열 기법임.
② 시계열 수요예측 기법에는 추세분석, 이동평균법, 지수평활법 등이 있다. 델파이 방법은 대표적인 질적(정성적) 분석방법이며, 회귀분석 방법은 인과관계분석 방법이다.
④ 전략적 계획을 수립하는 데 필요한 장기적인 시장 수요뿐만 아니라, 계절적 변동 요인과 같은 단기적인 수요 변동 및 우연변동과 같은 돌발적인 원인이나 불분명한 원인으로 일어나는 변동까지도 나타난다.

8 ④

해설
과거자료유추법은 질적인 수요예측의 기법 중 하나로서 정상적 방법에 의한다.

9 ①

해설
델파이법은 질적 수요예측기법이지만, ②, ③, ④는 양적 수요예측방법들임.

10 ③

해설
횡단면 분석방법에 대한 설명으로 예측하려는 제품의 수요와 이에 영향을 미치는 요인들 간의 상관관계를 분석해 수요을 예측하는 기법이다.

11 ①

해설
인과관계형 분석에 쓰이는 것은 회귀분석이다.

12 ③

해설
시계열분석기법(time series analysis method)
1. 수용예측기법에서 양적수요예측 기법 중 하나이다.
2. 통계숫자를 시간의 흐름에 따라 일정 시점을 기준으로 기록한 일련의 과거자료를 분석하는 것이다.

13 ④

해설
가중이동평균법이란 가까운 기간에 더 큰 가중치를 부여함으로써 최근의 변화를 더 민감하게 반응하여 예측할 수 있고, 아울러 실제치의 발생 시점에 따라 다른 가중치를 부여하여 예측치를 구하는 방법임.

가까운 기간에 더 큰 가중치를 부여하여야 하므로 4월 0.5, 3월 0.3, 2월 0.2를 부여하면 되고, 1월은 산정하지 않아도 됨. 이를 풀어 보면 다음과 같다.

$$(110만 \times 0.5) + (90만 \times 0.3) + (70만 \times 0.2)$$
$$= 550,000 + 270,000 + 140,000$$
$$= 960,000$$

14 ③

해설 단순지수평활법 공식: 당기 예측치 = 전기 예측치 + (전기 실제치 − 전기 예측치)
$$10,000 + 0.3(11,000 - 10,000) = 10,300대$$

15 ③

해설 지수평활법은 정량적 예측기법 중 하나로서 최근 자료가 과거 자료보다 미래를 더 잘 반영한다는 전제 아래에서 현 시점에 가까운 실제 치에 비중을 크게 두고 과거의 수치에는 비중을 적게 주어서 수요를 예측하는 방법이다.

16 ③

해설 수요예측치 = 전기예측치 + 평활상수(전기실제치 − 전기예측치) = 200 + 0.3(150 − 200) = 185

17 ②

해설 수요예측치 = 전기예측치 + 평활상수(전기실제치 − 전기예측치) = 200 + 0.8×(180 − 200) = 184

18 ④

해설

구 분	내 용
추세변동(trend variation, T)	장기변동의 전반적인 경향(증가추세, 감소추세), 수요량 자료의 장기적, 점진적 변동
계절변동(seasonal variation, S)	1년을 주기로 계절에 따라 되풀이되는 변동, 수요량의 분기/계절/월/일별 변동
순환변동(cyclical variation, C)	장기에 걸친 싸이클링 현상, 수요량의 2~10년마다 물결 같은 변동
우연변동 = 불규칙변동(random variation, R)	돌발적 원인이나 불분명한 원인으로 일어나는 변동, 기타 복잡한 요인에 의한 수요 변동

- 시계열 분석 모형
  - 가법모델: Y=T+C+S+R 실제수요를 시계열 변동요소의 합으로 보는 모형
  - 승법모델: Y=T·C·S·R 실제수요를 시계열 변동요소의 상승적으로 보는 모형

19 ②

해설 회귀적 요인(regressional element)은 인과관계 규명 요인으로 보아야 함.

20 ⑤

해설 추세변동(trend variation, T), 계절변동(seasonal variation, S), 순환변동(cyclical variation, C), 우연변동= 불규칙변동(random variation, R)

21 ①

해설 지수평활법은 현시점에서 가까운 실적치에 가중치를 크게 주고 과거로 갈수록 가중치를 적게 주어 수요를 예측기법임.

- 수요변동이 크거나 성장률이 높은 제품에 대하여는 평활상수값을 크게 조정
- 평활상수 값이 클수록 현시점에 가까운 실적치에 큰 비중을 둠, 최근의 자료만으로도 예측이 가능
② 회귀분석(regression)에서 회귀방정식을 도출할 때, 최소자승법(least square method)을 사용하는데 이는 실제치와 예측치의 오차를 자승한 값의 총 합계가 최소화되도록 회귀계수를 추정한다.
③ 이동평균법을 사용하든 가중이동평균법을 사용하든 과거의 모든 자료를 반영할 수도 있고, 그렇지 않을 수도 있다. 또한 이동평균법은 합이 1이 되는 동일한 가중치를 부여하는 방법이다.
④ 이동평균법에서 과거자료 개수(n)을 증가시키면 예측치를 평활하는 효과는 크지만 예측의 민감도는 떨어뜨려서 수요예측의 정확도는 오히려 낮아진다.

22 ①

해설

예측오차의 통제적 개념으로서 예측기법이 실제수요변화를 정확히 예측하고 있는지를 나타내는 지표인 추적지표(TS: tracking signal)를 통해 일반적으로 예측기법의 정확도를 평가하는데 정확도가 높을수록 추적지표 값은 0에 수렴한다. 또한 추적지표는 양(+)과 음(−)의 값을 모두 가질 수 있다.

23 ③

해설

델파이법은 정성적 수요예측기법이며 나머지는 모두 시계열 분석에 해당함.

24 ①

해설

델파이법은 정성적 수요예측기법이다.
② 이동평균법: 과거의 자료 속에는 체계적인 움직임을 모호하게 하는 불규칙변동이 포함된다. 이 불규칙성은 여러 가지 오인에 의하여 발생하는데, 정확하게 예측할 수도 없고 또한 규칙적인 진정한 변동(real variation)과 구분하기도 쉽지 않다. 이러한 시계열 속에 있는 단기의 불규칙변동을 고르게(smooth) 하려는 방법이 이동평균법(moving average method)이다.
③ 지수평활법: 일종의 가중이동평균법이지만 가중치를 부여하는 방법이 다르다. 지수평활법에서 예측치를 계산하기 위하여 기간에 부여하는 가중치는 그들이 과거로 거슬러 올라갈수록 지수함수적으로 감소한다. 따라서 이 방법에서는 가장 가까운 과거에 가장 큰 가중치를 부여하여 수요의 최근 변화에 더욱 민감한 반응을 하게 된다. 이러한 단순지수평활법은 다음과 같이 계산할 수 있다.
당기 예측치 = 전기 예측치 + a(전기 실제치 − 전기 예측치)
④ 추세분석법: 변화 경향(주가, 시세 등)의 움직임으로부터 추출되는 추세선을 관찰하여 경향을 파악하는 기법이다.

25 ②

해설

최근 자료에 높은 가중치를 부여하여 아래와 같이 계산하면 된다. 5월의 실제치는 존재하고 있으며 문제는 5월 예측치를 확인하고자 하는 것임에 주의하여야함.

F_D = (540만 × 0.6) + (720만 × 0.2) + (820만 × 0.2)

= 324만 × 144만 × 164만

= 632만

26 ③

해설

$$\text{평균절대오차}(MAD) = \frac{\sum_{i=1}^{n}|A-F|}{N} = \frac{|200-225|+|240-220|+|300-285|+|270-290|}{4}$$

$$= \frac{25+20+15+20}{4} = \frac{80}{4} = 20$$

27 ②

해설

단순이동평균법은 수요가 시간에 따라 불안정할 때 상당히 신뢰할 수 있는게 아니라 안정적일 경우 사용하는 기법이다.

28 ④

해설

주관적 모형의 역사적 유추법은 자료 유추법이라고도 불리우며 제품의 수명주기를 고려하여 수요변화를 유추하는 방법으로서 신제품 개발의 경우에 주로 이용된다. 이 방법은 다른 질적 방법처럼 특정 자료가 없을 때 사용하는 기법으로서, 예컨대 기존 제품과 아주 유사한 새로운 제품을 시판하고자 할 때 그 제품의 성공 여부를 예측하기 위하여 기존 제품과 관련된 자료를 사용하는 기법이다. 반면에 독립변수와 종속변수 간의 관계를 파악하여 수요를 예측하는 방법은 인과관계 분석으로 이는 수요예측에 영향 미치는 주요 변수들의 상호관계를 알 수 있을 경우 이 변수의 상호관계 파악, 수요예측 방법이다. 즉, 결과(종속변수)는 원인(독립변수)의 함수로 파악 가능하다는 전제 하에, 독립 변수와 종속변수의 관계를 수학적으로 규명함으로써, 특정 독립변수의 값일 때의 종속변수의 값을 예측하는 방법(예 : 매출액 - 종속변수, 광고비 - 독립변수)이다.

29 ②

해설

산술적 계산상에서는 문제가 없는 문제이지만 일반적인 평활상수의 논리적 개념에 있어서 오류가 있는 문제임.

단순지수평활법(simple exponertial smoothing)은 다음과 같이 계산 할 수 있다.

당기 예측치 = 전기 예측치 + 평활상수(전기 실제치 - 전기 예측치)

4월 자료를 활용하여 5월 예측시에 활용되었던 평활상수를 간접적으로 산출하여 이를 활용하여 6월의 예측시에 적용하여 산출하면되는 문제임. 즉, 6월 수요 예측치를 물어보는 질문이나 평활상수가 주어져 있지 않으므로 지난 달 예측치를 활용하여 평활상수를 산출하여 6월 수요 예측치를 산출하면 되는 문제임. 이를 풀어보면 다음과 같다.

50 = 60 + α (52-60) ⇒ α = 1.25

단순계산상으로는 문제가 없는 문제이지만 평활상수는 일반적으로 0⟨α⟨1은 부분으로 인한 오류 있는 문제라고 볼 수 있음. 단순계산을 통해 답을 추출하여보면 다음과 같다.

50 + 1.25(55-50) = 56.25

30 ②

해설

구 분	내 용
설계생산능력 (design capacity)	• 현재의 제품설계, 제품믹스, 운영정책, 노동력, 시설, 장비 등이 주어졌을때 한 공장이 생산할 수 있는 가능한 최대의 생산률 • 설계대로 이상적 조건하에서 일정기간 달성할 수 있는 이론적 최대 생산능력

유효생산능력 (effective capacity)	• 설계능력에서 장비의 장기적 보전, 제품믹스의 변경, 식사시간, 휴식시간, 일정계획상 어려움에 의한 생산능력을 뺀 결과 • 현실적인 정상적 조건하에서 일정기간 달성할 수 있는 최대생산량
실제산출률/실제생산능력 (actual capacity)	• 유효능력에서 기계고장, 폐기물과 재작업, 결근, 품질문제, 자재부족 등 예기치 못한 사유에 의한 생산능력을 뺀 결과 • 일정시간 동안 실제로 달성한 생산량

31 ①

해설 생산능력이란 제품인 서비스를 생산할 수 있는 능력으로 설계능력 – 유효능력 – 실제생산량 순으로 크기가 작아진다.

32 ④

해설 실제생산량(일정기간 실제로 달성한 생산량) – 유효능력(주어진 여건에서 일정기간 달성할 수 있는 최대 생산량) – 설계능력(이상적인 조건에서 일정기간 달성할 수 있는 최대 생산량)의 순서가 옳다.

33 ④

해설 설명한 생산능력의 측정척도는 시설사용의 유효성, 즉 효율(efficiency)(효율 = $\frac{실제생산능력}{유효생산능력}$)과 이용률(uyilization)(이용률 = $\frac{실제생산능력}{설계생산능력}$)을 측정하는 데 필요하다. 이때 이용률의 경우 설계생산능력이 커지면 오히려 감소한다.

보충 생산능력

① 설계능력(design capacity) : 현재의 제품설계, 제품 믹스, 운영정책, 노동력, 시설, 장비 등이 주어졌을 때 한 공장이 일정한 기간에 생산할 수 있는 가능한 최대의 생산율(maximum possible rate of output)을 말한다.
  – 설계대로 이상적인(ideal) 조건에서 달성할 수 있는 이론적 능력(theoretical capacity)이다.
  – 이상적인 조건이란 장비고장, 수리 필요성, 자재문제, 작업자 실수 등 비생산적인 지체가 발생하지 않음을 의미한다. 설계능력은 잔업과 같은 단 기적인 조치에 의하여 달성된다. 보통 생산능력이라 함은 설계능력을 의미한다.

② 유효능력(effective capacity) : 제품믹스, 스케줄링상 어려움, 기계수리보전, 품질요소 등 정상적인(normal) 작업조건이 주어졌을 때 일정한 기간에 생산할 수 있는 가능한 가장 높은 생산율(highest reasonable output rate)을 말한다.
  – 유효능력은 설계능력보다 항상 작은데 이는 장비의 정기적 보전, 제품믹스의 변경, 식사시간, 휴식시간, 스케줄링상 어려움 등 때문이다.

③ 실제생산량(actual output) : 실제로 달성할 수 있는 생산율을 말한다. 실제 생산량은 유효능력보다 항상 적을 뿐만 아니라 시간에 따라 변동한다.
  – 기계고장, 폐기물과 재작업, 결근, 품질문제, 자재부족 등 예기치 못한 사유 등으로 실제생산량이 낮아진다.

34 ③

해설 규모의 불경제 또는 규모의 비경제는 생산규모가 증가하였는데 비용이 절감되지 않고 오히려 상당히 큰 폭으로 증가하는 경우를 의미한다. 과도한 고정비에서 초래되는 비효율성은 이와 연관관계가 적다고 볼 수 있다.

35 ④

해설 생산능력의 크기는 설계 > 유효 > 실제 순으로 볼 수 있다. 특히 유효능력은 설계능력보다 항상 작은데 이는 장비의 정기적 보전, 제품믹스의 변경, 식사시간, 휴식시간, 스케줄링 상 어려움 등 때문이다. 설계 생산능력은 이상적 조건하에서의 이론상 최대치를 의미하는데, 여기서 이상적인 조건이란 장비고장, 수리 필요성, 자재문제, 작업자 실수 등 비생산적인 지체가 발생하지 않음을 의미한다. 설계능력은 잔업과 같은 단기적인 조치에 의하여 달성된다. 보통 생산능력이라 함은 설계능력을 의미한다.

아울러 유효생산능력은 설계능력에서 장비의 장기적 보전, 제품 믹스의 변경, 식사 시간, 휴식시간, 일정계획상 어려움에 의한 생산능력을 뺀 정상조건하에서의 최대치를 의미한다.

① 유효생산능력(effective capacity)은 설비의 설계명세서에 명시되어 있는 생산능력으로, 설비 운영의 내적·외적 요인에 영향을 받지 않고 생산 가능한 최대 생산량이다. ⇒ 설계(최대)생산능력에 대한 설명임.

② 규모의 경제 (economies of scale)란 생산량의 증가 등으로 인해 단위당 변동비가 줄어들어 단위당 평균원가가 감소하는 현상을 의미한다. ⇒ 규모의 경제란 학습효과 등으로 인하여 생산규모가 늘어남에도 비용이 감소하는 현상으로서, 작업자의 숙련도 및 기존 설비의 활용도가 증가하여 단위당 고정비가 줄어들어 단위당 평균원가가 감소하는 현상이다.

③ 최적조업도는 단위당 고정원가가 최소로 되는 산출량을 말한다. ⇒ 단위당 고정원가가 아니라 평균원가임.

36 ①

해설 생산규모가 커짐에도 비용이 절감되는 현상으로 학습효과 및 경험곡선을 통해 설명되는 것은 규모의 경제 효과에 대한 설명임.

심화문제

1 ①
해설: 탐색결정기법은 총괄생산계획기법 중의 하나이다. 위의 수요예측기법 중 델파이법은 질적 수요예측기법이며 이동평균법과 지수평활법은 양적 수요예측기법 중 시계열방법이며 최소자승법은 양적 방법 중 인과관계기법이다.

2 ②
해설: 델파이법은 정성적 방법이다.

3 ③
해설: 인과형 예측기법의 대표적인 방법은 회귀분석법으로서 이는 수요에 영향을 주는 요인을 파악하여 수요와 요인의 관계를 나타내는 회귀식을 추정하여 수요를 예측하는 방법이다. 아울러 ①델파이법, ② 패널동의법, ④ 판매원 의견종합법, ⑤ 자료유추법은 정성적(질적) 수요예측기법이다.

4 ③
해설: $\dfrac{2{,}150 + 2{,}310 + 2{,}410}{3} = 2{,}290$

5 ②
해설: $1{,}000 + 0.2(1{,}500 - 1{,}000) = 1{,}100$

6 ④
해설: 평활상수는 0~1의 값을 가지며 큰 값을 가질 수로 최근 자료에 더욱 민감하게 보고 있는 것임.

7 ②
해설: 유효생산능력은 주어진 여건(점심시간, 유휴시간, 품질수준 달성 등) 하에서 정상적으로 작업을 할 경우 달성 가능한 최대 산출능력을 의미한다. 설비의 설계명세서에 명시되어 있는 생산능력은 설계생산능력이다.

8 ①
해설:
a. 평균오차가 0이라는 것은 편의가 없다는 것이지 절대편차가 없다는 것은 아니다.
c. 평균자승오차가 100이라는 것은 10년간 오차 제곱의 합이 100이라는 것이지 10년간 오차의 합을 제곱한 값이 100이라는 의미는 아니다.
f. 평활상수의 값은 0.9로 매우 높은데 이는 평활효과가 매우 작다.

9 ②
해설:
① 이동평균기간이 짧을수록 최근의 추세변화에 민감하게 반응하게 된다.
③ 평활상수가 크면 최근의 변동이 많이 반영되고 평활효과는 작아지게 된다.
④ 가법적 모형에서는 평균값이 증가해도 계절변화의 폭은 그대로 유지된다.

⑤ 평균오차가 0이라는 것은 편의가 없다는 것이지 절대편차가 없다는 것이 아니다.

10 ③

해설
① 평균절대오차가 0이라는 것은 정확하게 예측했음을 의미한다.
② 시계열 자료를 분석하는 것은 추세, 계절적 변동, 순환 등의 요인을 분석하여 예측치에 반영하려고 하는 것이다. 우연변동요인은 예측치에 반영하기 어렵다.
④ 과거예측이 초래한 오차의 일정부분을 미래 예측치에 반영할 수 있는 학습효과가 내재되어있는 방법은 지수평활법이다.
⑤ 지수평활법은 전기의 실적치와 예측치만을 사용하여 예측한다.

11 ④

해설
a. 델파이법은 대표적인 정성적 예측기법이다.
b. 지수평활법은 정량적 예측기법이다.
c. 초점예측이란 여러가지 룰을 미리 만들고 매시점마다 각각의 예측오차를 비교한 후 가장 낮은 예측오차를 산출한 룰로 다음 시점을 예측하는 방법이다.
d. 시계열 분석(time – series analysis)은 시간에 따른 수요의 추세를 파악하는 것이고 인과관계기법은 수요에 영향을 주는 변수들을 찾아내는 것이다.

12 ④

해설
유효생산능력(effective capacity)이란 정상적이고 일반적인 제약하에서 경제적으로 지속가능한 최대 산출량으로서, 실제산출량이 일정하다면 생산능력의 효율성은 유효생산능력이 클수록 작아진다.

13 ⑤

해설
자재소요계획(MRP)은 종속수요품의 관리프로그램이며, 자재명세서, 기준생산계획, 재고현황철이 자재소요계획의 주요 입력자료이다.

14 ③

해설
평균오차(mean error)가 0이 아닐 때, 평균절대편차(mean absolute deviation)는 0이 될 수 없다.
① 단순지수평활법(simple exponential smoothing)에서 평활상수 값이 클수록 최근의 자료가 더 많이 반영되어 수요 변화에 더 민감하게 반응하며, 평활상수가 작아질수록 평활효과가 더 커지게 됨.
② 델파이법은 전문가 의견조사 방식의 일종으로 예측에 불확실성이 크거나(장기적인 예측) 과거의 자료가 없는 경우에 유용하며, 신제품 개발을 위한 예측에 사용된다. 그러나 시간이 너무 많이 소요되며, 응답자에 대한 통제력이 결여된다는 문제점이 있다.
③ 평균오차(mean error)가 0이 아닐 때, 평균절대편차(mean absolute deviation)는 0이 될 수 없다.
④ 예측오차의 측정방법 중 평균절대비율오차(mean absolute percent error)는 수요의 크기에 대한 상대적 예측오차를 측정하는 방법이다.
⑤ 단순이동평균(simple moving average)은 가장 가까운 과거의 일정기간에 해당하는 시계열의 평균값을 바로 다음 기간의 예측치로 사용하는 방법으로 과거의 데이터에 합이 1이 되는 동일한 가중치를 부여하고, 가중이동평균(weighted moving average)은 가까운 기간에 더 큰 가중치를 부여함으로 최근의 변화를 더 민감하게 반응하여 예측할 수 있으며, 실제치의 발생 시점에 따라 다른 가중치를 부여하여 예측치를 구하는 방법이다. 이 방법의 경우 합이 1이 되는 임의의 가중치를 부여한다.

15 ②

해설 지수평활법 공식에 대입하여 계산하면 다음과 같다.

> 당기예측치 = 전기예측치 + α(전기실제치 − 전기예측치)
> α = 평활상수(0 < α < 1): 수요가 불안정하면 1에 가까운 α를 사용함.

$144,000 = 150,000 + \alpha\,(130,000 - 150,000)$

$\therefore \alpha = 0.3$

16 ①

해설 추적지표(TS: tracking signal)는 예측오차의 통제적 개념으로서 예측기법이 실제수요변화를 정확히 예측하고 있는지를 나타내는 지표이며, 누적오차를 평균절대오차로 나누어 계산한다. 따라서 추적지표는 양(+)과 음(−)의 값을 모두 가질 수 있으며, 일반적으로 예측기법의 정확도가 높을수록 추적지표 값은 0에 수렴한다. 추적지표가 양의 방향으로 커지면 과소예측, 음의 방향으로 커지고 있으면 과대예측되고 있음을 보여준다.

17 ②

해설 3월 수요예측치를 물어보는 질문이나 평활상수가 주어져 있지 않으므로 지단 달 예측치를 활용하여 평활상수를 산출하여 3월 수요예측치를 산출하면 되는 문제임. 이를 풀어보면 다음과 같다.

$33.5 = 35 + \alpha(30 - 35), \ \alpha = 0.3$

$\chi = 33.5 + 0.3(40 - 33.5) = 35.45$

$\therefore 35.5$

18 ②

해설 단순지수평활법(simple exponential smoothing)은 현시점에서 가까운 실적치에 가중치를 크게 주고 과거로 갈수록 가중치를 적게 주어 수요를 예측방법으로써 가중이동평균법(weighted moving average)의 일종이라고 할 수 있으며 두 가지 방법 모두 시계열적 방법에 해당한다. 특히 단순지수평활법(simple exponential smoothing)에서는 다음 시점의 수요예측치로 이번 시점의 수요예측치와 실제 수요의 가중평균을 사용하며 이를 수식화하여 살펴보면 다음과 같다.

당기 예측치 = 전기 예측치 + (전기 실제치 − 전기 예측치)

① 시장조사법(market research), 유추법(historical analogy) 등은 질적/정성적 수요예측 기법이며, 시계열분석법(time series analysis), 인과분석법(causal analysis) 등은 계량적/정량적 방법이라고 할 수 있다.
③ 평균절대편차(MAD)는 절대값을 사용하여 오차값을 평균한 것으로 예측오차의 절대적인 크기는 측정이 가능하다. 그러나 비율적 계산은 안되며, 예측치의 편향(bias) 정도를 측정하기에는 무리가 있다. 비율값을 계산하기위해서는 평균절대 비율오차를 사용하여야 하며, 예측치의 편향(bias) 정도를 측정하기 위해서는 누적오차나 평균오차를 통해서 측정이 가능하다.
④ 시계열분석의 구성요소로는 TSCI 즉, 추세, 계절변동, 주기변동 및 우연(불규칙)변동으로 구성된다. 여기에 전반적인 수요의 평균수준을 포함하여 볼 수 있다. 아울러 각각의 구성요소는 그 마다의 분석적 의의가 있다고 할 수 있다. 단지 우연 변동에 대한 예측 정확도가 수요예측의 정확도를 결정한다고 단정 지을 수는 없다.
⑤ 일반적으로 예측기간이 길어지면 정확도는 낮아지고 변화 예측시 고려하여야 할 상황적 변수가 많아질 수 있다. 그러므로 장기예측보다는 상대적으로 단기예측의 정확도가 더 높다.

19 ①

해설

1번 지문의 경우 '재공품재고 = 작업처리율 × 처리시간'으로 산출되므로 리틀의 법칙을 적용하면 맞는 설명이다.
② 병목공정의 이용률은 비병목공정의 이용률보다 높다.
③ 생산능력이 증가하면 이용률이 낮아지는 경향이 있다.
④ 생산능력이 감소하면 주기시간이 길어지는 경향이 있다.
⑤ 가동준비가 필요한 뱃치공정에서 가동준비시간이 늘어나면 생산능력 감소효과가 있다.

20 ①

해설

② 지수평활법은 최근 수요일수록 높은 가중치 즉 평활상수가 1에 가까운 값이 부여되는 일종의 가중이동평균법이다.
③ 예측오차의 누적값은 0에 가까워지면 예측치의 편의(bias)가 없다는 의미이며, 예측오차의 평균절대편차(MAD)는 감소한다. 즉, 편의(bias)란 한쪽으로 치우침을 의미하는 개념으로서, 예측치의 편의가 작을수록 예측오차의 누적값은 0에서 가까워지며, 예측오차의 평균절대오차(MAD)는 감소한다.
④ 총괄생산계획(APP)을 통해 제품군 등을 기준으로 월별 혹은 분기별 인력운영 및 하청 계획을 수립한 후, 주일정계획(MPS)을 통해 월별 혹은 분기별 생산량과 재고수준을 결정한다.
⑤ 전사적자원관리(ERP)는 자재소요계획 즉 MRP를 생산부문은 물론 전사적 자원에서의 통합적 관리 시스템으로의 발전시킨 형태라고 할 수 있다.

21 ③

해설

① 두 방법의 평균오차(mean error)값은 동일하다.
→ $A: \dfrac{(30-35)+(35-35)+(35-30)}{3} = \dfrac{-5+0+5}{3} = 0$
  $B: \dfrac{(30-25)+(35-37.5)+(35-37.5)}{3} = \dfrac{5+(-2.5)+(-2.5)}{3} = 0$

② 두 방법의 MAD(mean absolute deviation)값은 동일하다.
→ $A: \dfrac{|30-35|+|35-35|+|35-30|}{3} = \dfrac{5+0+5}{3} = 3.333$
  $B: \dfrac{|30-25|+|35-37.5|+|35-37.5|}{3} = \dfrac{5+2.5+2.5}{3} = 3.333$

③ 두 방법의 MSE(mean squared error)값은 동일하지 않다.
→ $A: \dfrac{(30-35)^2+(35-35)^2+(35-30)^2}{3} = \dfrac{25+0+25}{3} = 16.666$
  $B: \dfrac{(30-25)^2+(35-37.5)^2+(35-37.5)^2}{3} = \dfrac{25+6.25+6.25}{3} = 12.5$

④ 두 방법의 MAPE(mean absolute percentage error)값은 동일하다.
→ $A: \dfrac{\left(\dfrac{|30-35|}{30}+\dfrac{|35-35|}{35}+\dfrac{|35-30|}{35}\right)\times 100}{3} = 10.266$
  $B: \dfrac{\left(\dfrac{|30-25|}{30}+\dfrac{|35-37.5|}{35}+\dfrac{|35-37.5|}{35}\right)\times 100}{3} = 10.266$

⑤ 두 방법의 추적지표(tracking signal)값은 동일하다.
→ $A: \dfrac{0}{3.333} = 0$
  $B: \dfrac{0}{3.333} = 0$

22 ⑤

해설 효과적인 생산관리 활동(제품 및 공정설계, 품질관리 등)을 통해 유효생산능력은 증가하지만 실제생산능력이 증가한다고는 단정할 수 없다.

보충
- 설계능력(design capacity): 현재의 제품설계, 제품 믹스, 운영정책, 노동력, 시설, 장비 등이 주어졌을 때 한 공장이 일정한 기간에 생산할 수 있는 가능한 최대의 생산율(maximum possible rate of output)을 말한다. 설계대로 이상적인(ideal) 조건에서 달성할 수 있는 이론적 능력(theoretical capacity)이다. 이상적인 조건이란 장비고장, 수리 필요성, 자재문제, 작업자 실수 등 비생산적인 지체가 발생하지 않음을 의미한다. 설계능력은 잔업과 같은 단기적인 조치에 의하여 달성된다. 보통 생산능력이라 함은 설계능력을 의미한다.
- 유효능력(effective capacity): 제품믹스, 스케줄링상 어려움, 기계수리보전, 품질요소 등 정상적인(normal) 작업조건이 주어졌을 때 일정한 기간에 생산할 수 있는 가능한 가장 높은 생산율(highest reasonable output rate)을 말한다. 유효능력은 설계능력보다 항상 작은데 이는 장비의 정기적 보전, 제품믹스의 변경, 식사시간, 휴식시간, 스케줄링상 어려움 등 때문이다.
- 실제생산량(actual output): 실제로 달성할 수 있는 생산율을 말한다. 실제 생산량은 유효능력보다 항상 적을 뿐만 아니라 시간에 따라 변동한다. 기계고장, 폐기물과 재작업, 결근, 품질문제, 자재부족 등 예기치 못한 사유 등으로 실제생산량이 낮아진다.

23 ③

해설 3번 지문의 경우 평활상수를 통해 가중이동평균법을 활용한 방식으로 적합한 설명임. 다른 지문들이 틀린 이유를 설명하면 다음과 같다.

① 개별 품목의 수요를 예측하는 것이 제품군의 총괄 수요를 예측하는 것보다 수요예측치의 정확도가 높다고 단정 지을 수 없다.
② 평균절대오차(MAD)는 +/- 상쇄효과를 제거함으로서 편의(bias)를 측정하기는 어렵다. 아울러 추적지표(TS)는 예측오차의 통제기법이다. 이러한 추적지표(TS)와 평균절대오차(MAD)를 통해 한 쪽으로 치우치는 오류를 제거할 수 있다.
④ 결합예측(combination forecast), 초점예측(focus forecast)은 복수기법 수요예측기법으로서 도출된 수요 예측 값을 결합하거나 선택하는 기법으로서 결합예측(combination forecast)은 복수기법을 통해 얻은 개별 수요 예측 값들을 평균하여 최종 예측값으로 결합하는 방법이며, 초점예측(focus forecast)은 개별기법에 의해 도출된 수요 예측 값들 중에서 가장 최선의 예측값을 최종 예측 값으로 선택하는 기법이다.
공급사슬에 참여하는 주체들의 개별적인 수요예측치를 결합하여 수요를 예측하는 방법은 초점예측(focus forecast)이고, 결합예측(combination forecast)은 공급사슬 상에서 고객과 가장 가까운 주체의 수요예측치를 사용하는 방법이라고 볼 수 있다 문제 지문에서 이를 반대로 설명하고 있다.
⑤ 수요예측은 생산계획 수립에 있어서 리드타임 감축이 핵심요소인 재고생산(MTS)공정이 정시납품이 핵심요소인 주문생산(MTO)공정 보다 상대적으로 중요하다

24 ①

해설 4월의 경우 방법 1의 추적지표(tracking signal) 값은 양수인데 비해 방법 2의 추적지표 값은 음수이다.

1번 방법 : 추적지표$(TS) = \dfrac{누적오차}{MAD} = \dfrac{(500-490)+(560-530)+(490-470)+(450-470)}{\dfrac{|500-490|+|560-530|+|490-470|+|450-470|}{4}}$

$= \dfrac{10+30+20-20}{\dfrac{10+30+20+20}{4}} = \dfrac{40}{20} = 2$

2번 방법 : 추적지표$(TS) = \dfrac{누적오차}{MAD} = \dfrac{(500-520)+(560-590)+(490-530)+(450-440)}{\dfrac{|500-520|+|560-590|+|490-530|+|450-440|}{4}}$

$= \dfrac{-20+(-30)+(-40)+10}{\dfrac{20+30+40+10}{4}} = \dfrac{-80}{25} = -3.2$

② 두 방법의 2월 기준 평균절대편차(mean absolute deviation) 값은 5의 차이가 있다.
⇒ 1번방법 : $\dfrac{|500-490|+|560-530|}{2} = \dfrac{40}{2} = 20$, 2번방법 : $\dfrac{|500-520|+|560-590|}{2} = \dfrac{50}{2} = 25$

③ 방법 2의 4월 기준 평균절대편차 값은 25이다. ⇒ $MAD = \dfrac{20+30+40+10}{4} = 25$

④ 두 방법의 3월 기준 누적예측오차(cumulative forecasting error) 값은 150의 차이가 있다.
⇒ 1번 방법 : 누적오차 $= (500-490)+(560-530)+(490-470) = 60$
2번 방법 : 누적오차 $= (500-520)+(560-590)+(490-530) = -20+(-30)+(-40) = -90$

⑤ 예측치가 수요를 과대평가하는 경향이 있는 경우 추적지표는 음(-)의 값을 갖는다. ⇒ 추적지표는 0으로 수렴할수록 정확한 예측이며 음(-)의 값을 가질수록 과대 예측, 양(+)값을 가질수록 과소 예측 되고 있음을 의미한다.

25

⑤

틀린지문을 바로 잡아 보면 다음과 같다.

a. 지수평활법(exponential smoothing method)에서 최근 수요 패턴의 변화를 빠르게 반영하기 위해서는 평활상수의 값을 줄여야 한다. → 평활상수 값이 클수록 최근자료에 민감하게 반응하는 모형이다.
b. 추적지표(tracking signal)의 값이 지속적으로 음의 값을 보이는 경우 예측을 실제보다 작게 하는 경향이 있다고 볼 수 있다. → 음(-)의 값을 가질 경우 예측이 과대 예측되어 있는 의미임.

CHAPTER 3 : 총괄생산계획 및 생산일정 계획

개념정리문제

1 ④

구 분	내 용
고용수준	생산요구량에 따라 노동력의 규모를 조정(순수추종전략): 고용관련 비용, 해고관련 비용 등
생산수준	노동력의 규모는 일정하게 유지하되 이용률을 조정(변동작업시간 전략): 유휴시간 발생, 초과근무수당 발생, 피로누적으로 불량품 발생 등
재고수준	고용이나 생산수준을 일정하게 유지하되 재고수준을 조정(순수평준화전략): 재고유지비, 재고부족비 등
하청수준	완제품, 중간품, 부품 등의 공급을 외부업체에 외뢰하는 방법: 외주가공비, 운송비 등

2 ④

설비확장 비용은 설비계획 단계에서 고려된다.

3 ④

생산입지비용은 총괄생산계획 수립 이전에 이미 책정되어야 할 비용임.
참고로 총괄생산계획의 수립시 고려 요소는 다음과 같이 설명할 수 있다.

구 분	내 용
고용수준	• 생산요구량에 따라 노동력의 규모를 조정(순수추종전략) • 고용관련 비용, 해고관련 비용 등
생산수준	• 노동력의 규모는 일정하게 유지하되 이용률을 조정(변동작업시간 전략) • 유휴시간 발생, 초과근무수당 발생, 피로누적으로 불량품 발생 등
재고수준	• 고용이나 생산수준을 일정하게 유지하되 재고수준을 조정(순수평준화전략) • 재고유지비, 재고부족비 등
하청수준	• 완제품, 중간품, 부품 등의 공급을 외부업체에 의뢰하는 방법 • 외주가공비, 운송비 등

4 ②

휴리스틱이란 시간이나 정보가 불충분하여 합리적인 판단을 할 수 없거나, 비구조적 문제와 같이 굳이 체계적이고 합리적인 판단을 할 필요가 없는 상황에서 경험을 체계화하고 정형화하여 해결책을 신속하게 발견하고자 사용하는 어림짐작의 기술을 말함

① 팀 빌딩(TB) 각 개인의 능력은 뛰어남에도 불구하고 이들이 소속된 집단이 그들이 가진 능력을 제대로 발휘하지 못하고 있다는 평가가 있을 경우 그 원인을 찾아 문제를 해결하는 신경영기법을 말한다. 1947년 미국의 행동과학연구소에서 집단역학에 대한 연구를 본격화하면서 단위조직 내에 존재하는 문제를 해결하기 위해 최초로 개발되었고, 이후 MIT 대학의 심리학 교수인 레빈에 의해 학문적으로 개념이 확립되고 기업의 경영에 본격적으로 응용되었다. TB는 조직을 개발하고 활성화시키기 위한 팀워크 훈련프로그램의 일종으로 조직 전체의 성과를 높이는 데 목표를 두고 있다.

5 ①

독립수요인 MPS에 대한 종속수요제품의 재고관리방안의 대표적인 방식은 MRP임.

6 ⑤

해설 MRP(material requirements planning) 시스템의 3대 입력자료는 MPS, BOM, IRF임.

7 ①

해설 자재소요계획(MRP: material requirement planning)
1. 자재소요계획은 제조기업에서 원자재와 부품의 수급계획에 쓰일 수 있는 대표적인 시스템이다.
2. 종속수요의 재고관리를 위해 도입된 일정계획 및 재고통계기법이다.
3. 재고부족을 피하기 위하여 조달기간을 고려하여 보충주문을 실시한다.
4. 주요 3요소: 대일정계획, 자재명세서, 재고기록철

8 ③

해설 대일정계획/기준생산계획/주일정계획(MPS), 자재명세서(BOM), 재고기록철(IRF)이 필요하다.

9 ④

해설
① MRP는 pull system이 아니라 push system의 전형적 방식이다.
② MRP는 MPS에 따른 종속수요(dependent demand)를 갖는 부품들의 생산수량과 생산시기를 결정하는 방법이다.
③ 자재명세서(bill of materials)와 재고기록철(IRF), 대생산일정계획(MPS)를 기반으로 자재소요계획(MRP)를 수립하고 그 결과 각 부품별 계획주문발주시기가 결정되는 것임.
④ 대생산일정계획(master production schedule)의 완제품 생산일정과 생산수량에 관한 정보를 근거로 MRP를 수립한다. 즉 MRP는 대일정계획(MPS)에 따라 독립수요품의 조립에 필요한 자재나 부품(종속수요품)의 소요량 및 소요계획을 역산하여 자재조달계획을 수립함으로써 종속수요품의 일정관리와 함께 효율적인 재고통제관리를 하고자 하는 전산화된 기법임.

10 ②

해설 운영일정계획이 안정적이어야 하는 것은 JIT의 특징이다. 반면에 자재소요계획(MRP: material requirement planning)은 대일정계획(MPS)에 따라 독립수요품의 조립에 필요한 자재나 부품(종속수요품)의 소요량 및 소요계획을 역산하여 자재조달계획을 수립함으로써 종속수요품의 일정관리와 함께 효율적인 재고통제관리를 하고자 하는 전산화된 기법으로서 시장변화 및 생산능력의 변화에 신속히 대응이 가능하며, 일괄적 수요패턴을 가지는 종속수요품의 관리에 주로 사용됨

※ MRP와 JIT비교

구분	JIT	MRP
목표	낭비의 제거	계획의 수행
시스템	풀(pull) 시스템	푸시(push) 시스템
관리방식	칸반을 이용	컴퓨터로 처리
생산계획	안정된 MPS 필요(연속적 수요)	변경이 잦은 MPS 수용 가능(일괄적 수요)
발주로트	생산준비비축소에 의한 소로트화	생산준비비+재고유지비의 경제적 로트
재고수준	최소한의 재고	조달기간 중의 재고 인정
공급업자와의 관계	파트너로 생각(협력관계)	경제적 구매위주의 거래(경쟁관계)
품질	무결점 추구	약간의 불량은 인정
적용분야	반복생산일정의 재고관리	비반복생산의 재고관리

11 ④

해설 MRP의 3요소로는 자재명세서, 재고기록철, 대일정계획이 있으며, MRP가 개발되면서 많은 기업이 재고량을 감소시킬수 있었다.

12 ③

해설 MRP의 3대 입력요건은 MPS, BOM, IRF이다.

13 ⑤

해설 A 1단위 생산 시 B 2단위 필요, B 1단위 생산 시 E 4단위 필요함, 고로 A 1단위 생산을 위해서는 E 8단위가 필요하므로 A 100단위 생산을 위해서는 E 800단위가 필요함.

14 ④

해설 V 1단위 생산 시 X 1단위 필요, X 1단위 생산 시 Z 2단위 필요, 또한 V 1단위 생산 시 W 2단위 필요, W 1단위 생산 시 Z 3단위 필요. V 1단위 생산을 위해서는 Z 8단위가 필요하므로 V 100단위 생산을 위해서는 Z 800단위가 필요함.

15 ④

해설 LOB 기법이란 연속생산시스템의 일정계획 및 통제 기법으로 주로 사용되는 기법으로서 전체공정을 통제점 별로 분해하고 통제점을 집중 관리하여 지연 생산되는 작업장의 원인을 규명한 후 조치를 취하여 전체일정을 관리하는 방법이다. 기존에는 공정 전체를 최종제품의 생산 수량을 기준으로 통제하는 데 반해 LOB에서는 통제점을 선정하여 통제점을 중점 관리함으로써 공정을 통제하는 것이 특징이며, 사용되는 도표로는 목표도법, 생산계획도표, 진도표 등이 있다.
① 단기간 일정법인 SIS란 작업자와 작업장의 업무를 효과적으로 결합시켜, 사전에 작성된 작업량을 짧은 시간을 기준으로 작업자에게 할당하여 그 결과를 분석 검토함으로써 사전통제 또는 동시통제가 가능하도록 하는 통제기법임.
② 최적화 생산기법인 OPT란 골드 라트가 개발한 소프트웨어로서 유한 부하를 전제로 한 공수계획에 의해 병목작업장을 중심으로 한 흐름 관리기법임.
③ 프로젝트 일정관리는 통상 PERT/CPM이 주로 사용된다.

16 ②

해설 긴급률 = $\dfrac{\text{납기일} - \text{현시점}}{\text{잔여작업시간}}$ = $\dfrac{\text{납기}}{\text{잔여작업시간}}$

가: 6/4 = 1.5, 나: 5/4 = 1.25, 다: 9/5 = 1.8로 작업순서는 나 - 가 - 다 순으로 진행하면 된다.

작업순서	작업시작	작업경과시간	납기계획(납기시간)	실납기	단축	지연	평균납기지연시간
1. 나	0	4	5	4	1	0	2+4/3 = 2 ∴ 2시간
2. 가	4	8(4+4)	6	8	0	2	
3. 다	5	13(8+5)	9	13	0	4	

17 ④

$$t_e = \frac{a+4m+b}{6} = \frac{3+(4\times 7)+11}{6} = 7$$

* PERT의 시간개념

낙관적 시간(optimistic time, a)	모든 상황이 순조롭게 진행될 때 걸릴 최단 시간
최빈시간(most likely time, m)	정상조건에서 가장 많이 나타날 활동시간, 분포의 최빈값(mode)에 해당 시간
비관적 시간(pessimistic time, b)	가장 불리한 상황이 전개될 때 걸릴 최장 시간

– PERT의 활동시간 추정: 활동시간 추정치는 β 분포를 가정 → 활동의 기대시간(평균시간): $t_e = \dfrac{a+4m+b}{6}$

18 ③

$$t_e = \frac{a+4m+b}{6} = \frac{5+(4\times 7)+27}{6} = 10$$

19 ④

여유시간이 0인 활동들이 많을수록 모든 공정에서 일정대로 진행하여야만 공정에 차질이 발생하지 않으므로 일정관리가 더욱 어려워진다. 정(+)의 여유(S〉0)인 경우는 여유시간 만큼 작업에 차질이 생겨도 일정에 차질이 발생하지 않으며, 부(−)의 여유(S〈0)의 경우 이미 작업일정대로 작업을 완료할 수 없음을 의미.

① 프로젝트를 완료하는 데 소요되는 시간이 가장 짧은 경로가 아니라 가장 긴 경로를 주공정 경로라고 한다.
② 주공정경로는 여유시간(slack time)이 0인 값들을 연결한 경로이다.
③ 주공정경로상의 활동들은 일정 부분 지연이 되면 전체 프로젝트 일정에 영향이 발생한다.

20 ③

PERT/ CPM 네트워크에서 주공정경로(critical path)는 제일 긴 시간을 찾으면 된다. 그림 상에서 제일 긴시간은 A−C−E−D−F−G 과정으로 15일이 소요되는 경로가 주공정이다.

21 ②

주경로는 A→B→D→E→F→G임.
• 공정과 주공정
 – 공정(path, 경로): 프로젝트의 출발단계에서 최종단계에 이르는 어떤 활동들을 순서대로 연결한 것
 – 주공정(critical path): 공정상의 모든 활동 완료기간이 가장 긴 공정
 – 주공정 활동(최장 경로)의 소요시간=프로젝트의 최단완료시간
• 주공정 결정 방법
 – 완전한 열거법(complete enumeration approach): 네트워크가 단순한 경우 사용
 – 분석법(analytical method)

* 완전열거법 활용한 주공정 도출
 A→B→D→E→F→G: 18(주공정), A→B→D→F→G: 16
 A→C→E→F→G: 17, A→C→D→E→F→G: 17

22 ③

해설 주공정 경로는 제일 긴 작업시간을 찾으면 된다.
A(13) → B(8) → D(7) → G(5): 33
A(13) → B(8) → E(8) → F(3): 32
A(13) → C(7) → D(7) → G(5): 32
A(13) → C(7) → E(8) → F(3):

23 ②

해설 PERT(Program Evluation and Technique): 대규모의 건설공사, 연구, 개발사업, 등과 같이 비반복적이고 한 번만 하는 프로젝트를 효율적으로 계획, 통제하기 위한 네트워크 분석기법이다.

24 ④

해설 PERT
1. 비반복적이고 한 번만 하는 프로젝트에 활용될 수 있다.
2. 활동을 완료하는 데 소요되는 시간예측의 불확실성을 타개하기 위해 개발되었다.
3. 복잡하고 힘든 대규모 건설공사나 연구 등을 계획하고 일정계획의 수립이나 통제에 널리 이용되는 네트워크분석기법이다.

25 ②

해설 CPM은 시간과 비용의 통제가 목적인 확정적 도구이며, 활동의 완료에 필요한 비용의 추정치가 부여된다.

26 ①

해설 PERT－CPM
1. PERT: 1958년 미해군성에서 폴라리스 잠수함용 미사일의 개발 상황을 측정관리하기 위하여 개발되었다. 과거에 경험이 없는 프로젝트의 성공 및 시간의 단축을 목적으로 개발되었으나 프로젝트를 시간적으로 관리하는 것이 주목적이다.
2. CPM: 미국의 Dupont사에서 개발되었으며 최소의 시간과 비용으로 프로젝트를 완성하고자 하는 것을 목적으로 확정적 모형이다.

27 ①

해설 PERT와 CPM은 복잡하거나 대규모 공사 등에 널리 이용되며 비반복적이고 1회만 하는 프로젝트이다.

28 ①

해설 PERT는 시간의 계획과 통제가 목적이며 시간과 비용의 통제가 목적인 것은 CPM이다.

29 ①

해설 최소여유시간=납기까지의 남은 시간-잔여작업소요시간
D(4)-A(7)-B(8)-C(9)

30 ④

해설
계층화분석법(Analytic Hierachy Process : AHP)이란 분석적 계층화방법으로도 불리우는 방법으로서 문제를 구조화하여 다수의 속성들을 계층적으로 분류하고 각 속성을 쌍대비교를 통해 중요도를 파악해 중요도에 따라 가중치를 평가하여 최적 대안을 선정하는 기법

기타 지문을 설명하면 다음과 같다.

① 선형계획법(linear programming) : 요구사항이 선형관계로 표현되는 수학적 모델에서 최상의 결과(최대이익 or 최저비용)를 달성하는 방법. 선형계획법은 선형 등식 및 선형 부등식 제약 조건에 따라 선형 목적 함수를 최적화하는 기술로서 총괄생산계획수립 등에 활용되는 경영과학기법

② 게임 이론(game theory) : 상호 의존적이고 이성적인 의사결정에 관한 경제수학적이론 체계. 개인 또는 기업이 어떠한 행위를 했을 때, 그 결과가 게임에서와 같이 자신뿐만 아니라 다른 참가자의 행동에 의해서도 결정되는 상황에서, 자신의 최대 이익에 부합하는 행동을 추구한다는 경제수학적 연구. 이때 게임(game)이란 효용 극대화를 추구하는 행위자들이 일정한 전략을 가지고 최고의 보상을 얻기 위해 벌이는 행위를 말한다. 게임 이론은 사회 과학, 특히 경제학에서 활용되는 응용 수학의 한 분야이다.

③ 네트워크 모형(network) : 네트워크는 교통, 운송, 공급사슬관리, 정보통신 그리고 심지어는 게놈 분류와 같은 현대의 다양한 시스템과 문제를 모형화하는 데 매우 유용한 도구로 경영과학에서 주로 최단경로문제, 최대흐름 문제 그리고 최소비용흐름문제에 대학 계량적 경영과학 모형임.

심화문제

1 ⑤
해설
① PERT는 확률적 모형이고 CPM은 확정적 모형이다.
② PERT는 시간에 관한 문제이고 CPM은 시간과 비용에 관한 문제였으나 오늘날은 통합되어 모두 다 시간과 비용을 통제하기 위한 절차로 사용된다.
③ 주경로는 TE와 TL과의 차이가 최소인 단계를 연결하는 것으로 가장 긴 시간이 걸린다.
④ CPM은 확정적인 값으로 주어지고 PERT는 낙관적 시간과 비관적 시간을 이용하여 기대시간을 추정한다.

2 ⑤
해설 확률적인 형태로 CPM은 확정적인 형태로 값이 주어진다.

3 ④
해설 총괄생산계획은 중기계획으로 생산능력과 수요는 제약조건으로 간주하고, 고용, 재고, 노동이용률, 하청 등의 변수를 이용하여 수요를 가장 경제적으로 충족시키는 생산계획을 세우는 것이다. 생산설비 운용이나 확장은 장기계획의 영역이다.

4 ②
해설 주공정 경로는 가장 오래 걸리는 경로인 A→B→C→E가 되며 완료시간은 13일이 된다.

5 ②
해설 수요변동에 따른 고용 인력의 조정이 어려운 경우에는 추종 전략이 아니라 평준화 전략을 사용한다.

6 ③
해설
b. 자재소요계획(MRP)을 통해 하위품목에 대한 조달일정이 정해진 후, 완제품에 대한 주생산계획(MPS)을 수립하는 것이 아니라 MPS와 BOM 및 IRF를 3대 입력 요건으로 하여 이를 기초로 자재에 대한 조달계획이 수립되는 것임.
c. 로트크기(lot size)는 총괄계획의 주요결과물 중 하나가 아니라 자재 조달 계획에 따라 변동될 수 있다.

7 ③
해설
b. 최적 총괄계획을 도출하는 과정은 수요추종전략, 생산수준 평준화전략, 작업시간 조정전략을 각각 적용할 수도 있고 이들을 혼합하여 여러가지 대안을 적용하여 가장 우수한 것을 선택한다.
d. 자재소요계획을 도출하기 위해서는 자재명세서, 재고기록철, 주일정계획(MPS)이 필요하다.

8 ②
해설
b. 프로젝트가 예상 완료시간에 끝나기 위해서는 주경로상의 활동들이 지체없이 이루어져만 한다.
e. 프로젝트 네트워크를 작성하고 분석하기 위해서는 활동들의 목록, 활동들의 소요시간, 선행관계에 관한 정보들이 사전에 준비되어야 한다.

9 ④

해설
① 총괄생산계획 다음으로 기준생산계획(MPS)이 수립되어야 하며 그 다음으로 자재소요계획(MRP)이 수립된다.
② 수요추종전략(chase strategy)은 고용과 해고 수준의 조정을 통하여 수요와 공급을 일치시키려는 전략.
③ 자재소요계획(MRP)의 전제요소: 기준생산계획(MPS), 자재명세서(BOM), 재고기록철(IRF)
⑤ 작업일정계획은 특정한 업무를 수행하기 위하여 시간대별로 자원을 배분하는 것이다. 작업일정계획에는 종업원별 근무날짜를 결정하는 인력일정계획(workforce scheduling)과 작업물을 기계에 할당하거나 작업자를 작업물에 할당하는 공정일정계획(operations scheduling)의 두가지가 있다.

10 ④

해설
주경로는 여러 경로들 가운데 가장 소요시간이 긴 경로이므로 주경로에 있는 활동(activity)들의 소요시간을 합하면 프로젝트 완료시간과 동일하다. 아울러 복수의 주경로가 존재할 때 그 중 한 개의 소요시간을 단축하여서는 프로젝트 완료시간 단축은 안되며, 복수의 경로 모두 소요시간을 단축하면 당연히 프로젝트 완료시간은 단축된다.

11 ④

해설
a. 총괄생산계획은 주생산계획(master production schedule) 이전에 수립한다. 주생산계획(master production schedule)은 총괄계획의 후속 계획 활동으로, 주어진 계획기간 동안 기간별 수요를 충족시키기 위한 개별품목의 월별 또는 주별 생산일정계획으로서, 총괄생산계획은 총괄의 개념으로 수립된 전반적 계획이므로 다시 최종품목별로 언제 얼마나 생산할지 결정해야 하는데 그것이 기준생산계획 또는 주생산계획이다
b. 총괄생산계획에서의 수요추종전략(chase strategy)은 각 기간에 변동하는 생산소요량에 맞도록 고용수준이나 생산율을 조정하는 전략으로 수요변화에 따라 신규 고용과 해고가 발생하기 때문에 고용의 불확실성으로 인한 사기저하를 초래할 수 있고, 생산성이나 품질에 문제가 발생할 수 있다.
c. 혼합전략은 두 개 이상의 통제가능변수를 사용하는 전략으로서 수요추종전략이나 평준화전략(level strategy)에 비해 총비용이 증가하는 것은 아니다.

12 ③

해설
a와 b는 모두 프로젝트의 진척을 관리하는데 도움을 주는 도식화 방법이며 c, d는 품질향상기법임.
a. PERT/CPM이란 프로젝트 생산의 일정관리 program으로서 원래 PERT는 미해군이 무기 시스템 개발 프로젝트 진행을 관리하기 위해 만들었고 CPM은 듀퐁에서 공장건설의 진척을 관리하기 위해 고안해 낸 방법이다. 전혀 다른 용도로 만들어졌지만 비슷한 면이 많다. 특히 원형 노드와 노드 사이를 잇는 간선으로 이루어져 있고 선 후행 작업이 표시된다는 점에서 그래프만 봐서는 구분하기 힘들 정도이다. 보통은 PERT/CPM이라 통칭함.
b. 간트차트(Gantt Chart)는 프로젝트의 진척 사항을 과업 단위활동별로 계획 기간을 막대그림표의 가로로 그리고 작업진행에 따라 그 실적을 표시함으로써 단위 활동별로 추진상황을 잘 파악할 수 있도록 해 준다. 실제로 학교나 회사에서 프로젝트를 진행할 때 계획서나 보고서 양식에서 많이 볼 수 있는 차트이다. 달리 설명이 필요 없을 정도로 간단한데 세로축에는 작업들을 나열하고 가로축엔 시간을 표시하여 칸들을 색칠해 주면 된다. 시간선(Time-Line)이라고 쓰기도 하며 일정을 계획하거나 일정이 어떻게 진행되고 있는지 파악하는 용도로 사용할 수 있다. 특징으로는 ① 기획활동을 필요하게 하며, ② 계획과 실적을 비교할 수 있게 하고, ③ 그리고 쉽고 읽기 편하며 시간의 경과를 육안으로

볼 수 있어, 낭비와 태만을 줄이도록 한다. 그러나 이 도표는 ① 막대그림표로 나타내는 활동(노력)간의 상호 의존성을 알 수 없으며, ② 정태적 척도는 계획의 역동성과 변화성을 반영하기 어렵고, ③ 시간 추정에서 불확실성, 또는 공차를 나타낼 수 없으며, ④ 새로운 과정보다는 반복적이고 정의가 잘 된 때에 적용이 잘 될 수 있는 제한점이 있어, 이 약점을 보완할 수 있는 기법으로 등장한 것이 PERT와 CPM이다.

c. 이시가와 다이어그램(Ishikawa Diagram)은 특성요인도/원인결과 다이어그램(Cause & Effect diagram) 또는 fish-bone chart라고도 불리우며, 이는 품질향상기법으로서 특정 불량항목에 대해 발생가능한 여러 잠재적 원인들을 생선뼈와 같은 가지로 표시한 후 자료를 수집하여 잠재원인들을 분석함으로 불량의 원인을 찾아내는 기법이다.

d. 파레토차트(Pareto Chart)는 품질향상기법으로서 우선적으로 제거해야 할 불량항목을 찾아내는 데 사용하는 기법이다.

13 ④

해설

간트차트(Gantt Chart)는 프로젝트의 진척 사항을 과업 단위활동별로 계획 기간을 막대그림표의 가로로 그리고 작업진행에 따라 그 실적을 표시함으로써 단위 활동별로 추진상황을 잘 파악할 수 있도록 해준다. 해당 문제에서는 프로젝트 네트워크를 따져서 문제를 풀어야 한다. 경로를 따져보면 아래와 같이 3가지 경로가 나올 수 있다.

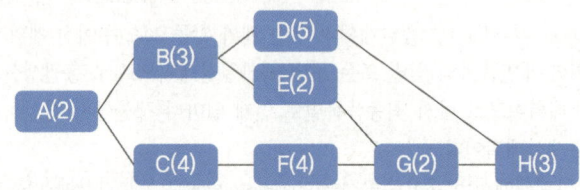

1번 경로: A → B → D → H ➡ 2+3+5+3=13
2번 경로: A → B → E → G → H ➡ 2+3+2+2+3=12
3번 경로: A → C → F → G → H ➡ 2+4+4+2+3=15

▶ 주공정 경로는 ③번 경로(A → C → F → G → H)이다.

보기 해설

① 검토일 현재 B가 1일 지체되었으나 주공정 경로에 해당하지 않으므로 프로젝트 완료일과는 관련 없다.
② C는 주공정 경로에 해당되므로 활동시간(activity time)이 1일 증가되어 C가 7일차에 종료되게 되면 프로젝트의 완료일은 1일 지연될 수 있다.
③ 활동시간이 가장 긴 D가 지체되어도 D는 주공정 경로에 해당하지 않으므로 프로젝트 최단 완료일은 D가 지체되어도 전체 여유시간까지는 프로젝트 최단 완료일에는 영향 미치지 않는다.
④ B와 E는 주공정 경로에 해당하지 않으므로, B가 6일차에 종료된다는 것은 1일 지연된다는 의미로 이를 반영하면 아래와 같다.

1번 경로: A → B → D → H ➡ 2+3(+1)+5+3=14,
2번 경로: A → B → E → G → H ➡ 2+3(+1)+2+2+3=13

추가로 E의 활동시간이 1일 증가될 경우 아래와 같이 작업공정이 진행될 것임.

2번 경로: A → B → E → G → H ➡ 2+3(+1)+2(+1)+2+3=14

위의 상황을 보더라도 14일로 15일인 주공정에는 변화가 없다. 그러므로 프로젝트의 최단 완료일과 후속 활동들의 시작일은 영향을 받지 않는다.
⑤ F 공정의 경우 주공정 경로에 해당하므로 F의 활동시간이 단축되면, 프로젝트의 최단 완료일은 줄어들 것임.

14

①

> **해설** 1번 지문의 경우 반대로 설명되어 있다.

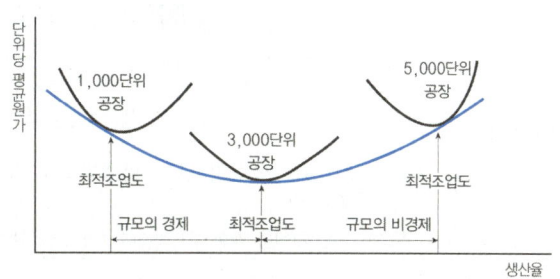

15

②

> **해설** 가) 맥시민(maximin) 기준: 최종적으로 큰 값 선택 → D1선택

	E1	E2	E3	결과
D1	20*3/3	20	20	20
D2	−20*3/3	40	50	−20
D3	−60*3/3	60	120	−60

(나) 맥시맥스(maximax): 가장 큰 값 선택 → D3선택

	E1	E2	E3	결과
D1	20*3/3	20	20	20
D2	−20	40	50*3/3	50
D3	−60	60	120*3/3	120

16

④

> **해설** 총괄생산계획을 통해 개별 제품별로 월별 생산수준, 인력수준, 재고수준을 결정하는 것이 아니라 특정 기준하에서의 제품 군단위의 생산량을 결정하는 것이다.

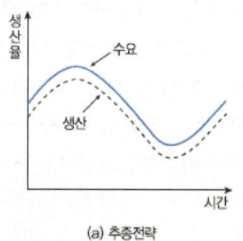 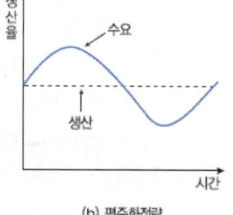

① 재고수준의 변동은 일반적으로 수요추종 전략(chase strategy)보다 평준화 전략(level strategy)을 활용할 경우 크게 나타난다. → 평준화전략(level strategy)은 전 계획기간 동안의 평균수요를 만족시킬 고용수준과 정규작업시간에 의한 생산율을 일정하게 유지하는 전략, 잔업이나 유휴시간의 사용, 재고증감, 추후납품사용, 하청 및 임시고용의 사용을 통해 수요를 만족시키려는 전략으로서, 안정적인 생산수준과 고용수준을 유지할 수 있다는 장점이 있으나, 과잉재고나 품절, 초과조업 등으로 인해 전반적인 비용이 증가할 수 있음

② 주생산계획(MPS)은 통상적으로 향후 수개월을 목표 대상기간으로 하여 주 단위로 수립된다. → 총괄생산계획을 제품별로 분해한 것이 주생산계획(MPS)으로 MPS의 계획기간은 대개 3 ~ 6개월이며, 계획기간 내 시간단위는 주단위로 설정

③ 자재소요계획(MRP)의 입력자료에는 주생산계획, 자재명세서(BOM), 재고기록철(inventory record)이 있다. → MRP의 3대 입력요소: MPS, BOM, IRF

⑤ 자재소요계획은 생산능력, 마케팅, 재무적 요소 등에 관한 조정 기능을 포함한 MRP Ⅱ 및 ERP로 확장되었다. → __계의 발전적 변형을 살펴보면 다음과 같다.

구분	내용
1유형 MRP	자재관리에 국한(종속수요품 필요량과 필요시기 결정)
2유형 MRP (폐쇄순환 MRP)	자재소요뿐만 아니라 우선순위 및 생산능력을 고려한 생산일정계획을 수립하는 시스템
3유형 MRP (MRP Ⅱ)	자재소요는 물론 생산능력, 인력, 생산설비 등의 생산과 관련된 모든 자원을 계획하고 관리하는 정보시스템
ERP	기업의 모든 자원을 계획하고 관리하는 정보시스템

17 ④

[해설]

A와 G는 활동시간 단축이 불가능한 상태에서 프로젝트의 최단 완료시간을 1일 단축하기 위한 주공정경로(A→C→E→G: 18일) 상에서의 저렴한 단축비용은 C공정(3백만원)으로 최소의 비용은 3백만원이다. 그러나 프로젝트의 최단 완료시간을 2일 단축하기 위해서는 추가로 1일 단축을 통해 주공정 경로가 2개[A→C→E→G(17일) 및 B→D→E→G(17일)]가 되어 기존 주공정경로 모두를 단축시켜야 하므로 단축비용이 가장 저렴한 B(1백만원)와 D공정(2백만원)을 단축시켜야 되므로 이 경우 최소의 비용은 6백만원이다.

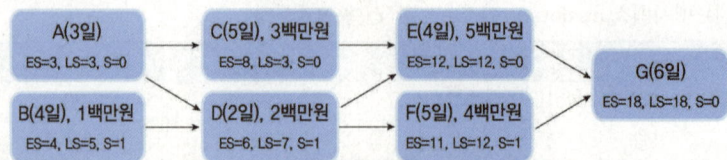

① 활동시간을 단축하지 않는 경우 프로젝트의 최단 완료시간은 18일이다. ➡ A→C→E→G: 18일
② 활동시간을 단축하지 않는 경우 각 활동의 여유시간을 모두 합하면 3일이 된다. ➡ 분석법에 따라 분석시 주공정경로는의 S=0이므로 나머지 공정들을 따져보면 3일임.
③ 프로젝트의 최단 완료시간을 1일 단축하기 위한 최소의 비용은 3백만원이다. ➡ A와 G는 활동시간 단축이 불가능한 상태에서 프로젝트의 최단 완료시간을 1일 단축하기 위한 주공정경로(A→C→E→G: 18일) 상에서의 저렴한 단축비용은 C공정(3백만원)으로 최소의 비용은 3백만원이다.
⑤ 활동시간의 단축이 가능한 모든 활동(B~F)을 1일씩 단축하면 프로젝트의 최단 완료시간은 16일이 된다. ➡ 주공정경로가 16일이 되어 최단 완료시간은 16일이 됨.

CHAPTER 4 : 재고관리와 공급사슬관리

개념정리문제

1 ⑤

해설 | ABC재고관리는 재고품목을 연간 사용량에 따라 A등급, B등급, C등급의 세 가지 유형으로 구분한 것이 아니라 품목의 가치에 따라 A등급, B등급, C등급의 세가지 유형으로 구분한 것임.

2 ②

해설 | 생산준비비용이나 주문비용을 줄이기 위해 보유하는 것은 주기(cycle) 재고이다. 즉 주문비용은 고정비 적인 성격이기 때문에 주문횟수를 감소시켜야 줄일 수 있다. 그런데 주문횟수를 줄이면 필연적으로 주문량(Q)은 증가하게 되므로 주기재고(Q/2)는 증가할 수밖에 없다.

3 ④

해설 | 재고유지비용은 재고 감축 유인으로 봐야 함. 재고 유지비용은 재고를 물품창고에 보관하는 데 소요되는 비용으로서 재고 관련 자본비용, 저장비, 진부화 및 파손비 등을 포함함.

구 분	내 용
재고유지비(carrying cost)	재고를 물품창고에 보관하는 데 소요되는 비용: 재고 관련 자본비용, 저장비, 진부화 및 파손비 등
재고주문비(ordering cost)	재고보충을 하거나 신규로 주문할 때 소요되는 비용: 입고비용, 입하품의 검사비, 거래선 및 가격조사비용 등
생산준비비(set-up cost)	생산라인을 set-up하는 데 소요되는 비용: set-up 관련 노무비용 및 유휴시간비용, 종업원의 재배치 비용 등
재고부족비(shortage cost)	• 재고가 부족하여 발생하는 비용: 판매기회 상실 비용, 고객의 신뢰도 하락 비용 등 • 재고유지비 > 재고부족비 ⇨ 추후납품(-재고) / 재고유지비 < 재고부족비 ⇨ 안전재고(+재고)

4 ①

해설 | 창고비와 같은 저장비용도 재고 유지비에 포함된다.

구 분	내 용
재고유지비 (carrying cost)	• 재고를 물품창고에 보관하는 데 소요되는 비용 : 재고관련 자본비용, 저장비, 진부화 및 파손비 등
재고주문비 (ordering cost)	• 재고보충을 하거나 신규로 주문할 때 소요되는 비용 : 입고비용, 입하품의 검사비, 거래선 및 가격조사비용 등
생산준비비 (set up cost)	• 생산라인을 set-up하는 데 소요되는 비용 : set-up 관련 노무비용 및 유휴시간비용, 종업원의 재배치 비용 등
재고부족비 (shortage cost)	• 재고가 부족하여 발생하는 비용 : 판매기회 상실 비용, 고객의 신뢰도 하락 비용 등 • 재고유지비 > 재고부족비 ⇨ 추후납품(-재고) • 재고유지비 < 재고부족비 ⇨ 안전재고(+재고)

5 ②

해설 | 주문량과 비용과의 관계에서 단위당 주문비와 재고유지비는 항상 상충관계에 있다. 1회 주문량이 증가하면 주문횟수가 적을 것이므로 주문비는 감소하고, 유지비는 증가하게 될 것이다. 반면, 재고부족비는 주문량의 증가와 관련이 없다.

6 ④

해설   리드타임(lead time, LT)이란 어떤 품목의 공급자에게 주문하는 때부터 그것을 실제로 받는 때까지의 기간을 의미한다. 즉, 상품을 발주한 후 납품 시까지 소요되는 시간을 의미한다. 아울러 가장 이상적인 재고는 납품시 과잉 재고와 재고부족이 발생하지 않도록 안전재고를 실현할 수 있는 시간 내에 발주되어야 하는 것이 원칙이다.

7 ①

해설   부품공급의 리드타임에 대한 불확실성이 높을수록 안전재고의 수준을 높여줄 필요가 있다. 리드 타임은 상품을 발주한 후 납품 시까지 소요되는 시간을 의미한다. 가장 이상적인 재고는 납품 시 과잉 재고와 결품이 발생하지 않도록 안전재고를 실현할 수 있는 시간 내에 발주되어야 하는 것이 원칙이다.

8 ②

해설   재고관리에 수반되는 비용 중 주문비용은 필요한 물품을 주문해서 입수될 때까지의 모든 비용을 말하며, 여기에는 통신료와 같은 발주비용, 재료의 운송에 관계되는 취급비용 등이 포함된다. 일반적으로 주문비용은 주문횟수에 비례한다고 보기 때문에 재고량이 증가할수록 주문횟수가 감소하여 재고주문비용도 감소한다.

9 ①

해설   EOQ 모형의 기본 가정은 다음과 같다.
- 재고주문비는 주문횟수의 함수임(Q에 반비례).
- 재고유지비는 평균재고의 함수임(Q에 비례).
- 재고부족비는 고려하지 않음.
- 재고는 주문즉시 입고됨(재고조달기간 = 0).
- 수요는 확정적이고 일정함. 단일 품목만을 대상으로 함.
- 수량할인 등이 없어서 재고 구입단가는 일정함.

10 ②

해설   주문비용은 주문횟수의 함수이며, 주문횟수는 $\frac{D}{Q}$로 표현되므로 주문비용과 주문량은 반비례관계이다.

보충   EOQ모형의 기본가정을 정리하면 다음과 같다.
- 연간 수요량(사용량)은 알려져 있다. 즉, 단위기간당 수요는 일정하며 균일하다.
- 리드타임은 일정하며 주문량은 리드타임이 지남과 동시에 일시에 전량이 배달된다. 즉 재고는 주문즉시 입고되며 재고조달기간은 고려하지 않아도 된다.
- 수량할인이 인정되지 않는다. 즉, 재고의 구입단가는 일정함
- 재고부족현상이 발생하지 않는다.
- 재고주문비는 주문횟수의 함수 Q 에 반비례)이고, 재고유지비는 평균재고의 함수 Q 에 비례)
- EOQ 모형 = Min(재고유지비 + 재고주문비)
- 하나의 품목에 대해서만 고려한다.

11 ④

해설   EOQ(economic order quantity)란 단위기간 당 발생하는 총재고유지비용과 총주문량을 최소화하는 1회

주문량을 의미하는 것으로 재고관리의 합리화를 도모하려는 방법이다.

12 ④

해설 EOQ는 연간 발주비와 연간 재고유지비의 합을 최소로 하는 주문량의 크기를 정하는 것이다.

①, ②, ③ 경제적 주문량 공식: $EOQ = \sqrt{\dfrac{2 \times 연간수요 \times 1회 주문비용}{단위당 재고비용}}$

위 공식을 보면 연간수요와 1회 주문비용은 서로 정비례관계로 같이 증가 또는 감소하는 것을 알 수 있다. 또한, 단위당 재고유지비용은 연간수요와 1회 주문비용과 서로 반비례관계이다.

13 ①

해설 경제적 주문량 모형이 궁극적으로 추구하는 것은 단위기간 당 발생하는 총재고유지비용과 총주문량을 최소화하는 1회 주문량을 의미하는 것으로 재고과정의 합리화를 도모하려는 방법이다.

14 ④

해설 $EOQ = \sqrt{\dfrac{2 \times 연간수요 \times 1회 주문비용}{단위당 재고비용}}$

15 ⑤

해설 EOQ 모형의 가정
① 재고주문비는 주문횟수의 함수임(Q에 반비례).
② 재고유지비는 평균재고의 함수임(Q에 비례).
③ 재고부족비는 고려하지 않음.
④ 재고는 주문 즉시 입고됨(재고조달기간=0). 즉, 리드타임이나 공급에 불확실성은 없다.
⑤ 수요는 확정적이고 일정함.
⑥ 수량할인 등이 없어서 재고 구입단가는 일정함.
⑦ 다른 품목과 독립적으로 의사결정함.
⑧ 로트 크기에 제한은 없다.
⑨ 관련 비용은 재고유지비용과 고정비용(주문비용이나 가동준비비용)밖에 없다.

16 ②

해설 $EOQ = \sqrt{\dfrac{2DO}{C}} = \sqrt{\dfrac{2 \times 4000 \times 4000}{8000 \times 10\%}} = 200개$

17 ③

해설 다음과 같이 산출 가능

$EOQ = \sqrt{\dfrac{2 \times 500 \times 100000}{10000}} = 100$

주문횟수 $= \dfrac{500}{100} = 5$

18 ④

해설 $EOQ = \sqrt{\dfrac{2DO}{C}} = \sqrt{\dfrac{2 \times 400 \times 5{,}000}{(10{,}000 \times 25\%)}} = \sqrt{\dfrac{4{,}000{,}000}{2{,}500}} = 40$

19 ③

해설 $EOQ = \sqrt{\dfrac{2DO}{C}} = \sqrt{\dfrac{2 \times 10{,}000 \times 200}{100}} = 200$개

20 ④

해설 $EOQ = \sqrt{\dfrac{2DO}{C}} = \sqrt{\dfrac{2 \times 10{,}000 \times 10{,}000}{50}} = 2{,}000$개

21 ④

해설 $EOQ = \sqrt{\dfrac{2DO}{C}} = \sqrt{\dfrac{2 \times 10{,}000 \times 2{,}500}{200}} = 500$개, 연간주문횟수 $= \dfrac{D}{EOQ} = \dfrac{10{,}000}{500} = 20$회

22 ③

해설 $EOQ = \sqrt{\dfrac{2DO}{C}} = \sqrt{\dfrac{2 \times 10{,}000 \times 100}{200}} = 100$개, 연간주문횟수 $= \dfrac{D}{EOQ} = \dfrac{10{,}000}{100} = 100$회

23 ④

해설 $EOQ = \sqrt{\dfrac{2DO}{C}} = \sqrt{\dfrac{2 \times 2{,}000 \times 1{,}000}{400}} = 100$개,

$TC = \left(O \times \dfrac{D}{Q}\right) + \left(C \times \dfrac{Q}{2}\right) =$ 연간총주문비용 + 연간총재고유지비용

연간주문횟수 $= \dfrac{D}{Q} = \dfrac{2{,}000}{100} = 20$회, 연간총주문비용 $= 20 \times 1{,}000 = 20{,}000$

24 ③

해설 $EOQ = \sqrt{\dfrac{2DO}{C}} = \sqrt{\dfrac{2 \times 400 \times 10000}{(1000 \times 20\%)}} = \sqrt{\dfrac{8000000}{200}} = 200$

25 ⑤

해설 $EOQ = \sqrt{\dfrac{2DO}{C}}$, $100 = \sqrt{\dfrac{2 \times 1000 \times X}{1000}}$ $X = 5000$

26 ③

해설 $EOQ = \sqrt{\dfrac{2 \times \text{연간수요량} \times \text{1회 주문당 재고주문비용}}{\text{1단위당 재고유지비용}}} = \sqrt{\dfrac{2 \times 20{,}000 \times 1{,}000}{1{,}000}} = 200$개

27 ④

해설 $EOQ = \sqrt{\dfrac{2 \times 연간수요량 \times 1회\ 주문당\ 재고주문비용}{1단위당\ 재고유지비용}} = \sqrt{\dfrac{2 \times 500,000 \times 10,000}{100}} = 10,000개$

28 ⑤

해설 이 문제는 2가지 형태로 풀이가 가능함.

① $\sqrt{2 \times 연간수요량 \times 1회주문당재고비용 \times 1단위당재고유지비용}$

  $= \sqrt{2 \times 2,000 \times 8 \times 5} = 400개$

② $EOQ = \sqrt{\dfrac{2DO}{C}} = \sqrt{\dfrac{2 \times 2000 \times 8}{5}} = 80$

  $TC = (\dfrac{Q}{2} \times C) + (\dfrac{D}{Q} \times O) = (\dfrac{80}{2} \times 5) + (\dfrac{2000}{80} \times 8) = 200 + 200 + 400$

* 일반적으로 재고유지비와 재고주문비를 같게 가져가는 게 EOQ모형임.
  EOQ = Min(재고유지비 + 재고주문비)

29 ④

해설 ① P시스템이 Q시스템보다 일반적으로 더 많은 안전재고가 필요하다.
② P시스템은 고정 주문기간 모형으로 주문주기가 지정된 형태의 재고관리 모형이며, Q시스템에서는 고정주문량 모형으로 주문주기가 아니라 주문량이 고정된다.
③ 투빈(two-bin)법은 재고량을 절반으로 나누어 안전재고를 확보하는 방법으로 P시스템이 아니라 Q시스템의 내용을 시각화한 것이다.

30 ②

해설 ABC관리는 재고관리나 자재관리뿐만 아니라 원가관리, 품질관리에도 이용할 수 있다.

31 ④

해설 통계적 방법에 의해 관리대상을 A, B, C 그룹으로 나누고, 먼저 A그룹을 최중점 관리대상으로 선정하여 관리노력을 집중함으로써 관리효과를 높이려는 분석방법으로 이는 "극히 소수의 요인에 의해서 대세는 결정된다"라는 V.파레토의 법칙에서 도출된 분석방법이기 때문에 '파레토분석'이라고도 한다.

32 ⑤

해설 지문을 분석하면 다음과 같다.
① A등급은 가치가 높은 재고임
② A등급은 가치가 높으므로 로트의 크기를 작게 가져가는 게 좋다.
③ C등급은 가치가 떨어지나 자주 사용되는 재고로 재고유지비가 낮다.
④ 롱테일의 법칙이 아니라 파레토 효율이 적용된다.

33 ④

해설 PERT(Program Evaluation and Review Technique)는 프로젝트 일정관리 기법임.

34 ③

해설 보기 지문상 자재조달 계획을 의미하는 것은 MRP뿐이며, MRP란 대일정계획(MPS)에 따라 독립수요품의 조립에 필요한 자재나 부품(종속수요품)의 소요량 및 소요계획을 역산하여 자재조달계획을 수립함으로써 종속수요품의 일정관리와 함께 효율적인 재고통제관리를 하고자 하는 전산화된 기법임.

① CIM(컴퓨터 통합제조 시스템: Computer Integrated Manufacturing): 전통적인 제품/공정설계, 계획 및 통제, 제조공정을 CAD, 그룹테크놀로지(GT), 자동화된 제조계획 및 통제시스템, 자동화된 자재관리 시스템, CAM, 로봇 등의 자동화기법으로 대체한 시스템으로서 다품종 소량생산의 생산유연화를 통해 대량고객화를 도모하는 생산공정임.

② FMS(유연생산시스템: Flexible Manufacturing System): 컴퓨터로 통제되는 CNC(컴퓨터화된 수치조작), DNC(직접수치조작), 자동화된 자재관리, 로봇 등의 개별 자동화체계와 기술이 하나의 생산시스템 내에서 통합된 공장자동화 생산형태로서 다품종 소량생산의 생산유연화를 통해 대량고객화를 도모하는 생산공정임.

④ SCM(공급사슬관리)이란 공급체인 내의 모든 구성요소들을 하나의 통합된 운영체계로 하여 구성요소의 부분최적화가 아닌 공급체인 전체의 최적화를 추구하고자 하는 전략을 의미함.

⑤ TQM이란 종합적 품질경영으로 무결점 추구, 지속적 개선, 품질책임을 모든 구성원이 함께하는 품질관리 형태로 고객중심 품질관리를 의미함.

35 ①

해설 독립수요인 MPS에 대한 종속수요제품의 재고관리방안의 대표적인 방식은 MRP임.

36 ④

해설
① Pull system의 전형적 예는 JIT이며, MRP는 Push system임.
② MRP는 독립수요(independent demand)를 갖는 부품들의 생산수량과 생산시기를 결정하는 방법이 아니라 종속수요의 부품들에 대한 결정방법임.
③ 자재명세서(bill of materials)의 각 부품별 소요량을 의미하며, 계획주문발주시기는 MRP를 근거로 나온 결과물적 성격을 지님.

37 ①

해설 종속수요품 각 자재에 대한 별도의 수요예측이 필요하지 않다.

38 ⑤

해설 전사적 자원관리(ERP)란 기업의 모든 자원을 계획하고 관리하기 위하여 업무프로세스를 통합화 단순화 시킨 정보시스템이다.

39 ④

해설 전사적 자원관리의 시스템 구축에는 초기비용이 많이 든다는 문제점이 있다.

40 ③

해설 기업이 구매, 생산, 물류, 판매, 인사, 회계 등 별도 시스템으로 운영되던 것을 하나의 통합적인 시스템으로 구축하여 경영자원을 효율적으로 관리하는 것으로서 기업의 모든 자원을 계획하고 관리하는 정보시스템을 의미한다. 차별화된 현지생산에서는 그 활용도가 떨어질 수 있으므로 이는 단점이라고 볼 수 있다.

보충

구분	내용
1유형 MRP	자재관리에 국한(종속수요품 필요량과 필요시기 결정)
2유형 MRP (폐쇄순환 MRP)	자재소요뿐만 아니라 우선순위 및 생산능력을 고려한 생산일정계획을 수립하는 시스템
3유형 MRP (MRP Ⅱ)	자재소요는 물론 생산능력, 인력, 생산설비 등의 생산과 관련된 모든 자원을 계획하고 관리하는 정보시스템
ERP	기업의 모든 자원을 계획하고 관리하는 정보시스템

41 ①

해설 JIT와 MRP를 비교하면 다음과 같다.

구분	JIT	MRP
목표	낭비의 제거	계획의 수행
시스템	풀(pull) 시스템	푸쉬(push) 시스템
관리방식	칸반을 이용	컴퓨터로 처리
생산계획	안정된 MPS 필요(연속적 수요)	변경이 잦은 MPS 수용 가능(일괄적 수요)
발주롯트	생산준비비축소에 의한 소롯트화	생산준비비+재고유지비의 경제적 롯트
재고수준	최소한의 재고(재고=부채)	조달기간 중의 재고 인정(재고=자산)
공급업자와의 관계	파트너로 생각(협력관계)	경제적 구매위주의 거래(경쟁관계)
품질	무결점 추구	약간의 불량은 인정
적용분야	반복생산일정의 재고관리	비반복생산의 재고관리

42 ③

해설 JIT의 특징을 열거하여 보면 다음과 같다.
- 목표: 낭비의 제거, 작업자 완전활용(다기능 공기반의 OWMM)
- 시스템: 풀(Pull) 시스템, 관리방식: 칸반을 이용
- 생산계획: 안정된 MPS 필요(연속적 수요)
- 발주롯트: 생산준비비 축소에 의한 소롯트화
- 재고수준: 최소한의 재고(무재고, 재고 자체를 낭비로 인식)
- 공급업자와의 관계: 파트너로 생각(협력관계)
- 품질: 무결점 추구
- 적용 분야: 반복생산일정의 재고관리

43 ①

해설 적시생산(Just-in-Time: JIT)이란 제품생산에 요구되는 부품 등 자재를 필요한 시기에 필요한 수량만큼 조달하여 낭비적 요소를 근본적으로 제거하려는 생산시스템으로 1950년대 중반 일본 Toyota 자동차회사에서 개발

1) JIT 시스템의 목표
   (1) 생산준비시간의 단축: 소량의 로트(lot) 생산을 위한 생산준비비 절감 통한 생산준비시간 단축
   (2) 재고의 감소: 자재를 필요시에 필요한 양만큼 조달 통한 재고 감축
   (3) 리드타임의 단축: 로트의 크기 축소, 생산준비시간 단축 통한 생산 리드타임 단축
   (4) 자재취급노력의 경감
   (5) 불량품의 최소화: 자재 검사 없이 직접 생산라인에 투입 통한 완벽한 품질수준 유지
2) JIT의 기본요소

(1) 소규모 로트 생산과 생산준비시간 단축
(2) 생산의 평준화
(3) 유연한 자원
(4) 기계설비의 셀화 배치와 집중화 공장: 소규모의 전문화·집중화된 단위공장 선호, 제품 중심
(5) 간판(칸반看板)시스템

44 ⑤

해설 JIT 기본 구성요소로서 소로트화를 추구한다.

45 ④

해설 JIT는 다품종 소량생산이 가능해야 하기 때문에 수요변동에 따라 사용할 수 있는 기계가 많아지고, 자동화기계의 도입으로 생산현장의 작업자 수는 소수가 되기 때문에 소수의 인원이 많은 기계를 다루고 신속한 생산교체를 위하여 넓은 범위의 기술을 요구함으로 다기능공이 필요하다(OWMM). 또한 소수인화를 위하여 셀형 배치를 하게 되며, 일반적으로 U자형 배치를 한다. 이는 신축성을 저하시킬 수 있는 대용량 기계의 설치를 자제하고 범용설비로 제품의 다양성에 대응한다.

46 ⑤

해설 JIT의 기본적 목표는 낭비의 제거와 작업자의 완전 활용을 통한 효율성 극대화에 있다. 적은 납품횟수는 상관 없는 개념으로서 JIT의 특징을 정리하면 다음과 같다.

구 분	JIT
목표	낭비의 제거
시스템	풀(pull) 시스템
관리방식	칸반을 이용
생산계획	안정된 MPS 필요(연속적 수요)
발주롯트	생산준비비축소에 의한 소롯트화
재고수준	최소한의 재고
공급업자와의 관계	파트너로 생각(협력관계)
품질	무결점 추구
적용분야	반복생산일정의 재고관리

47 ④

해설 JIT는 다품종소량생산을 추구하므로 다기능작업자를 통하여 환경변화에 탄력적으로 대응한다.

48 ③

해설 JIT 시스템에서 제조준비시간을 변동비로 보고 있기 때문에 시간의 단축으로 생산준비비를 줄여서 로트크기와 생산비용을 줄여나가도록 한다.

49 ②

해설 적시(JIT)생산 시스템
1. 공급자와 친밀한 관계가 요구된다.
2. 제품의 질이 개선 및 향상된다.

3. 당장 필요한 것만 생산하므로 큰 로트규모는 필요하지 않다.
4. 출고된 제품의 양에 따라 필요한 모든 재료들이 결정되므로 생산통제는 풀시스템에 의해서 이루어진다.

50 ①

해설

JIT방식과 Ford system 비교

JIT	Ford system
• 생산성을 위한 짧은 준비 시간 • 소수의 협력적 공급업자 • 낭비적인 요소를 제거하려는 생산관리 시스템으로 재고의 극소화 • 팀 중심적인 노동력 • 통제중심적인 시각적 통제를 강조	• 안정적 생산을 위한 긴 준비시간 • 다수의 경쟁적인 공급업자 • 충분한 재고 보유 • 개인주의적인 노동력 • 계획 중심적이고 컴퓨터 의존적

51 ②

해설

JIT는 품질의 무결점을 추구하는 방식으로 PULL 방식을 이용한다.
①, ③ MRP는 자재소요계획으로 불확실성에 대비하여 안전재고가 필요하다 보고, 이를 자산으로 인식한다.
④ JIT는 요구(주문)에 따른 풀 시스템으로 불량률 0%를 추구한다.

52 ④

해설

MRP와 JIT의 비교

비교	MRP	JIT
전략	PUSH 시스템	PULL 시스템
경영	명령에 의한 경영	합의에 의한 경영
품질	소량의 불량 인정	무결점 추구
생산시스템	대일정계획	생산사이클타임중시
재고수준	조달기간 중 재고	최소한의 재고
조달기간	길면 길수록 좋음	비교적 짧게 유지

53 ①

해설

② 푸시시스템은 약간의 불량도 인정하지만, 풀시스템은 무결점을 추구한다.
③ 푸시시스템은 비반복생산의 재고관리이지만, 풀시스템은 반복생산의 재고관리이다.
④ 푸시시스템은 납품업자와 적대관계지만, 풀시스템은 납품업자와 협력관계이다.
⑤ 푸시시스템은 라인밸런싱을 우선하지만, 풀시스템은 유연성을 우선시한다.

54 ①

해설

JIT에 대한 설명임.

55 ④

해설

푸시(push) 방식의 자재흐름은 MRP의 특징임.

구 분	JIT	MRP
목표	낭비의 제거	계획의 수행
시스템	풀(pull) 시스템	푸시(push) 시스템

관리방식	칸반을 이용	컴퓨터로 처리
생산계획	안정된 MPS 필요(연속적 수요)	변경이 잦은 MPS 수용 가능(일괄적 수요)
발주로트	생산준비비축소에 의한 소로트화	생산준비비+재고유지비의 경제적 로트
재고수준	최소한의 재고	조달기간 중의 재고 인정
공급업자와의 관계	파트너로 생각(협력관계)	경제적 구매위주의 거래(경쟁관계)
품질	무결점 추구	약간의 불량은 인정
적용분야	반복생산일정의 재고관리	비반복생산의 재고관리

56 ①
[해설] 유럽의 자동차회사에서부터 시작된 것이 아니라 일본 도요타 자동차에서 시작된 시스템임.

57 ①
[해설] 푸시(push) 방식의 자재흐름은 MRP의 특징임.

58 ③
[해설] 푸시 시스템은 MRP의 요건임.
* 린 생산시스템(lean production system) 생산방식을 정리하면 다음과 같다.
  - 적은 재고, 적은 작업자, 작은 공간을 사용하여 보다 큰 가치를 갖는 제품을 설계, 개발, 제조하는 시스템으로서 도요타 생산시스템(TPS)보다 넓은 의미
  - 전통적 방식의 개선
    • 만일의 경우에 대비하여(Just-in-Case, JIC) 안전재고 확보 → 적시생산(Just-in-Time, JIT)
    • 대량생산을 통한 비용 절감 추구 → 소량생산(작은 로트 크기)을 통한 유연성 추구
* 린 생산시스템의 목적
  - 모든 낭비의 원천을 제거하여 자원을 효율적으로 사용함으로써 생산비용을 절감시키고, 공정개선을 통한 제품품질의 향상을 기하며, 재고감소를 통한 비용 및 생산리드타임의 단축으로 고객의 수요변화에 신속히 대응하기 위함
  - 린 생산시스템의 원리: 낭비와 비효율의 제거, 유연한 자원, 꾸준한 향상

59 ③
[해설] 재고유지비용은 재고를 물품창고에 보관하는 데 소요되는 비용이며, 한 번의 조업을 위한 생산설비의 가동준비에 소요되는 비용은 생산준비비(set up cost)이다. 재고관련비용을 정리하면 다음과 같다.

구 분	내 용
재고유지비 (carrying cost)	• 재고를 물품창고에 보관하는 데 소요되는 비용 : 재고관련 자본비용, 저장비, 진부화 및 파손비 등
재고주문비 (ordering cost)	• 재고보충을 하거나 신규로 주문할 때 소요되는 비용 : 입고비용, 입하품의 검사비, 거래선 및 가격조사비용 등
생산준비비 (set up cost)	• 생산라인을 set-up하는 데 소요되는 비용 : set-up 관련 노무비용 및 유휴시간비용, 종업원의 재배치 비용 등
재고부족비 (shortage cost)	• 재고가 부족하여 발생하는 비용 : 판매기회 상실 비용, 고객의 신뢰도 하락 비용 등 • 재고유지비 > 재고부족비 ⇨ 추후납품(-재고) / • 재고유지비 < 재고부족비 ⇨ 안전재고(+재고)

60 ④

해설 | 모두 재고 유지 목적에 해당함.

61 ④

해설 | 일반적으로 고정주문량 모형보다는 정기주문모형이 보다 더 많은 안전재고를 요구한다. 즉, 일반적으로 고정주문량모형(Q시스템)에서는 LT동안의 재고부족을 방지하지만, 정기주문모형 이라고도 불리우는 고정주문기간모형(P시스템)에서는 LT 동안뿐만 아니라 다음 주문주기 동안의 재고부족을 방지하기 위해 더 많은 안전재고를 유지한다.

구분	고정주문량 모형(Q-System)	고정주문기간 모형(P-System)
주문량	정량(EOQ, EPQ 등)	부정량(최대재고 – 현재재고)
주문시점	부정기적(ROP 도달 시)	정기적(미리 정해진 기간)
재고조사	계속 실사(출고 시마다), 조사비용이 많이 소요	정기 실사(일정 기간마다), 상대적으로 적은 비용 소요
적용품목	• 단위당 가격이 비싼 품목(재고에 대한 연속적 통제가 필요한 고가의 제품에 적합) • 수요변동이 작은 품목	• 단위당 가격이 저렴한 품목(단, 고정주문기간이 짧을 때는 중요한 품목에 적용이 가능함) • 수요변동이 크고, 동일 공급업자로부터 많은 품목을 공급받는 경우

62 ③

해설 | 투빈시스템(two-bin system)은 Q-system에 속하는 모형이다.

63 ③

해설 | 기본 EOQ 모형에서는 주문즉시 입고되고 수요는 확정적이므로 품절이나 과잉재고는 허용되지 않는다.

64 ④

해설 | $EOQ = \sqrt{\dfrac{2DO}{C}}$ 로서 C인 연간 재고유지비용이 감소하면 경제적 주문량이 감소하는게 아니라 증가한다.

65 ⑤

해설 | JIT는 연속적(안정적) 수요에 기반을 두고 생산준비비 최소를 위한 small lot 및 무재고 무결점을 통해 준비비용과 시간 즉 Set up cost / time을 최소화 하는 재고관리로서 낭비의 제거를 목적으로 한다.

66 ②

해설 | 안전재고란 불확실한 수요 및 리드타임 혹은 공급량의 불확실성에 대처하기 위한 재고를 의미한다. 이러한 안전재고는 수요의 불확실성이 증가할수록 많아지고, 품절 혹은 미납주문을 예방, 고객의 서비스 수준 증대를 위해서보유하기도 한다. 아울러 이러한 안전재고를 보관하게 되면 재고유지비의 부담이 증가하게 되는데, 안전재고를 감소시키기 위해서는 수요의 불확실성을 감소시켜야 한다.
① 바쁜 크리스마스 판매 시즌이나 세일행사기간과 같은 수요가 높을 것으로 예상되는 기간 동안 수요를 충족시킬 수 있는 재고를 말한다. → 예상재고(anticipation stock)
③ 기업의 구매나 생산을 하고 다음 번 구매나 생산 할 기간까지 유지할 수 있는 충분한 양을 구매하거나 생산할 때 발생한다. → 주기(순환)재고(cycle inventory)
④ 기업들이 가격 인상이나 공급축소 등을 대비하여 물품을 비축해 놓을 때 생성되는 재고이다. → 비축

/예상 재고(anticipation inventory)

67 ③

해설 　작업자 재교육은 낭비가 아니며 생산 안정화 및 불량을 예방하는 좋은 방법이지 낭비가 아님.

68 ①

해설 　린(lean) 생산방식은 JIT의 이념을 그대로 계승하고 잇는 모형으로서 낭비의 제거 역시 기본 목적으로 삼고 있으며, 적은 재고, 적은 작업자, 작은 공간을 사용하여 보다 큰 가치를 갖는 제품을 설계, 개발, 제조하는 시스템으로서 도요타 생산시스템(TPS)보다 넓은 의미로 활용 발전된 개념이다. 린생산의 목적을 부연설명하면 다음과 같다.
- 린 생산시스템의 원리 : 낭비와 비효율의 제거, 유연한 자원, 꾸준한 향상
- 모든 낭비의 원천을 제거하여 자원을 효율적으로 사용함으로써 생산비용을 절감시키고, 공정개선을 통한 제품품질의 향상을 기하며, 재고감소를 통한 비용 및 생산리드타임의 단축으로 고객의 수요변화에 신속히 대응하기 위함

69 ①

해설 　린 생산시스템(lean production system)이란 JIT를 기반으로 빠른 연구개발 활동을 통한 가치 창출활동을 추가한 개념으로서 적은 재고, 적은 작업자, 작은 공간을 사용하여 보다 큰 가치를 갖는 제품을 설계, 개발, 제조하는 시스템으로서 도요타 생산시스템(TPS)보다 넓은 의미라고 볼 수 있다. 이러한 린 생산시스템의 목적은 모든 낭비의 원천을 제거하여 자원을 효율적으로 사용함으로써 생산비용을 절감시키고, 공정개선을 통한 제품품질의 향상을 기하며, 재고감소를 통한 비용 및 생산리드타임의 단축으로 고객의 수요변화에 신속히 대응하기 위함이며, 린 생산시스템의 기본원리는 낭비와 비효율의 제거, 유연한 자원, 꾸준한 향상에 있다.

70 ④

해설 　뱃치(batch) 주문 및 공정의 경우 초기 투자 감소, 수요 예측이 어려운 제품 생산에 유리하다고 할 수 있으나, 주문을 모아 두었다가 한 번에 묶음생산하게 되므로 공급자의 생산량 변화가 많아지므로 채찍효과가 증대된다.
- 채찍효과(bullwhip effect)
  - 공급사슬 내에서 소비자로부터 생산자로 갈수록 수요변동 폭이 확대되는 것으로서 소매점에서의 약간의 수요변동이 원자재의 상당한 수요증가를 초래하는 현상
  - 부정확한 수요자료/예측과 같은 정보의 왜곡 또는 부족으로 발생
  - 과도한 재고투자, 고객 서비스 저하, 비효율적 수송 이용, 잘못 사용된 제조 능력 등을 야기하여 수익 감소
  - 대책: 수요예측의 정확성을 위해 공급사슬의 모든 구성원 사이에 정보 공유를 통한 공급사슬 내 모든 개체들의 동기화(synchronization)

71 ④

해설 　채찍효과(bullwhip effect)란 공급사슬 내에서 소비자로부터 생산자로 갈수록 수요변동 폭이 확대되는 현상으로서, 소매점에서의 약간의 수요변동이 원자재의 상당한 수요증가를 초래하는 현상임. 주로 부정확한 수요자료 / 예측과 같은 정보의 왜곡 또는 부족 및 과도한 재고투자, 고객 서비스 저하, 비효율적 수송

이용, 잘못 사용된 제조 능력 등을 야기하여 수익 감소시키게 된다. 이에 대한 대책으로는 수요예측의 정확성을 위해 공급사슬의 모든 구성원 사이에 정보 공유를 통한 공급사슬 내 모든 개체들의 동기화(synchronization) 및 적극적인 SCM활동과 재고를 줄이기 위해 설계가 끝난 후 생산이 시작되기까지의 시간인 리드타임을 짧게 가져가는게 좋다. 문제 상 ④번 지문의 경우 채찍 효과의 발생원인이 아니라 해결책에 가깝다고 보아야 함.

72 ⑤
해설 발생요인이 아니라 축소하는 방안임.

73 ①
해설 채찍효과란 고객의 수요가 상부단계 방향으로 전달될수록 각 단계별 수요의 변동성이 증가하는 현상을 말한다. 소를 몰 때 긴 채찍을 사용하면 손잡이 부분에서 작은 힘이 가해져도 끝부분에서는 큰 힘이 생기는 데에서 붙여진 명칭으로, 황소채찍효과라고도 한다. 아주 사소하고 미미한 요인이 엄청난 결과를 불러온다는 나비효과(butterfly effect)와 유사한 현상이다.
② 크로스도킹(cross docking): 창고나 물류 센터로 입고되는 상품을 창고에 보관하는 것이 아니라, 분류 또는 재포장의 과정을 거쳐 곧바로 다시 배송하는 물류 시스템이다.

74 ④
해설 고객 주문 및 수요에 대한 예측 정보가 소매업체, 도매업체, 물류센터, 제조업체, (원료)공급자 방향으로 전달되는 과정에서 지연이나 왜곡현상이 발생하여 과잉재고 등의 문제가 발생하는 것을 채찍효과라고 한다.

75 ①
해설 채찍효과 등을 예방하기위해 유통단계 전반에 대하여 통합적 관리를 통하여 정보의 공유가 필요함.

76 ①
해설 운송비의 지속적 감소는 SCM의 적극적 활용이 필요없어지는 이유일 수 있다.
〈공급사슬관리〉
- 공급체인 내의 모든 구성요소들을 하나의 통합된 운영체계로 하여 구성요소의 부분 최적화가 아닌 공급체인 전체의 최적화를 추구하고자 하는 전략
- 공급사슬: 고객으로 향하는 하류(downstream) 방향과 첫 공급업체로 향한 상류(upstream) 방향의 자재 흐름과 정보흐름을 통합적으로 결정하는 여러 업체와 그 관계의 집합체

77 ①
해설 ② 물류비용의 중요성 감소, ③ 채찍효과로 인한 예측의 불확실성 감소, ④ 기업의 경쟁강도 약화, ⑤ 고객맞춤형 서비스의 감소는 공급사슬관리의 중요성이 감소하는 이유임.

78 ④

해설

공급사슬관리에 대한 설명임.
- 공급체인 내의 모든 구성요소들을 하나의 통합된 운영체계로 하여 구성요소의 부분 최적화가 아닌 공급체인 전체의 최적화를 추구하고자 하는 전략
- 공급사슬 : 고객으로 향하는 하류(down-stream) 방향과 첫 공급업체로 향한 상류(up-stream) 방향의 자재흐름과 정보흐름을 통합적으로 결정하는 여러 업체와 그 관계의 집합체
- 3가지의 흐름 존재
  - 자재, 제품, 서비스의 이동 : 최초 공급자로부터 최종 소비자를 향하는 흐름
  - 재무의 흐름 : 공급사슬의 역방향 흐름
  - 정보의 교환 : 사슬의 각 부분에서 양방향 흐름

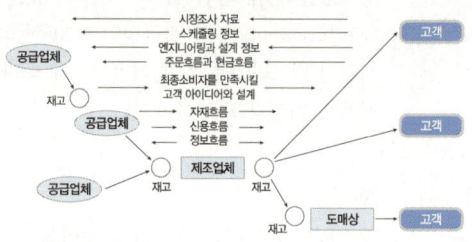

79 ②

해설

지연차별화(delayed differentiation)이란 모듈러 생산등에서 활용되는 전략적 접근으로서 표준화이후 마지막단계에서 차별화를 단행함으로서 다품종 대량 생산전략에 활용되는 기법이다.

참고

1번 지문에는 일부 오류가 있음: 정상적인 문제라면 하류의 작은 변화가 상류로 가면서 큰 변화를 야기한다는 의미로 순서를 명확히 할 필요가 있음.

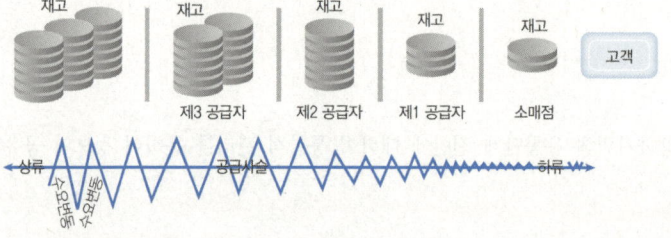

* 채찍효과(bullwhip effect)
  - 공급사슬 내에서 소비자로부터 생산자로 갈수록 수요변동 폭이 확대되는 것
- 소매점에서의 약간의 수요변동이 원자재의 상당한 수요 증가를 초래하는 현상
  - 부정확한 수요자료/예측과 같은 정보의 왜곡 또는 부족으로 발생
  - 과도한 재고투자, 고객 서비스 저하, 비효과적 수송 이용, 잘못 사용된 제조 능력 등을 야기하여 수익 감소
  - 대책 : 수요예측의 정확성을 위해 공급사슬의 모든 구성원 사이에 정보공유를 통한 공급사슬 내 모든 개체들의 동기화(synchronization)

80 ①

해설

공급사슬관리에 관한 설명임. 참고로 ERM은 종업원관계관리를 의미함.

81 ③

해설

인바운드 물류(in-bound logistics)는 생산을 위한 원자재 등의 생산공정으로의 투입과 관련된 것이다. 제품이 수송 및 배송 활동을 거쳐 소비자에게 전달되는 과정은 인바운드 물류(in-bound logistics)가 아니

라 반출물류 즉, 아웃 바운드 물류(out-bound logistics)이다.

82 ①

해설

공급사슬(SC: Supply Chain)은 제품을 제조하여 고객에게 전달하는 기업들의 집합이고, 이런 기업들의 집합으로 제품을 제조하여 소비자에게 전달하기 위해서는 일련의 독립된 기업들이 공급사슬에 참여하는데 이러한 집합체 참여기업들은 원재료 공급자, 부품 생산자, 제품 조립자, 도·소매업자, 운송업자 등이 포함된다. 그러나 파트너십 사슬은 공급사슬의 거래 파트너들 간의 계획 예측, 재고, 보충에 있어서 상호 정보공유에 초점을 둔 공급사슬 관리 기법으로서 공급자 관리 지침이며 나아가 공급사슬관리의 주요 전략적 원칙이지만 공급사슬 자체 유형으로 보기는 어렵다.

참고로 공급사슬관리(supply chain management, SCM)란 부품 제공업자로부터 생산자, 배포자, 고객에 이르는 물류의 흐름을 하나의 가치사슬 관점에서 파악하고 필요한 정보가 원활히 흐르도록 지원하는 시스템을 말한다. 기업 내에 부문별 최적화나 개별 기업단위의 최적화에서 탈피하여 공급망의 구성요소들 간에 이루어지는 전체프로세스 최적화를 달성하고자 하는 경영혁신기법이다.

② 효율적 사슬(ECR : Efficient Consumer Response) : 식품업계 등과 같은 기능성제품의 공급사슬 구조 조정과 프로세스 효율화를 통해 비용절감 및 고객서비스 증대 도모
③ 린 사슬 : 성과를 향상시키기 위해 린(Lean) 원칙 활용하는 기법으로서 ECR과 유사하게 사용
④ 신속대응 사슬(QR : Quick Response) : 반응적 공급사슬을 의미하며, 섬유, 의류업계의 제조업체와 유통업체간 제휴를 통해 소비자 요구에 신속하게 대응하는 체제

83 ②

해설

공급사슬에 물자의 흐름은 공급업체에서 고객에게 이르기까지 구체적인 제품의 흐름을 의미하며, 반품이나 그와 관련된 서비스, 재활용, 처분 등 역방향의 흐름도 포함한다. 대표적으로 공급사슬운영참조(SCOR)에 따르면 각 공급사슬을 계획-공급-생산-출하-회수의 5가지 프로세스로 구성하고 있다.

① 공급사슬 상의 정보 왜곡 현상은 조직마다 목표가 상이하여 발생하기 때문에 원활한 공급사슬의 관리 및 운영을 위해서는 각각의 부문 최적화보다 공급사슬 전체 최적화를 목표로 하여야 한다.
③ 황소채찍효과(bullwhip effect)는 공급사슬 하류의 고객 주문 정보가 상류로 전달되면서 정보가 왜곡되는 현상을 말한다.
④ 공급사슬관리는 일반적으로 공급자에서 고객에 이르는 공급사슬 상의 물자와 현금의 흐름 뿐만 아니라 정보 등에 대한 부분까지도 관리한다.

84 ④

해설

공급사슬이란 고객으로 향하는 하류(downstream) 방향과 첫 공급업체로 향한 상류(upstream) 방향의 자재흐름과 정보흐름을 통합적으로 결정하는 여러 업체와 그 관계의 집합체를 의미한다. 지문에서와 같이 공급사슬의 주체들 간 상호작용을 감소시킴으로써 어느 한 주체의 의사결정이 나머지 다른 주체에 영향을 미치지 않는다는 개념 자체는 공급사슬상에 적용되지 않는다. 공급사슬 관리은 공급체인 내의 모든 구성요소들을 하나의 통합된 운영체계로 하여 구성요소의 부분최적화가 아닌 공급체인 전체의 최적화를 추구하고자 하는 전략이다.

85 ③

해설

공급사슬관리(supply chain management, SCM)란 고객에서부터 공장에 이르기까지 공급의 모든 과정을 고객 관점에서 단순화 및 표준화하고, 정보시스템의 지원을 통해 이 과정을 통합적으로 관리함으로써

전체 최적화를 달성하고자 하는 경영노력이다.
① 정보와 물류의 리드타임의 길수록 공급사슬내 채찍효과로 인한 현상은 감소한다. ⇒ 감소하는게 아니라 오히려 증가한다.
② 공급자 재고관리를 활용하면, 구매자의 재고유비용은 빈번한 발주와 리드타임의 증가로 인해 상승하고, 공급자의 수요예측 정확도는 낮아진다. ⇒ 공급자 재고관리를 활용하면, 구매자의 재고유비용은 감소하고, 공급자의 수요예측 정확도는 높아진다.
④ 대량고객화 전략은 표준화된 단일품목에 대한 고객수요를 최대한 확대하려는 방향으로 공급네트워크를 구성하려는 전략이다.
⇒ 대량고객화란 공정유연화를 통해 생산 효율성과 고객화를 동시에 추구하는 전략이다.

심화문제

1 ⑤

해설　EOQ 모형에서는 재고는 조문즉시 입고되며, 재고부족현상은 발생하지 않는다고 가정한다. 구체적인 모형의 가정을 살펴보면 다음과 같다.
① 재고주문비는 주문횟수의 함수임(Q에 반비례).
② 재고유지비는 평균재고의 함수임(Q에 비례).
③ 재고부족비는 고려하지 않음.
④ 재고는 주문 즉시 입고됨(재고조달기간=0). 즉, 리드타임이나 공급에 불확실성은 없다.
⑤ 수요는 확정적이고 일정함.
⑥ 수량할인 등이 없어서 재고 구입단가는 일정함.
⑦ 다른 품목과 독립적으로 의사결정함.
⑧ 로트 크기에 제한은 없다.
⑨ 관련 비용은 재고유지비용과 고정비용(주문비용이나 가동준비비용)밖에 없다.

2 ⑤

해설　주문량에 따라 가격할인이 있는 경우의 EOQ모형에서 최적주문량은 일반적으로 연간 재고유지비용과 연간 주문비용이 같아지는 지점에서 발생하지 않는다.
기본적으로 구입단가가 주문량의 크기와 관계없이 항상 일정한 기본적 EOQ 모형과는 달리 수량 할인이 있는 경우 구입단가가 주문량의 크기에 따라 달라지므로 연간 총비용의 계산에 연간 구입비용이 포함되어야 한다.

$TC = (\frac{Q}{2} \times C) + (\frac{D}{Q} \times O) + (D \times p)$ 단, $(D \times p)$ = 연간구매원가

3 ①

해설　ABC 관리법은 재고자산의 부피로서 구분하여 관리하는 것이 아니라 재고자산의 가치나 중요도에 따라 구분하는 것으로 파레토분석에 근거한 재고관리기법이다.

4 ⑤

해설　MRP는 변경이 잦은 MPS 수용 가능한 일괄적 수요에 대한 재고관리 모형이며 안정적 MPS 하에서의 수요가 연속적이고 균일하다고 가정하는 것은 JIT 등의 특징이다.

5 ③

해설　EOQ 모형은 완제품 재고에 필요한 롯트크기를 결정하는 것이고, 종속수요품의 관리에는 MRP와 JIT모형이 주로 사용된다.

6 ①

해설　독립수요제품의의 일정계획에는 MPS가 활용되고 MPS의 일정에 따른 종속수요 제품의 소요량 산정을 위하여 사용되는 것이 자재소요계획이다.

7 ②

해설 $\text{EOQ} = \sqrt{\dfrac{2 \times 1회주문비용 \times 연간총수요}{단위당\ 유지비}} = \sqrt{\dfrac{2 \times 50 \times 3,600}{4}} = 300$개

8 ①

해설 푸쉬 시스템이 MRP에 해당하는 개념이고, 풀 시스템이 JIT에 해당하는 개념이다.

9 ⑤

해설 안전재고가 없어도 조달기간 중 예상수요량보다 실수요가 더 적게 발생하게 되면 품절이 발생하지 않을 수 있다.

10 ⑤

해설 P시스템의 주문간격과 Q시스템의 주문간격을 일괄적으로 비교할 수는 없으나, Q시스템에서 재고를 빨리 사용하느냐 그렇지 않느냐에 따라 짧아질 수도 있고 길어질 수도 있다. 또한 P시스템에서 관리하는 재고의 중요도가 높으면 주문기간이 짧아지고 재고의 중요도가 낮으면 주문기간이 길어진다.

11 ④

해설 JIT시스템는 기본적으로 small lot system을 통해 set - up time은 줄이고, set - up cost를 줄여야 한다.

12 ①

해설 재주문점의 개념과 병행되어 사용되는 것은 정기주문량 모형이다. 정기주문모형은 일정기간마다 재고를 주문한다.

13 ③

해설 C품목은 중요도가 가장 낮은 품목으로 주문주기가 길다.

14 ①

해설 단위당 재고비용, 1회 주문비용 등은 단일기간 모형에서 중요한 변수가 아니다. 단일기간재고모형은 1회성 제품으로서 재고부족비와 재고과잉비의 합이 최소가 되는 주문량을 찾아 주문한다.

15 ①

해설 공급체인 내에서 소비자로부터 생산자로 갈수록 수요변동폭이 확대되는 것을 채찍효과(Bullwhip Effect)라고 한다. 이러한 채찍효과가 나타나는 것은 공급사슬 구성원간의 조정이 부족하기 때문이다.

16 ②

해설 수요발생이 일정할 경우 제조설비의 set - up횟수를 줄이면 1회 생산량이 증가하게 되고 평균재고의 규모는 상대적으로 늘어난다.

17 ④

해설 MRP는 종속수요품의 관리에 사용되는 것으로 종속수요가 제품설계사양에 의해 일정한 규칙을 가지고

발생한다.

18 ②

해설 b. 대량 고객화(mass customization) 전략은 각기 다른 고객들에게 고객화된 제품과 서비스를 제공할 수 있는 기업의 능력을 의미한다.
c. 제품의 저장위치와 수송방식을 결정하는 요소로는 공급사슬의 형태, 제품의 특성, 소비자의 특성, 아웃소싱의 정도, 가치밀도 등 여러가지 요소들을 고려하여야 한다.

19 ⑤

해설 JIT는 JIT시스템는 기본적으로 small lot system을 통해 set-up time은 줄이고, set-up cost를 줄여야 한다. 즉, 짧은 준비시간을 요구하고 있다.

20 ①

해설 MRP는 종속적 수요의 재고관리 시스템이다.

21 ②

해설 다른 조건이 일정할 때 연간 수요가 증가하면 EOQ는 증가한다.

$$EOQ = \sqrt{\frac{2 \times 1회주문비용 \times 연간총수요}{단위당 유지비}}$$

22 ⑤

해설 정보와 물류의 리드타임이 길수록 공급사슬내의 채찍효과(bullwhip effect)로 인한 현상이 증가하게 된다.

23 ①

해설 a. ABC분석에서 A그룹은 경영자가 집중 관리하는 그룹이 맞으나 품목의 수가 적고 금전적 가치가 큰 특징이 있다.
b. 주문비용이나 셋업비용이 상대적으로 클 경우에는 재고주문이나 생산준비횟수를 줄이기 위하여 1회 생산로트의 크기를 크게 하여야 한다.

24 ④

해설 경제적 주문량(EOQ) 모형에서 다른 요인이 일정하다고 가정할 때 주문비용이 50% 증가하면 경제적 주문량은 약 22.4% 증가한다.

25 ②

해설 JIT는 수요가 일정하고 반복적인 연속생산공정에 적합하다.

26 ④

해설 ① 안전재고(safety stock)의 보유는 재고 보유에 따른 재고유지비는 증가하지만, 판매에 대한 기회비용적 성격인 재고 부족비는 줄어들게 되는 만큼 가능한 완제품의 재고수준을 높게 유지할수록 고객의 수요에 신속하게 대응하게 되어 고객서비스 능력이 높아진다.

② 공급업체의 납품소요시간 혹은 공급량의 불규칙성을 감소시키는 것이 중요한 것은 안전재고(safety stock)를 줄이기 위해 중요하게 고려하여야 할 사항임.
③ 재고회전율(inventory turnover)이 높다는 것은 기업이 평균적으로 낮은 수준의 재고를 보유하고 있어 금융자산의 활용도가 높다는 것을 의미한다.
⑤ ABC재고관리에서 A품목은 사용빈도는 작으나 가치가 높은 재고로 가능한 철저한 통제를 위해 1회 주문당 주문량은 줄이고 주문횟수는 늘리는 형태의 Q-system 형태를 취하는 것이 일반적이다.

27 ④

해설   공급사슬이란 고객으로 향하는 하류(downstream) 방향과 첫 공급업체로 향한 상류(upstream) 방향의 자재흐름과 정보흐름을 통합적으로 결정하는 여러 업체와 그 관계의 집합체를 의미한다. 이러한 공급사슬에 대한 관리 즉, 공급사슬관리란 공급체인 내의 모든 구성요소들을 하나의 통합된 운영체계로 하여 구성요소의 부분최적화가 아닌 공급체인 전체의 최적화를 추구하고자 하는 전략으로서, 공급사슬의 최적화를 달성하기 위해서는 개별조직 관점보다는 공급사슬 전체의 효율성에 초점을 두는 것이 바람직하다.

28 ①

해설   a, b, c는 맞는 설명이며, d의 경우 린 생산에서 기계 및 설비가 고장 나기 이전에 예방보전(preventive maintenance)을 하는 것이 기계가 고장난 이후 수리를 실시하는 고장수리(corrective maintenance) 보다 더 중요하다고 강조한다. 또한 e의 경우 JIT는 효율성을 추구하는 것을 목표로 하여 로트(lot)의 크기를 최소로 유지하고, 작업자들이 한 가지 작업이 아닌 여러 작업에 숙달할 수 있도록 작업들을 가능한 한 다양한 과업을 작업자에게 할당하는 형태의 다기능공이 필요한 작업방식이다.

29 ②

해설   경제적 주문량모형인 $EOQ = \sqrt{\dfrac{2DO}{C}} = \sqrt{\dfrac{2 \times 연간총수요 \times 주문비용}{유지비용}}$ 에 기초하였을 때, 연간 수요량이 2배가 될 때 1회 경제적 주문량은 2배 늘어나는 것이 아니라 $\sqrt{2}$ 배가 되어야 한다.

30 ③

해설   공급사슬운영참조(SCOR) 모델에서는 공급사슬 운영을 계획(plan), 조달(source), 생산(make), 배송(deliver), 회수(return)의 다섯 개의 프로세스 범주로 나눈다.
- SCOR(Supply Chain Operations Reference)
  - SCC(Supply-Chain Council)에 의해 개발된 공급사슬 process reference model
  - 공급 사슬 프로세스의 모든 범위와 단계를 포괄하는 참조 모델로 공급사슬의 회사 내부의 기능과 회사간 공급사슬 파트너 사이의 의사소통을 위한 언어로써 공통의 공급사슬 경영 프로세스를 정의하고 "최상의 실행(Best Practices)", 수행 데이터 비교, 최적의 지원 IT를 적용하기 위한 표준이다.
  - 이는 부문과 부문, 기업과 기업을 연결하는 공급사슬에 계획, 관리, 실행의 전체효과를 높이려는 사고로 실제로는 각각의 기업들이 제각기 다른 업무 프로세스나 업적/측정 지표를 갖고 있더라도 전체의 효율을 위해 SCM 공용 프로세스를 구현하는 것을 목적으로 한다.
  - 연구개발, 판매, 고객서비스 등은 프로세스 대상에서 제외하고 있음
- SCOR의 구성과 성과지표
  - 각 공급사슬을 Plan(계획), Source(공급), Make(생산), Deliver(출하), Return(회수)의 5가지 실행 프로세스로 구성하고 있음.

31 ④

해설 6개월 총수요는 1,200개이므로 매월 동일한 양의 제품을 생산하기위해서는 매월 200개(=1,200/6) 생산하면 된다. 이에 따라 1월달의 경우 수요가 100개 이므로 재고가 100개 존재하게 된다. 따라서 아래의 표와 같이 이와 같은 100개의 재고는 4월달에야 소진 가능하다. 그러나 5월달의 경우 수요가 300개이므로 100개의 재고 부족현상이 발생한다. 6개월의 기간 중 3개월간 매달 100만원씩 재고유지비용 300만원 발생한다. 그러나 5월달 100개의 재고 부족현상으로 추후납품을 하기 위해서는 개당 5만원씩 추후납품 비용이 500만원이므로 6개월간의 재고관련 총비용은 800만원(=300만원+500만원)이 발생한다.

월	1	2	3	4	5	6
수요(단위: 개)	100	200	200	300	300	100
생산개수	200	200	200	200	200	200
기말재고	100	100	100	0(재고소진)	-100	0(재고소진)

32 ②

해설 안전재고(safety stock)란 불확실한 수요 및 공급에 대처하기 위한 재고(완충재고(buffer stock))로서 수요 및 재고 공급의 불확실성이 증가할수록 많아지며 수요, 공급 및 리드타임(lead time) 등의 변동성이 작을수록 안전재고의 필요성이 감소한다. 안전재고를 보관하게 되면 재고유지비의 부담이 증가, 안전재고를 감소시키기 위해서는 수요의 불확실성을 감소시켜야 한다. 아울러 기업에서 요구되는 서비스수준(service level)이 낮을수록 서비스 수준을 달성하는 데 필요한 안전재고의 수준을 높게 가져갈 필요는 없으며 오히려 낮아진다.

33 ⑤

해설
(가) 로트 크기를 줄이면 재고 최소화는 가능하지만 생산준비(set-up) 횟수가 증가한다. 이러한 소규모 로트 크기 유지를 위해서는 생산준비비용의 절감이 필요하며 생산준비비용 절감은 생산준비시간 단축으로 가능하다.
(나) 로트 크기를 줄이면 소규모의 주문을 자주 발주하게 되어 제조기간 단축으로 고객이 원하는 특정 제품을 신속하게 공급이 가능하며, 유연성 확보를 통해 고객의 요구 변화에 신속 대응할 수 있게 되어 채찍효과(bullwhip effect)가 오히려 감소하게 된다.

34 ⑤

해설 1회 주문량이 커지면 연속된 주문간 간격시간은 짧아지지 않고 길어진다.

35 ①

해설 공급사슬망 중개업자의 단계수를 늘릴 경우 채찍효과의 발생가능성은 커짐.
• 공급사슬관리와 채찍효과 정리
  1. 공급사슬 관리
     - 공급체인 내의 모든 구성요소들을 하나의 통합된 운영체계로 하여 구성요소의 부분최적화가 아닌 공급체인 전체의 최적화를 추구하고자 하는 전략
     - 공급사슬: 고객으로 향하는 하류(downstream) 방향과 첫 공급업체로 향한 상류(upstream) 방향의 자재흐름과 정보흐름을 통합적으로 결정하는 여러 업체와 그 관계의 집합체
  2. 채찍효과(bullwhip effect)
     - 공급사슬 내에서 소비자로부터 생산자로 갈수록 수요변동 폭이 확대되는 것

- 소매점에서의 약간의 수요변동이 원자재의 상당한 수요증가를 초래하는 현상
  - 부정확한 수요자료/예측과 같은 정보의 왜곡 또는 부족으로 발생
  - 과도한 재고투자, 고객 서비스 저하, 비효과적 수송 이용, 잘못 사용된 제조 능력 등을 야기하여 수익 감소
  - 대책: 수요예측의 정확성을 위해 공급사슬의 모든 구성원 사이에 정보 공유를 통한 공급사슬 내 모든 개체들의 동기화(synchronization)

36 ④

[해설] 평균수요와 안전재고는 관련이 없으며, 일반적으로 수요변동의 폭이 크다면 안전재고의 양도 증가해야 하고, 수요변동의 폭이 작다면 안전재고의 양도 감소하게 된다.

- 안전재고
  - 불확실한 수요에 대처하기 위한 재고(완충재고(buffer stock)): 안전재고는 수요의 불확실성이 증가할수록 많아짐
  - 품절 혹은 미납주문을 예방, 고객의 서비스 수준 증대
  - 안전재고를 보관하게 되면 재고유지비의 부담이 증가, 안전재고를 감소시키기 위해서는 수요의 불확실성을 감소시켜야 함

$$\text{서비스수준} = 1 - \text{적정품절율} = 1 - \frac{\text{재고과잉비}}{\text{재고부족비} + \text{재고과잉비}} = \frac{\text{재고부족비}}{\text{재고부족비} + \text{재고과잉비}}$$

37 ④

[해설] 단일기간(single-period) 재고모형은 정기간행물, 부패성 품목 등 수명주기가 짧은 주로 일회성 제품의 주문량 결정 뿐 아니라 한 고객이 사용하면 그날은 사용할 수 없는 호텔객실 등의 초과예약수준 결정에도 활용될 수 있다.

① 주문량은 주기재고(cycle inventory)에 직접적인 영향을 미치며, 판매촉진 활동 등으로 인해 예상되는 수요증가는 안전재고(safety stock)가 아니라 예상재고에 직접적인 영향을 미친다.
② 경제적 주문량(EOQ) 모델에 기초하였을 때, 연간 재고유지비용과 연간 주문비용은 같다.
③ 일반적으로 동일한 조건하에서라면 정량발주모형(fixed-order quantity model)에서는 리드타임 동안의 재고부족만을 방지할 필요가 있는 반면, 정기발주모형(fixed-order interval model)에서는 리드타임 동안 뿐만 아니라 다음 주문주기 동안의 재고부족을 방지하기 위하여 정량발주모형(fixed-order quantity model) 더 많은 안전재고를 유지해야 한다. 그러나 수요가 확정적이고 일정한 EOQ 모델의 기본 가정 하에서는 주문량과 주문주기는 정량발주모형(fixed-order quantity model)과 정기발주모형(fixed-order interval model)의 평균 재고수준은 일치한다.
⑤ ABC 재고분류에서 세심한 관리가 필요한 A항목에 포함된 품목은 낮은 안전재고 수준을 유지하면서 발주간격 즉 주문주기는 짧게하는 것이 바람직하다.

38 ⑤

[해설] 공급자재고관리(vendor managed inventory) 즉, VMI방식은 제품의 적절한 재고 수준과 재고 정책 등 재고관리와 관련된 전반적인 사항을 사용자나 도소매상이 아니라 공급자(벤더)가 결정하고 관리하는 방식으로서, 공급자주도형재고관리라고도 칭하는데 이는 유통업체가 제조업체에 판매·재고정보를 전자문서교환으로 제공하면 제조업체는 이를 토대로 과거 데이터를 분석하고 수요를 예측하여, 상품의 적정 납품량을 결정하는 시스템 환경이다. 이를 활용하면 유통업체는 재고관리에 소모되는 인력, 시간 등의 비용 절감 효과를 기대할 수 있고, 제조업체는 적정생산 및 납품을 통해 재고유지비용은 감소하고 공급자의

수요예측의 정확도는 높아져 재고관리의 효율성은 증가하게 되어 기업 경쟁력을 유지하는데도 기여할 수 있다.

39 ①

해설

생산준비시간(set-up time)의 단축은 생산리드타임(production lead time) 단축 및 경제적 로트의 실현이 가능해져서 재고의 감소 즉 재고수준의 감소와 생산평준화(production leveling) 등을 통해 작업장 부하를 줄일 수 있다.

② 적시생산(JIT)시스템은 로트(lot)의 크기를 최소화하여 단위 제품당 생산시간과 생산비용을 최소화한다.
③ 선후행 작업장 사이에 발생하는 재고의 양은 칸반(Kanban)의 수에 비례하므로 칸반의 수를 최소화하고 재고를 줄이기 위한 방안을 지속적으로 강구한다.
④ 적시생산(JIT)시스템은 무재고-무결점을 추구하는 방식으로 품질관리비용 중 실패비용을 최소화를 목표로하는 방식이며, 이를 위해서는 지속적 개선 등 품질향상을 위해 품질비용 중 예방비용(prevention cost)은 증가 할 수 있다.
⑤ 적시생산(JIT)시스템은 수요의 변동이 생산시스템에 미치는 영향을 최소화하기 위한 Push형의 자재소요계획(MRP)이 아니라 칸반을 기반으로 생산 및 통제를 실시하는 수요견인 시스템(Pull system)이다.

40 ④

해설

수요의 변동성이 커질 경우 수요의 변동성을 안전재고를 통해 대응하여야 한다. 특정 서비스수준(service level)의 달성을 위해 정량발주시스템에서는 재주문점이 증가하게 되는데 이는 재주문점이 조달기간에 일일수요량과 안전재고의 합을 곱하여 산출하게 되므로 증가하게된다. 아울러 수요의 변동성이 커질 경우 수요의 변동성을 안전재고를 통해 대응하여 하므로 정기발주시스템에서는 목표재고수준이 증가하게 되므로 주문량이 증가하는 것이 일반적이다.

① 정량발주시스템(Q시스템)은 재고에 변동이 발생할 때마다 재고수준을 계속실사를 하게 되며, 정기발주시스템(P시스템)은 주문시점마다 즉, 일정기간마다 정기실사를 통해 재고수준을 점검한다.
② 정량발주시스템은 재고수준이 재주문점(reorder point) 이하로 떨어지는 경우 사전에 결정한 주문량만큼만 주문한다. 일정 시점마다 사전에 결정한 주문량과 현 재고 수준과의 차이만큼을 주문하는 방식은 정기발주시스템이다.
③ 정량발주시스템에서는 필요시만 들어오므로 상대적으로 안전재고의 보유가 적은 만큼 주문시점부터 주문량이 도착할 때까지의 기간 동안에 한해 품절이 발생할 수 있다. 정기발주시스템에서는 기간이 정해져 있는 만큼 발주시점 도래 전에도 이미 품절이 발생할 가능성이 있다.
⑤ 정량발주시스템에서 EOQ모형을 사용하는 경우, 주문량은 1회 주문비용 및 연간수요량과는 비례하지만, 단위당 연간 재고유지비용과는 반비례한다.

41 ②

해설

적시생산(JIT) 시스템은 기본적으로 무재고 무결점을 추구하는 생산시스템으로서 각 제품의 수요율과 생산율을 최대한 일치시키고자 필요한 만큼씩만 생산함으로써 무재고를 지향한다. 현실적으로 수요율과 생산율을 일치 시킨다는 것은 힘들지만, 이를 가능한 실현하기 위하여 JIT의 경우 Small Lot를 가져가려고 한다. 이럴 경우 로트크기 감소를 위한 생산준비시간과 생산준비 비용의 단축이 중요한 요소가 된다.

① 사전에 수립된 자재소요계획에 따라 실제 생산이 이루어지도록 지시하는 일종의 푸쉬(push) 시스템은 MRP라고 볼 수 있다. JIT는 수요견인 시스템으로 풀(pull) 시스템인 것은 맞다.
③ 칸반(kanban)시스템을 통해 공급자에게 소규모의 빈번한 조달을 요구해야 하므로 다수 보다는 소수의 공급자와 파트너적 관계가 중요하며, 이러한 관계를 유지하기 위하여 공급자와 단기계약 보다는

장기적 계약을 체결하는 것이 중요하다.
④ 무결함(zero defect) 생산을 추구하므로 불량품 자체를 인정하지 않는 생산 시스템이다.
⑤ 혼류생산(mixed-model production) 및 생산평준화(production leveling)를 실시하는 경우 생산시스템의 효율을 극대화하기 위해 생산준비 이후 동일 제품을 최대한 적게 생산하고 다음 제품으로 생산 전환을 하는 한다.

42 ④

해설 도요타 생산방식은 7가지 주요 낭비의 제거를 주장하고 있는데 7가지 낭비요소를 정리하면 다음과 같다.

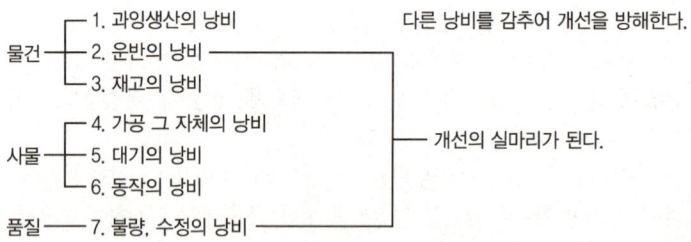

① TPS 집을 구성하는 2가지 기둥은 JIT와 (인변)자동화를 기둥으로 낭비의 제거를 추구한다. 여기서 인변자동화란 생산 중 이상 발생시 생산을 중지하는 조치를 취하는 것으로 자율판단이 가능한 자동화(自働化)라고 할 수 있으며, JIT는 필요한 것을 필요한 때 필요한량만큼 생산하여 운반한다는 개념으로 PULL생산방식의 개념이다.

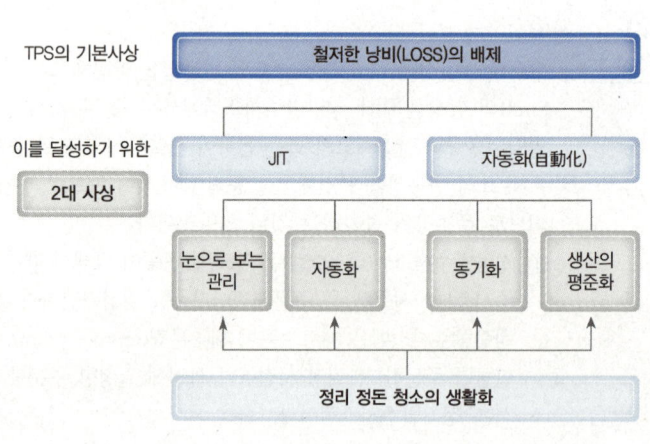

② JIT는 지도카(jidoka)라고 하는 인변 자동화(기계가 부품을 생산하고 난 후 그 아이템을 자동으로 검사하여, 만약 결함이 발견되면 생산을 멈추고 사람에게 알려주는 즉, 인간의 감성이 있는 자동화이다) 관점을 하나의 기둥으로 간주하고 있으나, 컴퓨터를 활용한 PUSH형의 자재소요계획(MRP)를 전제로 하지 않는다.
③ JIT는 다기능 작업자를 기반으로 한 셀 방식 생산을 강조하고 있다.
⑤ 이용률 최대화 및 재공품의 안정적 흐름을 추구하지만, 공정에 품질 등의 문제가 발생할 경우 무결점 관점에서 공정의 중단과 원인규명을 위한 노력 및 지속적 개선활동을 강조한다.

43 ①

해설 c. MRP는 BOM의 나무구조(tree structure)상 상위품목에서 시작하여 하위품목 방향으로 순차적으로 작성한다.
d. MRP를 위해서는 BOM에 표시된 하위품목에 대한 별도의 수요예측(forecasting) 과정이 필요하지는 않는다. MRP는 종속 수요 제품의 자재조달계획임.

44 ②

해설

① 현재의 주문방식을 고수할 경우 연간 재고비용은 750만원이 아니라 435만원임.

$$TC = (\frac{Q}{2} \times C) + (\frac{D}{Q} \times O) = (\frac{150}{2} \times 50,000) + (\frac{900}{150} \times 600,000) = 600,000 + 3,750,000 = 4,350,000$$

② EOQ(경제적 주문량)로 주문량을 변경하면 현재에 비해 연간 135만원의 재고비용을 절감할 수 있다.

$$EOQ = \sqrt{\frac{2DO}{C}} = \sqrt{\frac{2 \times 900 \times 100,000}{50000}} = 60$$

$$TC = (\frac{Q}{2} \times C) + (\frac{D}{Q} \times O) = (\frac{60}{2} \times 50,000) + (\frac{900}{60} \times 100,000) = 1,500,000 + 1,500,000 = 3,000,000$$

$4,350,000 - 3,000,000 = 1,350,000$

③ EOQ로 주문량을 변경하면 연간 주문비용은 200만원이 아니라 150만원이 되며, 이는 연간 재고유지비용과 동일하다.

④ EOQ로 주문량을 변경하면 재고부족현상이 발생하지 않으므로 안전재고(safety stock)는 0이며, 리드타임은 일정하다.

⑤ EOQ 재고모형은 고정주문량모형(fixed-order quantity model)이지만, 현재의 수요량이 변경되면 EOQ도 변경된다.

45 ②

해설

공급사슬의 성과척도인 재고자산회전율(inventory turnover)을 높이기 위해서는 재고공급일수(days of supply)가 작아져야 한다.

연간매출액을 연간평균재고로 나눈값을 의미한다. 기업의 재고자산의 회전속도 즉, 재고자산이 당좌자산으로 변화하는 속도를 나타낸다. 재고자산의 과부족을 판단하는데 가장 적합한 지표로서 일정한 표준비율은 없으나 일반적으로 이 비율이 높을수록 자본수익률이 높아지고, 매입채무가 감소되며, 상품의 재고손실을 막을 수 있고, 보관료, 보험료를 절약할 수 있어 기업 측에 유리하다. 즉 재고회전율이 높을수록 재고자산이 효율적으로 관리됨을 의미한다. 그러나 공급일수는 며칠분의 재고가 특정 시점에 쌓여 있는가를 나타내는데 작을수록 재고수준은 낮아진다.

① 수요 변동이 있는 경우에 창고의 수를 줄여 재고를 집중하면 수요처별로 여러 창고에 분산하는 경우에 비해 리스크 풀링(risk pooling) 효과로 인하여 전체 안전재고(safety stock)는 감소한다. 즉, 공급사슬관리에서 리스크 풀링 효과는 지역별 수요를 통합할 경우에 전체적인 수요의 변동이 작아지므로 최적재고수준이 감축된다는 것이다. 이러한 긍정적인 효과는 유통네트워크 디자인에 있어서 중앙집중화가 유리하다는 주장의 근거가 된다.

46 ⑤

해설

고정주문량모형은 Q-System으로 주기조사시스템(periodic review system)이 아니라 연속실사(계속실사) 시스템이 적용된다.

① 실제수요가 예측수요를 초과할 가능성에 대비하여 안전재고를 보유할 경우 재주문점은 증가한다.

→ $ROP = \bar{d}LT \Rightarrow ROP = \bar{M} + Z\sigma_M = \bar{d}LT + Z\sigma_d\sqrt{LT}$

② 정기주문모형(fixed-order interval model)에서는 정해진 목표 재고수준에 따라 주문시점에 재고수준과 목표재고수준의 차이 만큼 주문한다.

→ 주문량 = 목표재고수준 − 주문 시의 현재고 = 보호기간(주문주기와 리드타임) 동안의 평균수요 + 안전재고 − 주문 시의 현재고 = $\bar{d}(OI+LT) + Z\sigma_d\sqrt{OI+LT}$ − 주문 시의 현재고

③ 정기주문모형에서는 배달시기와 배달경로의 표준화가 용이하며 같은 공급자에게 여러 품목을 동시

에 주문할 수 있는 장점이 있다.
→ 재고수준의 계속적인 관찰이 필요한 고정주문량 시스템과 달리 정기주문 시스템에서는 주문시점마다 얼마를 주문할 것인가를 결정하기 위하여 재고수준의 정기적 실사가 필요하다. 따라서 이를 정기실사 시스템(periodic review system) 또는 P시스템이라고도 한다. 아울러 정기주문 시스템은 식료품점에서 통조림제품처럼 주문이 특정 기간마다 이루어지는 경우, 볼트나 너트와 같은 값싼 품목의 경우, 하나의 공급업자로부터 상이한 수많은 품목을 구매할 때 주문비용을 절약하고 가격할인 등 혜택을 받는 경우에 주로 사용된다.
④ 고정주문량모형(fixed-order quantity model)에서는 고정된 로트(lot) 크기로 주문하므로 수량할인이 가능하다.
→ EOQ 기본 모형에서는 수량할인등을 인정하지 않고 있으나 확장한 확률적 모형에서는 수량할인을 적용시킬 수 있다.

47 ③

해설

린 생산(lean production)은 JIT의 체계를 그대로 반영하여 안전재고는 최소화하고 안정적 MPS를 기반으로 하고 있으므로, 지문에서와 같이 수요변동에 효과적으로 대응하기 위해 급변하는 환경을 가정하여 설계되었다고 보기는 어렵다.

48 ③

해설

경제적주문량모형(economic order quantity model)즉, $EOQ = \sqrt{\dfrac{2DO}{C}}$ 이므로 주문비용이 증가하고 재고유지비용이 감소하면 경제적주문량은 증가한다.

49 ②

해설

실수를 피하는 프로그램이라는 의미는 헤이준카(heijunka)가 아니라 포카요케(Poks-yoke)이며, 이는 작업자의 오류가 실제 결함으로 이어지지 않고 신속하게 수정될 수 있도록 도와준다.
헤이준카(Heijunka)는 평준화를 의미하는 것으로 생산하는 제품을 적절히 혼합하고 물량을 조절하여 생산 부하를 평준화시키자는 의미이다. 특히, 칸반시스템은 생산공정간 동기화 개념으로 운영되므로 특정 공정의 생산변동이 발생할 경우 전-후 공정으로 연쇄 반응을 일으키는 악순환이 발생하게 되는데 이러한 문제가 발생하지 않도록 각 공정의 생산속도를 균일화가 필요하여 도입된 개념이다.

50 ①

해설

틀린지문을 바로 잡으면 다음과 같다.
a. 기능적 제품(functional product)은 혁신적 제품(innovative product)에 비해 수요예측의 불확실성이 상대적으로 크다. ⇒ 기능적 제품(functional product)은 혁신적 제품(innovative product)에 비해 수요예측의 불확실성이 상대적으로 적다. Hau Lee의 불확실성 프레임워크를 통해서 살펴보면 다음과 같다.

구분		수요의 불확실성	
		저(기능성 상품)	고(혁신적 상품)
공급의 불확실성	저 (안정적 프로세스)	효율적 공급사슬 : 비용효율성 - 규모의 경제 달성, 비부가가치 활동 제거	대응적 공급사슬 : 대량고객화
	고 (진화적 프로세스)	위험회피 공급사슬 : 공급 단절의 위험 회피 - 공급선의 다양화, 안전재고 확보	민첩 공급사슬 • 대응적 + 위험회피

b. 채찍효과(bullwhip effect)가 발생할 경우 공급사슬의 하류로 갈수록 주문량의 변동이 더 크게 나타난

다. ⇒ 채찍효과(bullwhip effect)가 발생할 경우 공급사슬의 하류가 아니라 상류로 갈수록 주문량의 변동이 더 크게 나타난다. 즉 채찍효과란 하류의 작은 변화가 상류의 큰 영향을 미치는 효과하고 볼 수 있다. (공급사슬 내에서 소비자로부터 생산자로 갈수록 수요변동 폭이 확대되는 것)

51 ③

해설

주문량 = 목표재고수준 − 주문 시의 현재고
= 보호기간(주문주기와 리드타임) 동안의 평균수요 + 안전재고 − 주문 시의 현재고
= $\bar{d}(OI+LT) + Z\sigma_d\sqrt{OI+LT}$ − 주문 시의 현재고
= $5 \times (40+15) + 30 - 130 = 175$

52 ⑤

해설

전통적으로 재고는 수요변동을 흡수하여 생산계획의 안정성을 높인다고 인식되고 있으나, 린 생산시스템(Lean system)에서는 JIT의 특성을 그대로 반영하여 재고를 낭비이자 다른 문제들을 감추는 역할을 하는 것으로 인식한다.
① 수요의 계절성(seasonality)에 대응하기 위해 주문량을 주기적으로 변화시킴에 따라 발생하는 재고는 예상재고이다.
② 정해진 특정 시점마다 일정한 양을 주문하는 것은 정량발주시스템(Q 시스템)은 사전이 아니라 정기발주시스템(P 시스템)이다.
③ 경제적발주량(EOQ)은 연간 수요가 확정적으로 알려져 있으나 단위시간당 수요는 확률적으로 변화하지 않고 일정하며 균일하다. 아울러 주문비용은 주문량에 관계없이 일정한 것이 아니라 주문량은 일정하며 수량할인이 인정되지 않는다. 즉, 재고의 구입단가는 일정함 하다는 가정 등을 전제로 도출된다.
④ 높은 재고회전율(inventory turns)은 재고수준이 낮다는 것을 의미한다.

53 ②

해설

단일기간 재고 모형을 통해 서비스 수준을 계산하면 됨.

판매가	15만원	한계이익 → 재고부족비: 5만원
구입가	10만원	
처분가	2만원	한계손실 → 재고과잉비: 8만원

서비스수준 = $\dfrac{50,000}{50,000+80,000} = 0.384$

최적재고 또는 주문량 = 최소 수요 + 서비스수준(최대 수요 - 최소수요) = 20 + 0.384 (24 − 20) = 21.5

54 ②

해설

리틀의 법칙이란 MIT 교수였던 존 리틀이 만든 것으로 리틀의 법칙은 그 적용 범위가 넓기 때문에 매우 유용하게 활용된다. 손님뿐만 아니라 재고 흐름을 파악할 수도 있다. 재고량(I)=처리속도(R)×재고 체류시간(T)이다. 재고창고에 쌓여 있는 재고량은 재고가 들어오는 유입량과 재고로 머무는 시간의 곱과 같다. 이러한 리틀의 법칙(Little's law)은 개별 항목들이 재공품 재고에 사용되는 시간을 추정하는 방법으로도 사용되며, 주로 프로세스의 작업 처리 시간을 계산할 때 유용하게 사용할 수 있다. 이 경우 '처리시간 = $\dfrac{재공품}{작업\ 처리율}$'로 이를 응용하여 위 문제에 적용하면 우선 1주일에 $\dfrac{500}{4} = 125$개가 되며 이를 공식에 적용하여 풀면 $\dfrac{200}{125} = 1.6$주가 된다.

CHAPTER 5 : 품질경영

개념정리문제

1 ③

해설 평가비용(appraisal cost: A-cost)이란 제품이 품질기준을 만족시키는지를 검사하고 평가하기 위하여 발생하는 원가적 비용으로서 품질검사 비용, 검사장비 유지비 등이 포함된다.
① 내부 실패비용(internal failure cost): 제품 완성 및 판매 전 발생
② 외부 실패비용(external failure cost): 판매 후 발생
④ 예방비용(prevention cost): 제조 전에 발생
⑤ 준비비용(setup cost)MS 품질관련 비용이 아님.

2 ③

해설 품절비용은 재고부족비용이라고도 하며 이는 재고가 부족할 때 입게 되는 손실로, 고객을 기다리게 하거나 아예 경쟁 업체에 빼앗기게 되는 경우로서 기업의 신뢰도가 떨어지는 무형의 비용이다.

* 품질관리 비용

구 분		내 용	예
통제 비용	예방비용 (prevention cost: P-cost)	제조과정에서 불량품이 발생하지 않도록 예방하기 위해서 지출하는 원가	종업원 품질관리 교육비용
	평가비용 (appraisal cost: A-cost)	제품이 품질기준을 만족시키는지를 검사하고 평가하기 위하여 발생하는 원가	품질검사 비용 검사장비 유지비
실패 비용 (부적합 비용)	내부실패비용 [사내실패 cost(IF-cost)]	불량품이 소비자에게 전달되기 전에 발견됨으로써 발생하는 원가	폐품원가 재가공원가
	외부실패비용 [사외실패 cost(EF-cost)]	고객이 제품을 인도받은 후에 품질의 결함이 발견되어 발생하는 원가	반품비용, 판매기회상실로 인한 기회비용

3 ③

해설 샘플링 검사를 활용하여 적은 비용과 시간으로 제품 품질검사를 할 수 있으나 이는 표본 추출 통한 검사로서 전수 검사 형태의 전체 생산품에서 불량품을 모두 선별하는 것을 목적으로 하지는 않는다.

	관심	측정	결론	시점	도구
표본검사법	제품	불량품	양품 또는 불량	생산후	OC곡선
관리도법	공정	불량품	안정상태 또는 불안정상태	생산중	관리도

② 관리도(control chart)를 활용하는 품질관리 방식으로 신뢰수준(confidence level)에 따라 관리상한선과 관리하한선이 달라질 수 있다.
④ 관리도를 활용하여 품질변동을 초래하는 우연요인(random cause)과 이상요인(assignable cause) 중 이상요인을 파악하여 관리하고자 하는 기법이다.

4 ③

해설 전사적 품질경영(TQM: total quality management)의 목표는 단순히 불량률 감소, 원가절감, 품질의 균일화 등이 아니라 고객만족(customer satisfaction)에 있다. 고객만족을 높이기 위해 품질의 지속적 개선(continuous improvement)과 전 종업원 참여를 추구한다.

5 ①

해설 TQM은 프로세스의 데밍의 바퀴와 같이 지속적인 개선을 중요시하는 전략적 품질관리기법으로서 결과보다는 지속적인 품질개선을 추구하는 장기적 품질혁신프로그램임.

6 ④

해설 공급자 위주의 품질관리는 종합적 품질 관리인 TQC에 대한 내용이다. TQC는 불량률 감소를 목표로 기업이익 우선의 공정관리를 한다. ①, ②, ③ TQM은 소비자 위주의 품질경영으로 총체적 품질향상을 통해서 경영의 목표를 달성하고 인간위주의 경영시스템을 지향한다.

7 ②

해설 QC circle은 동기부여가 아니라 처음부터 올바르게 작업할 수 있도록 종업원에게 방법을 부여한다.

8 ⑤

해설 6σ 운동은 기업의 모든 활동을 계량화한 뒤 고객의 관점에서 기업의 모든 활동을 평가하는 것을 기본철학으로 삼고 있다. 모든 프로세스의 품질수준을 6시그마를 달성하여 3.4ppm(parts per million) 이하로 하고자 하는 품질경영전략: 통계적 품질관리를 기반으로 계량화하여 측정함. 통계적 품질관리를 기반으로 품질혁신과 고객만족을 달성하기 위하여 전사적으로 실행하는 경영혁신기법으로 제조과정뿐만 아니라 제품개발, 판매, 서비스, 사무업무 등 기업 활동의 전 분야에서 활용 가능한 경영혁신기법의 하나임.

9 ②

해설 6σ 운동은 품질개선을 목적으로 1987년 미국의 모토롤라 반도체 사업부에 의해 개발 된 개념이다. 이 운동은 품질설계, 공정설계, 부품·구매관리, 공정관리 등에서 품질의 안정화를 우선으로 하는 품질경영전략을 수립·실천하여, 제품의 품질변동을 최소화 하려는 운동이다.

10 ④

해설 6시그마 프로세스의 프로세스를 DMAIC 과정이라고 하며 자세한 사항은 다음과 같다.

단계	과정들
Define	문제가 무엇이고 소비자가 원하는 것은 무엇인지 정의
Measure	현재 상태가 어느 정도인지 파악
Analysis	문제 발생 원인이 무엇인가 분석
Improve	현재 상태에서 문제원인에 따른 개선안을 도출하여 문제의 원인 제거
Control	문제를 해결한 후 개선결과를 유지

11 ①

해설 6시그마는 품질관리 운동의 일환임.

12 ③
해설 6시그마에 대한 설명임.

13 ⑤
해설

단 계	과정들
Define	문제가 무엇이고 소비자가 원하는 것은 무엇인지 정의
Measure	현재 상태가 어느 정도인지 파악
Analysis	문제 발생 원인이 무엇인가 분석
Improve	현재 상태에서 문제원인에 따른 개선안을 도출하여 문제의 원인 제거
Control	문제를 해결한 후 개선결과를 유지

14 ②
해설 프로그램의 최고 단계 훈련을 마치고, 프로젝트 팀 지도를 전담하는 직원은 블랙벨트이며, 마스터블랙벨트는 6시그마 최고과정에 이른 사람으로 블랙벨트가 수행하는 프로젝트 관리와 지도를

15 ③
해설
① 목표설정에서 6시그마는 구체적이면서 정량적이고, TQM은 추상적이면서 정성적이다.
② 방침결정에서 6시그마는 상의하달이고, TQM은 하의상달이다.
④ TQM은 내·외부 고객, 공급자, 종업원, 경영자에 초점을 맞추고, 6시그마는 통계적 방법을 사용하여 공정성과를 개선하고자 한다.
⑤ TQM는 구성원의 자발적 참여를 중시하고, 6시그마는 체계적이고 의무적인 행동을 강조한다.

16 ④
해설 6시그마 프로세스(DMAIC 과정)

단 계	과정들	
Define (정의)	문제가 무엇이고 소비자가 원하는 것은 무엇인지 정의 및 개선하고자 하는 프로세스를 선정	현행 프로세스의 고찰
Measure (측정)	현재 상태가 어느 정도인지 파악을 통한 품질변수에 대한 자료수집과 개선할 목표를 설정	
Analysis (분석)	문제발생 원인이 무엇인가 분석 후 품질문제의 근본원인을 규명하고 대안을 분석	
Improve (개선)	현 상태에서 문제원인에 따른 개선안을 도출하여 문제 원인 제거 및 프로세스나 절차를 변경하고 개선효과가 있는지 체크	프로세스의 변화 추구
Control (통제)	문제를 해결한 후 개선결과 및 새로운 프로세스의 성과가 유지되도록 관리	

17 ③
해설 품질과 관련하여 발생하는 비용은 크게 예방(prevention cost ; P-Cost) 및 검사 또는 평가비용(Appraisal Cost ; A-Cost)으로서 사전조치에 관련된 통제 비용과 불량이 발생한 이후의 사후조치에 관련된 사내실패비용(IF-Cost) 및 사외 실패비용(EF-Cost)으로 분류되는 실패(부적합) 비용으로 분류해 볼 수 있다.
틀린 지문들을 수정하여 설명하면 다음과 같다.
① 지속적 개선을 위한 도구로 데밍(E. Deming)은 PDAC(Plan-Do-Act-Check) 싸이클이 아니라 PDCA (Plan-Do-Check-Act) 을 제시하였다.

② 싱고 시스템 은 통계적 품질관리 기법 즉, SQC로는 결함을 예방할 수 없다고 주장하였으며 이를 위한 실수방지 프로그램으로 포카 요케(ポカヨケ, poka-yoke)를 주창, 이는 품질 관리의 측면에서 실수를 방지하도록 행동을 제한하거나 정확한 동작을 수행하게끔 하도록 강제하는 여러 가지 제한점을 만들어 실패를 방지하는 방법을 의미한다.

④ 품질의 집 구축과정은 고객의 요구를 제품의 기술규격으로 전환시키도록 마케팅, 설계, 제조 등의 전문가들이 협조 관계를 유지하는 현대적 제품개발기법인 품질기능전개(Quality Function Deployment ; QFD)에서 활용되는 기법이다.

기대품질과 지각품질의 차이를 측정하고 차이분석을 하는 작업은 SERVQUAL 모형으로서 이는 서비스 품질을 기대한 서비스(expected service)와 인지된 서비스(perceived service)의 차이로 측정하는 모형으로서 이를 수식화하여 보면 다음과 같다.

서비스 품질 = 성과(인지된 서비스) - 기대(고객의 기대)

아울러 고객이 서비스 품질을 판단하는 차원에는 신뢰성(reliability), 반응성/ 대응성 (responsiveness), 확신성(assurance), 공감성(empathy), 유형성(tangibles) 등이 있다.

18 ⑤

해설

간트 차트는 프로젝트관리기법의 하나임.

〈품질관리 기법 정리〉

- 통계적 품질관리(SQC): 표본검사법(제품), 관리도법(공정)
- 종합적/전사적 품질관리(TQC): ZD 프로그램, QC 서클
- 종합적/전사적 품질 경영(TQM): 카이젠(지속적 개선), PDCA 싸이클, 벤치마킹

* ZD운동 → 100PPM 운동 → 식스 시그마(six sigma): 3.4PPM

19 ④

해설

관리도의 종류

속성관리도 (이산분포)	불량관리도(이항분포)	불량률관리도(p 관리도): 표본의 크기가 일정하지 않을 때
		불량개수관리도(pn 관리도): 표본의 크기가 일정할 때
	결점관리도(포아송분포)	결점률관리도(u 관리도): 결점 비율
		결점개수관리도(c 관리도): 결점 수
변량관리도 (정규분포)	변량관리도는 무게, 온도, 길이 등과 같이 연속적 자료에 대한 관리도로 평균과 분산의 중요한 변동을 체크하며 정규분포 이론을 적용한다.	

20 ①

해설

높은 품질 성과를 달성한 제품을 대외적으로 홍보하여 품질경영을 확산시키기 위한 것이지 순위 결정을 위한 것은 아님.

21 ②

해설

SQC에서 공정검사의 형태로 생산중 공정의 이상변동(불안정상태) 또는 우연변동(안정상태)를 검사하는 것은 관리도 기법이다. 아울러 ① 파레토도, ③ 산포도, ④ 특성요인도, ⑤ 히스토그램은 품질관리기법이 아니라 품질향상기법으로 생각하면 됨.

22 ③

해설

원재료 품질을 의미하는 것이 아니라 생산과정에서의 예방보전을 통한 원천적 불량 예방을 의미한다.

23 ④

해설 스크랩 비용(Scrap Charges)은 양산 중 발생하는 스크랩을 재사용하여 회수되는 비용을 말하며, 스크랩은 품질에 영향을 미치지 않는 범위 내에서 신재와 잘 믹서 하여 사용하여 회수되는 비용 및 자재 등의 쪼가리 폐기비용 및 재활용을 위한 처리비용 등을 의미하며 이는 품질관련비용과는 상관이 없으며,

24 ③

해설 합격으로 판정해야 할 로트를 불합격으로 처리할 가능성을 소비자 위험(consumer's risk)이 아니라 생산자위험인 1종 오류에 해당한다.

구분	의사결정	
	불합격판정	합격판정
좋은 로트	생산자위험(제1종 오류)	바람직한 결과
나쁜 로트	바람직한 결과	소비자위험(제2종 오류)

25 ②

해설 전통적 품질관리(QC)는 제조업을 중심으로 한 품질관리를 총칭한다고 볼 수 있다. 반면에 전사적품질경영(TQM)으로 이는 고객관점에서 전종업원 등의 참여기반의 점진적 변화와 지속적 개선활동이라고 할 수 있다. 이를 정리하여보면 다음과 같다.

주요요소	TQC	TQM
경영이념	기업이익	고객 만족
경영목표	제품의 불량률 감소	제품, 공정, 설계, 업무, 사람 등을 포함하는 총체적 품질향상 – 장기적인 성장
초 점	공급자(생산자) 위주	구매자(고객) 위주
개 념	품질규격을 만족시키는 실시 기법과 활동	품질방침에 따라 실시하는 모든 부분활동
사 고	생산중심적, 제품중심적 사고 및 관리기법	고객중심, 고객감동, 고객지향의 기업문화와 구성원의 행동의식 변화
품질책임	생산현장 중심의 QC전문가	최고경영자, 관리자, 작업자
동 기	기업자체의 필요성에 의해 자율적으로 추진	ISO에 의해 국제규격으로 정해져 있으며 강제성은 없으나 구매자가 요구하면 이행해야 함
관리기술	SQC	QC, IE, VE, TPM, JIT 등 필요한 관리 기술을 총체적으로 활용

심화문제

1 ⑤

해설 품질생산성 등의 향상에 대한 동기부여적 자극은 종업원의 품질향상에 대한 마인드에 달려있는 것이지 생산후에 행해지는 전수검사가 샘플링검사보다 높다고 단정 지을 수는 없다.

2 ⑤

해설

속성관리도 (이산분포)	불량관리도(이항분포)	불량률관리도(p 관리도): 표본의 크기가 일정하지 않을 때
		불량개수관리도(pn 관리도): 표본의 크기가 일정할 때
	결점관리도(포아송분포)	결점률관리도(u 관리도): 결점 비율
		결점개수관리도(c 관리도): 결점 수
변량관리도 (정규분포)	변량관리도는 무게, 온도, 길이 등과 같이 연속적 자료에 대한 관리도로 평균과 분산의 중요한 변동을 체크하며 정규분포 이론을 적용한다.	

3 ③

해설 국제표준기구(International Organization for Standardization)에 의해 제정된 제3자 기관에 의한 품질시스템 인증제도는 ISO이다. 말콤볼리지드(MB)상은 미국기업의 국제경쟁력을 높이기 위하여 상품이나 서비스의 품질관리 실적이 탁월한 기업에게 수여하는 품질관리상이다.

4 ⑤

해설
b. 품질의 집(house of quality)은 품질기능전개의 대표적인 도구이다.
c. 포카요케(poka-yoke)는 실수방지프로그램으로 작업자가 일을 할 때 결함으로 이어지는 오류를 사전에 방지하고 비정상적인 것들에 대해 빠른 시간 안에 피드백을 주어 제시간 내에 시정할 수 있게 하는 프로그램을 의미한다.
d. SERVQUAL은 서비스 기업에서 품질관리 목적으로 고객의 기대와 실지 제공한 서비스와의 차이를 서비스 품질로 인식하는 기법이다.

5 ②

해설
b. SERVQUAL은 기업이 제공하는 서비스가 소비자의 기대와 얼마나 일치하는가를 측정하는 도구이다.
d. 싱고 시스템이란 도요타의 JIT 시스템의 공장경영 컨설턴트였던 시게오 신고(Shigeo Shingo)의 이름을 딴 것으로 SMED와 poka-yoke가 주요 내용이다.

6 ④

해설 TQM은 좋은 품질이라는 것은 고객을 만족시키는 것이며, 고객 만족을 경제적으로 달성하기 위하여 기업의 시스템화를 강조하는 경영기법으로 전사적 차원, 지속적인 개선 등이 그 특징이다.
a. 파레토도표, 원인결과도표 등 다양한 자료분석 도구들의 묶음으로 구성된 품질관리기법이지만, TQM은 품질경영 전략이다.
d. TQM은 결과지향적인 경영방식으로 완성품의 검사를 강조한다기 보다는 지속적 개선활동을 강조한다.
e. TQM은 품질관리부서 최고책임자의 강력한 리더십에 의해 추진되는 단기적 보다는 장기적 관점에서의 품질혁신 프로그램이다.

7 ②

해설
a. 식스 시그마는 비영리 서비스 조직에는 적용이 가능하다.
b. 식스 시그마 전문가 중에서 블랙벨트(Black Belt)보다 마스터 블랙벨트가 더 높은 직책이다.

8 ③

해설
① 통계적 품질관리를 위한 관리도(control chart)를 작성하기 위해서는 생산되는 모든 제품의 전수조사가 아니라 샘플링 테스트가 필요하다.
② P – 관리도는 불량관리도로 이항분포에서 사용하는 관리도이다.
④ 프로세스능력비율(process capability ratio)은 공정의 변동폭이 규격공차의 비율내에 있는가를 확인하는 비율이다.
 • 프로세스능력비율(process capability ratio) = 규격공차 / 공정변동 = (규격상한 – 규격하한) / 공정변동(6α)
⑤ 관리도는 통계적 기법을 통해 공정의 이상유무를 파악 할 수 있도록 하는데 그 목적이 있다.

9 ④

해설
b. 외부 실패비용은 완제품이 출하되어 소비자에게 인도된 이후의 품질결함에 따른 비용을 의미한다.
d. 외부 실패비용은 고객의 불만에 따른 이탈과 기업 신뢰도 하락과 같은 미래손실까지 포함하는 개념이다.

10 ②

해설
a. 계량형(연속적 자료에 대한) 관리도에는 X – R관리도, X관리도, R관리도 등이 있으며, 계수형(불량품 수나 결점수 같은 이산적 자료) 관리도에 C – 관리도, U – 관리도, P관리도, Pn관리도 등이 있다.
c. 환경과 관련된 ISO 시리즈는 ISO 14000 시리즈이다.

11 ⑤

해설
b. 통계적 프로세스 관리에서 프로세스가 통계적 통제 상태에 있다면 우연변동만 있는 것으로 간주한다.
d. 특성요인도(fishbone diagram)는 특정 불량과 관련된 잠재가능한 원인들을 파악하는 방법이며, 품질과 관련된 어떤 제품 또는 서비스의 특성에 대한 발생빈도를 기록하기 위한 기법은 체크시트이다.

12 ③

해설
식스시그마(six – sigma)는 통계적으로 6시그마 범위 내에서 완성품을 만들겠다는 것으로 제품 1백만개 당 3.4개(3.4PPM) 이내의 불량만을 허용한다.

13 ③

해설
① 공정에서 얻은 데이터로부터 계산된 타점통계량(charting statistic)이 모두 $\overline{X}$관리도의 관리한계선(control limits) 내에 타점된 경우, 공정의 산포가 통계적으로 관리상태(in–control state)에 있다고 판단할 수 있다. 그러나 관리한계선내에서도 극단적인 변화가 있을 경우 이를 이상변동으로 간주 할 수 있으며 공정에서 이러한 이상변동이 보일 경우 공정의 산포가 통계적으로 관리 상태(in–control state)를 벗어나 있다고 볼 수 있다.
 • 안정상태 / 불안정상태의 주의: 관리한계선 내에 타점이 있어도 불안정상태일 수 있음
② TQM(Total Quality Management)에서는 정보시스템을 이용한 공정혁신(process innovation) 뿐만 아니라 전 종업원의 참여를 통한 전사적 활동이 품질향상의 원동력으로 간주한다.

④ 원인결과도표(cause-and-effect diagram 또는 fish-bone diagram)는 특정 불량항목에 대해 발생가능한 여러 잠재적 원인들을 생선뼈와 같은 가지로 표시한 후 자료를 수집하여 잠재원인들을 분석함으로 불량의 원인을 찾아내는 기법이며, 일반적으로 품질 문제를 유발하는 가장 중요한 요인을 추출해 내기 위해 사용되는 기법은 파레토 분석(pareto analysis)이다.

⑤ 원자재의 검사비용은 불량의 발생을 사전에 방지하기 위한 것으로 품질비용(cost of quality) 중 예방비용(prevention cost)이 아니라 평가비용에 해당한다.

14 ⑤

해설

지속적 개선(continuous improvement)을 위한 도구로 데밍(Deming)은 PDCA (plan-do-check-act) 싸이클을 제시하였다.

- PDCA 싸이클(Plan-Do-Check-Act): ① Plan: 개선을 겨냥한 변화 계획 → ② Do: 변화의 실행 → ③ Check: 결과 분석 → ④ Act: 변화의 제도화 alc 폐기 또는 재실행

참고 품질향상기법 (≠품질관리기법)

구 분	내 용
체크리스트(check list)	불량을 발생시키는 원인항목들 및 그 빈도를 기록하는 것에 사용
파레토 분석(pareto analysis)	우선적으로 제거해야 할 불량항목을 찾아내는 데 사용하는 기법
특성요인도 / 원인결과도표 (cause and effect diagram)	특정 불량항목에 대해 발생가능한 여러 잠재적 원인들을 생선뼈와 같은 가지로 표시한 후 자료를 수집하여 잠재원인들을 분석함으로 불량의 원인을 찾아내는 기법(fish-bone chart)
산점도(scatter diagram)	어떤 요인과 특정 불량 사이의 상관관계를 확인하는 방법

15 ①

해설

$\bar{X}$ 관리도는 공정 평균(工程平均)을 평균치 에 의하여 관리하기 위한 관리도로 메디언 관리도(median chart)라고도 부른다. 샘플데이터의 평균값을 전체평균값을 기준으로 작성된 관리한계선과 비교하여 샘플데이터의 평균값이 관리한계선내에서 우연변동으로만 구성되어 있는지를 판단하는 방법으로 공정이 안정상태에 있는지를 파악하는데 사용된다. 즉 관리도에는 우연변동과 이상변동 모두 존재하는데, 이상변동만 통제의 대상이 되고 우연변동만 존재시 안정상태로 판단한다.

16 ④

해설

지속적으로 하락하는 추세는 품질활동 개선 대상인 이상변동에 해당한다. 주의, ② 모든 타점(plot)이 관리한계(control limit) 내에 있을 경우 공정은 안정상태를 유지하는 것으로 판단한다. 단, 특정 패턴을 보인다면 이상변동에 해당될 수 있다.

- 관리도에 대하여 정리하면 다음과 같다.
  (1) 관리도의의미

  관리도란 공정의 결과와 투입을 모니터링하도록 사용되어지는 일종의 그림이라 할 수 있다. 공정관리에서의 이러한 관리도의 사용을 흔히 통계적 공정관리(Statistical Process Control: SPC)라 한다.

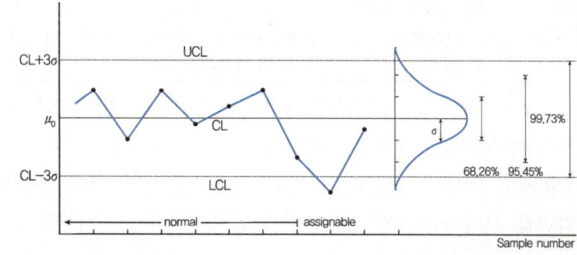

(2) 관리도의 목적

관리도를 이용하는 주된 목적은 공정상의 이상유무를 신속히 찾아내어 이상원인으로 인한 불량품이 생산되기 전에 필요한 조치를 미리 취하여 관리된 상태를 유지하도록 함으로써 최상의 제조품질을 달성하는 데 있다.

(3) 관리도의 상태

구 분	내 용
우연변동	제품 생산 시 불가피한 품질의 변동(통제대상 아님)
이상변동	원인규명이 가능한 제품의 품질에 영향을 미치는 요인에 따른 변동(통제대상임)
안정상태	산출물의 편차유형이 우연변동에 의할 경우
불안정상태	우연변동에 따르는 확률분포를 따르지 않는 경우

안정상태 / 불안정상태의 주의: 관리한계선 내에 타점이 있어도 불안정상태일 수 있음

17 ①

해설

② 핵심인자(vital few)를 찾아낸다. → A(Analysis)단계
③ 통계적 방법을 활용하여 핵심인자의 최적 운영 조건을 도출한다. → I(Improve)단계
④ 관리도(control chart)를 이용하여 개선 결과를 측정하고 관리하는 방안을 마련한다. → C(Control)단계
⑤ 고객의 니즈(needs)를 바탕으로 핵심품질특성(CTQ: Critical to Quality)을 파악한다. → D(Define) 단계

※ 6시그마 프로세스: DMAIC 과정

Define(문제가 무엇이고 소비자가 원하는 것은 무엇인지 정의) → Measure(현재 상태가 어느 정도인지 파악) → Analysis(문제 발생 원인이 무엇인가 분석) → Improve(현재 상태에서 문제원인에 따른 개선안을 도출하여 문제의 원인 제거) → Control(문제를 해결 한 후 개선결과를 유지)

18 ②

해설

ZD(zero defect)프로그램은 TQC관점에서 전 종업원의 품질관리 마인드를 강조하는 개념이다.

19 ②

해설

전체 품질비용을 예방 및 평가 비용으로 구분되는 통제비용과, 내부 및 외부 실패비용으로 구분할 때 AQL관점에서는 통제비용과 실패비용이 같은 수준에서 총 품질관리 비용이 이루어진다.

구 분		내 용	예
통제비용	예방비용 (prevention cost; P-Cost)	제조과정에서 불량품이 발생하지 않도록 예방하기 위해서 지출하는 원가	종업원 품질관리 교육비용
	평가비용 (Appraisal Cost; A-Cost)	제품이 품질기준을 만족시키는지를 검사하고 평가하기 위하여 발생하는 원가	품질검사 비용 검사장비 유지비
실패비용 (부적합 비용)	내부실패비용[사내실패 Cost(IF-Cost)]	불량품이 소비자에게 전달되기 전에 발견됨으로 발생하는 원가	폐품원가 재가공원가
	외부실패비용[사외실패 Cost(EF-Cost)]	고객이 제품을 인도받은 후에 품질의 결함이 발견되어 발생하는 원가	반품비용, 판매기회상실로 인한 기회비용

① CTQ(critical to quality)는 고객입장에서 판단할 때 중요한 품질특성을 의미하며, 집중적인 품질개선 대상이다. 즉 핵심품질인자의 의미로서 고객의 요구조건을 만족시키는 상품이나 서비스의 특성 중 고객에게 치명적이고 중요한 것 이라고 할 수 있는 것을 말함. 여기서 고객은 제품을 사거나 사용하는 사람만을 지칭하는 것이 아닌, 다음 공정에서의 요구사항도 포함된다.

20 ④

해설: 관리도를 이용하는 주된 목적은 공정상의 이상 유무를 신속히 찾아내어 이상 원인으로 인한 불량품이 생산되기 전에 필요한 조치를 미리 취하여 관리된 상태를 유지하도록 함으로써 최상의 제조품질을 달성하는 데 있다. 지문을 바르게 고치면 다음과 같다. 관리도는 공정이 이상현상의 발생 없이 우연현상으로만 구성되어 잘 관리되고 있는지를 판단하기 위해 활용된다.

21 ③

해설: 식스 시그마는 현대적인 품질관리기준으로 십만 개당이 아니라 100만개당 3.4개 이하의 불량만을 허용하는 즉 3.4PPM 수준의 품질 혁신 운동을 말한다.

22 ①

해설:
A. 품질의 집(house of quality) 구축이란 품질기능전개를 통한 제품 설계시 고객의 추상적 요구를 기술적으로 수용하기 위하여 사용된다.
C. 포카요케(poka-yoke)는 종업원에 대한 지속적인 훈련을 통하기 보다는 원천적인 실수방지 프로그램을 의미한다.
D. SERVQUAL은 기업이 제공하는 서비스가 기업의 입장에서 볼 때 얼마나 자체품질기준에 부합되는가를 측정하는 도구라기 보다는 성과와 기대차이인 GAP을 통한 서비스 품질 평가를 위한 도구로 사용된다.

23 ⑤

해설: X 관리도는 평균 관리도로써 관리한계선을 작성할 때 공정의 산포가 클수록 관리한계선의 폭도 증가하는 경향이 있다

① 전사적품질경영(TQM)의 주요 원칙은 고객 만족, 전 직원 및 대표의 전사적 경영 참여 기반의 지속적 개선활동이다. 통계적 방법을 활용한 프로세스 관리는 SPC이다.

② 식스시그마(Six Sigma)의 DMAIC 방법론을 정리하면 다음과 같다. 아울러 지문상의 에서 중점적으로 관리해야 할 핵심인자(vital few)를 찾는 단계는 M(측정) 단계가 아니라 A(분석) 단계이다.

단계	과정들	
Define (정의)	문제가 무엇이고 소비자가 원하는 것은 무엇인지 정의 및 개선하고자 하는 프로세스를 선정	현행 프로세스의 고찰
Measure (측정)	현재 상태가 어느 정도인지 파악을 통한 품질변수에 대한 자료수집과 개선할 목표를 설정	
Analysis (분석)	문제발생 원인이 무엇인가 분석 후 품질문제의 근본원인을 규명하고 대안을 분석	
Improve (개선)	현재 상태에서 문제 원인에 따른 개선안을 도출하여 문제의 원인 제거 및 프로세스나 절차를 변경하고 개선효과가 있는지 체크	프로세스의 변화 추구
Control (통제)	문제를 해결한 후 개선결과 및 새로운 프로세스의 성과가 유지되도록 관리	

③ 품질관리기법을 학습하기 위해 구성된 그린벨트(green belt)는 6시그마 운영 단계상 개선업무를 담당하는 실무자 그룹이다. 반면에 품질관리분임조(quality circle)는 동일한 작업을 하는 작업자들 중 참여를 희망하는 종업원들이 정기적으로 모여 제품의 품질과 문제점을 분석하고 제안하여 종업원 간의 자체 교육 향상효과와 참여의식 고취로 종업원의 사기 및 팀웍을 증진시켜 성과를 높이고자 하는 취지의 종업원의 모임이다.

④ 공정능력지수(Cp)만으로는 정확도를 제대로 반영하지 못하는 단점이 있기 때문에 중심에서 떨어진

거리 k를 고려하여 Cp에서 이러한 치우침만큼 보정해 주는 치수가 필요한데 이것을 Cpk라고 한다. 공정의 평균과 규격 상한과 하한의 중앙이 일치하는 경우 공정능력지수 Cp값과 Cpk값은 같아진다. 그러나 일반적으로 Cp는 규격의 중심에 산포의 중심을 일치시켜 비교한 값이고 Cpk는 치우침도를 고려한 값이므로 항상 Cp ≥ Cpk 이다.

PART 6 : 회계

CHAPTER 1 : 회계의 기초

개념정리문제

1 ①

해설 계속기업의 가정이란 기업이 경영활동을 청산 또는 중단할 의도가 있거나, 경영활동을 계속할 수 없는 상황에 놓은 경우를 제외하고는 기업이 계속하여 존속해야 한다는 가정을 말한다. 계속기업은 회계의 기본전제로서 역사적 원가주의의 근간이 되며 자산 재평가, 감가상각 등의 전제조건이 된다.

※ 계속 기업 가정
1. 기업이 경영활동을 청산하거나 중요하게 축소할 의도나 필요성을 갖고 있지 않다는 가정을 한다.
2. 그렇지 않은 상황이 발생하면, 계속 기업과는 다른 기준을 적용하고, 적용한 기준을 별도로 공시한다.
[기업의 청산절차(기업활동 중단) 진행 시 : 청산회계 적용]

2 ①

해설 회계정보의 질적 특성은 이해가능성, 목적적합성, 신뢰성과 비교가능성을 들 수 있다. 이러한 질적 특성 중 신뢰성을 가지려면 중립성, 검증가능성, 표현의 충실성이 있어야 한다.

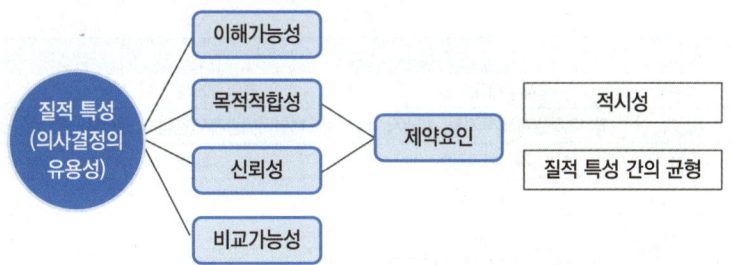

3 ①

해설 단식부기는 일정한 원리, 원칙이 따로 없다.

4 ①

해설 ① 재무보고의 보강적 질적 특성으로는 비교가능성, 검증가능성, 적시성, 이해가능성이 있다.
②, ③, ④ 중립적 서술, 예측가치, 완전한 서술은 근본적 질적 특성에 해당한다.

※ 재무회계정보의 질적 특성 정리
　(1) 근본적 질적 특성(fundamental qualitative characteristics)
　　① 목적적합성
　　　㉠ 목적적합한 재무정보
　　　　ⓐ 정보이용자의 의사결정에 차이가 나도록 한다.
　　　　ⓑ 예측가치(미래 결과 예측을 위한 투입요소로 사용), 확인가치(과거 평가를 확인·변경)

㉡ 중요성(materiality): 누락되거나 잘못 표시된 정보로 인해 정보이용자의 의사결정이 영향을 받게 된다면 그 정보는 중요한 정보로 인식되어야 하며, 해당 정보 관련 항목의 성격과 크기에 근거하여, 해당 기업 특유한 측면의 목적적합성을 의미한다.
② 충실한 표현: 재무정보가 유용하기 위해서는 나타내고자 하는 현상을 충실하게 표현해야 하는데 이와 관련하여 완벽히 충실한 표현이란 완전(complete), 중립(neutral), 무오류(free from error)의 서술이 되어야 한다. 여기서 중립의 의미는 재무정보의 선택 표시에 편의(bias) 없음을 의미하며, 무오류라 함은 현상의 기술에 오류나 누락이 없고, 정보생산 절차의 선택·적용에 오류가 없음을 의미한다.

(2) 보강적 질적 특성(enhancing qualitative characteristics)
① 비교가능성(comparability): 보고기업정보는, 타 기업에 대한 유사정보 또는 해당 기업의 다른 기간·일자의 유사정보와 비교할 수 있다면 더욱 유용할 것으로, 비교가능성은 정보이용자가 항목 간의 유사점과 차이점을 식별·이해할 수 있게 하는 질적 특성을 의미한다.
→ 일관성(consistency): 한 기업 내 기간 간 또는 동일 기간에 기업 간, 동일 항목에 동일 방법을 적용(비교가능성과 관련은 되나 서로 같지는 않음)
② 검증가능성(verifiability): 합리적 판단력이 있고 독립적인 서로 다른 관찰자가 충실한 표현 여부에 대체로 동의할 수 있음을 의미한다.
③ 적시성(timeliness): 정보를 제때에 이용가능하게 하는 것을 의미하며, 회계 정보는 일반적으로 오래될수록 그 유용성 저하된다. 그러나 추세 등 경우는 예외로 볼 수 있다.
④ 이해가능성(understandability): 정보를 명확하고 간결하게, 분류하고 특징지으며 표시하면 이해가능을 높일 수 있다.

5 ②

구 분	재무회계	관리회계	세무회계
목적	재무제표 작성	경영자에게 정보 제공	세금납부의 적정성 결정
이용자	외부이해관계자(투자자, 채권자 등)	내부이해관계자(경영자, 관리자 등)	세무서
규정	기업회계기준	내부규정	세법
보고서	재무제표	정해진 보고서 없음	세무조정계산서
강제성	있음	없음	있음
정보내용	재무상태, 경영성과, 현금흐름 등	미래현금흐름 등	재무상태, 경영성과
정보본질	객관성, 신뢰성	예측성	객관성, 신뢰성
정보특성	과거자료	현재와 미래예측자료	과거자료

6 ③

관리회계에 대한 설명임.

7 ⑤

재무회계는 과거지향적 정보이며, 관리회계는 과거지향적, 미래지향적 정보이다.
①, ② 관리회계의 목적은 내부보고를 위한 것이며 보고 대상은 내부정보이용자이다.
③, ④ 재무회계는 외부보고를 위한 목적으로 보고대상은 외부정보이용자이며 보통 1년을 기준으로 한다.

8 ③

재무회계의 회계기간은 보통 1년이며, 관리회계는 기간규정이 없다.

9 ③

> **해설** 재무회계는 기업외부의 이해관계자에게 제공하기 위한 회계이며, 관리회계는 내부의 이해관계자에게 보고하기 위한 회계로서 경영자는 내부 이해관계자이고 투자자는 외부이해관계자이다.

10 ①

> **해설** 재무회계는 외부 이해관계자에게 정보를 제공하는 것이라면, 관리회계는 내부 이해관계자에게 정보를 제공하는데 그 의미가 있다.

구 분	재무회계	관리회계	세무회계
목적	재무제표작성	경영자에게 정보제공	세금납부의 적정성 결정
이용자	외부이해관계자(투자자, 채권자 등)	내부이해관계자(경영자, 관리자 등)	세무서
규정	기업회계기준	내부규정	세법
보고서	재무제표	정해진 보고서 없음	세무조정계산서
강제성	있음	없음	있음
정보내용	재무상태, 경영성과, 현금흐름 등	미래현금흐름 등	재무상태, 경영성과
정보본질	객관성, 신뢰성	예측성	객관성, 신뢰성
정보특성	과거자료	현재와 미래예측자료	과거자료

11 ③

> **해설** 원가회계란 제품, 서비스, 고객, 부서/부문 조직, 프로젝트, 프로그램 등의 원가계산 대상의 원가를 계산하는 회계분야이다. 투자자들의 의사결정을 지원하기 위한 회계는 특히 외부 정보이용자들에게 올바른 의사결정에 도움을 주는 정보를 제공하는 것은 재무회계이다.

심화문제

1 ②

해설 비교가능성(comparability)이란 보고기업정보는, 타 기업에 대한 유사정보 또는 해당 기업의 다른 기간·일자의 유사정보와 비교할 수 있다면 더욱 유용할 것으로, 비교가능성은 정보이용자가 항목 간의 유사점과 차이점을 식별·이해할 수 있게 하는 질적 특성을 의미한다.

아울러 참고적으로 일관성(consistency)이란 한 기업 내 기간 간 또는 동일 기간에 기업 간, 동일 항목에 동일 방법을 적용(비교가능성과 관련은 되나 서로 같지는 않음)

① 적시성(timeliness)timeliness) : 정보를 제때에 이용가능하게 하는 것을 의미하며, 회계 정보는 일반적으로 오래될수록 그 유용성 저하된다. 그러나 추세 등 경우는 예외로 볼 수 있다.

③ 목적적합성(relevance): 목적 적합한 재무정보로서 누락되거나 잘못 표시된 정보로 인해 정보이용자의 의사결정이 영향을 받게 된다면 그 정보는 중요한 정보로 인식되어야 하며, 해당 정보 관련 항목의 성격과 크기에 근거하여, 해당 기업 특유한 측면의 목적적합성을 의미한다.

④ 검증가능성(verifiability) : 합리적 판단력이 있고 독립적인 서로 다른 관찰자가 충실한 표현 여부에 대체로 동의할 수 있음을 의미한다.

⑤ 표현충실성(representational faithfulness) : 재무정보가 유용하기 위해서는 나타내고자 하는 현상을 충실하게 표현해야 하는데 이와 관련하여 완벽히 충실한 표현이란 완전(complete), 중립(neutral), 무오류(free from error)의 서술이 되어야 한다. 여기서 중립의 의미는 재무정보의 선택 표시에 편의(bias) 없음을 의미하며, 무오류라 함은 현상의 기술에 오류나 누락이 없고, 정보생산 절차의 선택·적용에 오류가 없음을 의미한다.

2 ④

해설 분기재무제표는 연차재무제표에 비해 분기별로 정보를 제공함으로서 적시성 있는 정보를 제공하기 때문에 회계정보의 목적적합성을 높일 수 있다.

① 신뢰성 있는 정보란 주관적이 아니라 객관적으로 검증가능 하여야 한다.
② 회계정보가 중립적이려면 편의(bias)가 있어서는 안된다.
③ 중립적이라 함은 회계정보가 특정 의도된 결과를 유도할 목적으로 판단에 영향을 미쳐서는 안된다.
⑤ 연차재무제표는 분기재무제표에 비해 신뢰성과 목적적합성이 낮은 정보를 제공할 수도 있다.

3 ①

해설 적시성은 목적 적합성에 따른 분류로 보아야 한다.

4 ①

해설 기업 외부의 이해관계자들이 필요한 정보를 제공하는 것은 재무회계임. 비교분류하여 보면 아래 표와 같다.

구분	재무회계	관리회계	세무회계
목적	재무제표작성	경영자에게 정보제공	세금납부의 적정성 결정
이용자	외부이해관계자 (투자자, 채권자 등)	내부이해관계자 (경영자, 관리자 등)	세무서
규정	기업회계기준	내부규정	세법
보고서	재무제표	정해진 보고서 없음	세무조정 계산서
강제성	있음	없음	있음
정보내용	재무상태, 경영성과, 현금흐름 등	미래현금흐름 등	재무상태, 경영성과
정보본질	객관성, 신뢰성	예측성	객관성, 신뢰성
정보특성	과거자료	현재와 미래예측자료	과거자료

5 ②

해설 기업 간 비교를 위해 동일한 회계정보나 집계방식을 사용하는 것은 재무회계이다.

6 ②

해설 회계정보를 이용자들에게 전달하는 가장 주된 수단은 재무제표로서, 여기에는 재무상태표, 포괄손익계산서, 현금흐름표, 자본변동표, 주석으로 구성되어 있다.

CHAPTER 2 : 재무회계

개념정리문제

1 ④

해설 | 잔액시산표는 일정한 기간 안의 계정과목에 해당하는 잔액을 기록한 서식을 뜻한다.
① 현금흐름표는 일정기간 동안 기업실체의 현금유입과 현금유출에 대한 정보를 제공하는 재무보고서이다.
② 손익계산서는 일정기간 동안 소유주와의 자본거래를 제외한 모든 원천에서 순자산이 증가하거나 감소한 정도와 그리고 그 내역에 대한 정보를 제공하는 재무보고서이다.
③ 자본변동표는 일정시점 현재 기업실체의 자본의 크기와 일정기간 동안 기업실체의 자본의 변동에 관한 정보를 나타내는 재무보고서이다.

2 ④

해설 |

분류		설 명	계정과목의 예
자산	유동자산	재무상태일로부터 1년 또는 영업주기 이내에 현금화 또는 소비될 것으로 예상되는 자산	현금 및 현금성자산, 당기손익인식 금융자산, 단기대여금, 매출채권, 재고자산(상품, 제품, 원재료, 소모품 등), 선급비용, 미수수익
	투자자산	장기투자이익이나 타 기업에 대한 지배·통제를 목적으로 취득한 자산	매도가능금융자산, 만기보유금융자산, 관계기업투자(지분법적용투자주식), 투자부동산
	유형자산	영업활동에 장기간 사용할 목적으로 보유하는 물리적 형체가 있는 자산	설비자산(건물, 구축물, 기계장치, 차량운반구, 비품), 토지, 건설중인 자산
	무형자산	영업활동에 장기간 사용할 목적으로 보유하는 물리적 형체가 없는 자산	산업재산권(특허권, 상표권, 상호권, 실용신안권 등), 광업권, 어업권, 개발비, 영업권, 컴퓨터소프트웨어, 영업권
	기타 비유동자산	비유동자산 중 투자자산, 유형자산 또는 무형자산에 속하지 않는 자산	임차보증금, 이연법인세자산
부채	유동부채	재무상태표일로부터 1년 이내 또는 1 영업주기 이내에 현금지급 등의 방법으로 변제해야 할 채무	당기손익인식금융부채, 매입채무, 미지급비용, 선수수익, 선수금, 미지급금, 예수금
	장기 금융부채	상환기일이 재무상태표일로부터 1년 이후에 도래하는 금융부채	장기금융부채(사채), 장기차입금
	충당부채	과거 회계거래에 의해 현재 부담하고 있으나 그 지급시점과 금액이 확정되어 있지 않은 부채	확정급여부채, 제품보증충당부채, 구조조정충당부채
	기타 비유동부채	장기금융부채와 충당부채를 제외한 비유동부채	임대보증금, 이연법인세부채

3 ③

해설 | 재무상태표란 어느 특정 시점의 재무 상태를 나타내는 표로서, 자산, 부채, 자본이라는 세 가지 큰 항목으로 표현한다. 반면 포괄손익계산서는 기업의 자금 활용을 통한 경영성과를 수익(revenue)과 비용(expenses) 그리고 당기 순이익(net income)으로 구분하여, 자금 활용을 보고하는 형식으로서, 포괄손익계산서는 기업의 경영성과를 명백히 보고하기 위하여 그 회계 기간에 속하는 모든 수익과 이에 대응하는 모든 비용을 나타내는 표이다.

4 ④

해설　수익·비용 대응의 원칙이 적용되는 것은 포괄손익계산서이며, 일정기간동안의 경영성과를 영업, 투자, 재무적 활동 관점에서 보는 것은 현금흐름표이다.

5 ①

해설　받을 어음은 차변항목을 구성하는 요소이다.

6 ④

해설　비용은 손익계산서의 구성요소이다.
청구권은 부채, 자본과 연관이 있고, 지분은 자본과 연관이 있다.

○○○○년 ○월 ○일 현재

차변	대변
자산	부채
	자본

(이렇게 운용하고 있습니다.)　　(이렇게 조달해서)

7 ①

해설　앞 문제 해설 참조

8 ⑤

해설　매출원가는 포괄손익계산서상의 비용항목이다.
매출원가(cost of sales 또는 cost of goods sold): 판매된 상품의 매입원가(또는 제품의 제조원가)

참고　포괄손익계산서상 비용항목 분류방법
① 성격별(by nature) 분류법
　• 당기손익에 포함된 비용을 그 성격(예 감가상각비, 원재료의 구입, 운송비, 종업원급여, 광고비)별로 통합하며, 기능별로 재배분하지 않음.
　• 비용을 기능별 분류로 배분할 필요가 없어서 적용이 간단함.
② 기능별(by function) 분류법('매출원가'법)
　• 비용을 기능별로 분류: 매출원가, 물류원가, 관리활동원가 등.
　• 적어도 매출원가는 다른 비용과 분리하여 공시.
　• 전통적으로 오래 이용. 성격별 분류보다 더욱 목적적합한 정보 제공 가능. 그러나 기능별 배분에 자의적인 판단이 개입될 수 있다는 것이 단점.

9 ①

해설 재무상태표상의 자산 항목을 정리하면 다음과 같다.

자산	유동자산		재무상태일로부터 1년 또는 영업주기 이내에 현금화 또는 소비될 것으로 예상되는 자산	현금 및 현금성자산, 당기손익인식 금융자산, 단기대여금, 매출채권, 재고자산(상품, 제품, 원재료, 소모품 등), 선급비용, 미수수익
	비유동자산	투자자산	장기투자이익이나 타 기업에 대한 지배·통제를 목적으로 취득한 자산	매도가능금융자산, 만기보유금융자산, 관계기업투자(지분법적용투자주식), 투자부동산
		유형자산	영업활동에 장기간 사용할 목적으로 보유하는 물리적 형체가 있는 자산	설비자산(건물, 구축물, 기계장치, 차량운반구, 비품), 토지, 건설중인 자산
		무형자산	영업활동에 장기간 사용할 목적으로 보유하는 물리적 형체가 없는 자산	산업재산권(특허권, 상표권, 상호권, 실용신안권 등), 광업권, 어업권, 개발비, 영업권, 컴퓨터소프트웨어, 영업권
		기타 비유동자산	비유동자산 중 투자자산, 유형자산 또는 무형자산에 속하지 않는 자산	임차보증금, 이연법인세자산
부채	유동부채		재무상태표일로부터 1년 이내 또는 1영업주기 이내에 현금지급 등의 방법으로 변제해야 할 채무	당기손익인식금융부채, 매입채무, 미지급비용, 선수수익, 선수금, 미지급금, 예수금
	비유동부채	장기 금융부채	상환기일이 재무상태일로부터 1년 이후에 도래하는 금융부채	장기금융부채(사채), 장기차입금
		충당부채	과거 회계거래에 의해 현재 부담하고 있으나 그 지급시점과 금액이 확정되어 있지 않은 부채	확정급여부채, 제품보증충당부채, 구조조정충당부채
		기타 비유동부채	장기금융부채와 충당부채를 제외한 비유동부채	임대보증금, 이연법인세부채

10 ②

해설 유형자산이란 영업활동에 장기간 사용할 목적으로 보유하는 물리적 형체가 있는 자산을 의미하며 이에는 설비자산(건물, 구축물, 기계장치, 차량운반구, 비품), 토지 건설중인 자산 등이 포함된다. 반면에 특허권과 라이선스는 무형자산에 해당함.

11 ①

해설 현금 및 현금성자산은 유동자산이나 사채는 장기금융부채로서 비유동부채에 해당한다.

유동부채	단기차입금, 매입채무, 당기법인세부채, 미지급비용, 이연법인세부채, …
비유동부채	사채, 신주인수권부사채, 전환사채, 장기차입금, 퇴직급여충당부채, 장기제품보증충당부채, 이연법인세부채, …

12 ④

해설 판매비는 비용항목으로 포괄손익계산서의 항목임.

13 ④

해설 재무상태표(B/S)상 자산은 유동성 배열의 원칙에 의해 나타나게 된다. 작성일로부터 1년을 기준으로 유동자산과 고정자산(비유동자산)으로 구분한다. 유동자산은 1년 이내에 현금화할 수 있는 자산을 의미하며 다시 당좌자산과 재고자산으로 분류한다.

14 ③

해설 가지급금 및 가수금 등의 미결산항목은 그 내용을 나타내는 적절한 과목으로 표시하고 재무상태표의 자산 및 부채항목으로 표시해서는 아니 된다.

15 ⑤

해설
- 투자자산, 유형자산, 무형자산: 비유동자산
- 매입채무: 유동부채

16 ①

해설

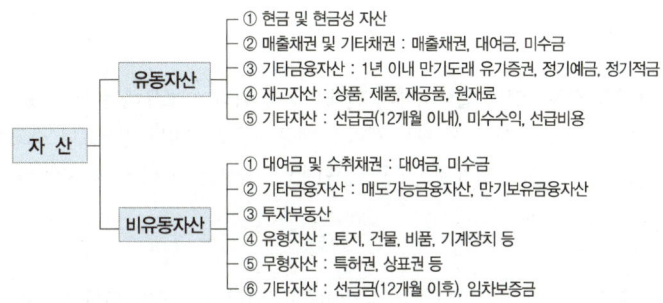

17 ①

해설

자본의 구성요소	세부항목의 예
자본금	보통주자본금, 우선주자본금
자본잉여금	주식발행초과금, 기타자본잉여금(감자차익, 자기주식처분이익 등)
자본조정	자기주식, 기타자본조정(주식할인발행차금, 감자차손, 자기주식처분손실 등)
기타포괄손익누계액	기타포괄손익인식금융자산평가손익, 재평가잉여금 등
이익잉여금	법정적립금, 임의적립금, 미처분이익잉여금

- 자산항목: ③ 영업권, ④ 미수수익 / 부채 항목: ② 사채, ⑤ 선수수익

참고
- 자산 및 부채 구성항목

	분류	설명	계정과목의 예
자산	유동자산	재무상태일로부터 1년 또는 영업주기 이내에 현금화 또는 소비될 것으로 예상되는 자산	현금 및 현금성자산, 당기손익인식 금융자산, 단기대여금, 매출채권, 재고자산(상품, 제품, 원재료, 소모품 등), 선급비용, 미수수익
	투자자산	장기투자이익이나 타 기업에 대한 지배·통제를 목적으로 취득한 자산	매도가능금융자산, 만기보유금융자산, 관계기업투자(지분법적용투자주식), 투자부동산
	유형자산	영업활동에 장기간 사용할 목적으로 보유하는 물리적 형체가 있는 자산	설비자산(건물, 구축물, 기계장치, 차량운반구, 비품), 토지, 건설중인 자산
	무형자산	영업활동에 장기간 사용할 목적으로 보유하는 물리적 형체가 없는 자산	산업재산권(특허권, 상표권, 상호권, 실용신안권 등), 광업권, 어업권, 개발비, 영업권, 컴퓨터소프트웨어, 영업권
	기타 비유동자산	비유동자산 중 투자자산, 유형자산 또는 무형자산에 속하지 않는 자산	임차보증금, 이연법인세자산
부채	유동부채	재무상태표일로부터 1년 이내 또는 1 영업주기 이내에 현금지급 등의 방법으로 변제해야 할 채무	당기손익인식금융부채, 매입채무, 미지급비용, 선수수익, 선수금, 미지급금, 예수금
	장기 금융부채	상환기일이 재무상태표일로부터 1년 이후에 도래하는 금융부채	장기금융부채(사채), 장기차입금
	충당부채	과거 회계거래에 의해 현재 부담하고 있으나 그 지급시점과 금액이 확정되어 있지 않은 부채	확정급여부채, 제품보증충당부채, 구조조정충당부채
	기타 비유동부채	장기금융부채와 충당부채를 제외한 비유동부채	임대보증금, 이연법인세부채

18 ①

해설   특허권은 비유동자산 중에서 무형자산에 해당한다.

19 ③

해설   투자부동산은 비유동자산 중 투자자산에 해당한다.

20 ①

해설   재고자산이란 정상적인 영업과정에서 판매목적을 위하여 보유하는 자산 또는 판매를 목적으로 한 생산과정에 있는 자산 그리고 생산 또는 서비스 제공과정에 투입될 원재료나 소모품의 형태로 존재하는 자산을 말한다. 상품, 제품, 반제품, 재공품, 원재료, 저장품, 기타의 재고자산을 과목으로 한다.

21 ④

해설   투자자산이란 기업이 장기적인 투자수익이나 타 기업 지배목적 등의 부수적인 기업활동의 결과로 보유하는 자산을 말한다. 장기적인 투자수익을 얻기 위하여 가지고 있는 채무증권과 지분증권, 지분법적용투자주식, 영업활동에 사용되지 않는 토지와 설비자산, 설비확장 및 채무상환 등에 사용할 특정목적의 예금을 포함한다. 장기금융상품, 투자유가증권, 장기대여금, 장기성 매출채권, 보증금, 이연법인세자산을 과목으로 한다.

22 ①

해설   무형자산이란 영업권, 산업재산권, 특허권, 상표권 등과 같이 재화의 생산이나 용역의 제공, 타인에 대한 임대 또는 관리에 사용할 목적으로 기업이 보유하고, 물리적 형체가 없지만 식별가능하고, 기업이 통제하고 있으며, 미래 경제적 효익이 있는 비화폐성 자산을 말한다. 비화폐성 자산은 화폐성 자산 이외의 자산을 말하며, 화폐성자산은 현금 및 확정되었거나 확정가능한 화폐금액으로 받을 자산을 말한다. 포괄적인 무형자산을 설명하면 아래와 같다.

영업권	우수한경영진, 뛰어난 판매조직, 양호한 신용, 원만한 노사관계, 기업의 좋은 이미지 등 동종의 타기업에 비하여 특별히 유리한 사항들을 집합한 무형의 자원
개발비	개발활동과 관련하여 발생한 지출액 중 미래의 경제적 효익이 기업에 유입될 가능성이 매우 높으며, 취득원가를 신뢰성 있게 측정한 것
산업재산권	특허권, 실용신안권, 디자인권, 상표권
기타의 무형자산	라이센스, 프랜차이즈, 저작권, 컴퓨터소프트웨어, 임차권리금, 광업권, 어업권 등

23 ①

해설   단기매매증권은 유동자산 중 당좌자산으로 보고한다.

24 ①

해설   선수금과 선수수익은 차후에 재화, 용역을 제공하므로 금융부채가 아닌 기타 부채항목이며, 미지급법인세와 예수금은 자발적인 계약에 의한 것이 아니므로 금융부채로 볼 수 없음
- 금융부채: 거래상대방에게 현금 등 금융자산을 인도하기로 한 계약상 의무, 잠재적으로 불리한 조건으로 거래상대방과 금융자산이나 금융부채를 교환하기로 한 계약상 의무 등
- 미지급금: 일반적인 상거래가 아닌 거래(예: 부동산, 비품의 구입)에서 발생한 채무

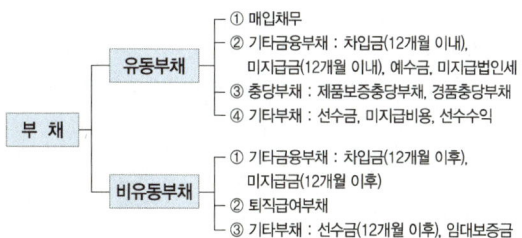

• 금융상품

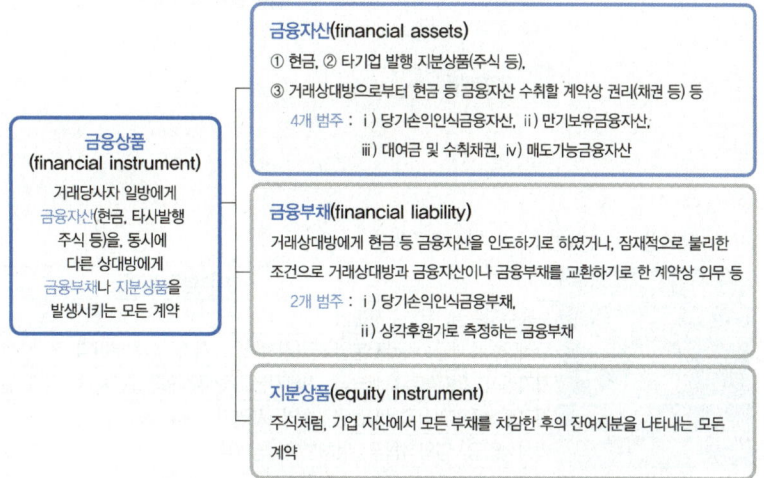

25 ①
해설 사채는 비유동부채이다.
장기차입금, 퇴직급여충당부채도 비유동부채이다. (비유동부채: 보고기간종료일로부터 1년이 초과되어 상환될 부채)

26 ⑤
해설 예수금은 유동부채에 해당함.

27 ①
해설 자금조달과 자금운용의 안정성을 동시에 고려한 재무비율.
[고정자산 / (자기자본＋고정부채)]×100%

28 ②
해설 이자보상비율＝(순이익＋이자비용＋법인세비용) / 이자비용

29 ②
해설 당좌 → 재고 → 투자 → 무형 → 유형 → 기타비유동 순으로 유동성이 높다.
(당좌가 제일 높고, 기타비유동이 제일 낮음) 당좌예금은 당좌자산에 포함되므로 유동성이 가장 높다.

30 ⑤

[해설] 미수금은 자산계정이다.

자본: 소유주청구권(지분)이라고도 함. 기업의 자산총액에서 부채총액을 차감한 순자산(net assets, net worth)

31 ⑤

[해설] 자본 항목을 정리하여 보면 다음과 같다.

자본의 구성요소	세부항목의 예
자본금	보통주자본금, 우선주자본금
자본잉여금	주식발행초과금, 기타자본잉여금(감자차익, 자기주식처분이익 등)
자본조정	자기주식, 미교부주식배당금, 기타자본조정(주식할인발행차금, 감자차손, 자기주식처분손실 등)
기타포괄손익누계액	기타포괄손익인식금융자산평가손익, 재평가잉여금 등
이익잉여금	법정적립금, 임의적립금, 미처분이익잉여금

[보충] 주식 배당이란 주식 발행 회사가 이익잉여금을 현금으로 배당하지 않고 주식을 교부한 것을 말한다. 주식배당일 경우 배당기준일과 지급일에는 다음과 같은 회계 처리를 한다. 여기서 배당 기준일에 발생하는 미교부주식배당금(unissued stock dividends)은 자본조정항목으로 분류되며 배당지급일에 자본금으로 대체된다.

32 ⑤

[해설] 자기주식처분이익은 자본잉여금에 해당하며 나머지 보기는 자본조정항목에 해당한다.

33 ⑤

[해설]

자본의 구성요소	세부항목의 예
자본금	보통주자본금, 우선주자본금
자본잉여금	주식발행초과금, 기타자본잉여금(감자차익, 자기주식처분이익 등)
자본조정	자기주식, 기타자본조정(주식할인발행차금, 감자차손, 자기주식처분손실 등)
기타포괄손익누계액	기타포괄손익인식금융자산평가손익, 재평가잉여금 등
이익잉여금	법정적립금, 임의적립금, 미처분이익잉여금

34 ②

[해설] 주식할인발행차금은 주식발행연도부터 또는 증자연도부터 3년 이내의 기간에 매기 균등액을 상각하고 동상각액은 이익잉여금처분으로 한다. 다만, 처분할 이익잉여금이 부족하거나 결손이 있는 경우에는 차기이후 연도에 이월하여 상각할 수 있다.

※ 참고로 자본의 유형을 정리하면 다음과 같다.

자본의 구성요소	세부항목의 예
자본금	보통주자본금, 우선주자본금
자본잉여금	주식발행초과금, 기타자본잉여금(감자차익, 자기주식처분이익 등)
자본조정	자기주식, 기타자본조정(주식할인발행차금, 감자차손, 자기주식처분손실 등)
기타포괄손익누계액	기타포괄손익인식금융자산평가손익, 재평가잉여금 등
이익잉여금	법정적립금, 임의적립금, 미처분이익잉여금

35 ⑤

해설 영업권은 기업과 분리되어 거래가 되지 않으므로 식별불가하다.
다음 중 하나에 해당하는 경우 무형자산이 식별가능하다.
(1) 기업과 분리될 수 있고, 개별적으로 매각, 이전, 임대 등이 가능하다.
(2) 계약상 권리 또는 기타 법적 권리로부터 자산이 발생한다.

36 ②

해설 사채의 취득은 목적에 관계없이 사채상환에 해당하므로 장부가액과 취득가액의 차액을 사채 상환손익으로 인식한다.

※ 참고로 부채의 유형을 정리하면 다음과 같다.

유동부채	단기차입금, 매입채무, 당기법인세부채, 미지급비용, 이연법인세부채, …
비유동부채	사채, 신주인수권부사채, 전환사채, 장기차입금, 퇴직급여충당부채, 장기제품보증충당부채, 이연법인세부채, …

37 ⑤

해설 매입채무와 선수금은 유동부채에 해당한다.

38 ②

해설 선급비용은 미리 지급한 비용으로 일정한 계약에 따라 계속적으로 용역을 제공하는 경우 아직 제공되지 않은 용역에 대한 대가로서 유동자산에 해당한다.
참고로 선급금은 상품, 원재료 등의 매입을 위해 선급한 금액으로 기업의 주된 영업과 관련된 미리 낸(선급) 금액을 처리하는 계정과목으로 이또한 선급비용과 함께 자산계정 항목임.(선급금과 반대되는 개념은 선수금으로 이는 미리 받은 돈으로서 부채에 해당함)
나머지 지문을 분류하여 보면 다음과 같다.
① 매입채무: 유동 부채, ③ 선수금: 유동부채, ④ 사채: 비유동부채(장기 금융부채), ⑤ 예수금: 유동부채

39 ④

해설 장기성매입채무는 비유동부채에 속한다.

40 ⑤

해설 ① 투자자가 매월 일정한 금액에 해당하는 증권을 매입하는 저축제도이다.
② 주식채권 등의 유가증권에 투자하는 것이다.

③ 신용거래로 주식을 매매할 경우, 약정대금의 일정한 비율에 해당하는 위탁보증금이 필요한데, 이 약정금액에 대해서 필요로 하는 최저위탁보증금의 비율이다.
④ 유가증권에 관련된 모든 금융을 총칭한 것을 말한다.

41 ②
해설 자산+비용 = 부채+자본+수익

42 ④
해설 자기주식처분이익은 재무상태표상의 자본 항목 중 자본잉여금에 해당하는 항목이다. 자본 항목을 정리하여 보면 다음과 같다.

자본의 구성요소	세부항목의 예
자본금	보통주자본금, 우선주자본금
자본잉여금	주식발행초과금, 기타자본잉여금(감자차익, 자기주식처분이익 등)
자본조정	자기주식, 기타자본조정(주식할인발행차금, 감자차손, 자기주식처분손실 등)
기타포괄손익누계액	기타포괄손익인식금융자산평가손익, 재평가잉여금 등
이익잉여금	법정적립금, 임의적립금, 미처분이익잉여금

43 ④
해설 현금흐름표는 재무제표 중 유일하게 발생주의가 아닌 현금 주의 회계를 채택하고 있으며 현금 유입에서 현금유출차감하여 이의 증감을 보는 것으로 현금흐름은 영업, 투자, 재무 활동에 대한 현금흐름을 추적한다.

44 ①
해설 현금흐름표는 발생주의로 작성하는 것이 아니고, 현금주의로 작성한다. 현금흐름표는 재무제표의 종류 중 하나로서 일정 기간 동안 기업실체의 현금의 유입이나 유출에 대한 정보를 제공하는 보고서를 뜻한다.

45 ①
해설

기업활동별 현금흐름의 의미
영업활동으로 인한 현금흐름(cash flows from operating activities)
- 현금유입: 서비스, 상품, 제품의 매출 - 현금유출: 재료/상품 매입, 생산, 판매, 관리활동으로 인하여 발생한 노무비, 제조경비, 물류원가, 관리비, 이자지급*, 법인세 등
투자활동으로 인한 현금흐름(cash flows from investing activities)
- 유가증권, 비유동 자산의 매입과 처분, 대여 및 대여금 회수 등에 의한 현금유출/현금유입으로 구분 보고
재무활동으로 인한 현금흐름(cash flows from financing activities)
- 현금유입: 자금차입이나 신주발행 등 자금조달활동 - 현금유출: 차입금 상환, 배당금 지급* 등
*K-IFRS: 이자나 배당금 지급은 모두 영업활동이나 재무활동으로 분류 가능

46 ①
해설 영업이익이나 순이익처럼 회사의 이익을 나타내는 지표 중 하나로 기업이 영업활동을 통해 벌어들이는 현금 창출능력을 나타낸다. 이자·세금·감가상각비를 지급하기 전의 순이익, 즉 영업이익(EBIT)에다 감가상각비를 합한 것으로 '세전영업 현금흐름' 혹은 에비타라고 한다.

에비타는 실제로 현금이 나가지 않은 감가상각비는 비용으로 간주하지 않으므로 설비 투자가 많은 대기업체들이 선호하는 경향이 있다.

예를 들어 어느 회사가 대형 설비 투자를 하면서 투자비를 비용으로 처리하면 영업이익이 적자가 되지만 에비타를 쓰면 흑자가 될 수도 있다

영업현금흐름(operating cash flow: OCF)
= (매출액-영업비용) - 법인세율 × (매출액 - 영업비용 - 감가상각비)
= (매출액-영업비용)(1 - 법인세율) + 법인세율 × 감가상각비
= 영업이익 × (1 - 법인세율) + 감가상각비

잉여현금흐름(free cash flow: FCF)
= 영업현금흐름 - 순운전자본의 변동 - 자본적 지출

47 ①

해설

영업활동: 매출, 매입 및 회사관리활동
투자활동: 유형자산, 무형자산, 투자자산 취득에 관련된 활동
재무활동: 자금차입, 주식발행에 관련된 활동

- 투자활동으로 인한 현금흐름

1. 현금유입	2. 현금유출
• 유동자산(일부)의 감소 　- 단기금융상품의 처분 　- 유가증권(현금등가물 제외)의 처분 　- 단기대여금의 회수 • 투자자산의 감소 　- 장기성 예금·장기대여금의 회수 　- 투자유가증권 등의 처분 • 유형자산·무형자산의 감소 　- 토지·건물의 처분 　- 무형자산(일부)의 처분	• 유동자산(일부)의 증가 　- 단기금융상품 취득 　- 유가증권(현금등가물 제외)의 취득 　- 단기대여금 대여 • 투자자산의 증가 　- 장기성 예금·장기대여금의 증가 　- 투자유가증권 등의 취득 • 유형자산·무형자산의 증가 　- 토지·건물 등의 취득 　- 무형자산의 취득

- 재무활동으로 인한 현금흐름

1. 현금유입	2. 현금유출
• 단기부채의 증가 　- 단기차입금의 증가 • 장기부채의 증가 　- 사채발행(발행가액) 　- 장기차입금 차입 • 자본의 증가 　- 주식발행(발행가액) 　- 자기주식 처분	• 단기부채의 감소 　- 단기차입금 상환 • 장기부채의 감소 　- 사채 상환 　- 장기차입금 상환 • 자본의 감소 　- 유상감자 　- 자기주식 취득 　- 배당금 지급

48 ①

해설

영업활동현금흐름: 매출, 매입, 판관비
투자활동현금흐름: 유형, 무형, 투자자산 취득, 처분
재무활동현금흐름: 차입금, 사채, 주식발행

49 ④

해설

④ 대손상각비 / 대손충당금
동 분개가 없는 경우 비용감소, 이익증가, 자본증가, 자산증가가 나타남.

50 ⑤

해설   외상매출금과 받을어음 등 일반적으로 상거래에서 발생한 채권은 매출채권이라는 계정과목으로 통합하여 보고해야 한다.

51 ④

해설

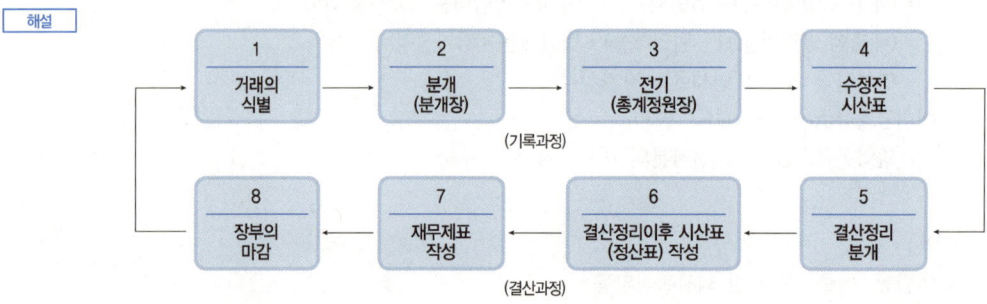

52 ②

해설   앞 문제 해설 참조

53 ①

해설   회계의 순환과정은 거래의 식별 → 분개장에 분개 → 총계정원장 전기 → 수정전시산표의 작성 → 결산정리(기말수정)분개 → 수정 후 시산표의 작성 → 재무제표작성 → 장부마감의 순서로 작성되어짐.

54 ②

해설   전기된 자료를 한 곳에 집계한 것이 시산표이므로 전기가 잘되어 있고 보기 편하다면 굳이 시산표를 작성할 필요가 없다.

55 ⑤

해설

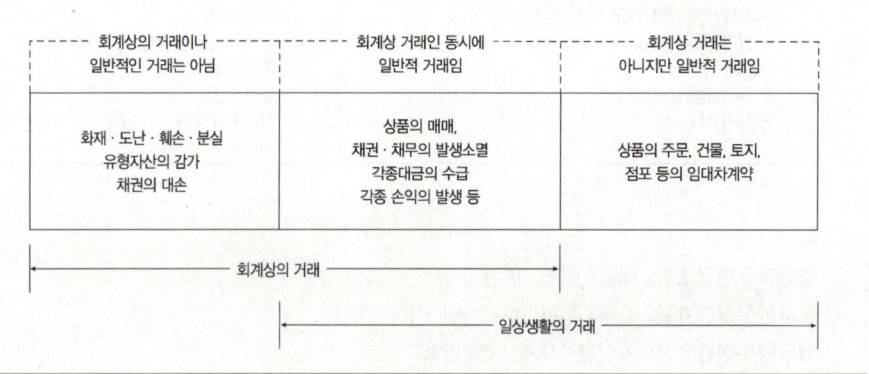

56 ③

해설   회계상의 거래란 자산이나 부채, 자본 등의 증감에 변화를 일으키는 모든 행위를 말한다. 즉, 실제로 증가와 감소가 발생하는 경우가 속한다. 회계상 거래인 것에는 화재, 감가, 대손, 면제, 수증, 도난, 분실, 가격상승, 가격하락 등이 있다. 회계상 거래가 아닌 것에는 매매계약 및 주문, 약속, 계약, 담보, 보관 등이 있다. ②와 ④도 각각 약속을 하였을 뿐 아직 실제로 지불된 것이 아니기 때문에 회계상의 거래에 해당하지 않는다.

57 ④
해설 계약, 주문, 담보, 채용은 회계상 거래로 볼 수 없다. 천재지변으로 인한 손해, 도난은 회계상 거래이다.

58 ④
해설 계약, 주문, 담보, 채용은 회계상 거래가 아니다.

59 ②
해설 1억원의 토지를 현금으로 취득한 경우 토지라는 유형자산이 증가하였으나 이에 따른 현금지급이 발생하였으므로 현금성자산은 감소한 것임.

보충 분개의 법칙
(1) 자산의 증가는 차변에 자산의 감소는 대변에   (2) 부채의 감소는 차변에 부채의 증가는 대변에
(3) 자본의 감소는 차변에 자본의 증가는 대변에   (4) 비용의 발생은 차변에 수익의 발생은 대변에

60 ①
해설 토지 10,100,000원 / 현금 100,000원 / 미지급금 10,000,000원

〈계정기입의 원칙〉

		**계정	
		차 변	대 변
재무상태표계정	자산계정 →	자산 증가 ←	→ 자산 감소
	부채계정 →	부채 감소 ←	→ 부채 증가
	자본계정 →	자본 감소 ←	→ 자본 증가
포괄손익계산서 계정	비용계정 →	비용 발생 ←	→ 비용 소멸
	수익계정 →	수익 소멸 ←	→ 수익 발생

61 ⑤
해설 다른 회사와 2,000,000원의 상품 판매계약을 체결하였으나 계약금 등을 받지 않았고 아직 상품을 판매하지 않았으므로 채권채무관계가 발생주의에 근거하여 발생하지 않은 것으로서 단순 계약의 성립은 회계적 거래가 아니라 일반적 거래로 보아야 한다.

62 ⑤
해설 수익의 발생은 대변에 기입하여야 할 항목임.

63 ④
해설 차량구입가 40만원 현금지출로 200만원 차량구입: 총자산 증가,
이 거래에서 160만원 외상 거래: 총부채 증가

〈계정기입의 원칙〉

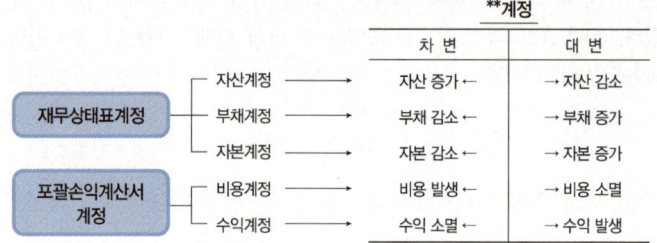

64 ④
해설 액면가액 5,000원에 주식 100주를 발행하였으므로 회사에 자본항목으로 대변에 500,000 분개, 이는 회사의 자산으로 유입되므로 차변에도 500,000분개해야 함.

65 ④
해설 자본의 증가는 대변이다.
자산, 비용: 증가→차변, 감소→대변 / 부채, 자본, 수익: 증가→대변, 감소→차변

66 ①
해설 앞 문제 해설 참조

67 ①
해설 부채의 증가는 대변에 기재한다(감소는 차변 기재).

68 ③
해설 주식분할을 하면 주식의 수만 증가하므로 분개가 없음
① 이 익 잉 여 금 ×××   현　금 ××× (즉시 지급가정)
② 이 익 잉 여 금 ×××   자본금 ××× (즉시 지급가정)
④ 주식발행초과금 ×××   자본금 ×××
⑤ 자 기 주 식 ×××   현　금 ×××

69 ④
해설
- 현금: 통화, 보통예금, 타인발행수표, 자기앞수표, 우편환증서, 당좌예금 및 소액현금
- 현금성자산: 현금은 아니지만, 현금과 거의 같은 수준의 유동성을 가지는 것으로 기업어음(CP, commercial paper) 등을 지칭
- 현금성 자산의 기준
  - 확정된 금액의 현금으로 전환이 용이할 것
  - 가치변동의 위험이 경미할(insignificant) 것
  예 취득일로부터 만기일이 3개월 이내인 회사채

70 ③

해설

- 발생주의 회계 가정: 현금의 수입 및 지출과는 상관없이 중요한 사건이 완성되면 회계 사건으로 인식한다는 가정
  - 수익·비용 대응의 원칙(matching principle): 거래나 그 밖의 사건의 영향을 현금 및 현금성 자산의 수취나 지급 시점이 아니라 발생한 기간에 인식하여 이를 해당 기간의 장부에 기록하고 재무제표에 표시
  - 현금흐름표 제외한 재무제표: 모두 발생기준에 따라 작성

	발생기준 회계(accrual-basis acc.)	현금기준 회계(cash-basis acc.)
개념	거래와 관련된 수익·비용을 현금유출·유입이 있는 기간이 아니라, 그 거래가 발생한 기간에 인식	현금의 수입과 지출이 일어나는 시점에 수익과 비용 인식
수익인식 시점	재화의 판매 또는 용역의 제공 시점	현금 수입 시점
비용인식 시점	수익창출 위한 자산 감소 또는 부채 발생 시점	현금 지출 시점
장 점	정확한 손익 계산(경영성과 파악)	현금흐름 정보 제공
단 점	현금흐름과 발생손익의 불일치(현금흐름 정보가 제공되지 않음)	정확한 손익 계산 곤란

71 ③

해설

포괄손익계산서에는 수익, 비용, 기타포괄손익이 들어간다.
* 손익계산서의 구조: 매출액, 매출원가, 매출총이익, 판매비와 관리비, 영업이익, 영업외 수익(기타 수익), 영업외 비용(기타 비용), 법인세 비용, (세후)당기순이익

72 ③

해설

비용(expenses)이란 수익을 창출하는 과정에서 소비된 자산의 원가 또는 창출된 부채, 즉 기업이 수익을 발생시키기 위해 들인 총금액을 말한다. 비용에는 매출원가, 판매비 및 일반관리비, 지급이자 등이 포함된다. 매출원가는 제품이라든지 서비스를 생산하는 데 직접적으로 소요된 금액을 말하고, 판매비와 일반관리비는 임금, 광고비, 복리후생비, 수도광열비, 임차료 등이 포함된다.

73 ⑤

해설

유형자산재평가이익, 매도가능증권평가손익, 해외사업환산손익, 현금흐름위험회피 파생상품평가손익이 대표적인 기타포괄손익임.

74 ②

해설

- 이익잉여금(earned surplus)은 총자산에서 부채와 자본금을 공제한 잔액을 잉여금이라 하는데, 기업회계상 잉여금은 자본잉여금과 이익잉여금으로 분류된다.
- 이익잉여금은 주식발행초과금, 감자차익 등으로부터 발생하는 자본잉여금과는 달리 손익거래로부터 발생한 잉여금을 의미한다. 즉 이익잉여금이란 이익을 원천으로 하는 잉여금을 말한다.
- 이익잉여금은 이익적립금·임의적립금(자산재평가적립금 제외) 또는 당기말 미처분이익잉여금과 같이 영업거래에서 발생하는 이익의 유보를 말하는 것으로 자본거래에서 나타나는(주식의 발행차금·감자차익·합병차익) 자본잉여금과는 다르다.

75 ④

해설 불한정 의견은 감사의견 유형에 해당하지 않음.
감사의견의 종류mf 정리하면 다음과 같다.
① 적정의견(unqualified opinion): 회사가 작성한 재무제표가 기업회계기준에 따라서 잘 작성되어 회사의 경영 성과와 재무상태를 적정하게 표현하고 있다는 의견
② 한정의견(qualified opinion): 어떤 특정 사실이나 특정 부분을 제외하고는 재무제표가 기업회계기준에 따라 적정하게 표시되어 있음을 나타내는 의견
③ 부적정의견(adverse opinion): 회사가 작성한 재무제표가 기업회계기준에서 크게 벗어나 회사의 경영 성과와 재무상태를 잘 표현하지 못하고 있다는 의견
④ 의견거절(disclaimer of opinion): 감사의견을 형성하는 데 필요한 합리적인 증거를 입수하지 못하여 재무제표 전체에 대한 의견표명이 불가능한 경우, 기업의 존립에 의문을 제기할 만한 객관적인 사항이 중요한 경우 또는 감사인이 감사를 수행함에 있어서 독립성이 결여되어 있는 등 재무제표의 적정성에 대하여 의견표명을 하지 못하는 경우에 제시

76 ②

해설 미수수익의 증가는 유동자산의 증가로 보아야 하며, 자산의 증가는 차변에 기록한다.
① 선수금의 증가 → 유동부채의 증가 : 대변
③ 매출의 발생 → 수익 발생 : 대변
④ 미지급비용의 증가 → 유동부채 증가 : 대변
⑤ 매입채무의 증가 → 유동부채 증가 : 대변
• 분개의 법칙을 정리하면 다음과 같다.
  (1) 자산의 증가는 차변에 자산의 감소는 대변에
  (2) 부채의 감소는 차변에 부채의 증가는 대변에
  (3) 자본의 감소는 차변에 자본의 증가는 대변에
  (4) 비용의 발생은 차변에 수익의 발생은 대변에

77 ③

해설 분개의 법칙을 정리하면 다음과 같다.

> * 분개의 법칙
> (1) 자산의 증가는 차변에 자산의 감소는 대변에
> (2) 부채의 감소는 차변에 부채의 증가는 대변에
> (3) 자본의 감소는 차변에 자본의 증가는 대변에
> (4) 비용의 발생은 차변에 수익의 발생은 대변에

① 매입채무의 증가는 차변에 기록한다. ⇒ 부채의 증가는 대변
② 장기대여금의 증가는 대변에 기록한다. ⇒ 자산의 증가는 차변
④ 임대료 수익의 발생은 차변에 기록한다. ⇒ 수익발생은 대변
⑤ 급여의 지급은 대변에 기록한다. ⇒ 비용발생은 차변

78 ④

해설 회계상 거래(transaction)란 기업의 경영활동 중에서 기업의 자산, 부채, 자본의 계정들과 금액에 증감변화를 가져오는 사건을 말한다. 단순 상품의 주문 상태인 'ㄱ. ₩1,000짜리 상품을 주문받다.'는 현상태에

서 재무제표상에 영향을 미치지 않으므로 회계상의 거래에 포함되지 않는다.
다른 지문을 분석하면 다음과 같다.
ㄴ. ₩5,000짜리 상품을 도난당하다. ⇒ 유형자산의 손실
ㄷ. ㈜甲으로부터 ₩1,000,000짜리 프린터 1대를 기증받다. ⇒ 유형자산 증가
ㄹ. ₩500,000짜리 상품을 외상으로 매입하다. ⇒ 유정자산증가 및 부채 증가

79 ④
해설

이익준비금은 기업에 유보되는 이익 중 법률에 의하여 강제로 적립되는 법정준비금으로서 자본 항목에 해당한다. 매 결산기의 이익에서 적립이 강제되는 준비금으로서 법정준비금의 일종이다. 본래 배당할 수 있는 이익이지만 회사·회사채권자·주주 등의 보호를 위하여 자본유지의 요청에 의거하여 인정된 제도로서, 주식회사와 같은 물적 회사에서는 회사의 재산적 기초를 보다 견고히 하기 위하여 이익의 일부를 유보하도록 강제하고 있다. 이와 같이 이익준비금은 기업의 유지와 회사채권자의 보호를 목적으로 하는 제도이다.

80 ①
해설

현금흐름표란 한 회계기간 동안 현금의 유입과 유출내용을 적정하게 표시함으로써 현금의 변동내용을 설명해 주는 회계보고서로서, 영업활동·투자활동·재무활동에 의하여 발생되는 현금의 흐름에 관한 전반적인 정보를 제공해 준다.

81 ④
해설

유동성 배열의 원칙을 따릅니다. 즉, 재무상태표상의 자산과 부채의 과목들을 유동성이 높은 것부터 먼저 표시하고 유동성이 낮은 것을 나중에 표시하라는 것임. 여기서 말하는 유동성이란 현금화되는 속도를 말하는 것으로써 유동자산을 먼저 배열하고 비유동자산을 배열하는 것임. 유동자산에도 세부적으로 들어가면 종류가 다양한데, 이 유동자산들 중에서도 유동성이 높은 것부터 배열하는 것이 원칙임.

82 ③
해설

기초자본 = 기초자산 − 기초부채 = 380,000 + 180,000 = 200,000

기초자본 + 추가출자액 − 인출액 + 당기순손익 = 기말자본

200,000 + 80,000 − 40,000 + 100,000 = 340,000

83 ②
해설

아직 비용이 발생하지 않은 상태임

84 ①
해설

재무상태표는 K-IFRS에서 사용하는 개념이지만 현행 K-IFRS에서는 재무상태변동표는 보조적 자료이다. 재무상태변동표란 기업재무자원의 원천과 운용 및 순운전자본의 증가 또는 감소를 명확하게 하기 위하여 당해 회계기간 중의 총재무자원의 변동사태를 표시한 재무제표이다. 대차대조표는 일정시점에서의 기업의 자원과 이에 대한 채권자 및 소유주의 청구권을 대조표시한 정태적 보고서이고, 손익계산서는 일정기간 동안 기업에 있어서 순자산의 흐름을 나타내는 동태적 보고서인 데 비해 재무상태변동표는 일정기간 동안에 발생한 기업의 자금흐름에 관한 정보를 제공하는 동태적 보고서이다. 손익계산서가 제공

하는 당기순이익 정보는 자금의 흐름을 명확히 나타내지 못하는데 재무상태변동표는 기업의 영업, 재무, 투자활동에 의하여 발생되는 자금의 흐름에 관한 전반적인 정보를 상세하게 제공해 줌으로써 손익계산서의 보조기능을 수행함과 동시에 기업의 자산, 부채 및 자본의 변동을 가져오는 자금현금거래에 관한 정보를 제공해 준다.

85 ②

해설 현금흐름표는 영업활동현금흐름, 투자활동 현금흐름, 재무활동활동 현금흐름의 3가지 관점에서의 현금의 유입과 유출을 파악한다.

심화문제

1 ①

해설
자산=부채+자본, 자산=유동자산+비유동자산
3억+x=4억+6억
x=7억

2 ③

해설
총자산 = 자본 + 부채, 부채 = 총자산 − 자본
자본금과 이익잉여금은 자본 항목에 해당함.
2,800만원−(1,000만원 + 300만원) = 1,500만원
〈연계학습〉 자산 = 자본 + 부채
① 자산(asset) : 과거 사건의 결과로 기업이 통제하고 있는 미래의 경제적 효익이 기업에 유입될 것으로 기대되는 자원(= 기업의 경제활동의 원천), 유동자산과 비유동자산으로 구분
② 부채(liabilities) : 과거 사건에 의해 발생했으며 경제적 효익이 내재된 기업으로부터 유출됨으로써 이행될 것으로 기대되는 현재 의무(= 빚, 기업의 채무), 유동부채와 비유동부채로 구분
③ 자본(equity) : 회사의 순가치를 의미, 기업의 자산에서 부채를 차감한 잔여지분, 자본금·자본잉여금, 자본조정, 이익잉여금 등

3 ③

해설
당좌비율=당좌자산÷유동부채, 80%=800,000÷1,000,000
유동자산=당좌자산+재고자산
⇒ 재고자산: 1,200,000−800,000=400,000

4 ②

해설
당좌비율=유동자산−재고자산 / 유동부채

5 ②

해설
유동비율=유동자산÷유동부채=300÷200=150%

6 ③

해설
자산: 100,000+800,000+900,000+250,000+750,000=2,800,000
부채: 300,000+1,000,000=1,300,000
자본: 2,800,000−1,300,000=1,500,000
순자산변동액: 1,500,000−1,000,000=500,000

7 ④

해설
영업이익 200,000원+영업외 수익 40,000원−영업외 비용 16,000원=224,000원

8 ③

해설 300,000 − 10,000 + 50,000 − 15,000 = 325,000

9 ③

해설 유형자산의 증가는 투자활동에 의한 현금 흐름이며, 장기차입금의 증가는 재무활동에 의한 현금 흐름임.
당기순이익 + 감가상각비 + 재고자산 감소 + 매입채무 증가 − 매출채권의 증가
= 10,000원 + 5,000원 + 1,000원 + 3,000원 − 5,000원
= 14,000원

보충 심화학습

- 발생주의 회계: 영업성과를 정확히 나타냄과 동시에, 현금흐름표를 통해 현금흐름에 관한 정보를 제공해 줌으로써 정보이용자의 정보욕구를 보다 잘 충족시킬 수 있음.
- 현금주의 회계: 현금의 수입(receipt)을 수익으로, 그리고 현금의 지출(disbursement)을 비용으로 인식. 이 경우 손익계산서 상의 순이익은 영업활동에 의한 현금흐름을 나타낼 것이므로 현금흐름표가 별도로 제공되어야 할 필요성이 적을 것임.
- 직접법(direct method): 각각의 항목에 대해서 현금의 유입과 지출액을 파악하여 영업활동 현금흐름을 파악.
  − 영업활동으로 인한 현금흐름
     가. 매출로부터의 현금수입   나. 매입에 대한 현금지출   다. 급여 등 영업비용의 현금지출
- 간접법(indirect method): 발생주의에 의한 당기순이익으로부터 출발하여 발생주의와 현금주의 회계의 차이를 가감(조정)해 나가면서 결과적으로 영업활동 현금흐름 파악
  − 주로 발생주의와 현금주의 차이를 조정
  − 당기순이익과 실제 현금흐름과의 차이를 가져오는 항목들을 모두 가감하여 파악
- 간접법을 이용한 영업현금흐름 계산
  1. 손익계산서상의 당기순이익
  2. 현금의 유출이 없는 비용 등의 가산

  > +현금유출이 없는 영업활동 비용: 감가상각비
  > +투자 및 재무활동에 따른 비용: 유형자산처분손실

  ⊙ 감가상각비, 무형자산의 상각비, 재고자산의 평가손실 및 감모손실(순액법 사용시 제외), 외화환산손실(현금등가물 제외), 사채할인발행차금 상각액, 부채의 현재가치할인차금 상각액, 퇴직급여(퇴직급여충당금 당기 설정액), 단기매매증권의 평가손실, 대손상각비(순액법 사용시 제외), 투자주식의 감액손실, 재해손실, 유형자산 처분손실, 투자자산 처분손실, 유가증권 처분손실(현금등가물에 속하는 유가증권의 처분손익은 제외), 매출채권 처분손실, 고정부채 상환손실, 외환차손(투자·재무 활동에 관한 분에 한함), 지분법손실

  3. 현금의 유입이 없는 수익 등의 차감

  > − 현금유입이 없는 영업활동 수익: 지분법이익
  > − 투자 및 재무활동에 따른 수익: 유형자산 처분이익

  ⊙ 채무면제이익 및 자산수증이익, 대손충당금 환입액(순액법 사용 시 제외), 퇴직금 지급액, 사채할증발행차금 상각액, 자산의 현재가치할인차금 상각액, 단기매매증권평가이익, 외화환산이익(현금등가물 제외), 보험차익, 유형자산 처분이익, 투자자산 처분이익, 유가증권처분이익(현금등가물에 속하는 유가증권의 처분손익은 제외), 매출채권 처분이익, 고정부채 상환이익, 외환차익(투자.재무 활동에 관한 분에 한함), 지분법이익

4. 영업활동으로 인한 자산 및 부채의 변동

> − 영업활동 관련 유동자산 항목의 증가: 매출채권 잔액증가, 선급보험료 잔액증가
> ＋영업활동 관련 유동자산 항목의 감소: 상품재고 잔액 감소
> ＋영업활동 관련 유동부채 항목의 증가: 매입채무잔액 증가, 미지급급여 잔액 증가
> − 영업활동 관련 유동부채 항목의 감소

- ⊙ 매출채권의 감소액＝자산의 감소＝현금유입＝＋
- ⊙ 선급비용의 감소＝자산의 감소＝현금유입＝＋
- ⊙ 선급금의 감소＝자산의 감소＝현금유입＝＋
- ⊙ 미수수익의 감소＝자산의 감소＝현금유입＝＋
- ⊙ 재고자산의 감소＝자산의 감소＝현금유입＝＋
- ⊙ 이연법인세대의 증가＝부채의 증가＝현금유입＝＋
- ⊙ 이연법인세차의 감소＝자산의 감소＝현금유입＝＋
- ⊙ 매입채무의 증가＝부채의 증가＝현금유입＝＋
- ⊙ 미지급비용의 증가＝부채의 증가＝현금유입＝＋
- ⊙ 선수금의 증가＝부채의 증가＝현금유입＝＋
- ⊙ 선수수익의 증가＝부채의 증가＝현금유입＝＋
- ⊙ 미지급법인세의 증가＝부채의 증가＝현금유입＝＋

• 다음 항목은 투자 및 재무활동으로 인한 현금흐름이므로 영업현금흐름에 가감하지 않는다.
 : 유가증권의 증감, 단기대여금의 증감, 단기차입금의 증감

10 ④

[해설]
현금흐름표는 한 회계기간 동안의 현금의 유입과 유출내용을 적정하게 표시함으로써 현금의 변동 내용을 설명해 주는 회계보고서로서, 영업활동·투자활동·재무활동에 의하여 발생되는 현금의 흐름에 관한 전반적인 정보를 제공해준다.
기말현금 − 기초현금 − 영업활동 현금흐름 − 투자활동 현금흐름 ＝ 재무활동 현금흐름
2,700,000원 − 2,000,000원 − 200,000원 − 100,000원 ＝ 400,000원

[보충] 기말현금흐름 ＝ 기초현금 ＋ 영업현금흐름 ＋ 투자현금흐름 ＋ 재무현금흐름

11 ④

[해설]
액면가 5,000원에 주식 100주 발행하였으므로 회사에 자본 항목으로 대변에 500,000 분개. 이는 회사의 자산으로 유입되므로 차변에도 500,000 분개해야 함.

○○○○년 ○월 ○일 현재

차변	대변
자산	부채
	자본

(이렇게 운용하고 있습니다.) (이렇게 조달해서)

12 ②

[해설]
② 유상증자를 통하여 현금 6,000,000원을 조달하였다.
 (차) 현금 6,000,000 (대) 자본금 6,000,000

13 ⑤

해설 | 감가상각누계액 | 400,000 | 유형자산 1,000,000
현　　　　금 | 300,000
유형자산처분손실 | 300,000

14 ②

해설 기말현금＝기초현금＋영업현금흐름＋투자현금흐름＋재무현금흐름
1,800＝1,000＋400＋200＋재무현금흐름

15 ②

해설 결손금은 임의적립금이입액－기타법정적립금이입액－이익준비금이입액－자본잉여금이입액의 순서로 처리한다.

16 ③

해설 순매출: 총매출－(매출에누리＋매출환입＋매출할인)＝950,000
순매입: 총매입－(매입에누리＋매입환출＋매입할인)＋부대비용＝670,000
매출원가: 기초재고＋순매입액－기말재고＝390,000
매출총이익: 순매출－매출원가＝560,000

17 ②

해설 $(1,000-500) \times 5,000 - 1,000,000 = 1,500,000$

18 ③

해설 영업이익(EBIT : Earnings Before Interest and Taxes) 즉, 법인세 비용 차감전 순이익은 세전영업이익을 의미한다고 볼 수 있음. A, B 두기업의 EBIT는 1억원으로 동일하다. 영업현금흐름이란 매출액의 증분에서 현금지출비용의 증분(변동영업비용의 증분과 고정현금지출비용의 증분)과 법인세비용을 차감하여 구할 수 있다.
아울러 감가상각비 등의 비현금지출비용은 회계적이익을 구할 때는 차감되나, 감가상각비는 인위적으로 배분된 회계적비용으로서 기업이 실제로 지출하는 것은 아니기 때문에 현금유출에는 포함시키지 않는다. 그러나 감가상각비는 현금유출에는 포함되지 않지만 기업의 과세대상이익을 줄여 기업이 납부해야할 세금(현금유출)을 감소시켜준다. 그러므로 현금흐름을 추정할 시에는 세금절감효과를 현금유입에 포함시켜야 한다.
그러므로 다른 조건이 동일한 이 질문의 경우 A기업의 감가상각이 B기업의 감가상각보다 크다는 것은 A기업의 영업현금흐름이 더 크다고 볼 수 있다. 참고로 이자비용의 법인게 절감효과는 현금유입에 포함시키지 않으며 할인율로 반영된다.

19 ④

해설 유동비율＝$\dfrac{유동자산}{유동부채}$, $150\%=\dfrac{X}{2000만}$, $X=2000만 \times 150\% = 3000만$

20 ②

해설

매출원가 = 기초재고자산 + 당기상품매입액 − 기말재고자산
= 150만원 + 800만원 − 180만원 = 770만원

판매가능자산 = 기초재고자산 + 당기상품매입액
= 매출원가 + 기말재고자산
= 150만원 + 800만원 = 770만원 + 180만원 = 950만원

21 ④

해설

이익잉여금은 회사가 재투자 또는 향후 사용을 위해 보유하는 이익의 일부를 의미하는 것으로서 기업은 성장 기회에 자금을 조달하거나 재무 상태를 강화하기 위해 수익을 유지하도록 선택할 수 있다. 기업의 당기 순이익의 증가는 이익잉여금의 증가를 가져오며, 현금배당의 경우 우리나라 상법상 배당은 이익잉여금으로 하여야 하므로 이익잉여금 수준은 배당 결정에 영향을 미칠 수 있지만, 이익잉여금이 높을수록 배당금 지급 가능성이 낮아질 수 있다. 나아가 배당이 발생하면 이익잉여금은 감소하게 된다.

① 이익잉여금은 특정 회계기간 동안의 수익과 비용의 세부적인 내역을 나타낸다.
→ 특정 회계기간 동안의 수익과 비용의 세부적인 내역을 나타낸 것은 포괄손익계산서이다.

② 배당금으로 지급할 수 있는 현금보유액을 의미한다.
→ 이익잉여금은 기업의 수익성, 투자, 보유 현금과는 직접적인 관련이 없다. 이는 이익잉여금이 일반적으로 회사 밖으로 유출(주주에게 환원)되지 않은 이익을 기록한 숫자일 뿐이기 때문이며, 아울러 현금은 자산항목이고 이익잉여금은 자본항목인데, '이익', '잉여'라는 단어의 어감에 의해 둘 사이에 관련성이 있다고 착각할 수 잇으나 명백히 다른 것으로 인식하여야 한다. 단, 현금배당의 경우 우리나라 상법상 배당은 이익잉여금으로 하여야 한다. 즉, 배당을 결의한 경우의 분개는 (차)이익잉여금 xxx, (대)미지급배당금 xxx이고, 비용으로 계상하지 않는다. 이는 비용처리가 되지 않는다는 의미로 세금이 감면되지 않는다.

③ 당기순이익과 이익잉여금은 항상 일치한다.
→ 당기순이익은 일정 회계기간 동안 발생한 기업의 전체 수익에서 비용을 차감한 금액으로, 일정기간(해당기간)의 순이익을 뜻한다. 하지만 이익잉여금은 기업의 경상적인 영업활동, 고정자산의 처분, 그 밖의 자산의 처분 및 기타 임시적인 손익거래에서 생긴 결과로서 주주에게 배당금으로 지급하거나 자본으로 대체되지 않고 남아있는 부분을 말한다. 이익잉여금은 다음과 같이 분류할 수 있다.

이익준비금, 상법 이외의 법령에 의하여 적립되는 기타 법정적립금
사업확장적립금, 감채적립금, 배당평균적립금, 결손보존적립금 등 회사의 정관의 규정이나 주주총회의 결의에 의하여 적립되는 임의적립금
차기이월이익잉여금 또는 차기이월결손금

22 ③

해설

개정과목 분류 문제로서 회계의 기본 공식인 '자산 = 부채 + 자본'을 활용하여 문제를 풀면 다음과 같다.
- 자산: 매출채권, 토지, 현금 및 현금성자산, 건물, 대여금, 상품 ⇒ ₩3,900,000
- 부채: 단기 및 장기 차입금, 매입채무, 사채 ⇒ ₩2,000,000
- 자본: 자본금 및 이익잉여금 ⇒ ₩1,900,000
⇒ 자본 = 자산 - 부채 ⇒ ₩3,900,000 - ₩2,000,000 = ₩1,900,000
⇒ 자본 = 자본금 + 이익잉여금 = ₩1,900,000 = ₩400,000 + 이익잉여금 ⇒ 이익잉여금 = ₩1,500,000

23 ③
해설 10,000 - 7000 - 50 + 80 - 20 = 3010 + (250-200) = 3060

24 ②
해설 상품 40,000원은 유형자산의 증가로 차변에, 현금 10,000원 지급은 현금성자산의 감소로 대변에 그리고 이 거래로 발생한 외상인 매입채무 30,000원은 부채로 이러한 부채의 증가는 대변에 분개한다.

보충 분개의 법칙을 정리하면 다음과 같다.
(1) 자산의 증가는 차변에 자산의 감소는 대변에
(2) 부채의 감소는 차변에 부채의 증가는 대변에
(3) 자본의 감소는 차변에 자본의 증가는 대변에
(4) 비용의 발생은 차변에 수익의 발생은 대변에

25 ①
해설 단순 계약 및 주문과 계획은 회계적 거래에 해당하지 않는다.
A. 현금 ₩50,000으로 소모품을 구입하다. → 회계적 거래
B. 월급 ₩500,000에 종업원을 채용하기로 하다. → 일반적거래
C. 현금 ₩100,000과 건물 ₩200,000으로 영업을 시작하다. → 회계적 거래
D. 어젯밤 창고에 보관 중이던 상품(원가 ₩30,000)이 도난당했다. → 회계적 거래
E. 원재료 ₩100,000을 구입하기로 하고 계약금 ₩20,000을 선급하다. → 회계적 거래
F. 서울물산에 상품 ₩150,000을 판매하기로 계약을 맺다. → 일반적 거래
G. 5월 말 현재 5월분 월급 ₩500,000을 다음 달에 지급하기로 하다. → 회계적 거래

26 ②
해설
① 수익이나 비용에 속하는 계정들은 그 기말잔액이 차기로 이월되지 않는다.
③ 당기 재무상태표에 보고된 미지급비용 계정은 부채항목으로 포괄손익계산서에는 표기하지 않는다.
④ 올바르게 작성될 경우, 잔액시산표는 차변과 대변의 합계가 복식부기의 원리에 따라 서로 일치하며, 합계시산표 역시 일치한다.

27 ③
해설 다음과 같이 계산이 가능하다.
자산-부채=순자산
6000-2000=4000 → 기초순자산=4000
8000-(3000-500)=5500 → 기말순자산=5500
순이익=기말순자산-기초순자산 = 5500-4000=1500

CHAPTER 3 : 재무비율분석

개념정리문제

1 ②

해설 재무제표 분석(financial statement analysis)이란 내부 통제 목적이라기 보다는 기업이 공시한 재무제표를 기반으로 그 기업의 재무성과상 강점과 약점을 알아내 문제점을 파악하는 기법으로서 외부 투자자들의 합리적 의사결정을 위하여 기업을 평가하는데 유용한 기법이다.

보충 재무제표 분석의 의의
- 재무제표 분석(financial statement analysis) : 기업이 공시한 재무제표를 기반으로 그 기업의 재무성과상 강점과 약점을 알아내 문제점을 파악하는 기법
- 재무비율 : 재무제표상의 한 항목을 다른 항목의 값으로 나눈 상대적인 비율
  - 각 항목 사이의 경제적 의미 또는 논리적 관계가 분명해야 함.
  - 기업의 재무적 건강상태에 대한 신호 또는 징후를 파악하는데 이용됨.
  - 기업의 이해관계자들이 필요한 정보를 얻기 위한 목적에서 재무비율을 이용함.
    ① 경영자 : 경영실적 평가와 경영의 합리화, 재무의사결정 등에 필요한 정보
    ② 투자자 : 배당지급능력, 기업위험, 수익력 평가
    ③ 금융기관 : 원리금상환능력, 수익력 평가
    ④ 정부 : 산업정책 수립 또는 구조조정에 필요한 정보
- 재무비율에 영향을 미치는 요인
  - 경제상황, 산업에서의 지위, 경영정책, 회계처리방법에 따라 영향을 받음.
  ☞ 비교가능성(comparability) 또는 일관성(consistency)의 결여는 비율분석의 결과를 해석하는 데 심각한 영향을 미칠 수 있음.
- 재무비율의 해석
  - 대부분의 재무비율은 재무제표의 한 항목을 다른 항목으로 나누어 측정됨.
  ☞ 재무비율의 분자항에 영향을 미치는 요인이 분모항에도 영향을 미치기 때문에 재무비율의 해석에 유의해야 함.

2 ②

해설 매출채권회전율은 매출채권이 현금으로 회수되는 기간을 의미하는 것이 아니라, 매출채권에 대한 투자 효율성을 나타내는 비율로서 비율이 높을수록 효율성 높다고 할 수 있으며 매출액을 평균매출채권 ($\frac{매출액}{평균매출채권}$)으로 나누어 계산된다.

① 자기자본이익률(ROE: Return On Equity)은 당기순이익을 높이면 향상된다. → $\frac{당기순이익}{자기자본}$

③ 부채비율은 재무적 안정성을 평가하는 비율 중 하나이다. → 자본구조비율 또는 안정성 비율의 하나로 기업의 차입 정도를 알 수 있음. 비율이 낮을수록 안정성이 높으며 부채비율이 클수록 채권자의 위험이 증가한다. 부채비율 = $\frac{부채}{자기자본(또는 총자본)}$

④ 유동비율은 유동자산을 유동부채로 나누어 측정한다. → 유동성비율의 하나로서 유동성비율은 기업의 단기부채에 대한 변제능력으로, 기업의 단기지급능력을 나타내는 단기채무지급능력비율(short-term solvency ratios)이다.

⑤ 주가수익비율(PER) = $\frac{주당주식시가}{주당순이익}$, PER이 낮으면 이익에 비해 주가가 낮게 평가되었기 때문에 주식이 오를 가능성이 크며, 기업의 위험이 동일한 경우, 성장성이 높은 기업일수록 주가수익비율이 높게 나타나는 경향이 있다.

3 ②

해설

총자산회전율 = 매출액 / 평균총자산

분류	경제적 의미	관련비율
유동성비율	단기채무지급능력을 측정 - 만기도래 부채원리금, 예상 못한 현금지불수요에 대한 단기지급능력(short-term paying ability)을 측정 - 단기부채에 대해, 그 상환자금 원천인 유동자산으로 나눔	• 유동비율 = 유동자산 / 유동부채 • 당좌비율 = 유동자산 - 재고자산 / 유동부채 • 현금유동성부채보상비율 = 영업현금흐름 / 평균유동부채 • 순운전자본구성비율 = 순운전자본 / 총자산 　- 순운전자본 = 유동자산 - 유동부채
자본구조비율 (안정성비율)	부채의존도를 나타내는 것으로 기업의 장기채무지급능력을 측정 - 기업의 장기 존속 능력, 즉 장기적인 부채 원리금을 만기 도래 시 상환할 수 있는 능력을 보여주는 지표	• 부채비율 = 부채 / 자기자본 • 부채총자산비율 = 부채 / 총자산 • 자기자본비율 = 자기자본 / 총자본 • 고정비율 = 고정자산 / 자기자본 • 고정장기적합률 = [고정자산 / (자기자본 + 고정부채)] × 100% • 이자보상비율 = (순이익 + 이자비용 + 법인세비용) / 이자비용
효율성비율 (활동성비율)	보유자산의 이용효율성을 측정 - 전체자산, 특정 자산그룹 또는 자기자본이 얼마나 효율적으로 운용되고 있는지를 보여주는 비율	• 매출채권회전율 = 순신용매출액 / 평균 매출채권 • 재고자산회전율 = 매출원가 / 평균재고자산 • 총자산회전율 = 매출액 / 평균총자산 • 자기자본회전율 = 매출액 / 평균자기자본 … 매출액 / 제목
수익성비율	매출 또는 투자에 대한 수익성을 나타내는 것으로 경영의 총괄적 효율성을 측정 - 일정기간 영업실적 또는 이익을 보여주는 비율 * 분자: 각종 이익(순이익, 매출총이익 등) * 분모: 투자금액 또는 매출액 　(총자산, 자기자본, 매출액 등)	• 총자산순이익률(ROA) = 순이익 / 총자산 • 자기자본순이익률(ROE) = (순이익 - 우선주배당금) / 평균자기자본 　- 평균자기자본 = 보통주자기자본의 기초금액 및 기말금액의 단순평균 (자기자본 - 우선주자본금) 　- 현재 및 잠재 주주 관심이 가장 큰 중요한 비율 • 매출액순이익률(ROS) = 순이익 / 매출액 등 … 순이익 / 제목
시장가치비율	기업의 시장가치를 나타내는 주가와 주당순이익 등의 관계를 분석하는 비율로, 시장에서 특정기업의 과거성과 및 미래전망이 어떻게 평가되고 있는지를 보여주는 지표	• 주가장부가치비율(PBR) = 주가 / 주당 순자산 • 주당순이익(EPS) = (순이익 - 우선주배당금) / 평균유통보통주식수 • 주가이익비율(PER) = 주가 / 주당이익 　- 주가 = 기말종가사용, 주당이익 = EPS 사용
성장성비율	외형 및 수익의 성장가능성을 측정	총자산증가율, 매출액증가율, 순이익증가율 등
생산성비율	생산요소의 성과를 측정	부가가치율, 노동생산성, 자본생산성 등

4 ①

해설

②, ③, ④, ⑤는 자본구조 비율(안정성 비율 또는 레버리지 비율)로 기업의 장기채무에 대한 원금 및 이자의 지급능력을 측정하여 부채의존도를 파악하는 비율분석이다.

5 ①

해설

유동성비율은 단기채무지급능력을 측정하는 지표로 활용된다.

6 ④

해설 안정성 비율은 부채의존도를 나타내는 것으로 기업의 장기채무지급능력을 측정하는 지표로서 자본구조비율 또는 레버리지 비율이라고 한다. 자본이익율은 수익성 비율에 가깝다고 볼 수 있다.
참고로 안정성 비율은 기본적으로는 자본구조 비율을 의미하지만 광의의 개념으로 부채 관점에서는 유동성비율을 포함 할 수도 있다.

7 ①

해설 총자본순이익률 = (총매출액 / 평균총자본) × (당기순이익 / 총매출액)
= 총자본회전율 × 매출액순이익률

8 ①

해설 주식배당에 대하여는 배당 수익률을 별도로 계산하지 않는다. 배당수익률은 투자시의 주가 대비 실현된 이득인현금배당을 측정하는 개념임.

9 ①

해설
- 자기자본순이익률(ROE) = 당기순이익 / 자기자본
  = (당기순이익 / 총자본) × (총자본 / 자기자본) = 총자본순이익률 × 재무레버리지
- 자기자본순이익률(ROE) = (순이익 − 우선주배당금) / 평균자기자본
  − 평균자기자본 = 보통주자기자본의 기초금액 및 기말금액의 단순평균(자기자본 − 우선주 자본금)
- 자기자본순이익률(ROE) = ROA × 재무레버리지
  = 순이익 / 매출액 × 매출액 / 총자산 × 총자산 / 자기자본
  = 매출액순이익률 × 총자산회전율 × (1 + 부채비율)
- 총자산순이익률(ROA) = 순이익 / 총자산

10 ④

해설 PER = 현재주가 / 주당순이익

11 ①

해설 자기자본비율 = $\dfrac{\text{자기자본}}{\text{총자본}}$, 주가수익비율 = $\dfrac{\text{주당주식 시가}}{EPS}$ = $\dfrac{\text{유통주식의 주당 주가}}{\text{주당 순이익}}$

12 ③

해설 활동성 비율 또는 효율성 비율이라고 함.
① 수익성 비율: 경영의 총괄적 효율성을 평가하는 재무비율
② 유동성 비율: 단기 부채 상환능력을 보여주는 재무비율
④ 안전성 비율: 자본구조비율 또는 레버리지 비율이라고도 하며 장기적 부채의존도를 보여주는 재무비율

13 ④

해설 자기자본이익률(ROE : Return On Equity)은 당기순이익 / 자기자본 으로 산출하며, 기본적으로 ROE는 수익성비율(profitability ratios)에 해당한다. 이는 주주와 채권자의 관점에서 본 수익성이 아니라 투자자본에 대한 경영성과 평가와 이익창출 능력 평가를 통해 기업의 객관적 경영성과를 보여주는 지표이다.

즉, 수익성 비율은 은 기업의 이익창출능력을 나타내는 지표로 기업의 경영활동의 결과를 집약한 경영성과 측정하는데 활용된다. 다양한 이해관계자들이 아래의 목적으로 활용된다.
- 경영자 : 사업확장, 신규투자에 대한 의사결정을 위한 정보로 이용
- 투자자 : 종목선정을 위한 정보로 이용
- 채권자 : 채권회수에 대한 정보로 이용
- 종업원 : 임금교섭을 위한 정보로 이용
- 정부 : 조세정책 수립을 위한 정보로 이용

심화문제

1 ⑤

해설
* 재고자산회전율 = 매출원가 / 평균재고자산
  - 재고자산의 운용 효율성을 나타내 줌: 높을수록, 낮은 수준의 재고자산으로 매출을 달성 → 재고자산의 운용효율성 높음
  - 분자에 매출액 아닌 매출원가를 사용하는 이유: 취득원가 평가된 재고자산이 매출원가로 전환되기 때문
  - 재고자산회전율이 높다고 무조건 좋다고 볼 수 없다. → 적정수준의 재고자산이 마케팅 및 생산전략 면에서 필요
  - 동종산업평균치에 비해 지나치게 낮거나, 계속 낮아지고 있는 추세라면 → 재고자산관리를 재점검하여 비효율성 제거 필요
* 재고자산 평균회전기간 = (365일 / 재고자산회전율)

2 ④

해설
재고자산회전율이란 재고자산이 현금으로 변화되는 속도를 나타내는 비율, 비율이 높을수록 효율성이 높음. 이는 매출원가를 평균재고자산으로 나누어 계산함.

• 재고자산회전율: $\frac{112500}{16500} = 6.8182$ ∴ 6.8회

보충
• 평균재고자산 = $\frac{기초재고 + 기말재고}{2} = \frac{(18000+15000)}{2} = 16500$ 매

• 매출원가 = 기초재고액 + 당기순매입액 − 기말재고액 = 18000 + 109500 − 15000 = 112500

참고
기초 재고액 + 제조원가 = 판매가능 제품, 판매가능제품 − 기말 재고액 = 매출원가
기초 재고액 + 당기 매입액 = 판매가능 상품액, 판매가능 상품액 − 기말 재고액 = 매출원가

3 ③

해설
매출채권회전율: 1,600,000 ÷ {(120,000 + 200,000) ÷ 2} = 10
매출채권회전기간: 365 ÷ 10 = 36.5일

4 ⑤

해설
총자본순이익률 = $\frac{순이익}{매출액} \times \frac{매출액}{총자본}$
= 매출액순이익률 × 총자본회전율 = 2×5 = 10

5 ③

해설
매출총이익률 = (매출 − 매출원가) ÷ 매출
20% = (매출 − 1,000,000) ÷ 매출, 매출 = 1,000,000 ÷ 80% = 1,250,000

6 ①

해설
• 유동비율은 유동성 비율의 대표적 비율로서, 유동비율 = $\frac{유동자산}{유동부채} \times 100$ 로 계산됨.

- 자기자본수익률은 당기순이익을 자기자본으로 나눈 것이며 투자된 자기자본의 효율적 이용도를 측정한다. 이 비율은 같은 기간의 정기예금 금리와 비교함으로써 주주는 자본의 효율성을 측정한다. 기업의 소유자인 주주는 경영활동의 성과가 주식가격에 직접 영향을 미치는 자기자본순이익률에 대하여 민감한 반응을 보이는 것은 당연한 일이라 하겠다. 따라서 기업이나 주주의 입장에서는 수익성비율 중에서 자기자본순이익률이 가장 중요시된다. 이 비율이 낮은 경우 유상증자에 의한 자본조달이 곤란하게 된다.

자기자본수익률(ROE) = (1 + 부채비율) × 총자본순이익률

$$= 매출액순이익률 \times 총자산회전율 \times \frac{1}{자기자본비율}$$

$$= \frac{순이익}{매출액} \times \frac{매출액}{총자본} \times \frac{총자산}{자기자본}$$

= 총자본순이익률 × (1 + 부채비율)

7 ①

해설

유동비율 = $\frac{유동자산}{유동부채} \times 100 = \frac{1,200,000}{x} \times 100 = 200\% \Rightarrow x = 600,000$

당좌비율 = $\frac{당좌자산}{유동부채} \times 100 = \frac{유동자산 - 재고자산}{유동부채} \times 100$

$$= \frac{1,200,000 - x}{600,000} \times 100 = 150\% \Rightarrow x = 300,000$$

8 ④

해설

지문을 수정하여 보면 다음과 같다.
① 수익성비율 - 투자수익률 ② 활동성비율 - 재고자산 회전률
③ 유동성비율 - 당좌비율, 부채비율 ④ 레버리지비율 - 안전성비율 또는 자본구조 비율이라고도 함.

9 ④

해설

유동비율 = $\frac{유동자산}{유동부채} \times 100 = \frac{(총자산 - 비유동자산)}{유동부채} \times 100$

$$= \frac{(40억 - 25억)}{10억} \times 100 = 150\%$$

10 ②

해설

레버리지 효과란 차입금 등 타인 자본을 지렛대로 삼아 자기자본이익률을 높이는 것으로 '지렛대 효과'라고도 한다. 기업은 타인자본 조달로 인해 발생하는 이자 비용보다 높은 수익률이 기대되는 경우에만 타인자본을 활용하여 투자하는 것이 바람직하다고 할 수 있다.
다른 지문을 살펴보면 다음과 같다.
① 기업이 타인자본을 사용하면 자기자본만을 사용하는 경우보다 자기자본 이익률이 높아진다. ⇒ 단정지을 수 없으며 레버리지의 의미와는 거리가 있다.
③ 기업이 부채비율을 낮게 유지하여야만 레버리지 효과를 최대로 활용할 수 있다. ⇒ 최대화 할수 없다.
④ 레버리지 비율을 낮추기 위해서는 자본을 감소시켜야 한다. ⇒ 타인자본의 비율을 감소시켜야 한다.

11 ②
해설

총자산 순이익률 = 매출액순이익률 × 총자산회전율

$20\% = 8\% \times x\%$

$0.2 = 0.08 \times x \quad \therefore x = 2.5$

12 ②
해설

매출채권의 평균회수기간이란 매출채권이 평균적으로 회수되는 기간을 의미하며, 매출채권회전율은 매출액을 평균매출채권으로 나누어 계산한다.

$$\text{매출채권회전율} = \frac{\text{매출액}}{\text{평균매출채권}} = \frac{3{,}000{,}000}{\left(\frac{150{,}000+100{,}000}{2}\right)} = \frac{3{,}000{,}000}{125{,}000} = 24(회)$$

$$\text{매출채권 평균회수기간} = \frac{\text{기간}}{\text{매출채권회전율}} = \frac{360일}{24회} = 15일$$

13 ①
해설

기업의 장기 채무 지급능력인 레버리지 비율은 안정성 또는 자본구조비율이라고도 불리운다. 이중 부채비율은 타인자본 의존도를 나타낸다기 보다는 기업의 차입 정도를 파악하고자 하는 비율로서, 부채비율이 낮을수록 안정성이 높으며 부채비율이 클수록 채권자의 위험이 증가한다. 이는 타인자본을 총자산으로 나누어 계산하는게 아니라 부채를 자기자본으로 나누어 산출한다. 그러므로 부채비율이 낮을수록 장기채무상환능력이 좋음을 의미한다. 아울러 참고로 채권자는 낮은 부채비율을 선호하나, 주주는 레버리지효과 등을 고려하여 적정 수준의 부채비율을 선호한다.

14 ④
해설

주가수익비율(PER : Price Earning Ratio)은 주가를 주당순이익으로 나눈 주가의 수익성 지표이다. 이는 아래와 같이 계산되며 PER이 낮으면 이익에 비해 주가가 낮게 평가되었기 때문에 주식이 오를 가능성이 크다고 볼 수 있다.

$$PER = \frac{\text{배당성향}}{\text{배당수익률}} = \frac{\left(\frac{\text{주당배당금}}{\text{주당순이익}}\right)}{\left(\frac{\text{주당배당금}}{\text{현주가}}\right)} = \frac{\left(\frac{DPS}{EPS}\right)}{\left(\frac{DPS}{\text{주가}}\right)} = \frac{DPS \times \text{주가}}{EPS \times DPS} = \frac{\text{주가}}{EPS}$$

15 ②
해설

총자산이익률 또는 총자산 순이익률은

$\frac{\text{순이익}}{\text{총자산}} = \frac{\text{순이익}}{\text{매출액}} \times \frac{\text{매출액}}{\text{총자산}}$ = 매출액순이익률 × 총자산회전율로 계산할 수 있는데 산식에서 보듯이 매출액에는 크게 영향을 받지 않는다.

CHAPTER 4 : 원가·관리회계

개념정리문제

1 ②

해설 순이익 = 총수익 − 총원가
  = 총수익 − (변동원가 + 고정원가)
  = 판매단가 × 판매량 − 단위당 변동원가 × 판매량 − 고정원가
  = (판매단가 − 단위당 변동원가) × 판매량 − 고정원가
  = (단위당 공헌이익 × 판매량) − 고정원가

☞ 정의 : 단위당 공헌이익(unit contribution margin) = 판매단가 − 단위당 변동원가
  공헌이익(contribution margin) = 단위당 공헌이익 × 판매량
☞ 총수익(총매출) = 판매단가 × 판매량
☞ 총원가 = 변동원가 + 고정원가

2 ③

해설 재무회계를 목적으로 하는 경우, 원가는 취득원가기준, 즉 급부의 조달시점에서의 지급대가로 측정된다.
① 원가(costs)란 기업이 특정한 목적을 달성하기 위하여 소비한 재화나 용역을 화폐액으로 측정한 것을 말한다.
② 재료비, 노무비, 제조경비를 원가의 3요소라고 한다.
  • 재료비(material costs): 매입한 재료 중에서 제품의 제조를 위해서 소비된 재료의 원가
  • 노무비(labor costs): 임금, 급여 등 제품제조를 위해 투입된 노동력에 대한 대가
  • 제조경비(manufacturing overhead costs): 재료비와 노무비로 분류되지 않는 기타의 모든 제품제조 원가요소
④ 제조원가란 직접비에 간접비를 가산한 것으로서 제품의 제조과정에서 발생하는 원가요소 전부를 포함한다. 이 제조원가는 원가의 발생시 제품이라는 자산으로 회계처리하며, 제품이 판매될 때 매출원가라는 비용으로 회계처리한다.

3 ④

해설 조업도의 변동에 따른 분류는 고정비와 변동비로 구분된다.

4 ①

해설 손익분기점(BEP)이란 일정기간의 수익과 비용이 일치하여 이익도 손실도 발생하지 않는 상태를 의미
• 손익분기점(BEP): 매출액 − 변동비 − 고정비 = 0
  $(P \cdot Q) - (VC \cdot Q) - FC = 0$
  $Q(P - VC) = FC$
  $Q = \dfrac{FC}{(P - VC)}$
• 손익분기 판매량: $Q = \dfrac{FC}{(P - VC)} = \dfrac{고정비}{공헌이익}$

5 ④

해설

$$Q = \frac{FC}{P-VC} = \frac{48,000,000}{20,000-14,000} = 8,000$$

6 ④

해설

손익분기점(BEP)를 산출하여 보면 아래와 같으며 이때 영업이익은 고려되지 않는다. 즉, 손익분기점은 비용과 매출액이 같은 점을 의미한다.

매출액 − 총고정비 − 총변동비 = 0

$(P \cdot Q) - TFC - (VC \cdot Q) = 0$

손익분기점에서의 매출량(또는 생산량)은 다음과 같다.

$(P \cdot Q) - (VC \cdot Q) = TFC$

$Q(P-VC) = TFC$

$$Q = \frac{TFC}{(P-VC)}$$

7 ③

해설

$$Q = \frac{FC}{(P-VC)} = \frac{600,000원}{(1,000원 - 800원)} = 3,000개$$

8 ④

해설

대상 자산의 잔존가치를 매년 동일하게 차감하는 방법은 존재하지 않는다. 일반적인 감가상각방법 중 정액법은 매번 같은 금액으로, 그리고 정률법은 매번 같은 비율로 감가상각을 계상한다.

① 대상 자산의 원가에서 잔존가치를 차감한 금액을 추정내용연수로 나누어 매년 동일한 금액을 차감하는 방법: 정액법
② 추정내용연수의 합계와 잔여내용연수의 비율을 이용하여 구한 금액을 차감하는 방법: 연수합계법
③ 대상 자산의 기초 장부가액에 일정한 상각률을 곱하여 구한 금액을 차감하는 방법: 정률법

보충

대표적인 감가상각 계산방법에는 다음과 같은 것이 있다.

(1) 정액법(fixed instalment method) 또는 직선법(straight-line method)이란 감가총액을 각 연도에 균등하게 배당하는 방법으로서 계산이 간편하다. 계산공식은 다음과 같다. (매번 같은 금액으로 감가상각)

$$D = \frac{A-B}{n} = \frac{취득가격 - 잔존가격}{내용연수}$$

- 정액법은 감가상각방법 중 내용연수 초기에 감가상각비를 적게 인식하는 방법이다. 정액법은 어떤 방법보다도 적용하기가 간편하므로 실무에서 널리 쓰이고 있으나, 이론상으로는 비교적 타당한 방법이 되지 못한다.
- 즉 유형자산의 가치감소가 오직 물리적 요인인 시간의 경과에 비례하여 이루어지는 경우를 제외하고는 이 방법이 이론적 지지를 얻지 못하고 있다.

(2) 정률법(fixed percentage method)이란 고정자산의 잔존가액에 일정률을 곱하여 산출한다. 일정률의 산정은 다음과 같다.(매번 일정 비율로 상각)

- 정률법은 유형자산의 취득원가에서 감가상각누계액을 차감한 미상각잔액에 매기 일정한 상각률을 곱하여 감가상각비를 계산하는 방법으로 다음의 공식에 의해 계산된다.
  ※ 이때 사용되는 상각률은 매기 미상각잔액에 대하여 그 비율만큼씩 감가상각비로 계상하였을 때, 마지막 연도에 장부상에 남는 미상각 잔액이 최초 추정한 잔존가치와 일치하도록 만들어 주는 일

정률이다. 따라서 잔존가치가 없으면 상각률의 계산이 불가능하기 때문에, 정률법의 사용을 위해서는 반드시 잔존가치의 존재가 전제(없는 경우 통상 5%)되어야 한다.
감가상각비 = (취득원가 − 기초감가상각누계액) × 상각률 = 기초장부가액 × 상각률

$$x = 1 - n\frac{B}{A}$$

x =상각비율(초기에 상각이 많이 되고, 기간경과에 따라 상각액 감소)

- 정률법을 사용하게 되면 연수가 경과할수록 연도별 상각액이 점차로 감소한다. 이것은 정률법이 체감상각법의 일종이 된다는 것을 의미한다.
- 일반적으로 유형자산에 대해서는 사용연수가 경과할수록 수선유지비는 증가하는데, 그런 의미에서 정률법은 자산의 감가상각비와 수선유지비를 합계한 자산 관련 비용을 기간별로 평준화시키는 특징을 지닌다.
- 또한 초기 시점에서 감가상각비가 보다 크게 계상되기 때문에 자산의 취득에 투하된 자본을 단기간에 회수 가능하도록 하는 특징도 함께 지닌다.

(3) 생산량비례법: 생산량비례법은 보유 중인 자산의 가치감소가 단순히 시간이 경과함에 따라 나타난다고 하기보다는, 생산량 또는 작업시간에 비례하여 나타난다고 하는 것을 전제로 하여 감가상각비를 계산하는 방법이다.
감가상각비 = (취득원가 − 잔존가치) × (실제생산량/총 추정생산량)

- 생산량비례법은 생산 없이는 비용이 발생하지 않는다는 것을 전제하기 때문에, 수익·비용의 대응관계를 가장 잘 반영시켜 주는 감가상각 방법이 된다. 따라서 주로 광산, 유전, 삼림 등과 같은 소모성 또는 고갈성 자산의 채취산업에서 많이 사용된다.

(4) 이중체감잔액법: 이중체감잔액법은 미상각잔액에 매기 정액법에서의 상각률에 2배를 곱하여 감가상각비를 계산하는 방법이다. 이중체감잔액법은 미상각잔액에 일정한 상각률을 곱하여 감가상각비를 구하게 되므로 시간이 경과하여 기초장부가액이 감소함에 다라 각 연도의 감가상각비도 점차적으로 감소하게 된다.
감가상각비 = (취득원가 − 기초감가상각누계액) × 상각률
※ 상각률 = (1/내용연수) × 2

(5) 연수합계법: 연수합계법은 정률법과 마찬가지로 초기에 많은 감가상각비를 인시가고 기간이 지나면서 적은 감가상각비를 인식하는 체감상각법의 일종이다. 연수합계법은 급수법이라고도 하며, 취득원가에서 잔존가액을 차감한 금액을 내용연수의 합계로 나누고, 그 금액에 내용연수의 역순을 곱하여 산출하는 방법이다.
감가상각비 = (취득원가 − 잔존가액) × (내용연수의 역순 / 내용연수의 합계)

9 ②

[해설] 내용연수에 따른 감가상각 계산방법은 다음과 같다.

> 정액법: $D = \dfrac{A-B}{n} = \dfrac{취득가격 - 잔존가격}{내용연수}$
>
> 정률법: $x = 1 - n\dfrac{B}{A}$
>
> x =상각비율(초기에 상각이 많이되고, 기간경과에 따라 상각액 감소)

[참고] 원가에 따른 재고자산 배분방식

- 선입선출법: 여러 단가의 재고품이 실제로는 어떤 순서로 출고되든, 장부상 먼저 입고된 것부터 순차적으로 출고되는 것으로 간주하여 출고단가를 결정하는 원가주의 평가방법이다. 따라서 재고품은 비교적 최근에 입고된 물품의 원가로 구성되며, 출고품의 가격은 일찍 입고된 물품의 원가에 의해 결정·표시

된다. 그러므로 단가가 서로 다른 수종의 동일계열 재고품이 있을 경우에는 장부상의 잔고 난에 종류별로 분기되어 있어야 한다
- 후입선출법: 원가주의에 따른 재고자산의 원가배분 방법의 일종으로서 전에는 매입역법으로 불리었다. 이 방법은 실제에 있어서 어떠한 매입원가의 재고자산이 어떠한 순서로 출고되느냐를 무시하여 출고하는 재고자산은 재고품 중 항상 가장 새롭게 매입된 것으로 이루어졌다고 하는 가정에 기인하고 있다. 그러므로 기말재고액에 대하여 말하면 후입선출법은 선입재고법이라 말할 수 있는 가장 낮은 취득가액의 것으로 구성되어 있는 것으로 생각한다.

10 ④

[해설] 선입선출법(first-in first-out)에 대하여 정리하여 보면 다음과 같다.
- 여러 단가의 재고품이 실제로는 어떤 순서로 출고되든, 장부상 먼저 입고된 것부터 순차적으로 출고되는 것으로 간주하여 출고단가를 결정하는 원가주의 평가방법이다.
  따라서 재고품은 비교적 최근에 입고된 물품의 원가로 구성되며, 출고품의 가격은 일찍 입고된 물품의 원가에 의해 결정·표시된다. 그러므로 단가가 서로 다른 수종의 동일계열 재고품이 있을 경우에는 장부상의 잔고난에 종류별로 분기되어 있어야 한다.
- 장점: ① 미실현 손익을 포함하지 않은 재고자산원가가 실제 기록에 의하여 조직적으로 계산되며, ② 재고품의 평가액이 시가에 비교적 가깝고, ③ 장부상 처리가 실제 재고품의 흐름과 다르더라도 재고관리상 편리하며, ④ 디플레이션 때에 이익이 과대 계상되지 않는다는 점 등이다.
- 단점: ① 인플레이션 때에 과대이익을 계상하며, ② 동종의 물품을 동시에 출고할 때에도 각기 다른 수종의 단가를 적용하게 되어 계산이 복잡하다는 점 등이 있다

[보충] 후입선출법: 원가주의에 따른 재고자산의 원가배분 방법의 일종으로서 전에는 매입역법으로 불리었다. 이 방법은 실제에 있어서 어떠한 매입원가의 재고자산이 어떠한 순서로 출고되느냐를 무시하여 출고하는 재고자산은 재고품 중 항상 가장 새롭게 매입된 것으로 이루어졌다고 하는 가정에 기인하고 있다. 그러므로 기말재고액에 대하여 말하면 후입선출법은 선입재고법이라 말할 수 있는 가장 낮은 취득가액의 것으로 구성되어 있는 것으로 생각한다.

11 ③

[해설] 선입선출법은 재과자산을 평가할 때 먼저 들어온 것이 먼저 팔린다는 전제하에서 매출원가와 기말재고단가를 결정한다.

12 ④

[해설] 선입선출법의 단점으로 물가가 상승할수록 과거의 원가가 매출 수익에 대응되므로 당기순이익이 과대표시된다.
①, ②, ③ 후입선출법은 현행수익에 현행원가가 대응되기 때문에 대응원칙에 충실하고 가격정책에 관한 의사결정에 유용한 정보를 제공할 수 있다.

13 ②

[해설] 고가이며 소량인 재고자산에 쉽게 적용할 수 있는 방법으로는 개별법이 있다.

14 ①

[해설] 기업의 이익은 크게 영업이익과 당기순이익으로 나눌 수 있으며 이를 계산하여 보면 다음과 같다.

- 영업이익 = 매출액 - 매출원가 - 판매비&관리비
- 당기순이익 = (영업이익 + 영업외 이익 + 특별이익) - (영업외 비용 + 특별손실 + 법인세)

15 ④
해설

감가상각이란 감가 즉, 가치가 감소한다는 의미와 상각 즉, 보상해서 처리한다는 의미이다. 그러므로 감가상각이란 가치가 감소하는 만큼 이를 비용으로 처리한다는 의미이다.

특히 토지와 건설 중인 자산을 제외한 대부분의 유형자산은 감가상각의 과정을 거치는데, 유형자산을 감가상각하는 이유는 기본적으로 자산가치의 감소를 재무제표에 반영하기 위함이다. 참고로 무형자산의 경우는 감가상각이 아니라 상각이라고 표현한다.

16 ②
해설

②번 지문의 경우 자산의 가치감소의 원인이 진부화나 부적응과 같은 경제적 요인에 의해 발생할 경우 적합한 방법은 생산량비례법이 아니라 가속상각법이다. 오늘날과 같이 기술혁신이 급속한 상황에서 기계설비의 내용년수나 총생산액을 예정할 때에 경제적 감가를 중요시하고, 진부화·부적당 등의 요소에 대하여 충분히 배려할 필요가 있다.

가속상각(accelerated depreciation)은 이미 도입된 설비가 조기(早期)에 진부화된다고 보고 기업의 손실이 되는 미상각잔액(未償却殘額)을 근소하게 줄이는 동시에, 가속상각에 의하여 조기에 유보된 상각자금에 의하여 새 설비를 도입·확장할 수 있도록 경영자를 자극하고 의욕을 갖도록 하는 효과를 갖는다. 반면에 생산량비례법(Units-of-Production Depreciation Method)은 자산의 이용정도를 고려하여 예상조업도나 예상생산량에 근거한 비율로 감가상각비를 계산하는 방법으로, 일반적인 유형자산보다 자연자원(광산, 유전 등)의 감모상각 방법에 적절한 방법이다.

보충

감가상각이란 토지를 제외한 고정 자산에 생기는 가치의 소모를 산정하는 회계상의 절차로서, 시간의 흐름에 따른 유형자산의 가치 감소를 회계에 반영하는 것이다. 회계적 관점에서 감가상각이란 고정 자산의 가치 소모를 각 회계 연도에 할당하여 자산의 가격을 줄여 가는 것, 취득한 자산의 원가(취득원가)를 자산의 사용기간에 걸쳐 비용으로 배분하는 과정(allocation)을 의미한다.

17 ④
해설

취득원가란 역사적 원가라고도 하며, 여기에는 매입자산의 매입가액에다 취득에 소요되는 부대비용을 포함하는 것이 일반적이다.

부대비용에는 매입수수료·운반비·하역비·설치비·시운전비·등기비용 등이 있다.

기업회계원칙에서는 취득원가를 자산평가의 기준으로 하고 있으며, 대차대조표 가액의 결정도 취득원가 기준이 택하여진다. 이를 취득원가주의라고 한다. 따라서 기업회계에서는 매입으로써 취득한 자산 이외의 자산의 취득원가를 정하지 않으면 안 된다.

심화문제

1 ⑤

해설

손익분기점에서의 매출액 = $\dfrac{\text{고정비}}{\text{가중평균공헌이익률}}$

· 공헌이익률

$A: \dfrac{500-400}{500}=0.2, \; B: \dfrac{1,100-880}{1100}=0.2., \; C: \dfrac{2,000-1,300}{2000}=0.35$

· 가중평균공헌이익률 = $\sum$(공헌이익률 × 매출액구성비)

$= (0.2 \times 0.2)+(0.2 \times 0.3)+(0.35 \times 0.5) = 0.04+0.06+0.175$

$= 0.275$

· 손익분기점에서의 매출액 = $\dfrac{\text{고정비}}{\text{공헌이익률}} = \dfrac{550,000}{0.275} = 2,000,000$

2 ③

해설

$(30,000-10,000) \times Q - 10,000,000 = 5,000,000$

$Q = 15,000,000 \div 20,000 = 750$

3 ③

해설

$\dfrac{48,000,000}{20,000-14,000} = 8,000 \times 20,000 = 160,000,000$

4 ③

해설

손익분기점 매출액: 고정비 ÷ 공헌이익률 = 600,000 ÷ 40% = 1,500,000

공헌이익률: 1 − 변동비율 = 40%

5 ②

해설

$(P-VC) \times Q - FC = $ 목표이익

$(P-VC) \times 5,000 - 500,000,000 = 500,000,000$

$(P-VC) = 200,000$

6 ⑤

해설

DOL = 공헌이익 ÷ 영업이익

공헌이익: $(2,000-1,000) \times 10,000 = 10,000,000$

영업이익: $10,000,000 - 8,000,000 = 2,000,000$

DOL: $10,000,000 \div 2,000,000 = 5$

7 ⑤

해설

$(200,000-100,000) \times Q - 50,000,000 = 0$

· BEP: $Q = 50,000,000 \div 100,000 = 500$

8 ②

해설 손익분기(BEP)=매출액-변동비-고정비=0

$(P \times Q) - (VC \times Q) - FC = 0$

$Q(P - VC) = FC$

$Q = \dfrac{FC}{(P - VC)}$

$\dfrac{20{,}000{,}000}{(50{,}000 - 10{,}000)} = 500$개

$500 \times 50{,}000 = 25{,}000{,}000$원

9 ④

해설 연수합계법 감가상각비: (취득원가-잔존가치)×잔여내용연수÷내용연수합계

5억×3÷(1+2+3)=2.5억

10 ②

해설 정액법에 의한 내용연수에 따른 감가 삼각비 $= \dfrac{\text{취득가격} - \text{잔존가격}}{\text{내용연수}}$

$= \dfrac{(5{,}000{,}000 + 300{,}000 + 200{,}000) - 550{,}000}{10}$

$= 495{,}000$

11 ②

해설 연수합계법에 의한 계산은 다음과 같다.

감가상각비=(취득원가-잔존가치)× $\dfrac{\text{잔존내용연수}}{\text{내용연수합계}}$

$100{,}000 = (x - 50{,}000) \times \dfrac{3}{5+4+3+2+1}$

$100{,}000 = (x - 50{,}000) \times \dfrac{3}{15}$

$100{,}000 = (x - 50{,}000) \times 0.2$ ∴ $x = 550{,}000$

12 ⑤

해설 순매입: 총매입 - (매입에누리 + 매입환출 + 매입할인) + 부대비용 = 420,000

매출원가: 기초재고 + 순매입액 - 기말재고 = 460,000

13 ①

해설 단기순매입액 = 실제 지불한 상품매입대금 = 3,460만원 - 110만원 = 3,350만원

매출원가 = 기초재고액 + 당기매입액 - 기말재고액 = 400만원 + 3,350만원 - 410만원 = 3,340만원

14 ③

해설 정액법하의 감가상각비 = (취득원가 - 잔존가치) ÷ 내용연수

15 ①

해설 계속기록법에 의한 기말재고: 500 + 2,000 - 1,800 = 700개
실지재고조사법에 의한 기말재고: 180개
감모손실: 700 - 180 = 520개

16 ①

해설 정액법, $D = \dfrac{A-B}{n} = \dfrac{취득가격 - 잔존가격}{내용연구} = \dfrac{2,000,000 - 200,000}{5} = \dfrac{1,800,000}{5} = 360,000$

2019년초 해당 기계장치의 장부가액: 2,000,000 - 360,000 × 2년 = 1,280,000
처분가 - 장부가 = 1,300,000 - 1,280,000 = 20,000   ∴ 2만원의 처분이익 발생

17 ②

해설 총가중평균법,

$\dfrac{기초상품재고액 + 당기 재고 매입액}{기초상품재고수량 + 당기재고 애입수량} \times 기말상품 재고수량$

$= \dfrac{0 + (10 \times 200) + (30 \times 220) + (50 \times 230)}{0 + 10 + 30 + 50} \times 30 = 6700원$

18 ④

해설 생산량비례법은 보유중인 자산의 감가가 단순히 시간이 경과함에 따라 나타난다고 하기보다는 생산량에 비례하여 나타난다고 하는 것을 전제로 하여 감가상각비를 계산하는 방법이다. 이 방법은 생산없이는 비용이 발생하지 않는다는 것을 전제하기 때문에 수익 비용의 대응관계를 가장 잘 반영시켜 주는 감가상각방법이다. 주로 광산, 유전, 산림 등과 같은 소모성 또는 고갈성 자산의 채취산업에서 많이 사용된다.

보충 가속감가상각법
- 감가상각 계산법의 일종으로 정액법과 같은 정량적인 감가상각에 의한 경우보다 더 많은 금액을 보다 빠른 시일 안에 회수할 목적으로 사용한다.
- 정액법은 내용년수 기간 중 매년 일정액의 감가상각비를 계상하는 방법인데 반해 가속감가상각은 설비의 감가상각잔액에 대해 매년 일정률의 감가상각비를 계상한다. 이렇게 하면 감가상각 총액은 같으나 내용년수의 전반에 상각액이 높아 상각잔액의 감소와 함께 상각액이 체감하게 된다.
- 가속감가상각은
  - 첫째, 설비에 들인 자본을 조기에 회수하여 장래의 기술혁신에 의한 설비의 파기손실을 피하고
  - 둘째, 내용년수 전반기의 상각액을 늘려 계상이익을 적게 함으로써 세금 지출을 후반기로 연기하며
  - 셋째, 가속상각에 의해 조기에 유동화한 자금을 운전 자본이나 고정자본에 재투자하여 기회이익을 얻을 수 있다는 이점이 있다.

19 ②

해설 당기순이익은 일반적으로 수익 또는 매출액에서 전체 비용을 차감한 것으로 다음과 같이 계산된다.
당기순이익 = (영업이익 + 영업외 이익 + 특별이익) - (영업외 비용 + 특별손실 + 법인세)

해당지문에 언급한 바로 계산하여보면 다음과 같다.
당기순이익 = 1,000,000 - (300,000 + 400,000 + 50,000 + 100,000)
         = 150,000원

20 ①

해설 정액법은 매번 같은 금액으로 상각하는 것으로 다음과 같이 산출가능하다. $D = \dfrac{취득가격 - 잔존가격}{내용연수}$
유형자산의 처분과 관련하여 취득가액과 처분가액이 다를 경우 감가상각액을 통해 지금현재의 잔존가치를 계산하여 감가상각을 통한 현재가치와 처분가치를 비교하여 이익이면 처분이익, 손실이면 처분손실로 구분한다. 위 문제의 경우 잔존가치는 없는 것으로 간주하고 있으므로 내용연수를 고려한 매년 감가상각액은 $\dfrac{30,000,000 - 0}{5} = 6,000,000$이다. 이를 월할 상각하면 $\dfrac{6,000,000}{12} = 500,000$이된다. 처분일이 9월 30일 이므로 9개월 동안의 감가상각액은 4,500,000이다. 처분금액과 감가상각액에서 전기말 감가상각 누계액을 차감하여주면 (10,000,000+4,500,000)-15,000,000=-500,000로서 처분손실 500,000이 발생한다.

21 ③

해설 기업의 가치창출 기준으로서 손실과 이익이 일치하는 조업수준을 계산하려면 재무적 손익분기점(financial BEP)이 필요하며, 이는 화폐의 시간가치를 고려한 순현재가치(Net Present Value : NPV)가 0이 되게하는 매출수준을 말하는데, 보통 이는 손익분기점보다 낮지 않고 같은 수준을 보여준다.

22 ②

해설 정액법은 매번 정해진 금액을 감가상각하는 방법으로 다음과 같이 감가상각을 계산한다.
$D = \dfrac{A-B}{N} = \dfrac{취득가 - 잔존가}{내용연수} = \dfrac{300만원 - (300만원 \times 10\%)}{5} = \dfrac{3,000,000 - 300,000}{5} = \dfrac{2,700,000}{5} = 540,000$

23 ④

해설 $Q = \dfrac{FC}{(P-VC)} = \dfrac{임대료 + 설비 등의 감가상각비}{판매가 - 변동비로서의 구입가} = \dfrac{100만 + 20만}{(200만 - 180만)} = \dfrac{120만}{20만} = 6$

24 ④

해설 감가상각(減價償却, depreciation)이란 토지를 제외한 고정 자산에 생기는 가치의 소모를 셈하는 회계상의 절차로, 시간의 흐름에 따른 유형자산의 가치 감소를 회계에 반영하는 것이다. 경제학적으로는 유형자산의 가치 감소를 의미하나, 회계학의 관점에서 감가상각이란 고정 자산의 가치 소모를 각 회계 연도에 할당하여 자산의 가격을 줄여 가는 것, 취득한 자산의 원가(취득원가)를 자산의 사용기간에 걸쳐 비용으로 배분하는 과정(allocation)을 의미한다.
틀린지문을 바로 잡으면 다음과 같다.
감가상각누계액은 내용연수 동안 비용처리 할 감가상각비의 총액이다.
→ 감가상각누계액 (Accumulated Depreciation)이란 시간이 지남에 따라 자산의 가치가 떨어지면 회계상 감가상각으로 표시되는데 이때 감가상각 누계액은 자산의 특정 시점까지 누적된 감가상각 누계액을 말한다. 기본적인 감가상각이란 회계적인 관점에서 이러한 유형자산의 사용, 진부화 등을 통한 가치감소 현상을 반영한 개념으로, 유형자산의 취득원가를 일정기간에 걸쳐 배분하여 비용으로 인식

한다.

정액법과 정률법에서는 감가대상금액을 기초로 감가상각비를 산정한다.→잔존가격과 취득가격의 관계에 내용연수를 반영하여 각각 산출한다.

- 정액법: $D = \dfrac{A-B}{N} = \dfrac{취득가격 - 잔존가격}{내용연수}$

정률법: 상각비율$(x) = 1 - \sqrt[내용연수]{\dfrac{잔존가격}{취득가격}}$

정률법(fixed percentage method)이란 고정자산의 잔존가액에 일정률을 곱하여 산출한다. (매번 일정 비율로 상각) 즉, 정률법은 유형자산의 취득원가에서 감가상각누계액을 차감한 미상각잔액에 매기 일정한 상각률을 곱하여 감가상각비를 계산하는 방법으로 상각비율이 초기에 상각이 많이 되고, 기간경과에 따라 상각액 감소한다.

모든 유형자산은 시간이 경과함에 따라 가치가 감소하므로 가치의 감소를 인식하기 위해 감가상각한다.
→ 감가상각이란 토지를 제외한 고정 자산에 생기는 가치의 소모를 셈하는 회계상의 절차로, 시간의 흐름에 따른 유형자산의 가치 감소를 회계에 반영하는 것이다. 경제학적으로는 유형자산의 가치 감소를 의미하나, 회계학의 관점에서 감가상각이란 고정 자산의 가치 소모를 각 회계 연도에 할당하여 자산의 가격을 줄여 가는 것, 즉, 취득한 자산의 원가(취득원가)를 자산의 사용기간에 걸쳐 비용으로 배분하는 과정(allocation)을 의미한다.

25 ④

해설 자본예산의 의사결정준칙이란 자본예산을 통한 투자안의 의사결정이라고 할 수 있다. 그러나 선입선출법은 원가에 따른 재고자산 배분방식이다.

구체적으로 살펴보면 여러 단가의 재고품이 실제로는 어떤 순서로 출고되든, 장부상 먼저 입고된 것부터 순차적으로 출고되는 것으로 간주하여 출고단가를 결정하는 원가주의 평가방법이다. 따라서 재고품은 비교적 최근에 입고된 물품의 원가로 구성되며, 출고품의 가격은 일찍 입고된 물품의 원가에 의해 결정·표시된다. 그러므로 단가가 서로 다른 수종의 동일계열 재고품이 있을 경우에는 장부상의 잔고란에 종류별로 분기되어 있어야 한다.

| PART 7 | 재무관리 |

| CHAPTER 1 | 재무관리의 기초 |

개념정리문제

1 ③

해설   재무관리자는 금융시장을 통하여 자금을 조달 한후, 그 자산을 실물에 투자함으로서 투자자가 제공하는 자금보다 더 많은 현금흐름을 투자자에게 제공 즉, 부가가치를 창출할 수 있어야 한다. 이러한 관점에서 투자의사결정, 자본조달 의사결정, 배당의사결정이라는 3가지 측면에서의 재무적 의사결정을 하여야 한다.
- 투자의사결정: 기업가치를 극대화하기 위해 어떤 자산에 얼마나 투자할 것인가를 결정하는 것으로서 자본예산이라고도 한다.
- 자본조달의사결정: 기업활동을 영위하기 위한 자금조달에 관한 의사결정으로서 자본조달의사결정은 기업가치를 극대화할 수 있도록 자기자본과 타인자본의 구성을 최적화하는 의사결정을 의미.
- 배당의사결정: 기업가치의 극대화를 달성하기 위해 영업활동을 통해 얻어진 현금을 얼마만큼 재투자하고, 얼마만큼을 주주에게 배당으로 지급할 것인지에 대한 의사결정.

솔로몬(E. Solomon)	존슨(R. Johnson)	밴혼(J. Van Horn)
1. 총체적으로 얼마의 자금을 기업에 투자할 것인가? – 즉 기업의 총자산 규모 및 성장률을 얼마로 할 것인가?	1. 재무계획 (financial planning)	투자에 관한 의사결정 (investment decision)
2. 구체적으로 무슨 자산을 어떤 형태로 보유할 것인가?	2. 자산관리 (assets management)	
3. 필요한 자금을 어떻게 조달할 것인가? – 즉 대차대조표의 대변(자본 및 부채) 항목을 어떻게 구성할 것인가?	3. 자금조달(financing)	자금조달에 관한 의사결정 (financing decision)
		배당결정 (devidend decision)

2 ②

해설   종업원관리는 재무관리의 영역이라고 보기 어렵다.

3 ②

해설   재무관리는 장기적으로 기업 가치 극대화를 궁극적 목적으로 하며, 이를 위해 기업가치를 극대화하기 위해 어떤 자산에 얼마나 투자할 것인가를 결정하는 투자의사결정과 기업가치를 극대화할 수 있도록 자기자본과 타인자본의 구성을 최적화하는 의사결정을 위한 자본조달의사결정 등의 활동을 수행한다.

4 ②

해설   재무관리에는 자본조달, 투자결정, 배당결정, 재무분석에 대한 의사결정의 기능이 있다.

5 ④

해설   위험이 높아지면 기대수익률은 높아진다(위험과 기대수익률은 비례).

구분	투자의사결정	자본조달의사결정	배당의사결정
목표	기업가치 극대화		
의의	어떤 자산에 얼마나 투자할 것인가에 대한 의사결정	자기자본과 타인자본의 구성을 최적화하는 의사결정	재투자비율 및 배당비율에 대한 의사결정
방법	최적의 자산구성을 취하고자 하는 것으로서, 주로 대차대조표의 차변에 나타나는 항목을 결정	• 자기자본 조달방법: 주식을 발행하여 주주로부터 자금을 조달하는 것으로서 보통주를 발행할 것인지 또는 우선주를 발행할 것인지를 결정 • 타인자본 조달방법: 금융기관이나 채권투자자 등 채권자로부터 차입하는 것으로서 장기차입을 할 것인지 또는 단기차입을 할 것인지를 결정	주주에게 얼마만큼의 배당을 지급할 것인지에 대한 의사결정으로 채권자에 대한 이자나 원금 지급은 의사결정 대상이 아님

6 ④

해설
- 영구연금(perpetuity): 만기가 무한대인 연금을 말한다.
- 영구연금의 현재가치: 미래 특정기간에 도달했을 때 동일한 금액이 영원히 발생하는 현금흐름이 영구연금이며, 이의 미래 현금흐름의 현재가치는 다음과 같이 구할 수 있다.

영구연금의 현재가치 = $\dfrac{\text{발생하는 동일금액}}{\text{할인율}}$

영구연금의 현재가치×연간이자율=연간연금수령액

$\dfrac{200만\ 원}{10\%} = \dfrac{200만\ 원}{0.1} = 2{,}000만\ 원$

7 ④

해설
$100{,}000 \times (1+0.1)^2 = 121{,}000$원

8 ③

해설
단리에서는 이자가 원금에 가산되지 않는다.
$100{,}000 + 100{,}000 \times 10\% \times 2 = 120{,}000$

9 ②

해설
원금 = $\dfrac{6{,}050}{(1+0.1)^2} = 5{,}000$만원

10 ②

해설
영구채 가격=액면이자÷할인율=$1{,}000{,}000 \times 5\% \div 10\% = 500{,}000$

11 ③

해설
표면이자율=요구수익률인 경우 채권은 액면발행된다.
표면이자율 < 요구수익률인 경우 채권은 할인발행된다.
표면이자율 > 요구수익률인 경우 채권은 할증발행된다.

12 ②

해설
채권의 이표율(표면 이자율)이 채권수익률보다 높은 경우 채권가격은 액면가보다 높다. 또한 이표율이 낮을수록 채권가격은 크게 변한다. 채권가치가 이표의 현가와 원금의 현가의 합이기 때문이다. 만기는

같은데 이표가 작다는 것은 채권의 가치가 원금부분에 보다 더 의존한다는 말이고, 상대적으로 일찍 상환되는 이표부분보다는 가장 늦게 상환되는 원금부분이 금리변화에 더 큰 영향을 받기 때문이다.
* 수익률 변동과 채권 가격변화는 역으로 움직임

예) 쿠폰 15%(연이표) 만기3년 회사채의 매입수익률에 따라 가격변화: 수익률 상승 ⇨ 채권가격 하락, 수익률 하락 ⇨ 채권가격 상승

- 채권발행시 표면이율과 매입수익률의 관계(요약)
  - 표면이자율 < 매입수익률 ↔ 채권가격 < 액면(할인발행)
  - 표면이자율 > 매입수익률 ↔ 채권가격 > 액면(할증발행)
  - 표면이자율 = 매입수익률 ↔ 채권가격 = 액면(액면발행)

13 ②

해설
① 채권가격과 시장이자율은 서로 반비례한다.
③ 일정한 이자율 변동에 액면이자가 낮을수록 채권가격 변동폭이 크다.
④ 일정한 이자율 변동에 만기가 긴 채권일수록 채권가격 변동폭이 크다.

(채권의 액면가: 10,000.00원)

수익률	채권가격
10%	11,243.43
12%	10,720.55
14%	10,232.16
15%	10,000.00
17%	9,558.08
18%	9,347.72
20%	8,946.76

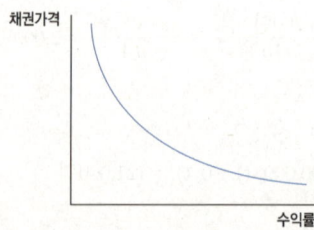

14 ②

해설
무이표채는 순수할인채권으로 이자 지급 없이 만기일에 액면가(원금)만 지급, 상환하는 채권으로 이를 계산하면 다음과 같다. $\frac{10만}{1+0.1} = 90{,}909.09$

15 ①

해설
평균수익률이란 연도별 수익률을 단순평균으로 계산한 것으로서 자본 비용에는 해당하지 않는다. 자본 비용이란 기업이 자본을 조달하여 사용하는 것과 관련해 부담해야 하는 비용이다. 투자자 입장에서는 투자한 자본에 대하여 최소한으로 기대하는 요구수익률이며, 경우에 따라서는 기회비용 개념으로서 기업이 선택하지 않은 대체 투자안으로 부터 얻을 수 있는 가장 높은 수익률을 의미하기도 한다.
② 할인율: 미래의 가치를 현재로 환산하는데 고려되는 위험의 비율을 의미. 아울러 채권에선 정해진 시점에서 정해진 금액을 받기로 한 증서이고 채권에서 금리가 곧 할인율이 된다.
③ 필수수익률: 투자대상 자산으로부터 기대되는 최소한의 수익률로, 투자자산의 현재가치를 평가하는 할인율로 사용되며, 요구수익률이라고도 함.
④ 기대수익률: 투자대상 자산으로부터 기대되는 예상수입과 예상지출로 계산되는 수익률, 내부수익률이라고도 함.

16 ②

해설
②번 지문의 경우 쿠폰이 아니라 만기수익률(YTM: Yield to Maturity)이다. 만기수익률이란 채권이 만기

될 때까지 보유할 경우 해당 채권에 대해 예상되는 총 수익률이다. 만기수익률은 장기 채권수익률로 간주되지만 연이율로 표시된다. 즉, 투자자가 만기까지 채권을 보유하고 모든 지불이 예정대로 이루어지고 동일한 비율로 재투자되는 경우 채권에 대한 투자의 내부 수익률(IRR)이다.

참고로 만기수익률은 장부수익률 또는 상환수익률이라고도 한다. 반면 쿠폰(coupone)은 채권에서 "이자"로 사용되는 용어로서, 만기 때까지 보유하더라도 이자를 전혀 지급하지 않는 채권이라고 생각하면 된다.

심화문제

1 ①

[해설] 영업이익이나 순이익처럼 회사의 이익을 나타내는 지표 중 하나로 기업이 영업활동을 통해 벌어들이는 현금 창출능력을 나타낸다. 이자·세금·감가상각비를 지급하기 전의 순이익, 즉 영업이익(EBIT)에다 감가상각비를 합한 것으로 '세전영업 현금흐름' 혹은 에비타라고 한다.

에비타는 실제로 현금이 나가지 않은 감가상각비는 비용으로 간주하지 않으므로 설비 투자가 많은 대기업체들이 선호하는 경향이 있다.

예를 들어 어느 회사가 대형 설비 투자를 하면서 투자비를 비용으로 처리하면 영업이익이 적자가 되지만 에비타를 쓰면 흑자가 될 수도 있다

- 영업현금흐름(operating cash flow: OCF)
  = (매출액 − 영업비용) − 법인세율 × (매출액 − 영업비용 − 감가상각비)
  = (매출액 − 영업비용)(1 − 법인세율) + 법인세율 × 감가상각비
  = 영업이익 × (1 − 법인세율) + 감가상각비
- 잉여현금흐름(free cash flow: FCF)
  = 영업현금흐름 − 순운전자본의 변동 − 자본적 지출

2 ③

[해설] $\dfrac{300}{(1+0.02)^1} + \dfrac{10{,}300}{(1+0.02)^2} = 294 + 9{,}900 = 10{,}194$

3 ②

[해설] 1년부터 4년까지는 공통이기 때문에 상쇄하면 됨.

$1 - 0.620921 = 0.379079 \times 1{,}000{,}0000 = 379{,}079$

[참고] 5년간 매년 10%이자로 100만원 수령하는 연금의 현재가치를 구해보면 다음과 같다.

연금의 현재가치$(PVA) = \dfrac{A}{(1+r)} + \dfrac{A}{(1+r)^2} + \dfrac{A}{(1+r)^3} + \dfrac{A}{(1+r)^4} + \dfrac{A}{(1+r)^5}$

$= \dfrac{100}{(1+0.1)} + \dfrac{100}{(1+0.1)^2} + \dfrac{100}{(1+0.1)^3} + \dfrac{100}{(1+0.1)^4} + \dfrac{100}{(1+0.1)^5}$

$= 100 \times \left[\dfrac{1}{0.1} - \dfrac{1}{0.1 \times (1+0.1)^5}\right] = 100 \times 3.7908 = 379.08$만원

또는 $PVA = 100 \times PVIFA_{0.1, 5} = 100 \times 3.7908 = 379.08$만원

(주) $\left[\dfrac{1}{0.1} - \dfrac{1}{0.1 \times (1+0.1)^n}\right] =$ 연금의 현가이자요소$(PVIFA)$

$PVIFA = 1$기간 말부터 시작하여 n기간 동안 매기간 말에 1원씩 발생하는 연금의 현재가치

4 ③

[해설] $1{,}000{,}000 \times (1+0.03)^2 = 1{,}060{,}900$원

미래가치의 개념: 현재시점에 발생한 현금을 미래시점의 가치로 환산한 것이다.

⇨ 즉, 미래가치 = 원금 + 미래에 지급 받을 이자금액

- 미래가치의 계산: FV=P×(1+r)t=P×FVIF

  여기서, P: 현재의 투자금액 또는 원금, r: 기회자본비용(이자율), t: 기간, FV: t 기간 후의 미래가치, FVIF(Future Value Interest Factor): 미래가치이자요소 또는 복리이자요소

  ⇨ 이는 오늘의 1원을 재투자함으로써 미래에 추가이익을 얻을 수 있기 때문에 오늘의 1원은 미래의 1원보다 항상 큰 가치를 가진다는 사실을 보여준다.

- 복리: 원금에 과거이자가 추가되어 새로운 원금을 이루는 현상

5 ③

해설 미래의 일정 기간에 매년 일정 금액을 받는 경우 미래에 받게 될 이 금액 전체의 현재가치는 연금의 현재가치로 이해되므로, 연금의 현재가치 공식을 활용하여 산출하면 됨.

$$PVA = \frac{A}{(1+r)} + \frac{A}{(1+r)^2} + \frac{A}{(1+r)^3} + \sim + \frac{A}{(1+r)^t}$$

$$= \frac{500}{(1+0.2)} + \frac{800}{(1+0.2)^2} + \frac{900}{(1+0.2)^3}$$

$$= 416.66 + 555.55 + 520.83$$

$$= 1493.04$$

6 ④

해설 채권의 듀레이션이란 현재가치를 기준으로 채권에 투자한 원금을 회수하는데 걸리는 시간을 의미하는 것으로서 채권의 실효만기를 의미한다.

채권에서 발생하는 모든 현금흐름을 현재가치로 환산하여 산출한 만기로서 채권 현금흐름의 가중평균만기라고도 하며 아래와 같이 계산한다.

채권가격 1000원, 액면이자율 10%, 만기 2년, 만기수익률 12%

$$D = \sum_{t=1}^{T} \left[\frac{PV(CF_t)}{P} \times t\right]$$

$$= \frac{\frac{100}{(1+0.12)} \times 1 + \frac{1100}{(1+0.12)^2} \times 2}{\frac{100}{(1+0.12)} + \frac{1100}{(1+0.12)^2}} = \frac{1843.112}{966.198} = 1.907 \quad \therefore 1.91년$$

7 ②

해설 기본적으로 표시이자율 < 시장이자율의 관계가 형성되어 있으므로 할인 발행된다.

연이자: ₩1,000,000 X 8% = ₩80,000원,

이자의 현재가치 = ₩80,000 X 3.79(5년, 10% 연금현가) = ₩303,200

원금(액면가)의 현재가치 = ₩1,000,000 X 0.62(5년, 10% 단일현가) = ₩620,000

∴ 사채의 발행금액(사채의 현재가) = ₩303,200 + ₩620,000 = ₩923,200

CHAPTER 2 : 자본예산 및 투자안의 경제성평가

개념정리문제

1 ④

[해설]
ㄱ. 감가상각비는 현금유출에 포함한다. ➔ 인위적 책정비용으로 기업의 실제 지출이 아니므로 불포함.
ㄴ. 감가상각비로 인한 법인세 절감효과는 현금유입에 포함한다. ➔ 기업의 과세대상이익을 줄여 납부하여야 하는 세금(현금유출)을 감소시켜주므로서 현금흐름을 추정시 어려운 세금절감효과를 현금유입에 포함
ㄷ. 주주에게 지급하는 배당금은 현금유출에 포함한다. ➔ 이자비용과 배당금은 투자안을 평가하기위하여 미래 현금흐름을 할인하는 과정에서 할인(자본비용)에 적절하게 반영되어 차감되기 때문에 이들을 다시 현금유출에 포함시켜서는 안된다.
ㄹ. 매몰비용(sunk cost)은 현금유출에 포함하지 않는다. ➔ 매몰원가는 이미 발생한 과거의 원가로서 현재의 투자안의 채택여부와 상관이 없는 비용이므로 현재 투자안의 증분 현금흐름을 추정할 때는 제외되어야 한다.

[보충] 투자안은 세후 기준의 증분 현금흐름으로 평가되어야 한다. 즉 투자안을 평가할 때 회계적 이익 아닌 현금흐름을 사용하여야 한다. 또한 그 현금흐름은 증분기준에 의해 측정되고 세금을 차감한 것이어야 한다.

1. 현금흐름과 회계적 이익의 상이성
   - 감가상각비등 비현금흐름의 제외: 감가상각비 등 비현금지출비용은 회계적 이익 계산시 비용으로 차감된다. 그러나 감가상각비는 인위적으로 배분된 회계적 비용으로 기업이 실제 지출하는 것이 아니기 때문에 현금유출에 포함시키지 않아야 한다.
   - 이자비용과 배당금 등 금융비용의 제외: 이자비용과 배당금은 기업의 입장에서는 명백한 현금유출이다. 그러나 기업이 투자자금을 사용하는대가로서 그 자금을 제공한 채권자와 주주에게 지급하는 이자비용과 배당금은 투자안을 평가하기위하여 미래 현금흐름을 할인하는 과정에서 할인(자본비용)에 적절하게 반영되어 차감되기 때문에 이들을 다시 현금유출에 포함시켜서는 안된다.
   - 운전자본의 포함: 새로운 투자안에 의해서 재고자산, 매출채권 등이 증가하여 기업의 순운전자본(유동자산-유동부채)이 증가할 수 있다. 그리고 순운전자본의 증가로 인하여 추가적인 자금이 더 필요하게 된다. 이와 같이 순운전자본의 증가로 인하여 추가적으로 소요되는 자금은 투자안의 내용연수 내에 동일 금액이 회수되므로 회계적 비용이 아니다. 그러나 투자안의 평가시 소모성 비용이 아닌 순운전자본을 현금흐름에 포함시켜야 하는 이유는 화폐의 시간적 가치를 고려하여야 하기 때문임.
   - 자본적 지출의 포함: 회계적 기준에 의하면 자본적 지출은 현재의 비용이 아니라 투자자산의 원가에 가산하여 감가상각하여 미래의 수익에 대응한다. 그러나 현금흐름 기준에 의하면 자본적 지출은 현금유출을 수반하므로 자본적 지출이 발생하는 시점의 현금유출에 포함한다.(단, 자본적 지출로 인하여 증가하게 되는 감가상각비는 현금유출에 포함하지 않는다.)

2. 증분현금흐름
   - 매몰원가의 제외: 매몰원가는 이미 발생한 과거의 원가로서 현재의 투자안의 채택여부와 상관이 없는 비용이므로 현재 투자안의 증분 현금흐름을 추정할 때는 제외되어야 한다.
   - 기회비용의 포함: 기회비용은 새로운 투자안으로 발생하게 되는 비용이므로 투자안의 증분현금흐름 추정시 현금유출에 포함시켜야 함.

- 부수적 효과의 포함: 고려중인 새로운 투자안은 기업의 다른 부분들에 영향을 줄 수 있다. 그 결과 발생하는 효과를 투자안의 부수적 효과라고 하며, 이와 같은 경우 증분 현금 추정시 고려하여 주어야 한다. 대표적인 예로서 새로운 투자안에 의해 생산된 제품 때문에 기존 제품시장이 잠식되는 경우(기존 제품 매출의 감소) 발생하는 손실을 잠식비용이라 하며 이는 포함되어야 한다.

3. 법인세 효과
   - 감가상각비와 이자비용 등은 현금유출에 포함되지 않는다. 그러나 이들은 기업의 과세대상이익을 줄여 납부하여야 하는 세금(현금유출)을 감소시켜줌으로써 현금흐름을 추정시 이러한 세금절감효과를 현금유입에 포함시켜야 한다.

2 ②

해설 순현가법(순현재가치법)에 대한 설명임. 순현재가치(NPV)는 투자로부터 발생하는 미래의 모든 현금유입액을 적절한 자본비용으로 할인한 현재가치에서 현금유출의 현재가치를 공제한 금액으로 기업이 투자안을 채택함으로써 발생하는 기업가치의 순변화를 의미한다.

3 ④

평가방법	장 점	단 점
순현재가치법 (NPV법)	• 내용연수 동안의 모든 현금흐름을 고려한다. • 화폐의 시간가치를 고려하고 있으며, 가치가산의 원리가 성립한다. • NPV를 극대화되도록 투자시 기업가치 극대화를 달성할 수 있다.	실무적으로 적절한 할인율을 구하기가 어렵다.
내부수익률법 (IRR법)	• 내용연수 동안 모든 현금흐름을 고려한다. • 화폐의 시간가치를 고려한다. • IRR은 자본비용의 손익분기점을 갖는다.	• IRR에 의하여 선택한 투자안은 반드시 기업가치를 극대화시켜주는 투자안은 아니다. • IRR에서의 평가기준은 현금흐름의 형태에 따라 달라진다.
수익성지수법 (PI법)	• 내용연수 동안의 모든 현금흐름을 고려한다. • 화폐의 시간가치를 반영한다.	PI에 의하여 선택한 투자안은 반드시 기업가치를 극대화해주는 투자안은 아니다.
회계적 이익률법	• 간단하며 이해하기 쉽다. • 자료수집이 용이하다.	• 현금흐름이 아닌 회계적 이익에 기초한다. • 화폐의 시간가치를 무시한다. • 목표이익률의 결정이 자의적이며, 평가결과가 객관적이지 못하다.
회수기간법	• 현금흐름을 기초로 한다. • 적은 시간과 비용으로 투자안을 평가한다.	• 회수기간 내의 현금흐름에 대한 화폐의 시간가치를 무시. • 목표회수기간의 설정이 자의적이며, 평가결과가 객관적이지 못하다.

4 ④

해설 투자안이 경제성평가방법 중 화폐의 시간적 가치를 고려한 방법으로는 순현가법, 수익성지수법, 내부수익률법 등이 있다. 회수기간법과 회계적 이익률법은 화폐의 시간적 가치를 고려하고 있지 않다.

| 회계이익률 (ARR) | 평균회계이익률(ARR) $= \dfrac{\text{세후평균 순이익}}{\text{평균 투자액}}$ | 1) 독립적인 투자안 : 투자안ARR > 목표ARR → 투자안 채택, 투자안ARR < 목표ARR → 투자안 기각
2) 상호배타적인 투자안 : 투자안AAR이 목표AAR보다 높은 투자안들 중에서 ARR이 가장 높은 투자안 선택
3) 장점 : 간단하며 이해가 쉬우며, 자료수집이 용이하다.
4) 단점 : 현금흐름이 아닌 회계적 이익에 기초하고 있으며, 화폐의 시간가치를 무시한다.
또한 목표이익률의 결정이 자의적이며, 평가결과가 객관적이지 못하다. |

회수 기간법	투자비용을 회수하는 데 걸리는 기간	1) 독립적인 투자안 투자안의 회수기간 < 목표 회수기간 → 투자안 채택, 투자안의 회수기간 > 목표 회수기간 → 투자안 기각 2) 상호배타적인 투자안 : 투자안의 회수기간이 목표 회수기간보다 짧은 투자안들 중에서 회수기간이 가장 짧은 투자안 선택 3) 장점 : 현금흐름을 기초로하며, 적은 시간과 비용으로 투자안 평가가 가능함 4) 단점 : 회수기간 내의 현금흐름에 대한 화폐의 시간가치를 무시하고 있으며, 목표 회수기간의 설정이 자의적이며, 평가결과가 객관적이지 못하다.

5 ④

[해설] 투자안이 경제성평가방법 중 화폐의 시간적 가치를 고려한 방법들을 정리하여 보면 다음과 같다.

	의의	평가방법 및 장단점
순현재 가치 (NPV)	순현가(NPV) = PV(현금유입) − PV(현금유출)	1) 독립적 투자안 : NPV > 0 : 투자안 채택, NPV < 0 : 투자안 기각 2) 상호배타적 투자안 : NPV > 0인 투자안들 중에서 NPV가 가장 높은 투자안을 선택 3) 장점 : 내용연수 동안의 모든 현금흐름을 고려한다. 화폐의 시간가치를 고려한다. 가치가산의 원리가 성립한다. NPV를 극대화되도록 투자하면 기업 가치의 극대화를 달성할 수 있다. 4) 단점 : 실무적으로 적절한 할인율을 구하기가 어렵다.
수익성 지수 (PI)	수익성지수 = $\dfrac{\text{현금유입}}{\text{현금유출}}$	1) 독립적 투자안 : PI > 1 (NPV > 0) → 투자안 채택, PI < 1 (NPV < 0) → 투자안 기각 2) 상호배타적 투자안 : PI > 1인 투자안 중에서 PI가 가장 높은 투자안 선택 3) 장점 : 내용연수 동안의 모든 현금흐름을 고려하며, 화폐의 시간가치를 반영한다. 4) 단점 : PI에 의하여 선택한 투자안은 반드시 기업가치를 극대화시켜주는 투자안은 아니다.
내부 수익률 (IRR)	PV(현금유입) − PV(현금유출) = 0 → 할인율 = IRR	1) 독립적투자안 : IRR > r (NPV > 0) → 투자안 채택, IRR < r (NPV < 0) → 투자안 기각 2) 상호배타적인 투자안 : IRR > r인 투자안들 중에서 IRR이 가장 높은 투자안 선택 3) 장점 : 내용연수 동안 모든 현금흐름을 고려하며, 화폐의 시간가치를 고려한다. 그리고 IRR은 자본비용의 손익분기점을 갖는다. 4) 단점 : IRR에 의하여 선택한 투자안은 반드시 기업가치를 극대화시켜주는 투자안은 아니며, IRR에서의 평가기준은 현금흐름의 형태에 따라 달라진다.

6 ②

[해설] 내부수익률법(IRR)에 대한 설명임. 내부수익률법은 현금유입의 현재가치와 현금유출의 현재가치를 동일하게 만드는 즉, 순현가를 0으로하는 할인율을 의미한다.

7 ④

[해설] PV(현금유입) − PV(현금유출) = 0으로 만드는 할인율을 통해 투자안의 경제적 타당성을 점검하는 방법은 내부수익률법(IRR)임.

8 ①

[해설] 유동성 분석은 일반적으로 기업의 단기 지급능력에 해당하는 현금 동원력을 가늠하는 지표로, 재무구조 안정성을 측정하는 비율분석이다.

9 ④

해설 내부수익률법에 대한 설명임. 현금유입의 현재가치와 현금유출의 현재 가치를 동일하게 만드는 할인율 즉, 순현재가치를 0으로 만드는 할인율을 의미하며 이를 구하는 투자안의 경제성 평가방법을 내부수익률법이라고 한다.

10 ②

해설 NPV란 투자로부터 발생하는 미래의 모든 현금유입액을 적절한 자본비용 으로 할인한 현재가치에서 현금유출의 현재가치를 공제한 금액이다. 이때 모든 개별 투자안들간의 상호관계를 고려하기보다는 독립적 투자안의 경우 0보다 큰값, 상호배타적 투자안(여러 투자안 중 하나의 투자안이 채택되면, 다른 모든 투자안들 은 자동적으로 기각해야 하는 투자안)의 경우 NPV가 가장 큰 값을 선택하는 투자안의 평가방법 상호관계 고려보다는 가치가산성의 원리(전체 투자안이 두 개의 투자안 A와 B로 구성되어 있는 경우 전체 투자안의 NPV 는 개별 투자안의 NPV를 합하여 계산할 수 있음을 의미)를 적용한다.

11 ③

해설 앞 문제 해설 참조

12 ④

해설 독립적인 투자안의 경우, 순현재가치법에서는 투자안의 순현재가치가 투자비용보다 크면 채택하는 것이 아니라 0보다 큰 경우 선택하는 것임.

13 ③

해설
① 회계적이익률법은 화폐의 시간적 가치를 고려하지 않는다.
② 회수기간법은 회수기간 동안의 현금흐름을 고려한다.
④ 내부수익률법은 화폐의 시간적 가치를 고려한다.
⑤ 개별투자안의 수익성지수가 1보다 크면 경제성이 있다.

14 ②

해설 투자안의 경제성 평가

	의의	평가방법
순현재가치	순현가(NPV) = PV(현금유입) − PV(현금유출)	1) 독립적인 투자안 NPV > 0: 투자안 채택, NPV < 0: 투자안 기각 2) 상호배타적인 투자안 NPV > 0인 투자안들 중에서 NPV가 가장 높은 투자안을 선택
수익성지수	수익성지수(PI) = $\dfrac{PV(현금유입)}{PV(현금유출)}$	1) 독립적인 투자안 PI > 1 (∵ NPV > 0) → 투자안 채택, PI < 1 (∵ NPV < 0) → 투자안 기각 2) 상호배타적인 투자안 PI > 1인 투자안 중에서 PI가 가장 높은 투자안 선택
내부수익률	PV(현금유입) − PV(현금유출) = 0 → 할인율 = IRR	1) 독립적인 투자안 IRR > r (NPV > 0) → 투자안 채택, IRR < r (NPV < 0) → 투자안 기각 2) 상호배타적인 투자안 IRR > r인 투자안들 중 IRR이 가장 높은 투자안 선택

회계이익률	평균회계이익률(AAR) = $\dfrac{\text{세후 평균순이익}}{\text{평균투자액}}$	1) 독립적인 투자안 투자안의 AAR > 목표 AAR → 투자안 채택, 투자안의 AAR < 목표 AAR → 투자안 기각 2) 상호배타적인 투자안 투자안의 AAR이 목표 AAR보다 높은 투자안들 중에서 AAR이 가장 높은 투자안 선택
회수기간법	투자비용을 회수하는 데 걸리는 기간	1) 독립적인 투자안 투자안의 회수기간 < 목표 회수기간 → 투자안 채택, 투자안의 회수기간 > 목표 회수기간 → 투자안 기각 2) 상호배타적인 투자안 투자안의 회수기간이 목표 회수기간보다 짧은 투자안들 중에서 회수기간이 가장 짧은 투자안 선택

15 ④

해설 　앞 문제 해설 참조

16 ①

해설 　현재가치지수 = 현금유입의 현재가치 ÷ 현금유출의 현재가치
　　　현재가치지수 > 100%: 투자안 선택, 현재가치지수 < 100%: 투자안 기각

17 ④

해설 　단일투자안이나 독립된 투자안을 평가할 때에는 순현가법과 내부수익률법의 결과가 언제나 일치한다. 투자규모, 투자수명, 현금흐름양상이 다른 상호배타적인 투자안(복수의 투자안 중에서 하나를 선택)을 평가할 때에는 순현가법과 내부수익률법의 결과가 다를 수 있다.

18 ④

해설 　① 투자안의 수익성지수(PI)가 1보다 큰 투자안 중에서 가장 높은 투자안을 선택한다.
　　　② 투자안의 내부수익률(IRR)이 할인율보다 높은 투자안 중에서 가장 높은 투자안을 선택한다.
　　　③ 투자안의 평균회계이익률(AAR)이 목표 ARR보다 큰 투자안 중에서 가장 높은 투자안을 선택한다.

19 ④

해설 　NPV법은 NPV가 0보다 크면 투자안을 채택한다.

20 ⑤

해설 　① 회수기간법은 화폐의 시간가치를 고려하고 있지 않은 투자안의 경제성 평가방법임.
　　　② 내부수익률(IRR)법과는 상관없는 방법으로 회수기간법은 미래현금흐름의 현재가치를 사용하지 않고 그 현금흐름을 그대로 사용하는 문제점이 있기 때문에, 할인회수기간법을 사용하는데 이는 투자안으로부터 얻어지게 될 미래 순현금 흐름의 현재가치를 최초투자액으로 나누어 계산함으로써 미래현금흐름의 현재가치를 기준으로 회수기간을 사용하는 기법임.
　　　③ 순현재가치법은 'NPV(A+B) = NPV(A) + NPV(B)'와 같은 가치가산의 원리가 성립한다.
　　　④ 수익성지수는 현금유출액의 현재가치를 현금유입액의 현재가치로 나누어 산출하는 것이 아니라 현금유입을 현금유출로 나누어 산출한다.

21 ④
해설 NPV는 가치가산의 원리가 적용되지만, IRR는 가치가산의 원리가 적용되지 않는다.

22 ②
해설 순현재가치의 장점 중 하나가 화폐의 시간가치개념을 고려한다는 것이다.

23 ③
해설 투자안의 경제성을 분석하는 방법으로는 수익성지수법, 회계적 이익률법, 순현재가치법, 회수기간별, 내부수익률법, 최소공개수법 등이 있다.

24 ①
해설 내부 수익률에 대한 설명이다. 순현재가치란 어떤 투자안으로부터 발생하는 현금유입의 현재가치에서 현금유출의 현재가치를 차감한 값이다.

25 ①
해설 내부수익률법을 정리하여 보면 다음과 같다.
- 내부수익률(IRR)의 의의
  - ㉠ 현금유입의 현재가치와 현금유출의 현재가치를 동일하게 만드는 할인율이다.
  - ㉡ 즉, 순현재가치를 0으로 만드는 할인율을 의미한다.
    PV(현금유입) − PV(현금유출) = 0 → 할인율 = IRR
- 투자안의 의사결정
  - ㉠ 독립적 투자안 또는 단일투자안의 경우 : IRR이 자본의 기회비용(요구수익률)보다 크면 투자안을 채택하고 작으면 기각한다.
    독립적투자안 : IRR > r (NPV > 0) → 투자안 채택, IRR < r (NPV < 0) → 투자안 기각
  - ㉡ 상호배타적인 투자안의 경우 : IRR이 가장 큰 투자안을 채택한다.
    상호배타적인 투자안 : IRR > r인 투자안들 중에서 IRR이 가장 높은 투자안 선택
- 장점: 내용연수 동안 모든 현금흐름을 고려하며, 화폐의 시간가치를 고려한다. 그리고 IRR은 자본비용의 손익분기점을 갖는다.
- 단점: IRR에 의하여 선택한 투자안은 반드시 기업가치를 극대화하는 투자안은 아니며, IRR에서의 평가기준은 현금흐름의 형태에 따라 달라진다.
- 내부수익률의 평가: 할인현금흐름방법을 채택하고 있다는 점에서 순현재가치법과 유사하나 순현재가치법과 비교할 때 여러 문제점을 가지고 있다.

26 ②
해설 회수기간법에서는 원금 회수기간이 목표회수기간보다 긴 투자안 보다는 짧은 투자안을 선택한다.

27 ⑤
해설 수익성지수법에서 개별투자안의 경우 수익성 지수는 $\frac{\text{현금유입의 현재가치}}{\text{현금유출의 현재가치}}$ 로 계산되며 1보다 크면 경제성이 있다.
- 독립적 투자안 : PI > 1 (NPV > 0) → 투자안 채택, PI < 1 (NPV < 0) → 투자안 기각

- 상호배타적 투자안 : PI > 1인 투자안 중에서 PI가 가장 높은 투자안 선택
① 회계적이익률법의 회계적이익률은 연평균 영업이익을 연평균 매출액으로 나누어 산출한다. ⇒ 예상되는 투자안의 미래평균이익(감가상각비 및 세금공제 후)을 투자안의 평균순장부가치로 나누어 계산한다.

$$ARR = \frac{장부상의\ 연평균\ 순이익}{연평균\ 순투자액} = 1원의\ 투자로\ 벌어들일수\ 잇는\ 장부상의\ 이익$$

② 회수기간법은 회수기간 이후의 현금흐름을 고려한다. ⇒ 회수기간법은 자본회수기간 이후의 현금흐름을 전혀 고려하고 있지 않다. 아울러 모든 미래현금흐름에 대해 동일한 가중치를 부여하므로 화폐의 시간가치를 무시하고 있으며, 목표자본회수기간의 선택에 자의성이 개재되기 쉽다는 단점이 있다.
③ 순현재가치법은 재투자수익률을 내부수익률로 가정한다. ⇒ 순현가법은 투자로부터 발생하는 미래의 모든 현금유입액을 적절한 자본비용으로 할인한 현재가치에서 현금유출의 현재가치를 공제한 금액이다.
④ 내부수익률법에서 개별투자안의 경우 내부수익률이 0보다 크면 경제성이 있다. ⇒ IRR 〉 r (NPV 〉 0)인 경우에 경제성이 있다.

심화문제

1 ③

① 현금유입의 현재가치에서 현금유출의 현재가치를 뺀 값으로 정의되는 것은 순현가법임.
② 내부수익률(IRR)법과는 상관없는 방법으로 회수기간법은 미래현금흐름의 현재가치를 사용하지 않고 그 현금흐름을 그대로 사용하는 문제점이 있기 때문에, 할인회수기간법을 사용하는데 이는 투자안으로부터 얻어지게 될 미래 순현금 흐름의 현재가치를 최초투자액으로 나누어 계산함으로써 미래현금흐름의 현재가치를 기준으로 회수기간을 사용하는 기법임.
③ 한 가지 투자안에서 복수의 값이 얻어질 수도 있다.
→ 내부수익률법은 기간이 긴 경우 계산이 매우 복잡하여지며, 순현가법과 달리 재투자 수익률을 내부수익률로 가정하는 불합리성과 산출하는 도중에 미지수의 해가 존재하지 않거나 복수가 존재하게 되는 경우가 생긴다는 점이 한계로 나타남.

$$\sum \frac{CF}{(1+IRR)^t} - C_O = 0$$

④ 상호배타적인 투자안들의 우선순위를 결정하고자 할 경우, 순현재가치 방법과 항상 동일한 결론을 가져다주지는 않는다.

2 ①

순현가법은 투자를 통해 벌어들이는 현금유입액의 현재가치와 현금유출액의 현재가치의 차이로 0보다 크면 투자안을 선택해도 된다. 아울러 순현가법은 모든 현금흐름을 고려하여 화폐의 시간적 가치를 반영하며, 현금흐름과 자본 비용만으로 평가하여 주관적인 다른 요인을 배제한다.

공식: $NPV = \sum \dfrac{CF}{(1+k)^t} - C_O$

현금 유입: $\dfrac{150억}{(1+0.1)} + \dfrac{300억}{(1+0.1)^2} = 136.36 + 247.93 = 384.29억$

현금 유출: $\left[\dfrac{100억}{(1+0.1)} + \dfrac{100억}{(1+0.1)^2}\right] + (100억 + 50억) = 173.55 + 150 = 323.55억$

$NPV = 384.29 - 323.55 = 60.74$

∴ 60.7억

3 ④

다음과 같이 3가지 방식으로 산출 가능
연금현가계수를 활용한 계산
매년 100만원씩 들어오는 100만원의 2년째의 현재가치는
$PV = 100만 \times PVIF_{0.01, 2} = 100만 \times 연금현가계수$
$\quad = 100만 \times 1.7355 = 1,735,500$
$NPV = $ 현금유입의 현가 $-$ 현급유출의 현가
$\quad = (100만 \times 1.7355) - 150만$
$\quad = 1,735,500 - 1,500,000$
$\quad = 235,500$

2. 단일현가계수 활용 계산

   $[(1000000 \times 0.8264) + (1000000 \div 1.1)] - 1500000$

   $= (826400 + 909091) - 1500000$

   $= 1735491 - 1500000$

   $= 265491$

3. NPV 식 활용

   $\dfrac{1000000}{(1+0.1)^1} + \dfrac{1000000}{(1+0.1)^2} = 909091 + 826446 = 1735537$

   $1735537 - 1500000 = 235537.189$

   약 235,500원

4 ②

해설 내부수익률(IRR)이란 투자의 수행결과로 나타나는 미래현금유입의 현가와 투자비용인 현금유출의 현가를 일치시켜주는 할인율이다. 즉, 현금유입의 현재가치와 현금유출의 현재가치를 동일하게 만드는 할인율이다.

$NPV = \sum_{t=1}^{n} \dfrac{C_t}{(1+R)^t} - C_0 = 0$, 즉 $\sum_{t=1}^{n} \dfrac{C_t}{(1+IRR)^t} = C_0$

단, $C_t = t$ 시점의 현금흐름

$C_0 =$ 투자비용

$R =$ 할인율

내부수익률(IRR)은 순현재가치(NPV)가 0이 되게하는 할인율을 의미하며, 이때의 할인율은 특정한 투자안을 수행하기 위해 지출한 투자비용이 향후 벌어들이는 투자수익을 산출할 때 적용되는 평균이익률이다. 이를 근거로 투자안들의 내부수익률을 계산하여보면 다음과 같다.

A안 : $NPV = \sum_{t=1}^{n} \dfrac{C_t}{(1+R)^t} - C_0 = \sum_{t=1}^{n} \dfrac{C_t}{(1+0.1)^t} - 100억 = 20억$,

$C_t = 132억 =$ 현금유입의 미래가치

현금유입의 현재가치 = 투자액 + 순현가 = 100억 + 20억 = 120억

$\sum_{t=1}^{n} \dfrac{C_t}{(1+IRR)^t} = C_0 \Rightarrow \dfrac{132-100}{100} \times 100 = 32\%$

B안 : $NPV = \sum_{t=1}^{n} \dfrac{C_t}{(1+R)^t} - C_0 = \sum_{t=1}^{n} \dfrac{C_t}{(1+0.1)^t} - 200억 = 30억$,

$C_t = 253억 =$ 현금유입의 미래가치

현금유입의 현재가치 = 투자액 + 순현가 = 200억 + 30억 = 230억

$\sum_{t=1}^{n} \dfrac{C_t}{(1+IRR)^t} = C_0 \Rightarrow \dfrac{253-200}{200} \times 100 = 26.5\%$

C안 : $NPV = \sum_{t=1}^{n} \dfrac{C_t}{(1+R)^t} - C_0 = \sum_{t=1}^{n} \dfrac{C_t}{(1+0.1)^t} - 250억 = 40억$,

$C_t = 319억 =$ 현금유입의 미래가치

현금유입의 현재가치 = 투자액 + 순현가 = 250억 + 40억 = 290억

$\sum_{t=1}^{n} \dfrac{C_t}{(1+IRR)^t} = C_0 \Rightarrow \dfrac{319-250}{250} \times 100 = 27.6\%$

∴ IRR이 높은 순서로 나열하면: A > C > B
⇒ 모두 자본비용 10%보다 크지만 이러한 상호배타적인 투자안의 경우 IRR이 가장 큰 투자안이 채택된다.

5 ①

해설

실물옵션접근법이란 불확실성이 높은 상태에서 미래의 핵심역량을 확보하기 위해 지속적으로 투자 할 수 있는 권리를 확보하는 단계적 투자전략을 의미한다. 추가로 실물옵션전략의 조건을 살펴보면
(1) 경쟁우위 창출: 실물옵션을 보유한 기업이 그렇지 못한 경쟁사에 비해 우월한 지위를 창출하여야 함.
(2) 유연성 유지: 미래에 재투자, 투자 혹은 철수하는 옵션을 생사할 수 있는 권리 보장하되 의무는 없어야 함.
(3) 높은 레버리지: 실물옵션을 창출하거나 구입하는 비용은 전면적인 베팅을 하는 경우보다 훨씬 적어야 함.

• 실물옵션: 기업가치를 극대화하는 설비투자안 평가법 기준
(1) 모든 현금흐름 고려
(2) 기회 자본 비용 WACC로 할인
(3) 상호배타적 투자안 중, 순위결정. 선택이 가능
(4) 가치가산원칙이 성립됨. : 하나의 투자안을 다른 모든 투자안과 독립적으로 고려할 수 있음.
    이 기준에 더하여, 현재는 연기나 철회가능성의 여부, 경영의 유연성의 여부를 추가로 따져보아야 한다.
이 때 이 6가지 기준을 모두 충족시켜주는 것이 실물옵션이다.

• 실물옵션 : 실물투자 결정과정에서, 후속투자기회를 이용할 가능성이나 연기할 수 있는 가능성이 있을 때 미래 수익성에 따라 그렇게 선택할 수 있는 것을 말함.
• 확장옵션 : 시장조건이 기대했던것 보다 좋으면 기업은 생산 규모를 늘리거나 기업 자원을 늘림 / EX. 패션산업 , 건설산업 / 계절적 주기성을 띤 산업
• 포기옵션 : 시장조건이 나쁘면, 경영자는 포기함 / 자본집약산업 - 항공, 철도산업
• 시기결정옵션 : 단계별투자는 중간에 새 정보가 좋지 않으면 사업옵션을 포기할 수 있음 / 연구개발 산업. 제약, 장기프로젝트
• 스위칭옵션 : 가격, 수요에 따라 생산제품을 생산함. / 소량생산산업. - 장난감, 특수 종이
• 성장옵션 : 초기투자는 미래 성장기회에 대한 준비임 / 첨단기술, 연구개발, 다품종생산

보충

순현가법: NPV > 0 인 투자안 중에서, NPV가 가장 큰 투자안을 선택하는 방법
• 장점 : 모든 현금흐름 고려, 기회 자본 비용으로 할인, 상호배타적 투자안 중 선택가능 (순위결정), 가치가산원칙이 성립되고, 화폐의 시간가치를 중심으로 하고 있으며, 재무관리 목표와 일치한다.
• 단점
 1 대규모 전면적인 투자를 해야한다.
 2 상황이 변하지 않는다고 가정한다.
 3 만약에 상황이 변화한다면, 철회가 가능하다.
 4 철회불가능하다면, 연기도 불가능하다.
▶이러한 문제점을 해결해 주는 것이 실물옵션접근법임.

보충

실물옵션 접근법과 전통적 가치평가방법간의 차이 비교

	현금흐름 반영	위험의 고려	다기간 분석	의사결정의 유연성 반영
실물옵션접근	O	O	O	O
순현가법	O	O	O	X
의사결정분석	O	X	O	O
Economic Profit	O	O	X	X

6 ③

해설 여러 투자안을 결합한 복합투자안을 평가할 경우는 새로운 현금흐름을 추정하여 경제성을 분석하는 것보다는 개별 투자안의 가치들에 대해 단순가산 원칙을 적용한 후 이중 가장 긍정적인 투자안을 선택하는 것이 바람직하다.

7 ①

해설 틀린지문을 바로 잡으면 다음과 같다.
② 화폐의 시간가치를 고려하는 분석방법은 순현재가치법 이외에도 내부수익률법과 수익성지수법이 있다.
③ 순현재가치법에서는 가치가산의 원칙이 성립되는 방법이다.
④ 내부수익률법에서는 재투자수익률을 자본비용으로 가정하고 있지 않다.
⑤ 수익성지수법은 순현재가치법과 항상 동일한 투자선택의 의사결정이 나온다고 단정 지을 수 없다.

CHAPTER 3 : 자본조달, 투자평가 및 배당의사결정

개념정리문제

1 ③

해설
영구연금의 현재가치 = $\dfrac{\text{발생동일 연금액}}{\text{할인율}}$, 연간연금수령액 = 영구연금의 현재가치 × 연간이자율

매년 일정한 비율로 성장(증가)하는 경우의 영구연금의 현재가치 = $\dfrac{\text{연금액}}{(\text{할인율} - \text{성장율})}$

$\Rightarrow \dfrac{1000원}{(x - 10\%)} = 10000원 \quad \therefore x = 20\%$

2 ④

해설
전쟁, 경기변동, 인플레이션 등은 체계적 위험에 속한다. 체계적 위험은 분산불가능위험이며 전쟁이나 인플레이션, 경기변동, 등 전체 주식시장에 영향을 미치는 거시적 정보로부터 발생하는 위험으로서 포트폴리오를 구성하는 종목 수를 무한대로 증가시켜도 제거할 수 없는 위험을 말한다.

3 ①

해설
포트폴리오의 수익률은 각 구성자산 수익률의 가중평균으로 계산하지만, 단순 가중평균으로 포트폴리오의 분산을 계산하지는 않는다.

• 투자 위험
  ○ 체계적 위험(systematic risk): 어떤 자산의 총위험 중에서 자본시장의 전반적인 변동 때문에 발생하는 위험의 부분을 의미
  ○ 비체계적 위험(unsystematic risk): 시장전체의 변동과 무관하게 기업 고유의 요인 때문에 발생하는 위험을 뜻한다.
    − 비체계적 위험이 발생하는 요인으로는 자본시장의 전반적인 경기변동과 무관한 특정기업 고유의 노사문제, 매출액 변동, 소송, 대정부 관계, 기업 이미지 등에 기인

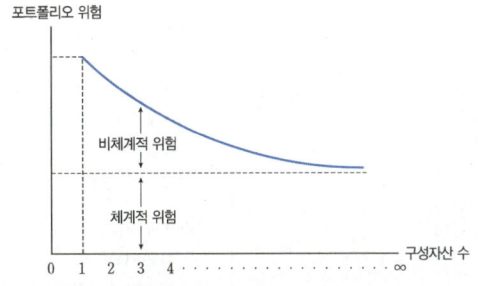

하는 위험으로 투자자들이 여러 자산에 자금을 분산 투자할 경우 제거할 수 있는 위험이다.
    − 따라서 체계적 위험과는 달리 비체계적 위험은 여러 종류의 자산에 분산투자함으로써 감소될 수 있기 때문에 분산가능위험(diversifiable risk)이라고 한다.

4 ①

해설
투자자가 포트폴리오를 구성하려는 이유는 일정한 기대 수익률하에서 투자 위험을 최소화시킬수 있는 포트폴리오의 위험분산효과로 설명될 수 있습니다. 일반적으로 구성 자산들간의 관계를 나타내는 상관계수가 작을수록 포트폴리오의 위험분산효과가 크게 나타나는 것입니다.
상관계수란 공분산을 각 변수의 표준편차의 곱으로 나누어 계산하는데 이러한 상관계수는 -1~+1의 값을 가집니다. +1에 가까운 값을 가질수록 두 변수는 같은 방향으로 움직이는 것이고 -1에 가까울수록

반대방향으로 움직이는 것입니다. 따라서 0에 가까울수록 두변 수는 상관관계가 없는 것입니다.
부연설명하면
포토폴리오의 기대수익률은 개별투자 자산들의 기대수익률을 단순히 가중평균한 값입니다. 아울러 포토폴리오의 수익률의 표준편차는 개별자산들사이의 상관계수에 영향을 받으며 상관계수=1인 경우를 제외하고는 포토폴리오 수익률의 표준편차는 포토폴리오 구성비율에 의해서 가중평균한 값보다 항상 작기 때문에 분산효과가 존재합니다.
즉, 상관계수가 작을수록 포토폴리오의 기대수익률은 일정한 반면에 포토폴리오 수익률의 표준편차는 가중평균한 값보다 작아서 위험이 감소되는 분산효과가 더 크게 나타납니다.
이와 같은 내용을 근거로 증권수익률간의 상관계수가 1보다 작은 증권들을 결합함으로써 기대수익률을 감소시키지 않고서 위험을 감소시킬 수 있는 분산효과가 발생함을 의미합니다.

보충 포토폴리오와 위험
- 시장 위험 또는 체계적 위험(systematic risk)이란 어떤 자산의 총위험 중에서 자본시장의 전반적인 변동 때문에 발생하는 위험의 부분을 의미
- 고유위험 또는 비체계적 위험(unsystematic risk)은 시장 전체의 변동과 무관하게 기업 고유의 요인 때문에 발생하는 위험을 뜻한다.
  - 비체계적 위험이 발생하는 요인으로는 자본시장의 전반적인 경기변동과 무관한 특정기업 고유의 노사문제, 매출액 변동, 소송, 대정부 관계, 기업 이미지 등에 기인하는 위험으로 투자자들이 여러 자산에 자금을 분산 투자할 경우 제거할 수 있는 위험이다.
  - 따라서, 체계적 위험과는 달리 비체계적 위험은 여러 종류의 자산에 분산투자함으로써 감소될 수 있기 때문에 분산가능위험(diversifiable risk)이라고 한다.

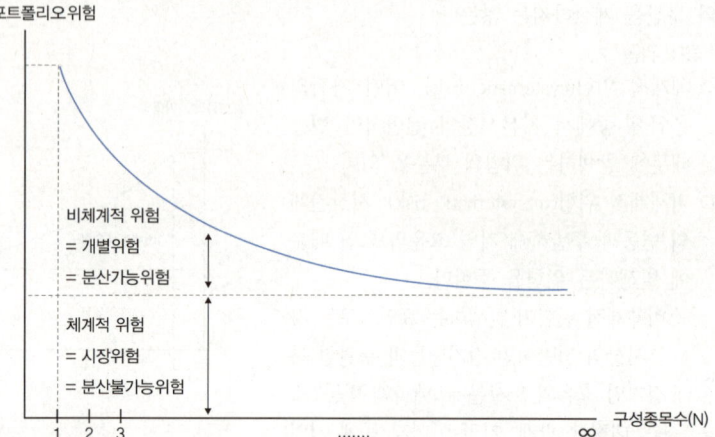

5 ③

해설 ① 포트폴리오 분산투자를 통해 헤지(hedge)할 수 없는 위험이 체계적 위험이며, 비체계적 위험은 없앨 수 분산투자 등의 관리를 통해 헤지(hedge)할 수 있는 위험임.
② 두 자산의 상관관계가 높을수록 분산투자효과가 작아진다.
④ 헤지대상과 헤지수단 간의 상관관계가 낮을수록 헤지(hedge)효과 또한 낮게 나타난다.

6 ④

해설 자본자산가격결정모형(CAPM)의 가정으로 세금과 거래비용은 존재하지 않는다.

7 ①

해설   자본자산가격결정모형(CAPM)은 모든 투자자가 평균-분산기준에 따라 기대효용을 극대화할 수 있도록 투자하는 경우, 자본시장이 균형상태가 되면 위험과 기대수익률사이에 어떤 관계가 성립하는지를 설명하고자 하는 이론으로서 CAPM은 투자기간을 단일기간으로 가정한다.
②, ③, ④, ⑤ CAPM은 자본자산가격결정모형이며 무위험자산의 존재를 가정하고 있다.

8 ④

해설   증권시장선에서 다른 조건은 동일하고 시장포트폴리오의 기대수익률이 커진다면 β가 1보다 매우 큰 주식의 균형수익률과 β가 0보다 크지만 1보다 매우 작은 주식의 균형수익률은 하락한다.

9 ②

해설   APT는 평균-분산기준이 필요하지 않다.
※ 차익거래가격결정이론: 1976년 Ross에 의해 개발된 자본자산의 결정이론이다. 시장균형상태에 서의 차익거래이익 불가능 조건을 적용한 이론으로 그동안 자본시장 균형이론의 중추적인 역할을 해온 CAPM(자본자산가격 결정이론)에 비해 보다 일반적인 모형이라는 점에서 그 중요성이 크게 인식되고 있다.

- APT의 기본 가정
  1. 자본시장이 완전경쟁적 시장이어서, 어떤 장애요인도 존재하지 않는다.
  2. 투자자들이 일반적으로 위험 회피적이어서 분산투자를 한다.
  3. 자산 또는 증권의 수익률은 여러 요인들의 선형함수로 표시할 수 있다.
  4. 자산의 수가 요인의 수보다 많아야 한다.
- APT는 CAPM에 비해 매우 일반적인 자산평가모형으로 볼 수 있는데, 그 이유를 사용된 가정들과 관련시켜 요약하면
  1. 개별자산의 수익률의 분포와 투자가의 효용함수에 대하여 특별한 가정을 요구하지 않으며(CAPM의 경우는 수익률의 정규분포 혹은 2차형 효용함수를 가정),
  2. 균형수익률은 CAPM과는 달리 여러 요인에 의해 설명될 수 있고,
  3. 시장포트폴리오가 자산평가에 특별히 고려되지 않기 때문에 자산평가에 시장전체를 고려할 필요가 없으며, 따라서 어느 규모의 자산의 집합에 대해서도 적용이 가능하다는 것이다

10 ①

해설   CAPM은 투자자의 효용함수가 2차 함수이다.
A 주식의 기대수익률 = 무위험수익률 + (시장평균수익률 - 무위험 수익률) $\times \beta$

11 ⑤

해설   ① 자본시장선을 이용하여 타인자본 비용을 산출할 수는 없다.
② 자본시장선을 이용하여 효율적 포트폴리오의 균형가격을 산출할 수 있다.
③ 자본시장선은 무위험자산만을 고려할 경우의 효율적 투자기회선이다.
④ 증권시장선은 포트폴리오 기대수익률과 체계적 위험간의 선형관계를 나타낸다.

보충   자본시장선
(1) 무위험자산이 존재하는 경우
- 포트폴리오의 기대수익률을 나타내는 효율적 투자선은 다음과 같은 수식으로 표현된다.

$$E(R_P) = R_f + \left[\frac{E(R_M) - R_f}{\sigma_M}\right]\sigma_P$$

여기서, R_f: 무위험이자율
$E(R_M)$: 시장포트폴리오의 기대수익률
σ_M: 시장포트폴리오의 표준편차

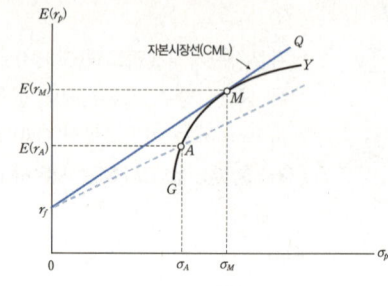

(2) 자본시장선(CML)상에 있는 포트폴리오의 특성
① 무위험자산과 시장포트폴리오로 구성된 포트폴리오이다.
② 무위험자산이 존재할 때 다른 자산에 지배당하지 않는 효율적 포트폴리오이다.
③ 완전 분산투자된 포트폴리오(즉, 비체계적 위험은 모두 제거되고 체계적 위험만 남아 있는 포트폴리오)이다.
④ 시장포트폴리오 수익률과의 상관계수가 +1인 포트폴리오이다.

・ 증권시장선
 • 시장포트폴리오는 완전 분산투자된 포트폴리오이므로 투자자들이 특정 자산에 대하여 부담하는 위험은 완전한 분산투자를 해도 제거할 수 없는 위험인 체계적 위험이다. 따라서 자본시장이 균형인 상태에서는 자산의 기대수익률이 체계적 위험과 선형관계를 갖고 결정되는데, 이를 증권시장선이라고 한다.
 • 증권시장선을 이용하면 효율적인 포트폴리오뿐 아니라 비효율적 포트폴리오와 개별자산을 포함한 모든 자산의 위험과 기대수익률의 관계를 설명할 수 있다.
① 자본시장이 균형상태에 있는 경우 모든 개별자산과 포트폴리오는 무위험자산과 시장포트폴리오를 연결한 직선 FM상에 존재하며, 이를 증권시장선이라고 한다.
② 증권시장선은 r_f의 절편과 $E(R_M) - r_f$의 기울기를 가지므로, 임의의 자산이나 포트폴리오 i의 기대수익률과 위험은 다음의 관계식으로 나타내며 이를 샤프-린트너 CAPM이라고 한다.

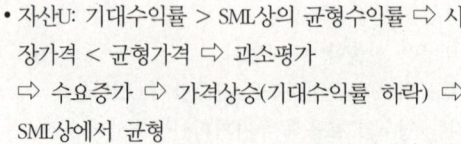

③ 샤프-린트너 CAPM의 의미
 ㉠ 시장베타가 유일한 위험척도이며,
 ㉡ 위험과 기대수익률 사이에는 선형관계가 존재

(3) 균형가격결정모형으로서의 의미
증권시장선에 의하여 결정되는 어떤 자산의 균형수익률은 그 자산의 위험을 적절히 반영한 수익률을 나타낸다. 따라서 균형수익률을 할인율로 해서 그 자산의 미래현금흐름의 현재가치를 구하면 균형가격을 구할 수 있다.

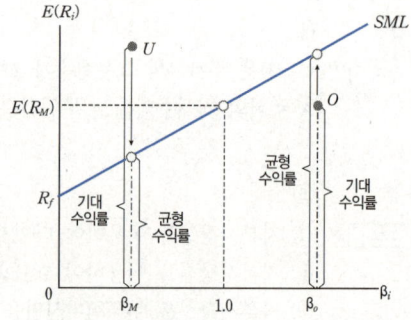

 • 자산U: 기대수익률 > SML상의 균형수익률 ⇨ 시장가격 < 균형가격 ⇨ 과소평가
   ⇨ 수요증가 ⇨ 가격상승(기대수익률 하락) ⇨ SML상에서 균형
 • 자산O: 기대수익률 < SML상의 균형수익률 ⇨ 시장가격 > 균형가격 ⇨ 과대평가
   ⇨공급증가 ⇨ 가격하락(기대수익률 상승) ⇨ SML상에서 균형

(4) 증권시장선의 이용
  ① 할인율의 결정과 자산의 가치평가
  ② 자본비용의 결정
  ③ 경제성평가
    ㉠ 기대수익률 > 균형수익률 ⇨ 과소평가된 자산 ⇨ NPV > 0 ⇨ 경제성 있는 자산
    ㉡ 기대수익률 < 균형수익률 ⇨ 과대평가된 자산 ⇨ NPV < 0 ⇨ 경제성 없는 자산

자본시장선(CML)과 증권시장선(SML)의 비교

구 분	CML	SML
공통점	기대수익률과 위험의 선형관계를 나타냄	
위험척도	총위험(표준편차)	체계적 위험(베타)
평가대상	완전 분산투자된 효율적 포트폴리오	비효율적 포트폴리오와 개별자산을 포함한 모든 자산

12 ①

해설 ②, ③ 포트폴리오 기대수익률과 위험(표준편차) 간의 선형관계를 나타낸다. ④, ⑤ 아울러 효율적 포트폴리오들의 균형가격을 산출할 수 있다.

13 ①

해설 포트폴리오 기대수익률과 위험(표준편차) 간의 선형관계를 나타내는 것은 자본시장선임.

14 ②

해설
① 증권시장선에 의하면 주식의 균형수익률은 무위험이자율과 그 자산의 체계적 위험에 상응하는 위험프리미엄에 의해 결정된다.
③ 증권시장선을 이용하더라도 비효율적 포트폴리오의 균형가격을 구할 수 있다(자본시장선을 이용하면 구하지 못함).
④, ⑤ 증권시장선은 체계적 위험(β)과 개별주식 수익률 간의 선형관계를 나타내는 선이다.

15 ③

해설 레버리지효과란 타인으로부터 빌린 자본을 지렛대 삼아 자기자본이익률을 높이는 것을 말하며, 지렛대효과라고도 한다. 예를 들어 10억 원의 자기자본으로 1억 원의 순익을 올렸다고 할 때 투자자본 전부를 자기자본으로 충당했다면 자기자본이익률은 10%가 되고, 자기자본 5억 원에 타인자본 5억 원을 끌어들여 1억 원의 순익을 올렸다면 자기자본이익률은 20%가 된다. 따라서 차입금 등의 금리비용보다 높은 수익률이 예상될 때에는 타인자본을 적극적으로 끌어들여 투자를 하는 것이 유리하다.

16 ③

해설 보통주에 대한 주주의 기대수익률이 부채에 대한 채권자의 기대수익률보다 높기 보통주 발행비용은 부채발행비용보다 높다(주주는 기업이 망하게 될 경우 손해를 지므로 기대수익률이 높다).

17 ④

해설 특정기업에만 해당하는 수익률변동성(위험)은 고유위험 또는 비체계적 위험(unsystematic risk)이다. 이는 시장 전체의 변동과 무관하게 기업 고유의 요인 때문에 발생하는 위험을 뜻한다. 이러한 비체계적

위험이 발생하는 요인으로는 자본시장의 전반적인 경기변동과 무관한 특정 기업 고유의 노사문제, 매출액 변동, 소송, 대정부 관계, 기업 이미지 등에 기인하는
위험으로 투자자들이 여러 자산에 자금을 분산 투자할 경우 제거할 수 있는 위험이다. 따라서, 체계적 위험과는 달리 비체계적 위험은 여러 종류의 자산에 분산투자함으로써 감소될 수 있기 때문에 분산가능 위험(diversifiable risk)이라고 한다.

18 ③

해설

주식배당 후 주당 순이익은 변화가 없는 게 아니라 일반적으로는 하락한다고 볼 수 있다.

구 분		현금배당	자사주재매입	주식배당	주식분할
의 의		정규현금배당과 추가·특별배당	기발행주식을 주주로부터 재매입	이익잉여금을 자본금과 자본준비금으로 전입	주식의 액면가치 감소
효 과	발행 주식 수	불변	↓	↑	↑
	주당 이익	불변	↑	↓	↓
	주 가	↓	↑	↓	↓
	주주부	불변	불변	불변	불변
특 징		기업이 배당지급 대신에 자사주를 재매입 시 현금배당이 자본이득으로 대체되는 결과를 얻을 수 있다.		투자자에게 기업의 미래성장성에 관한 우수한 정보를 전달, 주식거래의 유동성을 증가시킨다.	

19 ②

해설

회사의 내부적 요인에 따른 의사결정임.
- 저배당정책의 선호에 대한 현실적 요인
  - 세금: 차별적 세율 (배당소득세율 > 자본이득세율)
  - 발행비용(issuance costs)
- 고배당정책의 선호에 대한 현실적 요인
  - 현재의 수입 선호: 자기배당의 문제점
- 주식을 매각 시 매매수수료와 증권거래세 등 거래비용 발생, 주식 매각은 투자원금을 없앤다는 심리적 이유로 인해 꺼리게 됨
  - 현재의 배당 → 불확실성의 감소: 미래배당의 증가 → 불확실성(위험)의 증가 → 요구수익률의 상승 → 주가의 감소: M.J. Gordon의 주장

20 ②

해설

주당배당액 / 주가

21 ④

해설

포트폴리오의 위험은 일반적으로 포트폴리오를 구성하는 투자종목수가 많을수록 위험이 분산되어 비체계적 위험이 감소하므로 일반적으로 전체 위험은 증가하는 것이 아니라 감소한다고 볼 수 있다.

22 ④

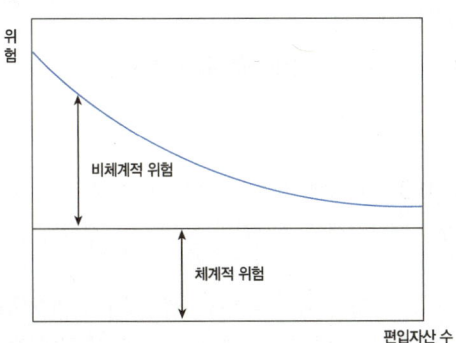

23 ②

자본조달순서이론(Pecking-order Theory)에 의거한 자본조달결정 순서는 자본조달비용이 저렴한 순서로 생각하면되며, 이를 구체적으로 살펴보면 다음과 같은 순서로 이해하면 됨.

사내유보 > 타인자본(예 차입금, 사채) > 우선주 > 보통주

보충 마이어스와 마즐루프(S. C. Myers & N. S. Majluf)는 자본조달순서이론(pecking order theory)에서 경영자가 투자에 필요한 자금 조달시 외부자금보다 내부자금, 주식보다 부채를 더 선호한다고 하였다. 즉 정보의 비대칭성이 존재하는 현실상황에서 투자소요자금을 사내유보이익 > 부채[타인자본(예 차입금, 사채)] > 우선주 > 보통주의 순으로 조달한다고 주장하였다.

이러한 자본조달순서이론(pecking order theory)은 경영자는 기업의 가치 및 위험에 대하여 외부투자자들보다 더 잘 알고 있다는 가정 하에서, 기업이 좋은 투자 기회를 가지고 있으나 투자자들이 그 정보를 모르고 있을 경우 그 정보는 현재 주가에 반영되지 않는다. 따라서 경영자들은 투자소요자금을 조달할 때 기본적으로 내부금융(유보이익)을 외부금융보다 더 선호하게 된다. 왜냐하면 외부금융의 경우 발행비용이 소요될 뿐 아니라 투자에 대한 성과의 일부가 외부로 유출되기 때문이다.

이와 동일한 이유로 내부자금이 부족하여 외부금융에 의존해야 할 경우에도 주식보다는 부채를, 보통주보다는 우선주를 더 선호하게 된다.

자본조달순위이론에 의해 최적자본구조가 무엇인지에 대한 결론을 내리기는 어렵다. 그 이유는 두 종류의 자기자본, 즉 내부자본과 외부자본 중 전자는 자본조성이 높은 기업들의 부채비율이 왜 낮은지를 설명할 수 있다. 이는 그들이 낮은 목표부채비율을 갖고 있기 때문이 아니라 외부자금이 필요하지 않기 때문이다.

그러나 수익성이 낮은 기업은 투자에 필요한 내부자금을 충분히 갖고 있지 않기 때문에 외부자금 조달수단 중 우선순위가 가장 높은 부채를 발행하여 조달한다.

이와 같은 자본조달순위이론에 의하면, 기업은 부채수용능력이 한계에 이르렀거나 신주의 발행가격이 내재가치보다 큰 경우가 아니면 신주발행에 의해 자금을 조달하지 않게 된다. 그러므로 기업의 자본조달 원천이 기업의 내부정보를 전달하는 신호로서의 역할을 하게 됨을 알 수 있다.

24 ①

120억 − 40억 = 80억, 80억 − 70억 = 10억

25 ②

EVA는 단기성과를 측정하는 데는 유용한 척도이나, 장기성과를 측정하는 데는 다소 문제가 될 수 있다.

26 ②

해설   CAPM 모형에서는 기본적으로 마코위츠의 투자이론상의 기본가정을 응용하고 있으므로 모든 투자자들은 위험회피적 투자 성향을 가지고 있으며, 기대 효용을 극대화를 위한 투자를 한다.

27 ①

해설   수동적 잔고정책(passive residual policy)에 따르면, 수행할 만한 투자기회의 존재 등을 다 고려 한 후 배당 의사결정을 하는 배당정책으로서, 기업의 배당정책을 투자결정과 자금조달결정의 부산물로 보는 이론을 배당의 잔여이론에 해당한다고 할 수 있다.

보충   배당정책(dividend policy)이란 이익 중에서 어느 정도를 어느 시기에 어떤 형태로 배당하느냐에 대해 기업이 취하는 방법을 의미한다. 전통적으로는 주주가 주주총회에서 스스로 배당에 관한 결정을 하였으나, 현재의 주식회사에서는 배당에 관한 실질적 결정은 경영자가 기업유지라고 하는 장기적 관점에서 행한다. 따라서, 이를 위해 정책이 필요하게 되었다. '어느 정도'란 당기처분가능이익금을 배당금과 내부유보로 분할하는 것을 말하는 것으로, 배당성향 또는 내부유보율을 결정하는 일이다.

소유와 경영이 분리된 현대 주식회사에서는 주주의 투자가화(投資家化)가 되어 있으므로, 장기 안정적 배당이 환영을 받는다. 이를 위해서는 각 기별 배당금 총액을 안정시킬 필요가 있는데, 이익 쪽은 변동되므로, '어느 시기'의 배려가 필요하며, 구체적으로는 배당평균적립금의 이용이 문제가 된다. 이것은 이익이 많은 연도에 적립을 하고, 이익이 적은 연도에 이를 조정하여 배당을 평균적으로 안정시키는 것이다. 안정배당정책과 대조되는 것은 이익형 배당정책인데, 각 기별의 이익에 연동시켜서 배당을 변화시키는 것이다. 이 경우에는 배당성향의 안정이 중요시된다. '어떤 형태'란 배당지불의 형태를 말한다. 여기에는 현금배당과 비현금배당이 있는데, 비현금배당에는 현물배당·채권배당·사채배당·주식배당이 있다. 주식배당의 경우 자사(自社)의 신주(新株)를 주주에게 교부함으로써 배당금을 대신하는 방법도 있다.

아울러 기업의 배당정책에 대한 의사결정 즉 순이익을 주주에게 배당을 하느냐, 아니면 기업내부에 유보하여 재투자를 하느냐에 대한 의사결정은 기업의 투자기회의 수익성에 따라 달라질 수 있는데, 기업의 배당정책을 투자결정과 자금조달결정의 부산물로 보는 이론을 배당의 잔여이론이라고 한다.

즉 외부금융이 허락되지 않은 상황에서 해당기업과 동일한 위험을 갖는 투자안의 수익률(즉 주주들의 요구수익률 또는 자기자본비용)보다 기업의 재투자수익률이 높다면 주주들은 배당보다는 기업내에 유보시키는 것을 선호하게 된다. 따라서 주주들의 요구수익률을 상회하는 재투자수익률을 가져오는 투자사업이 존재한다면 순이익을 먼저 그러한 투자 사업에 충당하고 (그래도 남는 사업이 존재한다면 순이익을 먼저 그러한 투자사업에 충당하고) 또 남는 자금이 있을 경우 배당을 하는 것이 유리하며 그래야 기업의 가치를 극대화시킬 수 있다. 이 이론에 따르면 기업의 배당정책은 그 기업이 가지는 투자안의 수익률 곡선과 주주들의 기회 비용(요구수익률)에 의해 좌우되므로 기간별 배당금의 변화가 매우 심할 것이라는 것을 암시한다.

28 ③

해설   CAPM의 가정으로는 세금과 거래비용이 존재하지 않는다.
- 자본자산가격결정모형(CAPM)은 모든 투자자가 평균-분산기준에 따라 기대효용을 극대화할 수 있도록 투자하는 경우, 자본시장이 균형상태가 되면 위험과 기대수익률사이에 어떤 관계가 성립하는지를 설명하고자 하는 이론으로서 CAPM은 투자기간을 단일기간으로 가정한다.
- 무위험자산이 존재한다고 가정하며, 투자자들은 기대효용을 극대화하고자 하는 위험회피자이며 투자자들은 무위험이자율로 아무런 제한 없이 차입과 대출이 가능하다.
- 자산수익률이 시장포트폴리오라는 하나의 공통요인에 의해 결정된다. 아울러 자본시장선상에 있는 포트폴리오와 시장포트폴리오의 상관관계는 1이다.

- 모든 투자자의 동질적 예상을 가정한다. 즉, 투자자들은 투자대상의 미래수익률 확률분포에 대하여 동질적으로 예측한다.
- 완전경쟁적이고 효율적인 자본시장으로 가정한다.
- 투자자들의 투자기간은 1기간이다.

29 ③

해설

ㄱ, ㄹ이 맞는 설명으로서 이를 구체적으로 설명하면 다음과 같다.

ㄱ. 무위험자산과 시장포트폴리오로 구성된 포트폴리오로서, 위험자산과 무위험자산을 모두 고려할 경우 효율적 투자기회선이다. 즉, 효율적 포트폴리오의 위험(표준편차)과 기대수익률의 선형관계를 나타내는 직선

ㄹ. 효율적 포트폴리오들의 균형가격을 산출하는데 필요한 할인율을 제공하며 균형가격을 보여줌.

※ 추가로 자본시장선(CML)상에 있는 포트폴리오의 특성을 살펴보면 다음과 같다.
  ② 무위험자산이 존재할 때 다른 자산에 지배당하지 않는 효율적 포트폴리오이다.
  ③ 완전 분산투자된 포트폴리오(즉, 비체계적 위험은 모두 제거되고 체계적 위험만 남아 있는 포트폴리오)이다.
  ④ 시장포트폴리오 수익률과의 상관계수가 +1인 포트폴리오이다.

※ ㄴ, ㄷ이 틀린 이유를 살펴보면 다음과 같다.
  ㄴ. 자본시장선 아래에 위치하는 주식은 주가가 과소평가된 주식이 아니라 증권시장선 위에 위치한 주식이 과소평가된 주식이다. 아울러 자본시장선은 주식이 비효율이냐 효율이냐를 판단하는 척도로서 자본시장선상의 포트폴리오 주식들은 효율적, 그 아래는 비효율적이라고 할 수 있다.
  ㄷ. 포트폴리오 기대수익률과 총 위험(표준편차) 간의 선형관계를 나타낸다.

30 ⑤

해설

① 투자자들은 기대수익이 아니라 기대 효용 극대화를 추구한다.
② 거래비용과 세금은 고려 않는다.
③, ④는 CAPM이론에 대한 설명이다.

〈마코위츠 투자이론의 기본 가정〉
- 모든 투자자는 위험회피형이며 기대효용 극대화를 위한 투자를 한다.
- 모든 투자자는 평균-분산 기준에 따라 투자한다.
- 모든 투자자의 투자기간은 단일기간이다(1기간 동안의 투자 수익률분석).
- 자신의 미래 수익률 분포에 대해 모든 투자자는 동일한 기대를 가진다.

31 ①

해설

증권시장선의 기울기는 표준편차로 측정된 위험 1단위에 대한 균형가격을 의미하는 것이 아니라 위험과 기대수익률 간의 관계를 나타낸다. 즉 증권시장선의 기울기는 시장위험 프리미엄(시장포트폴리오의 기대 수익률-무위험 이자율)을 의미한다.

▶ 증권시장선의 의의
- CAPM의 가정 하에서는 모든 투자자가 위험자산으로는 시장포트폴리오만 보유하는데, 시장포트폴리오는 완전 분산투자된 포트폴리오이므로 투자자들이 특정 자산에 대하여 부담하는 위험은 완전한 분산투자를 해도 제거할 수 없는 위험인 체계적 위험이다. 따라서 자본시장이 균형인 상태에서는 자산의 기대수익률이 체계적 위험과 선형관계를 갖고 결정되는데, 이를 증권시장선이라고 한다.

- 증권시장선을 이용하면 효율적인 포트폴리오뿐 아니라 비효율적 포트폴리오와 개별자산을 포함한 모든 자산의 위험과 기대수익률의 관계를 설명할 수 있다.
  ① 자본시장이 균형상태에 있는 경우 모든 개별자산과 포트폴리오는 무위험자산과 시장포트폴리오를 연결한 직선상에 존재하며, 이를 증권시장선이라고 한다.
  ② 증권시장선은 r_f의 절편과 $E(R_M) - r_f$의 기울기를 가지므로, 임의의 자산이나 포트폴리오 I의 기대수익률과 위험은 다음의 관계식으로 나타내며 이를 샤프-린트너CAPM이라고 한다.
  $$E(R_i) = R_f + [E(R_M) - R_f]\beta_i$$
  ③ 샤프-린트너 CAPM의 의미 : 시장베타가 유일한 위험척도이며, 위험과 기대수익률 사이에는 선형관계가 존재

▶ 균형가격결정모형으로서의 의미
 : 증권시장선에 의하여 결정되는 어떤 자산의 균형수익률은 그 자산의 위험을 적절히 반영한 수익률을 나타낸다. 따라서 균형수익률을 할인율로 해서 그 자산의 미래현금흐름의 현재가치를 구하면 균형가격을 구할 수 있다.

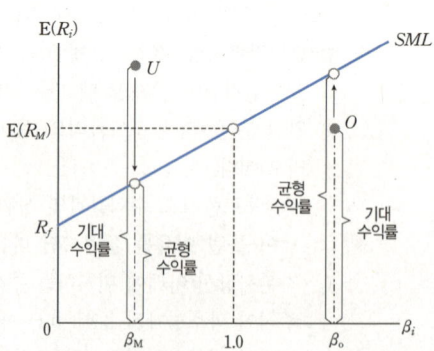

- 자산U : 기대수익률 > SML상의 균형수익률 ⇨ 시장가격 < 균형가격 ⇨ 과소평가 ⇨ 수요증가 ⇨ 가격상승(기대수익률 하락)
- 자산O : 기대수익률 < SML상의 균형수익률 ⇨ 시장가격 > 균형가격 ⇨ 과대평가 ⇨ 공급증가 ⇨ 가격하락(기대수익률 상승)
- 경제성평가
  ㉠ 기대수익률 > 균형수익률 ⇨ 과소평가된 자산 ⇨ NPV > 0 ⇨ 경제성 있는 자산
  ㉡ 기대수익률 < 균형수익률 ⇨ 과대평가된 자산 ⇨ NPV < 0 ⇨ 경제성 없는 자산

▶ 자본시장선(CML)상에 있는 포트폴리오의 특성
① 무위험자산과 시장포트폴리오로 구성된 포트폴리오이다.
② 무위험자산이 존재할 때 다른 자산에 지배당하지 않는 효율적 포트폴리오이다.
③ 완전 분산투자된 포트폴리오(즉, 비체계적 위험은 모두 제거되고 체계적 위험만 남아있는 포트폴리오)이다.
④ 시장포트폴리오 수익률과의 상관계수가 +1인 포트폴리오이다.

32

①

[해설] 레버리지 효과란 차입금 등 타인 자본을 지렛대로 삼아 자기자본이익률을 높이는 것으로 '지렛대 효과'라고도 한다.
② 가중 효과 : 복리의 누적 가중효과
③ 톱니바퀴 효과 : 경기가 나빠져 소득이 줄어들어도 소비가 그에 비례해 쉽사리 줄어들지 않기 때문에 소비 수준은 안정성을 갖게 돼 경기 후퇴 속도를 줄이는 효과
④ 비례 효과 : 정비례적 변화

[보충] 레버리지 효과
- 영업레버리지효과 : 영업레버리지에 의해서 매출액(R)의 변화율보다 영업이익(EBIT)의 변화율이 더 커지게 되는 현상
- 재무레버리지효과 : 재무레버리지에 의해서 영업이익(EBIT)의 변화율보다 주당순이익(earning per

share : EPS)의 변화율이 더 커지게 되는 현상
- 결합레버리지효과 : 영업레버리지와 재무레버리지가 동시에 존재함으로써 매출액(R)의 변화율보다 주당순이익(EPS)의 변화율이 더 커지게 되는 현상

33 ②

해설

어음 및 은행 차입은 금융권에 의한 간접적 조달방법이다. 특히 은행차입은 타인자본으로서의 부채로서 간접적 자본 조달 방법이며, 주식 발행과 채권 발행은 기업의 직접적 자본 조달 방법으로 볼 수 있다. 단, 채권 또한 부채로서의 타인자본이지만 이는 기업이 직접적으로 발행한다고 보아야 함으로 직접적 자본 조달로 보아야 함.

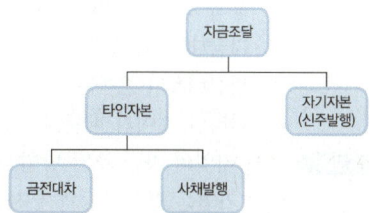

좀 더 자세하게 설명해드리자면,
기업이 경영에 필요한 자금을 조달함에 있어서 사내에 유보되어 있는 내부자금으로 충당하는 것을 자기금융이라 하고 외부로부터 차입하게 될 때 이를 외부금융이라 한다. 외부금융은 다시 직접금융과 간접금융으로 구분된다. '직접금융(direct financing)'이란 최종적인 자금수요자(기업)가 금융기관을 개입시키지 않고, 주식·채권 등을 발행함으로써 자금공급자(개인투자가)로 부터 자금을 직접 조달하는 일이다. 직접금융은 대개의 경우 증권시장에서 기업이 주식 또는 회사채를 발행하여 직접 자금을 조달해 이루어진다. 보통 기업은 이자부담 등의 이유로 직접금융을 선호하게 된다. 즉, 주식발행 등의 직접금융을 이용하게 되면 이자부담 없이 자금을 조달할 수 있고, 이후 사업이 잘 되면 이익만큼의 배당만 해주면 되기 때문이다. 이에 반해 '간접금융(indirect financing)'이란 은행 등 제3자를 통해서 돈을 빌리는 방법을 말한다.

보충

마이어스와 마즐루프(S.C. Myers & N.S. Majluf)는 자본조달 순서이론(pecking order theory)에서 경영자가 투자에 필요한 자금 조달시 외부자금보다 내부자금, 주식보다 부채를 더 선호한다고 하였다. 즉 정보의 비대칭성이 존재하는 현실상황에서 투자소요자금을 사내유보이익 > 부채[타인자본(예) 차입금, 사채)] > 우선주 > 보통주의 순으로 조달한다고 주장하였다.

자본조달순서이론(pecking order theory)은 경영자는 기업의 가치 및 위험에 대하여 외부투자자들보다 더 잘 알고 있다는 가정하에서, 기업이 좋은 투자 기회를 가지고 있으나 투자자들이 그 정보를 모르고 있을 경우 그 정보는 현재 주가에 반영되지 않는다. 따라서 경영자들은 투자소요자금을 조달할 때 기본적으로 내부금융(유보이익)을 외부금융보다 더 선호하게 된다. 왜냐하면 외부금융의 경우 발행비용이 소요될 뿐 아니라 투자에 대한 성과의 일부가 외부로 유출되기 때문이다. 이와 동일한 이유로 내부자금이 부족하여 외부금융에 의존해야 할 경우에도 주식보다는 부채를, 보통주보다는 우선주를 더 선호하게 된다.

34 ③

해설

기업의 입장에서 볼 때는 부채는 이자의 원금 상환에 대한 부담이 있고, 자기자본은 장기자산에 투자할 수 있고 다소 위험한 사업이라고 할지라도 원금상환에 대한 부담없이 사업을 수행할 수 있어 부담을 최소화하여 사업을 진행할 수 있으며 추가로 이익배당에 대한 강제성이 없으므로 자기자본이 부채보다 유리하다고 볼 수 있다.

추가로 주주의 시각에서 볼 때는 부채에 대한 이자는 일반적으로 수익보다 적으며, 이러한 초과이익은 지분투자자의 이익이 된다. 또한 이익배당과는 달리 이자는 법인세를 공제 받으므로 주주의 입장에서는 자기자본보다 부채를 통한 자금조달이 유리하다고 판단 할 수 있다.

참고

마이어스와 마즐로프의 자본조달 순서이론에 따르면 자본조달 정보의 비대칭성이 존재하는 현실적 상황에서 투자소요자금을 다음과 같은 순서로 투자소요자금 조달하는 것이 유리하다고 설명하고 있다. 사내

유보금 > 부채(타인자본) > 우선주 > 보통주.

보충
- 재무곤경(finacial distress)위험: 재정적 고통의 비용의 일반적인 예는 파산 비용이다. 이러한 직접 비용에는 감사원의 수수료, 법률 수수료, 관리 수수료 및 기타 지불이 포함된다.
- 파산비용: 부채를 과다하게 이용하고 있는 기업이 부채의 원리금을 갚지 못해 파산상태에 이르게 되어 부담하게 되는 제반비용을 일컫는다. 이에는 변호사비용, 회계사비용, 소송비용 등과 같은 직접파산비용과 주요 직원의 기업이탈, 정상적인 가격 이하로의 기업자산의 매각, 보다 높은 금융비용부담하의 자금대출, 매출액 감소 등으로 인한 추가적인 손실을 나타내는 간접파산비용 등이 포함된다. 이러한 파산비용의 존재는 결국 기업가치의 감소를 초래하게 되며 대개의 경우 파산은 부채이용 후 수년 후에 나타날 것이기 때문에 이 파산비용의 현가만큼 기업의 가치가 감소될 것이다.

보충
1. 기업의 자금 조달 방법
   : 기업은 영업 활동과 투자를 하기 위해 자금을 조달해야하는데, 기업이 갖고 있는 자기자본으로 조달할 수도 있고, 외부에서 자금을 조달할 수도 있습니다. 외부에서 조달한 자금 중 추후에 갚아야할 자금을 부채라고 합니다.
   부채로 조달하는 방법으로는 은행차입, 회사채, 특수채(CB, BW) 발행 등이 있고, 자기자본 조달 방법으로는 내부 현금, 유상증자 등이 있습니다.

〈부채로 조달〉
- 은행차입 : 은행으로부터 대출을 받는 방법입니다. 은행은 주로 담보를 요구하나, 기업의 신용이 좋을 경우 무담보대출을 해주기도 합니다. 은행 대출은 이자율이 낮고, 언제든 상환이 가능하다는 특징이 있습니다.
- 회사채 발행 : 기업의 신용을 통해 불특정 다수에게 자금을 조달하는 방법입니다. 대부분의 경우 금융기관이 채권 원리금에 상환보증을 서주는 보증채권을 발행하지만, 신용이 높을 경우 무보증 채권을 발행하기도 합니다. 보증채권의 경우 해당 금융기관에 보증수수료를 지급해야하므로 은행 대출보다 비용이 큽니다.
- 특수채(CB, BW) 발행 : 은행차입이 어렵고, 회사채 발행에 따른 이자비용 감당이 어려운 기업들이 주로 선택하는 방식으로, 주식전환 등의 조건으로 채권을 발행하는 방법입니다. 무이자 혹은 낮은 이율로 채권 발행이 가능하며, 주식으로 전환될 경우 자기자본이 강화된다는 장점이 있습니다. 따라서 부채인 동시에 자본의 성격을 지니고 있습니다.

〈자기자본으로 조달〉
- 내부자금 : 기업의 이익으로 쌓아둔 내부 현금으로 자금을 조달하는 방법입니다.
- 유상증자 : 주주가 자금을 추가로 출자하여 조달하는 방법입니다.

2. 부채
   : 외부에서 조달한 자금은 대부분 이자를 내야하며 만기일이 존재합니다. 이렇듯 부채는 이자와 만기일이라는 부담감이 있기 때문에 내부자본으로 자금을 조달하는 것이 가장 좋지만, 현실적으로 사업에 필요한 자금을 내부자금으로 모두 충당하기 힘들기 때문에 거의 대부분의 기업은 부채를 활용해 자본을 조달하고 있습니다.
   또한 부채로 자금을 조달하면 레버리지 효과를 통해 더 큰 영업이익을 얻을 수 있기 때문에 부채 자체를 부정적으로 보기보단, 해당 기업이 갖고 있는 부채의 종류와 비율, 방향성을 확인하는 것이 중요합니다.
- 부채는 크게 유동부채와 비유동부채로 나뉘며, 유동부채에는 매입채무, 단기차입금, 회사채, 충당부채 등이 있고, 비유동부채는 사채, 장기차입금, 충당부채, 이연법인세부채 등이 있습니다.

35 ②

해설 만기에 채권의 액면금액을 상환해야 하지만, 필요에 따라 채권의 이자는 지불면제가 가능하지는 않다.

참고 주식과 채권비교

구 분	주 식	채 권
자금조달 방법	자기자본	타인자본
발행자	주식회사	정부, 공공단체, 주식회사
존속기간	영구적	한시적
소유자의 지위	주주	채권자
원금상환	상환의무 없음	만기시 원금상환
이익형태	배당, 가변적	이자, 확정적
경영참가	있음	없음

36 ①

해설 전환사채 발행과 비참가적우선주발행 만이 사측이 직접적으로 발행하는 형태의 자금 조달 방식이다. 어음발행, 은행차입은 회사의 신청에 따라 은행의 심사를 거쳐 은행과의 채권 채무관계가 형성되는 은행 중심의 간접자금 조달방식이며, 벤처투자사 투자 및 사모펀드(PEF)투자는 투자사 기업평가를 통해 투자 의사결정을 한 상품이라고 볼 수 있어 기업 입장에서는 간접 자금 조달방식이라고 할 수 있다.

기업이 경영에 필요한 자금을 조달함에 있어서 사내에 유보되어 있는 내부자금으로 충당하는 것을 자기금융이라 하고 외부로부터 차입하게 될 때 이를 외부금융이라 한다. 외부금융은 다시 직접금융과 간접금융으로 구분된다. '직접금융(direct financing)'이란 최종적인 자금수요자(기업)가 금융기관을 개입시키지 않고, 주식·채권 등을 발행함으로써 자금공급자(개인투자가)로 부터 자금을 직접 조달하는 일이다. 직접금융은 대개의 경우 증권시장에서 기업이 주식 또는 회사채를 발행하여 직접 자금을 조달해 이루어진다. 보통 기업은 이자부담 등의 이유로 직접금융을 선호하게 된다. 즉, 주식발행 등의 직접금융을 이용하게 되면 이자부담 없이 자금을 조달할 수 있고, 이후 사업이 잘 되면 이익만큼의 배당만 해주면 되기 때문이다. 이에 반해 '간접금융(indirect financing)'이란 은행 등 제3자를 통해서 돈을 빌리는 방법을 말한다.

37 ②

해설 자본시장선은 개별위험자산의 기대수익률과 체계적 위험(베타) 간의 선형관계가 아니라 무위험자산과 시장포토폴리오로 구성된 포토폴리오로서 완전 분산 투자된 포토폴리오 즉, 비체계적 위험은 모두 제거 되고 체계적 위험만 남아있는 포토폴리오이다.

38 ②

해설 틀린 설명을 바로 잡아보면 다음과 같다.

ㄴ. 효율적 포트폴리오에 한정하여 균형가격을 산출할 수 있다.

ㄹ. 증권시장선은 위험자산만을 고려할 경우 효율적 투자기회선이다.
⇒ 증권시장선을 이용하면 효율적인 포트폴리오뿐 아니라 비효율적 포트폴리오와 개별자산을 포함한 모든 자산의 위험과 기대수익률의 관계를 설명할 수 있다.

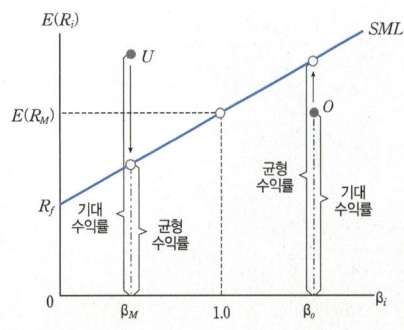

보충
- 자산U : 기대수익률 > SML상의 균형수익률 ⇨ 시장가격 < 균형가격 ⇨ 과소평가 ⇨ 수요증가 ⇨ 가격상승(기대수익률 하락) ⇨ SML 상에서 균형
- 자산O : 기대수익률 < SML상의 균형수익률 ⇨ 시장가격 > 균형가격 ⇨ 과대평가 ⇨ 공급증가 ⇨ 가격하락(기대수익률 상승) ⇨ SML 상에서 균형

② 경제성평가
  ㉠ 기대수익률 > 균형수익률 ⇨ 과소평가된 자산 ⇨ NPV > 0 ⇨ 경제성 있는 자산
  ㉡ 기대수익률 < 균형수익률 ⇨ 과대평가된 자산 ⇨ NPV < 0 ⇨ 경제성 없는 자산

39 ①

해설 비체계적 위험이 발생하는 요인으로는 자본시장의 전반적인 경기변동과 무관한 특정기업 고유의 노사문제, 매출액 변동, 소송, 대정부 관계, 기업 이미지 등에 기인하는 위험으로 투자자들이 여러 자산에 자금을 분산 투자할 경우 제거할 수 있는 위험이다. 따라서, 체계적 위험과는 달리 비체계적 위험은 여러 종류의 자산에 분산투자함으로써 감소될 수 있기 때문에 분산가능위험(diversifiable risk)이라고 한다.
① 기업의 노사분규나 소송발생 등과 같은 요인에서 발생하는 위험은 통제 가능위험으로서 비체계적 위험에 해당한다.
반면 시장 위험 또는 체계적 위험(systematic risk)이란 어떤 자산의 총위험 중에서 자본시장의 전반적인 변동 때문에 발생하는 위험의 부분을 의미한다. ② 이자율과 같은 금리 인상 요인에서 발생하는 위험, ③ 물가 상승 요인에 의해 발생하는 위험, ④ 정부의 경기 정책에 의해 발생하는 위험 등은 통제 불능위험으로 체계적 위험에 해당한다.

심화문제

1 ⑤

해설 A 주식의 기대수익률 = 무위험수익률+(시장평균수익률−무위험 수익률)×β
　　　　　　　30%+(35%−30%)×3=45%

2 ③

해설 $\beta = \dfrac{\sigma_{AM}}{\sigma_M^2}$ (공분산 ÷ 시장포트폴리오 분산) ∴ $\dfrac{0.02}{0.1^2} = 2$

3 ④

해설 $E(R_i) = R_f + [E(R_M) - R_f]\beta_i = 6\% + (12\% - 6\%)1.5 = 15\%$

4 ③

해설 10%×40%+20%×60%=16%(투자비율로 기대수익률을 가중평균함)

5 ②

해설 포트폴리오 P의 기대수익률=$(10\% \times 40\%) + (20\% \times 60\%) = 16\%$ 이다.

참고 개별주식: 자본자산가격결정모형(CAPM)
　　　A 주식의 기대수익률 = 무위험수익률 + (시장평균수익률 − 무위험수익률) × β

6 ②

해설 ① 매입시점에서 주식 A와 주식 B의 구성 비율은 주식 A=33.3%, 주식 B=66.6%이다.
　　　　→ 매입시점: A, 10,000×400=4,000,000 vs. B, 20,000×200=4,000,000
　　　② 매도시점에서 주식 A와 주식 B의 구성 비율은 주식 A=60%, 주식 B=40%이다.
　　　　→ 매도시점: A, 15,000×400=6,000,000 vs. B, 20,000×200=4,000,000
　　　③ 주식 A와 주식 B의 구성 비율을 계산할 때 주식 수만 고려한다.
　　　④ 주식 A와 주식 B의 구성 비율을 계산할 때 주가만 고려한다.
　　　　→ 포트폴리오 수립시 구성자산의 수익률 및 각 자산에 대한 상대적 투자 비중을 고려하여 결정함.
　　　⑤ 위험을 싫어하는 투자자들은 주식 A보다 주식 B를 선호한다.→ 표준편차는 포트폴리오의 위험을 나타내므로 위험을 싫어하는 투자자들은 위험이 작은 A를 선호할 것임.

7 ②

해설 A와 B로 구성된 포트폴리오의 베타
　　　= (A베타×A투자비율) + (B베타×B투자비율)
　　　= (1.35×0.4) + (0.9×0.6)
　　　= 1.08

8 ④

해설 A 주식의 기대수익률=무위험수익률+(시장평균수익률−무위험 수익률) × β

※ 시장평균수익률=시장 포트폴리오의 기대 수익률

$5\% + (10\% - 5\%) \times 1.2 = 0.05 + (0.1 - 0.05) \times 1.2 = 0.05 + 0.06 = 0.11$ ∴11%

9 ②

해설 평균–분산 기준의 포트폴리오 이론이 성립한다는 가정을 명심하면 간단한 문제임.

※ 평균·분산원리에 의한 의사결정기준
1. 지배원리: 효율적 투자안
    1) 투자자들은 두 투자대상의 기대수익률이 같은 경우 분산(또는 표준편차)이 작은 투자대상을 선택한다.
        → 동일한 기대수익률을 가지는 투자대상 중에서는 위험이 작은 것이 큰 것을 지배한다.
    2) 투자자들은 두 투자대상의 분산(또는 표준편차)이 같은 경우 기대수익률이 큰 투자대상을 선택한다.
        → 동일한 위험을 가지는 투자 대상 중에서는 기대수익률이 큰 것이 작은 것을 지배한다.
2. 가장 높은 무차별곡선상에 있는 투자안선택: 최적 투자안

10 ③

해설 우선주의 자본비용은 주식의 액면가치에 대한 배당액의 비율인 배당률(dividend ratio)을 따져 주면됨.

$$배당율 = \frac{주식배당금}{액면가} \times 100$$

$$= \frac{1,200}{12,000} \times 100 = 10\%$$

11 ③

해설 무성장모형이란 미래 주당 배당금이 증가하지 않고 일정하다고 가정하고 주식가치를 구하는 모형으로서 배당금 또는 주당순이익을 주주의 요구수익률로 나누어 계산한다. $\frac{1000}{20\%} = \frac{1000}{0.2} = 5000$

12 ④

해설 현재주가=(1년도 말 예상배당금)÷(주주수익률−배당성장률)=1,100원÷(15%−10%)=22,000원

13 ④

해설 $10,000 ÷ (0.15 - 0.05) = 100,000$

14 ⑤

해설 $3,000 = 150 ÷ (주주수익률 - 0.1)$, 주주수익률(할인율)=15%

15 ①

해설 미래의 배당금이 매년 일정하다고 가정하였을 때 주식의 가격=배당금÷주식의 기대수익률
∴ $1,000 ÷ 10\% = 10,000$

16 ①

해설 120억-40억=80억, 80억-70억=10억

17 ⑤

해설 증권시장선(security market line : SML)이란 개별증권을 비롯한 모든 자본자산의 적합한 위험(체계적 위험)과 기대수익률 사이에 존재하는 균형관계를 설명하는 직선으로서 균형시장(수요=공급)에서 증권의 체계적 위험(베타)과 기대 수익률의 선형관계를 나타내는 직선이다.

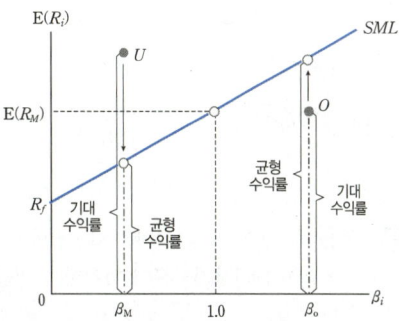

이를 공식화 하면 다음과 같다.

$E(R_i) = R_f + [E(R_M) - R_f]\beta_i$

= 무위험이자율 + 체계적 위험 1단위당 시장대가

균형시장하에서 모든 증권의 기대 수익률은 증권시장선에 의해서 결정되므로, 각 증권들은 정확히 증권시장선에 위치하게 된다.

아울러 시장 포트폴리오의 베타(=1)을 기준으로 베타계수가 1보다 큰 경우 공격적 주식, 1보다 작은 경우 방어적 주식이라고 한다.

또한 수익률과의 관계를 살펴보면

- 자산U : 기대수익률 > SML상의 균형수익률 ⇨ 시장가격 < 균형가격 ⇨ 과소평가 ⇨ 수요증가 ⇨ 가격상승(기대수익률 하락) ⇨ SML 상에서 균형
- 자산O : 기대수익률 < SML상의 균형수익률 ⇨ 시장가격 > 균형가격 ⇨ 과대평가 ⇨ 공급증가 ⇨ 가격하락(기대수익률 상승) ⇨ SML 상에서 균형

보충 증권시장선의 이용
① 할인율의 결정과 자산의 가치평가 및 자본비용의 결정
② 경제성평가
　㉠ 기대수익률 > 균형수익률 ⇨ 과소평가된 자산 ⇨ NPV > 0 ⇨ 경제성 있는 자산
　㉡ 기대수익률 < 균형수익률 ⇨ 과대평가된 자산 ⇨ NPV < 0 ⇨ 경제성 없는 자산

18 ③

해설 $E(R_i) = R_f + [E(R_M) - R_f]\beta_i$ = 무위험이자율 + 체계적 위험 1단위당 시장대가

= 4% + 1.4(8% - 4%) = 9.6%

19 ①

해설 WACC = (0.5×0.12) + (0.5×0.1×0.5) = 0.085

∴ 8.5%

- WACC = [자기자본이 차지하는 비중×자기자본비용] + [타인자본이 차지하는 비중×타인자본비용×(1 - 법인세율)]

  : 가중평균자본비용(WACC, Weighted Average Cost of Capital)은 기업이 조달한 다양한 자금에 대하여 지불하여야 하는 평균 비용(이율)을 말하며 이는 곧 주주 및 채권자가 요구하는 수익률로서 부채와 자기자본의 구성비율에 각각의 요구수익률을 곱한 것을 합하여 산출한다.

- 예를 들어, A기업의 부채(시장가치 기준)가 30억 원이고 자기자본(시장가치 기준)이 70억 원이며, 채권

자와 주주가 요구하는 수익률이 각각 7%와 10%일 때 가중평균자본비용(WACC)은 9.1%가 되며,
0.3×7%+0.7×10%=9.1%
여기에 부채의 절세효과(=금융비용이 비용으로 계상됨에 따라 과표가 감소하게 됨)를 고려하면(법인세율 15% 가정) 8.75%가 된다.
0.3×7%(1−0.15)+0.7×10%=8.785%

20 ③

해설 $(6\% \times 300 + 8\% \times 200 + 10\% \times 500) \div 1{,}000 = 8.4\%$

21 ③

해설 [3억×20%+2억×10%×(1−50%)]÷(2억+3억)=14%

- WACC=[자기자본이 차지하는 비중×자기자본비용]+[타인자본이 차지하는 비중×타인자본비용×(1−법인세율)]

22 ③

해설 WACC = [자기자본 비중×자기자본비용] + [타인자본 비중×타인자본비용×(1 − 법인세율)]
= (0.5×16%) + [0.5×12%×(1−0.5)] = 11%

23 ④

해설 영업레버리지도: 매출액의 변화율에 따른 영업이익의 변화율
재무레버리지도: 영업이익의 변화율에 따른 당기순이익의 변화율
결합레버리지도: 영업레버리지도×결합레버리지도   ∴ 결합레버리지도: 10%×3×2=60%

24 ②

해설 레버리지(leverage)효과란 고정영업비용 및 고정재무비용의 지렛대 작용으로 판매량이 변동할 때 영업이익이나 주당순이익이 그보다 높은 비율로 변동하는 현상을 의미하며, 영업레버리지(operating leverage)란 영업비용 중 고정영업비용이 차지하는 비중을 의미한다.

아울러 영업레버리지도(degree of operating leverage : DOL)는 매출액(판매량)의 변화에 따라 영업이익이 변화하는 정도로서 공헌이익을 영업이익으로 나눈 것($\dfrac{\dfrac{\Delta Q(P-VC)}{Q(P-VC)-FC}}{\dfrac{\Delta Q}{Q}} = \dfrac{Q(P-VC)}{Q(P-VC)-FC} = \dfrac{공헌이익}{영업이익}$)

으로서 영업이익변화율을 매출액으로 나눈 것($\dfrac{영업이익 변화율}{매출액 변화율} = \dfrac{\dfrac{\Delta EBIT}{EBIT}}{\dfrac{P \cdot \Delta Q}{P \cdot Q}} = \dfrac{\dfrac{\Delta EBIT}{EBIT}}{\dfrac{\Delta Q}{Q}}$)인데 손익확대가

없다면 1이라고 볼 수 있다.

25 ②

해설 $\dfrac{(0.06 \times 50\%) + (0.08 \times 50\%)}{2} = \dfrac{0.07}{2} = 0.035$

26 ④

해설 고든의 배당평가모형 중 항상성장모형을 통해 계산하면됨. 아울러 적정주가에 배당받은 배당금을 합하면 이 주식의 현재가치를 파악할 수 있음.

$$\frac{5000}{(0.1-0.05)}+5000=105,000$$

27 ③

해설 포트폴리오의 기대 수익률은 각 자산의 기대수익률을 투자비율로 가중평균하여 산출한다.
총투자 금액 = 2,000만원 ⇒ 투자 비중(각 주식별 가중치), A: 50%, B: 30%, C: 20%
⇒ (0.1 × 0.5) + (0.08 × 0.3) + (0.06 × 0.2) = 0.086 ⇒ 8.6%

28 ②

해설 효율적 시장에서는 주가의 움직임에 패턴이 있으며, 어제의 주가변화와 오늘의 주가변화는 상관관계가 존재하지 않고 있다고 보고 있다. 추가로 ①번 지문의 경우 현재의 주가가 과거의 주가자료에 포함된 정보를 반영하여 결정된다고 보는 견해, 즉 과거정보만 보면 약형(weak form) 효율시장 가설이라고 한다. 아울러 과거에 공개된 미래정보 포함시 준강형, 미 공개 미래정보까지를 포함하면 강형 효율시장가설이라고 한다.

CHAPTER 4 : 파생금융상품

개념정리문제

1 ④

해설 | 선물 거래란 장래의 일정한 시기에 미리 약정한 일정한 가격(선물가격)으로 기초자산을 인수하기로 하는 예약 거래이다. 특히 선물가격은 기초 상품의 미래 수요공급에 대한 경제주체들의 예상이 시장을 통해 실현된 것으로 미래 시장가격에 대한 유용한 정보를 제공해주는 수단으로서의 역할을 한다.
아울러 각 선물 상품에는 보통의 경우 종목명에 계약이 종료되어 인수도가 이루어지는 해당 연도와 해당 월이 미리 정해져 표시되어 있고, 해당 선물종목의 거래가 가능한 마지막 날(만기일)을 최종거래일이라 하며, 인수도가 이루어지는 날을 최종결제일 또는 인수도일이라고 한다.

2 ④

해설 | 선물거래와 선도거래 비교

구분	선물거래	선도거래
시장형태	조직화된 거래소	비조직적 시장
거래방법	공개호가방식	당사자 간의 직접 계약
거래조건	표준화	당사자 간의 합의
가격형성	매일매일 새로운 가격이 형성됨	계약 시 한 번만 결정됨
이행보증	청산소가 거래의 이행을 보증	거래당사자의 신용도에 따라 좌우
실물인도	대부분 반대매매를 통하여 청산	만기일에 실물을 인도·인수
결제방식	매일매일 결제(일일정산)	만기일에 한 번 결제

3 ⑤

해설 | 선물거래의 경우 대부분 반대매매를 통해 청산이 이루어진다. 만기일에 실물의 인수·인도가 이루어지는 거래는 선도거래이다.

4 ⑤

해설 | 앞 문제의 선물거래와 선도거래 비교표 해설 참조

5 ③

해설 | 선물거래의 경제적 기능: 가격예시기능, 가격변동위험의 회피기능, 금융시장의 효율적인 자원배분기능, 현물거래의 활성화, 새로운 금융서비스 제공

6 ①

해설 | 헤지거래는 가격변동에 따른 투자위험을 효과적으로 회피하기 위해 선물시장에서 주식시장과 반대로 주식을 보유한다.

7
③

해설: 앞 문제의 선물거래와 선도거래 비교표 해설 참조

8
②

해설:

기초자산의 종류에 따른 구분	• 주식옵션: 주식이 기초자산 • 금리옵션: 채권을 기초자산으로 하는 옵션 • 통화옵션: 외국통화를 기초자산으로 하는 옵션 • 주가지수옵션: 주가지수를 기초자산으로 하는 옵션 • 선물옵션: 선물계약을 기초자산으로 하는 옵션
권리에 내용에 따른 구분	• call옵션: 정해진 가격으로 기초자산을 살 수 있는 권리 • put옵션: 정해진 가격으로 기초자산을 팔 수 있는 권리
행사가능시점에 따른 구분	• 유럽형 옵션: 만기일에만 행사 가능한 옵션 • 미국형 옵션: 만기일 이전에도 행사 가능한 옵션

9
⑤

해설:
① 기초자산을 살 수 있는 권리가 부여된 옵션은 콜옵션이다.
② 만기시점 이전이라도 유리할 경우 행사가 가능한 옵션은 미국형 옵션이며 유럽형 옵션은 만기일에만 행사가 가능하다.
③ 콜옵션은 기초자산의 가격이 낮을수록 불리하다.
④ 풋옵션의 경우 행사가격이 높을수록 유리하다.

10
⑤

해설:
공매도: 주식을 미리 팔고, 차후에 동일한 주식으로 갚는 투자기법
스왑: 이자율 등을 서로 교환하는 거래

11
①

해설: 콜옵션은 기초자산을 싸게 살 수 있는 권리이므로, 기초자산의 가격이 행사가격보다 낮으면 싸게 살 유인이 없어지기 때문에 권리행사가 되지 않음

12
②

해설: 풋옵션의 주가가 행사가격보다 낮아야 매입자가 이익을 볼 수 있으므로 주식가격이 상승하면 풋옵션의 가격은 하락한다.
① 무위험이자율이 증가하면 행사가격의 현재가치를 감소시켜 풋옵션 가격은 하락한다.
③ 배당금이 지급되면 배당일에 주식의 가격은 배당금만큼 하락하게 되기 때문에 배당이 많을수록 풋옵션의 가격은 상승한다.
④ 풋옵션은 주식의 가치가 하락하는 것을 대비해 미리 정해진 가격에 팔 수 있는 권리를 뜻하며 변동성이 높을수록 풋옵션의 가치는 높아진다.

13
①

해설: 기초자산을 팔 수 있는 권리는 풋옵션이라고 하며, 콜옵션은 기초자산을 살 수 있는 권리이다.

14 ③
해설 풋옵션에 대한 설명이다.

15 ③
해설 통화스왑은 거래당사자 간에 서로 다른 통화로 표시된 원금을 교환하고 일정기간 동안 그 원금에 대하여 계약시점에 미리 정한 조건으로 이자까지도 교환하는 거래이다.

16 ②
해설 세타는 거래비용의 변화에 대한 옵션 가격의 변화로 정의가 아니라 시간이 1단위 감소할 때 옵션의 가치의 변화를 나타냄. 거래비용의 변화에 대한 옵션 가격의 변화로 정의되는 것은 델타(Delta: Δ, δ)라고 할 수 있다.

추가로 보충 설명을 하면 옵션포지션의 위험을 측정하는 그릭문자(Greeks)들은 각각의 옵션 민감도 지표를 보여줌. 옵션민감도지표란 옵션가격결정 모형에 의하면 옵션의 가격을 결정하는 변수에는 기초자산의 가격, 기초자산의 가격 변동성, 만기일까지의 잔존기간, 이자율과 배당률이 있다. 이 각각의 변수들이 옵션가격에 미치는 영향을 계량화한 것이 옵션의 민감도 지표라고 한다. 금융회사는 장외시장엣 고객들에게 옵션을 매도한 후, 옵션에 대한 위험을 관리(헤지)해야 한다. 옵션리스크를 나타내는 각 그릭문자는 옵션포지션의 위험을 측정, 관리하는 수단으로 이용된다. 옵션리스크는 선형적 가격리스크인 델타, 비선형적 가격리스크인 감마, 기초자산의 변동성의 변화로 야기되는 베가로 구분한다.

- 델타(Delta: Δ, δ): 옵션가격의 변화 / 기초자산의 가격변화
  기초자산의 가격이 1단위 변화할 때 옵션가격이 얼마나 변하는가를 나타내는 값으로 현재의 방향위험을 나타냄. 기초자산의 가격변동에 대한 옵션의 민감도를 말하며, 기초자산 가격이 1단위 변동할 때 옵션가격의 변동으로 측정된다. 예를 들어, 삼성전자를 기초자산으로 하는 콜 옵션의 델타가 0.7이라고 할 경우, 삼성전자 가격이 1만큼 상승할 때, 콜 옵션의 가격은 0.7만큼 상승하는 것을 의미한다. 추가적으로 델타헤지는 자신이 보유한 포지션의 델타를 영(0)으로 만듦으로써, 기초자산 가격변동에 따른 보유포지션 가격변동위험을 제거하는 자산관리 기법 중 하나이다. 예를 들어 삼성전자를 기초자산으로 하는 콜옵션 1계약을 매도한 경우, 델타가 0.7이라면 옵션매도자는 0.7 단위의 삼성전자 주식을 보유함으로써 옵션매도에 따른 가격 변동위험을 상쇄할 수 있게 된다.

- 감마(Gamma: Γ, γ): 델타의 변화 / 기초자산의 가격변화
  기초자산 가격이 1단위 변화할 때 옵션델타가 얼마나 변하는가를 나타내는 값으로 방향위험의 변화위험을 나타냄. 기초자산 가격이 1단위 변할 때의 델타 변동폭을 말하고 기초자산 가격에 대한 옵션 가격 모형의 이차 편미분을 통해 결정된다.

- 세타(Theta: Θ, θ): 옵션가격의 변화 / 기초자산의 변동성 변화
  시간이 1단위 감소할 때 옵션의 가치의 변화를 나타냄. 옵션만료시까지 시간이 1일 경과함에 따른 옵션가격의 변화. 예를 들어 미국형 콜 통화선물옵션의 경우 세타가 -0.008일면 다른 요건이 일정하다고 가정할 때 만기가 93일에서 92알로 하루가 지남에 따라 옵션단위당 옵션가치가 0.008퍼센트 하락함을 의미한다. 옵션의 시간가치는 만기가 가까워짐에 따라 급속도로 감소하므로 세타의 절대치는 만기가 가까울수록 급속히 커진다.

- 베가(Vega: V): 옵션가격의 변화 / 기초자산의 변동성 변화
  변동성이 1% 변할 때 옵션가격이 변하는 정도를 나타냄. 기초자산의 변동성에 대한 옵션가격의 민감도를 나타내는 분석지표로, 기초자산의 변동성의 변화에 따른 위험을 관리하는 데 사용한다. 내재 변동성이 1% 변화시 옵션의 가격이 얼마나 변하는 가로 지표를 나타내며, 베가 0.01은 내재 변동성이 1% 증가했을 때 가격이 0.01 상승함을 의미한다.

- 로(Rho: P, ρ): 옵션가격의 변화 / 금리의 변화

  금리의 변화에 대한 옵션가격의 변화를 나타냄. 일반적으로 금리가 옵션가격에 미치를 영양은 미미하다. 이자율 변화에 대한 포트폴리오 가치의 변화 비율을 의미하는데 이자율 변동에 따른 포트폴리오 가치의 민감도 측정시 사용.

그리스 알파벳			
A α alpha 알파	H η eta 이타	N ν nu 뉴우	T τ tau 타우
B β beta 베타	Θ θ theta 씨타	Ξ ξ xi 크사이	Υ υ upsilon 입실론
Γ γ gamma 감마	I ι iota 요타	O o omicron 오미크론	Φ φ phi 화이
Δ δ delta 델타	K κ kappa 카파	Π π pi 파이	X χ chi 카이
E ε epsilon 엡실론	Λ λ lambda 람다	P ρ rho 로	Ψ ψ psi 프사이
Z ζ zeta 지타	M μ mu 뮤우	Σ σ sigma 씨그마	Ω ω omega 오메가

심화문제

1 ④

해설 옵션가격 결정요인과 콜옵션가격 간의 관계
+ 영향: 기초자산의 행사가격(주식가격이 높을수록 콜 행사가능성↑), 만기(행사가격의 현재가치 낮아짐 + 변동성 증가), 기초자산 수익률의 분산(변동성), 무위험이자율
− 영향: 행사가격, 기초자산에 대한 배당

2 ②

해설
① 교환사채(exchangeable bond): 발행회사가 보유하고 있는 다른 기업의 주식과 교환할 수 있는 권리가 부여된 사채를 말한다. 주식 교환권을 부여해 장래에 주식 가격상승에 따른 투자수익을 기대할 수 있는 반면 통상적으로 이자율은 낮다. 교환사채를 발행할 수 있는 법인은 상장회사로 발행이율, 이자지급조건, 상환기한 및 전환기간 등은 자율화돼 있다. 교환가격은 교환대상 주식 기준 주가의 90% 이상이며 교환비율은 100% 이내로 제한된다. 교환대상 상장주식을 신탁회사 등에 예탁한 후 교환사채를 발행해야 한다.

보충
- 전환사채(convertible bond): 주식으로 전환할 수 있는 권리가 붙은 사채를 말한다. 전환청구기간 내에 전환권을 행사함으로써 미리 정해진 가격으로 신주를 인수할 수 있다. 전환청구기간은 사채를 발행한 날로부터 상당한 거치기간을 두는 것이 통례다. 발행 후 즉시 전환권을 행사할 경우 주가가 급락해 일반 주주에게 피해가 가기 때문이다.
- 신주인수권부사채(bond with subscription warrant): 미리 정해진 가격으로 일정액의 신주를 인수할 수 있는 권리(warrant)가 붙은 채권이다. 전환사채(CB)와 다른 점은 전환사채가 전환에 의해 그 사채가 소멸되는 데 비해 신주인수권부사채는 인수권의 행사에 의해 인수권 부분만 소멸될 뿐 사채부분은 계속 효력을 갖는다는 점이다. 따라서 인수 권리를 행사할 때에는 신주의 대금은 따로 지불해야 한다.

② 선물(futures) 거래 : 특정 상품 또는 증권을 특정 시점에 특정 가격으로 거래할 것을 현시점에 약정하는 계약, 즉 계약이 먼저 체결된 이후 계약 이행이 나중에 발생
③ 스왑(swap) 거래: 두 거래당사자가 미리 약정한 방식에 따라 미래 일정 시점에 현금흐름을 교환하기로 하는 계약선물이나 옵션에 비해 계약이 자유롭고 유연성 높음
④ 워런트(warrant) 거래: 일정 수의 보통주를 일정가격에 살 수 있는 권한, 또는 같거나 비슷한 쿠폰금리의 고정금리채권을 살 수 있는 권한을 증권소유자에게 부여하는 증서를 말한다. 워런트는 급속히 성장하는 회사가 사채나 우선주 등을 발행, 장기자본을 조달할 때 이를 용이하게 하기 위하여 투자자에게 일종의 인센티브를 부여할 목적으로 발행되기 시작하였으며, 대기업들도 워런트채를 발행하여 대규모의 장기자금을 조달하는 예가 많다.

3 ④

해설
$$S + P - C = \frac{X}{1+r_T}$$

주) S: 주식의 현재가치, P: 풋옵션의 현재가치, C: 콜옵션의 현재가치
r_T : 현재부터 만기일인 T시점까지 기간의 무위험이자율
X: 행사가격

위의 풋−콜 패리티 기본공식을 응용하면

$$P = C - S + \frac{X}{1+r_T} = 4000 - 16000 + \frac{22000}{(1+0.1)} = 8000$$

4 ③

해설   옵션은 기초자산의 가격에 따라 그 가치가 달라지는 조건부 청구권으로 만기일에서의 주식옵션의 가치는 기초자산인 주식의 만기일 가치에 의해 결정된다.

Call옵션이란 정해진 가격으로 기초자산을 살 수 있는 권리를 말하며, 콜옵션은 기초자산인 주식을 행사가격으로 살 수 있는 권리로서 만기일의 주가가 행사가격보다 높을 경우 가치를 가진다.

또한 유럽형 옵션이란 만기일에만 행사 가능한 옵션을 의미한다.

행사가격 10,000원을 만기 행사시 현재 주가가 12,000원이 되었으므로 그 가치는 현재주가에서 행사가격을 뺀 2000원이 된다.

참고로 풋옵션은 기초자산인 주식을 행사가격으로 팔 수 있는 권리로서 만기일의 주가가 행사가격보다 낮아야 그 가치를 가진다.

5 ①

해설   한 국가의 물가상승률이 높을수록 그 국가의 환율은 장기적으로 평가절하된다.

6 ④

해설   크로스 레이트(cross rate)가 American Terms으로 표기 된 경우는 곱하여 주면 된다.
1150 · 1.6 = 1,840

PART 8 : 경영정보

CHAPTER 1 : 정보기술의 발전과 정보

개념정리문제

1 ④

해설 지식경영(knowledge management)이란 조직구성원 개개인의 지식이나 정보, 노하우를 체계적으로 발굴하여 조직 내 보편적인 지식으로 공유함으로써, 조직 전체의 문제해결 능력을 비약적으로 향상시키고 조직의 가치를 증대 내지는 창출시키고자 하는 경영방식이다. 즉 지식경영은 조직 내 지식의 활발한 창출과 공유를 제도화시키는 것을 목표로 하는 경영방식.

2 ④

해설 지식경영은 기업의 내부·외부로부터의 지식을 체계적으로 축적하고 활용하는 경영기법을 말한다.

3 ④

해설 SECI 모델은 암묵지와 형식지라는 두 종류의 지식이 공동화, 표출화, 연결화, 내면화라는 네 가지 변환과정을 거쳐 지식이 창출된다는 이론이다.

보충 SECI Model(Socialization, Externalization, Combination, Internalization)
Nonaka(1998)의 지식 변환 프로세스 모형을 의미하며 이는 우측 그림과 같이 설명할 수 있다. 개인의 암묵지(Tacit)를 경험을 통해 다른 사람의 암묵지로 전환되는 과정인 사회화(Socialization) 과정, 암묵지를 언어 또는 문자로 표출시켜 형식지(Explicit)로 바꾸는 과정인 외부화(Externalization)과정, 형식지를 다른 형식지로 이전 종합하는 종합화(Combination)의 과정 그리고 종합화된 형식지를 통해 개인의 암묵지로 전환하는 과정인 내면화(Internalization)의 과정을 지속적으로 조직 내에서 개인에서 집단으로 조직 전체로의 확산을 통해 지식의 공유를 통한 확산과 이를 통한 지식조직화를 행해가는 과정을 설명하고 있는 모형임.

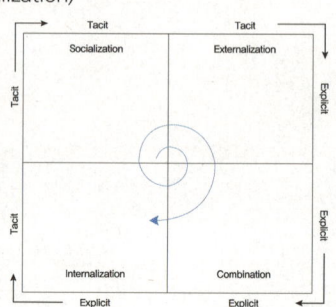

4 ①

해설 놀란의 단계모형은 성장단계와 경영시스템의 여러 가지 특징을 대응시키는 모형으로 정보시스템 계획을 위한 상황이론이다. 이 모형의 기본적 논지는 조직은 한 단계에서 다음 단계로 넘어가기 전에 성장의 각 단계를 반드시 통과해야 한다는 것이다. 따라서 만일 조직의 현재 단계가 진단될 수 있다면, 이 모형은 계획 수립에 있어 좌표를 제공할 수 있다. 놀란(Nolan)은 1970년대 중반 여러 논문에서 기본적인 단계모형에 관하여 설명하였는바 특히 1947년 HBR(Harvard Business Review)에서 가장 포괄적으로 다루고 있다. 놀란은 정보시스템 성장을 다음과 같이 4단계로 설명하고 있다.

성장단계	특징
착수	조직의 기본적인 필요를 위해 소수 사용자에 의한 초기의 컴퓨터 사용. 분산된 통제와 최소한의 계획.
전파	다수의 사용자에 의한 컴퓨터의 시험 및 사용. 응용 확대, 비용의 급격한 증대로 인한 위기.
통제	컴퓨터 사용의 증가를 제지하기 위한 조직 통제의 확립과 비용-효과 기준의 적용. 중앙집중적 통제는 흔히 잠재력 이익이 달성을 방해한다.
통합	응용의 통합. 통제의 조정. 계정의 확립. 조직과 정보시스템의 합치.

놀란모형의 성장곡선을 일반적인 조직 성장 주기로 사용되는 S자 모양의 곡선이다. 놀란은 1979년 이 모형을 6단계로 확장하였다.

단계		통제 및 여유의 수준
1	착수	낮은 통제. 약간의 여유. 정보시스템 계획이 미비하거나 없음.
2	전파	컴퓨터 사용을 보급하기 위한 보다 큰 여유. 계획이 결여. 비용증가와 통합의 결여에 의한 비용이 두드러지게 나타남.
3	통제	높은 수준의 통제. 정보시스템 계획이 강조됨.
4	통합	통합의 강조. 정보시스템 비용에 대한 사용자통제의 강조. DB사용.
5	데이터관리	데이터관리에 초점을 둠. 조직의 전략적 우위에 공헌하는 시스템 개발을 촉진하기 위한 어느 정도의 여유.
6	성숙	응용 포트폴리오가 완성되고 조직 목적에 부응함.

5 ②

해설 착수 → 전파 → 통제 → 통합 → 데이터관리 → 성숙

6 ④

해설 착수 → 전파 → 통제 → 통합 → 데이터관리 → 성숙

7 ⑤

해설 정보는 정확성과 증거성 및 검증가능성을 가져야 하며, 정보의 가치적 측면이 생산비용보다 커야 하므로 경제성이 있어야 한다. 관련성 및 적합성 측면에서 정보가 필요한 목적에 맞게 사용될 수 있어야 한다. 또한 적시성, 형태성(완전성), 간편성이 있어야 한다.

8 ⑤

해설 복잡성은 상관없는 것으로 간편성이 있어야 함.

9 ③

해설 무어의 법칙에 대한 설명임. 무어의 법칙(moore's Law)은 고밀도 IC칩의 용량이 2년마다 2배의 추세로 증가한다는 관측 결과를 바탕으로 한 경험칙이다. 물리학적 법칙이 아니고 과거의 경험에 비춰볼 때 비슷하게 맞을 것이란 기대치에 대한 정의라고 할 수 있다. 이는 1965년 인텔 설립자 중 한 사람인 고든 무어(Gordon Moore)가 반도체 칩의 용량이 매년 2배가 될 것으로 예측하며 만든 법칙으로서, 무어의 법칙은 IT 전문 잡지인 〈일렉트로닉스〉에 처음 소개됐으며 지금도 CPU 업계의 기술 혁신을 평가하는 지표로 사용되고 있다. 1975년 24개월로 수정되었고 그 이후 18개월로 다시 정의됐다.

10 ①

해설 메칼프의 법칙(Metcalfe's law)은 통신망 사용자에 대한 효용성을 나타내는 망의 가치는 대체로 사용자

수의 제곱에 비례한다는 법칙으로서 사용자 환경이 PC 중심에서 인터넷 사용 급증으로 네트워크 중심으로의 이동을 설명하는 법칙으로 네트워크의 성장속도 및 인터넷의 중요성을 잘 설명하고 있는 법칙이다. 이는 3com사의 설립자이자 Ethernet의 창시자 중 한명인 밥 멧칼프(Bob Metcalfe)dp 의해 제기된 법칙으로, 추후 멧칼프의 이더넷(Ethernet)대한 공로로 인해 멧칼프의 법칙이 제안되었으며 이는 사용자 측면이 아닌 호환 가능한 통신 장치(예: 팩스머신, 전화 등)의 측면이 강조되며, 네트워크의 가치는 기하급수적으로 증가한다고 보는 법칙이다. 이는 나아가 네트워크마케팅 비즈니스에 응용 적용되어 활용되고 있다.

11 ①

해설   의사결정지원시스템은 최고 경영자의 의사결정과 관련하여 일상적이며 구조적인 의사결정 문제 보다는 반구조적 및 비구조적인 의사결정 문제에 대한 보다 높은 수준의 정보를 지원한다.

심화문제

1 ③

해설
① 중간관리자의 역할이 늘어난다. → 관리 업무의 축소로 중간관리자의 역할은 감소한다.
② 권위적인 리더십이 필요해진다. → 다양한 의견 및 정보 공유로 민주적 리더십이 필요함.
④ 조직계층의 수가 늘어난다. → 정보의 공유로 인해 계층은 감소한다.
⑤ 조직 내의 의사결정 권한이 상위계층에 집중된다. → 현장 중심으로 권한 분산됨.

2 ②

해설
① 델파이법: 전문가 서면 의견조사
② 데이터마이닝: 누적된 고객정보를 바탕으로 고객의 구매패턴을 분석하여 마케팅전략을 도출하는 기법으로, 마케팅전략을 이끌어 내는 기법의 하나로, 누적된 고객과 관련된 정보를 기초로 하여 고객의 미래 구매행동의 양상을 예측하고 변수 사이의 인과관계를 분석한다.
이 기법을 이용하면 반복적으로 구매하는 고객이나 연결구매성이 높은 고객을 찾을 수 있다. 기업은 이렇게 발견한 고객 층을 대상으로 구매를 권유하며 구매 정도에 따라 차별적인 인센티브를 제공함으로써 판매를 극대화할 수 있어 선진국의 금융기관·유통업·도소매업 등에서 이 기법을 활용하고 있다.
③ 명목집단법: 무기명 서면 의견제출과 이에 따른 투표를 통한 의견조사
④ 데이터베이스: 상호 관련되어 있는 데이터를 정리·통합하여 컴퓨터 처리가 가능한 형태로 만든 파일 또는 그 집합체
⑤ 신디케이트 조사: 시장조사 전문 기관이나 전문회사에서 다양한 제품에 대한 동향, 고객반응, 경쟁사 정보, 온라인 설문조사 등 마케팅 의사결정에 필요한 자료를 수집, 정리, 분석하여 필요한 기업에 판매하기 위한 조사

3 ③

해설
관계형 데이터베이스는 일련의 정형화된 테이블로 구성된 데이터 항목들의 집합체로서, 그 데이터들은 데이터베이스 테이블을 재구성하지 않더라도 다양한 방법으로 접근하거나 조합될 수 있다. 특히, 이러한 관계형 DB를 효율화하는 과정으로 정규화(Normalization)과정을 거치는데 정규화(Normalization)란 한 테이블에서 불필요하게 중복되는 데이터를 분리하여 새로운 단순한 형태를 가지는 여러 개의 테이블로 나누는 것으로서 정규화를 통해 분리된 테이블은 조인(Join) 연산을 통해 손실없이 모든 데이터를 표현할 수 있어야 한다. 관계형 데이터베이스는 1970년에 IBM에 의해 제안되었다. 사용자와 관계형 데이터베이스를 연결시켜 주는 표준검색언어를 SQL이라고 하는데, SQL 문장은 관계형 데이터베이스에 있는 데이터를 직접 조회하거나 또는 보고서를 추출하는 데 사용된다. 관계형 데이터베이스는 만들거나 이용하기가 비교적 쉽지만, 무엇보다도 확장이 용이하다는 장점을 가지고 있다. 처음 데이터베이스를 만든 후 관련되는 응용 프로그램들을 변경하지 않고도, 새로운 데이터 항목을 데이터베이스에 추가할 수 있다.

4 ⑤

해설
• 애자일 개발: 소프트웨어 개발 방법의 하나로, 개발 대상을 다수의 작은 기능으로 분할하여 하나의 기능을 하나의 반복 주기 내에 개발하는 개발 방법을 말한다.
• 최종 사용자 개발(end-user development, EUD)은 최종 사용자가 기술전문가의 도움 없이 정보시스템을 직접 개발하는 것을 말한다. 이는 최종 사용자가 보고서를 생성하거나 응용 소프트웨어를 개발할

수 있도록 도와주는 소프트웨어 도구인 4세대 언어가 최종 사용자 개발을 가능하게 돕는다.
- 컴포넌트 기반 개발(component based development : CBD): 소프트웨어 개발 방법론의 일종으로 프로그램의 로직을 각각의 독립적인 컴포넌트로 구성하고 이를 짜 맞춰 전체 프로그램을 구성하는 것. CBD를 이용하여 구현한 프로그램의 장점은 소프트웨어 재사용이 가능하고, 다른 프로그램과의 호환성 및 이식성이 우수하여 소프트웨어 개발 생산성이 높다는 것이다.
- 폭포수 모델 개발: 소프트웨어 개발생명주기(SDLC; Software Development Life Cycle)에 기반하고 있는 소프트웨어 개발 기법.
- 웹 마이닝: 인터넷상에서 수집된 정보를 기존의 데이터 마이닝 방법으로 분석 통합하는 것. 고객의 취향을 이해하고 특정 웹 사이트의 효능을 평가하여 마케팅의 질적 향상을 도모하기 위해 사용

5 ③

[해설]
애자일(agile) 방법이란 작업 계획을 짧은 단위로 세우고 시제품을 만들어 나가는 사이클을 반복함으로써 고객의 요구 변화에 유연하고도 신속하게 대응하는 개발 방법인 반면 이와 반대되는 개념이 전통적 개발 방법론인 폭포수이론이다. 이는 순차적 개발과정을 필연적으로 수행하여야 함으로서 개발과정의 유연성이 매우 떨어지고 비용도 많이 소요되는 방법이다.
- 폭포수이론: 워터폴(Waterfall) 방식으로도 불리우며 '요구사항수집 → 분석 → 디자인(설계) → 구현 → 테스트 → 배포'의 과정을 거치는 개발 라이프 사이클로서 앞 단계의 작업이 종료되어야 다음 단계로 진행되는 선형 순차 모형으로서 각 단계는 이전 단계로 갈 수 없기 때문에 통상 개발에 들어가면 수정하기가 어려우며 이로 인해 유연성이 매우 떨어지는 소프트웨어 개발기법이다.
- 애자일 방법: 작업 계획을 짧은 단위로 세우고 시제품을 만들어 나가는 사이클을 반복함으로써 고객의 요구 변화에 유연하고도 신속하게 대응하는 개발 방법론이다. 이와 반대되는 개념이 전통적 개발 방법론이라 할 '워터폴(Waterfall) 방식'이다. 우리 기업에 익숙한 이 방식은 장기적 관점에서 계획을 정교하게 세우고 사전에 단계별로 정해놓은 기준을 충족하지 않으면 다음으로 넘어가지 않는 특징이 있다. 최근 애자일이란 용어는 소프트웨어 개발에 국한되지 않고 조직과 사업 등 기업경영 전반으로 사용 범위가 확산되고 있다. 많은 기업이 조직 운영과 사업 방식에서 전통적인 워터폴 방식에서 벗어나 애자일 방식으로 변화를 추구하는 분위기다.

[보충]
애자일(agile) 조직
- 개념: 과거의 기능 중심 혹은 워터폴(waterfall : 사전에 결정된 개발 과정에 따라 순차적으로 업무를 진행하는 방식)방식에서 고객 중심의 조직으로 전환한 것으로, 주로 신제품 개발을 빠른 시간에 수행하고자 할 때 많이 활용하는 조직

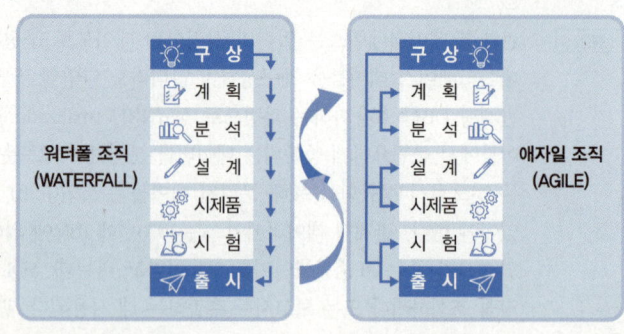

- 애자일 조직의 특징
  - 기존조직:§과거의 전통적인 조직에서는 리더가 전략을 수립하면, 조직원들은 리더의 결정된 사항에 따라 업무를 순차적으로 수행하기 때문에 실행 속도가 느리며, 한번 결정된 계획은 수정하기 어려워 시시각각 바뀌는 소비자의 요구를 충족시키는데 한계
  - 애자일 조직: 애자일 조직은 스쿼드(squad)라는 하나의 팀에 개발자, 기획자, 테스트 담당자, 유통, 생산 담당자 모두를 포함시켜 스타트업처럼 팀을 운영하는 방식으로, 빠른 시제품 출시는 물론 고객과 시장의 변화를 신속하게 수정보완이 가능

CHAPTER 2 : 경영정보시스템

개념정리문제

1 ③

해설   모바일 비즈니스란 휴대폰, PDA, 스마트폰 등 각종 모바일 기기를 이용한 비즈니스를 의미하며 이는 모바일의 특성인 이동성을 전제로 함으로 고정성은 옳지 않은 내용임.
현재 금융, 전자상거래, 방송, 엔터테인먼트 등 다양한 분야에서 모바일 서비스가 활발히 이루어지고 있다. 또 모바일 기기 하드웨어 사업, 모바일 SI, 모바일 컨텐츠, 모바일 이코노미 등 다양한 사업 모델이 등장하고 있다.

2 ④

해설   MIS(Management Information System): 경영정보시스템을 의미하며, 기업경영의 의사결정에 사용할 수 있도록 기업 내외의 정보를 전자계산기로 처리하고 필요에 따라 이용할 수 있도록 인간과 전자계산기를 연결시킨 경영방식. 경영 각 부문의 정보가 따로 처리돼 있으면 경영 전체의 정보를 정확하게 파악할 수 없기 때문에 일상적인 데이터 처리를 경영의 토털 시스템으로 통합한 것이 MIS다.

3 ⑤

해설
① 비즈니스 수행에 필요한 일상적인 거래를 처리하는 정보시스템은 거래처리시스템(TPS, Transaction Processing Systems)임.
② 일반적인 업무를 지원하는 정보시스템은 거래처리시스템(TPS, Transaction Processing Systems)임.
③ 전사적자원관리시스템 즉, ERP(Enterprise Resource Planning, 전사적 자원관리)란 공급자와 공급기업을 연계하여 활용하는 정보시스템이라기보다는 기업 전체 경영자원의 효과적 이용이라는 관점에서 통합적으로 관리하고 경영의 효율화를 기하기 위한 수단이다.
④ 데이터를 저장하고 관리하는 정보시스템은 데이터 웨어하우스임.

4 ⑤

해설   정보시스템의 개발
① 시스템개발수명주기(SDLC) 방법: 업무 프로세스의 개발방법론, 비교적 정형화된 업무를 위해 정보시스템을 개발하는 경우 가장 많이 이용되는 방법, 문제점으로는 대상 업무의 한계(∵정형화된 업무를 대상), 개발과정의 연속, 장시간의 개발기간, 과다한 비용, 많은 인력 소요
   - 과정: 시스템 분석→시스템 설계→시스템 구현→시스템 지원
② 정보공학(IE): 업무 프로세스보다는 정보를 중심으로 하는 시스템 개발기법, 전략과의 연계, 정보중심, 자동화 도구의 지원, 기업전략을 기반으로 하는 통합적 개발방법론
③ 프로토타이핑 방식: 사용자의 기본적 요구만을 반영하여 최단시간 내에 소규모의 모형시스템을 개발한 후 계속적인 수정요구사항을 반영하면서 시스템을 개선하는 방법으로 복잡하거나 계속적으로 변화하는 업무에 적합, 조직의 기간시스템으로는 부적합
④ 최종사용자 컴퓨팅(EUC): 시스템 개발요구의 적체 현상, 정보기술에 대한 사용자의 수준 향상을 위해 개발된 방식, 최종사용자가 직접 필요한 응용시스템을 개발하여 사용하고 계속적으로 개선해 나가는 시스템 개발방식, 일반적으로 개인이나 작은 규모의 집단을 대상으로 함. 단점으로는 사용자의

변경에 따라 시스템이 불안정할 수 있음

5 ①

해설

시스템개발수명주기(SDLC) 방법 : 업무 프로세스의 개발방법론, 비교적 정형화된 업무를 위해 정보시스템을 개발하는 경우 가장 많이 이용되는 방법, 문제점으로는 대상 업무의 한계(∵ 정형화된 업무를 대상), 개발과정의 연속, 장시간의 개발기간, 과다한 비용, 많은 인력 소요

- 과정: 시스템 분석 → 시스템 설계 → 시스템 구현 → 시스템 지원
- SDLC 단계: 조사 → 분석 → 설계 → 구현 → 유지보수
- 일반적 정보시스템 개발절차: 분석 → 설계 → 구축 → 구현
- 놀란의 정보시스템 성장단계 모형(IS 성장 6단계 모형): 착수(시도) → 전파(확장) → 통제 → 통합 → 데이터관리 → 성숙

6 ①

해설

ISP(information strategy planning)는 정보시스템의 구조 및 내용과 그 개발 방법을 결정하는 일련의 활동을 의미함. 많은 정보 시스템 개발 프로젝트에 우선순위를 부여하고, 환경 및 조직 변화에 대응하여 정보시스템의 계획을 수정하는 노력 등도 포함됨.

- ISP(information strategy planning, 정보 전략 계획)의 개요
  가. ISP의 정의

  기업의 경영목표 달성에 필요한 전략적 주요정보를 포착하고, 주요정보를 지원하기 위한 전사적 관점의 정보구조를 도출하며, 이를 수행하기 위한 전략 및 실행계획을 수립하는 전사적인 종합정보 추진계획

- ISP 추진단계

Initiation	- 조직 비전, 대상 업무 선정 - 대상 정보시스템 비전 수립
AS-IS 분석	- 현행 업무 프로세스, 현행 정보시스템 분석
TO-BE 설계	- 개선된 업무 프로세스 설계 - 향후 정보 아키텍처, 시스템 아키텍처 설계
GAP 분석	- 현행 업무 절차 및 시스템과 목표 시스템 간의 차이분석 - 주요 우선 추진순위 결정
이행계획	- 과제 우선순위별 실행계획 수립 - 투자/기술계획, 변화관리 계획, 일정계획 수립

- 수행절차 6단계

먼저 환경분석을 통해 조직의 장래성, 경영전략, 핵심성공요소, 정보화 전략등을 파악한다. 환경분석을 통해 확인된 사업방향은 업무 및 정보시스템 분석의 기준이 되며 개선모델의 방향성을 제시하는 가이드라인의 역할을 한다. 업무현황에 대한 분석을 통하여 주요 현안 및 개선기회를 파악하여 현안을 해결하고 경영목표를 달성할 수 있도록 도출된 과제별로 개선모델을 수립한다.

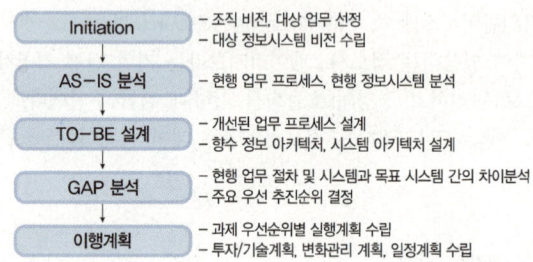

한편, 현재 개발하여 운영 중인 시스템의 기능적, 기술적 품질을 진단하여 개선과제를 파악하고 정보 아키텍처 개선모델을 수립한다.

최종적으로 개선모델을 실제로 구현하기 위한 이행과제들을 정의하고, 이행과제별 위험요소, 투자대비 효과 등을 파악하여 우선순위를 설정한 다음 성공적인 이행을 위한 이행조직 구성, 변화관리 방안 등을 수립하여 종합적인 이행계획을 완성한다.

출처: 정보화추진위원회(http://www.ipc.go.kr)

7 ①

해설 ISP의 목적
- 기업의 사업Vision을 지원하는 경영전략에 부합되도록 정보전략의 기획, 계획 수립
- 사업목표에 일치하는 프로젝트를 식별하고 투자순위를 결정할 수 있는 Point 제공
- 현행시스템의 분석과 차기 발전적인 시스템의 분석을 가능하게 함
- 궁극적으로는 정보시스템의 저비용 투자 고효율 성과를 지향

8 ⑤

해설 ERP(Enterprise Resource Planning, 전사적 자원관리)란 기업 전체를 경영자원의 효과적 이용이라는 관점에서 통합적으로 관리하고 경영의 효율화를 기하기 위한 수단이다. 쉽게 말해 정보의 통합을 위해 기업의 모든 자원을 최적으로 관리하자는 개념으로 기업자원관리 혹은 업무 통합관리라고 볼 수 있다. 좁은 의미에서는 통합적인 컴퓨터 데이터베이스를 구축해 회사의 자금, 회계, 구매, 생산, 판매 등 모든 업무의 흐름을 효율적으로 자동 조절해주는 전산 시스템을 뜻하기도 한다.

9 ①

해설
- 거래처리시스템(TPS, Transaction Processing Systems): 반복적이고 일상적인 거래를 처리하고 그 거래로 발생하는 여러 가지 데이터를 저장하고 관리하는 정보시스템이다. TPS는 경영 활동의 처리 속도를 빠르게 하고 사무 노동비용을 크게 절감할 수 있게 한다. 따라서 TPS는 가장 기본적인 정보시스템인 동시에 현대의 기업 조직에 없어서는 안 될 정보시스템이라 할 수 있다. 오늘날의 기업들이 처리하는 거래들은 정보시스템의 도움 없이는 거래의 기록과 데이터의 처리가 불가능하기 때문이다. 이와 같이 TPS는 조직의 데이터 대부분을 축적하고 있기 때문에 조직 내 여러 정보시스템의 기본이라 할 수 있다.
- OLAP(online analytical processing): 사용자가 다양한 각도에서 직접 대화식으로 정보를 분석하는 과정을 말한다. OLAP 시스템은 단독으로 존재하는 정보 시스템이 아니며, 데이터 웨어하우스나 데이터 마트와 같은 시스템과 상호 연관된다. 데이터 웨어하우스가 데이터를 저장하고 관리한다면, OLAP은 데이터 웨어하우스의 데이터를 전략적인 정보로 변환시키는 역할을 한다. OLAP은 기본적인 접근과 조회·계산·시계열·복잡한 모델링까지도 가능하다. OLAP은 최근의 정보 시스템과 같이 중간매개체 없이 이용자들이 직접 컴퓨터를 이용하여 데이터에 접근하는 데 있어 필수적인 시스템이라 할 수 있다.
- 데이터 마이닝(data mining): 데이터베이스 내에서 어떠한 방법(순차 패턴, 유사성 등)에 의해 관심 있는 지식을 찾아내는 과정. 데이터 마이닝은 대용량의 데이터 속에서 유용한 정보를 발견하는 과정이며, 기대했던 정보뿐만 아니라 기대하지 못했던 정보를 찾을 수 있는 기술을 의미한다. 데이터 마이닝을 통해 정보의 연관성을 파악함으로써 가치있는 정보를 만들어 의사 결정에 적용함으로써 이익을 극대화할 수 있다. 기업이 보유하고 있는 일일 거래 데이터, 고객 데이터, 상품 데이터 혹은 각종 마케팅 활동의 고객 반응 데이터 등과 이외의 기타 외부 데이터를 포함하는 모든 사용 가능한 근원 데이터를 기반으로 감춰진 지식, 기대하지 못했던 경향 또는 새로운 규칙 등을 발견하고, 이를 실제 비즈니스 의사 결정 등을 위한 정보로 활용하고자 하는 것. 데이터 마이닝의 적용 분야로 가장 대표적인 것은 데이터베이스 마케팅이다.

10 ④

해설 EIS는 경영자정보시스템, 관리자정보시스템, 임원정보시스템 등으로 불리는 것으로, 최고경영자나 임원 혹은 관리자가 전략적 경쟁적 의사결정을 내리는 데 도움이 되고 전체 사업과 그 기능부서의 활동을 감독하는 데 필요한 정보를 모두 다루는 시스템이다. 즉 기업 내·외부의 정보를 통합 분석해 경영진에게 적시에 제공함으로써 경영 전반의 의사결정 속도와 정확성을 높이고 상하 조직원 간의 정보전달을 용이하게 해 위기 대응능력을 향상시키기 위한 것이다.

상급 경영 관리직에 있는 사람들의 정보욕구를 충족시켜 주기 위한 컴퓨터 기반의 정보시스템으로, 적절한 정보에 신속한 접근과 경영보고에 직접 접근하게 해주며, 그래픽 지원과 예외 사항보고 및 전체 현황에서 필요시 상세정보를 파악할 수 있게 하는 기능을 갖추고 있다.

11 ⑤

해설 중간관리자들의 의사결정을 지원하는 경영지원시스템(MSS, Management Support System)과 최고경영층의 전략적 경영 활동을 지원하는 중역정보시스템(EIS, Executive Information System)의 기반을 형성하고 있는 것이다.

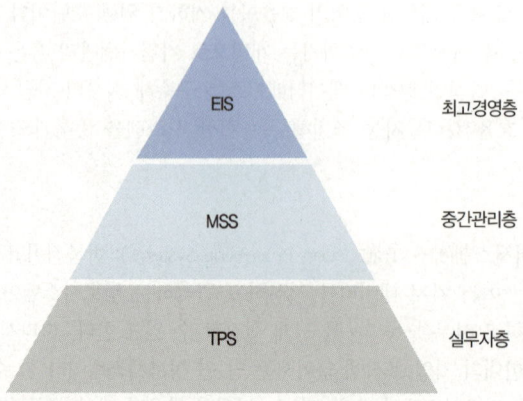

12 ①

해설 거래처리시스템(TPS, Transaction Processing Systems)이란 반복적이고 일상적인 거래를 처리하고 그 거래로 발생하는 여러 가지 데이터를 저장하고 관리하는 정보시스템이다. TPS는 경영 활동의 처리 속도를 빠르게 하고 사무 노동비용을 크게 절감할 수 있게 한다. 흔히 사용되는 TPS 유형으로는 주문처리시스템, 구매시스템, 회계시스템, 재고관리시스템 등이 있다.

13 ⑤

해설 거래처리시스템(TPS, Transaction Processing Systems)에 대한 설명으로 이는 반복적이고 일상적인 거래를 처리하고 그 거래로 발생하는 여러 가지 데이터를 저장하고 관리하는 정보시스템을 의미한다.
① EIS(중역정보시스템): 최고경영자가 원하는 시점에 원하는 정보를 획득할 수 있는 능동적 시스템이다. EIS는 경영자정보시스템, 관리자정보시스템, 임원정보시스템 등으로 불리는 것으로, 최고경영자나 임원 혹은 관리자가 전략적 경쟁적 의사결정을 내리는 데 도움이 되고 전체 사업과 그 기능부서의 활동을 감독하는 데 필요한 정보를 모두 다루는 시스템 등으로 구분된다.
② DSS(의사결정지원시스템): 규모가 큰 프로젝트의 개시시에 이용되는 경우가 많으며, 많은 변동 요소가 복잡하게 관계되는 경영이나 정책 등의 분야에서 변동 요소의 데이터를 컴퓨터를 이용하여 분석

하거나 모델을 사용한 모의 실험(simulation)을 행하여 영향을 판정하는 시스템.
③ ES(전문가시스템) : 특정 전문분야에서 전문가의 축적된 경험과 전문지식을 시스템화하여 의사결정을 지원하거나 자동화하는 정보시스템
④ SIS(전략정보시스템): 라이벌 기업에 경쟁적 우위를 가지기 위해 전략적으로 구축하는 정보시스템을 말한다. 판매, 물류, 생산관리 등의 개별시스템에서 전사적인 토털시스템까지 기업에 따라 규모가 다르다. 전략적 정보시스템의 구축으로 시장점유율 변동이 생기기 때문에 라이벌 기업도 이를 구축, 경쟁이 심화되는 사례도 있다.

14 ②

해설

거래처리시스템(TPS, Transaction Processing Systems)이란 반복적이고 일상적인 거래를 처리하고 그 거래로 발생하는 여러 가지 데이터를 저장하고 관리하는 정보시스템이다. TPS는 경영 활동의 처리 속도를 빠르게 하고 사무 노동비용을 크게 절감할 수 있게 한다. 흔히 사용되는 TPS 유형으로는 주문처리시스템, 구매시스템, 회계시스템, 재고관리시스템 등이 있다.

15 ③

해설

조직의 말단부에서 이루어지는 일상적인 업무 처리를 자동화하여 처리해주는 시스템은 거래처리시스템(TPS, Transaction Processing Systems)으로 반복적이고 일상적인 거래를 처리하고 그 거래로 발생하는 여러 가지 데이터를 저장하고 관리하는 정보시스템이다.

16 ⑤

해설

전사적 자원관리로서 기업의 모든 자원을 계획하고 관리하는 정보시스템

17 ③

해설

DBMS는 데이터베이스를 관리하기 위해 필요한 수행과정인 데이터의 추가, 변경, 삭제, 검색 등의 기능을 집대성한 소프트웨어 패키지로서 기존 프로그램과 데이터 간에 존재하는 의존성 문제인 전통적 파일 관리 문제점 극복에 도움을 주고 있다.

18 ⑤

해설

데이터베이스에 저장되어 있는 자료를 정확하고 통합성 있게 일괄적으로 관리하는 사람 또는 관리하는 일.
- DBA의 데이터 관리 임무: 데이터베이스 표준화, 데이터의 소유, 검색 및 수정에 관한 권리 설정, 붕괴에 대한 회복책 수립, 교육, 데이터 처리 정책의 강화, 문서화

19 ④

해설

비휘발성이란 데이터 웨어하우스에 일단 적재된 데이터는 가동 및 변경될 수 없다는 것을 의미한다.

20 ①

해설

운영상 기본적으로 발생하는 자료를 신속하고 정확하게 처리하는 데에 초점을 두고 있는 것은 거래처리시스템(TPS : Transaction Processing System)이다.

21 ②

해설

대량의 구조화된 데이터집합으로부터 핵심요약을 추출한고 패턴을 발견하도록 해주는 기법은 데이터 마이닝 기법이다. 반면에 텍스트 마이닝은 비구조화된 즉, 비정형 데이터에 대한 마이닝 과정이다. 마이닝이란 데이터로부터 통계적인 의미가 있는 개념이나 특성을 추출하고 이것들 간의 패턴이나 추세 등의 고품질의 정보를 끌어내는 과정이다. 데이터는 형태에 따라 고정된 구조 형태로 구성된 데이터를 정형데이터(structured data)로, 정해진 구조가 없을 때는 비정형 데이터(unstructured data)로 구분한다.

① 온라인 분석처리는 다차원 데이터분석을 가능하도록 해준다.
→ 부연설명: 온라인 분석 처리(Online Analytical Processing, OLAP)는 의사결정 지원 시스템 가운데 대표적인 예로, 사용자가 동일한 데이터를 여러 기준을 이용하는 다양한 방식으로 바라보면서 다차원 데이터 분석을 할 수 있도록 도와준다. 1993년 에드거 F. 커드에 의해 처음 제안된 것으로, 그는 OLAP을 사용자가 다차원 정보에 직접 접근하여 대화 형태로 정보를 분석하고 의사결정에 활용하는 과정이라고 정의. 이 기술은 기업들에게 단순한 거래처리를 넘어선 정보의 활용 가능성을 보여주었고, 이를 계기로 적극적인 데이터의 활용을 통한 의사결정의 중요성이 강조되었다.

③ 웹마이닝은 웹 컨텐트 마이닝, 웹 구조 마이닝, 웹 사용 마이닝으로 분류된다.
→ 부연설명: 웹 마이닝(web mining)은 웹자원으로부터 의미있는 패턴, 프로파일, 추세 등을 발견하기 위하여 데이터마이닝 기술(많은 데이터 가운데 숨겨져 있는 유용한 상관관계를 발견하여 미래에 실행 가능한 정보를 추출해 내고 의사결정에 이용하는 과정)을 응용한 것이다. 그 활용분야에는 정보필터링, 경쟁자와 특허 그리고 기술개발 등의 감시, 이용도 분석을 위한 웹 엑세스 로그의 마이닝, 브라우징(고객의 웹에서의 이동경로 탐색) 지원 등이 있다.

④ 데이터 마이닝을 통해 획득 가능한 정보의 유형은 연관성, 순차, 분류, 군집, 예보 등이다.
→ 부연설명: 데이터마이닝은 데이터 분석을 통해 아래와 같은 분야에 적용하여 결과를 도출할 수 있다.
- 분류(Classification): 일정한 집단에 대한 특정 정의를 통해 분류 및 구분을 추론. (예: 타사로 이탈한 고객)
- 군집화(Clustering): 구체적인 특성을 공유하는 군집을 찾는다. 군집화는 미리 정의된 특성에 대한 정보를 가지지 않는다는 점에서 분류와 다르다 (예: 유사 행동 집단의 구분)
- 연관성(Association): 동시 발생한 사건간의 관계를 정의. (예: 장바구니에 동시에 들어가는 상품들의 관계 규명)
- 연속성(Sequencing): 특정 기간에 걸쳐 발생하는 관계를 규명. 기간의 특성을 제외하면 연관성 분석과 유사하다 (예: 슈퍼마켓과 금융상품 사용에 대한 반복 방문)
- 예측(Forecasting): 대용량 데이터집합 내의 패턴을 기반으로 미래를 예측. (예: 수요예측)

심화문제

1 ⑤

해설 5번 지문의 내용은 그리드 컴퓨팅에 대한 설명이다. 아울러 자율컴퓨팅이란 컴퓨터 시스템들이 스스로의 상태를 인식해 인간의 관여 없이(또는 최소한의 관여로) 스스로를 복구, 재구성, 보호 및 자원 재 할당을 할 수 있다는 개념이다.

2 ③

해설 경영정보시스템의 분석 및 설계 단계시의 수행작업을 물어보는 질문으로 테스트를 위한 데이터 준비 및 시스템 수정은 분석 및 설계 등이 완료된 후의 시스템 구현과 시스템 지원에 해당하는 작업임.
정보시스템을 개발하는 과정은 정보시스템 개발주기라 부르는 다단계 과정으로 간주된다. 정보시스템 개발주기는 시스템 개발 생명주기(SDLC: Systems Development Life Cycle)라고도 한다. 일반적으로 SDLC는 다음과 같이 5단계로 구성된다. 시스템 조사(실현가능성 조사) → 시스템 분석(기능요구사항) → 시스템 설계(시스템 명세서) → 시스템 구현(작동하는 시스템) → 시스템 지원(개선된 시스템)

3 ②

해설 OSI 7계층 구조
- 응용 계층(application) – network processes to applications
- 프레젠테이션 계층(presentation): 암호화, 압축
- 세션 계층(session): 논리적 연결(동기화)
- 전송 계층(transport): 신뢰성 있는 전송 – 원거리
- 네트워크 계층(network): 흐름제어, 오류제어 → 라우팅(Routing)
- 데이터 링크 계층(data Link): 흐름제어, 오류처리, 동기화(신뢰성 있는 전송 – 근거리)
- 물리 계층(physical): 부호화, 변조(전송 신호), 복조(디지털 정보)

7	응용 계층	
6	프레젠테이션(표현) 계층	상위 레벨
5	세션 계층	
4	트랜스포트(전송) 계층	
3	네트워크(패킷) 계층	
2	데이터 링크(프레임) 계층	하위 레벨
1	물리 계층	

〈 OSI 7계층 구조 〉

- OSI 7계층 모델의 목적
  1. 시스템 상호 간을 접속하기 위해 개념을 규정
  2. OSI 규격을 개발하기 위한 범위를 정함
  3. 관련 규격이 적합성을 조정하기 위한 공통적인 기반을 제공
- OSI 7계층 모델 구조의 원칙
  1. 적절한 수의 계층을 두어 시스템의 복잡도를 최소화함.
  2. 서비스 접점의 경계를 두어 되도록 적은 상호작용이 되도록 함.
  3. 인접한 상하위 계층 간에는 인터페이스를 둠.
  4. 7개의 계층은 상호 연관성 있게 작동한다.

4 ③

해설
- ERP(Enterprise Resource Planning, 전사적 자원관리): 기업 전체를 경영자원의 효과적 이용이라는 관점에서 통합적으로 관리하고 경영의 효율화를 기하기 위한 수단이다. 쉽게 말해 정보의 통합을 위해 기업의 모든 자원을 최적으로 관리하자는 개념으로 기업자원관리 혹은 업무 통합관리라고 볼 수 있

다. 좁은 의미에서는 통합적인 컴퓨터 데이터베이스를 구축해 회사의 자금, 회계, 구매, 생산, 판매 등 모든 업무의 흐름을 효율적으로 자동 조절해주는 전산 시스템을 뜻하기도 한다.
- MRP(Material Requirement planning, 자재소요계획): 제품(특히 조립제품)을 생산함에 있어서 부품(자재)이 투입될 시점과 투입되는 양을 관리하기 위한 시스템을 말한다. 즉, 컴퓨터를 이용하여 최종제품의 생산계획에 맞추어 그에 필요한 부품이나 자재의 소요량 흐름을 종합적으로 관리하는 생산관리 시스템이다.
- KMS(지식관리 시스템, Knowledge Management System): 인적자원이 소유하고 있는 지식 자원을 축적, 활용할 수 있도록 정형, 비정형 지식을 체계적으로 통합, 관리하는 시스템.
- ASP(Application Service Provider. 응용소프트웨어 임대): 애플리케이션 서비스 제공업체. 즉 웹애플리케이션 호스팅 서비스를 하는 사업이다. 웹애플리케이션 호스팅서비스는 소프트웨어를 패키지 형태로 판매하지 않고 일정한 요금을 받고 인터넷을 통해 임대해 주는 서비스. 즉 인터넷과 같은 통신망을 통해 전사적자원관리(ERP), 제품정보관리(PDM), 그룹웨어, 전자상거래(EC), 전자문서교환(EDI) 등 하이엔드 애플리케이션은 물론 오피스 제품 등을 빌려주는 것이다.

5 ②

해설

데이터웨어하우스는 데이터와 창고의 합성어. 기업의 정보 자산을 효율적으로 활용하기 위한 하나의 패러다임.
- 데이터 웨어하우스는 방대한 조직 내에서 분산 운영되는 각각의 데이터베이스 관리시스템들을 효율적으로 통합하여 조정·관리하며, 효율적인 의사 결정 시스템을 위한 기초를 제공하는 실무적인 활용 방법론이다.
- 데이터 웨어하우스의 구성: 관리 하드웨어, 관리 소프트웨어, 추출·변환·정렬 도구, 데이터베이스 마케팅 시스템, 메타 데이터(meta data), 최종 사용자 접근 및 활용 도구 등으로 구성된다.
- 데이터 웨어하우스의 특징: 경영자의 의사 결정을 지원하는 주제 지향적(subjectoriented), 통합적(integrated), 시계열적(timevarient) 그리고 비휘발적(nonvolatile) 데이터의 집합체이다.
  - 주제 지향적에서 주제는 의사 결정 지원 시스템에서 분석하고자 하는 주제를 의미.
  - 통합적이란 데이터 웨어하우스에서 발견되는 모든 자료는 언제나 예외없이 통합되어야 한다는 것.
  - 시계열적이란 자료의 내용이 시간에 따라 변경되더라도 변경 전의 내용은 계속 관리해야 함을 의미.
  - 비휘발성이란 데이터 웨어하우스에 일단 적재된 데이터는 가동 또는 변경될 수 없다는 것을 의미.

6 ⑤

해설

정보(data)와 창고(warehouse)의 합성어. 기업의 정보 자산을 효율적으로 활용하기 위한 하나의 패러다임으로서, 기업의 전략적 관점에서 효율적인 의사 결정을 지원하기 위해 데이터의 시계열적 축적과 통합을 목표로 하는 기술의 구조적·통합적 환경. 데이터베이스가 여기저기 흩어져 있는 데이터 테이블을 연결하여 관리하는 방법론이라면, 데이터 웨어하우스는 방대한 조직 내에서 분산 운영되는 각각의 데이터베이스 관리 시스템들을 효율적으로 통합하여 조정·관리하며, 효율적인 의사 결정 시스템을 위한 기초를 제공하는 실무적인 활용 방법론이다.
- 데이터 웨어하우스의 구성은 관리 하드웨어, 관리 소프트웨어, 추출·변환·정렬 도구, 데이터베이스 마케팅 시스템, 메타 데이터(meta data), 최종 사용자 접근 및 활용 도구 등으로 구성된다.
- 데이터 웨어하우스는 경영자의 의사 결정을 지원하는 주제 지향적(subjectoriented), 통합적(integrated), 시계열적(timevarient) 그리고 비휘발적(nonvolatile) 데이터의 집합체이다. 주제 지향적에서 주제는 의사 결정 지원 시스템에서 분석하고자 하는 주제를 의미하며, 통합적이란 데이터 웨어하우스에서 발견되는 모든 자료는 언제나 예외없이 통합되어야 한다는 것이다.

- 시계열적이란 자료의 내용이 시간에 따라 변경되더라도 변경 전의 내용은 계속 관리해야 함을 의미하며, 비휘발성이란 데이터 웨어하우스에 일단 적재된 데이터는 가동 또는 변경될 수 없다는 것을 의미한다.
- 일반적인 데이터 웨어하우스 구조는 데이터의 저장고(repository)에 해당하는 부분과 데이터 웨어하우스의 데이터를 다양한 방식으로 액세스하게 되는 데이터 웨어하우스 응용으로 나눌 수 있다.
- 데이터 웨어하우스의 특징
  - 주제중심적(주제 지향성: subject-orientation): 데이터를 주제별로 구성함으로써 최종 사용자(end user)와 전산에 약한 분석자라도 이해하기 쉬운 형태로 유지한다.
  - 통합성(integration): 데이터가 데이터 웨어하우스에 들어갈 때는 일관적인 형태(데이터의 일관된 이름 짓기, 일관된 변수 측정, 일관된 코드화 구조 등)로 변환되어 데이터의 통합성이 유지된다.
  - 시간성(시계열성: time-variancy): 데이터 웨어하우스의 데이터는 일정 기간 동안 정확성을 유지한다.
  - 비휘발성(nonvolatilization): 데이터 웨어하우스에 일단 데이터가 적재되면 일괄 처리(batch) 작업에 의한 갱신 이외에는 'Insert'나 'Delete' 등의 변경이 수행되지 않는다.

참고 보충용어
  - 데이터 웨어하우징(Data Warehousing): 개방형 시스템 도입으로 흩어져 있는 각종 기업정보를 최종 사용자가 쉽게 활용, 신속한 의사결정을 유도하도록 해 기업 내 흩어져 있는 방대한 양의 데이터에 쉽게 접근하고 이를 활용할 수 있게 하는 기술을 말한다.
  - 데이터 마트(data mart): 데이터 웨어하우스와 사용자 사이의 중간층에 위치한 것으로, 하나의 주제 또는 하나의 부서 중심의 데이터 웨어하우스라고 할 수 있다. 데이터 마트 내 대부분의 데이터는 데이터 웨어하우스로부터 복제되지만, 자체적으로 수집될 수도 있으며, 관계형 데이터베이스나 다차원 데이터베이스를 이용하여 구축한다.

7 ⑤

해설 데이터 웨어하우스의 특징
  - 주제중심적(주제 지향성: subject-orientation): 데이터를 주제별로 구성함으로써 최종 사용자(end user)와 전산에 약한 분석자라도 이해하기 쉬운 형태로 유지한다.
  - 통합성(integration): 데이터가 데이터 웨어하우스에 들어갈 때는 일관적인 형태(데이터의 일관된 이름 짓기, 일관된 변수 측정, 일관된 코드화 구조 등)로 변환되어 데이터의 통합성이 유지된다.
  - 시간성(시계열성: time-variancy): 데이터 웨어하우스의 데이터는 일정 기간 동안 정확성을 유지한다.
  - 비휘발성(nonvolatilization): 데이터 웨어하우스에 일단 데이터가 적재되면 일괄 처리(batch) 작업에 의한 갱신 이외에는 'Insert'나 'Delete' 등의 변경이 수행되지 않는다.

8 ③

해설 전문가시스템(ES)은 특정 전문분야에서 전문가의 축적된 경험과 전문지식을 시스템화하여 의사결정을 지원하거나 자동화하는 정보시스템이다.
- 구성요소
  - 지식베이스(KB): 전문지식을 컴퓨터가 이해할 수 있는 형태로 표현·저장
  - 추론기관(IE): 저장된 지식에 근거하여 추론 수행
  - 설명기관(EU): 추론과정 설명
  - 인터페이스기관(UIU): 사용자와 시스템간의 인터페이스를 가능하게 하는 기관
  - 데이터베이스
- 장점: 과학적·경험적 방법으로 해결하기 어려웠던 문제 해결 가능, 의사결정의 성과 개선, 신속·논리적·일

관성, 지식의 보존 및 재생산으로 조직의 전문성 향상, 새로운 조직구성원의 훈련도구로 활용 가능

9 ②

해설 의사 결정 지원 시스템(DSS, decision support system)란 규모가 큰 프로젝트의 개시시에 이용되는 경우가 많으며, 많은 변동 요소가 복잡하게 관계되는 경영이나 정책 등의 분야에서 변동 요소의 데이터를 컴퓨터를 이용하여 분석하거나 모델을 사용한 모의 실험(simulation)을 행하여 영향을 판정하는 시스템. 문제가 정형적일 때는 즉시 해결 방안을 제시하고, 비정형적일 때는 분석을 통하여 각종 요인을 검토하고 요약 제시해주는 정보 시스템이다. 종래의 정보 시스템과는 달리 특정 문제 또는 일단의 문제 해결을 위해 구축되고 있다. 전용 데이터베이스, 모델 베이스와 대화 생성 관리 시스템으로 구성되어 있다. 1970년대 부터 급속히 진전되어 현재는 상당한 실용화가 이루어지고 있다.

10 ③

해설 데이터를 효과적으로 이용할 수 있도록 정리·보관하기 위한 기본 소프트웨어. DBMS는 데이터베이스를 관리하기 위해 필요한 수행과정인 데이터의 추가, 변경, 삭제, 검색 등의 기능을 집대성한 소프트웨어 패키지로서 기존 프로그램과 데이터간에 존재하는 의존성 문제인 전통적 파일관리 문제점 극복에 도움을 주고 있다. DBMS는 계층형과 네트워크형, 그리고 관계형으로 나눠지며 최근에는 관계형이 DBMS의 주류를 이루고 있다. 계층형에서는 이름과 같이 계층구조로 데이터를 보존·유지하게 되는데 데이터를 대분류, 중분류, 소분류 등으로 분류·정리할 수 있을 경우에 계층형 DBMS가 적용된다.
네트워크형에서는 데이터끼리의 상호관계를 네트워크로 나타내는데 대규모 데이터베이스에서 많이 사용되고 있으며, 최근엔 객체 지향 기술을 사용한 DBMS도 제품화돼 있다.
관계형에서는 DBMS가 정보계 시스템용으로 업계표준이 되어 있는데 최근엔 트랜잭션(transaction) 처리를 목적으로 하는 업무계의 DBMS로도 사용되게 됐다. 정보계 시스템용 DBMS는 기간시스템에서 축적한 데이터를 사용자가 자유롭게 검색·가공하도록 하기 위한 시스템으로 영업의 기획 등 여러 면에서 클라이언트/서버 시스템에 대응하기 쉽도록 돼 있는 것이 그 특징이다.

- 데이터베이스관리시스템(database management system: DBMS) 기능
    ① 축적된 자료구조의 정의
    ② 자료구조에 따른 자료의 축적
    ③ 데이터베이스 언어에 의한 자료 검색 및 갱신
    ④ 복수 사용자로부터 자료처리의 동시실행제어
    ⑤ 갱신 중에 이상이 발생했을 때 갱신 이전의 상태로 복귀
    ⑥ 정보의 기밀보호(security) 등
- 일반적 형태의 DBMS는 관계형 데이터베이스 관리시스템(RDBMS)인데, RDBMS의 표준화된 사용자 및 프로그램 인터페이스를 SQL(Structured Query Language)이라고 한다. 관계형 DBMS로는 오러클(Oracle), 사이베이스(Sybase), 인포믹스(Infomix) 등이 널리 쓰인다. DBMS는 데이터베이스 내의 데이터를 관리하는 파일 관리자라고 생각할 수도 있다. 개인용 컴퓨터에서는 마이크로소프트의 Access가 단일 사용자나 소규모 사용자용 DBMS의 대표적인 예이며, SQL Server는 다중 사용자들의 데이터베이스 요구를 지원하는 DBMS의 한 예이다. DBMS 기술은 더 크고 많은 자료처리, 분산형 데이터베이스의 개발과 실용화, 도형·화상·음성 등을 포함하는 멀티미디어 데이터베이스의 개발, 객체지향의 개념을 도입한 객체지향 데이터베이스 관리시스템(OODBMS) 등이 실현되어 있다.

CHAPTER 3 : 기타

개념정리문제

1 ③

해설
- 프로토콜(protocol): 컴퓨터 간에 정보를 주고받을 때의 통신방법에 대한 규칙과 약속
- HTTP(hyper text transfer protocol): 웹서버와 클라이언트가 상호 통신하기 위해 사용하는 하이퍼텍스트 전송 규약
- FTP(file transfer protocol): 인터넷상에서 컴퓨터 사이의 파일을 전달하는 데 사용되는 프로토콜
- TCP/IP (transfer control protocol/Internet protocol): 인터넷 표준 프로토콜로 컴퓨터의 데이터 통신을 행하기 위해서 만들어진 프로토콜 체계

2 ⑤

해설
프로토콜(protocol): 컴퓨터 간에 정보를 주고받을 때의 통신방법에 대한 규칙과 약속

3 ⑤

해설
인터넷 표준 프로토콜로 컴퓨터의 데이터 통신을 행하기 위해서 만들어진 프로토콜 체계로서 컴퓨터 간의 주고받는 메시지를 전송할 때 에러가 발생하지 않도록 알맞은 크기로 나누어 전송하고 이를 받아서 다시 원래의 정보로 변환하는 것을 약속해 놓은 것이다. TCP/IP는 1960년대 말 미국방성(DARPA)의 연구에서 시작되어 1980년대초 프로토콜 모델이 공개된 바 있다. 이는 인터넷 프로토콜 중 가장 중요한 역할을 하는 TCP와 IP의 합성어로 인터넷 동작의 중심이 되는 통신규약으로 데이터의 흐름 관리, 데이터의 정확성 확인(TCP 역할), 패킷을 목적지까지 전송하는 역할(IP 역할)을 담당한다.
보통 IP는 데이터를 한 장소에서 다른 장소로 정확하게 옮겨주는 역할을 하며, TCP는 전체 데이터가 잘 전송될 수 있도록 데이터의 흐름을 조절하고 성공적으로 상대편 컴퓨터에 도착할 수 있도록 보장해주는 역할을 한다. TCP/IP는 개방형 프로토콜의 표준으로 특정 하드웨어나 OS에 독립적으로 사용하는 것이 가능하다. 또 인터넷에서 서로 다른 시스템을 가진 컴퓨터들을 서로 연결하고, 데이터를 전송하는 데 사용하는 통신 프로토콜로 근거리 및 원거리 모두에 사용된다.
- TCP/IP는 응용 계층, 트랜스포트층, 인터넷층, 네트워크 인터페이스층의 4개의 계층으로 구성되어 있다.
  - 응용 계층은 사용자 응용 프로그램으로부터 요청을 받아서 이를 적절한 메시지로 변환하고 하위계층으로 전달하는 역할하는 기능을 담당한다.
  - 트랜스포트층은 IP에 의해 전달되는 패킷의 오류를 검사하고 재전송을 요구하는 등의 제어를 담당하는 계층으로 TCP, UDP 두 종류의 프로토콜이 사용된다.
  - 인터넷층은 전송 계층에서 받은 패킷을 목적지까지 효율적으로 전달하는 것만 고려한다. 즉, 데이터그램이 가지고 있는 주소를 판독하고 네트워크에서 주소에 맞는 네트워크를 탐색, 해당 호스트가 받을 수 있도록 데이터그램에 전송한다.
  - 네트워크 인터페이스층은 특정 프로토콜을 규정하지 않고, 모든 표준과 기술적인 프로토콜을 지원하는 계층으로서 프레임을 물리적인 회선에 올리거나 내려받는 역할을 담당한다. 한편 TCP/IP는 OSI 참조모델과 비교할 때 다양한 서비스 기능을 가진 응용 프로그램 계층이 존재하고, 전송계층/네트워크 계층과 호환하는 계층이 존재한다는 공통점을 가지는 반면, TCP/IP 프로토콜의 응용 계층은 OSI 참조모델의 표현계층과 세션계층을 포함하며, TCP/IP 프로토콜은 물리계층과 데이터 링크계층을 하나로 취급한다는 점에서 차이가 있다.

4 ②

해설
- RFID(radio frequency identification): 극소형 칩에 상품정보를 저장하고 안테나를 달아 무선으로 데이터를 송신하는 장치. IC칩과 무선을 통해 식품·동물·사물 등 다양한 개체의 정보를 관리할 수 있는 인식 기술을 지칭한다. '전자태그' 혹은 '스마트 태그', '전자 라벨', '무선식별' 등으로 불린다. 이를 기업의 제품에 활용할 경우 생산에서 판매에 이르는 전 과정의 정보를 초소형 칩(IC칩)에 내장시켜 이를 무선주파수로 추적할 수 있다.
- OCR(optical character reader/recognition): 광학적 문자 판독장치. 빛을 이용해 문자를 판독하는 장치로 종이에 인쇄되거나 손으로 쓴 문자, 기호, 마크 등에 빛을 비추어 그 반사 광선을 전기 신호로 바꾸어 컴퓨터에 입력하는 장치다. OCR은 보통 세금이나 공공요금 고지서나 영수증에 많이 사용된다.
- LAN(local area network): 근거리통신망. 한 건물 안에서나 제한된 지역 내에서 컴퓨터 및 주변장치 등을 연결하여 정보와 프로그램을 공유할 수 있도록 해주는 네트워크를 말한다. 즉, 소규모 회사, 작은 건물 등 지역적으로 1km 이내에 있는 컴퓨터 시스템 사이에서 데이터 통신을 하기 위한 네트워크다.
- 바코드(bar code): 상품의 포장지나 꼬리표에 표시된 희고 검은 줄무늬로 그 상품의 정체를 표시한 것.
- 자기문자인식/판독 장치(magnetic character reader): 자기 문자를 인식하여 판독하는 입력 장치이며, 자기 잉크 문자의 인쇄는 기계로 행하여진다. 자기 문자 판독 장치가 이 문자를 인식하고 정보를 읽어 기계가 판독할 수 있는 코드로 변환하여 데이터 처리 시스템에 입력하기 때문에 컴퓨터에서 판독하기 전에 자기 잉크 문자를 다른 입력 형식으로 변환할 수는 없다.

5 ②

해설
USB(universal serial bus)는 PC의 주변기기를 연결을 위한 포트의 표준규격으로서 복잡한 PC 및 주변기기 설치작업을 플러그 하나를 꽂는 수준으로 단순화시킨 획기적인 PC 주변기기 포트 규격이다. PC 뒷면에는 키보드, 프린터 등 주변기기를 PC 본체와 연결하기 위한 시리얼, 패러럴, PS2 등 다양한 포트가 있다. 그러나 모양이 모두 달라, 새로운 주변기기를 PC 본체에 연결하기 힘든 경우가 있다. 이 문제를 해결하기 위해 1996년 컴팩, DEC, IBM, 인텔, 마이크로소프트, NEC, Nortel의 7개 회사에 의해 USB 규격이 합의, 개발되었다

6 ⑤

해설
① 인증(authentication): 정상적 사용유무 확인 및 송-수신자의 위치 파악
② 부인방지(non repudiation): 정보의 사용 및 거래내역 사후 부인 불가 규정
③ 무결성(integrity): 데이터의 변조 없는 사용 및 전달
④ 기밀성(confidentiality): 사용자 보호 및 정보의 보호적 측면에서 당사자 외의 열람 불가 규정

7 ③

해설
확장성(scalability)은 보안 수준을 떨어뜨릴 수도 있음.

8 ④

해설
B(기업), G(정부), C(소비자 또는 시민)

9 ①

해설
GB(기가바이트)-TB(테라바이트, 1000GB)-PB(페타바이트, 1,000,000GB)-EB(엑사바이트, 1,000,000,000GB)

10 ②

해설
① 필드: 의미가 있는 정보를 전하는 것이 가능한 최소한의 단위이다. 특히 카드상의 몇 개의 자리의 모임을 가리키는 경우도 있다. 보통 이것에 따라서 품명, 수량 등의 항목을 나타낸다.
② 바이트: 컴퓨터가 처리하는 가장 기본적인 데이터의 구성요소로 0과 1을 표현하는 비트가 모여 조합을 이룬 것으로 하나의 문자를 표현하는 단위이다. 8개 혹은 9개의 bit를 묶어서 표현하며, 1개의 하나의 문자를 표현하지만, 한글과 같은 동양권의 문자는 2개의 바이트로 표현된다.
③ 레코드: 필드의 모임을 아이템, 아이템의 모임을 레코드라 한다.
④ 파일: 컴퓨터에서 데이터의 모임으로 보조 기억장치에 저장된 것.
⑤ 데이터베이스: 여러 사람에 의해 공유되어 사용될 목적으로 통합하여 관리되는 데이터의 집합을 말한다. 자료항목의 중복을 없애고 자료를 구조화하여 저장함으로써 자료 검색과 갱신의 효율을 높인다.

11 ③

해설
인터넷을 통해 IT자원을 서비스형태로 제공받는 방식(기술이 아닌 서비스 제공방식)으로서 IT자원을 소유하지 않고 서비스 형태로 빌려 쓰는 방식을 말한다고 할 수 있음. IT자원의 모든 것, 즉 컴퓨터(VDI), 서버 및 회선(IaaS), 개발플랫폼(PaaS), 소프트웨어(SaaS)를 구매하지 않고 빌려 쓰게 된다는 것이 클라우드 컴퓨팅임.

• 클라우드 구성요소
 1) 매우 큰 가상화된 컴퓨팅 환경이 있어야 함.
 2) On demand pricing이 되어야 함.
 3) 무한한 확장성과 유연성을 갖추고 있어야 함.

12 ①

해설
빅데이터란 디지털 환경에서 생성되는 데이터로 그 규모가 방대하고, 생성 주기도 짧고, 형태도 수치 데이터뿐 아니라 문자와 영상 데이터를 포함하는 대규모 데이터를 말한다. 빅데이터 환경은 과거에 비해 데이터의 양이 폭증했다는 점과 함께 데이터의 종류도 다양해져 사람들의 행동은 물론 위치정보와 SNS를 통해 생각과 의견까지 분석하고 예측할 수 있다. 이러한 빅데이터의 3대 특징(3V)은 데이터의 양(Volume), 데이터 생성 속도(Velocity), 형태의 다양성(Variety)으로 볼 수 있다.

13 ⑤

해설
클라우드 컴퓨팅(cloud computing)이란 인터넷을 통해 IT자원을 서비스형태로 제공받는 방식(기술이 아니라 서비스 제공방식임)으로서 IT자원을 소유하지 않고 서비스 현태로 빌려 쓰는 방식을 말한다고 할 수 있음. IT자원의 모든 것 즉, 컴퓨팅(VDI), 서버 및 회선(IaaS), 개발플랫폼(Paas), 소프트웨어(SaaS)를 구매하지 않고 빌려 쓰게 되는 것임.
① 클라이언트/서버 컴퓨팅(client/server computing): 네트워크로 연결된 수많은 클라이언트 PC들이 공유할 수 있는 파일과 프로그램들을 하나의 컴퓨터가 중앙에서 처리하는 역할을 하도록 고안된 컴퓨팅 방식 가운데 하나로서 분산 처리 형태의 하나. 계산, 데이터베이스, 프린트, 통신 등의 자원(리소스)을 각각의 서버를 공유하여 그룹 전체의 업무 목적을 분산 처리하는 형태.
② 엔터프라이즈 컴퓨팅(enterprise computing): 개인의 목적이 아닌 공동의 목적 즉, 개개인의 전문 분야 간의 관계를 세세히 따지지 않고 컴퓨터를 활용한다는 것에 중점을 둔 용어
③ 온프레미스 컴퓨팅(on-premise computing): IT 서비스를 운영하는 회사가 자체적으로 보유한 공간에 물리적으로 하드웨어 장비를 가지고 직접 운영하는 방식을 말합니다. 온프레미스는 클라우드 컴퓨팅

기술이 나오기 전까지 일반적인 기업이 사용하던 일반적인 인프라 구축 방식이기도 합니다.
④ 그린 컴퓨팅(green computing): 그린 컴퓨팅(Green computing)은 환경 용어로 컴퓨터나 주변기기의 환경에 대한 악영향을 최소화 할 수 있도록 만들거나 개선 하도록 유도하는 환경 운동의 일환으로, 컴퓨터를 제조, 사용, 폐기하는 일련의 과정에 있어 전방위적으로 환경에 대해 미치는 악영향을 최소화하자는 운동이다.

14 ②
[해설] 랜섬웨어(Ransomware)에 대한 설명임.

15 ①
[해설]
㉠ 정보에 누락된 값이 있는가? ⇒ 완전성
㉡ 통합 정보 또는 요약 정보가 상세 정보와 일치하는가? ⇒ 일관성
㉢ 정보가 비즈니스 필요의 관점에서 최근의 것이다. ⇒ 적시성

16 ③
[해설]
비정형 데이터에 대한 마이닝 과정이다. 마이닝이란 데이터로부터 통계적인 의미가 있는 개념이나 특성을 추출하고 이것들 간의 패턴이나 추세 등의 고품질의 정보를 끌어내는 과정이다. 데이터는 형태에 따라 고정된 구조 형태로 구성된 데이터를 정형데이터(structured data)로, 정해진 구조가 없을 때는 비정형 데이터(unstructured data)로 구분한다.

- 정형 데이터를 이용한 마이닝을 데이터 마이닝(data mining),
- 비정형 데이터를 이용한 마이닝을 텍스트 마이닝(text mining)이라고 한다. 텍스트 마이닝은 일반적으로 텍스트 범주화(text categorization), 텍스트 클러스터링, 클러스터의 특징과 그것들의 관계를 기반으로 개념이나 특성 추출(concept extraction)을 하고 개념과 특성 간의 관계 예측 등의 과정을 수행하게 된다.

① 에쓰노그라피(ethnography) 분석 특정 집단 구성원의 삶의 방식, 행동 등을 그들의 관점에서 이해하고 기술하는 연구 방법. 문화의 고유성을 인정하고, 사람들이 어떻게 지각하고 행동하는가를 그들이 속한 일상적·문화적 맥락 속에서 파악하는 방법
② 포커스그룹(focus group) 인터뷰: 8~12명으로 구성된 집단과 깊이 있는 상호작용적인 인터뷰를 수반하는 평가기법
④ 군집 분석 : 개체의 유사성이 높은 집단별로 분류하고 군집 간 개체의 유사성을 확인하는 통계분석 기법
⑤ 소셜 네트워크 분석 : 수학의 그래프 이론을 이용하여 사람, 그룹, 데이터 등 객체 간의 관계 및 관계 특성 등을 분석하고 시각화하는 측정 기법. 트위터나 페이스북과 같은 SNS, 소셜 네트워킹 서비스 상에서 정보의 허브 역할을 하는 사용자를 찾는 데 주로 활용되고 텍스트 마이닝 기법에 의해 주로 이루어지며 확산된 내용과 함께 연결의 맥락을 파악 분석한다.

심화문제

1 ①

해설   개인정보 보호와 관련한 가장 기본적이고 중요한 원칙은 OECD 개인정보 보안 8원칙이다. 경제 협력 기구인 OECD에서는 국가 간 경제 협력을 위한 기반의 하나로, 개인정보 보안과 관련한 사항에 대한 기준을 권고하고 있다. 대한민국의 모든 법안과 법령도 이에 준하여 제정되고 있다. OECD 개인정보 보안 8원칙은 다음과 같다.

① 수집 제한의 법칙(Collection Limitation Principle): 개인정보는 적법하고 공정한 방법을 통해 수집되어야 한다.
② 정보 정확성의 원칙(Data Quality Principle): 이용 목적상 필요한 범위 내에서 개인정보의 정확성, 완전성, 최신성이 확보되어야 한다.
③ 목적 명시의 원칙(Purpose Specification Principle): 개인정보는 수집 과정에서 수집 목적을 명시하고, 명시된 목적 적합하게 이용되어야 한다.
④ 이용 제한의 원칙(Use Limitation Principle): 정보 주체의 동의가 있거나, 법규정이 있는 경우를 제외하고 목적 외 이용되거나 공개될 수 없다.
⑤ 안전성 확보의 원칙(Security Safeguard Principle): 개인정보의 침해, 누설, 도용 등을 방지하기 위한 물리적, 조직적, 기술적 안전 조치를 확보해야 한다.
⑥ 공개의 원칙(Openness Principle): 개인정보의 처리 및 보호를 위한 정책 및 관리자에 대한 정보는 공개되어야 한다.
⑦ 개인 참가의 원칙(Individual Participation Principle): 정보 주체의 개인정보 열람/정정/삭제 청구권은 보장되어야 한다.
⑧ 책임의 원칙(Accountability Principle): 개인정보 관리자에게 원칙 준수 의무 및 책임을 부과해야 한다.

2 ①

해설   관계형 데이터베이스는 일련의 정형화된 테이블로 구성된 데이터 항목들의 집합체로서, 그 데이터들은 데이터베이스 테이블을 재구성하지 않더라도 다양한 방법으로 접근하거나 조합될 수 있다. 그러나 관계형 데이터베이스가 정형화된 테이블로 구성된 데이터 항목들의 집합체라면 빅데이터란 디지털 환경에서 생성되는 데이터로 그 규모가 방대하고, 생성 주기도 짧고, 형태도 수치 데이터뿐 아니라 문자와 영상 데이터를 포함하는 대규모 데이터를 말한다.

빅데이터 환경은 과거에 비해 데이터의 양이 폭증했다는 점과 함께 데이터의 종류도 다양해져 사람들의 행동은 물론 위치정보와 SNS를 통해 생각과 의견까지 분석하고 예측할 수 있다.

구 분	기 존	빅데이터 환경
데이터	정형화된 수치자료 중심	• 비정형의 다양한 데이터 • 문자데이터(SMS, 검색어) • 영상 데이터(CCTV, 동영상) • 위치 데이터
하드웨어	• 고가의 저장장치 • 데이터베이스 • 데이터웨어하우스(Data-warehouse)	클라우드 컴퓨팅 등 비용효율적인 장비 활용 가능
소프트웨어/분석 방법	• 관계형 데이터베이스(RDBMS) • 통계패키지(SAS, SPSS) • 데이터 마이닝(data mining) • machine learning, knowledge discovery	• 오픈소스 형태의 무료 소프트웨어 • Hadoop, NoSQL • 오픈 소스 통계솔루션(R) • 텍스트 마이닝(text mining) • 온라인 버즈 분석(opinion mining) • 감성 분석(sentiment analysis)

3 ④

해설 광범위한 데이터를 생각과 의견까지 분석이 가능함으로 모호성을 극복할 수 있게 되었으므로 모호성은 옳은 특성이라고 보기 어렵다. 아울러 빅데이터의 특징은 3V로 요약하는 것이 일반적이다. 즉 데이터의 양(Volume), 데이터 생성 속도(Velocity), 형태의 다양성(Variety)을 의미한다(O'Reilly Radar Team, 2012). 최근에는 가치(Value)나 복잡성(Complexity)을 덧붙이기도 한다.

4 ③

해설 '언제 어디서나 존재한다'는 뜻의 라틴어 '유비크(Ubique)'에서 나온 신조어로 사용자가 장소에 상관없이 유무선을 가리지 않고 자유롭게 네트워크에 접속할 수 있는 정보통신 환경을 말한다.
유비쿼터스는 1988년 미국 사무용기기 제조회사인 제록스 팰러앨토연구소(PARC)의 마크 와이저(Mark Weiser)가 유비쿼터스 컴퓨팅이란 용어를 처음 사용하면서 쓰이게 되었다.

5 ④

해설 그리드컴퓨팅(grid computing)이란 모든 컴퓨팅 기기를 하나의 초고속 네트워크로 연결하여, 컴퓨터의 계산능력을 극대화한 차세대 디지털 신경망 서비스를 말한다.
1. 지리적으로 분산된 컴퓨터 자원을 네트워크로 연결해 상호 공유할 수 있도록 하는 차세대 인터넷 서비스.
2. GRID의 의미는 격자이다. 컴퓨터 자원을 초고속 인터넷망을 통해 격자구조로 연결한다는 의미에서 그리드 컴퓨팅으로 불림.
3. 전세계에 흩어진 남아도는 컴퓨터 자원을 효과적으로 끌어 쓰자는 아이디어에서 출발.
4. 사용하지 않는 시간대에 있는 컴퓨터들을 그리드에 계속 연결해 수만 대의 PC를 하나의 고성능 컴퓨터처럼 사용하는 게 대표적임.
5. 생명과학 연구나 기상 시뮬레이션처럼 엄청난 계산능력을 요구하는 프로젝트에 초고가의 슈퍼컴퓨터가 필요하지만 그리드 컴퓨팅으로 흩어져 있는 컴퓨터의 성능을 모아 쓰면 저렴하게 슈퍼컴퓨터와 같은 효과를 낼 수 있다.
6. 정보기술(IT) 비용을 낮추려는 분위기에 따라 그리드 컴퓨팅이 일반 기업으로 확산됨.

6 ④

해설 그리드 컴퓨팅에 관한 설명임.

7 ④

해설 그리드컴퓨팅이란 전 세계에 퍼져 있는 컴퓨터를 한데 묶는 것으로, 좁게는 세계 곳곳의 슈퍼컴퓨터를 한곳에 통합하고 데이터베이스(DB)를 공유하는 것이며, 넓게는 컴퓨터와 관련된 모든 첨단 장비를 모아 동시다발적으로 업무를 처리하는 서비스까지 포함한다. 문서만을 공유하는 월드와이드웹에서 한 걸음 나아간 차세대 인터넷 구상으로 불린다. 미국, 유럽연합, 일본 등 선진국에서 그리드 컴퓨팅의 기초 기술에 대한 연구가 활발하게 진행되고 있다.
- 클라이언트 컴퓨팅: 클라이언트, 개인용(PC)의 유휴 성능을 활용하기 위한 방안. 종류로는 기존의 클라이언트/서버구조에서 쉬고 있는 클라이언트 PC를 이용하여 가상의 슈퍼컴퓨팅 파워를 구현하는 방식, 서버 없이 P2P(Peer to Peer)로 연결된 순수 클라이언트들로 구현하는 방식, 그리고 이 2가지의 혼합(hybrid) 방식이 있다.

8 ⑤

해설 랜섬웨어(ransomeware)란 사용자 컴퓨터 시스템에 침투하여 중요 파일에 대한 접근을 차단하고 금품(ransom)을 요구하는 악성프로그램.
- 웜(Worm): 원래 벌레와 증식을 뜻하는 용어인데, IT 분야에서는 인터넷 또는 네트워크를 통해서 컴퓨터에서 컴퓨터로 전파되는 프로그램을 의미한다.
- 엑스트라넷: 기업들이 외부 보안을 유지한 채 협력업체들과 서로의 전산망을 이용, 업무를 처리할 수 있도록 협력업체들의 인트라넷을 인터넷으로 연결한 것
- 트로이 목마: 악성 코드 중에는 마치 유용한 프로그램인 것처럼 위장하여 사용자들로 하여금 거부감 없이 설치를 유도하는 프로그램들
- 스파이웨어: 사용자 몰래 PC에 설치되어 정보를 수집하는 악성 코드

9 ①

해설 인터넷을 기반으로 기업과 직원들의 복리후생에 대한 요구를 동시에 만족시키면서 수익원을 찾으려는 전자상거래의 한 개념이다. 이는 기존의 개념인 B2C(business To Customers:기업 대 소비자의 전자상거래) 및 B2B(Business To Business:기업 대 기업의 전자상거래)에 대응되는 용어다. B2E의 형태로는 기업들의 복리후생을 대행해 주는 서비스, 직원들에게 교육을 제공하는 서비스, 기업체 직원들이 특정 인터넷 쇼핑몰을 이용하도록 하는 거래 서비스, 직원들의 출장을 도와주는 출장 도우미 서비스 등이 있다. 제공업체의 대부분은 서비스를 의뢰한 기업의 직원 수에 따른 회원제 회비를 받는다.

10 ③

해설 데이터 마이닝에 대한 설명으로 데이터 마이닝이란 데이터베이스 내에서 어떠한 방법(순차패턴, 유사성 등)에 의해 관심있는 지식을 찾아내는 과정이라고 볼 수 있으며, 이를 통해 정보의 연관성을 파악함으로써 가치 있는 정보를 만들어 의사결정에 적용함으로써 이익을 극대화 할 수 있다.

11 ②

해설 빅데이터의 3대 특징(3V)은 데이터의 양(Volume), 데이터 생성 속도(Velocity), 형태의 다양성(Variety)이다.

보충 빅데이터 : 디지털 환경에서 생성되는 데이터로 그 규모가 방대하고, 생성 주기도 짧고, 형태도 수치 데이터뿐 아니라 문자와 영상 데이터를 포함하는 대규모 데이터를 말한다. 빅데이터 환경은 과거에 비해 데이터의 양이 폭증했다는 점과 함께 데이터의 종류도 다양해져 사람들의 행동은 물론 위치정보와 SNS를 통해 생각과 의견까지 분석하고 예측할 수 있다.

12 ③

해설 NFC(Near Field Communication)란 주로 10cm 이내의 가까운 거리에서 다양한 무선 데이터를 주고받는 통신 기술로서 무선태그(RFID) 기술 중 하나로 13.56MHz의 주파수 대역을 사용하는 비접촉식 통신 기술이다. 통신거리가 짧기 때문에 상대적으로 보안이 우수하고 가격이 저렴해 주목받는 차세대 근거리 통신 기술이다.
① 블루투스(Bluetooth): 휴대폰, 노트북, 이어폰·헤드폰 등의 휴대기기를 서로 연결해 정보를 교환하는 근거리 무선 기술 표준을 뜻한다. 주로 10미터 안팎의 초단거리에서 저전력 무선 연결이 필요할 때 쓰인다.
② GPS(Global Positioning System): 세계 위치 파악 시스템(global positioning system)의 약어. 현재의 위치를 파악하는 시스템으로, 본래는 미 국방성에서 군사적 목적으로 개발되었다. 고도 20,200km 상

공에서 궤도를 도는 24개(3개는 예비용)의 GPS 위성에 의해 전세계 어느 곳이든 위치를 파악할 수 있다.
④ IoT(Internet of Things): 생활 속 사물들을 유무선 네트워크로 연결해 정보를 공유하는 환경으로, 각종 사물들에 통신 기능을 내장해 인터넷에 연결되도록 한 것이다.
⑤ 텔레매틱스(Telematics): 원격통신(Telecommunication)과 정보과학(Informatics)이 결합된 용어이다. 통신 및 방송망을 이용하여 자동차 내에서 위치추적, 인터넷 접속, 원격 차량진단, 사고감지, 교통정보 및 홈네트워크와 사무자동화 등이 연계된 서비스 등을 제공한다.

13 ③
해설
서비스 거부(DoS) 공격이란 서버가 처리할 수 있는 능력 이상의 것을 요구하여, 그 요구만 처리하게 만듦으로써 다른 서비스를 정지시키거나 시스템을 다운시키는 것. 이 공격의 목적은 네트워크 기능을 마비시키는 것이다. 일반적으로 여러 사이트에서 이루어진다.

14 ③
해설
피싱(Phishing)이란 개인의 중요한 정보를 부정하게 얻으려는 공격 시도이다. 개인정보를 낚으려는(fishing) 의도가 반영되어 있는 단어에서도 알 수 있듯이, 일반적으로 피싱 공격자는 전자메일이나 메신저와 같은 전달 수단을 통해 신뢰할 수 있는 사람 또는
기업이 보낸 것처럼 가장된 메시지를 공격대상자에게 보낸다. 그리고 이를 통해 미리 공격자가 만들어 놓은 위장된 사이트로 들어온 공격대상자의 주민등록번호, 비밀번호, 그리고 금융정보와 같은 기밀이 요구되는 개인정보를 얻으려고 한다.
① 파밍(pharming): 새로운 피싱 기법 중 하나이며, 사용자가 자신의 웹 브라우저에서 정확한 웹페이지 주소를 입력해도 가짜 웹 페이지에 접속하게 하여 개인정보를 훔치는 것을 말한다.
② 스니핑(sniffing): 일반적으로 작동하는 IP 필터링과 MAC 주소 필터링을 수행하지 않고, 랜 카드로 들어오는 전기 신호를 모두 읽어들여 다른 이의 패킷을 관찰하여 정보를 유출시킨다.
④ 서비스 거부 공격(denial-of-service attack): 시스템의 정상적인 동작을 방해하는 공격 수법으로서 대량의 데이터 패킷을 통신망으로 보내거나 전자 우편으로 보내는 식의 공격.
⑤ 웜(worm): 컴퓨터 시스템을 파괴하거나 작업을 지연, 방해하는 악성 프로그램의 일종. 바이러스와는 달리 감염 대상을 갖고 있지 않으며, 독립적인 프로그램으로 번식력을 가지고 있다. 스스로 번식을 위해 다른 사람의 이메일에 자신을 첨부시켜 빠르게, 자동으로 확산되는 특징을 가지고 있다.

15 ④
해설
가상현실(virtual reality: VR)은 컴퓨터 시스템 등을 사용해 인공적인 기술로 만들어 낸, 실제와 유사하지만 실제가 아닌 어떤 특정한 환경이나 상황 혹은 그 기술 자체를 의미한다.

16 ①
해설
edge computing이란 중앙 집중 서버가 모든 데이터를 처리하는 클라우드 컴퓨팅과 다르게 분산된 소형 서버를 통해 실시간으로 처리하는 기술을 일컫는다. 이는 클라우드 컴퓨팅의 최적화를 위해 활용되며, 사물인터넷 기기의 확산으로 데이터 양이 폭증하면서 이를 처리하기 위해 개발됐다.
② 그리드 컴퓨팅: 모든 컴퓨팅 기기를 하나의 초고속 네트워크로 연결하여, 컴퓨터의 계산능력을 극대화한 차세대 디지털 신경망 서비스를 말한다.
③ 클라이언트/서버 컴퓨팅: 인터넷을 통해 컴퓨터 리소스를 제공하는 것과 관련된 모든 것을 총칭

④ 온디멘드 컴퓨팅 : 공급 중심이 아니라 수요가 모든 것을 결정하는 시스템이나 전략 등을 총칭
⑤ 엔터프라이즈 컴퓨팅 : 다양한 퍼블릭, 프라이빗, 분산 클라우드를 결합해 배포하는 평태의 컴퓨팅 서비스로서 이를위한 일반적인 유형의 엔터프라이즈 소프트웨어로는 콜 센터 소프트웨어, 비즈니스 인텔리전스, 엔터프라이즈 커뮤니케이션, 재고 관리, 마케팅 도구, 온라인 결제, 전사적 자원 관리 등이 있습니다.

기 출 로 접 근 하 는   객 관 식 경 영 학

Appendix 부록

부록: 경영학 분야별 이론 및 학자 정리

I 경영일반 및 경영관리 & 경영전략

01 **경영자의 역할**: 민츠버그(H. Mintzberg)

02 **경영자의 필요능력/의사결정**: 카츠(Robert L. Katz)/앤소프(Ansoff)

03 **기업가정신**: 슘페터(Schumpeter) - 창조적 파괴의 과정

04 **과학적 관리법(scientific management)**: 테일러(F. W. Taylor)

05 **컨베이어벨트시스템**: 포드(Henry Ford) - 동시관리, 표준화, 대량생산, 포디즘(고임금, 저가격)

06 **일반관리론(general administrative theory)**: 페욜(Henry Fayol) - 관리의 원칙, PODC

07 **관료제(bureaucracy)**: 베버(Max Weber)

08 **인간관계론(Human Relations)**: 메이요(Mayo) - 호손 실험, 심리적 상태와 태도, 비공식적 조직

09 **사회체계론**: 뢰슬리스버거(Roethlisberger)

10 **협동체계론/조직균형론/권한이양설**: 버나드(Barnard)

11 **제한된 합리성 모형(bounded rationality model)**: 사이먼(H. A. Simon)

12 **X-Y이론**: 맥그리거(Douglas McGregor)

13 **학습조직**: 센거(Peter M. Senge)

14 **SECI Model(지식순환 프로세스)**: 노나카(Nonaka)

15 **균형성과표(balanced scorecard ; BSC)**: 캐플란(Kaplan), 노튼(Norton)

16 **거래비용이론(transaction cost theory)**: 윌리암슨(Oliver E. Williamson)

17 **산업구조분석(5 force model)/(본원적)경쟁전략/가치사슬(value chain)**: 포터(Michael E. Porter)

18 **핵심역량(core competence)**: 프라할라드(Prahalad)와 해멀(Hamel)

19 **조직문화/조직문화계층**: 샤인(Schein)

II 조직행동(개인)

01 **고전적 조건화(classical conditioning)**: 파블로프(I. Pavlov)

02 **조작적 조건화(operant conditioning)**: 스키너(B. F. Skinner)

03 **궁극적 가치/수단적 가치**: 로키치(Milton Rokeach)

04 **국가 간 문화 차이**: 홉스테드(Geert Hofstede) - 권력거리(권력격차), 불확실성 회피문화

05 **인상형성이론**: 애시(Solomon Asch)

06 **귀인이론(attribution theory)**: 켈리(H. H. Kelley)

07 **인지이론/균형이론**: 헤이더(Heider)

08 **인지이론/상합이론**: 오스굿(Osgood)

09 인지이론/인지부조화(cognitive dissonance): 페스틴저(Leon Festinger)
10 태도변화이론: 레빈(K. Lewin)
11 성격 유형지표(MBTI): 마이어스와 브리그스(Myers-Briggs)
12 욕구단계이론(needs hierarchy theory): 매슬로우(Abraham Maslow)
13 X이론, Y이론: 맥그리거(Douglas McGregor)
14 2요인이론(dual factor theory): 허쯔버그(Frederick Herzberg)
15 ERG 이론: 알더퍼(C. P. Alderfer)
16 성취동기이론: 맥클리랜드(David C. McClelland)
17 직무특성이론(job characteristic theory): 핵크만(Hackman), 올드햄(Oldham)
18 기대이론(expectancy theory): 브룸(Victor H. Vroom)
19 공정성 이론(equity theory): 아담스(Stacy Adams)
20 목표설정이론(goal-setting theory): 로크(Edwin Locke)
21 인지적 평가이론(cognitive evaluation theory): 데시(Edward L. Deci)

Ⅲ 조직행동(집단/조직)

01 집단발달 단계: 터크맨(Bruce W. Tuckman)
02 애시효과(Asch effect): 애시(Solomon Asch)
03 배려-구조주도 모형[OSU(Ohio State Univ.)모형]:
　　스톡딜(Ralph Stogdill) 중심 Ohio State Univ. 연구팀
04 미시간 대학 연구: 리커트(Rensis Likert) 중심
05 관리격자(managerial grid) 이론: 블레이크(R. R. Blake), 머튼(J. S. Mouton)
06 PM 이론: 미스미 쥬지(三隅二 不二)
07 경로-목표 이론(path-goal theory): 하우스(Robert House)
08 리더 참여 모형(leader participation model): 브룸(Vroom)과 예튼(Yetton)
09 변혁적 리더십(transformation leadership): 번스(J. M. Burns), 베스(B. M. Bass)
10 서번트 리더십(servant leadership): 그린리프(R. Greenleaf)
11 권력의 원천: 프렌치(French)와 레이븐(Raven)
12 변화의 3단계: 레빈(Kurt Lewin)

Ⅳ 조직이론 및 인적자원관리

01 기계적(mechanistic) 조직/유기적(organic) 조직: 번스(Burns)와 스타커(Stalker)
02 전략(제품다각화)-조직구조 연구: 챈들러(Alfred Chandler)
03 전략(전략유형)-조직구조 연구: 마일즈(Miles)와 스노우(Snow)

04 기술(조직전체)과 조직구조 연구: 우드워드(Joan Woodward)

05 기술(부서수준)과 조직구조 연구: 페로우(Charles Perrow)

06 기술(상호의존성)과 조직구조 연구: 톰슨(James D. Thompson)

07 분화(differentiation)와 통합(integration): 로렌스(Lawrence)와 로쉬(Lorsch)

08 조직생태학(population ecology view): 해난(Hannan)과 프리먼(Freeman)

09 5가지 조직설계: 민쯔버그(Henry Mintzberg)

10 조직수명주기: 퀸(Quinn)과 카메론(Cameron)

11 교육훈련 평가 4단계 모형: 커크패트릭(D. L. Kirkpatrick)

12 경력의 닻(career anchor): 샤인(Edgar Schein)

Ⅴ 마케팅 및 소비자 행동론

01 다속성 태도모형: 피쉬바인(Fishbein)

02 기대-성과 불일치모형: 올리버(Oliver)

03 정교화 가능성모형(elaboration likelihood model): 페티 & 카치피오(Petty & Cacioppo)

04 의도적 행동모형: 바고지(R. Bagozi)

05 피쉬바인 확장모형(이성적행동 또는 행위의도 모형): 피쉬바인 & 에이젠(Fishbein & Ajzen)

06 사회판단이론(social judgement theory): 쉬리프(Sherif)

07 저관여 하이어라키모델(low involvement hierarchy model): 앤드류 에렌버그(Andrew Ehrenberg)

08 다중 기억 모형(multi-store model): 에킨슨과 쉬프린(Atkinson & Shiffrin, 1968)

09 사회적 학습이론(Social learning): 반두라(Bandura)

10 혁신의 수용과 확산모형: 로저스(Everett Rogers)

11 케즘 현상: 제프리 무어(Geoffrey A. Moore)

12 고객 기대에 관한 불일치 모형: 제리 올슨(Jerry C. Olson)과 필립 도버(Philip Dover)

13 2차원 서비스 품질측정 모형: 그뢴루스(Grnroos)

14 SERVQUAL 모델(PZB 모형): 파라슈라만(A. Parasuraman), 발레리 자이사믈(Valarie Zeithaml) 레너드 베리(Leonard L. Berry)

15 SERVPERF 모델: 조셉 크로닌(Joseph Jr. Cronin)과 스티븐 테일러(Steven A. Taylor)

16 제품-시장 확장 매트릭스: 앤소프(H. Ansoff)

17 소매인력법칙: 레일리(W. J. Reilly)

18 허프 모형(공간적 상호작용모형): 허프(David C. Huff)

19 거래비용 이론(transaction cost theory): 올리버 윌리엄슨(O. E. Williamson)

20 거래비용: 로널드 코즈(Romald Coase)

21 DAGMAR 모형[인식(Awareness)-이해(Comprehension)-확신(Conviction)-행위(Action)]: 콜리(Russel H.Colley)

22 효과의 위계(hierarchy of effects)모형 (인지-지식-호감-선호-확신-구매):
래비지와 스타이너(Lavidge & Steiner, 1961)

23 AISAS모형(attention, interest, search, action, share): 덴쯔(Dentsu)사

Ⅵ 생산운영관리

01 집중화공장(공장내공장: PWP): 스키너(Skinner)
02 과학적 관리법, 시간과 동작연구, 표준과업량, 스톱워치법: 테일러(F.W. Taylor)
03 3S, 이동조립법, 동시관리: 포드(Ford)
04 서블릭(therblig)동작연구, 미세동작분석: 갈브레이스 부부(Frank Gilbreth & Lillian Gilbreth)
05 간트차트: 간트(H.L. Gantt)
06 고객접촉도와 노동집약도에 따른 서비스 매트릭스: 슈메너(Roger W. Schmenner)
07 MOT: SAS항공 Jan Carlzon
08 제품-공정 매트릭스: 헹스와 휠라이트(Hayes and Wheelwright)
09 단순지수평활법: 브라운(R.G. Brown)
10 경제적 주문량(Economic Order Quantity; EOQ): 해리스(F. W. Harris)
11 ABC 관리모형: GE사의 H.F. Dickie
12 샘플링 검사 이론: 벨연구소의 해럴드 도지(Harold F. Dodge)와 해리 로믹(Harry G. Romig)
13 OC곡선(Operation Characteristic Curve): 프레이지(C.N. Frazee)
14 관리도: 슈하트(W.A. Shewhart)
15 TQC: 아르망 발랭 파이겐바움(Armand Vallin Feigenbaum)
16 ZD운동: 미국, Martin-Marietta사
17 Deming cycle / Deming's wheel [PDCA(plan-do-check-act) or PDSA(plan-do-study-act)]:
데밍(W. Edwards Deming)
18 TPS: 도요타식 생산방식(JIT와 인변자동화를 축으로 함.)
19 포카 요케(ポカヨケ, poka-yoke): 시게오 신고(Shigeo Shingo, 新郷 重夫)
20 제약이론(theory of constraints): 골드렛(Eliyahu Moche Goldratt)

참고문헌

- 강금식·정우식, 『알기쉬운 생산운영관리』, 도서출판 오래
  『운영공급사슬관리』, 도서출판 오래, 2015
- 강정문(1988), 「광고 전략 모델도 하나의 정석」, 『광고정보』, 5, 12-21
- 강정애 외, 『조직행동론』, 시그마프레스
- 고완석·김흥식·홍용식, 『회계원론 4판』, 율곡출판사
- 공영복 저, 『사회학 사전』, 사회문화연구소, 2000.
- 곽호환 외 공저, 『실험심리학용어사전』, 시그마프레스, 2008.
- 교육심리학회, 『교육심리학용어사전』, 학지사, 2000
- 김관점 외 역(Robbins & Judge 저), 『핵심조직행동론』, PEARSON
- 김기홍·조인환·박도준·변승혁, 『경영학개론 6판』, 한올출판사
- 김기홍·최창환·박도준, 『무역학개론』, 율곡출판사
- 김언수, 『TOP을 위한 전략경영 4.0』, PNC미디어
- 김영규, 『경영학원론 2판』, 박영사
- 김영규·감형규, 『NEW 재무관리』, 유원북스
- 김영규·감형규, 『에센스재무관리 5판』, 유원북스
- 김영재·김성국·김강식, 『신인적자원관리 2판』, 탑북스
- 김유찬 외, 『경영학원론 5판』, 명경사
- 김윤상, 『핵심경영학연습』, 웅진패스원
- 김윤상, 『2014 객관식 경영학』, 나무와 사람
- 김재명, 『경영학원론』, 박영사
- 김재휘·박은아·손영화·우석봉·유승엽·이병관, 『광고심리학』, 서울: 커뮤니케이션북스, 2009
- 김정구·오준환·이우현, 『마케팅관리』, 율곡출판사
- 박계홍·박하진, 『경영조직론』, 학현사
- 박도준, 『박도준의 핵심경영학원론 Ver 3.0』, 도서출판 배움, 2018
  『CPA 경영학』, (율곡출판사, 2018)
  『공인회계사 경영학 기출문제해설』, 도서출판 지금, 2015. 2016. 2017, 2018, 2019
  『핵심정리 CPA 경영학』, 율곡출판사, 2017
  『기출로 접근하는 객관식 경영학』, 도서출판 배움, 2016
- 박범조, 『경영경제통계학』, 시그마프레스
- 박이봉·이인호·강진수, 『K-IFRS 회계원리 제3판』, PNC미디어
- 박종철·한준구·이원현·박도준, 『매경TEST 핵심이론 및 실전문제집』, 박문각에듀스파
- 백기복, 『조직행동연구 제6 판』, 창민사
- 백복현·장궈화·최종학, 『재무제표분석과 기업가치평가』, 박영사
- 서강관리회계연구회, 『사용자 중심의 SMART 원가회계』, 유원북스
- 서창적·김희탁·김재환·곽영환, 『경영품질의 이해』, 박영사
- 손태원, 『조직행동 입문』, 비엔엠북스, 2015. p.202
- 안광호·임병훈, 『마케팅조사론 5판』, 학현사
- 안광호·조재윤·한상린, 『유통원론 2판』, 학현사

- 윤재홍 외, 『경영학원론 4판』, 박영사
- 윤종훈·송인암·박계홍·정지복, 『경영학원론』, 학현사
- 이명호 외, 『경영학으로의 초대』, 박영사
- 이상환·이재철, 『서비스 마케팅』, 삼영사
- 이창복, 『파생금융상품과 기초금융자산』, 율곡출판사
- 이훈영, 『이훈영교수의 마케팅조사론 4판』, 도서출판 청람
- 이훈영, 『이훈영교수의 마케팅』, 도서출판 청람
- 임창희, 『조직행동론 5판』, 비엔엠북스
- 이훈영, 『조직론의 이해 2판』, 학현사, 2015
- 임창희·홍용기 공저, 『조직론 2판』, 비엔엠북스
- 정경호, 『핵심정리 인적자원관리』, P&P
- 정수진·고종식·방한오, 『실무지식을 위한 조직행동의 이해』, 피엔씨미디어, 2017
- 정용섭 외, 『조직행동의 이해』, 탑북스
- 채서일, 『마케팅』, 비엔엠북스
- 한광석·백승록, 『광고론』, 서울: 글로벌
- 홍사빈, 『공인노무사 경영학개론』, 고시계사
- 홍성필, 『경영과학 2판』, 율곡출판사
- 황규대, 『조직행동의 이해 3판』, 박영사
- 황복주·이영희·신진교, 『경영학원론』, 유원북스
- 황인경, 서번트 리더십, LG주간경제, 2002. p.31
- Antil, J. H., Conceptualization and operationalization of involvement, Advances in Consumer Research, 11, 203 -209, 1984.
- Bass, B. M., "From Transactional to Transformational Leadership : Learning to Share the Vision", Organizational Dyna-mics, Winter 1990, American Management Association, New York.
- Bearden W. o. & Teel, J. E., "Selected determinants of consumer satisfaction and complaint reports", Journal Consumer Research, 1983.
- Buchsbaum, N. & Fedio, P., Hemispheric differences in evoked potential to verbal and nonverbal stimuli in the
- left and right visual fields, Physiology and Behavior, 5, 1970, 207-210.
- C. P. Alderfer, Existence, relatedness and growth : Human needs in Organizational Settings, New York : The Free, press, p. 25, 1972.
- Hasen, F., Consumer choice behavior : A cognitive theory, NY : The Free Press, 1972.
- Herzberg, F., The Managerial Choice(Dow Jones-Irwin, 1976)
- Herzberg, F.," One More Time : How Do You Motivate Employees,"Harvard Business Review, vol. 46(Fed. 1968), p. 58.
- J. A. Conger and R.N. Kanungo, Charistmatic Leadership in Organizations, Thousand Oaks, CA : Sage, 1998.
- J. Paul Peter and Jerry C. Olsen, Understan ding Consumer Behavlor, lrwin, 1994.692
- Kreitmerand, R. and A. Kinicki, Organizational Behavior, Homewood, Illinois : Irwin), 1989.
- Philip Kotler, Marketing Management, 9th ed., Prentice-Hall, 1997.
- Robbins, S. P. Organizational Behavior 11st ed. p287
- Robert, L. J., & Steiner, G. A., A model for predictive measurements of advertising effectiveness, Journal of Marketing, 25, 59-62, 1961.
- Roger W. Schmenner Operations Management, Prentice-Hall.
- Tucker, D. M., Lateral brain function, emotion, and conceptualization. Psychological Bulletin, 89, 19-46, 1981.
- Vaughn, R., How advertising works : A planning model, Journal of a Advertising Research, 26, 27-33, 1986.
- Zeithaml, V. A., Parasuraman, A. & Berry, L. L.(1985), "Problems and Strategies in Services Marketing", Journal of Marketing, Vol.49 (Spring), p. 35.